This is a Simplified-Chinese translation edition of the following title published by Cambridge University Press:

The Judicial Application of Human Rights Law: National, Regional and International Jurisprudence

ISBN 978-1107015685

© Nihal Jayawickrama 2002, 2017

This Simplified-Chinese translation edition for the People's Republic of China (excluding Hong Kong, Macau and Taiwan) is published by arrangement with the Press Syndicate of the University of Cambridge, Cambridge, United Kingdom.

© Cambridge University Press and China Social Sciences Press 2022

This Simplified-Chinese translation edition is authorized for sale in the People's Republic of China (excluding Hong Kong, Macau and Taiwan) only. Unauthorized export of this Simplified-Chinese translation edition is a violation of the Copyright Act. No part of this publication may be reproduced or distributed by any means, or stored in a database or retrieval system, without the prior written permission of Cambridge University Press and China Social Sciences Press.

Copies of this book sold without a Cambridge University Press sticker on the cover are unauthorized and illegal.
本书封面贴有Cambridge University Press防伪标签，无标签者不得销售。

人权法的司法适用
——国内、区域和国际判例

尼哈尔·贾亚维克拉玛 ◎ 著
(Nihal Jayawickrama)
孙世彦　郎兴和 ◎ 译

中国社会科学出版社

图字：01-2021-4791号
图书在版编目（CIP）数据

人权法的司法适用：国内、区域和国际判例／（斯里）尼哈尔·贾亚维克拉玛著；孙世彦，郎兴和译．—北京：中国社会科学出版社，2022.8
书名原文：The Judicial Application of Human Rights Law: National, Regional and International Jurisprudence
ISBN 978-7-5227-0135-6

Ⅰ.①人…　Ⅱ.①尼…②孙…③郎…　Ⅲ.①人权法—法律适用　Ⅳ.①D912.7

中国版本图书馆CIP数据核字（2022）第067242号

出 版 人	赵剑英
责任编辑	张冰洁　李　沫
责任校对	郝阳洋
责任印制	王　超

出　　版	中国社会科学出版社
社　　址	北京鼓楼西大街甲158号
邮　　编	100720
网　　址	http://www.csspw.cn
发 行 部	010-84083685
门 市 部	010-84029450
经　　销	新华书店及其他书店
印刷装订	北京君升印刷有限公司
版　　次	2022年8月第1版
印　　次	2022年8月第1次印刷
开　　本	710×1000　1/16
印　　张	53.75
字　　数	1003千字
定　　价	298.00元

凡购买中国社会科学出版社图书，如有质量问题请与本社营销中心联系调换
电话：010-84083683
版权所有　侵权必究

目　　录

译者序 ··· (1)

第二版序言 ··· (1)

第一版序言 ··· (1)

第一部分　导论

第一章　历史和司法背景 ·· (3)
  一　宗教和文化传统 ··· (3)
  二　哲学思想 ··· (8)
  三　从哲学转变为法律 ·· (10)
  四　国际法 ·· (12)
  五　国际主权原则 ·· (15)
  六　《联合国宪章》 ··· (17)

第二章　国际人权宪章 ·· (20)
  一　《世界人权宣言》 ·· (21)
  二　《公民及政治权利国际公约》 ······························· (35)
  三　《经济社会文化权利国际公约》 ···························· (40)
  四　其他国际文书 ·· (41)
  五　区域性人权文书 ··· (44)
  六　国际人权制度 ·· (54)

第三章　人权的国内保护 ·· (56)
  国际文书 ·· (56)

区域文书 ·· (57)
　　　　一　评论 ··· (57)
　　　　二　结论 ··· (77)
第四章　获得救济权 ·· (80)
　　国际文书 ·· (80)
　　区域文书 ·· (80)
　　　　一　评论 ··· (81)
　　　　二　释义 ··· (82)

第二部分　一般原则

第五章　解释 ·· (91)
　　　　一　解释原则 ··· (91)
　　　　二　解释的渊源 ······································· (99)
第六章　不歧视 ··· (105)
　　国际文书 ··· (105)
　　区域文书 ··· (106)
　　　　一　评论 ·· (107)
第七章　限制 ··· (115)
　　　　一　以绝对方式表达的权利 ···························· (115)
　　　　二　限制性地界定的权利 ······························ (116)
　　　　三　其行使可受限制的权利 ···························· (116)
　　　　四　限制 ·· (117)
第八章　克减 ··· (132)
　　国际文书 ··· (132)
　　区域文书 ··· (132)
　　有关文本 ··· (133)
　　　　一　评论 ·· (133)

第三部分　实质性权利

第九章　自决权 ··· (147)
　　国际文书 ··· (147)

区域文书 …………………………………………………………… (147)
　　有关文本 …………………………………………………………… (148)
　　　一　评论 …………………………………………………………… (149)
　　　二　释义 …………………………………………………………… (153)
第十章　生命权 …………………………………………………………… (163)
　　国际文书 …………………………………………………………… (163)
　　区域文书 …………………………………………………………… (164)
　　有关文本 …………………………………………………………… (166)
　　　一　评论 …………………………………………………………… (167)
　　　二　释义 …………………………………………………………… (169)
第十一章　免受酷刑权 …………………………………………………… (219)
　　国际文书 …………………………………………………………… (219)
　　区域文书 …………………………………………………………… (219)
　　有关文本 …………………………………………………………… (220)
　　　一　评论 …………………………………………………………… (221)
　　　二　释义 …………………………………………………………… (227)
第十二章　免受奴隶制的权利 …………………………………………… (270)
　　国际文书 …………………………………………………………… (270)
　　区域文书 …………………………………………………………… (271)
　　有关文本 …………………………………………………………… (272)
　　　一　评论 …………………………………………………………… (273)
　　　二　释义 …………………………………………………………… (274)
第十三章　人身自由权 …………………………………………………… (283)
　　国际文书 …………………………………………………………… (283)
　　区域文书 …………………………………………………………… (284)
　　有关文本 …………………………………………………………… (286)
　　　一　评论 …………………………………………………………… (286)
　　　二　释义 …………………………………………………………… (288)
第十四章　囚犯的权利 …………………………………………………… (334)
　　国际文书 …………………………………………………………… (334)
　　区域文书 …………………………………………………………… (334)
　　有关文本 …………………………………………………………… (335)
　　　一　评论 …………………………………………………………… (336)

二　释义 ………………………………………………………… (337)

第十五章　迁徙自由权 ……………………………………… (347)
　　国际文书 ………………………………………………………… (347)
　　区域文书 ………………………………………………………… (348)
　　有关文本 ………………………………………………………… (349)
　　一　评论 ………………………………………………………… (350)
　　二　释义 ………………………………………………………… (353)

第十六章　获得公正审判权 …………………………………… (380)
　　国际文书 ………………………………………………………… (380)
　　区域文书 ………………………………………………………… (380)
　　有关文本 ………………………………………………………… (381)
　　一　评论 ………………………………………………………… (383)
　　二　释义 ………………………………………………………… (384)

第十七章　受刑事控告之人的权利 …………………………… (435)
　　国际文书 ………………………………………………………… (435)
　　区域文书 ………………………………………………………… (436)
　　有关文本 ………………………………………………………… (438)
　　一　评论 ………………………………………………………… (439)
　　二　释义 ………………………………………………………… (441)

第十八章　被承认为人的权利 ………………………………… (497)
　　国际文书 ………………………………………………………… (497)
　　区域文书 ………………………………………………………… (497)
　　有关文本 ………………………………………………………… (498)
　　一　评论 ………………………………………………………… (498)
　　二　释义 ………………………………………………………… (498)

第十九章　隐私权 ……………………………………………… (500)
　　国际文书 ………………………………………………………… (500)
　　区域文书 ………………………………………………………… (500)
　　有关文本 ………………………………………………………… (501)
　　一　评论 ………………………………………………………… (502)
　　二　释义 ………………………………………………………… (506)

第二十章　思想自由权 ………………………………………… (544)
　　国际文书 ………………………………………………………… (544)

区域文书 ………………………………………………………（544）
　　有关文本 ………………………………………………………（545）
　　一　评论 ………………………………………………………（546）
　　二　释义 ………………………………………………………（548）

第二十一章　意见、表达和信息自由权 ……………………（571）
　　国际文书 ………………………………………………………（571）
　　区域文书 ………………………………………………………（571）
　　有关文本 ………………………………………………………（572）
　　一　评论 ………………………………………………………（573）
　　二　释义 ………………………………………………………（578）

第二十二章　集会自由权 ………………………………………（642）
　　国际文书 ………………………………………………………（642）
　　区域文书 ………………………………………………………（642）
　　一　评论 ………………………………………………………（643）
　　二　释义 ………………………………………………………（645）

第二十三章　结社自由权 ………………………………………（655）
　　国际文书 ………………………………………………………（655）
　　区域文书 ………………………………………………………（656）
　　有关文本 ………………………………………………………（657）
　　一　评论 ………………………………………………………（657）
　　二　释义 ………………………………………………………（660）

第二十四章　家庭生活权 ………………………………………（678）
　　国际文书 ………………………………………………………（678）
　　区域文书 ………………………………………………………（679）
　　有关文本 ………………………………………………………（680）
　　一　评论 ………………………………………………………（680）
　　二　释义 ………………………………………………………（682）

第二十五章　儿童权利 …………………………………………（697）
　　国际文书 ………………………………………………………（697）
　　区域文书 ………………………………………………………（698）
　　有关文本 ………………………………………………………（698）
　　一　评论 ………………………………………………………（701）
　　二　释义 ………………………………………………………（702）

第二十六章　参与公共生活权 (709)
  国际文书 (709)
  区域文书 (709)
  有关文本 (711)
  一　评论 (711)
  二　释义 (713)

第二十七章　平等权 (731)
  国际文书 (731)
  区域文书 (731)
  有关文本 (732)
  一　评论 (733)
  二　释义 (737)

第二十八章　少数者权利 (764)
  国际文书 (764)
  有关文本 (764)
  一　评论 (765)
  二　释义 (766)

第二十九章　与工作有关的权利 (773)
  国际文书 (773)
  区域文书 (774)
  有关文本 (775)
  一　评论 (776)
  二　释义 (779)

第三十章　与社会保障有关的权利 (785)
  国际文书 (785)
  区域文书 (785)
  有关文本 (786)
  一　评论 (787)
  二　释义 (787)

第三十一章　适当生活水平权 (793)
  国际文书 (793)
  区域文书 (793)
  有关文本 (794)

一　评论 ·· (794)
　　二　释义 ·· (795)
第三十二章　健康权 ·· (805)
　　国际文书 ·· (805)
　　区域文书 ·· (805)
　　一　评论 ·· (806)
　　二　释义 ·· (808)
第三十三章　受教育权 ·· (813)
　　国际文书 ·· (813)
　　区域文书 ·· (814)
　　有关文本 ·· (816)
　　一　评论 ·· (816)
　　二　释义 ·· (817)
第三十四章　文化生活权 ·· (824)
　　国际文书 ·· (824)
　　区域文书 ·· (824)
　　有关文本 ·· (825)
　　一　评论 ·· (826)
　　二　释义 ·· (826)
第三十五章　财产权 ·· (831)
　　国际文书 ·· (831)
　　区域文书 ·· (831)
　　有关文本 ·· (832)
　　一　评论 ·· (832)
　　二　释义 ·· (834)

译者序

党的十八届四中全会通过的《中共中央关于全面推进依法治国若干重大问题的决定》明确提出"加强人权司法保障",党的十九大再次明确提出"加强人权法治保障"。了解世界范围内人权司法保障的实践,对于加强中国的人权司法和法治保障,具有一定的借鉴价值;译介研究国际、区域和各国人权法的司法适用的学术成果,对于提高中国的人权研究水平,也具有一定的积极意义。

《人权法的司法适用:国内、区域和国际判例》就是这方面的一部力作。该书原著第一版由剑桥大学出版社于2002年出版,译者所翻译的是出版于2017年的第二版——其中补充更新了大量资料,内容更加丰富、全面,反映了世界范围内人权法司法适用的新近实践状况。

原书作者尼哈尔·贾亚维克拉玛(Nihal Jayawickrama)原籍斯里兰卡,曾担任加拿大萨斯喀彻温大学的阿里尔·F. 萨洛人权讲席教授(Ariel F. Sallows Professor of Human Rights)和香港大学法学副教授,讲授宪法和国际人权法;曾担任国际法学家委员会香港分会的司法主任、"英联邦人权倡议"项目主任、"透明国际"执行主任、联合国支持的"司法廉正小组"的协调员;还曾担任斯里兰卡总检察长、司法部常务部长和驻联合国大会代表等职务;他还是斯里兰卡律师协会会员、海牙常设仲裁法院仲裁员。原书作者广泛的国际经历以及丰富的学术和实践经历,保证了其视野的广阔性和包容性。

原书的主要内容,是根据国际、区域和国内机构——包括联合国人权条约机构、区域人权机构以及100多个国家和地区的高等法院和宪法法院——适用国际人权条约和国内宪法保护人权的司法实践,阐明得到普遍承认的27项人权的各项要素。原书并没有全篇或大幅摘引所涉及的判例,而是按照各项人权的每一要素,从这些判例中摘取最能说明这一要素的内容。这一研究方法以最便捷的方式呈现了世界范围内人权法司法适用的实践情况,以及国际、区域和国内机构对于每一人权之各项要素的认识和见解。原书的主要内容和研究方法有两个突出特点。其一是跨领域性。原书广泛考察了国际法律制度（含联合国制度和区域制度）和国内法律制度中适用人权法的实践，因此不仅兼跨了国际法和国内法，而且在国内法中，也同时涉及宪法、诉讼法、刑法、社会法等诸多领域。其二是全面性。与许多主要或只是关注国际以及/或者西方国家人权理论、制度和实践的著述不同，原书相当全面地考察了许多发展中国家的人权司法实践：在原书涉及的约4000件人权判例中，除约3000件国际或区域人权机构的判例外，其余的约1000件国内判例中，有近一半来自近60个亚洲、非洲和拉丁美洲国家。

中译本标题中的"判例"，对应原书标题中的"jurisprudence"。英文中的"jurisprudence"有多个释义，在本书的语境中，不仅指国际、区域和国内司法机构的裁判结果，而且如书中所述，也包括联合国人权条约机构如人权事务委员会以及区域人权机构如欧洲人权委员会和美洲人权委员会在其行使职权的实践中适用人权规则而形成的各种意见。中译本经斟酌，将"jurisprudence"译为"判例"，但不应将其理解为普通法系所用的、有约束力意义上的"判例"（precedents）。需要注意的是，原书中所引述的一些判例特别是国内判例已经年代久远，只具有历史和学理价值，不能作为有关人权法律规定和实践的现时例证；另外，各章"释义"的绝大部分内容都是判例的内容，不能用作对人权的普遍或权威解释，但可作为理解人权法司法适用的例证。

人权标准具有普遍性，然而，各国际、区域和国内机构对这些标准的理解和适用既有一致之处，也可能因各种原因如区域和国家的各种不同情况而有差别。本书所收录的判例清楚地呈现了人权同时具有的两个方面，即标准的普遍性与实践的多样性。实际上，从本书许多内容就可以看出，哪怕对同样的权利或某一权利的同样要素，不同国际、区域以及特别是国内机构可能有相当不同的理解和裁决。因此，本书所提供的人权判例，无论是联合国的判例（特别是考虑到中国尚未批准《公民及政治权利国际公约》因而不受其约束），还是基于各区域、各国家的具体情况而形成的区域和国内判例，都只能作为加强中国的人权司法和法治保障的某种借鉴和参考，而不能作为评判中国的人权司法和法治实践的标准和尺度。中国需要结合国际人权标准和中国的实际情况，加强中国的人权司法和法治保障，形成既符合中国接受的国际人权标准，又符合中国国情的、具有中国特色的人权判例体系。需要注意的是，原书中所引述的若干香港地区法院的判例中，有些发生在中国于1997年恢复对香港行使主权、中国香港特别行政区成立以前，有些则发生在此之后，需要加以区别。

原书一个不足之处是有关经济、社会和文化权利的案例较少：涉及这些权利的几章不仅篇幅都不长，而且说明其各项要素的主要依据是联合国经济、社会和文化权利委员会的一般性意见。然而，就经济、社会和文化权利，实际上也存在丰富的国际、区域和国内判例。在这一方面，可以参考本·索尔、戴维·金利、杰奎琳·莫布雷所著的《〈经济社会文化权利国际公约〉评注、案例和资料》（孙世彦译，法律出版社2019年版）、马尔科姆·朗福德所著的《社会权利判例：国际法和比较法中的新趋势》（Malcolm Langford, *Social Rights Jurisprudence: Emerging Trends in International and Comparative Law*, Cambridge University Press, 2009）以及专门致力于推动经济、社会和文化权利的网络"ESCR-NET"网站上收录的案例（https://www.escr-net.org/caselaw）。

原书在目录之后，有一份长达140页的案例列表，中译本未予列入。原书各章之下的标题以不同字体区分、并无序号，中译本中各级标题的序号为译者所加。原书特别是有关实质性权利的各章开头所列"有关文本"中，有些文书缺少必要信息，如通过决议的机构和时间、条约的通过和生效情况，译者尽量予以补充。原书大量使用了人权事务委员会和其他人权条约机构的一般性意见或建议，但都没有标明所引段落，中译本尽量加上了所涉意见或建议的段落序号。原书的脚注每章连续编号，中译本改为当页连续编号。中译本未列入原书的索引。

本书使用和提到了大量的国际条约。这些国际条约，凡有作准中文本者，中译本皆用各该作准中文本的标题和约文。特别需要说明的是，通常所称的国际人权两公约或联合国人权两公约即《经济社会文化权利国际公约》和《公民及政治权利国际公约》，[①] 在联合国和中国的出版物中，还广泛通行题为《经济、社会和文化权利国际公约/盟约》和《公民权利和政治权利国际公约/盟约》的中文本。[②] 这些通行中文本来源不明，并无法律效力，而且存在诸多

[①] 这两项公约通过时的中文标题分别为《经济社会文化权利国际盟约》和《公民及政治权利国际盟约》。2001年，中国政府向联合国提出，以"公约"替代该两项文书的标题和约文中的"盟约"，联合国秘书长于2001年10月5日向所有有关国家发出通知，提议进行更正并征求任何可能的反对意见（Depositary Notification C. N. 781/782. 2001. TREATIES – 6, 5 October 2001）；对此无任何国家提出反对，联合国主管法律事务的副秘书长遂于2002年1月3日签署记事录，正式以"公约"取代该两项文书作准中文本标题和文本中出现的"盟约"（Depositary Notification, C. N. 7/8. 2002. TREATIES – 1, 3 January 2002）。在本中译本中，一律称该两项文书为"公约"，而不论其2002年1月3日之前用词如何。

[②] 例如，见联合国：《人权国际文件汇编》，ST/HR/1/Rev. 6（Vol. Ⅰ/Part 1），联合国出版物，出售品编号 C. 06. XIV. 2，2002年，第8、18页；联合国人权事务高级专员办事处：《核心国际人权条约》，ST/HR/3，联合国出版物，出售品编号 C. 02. XIV. 4，2006年，第11、25页。

错误。① 因此，本书中译本使用该两公约的作准中文本。不过，《公民及政治权利国际公约》作准中文本中的许多措辞和表述与主要基于其通行中文本而来的中文习惯措辞和表述有一定差异，为便于理解，在某些必要之处，译者没有使用其作准中文本中的措辞和表述，而是借鉴中文习惯的人权措辞和表述，从其英文本翻译，并以译者注标明。本书中所涉联合国大会文件（如联合国大会决议）的行文，中译本皆用联合国发布的中文本。其他国际文书和文件，包括可能有中文本者（如人权事务委员会的一般性意见和结论性意见），则由译者参考可能存在的中文本从英文本翻译而成。

原书中有一些笔误和错漏，经与作者核对，中译本对其作了更正。为不影响阅读流畅性，多数更正之处未予标明；译者认为有必要说明为何、如何更正之处，则在脚注中以＊号或"译者注"的方式标明。其他译者认为有必要说明之处，也在脚注中以＊号或"译者注"的方式标明。

本书中，"European Commission"指的是"European Commission of Human Rights"即欧洲人权委员会，"European Court"指的是"European Court of Human Rights"即欧洲人权法院，"Inter-American Commission"指的是"Inter-American Commission on Human Rights"即美洲人权委员会；"Inter-American Court"指的是"Inter-American of Human Rights"即美洲人权法院。

本书中译本的出版由中国社会科学院"登峰战略"国际公法优势学科建设项目资助。特别感谢中国社会科学出版社副总编辑王茵、编辑李沫的细致工作。特别感谢中国社会科学院法学研究所国际法研究所联合党委书记陈国平、国际法研究所科研处处长刘小妹的大力支持。感谢中国社会科学院大学法学院国际法专业博士研究生姜居正对书稿的认真审读。

本书中译本由孙世彦（中国社会科学院国际法研究所研究员、中国社会科学院人权研究中心副主任、中国社会科学院大学法学院教授）和郎兴和（翻译时为中国社会科学院研究生院法律硕士研究生）合作翻译。本书体量巨大，译文中难免有错误疏漏，敬请读者批评指正。

---

① 关于人权两公约特别是《公民及政治权利国际公约》通行中文本的问题，参见 Sun Shiyan, "International Covenant on Civil and Political Rights: One Covenant, Two Chinese Texts?", *Nordic Journal of International Law*, Vol. 75, Issue 2, 2006；孙世彦：《〈公民及政治权利国际公约〉的两份中文本：问题、比较和出路》，《环球法律评论》2007年第6期；Shiyan SUN, "The Problems of the Chinese Texts of the International Human Rights Covenants: A Revisit", *Chinese Journal of International Law*, Vol. 15, Issue 4, 2016；孙世彦：《国际人权公约中文本问题之再探讨》，《台湾人权学刊》2016年第3卷第4期。

第二版序言

这本书的第一版出版已经将近十五年了。虽然主要人权文书的语言仍保持不变，但其司法解释大大拓展了人类尊严和自由的边界。正如萨克斯（Sachs）法官在南非宪法法院所指出的："随着人类状况的改变以及正义和公平观念的演化，权利概念也呈现出新的内涵和意义。"这在关于生命权、免受酷刑、表达自由、免受歧视、隐私权和家庭生活权的法律发展中表现得尤为明显。

在本书第二版中，重点仍是判例。因此，在导论部分，有关国际人权保护的一章被有关获得救济权的一章所取代。在实质性权利部分中，对许多章都进行了广泛的修订和重写，不仅借鉴了国际和区域人权法庭日益增多的判例，而且基于100多个国家的高等法院的判决，从太平洋地区到加勒比海地区，贯穿了亚洲、非洲、欧洲和美洲。在这些数量庞大的案例法中，一个惊人特征是承认人权的普遍性——这是将人权捆扎在一起的共同线索。

由于我妻子萨罗吉尼生病，重新写作这本书在近两年中被不时打断。她临终前坚持要我完成。我非常感谢剑桥大学出版社法律发行部主任菲诺拉·奥沙利文（Finola O'Sullivan）在那段困难时期给予我的耐心和友善，以及我从两个女儿尼莎娜和莎拉雅那里得到的鼓励，这帮助我完成了我的任务。

第一版序言

1978年起，在一个国际人权法研究项目中，我与时任国际法学家委员会英国分部司法主任保罗·赛格特（Paul Sieghart）教授以及时任欧洲人权委员会主席詹姆斯·福塞特（James Fawcett）教授有过联系。我对在斯特拉斯堡的欧洲人权机构和国内法院的判例的研究被纳入了保罗·赛格特的开创性作品，即1983年出版的《国际人权法》中。该书所审查的法律的截止日期是1981年12月31日。

在接下来的二十年里，国际人权制度得到了极大的加强。遍布各大洲的150多个国家将当代人权标准纳入其法律制度。100多个国家批准了《公民及政治权利国际公约任择议定书》，从而使其居民能够诉诸人权事务委员会。与此同时，几乎所有中南美洲、非洲和欧洲国家都接受了具有自己的监督或执行机制的区域人权文书。由此产生的判例内容丰富、风格多样，来自不同的文化传统，为《世界人权宣言》首次阐述的概念增加了一个新的维度。这本书试图纳入这些判例，并在这个意义上，补充已故的保罗·赛格特的宝贵作品。

我并没有打算写一本有关人权或国际法的学术研究性著作。学界已经存在若干对人权的理论基础和政治的分析，对不同人权文书的评论，对选定权利的学术研究以及对欧洲人权机构和人权事务委员会的选定案例法的考察。缺少的是一本汇集了源于国际、区域和国内的所有现有人权判例的综述，一本呈现经法院解释的人权法之内容的书籍。这是我打算满足的需要。

在确定"国际人权宪章"（《世界人权宣言》和"国际人权两公约"即《公民及政治权利国际公约》《经济社会文化权利国际公约》）所承认的权利的实质性内容时，我借鉴了以下来源：

1. 准备工作文件（*travaux préparatoires*），特别是有关《公民及政治权利国际公约》的；

2. 涉及具体权利的国际文书的文本以及联合国大会、专门机构和附属机构的其他设立标准的决议的文本；

3. 人权事务委员会和经济、社会和文化权利委员会的一般性意见，以及《欧洲社会宪章》之下的专家委员会的结论；

4. 国际法院及其前身常设国际法院的判决和咨询意见；

5. 人权事务委员会对于根据《公民及政治权利国际公约任择议定书》收到的个人来文的决定，以及禁止酷刑委员会的决定；

6. 欧洲人权法院的判决以及欧洲人权委员会的报告和决定；

7. 美洲人权法院的决定和咨询意见以及美洲人权委员会的报告；

8. 国内法律制度中解释和适用国内权利法案（Bills of Rights）的高等法院的判决，这些权利法案对具体权利和自由的表述，与国际人权两公约所述权利和自由相同或类似；

9. 法学家的著作。

对于某一特定权利的讨论深度取决于有多少案例法可用。因此，有关经济、社会和文化权利的各章必然是简短的，而有关公民权利和政治权利的一些章可能看起来格外长。因为我只能以英语研究，所以本书所参考的来自欧洲大陆国家的判例通常是基于已发表的摘要。本书所包含的法律的截止日期——在切实可行的范围内——是 2001 年 12 月 31 日。

任何这类工作都需要大量的研究。早期的许多工作是在纽约和日内瓦的联合国图书馆与伦敦高等法律研究所完成的。我感谢日内瓦的前联合国人权中心、华盛顿特区的美洲国家组织秘书处和斯特拉斯堡的欧洲理事会秘书处，它们定期向我发送了它们的出版物、文件和报告中所载的大量信息。许多朋友，包括我以前在香港的同事，要么直接送给我，要么指引我找到那些我不知道或忽视的材料，或者让我使用他们的私人收藏的资料。

我在香港大学讲授宪法、行政法和人权法时，开始了写作本书的初步工作，但很快就发现，要将写作一本这种性质的书与大学的常规教学结合起来，非常困难。因此，我非常感谢萨斯喀彻温大学在 1992—1993 年给我提供机会，让我在萨斯喀彻温、在加拿大大平原的令人振奋的气候中度过了一个学年。就在那一年，在我有幸担任阿里尔·F. 萨洛人权讲席教授时，我开始写作本书。我不可能找到一个更有益或更激励的环境；更令人愉快的，是院长彼得·麦金农（Peter Mackinnon）和他的同事接待我和我的家人的热情和友善。在 1997 年离开香港和学术界之后，这本书的进展中断了一段时间，因为我在伦敦和柏林之间（以及其他几个地方）来回穿梭，学习和探索新的但不是完全无关的一个领域，即公共生活中尤其是司法部门中的腐败。

当然，如果没有来自以下诸位的帮助与合作，这本书不会呈现出它今天的样子和形式：剑桥大学惠威尔国际法讲席教授詹姆斯·克劳福德（James Crawford）教授、剑桥大学出版社法律发行部主任菲诺拉·奥沙利文女士和法律发展编辑珍妮·鲁比奥（Jennie Rubio）博士。我感谢他们认识到需要一个关于这个主题的确定性著述，并相信我有能力在时间限制内完成和交付本书——这种限制调整着生活中的大多数事情。如果没有我家人的持续宽容和理解，一项持续了十多年的努力是不可能有结果的。事实上，正是他们的深刻兴趣和鼓励，才使这项工作取得了成果。因此，我亏欠我的妻子萨罗吉尼以及我们的两个女儿尼莎娜和莎拉雅甚多——我确信，她们在每个新年，都期待着我们家里的生活能恢复正常，不管家可能在什么地方。

接下来关于实质性权利的各章中的言语很少来自于我。真正的作者是那些律师和法官、来自不同文化的男女——他们单独或共同通过其充满勇气、富有想象和独具创新的方式解释和适用国际和区域人权文书以及各国宪法，提升了人类生命的价值，拓展了人类尊严的边界。我努力把我能收集到的材料尽量汇集成一卷，希望他们的努力能帮助和激励其他人不仅追随，而且甚至是能在他们成就的基础上更上一层楼。由此，不断演变的国际人权法体系实际上将成为普遍公认的共同标准，能据以衡量各国政府、公职人员、私人机构和个人的行为。如果我表达了对某一特定观点的偏好，批评了某一决定或提出了某种异议，那么原因在于我的认识是，在保护人权中，不可能有妥协，不可能有中途站，不可能有路旁的停车点。人权不仅是基本的，而且是固有的和不可剥夺的。

第一部分

导　论

第一章 历史和司法背景

一 宗教和文化传统

对人之尊严和人格的尊重以及对正义的信念深深植根于世界上的许多宗教和文化传统之中。印度教、佛教、犹太教、基督教和伊斯兰教都强调人性之基本特性不可侵犯。许多作为当代国际人权法之基础的道德价值是这些宗教和哲学秩序的有机组成部分。① 可以作为见证的，是佛陀与其弟子尊者优波离（Upali，大约公元前 500 年）之间的对话，其中阐明了自然正义的规则：

> 问：主啊，一个已经完成的、应该当着一个被指控的僧侣的面执行的命令，能否在他不在场时执行？主啊，这是法律上有效的行为么？
>
> 答：无论是什么命令，优波离，一个已经完成的命令都应该当着一个被指控的僧侣的面执行。如果他不在场，这就不是法律上有效的行为，也不是纪律上有效的行为，因此这一命令就变得太过分了。
>
> 问：主啊，一个已经完成的、应该经过对一个被指控的僧侣的审讯才执行的命令，能否未经过对他的审讯就执行？
>
> 答：无论是什么命令，优波离，一个已经完成的命令都应该经过对一个被指控的僧侣的审讯才执行。如果不进行审讯，这就不是法律上有效的行为，也不是纪律上有效的行为，因此这一命令就变得太过分了。②

---

① John M. Peek, 'Buddhism, Human Rights and the Japanese State' (1995) 17 *Human Rights Quarterly* 527; L. C. Green, 'The Judaic Contribution to Human Rights' (1990) *Canadian Year Book of International Law* 3; Bassam Tibi, 'Islamic Law/Shari'a, Human Rights, Universal Morality and International Relations', (1994) 16 *Human Rights Quarterly* 277; Abdullahi Ahmed An-Na'im, *Toward an Islamic Reformation: Civil Liberties, Human Rights and International Law* (New York: Syracuse University Press, 1990).

② I. B. Horner, trans. *The Book of the Discipline* (*Vinaya-Pitaka*), Volume IV: Mahavagga or the Great Division IX (London: Luzac& Co Ltd, 1962), 466 – 8. （中译文引自《律藏》第四卷：《大品》第九。——译者注）

不同于亚洲某些政治领导人的主张,即当代人权概念在起源和构建上是欧洲中心式的,且因此与"亚洲价值观"不相容,亚洲的精神遗产表明,尊重人权是东方传统的一个组成部分。例如,佛陀在其45年的传道过程中,详细讲解了基于宽容和同情的生命哲学,其中人心是主要因素:

> 诸法心先导,心主心所作,若以意恶行,恶语恶身行,则苦必随彼,如轮随兽足。① 诸法心先导,心主心所作,若以意善行,善语善身行,则乐必随彼,如影随身形。②

这些在公元1世纪从口头传诵中记录的佛陀的诗意表达包含了广泛的话题,包括指出一个公正法庭的必要:

> 鲁莽判事理,非为法住者,智者应辨究,是非之道理。③

反对造成不必要痛苦的刑罚:

> 众生畏刑罚,众生皆爱命,以己推及人,不杀不教杀。④

生命的神圣性:

> 若有众生伤害生命,以打猎为生。双手沾满鲜血,从事杀伤之业,残害有情,当他再获人生时,因杀生之报,即受短命。⑤

战争胜利的无益:

> 一个人也许会损坏他人,以此来达到自己的目的,当他被别人损坏

---

① Narada Thera, trans. *The Dhammapada* (Colombo Apothecaries' Co Ltd, 1972), verse 1. (中译文引自法增比丘译《南传法句经》颂一。以下该书中译文均引自此中译本,不再一一标明。——译者注)
② Narada Thera, trans. *The Dhammapada*, verse 2.
③ Narada Thera, trans. *The Dhammapada*, verse 256.
④ Narada Thera, trans. *The Dhammapada*, verse 130.
⑤ Narada Maha Thera, *The Buddha and His Teachings* (Colombo: Associated Newspapers of Ceylon Ltd, 1972), 309. (中译文引自那烂陀长老著、学愚译《觉悟之路》,山东人民出版社1996年版,第201页。——译者注)

时，也会损坏别人。只要恶果还未成熟，愚人自幻此时是时机，一旦业径生果，以苦为生。杀人者被杀人者杀，胜者被胜者胜，骂人者被人骂，恼人者被人恼，由是业业相报，毁人之人被人悔。①

不杀生或非暴力的重要性：

不能以怨恨，止息世间怨，唯慈能止怨，乃不易古法。②

承认人之至高性：

恶业由己作，污垢由己染，恶业己不作，污垢己不染，清净由自己，何能由他净？③

性别的平等：

大王，女孩也许会能证明她们自己是比男性更好的后代。④

拒绝奴隶制和种姓制度：

婆罗门非由出生决定，非婆罗门亦非由出生而定，生活和行为造就真正婆罗门，个人的生活构造了农夫、店主、商人和奴隶，个人的生活构造了强盗、武士、僧侣和国王。⑤

雇主和雇工的相互责任：

主人应如此对待他的佣人和雇员：①量力给予工作；②给予饭食和工

---

① Narada Maha Thera, *The Buddha and His Teachings*, 201. （中译文引自《觉悟之路》，第116页。——译者注）
② Narada Thera, trans. *The Dhammapada*, verse 5.
③ Narada Thera, trans. *The Dhammapada*, verse 165.
④ Narada Maha Thera, *The Buddha and His Teachings*, 313. （中译文引自《觉悟之路》，第183页。——译者注）
⑤ Narada Maha Thera, *The Buddha and His Teachings*, 309. （中译文引自《觉悟之路》，第181页。——译者注）

资；③生病时照顾他们；④给予佳肴；⑤适时予假。

得到主人如此善待的佣人和雇员应如此对待主人：①在主人之前早起；②在主人之后睡觉；③仅拿取给予之物；④尽心尽职；⑤传播主人之善名。①

以及父母和子女的相互责任：

子女应如此照顾好父母：①资助他们；②履行义务；③维护家系；④精进努力，堪受财产；⑤为去世亲人，广行供养。

得到子女如此照顾的父母应如此对待子女：①劝阻行恶；②奉劝行善；③授以技业；④婚配适当；⑤适时交予财产。②

王者的责任：

"王者十责"中的第一法条是豪爽、慷慨、慈善（布施）。执政的人，不可贪著财产，应当为了人民的福利而散财。

第二：须有高尚的道德品性（持戒）。绝不可杀生、欺诈、偷盗、剥削他人、邪淫、妄语及饮酒。也就是说，他最低限度必须能严守居士的五戒。

第三：为了人民的利益牺牲一切（放舍），准备放弃一切个人的安乐、名声，乃至生命。

第四：诚实正直。执行职务的时候，必须不畏强梁，不徇私情，正心诚意，对人民无悯无欺。

第五：仁慈温厚，性情和煦。

第六：习惯节约，生活简单，不耽奢华，克己端严。

第七：无嗔无恚，亦无怨毒。不怀芥蒂，不念旧恶。

第八：不尚暴力（无害）。不但本身不肯伤害他人，并应尽力提倡和平，阻遏战争以及一切运用暴力毁伤生命之举措。

---

① Narada Maha Thera, *The Buddha and His Teachings*, 588. （中译文引自《觉悟之路》，第 383 页。——译者注）

② T. W and C. A. F. Rhys Davids（eds.），*The Dialogues of the Buddha*（Pali Text Society, 1977），180-3；*Sigalovada Suttanta*（The Sigala Homily），cited in C. G. Weeramantry, *An Invitation to the Law*（Sydney: Butterworths, 1982），248. （中译文引自《觉悟之路》，第 382 页。——译者注）

第九：忍耐、自制、宽容、谅解（忍辱）。必须能够忍受困苦艰辛、讥刺横辱，不生嗔怒。

第十：不为反逆梗阻之事（不敌对、不破坏）。就是说，不做违反人民意愿之事，不梗阻任何有利人民的措施。换言之，治理人民，应与人民和谐相处。①

福利国家的相关性：

> 树丛和果树的种植者，
> 那些筑堤筑坝、修井浇棚、（给无家可归者）庇护所的人，
> 日夜如此的，功德永存。
> 在正义和美德中
> 这样的人从尘世走向涅槃。②

以及思想、信仰和表达自由：

> 不要轻信言传（我很早就这么听说过），不要轻信传统（认为这是历代相传），不要轻信传说（相信他人之说，而无调查），不要轻信与经典相符之事，不要轻信猜测，不要轻信推理，不要轻信事物的表面，不要轻信与先入为主一致的观点，不要轻信似是而非之事（好像应该被接受之事），不要因尊敬梵志而接受其法（认为接受他的教法是正确的）。
>
> 但是，当你们自己明白这些事是不善，错误的，受到智者的谴责，做了这些事后，将导致毁灭和痛苦，然后你们要真正地拒绝它们。
>
> 当你们自己知道，这些是善，无过，受到智者的赞美，做了这些事后，将导致利益和幸福，你们要以此为行住。③

佛陀在其传道之初，就敦促众比丘"为众多人之福祉、为众多人之福业，

---

① Walpola Rahula, *What the Buddha Taught* (Bedford: The Gordon Fraser Gallery Ltd, 1959), 1967 edn, 85. （中译文引自罗睺罗法师著，法严法师译《佛陀的启示》，河北《禅刊》编辑部 1982 年印行。——译者注）

② Mrs Rhys Davids, trans. *The Book of Kindred Sayings* (*Sanyutta Nikaya*), (London: OUP, 1917).

③ Narada Maha Thera, *The Buddha and His Teachings*, 284. （中译文引自《觉悟之路》，第 165 页。——译者注）

通过对世界之同情,为众神与人之福祉、惠益和福业"而游荡四方。① 为传播其守业而施予其弟子的这一义务,也就暗含着迁徙自由。《长阿含经》(*Dighanikaya*)中的《大般涅槃经》(*Mahaparinibbanasutta*)称,首先,人们得"经常聚会",其次,他们应"和平地或和谐地聚会"(*samagga samipatanti*)、"和平地现身"(*samagga vutthahanti*)以及"和平地从事交易"(*samagga vajjikaraniyani karonti*)。②

二 哲学思想

补充这种强调人之不可侵犯性的宗教和文化传统的,是许多哲学思想流派,它们展开了一种同样不可侵犯、所有人定法都必须遵从的自然法的概念。③ 亚里士多德(公元前384—前322年)解释说,正义规则是一项自然规则,在各处都有一样的效力,而不取决于是否被接受。他区分了自然法与基于习俗和便利的正义规则,他将习俗和便利比拟为标准尺度:"谷物与酒的衡器不是到处都相同的,而是买进时用的衡器大些,出售时用的小些。同样,人为的而非出于自然的公正也不是到处都相同的。因为,政体的形式并不是到处都相同,尽管在所有地方,只有一种政体是自然的,即最好的。"④

西塞罗(公元前106—前143年)也设想了一种更高一级的法律,该法律"普遍适用、恒常不变且持续永存"。他把这种法律形容为既不是由人教授的,也不是从书上学来的,而是"源自大自然本身,我们在其中从未受到指导……却是我们与生具有的"。⑤ "因为理性的确存在,源自普世之大自然,促使人正确行动、使其摆脱错误行为,而当这种理性被写下时,并未立刻成为法律,而是在确实生成时才成为法律,且与神圣心灵同时生成。"他比较了"符合一切事物中最初始、最古老之事即大自然"的法律与"各国实施之许多致命的、如疫病般的制定法——这样的法律并不比一群强盗在其聚会上可能通过的规则更

---

① 1 Vinayapitaka 21 (London, Pali Text Society), cited in Horace Perera (ed.), *Human Rights and Religions in Sri Lanka* (Colombo: Sri Lanka Foundation, 1988), 107.

② 2 *Dighanikaya* 73, cited in Horace Perera (ed.), *Human Rights and Religions in Sri Lanka* (Colombo: Sri Lanka Foundation, 1988), 175.

③ 对自然法的讨论见,H. Lauterpacht, *International Law and Human Rights* (Archon Books, 1968 reprint), 73 – 140。

④ Aristotle, *The Nicomachean Ethics*, Books Ⅰ - Ⅹ, trans. H. Rackham (London: Heinemann, 1975). (中译文引自[古希腊]亚里斯多德《尼各马可伦理学》,廖申白译注,商务印书馆2003年版,第150页,仅最后一句译自英文,而与该书不同。——译者注)

⑤ C. G. Weeramantry, *An Invitation to the Law* (Sydney: Butterworths, 1982), 197.

配被称为法律"。①

1600多年之后，雨果·格劳秀斯在其1625年出版的《战争与和平法》（*De Jure Belli Ac Pacis*）中将人的理性当作自然法的基础。"自然法是正当理性的命令，它指明，任何行为据其是否符合自然理性而在性质上属于道德上不义或道德上必要；以及由此，这种行为被作为造物主之上帝所禁止或命令。"②约翰·洛克在其1689年的《政府论下篇》中，断言自然法优越于实在法：③

> 222. ……所以，立法机关一旦侵犯了社会的这个基本准则，并因野心、恐惧、愚蠢或腐败，力图使自己握有或给予任何其他人以一种绝对的权力，来支配人民的生命、自由和产业时，他们就由于这种背弃委托的行为而丧失了人民为了极不相同的目的曾给予他们的权力。这一权力便归属人民，人民享有恢复他们原来的自由的权利，并通过建立他们认为合适的新立法机关以谋求他们的安全和保障，而这些正是他们所以加入社会的目的。④

在18世纪的"启蒙时代"，众星闪耀的欧洲政治思想家——包括孟德斯鸠、伏尔泰、贝卡里亚和潘恩——整合巩固了对于欧洲大陆以及别处的政治发展产生了深远影响的自由和平等理论。其中，让－雅克·卢梭在1762年的《社会契约论》中确认，主权始终属于人民。"当人民被迫服从而服从时，他们做得对；但是，一旦人民可以打破自己身上的桎梏而打破它时，他们就做得更对；因为人民正是根据别人剥夺他们的自由时所根据的那种同样的权利，来恢复自己的自由的，所以人民就有理由重新获得自由；否则别人当初夺去他们的自由就是毫无理由的了。"⑤

---

① Marcus Tullias Cicero, *De Republica*, trans. G. H. Sabine and S. B. Smith (Indianapolis: Bobbs-Merrill, 1976).
② Hugo Grotius, *Of the Law of War and Peace*, trans. F. W. Kelsey (Indianapolis: Bobbs Merrill, 1957).
③ 实证主义者则主张主权国家之法律的至高性。
④ John Locke, *Political Writings*, David Wootton (ed.) (London: Penguin Books, 1993).（中译文引自[英]洛克《政府论下篇》，叶启芳、瞿菊农译，商务印书馆1964年版，第134页。——译者注）
⑤ Jean-Jacques Rousseau, *The Social Contract and Discourses*, J. H. Brummfitt and J. C. Hall (eds.) (London: Dent, 1973).（中译文引自[法]卢梭《社会契约论》，何兆武译，商务印书馆2003年修订第3版，第4页。——译者注）

三　从哲学转变为法律

早期对个人权利的国内汇纂是统治者与社会中特权阶层之间的合约。例如，英格兰国王约翰 1215 年在兰尼米德（Runneymede）签署的《大宪章》就是受迫于封建贵族并旨在保护他们的利益。不过，《大宪章》的确包含了某些后来被解释为普遍适用的规定，例如：

> 39. 任何自由人，如未经其同级贵族或依国法之合法裁判，皆不得被逮捕、监禁、没收财产、剥夺法律保护、流放或加以任何其他损害。
> 40. 余等不得向任何人出售、拒绝或延搁权利或公正。
> ……
> 42. 自此以后，任何对余等效忠之人，除在战时为国家之公共幸福得暂加限制外，皆可由水陆安全出国或入国。

同样，1689 年的英国《权利法案》也是英国议会协商奥兰治亲王威廉和王妃玛丽登上英国王位的基础。该法案的许多规定意在保护议会的权利，尽管至少其中一条在性质上更为普遍："10. 不应要求过分之保释金，亦不应强课过分之罚款，更不应滥施残酷非常之刑罚。"[1]

虽然这些让步是封建贵族和富裕阶层仅为自己获得的，但是这些纲领性文件的真正重要性在于，每一个都构成了对当时绝对的君权的限制。正如劳特派特指出的，"对人之自由的确证并非始于其从开头就全面、大获全胜的肯定；这始于它们在某些事项上、在某种程度上、为某些人、针对国家的某些机关得到承认"。[2]

基于"社会契约"和"自然法"理论的标准被纳入了第一份国内"权利法案"即 1776 年的《弗吉尼亚权利宣言》。在该宣言中，弗吉尼亚人民通过

---

[1] 《不列颠百科全书》提到了两个更早的汇纂：1188 年，伊比利亚半岛上的莱昂（Leon）王国的封建大会（Cortes）从国王阿方索九世（King Alfonso IX）得其对一系列权利的确认，包括被告获得正规审判的权利以及生命、荣誉、住家和财产不可受侵犯的权利；1222 年，匈牙利的金牛王安德鲁二世（Golden Bull of King Andrew II）除其他外保证，任何贵族若未依据司法程序先行被定罪，就不得被逮捕或失去其地位。*The Encyclopaedia Britannica* (Macropaedia), Vol. VIII, 15th edn, 1977. 威拉曼特里曾摘引印度的佛教皇帝阿育王（Asoka）的若干敕令，其中之一是"宽容敕令"："任何人不得无理尊崇其自身教派或贬损他人之教派。抵制只应出于具体理由，因为他人之教派均应基于某种理由得到尊重。" C. G. Weeramantry, *Invitation to the Law* (Sydney: Butterworths, 1982).

[2] H. Lauterpacht, *International Law and Human Rights* (Archon Books, 1968 reprint), 131.

他们在一次大会上集议的代表声明,"一切人生而同等自由、独立,并享有某些固有权利,这些权利在他们进入社会的状态时,是不能用任何契约对他们的后代加以褫夺或剥夺的;这些权利即享有生命和自由,同时具有取得和拥有财产之手段以及追求和获得幸福和安全之手段"。这一宣言宣示了令人印象深刻的原则的纲要,包括:(1)一切权力归于且因此源于人民;(2)当一政府被认定为不合格时,共同体之大多数成员具有改革、更换或废止此政府之不容置疑、不可剥夺且不可废止之权利;(3)国家之立法与行政权应分立,并与司法权有别;(4)选举人民之代表必须自由,所有人(men)均有选举权,未经其同意,不得为公共目的对其征税或剥夺其财产;(5)任何受指控者有权与控告者及证人对质,传唤对其有利之证据,由一公正之陪审团尽速审判且未经该陪审团一致同意不得被判有罪,以及不得被强迫提出对自己不利之证据;(6)除非依据国法或同侪之判决,任何人不得被剥夺自由;(7)不应要求过分之保释金,不应强课过分之罚款,亦不应滥施残酷非常之刑罚;(8)不得准予任何普遍令状,可据其指令官员纵无犯罪事实之证据亦可搜查可疑之处;(9)出版自由为自由之重要支柱性保障之一,绝不得加以限制;(10)军队应严格服从民事当局且受其管理;(11)所有人均有同等权利按其良知之指示,自由奉从宗教。①

1776年7月4日,北美13个州的代表在大会上集议通过的《美国独立宣言》确认:"人人生而平等,均从造物主那里被赋予了某些不可剥夺的权利,其中包括生命权、自由权和追求幸福的权利",以及"为了保障这些权利,人们才在他们中间建立政府,而政府之正当权力来自被治理者的同意;任何形式的政府一旦破坏这些目标时,人民便有权利予以更换或废除,以建立一个新的政府;新政府所依据之原则及组织权力之方式,务使人民认为唯有这样才最可能获得他们的安全和幸福"。美国1787年《宪法》规定,除其他外,不得暂停人身保护令、不得通过褫夺公民权利的法案或者追溯既往的法律。

美国宪法1791年、1865年、1870年和1920年的修正案添加了其他权利,它们共同构成了一份相对全面且可强制实施的《权利法案》。同时,1789年8月27日,法国人民的代表以国民大会的组织形式发布了《人权和公民权宣言》。该宣言作为法国大革命的产物,且无疑受到美国经验的启迪、受到其时

---

① 1776年《弗吉尼亚权利宣言》很快被相继不绝的、美国许多州的宪法中的类似宣言所仿效:宾夕法尼亚、马里兰、特拉华、新泽西、北卡罗来纳、南卡罗来纳、纽约、新乔治亚和马萨诸塞。

代的哲学理论的影响，包含了对于"人之自然的、不可剥夺的和神圣的权利"的声明。哲学正在被转变为法律。①

四　国际法

在几个世纪间，一直存在一种调整国家间关系，特别是有关战争行为和外交豁免的国际法律部门。这些原则和行为规则的存在得到国家的承认，遵守它们被认为是义务性的，尽管到现在还没有国际立法机构有权威制定可适用于各国的法律，没有国际警察部队能以强制方式保障各国遵守法律，也没有国际法院具有对各国的强制管辖权。

近代国际法的起源可归因于在标志着三十年战争结束的1648年威斯特伐利亚和约后，世俗主权国家在西欧的崛起。不过，有证据表明，其中一些规则在世界其他地方，几百年前就得到了遵守。例如，古希腊的习惯承认使节的人身不可侵犯、躲入圣地的人的受庇护权利以及条约的神圣性，特别是那些在举行宗教仪式后缔结的条约。在古代中国（公元前551—前479年），礼制谴责对进行和平谈判的使节的拘禁、逮捕和杀害。在古代印度（公元前1367年），巴马尼（Bahmani）王和维贾亚纳加尔（Vijayanagar）王之间的协定规定了战俘的人道待遇和放过敌方无武装成员的性命。② 印度政治学家考底利耶（Kautilya，约公元前150年）的《政事论》③ 作为例证描述了条约的性质：

> 有些教导者说，基于以名誉担保之许诺或者通过宣誓达成的协议是不稳定的和平，而以实质担保或人质支持的和平更稳定。考底利耶不同意。

---

① 劳特派特称，在19世纪，各国宪法对基本权利之承认成为"文明国家宪法之一项一般原则"。他提到了以下国家的宪法：瑞典（1809年）、西班牙（1812年）、挪威（1814年）、比利时（1831年）、利比里亚（1847年）、撒丁王国（1848年）、丹麦（1849年）、普鲁士（1850年）和瑞士（1847年）。See Lauterpacht, *International Law*, 89.

② Erica-Irene A. Daes, *Status of the Individual and Contemporary International Law: Promotion, Protection and Restoration of Human Rights at National, Regional and International Levels* (New York: United Nations, 1992), 15, citing Keyshiro Iriye, 'The Principles of International Law in the Light of Confucian Doctrine' (1967) 1 *Recueil des cours de l'Academie de droit international de La Haye* 8–11; Jui-Chia-Cheng, 'Ancient Chinese Political and Legal Teaching and the Modern Theory of International Law Related to the Position of the Individual in International Law', thesis (unpublished), Athens University (1970); R. C. Hingorani, *Modern International Law* (New York: Oceana Publications, 1984) 13–15; and Nagendra Singh, *India and International Law* (Delhi: S. Chand, 1969), 10.

③ Kautilya, *The Arthashastra*, edited, rearranged and introduced by L. N. Rangarajan [New Delhi: Penguin Books India (Pvt) Ltd, 1992].

基于誓言或以名誉担保的许诺达成的协议在这个和下一个世界上是稳定的[即打破协议对今生和死后都有后果]。取决于实质担保或人质的协议只在现世有效,因为其遵守取决于[作出协议之各方的]相对实力。总是忠言守诺的旧时之王,[只]以口头协议达成约定。如果有任何怀疑,他们会[触碰]火、水、犁沟、垒壁、象肩、马背、车座、武器、宝石、种子、香水、烈酒、黄金或钱币,宣称如果自己违约,这些东西会摧毁或抛弃他。如果对起誓者是否忠诚于其誓言有任何怀疑,所做约定即以伟人、苦修者或酋长为担保[来保证约定之遵守]。在这种情况下,谁获得了能控制敌人之人的保证,谁就略胜对方一筹。

随着在欧洲出现近代国家体系,产生了对于调整国家之间关系的更加精准、更为明确的规则的需要。这一时期的国家实践利用了雨果·格劳秀斯以及与其同时代人物的著述,他们本身又借助自然法的概念来表述国家实体的权利、特权、权力和豁免。在接下来的两个世纪中,不仅国际法部门在扩展,其哲学基础也从自然法移向实证学派。1899年,办公地点设在海牙的常设仲裁法院建立,以和平解决国际争端;1919年,常设国际法院组建。1946年,《联合国宪章》建立国际法院作为联合国的主要司法机关。[①]《国际法院规约》第38条要求法院在根据国际法对提交其争端作出裁决时,适用:

(子)不论普通或特别国际协约,确立诉讼当事国明白承认之规条者。
(丑)国际习惯,作为通例之证明而经接受为法律者。
(寅)一般法律原则为文明各国所承认者。
(卯)……司法判例及各国权威最高之公法学家学说,作为确定法律原则之补助资料者。

因此,当代国际法的至少三个形式渊源得到承认:[②]
1. 一项源自两个或更多国家在彼此之间创建有约束力义务之有意识决定的条约(或国际公约)。[③]当缔约国表示其同意受条约约束且条约生效之

[①] 第92条。
[②] 对于国际法渊源的更全面讨论见,Rebecca M. M. Wallace, *International Law*, 2nd edn (London: Sweet & Maxwell, 1992), 7–33; Martin Dixon, *International Law*, 2nd edn (London: Blackstone Press Ltd, 1993), 18–67。
[③] 一国与一国际组织之间,或国际组织之间,也可以缔结条约。见1986年《关于国家和国际组织间或国际组织相互间条约法的维也纳公约》。

时，条约即成为国际法的一个渊源。① 据此条约的规定构成对其缔约国在国际法上有约束力之义务，缔约国必须善意履行之（有约必守/pacta sunt servanda）。任何一方不得援用国内法作为不履行条约义务之理由。② 虽然可以就极为广泛的事项缔结条约，包括对于已经存在有关习惯国际法规则的事项，但一项条约若与"一般国际法强制规律"（强行法/jus cogens）相抵触，则为无效。③

2. 国际习惯是各国基于相信其具有义务性而遵循之通例。在一项行为规范凝结成为一项习惯国际法规则之前，必须满足两项要求。第一项是在事涉期间——无论多么短，国家实践，包括其利益尤其受到影响之国家的实践，应"既广泛又几乎一致"，④ 而且还要"持续连贯"。⑤ 第二项是，国家实践之动机不应是对礼让、便利或传统之考虑，而应是法律确信（opinio juris）。⑥

3. "一般法律原则"之用语看来包括共同于许多国内法律制度的原则，诸如任何人不应是自己案件的裁判者、⑦ 争端之双方均应得到公正听审、⑧ 受损

---

① 受约束之同意一般通过"签署"及随后之"批准"表示。就其他表示同意的方式，见1969年《维也纳条约法公约》第11—16条。条约可以采取多种形式、名称也可能各不相同。一项联合声明可能构成将一起争端提交仲裁或司法解决的国际协定：*Aegean Sea Continental Shelf Case*, ICJ Reports 1978, 39。两国元首之间的换文以及两国外交部部长所签署之记载其各自政府所接受之承诺的记录也有此效果：*Case Concerning Maritime Delimitation and Territorial Questions between Qatar and Bahrain* (Qatar v. Bahrain) (*Jurisdiction-First Phase*), ICJ Reports 1994, 112。《维也纳条约法公约》第24条规定："条约生效之方式及日期，依条约之规定或依谈判国之协议。"

② 1969年《维也纳条约法公约》第26、27条。

③ 1969年《维也纳条约法公约》第53、64条。就适用该公约而言，一般国际法强制规律指"国家之国际社会全体接受并公认为不许损抑且仅有以后具有同等性质之一般国际法规则始得更改之规律"。被认为具有强行法之性质的习惯国际法规则看来是那些规定侵略和灭绝种族行为为非法、有关个人之基本权利（包括受免遭奴隶制和种族歧视之保护）的规则：*Barcelona Traction, Light and Power Company Limited Case* (Belgium v. Spain) (*Second Phase*), ICJ Reports 1970, 3；禁止使用武力的规则：*Military and Paramilitary Activities in and against Nicaragua Case* (Nicaragua v. USA) (*Merits*), ICJ Reports 1986, 14；以及承认国家间平等和自决的规则：*Military and Paramilitary Activities in and against Nicaragua Case* (Nicaragua v. USA) (*Merits*), 见法官塞特·卡玛拉（Sette-Camara）的单独意见。

④ *North Sea Continental Shelf Cases* (Federal Republic of Germany v. Denmark; Federal Republic of Germany v. The Netherlands), ICJ Reports 1969, 3.

⑤ *Asylum Case* (Colombia v. Peru), ICJ Reports 1950, 266.

⑥ *North Sea Continental Shelf Cases* (Federal Republic of Germany v. Denmark; Federal Republic of Germany v. The Netherlands), ICJ Reports 1969, 3：有关行为必须不仅构成一种确定的惯例，而且它们或其作为之方式还必须是一种信念的证据，即此种做法因要求这一做法之法律规则的存在而具有义务性。此种信念——一种主观因素之存在——的必要性暗含于"法律必要确信"（opinio juris sive necessitatis）的概念本身之中。因此，有关国家必须觉得它们是在依体现法律义务的规则行事。

⑦ *Mosul Boundary Case*, PCIJ Reports, Series B, No. 12 (1925), 32.

⑧ *Diplomatic and Consular Staff in Tehran Case* (USA v. Iran), ICJ Reports 1980, 3；*Military and Paramilitary Activities in and against Nicaragua Case* (Nicaragua v. USA) (*Merits*), ICJ Reports 1986, 14.

害之一方有权得到赔偿①以及衡平原则应得适用。② 看来一般法律原则被包括为一个渊源,是为了在没有可供法院援用之普遍接受的国际法规则时,使法院可诉诸这些原则。③

五　国际主权原则

国际人权法发展的一个主要障碍,是承认国家主权原则的习惯国际法规则。根据这一规则,主权国家对于处理其自身的领土、对待其自身的国民,拥有充分的、全面的和排他的权力。由此而来,国际法曾经不允许任何其他国家或国际社会对这两方面事项的任何干涉或干预。因此,一国曾经可以以其选择的任何方式自由对待本国国民。尤其是,一国单独有权决定其国内法的主题和内容。在国家主权原则的语境中,难以想象国际法能赋予个人可用来对抗其本国的任何权利。④

国家主权原则在其有关一国如何对待其国民的方面,开始受到在国际法中纳入某些人道规范的情况的侵蚀。这是一个始于 19 世纪初的渐变过程。

1. 英国政府和法国政府在 1814 年的《巴黎条约》中,约定合作打击奴隶贩运。在多项这种双边协定之后,1885 年的《柏林会议关于中非的总议定书》声称,"奴隶贸易依各签署国承认之国际法原则予以禁止"。在有关其他措施的协定之后——诸如 1890 年《布鲁塞尔会议关于贩卖非洲奴隶问题的总议定书》规定的登临权和搜查权以及没收从事奴隶贸易的船舶,国际社会在 1926 年缔结了《废除奴隶制和奴隶贸易国际公约》(通称《禁奴公约》),其目标是"完全消灭一切形式的奴隶制以及从陆地和海上进行的奴隶贩卖"。

2. 一位瑞士慈善家亨利·杜南(Henry Dunant)目睹了法国军队和奥地利

---

① *Chorzow Factory Case*, PCIJ Reports, Series A, No. 17 (1928), 29.

② 对于衡平之作用的阐述,见威拉曼特里(Weeramantry)法官的个人意见, *Case concerning Maritime Delimitation in the Area between Greenland and Jan Mayen* (*Denmark v. Norway*), ICJ Reports 1993, 210–279。威拉曼特里法官认为,衡平在某一特定案件中的适用由几方面构成:适用一项或多项衡平原则、采用一项或多项衡平的程序、使用衡平的方法或确保一种衡平的结果。对于将衡平作为国际法的一个渊源适用的早期批评见, M. Akehurst, 'Equity and General Principles of International Law', (1976) 25 *International and Comparative Law Quarterly* 801。

③ *Barcelona Traction, Light and Power Company Limited Case* (*Belgium v. Spain*) (*Second Phase*), ICJ Reports 1970, 3.

④ 不过,一个外国人根据国际法有权得到符合最低文明标准的待遇,包括人身自由权和法律前平等的权利。这是一国对该外国人为其国民的另一国的义务。这种情况的讽刺性在于,当某人身处其本国的管辖范围以外时,会依法得到更好的保护。

军队 1859 年在意大利北部进行的索尔费里诺之战中伤病士兵的惨状后，倡议建立了伤兵救护国际委员会（后来改名为红十字国际委员会）。由于他的努力，1864 年在日内瓦召开了一次外交会议，会上 16 个欧洲国家通过了《改善战地武装部队伤者病者境遇之公约》（第一项日内瓦公约）。在此公约中，这些国家承允照料不论其国籍之伤病军人，并遣返其俘获之无能力继续从事军事服务的伤员。在 1899 年和 1907 年的海牙和平会议上，与会国同意将这些原则扩展至海战中的伤病员，并禁止某些作战行为，包括轰炸不设防城镇、使用毒气和软尖弹（达姆弹）。①

3. 依社会改革组织的倡议，1906 年在伯尔尼召开的各国政府会议达成了两项多边劳工事务公约，一项禁止产业设施雇用的妇女的夜班工作，另一项禁止在制造火柴中使用可燃白磷。随着国际劳工组织于 1919 年成立，一系列旨在调整劳动条件的其他公约得以缔结。

4. 作为第一次世界大战结束后 1919 年和平安排的一部分，欧洲的版图被重新划分。和平安排的一个组成部分是一系列由国际联盟作为担保方的保护少数者的条约，其中规定保护生活在若干新划分其边界的欧洲国家中的少数者的权利。得到保护的权利包括他们的宗教自由、使用自己的语言的权利、维持自己的宗教和教育设施的权利。这些条约还确立了一种申诉机制，使得个人能在任何国际场合，针对其国籍国主张个人权利。②

在这些仅有的领域中，国家主权原则开始减弱，国际社会能够自主评判或甚至是正当合理地表示关切一国政府如何对待自己的公民。不过，第二次世界大战和此前在德国（以及在被其占领的领土上）发生的事件——其间所发生的前所未有的暴行是一个当时合法当权的政权对数以百万计的本国公民实施的，表明了国际法是多么无能为力、令人绝望。根据严格的国家主权原则，外界对授权实施这些暴行的国内法的任何批评都是非法的；根据法律实在主义的理论，这种批评也毫无意义。③ 除非确立一套所有国内法都必须遵守的更高级标

---

① 1949 年在日内瓦召开的国际外交会议通过了四项新的公约取代此前的诸项公约，即《改善战地武装部队伤者病者境遇之日内瓦公约》（第一公约）、《改善海上武装部队伤者病者及遇船难者境遇之日内瓦公约》（第二公约）、《关于战俘待遇之日内瓦公约》（第三公约）和《关于战时保护平民之日内瓦公约》（第四公约）。1977 年，在重申和发展国际人道法的外交会议上，又通过了 1949 年日内瓦公约的两项附加议定书：第一议定书涉及保护国际性武装冲突的受难者，第二议定书涉及保护非国际性武装冲突的受难者，包括政府武装部队与控制一国部分领土之反叛者或其他有组织之武装团体之间的冲突的受难者。

② See *Steiner and Gross v. The Polish State*, Upper Silesian Arbitral Tribunal, Cases Nos. 188 and 287, *Annual Digest* 1927–1928; *Minority Schools in Albania*, PCIJ Reports 1935, Series A/B, No. 64.

③ Paul Sieghart, *The International Law of Human Rights* (Oxford: Clarendon Press, 1983), 14.

准——一套高于一切的国际人权法典，否则历史就将重演。①

美国总统罗斯福在其1941年1月6日对美国国会发表的国情咨文演讲中，表达了他对世界秩序的设想。他谈到了一个建立在四大基本自由之上的世界：言论和表达自由、信仰自由、免于匮乏的自由和免于恐惧的自由。"这将是一个在我们的时代能够达到的那一类世界的确定基础。"在这一年晚些时候即1941年8月14日的《大西洋宪章》中，美国总统罗斯福和英国首相丘吉尔确认他们致力于"其各自国家的政策中若干共同的原则——他们对世界之更好未来的希望即基于此"。这些原则包括：（1）不寻求任何领土或其他方面的扩张；（2）不发生任何与有关人民自由表达的意志不相符合的领土变更；（3）尊重所有人民选择他们愿意生活于其下的政府形式之权利，被武力剥夺其主权权利及自治之人民重新获得主权权利及自治；（4）所有国家在同等条件下享有参加世界之贸易和获得世界之原料的机会；（5）促进劳工标准、经济调整和社会保障；（6）任何地方均能免于恐惧和不虞匮乏；（7）将使所有人能够在公海大洋上不受阻碍地航行的和平；（8）放弃使用武力、鼓励裁军。

这些原则后来又在几个场合得到重申：1942年1月1日26个国家发表的《联合国家宣言》，1943年10月30日美国、英国、中国和苏联外长发表的《莫斯科宣言》以及1943年12月1日美国总统、英国首相和苏联部长会议主席发表的《德黑兰宣言》。1944年，在美国华盛顿的敦巴顿橡树园举行的会议上，美国、英国、中国和苏联代表同意了建立一个国际组织的提议，并于1944年10月7日签署了《敦巴顿橡树园提案》。在1945年2月11日的《雅尔塔协定》中，罗斯福总统、丘吉尔首相和斯大林主席决定在1945年4月25日召开联合国家大会，讨论拟议中的世界组织。这一大会起草了《联合国宪章》，《联合国宪章》于1945年6月25日通过、6月26日签署，有55个国家参加。1945年10月24日，在获得所需数目签署国家的批准后，《联合国宪章》正式生效。

六 《联合国宪章》

在帮助创建国际人权制度的若干项国际条约中，《联合国宪章》是第一个，

---

① 约翰·汉弗莱1946年至1966年担任联合国人权署署长并因此积极参与了这一重要时期的所有主要活动，他对国际人权法发展的精彩叙述见，John P. Humphrey, *Human Rights and the United Nations: A Great Adventure* (New York: Transnational Publishers Inc, 1984). 对阿道夫·希特勒及其国家社会主义（纳粹主义）政策如何影响了《世界人权宣言》之文本的研究见，Johannes Morsink, 'World War Two and the Universal Declaration' (1993) 15 *Human Rights Quarterly* 357。

也是引领者。《宪章》序言重申了对"基本人权,人格尊严与价值,以及男女……平等权利之信念"。联合国的宗旨之一是在其第 1 条中宣布要"促成国际合作,以……不分种族、性别、语言或宗教,增进并激励对于全体人类之人权及基本自由之尊重"。《宪章》第 55 条(寅)项声明,为造成安定及福利条件起见,联合国"应促进……全体人类之人权及基本自由之普遍尊重与遵守,不分种族、性别、语言或宗教"。这是一项施予该组织的强制性义务。在《宪章》第 56 条中,"各会员国担允采取共同及个别行动与本组织合作",以达成第 55 条(寅)项所载之宗旨。这是 1945 年 6 月 26 日签署《宪章》的各国以及那些在后来的岁月中致力于促成联合国之普遍性的各国所承担的一项法律义务。促进对人权之尊重的法律义务必然包括一种尊重人权的法律义务。①

《宪章》第 56 条的效力在于,要求联合国的每一会员国与其他签署国共同以及单独(在其国内管辖范围内)采取行动,以确保对人权及基本自由之"普遍尊重与遵守"。由于这一要求源自每一国家自愿缔结的一项条约即《宪章》,因此这一义务有约束力。《宪章》通过要求经济及社会理事会(《宪章》所建立的联合国机关之一)"为增进全体人类之人权及基本自由之尊重及维护起见……作成建议案",包括制定要提交联合国大会的公约草案,明确其意图在于,随后将在联合国主持下制定人权标准及实施方式。

一项法律义务之存在并不取决于对不履行此义务之制裁的存在。因此,劳特派特主张说,且不论定义或实施的问题,《宪章》确实为联合国会员国施加了尊重基本权利的法律义务:

> 《联合国宪章》是一份法律文件,其语言是法律语言、国际法语言。《宪章》反复确认了个人之"基本人权",这些权利必须被认为是指法律权利——国际法承认且独立于各国之法律的法律权利。这些权利的可强制实施情况并不完美,而且从有救济可用是法律权利的根本标记来说,这些权利是不完美的法律权利。然而,在国际法领域中,权利和救济的相对应关系不像在国家之内那么紧密。另外,不论强制实施的问题如何,确定无疑的是,《宪章》有关基本权利的规定施予了联合国会员国尊重这些权利

---

① 保罗·赛格特解释说,作为一种建构,第 56 条中的义务是采取行动达成第 55 条中所载宗旨的义务,而第 55 条中的"促进"一词只是导入这些宗旨而不构成其一部分。宗旨是"全体人类之人权及基本自由之普遍尊重与遵守",这些内容而非"促进"才是各会员国"担允"采取行动要达成的:Paul Sieghart, *International Law of Human Rights*, 52. See also Lauterpacht, *International Law*, 152。但必须指出的是,这种说法与当时的国内表现并不合拍。例如,美国实行种族歧视,英国和其他几个欧洲国家维持着殖民帝国,而苏联无情地惩罚持异见者。

的法律义务。尤其清楚的是，联合国任何会员国若犯有侵犯这些权利之错，即属违反《宪章》。①

这一观点，如今在国际法院得到了威拉曼特里法官的确认：

> 即使在国内法中，认为制裁对于法律之实效性至为重要的实在主义观点也已经被远远抛下。当代的法理学和社会学研究表明，一项法律的内在实效性独立于强制实施该法律的制裁之存在。对于国际法，则倍加如此。实际上，几乎不需要提到，在国际法中，奥斯汀式的观点，即制裁对一项法律规则或一种法律规定之存在实属必要，已经极其不合时宜了……遵守义务的问题必须总是与可强制实施的问题截然区分开来。②

事实上，国际法院已经确认——尽管是在一项附带意见（obiter dictum）中，第56条所载之担允约束每一联合国会员国，使其有义务在其领土管辖范围内遵守和尊重人权。③

---

① Lauterpacht, *International Law*, 34.
② 威拉曼特里法官的个人意见, *Application of the Convention on the Prevention and Punishment of the Crime of Genocide [Bosnia and Herzegovina v. Yugoslavia (Serbia and Montenegro)]*, Further Requests for the Indication of Provisional Measures, ICJ Reports 1993, at 54。
③ *Legal Consequences for States of the Continued Presence of South Africa in Namibia (South West Africa) notwithstanding Security Council Resolution 276 (1970), Advisory Opinion*, ICJ Reports 1971, 16. 在该案中，国际法院指出，"根据《联合国宪章》，前委任统治国担允在一片具有国际地位的领土上，不分种族遵守和尊重所有人的人权和基本自由。反之，确立并强制实行完全基于种族、肤色、血统、民族或族裔本源，构成对基本人权之否定的区分、排斥、限定或限制，是对《联合国宪章》之宗旨和原则的公然违反。"

第二章　国际人权宪章

人权的国际化是相对晚近的现象。它并不是自然法或自然权利的发展和适用中逻辑进展的一种结果。实际上，人权的国际化是随着联合国的诞生，在20世纪中叶显现的，应对的是几乎完全依靠主权国家的国内法来保护个人这样一种制度的不足。出于对纳粹德国的恐怖行为的畏惧，第二次世界大战的战胜国力图建立一种新的世界秩序，在这种秩序中，一国在其领土边界内对其公民的所作所为将不再其是专属事项。在短短三十年间，就形成了一套详细的国际人权法律制度，力图针对政府的作为或不作为来保护个人。哲学概念被一系列人权条约蕴含的法律规则所取代。按美洲人权法院所说，这些人权条约：

> 并非传统类型的多边条约——其缔结是为了实现缔约国之间出于相互利益的权利的对等交换。它们的目的及宗旨是保护个人的基本权利，而不论他们的国籍，既针对他们的国籍国，也针对所有其他缔约国。各国缔结这些人权条约，可被认为是服从一种法律秩序：在这种秩序中，它们为了共同的利益，承担各种义务，这些义务并非有关其他国家，而是指向受其管辖的所有个人。[1]

当《联合国宪章》施予签署国尊重个人人权和基本自由的约束性义务之时，即承认个人根据国际法享有此等权利和自由。这是《宪章》的缔约国所明示承认的。某一政府如何对待其本国国民，从完全是国内关切事项，发展成为国际社会的正当关切事项。当根据《宪章》建立的机关——人权委员会、经济

---

[1] *The Effect of Reservations on the Entry into Force of the American Convention*, Inter-American Court of Human Rights, Advisory Opinion OC – 2/82 of 24 September 1982, para. 29.

及社会理事会和联合国大会着手列举和界定这些权利和自由、施予各国尊重和确保这些权利和自由的责任并建立机制以监督其实施时，个人就从——按劳特派特所说——"国际关怀的客体"[1] 转变为国际法的主体，能够在各种国际性法院自行寻求保护基本人权的各种救济。

国际人权法体系的出现无疑侵蚀了国家主权的传统原则。这种侵蚀源自主权国家通过行使其主权，同意不仅在其各自领土内尊重和保障人权，而且就其履行这种义务，相互问责和监督，并向国际社会负责、受其监督。曾处于一国国内管辖范围的事项，在其也受到该国所承担之国际义务调整的程度上，已经不再完全属于国内管辖。[2]

一 《世界人权宣言》

《联合国宪章》既未列举也未界定其所述人权。因此，负责促进对人权之尊重与遵守的经济及社会理事会（经社理事会）[3] 建立了一个人权委员会并责成其提交有关一份国际人权宪章的提议、建议和报告。[4] 人权委员会于1947年1月举行会议，并选举美国的埃莉诺·罗斯福（罗斯福夫人）为主席、中国的张彭春为副主席。根据张彭春的提议，委员会决定国际人权宪章将包括三部分：一份宣言、一项公约、实施措施。两个月后，罗斯福夫人任命了一个起草委员会，由经适当考虑地域分配而挑选的、代表其各自国家的8名委员组成：霍奇森上校（Col. Hodgson，澳大利亚）、赫尔南·桑塔克鲁兹（Hernán Santa Cruz，智利）、张彭春（中国）、勒内·卡森（René Cassin，法国）、查尔斯·马立克（Charles Malik，黎巴嫩）、埃莉诺·罗斯福（Eleanor Roosevelt，美国）、杜克斯顿勋爵（Lord Dukeston，英国）以及弗拉迪米尔·考雷斯基（Vladimir Koretsky，苏联）。当起草委员会开始其工作时，放在其案头的一份初步草案——"秘书处大纲"，是由联合国人权署署长约翰·P. 汉

---

[1] H. Lauterpacht, *International Law and Human Rights* (Hamden, CN: Archon Books, 1968 reprint), 4.
[2] *Applicability of Article VI, Section 22 of the Convention on the Privileges and Immunities of the United Nations*, Advisory Opinion, ICJ Reports 1989, 216. 其中，萨哈布丁（Shahabudeen）法官在这一方面，提到了各国对有关其公民健康之问题的管辖权。
[3] 《联合国宪章》第61—72条。
[4] 联合国经济及社会理事会（经社理事会）1946年2月16日第5（Ⅰ）号决议。在1946年6月21日的第9（Ⅱ）号决议中，经社理事会要求人权委员会提交"有关有效落实人权和基本自由之方式和方法的建议"。

弗莱起草的。①

1948 年 12 月 10 日，联合国大会（联大）在巴黎颁布了《世界人权宣言》。② 第三届联大在颁布《宣言》之前，仔细审查了其"几乎每一用词、说法、条款或段落"——联大第三委员会在其 85 次会议上共投票了 1400 次。③ 未获任何反对票而通过的《世界人权宣言》是联合国会员国对其承诺尊重和遵守的那些权利的"一种共同理解"，是对具有普遍适用性的人权的首次全面声明。其序言称，"鉴于为使人类不致迫不得已铤而走险对暴政和压迫进行反叛，有必要使人权受法治的保护"。

《世界人权宣言》开篇即提出了其所依据的哲学基本原理：自由与平等的权利是人之与生俱来的权利，不得被剥夺；而且因为人是一种理性和道德的存在，所以不同于地球上的其他生物，并由此有资格拥有其他生物并不享有的某

---

① 这一草案的文本见，*Yearbook on Human Rights for* 1947 (New York: United Nations, 1949) 484。约翰·汉弗莱称："我并不是托马斯·杰斐逊；而且，我虽然是一个律师，实际上却没有起草文书的经验。但是，因为秘书处收集了几十份草案，我有若干模本作为工作的基础。这些草案中有一份是古斯塔夫·古铁雷兹（Gustavo Gutierrez）起草的，很可能启发了古巴在旧金山会议上提议的《人的国际义务和权利宣言》的草案。埃尔文·艾萨克（Irving A. Isaacs）、威尔弗雷德·帕森斯（Wilfred Parsons）牧师和罗林·麦克尼特（Rollin McNitt）以及一个由桑吉（Sankey）子爵担任主席的委员会（在英国的《每日先驱报》上进行公开辩论之后）也编写了若干文本。还有两个文本分别来自赫希·劳特派特（Hersch Lauterpacht）教授和 H. G. 威尔斯（H. G. Wells）。还有一些草案来自美国法律研究所（American Law Institute）、美国联合国协会（American Association for the United Nations）、美国犹太人大会（American Jewish Congress）、世界政府协会（World Government Association）、国际法研究院（*Institut de droit international-al*）以及《自由世界》（*Free World*）的编辑。美国律师协会提交了事项清单。除了两个例外，所有这些文本都源自英语国家；所有这些文本都来自西方国家。秘书处事后整理以支持我提出的草案的文件包括许多国家的宪法的引文，但在我编写我的草案之时，手头并无这些资料。我的工作所参考的最好文本是由美国法律研究所编写的，我并无拘束地借用了其中的内容。这一文本是巴拿马在旧金山会议以及后来在联大支持但未成功的文本。该文本是在美国、由一群代表许多文化的杰出人士起草的，其中有一位是巴拿马外交部长阿尔弗雷德·阿尔法罗（Alfredo Alfaro）。" John P. Humphrey, *Human Rights and the U-nited Nations: A Great Adventure* (New York: Transnational Publishers Inc, 1984) 32-3.

② 联大第 217 A（Ⅲ）号决议。该决议还包含了四个其他部分，即（乙）：请愿权，请经社理事会要求人权委员会"于研讨人权公约及其实施办法草案时，对请愿问题续行审议，以便大会在下次届会考虑对请愿问题如应采取进一步行动时所应采取之行动如何"；（丙）：少数民族之命运，指出决定在《宣言》中不包括有关少数者之特别规定，但请经社理事会要求人权委员会"就少数民族问题而为详尽研究，俾联合国采取有效措施，以保护因种族、国族、宗教或语言分野而成立之少数民族"；（丁）：世界人权宣言之宣扬问题，建议各会员国政府尽其权力所及，采取一切方法，对该宣言郑重加以宣扬，并以学校及其他教育机关为主要媒介，使该宣言书广为流传、展示、阅读及阐述，请秘书长将该宣言广为散发，并为此目的尽可能采取种种办法以一切语文刊印并分发，邀请各专门机构及非政府组织尽力促使其会员注意该宣言；（戊）人权公约及其实施办法草案之草拟，请经社理事会要求人权委员会继续尽先办理关于草拟人权公约及其实施办法草案之工作。

③ Centre for Human Rights, *United Nations Action in the Field of Human Rights* (New York: United Nations, 1994), para. 372.

些权利和自由。[①] 然后,《宣言》宣示了如下人权和基本自由:

第 3 条:生命、自由和人身安全权

第 4 条:不当奴隶、不受奴役之权利

第 5 条:免受酷刑或残忍、不人道或侮慢之待遇或处罚的权利

第 6 条:被承认为法律上主体之权利

第 7 条:在法律上平等且受法律之平等保护的权利

第 8 条:获得有效救济之权利

第 9 条:不受无理逮捕、拘禁或放逐之权利

第 10 条:获得平等不偏且公开之审理的权利

第 11 条:受刑事控告者被视为无罪并得到保护、不受刑法之追溯适用的权利

第 12 条:隐私权

第 13 条:迁徙自由权

第 14 条:寻求并享受庇护之权利

第 15 条:国籍权

第 16 条:家庭生活之权利

第 17 条:个人财产受到保护、不被无理剥夺之权利

第 18 条:思想、良心与宗教自由之权利

第 19 条:主张及表达自由之权利

第 20 条:和平集会与结社自由之权利

第 21 条:参与公共生活之权利

第 22 条:享受社会保障之权利

第 23 条:工作、自由选择职业、享受公平优裕之工作条件及失业之保障的权利,组织及参加工会之权利

第 24 条:休息及闲暇之权利

第 25 条:适当生活水准之权利

第 26 条:受教育之权利,父母抉择其子女所应受之教育的优先权利

第 27 条:参加社会之文化生活的权利

第 28 条:享受宣言所载权利与自由可得全部实现之社会及国际秩序的权利

[①] Centre for Human Rights, *United Nations Action*, para. 365.《宣言》第 1 条规定:"人皆生而自由;在尊严及权利上均各平等。人各赋有理性良知,诚应和睦相处,情同手足。"

《世界人权宣言》第 29 条还规定,人人对于社会负有义务;人人于行使其权利及自由时,应只受法律所定之限制,且此种限制之唯一目的应在确认及尊重他人之权利与自由并谋符合民主社会中道德、公共秩序及一般福利所需之公允条件。

据汉弗莱说,《世界人权宣言》并没有杰斐逊是美国独立宣言之父这种意义上的"父亲"。《宣言》是"实打实数千人的成果,他们通过联合国机构、专门机构和非政府组织为起草做出了贡献;而且,尽管西方的影响无疑是最强的,但马克思列宁主义理论和共产主义实践也很重要,政治和经济方面仍处于依赖地位的国家提出的主张也是如此"。[①] 查尔斯·马立克,一位黎巴嫩的哲学教授,在其作为联大第三委员会主席向联大提交《宣言》最终文本时,进一步阐述道:

> 《宣言》是所有文化和国家汇集他们的智慧和洞察力的综合产物。大西洋两岸的北美和西欧主要强调公民、政治和个人自由;苏维埃社会主义世界提倡经济和社会权利;拉丁美洲世界关心法治;斯堪的纳维亚人强调男女平等;印度和中国支持不歧视,尤其是对于受压迫、不发达和处境不利者,也对受教育权利深表关切;其他人主张,这些权利的来源就在于人之性质本身;而那些持有主导宗教观点者,则希望保障宗教自由。研究每个民族和文化如何将其珍视之传统的基本价值引入共同关注,是一项令人着迷的任务。[②]

《世界人权宣言》本身并不意在成为一项具有法律约束力的文书。它没有被任何国家签署,其意图也非如此。它试图补充《联合国宪章》中的一般规定,并作为"所有人民所有国家共同努力之标的"。它载有对权利的声明,这些权利在各会员国本身的人民之中及其管辖之下领土上的人民之中的"有效之承认与遵行",要通过"国家与国际之渐进措施"加以保障。[③] 然而,时间似乎转变了《宣言》的性质,如今一种广泛的认识是,所有政府都有义务确保《宣言》所颁布之权利的享有。

---

① John P. Humphrey, 'The World Revolution and Human Rights', in Allan E. Gottlieb (ed.), *Human Rights, Federalism and Minorities* (Toronto: Canadian Institute of International Affairs, 1970), 155.
② 联大前主席、联合国人权委员会前主席查尔斯·马立克大使在非政府组织纪念《世界人权宣言》25 周年大会之开幕全会上的讲话,纽约联合国总部,1973 年 12 月 10 日。
③ 《世界人权宣言》序言。

(一) 对《联合国宪章》的真确解释?

《世界人权宣言》的序言指出,"鉴于各会员国业经誓愿与联合国同心协力促进人权及基本自由之普遍尊重与遵行",以及"鉴于此种权利自由之公共认识对于是项誓愿之彻底实现至关重大",联大将《世界人权宣言》宣布为"共同努力之标的"。这一序言性的叙述表明,会员国承诺尊重和遵守、但在《联合国宪章》中并未界定的人权,现已列入《世界人权宣言》。换一种方式理解,《宣言》可被视为构成各当事国有关《宪章》或其条款的适用之"解释"的"嗣后协定"。[①] 无论根据哪一种观点,《宣言》如今被都承认为是解释《联合国宪章》中所表达之"人权和基本自由"的正当辅助。[②]

汉弗莱主张,通过一种新的习惯规则的发展,《世界人权宣言》已经成为对《联合国宪章》的真确解释。[③] 为支持其论点,他摘引了若干联大决议,以一项在《宣言》颁布四个月后通过的决议为始。这一决议有关苏联政府拒绝一位苏联公民——她是智利驻苏联大使的儿子的妻子——与她丈夫一道离开苏联。就此情况,联大在一项决议中确认,"凡阻止或强使他国国民之妇随夫离去本国或赴国外从夫之举措,均与《宪章》不符",并援引了《宣言》第13条(离开连其本国在内之任何国家的权利)和第16条(不受种族、国籍或宗教之任何限制而结婚的权利)。据此,该决议建议苏联撤销这种性质的措施。[④] 汉弗莱认为,这一决议对于《宣言》具有约束力并没有多说,但在援用所涉两条之后确实说,苏联采取的措施不符合《宪章》。鉴于《宪章》既未列举也未界定人权,合乎逻辑也不可避免的结论是,对该决议投了赞成票的国家是在用《宣言》解释《宪章》。[⑤]

汉弗莱的论点得到了国际法院的强有力意见的支持。在纳米比亚案中,[⑥]

---

① 《维也纳条约法公约》第31条第3款(乙)项。
② See Paul Sieghart, *The International Law of Human Rights* (Oxford: Clarendon Press, 1983), 54.
③ John P. Humphrey, 'The Universal Declaration of Human Rights: Its History, Impact and Juridical Character', in B. G. Ramcharan (ed.), *Human Rights: Thirty Years after the Universal Declaration* (The Hague: Martinus Nijhoff, 1979), 21–37.
④ 1949年4月25日联大第285(Ⅲ)号决议。在1949年5月14日联大第265(Ⅲ)号决议中——该决议有关印度裔人口在南非的待遇,联大请印度、巴基斯坦和南非政府在一次圆桌会议上讨论,其中要考虑《联合国宪章》的宗旨和原则以及《世界人权宣言》。汉弗莱摘引的其他决议包括1960年12月14日联大第1514(XV)号决议、1963年11月20日联大第1904(XVIII)号决议、安全理事会1963年第S/5471号决议和联大1966年10月27日第2145(XXI)号决议。
⑤ Humphrey, 'The Universal Declaration of Human Rights', 34.
⑥ *Legal Consequences for States of the Continued Presence of South Africa in Namibia (South-West Africa) notwithstanding Security Council Resolution 276 (1970)*, ICJ Reports 1971, para. 131.

国际法院的意见称："确立并强制实行完全基于种族、肤色、血统、民族或族裔本源，构成对基本人权之否定的区分、排斥、限定和限制，是对《宪章》之宗旨和原则的公然违反。"汉弗莱提醒说，因为《宪章》本身宣明，所有人的人权都必须得到尊重和促进，而"不分种族、性别、语言或宗教"，[1] 因此国际法院的这一意见"帮助甚微"。另一位评论者奈杰尔·罗德利则提出，国际法院的这一意见"对于这样一种主张具有权威性，即各个政府根据《联合国宪章》均有一项明确的、不得实行此类歧视的法律义务"。[2] 罗德利援用了国际法院一位前院长的观点，即这种措辞"无可怀疑地表明，在法院看来，《宪章》的确为联合国会员国施加了在人权领域中的法律义务"。[3]

汉弗莱所述之上引国际法院的意见和《联合国宪章》的规定涉及两个不同的问题。《宪章》要求联合国会员国确保所有人不分种族、性别、语言或宗教享有人权，而国际法院表达的观点是，基于种族、肤色、血统、民族或族裔本源而"歧视"是对基本权利之否定并因此违反了《宪章》的宗旨和原则。《宪章》中没有任何地方声明"歧视"是对人权之否定。这一声明见于《世界人权宣言》。因此，就这一特定案件的事实问题，国际法院在此诉诸《宣言》以理解《宪章》中有关尊重和人权的规定。

这种观点从国际法院更近的一项裁决得到了进一步支持。国际法院在德黑兰人质案[4]的判决中称，"不正当地剥夺人之自由并使之在艰苦条件中遭受身体约束，本身就明显不符合《联合国宪章》的原则以及《世界人权宣言》阐明的基本原则"。《宪章》中没有任何地方明文禁止不正当地剥夺自由或对人施以约束身体的艰苦情况。这种禁止载于《宣言》所宣示的人身自由和安全权以及免受酷刑权。《宪章》只是规定会员国尊重和促进人权。因此，在这一案件中，国际法院相当明确地声明，有违《宣言》之行为即不符合《宪章》的原则。

（二）独立于《宪章》的习惯国际法？

《世界人权宣言》正如其名称所表明的，是一份宣言而非一项条约。在联合国的惯例中，"宣言"是一种正式、庄严的文书，适宜于宣示具有重大和持

---

[1] 《联合国宪章》第1条第3款。

[2] Nigel S. Rodley, 'Human Rights and Humanitarian Intervention: The Case Law of the World Court', (1989) 38 *International and Comparative Law Quarterly* 321, at 324.

[3] Nagendra Singh, *Enforcement of Human Rights in Peace and War and the Future of Humanity* (Utrecht: Martinus Nijhoff Publishers, 1987), 28.

[4] *Diplomatic and Consular Staff in Teheran Case*, ICJ Reports 1980, 42.

久意义之原则的极少数场合。① 考虑到一份宣言的庄严性和重大性,"可以认为它代表通过它的机关,传达了一种强烈的期望,即国际社会的成员将遵守该宣言。因此,只要这一期望通过国家实践逐渐具有了正当合理性,一份宣言就可能通过习惯被承认为确立了约束各国的规则"。② 在其颁布以后过去的 70 年间,是否可以正当合理地认为《世界人权宣言》或至少是其部分规定满足了这一期望?早在 1971 年,国际法院的一位法官就承认,"尽管《宣言》所作确认并非作为国际公约而具有约束力……但这些确认基于习惯约束各国……无论是因为它们构成了对习惯法的编纂……还是因为它们通过被接受为法律的普遍实践,获得了习惯的效力……"。③

当《世界人权宣言》于 1948 年在巴黎通过时担任联大主席的赫伯特·维勒·伊瓦特(Herbert Vere Evatt)预言,"距离巴黎或纽约数千里之遥的世界各地的成千上万男女老幼,都将转向这一文件寻求帮助、指引和鼓舞"。④ 在《宣言》颁布 20 周年之时,一些杰出的非政府组织聚集在蒙特利尔,在国际法学家委员会秘书长肖恩·麦克布莱德(Sean MacBride)担任主席的会议上宣布:"《世界人权宣言》构成了对最高等级之《联合国宪章》的权威解释,并经历多年而成为习惯国际法的一部分。"⑤ 在《宣言》通过 25 周年之时,在纽约举行的、有 83 个非政府组织参加的纪念会议上,《宣言》被承认为已经"无可争辩地成为全世界有关对人之人性待遇的尺度"。⑥ 在其 50 周年前夜,

---

① 这一意见是联合国秘书处应人权委员会的请求,对于一份"宣言"与一项"建议"之间在法律意义方面的区别所表示的。See UN document E/CN. 4/L. 610; 34 ESCOR, Suppl. No. 8 (E/3616/Rev. 1), at 15 (1962), in Louis B. Sohn and Thomas Buergenthal, *International Protection of Human Rights* (Indianapolis: Bobbs-Merrill Company Inc, 1973), 519 – 20.

② 见上注所指联合国文件。肖恩·麦克布莱德(Sean MacBride)提出,1907 年《海牙公约》的宣言包含了可被称为在人权方面一种广泛而方便的习惯国际法的定义:"源于各文明民族所确立之惯例、人性法则以及公众良心之指令的原则。"他提出,通过适用这一广泛的常规定义,有可能将至少是《世界人权宣言》的部分当作构成了万国法和习惯国际法的一部分。他主张,《世界人权宣言》尽管没有国际公约的约束力,但必然代表了"各文明民族确立之惯例""人性法则"和"公众良心之指令"。See A. H. Robertson (ed.), *Human Rights in National and International Law* (Manchester: Manchester University Press, 1968), 66.

③ *Legal Consequences for States of the Continued Presence of South Africa in Namibia* (*South-West Africa*) *notwithstanding Security Council Resolution* 276 (1970), ICJ Reports 1971, separate opinion of Vice-President Ammoun at 76.

④ United Nations, *The Universal Declaration of Human Rights: A Standard of Achievement* (New York: United Nations, 1963), 12.

⑤ 'The Montreal Statement of the Assembly for Human Rights, 22 – 27 March 1968' (1968) 9 (1) *Journal of the International Commission of Jurists*, 94.

⑥ 这一呼吁得到了 1973 年 12 月 10—12 日在纽约的联合国总部举行的非政府组织人权大会的一致赞同。

联合国防止歧视和保护少数小组委员会的独立专家成员重申,《宣言》"构成了至关重要的国际标准"。①

尽管"人民"提出了这些大胆的主张,但只有国家实践才能将《世界人权宣言》的性质从一份具有高度道德权威的文件转变为习惯法。在本章中,对于《宣言》确立的标准在多大程度上经由国家实践被确认为具有义务性,无法做全面分析。不过,在目前阶段,简短甚至粗略地考察《宣言》如何被国际社会使用、如何被纳入国际法和区域法、如何体现在各国宪法中以及如何在司法裁决中被提到,看来对于所讨论的问题是适切的。

在审查嗣后的国家实践之前,需要指出的有关一点是,对于通过《世界人权宣言》,没有任何联合国会员国投反对票。不过,有8个国家弃权。汉弗莱解释了这些国家弃权的原因。沙特阿拉伯的担忧是,改变一个人的宗教或信仰的权利有可能有利于传教士使人改变宗教信仰的活动,而这些传教士往往是外国干涉的前驱。沙特阿拉伯大使贾米尔·巴鲁迪(Jamil Baroody)——他本人是一位黎巴嫩的基督徒——声称,《古兰经》禁止穆斯林改宗,但这种对宗教经文的解释受到了巴基斯坦大使扎赫鲁拉·可汗(Zafrullah Khan)——一位穆斯林——的质疑。南非认为《宣言》太宽泛了,因为其中包括了除基本权利以外的权利。对于六个社会主义集团的国家:

> 苏联的安德烈·维辛斯基大使称,《宣言》有严重的缺陷和疏漏:有关奴隶制的一条太抽象;有关信息自由的一条因为对防止战争煽动和法西斯观点无动于衷而未能解决问题;除非工人有表达其意见的手段,而这意味着有出版社和报纸供其利用,否则就不会有信息自由;在街道上示威的权利本应该得到保障;未规定科学研究不得用于战争目的的保障;没有保护少数者权利的规定。最后,他表示遗憾的是,《宣言》中没有提到国家的主权权利。乌克兰代表以传统的马克思主义理论解释其为何弃权:《宣言》宣示的权利在许多国家现有的条件下和经济结构中,无法行使。在工作权、休息权和受教育权得到实施之前,自由企业的经济制度必须彻底加以改变……捷克斯洛伐克的代表表示不满说,《宣言》并不具有革命精神;既无魄力又不现代。白俄罗斯代表称,这只是一种宣告,而没有保障所宣告的权利。波兰代表称,《宣言》中包括的权利没有超出老旧的自由主义

---

① Resolution 1997/43, 49th session of the Sub-Commission on the Prevention of Discrimination and the Protection of Minorities.

流派所承认的权利的范围……与 1789 年《人权和公民权宣言》和《共产党宣言》相比，特别是与激励了十月革命的原则相比，《宣言》是一种退步。南斯拉夫代表以更仔细斟酌的语言解释其为何弃权：人权的传统类别（意指公民权利和政治权利）应该予以拓宽，而得到承认的社会权利体系应包括某些社群的集体权利。[①]

对于《宣言》实质性条款的单独投票表明，其中宣明的绝大部分权利和自由得到了一致赞同，包括生命权、人身自由和安全权；免受奴隶制和奴役的自由；不受酷刑或残忍、不人道或侮慢之待遇或处罚的自由；人格得到承认的权利；免受歧视的自由；获得有效救济的权利；免受任意逮捕、拘禁和流放的自由；获得公正审判的权利；受指控者的权利；隐私权；寻求和享有庇护的权利；国籍权；家庭生活权；拥有财产的权利；集会和结社自由；民主权利和担任公职的权利；社会保障权；工作权、自由选择就业的权利、公平与良好之工作条件和报酬权、组织和加入工会的权利；闲暇权；适当生活水准权以及参加文化生活的权利。只对于迁徙自由[②]以及意见和表达自由[③]，有国家投反对票；而所记录的弃权票则有关思想、良心和宗教自由以及受教育权。[④] 尽管在 1948 年，冷战政治正在浮现，但看来《宣言》所表述的规范大体上被接受。由于不是一项条约，《宣言》无须签署或批准。但是，几乎没有什么文书能比《宣言》"更代表国际社会的意志和愿望"。[⑤]

（三）国际社会的使用

在主权国家聚集的场合中发表的无数声明都赞同了《世界人权宣言》作为需要实现的义务性标准。以下是若干重要例证：

· 1960 年，在《关于准许殖民地国家及民族独立之宣言》中，联大（除了南非这一唯一的例外，包括了所有其他在《宣言》最终通过时弃权的国家）

[①] John P. Humphrey, *Human Rights and the United Nations: A Great Adventure* (New York: Transnational Publishers Inc, 1984), 68 - 73. 一个不那么为人所知的事实是，加拿大在第三委员会投了弃权票。加拿大未予解释。72 小时后，加拿大在联大投了赞成票；莱斯特·佩尔森（Lester Pearson）大使在解释为何如此投票时称，《宣言》中的许多条款模糊而缺乏精确性，如果某个法学家机构，如联合国国际法委员会，在其文本被提交联大之前能对其做审查，情况本可能好得多。本身就是加拿大人的汉弗莱称这种解释为"很可能是事后的文饰"。见汉弗莱书，第 71—72 页。
[②] 投票情况是：44 票赞成、6 票反对、2 票弃权。
[③] 投票情况是：43 票赞成、7 票反对、2 票弃权。
[④] 各有 4 票弃权和 3 票弃权。
[⑤] Humphrey, 'The World Revolution', 159.

声明,"所有国家均应……忠实严格遵行……《世界人权宣言》……之规定"。①

·1963 年,在缔结于亚的斯亚贝巴的《非洲统一组织宪章》中,非洲的国家元首和政府首脑确认其"遵循"《世界人权宣言》的原则。②

·1968 年,在德黑兰举行的、84 个国家的正式代表参加的国际人权会议"重申对于《世界人权宣言》……所载原则的信念",声明该宣言是"世界各地人民对于人类一家所有成员不可割让、不容侵犯的权利的共同认识"。③

·1975 年,欧洲安全与合作国际会议的参加者,包括来自东欧和西欧的主权国家(唯一例外是阿尔巴尼亚)以及美国和加拿大的代表,在《最后协定》中承诺"依据《世界人权宣言》之宗旨和原则行事",并"履行"其中设立的"义务"。④

·1980 年,安第斯集团的国家(哥伦比亚、厄瓜多尔、秘鲁、委内瑞拉、哥斯达黎加、巴拿马和西班牙)通过的《里奥班巴行为准则》(*Riobamba Charter of Conduct*)包含了一项承诺,"适用"《世界人权宣言》确立的"基本原则"。⑤

·1983 年,90 多个非结盟国家的国家元首或政府首脑在新德里聚会,重申"其确保根据《世界人权宣言》尊重对个人之人权和民族权利之促进的承诺"。⑥

·1987 年,英联邦国家的政府首脑在温哥华开会,"重申其……根据英联邦各项宣言和主要国际人权文书遵守人权的承诺"。⑦

·1993 年,171 个国家和两个民族解放运动的代表齐聚在维也纳召开的世界人权大会,不仅重申其对《世界人权宣言》之原则的承诺,而且提到了各国按《宣言》"所述负有义务",并敦促"全面履行"《宣言》。⑧

《世界人权宣言》也被纳入双边条约和其他国际协定,作为一种义务性的行为准则。例如,在 1951 年同盟国与日本签订的和平条约(《旧金山和约》)

---

① 联大 1960 年 12 月 14 日第 1514(XV)号决议。

② 文本见,Min-Chuan Ku(ed.),*A Comprehensive Handbook of the United Nations*(New York:Monarch Press,1979),Vol.Ⅱ,680。

③ 文本见,Centre for Human Rights,*Human Rights:A Compilation of International Instruments*(New York:United Nations,1993),51 – 4。

④ 对其文本的相关摘引见,Sieghart,*International Law of Human Rights*,30 – 1。

⑤ 文本见,(1980)*International Commission of Jurists:The Review* 64。

⑥ UN document A/38/132, Annex 1, part 1, para. 24.

⑦ Commonwealth Heads of Government, *The Vancouver Communiqué*, October 1987(London:Commonwealth Secretariat, 1987).

⑧ 《维也纳宣言和行动纲领》,1993 年 6 月 25 日,UN document A/CONF. 157/23。

中，日本宣布其有意努力实现《宣言》之目标。在 1954 年意大利、英国、美国和南斯拉夫政府之间有关的里雅斯特自由地（Free Territory of Trieste）的谅解备忘录中，意大利和南斯拉夫政府同意在其对各自区域的管理中，将依据《宣言》的原则行事。① 在 1960 年有关建立塞浦路斯共和国的条约中，英国、土耳其和希腊政府同意，"塞浦路斯共和国应保证其管辖内的每一个人享有等同于《欧洲人权公约》第一部分所列之人权和基本自由"，② 而这一部分是以《宣言》为基础的。

汉弗莱称，"根本就没有这种东西"，即习惯万国法（customary law of nations）是被造出来的。"因为习惯只不过是各国对于何为法律的一致同意，而且这是在情况适当时通过正式的声明和实践经由它们自己之口证明的。还有什么比在联合国的投票更正式的？当一会员国对一项旨在说明法律为何的决议投赞成票时，这就是证据，证明在该国的想法中，这是法律。因此，尽管联大的决议通常本身不具有约束力，但它们可以是习惯法的证据。"③

（四）纳入国际条约

在《公民及政治权利国际公约》和《经济社会文化权利国际公约》（合称联合国人权两公约）中，除了三个例外，④《世界人权宣言》的所有规定都以协议法的形式得到重申，目前各约束 168 个和 164 个国家。47 个欧洲国家通过《欧洲人权公约》、25 个中南美洲和加勒比海地区的国家通过《美洲人权公约》采取了步骤以在其各自地区集体实施《宣言》所阐明的若干原则。《非洲人权和民族权宪章》在 1986 年 10 月生效标志着非洲大陆上 55 个主权国家的类似承诺。另外，一系列其他国际条约对《宣言》所宣示之若干具体权利或其方面，做了更详细的界定，并规定了其各自单独的实施机制。⑤

（五）在国家宪法中的体现

在《世界人权宣言》颁布之后制定的若干国家宪法或者在其序言或执行性

---

① United Nations, *United Nations Action in the Field of Human Rights*（New York: United Nations, 1974），17.
② 第 5 条。该条约的文本见，*Cmnd.* 1093: *Cyprus*（London: HMSO, 1960）。
③ Humphrey, *Human Rights and the United Nations*, 75 – 6. 阿蒙（Ammoun）法官在巴塞罗那电车公司案中发表单独意见称，"各国代表团在国际组织和会议——特别是在联合国——采取的立场，自然构成国家实践之一部分"。*Barcelona Traction Case*, ICJ Report 1970, 1 at 302 – 4.
④ 寻求和享有庇护的权利、享有国籍的权利和拥有财产的权利。
⑤ 文本见，*Human Rights: A Compilation of International Instruments*（New York: United Nations, 1997）。

规定中明确提到了《宣言》，或者包含了以《宣言》的条款为模本的详细规定。例如，喀麦隆1961年宪法、塞内加尔1963年宪法和贝宁1990年宪法的序言都确认其"拥护"《宣言》包含的"基本自由"。马拉维共和国1966年宪法第2条规定，"马拉维政府和人民应继续承认《宣言》所载之个人自由之神圣性"。赤道几内亚1968年宪法第3条规定，国家应承认和保障《宣言》确立的人权和自由。在最近的安道尔大公国宪法中，第5条毫不含混地声明，《宣言》"在安道尔有约束力"。与之相对应，包含了对"基本权利"之极为全面规定的1975年《巴布亚新几内亚独立国家宪法》在限制条款中规定，为了判断任何法律、事项或事务在一个民主社会中是否具有合理正当之目的，法院可以考虑《宣言》。① 如今，不少于146部1948年以后制定的宪法包含了对基本权利的规定，这些权利就算没有忠实地复制《宣言》的条款，也至少受到了其启发。

（六）在司法裁决中援用

联合国国际法院的法官在若干案件中，依靠或摘引了《世界人权宣言》以查证习惯国际法的内容。例如，在1955年的诺特鲍姆案中，古根海姆法官提到了《宣言》"第15条第1款所含基本原则……根据该款，人人均有国籍权"。② 在1966年的西南非洲案中，田中法官提到《宣言》，称其"尽管本身不具有约束力，但构成了《宪章》中有关规定之解释和适用的证据"，并且总结称，"不得基于种族而歧视或隔离之规范已经成为一项习惯国际法"。③ 在1971年的纳米比亚案中，法院副院长阿蒙在解释了《宣言》如何基于习惯可以约束各国之后指出，"一项可以肯定认为先前已存在、《世界人权宣言》加以编纂之习惯规范的权利，是平等权，这一权利经由普遍同意，自最遥远的时代起，就已经被认为为人性所固有"。④ 同样，在1980年的德黑兰人质案中，美国政府援用了《宣言》中的6条以支持其主张，即规范外国人待遇的某些最低限度标准以习惯国际法形式存在；而国际法院断然宣布，"不正当地剥夺人之自由并使之在艰苦条件中遭受身体约束，本身就明显不符合《联合国宪章》

---

① 第39条第2款。
② *Nottebohm Case (Second Phase)*, ICJ Reports 1955, dissenting opinion of M. Guggenheim, Judge 'Ad Hoc', at 63.
③ *South West Africa Case, Second Phase*, ICJ Reports 1966, dissenting opinion of Judge Tanaka, 293.
④ *Legal Consequences for States of the Continued Presence of South Africa in Namibia (South West Africa) notwithstanding Security Council Resolution 276 (1970)*, ICJ Reports 1971, separate opinion of Vice-President Ammoun, at 76.

的原则以及《世界人权宣言》阐明的基本原则"。①

后来在 1987 年的亚基梅茨案（Yakimetz Case）中，伊文森法官提到《世界人权宣言》第 13 条和第 15 条（离开包括其本国在内之任何国家的权利，以及不得被任意剥夺国籍或被拒绝改变国籍的权利），认为这两条确立了"法律的基本原则"。② 两年后，在马吉鲁案（Mazilu Case）中，同一位法官援用了《宣言》第 16 条（家庭是社会的天然和基本单位并有权得到社会和国家的保护），以支持他的观点，即"一个人之家庭与家庭生活的完整性是一项受国际法通行原则保护的基本人权，这些原则不仅源自协议国际法或习惯国际法，而且源自'一般法律原则为文明各国所承认者'"。他指出，《宣言》第 16 条"是对现代万国法中一项已确立之人权原则的具体体现"。因此，尊重个人之家庭和家庭生活必须被认为是承担联合国任务的专家为"独立履行其职能"而必需的"特权与豁免"的必要组成部分。③

在国家层面上，尽管有证据表明，《世界人权宣言》曾经在无数的法律诉讼中被摘引，④ 但迄今可能最重要的司法裁决是美国联邦上诉法院在费拉提加诉佩纳—伊莱拉案中的裁决。⑤ 该法院在 1980 年判称，"官方的酷刑现在被万国法所禁止"。该法院在达成这一裁决时指出，《联合国宪章》规定所有会员国有义务采取行动增进"对于全体人类之人权及基本自由之尊重"，以及随后的"极为精确地列明会员国根据《宪章》所承担之义务"的多项联合国宣言明确地禁止任何国家"允许卑鄙且彻底反人性的酷刑行为"。该法院进一步指出，禁止酷刑被包含在多项人权条约和超过 55 个国家的宪法中，来自外交渠道的报告也表明，没有任何政府——即使是那些据称施用了酷刑的政府——声称有施用酷刑的权利。几个月后，在罗德里格兹—费南德兹诉威尔金森案中，⑥ 美国堪萨斯地区法院判称，移民当局在驱逐前无期限拘禁外国人有违国际法："我们对习惯国际法之来源的审查清楚地表明，任

---

① *Case Concerning United States Diplomatic and Consular Staff in Teheran*, ICJ Reports 1980, 42.
② *Application for Review of Judgment No. 333 of the United Nations Administrative Tribunal*, ICJ Reports 1987, dissenting opinion of Judge Evensen, at 173.
③ *Applicability of Article VI, Section 22, of the Convention on the Privileges and Immunities of the United Nations*, ICJ Reports 1989, separate opinion of Judge Evensen, at 210.
④ See United Nations, *United Nations Action in the Field of Human Rights* (New York: United Nations, 1974), 18 – 19.
⑤ *Filártiga v. Peña-Irala*, 630 F. 2nd 876 (2nd Cir. 1980), noted in (1980) *International Commission of Jurists: The Review* 62. See also 'United States: Memorandum for the United States Submitted to the Court of Appeals for the Second Circuit in *Filártiga v. Peña-Irala*' (1980) *International Legal Materials* 592.
⑥ *Rodriguez-Fernandez v. Wilkinson*, 505 F. Supp. 787 (D. Kan. 1910).

意拘禁被习惯国际法所禁止。因此，尽管不能说无期限拘禁一位无合法身份的外国人违反了美国宪法或我们的制定法，但作为对国际法之违反，这需要从司法上补救。"①

因此，看来国际社会现在承认遵守基本人权和自由是义务性的。在政治以及司法场合得到最广泛摘引的文件，是《世界人权宣言》。早在 1965 年，汉弗莱·瓦尔多克爵士就表示，"对《宣言》之原则的不断和广泛承认使其具有习惯法性质"。② 后来，约翰·汉弗莱声称，《宣言》是"习惯万国法之一部分，因此约束所有国家"。③ 亚历山大·基斯则主张，可以认为，《宣言》所宣示之原则不仅已经成为国际法的习惯规则，而且已经成为一种没有任何国家能在任何情况下无视的"更高规则"。④ 这些由声名卓著的法学家所表达的意见也得到国际组织的决议、国家实践和司法裁决的支持，至少是在表明存在以下共识的程度上，即《宣言》的某些规定已经凝结成为习惯国际法规则。我们心中立刻能想到的五项权利，是生命权、⑤ 自由权、免受奴隶制的自由、免受酷刑的自由和在法律前平等的权利。也许还有更多。

当然，这并不必然意味着在事实上，人的生命得到普遍尊重，或者在文明世界的许多地方，酷刑、歧视和类似于奴隶制的做法不再施行——无论是偷偷摸摸还是明目张胆。如果情况确实如此，基本也就不需要国际人权法了。当新千年开始时，让人欣慰的新情况是，各国之间对于义务性的行为准则有越来越多的共识。即使一个被指责"极为严重地侵犯人权"的政府现在也会坚持说，它遵守了《世界人权宣言》的规定。例如，在 1978 年，尼加拉瓜总统索摩查将军在面对邻国哥伦比亚和委内瑞拉的谴责时，致函联大主席称，其政府"将任何时候都遵守和促进人权制定为一项规则，《尼加拉瓜宪法》完全依据联合

---

① 美国第十巡回上诉法院支持地区法院的裁决，解释说，有关制定法要求释放该外国人。不过，该法院指出，"没有任何国际法原则比任何人都不得受到任意监禁的概念更为基本"。654 F 2nd 1382 (19th Cir. 1981). 对该案的讨论见，Farooq Hassan, 'The Doctrine of Incorporation: New Vistas for the Enforcement of International Human Rights?' (1983) 5 *Human Rights Quarterly* 48。

② Humphrey Waldock, 'Human Rights in Contemporary International Law and the Significance of the European Convention' (1965) *International and Comparative Law Quarterly*, Supp. No. 11, 15.

③ John P. Humphrey, 'The International Bill of Rights: Scope and Implementation' (1976) 17 *William and Mary Law Review* 529. See also Humphrey, *Human Rights and the United Nations*, 65.

④ Alexandre Kiss, 'The Role of the Universal Declaration of Human Rights in the Development of International Law', in Centre for Human Rights, *Bulletin of Human Rights*, Special Issue (New York: United Nations, 1988), 47.

⑤ See also *Reservations to the Convention on the Prevention and Punishment of the Crime of Genocide*, ICJ Reports 1951, 23, 其中国际法院指出，"作为《[灭绝种族罪] 公约》之基础的原则，是文明各国承认即使没有任何协议义务也约束所有国家的原则"。

国大会 1949 年［原文如此］通过的《世界人权宣言》——我有幸作为代表参与其中——保障这些权利"。

二 《公民及政治权利国际公约》

与起草《世界人权宣言》同时，联合国还投身于制定一项人权条约及其实施措施。紧接着第二次世界大战结束的几年其乐融融的气氛很快让位于正在到来的冷战的肃杀和寒冷。完成这一任务用了 18 年。路易斯·亨金将此迟缓归因于这样的必要性："容纳、连接、淹没和掩盖深刻的分歧和不同，尤其是在实行民主自由主义的国家和实行革命社会主义的国家之间，对于社会与个人的关系、个人的权利和责任、这些权利和责任的重要性和优先性排序的根本概念的不同"。[1]

1952 年，联大决定起草两项公约而非一项单一的条约，一项包含公民权利和政治权利，另一项包含经济、社会和文化权利。有两个因素使得有必要将原先设想的一项人权公约劈分为两项单独文书。[2] 第一个因素是一种信念，即不可能为公民权利和政治权利以及经济、社会和文化权利制定一套单一的实施制度。对于权利的"性质"，各国的反应不一。一种想法是，保护公民权利和政治权利意味着通过法律和修改宪法，而保障经济、社会和文化权利意味着还要确立方案。此外，尽管看来能够也应该建立一个国际性法庭来处理对前一类权利的据称侵犯，但人们相信，无法在国际层面上创设这样的构架来监督诸如工作权或健康权等权利。第二个因素是，对于是否需要一项规定经济、社会和文化权利的公约，出现了重大的分歧。一些准备支持保障公民权利和政治权利的公约的国家，不愿意同意一份将使它们对社会福利权利以及由此对具体的社会福利方案承担义务的文件。

联合国人权委员会在 1954 年完成了对两项公约草案的编写，但联大第三委员会对这两份草案的逐条审议又用了 12 年。最终，联大于 1966 年 12 月 16 日通过了三份文书：《经济社会文化权利国际公约》《公民及政治权利国际公约》以及后者的《任择议定书》。[3] 前一项公约于 1976 年 1 月 3 日生效，而后两项文书

---

[1] Louis Henkin, 'Introduction', in Louis Henkin (ed.), *The International Bill of Rights* (New York: Columbia University Press, 1981), 9.

[2] David M. Trubeck, 'Economic, Social and Cultural Rights in the Third World: Human Rights Law and Human Needs Programs', in T. Meron (ed.), *Human Rights in International Law: Legal and Policy Issues* (Oxford: Clarendon Press, 1984), 205–23.

[3] 联大 1966 年 12 月 16 日第 2200（XXI）号决议。两公约都是以无反对票通过的。对《任择议定书》的表决结果则是：68 票赞成、2 票反对、38 票弃权。

则在同一年 3 月 23 日开始有效。1989 年 12 月 15 日，联大通过了《公民及政治权利国际公约》的第二项任择议定书即《旨在废除死刑的〈公民权利和政治权利国际公约〉第二项任择议定书》，该文书在 1991 年 7 月 11 日生效。①

《公民及政治权利国际公约》在其实质部分中，比《世界人权宣言》更详细地界定了如下权利：

第 1 条：自决权

第 2 条：在享有权利时免受歧视的权利

第 6 条：生命权

第 7 条：免受酷刑或残忍、不人道或侮辱之处遇或惩罚的权利

第 8 条：免受奴隶制、奴役及强迫和强制劳役的权利

第 9 条：免受任意逮捕或拘禁的权利

第 10 条：对于以改造和重适社会生活为目标之监狱制度的权利

第 11 条：不因无力履行契约义务而被监禁的权利

第 12 条：迁徙往来之自由及择居之自由的权利

第 13 条：外国人不被任意驱逐的权利

第 14 条：获得公正审判的权利

第 15 条：得到免受溯及既往之刑事立法之保护的权利

第 16 条：人格得到承认的权利

第 17 条：隐私权

第 18 条：思想、信念及宗教自由

第 19 条：表达自由

第 20 条：得到免受战争鼓吹和歧视煽动之保护的权利

第 21 条：和平集会的权利

第 22 条：结社自由的权利

第 23 条：家庭单位受到保护的权利

第 24 条：儿童权利

第 25 条：参与公共生活的权利

第 26 条：在法律上平等且受法律平等保护的权利

第 27 条：族裔、宗教或语言上的少数者享受其文化、信奉躬行其宗教和

---

① 联大 1989 年 12 月 15 日第 44/128 号决议。该项议定书是以 59 票赞成、26 票反对、49 票弃权的表决结果通过的（25 个国家未投票）。截至 2016 年 5 月 12 日，《公民及政治权利国际公约》有 168 个国家批准、加入或继承，《经济社会文化权利国际公约》则有 164 个缔约国，《公民及政治权利国际公约》的第一项任择议定书有 115 个缔约国，第二项任择议定书有 81 个缔约国。

使用其语言的权利

（一）定期向人权事务委员会报告

虽然促进和保护人权本质上处于一国政府的职责范围之内，但依据一个政府如何对待其国民乃是国际社会之正当关切事项的原则，也建立了政府需要定期向其解释自己情况的国际监督机制。《公民及政治权利国际公约》的缔约国除了在国内承担义务之外，还需要向联合国秘书长提交定期报告，说明为落实该公约所确认权利而采取的措施以及在这些权利得到享有方面所获之进展。这些报告由人权事务委员会审查——该委员会是一个根据《公约》建立的、有18名委员的专家机构，① 负有双重职能：（1）审议和评论缔约国提交的、说明其采取以履行所承担义务的措施的报告，② 以及（2）处理一缔约国声称另一缔约国未能履行其义务的"来文"。③

人权事务委员会要求《公民及政治权利国际公约》的缔约国在该公约对其生效后一年内提交首次报告，此后每五年提交一次报告，除非委员会要求在更早的时间提交报告。④ 对于某一特定国家的人权状况迅速恶化的情况，人权事务委员会采取了一种做法，即要求该国提交一份说明情况的紧急报告，通常是在三个月内。⑤ 对报告的审议在公开会议上、在所涉国家的代表出席的情况下进行。一个工作组在委员会届会前开会，基于有关缔约国的报告编写一份问题清单并将其发给缔约国。委员会委员有机会就每一问题寻求进一步的澄清或提出补充性的问题。在每届会议的末尾，委员会通过对于缔约国报告的、反映其作为一个整体之观点的意见。这些意见会发送给有关国家、以单行文件公布并包括在委员会向联大提交的年度报告中。这些意见提供对于缔约国报告以及与缔约国代表的对话的一般性评估，并指出影响《公约》之实施的因素和困难、在审查所覆盖期间可能产生的积极发展以及与适用《公约》之规定有关的、委员会表示关切的特别事项。这些意见中还包括

---

① 第40条。缔约国如果还批准或加入了《第二任择议定书》，则还必须在这种报告中包括为落实该文书而采取的措施。（在《公民及政治权利国际公约》作准中文本中，该委员会之名称为"人权事宜委员会"。鉴于目前联合国中文文件几乎无例外地称其为"人权事务委员会"，本中译本采用此名称。——译者注）

② 第40条。

③ 第41条。

④ 对于缔约国提交的报告的形式和内容的准则见，UN document HRI/GEN/2/Rev. 1 of 9 May 2001。

⑤ 例如，人权事务委员会曾要求以下国家提交紧急报告：伊拉克（1991年4月11日）；南斯拉夫联邦共和国（1991年11月4日）；秘鲁（1992年4月10日）；波斯尼亚和黑塞哥维那、克罗地亚和南斯拉夫联邦共和国（1992年10月6日）；安哥拉和布隆迪（1993年10月29日）。

给国家的提议和建议。在后续的定期报告中，缔约国需要通知委员会其为贯彻这些意见而采取的措施。①

（二）《任择议定书》

《公民及政治权利国际公约任择议定书》使得一国可以承认人权事务委员会有权接受并审查该国管辖下之个人声称为该缔约国侵害《公民及政治权利国际公约》所载任何权利之受害者的来文。只有在用尽所有可用国内救济后，才可提交来文。根据委员会的规则，只有一项申诉由某一个人或经其适当指派的代表提交，方可接受。这样的代表可以是律师或近亲属，在有关个人自己无法提交申诉的情况中，尤其如此。② 不过，在一位非政府组织的成员对一位据称受害者的处境感兴趣，并由此主张，因为他相信"任何得到不公正待遇的囚犯都会感激人权事务委员会对其案件的进一步调查"，而有权提交来文的情况中，他被认定没有资格。③ 人权事务委员会也不准备审议由某一组织提交的来文。④

所有收到的来文首先由人权事务委员会的一位被定期指派为"特别报告员"的委员处理。一个由五名委员组成的工作组若能达成一致，将宣布来文可予受理。所有其他来文可否受理由委员会决定。一项来文被宣布为受理后，

---

① 对于报告制度如何影响一国政府之政策的分析见，Nihal Jayawickrama, 'Hong Kong and the International Protection of Human Rights', in R. Wacks (ed.), *Human Rights in Hong Kong* (Hong Kong: Oxford University Press, 1992), 120 at 134 – 9。

② 人权事务委员会坚持要有授权的证据，如律师代理权，并拒绝在未提出此种证明文件时继续审议。See *Dr A. B.* v. *Italy*, Human Rights Committee, Communication No. 565/1993, 8 April 1994, HRC 1994 Report, Annex X. AA, 该案中，一个家庭的一位朋友代表该家庭提交来文，该家庭据说为了避免因拒绝强制疫苗接种导致的制裁而逃离了意大利。*Pereira* v. *Panama*, Human Rights Committee, Communication No. 436/1990, HRC 1994 Report, Annex X. E, 该案中，提交来文的是一位律师——也是巴拿马共和国的一位前总统的朋友，后者逃离了巴拿马并在别处得到了政治庇护。

③ *L. A.* v. *Uruguay*, Human Rights Committee, Communication No. 128/1982, HRC 1983 Report, Annex XXVI. 提交人是大赦国际瑞典分会的一个成员。

④ *A Group of Associations for the Defence of the Rights of Disabled and Handicapped Persons in Italy* v. *Italy*, Human Rights Committee, Communication No. 163/1984, HRC 1984 Report, Annex XV; *J. R. T. and the W. G. Party* v. *Canada*, Human Rights Committee, Communication No. 104/1981, HRC 1983 Report, Annex XXIV. 参见津巴布韦最高法院的意见，*Catholic Commission for Justice and Peace in Zimbabwe* v. *Attorney General* [1993] 2 LRC 279 at 288, 首席法官古贝（Gubbay）称："申诉者是一个人权组织，其宣示之目标为支持基本人权，包括所有权利中最基本的生命权。该组织密切关注宪法在津巴布韦赋予个人之权利和自由的保护和维持。……因此，对本法院来说将是错误的做法，是缚住自己的手脚，迂腐地限制那些为补救被定罪囚犯而诉诸本法院的那一类人，尤其是因为这些囚犯不仅贫穷，而且因为被监禁，在及时从本法院获得临时补救方面遭遇了现实困难。"在该案中所寻求的补救是一项声明，即拖延执行对四名囚犯的死刑构成了不人道或侮辱性的待遇，有违宪法，以及一项命令，即此种刑罚永久停用。

就被转发给所涉国家,后者需要在六个月内,提交书面"解释或陈述,对正在审议的事项以及该缔约国可能已经采取的任何救济作出澄清"。① 对于进一步交换意见,并无规定,但委员会发展出的一种做法是,给提交人一次对政府的答复作出评论的机会。工作组随后着手审议来文的实质问题并编写"意见"的草稿供委员会全体审议。在通过最后意见之前,可以通过一种临时决定的方式,从政府或提交人处寻求进一步的资料。然后,委员会作为整体会通过最后"意见",声明所申诉的作为或不作为是否显示了对《公民及政治权利国际公约》的违反。任何委员如果有意,可以附加个人意见。委员会将意见传达给所涉政府和个人,然后公布这些意见,并将其包括在委员会提交联大的年度报告中。

与《公民及政治权利国际公约》本身宣示的原则相反,人权事务委员会审议个人来文的过程不对公众开放,也没有规定申诉人或其代表可以出席审议、当场发表意见或提交证据。② 不过,就举证责任而言——尤其是在有关对《公民及政治权利国际公约》第 6 条(生命权)、第 7 条(禁止酷刑)和第 9 条(免受无理逮捕的自由)的据称违反方面,人权事务委员会的意见是,这一责任不能仅仅由来文提交人承担,特别是因为提交人和缔约国并不总是能在同等条件下获取证据。因此,"《任择议定书》第 4 条第 2 款暗含的要求是,缔约国有义务秉承善意调查针对该国及其机关的违反《公约》的所有指控,特别是在这种指控得到来文提交人所提出证据的确证之时,缔约国还有义务向委员会提供其所获得的资料"。在对案件的进一步澄清有赖于完全由缔约国所掌握之资料的情况中,如果缔约国未能提出相反的、令人满意的证据和解释,则委员会可能认为这些指控有切实的根据。③

1990 年,人权事务委员会设计了一种机制,能使其评估国家遵守其对个人来文所作意见的情况。委员会定期指派一位特别报告员,以查询国家为落实委

---

① 根据人权事务委员会的议事规则,委员会可以通知有关政府是否需要采取临时保护措施以避免对据称侵犯行为的受害者的无法弥补的损害。这些措施可能包括体检、不驱逐外国人或不执行死刑。

② 各国极不愿意接受个人来文程序。在《公民及政治权利国际公约》起草之时,对于在其中包括任何有关此类程序的规定,都有强烈的反对。当时的一种主张是,国际法调整国家之间的关系,个人的利益由他作为其国民的国家保护。对这种主张的应答是,国际法的经典理论在人权保护领域中不起作用。在绝大部分情况中,个人的权利恰恰是受到他是其国民之国家的机关或公职人员的侵犯。最终达成的协议是,将在一项单独的条约中规定个人申诉制度,由此使那些反对这一概念的国家仍能成为《公民及政治权利国际公约》的缔约国。

③ *Bleier v. Uruguay*, Human Rights Committee, Communication No. 30/1978, HRC 1982 Report, Annex X. See also *Motta v. Uruguay*, Human Rights Committee, Communication No. 11/1977, HRC 1980 Report, Annex X,人权事务委员会在该案中认定,泛泛地驳斥指控是不够的。

员会的意见而采取的措施。一国通常需要在 90 天内通知委员会实际上采取了哪些措施。证明这一要求正当合理的依据是，一国在成为《任择议定书》缔约国之时，即承认了人权事务委员会有权判定是否存在对《公民及政治权利国际公约》的违反，而根据该公约第 2 条，缔约国承担确保在其领土内和受其管辖的一切个人的得到该公约承认的权利，以及对于确定发生了的违反情势，提供有效的、可予强制执行的救济。①

(三)《第二任择议定书》

《公民及政治权利国际公约》的第二任择议定书禁止处决任何人，并要求缔约国采取一切必要措施废除死刑。对这一文书不得提具任何保留，除非是在批准或加入时提具保留，规定在战时可对在战时犯下"最严重军事性罪行"而被判罪者适用死刑。该议定书于 1991 年 7 月 11 日生效，截至 2015 年 6 月，有 82 个缔约国。

三 《经济社会文化权利国际公约》

《经济社会文化权利国际公约》确认下列权利：

第 1 条：自决权

第 6 条：工作权，包括有机会凭本人自由选择或接受之工作谋生之权利

第 7 条：享有公平与良好之工作条件的权利，尤其是公允之工资，工作价值相等者享受同等报酬，安全与卫生之工作环境，平等升职机会（不受年资才能以外其他考虑之限制），休息、闲暇、工作时间之合理限制、照给薪资之定期休假以及公共假日亦得到薪酬

第 8 条：为促进及保障其经济及社会利益而组织工会及加入其自身选择之工会之权利，包括罢工权

第 9 条：获得社会保障包括社会保险的权利

第 10 条：家庭获得保护和协助的权利，包括母亲于分娩前后受特别保护的权利，以及儿童及少年免受经济及社会剥削的权利

第 11 条：适当生活水准权，包括适足之衣食住及不断改善之生活条件

第 12 条：享受可能达到之最高标准之身体与精神健康的权利

---

① *Wright and Harvey* v. *Jamaica*, Human Rights Committee, Communication No. 459/1991, HRC 1996 Report, Annex Ⅷ. F.

第 13 条：受教育权，包括父母为其子女选择非公立学校以及确保其子女接受符合其本人信仰之教育的权利

第 15 条：* 参加文化生活、享受科学进步及其应用之惠、对其本人之任何科学、文学或艺术作品所获得之精神与物质利益享受保护之惠的权利，包括为科学研究及创作活动所不可缺少之自由得到尊重的权利

（一）报告义务

实施《经济社会文化权利国际公约》所规定之国内义务的进展情况由经社理事会通过一个报告程序监督。该公约的缔约国承允提交报告，说明其为实现对该公约所确认之权利的遵守而采取的措施和获得的进展。最开始，经社理事会力图通过一个政府专家的工作组完成这一任务，但这一机制效果不佳，使得经社理事会于 1985 年建立了一个经济、社会和文化权利委员会。这一由 18 名独立专家组成的委员会现在负责监督对《经济社会文化权利国际公约》之实施，并采用了类似于人权事务委员会的报告程序。

（二）《任择议定书》

《经济、社会、文化权利国际公约任择议定书》规定，经济、社会和文化权利委员会有权接受和审议个人自行或联名提交或以其名义提交的、声称其由该公约所规定的权利受到侵犯的来文。委员会在审议来文后，将向有关当事方传达委员会对来文的意见及可能提出的任何建议。该任择议定书于 2013 年 5 月 5 日生效。**

四 其他国际文书

在人权两公约通过之前及之后，联合国及其专门机构都协助制定了其他众多旨在实施特定权利或一组相关权利的多边条约。这些条约补充了联合国人权两公约所提供的保护，其中一些包含了自身的实施程序。[①] 联合国本身或在其主持下制定的人权条约如下：

---

* 原书此处作"第 14 条"，有误，予以更正。第 14 条规定的是对免费义务初等教育的权利，第 15 条规定的才是文化权利。

** 原书此处为"5 月 3 日"，有误，予以更正。

① 各该文本见，*Human Rights: a Compilation of International Instruments* (New York: United Nations, 1997)。

1. 《防止及惩治灭绝种族罪公约》[①]
2. 《禁止贩卖人口及取缔意图营利使人卖淫之公约》[②]
3. 《关于难民地位的公约》[③] 并经 1966 年《关于难民地位的议定书》[④] 修订
4. 《妇女参政权公约》[⑤]
5. 《关于无国籍人地位的公约》[⑥]
6. 《废止奴隶制、奴隶贩卖及类似奴隶制之制度与习俗补充公约》[⑦]
7. 《已婚妇女国籍公约》[⑧]
8. 《减少无国籍状态公约》[⑨]

[①] 联大 1948 年 12 月 9 日第 260（Ⅲ）号决议通过，1951 年 1 月 12 日生效。灭绝种族意指"蓄意全部或局部消灭某一民族、族裔、种族或宗教团体，犯有下列行为之一者：（a）杀害该团体之分子；（b）致使该团体之分子在身体上或精神上遭受严重伤害；（c）故意使该团体处于某种生活状况下，以毁灭其全部或局部之生命；（d）强制施行办法，意图防止该团体内之生育；（e）强迫转移该团体之儿童至另一团体"（第 2 条）。任何人，无论是依宪法负责的统治者、公务员还是私人，实施灭绝种族或者预谋、煽动、意图实施或共谋实施灭绝种族者，均应受到审判和惩治（第 3、4 条）。（所述公约在通过时的中文标题为《防止及惩治危害种族罪公约》，经联合国认证的作准中文本之标题为《防止及惩治残害人群罪公约》。本中译本采用目前在联合国通行的该公约的中文标题，其第 2 条之约文引自通过该公约的联大决议。——译者注）

[②] 联大 1949 年 12 月 2 日第 317（Ⅳ）号决议通过，1951 年 7 月 25 日生效。根据该公约第 1、2 条，以下人员应受惩治："意图满足他人情欲而……招雇、引诱或拐带他人使其卖淫，即使得本人之同意者；……使人卖淫，即使得本人之同意者"；"开设或经营娼寮，或知情出资或资助者；……知情而以或租赁房舍或其他场所或其一部供人经营淫业者"。

[③] 根据联大 1950 年 12 月 14 日第 429（Ⅴ）号决议召开的联合国关于难民和无国籍人地位的全权外交代表会议 1951 年 7 月 28 日通过，1954 年 4 月 22 日生效。

[④] 联大 1966 年 12 月 16 日第 2198（XXI）号决议通过，1967 年 10 月 4 日生效。

[⑤] 联大 1952 年 12 月 20 日第 640（Ⅶ）号决议通过，1954 年 7 月 7 日生效。该公约规定，妇女在与男子同等的条件下，有权在所有选举中投票，有资格当选任职于依国家法律设立而由公开选举产生之一切机关，并有权担任依国家法律设置之公职及执行国家法律所规定之一切公务。

[⑥] 根据经社理事会 1954 年 4 月 26 日第 526A（XVII）号决议召开的全权外交代表会议 1954 年 9 月 28 日通过，1960 年 6 月 6 日生效。该公约旨在调整和改善无国籍人（在"难民"之外）的地位，将无国籍人界定为"任何国家根据其法律不认为是其国民的人"。

[⑦] 根据经社理事会 1956 年 4 月 30 日第 608（XVII）号决议召开的全权外交代表会议 1956 年 9 月 7 日通过，1957 年 4 月 30 日生效。1926 年的《禁奴公约》要求缔约国防止和惩罚奴隶的贩卖，并逐步地和尽速地促成完全消除一切形式的奴隶制。该补充公约重新界定了"奴隶制"，要求全面消除或废弃某些其他制度与习俗，包括债务质役和农奴制，并将这些情况规定为犯罪，不论其是否被奴隶制的定义所涵盖。

[⑧] 联大 1957 年 1 月 29 日第 1040（XI）号决议通过，1958 年 8 月 11 日生效。该公约规定：（a）本国人与外国人结婚者，不因婚姻关系之成立或消灭，或婚姻关系存续中夫之国籍变更，而当然影响妻之国籍；（b）本国人自愿取得他国国籍或脱离其本国国籍时，不妨碍其妻保留该缔约国国籍；（c）外国人为本国人之妻者，得依特殊优待之归化手续，申请取得其夫之国籍。

[⑨] 根据联大 1954 年 12 月 4 日第 896（Ⅸ）号决议于 1959 年和 1961 年召开的全权外交代表会议 1961 年 8 月 30 日通过，1975 年 12 月 13 日生效。该公约要求缔约国对于在其领土内出生且非经授予该国国籍即无国籍者，授予该国国籍；以及对在其领土外出生且非经授予国籍即无国籍者，如在该人出生时其父或母系属该国国籍者，授予该国国籍。凡订定转移领域之条约均应订入确保无人因此种转移而成为无国籍之条款。

9. 《关于婚姻之同意、结婚最低年龄及婚姻登记之公约》[1]

10. 《消除一切形式种族歧视国际公约》[2]

11. 《战争罪及危害人类罪不适用法定时效公约》[3]

12. 《禁止并惩治种族隔离罪行国际公约》[4]

13. 《消除对妇女一切形式歧视公约》[5]

14. 《禁止酷刑和其他残忍、不人道或有辱人格的待遇或处罚公约》[6]

15. 《反对体育领域种族隔离国际公约》[7]

16. 《儿童权利公约》[8]

17. 《保护所有移徙工人及其家庭成员权利国际公约》[9]

18. 《残疾人权利公约》[10]

19. 《保护所有人免遭强迫失踪公约》[11]

---

[1] 联大 1962 年 11 月 7 日第 1763A（XVII）号决议通过，1964 年 12 月 9 日生效。该公约规定：(a) 婚姻非经当事人双方完全自由同意，不得依法缔结，此项同意应由当事人依法律规定，经适当之通告后，在主管证婚当局及证人前，亲自表示之；(b) 缔约国应采取立法行动明定结婚之最低年龄；(c) 婚姻应由主管当局在适当之正式登记册上登录之。

[2] 联大 1965 年 12 月 21 日第 2106A（XX）号决议通过，1969 年 1 月 4 日生效。该公约缔约国承担立即以一切适当方法实行消除一切形式种族歧视与促进所有种族间之谅解之政策。

[3] 联大 1968 年 11 月 26 日第 2391（XXIII）号决议通过，1970 年 11 月 11 日生效。根据该公约，对于某些战争罪行和危害人类罪行，包括灭绝种族，不适用法定时效，而不论其犯罪日期以及其是否构成对犯罪发生地国内法之违反。

[4] 联大 1973 年 11 月 30 日第 3068（XXVIII）号决议通过，1976 年 7 月 18 日生效。该公约缔约国宣布，种族隔离是危害人类的罪行，种族隔离的政策和做法以及类似的种族分离和歧视的政策和做法所造成的不人道行为，均系违反国际法原则、对国际和平与安全构成严重威胁之罪行。

[5] 联大 1979 年 12 月 18 日第 34/180 号决议通过，1981 年 9 月 3 日生效。该公约缔约国协议立即用一切适当办法，推行政策，消除对妇女的歧视。

[6] 联大 1984 年 12 月 10 日第 39/46 号决议通过，1987 年 6 月 26 日生效。该公约之每一缔约国同意采取有效的立法、行政、司法或其他措施，防止在其管辖的任何领土内出现施行酷刑的行为，以及除其他外，保证一切酷刑行为均为触犯刑法之罪行，并采取各种必要措施，在被指控的罪犯在该国管辖的任何领土内的情况中，对此类罪行确立其管辖权。

[7] 联大 1985 年 12 月 10 日第 40/64 号决议通过，1988 年 4 月 3 日生效。该公约规定，除其他外，不得准许同实行种族隔离的国家进行体育接触，并应采用适当行动，确保其体育机构、体育队和运动员个人不进行这种接触。

[8] 联大 1989 年 11 月 20 日第 44/25 号决议通过，1990 年 9 月 2 日生效。各缔约国承诺尊重该公约所载列的权利，并确保其管辖范围内的每一儿童均享受此种权利，不因儿童或其父母或法定监护人的种族、肤色、性别、语言、宗教、政治或其他见解、民族、族裔或社会出身、财产、伤残、出生或其他身份而有任何差别。儿童被定义为"18 岁以下的任何人，除非对其适用之法律规定成年年龄低于 18 岁"。

[9] 联大 1990 年 12 月 18 日第 45/158 号决议通过，2003 年 7 月 1 日生效。该公约在某些领域中确立了所有移徙工人及其家庭成员与国民同等待遇的原则，而不论其地位是否正规或其所属群体如何。移徙工人系指"在其非国民的国家将要、正在或已经从事有报酬的活动的人"。

[10] 联大 2006 年 12 月 13 日第 61/106 号决议通过，2008 年 5 月 3 日生效。

[11] 联大 2006 年 12 月 20 日第 61/177 号决议通过，2010 年 12 月 23 日生效。

五　区域性人权文书

与国际层面的发展相并行，一套区域性人权法也发展起来。

（一）《欧洲人权公约》

1948年5月，来自19个欧洲国家、欧洲社会各阶层的八百名杰出人士——包括政治家、律师以及那些第二次世界大战时抵抗运动的积极参加者——会聚海牙，在欧洲统一运动国际委员会的主持下，表明他们支持欧洲统一事业。① 此次海牙会议的一个直接后果，是一年后创建了欧洲理事会，* 其由两大机关组成：其一是部长委员会，该委员会每年至少召开两次部长级会议，并经常召开副部长级会议，为持续讨论欧洲合作的发展提供一个机会；其二是议会大会，这是一个由欧洲理事会成员国的议会选举或根据由各成员国决定的程序产生但没有立法权力的咨询机构。欧洲理事会的目标，因此也是其成员国承担的义务，被描述为巩固多元民主制、尊重人权和坚持法治。② 一种共同的历史和共享的文化传统，加上他们认为一种从外界移植而来的意识形态对其惯常生活方式构成越来越大的威胁，使得该理事会的成员在《世界人权宣言》颁布仅仅两年后，就达成了一项《欧洲保护人权和基本自由公约》（《欧洲人权公约》）。③

---

① See Christiane Duparc, *The European Community and Human Rights* (Brussels: Commission of the European Communities, 1993); A. H. Robertson, 'The Political Background and Historical Development of the European Convention on Human Rights' (1965) *International and Comparative Law Quarterly*, Supp. No. 11, 24.

* 英文中为"Council of Europe"，与欧洲联盟（European Union）不同且无关。因此，欧洲理事会及其下属机关部长委员会（Committee of Ministers）和议会大会（Parliamentary Assembly）也不应与作为欧洲联盟机关的欧盟理事会（European Council）、欧盟部长理事会（Council of the European Union）、欧盟委员会（European Commission）或欧洲议会（The European Parliament）相混淆。

② 创建欧洲理事会的规约于1949年5月5日在伦敦签署。

③ *European Treaty Series*, No. 5; 213 *United Nations Treaty Series* 221. 《欧洲人权公约》1950年11月4日在罗马通过（当天有12个国家签署），1953年9月3日生效，欧洲理事会所有47个成员国现均已批准：阿尔巴尼亚、安道尔、亚美尼亚、奥地利、阿塞拜疆、比利时、波斯尼亚和黑塞哥维那、保加利亚、克罗地亚、塞浦路斯、捷克共和国、丹麦、爱沙尼亚、芬兰、法国、格鲁吉亚、德国、希腊、匈牙利、冰岛、爱尔兰、意大利、拉脱维亚、列支敦士登、立陶宛、卢森堡、马耳他、摩尔多瓦、摩纳哥、黑山、荷兰、挪威、波兰、葡萄牙、罗马尼亚、俄罗斯联邦、圣马力诺、塞尔维亚、斯洛伐克共和国、斯洛文尼亚、西班牙、瑞典、瑞士、北马其顿共和国、土耳其、乌克兰和英国。《欧洲人权公约》及其随后议定书的文本见，*Human Rights: A Compilation of International Instruments* (New York: United Nations, 1997)。[俄罗斯联邦于2022年3月15日退出了欧洲理事会。欧洲理事会曾发布《欧洲人权公约》及其第一、四、六、七、十二、十三议定书之中文本（https://www.echr.coe.int/Documents/Convention_ZHO.pdf），但由于中文本并非其正式文本，因此本中译本所使用该公约及其议定书之中文皆为译者参考欧洲理事会所发布之中文本，从英文本译得。——译者注]

《欧洲人权公约》确认了如下权利：

第 2 条：生命权

第 3 条：免受酷刑或者不人道或侮辱性待遇或惩罚的权利

第 4 条：免受奴隶制、奴役、强迫或强制劳动的权利

第 5 条：人身自由和安全权

第 6 条：获得公正审判权

第 7 条：得到免受溯及既往之刑事立法之保护的权利

第 8 条：隐私权

第 9 条：思想、良心和宗教自由的权利

第 10 条：表达自由的权利

第 11 条：集会和结社自由的权利

第 12 条：结婚和建立家庭的权利

第 13 条：获得救济的权利

《欧洲人权公约》随后的多项议定书还增加了对如下权利和自由的保障：

1. 《欧洲人权公约第一议定书》[①]

第 1 条：和平享有财产的权利

第 2 条：受教育权

第 3 条：自由选举权

2. 《欧洲人权公约第四议定书》[②]

第 1 条：不得仅仅基于无力履行契约义务而被剥夺自由的权利

第 2 条：迁徙自由和选择居所自由的权利

第 3 条：免受驱逐的权利

第 4 条：外国人受到不被集体驱逐之保护的权利

3. 《欧洲人权公约第六议定书》[③]

第 1 条：受到不被判处死刑之保护的权利

4. 《欧洲人权公约第七议定书》[④]

第 1 条：外国人免受任意驱逐的权利

第 2 条：对刑事定罪或刑罚提出上诉的权利

第 3 条：对误审获得赔偿的权利

[①] 1952 年 3 月 20 日在巴黎通过，*European Treaty Series*, No. 9。

[②] 1963 年 11 月 16 日在斯特拉斯堡通过，*European Treaty Series*, No. 46。

[③] 1983 年 4 月 28 日在斯特拉斯堡通过，*European Treaty Series*, No. 114。

[④] 1984 年 11 月 22 日在斯特拉斯堡通过，*European Treaty Series*, No. 117。

第 4 条：免受双重归罪的权利

第 5 条：配偶权利和责任平等的权利

5.《欧洲人权公约第十二议定书》①

第 1 条：免受歧视的权利

6.《欧洲人权公约第十三议定书》

第 1 条：死刑应予废除。任何人不得被判处或执行死刑。

《欧洲人权公约》的每一缔约国承允确保其管辖范围内的每个人享有这些权利和自由。《欧洲人权公约》最初建立了由欧洲人权委员会、欧洲人权法院（这两个机构都由数目与欧洲理事会的成员国数目相等的委员或法官组成）以及部长理事会构成的实施机制。② 1998 年 11 月 1 日生效的第十一议定书重组了实施机制，取消了欧洲人权委员会和欧洲人权法院这种两级制度（这种制度导致了程序的无益重叠并造成了严重拖延），建立了一个新的常设欧洲人权法院。这一新的法院由数目与《欧洲人权公约》的缔约国数目相等的法官组成，分为三名法官组成的委员会、七名法官组成的审判庭和十七名法官组成的大审判庭。该法院对所有有关解释和适用《欧洲人权公约》及其议定书的事项有管辖权，其判决被转发给部长委员会，由其监督判决的执行。

欧洲人权委员会自 1955 年建立以来，登记和处理了近 35000 起申诉，这些申诉由觉得权利受到侵犯的个人和组织提交，偶尔也由有关国家提交。欧洲人权法院自 1959 年建立以来，已经做出了 600 多项判决。* 据一位评论者称，《欧洲人权公约》是"当代国际人权保护的所有文书中，最成熟精密的一个"。③

---

① 2000 年 11 月 4 日在罗马通过，*European Treaty Series*，No. 177。

② 欧洲人权委员会负责在收到来自缔约国、自然人或法人、非政府组织或一群个人声称自己是违反行为受害者的申诉后，审查对《欧洲人权公约》的据称违反。该委员会程序的第一个阶段有关对申诉可否受理的审查。如果一项申诉被宣布为可予受理，第二个阶段即要求委员会将自己置于可供当事各方利用的情况中，以期在尊重人权的基础上达成友好解决。如果达不成这种解决，委员会即准备一份报告，其中将确定事实并对这些事实是否揭示了对《欧洲人权公约》的违反发表意见。该报告被转交部长委员会。在委员会的报告被转交部长委员会三个月内，委员会或者任何有关国家可以将案件提交欧洲人权法院。法院根据委员会的报告，以及任何进一步的书面证据或法律意见，审查案件。法院的判决是终局的，但由于其本身没有任何强制执行权力，部长委员会监督判决的执行。在合适的情况中，如果侵权的后果无法根据有关国家的国内法得到充分弥补，法院可以对侵权行为的受害者提供"公正补偿"。如果案件没有被提交法院，部长委员会将以三分之二的多数表决来决定是否存在对《欧洲人权公约》的违反。如果认定存在违反，部长委员会可能裁决一国必须向受害者提供"公正补偿"。

* 根据欧洲人权法院公布的数据，1959 年至 2018 年，欧洲人权法院已经做出了 21600 多件判决。European Court of Human Rights, *ECHR Overview*: 1959 - 2018, 2019, https://www.echr.coe.int/Documents/Overview_ 19592018_ ENG. pdf.

③ John P. Humphrey, 'The International Law of Human Rights in the Middle Twentieth Century', in Maarten Bos (ed.), *The Present State of International Law and Other Essays* (Deventer: Kluwer, 1973).

（二）《欧洲社会宪章》

《欧洲社会宪章》由欧洲理事会的成员国于 1961 年 10 月 18 日在都灵签署，1965 年 2 月 26 日生效。[①] 意在补充《欧洲人权公约》的《欧洲社会宪章》包含了对如下权利和原则的声明：

1. 人人有机会以自由从事之职业谋生的权利
2. 所有工人获得良好工作条件的权利
3. 所有工人获得安全和健康的工作条件的权利
4. 所有工人获得为其自身和家人之合理生活水准适足之公正报酬的权利
5. 所有工人和雇主为保护其经济和社会利益而在国内和国际层次上自由结社的权利
6. 所有工人和雇主进行集体谈判的权利
7. 儿童和少年得到特别保护，免受他们面临之身心损害的权利
8. 受雇之妇女在生育时及其他受雇妇女在必要时，在工作中受到特别保护的权利
9. 人人得到适当之职业指导设施的权利
10. 人人得到适当之职业培训设施的权利
11. 人人获益于任何能使其享有可能达到之最高标准健康的措施的权利
12. 所有工人及受其抚养者获得社会保障的权利
13. 无适足资源的任何人获得社会和医疗援助的权利
14. 人人获益于社会福利服务的权利
15. 残疾人获得职业培训、康复措施和社会安置的权利
16. 家庭获得适当社会、法律和经济保护以确保其充分发展的权利
17. 无论婚姻地位和家庭关系如何的母亲和儿童获得适当的社会和经济保护的权利
18. 任何缔约国之国民在与任何另一国之国民平等的基础上，在后一国之领土内从事有收入之职业的权利，但以基于令人信服之经济或社会理由所定限制为限
19. 身为一缔约国之国民的移徙工人及其家属在任何另一缔约国之领土内得到保护和援助的权利

[①] 文本见，*Human Rights: A Compilation of International Instruments* (New York: United Nations, 1997)。

1988 年,《欧洲社会宪章》的一项附加议定书通过（1992 年 9 月 4 日生效），[①] 其中包含了四项新的权利：

20. 工人在雇用和职业方面获得平等机会和平等待遇、不受基于性别之歧视的权利

21. 工人在工作场所中获告知和被咨询的权利

22. 工人参与有关工作场所中工作条件和工作环境之决定和改善的权利

23. 老年人获得社会保护的权利

1996 年,《经修订的欧洲社会宪章》通过,[②] 调整了原先的《欧洲社会宪章》及其附加议定书的实质内容，并通过纳入以下新的权利和原则做出更新：

24. 工人在雇用终止的情况中得到保护的权利

25. 工人在其雇主破产的情况中，索赔请求得到保护的权利

26. 工人在工作中的尊严权

27. 所有具有家庭责任者就业的权利

28. 工人之代表得到保护，免受对其有害之行为的权利

29. 工人在集体裁员程序中，获告知和被咨询的权利

30. 人人得到保护、免受贫困和社会排斥的权利

31. 人人具有住房权

《欧洲社会宪章》的缔约国承担三项义务。第一项义务是，考虑将达成这些权利能在其中有效实现的条件，作为其要通过国内和国际性的一切适当手段寻求实现的政策的目标。第二项义务是，考虑其受到下述权利中至少六项的约束：工作权、组织权、集体谈判权、儿童和少年受保护权、社会保障权、社会和医疗援助权、家庭受社会、法律和经济保护权、移徙工人及其家属受保护和援助权、在雇用和职业方面获得平等机会和平等待遇而不受基于性别之歧视权。第三项义务是，考虑自己受其可能选择之《欧洲社会宪章》若干其他条款的约束，只要约束该缔约国之各条的总数不少于 16 条，或约束该缔约国之各款的总数不少于 63 款。

对适用《欧洲社会宪章》的监督以各国政府提交的定期报告为基础。欧洲社会权利委员会审查这些报告，并判定国内法律和实践是否符合《欧洲社会宪章》。根据 1998 年生效的一项议定书，可以向欧洲社会权利委员会提交指控《欧洲社会宪章》被违反的申诉。

---

① 文本见, *Human Rights: A Compilation of International Instruments* (New York: United Nations, 1997), Vol. II, 163。

② 文本见, *Human Rights: A Compilation of International Instruments*, 182。

(三)《美洲人权公约》

1948年4月30日,在哥伦比亚波哥大举行的第九届美洲国家国际大会上,美洲国家签署了《美洲国家组织宪章》。① 其序言宣布,"美洲之历史使命是为人提供一片自由土地以及为发展其个性、实现其正当愿望有利之环境",以及"美洲团结及睦邻之真正重要性只能意味着,在此大陆上、于民主制度之框架之内,巩固基于对人之根本权利之尊重的个人自由和社会正义之制度"。该宪章在其实质性条款中,重申并宣示"个人之不分种族、民族、宗教、性别之基本权利"乃是美洲国家组织的一项原则。同一大会还以决议的形式通过了《美洲人的权利和义务宣言》。②

1959年在圣地亚哥,美洲国家组织第五届外交部长协商会议通过一项决议,建立了美洲人权委员会;1960年,美洲国家组织理事会通过了该委员会的规约并选举了其七位委员。该规约规定美洲人权委员会为一个"美洲国家组织的自主机构,其职能为促进对人权之尊重"。该规约还规定,对于该规约,"人权系指《美洲人的权利和义务宣言》所规定之人权"。《美洲人的权利和义务宣言》因此成为美洲人权委员会的基本规范性文件。③ 不过,该委员会的规约将其权力限于搜集信息、进行研究以及向各国政府提出建议以"在其国内立法的框架内"采取"有利于人权的渐进措施"。④ 1965年,委员会获得授权,可以审查向其提交的来文对并对其作出报告,从而启动了一种个人申诉制度。1970年,修正《美洲国家组织宪章》的《布宜诺斯艾利斯议定书》将美洲人权委员会的地位从一个"自主机构"改为美洲国家组织的主要机关之一,其职能也被重新界定为"促进对人权之遵守和保护、就这些事项作为该组织的一个咨询机关"。一项美洲的人权公约将决定这一委员会以及负责这些事项的其他机关的结构、权能和程序。

美洲法学家理事会(Inter-American Council of Jurists)起草的《美洲人权公约》由美洲国家组织1969年在哥斯达黎加的圣何塞召开的政府间大会通过,

---

① 文本见,(1952) 119 *United Nations Treaty Series* 48 – 92。该宪章于1951年12月13日生效,最初的缔约国是玻利维亚、巴西、哥伦比亚、哥斯达黎加、多米尼加共和国、厄瓜多尔、海地、洪都拉斯、墨西哥、尼加拉瓜、巴拿马、巴拉圭和美国。另见1967年2月27日签署的、修正该宪章的《布宜诺斯艾利斯议定书》。

② Resolution XXX, Final Act of the Ninth International Conference of American States, 30 March – 2 May 1948. See Thomas Buergenthal, 'The Inter-American System for the Protection of Human Rights', in T. Meron (ed.), *Human Rights in International Law: Legal and Policy Issues* (Oxford: Clarendon Press, 1984) 439 – 90.

③ Buergenthal, 'The Inter-American System', 472.

④ The Statute of the Inter-American Commission on Human Rights 1960, Article 9.

于 1978 年 7 月生效。① 《美洲人权公约》不仅参考了《世界人权宣言》和《美洲人的权利和义务宣言》，也借鉴了《欧洲人权公约》以及《公民及政治权利国际公约》草案，承认了如下权利：

第 3 条：法律人格权

第 4 条：生命权

第 5 条：人道待遇权

第 6 条：免受奴隶制之权利

第 7 条：人身自由权

第 8 条：获得公正审判权

第 9 条：免受事后刑法适用之权利

第 10 条：对司法误审获得赔偿之权利

第 11 条：隐私权

第 12 条：良心和宗教自由权

第 13 条：思想和表达自由权

第 14 条：获得答复权

第 15 条：集会权

第 16 条：结社自由权

第 17 条：家庭生活权

第 18 条：姓名权

第 19 条：儿童权利

第 20 条：国籍权

第 21 条：财产权

第 22 条：迁徙和居住自由权

第 23 条：参与政治权

第 24 条：获得平等保护权

第 25 条：获得司法保护权

---

① 文本见，*Human Rights: A Compilation of International Instruments* (New York: United Nations, 1997) Vol. I, 14。目前有 25 个国家批准了《美洲人权公约》：阿根廷、巴巴多斯、玻利维亚、巴西、智利、哥伦比亚、哥斯达黎加、多米尼克共和国、厄瓜多尔、萨尔瓦多、格林纳达、危地马拉、海地、洪都拉斯、牙买加、墨西哥、尼加拉瓜、巴拿马、巴拉圭、秘鲁、苏里南、特立尼达和多巴哥、乌拉圭和委内瑞拉。尚未接受《美洲人权公约》的国家有：安提瓜和巴布达、巴哈马、伯利兹、加拿大、古巴、圭亚那、圣卢西亚、圣基茨和尼维斯、圣文森特和格林纳丁斯以及美国。在批准《美洲人权公约》的国家中，除巴巴多斯、多米尼克、格林纳达、牙买加以外的 21 个国家还接受了美洲人权法院的管辖权。不过，特立尼达和多巴哥 1998 年 5 月 26 日退出了《美洲人权公约》，该退出自 1999 年 5 月 26 日生效。

《美洲人权公约》的缔约国承担"尊重"和"确保""受其管辖的一切个人都能自由、全部地行使这些权利和自由"。这些义务的履行受到两个机构的监督——每一机构均由七名专家组成，即1959年建立的美洲人权委员会和美洲人权法院。委员会的成员由美洲国家组织大会选举产生，而法院的法官由《美洲人权公约》的缔约国从任何美洲国家组织成员国的国民中选举产生。美洲人权委员会的总部设在美国华盛顿，行使的职能包括处理据称侵犯人权的个人申诉，并在适当时将案件提交美洲人权法院；基于其自身的提议、根据美洲国家组织某一机关的请求或作为对有关国家之请求的回应，一般性地审议特定国家的人权状况，通常是以实情调查任务的方式；以及提出加强人权保护的建议。[1] 美洲人权法院设在哥斯达黎加圣何塞，具有争端管辖权和咨询管辖权，即裁决有关指控一缔约国违反《美洲人权公约》的争端，以及在并不涉及裁决具体争端的程序中对《美洲人权公约》作出解释。[2]

（四）《美洲人权公约附加议定书》

1988年11月17日，在圣萨尔瓦多召开的美洲国家组织第十八届例行大会上，《美洲人权公约》的缔约国通过了《美洲人权公约在经济、社会和文化权利领域中的附加议定书》（以下简称《圣萨尔瓦多议定书》），其中包含了如下经济、社会和文化权利：

第6条：工作权

第7条：公正、公平、良好的工作条件权

第8条：组织和加入工会权

第9条：社会保障权

第10条：健康权

第11条：健康环境权

---

[1] 使得美洲人权委员会的职权变得复杂的一个情况是，它需要处理两套制度，即《美洲人权公约》与《美洲人的权利和义务宣言》分别建立的制度。这种复杂性对于巴西和美国这两个尚未批准《美洲人权公约》的国家尤其严重，而在这两个国家的领土上生活的人构成了整个美洲大陆上居民总数的相当一大部分。截至1999年，美洲人权委员会处理的案件超过12000件。（根据美洲人权委员会公布的数据，2000年至2019年，又有约34000件申诉提交美洲人权委员会，该委员会处理了其中约22000件。Inter-American Commission on Human Rights, *Annual Reports* 2019, 2020, https://www.oas.org/en/iachr/docs/annual/2019/TOC.asp.——译者注）

[2] 从1979年开始运作的美洲人权法院共审理了35起实质争端案件，做出了共67项有关初步反对、管辖权、实质问题、弥补和决定解释的裁决；发布了16项咨询意见；解决了25项临时措施请求。该法院迄今为止的判决主要有关法律人格的承认、生命权、人身完整权、个人自由权、司法保障、合法性和追溯性原则、儿童权利、法律前的平等和司法保护。

第 12 条：食物权

第 13 条：受教育权

第 14 条：获享文化权

第 15 条：成立家庭及家庭受保护权

第 16 条：儿童受国家、社会及其家庭保护权

第 17 条：老年人得到特别保护权

第 18 条：残障者得到特别保护权

《圣萨尔瓦多议定书》于 1999 年 11 月 16 日生效。① 缔约国承担的第一项义务是保证行使这些权利中的不歧视；第二项义务是在国家可用之资源允许的限度内并考虑其发展水平，为逐渐实现对这些权利之充分遵守而采取必要的措施，特别是经济和技术措施。

（五）《非洲人权和民族权宪章》

国际法学家委员会（International Commission of Jurists）1961 年在拉各斯召开的非洲法学家会议——非洲法治大会——提出了制定一份非洲人权宪章的倡议。在随后几年举行的几次联合国研讨会和国际法学家委员会的会议上，这一想法得到了进一步发展。② 在 1978 年国际法学家委员会和塞内加尔法学研究会组织的达喀尔讨论会上，建立了一个后续工作组以便向非洲国家的元首"兜售"这一想法。1979 年，根据塞内加尔总统桑戈尔（Senghor）的倡议，非洲统一组织国家元首和政府首脑大会在蒙罗维亚会议上，决定召开一次"高水平专家"会议，以起草一份将规定在非洲促进和保护人权的公约的初步草案。③ 几个月后，在联合国于蒙罗维亚举行的、三十个非洲国家的代表参加的研讨会上，通过了若干有关在非洲建立一个区域性委员会的具体提议。④ 1980 年、1981 年在冈比亚召开的两届非洲统一组织司法部部长会议审议了非洲专家编写的草案。1981 年 6 月，在内罗毕召开的非洲统一组织国家元首和政府首脑大会以全体一致通过了《非洲人权和民族权宪章》，该宪章于 1986 年 10 月生效，

---

① 16 个国家批准了该附加议定书：阿根廷、玻利维亚、巴西、哥伦比亚、哥斯达黎加、厄瓜多尔、萨尔瓦多、危地马拉、洪都拉斯、墨西哥、尼加拉瓜、巴拿马、巴拉圭、秘鲁、苏里南和乌拉圭。多米尼加共和国、海地和委内瑞拉签署但尚未批准该附加议定书。

② 联合国研讨会于 1969 年在开罗、1973 年在达累斯萨拉姆召开。See UN documents ST/TAO/HR/38 and ST/TAO/HR/48. 另见联大 1966 年 12 月 19 日第 2200（XXI）号决议。

③ 非洲统一组织根据《非洲统一组织宪章》成立，该宪章于 1963 年 5 月 25 日在亚的斯亚贝巴缔结，1963 年 9 月 13 日生效。该宪章的文本见，(1963) 480 *United Nations Treaty Series*, 70 – 88。

④ 在这次研讨会结束时通过的建立一个非洲人权委员会的蒙得维的亚提议包含了建立这样一个机构的模型。See UN document ST/HR/SER. A/4.

非洲人权和民族权委员会则从 1987 年 11 月 2 日开始在非洲运行。[①]

《非洲人权和民族权宪章》的缔约国承认如下权利并承担采取立法或其他措施予以落实：

第 3 条：平等权和得到法律的平等保护权

第 4 条：生命权

第 5 条：得到保护免受受剥削和侮辱之权利，特别是针对奴隶制、奴隶贩卖、酷刑、残忍、不人道或侮辱性待遇或惩罚

第 6 条：人身自由和安全权

第 7 条：案件得到听审权，包括被告的权利

第 8 条：良心和宗教自由

第 9 条：表达、传播意见和接收信息的权利

第 10 条：自由结社权

第 11 条：自由集会权

第 12 条：迁徙和居住自由的权利，包括在其他国家寻求和获得庇护权、非国民受到免遭任意驱逐和集体驱逐之保护的权利

第 13 条：自由参与政治之权利，包括有平等机会利用公共财产、担任公职之权利

第 14 条：财产权

第 15 条：在公平与良好条件下劳动的权利以及同工同酬的权利

第 16 条：健康权

第 17 条：受教育权

第 18 条：家庭单位受保护的权利，包括老年人和残疾人得到特别保护措施的权利以及禁止对妇女的歧视

第 19 条：所有民族平等之权利

第 20 条：所有民族自决之权利

第 21 条：所有民族自由处置其财富和天然资源之权利

[①] 文本见，Human Rights：A Compilation of International Instruments（New York：United Nations, 1997），Vol. Ⅱ，330。批准《非洲人权和民族权宪章》的国家有：阿尔及利亚、安哥拉、贝宁、博茨瓦纳、布基纳法索、布隆迪、喀麦隆、佛得角、中非共和国、乍得、科摩罗、刚果、科特迪瓦、吉布提、埃及、厄立特里亚、埃塞俄比亚、赤道几内亚、加蓬、冈比亚、加纳、几内亚、几内亚比绍、肯尼亚、莱索托、利比里亚、阿拉伯利比亚民众国、马达加斯加、马拉维、马里、毛里塔尼亚、毛里求斯、摩洛哥、莫桑比克、纳米比亚、尼日尔、尼日利亚、卢旺达、撒哈拉阿拉伯民主共和国、圣多美和普林西比、塞内加尔、塞舌尔、塞拉利昂、索马里、南非、苏丹、斯威士兰、多哥、突尼斯、乌干达、坦桑尼亚联合共和国、扎伊尔、赞比亚和津巴布韦。

第 22 条：所有民族之经济、社会和文化发展权

第 23 条：所有民族之国内与国际和平与安全权

第 24 条：所有民族对一般令人满意之环境的权利

由 11 名委员组成的非洲人权和民族权委员会的任务是促进权利、确保其得到保护和解释《非洲人权和民族权宪章》。其促进活动包括向政府提出建议、制定旨在解决法律问题的原则和规则——这些问题与得到承认、政府可据其立法的权利的享有相关；其保护任务的实现方式是审议政府的定期报告，审查来自政府和其他来源的来文。就审查来文而言，因为该委员会本身没有司法权力，因此它需要向非洲统一组织国家元首和政府首脑大会提交一份阐明事实和委员会得出的结论以及其建议的报告，以便后者做最终决定。如果一件来文揭示存在一系列对人权的严重或大规模违反，该委员会可提请非洲统一组织国家元首和政府首脑大会注意，后者可据其要求委员会对局势进行深入研究，并作出附有认定和建议的事实报告。

1998 年，非洲统一组织国家元首和政府首脑第三十四届峰会通过了《非洲人权和民族权宪章》的一项议定书，以建立非洲人权和民族权法院。该议定书于 2004 年生效。该法院对于向其提交的、有关《非洲人权和民族权宪章》及其议定书以及有关国家批准的任何有关人权文书的解释和适用的所有案件和争端，都具有管辖权。该法院由 11 名法官组成，他们都是取代非洲统一组织的非洲联盟成员国的国民。该法院于 2006 年 11 月在亚的斯亚贝巴建立，但后来将院址迁往坦桑尼亚的阿鲁沙。该法院在 2008 年作出了第一项判决。

六　国际人权制度

目前已经存在一种正式的人权法律制度，调整国家对待受其管辖的个人的行为。但是，无论是这一法律的出现，还是这一制度的演进都没有终结侵犯人权的情况。人权条约不同于商业合同，很少能使其受益者有效地强制其执行。如同保罗·赛格特所解释的，对于人权条约，并不存在诸如支付约定的价款或不交付货物等"动机"或"制裁"。

如果鲁里塔尼亚国和埃库安巴国签订了这样一项条约，假如一方未履行该条约，双方都不太可能遭受任何直接损失，任何一方通常也不会从另一方的履行中得益。更糟糕的是，两国政府可能都会觉得，如果它们履行该条约，就会遭受一种损失——无论如何都会损失控制其臣民的权力。尽

管签订这些条约的是国家的政府，但麻烦在于，受益者不是这些政府，而是它们的臣民，但他们本身又不是条约的缔约方。这就好像子女要结婚，双方父母同意给他们买一栋房屋来住，后来却改变主意，把钱花在了别的事情上。父母中的任何一位都不会因为破坏约定而遭受损失，而子女却可能没有任何救济，因为他们不是协议的当事人。①

无论是出于纯粹的粉饰动机还是因为对改善其领土内的状况有真切的愿望，绝大多数国家都批准或加入了大量的人权文书。而且如同托马斯·伯根索尔所指出的，现在已经有一种国际氛围，对于侵犯人权之非法性越来越敏感——更不要说容忍这些侵犯行为，而且越来越多地对防止这些侵犯行为的公共和私人努力作出反应。

当无论是国内法还是国际法反映了社会的愿望、体现了社会的意象，这种法律就获得的一种道德和政治力量，其影响难以预计，而且经常远远超出其具体的制订者的最狂热期望。那些相信现实政治（Realpolitik）只意味着军事和政治实力的人，并没有吸取有关观念之力量和伪善之可笑的历史教训。许多在联合国对人权文书投了赞成票却并无遵守打算的国家逐渐发现，这些文书给其带来了约束，将限制它们的行动自由。②

---

① Paul Sieghart, *The Lawful Rights of Mankind* (Oxford: Oxford University Press, 1985), 92 – 3. （该书有中译本：[英] 保罗·赛格特：《人类的法定权利》，张伟译，中国人民大学出版社 2016 年版。鲁里塔尼亚国和埃库安巴国是该书作者虚拟的国家。——译者注）

② Thomas Buergenthal, 'International Human Rights Law and Institutions: Accomplishments and Prospects' (1988) 63 *Washington Law Review* 1 – 19.

第三章　人权的国内保护

国际文书

《公民及政治权利国际公约》
第 2 条

一、本公约缔约国承允尊重并确保所有境内受其管辖之人，无分种族、肤色、性别、语言、宗教、政见或其他主张、民族本源或社会阶级、财产、出生或其他身分*等等，一律享受本公约所确认之权利。

二、本公约缔约国承允遇现行立法或其他措施尚无规定时，各依本国宪法程序，并遵照本公约规定，采取必要步骤，制定必要之立法或其他措施，以实现本公约所确认之权利。

《经济社会文化权利国际公约》
第 2 条

一、本公约缔约国承允尽其资源能力所及，各自并借国际协助与合作，特别在经济与技术方面之协助与合作，采取种种步骤，务期以所有适当方法，尤其包括通过立法措施，逐渐使本公约所确认之各种权利完全实现。

二、本公约缔约国承允保证人人行使本公约所载之各种权利，不因种族、肤色、性别、语言、宗教、政见或其他主张、民族本源或社会阶级、财产、出生或其他身分等而受歧视。

三、发展中国家在适当顾及人权及国民经济之情形下，得决定保证非本国国民享受本公约所确认经济权利之程度。

---

* 由于目前中文通行用词为"身份"，因此本中译本除在"国际文书"部分按有关国际文书作准或官方中文本使用"身分"外，将一律使用"身份"，即使在引用有关国际文书约文时亦然。

区域文书

《欧洲人权公约》

第1条

缔约国应当给予在它们管辖之下的每个人获得本公约第一章所确定的权利和自由。

《美洲人权公约》

第1条

1. 本公约各缔约国承允尊重本公约所承认的各项权利和自由,并保证在它们管辖下的所有的人都能自由地全部地行使这些权利和自由,不因种族、肤色、性别、语言、宗教、政治见解或其他主张、民族或社会出身、经济地位、出生或其他任何社会条件而受到任何歧视。

2. 在本公约内,"人"是每一个人。

第2条

遇有行使第一条所指的任何权利或自由尚未得到立法或其他规定的保证时,各缔约国承允依照它们各自的宪法程序和本公约的规定采取为使这些权利或自由生效所必需的立法或其他措施。

一 评论

1958年,当有人问曾担任起草了《世界人权宣言》第一份草案的人权委员会主席的埃莉诺·罗斯福,普遍人权始于何处时,她回答说:

> 在靠近家门的小小地方——如此之近、如此之小,在任何世界地图上都看不到。然而,这些地方却是一个人的整个世界:他生活的社区,他上的院校,他工作的工厂、农庄或办公室。每一男女老幼正是在这些地方寻求平等正义、平等机会、无所歧视的平等尊严。这些权利若非在这些地方有意义,就不会在任何地方有多少意义。如果不在家门口以协调的公民行动维护这些权利,我们在更广大的世界中要获得进展势必徒劳无功。[①]

---

① *Teaching Human Rights* (New York: United Nations, 1963), 1.

罗斯福夫人强调的事实是，人权首先需要在国内得到保护。因为人权主要涉及个人与国家的关系，有时也涉及个人之间的关系，所以保护和促进人权主要是一种国内的任务。正是在国内层次上，必须存在或建立第一道防线。规定当代标准的国际文书以及审视国内履行情况的国际监督机构本质上是补充性的，它们不是国家举措的替代物。

（一）公民权利和政治权利

尽管《公民及政治权利国际公约》第 2 条的措辞表明的是国家对于作为该公约所规定权利之享有者的个人的义务，但每一缔约国对于另一国履行其义务，具有一种法律上的利益。这来自这样一个事实，即"有关人之基本权利的规则"是对世义务（erga omnes obligations），而且如该公约序言第四段所指出的，《联合国宪章》规定各国负有必须促进人权及自由之普遍尊重及遵守之义务。另外，一项条约的契约维度也涉及该条约的任何缔约国针对每一其他缔约国承担遵行其由该公约所规定之担允的义务。不过，仅仅这样一个事实，即对于根据该公约第 41 条做出声明的缔约国而言，存在一种向人权事务委员会申诉的正式国家间机制，并不意味着这一程序是缔约国可据以主张其他缔约国之履行有关其利益的唯一方式。① 相反，该公约第 41 条应被视为补充而非减损缔约国对彼此之间履行其义务所具有的利益。任何缔约国侵犯该公约规定的权利都值得其他缔约国关注。提请注意其他缔约国可能违反该公约所规定之义务、呼吁它们遵守其公约义务，根本不应被当作一种不友好的行为，而应该被认为是反映了正当的共同体利益。②

《公民及政治权利国际公约》规定的总体义务和第 2 条规定的特定义务约束每一缔约国整体。缔约国政府的所有分支（行政、立法和司法）以及任何层次上——国家、地区或地方——其他公共或政府当局都有可能引起国家责任。通常在国际上代表国家的行政机关不得指出某一不符合该公约之行为乃是政府的另一分支所为，以这种方式力图免除该国家对这一行为及其造成的违反情况的责任。这种理解直接来自《维也纳条约法公约》第 27 条所载的原则，根据这一原则，一国"不得援引其国内法规定为理由而不履行条约"。尽管《公民

---

① 第 41 条规定，如某一缔约国认为另一缔约国未实施公约条款，得书面提请该缔约国注意。受请国应于收到此项来文三个月内，向递送来文之国家书面提出解释或任何其他声明，以阐明此事。有关可进一步采取的步骤，见《公民及政治权利国际公约》第 41 条第 1 款（丑）至（辰）项。

② 人权事务委员会第 31 号一般性意见（2004 年），第 2 段。下一段也引自该一般性意见，第 4 段。

及政治权利国际公约》第 2 条第 2 款允许国家根据国内宪法程序落实该公约规定的权利,但同一原则的作用也在于,防止国家援用宪法规定或国内法的其他方面作为其未能履行或落实条约所规定之义务的理由。在实行联邦制的国家中,《公民及政治权利国际公约》第 50 条规定,该公约各项规定"应一律适用于联邦国家之全部领土,并无限制或例外"。

当一国批准或加入《公民及政治权利国际公约》时,即承担了三项国内义务。根据《维也纳条约法公约》第 26 条所宣明的原则,国家必须善意履行《公民及政治权利国际公约》规定的义务。

1. "尊重并确保"所确认之权利

缔约国根据《公民及政治权利国际公约》承担的第一项义务,是"尊重并确保所有境内受其管辖之人"享有该公约所确认之权利,而"无分种族、肤色、性别、语言、宗教、政见或其他主张、民族本源或社会阶级、财产、出生或其他身份等等"。[①] 这一规定的意图在于使各国有义务促进对所确认之权利的履行,并采取必要步骤(包括立法)来保证人人有真正的机会享有这些权利。[②]

一国遵守"尊重"所确认之权利的方式是不侵犯这些权利。[③] 任一国家机关、官员或公共实体无论何时侵犯一项权利,缔约国就没有尽到其尊重该权利的义务。某一侵犯一项权利但最初并不可直接归责于国家的行为(例如,因为这是私人行为或因为尚未确定负责任者)也可能构成国家未能尽到"尊重"该权利的情况,这不是因为这一行为本身,而是因为国家没有尽到适当审慎(due diligence)来防止这种侵犯或未能按照《公民及政治权利国际公约》的要求应对这种侵犯。[④] 因此,缔约国有义务确保私人行为不导致侵犯。[⑤]

---

① 第 2 条第 1 款。在起草阶段得到明确强调的是,为了促进社会中任何在社会意义或教育意义上落后的阶层而采取的特别措施不应构成这一条含义之内的"区分"。See UN document A/5655, 20.(在《公民及政治权利国际公约》英文本中,与"民族本源或社会阶级"对应的用词为"national or social origin",其中的"social origin"亦可理解为"社会出身"。本中译本将以其作为"social origin"的对应用词,但在直接引用《公民及政治权利国际公约》约文时除外。——译者注)

② UN document A/2929, chap. V, s.2. 另见,联合国大会(联大)第 421(V)号决议。

③ Thomas Buergenthal, 'To Respect and to Ensure: State Obligations and Permissible Derogations', in Louis Henkin (ed.), *The International Bill of Rights* (New York: Columbia Press, 1981), 72.

④ See *Velásquez Rodríguez v. Honduras*, Inter-American Court, 29 July 1988.

⑤ *Compulsory Membership of Journalists Association*, Inter-American Court, Advisory Opinion OC – 5/85, 13 November 1985. See also *Svenska Lokmannaforbundet v. Sweden*, European Commission, (1974) 1 EHRR 617; *National Union of Belgian Police v. Belgium*, European Commission, (1975) 1 EHRR 578; *Young, James and Webster v. United Kingdom*, European Commission, (1979) 3 EHRR 20; *Marckx v. Belgium*, European Court, (1979) 2 EHRR 330; *Costello-Roberts v. United Kingdom*, European Court, (1993) 19 EHRR 12; *Gunaratne v. People's Bank*, Supreme Court of Sri Lanka, [1987] LRC (Const) 383.

"确保"之责任施予国家一种积极（affirmative）义务，要求国家采取特定行动以使个人能享有所确认的权利。① 美洲人权法院在解释《美洲人权公约》第1条中的相应规定时指出，"确保"之责任要求国家采取一切必要措施以消除可能存在的、会阻止个人享有所确认之权利的障碍。② 确保之义务还意味着一种责任，即组织政府机构以及一般而言的通过其行使国家权力的结构，以便它们能确保这些权利之自由和充分享有。因此，必须存在一定的机制，国家能据其防止、调查和惩处侵权行为，并在可能时，恢复被侵犯的权利并提供可能为弥补此种侵权行为所造成的损害而必需的赔偿。国家还有一种法律义务，即防止对人权的侵犯，并使用其所具有的手段，对于其管辖范围内犯下的侵权情况进行认真严肃的调查，确定负责任者，施加适当的惩处并确保受害者得到赔偿。③

2. "所有境内受其管辖之人"

"所有境内受其管辖之人"这一短语应被解读为是一种转折连词（disjunctive conjunction）的用法，表明国家必须被认为对于"所有境内之人"以及"所有受其管辖之人"都承担了尊重及确保《公民及政治权利国际公约》所确认之权利的义务。④ 若不如此解读，则——举例而言——一个行使其迁徙自由并到其本国之外旅行的人，由于已经不再在其本国领土之内，就将无法享有"进入其本国之权"。同样，这一义务也不局限于一国的国家领土，而是延及处于其实际权力或责任之下的所有人，而不论此种权力是在本国领土之内或之外行使。一国之国民无论身在何处，都在一定程度上处于该国管辖之下，而一国之经授权的工作人员不仅身处国外时仍受该国管辖，而且若对在该国之外的任何个人行使权力，则在此限度上也使此等个人处于该国管辖之下。⑤ 根据调整国家责任的相关国际法原则，当作为无论合法还是非法之军事行动的后果，一国对其本国领土外的某一地区行使有效控制时，也会出现国家责任的问题。⑥ 因此，国家需要对其工作人员在另一国领土上侵犯某一权利的行为承担责任，

---

① 人权事务委员会第3号一般性意见（1981年），第1段。
② *Exceptions to the Exhaustion of Domestic Remedies*, Inter-American Court, Advisory Opinion OC – 11/90, 10 August 1990.
③ *Velásquez Rodríguez v. Honduras*, Inter-American Court, 29 July 1988.
④ Buergenthal, 'To Respect and to Ensure', 72.
⑤ *Stocke v. Germany*, European Commission, (1991) 13 EHRR 839. 在该案中，对于从法国绑架一名德国人至德国领土以落实对其之逮捕，在法国和德国当局间出现了冲突。See also *Cyprus v. Turkey*, European Commission, (1975) 2 Decisions & Reports 125, (1975) 18 Yearbook 82.
⑥ *Loizidou v. Turkey*, European Court, (1996) 23 EHRR 513.

而无论后一国家之政府默许还是反对这一行为。①

3. "实现"所确认之权利

缔约国根据《公民及政治权利国际公约》承担的第二项义务，是依本国宪法程序，并遵照该公约规定，采取必要步骤，制定必要之立法或其他措施，以实现这些权利和自由。② 这里所设想的，是有多种多样的可用以实现所确认之权利的宪法安排。③ 曾有建议提出，诸如教育和资讯行动、对官员行为的行政控制、为处境不利的群体创设机会（如平权行动）以及消除权利之实现的任何障碍也可能有助于履行这一义务。④ 建立国家人权委员会和任命监察专员（ombudsman）是可避免对权利之侵犯或至少是迅速廉价地予以纠正的两种方式。采取立法或其他措施以实现所确认之权利的义务还意味着一种承诺，即不采取与权利冲突或将导致其被侵犯的措施。⑤

4. 提供有效救济

缔约国根据《公民及政治权利国际公约》承担的第三项义务，是确保任何其权利或自由被侵犯者获得有效救济，即使该侵权行为由执行公职之人员所犯亦然；确保声请此种救济者获得救济的权利，由主管司法、行政或立法当局裁定，或由该国法律制度规定之其他主管当局裁定，并推广司法救济之机会；并确保此种救济一经核准，主管当局概予执行。⑥ 根据《欧洲人权公约》第2条和《美洲人权公约》第25条，这两项公约的缔约国承担着类似的义务。

在《公民及政治权利国际公约》起草之时，得到接受的是，"对公约规定的恰当施行取决于个人的权利得到免遭侵犯的保障，此种保障包含下列要素：拥有法律救济，此等救济得到国内当局准予，由合格当局执行此等救济"。⑦

---

① *López* v. *Uruguay*, Human Rights Committee, Communication No. 52/1979, HRC 1981 Report, Annex XIX.
② 第2条第2款。
③ *Matadeen* v. *Pointu*, Privy Council on appeal from the Supreme Court of Mauritius, [1998] 3 LRC 542.
④ Oscar Schachter, 'The Obligation to Implement the Covenant in Domestic Law', in Louis Henkin (ed.), *The International Bill of Rights* (New York: Columbia University Press, 1981), 317 – 18.
⑤ *International Responsibility for the Promulgation and Enforcement of Laws in Violation of the Convention (Articles 1 and 2 of the American Convention on Human Rights)*, Inter-American Court, Advisory Opinion OC – 14/94, 9 December 1994.
⑥ 第2条第3款。（在《公民及政治权利国际公约》英文本中，与"推广司法救济之机会"对应的用语为"develop the possibilities of judicial review"，亦可理解为"发展司法救济之机会"。——译者注）
⑦ UN document A/2929, chap. V, s. 14.

尽管司法救济被认为是更可取的，但一种认识是，施予所有国家一种提供此种救济的即时义务是不合理的。因此，该公约第2条规定的是每一国家应"发展司法救济之机会"，同时不排除由行政机关或议会委员会准予救济之可能性，或通过特别临时立法补救某一具体侵权情势的可能性。[1] 欧洲人权法院在解释《欧洲人权公约》第13条时——该条要求任何其权利被侵犯者"应自国家当局获得有效的救济"——指出，所说的当局并不必然是一个司法当局；如果该当局不是司法当局，那么对于判断从其所获救济是否有效，这一当局的权力和所提供的保障就具有相关性。[2]

由于侵犯权利的方式可能不止执行或行政行为，因此救济还必须能涵盖侵权性的立法行为。颇为引人注目的一点是，根据《公民及政治权利国际公约》第2条第3款（子）项，受益人是其"本公约确认"之权利被侵犯者。如果主管当局要使用的标尺是"本公约确认"的权利，则该公约确认的权利就可能需要构成并一直是调整国家机器之所有分支的行动的国内法的一部分，这是一种支持将该公约的实质性规定作为一个整体在宪法中牢固确立（entrenchment）的主张。[3]

为"有效"起见，一项救济由宪法或法律规定或正式得到承认并不够；这种救济必须能切实有效地确定是否发生了对权利的侵犯并提供补救。例如，如果某人主张说，他受到了国家工作人员的酷刑折磨或严重虐待，那么"有效救济"的概念就意味着，除了在合适的情况中支付赔偿，还需要开展彻底、有效的调查，这种调查应该能够致使那些对侵权负责任者被识别、受惩罚，还应包括申诉人能有效地参与调查程序。[4] 一项因为一国通行的普遍情况或甚至由于某一特定案件的特别情况而虚无缥缈的救济不能被认为是有效的。以下例证就属于这种情况：实践证明救济无效；司法机关缺乏为做出公正无偏之裁决所必需的独立或执行其判决的手段；存在任何其他构成拒绝公正司法之情况，例如做出裁决有不合理的拖延；或者无论基于何种原因，据称之受害者被剥夺了获

---

[1] UN document A/2929, chap. V, s. 16; A/5655, s. 27.
[2] *Silver v. United Kingdom*, European Court, (1983) 5 EHRR 347.
[3] See Inter-American Commission on Human Rights, Report No. 1/95, Case 11.006, Peru, 7 February 1995. 美洲人权法院在该案中认定，为了保护个人的权利免受国家之任意行为的侵害，至为必要的是，有一个政府分支具有独立性，能对行政机关的行为和国家所制定法律的合宪性，乃至该分支本身的成员做出的判决，做出裁判。因此，司法机关的独立性是实际遵守人权的必要先决条件。
[4] *Tekin v. Turkey*, European Court, (1998) 31 EHRR 95.

得司法救济的机会。①

某些国家对诸如酷刑等非法行为实行大赦的做法不符合其承担的义务,即调查这些行为、保障在其管辖范围内不遭受这些行为的自由以及确保这些行为在将来不再发生。国家不得剥夺个人获得有效救济的权利,包括赔偿以及可能情况中的全面康复。② 实际上,国家有义务调查以往政权对权利的侵犯,特别是在其中包括诸如酷刑等严重罪行之时。③

(二) 经济、社会和文化权利

《经济社会文化权利国际公约》第2条必须被理解为与该公约的所有其他规定存在一种有机联系。该条规定了缔约国所承担之一般性法律义务的性质,这些义务包括可被称作"行为义务"和"结果义务"(使用的是国际法委员会的说法)的义务。有时极其得到强调的,是这一规定使用的表述与相应的《公民及政治权利国际公约》第2条所含表述之间的差别,但并非总是得到承认的,是这两条之间也具有明显的相似性。尤其是,《经济社会文化权利国际公约》尽管规定了逐渐实现并承认可用资源有限造成的局限,但也规定了各种具有即时效力的义务,其中一项是"保障""行使"有关权利"不……受歧视",④ 另一项是承担"采取种种步骤",这本身不受其他考虑的制约或限制。这一用语的全面含义也可以通过注意某些语言文本的差异来评判。缔约国所承担的,在英文本中是"采取种种步骤"(to take steps),在法文本中是"行动"

---

① *Judicial Guarantees in States of Emergency*, Inter-American Court, Advisory Opinion OC – 9/87, 6 October 1987. See J. Raymond, 'A Contribution to the Interpretation of Article 13 of the European Convention on Human Rights' (1980) 5 *Human Rights Review* 161, 其中提出,作为一项规则,任一救济若符合以下条件,即为"有效":(a) 是可及的,即个人能够开始一种将导致有关当局做出一项决定的程序;(b) 是充分的,即在确定发生了所称侵犯之时,有关当局有权力对其予以补救;(c) 具有被接受的很大可能性,即不存在对运用这一救济不利的既定先例;以及 (d) 不能只是对已经用过的救济的简单重复。另见防止歧视和保护少数小组委员会任命的特别报告员提奥·范博文(Theo van Boven)编写的报告:Draft Basic Principles and Guidelines on Restitution, Compensation and Rehabilitation for Victims of Gross Violations of Human Rights and Fundamental Freedoms, UN document E/CN. 4/Sub. 2/1993/8;一项"有效的"救济是一种能产生其旨在达成之结果的救济,既指禁制令补救,也指赔偿性补救。因此,必须对侵犯人权行为所导致的任何可从经济上评估的损害提供赔偿,这包括身体和精神伤害,痛苦、磨难和心理紧张,失去的机会(包括教育机会),失去收入和收入能力,合理的医疗支出和其他康复支出,对于财产或产业的损害(包括失去的盈利),对声誉或尊严的伤害,以及合理的花费和为获得救济而支出的法律或专家援助的费用。

② 人权事务委员会第20号一般性意见(1992年),第15段。

③ *Rodríguez v. Uruguay*, Human Rights Committee, Communication No. 322/1988, HRC 1994 Report, Annex IX. B.

④ 经济、社会和文化权利委员会第3号一般性意见(1990年),第1段。

(s'engage à agir)，在西班牙文本中是"采取种种措施"（a adoptar medidas）。因此，尽管相关权利的全面实现是要逐渐达到的，但朝向这一目标的步骤必须在合理的短时间内采取。此类步骤应当周密、具体、尽可能明确地以履行《公约》规定的义务为目标。

1. "务期以所有适当方法，尤其包括通过立法措施"

《经济社会文化权利国际公约》规定，应用于履行采取种种步骤之义务的方式是"所有适当方法，尤其包括通过立法措施"。立法在许多情况中极其可取，在一些情况中甚至不可或缺。例如，如果没有坚实的立法基础规定必要的措施，就难以有效地打击歧视。在诸如健康、保护儿童和母亲、教育以及有关《经济社会文化权利国际公约》第6条至第9条所处理事项的领域中，对许多目的来说，立法也可能是一种必不可缺的因素。不过，采取立法措施绝不意味着一国尽到了其全部义务。实际上，"以一切适当措施"的说法必须从其全面、自然的含义来理解。尽管国家必须自己来决定，对于每一权利的具体情况，哪些措施是最适当的，但所选方式的"适当性"并不总是不证自明的。

在可能被认为适当的措施中，除了立法以外，还有对于根据国内法律制度可能被认为可诉的权利，提供司法救济。例如，对于所确认之权利的不受歧视的享有，通过规定司法或其他有效救济，经常能在部分程度上得到适当推动。另外，《经济社会文化权利国际公约》中还有其他一些规定，包括第3条、第7条（子）项（一）目，第8条，第10条第3款，第13条第2款（子）项、第3款和第4款以及第15条第3款，看来在许多国内法律制度中，也能由司法或其他机关立即适用。任何说上述规定在本质上不可自执行的提法看来都难以成立。其他也可以被认为"适当的"措施包括但不限于行政、财政、教育和社会措施。

南非宪法法院认为，从制度角度来看并不合适的是，由一个法院来精确判定实现任何特定的社会和经济权利将要求什么情况，以及政府应采取什么样的步骤来确保这一权利的逐渐实现。这是一种首先要由立法机关和行政机关来决定的事务，这些政府机构的地位最适合根据可用的预算调查社会状况并判定哪些与社会和经济权利有关的目标是可以实现的。实际上，从民主问责制的角度来看可取的是，它们应该如此作为，因为正是它们的方案和承诺要受到民主性的大众选择的制约。因此，国家承担着一种积极义务，即通过采取合理的立法和其他措施，来应对人民的基本社会和经济需要。通过采取这些措施，权利就获得了内容，而这一内容又受到合理性之宪法标准的制约。在社会和经济权利方面施予政府的积极义务将由法院通过至少是以下方式强制实施。如果政府没有采取步骤以实现权利，法院将要求政府采取步骤。如果政府采取的措施不合理，法院也将同样要求政府审查这些措施，以达到合理性的标准。一项措施如果没有对那些具有极度迫切之需要的人做出规定，就将是不合理的。如果政府采取的某项政策具有不合理的限制或排斥，法院可以下令消除。最后，逐渐实现的义务还施予政府一项义务，即持续不断地审查其政策，以确保权利之达成在逐渐实现。[①]

有关社会和经济权利所施加之积极义务的诉讼，其目的应在于通过诉讼使政府之民主分支承担责任。在如此行事时，这类诉讼培养了一种参与式的民主，这种民主对政府问责，要求政府在选举间隔期间，对于政府政策的具体方面做出解释、承担责任。当政府机构在其有关社会和经济权利的政策方面受到质疑时，它就必须解释为何这一政策是合理的。政府必须披露它为制定这一政策做了些什么：开展了哪些调查和研究，考虑了哪些替代方案，选择作为政策之基础的方案的理由是什么。不应以不可能的完美标准来要求政府，也不得要求法院承担在一个民主制度中，适宜留由政府的民主分支承担的任务。对社会和经济权利诉讼的这种理解也符合政府应具有应答性、问责性和开放性的原则。政府不仅必须表明，其所选择的政策是合理的，而且必须表明，对这一政策的重新思考符合其心中所想的"逐渐实现"社会和经济权利的义务。一项一成不变、从未受到复查的政策不太可能是这样一种政策，即会导致符合社会和经济权利所施加之义务的、这些权利的逐渐实现。[②]

"以一切适当措施，尤其包括通过立法措施……采取种种步骤"的义务既不要求也不排除将任何特定的政府形式或经济制度用作采取所涉之步骤的手段，只要这些形式或制度是民主的、所有人权得到其尊重。因此，对于各种政治和经济制度，《经济社会文化权利国际公约》是中立的，很难准确地描述说，其原则完全基于一种社会主义或资本主义制度之必要或可取，或者一种混合的、中央计划性的或放任自由的经济，或任何特定的路径。在这一方面，经济、社会和文化权利委员会重申，该公约所确认的权利有可能在各种不同的经济和政治制度中实现，只要两类人权相互依存、不可分割。

2. "务期逐渐使各种权利完全实现"

对于《经济社会文化权利国际公约》的缔约国，主要的结果义务是采取种种步骤，"务期逐渐使各种权利完全实现"。"逐渐实现"因此经常被用于描述这

[①] *Mazibuko v. City of Johannesburg*, Constitutional Court of South Africa, [2010] 1 LRC 436, per O'Regan J.

[②] *Mazibuko v. City of Johannesburg*, Constitutional Court of South Africa, [2010] 1 LRC 436, per O'Regan J.

一规定的意图。逐渐实现的概念是对一种事实的承认，即经济、社会和文化权利的充分实现一般而言无法在短时间内达成。在这一意义上，该义务非常不同于《公民及政治权利国际公约》第 2 条规定的义务，后者包含了一种尊重和确保所有相关的权利的即时义务。不过，预计实现需要一定的时间，换言之，即逐渐实现，这一情况不应被曲解为剥夺了这一义务的所有有意义内容。一方面，这是一种必要的灵活工具，反映了真实世界的实际情况以及任何国家在确保经济、社会和文化权利之充分实现中涉及的困难；另一方面，必须根据《经济社会文化权利国际公约》的总体目标——实际上是其根本目的，即对于所涉权利的充分实现，为国家规定明确的义务，来解读这一规定。因此，这一规定施予缔约国一种尽可能迅速、有效地朝此目标前进的义务。此外，在这一方面的任何有意的倒退措施都需要极为审慎的考虑，需要通过参考该公约所规定之各种权利的整体情况并根据充分利用最大程度可用资源的情况，来充分证明其正当合理性。

经济、社会和文化权利委员会认为，国家承担着一种确保至少是每一权利的最低限度的必要水平得到满足的最低限度的核心义务。由此，举例而言，如果有大量的个人得不到必要的食物、必要的初级医疗保健、基本的容身之处和住房以及最基本形式的教育，那么国家在表面上就未能履行其根据《经济社会文化权利国际公约》承担的义务。如果该公约被解读为没有确立这种最低限度的核心义务，那么基本上就丧失了其根本目的。同理，对于一国是否履行了其最低限度核心义务的评估，都必须考虑该国之内的资源局限。《经济社会文化权利国际公约》第 2 条第 1 款规定国家有义务"尽其资源能力所及"，采取种种必要措施。如果一国要将其未能履行至少是其最低限度的核心义务归因于缺乏可用资源，它就必须证明，在其努力将这些最低限度的义务作为优先事项履行之时，已经尽了一切努力使用其所掌握的一切资源。即使在可用资源明显不足的情况中，国家仍有义务努力确保在现有条件下，相关权利的尽可能广泛享有。而且即使在资源局限极为严重之时——不论这由调整过程、经济衰退或其他因素造成，通过采取相对低成本的有针对性的方案，也能够——实际上是必须——保护社会中的弱势成员。

不过，南非宪法法院不同意经济、社会和文化权利委员会的意见，即国家承担着一种确保至少是每一权利的最低限度的必要水平得到满足的最低限度的核心义务。该法院认为，对于例如获得适足住房的权利而言，若不首先确定为享有此项权利所需的各种必要和机会，就无法判断逐渐实现这一权利的最低门槛何在。这些必要和机会将因诸如收入、失业、土地的可用情况以及贫穷状况而各不相同。城乡社区的差别也将影响享有这一权利的必要和机会。各种变量最终取决于一国的经济和社会历史和现状。所有这些情况都表明，在没有有关享有权利的必要和机会的必要资料的情况下，判断逐渐实现公约权利的最低限度核心义务的任务的复杂性。① 尽管雅库伯（Yacoob）法官指出，某一特定案件中的证据可能表明，在判断国家采取的措施是否合理时，有某种特定服务的最低限度的核心内容应予考虑，但社会—经济权利不应被解释为意味着每个人都可要求向其提供这种最低限度的核心内容。因此，最低限度的核心内容被当作可能与"合理性"有关，而非一种赋予每一个人的自行成立的权利。②

3. "各自并借国际协助与合作，特别在经济与技术方面之协助与合作"

《经济社会文化权利国际公约》第 2 条第 1 款中的最后一个要素，是国家"各自并借国际协助与合作，特别在经济与技术方面之协助与合作，采取种种步骤"的义务。该公约起草者的想法是，"尽其资源能力所及"的表述既指一国之内存在的资源，也指那些经由国际协助与合作可从国际社会得到的资源。另外，这种合作在促进相关权利之充分实现中的重要作用，也得到了该公约第 11、15、22、23 条包含的具体规定的进一步加强。

（三）权利法案*

一项权利法案之目的在于在一国之治理中确立当代规范和标准。③ 在每一法律制度的发展中，都一直存在一种努力，即设计一套价值标准，以便能据以衡量政府的表现，这是政府必须遵守的一种更高标准。最开始，这种法律是神法——实际上，即使今天，在世界上的某些地方，仍有立法要根据《古兰经》中的启示来衡量。后来，建立在"社会契约"和"自然法"理论中的标准开始适用。1776 年的《弗吉尼亚权利宣言》、④ 1789 年《法国人权和公民权宣

---

① *Republic of South Africa* v. *Grootboom*, Constitutional Court of South Africa, [2001] 3 LRC 209.
② *Minister of Health* v. *Treatment Action Campaign*, Constitutional Court of South Africa, [2002] 5 LRC 216.
* 原文为"Bill of Rights"。在中文法律语言中，"法案"通常指提交立法机关审议通过的法律草案，但此处所说"权利法案"——系从美国法而来——指的是无论作为一国宪法之一部分还是单行法的、规定基本权利的法律本身，而非草案。
③ See *West Virginia State Board of Education* v. *Barnette*, United States Supreme Court, 319 US 624 (1943) at 638.（原书此处有一段引文，但与正文下一段基本相同，似为不必要重复，予以删除。——译者注）*State* v. *Makwanyane*, Constitutional Court of South Africa, [1995] 1 LRC 269, 其中奥勒甘（O'Regan）法官指出："必须强调，确立一份可由司法机关强制实施之权利法案，部分程度上是为了保护我们社会中那些被边缘化者、被剥夺者和被排斥者。它们证明了我们对共同人性的诚意和信诺，不可从中排除。"
④ 文本见，F. E. Dowrick（ed.），*Human Rights: Problems, Perspectives and Texts*（England: Saxon House, 1979），155. 此后，美国的几个州也在其各自的宪法中纳入了权利宣言。

言》以及 1791 年对美国宪法的头十条修正是制定对自然权利的一种全面国家声明的早期尝试。这些文书之每一项都是某个政治大会的成果，是在其之前发生的暴烈事件的产物，而且旨在应对那些革命年代的特定不满以及需要和愿望。在 19 世纪和 20 世纪初，欧洲、亚洲和美洲的其他国家也以这些先驱性的努力为模式，对权利做出了自己的宪法宣示。①

一项权利法案之目的在于，从政治争论的兴衰变迁中抽出某些事项，将其置于多数人和各种官员的触及范围之外，并将其确立为各级法院要适用的法律原则。一个人对生命、自由和财产、自由言论、自由崇奉和集会的权利以及其他基本权利不得由投票决定；它们不得取决于任何选举的结果。②

1. 权利法案的起草

对于一项权利法案，并没有既定的公式：其规定可能任随人的想象，千差万别、多种多样；也可能基于权力和控制所需，而狭窄或有限。因此，权利法案之力量具有从极强到极弱的很宽跨度，取决于当权者对于人权概念之诚意和信服的程度有多深。在有些国家，如国际和区域文书所界定之权利和自由的范围和内容都得到了扩展；在另一些国家，这些权利和自由的可适用情况则受到了限制。

2. 全面性

尽管联合国人权两公约试图以精确的法律语言表述《世界人权宣言》中首次阐发的一般性原则，但它们也反映了冷战期间，自由民主国家和社会主义国家之间的一种政治妥协。例如，私人拥有财产的权利就被去掉了。在其他国家寻求庇护的权利也被忽略了。大陆法系中的"公共秩序"（ordre public）概念——这对于普通法系制度来说是难以理解的——则被引入。对某些权利的界定相对狭窄，例如生命权就是如此，这是因为考虑到还有一些国家尚未废除死刑。这些妥协折中对于任何国际条约通过之前的讨价还价过程来说，都是不可避免的——而人权两公约都是条约。

不过，财产权被忽略并没有阻止近百个国家的宪法包括了对这一权利的广泛界定。例如，圣基茨和尼维斯 1983 年宪法第 8 条——其文本超过三页——

---

① 劳特派特提到了以下国家的宪法：瑞典（1809 年）、西班牙（1812 年）、挪威（1814 年）、比利时（1831 年）、利比里亚（1847 年）、撒丁王国（1848 年）、丹麦（1849 年）、普鲁士（1850 年）、瑞士（1874 年）、德国（1918 年）、俄罗斯（1918 年）、土耳其（1928 年）、中国（1931 年）、阿富汗（1931 年）、暹罗（1932 年）和日本（1946 年）。See H. Lauterpacht, *International Law and Human Rights* (London: Archon Books, 1968 reprint), 89 – 90.

② *West Virginia State Board of Education v. Barnette*, United States Supreme Court, 319 US 624 (1943) at 638, per Jackson J.

禁止强行取得对任何类型的财产的任何利益或权利，除非是为了法律规定的公共目的，这样的法律还应规定立即支付要从司法上判定的补偿，所支付之补偿不得被扣税并可转移至任何国家。[①] 有关死刑的模糊规定也没有阻止纳米比亚1990年宪法明确规定："任何法律不得规定死刑为有效刑罚。任何法院或法庭不得有权判处任何人死刑。在纳米比亚不得执行任何处决。"[②] 同样，德国1949年基本法声明，"任何因政治理由受迫害者享有受庇护权"。[③] 在任何英联邦国家的权利法案中，都完全没有提到大陆法系意义上的"公共秩序"（ordre public）；基于显而易见的原因，这些法案更愿意使用其更熟悉的普通法概念"公共秩序"（public order）。[④]

任何因刑事指控被逮捕者应被"迅速"带见法官的要求转换到国内法中，则被更具体的时限所取代，例如24小时（希腊、肯尼亚、西萨摩亚、瑙鲁、孟加拉国、加纳、佛得角和莱索托），48小时（安提瓜和巴布达、南非和马耳他）或72小时（伯利兹、多米尼克、圣基茨和尼维斯）。巴布亚新几内亚1975年宪法第51条对"寻求信息的自由"（表达自由的一个属性）赋予了实质含义，即特别规定每一公民都有权合理地获得官方文件，仅受在一个民主社会中、就某些具体规定的活动领域，可合理地证明有保密必要的限制。[⑤] 圣卢西亚1978年宪法将禁止歧视扩展到私人领域，要求"任何人不得受其他人或当局之歧视性对待"，加拿大1982年权利和自由宪章对于法律不得据以歧视任何人的传统依据，加上了"年龄"以及"精神或身体残疾"的依据。[⑥]

[①] 参见津巴布韦1979年宪法第16条中甚至更详细的规定。其他承认财产权的宪法包括：希腊1975年宪法，第17条；德国1949年基本法，第14条；爱尔兰1937年宪法，第43条；瑞士宪法，第22条第3款；南非1993年宪法，第28条；布基纳法索1991年宪法，第15条；赞比亚1991年宪法，第16条；日本1946年宪法，第29条；泰国1991年宪法，第35和36条；菲律宾1986年宪法，第3条第9款；泰国1991年宪法，第24和49条；斯洛伐克共和国1992年宪法，第20条；保加利亚1991年宪法，第17条；俄罗斯联邦1993年宪法，第35条；阿根廷1853年宪法，第17条；墨西哥1917年宪法，第27条；巴拉圭1992年宪法，第109条；伊朗1979年宪法，第47条；伊拉克1970年宪法，第15—17条；阿拉伯叙利亚共和国1973年宪法，第15—17条；所罗门群岛1978年宪法，第8条；瑙鲁1968年宪法，第8条；西萨摩亚1960年宪法，第14条。（原书此注及以下若干注解中，未表明若干国家宪法的制定时间；此注中，泰国宪法出现了两次，但所提及条款不同。——译者注）

[②] 对于类似条款，参见哥伦比亚1991年宪法1991，第11条。

[③] 第16条（a）项。另见斯洛文尼亚1991年宪法，第48条；布隆迪1992年宪法，第24条；佛得角宪法，第36条；索马里民主共和国宪法，第35条；哥伦比亚1991年宪法，第36条；伊拉克1970年宪法，第34条。

[④] 例如见，蒙塞拉特宪法1990年宪法，第58—62、64条。

[⑤] 获得官方信息权越来越多地在国家宪法中得到承认，例如见，尼泊尔1990年宪法，第16条；塞舌尔1992年宪法，第28条；佛得角宪法，第43条；南非1993年宪法，第23条；白俄罗斯1994年宪法，第34条；保加利亚1991年宪法，第41条；马拉维1994年宪法，第37条。

[⑥] 第15条。另见塞舌尔1992年宪法第36条，其中承认老年人和残疾人的权利。

在早先的宪法中,经济、社会和文化权利被当作"国家政策指示性原则",因此不可诉。许多晚近的宪法明确承认绝大部分的经济、社会和文化权利,其他宪法则选择了一些权利予以规定,如受教育权、[①] 学术自由权、[②] 健康权、[③] 住房权、[④] 工作权、[⑤] 对安全和健康的环境的权利、[⑥] 文化权[⑦]和社

[①] 见,阿尔及利亚宪法,第50条;布隆迪1992年宪法,第32条;佛得角宪法,第49条;加纳1990年宪法,第25条;几内亚比绍1984年宪法,第41条;马拉维1994年宪法,第25条;纳米比亚1991年宪法,第20条;卢旺达1991年宪法,第26—27条;塞内加尔1963年宪法,第16—18条;塞舌尔1993年宪法,第33条;南非1993年宪法,第32条;比利时1994年宪法,第24条;塞浦路斯1960年宪法,第20条;丹麦1953年宪法,第76条;德国1949年基本法,第7条;希腊1975年宪法,第16条;爱尔兰1937年宪法,第42条;卢森堡1868年宪法,第23条;保加利亚1991年宪法,第53条;立陶宛1992年宪法,第41条;俄罗斯联邦1993年宪法,第43条;斯洛伐克共和国1992年宪法,第42条;斯洛文尼亚1991年宪法,第57条;塔吉克斯坦1993年宪法,第23条;伊朗1979年宪法,第30条;伊拉克1970年宪法,第27条;科威特1962年宪法,第40条;阿拉伯叙利亚共和国1973年宪法,第37条;也门共和国1994年宪法,第53条;阿富汗1990年宪法,第56条;中国1982年宪法,第46条;印度尼西亚1945年宪法,第31条;日本1946年宪法,第26条;老挝人民民主共和国1991年宪法,第25条;马来西亚1957年宪法,第12条;大韩民国1988年宪法,第31条;越南1992年宪法,第59条。

[②] 见,斯洛文尼亚宪法1991年宪法,第60条;日本1946年宪法,第23条。

[③] 见,阿尔及利亚宪法,第51条;加蓬1991年宪法,第8条;加纳1990年宪法,第29—30条;几内亚1990年宪法,第15条;塞舌尔1992年宪法,第29条;俄罗斯联邦1993年宪法,第41条;斯洛文尼亚1991年宪法,第51条;塔吉克斯坦1992年宪法,第25条;伊拉克1970年宪法,第33条;阿拉伯叙利亚共和国1973年宪法,第47条;也门共和国1994年宪法,第54条;巴拉圭1992年宪法,第68条;巴拿马1972年宪法,第105—113条;阿富汗1990年宪法,第57条。

[④] 见,塞舌尔宪法1992年宪法,第34条。

[⑤] 见,阿尔及利亚宪法,第52条;贝宁1990年宪法,第30条;布隆迪1992年宪法,第33—34条;加蓬1991年宪法,第7条;加纳1990年宪法,第24条;几内亚1990年宪法,第36条;几内亚比绍1984年宪法,第36条;马里1992年宪法,第17条;尼日尔1992年宪法,第26条;塞内加尔1963年宪法,第20条;塞舌尔1992年宪法,第35条;索马里民主共和国宪法,第21条;南非1993年宪法,第26条;坦桑尼亚联合共和国1985年宪法,第22条;希腊1975年宪法,第22条;保加利亚1991年宪法,第48条;俄罗斯联邦1993年宪法,第37条;斯洛文尼亚1991年宪法,第35条;伊拉克1970年宪法,第32条;科威特1962年宪法,第41条;阿拉伯叙利亚共和国1973年宪法,第36条;巴拿马1972年宪法,第60—75条;巴拉圭1992年宪法,第86—94条;阿富汗1990年宪法,第52条;中国1982年宪法,第42条;印度尼西亚1945年宪法,第27条;老挝人民民主共和国1991年宪法,第26条;大韩民国1988年宪法,第32条;泰国1991年宪法,第48条。

[⑥] 见,贝宁1990年宪法,第27—29条;马里1992年宪法,第15条;尼日尔1992年宪法,第28条;南非1993年宪法,第29条;希腊1975年宪法,第24条;俄罗斯联邦1993年宪法,第42条;斯洛伐克共和国1992年宪法,第44条;斯洛文尼亚1991年宪法,第72条;巴拿马1972年宪法,第114—117条;巴拉圭1992年宪法,第8条;大韩民国1988年宪法,第35条。

[⑦] 见,布隆迪1992年宪法,第36条;加纳1990年宪法,第26条;马拉维1994年宪法,第26条;纳米比亚1991年宪法,第19条;塞舌尔1992年宪法,第39条;南非1993年宪法,第31条;保加利亚1991年宪法,第54条;俄罗斯联邦1993年宪法,第44条;阿拉伯叙利亚共和国1973年宪法,第47条;巴拿马1972年宪法,第76—86条;阿富汗1990年宪法,第58条;中国1982年宪法,第47条;越南1992年宪法,第60条。

会保障权。①

3. 可适用情况

由于一份权利法案的首要目的是要在一国的治理中引入当代规范和标准，因此其规定必须适用于政府的所有三个机关。换言之，立法过程、行政过程和司法过程都必须受制于权利法案。② 纳米比亚共和国宪法对此要求有清楚的表达："本章所载基本权利和自由应受到行政、立法和司法机关以及政府所有机关及其机构的尊重和维护，在适用时，也应受到纳米比亚之自然人和法人的尊重和维护，并可由法院按下述方式强制实施。"③ 同样明确的是印度宪法第 13 条的规定："（1）所有本宪法生效之前在印度领土上有效之法律，若与宪法本部分之规定不一致，各该不一致之部分无效。（2）国家④不得制定任何取消或限制宪法本部分所赋予之权利的法律，任何有违本规定之法律，其违反之部分无效。"

法院宣布某一法律因为不符合某一受保护之权利而无效，其效果将是使这一法律自法院判决之日起不再有效。但是，在纳米比亚，在合适的案件中，法院有权力酌处决定，先不宣布任何法律或行动无效，而是允许议会、任何次级立法当局或行政机关和政府部门在必要情况中，在法院规定的时限内、依据法院可能确定的条件，纠正受到质疑的法律或行动。在这样的情况中并直到这种纠正之前或直到法院规定的时限届满之前——以先出现之情况为准，这种受质疑的法律或行动被认为是有效的。⑤

免除政府之某个部分——即使在部分程度上——适用对基本权利之规定，

---

① 见，塞舌尔 1992 年宪法，第 37 条；保加利亚 1991 年宪法，第 51—52 条；俄罗斯联邦 1993 年宪法，第 39 条；斯洛伐克共和国 1992 年宪法，第 39—40 条；斯洛文尼亚 1991 年宪法，第 50 条；塔吉克斯坦 1993 年宪法，第 25 条；伊朗 1979 年宪法，第 29 条；阿拉伯叙利亚共和国 1973 年宪法，第 46 条；也门共和国 1994 年宪法，第 55 条；阿根廷 1853 年宪法，第 14 条；巴拿马 1972 年宪法，第 105—113 条；阿富汗 1990 年宪法，第 57 条；中国 1982 年宪法，第 45 条；印度尼西亚 1945 年宪法，第 34 条；大韩民国 1988 年宪法，第 34 条。

② Hinds v. R, Privy Council on appeal from the Court of Appeal of Jamaica [1976] 1 All ER 353 at 360. 该案中，迪普洛克（Diplock）勋爵提到了牙买加宪法中规定基本权利的一章并解释说，这一章的规定构成了该国实在法的一部分，而且直到通过该宪法为其规定的特别程序修正以前，都将"对立法、行政和司法机关充分行使其各自的权力构成一种约束"。

③ 另一具有类似效力但局限于政府行为的规定，载塞浦路斯 1960 年宪法第 179 条第 2 款："众议院或任何公共议事会之法律或决定，在本共和国行使行政权力或任何行政职能之任何机关、当局或个人之行为或决定，均不得以任何方式违反或抵触本宪法之任何规定［包括有关基本权利和自由之规定］。"另见，所罗门群岛 1978 年宪法，第 2 条；圣文森特和格林纳丁斯 1979 年宪法，第 101 条。

④ "国家"被界定为包括印度的政府和议会、印度各邦的政府和立法机关、印度领土内或者印度政府控制下的所有地方或其他当局。

⑤ 纳米比亚共和国 1990 年宪法，第 25 条第 1 款（a）项。

就否定了制定权利法案的目的。但是,这正是一个加勒比海国家牙买加曾经所做的:其1962年宪法第26条第8款规定,"在指定日期前有效的任何法律中的任何内容不得被视为与本章[即第三章:基本权利和自由]的任何规定不一致,根据任何此类法律之授权所做之行为,不得被视为违反任何此类规定。"①斯里兰卡共和国1972年宪法也相当明确地规定,"所有现行法律,即使不符合"该宪法中保障的基本权利和自由,"仍应适用"。② 在伯利兹,现行法律即使不符合权利法案,也被认为在一个五年期内有效;③ 而在马耳他,这种法律的有效期被限定为三年。④ 在图瓦卢,只有与禁止歧视相抵触的现行法律继续有效;⑤ 在新加坡,授权"为公共安全、和平与良好秩序之利益"进行逮捕和拘禁的现行法律以及与滥用毒品有关的法律都持续有效,而不论保障人身自由权之宪法规定如何。⑥

在英国,上议院认定,在该国与其在国外执行任务的武装部队之间,不存在管辖权联系。⑦ 不过,三位法官即曼斯(Mance)勋爵、黑尔(Hale)女勋爵和克尔(Kerr)勋爵持异议意见。曼斯勋爵指出,英国根据国际法对于其在伊拉克的部队有充分的权力,足以使这些部队被认为是处于英国管辖之下。因为英国在伊拉克的存在,不仅有当时在伊拉克存在的唯一民政当局的同意,而且无论如何根据国际法也是作为安理会所承认的占领国,所以从《欧洲人权公约》第1条来看,将英国对其武装部队的管辖权延及该国在伊拉克执行任务的军人,是挡不住的情况。克尔勋爵认为,英国对于一名士兵——该士兵在服役于英国在伊拉克领土的驻军期间因体温过高死亡——的控制是全面的,就像当今世界中可能的情况一样。没有任何其他机构或国家有权或能够对他行使任何权力。在某一个人身处外国领土但处于其本国的全面控制之下时,就没有什么理由认为,这个人受该国管辖的情况,相比于碰巧身处这一领土上受同一国家有效控制之某一地点的个人所受到的管辖的情况,有任何差距。

在南非宪法法院,奥勒甘法官就同一问题论证说:

---

① 类似的规定见特立尼达和多巴哥1962年宪法,第3条;巴巴多斯1966年宪法,第26条;巴哈马1973年宪法,第30条。
② 第18条第3款。这一款后来在斯里兰卡民主社会主义共和国1978年宪法第16条第1款中重新得到了规定。
③ 伯利兹1981年宪法,第21条。
④ 马耳他共和国1964年宪法,第48条第7款。
⑤ 图瓦卢1978年宪法,第15条第9款。
⑥ 新加坡宪法,第9条第6款。
⑦ R (on the application of Smith) v. Secretary of State for Defence, Supreme Court of the United Kingdom, [2010] 5 LRC 558.

显而易见，我们宪法中的权利法案约束行政机关，国家有义务"尊重、保护、促进和实现"宪法之权利法案中的权利。也很清楚的是，我们的权利法案之规定不约束其他国家之政府或法院。因此，一个南非人无法在其他法律制度的法院中，援用我们的权利法案的规定。在此程度上，我们的权利法案并无直接域外效力。然而，这并不意味着当我们的政府在南非之外行事时，其行事不受我们的权利法案的约束。我们的宪法中没有任何内容表明，就宪法赋予行政机关的权力以及施予行政机关的义务而言，宪法的至高性止步于南非边界。实际上，情况正好相反。行政机关受到宪法的全面约束。除了宪法承认或源自宪法的权力，行政机关别无其他权力。因此，无论行政机关在何处行事，均有义务以符合权利法案所施予其义务的方式行事……倘若在某一特定案件中，针对政府强制实施权利法案构成了对国际法之违反，我们的宪法将不会支持这一点。因此，权利法案之规定的域外适用将受到国际法原则之限制，即只有在不会减损或妨碍另一国之主权的情况中，才可针对本国政府强制实施权利法案。对强制实施之行为是否有此效果之查证，要根据每一案件的实际情况判定。不过，作为一项一般原则，我们的权利法案即使在政府于南非之外行事时仍约束之，条件是要考虑此等适用不得构成对另一国之主权的侵犯。①

4. 限制

尽管对于某些个人权利之行使，需要设置一定的界限，但必须要确保的一点是，设置此种限制和限定之机会不会被用于侵蚀权利本身之核心目的，或被用于干脆毁掉这一权利。例如，《公民及政治权利国际公约》第 9 条的规定，即"非依法定理由及程序，不得剥夺任何人之自由"，看来在马来西亚、新加坡和斯里兰卡被理解和适用为意味着立法机关可以确立其选择的任何理由。例如，马来西亚宪法第 5 条第 1 款规定，"除非按照法律，不得剥夺任何人之生命或自由"。对于该国之允许根据政府部长的命令实行逮捕和无限期拘禁的《国内安全法》，一家马来西亚法院认可该法为议会根据宪法第 5 条第 1 款通过的有效法律。由此，任何依据该法剥夺个人自由的行为均系"按照法律"。② 还有一项同样有关该第 5 条第 1 款的效力的裁决称，如果议会认为应对被判定犯有某一特定刑事罪行的人强制判处死刑实属必要，这是对立法权

---

① *Kaunda v. President of the Republic of South Africa*, Constitutional Court of South Africa, [2005] 3 LRC 207, per O'Regan J.

② *Public Prosecutor v. Yee Kim Seng* [1983] 1 *Malayan Law Journal* 252.

之有效行使。① 另一方面，安圭拉 1982 年宪法第 3 条精确地界定了立法机关可授权剥夺人身自由的理由，其中不包括行政拘禁。

在这些理由未得精确界定的情况中，一份权利法案能起到的要求是坚持，对于受保护权利之行使的任何限制，以法院对这一限制实属必要的客观判断为条件。例如，安圭拉 1982 年宪法第 11 条第 2 款为限制表达自由确定的条件是，要由为保护某些利益（如公共秩序、公共道德或公共卫生）所"合理必需"且"在一个民主社会中合理正当"的法律所规定。某一限制是否满足这两项标准将由法院判断。在适用《加拿大权利和自由宪章》第 1 条时——该条规定受保障之权利"只受由法律所规定、能表明在一个自由和民主社会中具有正当性之合理限制的限制"，也会发生类似的判断情况。与之形成对照的是马来西亚宪法第 10 条第 2 款，其中规定言论和表达自由可受到"[议会]认为为联邦或其任何部分之安全、与其他国家之友好关系、公共秩序或道德之利益必需或适宜之限制，以及旨在保护议会或任何立法会议之特权或者防止藐视法院、诽谤中伤或煽动任何违法行为的限制"。② 因此，对于是否有必要为保护或促进任何特定利益而施加某种限制的问题，马来西亚议会是唯一的判断者。这一问题不是可诉的。

有时，人权公约会被修改以满足有关国家的特别需要。例如，在斐济、③莱索托④和津巴布韦，⑤ 允许继续适用身份法和习惯法以承认民族性和多元文化性，而不论禁止歧视之立法的规则如何。在巴布亚新几内亚，对于有关传统土地的所有权的争端，保留了司法外的解决方法。⑥ 在圭亚那，规定了"为照料、保护和管理财产之目的"而获得印第安人的财产，而不论对强行获取财产的禁止如何；⑦ 在马来西亚，平等权并不取消或禁止"为马来亚半岛上土著民族之保护、福祉或进步（包括保留土地）所需或者在公职中为土著人保留合理比例之适当位置"的规定。⑧ 在博茨瓦纳，对迁徙自由的修改是，在特定区域中对并非布什曼人的人施予限制，"其限度是这些限制乃是为布什曼人之保护和福祉合理所需"；⑨ 在基里巴斯，则是限制并非巴纳巴岛人的人在巴纳巴岛

---

① *Attorney General v. Chiow Thiam Guan* [1983] 1 *Malayan Law Journal* 51.
② 类似的规定，见新加坡宪法，第 14 条第 2 款。
③ 斐济 1970 年宪法，第 15 条第 3 款。
④ 莱索托 1966 年宪法，第 17 条第 4 款（b）(c) 项。
⑤ 津巴布韦 1979 年宪法，第 23 条第 3 款（a）(b) 项。
⑥ 巴布亚新几内亚 1975 年宪法，第 54 条（b）项。
⑦ 圭亚那合作共和国 1980 年宪法，第 142 条第 2 款（b）项（i）目。
⑧ 马来西亚宪法，第 8 条第 5 款（c）项。
⑨ 博茨瓦纳 1966 年宪法，第 14 条第 3 款（c）项。

上迁徙；① 在津巴布韦，则是限制并非部落民的人在部落托管土地上居住，"其限度是这些限制乃是为保护部落民族的利益或其福祉合理所需"。②

5. 固化

正是立法机关由于其具有的不受制约的造法权力，有能力对个人自由构成最大威胁。因此，一份权利法案的最终效果将取决于其实现至少以下三个目标的能力：第一，推翻与其不相符的现行立法；第二，使得将来与其不相符的立法无效；第三，能抵受后续立法明确或暗含的否定或修正之企图。所有这些目标通常都以将权利法案纳入宪法的方式实现。一国之宪法是最高法律，优越于所有其他立法，仅可由特定多数或经特别程序才得修正。

不同的方法被用来确保固化（Entrenchment）。例如，在牙买加，一项试图修改权利法案之任何条款的法案都需要在议会各院的最终投票中，获得所有议员至少三分之二的赞成票。③ 在瑙鲁，这样的法案要求得到不少于全部议员的三分之二以及在公决中所投之全部有效票的三分之二的同意。④ 在巴哈马，任何修改在获得公决的赞同之前，先要获得议会各院所有议员的不少于四分之三的赞成票。⑤ 纳米比亚共和国——其人民在几十年间遭受了残酷的压迫——的宪法目前包含了世界上最牢固确立的权利法案（第131条）："对本宪法第三章之任何废止或修正，若减损或偏离本章所包含和界定之基本权利和自由，根据本宪法不得允许，任何所欲之此等废止或修正均应无效。"

6. 可诉性

一项人权宣言，无论其看来、听来多么令人赞叹有加，如果不可诉，对于其所意图指向之社会的影响就将微乎其微。所谓可诉性或可裁判性，是指法律制度必须包含一种审查机制，能够判定权利法案所施加之义务是否得到了遵守。例如，塞舌尔共和国1974年宪法的序言声明，这一前英国殖民地之人民誓愿保证范围广泛之基本权利和自由之享有。这些权利和自由随后得到更详细的规定，而且在序言末尾甚至有一项对于这些权利和自由之行使起到限制作用的规定。不过，宪法正文中一项有关解释的规定称，宪法之序言表达了一般原则，"而且尽管序言可用作解释本宪法之辅助，但其解读应受限于本宪法之其

---

① 基里巴斯1979年宪法，第120条。
② 津巴布韦1979年宪法，第223条（f）项。
③ 牙买加1962年宪法，第49条。类似的规定，见博茨瓦纳1966年宪法，第90条。
④ 瑙鲁1968年宪法，第84条。类似的规定见，基里巴斯1979年宪法，第69条；津巴布韦1964年宪法，第72条（所有有权参加公投者之多数）；以及加纳共和国1979年宪法，第209条（有权参加公投者中，至少48%投了赞成票；有权投票者中，至少50%参加了投票）。
⑤ 巴哈马1973年宪法，第54条。

他规定"。就好像这造成的打击还不够似得，这一条规定接着称，序言"不应被当作宪法之一部分……但任何法律若能合理地以并非不符合序言之方式得到解释或落实，则应做如此解释或落实"。①

作为保护性措施同样毫无价值的，是加纳1960年宪法中的一个要求，即总统一经任职，就应向人民庄严声明其遵守某些基本原则，包括人权和自由得到尊重之原则。这一声明的文本是固化的，因为改变其规定（除非是增加段落）的权力"被保留给人民"。② 但是，对于总统不遵守这一庄严声明行为之弹劾，或者更实在地说，对于总统之去职——除非是基于身体或精神疾病，在任何地方都没有规定。

上述这类装饰门面的规定出现在两个先前是英国殖民地的国家的宪法中——它们都放弃了民主原则而实行一党政府。而在独立宪法中，以及在那些英国政府为其附属领土制定、目前从太平洋到加勒比海的许多地方都有效的宪法中，总是有一项规定使个人能够在法院要求强制落实其基本权利和自由。这种规定——其最初是为了包括在1959年的《尼日尔权利法案》中，而且很可能得到了印度宪法中的强制实施机制的启发③——在三十年中基本没有什么变化。例如，英国附属领土蒙特塞拉特1990年宪法第66条规定：

（一）若任何人声称本部分之任何前述规定在与其之关系上，已经、正在或可能受到违反，在不妨碍对同一事项采取法律上可行之其他行动的条件下，该个人得向高等法院申请补救。

（二）高等法院应有初始管辖权，以（a）审理和判定任何人根据本条第（一）款提出之任何申请，以及（b）判定在根据本条第（三）款向其提出之有关任何人的案件中出现之任何问题；并在其可能认为对实施或确保本部分之任何前述规定——有关个人有权就其得到保护——之目的适当的情况中，下达命令、发布令状和作出指示；但如果高等法院满意地获知，有关个人根据任何其他法律正在或已经得到适足之补救手段，则高等法院不应行使本款所规定之权力。

（三）如果在蒙特塞拉特之除高等法院或上诉法院以外的任何法院所进行之任何诉讼中，出现有关违反本部分之任何前述规定之问题，事涉法

---

① Schedule 3, clause 3. 这种不可诉的序言性权利法案目前仅见于喀麦隆和中非共和国的宪法。
② 第13条。
③ 印度共和国1949年宪法第32条授权最高法院为强制实施所保障之权利，视情况发出指示、命令或令状。

院应将问题提交高等法院,除非其认为问题之提出实为无关紧要或无理取闹。

(四)对高等法院根据本条对任何适用或问题所做之任何最终判决,应有向上诉法院上诉之权利;对上诉法院在任何此类案件中之最终判决,应有向女王陛下之枢密院上诉之权利;但如果高等法院根据本条以申请无关紧要或无理取闹为由予以驳回者,对此判决不得上诉。

尽管这种标准救济已经非常灵活,足以用来质疑不仅是行政行为,而且是立法行为,但某些宪法还是作了补充规定,一项法案在制定颁布之前,应审查其是否与权利法案相抵触。例如,赞比亚共和国1964年宪法规定,在国民大会之七名成员在一项法案之终读后三天内请求出具一份报告之时——该报告应说明这一法案中是否会有任何规定与受保护之基本权利或自由相抵触,首席法官就应任命一个由两名高等法院的现任或前任法官组成的法庭处理此事。如果该法庭报告称确有抵触之情势,则总统将有权对此法案不予同意。[①]

对于基本权利和自由,如果有观点认为对它们的某种特定无视无关紧要,法院在接受这种观点前应非常小心。[②] 这是因为,正如美国最高法院所指出的:"如果以往的限制不如当前,那么大大的暴政就会在小小的暴政中扎根和成长。当对最基本权利施加限制时,这一事实再清楚不过。播撒在这一土壤中的小小种子将迅速长大,最终毁掉自由之根基。"[③]

二 结论

无论是国际、区域还是国内之每一权利法案的内容、形式和范围,在很大程度上都由导致其诞生的情境所决定。国际人权两公约之存在,以及某些被18年前的《世界人权宣言》所欣然接受之权利在人权两公约中的缺失,都反映了导致其最终形式的利益碰撞。同样,《欧洲人权公约》及其通过随后议定书的逐渐扩展,反映了当代欧洲社会的不断变化的优先关注事项。英联邦国家的宪法中,许多对基本权利的全面声明,实际上是在对保护少数社群和其他同样重

[①] 第27、71条。另见塞浦路斯1960年宪法,第140条(最高宪法法院);新加坡宪法,第七部分(少数者权利总统理事会);斯里兰卡共和国1972年宪法,第54条(宪法法院);津巴布韦1979年宪法,第36条(参议院法律委员会);以及加纳1979年宪法,第105条(国务委员会)。

[②] *Olivier v. Buttigieg*, Privy Council on appeal from the Supreme Court of Malta,[1966] 2 All ER 459.

[③] *Thomas v. Collins* 323 US 516 (1944).

要的关注事项达成协议的宪法构建过程中,由英国政府施予将要独立之领土的。有一些权利法案则或者源自独立之后宪法委员会的建议,或者源自制宪大会中理想主义和艰苦谈判的结合,或者是在刚赢得独立的欢欣气氛中对于殖民压迫的一种反应。有一些权利法案受到了某种特定政治意识的决定性影响,或者就是由那些此种法案应该限定其强力和权威之人不甘不愿地起草和通过的。某一权利法案究竟处于这一范围的哪一端及其效果如何,往往是由这些情境决定的。正如坦桑尼亚总检察长所提出的,自愿通过一份真正的权利法案,总是表明、也源自国家民族的道德成长。

一份权利法案无法孤立运行,而是需要滋养其成长的土壤。在从英国先前在非洲的殖民地独立而来的国家的宪法中,除了一个以外,都包含着可强制实施的权利法案,但非洲大陆是否做好了迎接挑战的准备?詹姆士·里德教授指出:

> 这些新国家之产生,往往是匆忙地摆脱专制的殖民统治,占主导地位的是民族运动,但政治制度基本上却软弱无力;反对党和诸如司法机关、新闻界和职业团体等制度也很虚弱,无法对政府形成有效压力;民众很穷、受教育情况很糟糕;经济也举步维艰——这对滋养人权是一片满是石头的贫瘠土地。①

一份权利法案也无法独自运行,其解释和执行是司法机关的职能。对于人权之有效保护,独立无偏之司法机关至关重要。这一点,无法通过仅仅是在宪法中包括在表面上向法官提供任期保障的措施而实现。行政机关和立法机关都必须愿意尊重这种独立,而且这种意愿必须以合适的形式表现出来。司法机关也必须努力坚持和维护这种独立以及对其责任的清醒意识。整个社会也必须深信不疑这种独立确实存在,而且对司法制度的能力和操守充满信心。

将谋杀规定为犯罪并没有根除杀人。同样,一份权利法案也无法防止对人权的侵犯。不过,如果一份刑法典成功地确立了具有理性良知的大部分人都努力遵守的规范,那么一份权利法案经过一段时间,也一定能在各色人等——无论他们在社会中的角色是创制、适用、执行法律,或只不过是过自己的日子——之中创造一种意识,即存在一些无论是位卑还是权重的所有人最终都要

---

① James S. Read, 'The Protection of Human Rights in Municipal Law', C. F. Forsyth and J. E. Schiller (ed.), *Human Rights: The Cape Town Conference* (Cape Town: Juta & Co Ltd, 1979), 156.

遵守和服从的更高级标准、更崇高价值。在具有这种意识之后，人们还会认识到，权利总是与责任相伴，以及只有个人对他人权利之关切才能确保其本人之不可移权利得到持续遵守和尊重。

在人权的国内保护方面，要注意人权委员会等国家人权机构的作用。

1946年，联合国经济及社会理事会（经社理事会）请联合国会员国考虑，在其各自国家之内建立本地人权委员会（Human Rights Committees）、与国家合作来推动联合国人权委员会（Commission on Human Rights）的工作是否可取。① 这在当时主要与国际人权宪章的起草有关。1960年，当人权两公约的起草工作基本完成时，经社理事会认识到，这样的机构因为对于有关人权的问题提出意见而具有代表性，能够对国际人权标准在每一国家的促进和实施做出重要贡献。由此，经社理事会请各国政府建立这样的机构，若已存在，则激励其发展。②

1991年，联合国在巴黎召集了一次国际研讨会——参加者中包括国家人权机构的代表，制定了有关这种国家人权机构之作用、组成、地位和职能的一整套原则。③ 这些后来得到联合国大会核准、④ 被称为《巴黎原则》的原则要求国家人权机构应具有广泛的职权，这些职权应明确规定在宪法或立法文本中。这种机构的责任应包括：

1. 在咨询基础上，就有关促进和保护人权之任何事项，向政府、议会或任何其他主管机构提出意见、建议、提议和报告。

2. 促进并确保国家之立法、规章和惯例与国际人权文书协调及其有效实施。

3. 鼓励批准或加入国际人权文书并确保其有效实施。

4. 对各国需向各人权条约监督机构所提交之报告，做出贡献。

5. 与联合国以及促进和保护人权领域之内的其他组织和机构合作。

6. 协助制定人权教学方案和研究方案并参加这些方案在学校、大学和专业团体中之执行。

7. 对提高公众认识人权做出贡献。

---

① 经社理事会1946年6月21日第9（Ⅱ）号决议。
② 经社理事会1960年7月25日第772B（XXX）号决议。另见，经社理事会1962年7月24日第888F（XXXIV）号决议、联大1963年12月12日第1961（XVIII）号决议、联大1966年12月16日第2200C（XXI）号决议、人权委员会1978年3月8日第23（XXXIV）号决议。
③ See Centre for Human Rights, *National Human Rights Institutions* (New York: United Nations, 1995), 37.
④ 联大1993年12月20日第48/134号决议。

第四章　获得救济权

国际文书

《公民及政治权利国际公约》
第 2 条
三、本公约缔约国承允：
（子）确保任何人所享本公约确认之权利或自由如遭受侵害，均获有效之救济，公务员执行职务所犯之侵权行为，亦不例外；
（丑）确保上项救济声请人之救济权利，由主管司法、行政或立法当局裁定，或由该国法律制度规定之其他主管当局裁定，并推广司法救济之机会；
（寅）确保上项救济一经核准，主管当局概予执行。

区域文书

《欧洲人权公约》
第 13 条
任何人在由本公约所规定之权利和自由受到侵犯时，有权获得国家当局之有效救济，即使此种侵犯是以官方资格行事的人所为亦然。

《美洲人权公约》
第 25 条
1. 人人都有权向主管法院或法庭要求给予单纯和迅速的补救或任何其他有效补救，以获得保护，而不受侵犯有关国家宪法或法律或者本公约所确认之基本权利的行为的危害，即使这种侵犯可能是人们在履行其公职过程中所犯的。
2. 各缔约国承允：
（a）确保任何声请此等救济者之救济权利，应由国家法律制度规定的主管当局裁定；

（b）发展司法救济之可能；并且

（c）确保上项救济一经核准，主管当局概予执行。

一 评论

《公民及政治权利国际公约》第 2 条第 3 款要求国家确保个人具有可得到且有效之救济（remedy）以维护该公约所确认之权利。此等救济应适当调整以考虑某些人群尤其是儿童之特别脆弱性。国家也应设立适当司法和行政机制，以便根据国内法处理权利受到侵犯的指称。司法机关可用多种不同方式，包括直接适用该公约、适用类似的宪法或其他法律的规定或者在适用国内法时赋予该公约以解释效果，来有效确保该公约所确认之权利的享有。必须有行政机制来落实通过独立和公正的机构迅速、彻底、有效地调查对侵犯权利指控的一般性义务。具有适当授权的国家人权委员会可为达此目的做出贡献。一国未调查对侵犯权利的指控这一情况本身就可能引起对公约的单独违反。制止正在进行的侵犯行为是获得有效救济之权利的一个实质要素。[①]

《公民及政治权利国际公约》第 2 条第 3 款还要求缔约国向其公约权利受到侵犯的个人提供补救（reparation）。不向这样的个人提供补救，就没有履行提供有效救济之义务。除了《公民及政治权利国际公约》第 9 条第 5 款和第 14 条第 6 款明确要求之补救，第 2 条第 3 款所规定之补救一般意味着赔偿。在合适的情况中，补救可能涉及恢复原状、康复和满足措施，诸如公开道歉、公开纪念、保证不再重犯、改变有关的法律和惯例，以及将侵犯人权者绳之以法。内在于《公民及政治权利国际公约》第 2 条的一项义务是采取措施以防止违反该公约之情势重现。因此，有必要采取超出针对受害者之救济的措施，以避免所涉之违反类型再次发生。这样的措施可能要求改变国家的法律或惯例。

若调查证实该公约规定的某一权利受到侵犯，则国家必须确保负责任者被绳之以法。与不进行调查的情况一样，未能将这些侵犯行为之肇事者绳之以法的情况本身就引起对该公约之单独违反。对于无论是根据国内法还是国际法被认为是犯罪的侵犯行为，例如酷刑和类似的残忍、不人道或侮辱性的待遇（《公民及政治权利国际公约》第 7 条）、即决和任意处决（《公民及政治权利国际公约》第 6 条）、强迫失踪（《公民及政治权利国际公约》第 7、9 条以

---

① 此处评论基于人权事务委员会第 31 号一般性意见（2004 年），第 15 段。

及——很经常地——第6条），尤其会出现这种义务。实际上，对于侵犯情势屡禁不绝，有罪不罚的问题很可能是一个重要的促成因素。对该公约的这些违反，若属于对某一平民人口之广泛或系统性攻击，即构成危害人类罪。①

在公职人员或国家工作人员侵犯该公约权利——特别是上述权利——的情况中，国家不得以大赦或事先之法定赦免和保证免除肇事者之个人责任。任何官职地位均不得成为一个可能被指控对此种侵犯行为负责者免于承担法律责任的理由。对于确定法律责任之其他障碍也应予以消除，诸如服从上级命令的辩护理由，或在可适用时效的案件中，短得不合理的法定时效期限。国家还应彼此协助，将涉嫌犯有违反该公约、根据国内法或国际法应受惩罚之行为者绳之以法。

在某些情况中，获得有效救济之权利可能要求国家规定和实施暂行或临时措施以避免持续之侵犯，以及尽力在尽可能早之时，弥补这些侵犯情势可能造成的任何损害。

二　释义

个人只有在将《公民及政治权利国际公约》第2条与该公约的其他条款相联系时，才能援用这一条。第2条第3款（丑）项向所有据称的受害者提供保护，只要他们的主张有充分的根据，可以根据该公约提出主张。要求一国在这种诉求无论多么微不足道时都要提供此类程序，并不合理。② 在人权受到极其严重侵犯的情况中，特别在是据称生命权受到侵犯的情况中，纯粹的纪律性和行政性救济不能被认为是充分、有效的救济。③ 当该公约所确认之任何权利受到某一国家工作人员行为影响之时，必须存在国家所确立之程序，使得其权利受到影响之个人能向一主管机构提出申诉，主张其权利受到了侵犯。④

《公民及政治权利国际公约》第2条第3款要求各国确保个人具有可及的、有效的、可强制执行的救济以主张该公约所载权利。得到着重强调的，是建立

---

① 见《国际刑事法院罗马规约》第7条。
② *Kibale v. Canada*, Human Rights Committee, Communication No. 1562/2007, 22 July 2008; *Goyet v. France*, Human Rights Committee, Communication No. 1746/2008, 30 October 2008.
③ *Nydia Erika Bautista de Arellana v. Colombia*, Human Rights Committee, Communication No. 563/1993, 27 October 1995, Selected Decisions, Vol. 6, p. 103; *José Vicente v. Colombia*, Human Rights Committee, Communication No. 612/1995, 29 July 1997, Selected Decisions, Vol. 6, p. 135.
④ *Gauthier v. Canada*, Human Rights Committee, Communication No. 633/1995, 7 April 1999, Selected Decisions, Vol. 6, p. 158.

适当的司法和行政机制。一国未调查对侵犯情势之指控这一情况本身可能就引起对公约之单独违反。① 一项有效之救济可以包括全面有效的调查、② 从调查所得之信息的充分告知、③ 起诉和惩罚负责任者的诉讼制度、④ 确保司法诉讼迅速完成的有效措施、⑤ 与所受损害相称的弥补措施、⑥ 向受害者家属支付充分赔偿、⑦ 公开道歉⑧以及防止未来发生类似侵犯行为的措施，包括对有关立法的审查。⑨

基于推回（refoulement）的性质，对于将某人驱逐到有发生酷刑风险之处的决定，任何有效审查都必须在驱逐之前进行，以避免对个人造成无法弥补的损害。因此，没有任何机会对于驱逐的决定得到有效、独立的审查，构成了对结合《公民及政治权利国际公约》第 2 条理解的第 7 条的违反。⑩ 在一国当局于引渡令下达之日后两天就匆忙地将某人移交给另一国的情况中，这些当局有义务更为迅速便捷地行事，以使有关个人能使其申诉得到独立而严格的审查，以及所受质疑之措施的强制实施得以暂停。如果一个人只是在被带到机场之前

---

① *Tasoda Sharma v. Nepal*, Human Rights Committee, Communication No. 1469/2006, 28 October 2008; *Basnet v. Nepal*, Human Rights Committee, Communication No. 2051/2011, 29 October 2014; *Bhandari v. Nepal*, Human Rights Committee, Communication No. 2031/2011, 29 October 2014.

② *El Hassy v. Libyan Arab Jamahiriya*, Human Rights Committee, Communication No. 1422/2005, 24 October 2007.

③ *El Hassy v. Libyan Arab Jamahiriya*, Human Rights Committee, Communication No. 1422/2005, 24 October 2007.

④ *Sathasivam v. Sri Lanka*, Human Rights Committee, Communication No. 1436/2005, 8 July 2008; *Marcellana and Gumanoy v. Philippines*, Human Rights Committee, Communication No. 1560/2007, 30 October 2008; *Titiahonjo v. Cameroon*, Human Rights Committee, Communication No. 1186/2003, 26 October 2007; *El Hassy v. Libyan Arab Jamahiriya*, Human Rights Committee, Communication No. 1422/2005, 24 October 2007; *Darwinia Rosa Monaco de Gallicchio v. Argentina*, Human Rights Committee, Communication No. 400/1990, 3 April 1995, Selected Decisions, Vol. 5, p. 47.

⑤ *Dingiri Banda v. Sri Lanka*, Human Rights Committee, Communication No. 1426/2005, 26 October 2007; *Kalamiotis v. Greece*, Human Rights Committee, Communication No. 1486/2006, 24 July 2008.

⑥ *Ángela Poma Poma v. Peru*, Human Rights Committee, Communication No. 1457/2006, 27 March 2009.

⑦ *Kalamiotis v. Greece*, Human Rights Committee, Communication No. 1486/2006, 24 July 2008; *Dingiri Banda v. Sri Lanka*, Human Rights Committee, Communication No. 1426/2005, 26 October 2007; *El Hassy v. Libyan Arab Jamahiriya*, Human Rights Committee, Communication No. 1422/2005, 24 October 2007.

⑧ *Lecraft v. Spain*, Human Rights Committee, Communication No. 1493/2006, 27 July 2009.

⑨ *Lnenicka v. The Czech Republic*, Human Rights Committee, Communication No. 1484/2006, 25 March 2008; *Dingiri Banda v. Sri Lanka*, Human Rights Committee, Communication No. 1426/2005, 26 October 2007; *Kalamiotis v. Greece*, Human Rights Committee, Communication No. 1486/2006, 24 July 2008; *Adam v. The Czech Republic*, Human Rights Committee, Communication No. 586/1994, 23 July 1996, Selected Decisions, Vol. 6, p. 121.

⑩ *Alzery v. Sweden*, Human Rights Committee, Communication No. 1416/2005, 25 October 2006, Selected Decisions, Vol. 9, p. 243.

才得知他要被引渡,而他逃离接收国的原因正是恐怕遭遇有违《欧洲人权公约》第2条或第3条的待遇,这种情况是不可接受的。①

在强迫失踪的情况中,国家有义务提供有效的救济,包括(甲)继续尽力确定有关人员的命运或下落;(乙)继续尽力将对失踪负责任者绳之以法,并无不必要的拖延;(丙)确保给予家属充分的赔偿;以及(丁)防止在未来发生类似的侵犯。②

《欧洲人权公约》第13条的要求比《公民及政治权利国际公约》第2条规定的进行有效调查的国家义务更宽。③《欧洲人权公约》第13条保证在国内层次上有救济可用,以强制执行该公约所规定的权利和自由,而无论这些权利和自由在国内法律制度中以何种形式得到保障。因此,该第13条的效果在于要求提供一种国内救济,以处理根据《欧洲人权公约》提出的"可能有理之申诉"的实质问题并赋予适当的补救,尽管各国对于履行其根据该条承担之义务的方式,具有一定的酌处余地。该第13条所规定之义务的范围依申诉之性质而不同。不过,其所要求之救济必须既在法律上也在实际中是"有效的",尤其是,救济之行使不得受到国家机关之作为或不作为的无理阻碍。④

对于解释《欧洲人权公约》第13条,以下一般原则具有相关性:(1)在某一个人可以主张自己是《欧洲人权公约》所规定权利受侵犯之受害者的情况中,他应能在国家机构获得救济,以使其诉求得到裁判,并在适当时获得补救;(2)该第13条所述之机构并不必须是司法机构,但如果不是,那么在判定该机构所提供的救济是否有效时,该机构的权力及其所提供的保障就很关键;(3)就算没有某种单一的救济本身就能完全满足该第13条的要求,但国内法所规定的各种救济的总和可能具有此种效果;(4)该第13条并不保证的一种救济是,允许以一国的法律有违《欧洲人权公约》或同等的国内规范为由,在国内机关对这样的法律提出质疑。可以解释这一点的情况是,并不存在将《欧洲人权公约》纳入国内法的义务。⑤一项"救济"的"有效性"并不取决于必然取得对申诉者有利之结果。⑥司法审查程序在原则上构成了《欧洲人

---

① *Shamayev v. Georgia and Russia*, European Court, 12 April 2005.
② *Sejad Hero v. Bosnia and Herzegovina*, Human Rights Committee, Communication No. 1966/2010, 28 October 2014.
③ *Imakayeva v. Russia*, European Court, 9 November 2006.
④ *Isayeva v. Russia*, European Court, 24 February 2005.
⑤ *Leander v. Sweden*, European Court, 26 March 1987.
⑥ *A v. The Netherlands*, European Court, 20 July 2010.

权公约》第 13 条含义之内的一项有效救济。①

获得救济权中一个值得注意的方面是获知真相的权利。

强迫失踪的做法导致了新权利的形成及其通过渐进性的解释被引入这些一般性的文书中;"获知真相的权利"(right to the truth)就是一个例证。对基本人权的大规模或体系性侵犯是对整个国际社会的冒犯,引发对世义务并引起彻底调查有关事实和事件的责任。因此,获知真相的权利有两个不同的方面:个体性方面(权利持有者是此种侵犯行为的受害者及其家人)和集体性方面(社会)。在联合国之内,获知真相的权利的社会维度和个人的知晓情况的权利都已经得到充分承认。获知真相之权利的切实行使是充分补救的一个重要组成部分,但它本身并不足以达此目的。真相之披露必须与司法工作相结合,才能满足当代国际法对于采取行动打击有罪不罚现象的要求。②

"获知真相的权利"体现在《公民及政治权利国际公约》何处?显而易见,该权利之出现有关获得有效救济的权利——结合无任何歧视地尊重和确保一切个人由该公约所确认之权利的一般性义务来理解。根据该公约的规定,获知真相的权利所要求的,是有权获知主管国家机关对于构成侵犯情势的事件以及对其负责任者的澄清。因此,国家必须对如强迫失踪事件进行有效调查,以确定、起诉和惩罚此类侵犯行为的肇事者和煽动者。考虑到个人的和社会的获知真相的权利,调查和审判诸如强迫失踪等罪行的义务已经逐渐从一种行为的义务转变为一种结果的义务。因此,有必要区分这一国家义务的不同要素。③

---

① *A v. The Netherlands*, European Court, 20 July 2010. See also *DP and JC v. United Kingdom*, European Court, (2003) 36 EHRR 14:按照《欧洲人权公约》第 13 条的要求,当诸如生命权或者禁止酷刑或不人道的、侮辱性的待遇等具有根本性的权利处于险境之中时,除了要在合适的情况中支付赔偿外,还要进行彻底、有效的调查,这种调查应能够导致确定和惩罚负责任者,包括申诉者能有效了解调查程序的进展情况。不过,对于受害者或其家属而言,还应该有一种机制可用,以确定国家工作人员或机构对于涉及侵犯受害者或其家属根据《欧洲人权公约》所享有权利的作为或不作为,是否具有某种责任。另外,在被列为最基本规定的《欧洲人权公约》第 2、3 条被违反的情况中,对于由侵权行为所造成的非金钱损害,在原则上应该予以补偿,以作为补救范围的一部分。*Sabuktekin v. Turkey*, European Court, (2003) 36 EHRR 19:《欧洲人权公约》第 13 条保证在国内层次上,存在可用于强制实施该公约所规定之权利和自由的救济。该条的效力在于要求提供一种国内救济,这种救济使得主管的"国内当局"既能处理根据该公约提出的申诉的实质问题,也能给予适当的补救,尽管各国对于其履行其根据这一规定承担的义务的方式,具有一定的酌处余地。救济在理论上和实际上都必须是"有效的",尤其是在其行使不得受到当局的作为或不作为无理阻碍的意义上。不过,《欧洲人权公约》第 13 条只适用于可能有理之申诉。

② *Cifuentes Elgueta v. Chile*, Human Rights Committee, Communication No. 1536/2006, HRC 2009, Vol. 11, p. 491,海伦·凯勒(Helen Keller)和费边·萨尔维奥利(Fabian Salvioli)的单独意见。See also *Elena Quinteros v. Uruguay*, Human Rights Committee, Communication No. 107/1981.

③ *Cifuentes Elgueta v. Chile*, Human Rights Committee, Communication No. 1536/2006, HRC 2009, Vol. 11, p. 491,海伦·凯勒和费边·萨尔维奥利的单独意见。

"调查义务"指的是以国家可以动用的一切手段开展彻底详尽的调查。国家必须消除会妨碍或限制调查的任何法律或实际障碍。这一义务不能只是通过采取形式上的措施或一般性的行动来履行。为了履行其调查义务,国家必须确保所有公共机构向负责审判的法院提供一切必要便利。这意味着它们必须提供法院所要求的任何信息和文件,将其指定的任何人员带到法院,并采取它们被指令在这一方面履行的任何步骤。调查应该查明所发生事件的真相,并导致确定负责任方,以便将他们绳之以法。还有一种义务是,一旦被指控的侵权者被确定,就应审判他们。审判此等人员的方式应完全符合该公约所确定之保障和权利。①

使得失踪者的下落为人所知是一项结果的义务。当国家对失踪负责时,国家不向家属提供他们为哀悼亲人——这是他们的权利——所需的答案,这不仅在伦理上,而且在法律上,都是不可接受的。《公民及政治权利国际公约》第2条第3款含义之内的"有效之救济"应被理解为一种能实现其被创设之目的的救济,而在强迫失踪的情况中,能查明受害者下落的救济才是一种有效的救济。如果国家设法让某人"消失",那么它应该能够解释它是如何做到的,那个人在哪里,或者在哪里能找到其遗体。②

在这一类案件中,可能出现的另一种侵犯情势是,当某人因国家应负责的作为或不作为而失踪,国家又隐瞒有关失踪人员命运的所有信息时,其家属所遭受的残忍的和不人道的待遇。事实上,与失踪人员具有情感联系的人(例如,像失踪者的母亲一样的近亲属)因为不知道受害者的命运而遭受的痛苦,在没有相反证据能证明不存在真实影响的情况下,构成了对《公民及政治权利国际公约》第7条的违反。如果这个人已经死亡,其家属必须能够行使其哀悼的权利,以便他们能尽力在经历这种悲惨情况后继续生活下去,而国家应保障他们的这一权利。③

在某人据称失踪以后,根据《公民及政治权利国际公约》第2条第3款,国家继续有义务进行尽责、认真的调查以确定这个人的遭遇如何:他作为一个人的目前状况如何?是死了还是活着(《公民及政治权利国际公约》第16条)?如果他已经死亡,国家继续有义务开展有效和持续的调查以判定谁对其死亡负责,或者如果他还活着,则立即采取步骤确保其生命不会处于危险中

---

① *Cifuentes Elgueta* v. *Chile*, Human Rights Committee, Communication No. 1536/2006, HRC 2009, Vol. 11, p. 491.

② *Cifuentes Elgueta* v. *Chile*, Human Rights Committee, Communication No. 1536/2006, HRC 2009, Vol. 11, p. 491.

③ *Cifuentes Elgueta* v. *Chile*, Human Rights Committee, Communication No. 1536/2006, HRC 2009, Vol. 11, p. 491.

(《公民及政治权利国际公约》第 6 条)。国家还继续有义务确保他未曾或正在遭受酷刑或残忍的、不人道的待遇(《公民及政治权利国际公约》第 7 条和第 10 条),或者无理拘禁,或者没有以其他方式被剥夺自由和安全(《公民及政治权利国际公约》第 9 条)。同样,国家继续有义务确保失踪者以其作为一个家庭之成员的身份——而家庭乃是"社会之自然基本团体单位",得到国家和社会应给予他的保护(《公民及政治权利国际公约》第 23 条)。[①]

[①] *Cifuentes Elgueta* v. *Chile*, Human Rights Committee, Communication No. 1536/2006, 28 July 2009, 克里斯汀·夏内(Christine Chanet)、拉吉苏默·拉拉赫(Rajsoomer Lallah)和赞克·马约迪纳(Zonke Majodina)的单独意见。

第二部分

一般原则

第五章 解释

对基本权利之宣明至少在两个方面与普通法规有重大不同。首先，其规定通常来自《世界人权宣言》、国际人权两公约或某一项区域性人权文书。其次，其条款将在国家宪法中或通过国家宪法固化，因此在与其他国内法的关系中，将享有优先地位。因此，适用于此类宣明（或权利法案）的解释原则也将与适用于普通法规的解释原则有明显不同。

一 解释原则

当立法机构选择通过一项使用与条约相同的词语的制定法来实施某一条约时，可以合理地假设，立法机构打算把与该条约中的相应条款具有相同效力的规定引入国内法中。与一项条约中的规定相应的法规条款——制定这一法规就是为了实施该条约，应由国内法院根据国际法中赋予该条约规定的含义解释。实际上，赋予制定法一种不同于国际法赋予条约之含义的含义，就是否定立法机构的意图，并使该制定之部分或全部归于无效。因此，解释这种制定法的方法就是适用于解释条约中相应词语的方法。正如香港上诉法院在提到新颁布的《香港人权法案条例》时所说的：

> 解释的透视工具是由《公民及政治权利国际公约》和《经济社会文化权利国际公约》提供的。法院不再受解释法规的普通准则的指导，也不再受法官培训中固有的普通法道理的指导。法院必须审视上述两项公约的目标，并给予着手实施这两项公约的宣明充分的承认和效果。[①] 由此，产生

[①] 联合国人权两公约的序言均指明，各缔约国认为，"人类一家，对于人人天赋尊严及平等而且不可割让权利之确认，实系世界自由、正义与和平之基础"，并确认"此种权利源于天赋人格尊严"，还确认"依据世界人权宣言之昭示，唯有创造环境，使人人除享有经济社会文化权利而外，并得享受公民及政治权利，始克实现自由人类享受公民及政治自由无所恐惧不虞匮乏之理想"。两公约的序言还指明，"个人对他人及对其隶属之社会，负有义务，故职责所在，必须力求……公约所确认各种权利之促进及遵守"。

了全新的裁判方法（jurisprudential approach）。①

（一）条约条款

条约必须"依其用语按其上下文并参照条约之目的及宗旨所具有之通常意义，善意解释之"。②"上下文"是指约文，包括其可能有的序言和附件。它还包括当事国间因缔结条约所订与条约有关之任何协定，和一个以上当事国因缔结条约所订并经其他当事国接受为条约有关文书之任何协定。一项条约之"目的及宗旨"通常通过参照序言及条约起源的情况来确定。③ 一项保护个人的条约的目的及宗旨要求对其条款的解释和适用能使其规定的保障切实有效。④

在法院可诉诸以解释条约条款的材料中，包括条约的准备工作及其缔结的情况。⑤ 法院也可以考虑与约文一起公布的任何解释性说明。⑥ 这些是解释的补充手段，仅为确认在上下文中使用的术语的通常含义，或者在适用前面提到的解释规则仍留下意义不明或难解之处或所获结果显属荒谬或不合理时，为确定含义，方可使用。⑦

---

① *R v. Sin Yau-ming*, Court of Appeal of Hong Kong, [1992] 1 HKCLR 127, per Silke V-P. See also *Koorwarta v. Bjelke-Petersen*, High Court of Australia (1982) 153 Commonwealth Law Reports 168, at 265; *Fothergill v. Monarch Airlines Ltd*, House of Lords, United Kingdom, [1980] 2 All ER 696: "面对一项已经被纳入我国法律的国际条约，英国法院应大体上遵循1969年《维也纳条约法公约》宣示的准则"。per Lord Scarman at 712.

② 1969年《维也纳条约法公约》第31条。应与上下文一并考虑的还有：当事国嗣后所订关于条约之解释或其规定之适用之任何协定；嗣后在条约适用方面确定各当事国对条约解释之协定之任何惯例；适用于当事国间关系之任何有关国际法规则。就《维也纳条约法公约》第31、32条的适用，See *Golder v. United Kingdom*, European Commission, 1 June 1973；*Svenska Lokmannaforbundet v. Sweden*, European Commission, (1974) 1 EHRR 617；*East African Asians v. United Kingdom*, European Commission, (1973) 3 EHRR 76. 如果确定当事国有此意图，则可给予某一术语一种特定含义。

③ 对于在确定一项条约之目的及宗旨时的"文本论"方式和"目的论"方式的讨论见，Scott Davidson, *The Inter-American Court of Human Rights* (England：Dartmouth Publishing Co Ltd, 1992), 131。

④ *Loizidou v. Turkey*, European Court, (1995) 20 EHRR 99.

⑤ 1969年《维也纳条约法公约》第32条。对于《公民及政治权利国际公约》起草期间各国所表达观点的总结载，M. J. Bossuyt, *Guide to the Travaux Préparatoires of the International Covenant on Civil and Political Rights* (Dordrecht：Martinus Nijhoff, 1987)。不过，在加拿大一个案件中，*Re BC Motor Vehicle Act*, Supreme Court of Canada, [1985] 2 SCR 486, 拉默（Lamer）法官在解释《加拿大权利和自由宪章》时警告说，不要诉诸如特别联合委员会的会议记录和证据等历史材料给予任何重要评价，因为它们可能"阻碍其成长"，而不是允许新种植的"有生命之树"随着时间的推移而生长和调整。

⑥ *Read v. Secretary of State for the Home Department*, House of Lords, United Kingdom, [1989] LRC (Const) 349.

⑦ 1969年《维也纳条约法公约》第32条。See also *Lawless v. Ireland*, European Court, (1961) 1 EHRR 15.

一项条约是活的文书，必须根据当前条件加以解释。[1] 它还必须在解释时有效的司法制度的总体框架内加以解释和适用。[2] 美洲人权法院在确定1948年《美洲人的权利和义务宣言》的法律地位时，适用了这一原则。该法院认为，宜于根据《美洲人的权利和义务宣言》通过以来所经历的演变来考虑目前的美洲人权体系，而不是审视该文书在1948年被认为具有的规范价值和重要性质。[3] 对一项国际条约的解释也应符合广泛接受的一般原则，而不应受国内法的技术规则的约束。例如，澳大利亚新南威尔士州上诉法院认为，《公民及政治权利国际公约》第14条第5款含义之内的"判定犯罪"的表述包括因藐视法庭而被监禁的人，无论是在刑事性还是民事性审判中。[4]

（二）宪法条款

一项宪法性文书应被当作是自成一类的，需要其自身的、适合其性质的解释原则，而不必接受与私法之立法有关的所有假定。[5] 加拿大最高法院的首席法官迪克森（Dickson）解释了为何应如此：

> 阐述宪法的任务与解释法规的任务截然不同。一项法规界定现有的权利和义务，很容易制定，也很容易废除。相比之下，宪法之编定着眼于未来。它的职能是为政府权力之正当行使提供一个持续的框架，并在含有一项权利法案或权利宪章的情况下，为个人权利和自由提供不懈保护。一旦颁布，宪法条款不得被轻易废除或修改。因此，它必须能够随着时间的推移而成长和发展，以应对其制定者通常无法想象的新的社会、政治和历史现实。司法机构是宪法的守护者，在解释其条款时必须考虑这些因素。保罗·弗伦德（Paul Freund）教授恰当地表达了这一观点，当时

---

[1] Tyrer v. United Kingdom, European Court, (1978) 2 EHRR 1. 欧洲人权法院在该案中指出，它不得不受到欧洲理事会各成员国刑事政策的发展和普遍接受的标准的影响。

[2] Legal Consequences for States of the Continuing Presence of South Africa in Namibia (South West Africa) notwithstanding Security Council Resolution 276 (1970), Advisory Opinion, ICJ Reports 1971, 16, at 31.

[3] Interpretation of the American Declaration of the Rights and Duties of Man within the Framework of Article 64 of the American Convention on Human Rights, Inter-American Court, Advisory Opinion OC – 10/89 of 14 July 1989.

[4] Young v. Registrar of the Court of Appeal [No. 3], (1993) 32 New South Wales Law Reports 262 (CA); (1994) 20 Commonwealth Law Bulletin 440.

[5] Minister of Home Affairs v. Fisher, Privy Council on appeal from the Supreme Court of Bermuda, [1980] AC 319; Ong Ah Chuan v. Public Prosecutor, Privy Council on appeal from the Supreme Court of Singapore, [1981] AC 648, per Lord Diplock at 669 – 70.

他告诫美国法院"不要像临终遗嘱那样解读宪法的条款,以免它真的成为这样一份遗嘱"。[1]

其他法官也表达了类似的观点。纳米比亚最高法院首席法官穆罕默德(Mahomed)指出,作为一种有机文书的宪法必须广泛、自由和有目的地加以解释,以使其能够"在表达和实现民族的理想和愿望、在阐述团结其人民的价值观、在规制其政府方面",继续发挥"一种创造性、动态性的作用"。[2] 英国枢密院的威尔伯福斯(Wilberforce)勋爵呼吁一种宽容的解释,以避免他所谓的"严守表格立法"(the austerity of tabulated legislation)。[3] 在澳大利亚,首席法官迪克森(Dixon)提醒说,宪法"应该被解释为所使用的词语所允许的所有普遍情况"。[4] 在博茨瓦纳,阿古达(Aguda)法官强调,法院不能让宪法成为"无生命的博物馆",而是必须在时机适当时,不时继续为其注入生命:

> 首要原则必须是遵守宪法提出的一般情况,每项规定必须符合这些情况,以便在必要的细节中保持制宪者在面对当今情况时可以画出的画面。另做他想就是使得有生命力的宪法不再生长、变得无用。在我看来,如果可以在不粗暴违反宪法之用语的情况下做到这一点,就必须防止宪法变得徒劳无用。我认为,法官的首要职责是使宪法生长和发展,以满足不断发展的社会——作为一个更宽泛和更广大的、受某些可接受之人类尊严概念所规制的人类社会的一部分——的公正要求和愿望。[5]

---

[1] *Hunter v. Southam*, Supreme Court of Canada, [1984] 2 SCR 145.
[2] *Government of the Republic of Namibia v. Cultura* 2000, Supreme Court of Namibia, [1993] 3 LRC 175.
[3] *Minister of Home Affairs v. Fisher*, Privy Council on appeal from the Supreme Court of Bermuda, [1980] AC 319, at 328-9. (该案是针对百慕大最高法院的判决向英国枢密院上诉的案件。本书中多处提到的英国枢密院/Privy Council,或更准确地说,其司法委员会/Judicial Committee,是英国海外领地、皇家属地和若干独立的英联邦成员国的最高上诉法院。——译者注)
[4] *R v. The Public Vehicle Licensing Appeal Tribunal of the State of Tasmania*, *ex parte Australian National Airways Pty Ltd*, High Court of Australia, (1964) 113 Commonwealth Law Reports 207, at 225. See also *Re President's Reference of the Constitution of Vanuatu and the Broadcasting and Television Bill* 1992, *the Business Licence (Amendment) Bill* 1992, *and the Land Acquisition Bill* 1992, Supreme Court of Vanuatu, [1993] 1 LRC 141, per d'Imecourt CJ at 159; *Re Minimum Penalties Legislation*, Supreme Court of Papua New Guinea, [1984] PNGLR 314, per Bredmeyer J at 334.
[5] *Dow v. Attorney General*, Supreme Court of Botswana, [1992] LRC (Const) 623 at 668.

因此，不得适用解释制定法的规则，① 而且起草者的意图也无关紧要。② 应该给予广泛的、自由的、宽容的和善意的解释，而不是狭隘的、迂腐的、字面的或技术的解释。③ 宪法不应被解读为不可改变的历史文献，而应被视为一种活的文书，反映人们随着时间的推移而逐渐变化的价值观。④

  法院在执行其解释宪法的任务时，并不关心评估和体现公众舆论。公众舆论可能与调查有一定关系，但就其本身而言，它无法取代赋予法院的职责，即解释宪法、维护其条款，而无任何恐惧或偏袒。如果公众舆论具有决定性，也就不需要进行宪法裁决了。保护权利就可以留由议会承担，因为议会拥有公众的授权，并且就其行使职权的方式向公众负责。⑤

  宪法不是一种体现一套只对某一时间段有效的法律规则的短暂法律文件，

---

 ① *Hinds* v. *The Queen*, Privy Council on appeal from the Court of Appeal of Jamaica (1976) 1 All ER 353, per Lord Diplock at 360. See also C. J. Antieau, *Adjudicating Constitutional Issues* (New York: Oceana Publications, Inc, 1985), 50 - 1，其中他摘引了若干司法格言和学术著述来支持这种观点。

 ② *Re BC Motor Vehicle*, Supreme Court of Canada, [1985] 2 SCR 486, 拉马尔（Lamer）法官在该案中称："起草者的意图并非关键。我们不能将《宪章》冻结在时间中。其成长的潜能必须得到保持。"See also *Missouri* v. *Holland*, United States Supreme Court, 252 US 416 (1920), 霍姆斯（Holmes）法官在该案中称："我们要解决的案件，必须根据我们的整个经验审议，而不是仅仅根据一百年前说的东西审议。" *Edwards* v. *The Attorney General of Canada*, Privy Council on appeal from the Supreme Court of Canada, [1930] AC 124, 桑基（Sankey）勋爵在该案中称: 宪法是"一个有生命之树，能够在其自然限度内生长和延展"。*Theophanous* v. *Herald and Weekly Times Ltd*, High Court of Australia, [1994] 3 LRC 369, 迪恩（Deane）法官在该案中称："宪法缔造者的意图无关紧要，因为宪法是一种有生命的力量，代表了当代澳大利亚人的意志。1901 年以来的社会变化（如成年人普选权、强制投票、大众传媒、普及教育、对所有人之固有平等的认同）加强了无限制地获取政治信息的必要性。" *State* v. *Williams*, Constitutional Court of South Africa, [1995] 2 LRC 103, 朗加（Langa）法官在该案中称: 对宪法中所含之概念的解释涉及做出一种价值判断，这种判断"需要客观地阐述和确定，必须考虑人民在其国家制度和宪法中表现的……当代规范、愿望、期冀和感悟，还要考虑在文明的国际社会中正在出现的价值共识"（摘引的是，Mahomed AJA in *Ex parte Attorney-General of Namibia*, *Re Corporal Punishment by Organs of State*, Constitutional Court of South Africa, [1992] LRC (Const) 515 at 527）。对该原则的讨论见，Bertha Wilson, 'The Making of a Constitution: Approaches to Judicial Interpretation', 10 *Public Law* 370, at 375 - 8。

 ③ *Bain Peanut Co* v. *Pinson*, United States Supreme Court, 282 US 499 (1930); *Sakal Papers Ltd* v. *The Union of India*, Supreme Court of India, [1962] 3 SCR 842; *Okogie* v. *The Attorney General of Lagos State*, High Court of Nigeria, [1981] 1 NCLR 218; *Nafiu Rabiu* v. *The State*, Supreme Court of Nigeria, [1981] 2 NCLR 293; *Law Society of Upper Canada* v. *Skapinker*, Supreme Court of Canada, [1984] 1 SCR 357; *The State* v. *Petrus*, Court of Appeal of Botswana, [1985] LRC (Const) 699; *Ncube* v. *The State*, Supreme Court of Zimbabwe, [1988] LRC (Const) 442; *A Juvenile* v. *The State*, Supreme Court of Zimbabwe, [1989] LRC (Const) 774; *R* v. *Wong*, Supreme Court of Canada, [1990] 3 SCR 36; *Dow* v. *Attorney General of Botswana*, High Court of Botswana, [1992] LRC (Const) 623; *Rattigan* v. *Chief Immigration Officer*, Supreme Court of Zimbabwe, [1994] 1 LRC 343, per Gubbay CJ; *S* v. *Zuma*, Constitutional Court of South Africa, Case No. CCT/5/94, 5 April 1995, per Kentridge J; *Sekoati* v. *President of the Court Martial*, Court of Appeal of Lesotho, [2000] 4 LRC 511.

 ④ *Hinds* v. *Attorney General*, Privy Council on appeal from the Court of Appeal of Barbados, 5 December 2001, [2002] 4 LRC 287.

 ⑤ *State* v. *Makwanyane*, Constitutional Court of South Africa, [1995] 1 LRC 269.

而是为不断延展的未来确立了原则，意图着眼未来岁月、持续起效，从而适应人类事务的各种危机。因此，应该采用目的性的而非严格的、字面上的解释方法。宪法条款不得以狭隘和限制的方式解释，而应以广泛和自由的方式解释，以便预备和考虑不断变化的条件和目的，从而使宪法规定不会变得僵化落伍，而是保持能应对新出现问题和挑战的足够灵活性。①

宪法是一份活的文书，具有自己的灵魂和意识。因此，法院必须努力避免以技术性的解释或出自狭隘精神的解释而使宪法瘫痪。对宪法之解释必须与其创制者为其构建的崇高目标一致。以一种胆怯和缺乏想象力的方式行使解释宪法的司法权力，将使宪法成为陈旧和无效的文件。② 宪法具有生命力的学说意味着，并不需要盲目遵从其制定者的原始主观意图，而是解释者要根据时代的不断变化的需要，来考虑和解释宪法的文本。③

宪法是一棵有生命之树，能够通过渐进式解释适应和解决现代生活的现实。一种广泛而自由的或渐进的解释确保了宪法性文件持续具有相关性以及实际上是正当性。通过渐进式解释，宪法才成功地实现了其雄途伟业——在与其创制之时大不相同的时代，规制国家机关之权力行使。例如，加拿大最高法院认定，议会在电话方面的立法权限基于其对省际"事业"的权力而得到承认，尽管电话在这一年即1867年尚未发明。同样，议会在行使其刑法权力方面，也不限于1867年英格兰法律所承认的刑事罪行的范围。英格兰的早期裁决并不是构建对加拿大宪法之解释的可靠基础。④

（三）权利法案

法院在开始其解释宪法的任务时，必须仔细考虑宪法中使用的语言。但是，法院并不将宪法的语言当作好像见于遗嘱、合同或契约的语言。对保护人权的宪法条款，要给予宽宏的、目的性的解释。法院无权在宪法中解读出自己的偏好和道德价值观念，但需要考虑所涉基本权利的实质内容，并根据作为一个成熟社会之进步标志的不断发展的得体标准，确保对该权利的当代保护。⑤

宪法的制定者本可以意识到，他们当时正在援用的自由的概念，例如言论

---

① *Nagaraj v. Union of India*, Supreme Court of India, (2006) 8 SCC 212.
② *Ndyanabo v. Attorney General*, Court of Appeal of Tanzania, [2002] 3 LRC 541, per Samatta CJ.
③ *Ghana Lotto Operators Association v. National Lottery Board*, Supreme Court of Ghana, [2009] 3 LRC 235. 在该案中，加纳最高法院认定，考虑到该国的历史、文化和法律制度，在加纳阐明和落实经济、社会和文化权利"是我们的时代需要"。
④ *Reference re Same-Sex Marriage*, Supreme Court of Canada, [2005] 2 LRC 815, per McLachlin CJ.
⑤ *Reyes v. R*, Privy Council on appeal from the Court of Appeal of Belize, [2002] 2 LRC 606.

自由、公正审判和免受残忍惩罚的自由，都可以追溯到启蒙运动乃至更远之处。他们本可以意识到，有时这些概念的实际表现——对言论自由的什么限制是可以接受的、什么构成了公正审判、什么是残忍惩罚——在过去各有不同，在将来也可能各式各样。无论他们是否接受这些思想，表达这些宪法规定的条款都必然会使未来世代的法官参与给予基本权利的抽象陈述生命的事业。法官是宪法文本的高度普遍性与其适用于具体问题的繁杂细节之间的调解者。法官在赋予基本权利具象和实质之时，自然会受到在他们自己的时代被认为是公正社会之要求的指导。在这样做时，他们并非在履行立法职能。他们并不是通过使过时的文本跟上时代来进行修复工作。相反，他们是根据其真实含义来适用宪法中这些条款的语言。当其中所表述的条款在其宪法语境中呼唤和要求定期重新审视其对当代生活的适用时——例如应以这种方式解释的某一条款中规定的不受残忍的、不人道的或侮辱性惩罚的权利，宪法文本就是一种"活的文书"。对该部分的最佳解释是，制定者的意图并不是让法官认可在他们自己的时代被广泛认为是残忍的和不人道的惩罚，而原因仅仅是这些惩罚在过去并没有被如此认为。[①]

对权利法案必须做有利于个人而非国家的宽泛解释。[②] 应做一种目的性的解释，即基本权利应按照享有权利的普遍目标——保护个人和少数者以对抗专横的集体性——加以解释。[③] 还应通过分析保障的宗旨来确定权利或自由的含义；换言之，应该按照其旨在保护的利益来理解。所进行的分析和对权利或自由之宗旨的探寻，应参考被选用来阐述这一特定权利或自由的语言，考虑其中所包含的概念的历史起源，并且在可能的情况下，考虑在权利法案的文本中与

[①] *Boyce* v. *R*, Privy Council on appeal from the Court of Appeal of Barbados, [2004] 4 LRC 749. See also *R* v. *Ireland*, House of Lords, United Kingdom, [1998] 1 LRC 586：考虑到当代的医学知识，可辨识的精神疾病处于1861年《侵害人身法》所谓的"人身伤害"的范围之内，尽管在该法律通过之时，这些疾病还不为医学所知。*Fitzpatrick* v. *Sterling Housing Association*, House of Lords, United Kingdom, [2000] 3 LRC 294：1977年《租房法》中"最初租住家庭之成员"的说法，按照当代社会情况解释，包括同性伴侣。

[②] *Patel* v. *Attorney General*, Supreme Court of Zambia, (1968) Zambia LR 99 at 116；*Commissioner of Taxes* v. *CW (Pvt) Ltd*, High Court of Zimbabwe, [1990] LRC (Const) 544. See *Namasivayam* v. *Gunawardena*, Supreme Court of Sri Lanka, [1989] 1 Sri LR 394, 在该案中，斯里兰卡最高法院首席法官夏瓦南达（Sharvananda）认为：在对时效的字面解释将有损申诉人获得宪法救济的权利的情况中，对于处于被拘禁状态者，其向法院提出申诉的一个月时效应从其不再受约束时起算。

[③] Bertha Wilson, 'The Making of a Constitution: Approaches to Judicial Interpretation' 10 *Public Law* 370, at 380 – 3; *Okogie* v. *The Attorney General of Lagos State*, Federal Court of Appeal, Nigeria, [1981] 2 NCLR 337; *Reference re Public Service Employees Relations Act (Alberta)*, Supreme Court of Canada, [1987] 1 SCR 313; *Elliott* v. *Commissioner of Police*, Supreme Court of Zimbabwe, [1997] 3 LRC 15; *State* v. *Makwanyane*, Constitutional Court of South Africa, [1995] 1 LRC 269.

这一特定权利或自由相联系的其他具体权利和自由的含义和目的。①

　　基于背景解释的方法优于抽象方法，即是说，权利的内容应该在当事人提交法院的现实生活情况的背景下、根据经验数据而不是根据某种抽象确定。② 在审查立法是否符合权利法案时，有关的是立法的效果，而不是其目的或意图。③ 然而，在检测其在宪法上的有效性时，最先需要检测的是立法的目的；而当审查的法律已通过或至少据称通过了目的检测时，则应考虑其效果。如果立法未通过目的检测，则无须进一步考虑其效果，因为立法的无效性已经得到证明。因此，如果某一具有有效目的的法律产生了干扰权利或自由的作用，则诉讼当事人仍然可以就立法的效果提出抗辩，以之挑战其适用性甚至可能是其有效性。简言之，效果检测只有为挑战具有有效目的立法，才是必要的；绝不能依靠效果来挽救不具有有效目的的立法。④

　　必须严格解释对基本权利的限制。⑤ 不同于一般性地给予宪法条款，特别是那些旨在保护人权的宪法条款的广泛和自由的解释，解释但书条款的适当方法应该是严格并且狭窄的。但书条款的意图在于顺利进行过渡，而不是永远冻结标准。应该据此解释宪法，正确地落实其精神而不是被其行文所迷惑。⑥ 因此，尽管要广泛和宽容地解释基本权利规定，但是减损这些权利的规定则要予以限制性的和狭义的解释。⑦ 在解释人权文书时，必须避免采取对权利分层级的方法。⑧

　　归根结底，给予一项权利法案的解释是否会满足其中所载保障的目的，并确保个人能充分享有其保护，这在很大程度上取决于司法态度。在坦桑尼亚高等法院的一起案件中，在处理一位根据《驱逐条例》被羁押者提出的人身保护

---

① *R v. Big M Drug Mart Ltd*, Supreme Court of Canada, [1986] LRC (Const) 332 at 364.
② *Edmonton Journal v. Alberta*, Supreme Court of Canada, [1989] 2 SCR 1326, per Wilson J; *Reference Re: Public Service Employees Relations Act (Alberta)*, Supreme Court of Canada, [1987] 1 SCR 313, at 368, per Dickson CJ. Cf. *Reference Re: Public Service Employees Relations Act (Alberta)*, Supreme Court of Canada, [1987] 1 SCR 313, at 390, per Le Dain J. See also *Dwarkadas Shrinivas v. The Sholapur Spinning and Weaving Co Ltd*, Supreme Court of India, [1954] SCR 674 AIR 1954 SC 119; 1954 SCJ 175; *Sakal Newspapers Ltd v. The Union of India*, Supreme Court of India, [1962] 3 SCR 842; *R v. Edwards Books and Art Ltd*, Supreme Court of Canada, [1986] 2 SCR 713; *PSAC v. Canada*, Supreme Court of Canada, [1987] 1 SCR 424; *RWDSU. v. Saskatchewan*, Supreme Court of Canada, [1987] 1 SCR 460.
③ *Elliott v. Commissioner of Police*, Supreme Court of Zimbabwe, [1997] 3 LRC 15.
④ *R v. Big M Drug Mart Ltd*, Supreme Court of Canada, [1986] LRC (Const) 332, at 358.
⑤ *Ndyanabo v. Attorney General*, Court of Appeal of Tanzania, [2002] 3 LRC 541, per Samatta CJ.
⑥ *Mathew v. State*, Privy Council on appeal from the Court of Appeal of Trinidad and Tobago, [2004] 4 LRC 777.
⑦ *Mmusi v. Ramantele*, Court of Appeal of Botswana, 2 September 2013, [2014] 2 LRC 715.
⑧ *Dagenais v. Canadian Broadcasting Corporation*, Supreme Court of Canada, [1994] 3 SCR 835.

令申请时,穆瓦鲁萨尼亚(Mwalusanya)法官回应了这样一种主张——他面前的问题应留由行政部门自己来决定,从而说明了每一位需要解释和适用宪法保障的基本权利的法官必须面临的挑战:

> 在本案中,公民被拘禁的合法性问题是否是一个完全由行政部门决定的问题?一个政治问题?对于是否存在这样的政治理论,有两种思想流派。第一种思想流派,即"司法克制主义者"(judicial abstainers),将政治问题植根于似乎是一个相当模糊的司法"审慎"的概念中,即法院对干涉敏感领域在政治上是否明智进行盘算。这一流派代表了一种对于政治性质的问题"不插手"的政策。他们建议法院应该谨慎地避免面对有争议的问题,应该居于一种堂皇的、有尊严的地位,远离自由和权力之间的永久争斗……然而,就我而言,我支持另一种"司法能动主义者"(judicial activists)的思想流派。这一流派认为,任何其生命、自由或财产受到任何政府部门的威胁或损害的人,都具有一个可诉的争议事项,完全可以诉诸法庭以维护其权利。因此,这一流派主要根据宪法规定的权力分立来界定政治问题,对于法院何时应保持"不插手"的问题,同样也是从宪法本身中寻求答案。[1]

二 解释的渊源

法院在解释权利法案的条款时,可以从其他机构的判例中寻获帮助。[2] 法院还可以考虑国际人权规范和其他地方的实践。例如,津巴布韦最高法院在判断鞭刑是否构成一种不人道的或侮辱性的惩罚形式时,考虑了以下情况:(甲)杰出法学家和重要学者的思考的当前趋势;(乙)在许多其他国家,鞭刑作为一种令人反感的刑罚已经被废除;(丙)在鞭刑并未从宪法上受到质疑的国家,法院逐渐将其施行仅限于严重的、残忍的、残暴的和羞辱性犯罪的情况。[3] 1991年南非宪法要求法院在解释基本权利条款时,考虑可适用于保护已经被固化的权利的国际公法和类似的外国案例法。[4] 据此,在确定对青少年的鞭刑

---

[1] *Chamchua Marwa v. OIC Musoma Prison*, 1988, cited in Issa G. Shivji, 'Contradictory Developments in the Teaching and Practice of Human Rights Law in Tanzania' (1991) 35 *Journal of African Law* 116, at 122–3.
[2] *A Juvenile v. The State*, Supreme Court of Zimbabwe, [1989] LRC (Const) 774.
[3] *Ncube v. The State*, Supreme Court of Zimbabwe, [1988] LRC (Const) 442.
[4] 第35条第1款。该条还要求法院"促进构成一个基于自由与平等之开放和民主社会之基础的价值观"。

是否违宪时，南非宪法法院提到了其他八个国家的法律规定以及若干国际和区域性法庭的判例。①

不过，香港上诉法院指出，在解释那些涉及"合理性"问题或诸如与刑事诉讼有关的"不当拖延"等表述之含义的条款时，外国的经验虽然在某种程度上可能会对原则之形成有所帮助，但不应允许其决定主要受当地文化、社会和经济因素影响的规范。作为一个例证，该法院补充说，在确定刑事诉讼中是否存在不当拖延时，不应将香港地区与牙买加或毛里求斯进行比较——在这些地方，长期拖延可能是可以原谅的，而香港特区政府拥有提供足够资源以确保妥善、有效和及时地处理其刑事诉讼的手段。②

以下所列通常被视为解释人权法的辅助手段。如果含混不清或存疑，或者解释似乎与权利法案之宗旨相冲突，那么使用这些辅助工具看来不仅有帮助，而且有必要。

（一）准备工作文件

在国际和区域人权文书的准备工作文件（*travaux préparatoires*）公开和可获取的情况下，这些材料可以得到有利援用。当这些材料明确且无可争辩地指出明确的立法意图时，尤为重要。虽然参与起草的各位代表的工作文件或他们提交的供起草文书的会议审议的备忘录可能极少有助益，但商定的对于共识的会议纪要——某一条款的草案被接受即以之为基础——则可能具有重大价值。③

在寻求某一条款具有的正确含义时，必须考虑其起源和宗旨。④ 然而，一项条约的起草历史只可用于确认某种含义，或消除在适用上述原则时产生的意义不明或所获结果显属荒谬或不合理的情况。⑤

（二）人权事务委员会与经济、社会和文化权利委员会的判例

人权事务委员会关于《公民及政治权利国际公约》条款的范围和内容的"一般性意见"、审议根据《任择议定书》提交的个人来文所表达的"意见"

---

① *State v. Williams*, Constitutional Court of South Africa, [1995] 2 LRC 103. 朗加（Langa）法官指出，"虽然我们对这些概念的最终界定必然要反映我们自己的经验和南非社会的当前情况，但不存在争议的是，从国际公法和外国案法处理这些概念的方式中，能获得宝贵的见解"。

② *R v. William Hung*, Court of Appeal of Hong Kong, (1992) 2 HKPLR 282.

③ *Fothergill v. Monarch Airlines Ltd*, House of Lords, United Kingdom, [1980] 2 All ER 696.

④ *Pinder v. R*, Privy Council on appeal from the Court of Appeal of The Bahamas, [2002] 5 LRC 496, per Lord Nicholls.

⑤ 《维也纳条约法公约》第32条。

和审查缔约国提交的报告后提出的"结论性意见",均可视为人权事务委员会的"判例"。对于这种判例,英国枢密院指出:"人权事务委员会的认定的基础是一种有序的诉讼过程,在此期间,当事方有适当的机会对案件提出陈述,委员会认定之权威性来自其裁判者的地位,还有他们的公正、客观和克制的司法品质。其裁判对于所要解决的案件是明确的、最终的、决定性的。"① 乌干达最高法院认为,人权事务委员会的判例具有很强的说服力。"我们同样忽视了违反我们根据条约和国际法承担的义务的危险。我们对自己的法律的解释,不得有违乌干达在加入《公民及政治权利国际公约》时所承担的国际义务。"② 经济、社会和文化权利委员会的判例目前仅限于其一般性意见和结论性意见。③

(三) 区域性人权机构的判例

《欧洲人权公约》和《美洲人权公约》都载有与《公民及政治权利国际公约》类似甚至相同的规定。位于法国斯特拉斯堡的欧洲人权委员会和欧洲人权法院对于当代人权规范之解释和适用,也协助创制了大量的判例。④ 同样,位于美国华盛顿特区的美洲人权委员会和位于哥斯达黎加圣何塞的美洲人权法院现在也在解释、适用和执行《美洲人权公约》。⑤ 1986 年根据《非洲人权和民族权宪章》创设的非洲人权委员会,是有益之判例的另一个潜在来源。

---

① *Tangiora v. Wellington District Legal Services Committee*, Privy Council on appeal from the Court of Appeal of New Zealand, [2000] 4 LRC 44.

② *Attorney General v. Kigula*, Supreme Court of Uganda, 21 January 2009, [2009] 2 LRC 168.

③ 人权事务委员会 2008 年之前发布的一般性意见载,UN document HRI/GEN/1/Rev.9,27 May 2008, pp. 172 – 268。对个人来文的意见在《人权事务委员会根据〈任择议定书〉做出的决定选编》(*Selected Decisions of the Human Rights Committee under the Optional Protocol*, New York and Geneva: United Nations) 以及人权事务委员会提交联合国大会的年度报告(自 1978 年以来的联合国大会正式记录补编第 40 号文件)上公布。"结论性意见"也在年度报告上公布。经济、社会和文化权利委员会的一般性意见和结论性意见在经济及社会理事会的正式记录上公布。See *Fok Lai Ying v. Governor-in-Council*, Privy Council on appeal from the Court of Appeal of Hong Kong, [1997] 3 LRC 101:当一项权利法案纳入了《公民及政治权利国际公约》的规定时,人权事务委员会的一般性意见和审议个人来文的意见与欧洲人权法院的判决以及欧洲人权委员会的决定和报告相比,对于该权利法案的解释,是一种更直接的指导。(在《经济、社会、文化权利国际公约任择议定书》于 2013 年 5 月 5 日生效之后,经济、社会和文化权利委员会已经开始接受和审议个人来文,并于 2015 年 6 月开始审结来文、形成对来文实质问题的意见。——译者注)

④ 关于欧洲的判例见,*European Human Rights Reports*; *Decisions & Reports of the European Commission of Human Rights*; *Collection of Decisions*; *and Digest of Strasbourg Case Law Relating to the European Convention on Human Rights*。See *Lambeth London Borough Council v. Kay*, House of Lords, [2006] 5 LRC 158:若无任何特殊情节,法院应遵从欧洲人权法院的任何清楚而连贯的判例。

⑤ 关于《美洲人权公约》的判例,见美洲人权法院和美洲人权委员会的年度报告。

(四) 国内判例

现在有大量公开的国内判例可用。英联邦是一个多产的案例法来源：在近40年的时间里，英联邦外交和联邦事务部为其许多成员国调整了最初是在1959年为尼日利亚准备并以《欧洲人权公约》为蓝本的标准权利法案草案。此外，从诸如印度、加拿大和南非等起草了自己的权利法案而没有采用英联邦模本的国家，也越来越多地涌现出人权案例法。[1] 美国最高法院的判决，特别是那些包含有关表达自由和禁止追溯性刑法的原则的判决，也有助于解释当代人权规范。[2] 越来越多的西欧、中欧和东欧国家的法院也正在为人权判例做出贡献。不幸的是，这些法院以及南美洲和中美洲法院的判决尚无英语全文；不过，能获得欧洲国家法院的判决的英文摘要。[3]

加纳最高法院已经认识到这种判例的相关性。该法院在解释与其他英联邦国家的法律制度和国际人权文书的规定类似的加纳的宪法条款时，仅出于实际的政策原因，才能背离这些英联邦国家的法律制度和国际人权的裁决的明显趋势。由于人权的普遍性层面，当对人权条款的解释在与加纳的历史相似的法律制度中已被广泛接受为规范性观点时，该法院应该非常缓慢地拒绝对其宪法中类似的人权条款做出相同的解释。[4] 不过，对于在有关人权的国际判例仍处于初级阶段时就适用其对人权条款的解释，英国枢密院提出了告诫。[5]

(五) 其他国际人权法庭的判例

对于解释相关概念，根据其他国际人权文书设立的监督机构的评论和意见可能是有用的来源。两个这样的机构是根据《禁止酷刑和其他残忍、不人道或

---

[1] 这些国家的判决选编现已在《英联邦法律报告》(*Law Reports of the Commonwealth*) 中定期公布。判决选编的摘要在《英联邦法律公报》(*Commonwealth Law Bulletin*) 中公布。

[2] See *Attorney General of Hong Kong v. Lee Kwong-kut*, Court of Appeal of Hong Kong, [1992] 1 HKCLR 127：在解释一项以《公民及政治权利国际公约》为基础的权利法案时，美国在适用其权利法案——这比《公民及政治权利国际公约》早大约175年——时确定的检测方式不必以僵化的、累积的方式适用，所得到的结果也不必视为结论性的。它们应该视为对于困难的情况提供了有用的一般指导。*Uganda Law Society v. Attorney General*, Constitutional Court of Uganda, [2006] 5 LRC 514：在解释宪法时，来自具有类似宪法条款的外国法律制度的裁决是有用的指导。

[3] 这些摘要由欧洲理事会定期公布，载 *Bulletin on Constitutional Case-Law*. 某些摘要也载，*Yearbook on the European Convention on Human Rights*。

[4] *Johnson v. Republic*, Supreme Court of Ghana, [2012] 1 LRC 343.

[5] *Reyes v. R*, Judicial Committee on appeal from the Court of Appeal of Belize, [2002] 2 LRC 606. 英国枢密院提到了自己先前的裁决：*Runyowa v. R* [1966] 1 All ER 633；*Ong Ah Chuan v. Public Prosecutor* [1981] AC 648.

有辱人格的待遇或处罚公约》(《禁止酷刑公约》)设立的禁止酷刑委员会,以及根据《消除一切形式种族歧视公约》设立的消除种族歧视委员会。

(六) 国际人权文书

法院在解释权利法案中的权利的范围时,亦可适当地参考其他国际和区域性人权文书的条款,特别是对具体权利作详细规定的条款,例如与歧视和酷刑有关的公约。[1] 如果某一文书已获一国批准,则该批准可被解释为表示愿意受其条款约束。[2] 在印度,法院认为印度议会尚未批准的《禁止酷刑公约》具有重大的令人信服的价值,因为它代表了对人权规范的性质和具体内容的不断演变的国际共识。[3]

(七) 国际人权准则

有若干人权方面的国际行为准则和指导原则可能有助于解释权利法案中的人权概念,其中包括《联合国囚犯待遇最低限度标准规则》和《保护所有遭受任何形式拘留或监禁的人的原则》。新西兰上诉法院曾提到后一《原则》,以确定保护被逮捕者或被拘禁者的基本标准,以及"拘禁"和"被拘禁者"等表述的含义。[4] 同样,津巴布韦最高法院在考虑对少年判处鞭刑是否属于不人道和侮辱性的惩罚时,曾提到1985年《联合国少年司法最低限度标准规则》("北京规则")。[5] 斯里兰卡最高法院在处理一个与环境保护有关的问题时裁定,任何一个作为联合国会员国的国家都不能无视1972年在斯德哥尔摩召开的联合国人类环境会议通过的《人类环境宣言》和1992年在里约热内卢召开的联合国环境与发展会议通过的《关于环境与发展的里约热内卢宣言》所确定的原则,虽然它们可能仅仅被视为不具有法律约束力的"软法"。[6]

在加拿大最高法院审理的一起案件中,一项制定法的规定受到质疑,理由是其违反了司法独立、侵害了在法律前平等的基本权利。该法院在审查这一规

---

[1] *Lawson v. Housing New Zealand*, High Court of New Zealand, [1997] 4 LRC 369.

[2] 在赞比亚的一个案件中,对于一位因无陪伴而被拒绝进入一家旅馆的酒吧的女性,赞比亚高等法院参照《非洲人权和民族权宪章》和《消除对妇女一切形式歧视公约》准予了救济。法院认为,该旅馆的政策——不准无男性陪伴的女性进入其酒吧——构成了基于性别的歧视。*Longwe v. Intercontinental Hotels*, [1993] 4 LRC 221.

[3] *Selvi v. State of Karnataka*, Supreme Court of India, [2010] 5 LRC 137.

[4] *Police v. Smith*, Court of Appeal of New Zealand, [1994] 1 LRC 252.

[5] *A Juvenile v. The State*, Supreme Court of Zimbabwe, [1989] LRC (Const) 774.

[6] *Bulankulama v. Secretary to the Ministry of Industrial Development*, Supreme Court of Sri Lanka, 7 April 2000, [2002] 4 LRC 53, per Amerasinghe J.

定的有效性时，除其他外，提到了国际律师协会 1982 年形成的《司法独立最低标准准则》、1983 年的《世界司法独立宣言》和 1981 年的《锡拉库萨司法独立原则草案》。人权事务委员会和英国枢密院在解释司法独立和获得公正审判权的概念时，提到了《班加罗尔司法行为原则》的规定。这些文件都不是具有约束力的国际文书。然而，它们是"重要的国际文件，更详细地充实了在自由和民主的社会中，司法独立原则的内容"。① 在新西兰，法院援用了联合国人权委员会的任意拘留问题工作组的报告（UN Doc. E/CN/1992/20），以支持这样一项主张：《公民及政治权利国际公约》第 9 条第 1 款适用于所有剥夺自由的情况，无论是在刑事案件中还是在其他案件中——例如因为精神疾病、流浪、吸毒成瘾、教育目的和移民控制。②

（八）法学家的著述

法学家的著述（la the doctrine）被广泛认为是一种可接受的辅助解释工具。③ 当然，在判断法院是否以及在多大程度上应该仰赖法学家的意见时，其成就、经验和声誉十分重要。

（九）宪法的精神

美洲人权法院在一份咨询意见中，援引了《美洲人权公约》的"精神"，要求限制权利和自由的法律符合两项原则即合法性和正当性。④

---

① *The Queen v. Beauregard*, Supreme Court of Canada, [1987] LRC (Const) 180, per Dickson CJ.
② *Police v. Smith*, Court of Appeal of New Zealand, [1994] 1 LRC 252.
③ *Fothergill v. Monarch Airlines Ltd*, House of Lords, United Kingdom, [1980] 2 All ER 696.
④ *The Word 'Laws' in Article 30 of the American Convention on Human Rights*, Inter-American Court, Advisory Opinion OC – 6/86 of 9 May 1986, para. 32.

第六章　不歧视

国际文书

《世界人权宣言》

第1条

人皆生而自由；在尊严及权利上均各平等。人各赋有理性良知，诚应和睦相处，情同手足。

第2条

人人皆得享受本宣言所载之一切权利与自由，不分种族、肤色、性别、语言、宗教、政见或他种主张、国籍或门第、财产、出生或他种身分。

且不得因一人所隶国家或地区之政治、行政或国际地位之不同而有所区别，无论该地区系独立、托管、非自治或受其他主权上之限制。

《公民及政治权利国际公约》

第2条第1款

本公约缔约国承允尊重并确保所有境内受其管辖之人，无分种族、肤色、性别、语言、宗教、政见或其他主张、民族本源或社会阶级、财产、出生或其他身分等等，一律享受本公约所确认之权利。

第3条

本公约缔约国承允确保本公约所载一切公民及政治权利之享受，男女权利，一律平等。

《经济社会文化权利国际公约》

第2条第2款

本公约缔约国承允保证人人行使本公约所载之各种权利，不因种族、肤色、性别、语言、宗教、政见或其他主张、民族本源或社会阶级、财产、出生或其他身分等等而受歧视。

第 3 条

本公约缔约国承允确保本公约所载一切经济社会文化权利之享受，男女权利一律平等。

区域文书

《欧洲人权公约》

第 14 条

应当保障人人享有本公约所列举的权利与自由。任何人在享有本公约所规定的权利与自由时，不得因性别、种族、肤色、语言、宗教、政治或其他见解、民族或社会出身、与少数民族的联系、财产、出生或其他地位而受到歧视。

《欧洲人权公约第十二议定书》

第 1 条

1. 对法律所规定的任何权利的享有应当得到保障，不应因任何理由比如性别、种族、肤色、语言、宗教、政治或其他见解、民族或社会出身、与某一少数民族的联系、财产、出生或其他情况等而受到歧视。

2. 任何人都不应当因如上述所列事项的任何理由而受到任何公共机构的歧视。

《美洲人权公约》

第 1 条第 1 款

本公约各缔约国承允尊重本公约所承认的各项权利和自由，并保证在它们管辖下的所有的人都能自由地全部地行使这些权利和自由，不因种族、肤色、性别、语言、宗教、政治见解或其他主张、民族或社会出身、经济地位、出生或其他任何社会条件而受到任何歧视。

《非洲人权和民族权宪章》

第 2 条

人人均有权享有本宪章所确认和保障的各项权利和自由，不因种族、种群、肤色、性别、语言、宗教、政治或任何其他见解、民族或社会出身、财产、出生或其他身份等等而受到歧视。

一　评论

不歧视构成了有关人权保护的一项基本和普遍原则，保罗·赛格特解释了原因何在：

> 将"人"权与其他权利区分开来的主要特征是它们的普遍性：根据经典理论，人权说来是人仅凭其人性就"固有的"。由此必然导致的是，任何个人所附带的、使他与其他人区别开来的任何特定的特征或特性，都不得影响其享有人权的资格，无论是在程度还是在性质上，除非文书基于明确的、说服力的理由明确规定了这一点——例如，将投票权仅限于成年人，或要求给予妇女和儿童特别保护。①

"不歧视"是《公民及政治权利国际公约》第2条和《经济社会文化权利国际公约》第2条规定的一项即时的、横切性的义务。一个国家必须保证，对于该两项公约所载之每项权利的行使，都不受歧视，而且两公约只能与这些权利配合适用。构成歧视的，是任何区别、排斥、限制、优惠或其他差别待遇，它们直接或间接地基于被禁止的歧视理由，意图或效果是否定或损害在平等的基础上对两公约所规定之权利的承认、享有或行使。歧视还包括煽动歧视和骚扰。

每一人权文书，无论是国际的还是区域的，都要求国家尊重和确保在其领土内和受其管辖的所有人享有得到保障的权利，无分诸如种族、肤色、性别、语言、宗教、政见或其他主张、民族本源或社会出身、财产、出生或其他身份等。即使当一国在公共紧急状态时期可以采取措施克减其根据某项人权条约承担的义务时，这些措施也不得涉及纯粹基于种族、肤色、性别、语言、宗教或社会出身的歧视。②

《公民及政治权利国际公约》第2条、《经济社会文化权利国际公约》第2条、《欧洲人权公约》第14条、《美洲人权公约》第1条和《非洲人权和民族权宪章》第2条禁止的都是在享有得到保障的权利方面的歧视，因此并非独立

---

① Paul Sieghart, *The International Law of Human Rights* (Oxford: Clarendon Press, 1983), 75.
② 《公民及政治权利国际公约》第4条第1款、《美洲人权公约》第27条第1款。

存在，而是只与各该文书承认的权利有关。① 这些条款旨在保障处于类似境地中的个人或个人之群体在享有其权利方面免受歧视。因此，一项本身符合文书中某项实质性条款的要求的措施，当结合上述条款之一理解时，由于其具有歧视性质，就仍有可能违反该文书。这就像是这些条款构成了各该文书中每项实质性条款的一个有机组成部分。②

(一) 歧视③

没有任何人权文书界定"歧视"一词，也没有说明什么构成歧视。不过，《消除一切形式种族歧视国际公约》（第1条）规定，"种族歧视"一词是指基于种族、肤色、世系或原属国或民族本源的任何区别、排斥、限制或优惠，其目的或效果为取消或损害政治、经济、社会、文化或公共生活任何其他方面人权及基本自由在平等地位上的承认、享受或行使。同样，《消除对妇女一切形式歧视公约》（第1条）规定，"对妇女的歧视"应指"基于性别而作的任何区别、排斥或限制，其影响或其目的均足以妨碍或否认妇女不论已婚未婚在男女平等的基础上认识、享有或行使在政治、经济、社会、文化、公民或任何其他方面的人权和基本自由"。

这些公约涉及的都是具体的歧视理由，但人权事务委员会已经指出，《公民及政治权利国际公约》中所用的"歧视"一词应被理解为指任何基于种族、肤色、性别、语言、宗教、政治或其他见解、民族或社会出身、财产、出生或其他身份等原因的任何区别、排斥、限制或优惠，其目的或效果为否认或妨碍所有的人在平等的基础上认识、享有或行使一切权利和自由。④ 在提及待遇差别的"目的"或"效果"时，经济、社会和文化权利委员会*在其定义中包括了直接歧视和间接歧视。当一个人所受待遇因为一种与被禁止的理由有关的原

---

① 这些规定必须与在法律上平等、得到法律平等保护的实质性权利（如《公民及政治权利国际公约》第26条所规定的）区分开来。

② See generally *Case Relating to Certain Aspects of the Laws on the Use of Languages in Education in Belgium* [*Belgian Linguistic Case* (*No.* 2)], European Court, (1968) 1 EHRR 252; *Thilimmenos v. Greece*, European Court, (2000) 31 EHRR 411; *Van Raalte v. Netherlands*, European Court, (1997) 24 EHRR 503.

③ 在《公民及政治权利国际公约》第2条中，使用的词语是"区分"（distinction）而非"歧视"，后者用于该公约第26条，在起草《经济社会文化权利国际公约》中的相应条款之时，也选择了"歧视"。在这两种说法的含义之间，很可能没有实质性的差别。对于有关这两个词语之相对优点的讨论的述评见，B. G. Ramcharan, 'Equality and Non-Discrimination', in Louis Henkin (ed.), *The International Bill of Rights* (New York: Columbia University Press, 1981), 246。

④ 人权事务委员会第18号一般性意见（1989年），第7段。

* 原书此处作"committee"，从下文看，应为经济、社会和文化权利委员会。

因而不如处于同样情况下的另一个人时，就发生了直接歧视；例如，能否在教育或文化机构中就业或能否加入一个工会取决于申请人或雇员的政治见解，就属于这种情况。直接歧视还包括在没有可比较的类似情况之处（例如，妇女怀孕的情况），基于被禁止的理由的有害作为或不作为。"间接歧视"是指表面价值上看起来中性的法律、政策或做法，基于被禁止的歧视理由的区分，而对行使公约权利有不成比例的影响。例如，入校就读要求有出生登记证，这可能对那些没有或被拒绝发给这种证件的族裔少数者或非国民造成歧视。①

并非每一待遇差别都受到禁止，只有没有客观与合理理由的区分才受到禁止。② 是否存在这种理由必须根据要审查的措施的目标和效果来评估。在权利行使方面的不同待遇，不仅必须追求某种正当目的，而且在使用的手段和寻求实现的目的之间，必须存在一种合理的联系。③ 印度最高法院认为，为了通过可以允许的区分的检测，必须满足两个条件，即（甲）区分必须基于一种明白易懂的、能将一组人或事物与不属于该组的人或事物区别开来的标准；（乙）标准必须与所涉法规力图达到的目的存在一种合理联系。美洲人权法院对这一点叙述如下：

> 如果待遇差别具有正当目的并且不会导致有违正义、理性或万物之本性的情况，则不存在歧视。因此，当一个国家所选择的分类基于实质性的事实差异并且这些差异与所审查的法律规则的目标之间存在一种合理比例关系时，对个人的差别待遇不存在歧视。这些目标不可以是不公正或不合理的，也就是说，它们不可以是任意的、反复无常的、专断的或与人类的

---

① 经济、社会和文化文权利委员会第 20 号一般性意见（2009 年），第 10（b）段。See *Yick Wo v. Hopkins*, United States Supreme Court 118 US 356 (1886)：旧金山的一项法律规定，除非首先获得监督委员会的同意、位于一幢砖石建筑之内，否则不得在城市范围内开设洗衣业。该法律被认定为具有歧视性。在旧金山的 320 个洗衣房中，有大约 310 个是木造建筑，有大约 240 个是华裔拥有和运营的。申诉人和大约其他 200 名华裔向监督委员会申请在他们已经占据多年的木造建筑中继续其洗衣业务。但在所有案件中，监督委员会都拒绝发放许可证；不过，另外 80 个并非华裔的人提交的申请无一被拒绝。美国最高法院提出，对该法律之执行"心思恶劣、手段不公"。*Dothard v. Rawlinson*, United States Supreme Court 433 US 321 (1977)：美国一个州的法律具体规定，受雇担任州监狱看守的最低要求是身高 5 英尺 2 英寸（约合 158 厘米）、体重 120 磅（约合 54.5 千克），该法律构成了非法的性别歧视，因为这一标准排除了美国 41% 的女性人口，排除的男性人口却不到 1%。对于将这一法律规定的要求与被认为对该工作至为重要的体能情况相联系，并没有提出任何证据。*Decision of the Constitutional Court of Italy*, 15 April 1993, (1993) 2 *Bulletin on Constitutional Case-Law* 29：一项规则对于被任命为高级消防官员的男女规定了严格的最低身高条件，该规则被认定为一种间接歧视，因为在统计学上已经证实，在男女的身高之间存在差异。

② *Broeks v. Netherlands*, Human Rights Committee, Communication No. 172/1984, HRC 1987 Report, Annex Ⅷ. B.

③ *Belgian Linguistic Case* (*No.* 2), European Court, (1968) 1 EHRR 252.

基本一致性和尊严相冲突的。①

并不存在对于字面上的平等的要求，即在毫无通融地总是给予完全相同之待遇的意义上。② 这种死板会破坏而非促进真正的公平公正。在某些情况下，偏离字面上的平等将是正当路径，甚至是唯一正当的路径。起点是相同的待遇，任何偏离都必须有正当理由。而为了证明某种偏离正当合理，必须要表明：首先，通情达理、心思公正者会承认确实需要一些不同的待遇；其次，为满足这种需要而选择的特定偏离所体现的差异本身就是合理的；第三，这种偏离与这种需要成比例。③ 仅仅是行政上的不便或滥用的可能性不能用来作为不平等待遇的正当理由。因此，人权事务委员会在一件来文中，拒绝了法国政府提出的主张，即在退役金权利方面，区别对待曾在法国军队服役但现在居住在非洲的退役非洲士兵，是因为难以确定其身份和家庭情况，以及法国与其前殖民地的经济、金融和社会条件存在差异。④

如果依据宪法禁止歧视的规定质疑某一条款，那么必要的查证阶段是：（甲）该条款是否区分人或人的类别？如果区分，这种区分是否与某种正当的治理目的有合理联系？如果没有这种联系，则违反对歧视的禁止。即使确实有合理联系，该条款仍有可能构成歧视。（乙）区分是否构成不公平的歧视？需要对后者进行两个阶段的分析：（1）区别是否构成歧视？如果这种区别是基于某一指明的理由，那么就可确定产生了歧视。如果不是基于某一指明的理由，那么是否存在歧视将取决于该理由是否在客观上基于可能损害人作为人之基本人格尊严或以相对严重的方式对他们产生不利影响的属性和特征。（2）如果区

---

① *Proposed Amendments to the Naturalization Provision of the Political Constitution of Costa Rica*, Inter-American Court, Advisory Opinion OC – 4/84, 19 January 1984, para. 57. 在该案中，美洲人权法院在审查哥斯达黎加拟议中的国籍法时提出，对于中美洲的人、伊比利亚或西班牙裔美洲人的居住要求，不如对具有其他国籍者那么严格，这是正当合理的，因为客观看，前几类人与后一类人相比，与哥斯达黎加人具有更加紧密的历史、文化和精神联系。这些联系之存在支持这样一种认定：这些人会更容易、更迅速地融入该国社会，并更愿意认同哥斯达黎加的传统观念、价值和制度。另外，在归化入籍方面给予与哥斯达黎加人结婚的女性而非男性一种特殊地位的规定，在美洲人权法院看来，依据的是不再成立的且因此不能被认为是正当合理的男性权威和夫妻不平等的传统观念。

② 平等地享有权利和自由并不意味着每一情形中的同等待遇。在这一方面，《公民及政治权利国际公约》的某些条款有明确规定，例如其第 6 条第 5 款禁止判处未满 18 岁者死刑，也禁止对孕妇执行死刑；第 10 条第 3 款要求将少年违法者与成年人分隔关押；第 25 条只保障公民的政治权利，而这种区分的理由是公民资格。

③ *R v. Man Wai Keung* (*No.* 2), Court of Appeal of Hong Kong, [1992] 2 HKCLR 207, at 217, per Bokhary JA.

④ *Gueye v. France*, Human Rights Committee, Communication No. 196/1985, HRC 1989 Report, Annex X. B.

分等于"歧视",这是否构成"不公平的歧视"?如果认定这是基于某一指明的理由,就将被推定为不公平。如果不是基于某一指明的理由,那么申诉人必须证明其为不公平。不公平性这种测试主要关注歧视对申诉人和处于其境地的其他人的影响。如果在查证的这个阶段结束时,区别对待被认定为并非不公平,那么就不会违反对歧视的禁止。①

在事实上或观念中不同的事物和情况不必在法律中被当成好像是一样的。要求平等保护的法律允许许多实际的不平等,而且平等保护的要求并不意味着立法机构通过的所有法律都必须普遍地适用于所有人,或者法律不能对其适用的人或其要起效的领土范围制造差异。因此,平等保护的要求并不禁止合理的立法将人分成不同的群体,这取决于分类的目的。如果分类是基于一种真实的、实质的区分,并且与其寻求达到的目标具有一种公正、合理的联系,并且不是任意的或没有实质的基础,则分类是可予允许的。分类必须是理性的:它不仅必须基于所有被归为一类的所有人而非那些被排除在外的人都具备的品质或特征,而且这些品质和特征也必须与立法的目的具有一种合理联系。分类必须满足两个条件:第一,它基于明白易懂的、将那些归为一类的人与其他人区别开来的标准(虽然保证合理分类的差异不一定很大);其次,区别标准与立法力图达到的目的具有一种合理的联系。法院要解决的问题不是某一条款是否会导致不平等,而在于它是否会产生与立法的目的具有一种公正、合理的联系的差异,因为仅仅是区别对待或待遇不平等本身并不构成有违平等保护之要求的歧视。②

可以提出五个问题作为考虑歧视问题的框架:(1)相关事实是否属于得到保障之权利的一项或多项的范围?(2)就所涉权利,在申诉人与被提出用来比较的其他人之间,是否存在待遇方面的差异?(3)如果存在差异,这种待遇方面的差异是否基于一个或多个被禁止的理由——无论是明白如此还是通过推理如此?(4)还有其他人处于类似情况吗?(5)待遇方面的差异在客观上是正当合理的吗?即是否具有某种正当目标并且与该目标具有一种合理的比例关系?③

---

① *Harksen v. Lane NO*, Constitutional Court of South Africa, [1998] 2 LRC 171, per Goldstone J. See Decision of the Supreme Court of Denmark, 21 January 2005, (2005) 1 *Bulletin on Constitutional Case-Law* 51:辞退一位戴头巾因而违反雇主(一家超市)之着装规定的穆斯林妇女并不意味着非法的间接歧视。

② *Federation of Women Lawyers of Kenya v. Attorney General*, High Court of Kenya, [2011] 5 LRC 625; *Nadege Dorzema v. Dominican Republic*, Inter-American Court, 24 October 2012.

③ *R (on the application of S) v. Chief Constable of South Yorkshire*, House of Lords, [2005] 2 LRC 627; *Ghaidan v. Mendoza*, House of Lords, [2005] 1 LRC 449; *Wandsworth London Borough Council v. Michalak*, Court of Appeal, United Kingdom, [2002] 4 All ER 1136; *R (on the application of Carson) v. Secretary of State for Work and Pensions*, Court of Appeal, United Kingdom, [2003] 3 All ER 577.

(二) 平权行动

在《公民及政治权利国际公约》第 2 条起草之时得到明确强调的是，为了促进社会中任何在社会方面或教育方面落后的阶层而采取的"特别措施"不应被解释为一种"区分"。得到同意的是，这种解释——对其没有任何反对——应在报告中特别提到。① 为了减少或消除导致或有助于使歧视永久化的条件，这些措施可能是必要的。例如，在一国的某一部分人口的普遍条件妨碍或损害他们享有人权的情况中，国家可采取具体行动来纠正这些条件。这种行动可能涉及在一段时间内，就特定事项给予有关的部分人口与其他人口得到的待遇相比某些更为优惠的待遇。但是，只要需要采取这种平权行动（Affirmative Action）来纠正事实上的歧视，那么差异就被认为是正当的。②

特别措施的概念所依据的原则是，法律、政策和做法要求在情况必要时，通过采取旨在确保处境不利的群体充分和平等享有人权和基本自由的临时特别措施予以补充。这些措施也被称为"平权措施""平权行动"或"积极行动"。例如，由于罗姆人的历史，他们已成为处境不利群体和弱势少数者的一个特定类型。因此，他们需要得到特殊保护。在相关的规制框架中、在对特定案件作出决定时，必须特别考虑到他们的需要和他们的不同生活方式，这不仅是为了维护少数者的利益，而且也是为了保护对整个社会都有价值的文化多样性。③ 仅仅将保证罗姆人获得同等待遇作为保护他们免受歧视的手段是不够的。在不同的国家中，生活在恶劣条件下的罗姆人的比例远高于全国平均水平，因此他们处于一种不同的、不利的状况中。这种状况的差异导致了

---

① UN document A/5655, s. 20. 另见人权事务委员会第 18 号一般性意见，第 10 段。

② 人权事务委员会 1989 年第 18 号一般性意见，第 10 段。See Decision of the Constitutional Court of Spain, 3 October 1994, (1994) 3 *Bulletin on Constitutional Case-Law* 282：在公职中为身体残疾者保留一定百分比的岗位符合当前促进处境不利者之实质平等的普遍潮流。有关美国的平权行动，见，*Plessy v. Ferguson*, United States Supreme Court 163 US 537 (1896); *Korematsu v. United States*, United States Supreme Court 323 US 214 (1944); *Brown v. Board of Education*, United States Supreme Court 374 US 483 (1954); *DeFunis v. Odegaard*, United States Supreme Court 416 US 312 (1973); *Regents of the University of California v. Bakke*, United States Supreme Court 438 US 265 (1978); *Steelworkers v. Weber*, United States Supreme Court 443 US 193 (1979); *Fullilove v. Klutznick*, United States Supreme Court 448 US 149 (1980); *Sheet Metal Workers v. Equal Employment Opportunity Commission*, United States Supreme Court 478 US 421 (1986); *United States v. Paradise*, United States Supreme Court 480 US 149 (1987); *Johnson v. Santa Clara County*, United States Supreme Court 480 US 1442 (1987); *Firefighters v. Stotts*, United States Supreme Court 476 US 561 (1984); *Wygant v. Jackson Board of Education*, United States Supreme Court 476 US 267 (1986); *City of Richmond v. Croson*, United States Supreme Court, 488 US 469 (1989); *Adarand Constructors v. Rena*, United States Supreme Court 115 St. Ct. 2097。（"Affirmative Action"亦可译为"肯定性行动"。——译者注）

③ *Orsus v. Croatia*, European Court, 16 March 2010.

当局的一项积极义务，即将这种差异考虑在内并相应地对其作出有意识的反应。①

平权行动既是对过去错误的一种救济或补救，也是推进一种社会意义上值得的、进步性的目标的一种手段：首先是通过给少数人的一种优惠，以弥补将他们置于一种不公平状况中的过往歧视，其次通过为处境不利的少数人配备手段，使其能进步到担任关键公共机构的领导职务，以服务于社会的共同福祉和更广泛的利益，并反映种族、民族和阶层的同质性。② 例如，国家对土著儿童采取特别保护措施的任务至关重要。这些措施包括促进和保护他们根据自己的文化、自己的宗教和自己的语言生活的权利。此外，为了充分发展他们的符合其世界观的个性，土著儿童需要在他们自己的自然和文化环境中被抚育和成长，因为他们具有一种将他们与其土地、文化、宗教和语言联系起来的独特身份。③ 国家有义务通过平等的条件、机会和在社会所有领域中的参与，促进残疾人融入社会，以确保消除任何限制。因此，各国必须促进社会包容的做法，并采取积极的差异化措施来消除这些障碍。功能性残疾人通常在社会中遇到的障碍或限制的类型包括身体和建筑方面的障碍、态度和社会经济方面的障碍，以及沟通障碍。④

（三）"无分……等等"

使用"无分……等等"或"就……无分"的表述意味着对于区分的理由而言，禁止歧视是开放式的。可以依赖任何种类的区分来援用这种禁止。欧洲人权法院在解释《欧洲人权公约》相应条款中的类似语言时指出，"无须确定这种差别所依据的理由"，因为该条中出现的理由清单并非详尽无遗。⑤ 据此，欧洲人权机构接受并审查了据称在各方之间存在的歧视：广播组织与报纸和外国杂志的出版商；⑥ 罢工的员工和他们没有罢工的同事；⑦ 小型工会和大型工

---

① *European Roma Rights Centre v. Portugal*, European Committee of Social Rights, Complaint No. 61/2010, 30 June 2011.
② 见 2006 年通过、2008 年生效的联合国《残疾人权利公约》；*Federation of Women Lawyers of Kenya v. Attorney General*, High Court of Kenya, [2011] 5 LRC 625：如果目标在于帮助处境不利者，那么其根据就必须不只是女性性别，而且平权行动的概念并不意在确保社会中任何群体的特别待遇。这对司法任命就不合适，因为这要求有关人员曾接受严格的法律培训并具有担任法官的必要经验。
③ *Rio Negro Massacres v. Guatemala*, Inter-American Court, 4 September 2012.
④ *Furlan v. Argentina*, Inter-American Court, 31 August 2012.
⑤ *Rasmussen v. Denmark*, European Court, (1984) 7 EHRR 371.
⑥ *De Geillustreerde Pers N. V. v. Netherlands*, European Commission, (1976) Decisions and Reports 5.
⑦ *Schmidt and Dahlstrom v. Sweden*, European Court, (1976) 1 EHRR 632.

会联合会;① 男性和女性同性恋者,以及异性恋者和同性恋者;② 记者和议员;③ 法律职业和其他职业;④ 宗教的、教育的、节日的或仪式性的游行和其他公众游行;⑤ 青少年和成年人;⑥ 英联邦公民和外国人;⑦ 自由人和在被定罪后受到监禁的人;⑧ 从私人房东那里租房的政府租户和私人租户。⑨ 在印度,区别对待危险囚犯和普通囚犯或者"正受审判者"和已经定罪者,被认定为是合理的。⑩ 在比利时,律师和医生与从事其他职业者被区别开来。⑪

(四)"种族、肤色、性别、语言、宗教、政见或其他主张、民族本源或社会阶级、财产、出生或其他身份等等"

有关文书中提到的这些概念,将在本书第二十七章"平等权"中予以检视。

---

① *Swedish Engine Drivers' Union* v. *Sweden*, European Court,(1976)1 EHRR 617; *Association A* v. *Germany*, European Commission, Application 9792/82,(1983)34 Decisions & Reports 173.

② *X* v. *United Kingdom*, European Commission, Application No. 7215/75, 12 October 1978; *Dudgeon* v. *United Kingdom*, European Commission,(1980)3 EHRR 40; *Egan* v. *Canada*, Supreme Court of Canada,[1995] 2 SCR 513.

③ *The Sunday Times* v. *United Kingdom*, European Court,(1979)2 EHRR 245.

④ *Van Der Mussele* v. *Belgium*, European Court,(1983)6 EHRR 163; *X* v. *Germany*, European Commission, Application 8410/78,(1979)18 Decisions & Reports 216, 有关区分公证员和其他职业。

⑤ *Christians against Racism and Fascism* v. *United Kingdom*, European Commission,(1980)21 Decisions & Reports 138.

⑥ *X* v. *Switzerland*, European Commission, Application 8500/79,(1979)18 Decisions & Reports 238.

⑦ *X* v. *United Kingdom*, European Commission, Application 9088/80,(1982)28 Decisions & Reports 160.

⑧ *Morris* v. *United Kingdom*, European Commission,(1984)35 Decisions & Reports 117.

⑨ *Larkos* v. *Cyprus*, European Court,(1999)30 EHRR 597.

⑩ *Sobraj* v. *Superintendent*, *Central Jail*, *Tihar*, *New Delhi*, Supreme Court of India,[1978] AIR SC 1514.

⑪ Decision of the Court of Arbitration of Belgium, 27 March 1996,(1996)1 *Bulletin on Constitutional Case-Law* 13. 比利时法律虽然禁止监听电话,但授权法官在必要时下令采取监视措施。不过,法律禁止下令对用于专业目的的房舍、律师或医生的住所或通信或电讯手段采取此类措施,除非这些人本身被怀疑犯罪。一名注册会计师诉称,法律对于作为一方面的医生和律师与作为另一方面的、也受到职业保密义务约束的职业——如注册会计师,实行了歧视性区分。法院支持了这一区别,理由是前者经常与嫌疑人接触,他们与客户保持信任关系——这对保护至关重要,而且他们要对确保职业道德得到遵守的依法律规定建立的机构负责。

第七章 限制

由于任何个人都与其他人一起生活在社会中，因此个人行使其权利必须受到规制，并在必要的程度上受到限制，以使他人能够行使其权利。对行使权利的可予允许的限制，必须与国家在公共紧急时期克减某些义务的权力区分开来。法律规定的某项限制可能无限期地持续有效，而克减基本上是一种临时措施，仅限于"威胁国家生命的公共紧急状态"时期。

一 以绝对方式表达的权利

在所有的文书中，均有某些权利是以绝对方式表达的。行使这些权利不得基于任何理由受到限制。这些主要旨在保护人之完整性的权利是：

1. 免受酷刑的自由（《公民及政治权利国际公约》第7条、《欧洲人权公约》第3条、《美洲人权公约》第5条）

2. 免受奴隶制和奴役的自由（《公民及政治权利国际公约》第8条、《欧洲人权公约》第4条、《美洲人权公约》第6条）

3. 囚犯得到人道待遇的权利（《公民及政治权利国际公约》第10条）

4. 不因无力履行契约义务而被监禁的自由（《公民及政治权利国际公约》第11条）

5. 由依法设立的有管辖权的、独立的和无私的法庭进行公正审判的权利（《公民及政治权利国际公约》第14条、《欧洲人权公约》第6条、《美洲人权公约》第8条）

6. 不受追溯性刑法之适用的权利（《公民及政治权利国际公约》第15条、《欧洲人权公约》第7条、《美洲人权公约》第9条）

7. 法律人格权（《公民及政治权利国际公约》第16条）

8. 保有或采奉自己选择的宗教或信仰的自由（《公民及政治权利国际公约》第18条、《欧洲人权公约》第9条、《美洲人权公约》第12条）

9. 结婚和建立家庭的权利,以及配偶的权利和责任平等的权利(《公民及政治权利国际公约》第 23 条、《欧洲人权公约》第 12 条)

10. 儿童获得国籍的权利(《公民及政治权利国际公约》第 24 条、《美洲人权公约》第 20 条)

11. 在法律前平等的权利,受法律平等保护的权利,免受基于种族、肤色、性别、语言、宗教、政见或其他主张、民族本源或社会出身、财产、出生或其他身份而受歧视的自由(《公民及政治权利国际公约》第 26 条)

12. 种族、宗教或语言上的少数者享受其固有文化、信奉躬行其固有宗教或使用其固有语言的权利(《公民及政治权利国际公约》第 27 条)

二 限制性地界定的权利

通过使用诸如"无理"和"不合理"等条件性用语,对某些权利的界定是限制性的,从而通过界定而不是随后的立法行动限制这些权利的内容。例证包括,"任何人之生命不得无理剥夺"(《公民及政治权利国际公约》第 6 条、《美洲人权公约》第 4 条);"任何人不得无理予以逮捕或拘禁"(《公民及政治权利国际公约》第 9 条、《美洲人权公约》第 7 条);"任何人进入其本国之权,不得无理褫夺"(《公民及政治权利国际公约》第 12 条);"任何人之私生活、家庭、住宅或通信,不得无理或非法侵扰"(《公民及政治权利国际公约》第 17 条、《美洲人权公约》第 11 条);以及"每一公民……不受不合理限制,均应有权利及机会……参与政事"(《公民及政治权利国际公约》第 25 条)。

三 其行使可受限制的权利

行使《公民及政治权利国际公约》以下各条所述权利可以受到限制——第 12 条(迁徙自由)、第 14 条(公开审判)、第 18 条(宗教自由)、第 19 条(表达自由)、第 21 条(和平集会权利)和第 22 条(结社自由),行使《欧洲人权公约》和《美洲人权公约》规定的相应权利以及《经济社会文化权利国际公约》第 8 条规定的权利(组织工会的权利)也可以受到限制,但任何此类限制必须逐次满足以下条件:必须由法律规定,必须针对相关条款中列举的目标或利益之一,必须为达到正当目的所必要。① 《公民及政治权利国际公约》

---

① *Ballantyne, Davidson and Mclntyre v. Canada*, Human Rights Committee, Communication Nos. 359/1989 and 385/1989, 31 March 1993.

《欧洲人权公约》《美洲人权公约》没有包含类似于《世界人权宣言》第 29 条第 2 款①或《经济社会文化权利国际公约》第 4 条②的一般性限制条款，这一事实意味着，只有在规定了特定的限制条款的情况下，并且仅在允许的范围内，才得允许实行这些文书规定的限制。③

上述《公民及政治权利国际公约》权利中每一权利所附带的限制条款是由人权委员会和联合国大会（联大）第三委员会在不同时间起草、修订和通过的。因此，出现了某些龃龉。例如，仅在第 18 条中，对于"公共秩序"未以"ordre public"一词加以限定；"在民主社会中"对于集会自由和结社自由，是必要性原则的限定条件，但对于表达自由或迁徙自由却不是。显然，原先的意图不可能是只有某些权利而非其他权利才能在"民主社会"的背景中行使。因此，这种表面上的术语差异似乎并不重要。

四 限制

限制条款显然是一般规则的例外。一般规则是保护权利，例外则是限制权利。根据一般规则解释，限制不得被适用于完全压制权利。例如，只有在为维护限制条款意图保护之价值所必要的范围内，才能限制意见的表达或其传播。该条款详尽地列举了允许此类限制的理由。④ 对基本权利施加限制的权力实际上是"规范"这些权利之行使的权力，而不是消灭它们的权力。⑤ 在《公民及

---

① "人人于行使其权利及自由时仅应受法律所定之限制且此种限制之唯一目的应在确认及尊重他人之权利与自由并谋符合民主社会中道德、公共秩序及一般福利所需之公允条件。"

② "本公约缔约国确认人民享受国家遵照本公约规定所赋予之权利时，国家对此类权利仅得加以法律明定之限制，又其所定限制以与此类权利之性质不相抵触为准，且加以限制之唯一目的应在增进民主社会之公共福利。"

③ 在《公民及政治权利国际公约》起草之时，"普遍福祉"和"经济和社会安宁"因为"太宽泛"而被拒绝。UN document 2929, chap. VI, s. 56.

④ *Handyside v. United Kingdom*, European Commission, 30 September 1975.

⑤ *Bennett Coleman & Co v. The Union of India*, Supreme Court of India, [1973] 2 SCR 757, at 830. See also *Ram Singh v. The State of Delhi*, Supreme Court of India, [1951] SCR 451, per Bose J; *Nkomo v. Attorney General*, Supreme Court of Zimbabwe, [1993] 2 LRC 375: 一项限制必须作狭窄而严格的解释。*Irvin Toy Ltd v. Attorney General of Quebec*, Supreme Court of Canada, [1989] 1 SCR 927: 在加拿大，《权利和自由宪章》允许限制其保障的权利和自由，但"仅以在一个自由和民主的社会中，能证明具有正当合理性的、法律规定的合理程度为限"。对此，法院采取了一种两部分的测试。第一个部分涉及查询受质疑的立法意图实现的目标是否有关"在一个自由和民主的社会中迫切的和实质性的"关切。第二个部分涉及平衡若干因素，以判断政府所选择的手段是否与其目标成比例。这一比例性要求通常又有三个方面：限制性措施必须针对目标谨慎设计或与其合理相关；它们对权利的损害要尽可能小；它们的效果不得严重到侵蚀个人或群体权利，以至于立法目标虽然重要，却被剥夺权利所压倒。

政治权利国际公约》的起草阶段提出的一项建议，是加上"合理"一词来限定"限制"，但由于法律规定的限制必然被认为是合理的，因此这一建议遭到了反对。① 英国枢密院认为，在判断某一限制是否任意或过度时，法院应查明：（甲）立法目标是否足够重要，能成为限制一项基本权利的正当理由；（乙）旨在实现立法目标的措施是否与之合理相关；（丙）用于损害权利或自由的手段是否不超过实现目标所必需的程度。②

一国只可制定条例来帮助受保护的权利。例如，印度最高法院维持了一项法律，该法律使警察首长能够制定规则以规范集会和游行，但裁决警察首长制定的一项规则无效——该规则使他有权拒绝允许举行公开聚会。该法院认为，监管权包括要求举行集会或游行需要获得事先许可的权力，因为有必要规范构成此类集会或游行的人的行为举止，以保障他人的权利和维护公共秩序。但是，规范的权力没有授权制定规则来规范人们在举行集会之前的行为举止。③

（一）"为民主社会所必要"

在起草《公民及政治权利国际公约》时，法国代表建议对第 21 条（和平集会自由）中的"必要"一词，以"为民主社会所必要"这一表述加以限定。一种主张是，只有在根据民主社会承认的原则适用限制条款时，才能有效保护集会自由。对于"民主"一词可以有不同解释的反对意见，解答是，可以通过尊重《联合国宪章》《世界人权宣言》和国际人权两公约的原则来辨识民主社会。该提议以 9 票赞成、8 票反对、1 票弃权的表决结果获得通过。④ 这一限定性的表述也包括在《公民及政治权利国际公约》第 22 条（结社自由）中，但没有包括在于不同时间起草、修订和通过的第 12 条（迁徙自由）、第 18 条（宗教或信仰自由）或第 19 条（表达自由）中，这种情况并不显得有多大的重要性，因为原先的意图不可能是每一得到保护的权利要在不同情

---

① UN document A/4299, s. 14.
② *De Freitas* v. *Permanent Secretary of Agriculture, Fisheries, Lands and Housing*, Privy Council on appeal from the Court of Appeal of Antigua and Barbuda, [1998] 3 LRC 62. See also *State* v. *Smith*, High Court of Namibia, [1997] 4 LRC 330：对例外必须作严格解释。*Re Munhumeso*, Supreme Court of Zimbabwe, [1994] 1 LRC 282：对限制必须给予严格和狭窄的、而非宽泛的解释。除非必要性或用语之难解性另有要求，否则权利和自由不得被冲淡或缩减。
③ *Himat Lal Shah* v. *Commissioner of Police*, Supreme Court of India, (1973) 1 SCC 227.
④ UN document A/2929, chap. VI, s. 143.

况中行使和享有。①

在评估某项限制措施的必要性时，必须遵守三项原则。首先，"必要"一词不是"不可或缺"的同义词；它也不具有"有用""合理"或"可取"等表述的灵活性。② 它意味着只有存在"紧迫的社会需要"或"高度的理由"，③ 才能实行所述干涉。④ 正如南非宪法法院所描述的那样，支持干涉的社会理由必须"足够严重和有力，能刺穿必要一词所提供的的宪法的保护性铠甲"。⑤ 如果某种迫切的施政目标可以以多种方式实现，那么就必须选择最少限制受保护权利的方式。⑥ 根据这一标准，举例而言，仅表明法律具有有用或可取的目的是不够的；必须通过参考施政目标来证明这一限制正当合理，这些施政目标因其重要性，能够明显地压倒充分享有特定权利的社会需要。这一标准隐含的观点是，即使迫切的施政利益能证明这种限制正当合理，这种限制也必须设计成不对受保护的权利构成超出必需程度的制约。也就是说，限制必须是成比例的，并且针对使得这种限制有必要的正当施政目标的实现而贴身设计。⑦

---

① 达耶斯提出，任何一个社会的民主程度可以通过至少三个基本标准来检测：第一，各组成群体被纳入决策过程的程度；第二，政府决策受到大众控制的程度；第三，普通公民涉足公共管理的程度，即他们体验治理和被治理的程度。See Erica-Irene A. Daes, special rapporteur of the Sub-Commission on Prevention of Discrimination and Protection of Minorities, *Freedom of the Individual under Law* (New York: United Nations, 1990), 128. See also UN documents E/CN. 4/SR. 167, s. 21; E/CN. 4/SR. 322, p. 12.

② *Chassagnou v. France*, European Court, (1999) 29 EHRR 615.

③ *Coetzee v. Government of South Africa*, Constitutional Court of South Africa, [1995] 4 LRC 220.

④ *Handyside v. United Kingdom*, European Court, (1976) 1 EHRR 737. See also *Dudgeon v. United Kingdom*, European Court, (1981) 4 EHRR 149. 对于这一测试的适用见，*The Sunday Times v. United Kingdom*, European Court, (1979) 2 EHRR 245; *Gay News Ltd and Lemon v. United Kingdom*, European Commission, (1982) 5 EHRR 123; *Barthold v. Germany*, European Commission, (1983) 6 EHRR 82; *Muller v. Switzerland*, European Court, (1988) 13 EHRR 212; *Autronic AG v. Switzerland*, European Court, (1990) 12 EHRR 485; *Purcell v. Ireland*, European Commission, 16 April 1991; *The Observer and The Guardian v. United Kingdom*, European Court, (1991) 14 EHRR 153; *Castells v. Spain*, European Court, (1992) 14 EHRR 445; *Open Door and Dublin Well Woman v. Ireland*, European Court, (1992) 15 EHRR 244。

⑤ *Coetzee v. Government of South Africa*, Constitutional Court of South Africa, [1995] 4 LRC 220.

⑥ *Coetzee v. Government of South Africa*, Constitutional Court of South Africa, [1995] 4 LRC 220：找到"最不麻烦的解决方式"的要求并不施予法院一种义务，即权衡每一替代方案，以期判断哪种方案造成最小的负担。重要的是，立法机构采用的手段，经考虑所有合理的替代方案，都属于显然不是过度烦琐、太过宽泛或程度过分的选项范围。

⑦ *Re Compulsory Membership of Journalists' Association*, Inter-American Court, Advisory Opinion OC-5/85, 13 November 1985：对记者的强制许可制度不符合《美洲人权公约》第13条第2款的要求，因为想来完全可行的是，确立一项保护任何从事新闻业者的自由和独立的法律，而不必将这种做法只局限于社会中某一有限的群体。See also *NTN Pty Ltd & NBN Ltd v. The State*, Supreme Court of Papua New Guinea, [1988] LRC (Const) 333, at 345, 该案中，卡皮（Kapi）法官认为，"必要"的含义是"合理必要"，并补充说，"必要"一词意味着，如果存在能有效保护公共利益的另一种方式，那么基本权利就不应受到规制或限制。这种观点符合巴布亚新几内亚宪法的精神，即自由之享有应受到最少的限制。

其次，多元、宽容和开放心性是"民主社会"的标志。虽然个人利益有时可能要服从群体利益，但民主并不简单意味着多数人的观点必须始终占上风。必须达到一种平衡，以确保公正、妥善地对待少数群体，并避免滥用支配地位。① 这必然涉及个人意愿与功利主义的"多数人的更大利益"之间的微妙平衡。民主社会从个人的重要性和限制个人自由不受欢迎的角度来处理这一问题。② 民主社会是一个"受法治约束的社会，为独立的司法机构在不损害议会控制的情况下，有效控制行政行为作出基本规定，并确保对个人之尊重"。③ 民主社会是一个"不必每个人都唱同一首歌"的社会。④

有一个问题被提出来：是否应该区分发达社会和仍在发展中的社会？赞比亚最高法院在回应这一问题时指出，"必须得说，某些最低限度的标准必须见于任何社会——无论是否发达，低于这个标准，一个社会就没有资格被认为是一个'民主社会'"。⑤ 在确定"民主社会"的基本概念时，该法院考虑了美国最高法院审理的斯佩色尔诉兰德尔案⑥中的格言，即一个民主国家是"一个这样的自由社会：政府的根基是知情的公民的同意，并致力于保护所有人的权利，即使是最受鄙视的少数者"。

最后，施予权利之任何限制必须与所追求的正当目标成比例。⑦ 因此，在评估某项干预措施是否"必要"时，比例原则是需要考虑的因素之一。比例原则要求在试图保护之利益的需要与得到承认之权利的基本要素之间，取得一种平衡。追求一种公正的平衡不得导致个人因为害怕受到纪律处分或其他制裁而不敢行使他们的权利。⑧ 在法国的一起案件中，对于因"未能谨慎行事、相当

---

① *Chassagnou v. France*, European Court, (1999) 29 EHRR 615.
② *Handyside v. United Kingdom*, European Commission, 30 September 1975.
③ *The Sunday Times v. United Kingdom*, European Court (1979) 2 EHRR245, joint dissenting opinion of Judges Wiarda, Cremona, Thor Vilhjalmsson, Ryssdal, Gansh of van der Meersch, Sir Gerald Fitzmaurice, Bindschedler-Robert, Liesch and Matscher. See also *Woods v. Minister of Justice*, Supreme Court of Zimbabwe, [1994] 1 LRC 359: 在一个民主社会中，何事具有合理的正当性是一个难以捉摸的概念。"这是一个无法由法院精确界定的概念。并不存在任何法律标尺，除非依据一个社会中正确尊重个人之权利和自由的标准，根据受到质疑的规定是否任意或过分地侵害了对受保障之权利的享有，来裁判这一规定的合理程度。"
④ *Rangarajan v. Jagjivan Ram*, Supreme Court of India, [1990] LRC (Const) 412. See also *Maneka Gandhi v. The Union of India*, Supreme Court of India, [1978] 2 SCR 621, at 696, per Bhagwati J.
⑤ *Patel v. Attorney General*, Supreme Court of Zambia, (1968) Zambia LR 99, per Magnus J.
⑥ *Speiser v. Randall*, United States Supreme Court, 357 US 513 (1958).
⑦ *Chassagnou v. France*, European Court, (1999) 29 EHRR 615.
⑧ *Rassemblement Jurassien & Unité Jurassienne v. Switzerland*, European Commission, (1980) 17 Decisions & Reports 93. See *State v. Smith*, High Court of Namibia, [1997] 4 LRC 330：判断某一限制是否合理，需要考虑比例原则；立法机关选择用来实现目的的手段必须谨慎设计以实现所涉目的，再者，这些手段必须与目标具有合理联系，而且不能是任意的、不公正的或基于不相关的考虑。

于违纪"而被法院"惩戒"的一位律师（也是工会领导人），就没有取得这种平衡。他举着标语牌参加了瓜德罗普岛独立运动和工会的一次示威活动，以抗议法院的两项判决，其中对三名激进分子对公共建筑物造成刑事性损害的情况，判处他们监禁和罚款。欧洲人权法院指出，参加和平集会的自由——在该案的情况中是一次未被禁止的示威——具有如此重要的意义，以至于只要有关人员本身没有在这样的场合犯下任何应受谴责的行为，那么就不能以任何方式限制这一自由，即使对一位律师来说，也是如此。① 因此，只有在一个民主社会中，为应对一种紧迫的公共和社会需要、追求一种正当目标并与目标成比例时，一项限制才可能被认为是"必要"的。一个开放的、民主的社会的标志是它能够以一种合理、公平的方式容纳和处理根深蒂固的世界观和生活方式的差异。②

（二）"由法律所规定"

对行使受保护之权利的限制必须"由法律所规定"（provided by law）、"依法律之规定"（prescribed by law）、"依据法律"（in accordance with law）或"依照法律"（in conformity with law）。对于前三个，相应的法语表述是"prévu par la loi"，因而表示它们具有相同的含义。③ "依照法律施予"的表述是指正当的行政行为，④ 例如与时间、方式和地点有关的授权程序，这可能是确保集会或游行的和平性质所必需的。

欧洲人权法院认为，⑤ 有四项要求来自"依法律之规定"这种表述：

1. 受到质疑的措施应该有国内法依据。

2. 法律必须充分可知晓：在法律规则可适用于特定案件的情况中，公民必须能够具有适足的指示。

---

① *Ezelin v. France*, European Court, (1991) 14 EHRR 362.
② *Minister of Home Affairs v. Fourie*, Constitutional Court of South Africa, [2006] 1 LRC 677, per Sachs J.
③ 同样的法语表述也用于《欧洲人权公约》，对应于英文中的三种表述即"in accordance with the law""provided for by law""in accordance with law"。
④ UN document A/2929, chap. VI, s. 141.
⑤ *Sunday Times v. United Kingdom*, (1979) 2 EHRR 245; *Malone v. United Kingdom*, European Court, (1984) 7 EHRR 14. See also *Chappell v. United Kingdom*, European Court, (1989) 12 EHRR 1：未经告知被告并征询其意见而准予"安东·皮勒指令"（Anton Piller order）有可能对其造成损害性的且不可挽回的后果。因此，必要的是，这一措施必须伴以针对任意干涉和滥用的适足和有效保障。欧洲人权法院的这一观点也被《公民及政治权利国际公约》第12条所证实——该条要求一项限制"与本公约所确认之其他权利不抵触"。

3. 相关的国家法律必须以足够的精确度制定，以使有关各方——如有必要在适当法律建议的帮助下——在根据情况合理的限度内，预见某一行动可能带来的后果。这些后果之可预见不必是绝对确定无疑的；经验表明这是无法实现的。同样，虽然确定性非常值得欢迎，但它可能会使相关的一系列事务过度僵化，而法律必须能够跟上不断变化的环境。因此，许多法律不可避免地在或大或小的程度上以含混的术语规定，其解释和适用是要在实践中解决的问题。①

4. "依法律之规定"这一短语不仅指向国内法，而且涉及质量问题，要求法律符合法治。因此，这一短语意味着国内法中必须存在一定程度的法律保障措施，防止公共当局任意干涉受保护的权利。

《印度宪法》第21条规定，除非根据"法律确定的"程序，否则任何人不得被剥夺人身自由。印度最高法院在解释这一条时指出，任何涉及规制基本权利之行使的方式的程序都必须是"公平的、不愚蠢的、精心设计以实现而不是颠覆实质性权利本身"。该法院接着说："如此理解，'程序'必须排除任何任意、怪诞或离奇之事。……这个过程中的这种公平性质得到了'确定的'这一有力用词的强调，该词意味着'坚定地确立'，而不是肆无忌惮地、异想天开地确立。如果它植根于社会的法律意识，它就成为'确定的'程序。"②

"法律"一词不仅包括成文法，还包括不成文法，例如普通法或习惯法，③ 以及那些实体法的若干分支主要出自判例法的国家中的判例法。④ 指令、指示和行政惯例的单纯陈述当然不具有法律效力，⑤ 但是职业行为规则却具有这种效力。⑥ 美洲人权法院认为，在确定"法律"一词的含义时，必须考虑到其为国际条约

---

① *Chintaman Rao* v. *State of Madhya Pradesh*, Supreme Court of India, [1950] SCR 759：如果一项法律之语言宽泛到足以涵盖影响权利的、同时在宪法上可允许的立法行动的范围之内和之外的限制，以及只要无法排除其适用于并非得到宪法支持的目的的可能性，则必须认定该法律完全无效。*Wingrove* v. *United Kingdom*, European Court, (1996) 24 EHRR 1：一项授予某种酌处权的法律，只要足够清晰地规定了这种酌处权的范围和行使方式，经考虑所涉及的正当目标，给予个人针对任意干涉的适足保护，那么这种酌处权本身并非不符合这一要求。

② *Maneka Gandhi* v. *Union of India*, Supreme Court of India, [1978] 2 SCR 621, per Krishna Iyer J.

③ *The Sunday Times* v. *United Kingdom*, European Court, (1979) 2 EHRR 245；*Gay News and Lemon* v. *United Kingdom*, European Commission, (1982) 5 EHRR 123.

④ *Huvig* v. *France*, European Court, (1990) 12 EHRR 528；*Kruslin* v. *France*, European Court, (1990) 12 EHRR 547：在由成文法调整的领域中，"法律"是如法院所解释的有效制定法。See also *Markt Intern Verlag GmbH* v. *Germany*, European Court, (1989) 12 EHRR 161；*Muller* v. *Switzerland*, European Court, (1988) 13 EHRR 212；*The Observer and The Guardian* v. *United Kingdom*, European Court, (1991) 14 EHRR 153；*Arrowsmith* v. *United Kingdom*, European Commission, (1978) 3 EHRR 218.

⑤ *Silver* v. *United Kingdom*, European Court, (1983) 5 EHRR 347；*Malone* v. *United Kingdom*, European Commission, (1982) 5 EHRR 385.

⑥ *Barthold* v. *Germany*, European Court, (1985) 7 EHRR 383. 这些规则是由外科兽医理事会制定的。

中使用的术语这样一个事实。因此，这并不是在一个国家的国内法律语境中确定"法律"一词的含义的问题。

在保护人权制度的背景下，"法律"一词的含义不能脱离该制度的性质和起源。保护人权……实际上是基于肯定个人的某些不可侵犯的属性的存在，这些属性不能通过行使政府权力来合法地限制。这些是超出了国家的触及范围或国家只有有限的触及可能的个人领域。因此，保护人权必然包含限制国家权力之行使的概念。据此，为了保障人权，至关重要的是，影响基本权利的国家行为不应由政府自行断定，而应由旨在确保个人不可侵犯的属性不受损害的一系列保障所环绕。这些保障中，也许最重要的是，对基本权利的限制只能由立法机关根据宪法通过的法律确定。这样一种程序不仅为这些行为披上了人民通过其代表给予的同意的外衣，而且还允许少数群体表达他们的异议、提出不同的倡议、参与塑造政治意愿或影响公众舆论以防止多数人任意行事。虽然这一程序确实不能总是阻止立法机关通过侵犯人权的法律——这一可能性表明了某种后续控制制度的必要，但毫无疑问，这对于任意行使权力是一个重要的防备。[1]

从这个角度，美洲人权法院拒绝将"法律"一词解释为任何法律规范的同义词，因为这等于承认基本权利能够受到出于政府当局之单独酌处的限制，除了在一般性条款中列出的限制外，别无其他正式限制。因此，该法院得出结论认为，《美洲人权公约》第30条[2]中使用的"法律"一词意味着正式法律，即与一般福祉相关的一般法律规范，由民主选举产生的立法机构通过，并根据国家宪法为此目的规定的程序制定。[3]

（三）"为了……的利益"

印度最高法院在审查与公共秩序有关的"为了……利益"的用语时认为，这些词语不能解释为，即使限制与公共秩序之间的联系是疏远的和间接的，这些限制也可以说成是为了公共秩序的利益。只有在限制和公共秩序之间的联系

---

[1] The Word 'Laws' in Article 30 of the American Convention on Human Rights, Inter-American Court, Advisory Opinion OC – 6/86 of 9 May 1986.

[2] 《美洲人权公约》第30条，限制的范围："根据本公约可对享有或行使其中所确认之权利或自由施加之限制，除了按照为普遍利益而制定之法律并符合确定此等限制之目的，不得适用。"

[3] The Word 'Laws' in Article 30 of the American Convention on Human Rights, Inter-American Court, Advisory Opinion OC – 6/86 of 9 May 1986.

紧密和直接时，限制才是为了公共秩序的"利益"。限制与公共秩序之间间接的、牵强的或不真实的联系不属于这一表述的范围。① 同样，如果限制为"保护"公共秩序所必要，则相关法律必须设计为直接维持公共秩序或直接保护公众免受任何特定的恶行。②

（四）"国家安全"

对于限制行使以下自由和权利，"国家安全"是一种可予允许的根据：迁徙自由和选择居所的自由（《公民及政治权利国际公约》第12条、《欧洲人权公约第四议定书》第2条、《美洲人权公约》第22条），表达自由（《公民及政治权利国际公约》第19条、《欧洲人权公约》第10条、《美洲人权公约》第13条），和平集会权（《公民及政治权利国际公约》第21条、《欧洲人权公约》第11条、《美洲人权公约》第15条），结社自由权（《公民及政治权利国际公约》第22条、《欧洲人权公约》第11条、《美洲人权公约》第16条），隐私权（《欧洲人权公约》第8条）以及排除新闻界和公众旁听全部或部分审判（《公民及政治权利国际公约》第14条、《欧洲人权公约》第6条）。

只有在所采取措施的是为保护国家之生存或者其领土完整或政治独立免受武力或武力威胁时，才可援用国家安全作为限制这些权利的措施的理由。不能仅仅为防止对法律和秩序之局部或相对孤立的威胁而援用国家安全作为施加限制的理由，也不能将其用作施加模糊或任意限制的借口。③ 有人主张，"国家"一词排除了仅服务于政府、政权或权力组织之利益的限制。还有人提出，如果限制的唯一目的是避免暴乱或其他骚乱，或者挫败不会威胁整个国家之生命的革命运动，则限制就不得以"国家安全"为根据。这样的限制理由有时可能属于"公共秩序"或"公共安全"的范围，但不属于"国家安全"的范围。④ 当某一民主社会受到形式极为复杂的间谍活动和恐怖主义的威胁时，可以援用国家安全作为限制的理由。⑤ 国家安全也可用于限制武装部队成员的权利。⑥

---

① *Ghosh v. Joseph*, Supreme Court of India, [1963] Supp. 1 SCR 789 at 795.

② *Virendra v. The State of Punjab*, Supreme Court of India, [1958] SCR 308 at 317.

③ The Limburg Principles on the Implementation of the International Covenant on Economic, Social and Cultural Rights (1986), UN document E/C. 12/2000/13, 2 October 2000.

④ Alexandre Charles Kiss, 'Permissible Limitations on Rights', in Louis Henkin (ed.), *The International Bill of Rights* (New York: Columbia University Press, 1981), 290, at 297.

⑤ *Klass v. Germany*, European Court, (1978) 2 EHRR 214; *Glassnapp v. Germany*, European Commission, (1984) 6 EHRR 499.

⑥ Kiss, 'Permissible Limitations on Rights', 290, at 297.

(五)"公共安全"

对于限制行使以下自由和权利,"公共安全"是一种可予允许的根据:表示自己的宗教或信仰的自由(《公民及政治权利国际公约》第18条、《欧洲人权公约》第9条、《美洲人权公约》第12条),和平集会自由(《公民及政治权利国际公约》第21条、《欧洲人权公约》第11条、《美洲人权公约》第15条),结社自由(《公民及政治权利国际公约》第22条、《欧洲人权公约》第11条、《美洲人权公约》第16条),隐私权(《欧洲人权公约》第8条),表达自由(《欧洲人权公约》第10条)和迁徙自由(《美洲人权公约》第22条)。

"公共安全"通常意味着公众的安全或他们不遭受危险、社会不受外部或内部危险的安全。[1] 达耶斯认为,它意味着存在一套旨在确保一个国家之内的公共和平、社会和谐、尊重公正的法律以及公共当局的正当决定或命令的规定。[2] 基斯认为,对于出自警务规则和保安条例的限制——这通常为了在诸如交通运输等领域保护个人安全、保护消费者或监管劳动条件,保护公共安全可以作为正当理由。[3]

(六)"公共秩序"

可以援用"公共秩序"限制以下自由和权利之行使:迁徙自由(《公民及政治权利国际公约》第12条、《美洲人权公约》第22条),表达自由(《公民及政治权利国际公约》第19条、《美洲人权公约》第13条),和平集会自由(《公民及政治权利国际公约》第21条、《美洲人权公约》第15条),结社自由(《公民及政治权利国际公约》第22条、《美洲人权公约》第15条)[4] 以及排除新闻界和公众旁听全部或部分审判(《公民及政治权利国际公约》第14条、《欧洲人权公约》第6条)。关于表示自己的宗教或信仰的自由(《公民及政治权利国际公约》第18条、《欧洲人权公约》第9条、《美洲人权公约》第

---

[1] *Re Munhumeso*, Supreme Court of Zimbabwe, [1994] 1 LRC 282.

[2] Daes, *Freedom of the Individual under Law*, 177. See also *Re Munhumeso*, Supreme Court of Zimbabwe, [1994] 1 LRC 282:"公共安全"之术语意味着社会不受外部或内部危险的安全。

[3] Kiss, 'Permissible Limitations on Rights', 290, at 298. See also *Romesh Thappar v. State of Madras*, Supreme Court of India, [1950] SCR 594:这完全可能意味着确保公众不在公共高速公路上鲁莽驾驶。

[4] 颇为奇怪的是,行使组织工会的权利——这是结社自由之重要内容——也得到《经济社会文化权利国际公约》第8条第1款承认,但根据该公约可为保护"公共秩序"受到限制,这与《公民及政治权利国际公约》所规定的不同,后者在"公共秩序"之后,还加上了括号中的"*ordre public*"。

12 条），只有《公民及政治权利国际公约》未在"公共秩序"后面以括号附上"*ordre public*"。

"公共秩序"一词通常意味着防止动乱或犯罪。① "公共秩序"不仅仅是一般地维护法律和秩序，而是公共和平、安全和安宁以及没有暴力和公共秩序混乱的同义词。从这个意义上理解，违反允许人们被随意拦截并仅因未携带身份证件而被捕的法律，不会对维持一国的公共秩序产生任何潜在影响。② 所附加的法语概念"*ordre public*"可能表明一种扩大该术语之含义和范围的意图。③ "*ordre public*"这一表达在不同的语境中有多种含义。它主要指从很宽泛的角度来看的国家的"治安权力"（police power）。然而，这种治安权力必须在包括基本人权的法律框架中行使。④《关于实施〈经济社会文化权利国际公约〉的林堡原则》将"公共秩序"（*ordre public*）定义为确保社会运作规则之总和或作为一个社会之根基的一系列基本原则。尊重基本权利是公共秩序的一部分。⑤ 它也被用作否定或限制私人协议或排除适用外国法律的根据。西班牙语术语"*orden público*"指的是被认为对维持特定社会结构至关重要的整体政治、经济和道德原则。⑥ 与这两个概念最接近的普通法概念可能是"公共政策"，尽管现在对此有争议。⑦

基斯认为，"公共秩序"（*ordre public*）可以理解为，为了对集体所必需之

---

① *Ramburn v. Stock Exchange Commission*, Supreme Court of Mauritius, [1991] LRC (Const) 272. See also *Re Munhumeso*, Supreme Court of Zimbabwe, [1994] 1 LRC 282：公共秩序是公共和平、安全和安宁的同义词。

② *Elliott v. Commissioner of Police*, Supreme Court of Zimbabwe, [1997] 3 LRC 15. See also *Re Munhumeso*, Supreme Court of Zimbabwe, [1994] 1 LRC 282.

③ 约翰·汉弗莱解释了在讨论规定公正审判权的《公民及政治权利国际公约》第 14 条的约文之时，"*ordre public*"这一表述如何被首次引入了该公约："令我作为一个法律人感到震惊的是，决定将法国的大陆法概念 *ordre public* 加入允许据以对第 12 条的中迁徙和居所自由施加限制的理由的清单。同样的表述 *ordre public* 后来也用于有关信息自由的第 19 条以及有关和平集会与结社自由的第 21 条与第 22 条，与英语术语'public order'不同——该术语在普通法制度中没有精确的法律含义，而且在通常英语中只是意味着不存在无序之情况，这一大陆法的概念范围甚广，能够被解释为包括公共政策，以及甚至是国家之存在理由（*raison d'état*）。对此，值得回顾西班牙代表在有关这一危险概念的几次讨论之一中提出的观点——虽然这一观点很极端，而且因为其将挫败公约的根本宗旨而应该加以决绝：'在每一国家中，既定的秩序有可能受到不同政治、法律和哲学制度之冲突的威胁；因此国家应该能够援用公共秩序的考虑来保障其完整和主权'"。John P Humphrey, *Human Rights and the United Nations: A Great Adventure* (New York: Transnational Publishers, 1984), 262.

④ Kiss, 'Permissible Limitations on Rights', 290, at 300.

⑤ *The Limburg Principles on the Implementation of the International Covenant on Economic, Social and Cultural Rights* (1986), UN document E/C. 12/2000/13, 2 October 2000.

⑥ UN document A/4299, s. 15.

⑦ Daes, *Freedom of the Individual under Law*, 121.

公共机构的适足运作的利益、在满足某些其他条件时，限制特定权利和自由的根据。一个社会可能认为对"公共秩序"适当的例子是：确立和平与良好秩序、安全、公共卫生、审美和道德考虑、经济秩序（例如消费者保护）。然而，使用这一概念意味着，有妥当运作的法院在明确了解社会组织的基本需求并感知其文明价值观的情况下，来监督和解决其造成的紧张局势。①

美洲人权法院认识到试图精确定义"公共秩序"概念所固有的困难。它告诫说，这一概念既可以用来肯定个人对抗政府权力之行使的权利，也在同样的程度上可以基于集体的抵消性利益，作为对行使这些权利施加限制的理由。该法院强调，在任何情况下都不得援引"公共秩序"作为否认得到保障的权利或者损害、剥夺其实质内容的手段。当这一概念被援作限制人权的理由时，其解释必须严格限于"一个民主社会"的"公正要求"，这种解释要考虑到平衡所涉及的相互竞争的利益的必要，以及需要维持《美洲人权公约》的目标及宗旨的必要。②

（七）"公共道德"

对于限制行使以下自由和权利，"公共道德"* 是一种可予允许的根据：迁徙自由（《公民及政治权利国际公约》第 12 条、《欧洲人权公约第四议定书》第 2 条、《美洲人权公约》第 2 条），表示自己的宗教或信仰的自由（《公民及政治权利国际公约》第 18 条、《欧洲人权公约》第 9 条、《美洲人权公约》第 12 条），表达自由（《公民及政治权利国际公约》第 19 条、《欧洲人权公约》第 10 条、《美洲人权公约》第 13 条），和平集会自由（《公民及政治权利国际公约》第 21 条、《欧洲人权公约》第 11 条、《美洲人权公约》第 15 条），结社自由（《公民及政治权利国际公约》第 22 条、《欧洲人权公约》第 11 条、《美洲人权公约》第 16 条）和隐私权（《欧洲人权公约》第 8 条），而"道德"（表示私人道德）是排除新闻界和公众旁听全部或部分审判的理由（《公民及政治权利国际公约》第 14 条、《欧洲人权公约》第 6 条）。

没有普遍适用的共同道德标准。"公共道德"的概念和内容是相对的，并且随着时间和地点的不同而千变万化，特别是在当代世界中——对该主题的意

---

① Kiss, 'Permissible Limitations on Rights', 290, at 302.
② Re: *Compulsory Membership of Journalists' Association*, Inter-American Court, Advisory Opinion OC – 5/85, 13 November 1985.
* "道德"在英文中为"morals"，该词在《公民及政治权利国际公约》中多次出现，作准中文本中与其对应的用词为"风化"。本中译本从当代语言习惯，一律以"道德"作为"morals"的对应用语，即使在引用《公民及政治权利国际公约》约文之时亦然。

见正在发生深远演变是其特征。因此,必须考虑在特定国家普遍存在的道德标准,以判断所采取的行动是否为保护这些标准所必要。[1] 道德问题不仅仅是国内关注的事项,[2] 特别是在公民可能有不同的、有时相互矛盾的道德准则的多元化和多文化社会中。国家施予权利之行使的限制必须容纳这一事实,其适用不应使偏见永久化或促进不容忍。保护少数群体的意见特别重要,包括那些冒犯、震惊或扰乱大多数人的意见。[3]

"保护道德"一词不仅包括保护整个社会的道德,还包括保护社会的个体成员的道德。[4] 这可能意味着维护整个社会的道德精神或道德标准,但也可能包括保护社会特定部分(例如学童)的道德利益和福祉。[5] "道德"这一表述意味着公共道德,而不是个人的私人或个体道德。因此,一个人的私人道德对于取消该人的入境许可,是一种无关的考虑因素。[6] 在直布罗陀,最高法院认为,暴利可能是一种涉及公共道德的问题。但由于正当利润的程度可能因商品的不同类别而异,因此,与特定商品相关的交易者的可能获利高于消费者保护办公室认为从公共利益来看可取之程度的事实,并不必然意味着交易者的行为是不道德的。[7]

(八)"公共卫生"

"公共卫生"是限制行使以下自由或权利的根据:迁徙自由(《公民及政治权利国际公约》第12条、《欧洲人权公约第四议定书》第2条、《美洲人权公约》第22条),表示自己宗教或信仰的自由(《公民及政治权利国际公约》第18条、《欧洲人权公约》第9条、《美洲人权公约》第12条),表达自由(《公民及政治权利国际公约》第19条、《欧洲人权公约》第10条、《美洲人

---

[1] *Hertzberg* v. *Finland*, Human Rights Committee, Communication No. 61/1979, HRC 1982 Report, Annex XIV; *Handyside* v. *United Kingdom*, European Court, (1976) 1 EHRR 737; European Commission, 30 September 1975; *X Company* v. *United Kingdom*, European Commission, Application 9615/81, 5 March 1983; *Muller* v. *Switzerland*, European Court, (1988) 13 EHRR 212; *Open Door and Dublin Well Woman* v. *Ireland*, European Court, (1992) 15 EHRR 244.

[2] *Toonen* v. *Australia*, Human Rights Committee, Communication No. 488/1992, HRC 1994 Report, Annex IX. EE.

[3] *Hertzberg* v. *Finland*, Human Rights Committee, Communication No. 61/1979, HRC 1982 Report, Annex XIV, 托克尔·奥普萨尔(Torkel Opsahl)的个人意见。

[4] *X* v. *Sweden*, European Commission, Application 911/60, (1960) 7 Collection of Decisions 7.

[5] *Dudgeon* v. *United Kingdom*, European Court, (1981) 4 EHRR 149.

[6] *Sugumar Balakrishnan* v. *Pengarah Imigresen Negeri Sabah*, Court of Appeal of Malaysia, [2000] 1 LRC 301.

[7] *Garcia* v. *Attorney General*, Supreme Court of Gibraltar, (1978) Gib. LR 53.

权公约》第 13 条），和平集会自由（《公民及政治权利国际公约》第 21 条、《欧洲人权公约》第 11 条、《美洲人权公约》第 15 条），结社自由（《公民及政治权利国际公约》第 22 条、《欧洲人权公约》第 11 条、《美洲人权公约》第 16 条和隐私权（《欧洲人权公约》第 8 条）。

在某些情况下，强制隔离或住院——例如当一个人患有传染病时——是为了公共卫生的利益而施加的对迁徙自由以及人身自由和安全权的限制。但是，对于使用刑法作为保护公共卫生的手段，人权事务委员会提出了告诫。例如，该委员会认为，将同性恋活动入罪往往会将许多有感染风险的人赶入地下，从而妨碍公共卫生方案，并与实施艾滋病毒/艾滋病预防方面的有效教育方案背道而驰。[①]

"公共卫生"一词不仅包括保护整个社会的普遍健康，还包括保护社会的个别成员的健康。它还必然包括个人的心理和身体健康以及儿童的心理稳定和免受严重的心理干扰。在一起案件中，瑞典法院在将一个儿童的监护权交给父母一方、确定被剥夺监护权的另一方的探视问题时，考虑了被剥夺监护权一方所写的一篇反瑞典的文章。对此，欧洲人权委员会认为，保障表达自由并不妨碍法院在面临评判个人的品质和性格的职责时，考虑他在法庭之外的言论，无论是口头的还是书面的，因为这些言论有可能有利或不利地证明其品质和性格。[②] 欧洲人权委员会同样认为，国家基于保护健康，对于采取措施保护其公民中的弱势类别（特别是老年人或体弱者）不受一个自愿安乐死社团传播的信息的影响，具有正当的利益。[③]

"公共卫生"一词可以合理地扩展到要求参加强制性的健康计划，以之作为拥有牛群的条件。虽然这一要求可能与作为"荷兰改革教会"成员的某人的宗教良知相冲突——他反对在强制下签署申请成为任何卫生服务的成员，但这是为预防牛群中的结核病所必需的。这是为保护公共卫生而施予宗教自由的有效限制。[④]

（九）"他人的权利和自由"

他人的权利和自由是限制行使以下权利和自由的理由：迁徙自由（《公民

---

① *Toonen v. Australia*, Human Rights Committee, Communication No. 488/1992, HRC 1994 Report, Annex Ⅸ. EE.
② *X v. Sweden*, European Commission, Application 911/60,（1960）7 Collection of Decisions 7.
③ *R v. United Kingdom*, European Commission, Application 10083/82, 33 Decisions & Reports 270.
④ *X v. Netherlands*, European Commission, Application 1068/61, 5 Yearbook 278.

及政治权利国际公约》第 12 条、《欧洲人权公约第四议定书》第 2 条、《美洲人权公约》第 22 条），和平集会自由（《公民及政治权利国际公约》第 21 条、《欧洲人权公约》第 11 条、《美洲人权公约》第 15 条），结社自由（《欧洲人权公约》第 11 条、《美洲人权公约》第 16 条），表示自己宗教或信仰的自由（《公民及政治权利国际公约》第 18 条、《欧洲人权公约》第 9 条、《美洲人权公约》第 12 条）和隐私权（《欧洲人权公约》第 8 条）。表达自由（《公民及政治权利国际公约》第 19 条、《欧洲人权公约》第 10 条、《美洲人权公约》第 13 条）可以为了保护"他人的权利和声誉"受到限制。这一限制根据的理由是，任何侵害他人权利的人都不能通过援引他自己的个人权利来证明这种侵害正当合理，尤其是针对另一个人或国家。①

如果可以为了使另一个人能够行使其——例如——收回一笔应得款项的权利而限制一个人行使基本权利或自由，那么基本权利或自由很快就会失去其大部分实质要义。在直布罗陀的一起案件中提出的主张是，"他人的权利和自由"可能包括考虑有必要将价格控制适用于某些商品或服务的权利，因为这被认为是保护公众免受剥削的方法，但法院认为，"他人的权利和自由"的提法必须意指宪法中牢固确立的基本权利。②

（十）"民主社会之公共福利"

任何法律所规定的对享有《经济社会文化权利国际公约》所确认之权利的限制，都必须纯粹是为了促进民主社会之公共福利。"公共福利"是一种模糊的表达，其含义随着时间、社会状况及其需要而变化。它基本上意味着人民和社会的经济和社会福祉。③

（十一）"[任何国家、团体或个人不得] 从事活动或实行行为，破坏本公约确认之任何权利或自由或限制此种权利或自由逾越本公约规定之程度"

《公民及政治权利国际公约》第 5 条第 1 款、《经济社会文化权利国际公

---

① Daes, *Freedom of the Individual under Law*, 175.

② Garcia v. Attorney General (1978) Gib. LR 53. 首席法官斯普赖（Spry）指出，虽然他并不忽视在通货膨胀时期，在一个有限的社会中，价格控制的重要性，但是对宪法的解释和适用必须严格。他不认为应由法院权衡公共利益和私人利益，并在意图保护前者的规定违反宪法时倾向于它。他以赞同态度摘引了莫里斯（Morris）勋爵的一项判决（Oliver v. Buttigieg, Privy Council on appeal from the Supreme Court of Malta, [1967] AC 115, at 136）的片段："本院法官认为，在考虑个人之基本权利和自由时，法院在接受一种观点前应小心，即对这些权利和自由的某种特定无视无关紧要。"

③ Daes, *Freedom of the Individual under Law*, 176.

约》第 5 条第 1 款、《欧洲人权公约》第 17 条、《美洲人权公约》第 29 条包含两项独特的禁令。第一，任何团体或个人都不得利用相关文书的规定作为破坏受保护权利的活动的屏障。第二，国家不得使用各该文书的任何规定，作为在比该文书所允许的更大的程度上，限制或约束权利和自由的手段。达耶斯提出，这些条款中的任何一条都不得用于永久性地剥夺个人的权利或自由，原因仅仅是他在某一特定时刻实行行为或从事活动，意在破坏任何得到确认的权利或自由。[1]

---

[1] Daes, *Freedom of the Individual under Law*, 130 – 1.

第八章 克减

国际文书

《公民及政治权利国际公约》
第 4 条
一、如经当局正式宣布紧急状态,危及国本,本公约缔约国得在此种危急情势绝对必要之限度内,采取措施,减免履行其依本公约所负之义务,但此种措施不得抵触其依国际法所负之其他义务,亦不得引起纯粹以种族、肤色、性别、语言、宗教或社会阶级为根据之歧视。

二、第六条、第七条、第八条(第一项及第二项)、第十一条、第十五条、第十六条及第十八条之规定,不得依本条规定减免履行。

三、本公约缔约国行使其减免履行义务之权利者,应立即将其减免履行之条款,及减免履行之理由,经由联合国秘书长转知本公约其他缔约国。其终止减免履行之日期,亦应另行移文秘书长转知。

区域文书

《欧洲保护人权和基本自由公约》
第 15 条
1. 战时或者遇有威胁国家生存的公共紧急时期,任何缔约国有权在紧急情况所严格要求的范围内采取有悖于其根据本公约所应当履行的义务的措施,但是,上述措施不得与其根据国际法的规定所应当履行的其他义务相抵触。

2. 除了因战争行为引起的死亡之外,不得因上述规定而削弱对本公约第 2 条所规定的权利的保护,或者是削弱对本公约第 3 条、第 4 条(第 1 款)以及第 7 条所规定的权利的保护。

3. 凡是采取上述克减权利措施的任何缔约国,应当向欧洲理事会秘书长全面报告它所采取的措施以及采取措施的理由。缔约国应当在已经停止实施上述措施并且正在重新执行本公约的规定时，通知欧洲理事会秘书长。

《美洲人权公约》
第27条
1. 在战争、公共危险或威胁到一个缔约国的独立和安全的其他紧急情况时，该缔约国可以采取措施，在形势紧迫所严格需要的范围和期间内，克减其根据本公约承担的义务，如果这些措施同该国依照国际法所负有的其他义务并不抵触，并且不引起以种族、肤色、性别、语言、宗教或社会出身为理由的歧视的话。

2. 上述规定不许可暂时停止实施下列各条：第3条（法律人格的权利），第4条（生命的权利），第5条（人道待遇的权利），第6条（不受奴役的自由）第9条（不受有追溯力法律的约束），第12条（信念和宗教自由），第17条（家庭的权利），第18条（姓名的权利），第19条（儿童的权利），第20条（国籍的权利），和第23条（参加政府的权利），或暂时停止实施为保护这些权利所必要的司法保证。

3. 使用暂停实施权的任一缔约国应立即将该国已暂停实施的各项规定、导致暂停实施的理由和结束这种暂停实施的日期，通过美洲国家组织秘书长，通知其他各缔约国。

有关文本

《紧急状态时期人权规范的巴黎最低限度标准》，由国际法协会于1984年9月1日在巴黎通过

《关于〈公民及政治权利国际公约〉的各项限制条款和克减条款的锡拉库萨原则》，由国际法学家委员会等机构主持召开的国际法专家会议于1984年在意大利锡拉库萨通过

《关于最低限度人道标准的图尔库宣言》，由芬兰阿波学术大学（Åbo Akademi University）人权研究所主持召开的专家会议于1990年在芬兰图尔库通过

一　评论

在一个实行法治的社会中，根据现行法律宣布的紧急状态使政府能够采取

特殊和临时性质的措施,以保护该社会的基本结构。《公民及政治权利国际公约》第 4 条、《欧洲人权公约》第 15 条、《美洲人权公约》第 27 条都规定了国家在紧急状态下可以克减*其根据相关文书所承担义务的情形、可以采取克减其义务的措施的条件以及需要就此做出的通知。在一国能援用《公民及政治权利国际公约》第 4 条之前,必须满足两个基本条件:这种情况必须构成威胁国家生命的公共紧急状态,国家必须正式宣布紧急状态。后一项要求对于在其最为必要时,维护合法性和法治原则至关重要。

在起草《公民及政治权利国际公约》第 4 条时,有人提出,该条所针对的可能情况和该条可能对其适用的权利已经被有关限制条款充分涵盖。例如,有人认为,已经包含在该公约的若干条款中的"国家安全"或"公共秩序"的概念可以用来处理在战争或国家紧急状态时期可能出现的情况。作为答复,有人争辩说,例如在战争时期,除非公约中包含了相反的规定,否则国家不能受根据该公约承担的义务的严格约束。也可能出现战争时期以外的非同寻常的严重危险或危机情况,此时克减国家根据该公约承担的义务,将对人民安全和国家生存至关重要。这些情形可能不属于就各项权利所规定的限制的范围,也无法被一个一般性限制条款充分涵盖。另外,重要的是,不应任由一国自行决定何时、以何种方式行使紧急状态权力。有人提到了最近历史中的一些时期,其间紧急状态权力被用于压制人权和建立独裁政体。[①]

启动国家权力克减其根据人权条约所承担之义务的状态,在《公民及政治权利国际公约》和《欧洲人权公约》中,是其"威胁国家生命";在《美洲人权公约》中,是其"威胁国家独立或安全"。《欧洲人权公约》和《美洲人权公约》都提到了"战争时期或其他紧急状态"(《美洲人权公约》增加了"公共危险"),而《公民及政治权利国际公约》提到的则是"公共紧急状态时期",而未提及"战争"。仅《公民及政治权利国际公约》要求"正式宣布"存在公共紧急状态。所有这三项文书都将克减一国之人权义务的措施的范围限制为"危急情势绝对必要之限度"的措施,但《美洲人权公约》还以同样的检测限制了这些措施可以保持有效的时间段。根据所有三项文书,克减措施不得违反国家根据国际法承担的其他义务,《公民及政治权利国际公约》和《美洲人权公约》禁止具有歧视性的克减措施。这三项文书还具体规定了在公共紧

---

* 英文用词为"derogate/derogation",在《公民及政治权利国际公约》作准中文本第 4 条中,与之对应的用词为"减免履行"。鉴于中国法学界已经一致接受"克减"为"derogate/derogation"的对应中文用词,因此本中译本一律使用"克减",即使在引用《公民及政治权利国际公约》约文之处亦然。

① UN document A/2929, chap. V, ss. 35, 36, 37.

急状态期间，哪些权利不得被克减。

必须指出的是，紧急状态权力旨在处理公共安全和良好秩序，而不是犯罪本身。因此，援引或利用这样的权力来处理普通犯罪案件是不恰当的。①

(一) "紧急状态，危及国本"*

设想的唯一一种紧急情况是"公共紧急状态"，这种紧急情况只能发生在"国家生命"（或"国家独立或安全"）受到威胁之时，而且，根据《公民及政治权利国际公约》第4条，只能发生在国家已"正式宣布"其存在之时。② 制定《公民及政治权利国际公约》第4条的基础是，公共紧急状态应该达到一定的规模，以至于威胁整个国家的生命。虽然人们承认最严重的公共紧急情况之一是爆发战争，但一种认识是，《公民及政治权利国际公约》不应该设想战争的可能性，哪怕是通过暗示，因为建立联合国的目的之一是防止战争。③ 当然，自然灾害以及内部动乱和冲突也可能造成公共紧急状态。关键因素是必须存在"威胁国家生命"的情况。④

欧洲人权法院在解释《欧洲人权公约》第15条所含的"威胁国家生命的公共紧急状态"这一短语时指出，其自然和习惯的含义已经足够清楚：它们指危机或紧急的特殊情况，这种情况影响整个民众并构成对组成该国之社会的有组织生活的一种威胁。⑤ 在这个定义中，有四个独立的要素，即（1）公共紧急

---

① *Re Ibrahim*, High Court of Uganda, [1970] EA 162.

* 《公民及政治权利国际公约》英文本中，与之对应的用语为"public emergency which threatens the life of the nation"，亦可理解为"威胁国家生命的公共紧急状态"，本中译本将使用此用语。

② UN document A/2929, chap. V, s. 38.

③ UN document A/2929, chap. V, s. 39. 人权事务委员会第29号一般性意见（2001年），第3段：在武装冲突期间，不论是国际性还是非国际性的，均应适用国际人道法的规则，这些规则与《公约》第4条和第5条第1款的规定一道，有助于防止国家滥用紧急权力。《公约》要求，即使在武装冲突期间，也只能在形势威胁到国家存亡的情况下并在此范围内，才允许采取克减《公约》的措施。

④ Thomas Buergenthal, 'To Respect and to Ensure: State Obligations and Permissible Derogations', in Louis Henkin (ed.), *The International Bill of Rights* (New York: Columbia University Press, 1981), 72, at 73. 参见，*A v. Secretary of State for the Home Department*, House of Lords, [2005] 5 LRC 34，在该案中，霍夫曼（Hoffman）勋爵称：在"国家生命"这一表述中，"生命"是一种比喻。国家之生命与其人民之生命并不一样。严重损害或失去生命的威胁并不必然涉及威胁国家生命。政府有责任保护本国公民的生命和财产，这是一种政府在任何时候都具有的责任，必须不破坏宪法规定的自由而履行。即使如恐怖主义暴力一般严重的情况，也不威胁政府制度或作为一个公民社会的民族生存。在法律中存在一个错误，即将严重损害或失去生命的威胁当作必然涉及"威胁国家生命"，这表明了对于这一短语的一种误解。对于国家生命的真正威胁——依人民按照其传统法律和政治价值生活的含义——不是来自恐怖主义，而且来自本案中受到质疑的法律。这是恐怖主义可能做到的真正程度。要由议会来决定是否给予恐怖分子这样一场胜利。

⑤ *Lawless v. Ireland* (No. 3) (1961) 1 EHRR 15.

情况必须是实际而迫切的;(2)其影响必须涉及整个国家;(3)必须威胁社会有组织生活之持续;(4)危机或危险必须是非常的,即维护公共安全、卫生和秩序的通常措施或限制明显不足用。① 伯根索尔解释说,即使紧急情况看来局限于一国的某一部分——例如,其省、州或区之一,也不存在蔓延到全国其他地区的危险,但威胁国家生命的公共紧急情况仍然可能存在。相反的解释是不合理的,因为这会阻止一国在其边缘省区之一发生大规模武装叛乱的情况中,在该省区宣布公共紧急状态,而原因只是看来这种冲突不会蔓延到其他省区。②

是否存在"威胁国家生命的公共紧急状态"或这种状态是否迫在眉睫通常由政府首脑决定。在这方面,允许他在判断方面有一定的自由度,类似于欧洲人权委员会所发展出来的"自由判断余地"(margin of appreciation)原则。③ 他形成意见将必然基于他作为政府首脑所知的信息,并且是行使他作为最终负责该政府之指导和控制者的判断力。这既是常识问题,也是直觉和良知问题。他采取行动可能依据负责安全的人员提交的报告,可能考虑内阁和议会同僚给出的建议,或者可能只是将自己的政治经验和他对人和事物的了解应用于他认为是凶险的趋势。

如果政府首脑的行为违反赋予其权力的法律规定,那么其决定当然可以受到质疑。莱索托1982年《紧急权力法》规定,首相可以在政府公报中宣布存在紧急状态,但这种声明需要在14天内得到立法议会的决议批准。后来,莱索托1986年第2号令建立了一种新的制度,在这种制度中,不存在首相或议会,所有行政和立法权力均归属在军事委员会建议下行事的国王。对于根据该第2号令由国王宣布紧急状态的情况,莱索托最高法院认为,宣布紧急状态是无效的。《紧急权力法》的明确意图是,宣布紧急状态的权力不得属于一个当局:首相的酌处权要由议会审查和批准,延长任何此类状态的权力也被赋予议会。④

---

① *Denmark, Norway, Sweden and Netherlands* v. *Greece*, (*the Greek Case*), European Commission, (1969) 12 *Yearbook*.

② Buergenthal, 'To Respect and to Ensure', 72. See *Peoples Union for Civil Liberties* v. *Union of India*, Supreme Court of India, [1999] 2 LRC 1:"公共紧急状态"意味着普遍存在一种影响广大民众、需要立即采取应对行动的突发情况或事态。

③ UN document A/5655, s. 49. See *Ireland* v. *United Kingdom*, European Court, (1978) 2 EHRR 25:"自由判断余地"意味着,在判断是否存在一种威胁国家生命、必须以克减《欧洲人权公约》所规定之正常义务的非常措施加以应对的公共紧急状态时,必须留给政府某种酌处余地。

④ *Law Society of Lesotho* v. *Minister of Defence*, Supreme Court of Lesotho, [1988] LRC (Const) 226, per Cullinan CJ. See also *The State* v. *Adel Osman*, Supreme Court of Sierra Leone, [1988] LRC (Const) 212:总统宣布的"公共经济紧急状态"有效,因为宪法赋予了总统判定存在紧急状态的权力,他将任何特定情势定性为"经济的"完全是描述性的,不影响其宣布的有效性。

如果对于公共紧急情况是否存在或迫在眉睫的问题，政府首脑是唯一的判断者，那么他是否有权恶意决定这个问题？例如，如果他已经预计到，由于他的政党的某些成员暂时不在国内，他将在议会中失利，那么他能否在这些成员回国前，通过以造假方式断定一种公共紧急状态存在或迫在眉睫，而援用通常规定在公共安保立法中的规制权力？1945 年，英国枢密院认为，只有在政府首脑秉持善意并依据他的法定权力行事时，法院才不会质疑他认为紧急状态存在的观点。① 缺乏诚信将使政府首脑所做决定无效也是适用于其他几国的法律制度的一项原则。在乌干达，尽管政府宣布存在紧急状态，但高等法院拒绝予以承认并声明："一个常识是，政府不时延长紧急状态的期间，不是因为存在任何真正的紧急情况，而是为了方便，以使他们能够保持应急条例一直有效。没有争议的是……并不存在真正的紧急情况，而是相反，国家整体稳定。"在此期间，确有"法律上虚构的紧急状态，而非事实上的紧急情况"。② 印度最高法院在承认司法程序不适宜做出事关国家安全的决定的同时提出，在某项决定因其通过不公正过程达成而受到质疑的情况中，政府有义务提供证据，说明该决定的确基于国家安全的理由。③

如果不存在恶意的任何证据，法院是否有权查询政府首脑作出的公共紧急状态存在或迫在眉睫的判断是否合理？即使在国家安全处于危险的情况中，一个民主社会中合法性和法治的概念都要求，影响基本人权的措施都必须在一个有职权审查决定的理由和相关证据的独立机构、由某种形式的对抗性程序审查；如果必要，还要有对使用机密信息的适当程序限制。个人必须能够质疑行政机关的断言，即国家安全处于危险之中。④ 欧洲人权委员会曾声言，它总是有职权也有义务审查一国政府的判断，即存在威胁国家生命的公共紧急状态，并对此发表意见。⑤ 欧洲人权法院在审查北爱尔兰的情况时认为，"威胁国家生命的公共紧急状态"是从几个因素的综合中合理推导出来的，这些因素即：第一，在爱尔兰共和国境内存在一支从事违宪活动并使用暴力实现其目的的秘密军队；第二，这支军队也在该国领土外活动，这严重危害爱

---

① *King Emperor v. Benoari Lal Sarma*, Privy Council on appeal from the Supreme Court of India, [1945] 1 All ER 210.

② *Namwandu v. Attorney-General*, High Court of Uganda, [1972] EA 108.

③ *Peoples Union for Democratic Rights v. Ministry of Home Affairs*, Supreme Court of India, [1986] LRC (Const) 546. See also *Janatha Finance and Investments v. Liyanage*, Supreme Court of Sri Lanka, (1983) 10 Sri LR 373.

④ *Al-Nashif v. Bulgaria*, European Court, 20 June 2002.

⑤ *Greece v. United Kingdom*, European Commission, (the first Cyprus Case), (1958–9) 2 *Yearbook* 174.

尔兰共和国与邻国的关系；第三，恐怖活动在稳定而惊人地增长。① 另外，欧洲人权委员会认为，在希腊并不存在威胁国家生命的公共紧急情况，虽然政府（其本身是以武力夺取权力的）举出了三个因素作为理由，即持某种意识形态者以武力取代合法政府的威胁、公共秩序的状态、就在要举行的大选之前发生的宪法危机。②

伯根索尔主张说，《公民及政治权利国际公约》第5条第1款③构成所有授权克减、限制或制约的规定的有机组成部分。因此，判断某一政府根据《公民及政治权利国际公约》行使克减权的情况，不仅要看其形式上是否遵守了该规定的要求，而且要依据《公民及政治权利国际公约》第5条第1款追问，政府的"目标"或"目的"是什么。如果其实际目标是破坏任何受到保障的权利，那么克减将是不得允许的，即使它在其他方面符合《公民及政治权利国际公约》第4条亦然。《公民及政治权利国际公约》第5条第1款通过关注某一特定活动的"目标"，要求审查动机和目的，并许可在判断克减是否遵守了《公民及政治权利国际公约》第4条第1款时，在客观标准之上，再增加对主观因素的考虑。因此，如果全国紧急状态是由一个目标在于创建一种要否定人权的政体而夺取一国权力的团体制造和宣布的，那么根据《公民及政治权利国际公约》第4条做出的克减就可能与第5条第1款存在冲突。④

---

① *Lawless v. Ireland* (*No.* 3), European Court, (1961) 1 EHRR 15. See also *Ireland v. United Kingdom*, European Commission, (1976) 19 *Yearbook* 512：存在公共紧急情况威胁国家生命的关键时间。爆炸、枪击、暴乱等暴力行为的程度已经达到了超出可称为微小社会动荡的规模。在许多情况中使用的暴力是社会中有组织之部分事先策划的，并以准军事路线行动。暴力在很大程度上针对的是安全部队，后者维持或恢复公共和平的职责因此遭到严重阻碍。

② *Denmark et al v. Greece*, European Commission, (1969) 12 *Yearbook*. 就第一点，欧洲人权委员会认定，没有证据表明，持某种意识形态者及其盟友的武装力量取代合法政府的威胁迫在眉睫；实际上，证据表明，无论是军事还是警察当局都没有计划或严肃预想会发生这种情况。就第二点，罢工和停工的图景与同期许多欧洲国家的情况相比，并无明显区别；而且没有证据表明，罢工导致了重要供给、设施或服务的严重无序状态，更不要说席卷全国的无序状态。就第三点，欧洲人权委员会并不同意的是，存在着此类使得有序社会生活无法进行的政治动荡和混乱的迫切威胁。

③ "本公约条文不得解释为国家、团体或个人有权从事活动或实行行为，破坏本公约确认之任何一种权利与自由，或限制此种权利与自由逾越本公约规定之程度。"

④ *Buergenthal*, 'To Respect and to Ensure', 72, at 86. 国际法协会审查了司法机关在紧急状态时期的作用，表达的观点是，司法机关必须有权力和管辖权决定以下事项：首先，一项紧急状态立法是否符合该国之宪法；其次，紧急状态权力之任何特定行使是否符合紧急状态立法；第三，确保不存在对不可克减之权利的侵害，以及克减其他权利之措施遵守了比例规则；第四，在现行国内法并未被特别废除或中止的情况中，司法机关应继续认为其有效。法院必须有权宣布不符合这些检测标准的任何紧急状态措施（立法的或行政的）或者任何紧急状态措施的任何适用行为无效。'The Paris Minimum Standards of Human Rights Norms in a State of Emergency', s. B, para. 5, [1985] 79 *American Journal of International Law* 1072.

（二）"公共紧急状态……经当局正式宣布"

《公民及政治权利国际公约》第 4 条要求公共紧急状态应经当局"正式宣布"。这旨在防止一个国家在事态并无此需要时，任意克减其义务。[1] 必须做出正式的、公开的克减行动，例如宣布紧急状态。如果没有宣布此类行动，则《公民及政治权利国际公约》第 4 条不适用。[2]"正式宣布"意指有权如此行为的当局的宣布。[3]"宣布"意味着公布和公开，表明与正式宣布紧急状态同时，还必须公开宣告。[4] 口头声明紧急状态是不可接受的。[5] 每当行政当局有权宣布紧急状态时，正式宣布应总是在最短的时间内得到立法机关的确认。[6]

（三）克减人权义务的措施

根据《公民及政治权利国际公约》第 4 条、《欧洲人权公约》第 15 条和《美洲人权公约》第 27 条，不允许对生命权、禁止酷刑、禁止奴隶制和奴役、禁止追溯性刑法和刑罚以及思想、良心和宗教自由予以克减。此外，《公民及政治权利国际公约》第 4 条禁止对不得因无力履行契约义务而予监禁和被承认为人的权利予以任何克减，《美洲人权公约》第 27 条禁止对法律人格权、家庭权利、姓名权利、儿童权利、国籍权利、参与政府的权利或对保护这些权利所必要的司法保障予以克减。这种禁止是绝对的，即使看来为紧急情势所严格需要，也不得采取克减这些权利的措施。美洲人权法院解释了为什么对保护这些权利所必要的司法保障必须一直有效："权利和自由的概念及其保障的概念不能脱离激励这一概念之产生的价值观和原则体系。在一个民主社会中，人所固有的权利和自由、对其适用的保障和法治构成了三位一体。其中的每个组成部分都有自己的定义，但其含义补充并依赖于其他组成部分。"[7]

公布紧急状态后，国家可以采取的克减其义务的措施有三个条件：必须"在危急情势绝对必要之限度内"，必须符合该国根据国际法所负之其他义务，

---

[1] UN document A/2929, chap. V, s. 41.
[2] *Cyprus v. Turkey*, European Commission, (1976) 4 EHRR 482.
[3] UN document A/5655, s. 48.
[4] Buergenthal, 'To Respect and to Ensure', 72, at 80.
[5] *Law Society of Lesotho v. Minister of Defence and Internal Security*, Supreme Court of Lesotho, [1988] LRC (Const) 226.
[6] The Paris Minimum Standards of Human Rights Norms in a State of Emergency, s. A, para. 2, [1985] 79 *American Journal of International Law* 1072.
[7] *Habeas Corpus in Emergency Situations*, Inter-American Court, Advisory Opinion OC – 8/87, 30 January 1987, 11 EHRR 33.

不得包含纯粹基于种族、肤色、性别、语言、宗教或社会出身的理由的歧视。①
由此而来的，是必须从司法上监督严格遵守这些条件的情况。②

（四）"在此种危急情势绝对必要之限度内"

对任何克减《公民及政治权利国际公约》的措施的一项基本要求是，这种措施仅限于危急情势绝对必要的限度。这一要求涉及紧急状态以及因紧急状态而采取的任何克减措施的持续时间、地理范围和事项范围。在紧急状态中对某些《公约》义务的克减明显不同于根据《公约》的若干条款，即使在平常时期也允许的约束或限制。尽管如此，将任何克减限于危急情势绝对必要之限度内的义务反映了共同于克减权力和限制权力的比例原则。此外，仅仅是这样一个事实，即对于某一特定条款的可予允许的克减本身可能因情势之危急而正当合理，并不排除这样一项要求，即必须表明，根据克减采取的具体措施也是为情势之危急所必需。

何时可以克减权利以及在何种程度上克减权利的问题不能与《公民及政治权利国际公约》第4条第1款的规定分开——根据该规定，任何克减国家根据该公约所承担之义务的措施必须限制在"此种危急情势绝对必要之限度内"。这一条件要求，国家不仅要为其宣布紧急状态的决定提供详细的理由，而且要为基于这种宣布采取的任何具体措施提供详细的理由。如果国家有意在例如自然灾害、大规模示威（包括暴力事件）或重大工业事故期间援引克减该公约的权利，那么它必须能够证明，不仅这种情势构成了对国家生命的威胁，而且所有克减该公约的措施对于危急情势都是绝对必要的。

在评估对《公民及政治权利国际公约》的正当克减的范围时，一个标准可见于将某些侵犯人权行为当作危害人类罪行的界定。如果根据国家权力所为之行动构成了追究参与该行为的人犯下危害人类罪的个人刑事责任的基础，就不能将《公民及政治权利国际公约》第4条作为理由，证明紧急状态免除了国家对同样行为的责任。因此，《国际刑事法院罗马规约》最近为管辖目的而对危害人类罪的编纂对于解释《公民及政治权利国际公约》第4条具有相关性。

在那些《公民及政治权利国际公约》第4条第2款未列出的条款中，有一些要素不得根据该条予以合法克减。由于获得公正审判权的某些要素根据国际

---

① UN document A/2929, chap. V, s. 42. See also *Weismann v. Uruguay*, Human Rights Committee, Communication No. 8/1977, HRC 1980 Report, Annex Ⅵ.

② *Judicial Guarantees in States of Emergency*, Inter-American Court, Advisory Opinion OC – 9/87, 6 October 1987, para. 21.

人道法在武装冲突期间得到明确保障，所以在其他紧急情况下克减这些保障也没有正当理由。法定原则和法治原则要求在紧急状态期间，必须尊重公正审判的基本要求。只有法院可以审判某人并判定其犯有刑事罪行。必须尊重无罪假定的原则。为了保护不可克减的权利，向法院提起诉讼以使法院能够毫不拖延地决定拘禁之合法性的权利，不应因国家克减该公约的决定而有受任何减损。①

由于可以宣布紧急状态以处理不同的情势，并且由于在每种情况下可能采取的措施必须适应"情势之危急"，因此在一类紧急情况下可予允许的措施，在另一种情况中并不一定是合法的。为处理每一种特殊情势而采取的措施的合法性还将取决于紧急情势的性质、强度、普遍程度和特定背景以及措施的相应比例情况和合理情况。②

在乌拉圭，1976 年《组织法》禁止所有在"马克思主义和亲马克思主义政党或团体"名单上、于 1966 年和 1971 年竞选某些应由选举产生的职位的候选人从事任何政治活动，包括行使普选权，为期 15 年。即使假设该国存在紧急状态，人权事务委员会也看不出可以提出什么理由来支持这样的论点：为了恢复和平与秩序，有必要在长达 15 年的时间里，剥夺作为某些政治团体的成员、曾是先前选举中候选人的所有公民的任何政治权利。这项措施适用于每个人，而不区分该人试图促进其政治观点究竟是通过和平手段，还是通过诉诸或提倡使用暴力手段。因此，人权事务委员会认为，乌拉圭政府未能表明，阻截任何形式的政治异议是为应对所谓的紧急情况并为政治自由铺平道路所必需。③

爱尔兰对涉嫌有意参与在北爱尔兰的恐怖活动的个人实施行政拘禁，得到了欧洲人权法院的支持。考虑到以下情况：经证明普通法律在制约威胁爱尔兰

---

① 人权事务委员会第 29 号一般性意见，第 13、16 段。
② *Habeas Corpus in Emergency Situations*, Inter-American Court, Advisory Opinion OC – 8/87, 30 January 1987, (1987) 11 EHRR 33. See also Joan Hartman, 'Derogation from Human Rights Treaties in Public Emergencies' (1981) 22 *Harvard International Law Journal* 1, at 17: "这一短语包括了三个重要的限定词——'限度''绝对'和'危急'。这些条款注重措施之限度，从而强调了比例原则。克减与危险必须成比例，无论是就程度还是期间而言。在危险已经不再威胁国家生命时，特别措施也必须同样终止；如果紧急情况的发展具有不同的烈度阶段，每一阶段中的措施也应同样变化。'绝对必要'之用语加强了这一比例因素，并表明了一种秉持善意行事的暗含义务。任何政府都不得以机会主义的方式利用紧急情况，采取压制政治对手或不受回应的少数者的行动。即使某一政府并非有意做出过激反应，这一短语也要求小心和慎重，即一种在评估措施之必要性时要注意的义务。这一短语的客观方面意味着，决定某一克减之正当性的，应是必要性而非政府的主观评判。'危急'一词同样强调了绝对必要性。采取克减措施之政府在暂停基本权利之前，必须仔细审查可能的不那么具有限制性的替代措施。如果不必侵害基本权利而达到同等的结果，那么就不能说所采取的措施乃是'此种危急情势绝对必要'。"
③ *Silva v. Uruguay*, Human Rights Committee, Communication No. 34/1978, HRC 1981 Report, Annex XII.

共和国的日益严重的危险方面无效；普通刑事法院不足以恢复和平与秩序；由于爱尔兰共和军及由其分裂而成的团体具有的军事、秘密和恐怖主义特征以及他们在民众中造成的恐惧，已经证明为将参与这些团体的活动的人定罪而收集证据非常困难；封锁与北爱尔兰的边境——这些团体的主要活动地域——会产生极其严重的影响，欧洲人权法院认为，这些措施是该危急情势所绝对必要的。法院还认为相关的一点是，1940年《危害国家罪刑法（修正）》受到一系列保障的制约，这些保障旨在防止行政拘禁制度运行过程中的滥用。[1]

克减人权义务的措施的理由并不是从暴力程度很高的情况中自动产生的。在紧急情况和选择用来应对的措施之间，必须存在一种联系。而且，义务并没有完全消失：它们只能在绝对必要的限度内暂停或修正。[2]

不经审判而无限期拘禁外国国民——他们因为涉嫌参与国际恐怖主义而对国家生命造成了威胁，而如果这种不经审判而无限期拘禁不被认为对英国国民也必需，就不能说这么做是为应对情势之危急所绝对必要。[3]

（五）"克减措施不得抵触依国际法所负之其他义务"

即使为情势之危急绝对必要的措施，如果与克减国根据国际法承担的其他义务相抵触，仍可能不得允许。这些义务可能来自《联合国宪章》、其他人权条约或习惯国际法。

（六）"纯粹以种族、肤色、性别、语言、宗教或社会阶级为根据之歧视"

包括"纯粹"一词是为了表明，国家可以采取措施克减《公民及政治权利国际公约》确认的权利，但仅仅因为受克减影响的人属于某一种族、宗教等，所以虽然克减可能另有实际原因，但仍有可能被解释为具有歧视性。因此，必须强调，要避免的恶劣行为是纯粹基于所提到的理由的歧视。[4]

英国的一项法律允许不是英国国民的嫌疑国际恐怖主义分子根据《移民法》的特殊规定被拘禁——哪怕并不打算将他们从该国移出或遣返，而同样危险的英国国民则不得被如此拘禁，这样的法律因其基于国籍或移民身份的理由

---

[1] *Lawless v. Ireland* (*No.* 3), European Court, (1961) 1 EHRR 15. 该法之适用受到议会的持续监督：议会不仅定期收到有关其执行的精确细节，而且能够在任何时候以决议废除政府将该法付诸实施的宣告。该法规定了建立一个"拘禁问题委员会"，由一名国防部队的军官和两名法官组成。任何根据该法被拘禁者都可以将其案件提交该委员会，其意见如果是有关人员应被释放，则对政府有约束力。

[2] *Ireland v. United Kingdom*, European Commission, (1976) 19 *Yearbook* 512.

[3] *A v. Secretary of State for the Home Department*, House of Lords, [2005] 5 LRC 34.

[4] UN document A/2929, chap. V, s. 44.

的歧视而不成比例。决定拘禁一组以国籍或移民身份确定的嫌疑国际恐怖主义分子而非另一组人，是没有正当道理的。自由权对英国国民和外国国民是一样的。如果对于某一组人，克减并非绝对必要，那么对于造成相同威胁的另一组人，克减就不可能是绝对必要的。如果情况真的如此严重、威胁如此重大，以至于可以不经审判而将人无限期拘禁，那么有权将只是某些造成这种威胁的人关起来，并非服务于正当的目标。[①]

（七）"将其克减之条款，及克减之理由，经由联合国秘书长转知本公约其他缔约国"

当一个国家在公共紧急状态时期利用克减权时，必须遵守有关通知其行动的三个步骤。在每一情况下，都应经由相关秘书长"立即通知"有关文书的其他缔约国：第一，它已经克减的各项规定；第二，它实行克减的原因；第三，它终止这种克减的日期。[②] 但是，采取克减措施的实质性权利可能不取决于做出正式通知。[③] 乌拉圭政府曾在给联合国秘书长的一份照会中，仅仅指出紧急状态的存在是"众所周知的事态"，而没有试图指明对于受到保障的权利，实际采取的克减的性质和范围，也没有表明这种克减是严格需要的，这种情况没有遵守《公民及政治权利国际公约》第4条第3款。提供完整而全面的信息是必需的。[④]

根据《公民及政治权利国际公约》第4条第3款，国家在诉诸其克减权力时，应服从国际通知制度。国家必须立即经由联合国秘书长通知其他缔约国其已克减的各项规定以及采取此类措施的理由。这种通知对于评估国家采取的措施是否为情势之危急绝对必要以及允许其他缔约国监督遵守公约的情况，至关

[①] *A v. Secretary of State for the Home Department*, House of Lords, [2005] 5 LRC 34. See *A v. Secretary of State for the Home Department*, Court of Appeal, United Kingdom, [2003] 3 LRC 479, 在该案中，布鲁克（Brooke）法官主张，国际法的一个久已确立的特性是，一国有权在战时或其他威胁其作为一个国家之生命的公共紧急情况中，区别对待本国国民和非本国国民。他提到了《公民及政治权利国际公约》第4条在其禁止范围中并没有包括"国籍"或"民族本源"，他认为这进一步证实，该条意在维护国际法的原则。

[②] UN document A/2929, chap. V, s. 47.（原文此处作"s. 46"，有误，予以更正。——译者注）在起草期间得到普遍同意的是，公共紧急状态的宣布和随之而来的对《公约》规定的克减事关重大，缔约国有权就此类行动得到通知。进一步得到同意的是，由于紧急状态权力在过去经常被滥用，因此仅仅通知是不够的。采取克减的国家还应提供实行克减的理由，尽管这可能并不包括所采取的每项具体措施的每一细节。而且，对于终止该克减的日期，应立即另行通知。See also UN documents A/2929, chap. V, s. 47, and A/5655, s. 54.

[③] *Silva v. Uruguay*, Human Rights Committee, Communication No. 34/1978, HRC 1981 Report, Annex XII.

[④] *Silva v. Uruguay*, Human Rights Committee, Communication No. 34/1978, HRC 1981 Report, Annex XII. Cf. *Lawless v. Ireland* (*No. 3*), European Court, (1961) 1 EHRR 15.

重要。通知应包括有关所采取措施的全面信息，并清楚说明其原因。如果国家随后根据《公民及政治权利国际公约》第 4 条采取了进一步措施——例如延长紧急状态的持续时间，则需要另行通知。立即通知的要求同样适用于终止克减。

第三部分

实质性权利

第九章　自决权

国际文书

《公民及政治权利国际公约》《经济社会文化权利国际公约》
第 1 条
一、所有民族均享有自决权，根据此种权利，自由决定其政治地位并自由从事其经济、社会与文化之发展。
二、所有民族得为本身之目的，自由处置其天然财富及资源，但不得妨害因基于互惠原则之国际经济合作及因国际法而生之任何义务。无论在何种情形下，民族之生计，不容剥夺。
三、本公约缔约国，包括负责管理非自治及托管领土之国家在内，均应遵照联合国宪章规定，促进自决权之实现，并尊重此种权利。

区域文书

《非洲人权和民族权宪章》
第 20 条
1. 所有民族均有生存权。他们均有无可非议和不可剥夺的自决权。他们应自由地决定其政治地位，并按照它们自由选择的政策谋求其经济和社会发展。
2. 被殖民或受压迫的民族有权诉诸国际社会所确认的任何手段，使自己摆脱统治的束缚。
3. 所有民族在反对外来统治的斗争中，均有权享受本宪章各缔约国的援助，不论是政治援助、经济援助还是文化援助。

第 21 条
1. 所有民族均可自由处置其财富和天然资源。此项权利之行使理应唯民族利益是从。在任何情况下均不得剥夺一个民族的此项权利。

2. 一旦遇到掠夺，被剥夺之民族不但有权要求得到足够的补偿，而且有权合法地收回其财产。

3. 自由处置财富和天然资源权利之行使，不得妨碍基于互相尊重、公平交易和国际法原则的促进国际经济合作之义务。

4. 为加强非洲的统一和团结，本宪章各缔约国均有单独和集体行使其自由处置财富和天然资源之权利。

5. 为使本民族从本国资源所产生的优势中充分获益，本宪章各缔约国承允消除一切形式的外来经济剥削，特别是国际垄断公司所施加的剥削。

有关文本

《联合国宪章》第 1 条第 2 款、第 55 条、第 73 条、第 76 条

《反对招募、使用、资助和训练雇佣军国际公约》，1989 年 12 月 4 日通过，2001 年 10 月 20 日生效

《民族和国族自决权》，联合国大会 1950 年 12 月 4 日第 421D（Ⅴ）号决议通过

《国际人权盟约中应添列关于民族自决之条文》，联合国大会 1952 年 5 月 5 日第 545（Ⅵ）号决议通过

《民族与国族之自决权》，联合国大会 1952 年 12 月 16 日第 637A（Ⅶ）号决议通过

《决定某一领土是否属于人民未臻充分自治程度之领土时所应计及之因素》，联合国大会 1953 年 11 月 27 日第 742（Ⅷ）号决议通过

《关于准许殖民地国家及民族独立之宣言》，联合国大会 1960 年 12 月 14 日第 1514（ⅩⅤ）号决议通过

《会员国为确定是否负有义务递送宪章第七十三条（辰）款规定之情报所应遵循之原则》，联合国大会 1960 年 12 月 15 日 1541（ⅩⅤ）号决议通过

《准许殖民地国家及民族独立宣言之实施情形》，联合国大会 1961 年 11 月 27 日第 1654（ⅩⅥ）号决议通过

《天然资源之永久主权》，联合国大会 1962 年 12 月 14 日第 1803（ⅩⅦ）号决议

《准许殖民地国家及民族独立宣言之实施》，联合国大会 1965 年 12 月 20 日第 2105（ⅩⅩ）号决议通过

《关于各国内政不容干涉及其独立主权之保护宣言》，联合国大会 1965 年

12月21日第2131（XX）号决议通过

《严格遵守在国际关系上禁止以武力或使用武力并严格遵守民族自决权》，联合国大会1966年11月30日第2160（XXI）号决议通过

《国际人权会议最后文件》，德黑兰，1968年5月11日，决议八

《社会进步和发展宣言》，联合国大会1969年12月11日第2542（XXIV）号决议通过

《关于各国依联合国宪章建立友好关系及合作之国际法则之宣言》，联合国大会1970年10月24日第2625（XXV）号决议通过

《加强国际安全宣言》，联合国大会1970年12月16日第2734（XXV）号决议通过

《建立新的国际经济秩序宣言》，联合国大会1974年5月1日第3201（S-VI）号决议通过

《关于国际文化合作的原则宣言》，联合国教科文组织1966年11月4日通过

《欧洲安全与合作会议最后文件》（赫尔辛基文件），欧洲安全与合作会议于1975年在芬兰赫尔辛基通过

《一九四九年八月十二日日内瓦第四公约关于保护国际性武装冲突受难者的附加议定书》，1977年6月8日通过，1978年12月7日生效

《维也纳宣言和行动纲领》，维也纳世界人权会议1993年6月25日通过

《联合国五十周年纪念宣言》，联合国大会1995年11月9日第50/6号决议通过

一 评论

自决原则是由美国总统伍德罗·威尔逊在第一次世界大战即将结束时首次阐述的，并旨在成为1919年凡尔赛和约的基础。[①] 威尔逊主义的自决理念

[①] 关于威尔逊主义自决理念的探讨，见 Anthony Whelan, 'Wilsonian Self-Determination and the Versailles Settlement' [1994] 43 *International and Comparative Law Quarterly* 99。关于自决权，参见，Rupert Emerson, 'Self-Determination' [1971] 65 *American Journal of International Law* 459; Ved Nanda, 'Self-Determination in International Law' [1972] 66 *American Journal of International Law* 321; James Crawford, *The Creation of States in International Law* (Oxford: Clarendon Press, 1979), 84 - 128; Aureliu Cristescu, *The Right to Self-Determination* (New York: United Nations, 1981); R. N. Kiwanuka, 'The Meaning of "People" in the African Charter on Human and Peoples' Rights' [1988] 82 *American Journal of International Law* 80; Michael K. Addo, 'Political Self-Determination within the Context of the African Charter on Human and Peoples' Rights' [1988] 32 (2) *Journal of African Law* 182; Hurst Hannum, 'Rethinking Self-Determination' [1993] 34 *Virginia Journal of International Law* 1。

主要关注由种族、宗教、语言或文化所定义的社群,并且是针对欧洲的情况提出的。在第二次世界大战期间的 1941 年,《大西洋宪章》以一种全球化的视角引述了自决原则,在这份联合声明中,美国总统罗斯福和英国首相丘吉尔表示,他们所期许的新的世界秩序的基础是"他们两个国家的政策中若干共同的原则"。① 这些原则包括:(1)不寻求任何领土或其他方面的扩张;(2)不发生任何与有关人民任何自由表达的意志不相符合的领土变更;(3)尊重所有人民选择他们愿意生活于其下的政府形式之权利;(4)曾经被武力剥夺其主权权利及自治之人民,重新获得主权权利及自治。1942 年 1 月 1 日,26 个参战国②在美国华盛顿特区签署的《联合国家宣言》肯定了这些原则,后来又有 21 个国家③支持这个宣言。

在有关发展国家间友好关系的语境中,《联合国宪章》第 1 条第 2 款和第 55 条提到了"人民平等权利及自决原则"。这是《宪章》第 73 条中如下要求的理论基础:负责管理尚未实现自治的领土的会员国应承认以领土居民之福利为至上的原则,并作为神圣信托,接受包括但不限于促进该领土自治的义务。第 76 条规定了关于托管领土的类似要求。

1950 年,联合国大会(联大)承认了"民族和国族(peoples and nations)的自决权利",并呼吁就确保享有这一权利的方法和手段提出建议。④ 1952 年,大会决定"国际人权盟约中应添列关于所有民族及国家自决权之条文一条,重申联合国宪章揭橥之原则"。随后,草拟这一条文的语言表述是"所有民族皆应有自决权",并接着规定,所有国家,包括负有管理非自治领土责任之国家,皆应依照联合国之宗旨及原则,推进此种权利之实现;负有管理非自治领土责任之国家,对于此种领土内各民族,亦应推进此种权利之实现。⑤

因此,联大从仅关注非自治领土的居民转移到关注"所有民族",并将促进实现自决权的义务主体从殖民国家扩展至"所有国家"。在此期间,在起草《公民及政治权利国际公约》《经济社会文化权利国际公约》(人权两

---

① US Department of State Bulletin, 16 August 1941, p. 125.
② 美利坚合众国、大不列颠及北爱尔兰联合王国、苏维埃社会主义共和国联盟、中国、澳大利亚、比利时、加拿大、哥斯达黎加、古巴、捷克斯洛伐克、多米尼加共和国、萨尔瓦多、希腊、危地马拉、海地、洪都拉斯、印度、卢森堡、荷兰、新西兰、尼加拉瓜、挪威、巴拿马、波兰、南非和南斯拉夫。See United States Department of State Bulletin, 3 January 1942, p. 3.
③ 墨西哥、菲律宾联邦、埃塞俄比亚、伊拉克、巴西、玻利维亚、伊朗、哥伦比亚、利比里亚、法国、厄瓜多尔、秘鲁、智利、巴拉圭、委内瑞拉、乌拉圭、土耳其、埃及、沙特阿拉伯、叙利亚和黎巴嫩。See United States Department of State Bulletin, 12 August 1945, p. 123.
④ 联大 1950 年 12 月 4 日第 421D(V)号决议。
⑤ 联大 1952 年 12 月 5 日第 545(Ⅵ)号决议。

公约）的同时，联大通过以 1960 年《关于准许殖民地国家及民族独立之宣言》为代表的一系列决议，强化了其确保快速消除殖民统治的努力。在该宣言中，联大表达了其对于非殖民化进程的迫切期望，要求在非自治领土上立即采取步骤，"不分种族、信仰或肤色，按照此等领土各民族自由表达之意志，将一切权力无条件无保留移交彼等，使能享受完全之独立及自由"。①

1960 年宣言所宣告的"绝对不得以政治、经济、社会或教育上之准备不足为迟延独立之借口"，在内容上凌驾于《宪章》第 73 条的规定义务，即"按各领土及其人民特殊之环境及其进化之阶段，发展自治；对各该人民之政治愿望，予以适当之注意；并助其自由政治制度之逐渐发展"。②

人权两公约中所确认的自决权在范围和内容上都超越了 1960 年《宣言》中所阐明的权利。第一，它是"所有民族"的权利，而不仅仅是非自治领土居民的权利。将促进这项权利之实现的义务施予"所有国家"——"包括"那些负责管理非自治领土的国家——就确认了这一原则。第二，对于这些民族可以决定的"政治地位"，没有任何限定。尤其是，人权两公约都没有反映联大先前所表达过的顾虑，即非殖民化进程不得导致一国领土完整之局部或全部破坏。③

人权事务委员会认为，自决权是一项"不可剥夺的权利"。自决权之所以具有特别重要的意义，是因为其实现是有效地保障和遵守个人人权以及促进和巩固这些权利的基本条件。基于这些原因，自决权被载列在人权两公约的实在

---

① 在非殖民化背景下，这一早于《公民及政治权利国际公约》的 1960 年宣言规定，"凡以局部破坏或全部破坏国家统一及领土完整为目的之企图"，均与《联合国宪章》之宗旨及原则不相容（第 6 条）。这一禁令的动机似乎是希望保护非自治领土在独立前不被管理国肢解，特别是防止其较富裕的部分继续附属于管理国。然而，在实践中，在非殖民化过程中实际上出现了一些变通。例如，英属多哥与黄金海岸合并成为主权国家加纳，而法属多哥则以多哥的身份获得独立；法属喀麦隆变成了喀麦隆共和国，而英属喀麦隆则被分成了两个区域，北部并入了尼日利亚，南部则并入了喀麦隆共和国；英属索马里与意属索马里合并，并成了独立的索马里。卢安达－乌隆迪变成了两个独立的国家即卢旺达和布隆迪，两个国家的多数人口都是胡图人和图西人；吉尔伯特和埃利斯群岛独立，分别成为基里巴斯共和国（密克罗尼西亚）和图瓦卢共和国（波利尼西亚）。联合国默许了这些变通做法。See Michla Pomerance, *Self-Determination in Law and Practice* (The Hague: Martinus Nijhoff Publishers, 1982); S. K. N. Blay, 'Self-Determination versus Territorial Integrity in Decolonization' [1986] 18 *International Law and Politics* 441; Robert McCorquodale, 'Self-Determination: A Human Rights Approach' [1994] *International and Comparative Law Quarterly* 857.

② 见迪拉德（Dillard）法官在西撒哈拉案中的意见："在我看来，法院的声明因此表明，已经出现了一项国际法准则，可以适用于联合国主持下的非自治领土的非殖民化进程。" *Western Sahara Case*, ICJ Reports 1975, 12 at 121.

③ 见联大 1960 年 12 月 15 日第 1514（XV）号决议、1970 年 10 月 24 日第 2625（XXV）号决议。

法条款中，有别于所有其他权利，而且列在这些权利之前。实际行使这项权利要求各国建立宪法程序和政治程序。① 然而，迄今为止，人权事务委员会拒绝受理有关自决权的来文，理由是，某一社群是否是一个"民族"不是委员会根据《任择议定书》能处理的问题。② 《任择议定书》规定了个人得据以主张其权利受到侵犯的程序。这些权利载列于《公约》的第三部分即第6条至第27条中。不过，对于声称一同受到了影响的一群个人提交的、指控他们的这些权利受到侵犯的来文，委员会不会拒绝受理。而且，对于解释《公民及政治权利国际公约》中的其他权利，尤其是第25条、第26条和第27条规定的权利，第1条可能具有相关性。③

然而，值得注意的是，《公民及政治权利国际公约》第1条并没有区分自决权和《公约》确认的其他权利。《任择议定书》也没有试图将人权事务委员会的管辖权限于和"集体权利"有别的"个人权利"。《公民及政治权利国际公约》确认的某些权利就其本质而言，只有当个人与其他个人集体行动或者与他人共处于群体中时，才能够行使这些权利：前者如和平集会的权利，后者如

---

① 人权事务委员会第12号一般性意见（1984年），第1、4段。

② See *A. D. v. Canada*, Human Rights Committee, Communication No. 78/1980, HRC 1984 Report, Annex XVI：该来文声称，加拿大政府通过剥夺米克马克（Mikmaq）印第安部落民族的生存手段，并制定和执行破坏米克马克人家庭生活和不利于他们子女正常教育的法律与政策，曾经否认并继续否认该社群的自决权。加拿大政府辩称，因为自决权是一项集体权利，所以来文提交人作为米克马克部落社群中的一员，不能主张他自己的权利受到了侵犯。人权事务委员会并没有专门处理这一问题，而只是宣布来文不可受理，理由是提交人没有能够证明他获得了代表米克马克部落行事的授权，他也"未能提出任何相关的事实来证明，他本人是对《公约》所规定的任何权利的侵犯的受害者"。*Ominayak v. Canada*, Human Rights Committee, Communication No. 167/1984, HRC 1990 Report, Annex IX. A：该来文声称，加拿大政府侵犯了卢比康湖营居群（Lubicon Lake Band）的自决权，尤其是其成员自由处置他们的天然财富和资源的权利。委员会认为，提交人作为个人，根据《任择议定书》不能主张其自决权受到侵犯的受害者，因为《公民及政治权利国际公约》第1条涉及的是赋予民族的权利。在委员会看来，《任择议定书》提供了一种个人用以主张其个人权利受到侵犯的程序。这些权利载列于《公约》第三编。这种观点在后面的几起案件中得到了确认。例如见，*E. P. v. Colombia*, Human Rights Committee, Communication No. 318/1988, HRC 1990 Report, Annex X. P：居住在圣安德烈斯岛（San Andrés）、普罗维登斯岛（Providence）和卡塔利纳岛（Catalina）——这三个岛在哥伦比亚本土以北300英里处形成了一个群岛——上的六名哥伦比亚公民援引《公民及政治权利国际公约》第1条提出的指控，除其他外，针对的是哥伦比亚最近试图剥夺许多岛民的土地的做法，并将这些岛屿（岛上居民绝大多数是讲英语的新教徒）"哥伦比亚化"的立法；*A. B. v. Italy*, Human Rights Committee, Communication No. 413/1990, HRC 1991 Report, Annex XII. O：南蒂罗尔联盟（Union für Südtirol）的14名成员指控称，意大利国会通过的多项法律和法令侵犯了南蒂罗尔民族的自决权，因为这些法律和法令侵蚀了1946年《德·加斯贝利－格鲁伯协议》（De Gasperi-Gruber Accord）中规定的、并在1948年和1972年的《自治法》（*Autonomy Statutes*）中进一步展开的波尔扎诺－南蒂罗尔自治省的"地方自治立法和行政权力"。

③ *Diergaardt v. Namibia*, Human Rights Committee, Communication No. 760/1997, Selected Decisions, Vol. 7, p. 69.

某一族裔的＊、宗教的、语言的少数群体之成员，不得被禁止与该群体中其他成员"共同享受其固有文化、信奉躬行其固有宗教或使用其固有语言之权利"。

在起草《公民及政治权利国际公约》时，有些反对其中载列自决权的国家认为，这"是一项集体权利，因此不适合规定在只关注个人权利和自由的《公约》之中。"① 不但这种主张被拒绝，而且《任择议定书》还在第 7 条中强调了"凡联合国宪章及其他国际公约与文书给予殖民地民族之请愿权利，不因本议定书各项规定而受任何限制"。

加拿大最高法院认为，民族自决权之存在如今在各种国际公约中得到如此广泛之承认，以至于这项原则已经取得了一种超越"公约"的地位，被视为国际法的一项普遍原则。②

二　释义

（一）"所有民族"

《公民及政治权利国际公约》第 1 条没有给出"所有民族"的定义，而且因为自决权通过国际协定与公约的组合，外加国家实践而发展，几乎没有对"所有民族"这一概念的正式阐述，所以结果是，"所有民族"一词的确切含义在某种程度上仍是不确定的。③ 一份早期草案使用了"所有民族和国族（peoples and nations）"的表述。后来删除了"国族"的提法，因为"民族"被认为是一个更具包容性的术语。④ 根据准备工作文件，"所有民族"一词被理解为是指所有国家（countries）和领土内的民族，不论是独立国家，还是被托管或非自治领土。印度提议将"所有民族"定义为"大而紧密的国族群体"经投票被否决。一种想法是，"所有民族"一词应该在其最广泛的意义上理解，定义是没有必要的。⑤ 明确的一点是，"所有民族"可能包括某一现存国家中

＊ 英文用词为"ethnic"。就此处所讨论的《公民及政治权利国际公约》第 27 条，其作准中文本中与之对应的用词为"种族"。鉴于"种族"通常与英文中的"race/racial"相对应，本中译本一律使用"族裔"作为"ethnic/ethnicity"的对应用词，即使在引用《公民及政治权利国际公约》约文之处亦然。

① Antonio Cassese, 'The Self-Determination of Peoples', in Louis Henkin (ed.), *The International Bill of Rights* (New York: Columbia University Press, 1981), 92, at 93. 这些国家包括法国、土耳其、新西兰、澳大利亚、瑞典、荷兰、比利时、丹麦和加拿大。

② *Reference re Secession of Quebec*, Supreme Court of Canada, [1998] 4 LRC 712, at 752, per Lamer CJ.

③ *Reference re Secession of Quebec*, Supreme Court of Canada, [1998] 4 LRC 712, at 752, per Lamer CJ.

④ UN document A/3077, s. 63.

⑤ UN document A/2929, chap. IV, s. 9.

的仅仅一部分民众。将该术语限定于现存国家中的整体民众，可能会导致对自决权的保障在很大程度上是重复性的，因为大多数渊源性文件都同时强调了需要保护现存国家的领土完整，并可能会有违自决权的救济性目的。①

《联合国宪章》经常使用"国家"（states）、"国族"（nations）和"人民"（peoples）这些词语，有时还互相并列地使用。1945年起草《联合国宪章》的旧金山会议的秘书处准备的一份备忘录曾解释说，"国家"（state）一词用来表示一个确定的政治实体和联合国的会员国；"国族"（nation）一词包括诸如殖民地、托管地、保护国、准国家以及国家等政治实体；"人民"（peoples）一词则传递了"全人类"或者"所有人"的理念，因此意指所有人类群体，不论其能否构成国家或者国族。②

奥勒留·克里斯特斯库在1981年为防止歧视和保护少数小组委员会编写的一份报告③中指出，在联合国关于这一话题的讨论中，出现了用于界定"民族"（peoples）一词的如下要素：（a）一个具有明确的身份认同和自身特性的社会实体；（b）一种与领土的联系，即使该民族可能已经从领土上被不正当地逐出并被另一群体人为地取代。④ 1990年由联合国教科文组织召集的关于进一步研究民族权利的专家会议认为，从国际法中包括自决权在内的民族权利的目的来看，一个民族应具有以下特点：

1. 是一群人，拥有以下共同特征之部分或全部：（a）一种共同的历史传统；（b）种族或族裔的身份特征；（c）文化一致性；（d）语言统一性；（e）宗教或思想亲缘性；（f）领土联系；（g）一种共同的经济生活。

---

① Reference re Secession of Quebec, Supreme Court of Canada, [1998] 4 LRC 712, at 752, per Lamer CJ.

② Documents of the United Nations Conference on International Organization, CO/156（Vol. XVIII, 657 - 8）, cited in Aureliu Cristescu, The Right of Self-Determination (New York: United Nations, 1981), para. 262. 某国中的一部分公民可能会基于历史、文化以及对某一土地的长期依附，觉得其具有与其他国民不同的独特性，并寻求确保延续该独特性——即使他们并不质疑其对该国族的依附性：Alexandre Kiss,'The People's Right to Self-Determination'[1986] Human Rights Law Journal 165 at 173。

③ Cristescu, Right of Self-Determination, para. 279.

④ 1967年，一名前英国军官占领了一个1300平方米的废弃防空平台——该防空平台由英国在距其南海岸8英里处通过用混凝土支柱连接至海底而搭建，并宣称其为"海上公国"。十年后，一名持有"海上公国国务会议主席兼外交大臣"头衔的德国人，作为已取得该公国公民身份的106人中的一员，采取行动宣布他已经丧失德国公民身份。科隆行政法院在裁定这种行动虽然可以受理但并没有根据时称，要想构成"一个民族"（国际法对于国家资格所要求具有的三个基本要素之一），虽然规模无关紧要，但是有关群体必须形成一个有凝聚力的、充满活力的社群。"这些'国民'获得其'国籍'并不是为了共同生活以及在集体基础上处理其生活的各个方面，相反，他们却在该'公国'以外继续谋求着个人利益。"他们联合的共同目的仅限于他们生活的一小部分，即他们的商业和税收事务。这种程度的共同利益不能被认为足以使他们被承认为国际法含义之内的一个"民族"。In re Duchy of Sealand (1989) 80 International Law Reports 683.

2. 该群体必须要有一定数量的成员，数量不一定要大（例如，微型国家的民族），但是它绝不能仅仅是一个国家内个人的联合。

3. 这个群体作为一个整体必须具有被认定为同一民族的意愿或者成为同一民族的意识，但也允许这样的群体或者其某些成员尽管具有上述特征，但可能没有这种意愿或者意识。

4. 如果可能的话，该群体应当有表达其共同特征和身份认同意愿的组织机构或者其他手段。

非自治的殖民领土上的居民构成有权行使自决权的"民族"。① 联合国在1952 年做出一项呼吁时就阐明了这一点：它呼吁各管理国最好在联合国主持下，以全民投票或其他公认的民主方式，确定关系民族明白表示之愿望。② 在国际法院看来，就殖民地未来的政治地位事宜与殖民地居民进行磋商是当今"无法回避的必要事项"。③ 在讨论《公民及政治权利国际公约》第 1 条草案期间，各方普遍认为"民族"包括联邦国家的各民族。④ 联邦是一个自愿的联盟，选择加入联邦的两个或者更多的成员单位根据商定的宪法程序保留退出联邦的权利，这是联邦制的本质。就"民族"这一术语的任何社会、文化、种族意义而言，土著人都是"民族"。正如联合国土著居民问题工作组主席埃丽卡－伊雷娜·达耶斯曾指出的，他们有其自己独特的语言、法律、价值观和传统；有其作为独特社会与民族（nations）的自己的悠久历史；有与他们一直长期生活于其上的领土的独特经济、宗教、精神联系。"将土著人与他们的'邻居'当作相同的'民族'对待既不合逻辑也不科学，这些'邻居'显然拥有不同的语言、历史和文化，而且往往还是他们的压迫者。"⑤

安东尼奥·卡塞斯主张，作为多民族国家的国族组成部分的某一民族在享有自决权之前，必须满足两项条件。第一，该国族群体必须是由不同的、具有类似规模的国族群体组成的国家中的一员，而非一个存在一个多数群体与一个（或几个）可辨识的少数群体的国家中的一员。可以想到的这类国家包括苏联和南斯拉夫，可能还有印度。第二，该国族或族裔群体必须在宪法上得到承

---

① See *Legal Consequences for States of the Continued Presence of South Africa in Namibia (South West Africa) notwithstanding Security Council Resolution* 276 (1970), ICJ Reports 1971, 4.
② 联大 1952 年 12 月 16 日第 637A（Ⅶ）号决议。另见联大 1960 年 12 月 14 日第 1514（XV）号决议。
③ Per Judge Nagendra Singh, in *Western Sahara*, ICJ Reports 1975, 81.
④ UN document A/C. 3/SR. 668, paras. 14 – 16.
⑤ Erica-Irene Daes, 'The Right of Indigenous Peoples to "Self-Determination" in the Contemporary World Order', Donald Clark and Robert Williamson (eds.) *Self-Determination: International Perspectives* (London: MacMillan Press Ltd, 1996), 47, at 51.

认,且在宪法框架内享有独特法律地位,例如苏联的加盟共和国就是如此。卡塞斯认为,一个"族裔群体"只有在事实上和宪法意义上达到该国其他组成群体所具有的规模及重要地位的情况下,才享有自决权。但是,他承认,在对于这两项条件是否得到满足存在某些疑问的情况中,公约文本及筹备记录都无法为如何解决这一问题提供任何指导。① 亚历山大·基斯表示异议,理由是这两项条件"太严格"。某一个重要的少数群体即使在人数上比不上人口中占多数的群体,也可能拥有使其能够被视为"一个民族"的经济、社会与文化结构,特别是如果它与某块领土有着很强的历史联系。基斯还认为,将"民族"在宪法上得到承认作为条件是危险的,因为这可能会促使一些国家拒绝承认在其领土上居住的不同群体的特定身份。②

"民族"是否包括在一个主权国家内,自认为是一个"民族",但不符合卡塞斯提出的条件的少数者?一个看来强烈妨碍在"民族"中包括少数者群体的事实,是1970年《关于各国依联合国宪章建立友好关系及合作之国际法则宣言》中的如下表述:③

> 以上各项目不得解释为授权或鼓励采取任何行动,局部或全部破坏或损害在行为上符合上述各民族享有平等权及自决权原则并因之具有代表领土内不分种族、信仰或肤色之全体人民之政府之自主独立国家之领土完整或政治统一。

以上表述被经常引用,以支持少数群体不能被认为是"民族"的观点,或者即使是,它们在行使自决权的情况中,也无权选择"分离"。然而,这段话所主张的是,如果少数群体所属的国家的行为符合民族权利平等和自决的原则(例如,不存在奴役、统治或者剥削任何民族群体的情况),并且具有可以代表其领土之上不分种族、信仰、肤色的全体人民的政府,那么它们就不享有"分离"的权利。换言之,生活在某一独立和主权国家内的民族,在行使其自决权时,可以根据以下条件决定脱离该国:(a)该国正在针对此"民族"推行基于种族、信仰或者肤色的歧视政策;(b)该国的政府中没有此"民族"的代

---

① Cassese, 'The Self-Determination of Peoples', 92, at 95.
② Alexandre Kiss, 'The People's Right to Self-Determination', [1986] *Human Rights Law Journal* 165, at 173.
③ 联大1970年10月24日第2625(XXV)号决议。考虑到这一段规定产生的有关背景,它可能是伴随着涉及诸如扎伊尔的加丹人、尼日利亚的伊博人、缅甸的克伦人等群体的事件风潮而产生的,以防止不论内部力量还是外部力量危害新独立国家的领土完整。

表，或者如加拿大最高法院所述，"某个可确定的群体无法有效地通过参与政府谋求其政治、经济、社会和文化发展"。①

因此，总而言之，"民族"意指所有国家和领土——无论是主权的、独立的还是非自治的——之内的居民。这一术语很可能包括这些国家和领土内的土著民族以及族裔、宗教和语言上的少数者、受压迫的多数群体以及流离失所的民族。某一群体是否会在特定背景下构成一个"民族"，将取决于该群体共同享有族裔、语言、宗教或者文化纽带以及其所拥有的共同生活的集体意愿的程度。这实质上是一个自我确定的过程。②

（二）"自决权"

自决权包括两个方面。自决的对内方面是指所有民族都有权利不受外界干扰地谋求他们的经济、社会和文化发展。在这一方面，存在与每一公民参加处理各级公务的权利的联系。因此，政府应代表全体人民，而不分种族、肤色、出身、民族或族裔本源。自决的对外方面意味着所有民族有权利基于权利平等的原则自由决定其政治地位及其在国际社会中的地位，体现这一方面的具体实例是民族摆脱殖民主义获得解放以及禁止使民族受到外来奴役、统治和剥削。③ 根据国际法，在以下情形中，自决权才可能产生对外自决的权利：先前的殖民地；某一民族受到诸如外国军事占领等压迫；某个可确定的群体无法有效地通过参与政府谋求其政治、经济、社会和文化发展。在所有这三种情形中，有关民族享有对外自决的权利，因为他们被剥夺了对内行使其自决权的能力。④

自决权的本质是选择——一种自由、真诚和自愿的选择，来确保人类社群按照其成员的不断演化的意愿持续重组。尽管《公民及政治权利国际公约》第1条并没有具体说明如何表达这种选择，但是联合国和各国实践表明，任一民族都可以在公民投票、全民公决，甚至事实上，在一般选举中表达其意愿。因为人权是持续性的权利，所以民族的选择可能不时需要表达：⑤ "自决不是一

---

① Reference re Secession of Quebec, Supreme Court of Canada, [1998] 4 LRC 712, at 752, per Lamer CJ.
② 国际劳工组织1989年6月27日的第169号公约即《关于独立国家土著和部落民族的公约》承认了自我确定原则（第2条第1款）。
③ 消除种族歧视委员会第21号一般性建议（1996年），第4段。
④ Reference re Secession of Quebec, Supreme Court of Canada, [1998] 4 LRC 712, at 752, per Lamer CJ.
⑤ 见《赫尔辛基协定》（Helsinki Act）之原则七："基于各民族的平等权和自决原则，所有民族均有权完全自由、随时并按照他们的意愿、不受外界干涉地决定它们对内以及对外政治地位，并按照其意愿寻求政治、经济、社会和文化发展。"此权利的持续性质也在联大1960年12月15日第1541（XV）号决议中得到承认：见"自由结合"中的表述。

次性的活动,比如一场革命或者一次选举"。① 它不是在某一天做出的一次性选择。它是一个群体在复杂的世界中调整其政治立场,以反映不断变化的能力和机会的权利。② 人权事务委员会将这项权利描述为"不可剥夺的",就隐含了其持续性质。这项权利并非在其首次行使后就用尽了。例如,即使殖民地民族已经选择结束他们受政治监管的状态,该权利也不会丧失。该民族接下来可能会希望转变其政治地位,与某一邻国自由联合。或者如果他们的领土被另一国家军事占领,他们可能需要再一次行使这一权利。1990 年,两个主权国家即德意志联邦共和国和德意志民主共和国的人民通过行使他们的自决权,创立了一个单一的德国;③ 此后不久,一个主权国家即捷克斯洛伐克的人民决定将他们的国家分为两个国家——捷克共和国和斯洛伐克共和国。更早些时候,东巴基斯坦*人民宣布独立并建立了他们自己的主权国家孟加拉国;新加坡人民脱离马来西亚建立了他们自己的独立的新加坡共和国。④

(三)"自由决定其政治地位并自由从事其经济、社会与文化之发展"

"政治地位"指的是一个民族在国际社会中的地位。这些地位可能是独立的主权国家;与某一独立国家自由结合;与一独立国家合并;或实际上是取得任何其他政治地位。⑤

1. 独立的主权国家

联合国曾列举了"表明实现独立"的几个因素,它们是:

· 对外行使主权、对内施行政令时,能否就其行动,负担全部国际责任。

· 加入联合国为会员国之资格。

---

① 英国在联大第三委员会中的代表杨(E. Young)女士在 1986 年 10 月 15 日的一次演讲,*British Yearbook of International Law* (Oxford: Clarendon Press, 1986), 516。

② Roger Fisher, 'The Participation of Microstates in International Affairs', 1968 Proceedings, *American Society of International Law* 166.

③ Treaty on the Final Settlement with Respect to Germany 1990, (1990) 29 *International Legal Materials* 1186. See also Robert McCorquodale, 'Self-Determination: A Human Rights Approach' [1994] 43 *International and Comparative Law Quarterly* 857.

* 原书此处作"西巴基斯坦",有误,予以更正。

④ 土耳其宪法法院认为,当土耳其人民决定土耳其共和国应是一个单一制国家并将该决定纳入宪法时,土耳其就成为一个不可分割的实体,每一土耳其公民都有义务遵守这一宪法性选择。据此宪法排除了联邦制,因此任何政党都不得在土耳其倡导联邦体制。因此,法院支持了一项解散人民工党的决定——该党主张将土耳其共和国分为"土耳其"和"库尔德"两个联邦单位。See Decision of the Constitutional Court of Turkey, 14 July 1993, (1993) 2 *Bulletin on Constitutional Case-Law* 59 – 60. 该判决没有承认民族自决权的持续性质。

⑤ 联大 1970 年 10 月 24 日第 2625 (XXV) 号决议。

·是否有权与他国政府及国际机构发生各种直接关系，又是否有权商定、签订及批准国际条约。

·是否有建立国防之主权。

·该领土人民有随意选择政体之完全自由。

·该领土之内政机构（立法、行政、司法及管理）是否不受另一国政府之控制或干涉。

·在经济、社会及文化事务方面是否完全自主。①

2. 与某一独立国家自由结合

联合国制定的原则表明，与某一独立国家自由结合应为关系领土人民经由通知与民主之程序所作自由与自愿抉择之结果。自由结合应尊重领土及其人民之个性及文化特征，并许可与一独立国结合之领土人民保留以民主方式表示意愿及经由宪法规定程序变更该领土地位之自由。结合领土应有权依正当宪法程序及人民自由表示之意愿决定其内部组织，不受外界干涉。此事不阻止该领土根据所协议之自由结合之条件从事适当或必要之谘商。②

3. 与一独立国家合并

根据联合国上述同一决议中的原则，与一独立国家合并只能产生于以下情形：

（甲）合并之领土应已达自治之前进阶段，具有自由之政治体制，其人民已有能力循周知与民主之程序而为负责之抉择。

（乙）合并领土人民于充分明了其地位之变更之情形下自由表示意愿之结果，其意愿之表达系经由公正主持之周知及民主程序，并基于成年人之普选制度。

与一独立国合并，应以前非自治领土人民所并入之独立国人民两者完全平等为原则。两领土人民应享平等地位与公民权利，并在基本权利与自由上，享受平等之保障，不分畛域，毋有歧视；两领土人民应在政府各级行政、立法及司法机关内，于代表权及实际参加上，享有平等之权利与机会。③

4. 任何其他政治地位

上述原则是联合国在非殖民化的背景下制定的，因此，它们似乎考虑的是由某一领土上的所有民族行使自决权的情况。当生活在一个领土内的某一较小集体（例如，土著民族群体或族裔、宗教、语言上的少数群体）寻求行使这一

---

① 联大 1953 年 11 月 27 日第 742（Ⅷ）号决议。
② 联大 1960 年 12 月 15 日第 1541（XV）号决议，第七项原则。
③ 联大 1950 年 12 月 15 日第 1541（XV）号决议，第八、九项原则。

权利时,他们可能更希望获得独立、结合、合并以外的政治地位,换言之,即一种不涉及分离的政治地位。可能获得赞同的可行选择可以是区域自主或自治,这些人也可能更愿意在现有政治框架内,融合于其他人口之中。可以明确指导有效地确立这种政治地位的原则还没有确定。

加拿大最高法院的观点是,只有在以下情况中,才会根据国际法上的民族自决原则产生分离权:"一个民族"作为殖民帝国的一部分而受统治;"一个民族"受到外来奴役、统治或剥削;也可能"一个民族"在其构成一部分的国家之内,无法有效行使其自决权。在其他情形下,对各民族的期望是,他们应当在其现存国家的框架内实现自决。如果一国政府在平等而不歧视的基础上代表其境内居住的所有人民或者民族,并且其国内的各项安排都尊重自决原则,该国就有权根据国际法维护其领土完整,并获得其他国家对其领土完整的承认。[1]

(四)"所有民族得为本身之目的,自由处置其天然财富及资源,不得妨害因基于互惠原则之国际经济合作及因国际法而生之任何义务"

《公民及政治权利国际公约》第 1 条的初稿是:"民族自决权还应包括对其天然财富和资源的永久主权。"这一约文遭到了反对,理由是"永久主权"不是一个站得住脚的概念,因为任何国家都可以随时自愿地限制它自己的主权。该提议也被认为是危险的,因为这会鼓励无理征用或没收外国财产,也会使单方面退出国际协议和安排成为可能。[2] 然而,有人主张,自决权当然包括一民族应该掌握自己的天然财富或资源这一简单而基本的原则。有人强调,该草案如此表述的目的并非是想要通过征用或没收的威胁吓跑外国投资。更确切地说,其意图在于提防那些可能导致剥夺当地民众自身生计手段的外国剥削行为。[3] 最终达成一致的是,删除"永久主权"的提法,并以目前规定的形式重新起草了这一条,以便消除之前提出的反对意见,即原草案可能会被用来作为不经适当补偿即没收的理由。[4]

根据卡塞斯的观点,《公民及政治权利国际公约》第 1 条第 2 款有两种不同的后果。对处于从属地位的民族,此权利意味着统治当局有义务为了从属民

---

[1] *Reference re Secession of Quebec*, Supreme Court of Canada, [1998] 4 LRC 712, per Lamer CJ.
[2] UN document A/2929, chap. IV, s. 20.
[3] UN document A/2929, chap. IV, s. 21.
[4] UN document A/3077, s. 65. 但是见《公民及政治权利国际公约》第 47 条,它再次确认了"所有民族充分与自由享受及利用其天然财富与资源之固有权利"。

族的利益来使用领土上的经济资源。在一个主权国家,政府必须利用天然资源来造福全体人民。他主张,如果证明一国政府明显无视绝大多数人的需要,而只为一小部分人的专属利益开发天然资源,或者如果没有确保开发这些资源主要是为了其人民的利益,就将该国天然资源的控制权转让给外国或者私人公司,该政府就违反了《公民及政治权利国际公约》第 1 条第 2 款。①

准备工作文件表明,第 1 条第 2 款中之所以要提到国际法和国际合作,是为了"消除一国内有关外国投资的疑虑",而"基于互惠原则"的说法则可以"提供某种保障"。②

(五)"无论在何种情形下,民族之生计,不容剥夺"

这一规定意味着,不可以剥夺一个民族的基本资源而使其丧失生计。在起草阶段引述的一个例证是,某一部落被剥夺了祖传领地,并被违背意愿地重新安置于其他地方。③ 这一规定还表明,即使国际法要求政府应对征收外国投资提供补偿,但是如果提供补偿的后果可能会剥夺民族之生计,政府也可以不补偿。

(六)"本公约缔约国,包括负责管理非自治及托管领土之国家在内,均促进自决权之实现,并尊重此种权利"

最初的提议是,本款应该只规定负责管理非自治领土和托管领土的国家负有促进实现自决权的义务。这项提议后被修改为包括所有国家,不管其是否是管理国。④ 然而,还是特别地提到了管理国,因为非自治领土和托管领土上的民族实现独立是被认为是当时最紧迫的问题。⑤

该款施予各国具体的义务,不仅与它们自己的民族有关,而且关系到一直不能行使自决权或者被剥夺行使自决权之可能性的所有民族。这项义务之存在,不取决于享有自决权的民族是否从属于某国。据此,各国均应采取积极行动,促进各民族自决权利的实现和对这种权利的尊重。⑥ 所有缔约国均应促进

---

① Cassese,'Self-Determination of Peoples' 92,at 103.
② 关于"国际法"的含义,见国际法院的咨询意见,"一项国际性文书,必须在解释时通行的整个法律制度的框架内解释和适用":*Legal Consequences for States of the Continued Presence of South Africa in Namibia (South West Africa) notwithstanding Security Council Resolution 276 (1970)*,ICJ Reports 1971,31。
③ UN document A/C. 3/SR. 674,para. 8.
④ UN document A/2929,chap. IV,s. 17.
⑤ UN document A/3077,s. 66.
⑥ 人权事务委员会第 12 号一般性意见,第 6 段。

自决权实现这一要求似乎支持一种观点，即《公民及政治权利国际公约》第 1 条超越了被殖民和托管的领土，而是囊括了主权和独立国家之内的所有民族。①

联合国一直敦促各国政府采取必要步骤并保持最高警惕，防止雇佣军活动所造成的威胁，并通过立法措施，确保这些国家领土及在他们控制下的其他领土以及它们的国民不被利用来进行招募、集结、资助、训练和转运雇佣军或规划这类活动，以图颠覆政府或推翻任何国家政府或威胁主权国家的领土完整和打击为反对殖民统治和外国干预或占领而进行斗争的民族解放运动。雇佣军经常被招募用于从事对第三国的破坏活动，对杰出人士进行选择性暗杀，并参与武装冲突。②

（七）"遵照联合国宪章规定"

各国所采取的促进自决权的实现和尊重这种权利的任何行动，必须符合《联合国宪章》和国际法规定的义务。各国尤其不得干涉其他国家的内政，以免对自决权的行使产生不利影响。③ 或许并非没有意义的一点是，在起草阶段，添加以下两项限制性条款的提议未被采纳：国家应"根据宪法程序"，并"适当考虑其他国家和民族的权利"，来促进自决权的实现。因为前者的本义在于"通过法律与和平手段"促进自决权，不过人们担心它可能会成为实现该权利的不可逾越的障碍，如果这意味着——例如——在赋予非自治或托管领土自决权之前，宗主国必须修改其宪法。而后者遭到反对的理由是，它只允许在不损害其他国家和民族的所有权利——可能包括次位权利或得来权利——的条件下行使这一基本权利。④

---

① 在加入《公民及政治权利国际公约》时，印度政府声明，它对第 1 条中"自决权"之用语的理解是，其"仅适用于外国统治下的人民，这些用词不适用于主权独立国家或者一个人民或民族的一部分——这是国家完整实质所在"。有些政府反对这一声明，理由是它试图附加《公约》中未规定的条件。见法国、德国和荷兰政府的反应：UN document CCPR/C/2/Rev. 3 of 12 May 1992。

② 联大 1994 年 12 月 13 日第 49/150 号决议。关于利用雇佣军作为阻碍自决权之行使的手段见，Report of Enrique Bernales Ballesteros, special rapporteur, UN document E/CN. 4/1996/27 及其前期报告。

③ 人权事务委员会第 12 号一般性意见，第 6 段。

④ UN document A/2929, chap. IV, s. 18.

第十章　生命权

国际文书

《世界人权宣言》
第 3 条
人人有权享有生命……

《公民及政治权利国际公约》
第 6 条
一、人人皆有天赋之生存权。此种权利应受法律保障。任何人之生命不得无理剥夺。

二、凡未废除死刑之国家，非犯情节最重大之罪，且依照犯罪时有效并与本公约规定及防止及惩治残害人群罪公约不抵触之法律，不得科处死刑。死刑非依管辖法院终局判决，不得执行。

三、生命之剥夺构成残害人群罪时，本公约缔约国公认本条不得认为授权任何缔约国以任何方式减免其依防止及惩治残害人群罪公约规定所负之任何义务。

四、受死刑宣告者，有请求特赦或减刑之权。一切判处死刑之案件均得邀大赦、特赦或减刑。

五、未满十八岁之人犯罪，不得判处死刑；怀胎妇女被判死刑，不得执行其刑。

六、本公约缔约国不得授引本条，而延缓或阻止死刑之废除。

《旨在废除死刑的〈公民权利和政治权利国际公约〉第二项任意议定书》
第 1 条
1. 在本议定书缔约国管辖范围内，任何人不得被处死刑。

2. 每一缔约国应采取一切必要措施在其管辖范围内废除死刑。

第 2 条

1. 本议定书不接受任何保留,唯在批准或加入时可提出这样一项保留,即规定在战时可以对在战时犯下最严重的军事性罪行被判罪的人适用死刑。

2. 提出这项保留的缔约国在批准或加入时应向联合国秘书长递交在战时适用的本国法律有关规定。

3. 提出这项保留的缔约国应把适用于其本国领土的任何战争状态的开始或结束通知秘书长。

第 6 条

1. 本议定书的规定应作为公约的附加规定予以适用。

2. 在不妨害可能根据本议定书第 2 条提出保留的条件下,本议定书第 1 条第 1 款所保证的权利不应受到公约第 4 条的任何克减。

区域文书

《美洲人的权利和义务宣言》

第 1 条

人人皆有生命权……

《美洲人权公约》

第 4 条

1. 人人皆有使其生命受到尊重之权利。该权利一般应从受孕之时起即受法律保护。任何人之生命不得任意剥夺。

2. 在尚未废除死刑之国家,只有对于最严重罪行、依主管法院所做之最终判决并按照在犯该罪行前已制定并规定此项惩罚之法律,才得处以死刑。死刑之适用不应延及目前并不适用死刑之罪行。

3. 在已经废除死刑之国家,不得恢复死刑。

4. 对政治犯罪或有关之罪行,不得施以死刑。

5. 对犯罪时未满十八岁或超过七十岁者,不得处以死刑,对孕妇也不得处以死刑。

6. 每一被判处死刑者均有权请求大赦、特赦或减刑,对一切案件均得给予大赦、特赦或减刑。在主管当局对此等请求作出决定之前,不得处以死刑。

《美洲人权公约关于废除死刑的议定书》

第1条

本议定书缔约国不应在其领土内对受其管辖的任何人适用死刑。

第2条第1款

不得对本议定书提具保留。但本文书之缔约国在批准或加入时,可声明它们保留权利,在战时根据国际法对极其严重之军事性罪行适用死刑。

《欧洲人权公约》

第2条

1. 人人之生命权应受法律保护。任何人之生命不得故意剥夺,但是,在其被法院依据规定此种刑罚之法律判处死罪后,执行此项刑罚的情况除外。

2. 在使用武力绝对必要之情况下,其所导致之剥夺生命不应当视为与本条之规定相抵触:

(a) 为防卫任何人之非法暴力行为;

(b) 为执行合法逮捕或为防止被合法监禁之人脱逃;

(c) 为平息暴动或叛乱而采取之行动。

《欧洲人权公约第六议定书》

第1条

死刑应予废除。任何人不得被判处或执行死刑。

第2条

一国可在其法律中对在战争期间或紧迫之战争威胁期间所犯罪行规定死刑;仅在法律规定之情形中并在符合该法规定之时,才得适用此刑罚。该国应向欧洲理事会秘书长通报该法之有关规定。

第3条

不得根据公约第15条采取任何克减本议定书条款之措施。

第4条

不得根据公约第57条*对本议定书之任何条款提具保留。

《欧洲人权公约第十三议定书》

第1条

死刑应予废除。任何人不得被判处或执行死刑。

---

* 原书此处作"第64条",有误,予以更正。

第 2 条

不得根据公约第 15 条采取任何克减本议定书条款之措施。

第 3 条

不得根据公约第 57 条对本议定书之任何条款提具保留。

《非洲人权和民族权宪章》

第 4 条

人神圣不可侵犯。人人皆有使其生命和人身完整得到尊重之权利。任何人之此项权利不得任意剥夺。

有关文本

《防止及惩治灭绝种族罪公约》,① 1948 年 12 月 9 日通过, 1951 年 1 月 12 日生效

《禁止并惩治种族隔离罪行国际公约》, 1973 年 11 月 30 日通过, 1976 年 7 月 18 日生效

《反对劫持人质国际公约》, 1979 年 12 月 17 日通过, 1983 年 6 月 3 日生效

《关于保护死刑犯的权利的保障措施》, 联合国经济及社会理事会 1984 年 5 月 25 日第 1984/50 号决议通过

《联合国关于法外、任意和即决处决的有效防止和调查的基本原则》, 联合国经济及社会理事会 1989 年 5 月 24 日第 1989/65 号决议通过

《联合国关于执法人员使用武力和火器的基本原则》, 第八届联合国预防犯罪和罪犯待遇大会 1990 年 9 月 7 日通过

《保护所有人不遭受强迫失踪宣言》, 联合国大会 1992 年 12 月 18 日第 47/133 号决议通过

《前南斯拉夫国际刑事法庭规约》, 联合国安全理事会第 827 号决议附件, 第 24 条第 1 款

《卢旺达国际刑事法庭规约》, 联合国安全理事会第 955 号决议附件, 第

---

① 在巴西联邦最高法院的一项判决中, 灭绝种族罪行被界定为一种针对"人类多样性"的罪行。因此, 当某一种族、民族或宗教团体面临威胁其诸如生命权、身心完整权以及自由迁徙权等个人权利之暴力行为时, 人类多样性的集体维度以及跨个人维度就必须得到保障。Judgment of the Federal Supreme Court of Brazil, (2010) 3 *Bulletin on Constitutional Case-Law* 469.

23 条第 1 款

《国际刑事法院罗马规约》，1998 年 7 月 17 日通过，2002 年 7 月 1 日生效

《保护所有人免遭强迫失踪国际公约》，2006 年 12 月 20 日通过，2010 年 12 月 23 日生效

一　评论

生命权[*]是人之至高无上的（supreme）权利。[①] 该权利是所有其他权利的来源，因此是所有人权的基础，同时也是构成"人权之不可缩减核心"的权利之一。[②]

> 如果人之存在得不到承认，就不存在规定其他权利的主体基础。生命权是一项先于其他权利之权利，其存在仅基于人之存活的事实，而无须国家承认。不可以由国家来决定是否在某种情况中承认这一权利，在另一种情况中则不承认，因为这将意味着歧视。未出生之胎儿、婴儿、青年人、老年人、精神病人、残障者以及普遍而言之所有人的生命，都必须得到承认。[③]

因此，即使在威胁国家之生死存亡的公共紧急状态期间，生命权也是不可克减的。

在起草《公民及政治权利国际公约》第 6 条之时，对于应如何表述这一权利，各国曾表达过不同意见。一种观点是，该条应阐明的原则是，任何人的生命在任何情况下均不得剥夺。这种观点坚称，在表述此项所有权利中最根本之

---

[*] 《公民及政治权利国际公约》作准中文本第 6 条中，与英文本中"right to life"对应的用词为"生存权"。由于"生存权"目前在中文中的含义与该条所述权利的含义很不相同，因此本中译本均将"right to life"译为"生命权"——这也是《旨在废除死刑的〈公民权利和政治权利国际公约〉第二项任意议定书》《儿童权利公约》《残疾人权利公约》等条约作准中文本中与"right to life"对应的用词。

[①] 人权事务委员会第 6 号一般性意见（1982 年），第 1 段。（该第 6 号一般性意见已经被人权事务委员会 2019 年发布的第 36 号一般性意见所取代。——译者注）See also *Camargo v. Colombia*, Human Rights Committee, Communication No. 45/1979, HRC 1982 Report, Annex XI.

[②] *Legality of the Threat or Use of Nuclear Weapons*, Advisory Opinion, ICJ Reports 1996, 226, at 506. 威拉曼特里（Weeramantry）法官的意见。See also Decision of the Constitutional Court of Serbia, 31 January 2013, (2013) 2 *Bulletin on Constitutional Case-Law* 350.

[③] '*Baby Boy' Abortion Case*, Inter-American Commission on Human Rights, Resolution No. 23/81, Case 2141 (United States of America) 6 March 1981, per Dr Marco Cabra.

权利时，不应提到看来可以容忍剥夺生命的任何情况。与这种观点相对的主张则是，《公约》必须现实，而且的确存在可正当合理地剥夺生命的情况。第二种观点是，在一项不接受对其规定之逐渐实施的《公约》中，一种值得欢迎的做法是，尽可能精确地界定该权利的确切范围以及对该权利的限制，以便各国对其各自义务不会有任何不确定。表述这一权利之正确方式，应是具体说明剥夺生命不会被认为违反保护生命之一般义务的情况。与这种观点相对的看法则是，对限制的任何列明都必然是不全面的，而且有可能造成一种印象，即更受重视的，是可剥夺生命之例外而非生命权本身。该条若以此种方式拟定，就会看来是授权杀戮而非保障生命权。第三种观点是——这种观点最终占了上风，最好对生命权做一般性的表述，而不列举例外。该条应简单但断然确认"任何人之生命不得无理剥夺"以及"人人之生命权应受法律保护"。对此的解释是，规定任何人之生命不应被"无理"剥夺的条款将意味着这一权利不是绝对的，由此避免了必须详细列举可能的例外。[①] 这种表述方式也被《美洲人权公约》第4条所采用，却没有用于《欧洲人权公约》第2条——该条禁止"故意杀害"，然后具体列举了对这一禁止的三项明确例外。

在《公民及政治权利国际公约》第6条的起草阶段出现的另一个问题是，在当时有许多国家的国内法准许适用死刑。有些国家表示反对通过在该条中包括有关死刑的规定来承认这种情况，担心可能造成一种印象，即死刑这种做法得到国际社会的支持。它们坚持说，这条保障生命权的规定不应以任何方式支持剥夺生命，而应禁止死刑。还有国家主张说，死刑对犯罪并无威慑效果，有违刑罚的现代观念，即改造罪犯，使之重适社会生活。不过，得到承认的一点是，因为死刑的确在某些国家存在，所以在《公约》中否定死刑将对这些尚未废除死刑的国家的批准造成困难。废除死刑往往是一个具有极大争议的国内问题，理应留由各国自行解决。最终达成协议的是，《公约》第6条并不要求立即废除死刑，但将施予限制，严格划定其范围和适用，其规定强有力地提示值得早日废除死刑。同时，将规定充分的保障，以确保不得以无视人权的方式不公正或无理地判处死刑。实际上，为了避免造成《公约》支持死刑的印象，还达成共识的是加入一款，规定任何国家不得援用该第6条之任何内容来延缓或阻

[①] UN document A/2929, chap. VI, ss. 1, 2, 3. See also A/3764, s. 114. 对《世界人权宣言》和《公民及政治权利国际公约》中生命权条款之立法史的述评见，C. K. Boyle, 'The Concept of Arbitrary Deprivation of Life', in B. G. Ramcharan (ed.), *The Right to Life in International Law* (Dordrecht: Martinus Nijhoff, 1985), 221; H. A. Kabaalioglin, 'The Obligation to "Ensure" the Right to Life', ibid., 160。

止死刑之废除。① 《美洲人权公约》则更近一步，禁止对"对政治犯罪或有关之罪行"适用死刑，禁止将死刑延及新的罪行，还禁止在已经废除后恢复死刑。

现在，已经存在一种废除死刑的国际保证。《公民权利和政治权利国际公约第二任择议定书》要求，任何人不得被处决，每一缔约国应采取一切必要措施在其管辖范围内废除死刑。所允许的唯一例外是，可"规定在战时可以对在战时犯下最严重的军事性罪行被判罪的人适用死刑"。② 欧洲理事会通过1983年的《欧洲人权公约第六议定书》废除了和平时期的死刑，③ 2002年通过《欧洲人权公约第十三议定书》废除了所有情况中的死刑——包括在战争时期。④ 《美洲人权公约》的缔约国也通过了类似的文书。《非洲人权和民族权宪章》在其文本中没有提到死刑，但非洲人权和民族权委员会在2014年制定了一份有关废除死刑的附加议定书草案并将其提交非洲联盟审议通过。⑤

对于危害人类罪，不得适用大赦法、诉讼时效限制或免除责任之法律。⑥

二　释义

（一）"人人"

就生命权而言，非公民有资格享有给予公民之全部宪法权利。⑦

---

① UN documents A/2929, chap. VI, s. 5, and A/3764, s. 98.
② 截至2015年6月，82个国家批准了该任择议定书。
③ 欧洲理事会47个成员国均签署了该议定书，其中只有俄罗斯一国没有批准，但该国维持暂停处决。
④ 欧洲理事会47个成员国中，除阿塞拜疆和俄罗斯外，均签署了该议定书；44国批准，阿塞拜疆仍在批准过程中。
⑤ 截至2014年，在193个联合国成员中，超过160个在法律上或事实上废除了死刑或暂停处决：*Question of the Death Penalty: Report of the Secretary-General*, 8 August 2014.
⑥ Decision of the Supreme Court of Justice of the Nation, Argentina, 14 June 2005, (2005) 1 *Bulletin on Constitutional Case-Law* 9. 该案涉及1987年通过的两项法律，这些法律适用于据称在1976年至1983年由军队、警察和监狱人员所犯罪行。第一项法律——称为"终结法"——规定，对于并未逃亡之个人以任何身份涉嫌所犯之罪行采取的刑事法律行动，其期限应于该法制定之日起60天后终结。第二项法律——称为"正当服从法"——规定，不论相反证据如何，那些在行事之时担任指挥官、下属官、非现役官之职务者，以及武装部队、安全部队、警察队伍和监狱看守队伍之普通一员，可不因其罪行而受惩罚，因为可推定他们实因正当服从命令而行事。同样的推定也适用于并不担任总司令、地区领导、分区领导或安全部队、警察队伍、监狱看守队伍之领导职务者，除非在该法制定之日起30天内，在法律上判定他们具有决策权或曾参与下达命令。这两项法律均被判定违宪。See also *Gudiel Alvarez* ('*Diario Militar*') v. *Guatemala*, Inter-American Court, 20 November 2012. 美洲人权法院在该案中称，在强迫失踪乃是一种制度性做法的情况中，调查之义务不得被拒绝，或以任何类型之国内决定或法律规定为其条件，各国因此必须避免诉诸适用大赦法或主张时效限制、刑法之无追溯效力、既判原则、一罪不二审原则或可免除责任之任何因素，以免除其调查和起诉负责任者的义务。
⑦ *Chairman, Railway Board v. Chandrima Das*, Supreme Court of India, [2000] 1 SCR 480.

1. 未出生之胎儿

《公民及政治权利国际公约》第 1 条宣告"人人"（every human being）皆有固有之生命权，然而对于其他权利，使用的表述则是"每人"（everyone）、"每个人"（every person）、"每个儿童"（every child），或者"每个公民"（every citizen）。刻意使用不同的术语带来的问题是：较之通常归属于"每个人"的含义而言，"人人"是否具有更广泛的含义，特别是其中是否还包括未出生之胎儿。

《美洲人权公约》第 4 条第 1 款要求生命权"一般应从受孕之时起"即受保护。美洲人权法院在解释"受孕"一词时强调，所有的科学证据都区分了胚胎发育中两个相辅相成且至关重要的时间点：受精和着床。该法院认为，只有在结束这一周期的第二个时间点完成后，才可以认为受孕已经发生。受精后，卵子变成了一个不同的细胞，具有可能发育成为"人"的足够基因信息；然而，如果此胚胎未在某位女性体内着床，其发育的可能性就是零。如果一个胚胎永远不能在子宫中着床，就不能发育，因为它将无法获得必需的营养，也不会处于适宜其发育的环境中。因而，"受孕"一词不能被理解为是女性身体外的一个时间点或者过程，因为如果没有发生着床，胚胎就不可能存活。鉴于此考量，美洲人权法院将"受孕"理解为着床发生之时，并因此认为，在此之前，不宜适用《美洲人权公约》第 4 条。[1]

更早的《美洲人的权利和义务宣言》第 1 条并没有此提法。美洲人权委员会中的多数委员表达的观点是，不能从《美洲人的权利和义务宣言》第 1 条中解读出"从受孕时起"的概念。[2] 令他们相信这一点的事实是，尽管《美洲人的权利和义务宣言》第 1 条的最初草案规定，"此项权利及于从受孕时起的生命权；及于患有绝症者、低能者和精神失常者的生命权"，但是最终通过的确

---

[1] *Artivia Murillo et al* (*In vitro fertilization*) v. *Costa Rica*, Inter-American Court, 28 November 2012. see also Decision of the Supreme Court of Mexico, 29 January 2002, (2010) 1 *Bulletin on Constitutional Case-Law* 114：未出生之胎儿被认为具有生命，致其死亡得受惩罚。Decision of the Supreme Court of Justice of the Nation, Argentina, 5 March 2002, (2002) 2 *Bulletin on Constitutional Case-Law* 201：人的生命始于受孕之时，即当两个配子结合之时。人的生命从卵子受精之时起存在。完整的人已经存在于受精卵中。其完整性在于其具有人的全部潜在特性。因此，影响子宫内膜组织、阻止子宫内膜组织统一成熟或者抑制卵子着床的药物，都必须被认为是可用于堕胎的，其制造应予禁止。Decision of the Federal Supreme Court of Brazil, 29 May 2008, (2012) 1 *Bulletin on Constitutional Case-Law* 31：对于为研究和治疗之目的而调用从试管受精卵中获取的未使用过的人类胚胎干细胞并不侵犯生命权。Decision of the Supreme Court of Mexico, 29 September 2011, (2013) 2 *Bulletin on Constitutional Case-Law* 308：不论当前处于哪一妊娠阶段之胎儿，就其享有宪法权利或者具有法律地位而言，都不能被认为是法律上的人或者个体。

[2] '*Baby Boy*' *Abortion Case*, Inter-American Commission, Resolution No. 23/81, Case 2141 (United States of America) 6 March 1981.

定文本仅规定"人人皆有生命权"。然而，仍然存在两种强烈反对的观点。马可·卡伯拉（Marco Cabra）博士主张，在缺乏界定的情况下，人们可以诉诸医学，而其已经得出的结论是，生命开始于两系列染色体之结合。大多数科学家认同胎儿①是人且在基因上是完全的。他描述了妊娠的生理过程，并且提到这样一个事实：即使是现在被许多民法典所吸收了的罗马法，也承认权利可能被赋予一个已在孕育但尚未出生的婴儿，尽管同样得到承认的是，享有这些权利要以构成人之开始存在的、事实上的出生为条件（*infans conceptus pro nato habetur*, *quoties de commodis eius agitur*）。② 路易斯·卡斯特罗（Luis Castro）博士认为，这一问题不能通过简单地查阅起草过程来回答。首先有必要回答未出生者的本质这一先验问题："换言之，在一个人之形成、发育、衰弱和死亡的漫长过程的哪一时间点上，才可以认为存在一个享有'生命权'的'人'？在女性的卵子通过男性的行为受精时，是否就形成了一个人？这个受精卵是否具有生命权？"他通过援用几位科学家的观点——他们认为未出生儿"从受孕时起即有生命"——得出的结论是，当《美洲人的权利和义务宣言》第 1 条在声明"人人皆有生命权"之时，指的即是从受孕到死亡的人的生命的整个期间。生命不始于出生——妊娠过程的最后阶段，而是始于受孕，在这一时刻，一个区别于其父亲、母亲的新的人，已经形成。

未出生之胎儿的地位问题，也曾根据《欧洲人权公约》第 2 条第 1 款提出，但并未解决。在一项涉及有关终止妊娠的德国刑法的申诉中，欧洲人权委员会对于《欧洲人权公约》第 2 条是否涵盖未出生之胎儿的问题，明确地持开放态度。③ 在一项来自英国的、有关 1967 年《堕胎法》的申诉中，欧洲人权委员会认为，"生命"一词在不同的法律文书中可能会有不同的解释，这有赖于使用该词的语境。《欧洲人权公约》中通常使用"每人"（everyone）这一术语"倾向于支持其不包括未出生儿的观点"。《欧洲人权公约》第 2 条第 1 款和第 2 款中，对于"每人"之生命权的限制，"就其性质而言，关涉已出生之人，而不能适用于胎儿"。该委员会的结论是，"在这些情形中，它不需要决定《欧洲人权公约》第 2 条是否根本不涵盖胎儿，或者承认胎儿的'生命权'，

---

① 直到妊娠第二个月，未出生儿才被认为是胚胎，在第三个月开始后才被认为是胎儿。
② 例如见，*Pinchin NO* v. *Santam Insurance Co Ltd* 1963（2）SA 254（W），该案中，一个南非法院承认了某人对于其在母胎中受到的伤害，在出生后主张赔偿的权利。
③ *Brüggeman and Scheuten* v. *Germany*, European Commission,（1977）10 Decisions and Reports 100. See *Evans* v. *United Kingdom*, European Court, 10 April 2007, 46 EHRR 728; *Vo* v. *France*, European Court,（2005）40 EHRR 259.

但带有一些暗含的限制"。① 后来,欧洲人权法院认定,意大利的一项允许为保护妇女之健康而堕胎的立法在两个方面之间达成了良好的平衡:一方面是确保保护胎儿之必要,另一方面是妇女之权益。②

欧洲人权机构对于生命何时开始这一问题提供权威性答案闪烁其词,这很可能是由于在欧洲内部,关于这一问题的认识存在广泛分歧。一些人相信生命始于受孕,另一些人则倾向于关注胚胎"可存活"的时间点,或者关注婴儿的活产。例如,德国联邦宪法法院在解释《德国基本法》第 2 条第 2 款中"每人都享有生命权"的规定时声称:③

> 根据已有的生物和生理知识,个人的历史存在意义上的生命至少是从受孕(着床、个体化)之后的 14 天开始存在。从这个时间点开始的发育过程是连续的,以至于不能在人的生命发育的不同阶段之间,作出确切的分界或者准确的区别。这一过程并不是在出生时即终止;例如,人类个性所独具的意识的特定类型,恰恰要经过出生之后的相当长的时间,才会出现。因此,第 2 条第 2 款赋予的保护既不能限定于出生后的"完全的"人,也不能限定于在出生之前可以独立存活的胚胎。每个"活着"的人的生命权均应得到保障;在此语境下,不能在出生前生命发育的不同阶段之间或在已出生儿和未出生儿之间作出区分。"每人"是"每个活着的人";换言之,每个人类个体的人都拥有生命;因此,"每人"包括未出生之人。

与上述情况相反,奥地利对于解释在该国享有宪法地位的《欧洲人权公约》的第 2 条,则采取了一种严格的法定进路。从整个第 2 条的语境考察,"人人之生命权应受法律保护"这句话被认为并不包括尚未出生之生命。④ 西班牙更中意的是一种中间进路。每个人的生命权都是"每个出生的个人"所

---

① *Paton v. United Kingdom* (1980) 3 EHRR 408. 此案有关遵照医嘱终止早期妊娠。该案所诉之由英国当局作出的堕胎授权被认为符合《欧洲人权公约》第 2 条第 1 款,"因为,如果假定该款适用于妊娠的初始阶段,该堕胎就属于为保护处于此阶段的特定妇女的生命和健康而对胎儿'生命权'的暗含限制"。

② *Boso v. Italy*, European Court, 5 September 2002. 意大利立法授权,在妊娠之头 12 周内,如果这对妇女之身心健康造成危险,则可以堕胎。超过这个时间点,则只有在继续妊娠或者婴儿出生会危及妇女之生命时,或者已确定婴儿出生时会出现危及妇女身心健康的严重情况时,方可堕胎。

③ Decision of the Federal Constitutional Court of Germany, 25 February 1975. See also Decision of the Constitutional Court of Poland, 28 May (1997) 2 *Bulletin on Constitutional Case-Law* 235:尽管一个人可以通过拒绝怀孕不要孩子,但是当胎儿已经孕育且到了产前阶段时,该人即无权决定是否要此孩子。

④ Decision of the Constitutional Court of Austria, 11 October 1974.

拥有的基本权利。它并不延及未出生者，但未出生者的生命是一种享有宪法保护的"合法利益"。这种保护意味着国家当局要承担两项一般性义务：避免干涉或妨碍妊娠的自然过程，以及建立一种法律制度以维护生命——这种制度意味着对生命的有效保护，还应包括作为一种终极保障的刑事法律规定。[1] 在爱尔兰，保护"未出生者之生命权"的宪法规定并不适用于尚未植入子宫的冷冻胚胎。[2] 在普通法中，一个确定的立场是，一个胎儿在出生前并没有法律权利。[3] 例如，新西兰遵循的是普通法中"活着出生"的规则，即并不将未出生的婴儿视为一个人。婴儿出生前可能会受到损害，但直到获得出生之前，对这些损害并无救济。出生才赋予法律权利的规则只是基于方便，而非医学或道德原则。不过，该规则是否适用于法律规定的某种特定情形，取决于立法的具体规定。[4]

正如欧洲和美洲的经验所表明的那样，试图定义生命何时开始的法官面临着究竟是将这个问题当作科学、语言还是法律问题的困境。在加拿大，迪克森（Dickson）首席法官认定，关于胎儿的生物学状态的科学论证不具有决定性："在法律和科学中对胎儿进行适当归类的任务是不同的追求。在法律上将人格赋予胎儿在根本上是一项规范性任务。它导致对权利和义务的承认，而这个问题在科学归类的考虑范围之外。"法官也不认为一种语言学的分析可以解决这个困难的、有争议的问题："纯粹的语言学论证与纯粹的科学论证存在同样的缺陷；它试图通过一种并非法律的手段解决法律争论；在本案中，

---

[1] Decision of the Constitutional Court of Spain, 19 December 1996, (1996) 3 *Bulletin on Constitutional Case-Law* 426. 西班牙宪法法院支持了一项法律，该法律旨在规范"不能独立存活的"人类胚胎和胎儿或其细胞、组织和器官的捐献和使用，理由是，"它们在从未能够完全独立于其母体而生存的意义上，从来没有出生"。See also Decision of the Constitutional Court of Spain, 17 June 1999, (1999) 3 *Bulletin on Constitutional Case-Law* 440：生命权为人类胚胎和胎儿提供间接而非直接的保护。配子和不能存活的胚胎不受保护。因此，该法可以合法正当地规范对配子和不能存活的胚胎的研究，以及为治疗或诊断目的而执行的一些程序。Decision of the Constitutional Court of Portugal, 23 February 2010, (2010) 1 *Bulletin on Constitutional Case-Law* 137：在怀孕的第一阶段，保护子宫内生命的义务的最低限度的内容并不要求，对于结束这样的生命，要从一份预定清单给出原因；胎儿——无论其目前处于何种妊娠阶段，在受宪法权利规制或具有法律资格方面，不能被视为法律意义上的人（legal person）或个人（individual）。Decision of the Constitutional Court of Slovakia, 4 December 2007, (2009) 3 *Bulletin on Constitutional Case-Law* 588：在怀孕的前12周应孕妇要求堕胎符合生命权。

[2] *Roche v. Roche*, Supreme Court of Ireland, 15 December 2009, (2009) 3 *Bulletin on Constitutional Case-Law* 526.

[3] *Garrild v. Director of Proceedings*, Court of Appeal of New Zealand, [2004] 3 LRC 187.

[4] *Right to Life New Zealand Inv v. Abortion Supervisory Committee*, High Court of New Zealand, [2008] 2 NZLR 825. See also *Abortion Supervisory Committee v. Right to Life New Zealand Inc*, Court of Appeal of New Zealand, [2011] 4 LRC 575：《新西兰权利法案》第8节规定，"除非依据法律规定的理由并符合基本正义原则，否则任何人的生命不得被剥夺"，但该规定不延及未出生的孩子。

即通过诉诸'人'一词的所谓'字典'含义来解决问题。"并且，他将这个问题视为纯粹是法律问题，得出的结论是，《魁北克人权和自由宪章》中"人人皆享有生命权"这一规定从整体上看，没有显示出考虑胎儿之地位的明确意图。①

对于生命是否从受孕那一刻开始并因此需要保护的问题，意见分歧看来是由不同的宗教、哲学和道德信念造成的。在国家一级，这是由政策而不是法律决定的。毫无疑问，一种压倒性的实际考虑是需要保留这样的法律，即规定——尤其是——在看来为保护母亲的健康以及实际上是生命有必要之时，可以终止妊娠。除了这种考虑之外，国际文书中的趋势是将保护生命权延及未出生的孩子。例如，《防止及惩治灭绝种族罪公约》将"种族灭绝"定义为包括在国族、民族、种族或宗教群体中实施"企图阻碍生育之措施"［第2条（丁）项］，而《儿童权利宣言》则要求对儿童和母亲提供特别照顾和保护，"包括适足的产前和产后护理"（原则4）。

在起草《公民及政治权利国际公约》第6条之时，包括比利时、巴西、萨尔瓦多、墨西哥和摩洛哥在内的一组国家提出了一项修正，要求"从受孕之时起"保护生命权。该修正的支持者坚持认为，生命权应该从生命开始的那一刻起得到保障，这是唯一合乎逻辑的方式。反对者认为，国家不可能确定受孕的时刻，并由此承担从那一刻开始保护生命。该修正被付诸表决，并以31票反对、20票赞同、17票弃权的结果被否决。② 不过，《公民及政治权利国际公约》第6条第5款通过坚持不得对孕妇执行死刑，确实努力保护未出生的孩子。这一规定只能解释为基于这样一种法律假定：在要被处决的妇女的子宫中，生活着一个人；由于这一小小的、不可见的人没有涵盖在死刑之内，因此无论在道德上还是法律上，都不能使其遭受由处决母亲所必定导致的死刑。这项规定体现的是，"联合国和许多国家的现行法律都明确承认，在妇女怀孕的整个期间，都有一个人存在并具有生命"。③

---

① *Daigle v. Tremblay*, Supreme Court of Canada, [1990] LRC (Const) 578. See also *Roe v. Wade*, United States Supreme Court, 410 US 113 (1965), 其中认定，美国宪法第十四修正案中的"人"（person）一词不包括未出生者。*Christian Lawyers Association of South Africa v. Minister of Health*, High Court of South Africa, [1999] 3 LRC 203, 在该案中，有人采取诉讼行动，要求下令整体废除1996年《终止妊娠选择法》，理由是该法与南非宪法第11节相冲突——该节保障"每个人都有生命权"。南非高等法院认为，这是一个纯粹的法律问题，并认定，无论胎儿在普通法下的地位如何，根据宪法，它都不是法律意义上的人。

② UN document A/3764, ss. 97, 113, 120.

③ '*Baby Boy*' *Abortion Case*, Inter-American Commission, Resolution No. 23/81, Case 2141 (United States of America) 6 March 1981, per Dr Luis Castro.

2. 具有精神或身体残疾者

"每个人"一词不可能意在仅指年轻、聪明、身体健康或招人喜爱的人。这样的解释将认可而非拒斥纳粹德国的政策——这些政策导致清洗被认为在社会上和经济上不值得欢迎的人,例如身体上和精神上不健全的人、犹太人和吉卜赛人,而且具有讽刺意味的是,这些政策导致了个人被承认为国际法的主体。这个命题可能是如此不言自明,以至于近几十年来似乎都没有导致任何问题。唯一得到报道的司法裁决看来是德国联邦行政法院的一项判决,该法院于1968年审查了一名在一家精神病院工作的医生的罪责,该医生被指控杀害了大约150名精神残疾者但申辩说,纳粹政权下有效的法律或者纳粹意识形态赋予其法律效力的权威性法令或指令正式授权他这么做,或使其免于被起诉。①

德国联邦行政法院认为,在这方面重要的不是形式上符合法律（formale Gesetzmässigkeit）,而是根据"宪政国家的特有原则"的标准,该行为的实质非法性（materieller Unrechtscharakter des Verhaltens）。这些原则的基础,除其他外,是这样一个概念,即某些基本权利（包括个人权利）在任何法律秩序之前就存在,其范围可以在法律上界定,但它们既不源于法律,其本质也不能被法律所废除或限制。对于这些属于个人的生命权,法律秩序（Rechtsordnung）的相应义务是保护人的生命并在其自然界限内保障生命:"每个人,因此每个生病的人、精神残疾或身体变形的人,都有权得到法律秩序对其人格尊严的尊重、对其生命权的保护。"②

该法院指出,根据宪政国家的特有标准,正式法律既不能授权也不能容忍杀人行为。也没有任何宪政国家（Rechtsstaat）的法律秩序将批准或授权此类行为或免除对这些行为的惩罚。

3. 年老体衰者和身患绝症者

人的生命不受基于年龄、个人健康状况、预期寿命或任何其他标准的评估的影响。③ 生命权也不能被解释为涉及一种消极方面。这一权利并不关涉与生活质量有关的问题或一个人选择以其生命做什么;而且,如果不歪曲语言,这一权利就不能被解释为赋予了一种去死的权利,或者创造了一种自我决定的权利,即赋予个人选择死亡而不是生命的权利。因此,从这一权利中无法产生死

---

① *Deutsches Verwaltungsblatt*, year 83 (1968), 983–5.
② *Deutsches Verwaltungsblatt*, year 83 (1968), 983–5.
③ Decision of the Constitutional Tribunal of Poland, 30 September 2008, (2009) 2 *Bulletin on Constitutional Case-Law* 345.

的权利，无论是在第三人手中还是在公共权力机构的帮助下。① 另外，任何使生命有尊严的方面都可以被解读为内在于生命之中，但不能从生命中解读出任何会消灭生命、因此与生命之持续存在不一致、导致该权利本身被抹杀的方面。一种"死的权利"即使存在，本质上也与"生命权"相抵触，就像"死亡"与"生命"相抵触一样。②

在权利的性质中，有一项重大差异必须牢记。一些基本权利是积极的。言论自由、结社自由和迁徙自由属于这一类别，其中包括一个消极方面，即不得强迫任何人从事得到保障之积极行为来行使任何这些权利。做某一行为的权利还包括不做某一行为的权利。这并不意味着，如果权利是为了提供免受其他人对权利之侵扰的保护（换言之，权利具有不被其他人剥夺其持续行使的消极方面），那么从这一权利处也会产生反面的积极行为，明确允许该权利的持有者中断或消灭这一权利。当一个人自杀时，他必须采取某些积极的明显行为，这些行为的起源不能追溯到或包含在对"生命权"的保护中。"生命神圣"的重要方面也不容忽视。③

关于安乐死的做法（一个人被另一个人基于仁慈杀死），德国联邦行政法院认为其与人类固有的生命权不相容：

> 摧毁人的生命违反宪政国家的特有原则，因此导致病人过早死亡——即使采取这种行为是出于怜悯——也违反这些原则，因为没有社会成员有权出于个人动机不尊重这些对所有人都具有约束力的原则，或者基于与这

---

① *Pretty v. United Kingdom*, European Court, (2002) 35 EHRR 1. 欧洲人权法院指出，如果《欧洲人权公约》第2条确实赋予了有关生死的自我决定权，并且如果一个人严重残疾以致不能执行任何导致其自己死亡的行为，则在逻辑上必然要导致的是，该人将有权死在第三方手中，而国家如果干涉这项权利的行使，就违反了《欧洲人权公约》。无法从其目的已经界定了的一条中，派生出这样的权利。无论在有多少人看来，自愿安乐死、自杀、医师协助自杀和未经医师干预而协助自杀所带来的好处是什么，这些都不是能够从规定保护生命之神圣性的一条中派生出的好处。

② *Gian Kaur v. State of Punjab*, Supreme Court of India, [1996] 2 LRC 264. 无论如何延伸想象力，都不能把"生命的灭绝"理解为包括在"生命的保护"之中。"生命权"是一项自然权利，但自杀是生命的非自然终止或终结，因此与"生命权"的概念不相容、不一致。See *R (on the application of Pretty) v. DPP*, House of Lords, 29 November 2001, [2002] 3 LRC 163.《欧洲人权公约》第2条不承认个人可以选择生死，也不保护有关生死问题的自我决定权。相反，它阐明了生命神圣的原则，并提供了一种保障，即任何个人都不应被有意的人为干预方式剥夺生命。这与以有意的人为干预来结束生命的权利正好相反。

③ *Gian Kaur v. State of Punjab*, Supreme Court of India, [1996] 2 LRC 264. 该案中，五名法官组成的法庭推翻了两名法官先前的一项判决，*Rathinam v. Union of India* (1994) 3 SCC 394，在后一案件中，那两名法官裁决，在制定法中将试图自杀规定为犯罪的条款不符合宪法保障的生命权——该权利含有足够的"积极内容"以至于能包括"死去的权利"，并必然导致一种自杀的权利。这一裁决的实质理由看来在于，基本权利既有消极的方面，也有积极的方面。

些原则完全相反的理由忽视它们，即使所述个人动机是基于真实或错误的人类情感……*

然而，安乐死的支持者主张，持续以植物人状态存在无益于患有绝症的人。印度最高法院暗示地提到了这一无定论的辩论，认为"生命权"，包括具有尊严地生活的权利，将意味着这种权利一直存在到直至自然生命终结。这还包括直至死亡前有尊严地生活的权利，包括有尊严的死亡过程。换言之，这可能包括一个垂死之人在生命消逝时也有尊严地死去的权利。但是，在生命结束时有尊严地"死去的权利"不应与一种限制生命自然跨度的非自然死亡的"死去的权利"相混淆或等同。

在一个身患绝症或处于持续植物人状态的垂死者的情况中，可能会出现一个问题，即他能否被允许在这样的情况下过早地消灭他的生命而终止这种状态。这类案件，在终止自然生命之死亡确定而迫近、自然死亡的过程已经开始时，可能属于有尊严地"死去的权利"的范畴——这是有尊严地活着的权利的一部分。这些情况不是消灭生命，而只是加速已经开始的自然死亡过程的终结。

然而，印度最高法院重申，支持在这样的情况下允许终止生命以及在某种自然死亡的过程中减少痛苦时间的论点，并不能用于将"生命权"解释成包括有权缩减生命的自然跨度。①

对于患绝症的人，英国法院区分了向患者施以致命药物、积极地结束患者生命的医生，和决定不为患者提供或继续提供能够或可以延长其生命的治疗或护理的医生。以下原则已得到承认：

（1）自我决定的原则要求尊重患者的意愿，据此，如果一个心智健全的成年患者（无论如何不合理地）拒绝同意将会或可能延长其生命的治疗或护理，负责护理的医生必须遵从他的意愿，即使他们认为这样做并不符合患者的最大利益。② 因此，一位心智健全的患者，如果得到适当的告知，可以要求终止生

---

* *Deutsches Verwaltungsblatt*, year 83, (1968) 983–5.

① *Gian Kaur v. State of Punjab*, Supreme Court of India, [1996] 2 LRC 264. See also Decision of the Constitutional Court of Hungary, 28 April 2003, (2003) 2 *Bulletin on Constitutional Case-Law* 268.

② *S v. S*, *W v. Official Solicitor*, House of Lords, United Kingdom, [1970] 3 All ER 107, at 111; *Sidaway v. Bethlem Royal Hospital Governors*, House of Lords, United Kingdom, [1985] 1 All ER 643, at 649.

命支持。患者可能在一个较早的日期拒绝给予同意，这是在他失去意识或因其他原因无法传达这种决定之前，尽管在这种情况下，可能需要特别小心以确保先前的拒绝同意仍然可被正确地认为可适用于随后发生的情况。①

（2）当一位由医生护理的患者无法决定是否同意接受治疗时，该医生没有义务不考虑患者的病情或生活质量如何，就延长患者的生命。如果已经知道结果将是患者不久于人世，那么医疗处理，包括人工喂食和施用抗生素药物，可以合法地不给予一个没有恢复希望的无知觉患者，前提是负责任的、合格的医学意见认为，不继续通过这种形式的医疗来延长他的生命将符合病人的最大利益，因为这种延续是徒劳的，不会给他带来任何好处。②通过停止人工喂食或其他支持手段来终止生命并不构成犯罪行为，因为如果干扰性生命支持系统的延续不符合患者的最大利益，则医生就不再有责任维持患者的生命，而只是允许其患者由于他已经存在的状况而死亡。患者的死亡在法律上将被视为完全由造成其病情的伤害或疾病所致。它首先就被认为与不启动生命支持没有什么不同。③

印度最高法院认为，对于这样一个问题，即是否可以终止对处于昏迷或永久性植物人状态（PVS）的患者的生命支持，需要回答一个进一步的问题，即何时可以说一个人"死了"。对此的回答是，"当他脑死亡时"。"脑死亡"的正确定义是"包括脑干的整个大脑的所有功能的不可逆转停止"，因此它意味着"全脑死亡"。因此，如果一个人处于永久性植物人状态，他不一定是脑死亡。确定何时可以正确地不允许对无法表示同意终止其生命的人进行复苏，取决于两种情况：（1）当这个人仅仅是机械地保持活着时——不仅意识丧失，而且该人只能通过心肺机器等先进的医疗技术维持非自愿的功能；（2）当这个人没有恢复的可能性时。虽然在印度，对于撤销处于永久性植物人状态或因其他情况没有能力做出自己决定的人的生命支持，没有成文法规定法律程序，但法院认为，终止生命支持的决定应该由患者的父母、配偶或其他近亲属做出，或者如果没有这样的人，由患者的好友或护理患者的医生做出。必须根据患者的最大

---

① *Re T*, Court of Appeal, United Kingdom [1992] 4 All ER 649.
② *Airedale NHS Trust v. Bland*, House of Lords, United Kingdom, [1993] 3 LRC 340.
③ 英国法院区分了两种情况：医生在这种情况下的行为，与一个侵入者恶意关闭生命维持机。因为尽管侵入者有可能做出与停止生命维持的医生完全相同的行为，但他这样做构成了对当时由医生负责的延长生命治疗的干扰。侵入者的积极干预阻止了医生延长病人的生命。See *F v. West Berkshire Health Authority*, House of Lords, United Kingdom, [1990] LRC (Const) 511; *Bolam v. Friern Hospital Management Committee*, High Court of England, [1957] 2 All ER 118; *Auckland Area Health Board v. Attorney-General*, High Court of New Zealand, [1993] 1 NZLR 235; *Re G*, High Court of New Zealand, [1997] 4 LRC 146.

利益做出决定。患者的近亲属或好友应向高等法院申请批准撤除生命支持。①

（二）"固有之生命权"

使用"固有"* 一词旨在强调生命权的最高特征：这是一种并非由社会或国家赋予个人的权利，② 而是由于一个人的人性而固有的权利。因此，随之而来的是，一个人的生命权不能被国家夺走，也不能被有关人员放弃、让渡或拒绝，因为任何人都不能被剥夺，也不能自我剥夺其人性。因此，《公民及政治权利国际公约》绝对禁止酷刑和个人被使为奴隶——这些都是与人性不相容的待遇形式。

"生命"一词不应该严格地解释为仅涉及两个问题——生命的终止和维系；换言之，《公民及政治权利国际公约》第6条所承认的仅仅是一个人有权得到不被无理杀害的保障。生命权不仅仅事关生存，它是一种被当作一个有尊严的人对待的权利。没有尊严，人的生命就会大大减损。在南非宪法法院，奥勒甘（O'Regan）法官解释说，在某种意义上，生命权先在于所有其他权利。

> 没有生存意义上的生命，就不可能行使权利或成为他们的拥有者。但是，生命权之被纳入宪法，不仅仅是为了保障生存权。宪法所珍视的，不仅仅是作为有机体的生命，而是对人生的权利：作为人来生活、成为更广泛的社会的一部分、分享人类经验的权利。这种人的生活的概念处于我们宪法价值观的核心之中。③

最近的司法判例给予"生命"一词相对宽泛的解释。

印度最高法院对生命权的描述是，其范围内包括食物权、衣着权、适宜环

---

① *Shanbaug* v. *Union of India* (2011), Supreme Court of India, [2011] 3 LRC 560. 印度最高法院确认的观点是，"死去的权利"本质上与"生命权"相抵触，就像"生命"与"死亡"相抵触一样。不过，该法院建议考虑将试图自杀非罪化的可能性，"因为这已经落后于时代"。这一判决还包含了对于若干国家有关安乐死或医生帮助致死的国内立法的广泛考察。

* 英文用词为"inherent"。《公民及政治权利国际公约》作准中文本第6条中，与之对应的用词为"天赋"。鉴于"天赋"之含义不明，本中译本使用"固有"作为"inherent"的对应用词，即使在引用《公民及政治权利国际公约》约文之处亦然。

② UN document A/3764, s. 112. （原书此处还提到了人权事务委员会第6号一般性意见，但是在该一般性意见中，找不到与正文有关的内容。——译者注）

③ *The State* v. *Makwanyane*, Constitutional Court of South Africa, [1995] 1 LRC 269. See also *Kharak Singh* v. *State of Uttar Pradesh*, Supreme Court of India, AIR (1963) SC 1294, [1964] 1 SCR 332："生命"一词所指不只是动物性的生存。*Bandhua Mukti Morcha* v. *Union of India*, Supreme Court of India, AIR 1984 SC 802：生命权意味着有尊严地活着、免受剥削的权利。

境权和合理居住权。① 在尼日利亚的一个有关奥格尼地区受到环境污染的案件中，非洲人权和民族权委员会认为，《非洲人权和民族权宪章》第 4 条暗含着食物权，这要求政府保护现有食物来源（除其他外）免遭环境污染。② 印度最高法院还认为生命权包括生计权（right to livelihood）。

> 生命权的涉及范围广泛而深远。它并不仅仅意味着生命不能被消灭或夺走，例如不根据法律规定的程序就判处和执行死刑。这只是生命权的一个方面。这项权利的一个同样重要的方面是生计权，因为任何人都不能没有活下去的手段即生计手段而存活。如果不把生计权当作宪法规定的生命权的一部分，那么剥夺一个人生命权的最简单方法就是剥夺他的生计手段，直至其被取消的程度。这种剥夺不仅会剥夺生命的有效内容和意义，而且会使生活无法过下去……仅仅这种使得生活成为可能，更不要说使得生活值得过下去的方面，就必须被视为生命权的一个组成部分。剥夺一个人的生计权，就将剥夺他的生命。③

---

① *Shantishar Builders v. Narayan Khimal Tatome*, Supreme Court of India, AIR 1990 SC 630.

② *Social and Economic Rights Action Centre v. Nigeria*, African Commission on Human and Peoples' Rights, Communication 155/96.

③ *Tellis et al v. Bombay Municipal Corporation*, Supreme Court of India, [1987] LRC (Const) 351：生活在孟买市的人行道上一群人——市政当局强行迁离了其中的一些人并摧毁了他们的人行道上的住所——诉称，他们的基本生命权受到了侵害。他们的主张是，他们具有活下去的权利，而没有生计手段则无法行使这一权利，而且他们别无选择，只能移居到像孟买一样的大城市——这里能提供最基本的生存手段。他们选择了离他们的工作场所最近的人行道或棚户区居住。他们还诉称，如果他们无权就其唯一的生活手段得到保护，生命权就是虚幻的；以及生命权只能依据法律规定的公正而合理的程序被夺走或限制，而不能被诸如孟买市政公司的那种异想天开、肆意妄为的规定夺走或限制。See *Letuya et al v. Attorney General*, Environment and Land Court of Kenya, [2014] 4 LRC 413：肯尼亚的奥杰克社群的生计直接依赖森林资源和森林生态系统的健全，并在此限度上依赖茂乌（Mau）森林以维系他们的生活方式以及文化和族群特性。在此情况下，将他们强行迁离他们在森林中的居住地且没有另行安置，剥夺了他们的生计手段，侵害了他们的生命权。*X v. Y Corp*, Supreme Court of India, [1999] 1 LRC 688：一个受雇往卡车上装桶的临时工，因为艾滋病毒检测呈阳性，其名字从临时工的选择组中被删除、立即生效；但是，他并未丧失履行正常工作职能的权利，在其正常活动期间，也没有对工作场所的其他人的利益造成威胁。因此，删除他的名字是无理的、不合理的，侵犯了他的生计权。*Apparel Export Promotion Council v. Chopra*, Supreme Court of India, [2000] 1 LRC 563：生计权可能受到在某人的工作场所发生的性骚扰的不利影响，尤其是当一位女性员工服从或拒绝不受欢迎的性表示或其他此类行为能够被用于影响她的就业、不合理地干涉其工作表现之时，以及具有给她造成一种令人害怕的或敌对性的工作环境的后果之时。*Anuj Garg et al v. Hotel Association of India*, Supreme Court of India, [2008] 1 LRC 771：一项法律禁止在消费酒类的场所的任何地方雇用不满 25 岁的男性或任何女性，这侵害了他们的生计权，特别是在一个有大量的年轻人从酒店管理专业毕业的时代中。See also *Sesana v. Attorney General*, High Court of Botswana, [2007] 2 LRC 711. 参见，*Lawson v. Housing New Zealand* [1997] 4 LRC 369，法院在该案中认为，要得出结论说，生命不被剥夺的权利包括不考虑租户的承担能力以及其生活水平受到的影响，就不得对其住宿征收市场租金的权利，"这需要一种相当勉强的解释"。

（三）"此种权利应受法律保障"

国家有责任采取适当步骤保障其管辖范围内的人的生命。① 这要求国家建立一个包含程序、刑罚和执行手段的法律框架，这一框架在合理可行的范围内，将阻止对人身的犯罪并由此保护生命。② 在某些情况下，保护生命权的义务还意味着一种积极义务，即采取预防性操作措施以保护生命处于危险中的个人不受其他个人的犯罪行为侵害，③ 或者在特殊情况下，不受来自他（或她）自己的侵害。④ 在对于一个人的风险源于自我伤害（如在被羁押时自杀）的情况中产生的积极义务，则必须确定当局此时已经知道或应当知道对个人生命存在现实的、即刻的风险，并且它们未能在其权力范围内采取措施，而合理地判断，这些措施本可能有望避免这种风险。⑤ 在家庭暴力的情况中，受害者经常

---

① UN document A/2929, chap. VI, s. 4.

② *McCann v. United Kingdom*, European Court, (1995) 21 EHRR 97; *Osman v. United Kingdom*, European Court, (1998) 29 EHRR 245; *R (on the application of Middleton) v. West Somerset Coroner*, [2004] 2 All ER 465; *A. X and Y v. Z and the Public Prosecutor of the Canton of Zurich*, Federal Court of Switzerland, 6 February 2009, (2009) 2 *Bulletin on Constitutional Case-Law* 393. See also Decision of the Constitutional Court of Estonia, 8 March 2000, (2000) 1 *Bulletin on Constitutional Case-Law* 58：射击涉及威胁生命，因此应由法律规范。

③ *Mahmut Kaya v. Turkey*, European Court, 28 March 2000; *Kilic v. Turkey*, European Court, 28 March 2000 (2001) 33 EHRR 1357; *Denizci et al v. Cyprus*, European Court, 23 May 2001; *Boso v. Italy*, European Court, 5 September 2002; *Kazeem Aminu v. Nigeria*, African Commission on Human and Peoples' Rights, Communication 205/97：在一个人因为受到威胁而只能不断躲藏的情况中，《非洲人权和民族权宪章》第 4 条被违反。Decision of the Constitutional Court of Turkey, 4 December 2013, (2013) 3 *Bulletin on Constitutional Case-Law* 602：这一义务包括采取必要的预防措施，以针对不可预见的自然灾害和即时的现实危险保护生命。在地震造成一座宾馆建筑倒塌、24 名住客因之死亡的情况中，未做有评估损害、撤出住客和为无家可归者提供栖身之处侵犯了生命权。*Gonzales et al v. Mexico*, Inter-American Court, 16 November 2009, (2010) 2 *Bulletin on Constitutional Case-Law* 399：当国家知晓存在一种现实的、即时的风险时，即由于在妇女受到加剧风险的情况中出现的事件，强迫失踪的特定受害者将受到性侵犯、虐待和杀害，就出现了一种严格的恪尽职守（due diligence）的义务。

④ *Renolde v. France*, European Court, (2009) 48 EHRR 969; *Mammadov v. Azerbaijan*, European Court, [2009] ECHR 4762/05：在一个人当着国家工作人员的面以及出于国家工作人员的行为或要求直接引起的情绪性反应而威胁要自杀的情况中，后者应该极其严肃地对待这种威胁，将其当作构成对个人生命的迫在眉睫的风险。在这一案件中，申诉人的妻子在警察企图将申诉人及其家人驱逐出他们占用的住所时自焚。*Rabone v Pennine Care NHS Foundation Trust*, Supreme Court of the United Kingdom, [2012] 5 LRC 465：一个 24 岁的妇女在自杀未遂后被送入医院，她被医院评估为有继续试图自杀的很高风险，并接受了对抑郁性失调的治疗；她被允许回家两天，并在此期间自杀；据信，本可以合理期望能防止她自杀的现实的、迫在眉睫的风险。

⑤ *Mahmut Kaya v. Turkey*, European Court, 28 March 2000; *Denizci et al v. Cyprus*, European Court, 23 May 2001; *Younger v. United Kingdom*, European Court, 7 January 2003; *Gongadze v. Ukraine*, European Court, (2006) 43 EHRR 967. See also *Van Holle v. Chief Constable of Hertfordshire Police*, House of Lords, [2009] 3 LRC 272：在如下情况中——一个人的生命受到的威胁来自国家传唤该个人在一场刑事审判中担任控方证人的决定，更低的检测标准是不合适的。

受到恐吓或威胁,要么不报告犯罪,要么撤回投诉,此时为了保护他人的生命权,干涉个人的私生活或家庭可能是必要的。① 国家对个人的死亡并无任何直接责任并不排除这种义务的可适用性。②

从这一规定中,并不能得出防止暴力之每一种可能的积极义务。③ 考虑到现代社会中治安的困难、人的行为的不可预测性以及必须在优先事项和资源方面做出的实际选择,解释积极义务的方式不得对当局造成不可能或不成比例的负担。④

国家所承担的保护人之生命的义务要求国家以独立的官方机构,对于看来这一义务确实或可能被违反的情况下发生的任何死亡,开展有效的公开调查。这一义务不仅限于看来国家工作人员确实或可能以某种方式牵连其中的情况,⑤ 也不是必须由死者的家属激活。当局知晓杀人事件引起了在事后调查死亡情况的义务。⑥ 这一义务也产生于一个有道理的主张,即某一个人最后一次被人所见,是在国家工作人员的羁押之下,但随后就失踪了。⑦

---

① *Opuz* v. *Turkey*, European Court, 9 June 2009. See *Gonzales et al* v. *Mexico*, Inter-American Court, 16 November 2009,(2010)2 *Bulletin on Constitutional Case-Law* 399:在处理暴力侵害妇女的具体案件时,司法无效会鼓励一种有罪不罚的氛围,普遍地促成和鼓动暴力行为的重复,并传达一种信息,即对妇女的暴力行为,可以被容忍和接受为日常生活的一部分。如果攻击是基于性别的,那么考虑到不断重申社会谴责基于性别的暴力的必要性,有力和公正地进行调查就尤为重要。

② *Menson* v. *United Kingdom*, European Court, 6 May 2003.

③ *Boso* v. *Italy*, European Court, 5 September 2002. 但是见,*Chongwe* v. *Zambia*(2000),Human Rights Committee, Communication No. 821/1998, HRC 2001 Report, Vol. Ⅱ, p. 137:当一个13个反对党派联盟的主席与赞比亚前总统肯尼思·卡翁达博士一起乘车前往一个重要的政治集会,以发动公民不服从运动时,赞比亚警队的内部人员向该主席开枪、将其打伤并险些打死,在这种情况中,国家未能履行其保护生命权的义务。*Krishna Achuthan and Amnesty International* v. *Malawi*, African Commission on Human and Peoples' Rights, Communications 64/92, 68/92 and 78/92:警察向罢工者开枪违反了《非洲人权和民族权宪章》第4条。Malcolm Evans and Rachel Murray(ed.),*The African Charter on Human and Peoples' Rights*, 2nd edn(Cambridge University Press)引用了该案。

④ *Tanrıbilir* v. *Turkey*, European Court, 16 November 2000.

⑤ *R*(*on the application of Middleton*) v. *West Somerset Coroner*, House of Lords,[2004]2 All ER 465. See also *Jimenez Vaca* v. *Colombia*(2002), Human Rights Committee, Communication No. 859/1999, HRC 2002 Report, Vol. Ⅱ, p. 187;*McCann* v. *United Kingdom*, European Court,(1996)21 EHRR 97;*Yasa* v. *Turkey*, European Court,(1999)28 EHRR 408;*Mahmut Kaya* v. *Turkey*, European Court, 28 March 2000;*Velikova* v. *Bulgaria*, European Court, 18 May 2000;*Irfin Bilgin* v. *Turkey*, European Court, 17 July 2001;*Salman* v. *Turkey*, European Court,(2002)34 EHRR 425;*Jordan* v. *United Kingdom*, European Court,(2001)11 BHRC 1;*Rantsev* v. *Cyprus and Russia*, European Court, 7 January 2010.

⑥ *Powell* v. *United Kingdom*, European Court, 4 May 2000;*Denizci et al* v. *Cyprus*, European Court, 23 May 2001;*Boso* v. *Italy*, European Court, 5 September 2002;*Semse Onen* v. *Turkey*, European Court, 14 May 2002;*Sabuktekin* v. *Turkey*, European Court,(2003)36 EHRR 19.

⑦ *Cyprus* v. *Turkey*, European Court, 10 May 2001. See also *McBride* v. *United Kingdom*, European Court, 9 May 2006;*Oneryildiz* v. *Turkey*, European Court, 30 November 2004;*Bautista de Arellana* v. *Colombia*, Human Rights Committee, Communication No. 563/1993:对于据称生命权被侵犯的事件,一种纯粹纪律性或行政性的救济不能被认为构成一项充分和有效的救济。*Vicente* v. *Colombia*, Human Rights Committee, Communication No. 612/1995.

这种调查的实质目的是确保有效实施保护生命权的国内法律,并在涉及国家工作人员或机构的案件中,确保对于在它们负责下发生的死亡情况,追究其责任。什么形式的调查将达到这些目的可能会根据不同的情况而有所不同。但是,无论采用何种模式,一旦事件引起当局的注意,它们就必须按照自己的决定行事,而不能留由死亡者的亲属主动提出正式投诉或者负责启动任何调查程序。① 调查也必须有效,即要能够导致确定在这些案件中使用的武力在当时的情况下是否合理,以及导致对负责任者的查明和惩罚。这不是对结果的义务,而是对手段的义务。当局必须采取可用的合理步骤,以确保有关事件的证据,包括目击者证词、法医证据、适当情况下提供对伤情的完整和准确记录的尸检,以及对临床发现(包括死因)的客观分析。调查中任何破坏其确定死因或责任人之能力的缺陷,都有可能违反本标准。②

为使调查有效,通常的认识是,负责进行调查的人员必须独立于与事件有牵扯的人员。这不仅意味着不存在层级或制度上的联系,而且意味着实际的独立。③ 如果调查涉及公共当局责任的情况中的死亡,是由据称涉嫌此事的人的直接同事进行的,那么这一权利在程序方面就受到了侵犯。另一个当局的监

---

① *Jordan v. United Kingdom*, European Court, (2001) 37 EHRR 52. See also *Avsar v. Turkey*, European Court, 10 July 2001; *Edwards v. United Kingdom*, European Court, (2002) 35 EHRR 19; *Menson v. United Kingdom*, European Court, 6 May 2003; *Finucane v. United Kingdom*, European Court, 1 July 2003; *Coronel et al v. Colombia*, Human Rights Committee, Communication No. 778/1997, Selected Decisions, Vol. 8, p. 60; *Isayeva v. Russia*, European Court, (2005) 41 EHRR 791; *Shanaghan v. United Kingdom*, European Court, 4 May 2001.

② *Avsar v. Turkey*, European Court, 10 July 2001. See also *Anguelova v. Bulgaria*, European Court, 13 June 2002; *Younger v. United Kingdom*, European Court, 7 January 2003; *Ramsahai et al v. The Netherlands*, European Court, 15 May 2007. *Ertak v. Turkey*, European Court, 9 May 2000:调查官员没有提取申诉人或申诉中列名的其他人的证词,这即没有进行有效调查的情况。*Telitsin v. The Russian Federation*, Human Rights Committee, Communication No. 888/1999, HRC 2004 Report, Vol. Ⅱ, p. 60:某人在一个劳动教养中心服刑期间死亡,其残缺不全的尸体被交给家人——他们对当局的说法即该人死于自杀提出了质疑。对于导致其死亡的情况,俄罗斯没有进行适当的调查。*Gonzales et al v. Mexico*, Inter-American Court, 16 November 2009, (2010) 2 *Bulletin on Constitutional Case-Law* 399:到犯罪现场的调查人员最起码要对现场和任何物理证据拍照,还要对尸体被发现时和被移动后的样子拍照;搜集和保存血样、毛发、各种纤维和其他线索;在现场检查足印和其他证据;并编写一份详细报告,说明犯罪现场的情况、调查人员采取的措施和搜集证据的地点。在对死亡事件进行法律和医学调查中的恪尽职守要求保留扣押每一件法医鉴识证据的情况的精确过程。*Kawas Fernández v. Honduras*, Inter-American Court, 3 April 2009, (2009) 2 *Bulletin on Constitutional Case-Law* 423:国家没有对一个环保活跃人士被谋杀一事开展迅即、严肃、公正和有效的调查;国家工作人员试图恐吓证人,对搜集证据漫不经心,没有采取标准的操作程序来逮捕涉嫌犯罪者,使得调查在八年时间里停滞不前。

③ *Anguelova v. Bulgaria*, European Court, 13 June 2002. See also *Younger v. United Kingdom*, European Court, 7 January 2003. *Janowiec et al v. Russia*, European Court, 21 October 2013, (2013) 3 *Bulletin on Constitutional Case-Law* 616; *Isayeva v. Russia*, European Court, 24 February 2005.

督，无论其多么独立，都不足以保障调查的独立性。①

对于有效调查，一个隐含要求是迅速与合理便捷。虽然在某一特定情况下，可能存在妨碍调查取得进展的障碍或困难，但当局在调查使用致命武力方面的迅速反应通常被视为对于维持公众对当局的信心至关重要，即相信当局会遵守法治要求和防止出现非法行为中的任何串通或容忍非法行为。② 当使用武力导致个人被杀害时，国家有义务进行迅速、有效的调查，并采取或启用对案件可能适当的诉讼程序；这样的义务并不取决于使用武力本身最终是否被认定侵犯了受法律保护的权利。③

调查必须彻底、公正和谨慎。④ 尽管可能没有必要要求公开对暴力死亡调查后进行的所有程序，⑤ 但对于调查或其结果，必须有足够的公众监督，以确保在理论上和实践中均能问责。所需的公众审查程度可能因案件情况而异。但是，在所有案件中，受害者的近亲属都必须在维护其合法利益所必需的程度内，参与程序。⑥ 满足调查有效性最低门槛的审查的性质和程度，将取决于每个案件的情况。⑦ 即使国家没有卷入个人的死亡事件，而且无论死亡是否已经产生，这些基本的程序要求同样适用于对威胁生命的攻击行为的调查。⑧

保护生命权的义务还意味着适合一般情况的其他积极预防措施。例如，人权事务委员会认为，缔约国最好采取一切可能措施，减少婴儿死亡率和提高预期寿命，特别是采取措施消除营养不良和流行病。⑨ 如果旨在消除传染病的工作中，疫苗接种造成了极少量死亡，则不能说国家没有采取足够和适当的步骤

---

① *Kilic v. Turkey*, European Court, 28 March 2000; *Ramsahai et al v. The Netherlands*, European Court, 15 May 2007.

② *Avsar v. Turkey*, European Court, 10 July 2001; *Younger v. United Kingdom*, European Court, 7 January 2003; *Luluyev et al v. Russia*, European Court, 9 November 2006. *Kawas Fernández v. Honduras*, Inter-American Court, (2009) 2 *Bulletin on Constitutional Case-Law* 423; *Isayeva v. Russia*, European Court, 24 February 2005.

③ *Ramsahai et al v. The Netherlands*, European Court, 15 May 2007.

④ *Velikova v. Bulgaria*, European Court, 18 May 2000.

⑤ *Ramsahai et al v. The Netherlands*, European Court, 15 May 2007.

⑥ *Anguelova v. Bulgaria*, European Court, 13 June 2002; *Isayeva v. Russia*, European Court, 24 February 2005.

⑦ *Velikova v. Bulgaria*, European Court, 18 May 2000; *Timurtas v. Turkey*, European Court, 13 June 2000.

⑧ *Menson v. United Kingdom*, European Court, 6 May 2003.

⑨ 人权事务委员会第6号一般性意见，第5段。See also *X v. Germany*, European Commission, (1984) 7 EHRR 152：有人对一项迁离令——这是对一位处于糟糕健康状态的寡妇发出的——提出了申诉，基于无法排除这种迁离会危及其生命的医学证据，这一申诉被宣布为可以受理。

来保护生命。① 印度最高法院认为，吸烟对吸烟者的健康有害无可争议，并指出没有什么理由可以认为，被动吸烟者的健康应受这种行为的影响，因此下令禁止在公共场所吸烟，并向印度联邦、各邦政府和各联邦领地发出指示，要求其采取有效步骤确保在规定的公共建筑物（礼堂、医院、卫生机构、教育机构、图书馆、法院、公共办公室）和交通工具（包括铁路列车）内禁烟。②

1. 被拘禁者

逮捕或拘禁个人的国家有责任照顾其生命。如果一个国家承担了这一责任，那么无论是将该人羁押、监禁、根据精神健康立法将他拘禁还是将他征召入伍，国家都要对该人的安全承担责任。在这种情况下，警察当局、监狱当局、卫生当局和武装部队都有保护在其照料责任之下人员生命的积极义务。③

国家对受其监管人员的照料责任也要求其对这些人的死亡提供令人信服的解释。④ 调查的责任部分地指向作为死者代表的近亲属；部分地指向在类似情况下可能易受伤害且其生命可能需要得到保护的其他人。对于被拘禁在监狱中的人来说，这一责任的重要性显而易见，特别是在监狱拥挤、囚犯经常遭遇危险的情况下。在国家工作人员杀人的案件与制度可能导致的杀人的案件之间，没有明确的分界线。"有待发生的事件"的结果可能与实际杀害一样，都需要详细和深入的调查，尽管在某些情况下，采用的程序可能具有合理的不同。监狱设施的缺陷——这导致一名囚犯死在另一名囚犯手中——对调查的要求程度不亚于国家工作人员故意犯下的致命行为，而且要求"尽可能广泛的曝光"。⑤

被羁押者处于弱势地位，当局有责任保护他们。因此，当一个人在被带走

---

① *Association X* v. *United Kingdom*, (1978) 14 *Decisions & Reports* 31.
② *Murli S Deora* v. *Union of India*, Supreme Court of India, [2002] 4 LRC 193.
③ *Mitchell* v. *Glasgow City Council*, House of Lords, [2009] 3 All ER 205.
④ *Vera Vera* v. *Ecuador*, Inter-American Court, (2011) 3 *Bulletin on Constitutional Case-Law* 599.
⑤ *R* (*on the application of Amin*) v. *Secretary of State for the Home Department*, House of Lords, [2004] 3 LRC 746, per Lord Slynn. 宾汉姆（Bingham）勋爵称，在英国，这种责任导致的一个效果是，要求有一个独立的司法裁判庭对这样的死亡事件进行公开调查，且死者的亲属有机会参加调查。这样一种调查的目的很清楚，即尽可能确保以下方面：全部事实得到披露；应受处罚和谴责的行为被曝光、引起公众注意；怀疑或故意的错误行径（若有理）得以消除；危险的做法和程序得到改正；那些失去亲人者至少可以满意地得知，从其亲人死亡得来的教训有可能拯救其他人的生命。*Salman* v. *Turkey*, European Court, 27 June 2000：在评估证据时，适用了超出合理怀疑的证明标准。在问题所涉事件全部或大部分仅由当局掌握的情况中——例如涉及因羁押而受其控制之人，对于这种拘禁期间发生的伤亡，会有强烈的事实假定。实际上，可以认为，提供令人满意且信服之解释的举证责任由当局承担。See also *Akkok* v. *Turkey*, European Court, 10 October；*Anguelova* v. *Bulgaria*, European Court, 13 June 2002；*Demiray* v. *Turkey*, European Court, 21 November 2000；*Avsar* v. *Turkey*, European Court, 10 July 2001.

羁押时身体健康但在释放时被发现受伤之时，国家有责任对于这些伤害是如何造成的，提供合理解释。在被羁押者死亡的情况中，当局对其所受待遇做出说明，负有特别严格的义务。① 这种审查的必要在国内法中得到承认，即国内法要求就监狱中的人员死亡自动进行审查并施予监狱当局对被其羁押者进行照管的义务。②

保护生命的义务要求国家采取适当措施以保障生命。这一原则适用于绝食的囚犯。在欧洲的一起案件中，一名绝食囚犯在其绝食的第16天被转移到另一所监狱，在主治医生的建议下，他在涉嫌有辱人格之待遇的情况下，每天被强行喂食两次。对此后采用的程序的描述如下：每天他被两次带到监狱手术室，在那里他被绑在椅子上，手臂、双脚和胸部都用皮带绑着。有人问他是否愿意自愿吃监狱食物。当他拒绝时，将开始强行喂食。一名警卫首先将他的头按在椅背上，然后用沾着灰泥的金属刮刀从侧面压在颌上，以便将他的嘴张得

---

① *Salman v. Turkey*, European Court, (2002) 34 EHRR 425; *Avsar v. Turkey*, European Court, 10 July 2001; *Anguelova v. Bulgaria*, European Court, 13 June 2002. See *Sathasivam v. Sri Lanka*, Human Rights Committee, Communication No. 1436/2005, HRC 2008 Report, Vol. II, p. 181: 一个健康状态正常的人被警察羁押，随后不久就有目击者看到他身受重伤。他随后死亡的据称原因被该国司法和行政当局否认为不实。总检察长的决定，即不启动刑事诉讼以取代纪律惩戒诉讼，明显是无理的，等于是拒绝司法公正，而国家违反了其适当调查受害者的死亡和所遭酷刑的义务，以及对被认定有罪责者采取必要行动的义务。*Renolde v. France*, European Court, 16 October 2008: 一位严重精神错乱、曾有企图自杀历史的犯人被长期关押在一间惩处囚室中，这必然影响他的心理状态。*Titiahonjo v. Cameroon*, Human Rights Committee, Communication No. 1186/2003, HRC 2008 Report, Vol. II, p. 20: 一位被羁押者被发现死在牢房内；此前，当他明显得了重病时，一位护士被拒绝进入他的牢房。*Anguelova v. Bulgaria*, European Court, 13 June 2002: 一位属于罗姆族裔的17岁男孩因涉嫌盗窃被逮捕后，警察看见他浑身颤抖，但有两个多小时，他没有得到医疗，这对他的死亡具有决定性的作用。*Lantsova v. The Russian Federation*, Human Rights Committee, Communication No. 763/1997, HRC 2002 Report, Vol. II, p. 96: 一名被拘禁者死于急性肺炎导致的心力衰竭，他在生命的最后几分钟才得到医疗，而此前几天监狱当局一直拒绝给他医疗。*R (Smith) v. Oxfordshire Assistant Deputy Coroner*, Supreme Court of the United Kingdom, (2010) 2 *Bulletin on Constitutional Case-Law* 390: 一名英国士兵在伊拉克服役两个月，他在离开军事基地执勤时体温过高，回到基地后死亡。调查发现，导致他死亡的，是在处理他适应伊拉克的温度时经历的各种困难方面，存在一系列的失误。*Barbato v. Uruguay*, Human Rights Committee, Communication No. 84/1981, HRC 1983 Report, Annex IX: 某人在1972年被逮捕，随后被判处八年监禁，在1980年服刑完毕。他被告知，只有他离开该国，才会释放他。在他获得了瑞典政府的入境签证之后，他被告知将在1980年12月11日获释。12月9日，他又被告知他没有得到出国许可。12月28日之前，他的下落不为其亲属所知；这一天他的母亲被叫到军事医院去辨认他的尸体。她被告知，他是自杀的。在他死前几天，其他囚犯曾看到他精神很好。*Miango v. Zaire*, Human Rights Committee, Communication No. 194/1985, HRC 1988 Report, Annex VII. F: 对于一位扎伊尔国民死亡，当局称，他是因为在交通事故受伤而于1985年6月23日死在金沙萨的一所医院里。据认定，他于1985年6月20日或21日被绑架并被带到金沙萨的一所军营，他在那里遭到了军人的酷刑折磨，并死于很可能是钝器击打造成的外伤。不仅公共检察官没有对死亡事件开展调查，而且据说在所谓的交通事故之后将受害者送到医院的军官也拒绝接受询问。

② *Younger v. United Kingdom*, European Court, 7 January 2003.

足够宽、在牙齿之间放置一个夹子。借助该夹子撑开双颌并打开嘴后，负责医生会将橡胶或塑料管通过食道引导至胃，并且通过该管倒入特殊流体形式的食物。在获得必要的法院许可后，该程序在四天内对该囚犯实行了七次。欧洲人权委员会承认，强迫喂食某人确实涉及在某些情况下可能被视为应予禁止的有辱人格的因素，但认为，在该案中，个人的人身完整权与国家保护生命的义务之间存在冲突。当局在选择采取行动以确保该囚犯的生存时，已经基于该囚犯的最大利益行事，即使这种行为有可能侵犯他的人格尊严。考虑到医学评估证明他的生命处于危险之中，以及进行治疗期间相对较短，这项旨在确保他的健康甚至挽救他的生命的措施，并不被认为使该囚犯受到了比实现这一目标所需的程度更大的限制。①

2. 引渡和驱逐

原则上，引渡和驱逐之间有明显的区别。引渡基本上涉及三个要素：两个国家的主权行为，一个国家要求另一个国家向其移交据称的罪犯，以及移交该被请求之人的目的是在请求国境内对其审判或判刑。驱逐基本上是驱逐国的单方面行为，以便摆脱不受欢迎的外国人。当这样的外国人离开驱逐国的领土时，驱逐的目的即告实现；被驱逐者的目的地与驱逐目的无关。因此，引渡和驱逐之间的重要区别特征之一是有关国家的行为的目的。如果驱逐和引渡的效果重叠，在实践中就可能难以确定移交行为的真实目的和性质。对驱逐和引渡规定的程序是不同的，这些差异在特定情况下可能很关键，特别是在这种逐出行为的合法性受到质疑的情况下。② 但是，在适用《公民及政治权利国际公约》第 6 条时，驱逐和引渡之间没有区别。

实施引渡或驱逐的国家必须确保被引渡或驱逐的人在接收国不会面临其生命权受侵犯的现实危险。如果一个国家决定引渡或驱逐在其管辖范围内的某人，而必然的和可预见的后果是该人的生命权将在目的地管辖区内受到侵犯，则前一国家将违反其保护生命权的义务。人权事务委员会在 2003 年的一个案件中适用了这一原则。该案涉及一名美国公民，他在美国被判犯有谋杀罪并被判处死刑，但越狱逃到了加拿大。他在加拿大又因犯下的两起抢劫罪被判处十年监禁。在他出狱后，被驱逐出加拿大，尽管他曾要求，应该引渡他，而且加拿大可以要求美国保证他不会被处决。美国没有提出引渡请求。人权事务委员会认为，加拿大作为一个废除死刑的国家，将此人驱逐到美国——他在那里被

---

① *X v. Germany*, European Commission, (1984) 7 EHRR 152.
② *Mohamed v. President of the Republic of South Africa* (2001), Constitutional Court of South Africa, [2001] 5 LRC 636, per Chaskalson P.

判处了死刑,又没有确保死刑不会执行,这侵犯了他根据《公民及政治权利国际公约》第 6 条第 1 款享有的生命权。加拿大通过驱逐他到一个将他判处死刑的国家,在使得他可能被处决的因果链中,建立了一个至关重要的环节。①

1998 年 8 月,一位坦桑尼亚国民穆罕默德以访客签证进入南非并前往开普敦,在那里了获得就业和住处。后来,他申请庇护,并获得了临时居留许可;在等待对的他庇护申请的决定期间,该许可必须定期续签。1999 年 10 月 5 日,当他到达开普敦的难民接待处延长其临时居留许可时,被一名移民官员逮捕,被带上一辆在大楼地下室等候的汽车并被送往开普敦国际机场一处控制地点。第二天,他被移交给美国联邦调查局羁押,并被一架专门从美国送去接运他的飞机从南非带出。他抵达美国后,立即被指控犯有与美国驻达累斯萨拉姆大使馆于 1998 年 8 月遭爆炸袭击有关的罪行。美国法院告诉他,如果他被定罪,可能判处他死刑。南非宪法法院认为,穆罕默德是被驱逐还是被引渡是无关紧要的。在南非,生命权受到宪法保护,对此权利没有任何例外。因此,南非政府的工作人员将穆罕默德移交给美国特工,以便后者将他带到美国以接受对其刑事指控的审判,而如果他被判有罪,就可能被判处死刑,这种行为是非法的。之所以如此,是因为这些行为侵犯了穆罕默德的由宪法规定的生命权,以及不受以残忍,不人道或侮辱性之方式对待或惩罚的权利,因为南非并没有事先从美国政府处获得承诺——不会判处他死刑,或即使判处,也不会被执行。查斯卡尔森(Chaskalson)院长评论道:"在将穆罕默德交给美国而未确保他不会被判处死刑的情况中,移民当局未做到重视穆罕默德的生命权、他的人格得到尊重和保护的权利以及他不受残忍的、不人道或侮辱性的惩罚的权利。"②

意大利与美国之间的引渡条约中有一项规定,使意大利司法部部长可以酌情决定允许引渡一个人到美国接受一级杀人罪的审判——美国对这种罪行规定了死刑,条件是美国做出了不执行死刑的"充分保证"。意大利宪法法院认为这一规定不符合宪法,因为宪法保障了无条件的生命权并禁止死刑。③ 根据葡萄牙宪法,不得引渡其罪名"根据请求国法律"可被判处死刑的人。在一起案件中,葡萄牙宪法法院审查了中国政府关于引渡居住在澳门(当时是在葡萄牙治下)的一名嫌疑人、以使其以故意杀人罪——这可判处死刑——接受审判的

---

① *Judge v. Canada*, Human Rights Committee, Communication No. 829/1998, Selected Decisions, Vol. 8, p. 85.

② *Mohamed v. President of the Republic of South Africa*, Constitutional Court of South Africa, [2001] 5 LRC 636.

③ Decision of the Constitutional Court of Italy, 27 June 1996, (1996) 2 *Bulletin on Constitutional Case-Law* 228.

请求，该法院认定由新华社（在澳门具有准外交职能）转达的中国国家安全部的承诺——不判处嫌疑人死刑——是一种政治和外交性质的保证，对中国法院没有约束力。[①]

国际合作的必要性并不能使一国不必确保遵守和尊重被寻求引渡的外国人的基本权利。这样的人被剥夺该国宪法保障的任何正当程序权利的可能性就足以使引渡程序无效。[②] 要求一国给予必要的保证并不构成对其起诉之独立或司法机关之独立的干涉：执行死刑属于行政机关的权力。[③] 虽然国家在对是否驱逐这样的个人做出酌处决定时，必须注意其保护受其管辖之个人的生命权的义务，但如果司法和移民法庭所获证据表明，驱逐该个人不会使其受到《公民及政治权利国际公约》第6条被违反的现实危险，则该第6条并不必然要求该国避免将该个人驱逐到一个保留死刑的国家。[④] 在任何情况下，将一位国民引渡到一个已经签署《欧洲人权公约》并接受欧洲人权法院管辖的国家，都不能引起一种泛泛的怀疑，即该国将做不到履行保障和维护其国民之宪法权利的义务。[⑤] 但是，没有任何机会对引渡决定提请有效和独立的审查，将违反结合《公民及政治权利国际公约》第2条解读的第6条第2款。[⑥]

[①] Decision of the Constitutional Court of Portugal, 4 July 1995, (1995) 2 *Bulletin on Constitutional Case-Law* 186. （此处可能有两处错误：首先，中国与葡萄牙于2007年才签订引渡条约，因此在该案发生时不可能出现法律意义上的引渡。其次，原书说做出保证的是"国家安全部"/ Ministry of State Security，很可能是对"公安部"/ Ministry of Public Security 之误解或误译。——译者注）

[②] Decision of the Federal Supreme Court of Brazil, 28 August 1996, (2010) 2 *Bulletin on Constitutional Case-Law* 263.

[③] *Minister of Home Affairs v. Tsebe*, Constitutional Court of South Africa, 27 July 2012, [2013] 2 LRC 268. 宗多（Zondo）法官提出，2004年《预防和打击腐败法》和2002年《实施国际刑事法院法罗马规约法》是以下情况的两个例证，即对于某些特定罪行，即使这些罪行发生在南非以外，南非法院也被赋予了审判管辖权，并补充说："看来，如果南非能够通过立法赋予其法院审判在南非以外发生的犯罪的管辖权，就没有理由不能或不应制定类似的立法，以确保对于处于策博先生之境地的人，在据称他在其中犯罪之国家不准备给出审判他的必要保证之时，他们能够在南非的法院得到审判。"这样的立法将防止的情况是，处于策博先生之境地的人，不会因为南非在没有必要保证的情况下无法引渡或驱逐他们，也无法审判他们，而另一国家无法审判他们——因为他们并不身处那里，也不会给南非必要的保证，而完全不受审判。"

[④] *ARJ v. Australia*, Human Rights Committee, Communication No. 692/1996, Selected Decisions, Vol. 6, p. 177.

[⑤] *Ivan Aitor Sanchez Ceresani v. Republic of Italy*, Constitutional Court of Italy, 27 March 2000, (2000) 1 *Bulletin of Constitutional Case-Law*, 154.

[⑥] *Maksudov et al v. Kyrgyzstan*, Human Rights Committee, Communications Nos. 1461, 1462, 1476, 1477/2006, HRC 2008 Report, Vol. Ⅱ, p. 226. 该案有关四位乌兹别克斯坦国民——联合国难民署准予其难民地位——被拘押在吉尔吉斯斯坦的一处拘禁中心，随后由吉尔吉斯斯坦总检察长办公室基于引渡请求移交给乌兹别克斯坦执法当局。

3. 环境

有益健康的环境的概念是基本生命权的一个部分。因此，非法倾倒有毒和危险物质或废物有可能构成对生命权的严重威胁。① 印度最高法院曾认定，在主要工业区建成的若干化工厂在生产诸如发烟硫酸（浓硫酸）、单过磷酸钙（SSP）和"H"酸等物质，它们造成了高毒性废水，特别是铁和石膏基污泥。大约2500公吨具有高度毒性的污泥和其他污染物后来未经处理即与废水一道被排放到工业区周边的空地中，由此废水渗入地面，污染了含水层和地下供水，使得地下水无法用于日常使用、灌溉或耕种，并在村庄和周边地区传播疾病、死亡和灾难。印度最高法院认定，它有权进行干预，以保护得到宪法保障的生命权，方式是命令工厂关闭以及指令政府判断和从工厂的所有者那里取得救济性措施的费用。②

在国家保护人之生命的义务方面，可能出现的一个严重问题是，政府没有采取适当步骤保护社区免于过度接触已知会导致癌症和遗传缺陷的放射性情况。在加拿大，在1945年至1952年，埃尔多拉多核有限公司（Eldorado Nuclear Ltd.）——家联邦所有的公司和加拿大唯一的镭和铀提炼厂——在安大略省霍普港（Port Hope）周边的垃圾场处置核废料。霍普港是一个拥有一万名居民的城镇，所在地区计划成为北美人口最密集的地区之一。1975年，当毫无戒心的公民使用来自垃圾倾倒场的材料作为其房屋的填充或建筑材料时，发现住宅和其他建筑物受到了大规模污染。原子能控制委员会启动了一项清理行动，从1976年到1980年，从大约400个地点挖掘出的废料被移走并另行放置到其他地方。然后，突然之间，新的垃圾倾倒场被关闭，不能再向其转移来自霍普港的放射性废料，其原因是政治性的，即没有其他选区愿意接收这种废料，联邦政府也不愿意解决这个问题。与此同时，大约20万吨放射性废料仍

---

① 《维也纳宣言和行动纲领》，第 1 部分第 2 段。See also Fatma Zohra Ksentini, special rapporteur, *Adverse Effects of the Illicit Movement and Dumping of Toxic and Dangerous Products and Wastes on the Enjoyment of Human Rights*, Preliminary Report, UN document E/CN. 4/1996/17.

② *Indian Council for Enviro-Legal Action v. Union of India*, Supreme Court of India, [1996] 2 LRC 226. See also *Fuel Retailers Association of South Africa v. Director-General*, *Environmental Protection*, Constitutional Court of South Africa, [2008] 2 LRC 102; 汽车加油站一个紧挨另一个的扩展可能对环境具有重大负面影响，尤其是污染地下水、土壤、视觉和光线的风险。*Andhra Pradesh Pollution Control Board v. Nayadu*, Supreme Court of India, [2002] 3 LRC 275; 印度最高法院发布了一项禁令，禁止在两座向500多万人提供饮用水的水库方圆10公里范围内建立一家生产"植物油包括溶剂萃取油"的工厂。就这一问题，另见，*López Ostra v. Spain*, European Court, (1994) 20 EHRR 277; *Wildlife Society of Southern Africa v. Minister of Environmental Affairs and Tourism*, Supreme Court of South Africa, 1996 (3) SA 1095; *Bulankulama v. Secretary to the Ministry of Industrial Development*, Supreme Court of Sri Lanka, [2002] 4 LRC 53。

留在霍普港，存放在靠近或紧挨着居民区的八个"临时"处置场所，其中有一个距一个公共游泳池约 100 码。提交人声称，由于联邦政府未能提供替代垃圾倾倒场，原子能控制委员会代表霍普港居民行事的努力受到了阻碍。人权事务委员会虽然指出，来文提出了有关国家保护人之生命的义务的严重问题，但由于提交人未能满足与用尽国内救济有关的受理标准，因此没有着手审议案件的实质问题。①

在危险活动引起的事件后的司法应对方面发展出的原则本身也适用于救灾领域。②

4. 获得医疗服务

生命权要求国家不仅要避免故意和非法夺取生命，还要采取适当步骤保护其管辖范围内的人的生命。不能排除当局在医疗保健政策领域的作为和不作为在某些情况下，可能引起其根据《欧洲人权公约》第 2 条规定的积极义务承担责任。此外，如果表明存在以下情况，则可能出现问题：当局拒绝向某一个人提供它们已经承担向一般民众提供的医疗服务，而使该个人的生命处于危险之中。③ 然而，如果一个国家为确保医疗专业人员的高专业标准和保护患者的生命，已经做出了充分的规定，那么就不能说，诸如卫生专业人员的判断错误或卫生专业人员在治疗特定患者方面的协调不力等问题，本身就足以从国家保护生命的程序性义务的角度，要求国家负责。④

印度最高法院认为，国家维护每个人之生命权的义务意味着维护人的生命至关重要。因此，由国家运营的政府医院和其中雇用的医务人员需要提供医疗援助以保护人的生命。政府医院未能及时为需要治疗的人提供医疗服务，导致他的生命权受到侵犯。在我们此处讨论的案例中，索赔人从火车上掉下来导致头部严重受伤和脑出血。他被带到几家医院但都被拒绝收治，要么是因为医院

---

① *EHP* v. *Canada*, Human Rights Committee, Communication No. 67/1980, Selected Decisions, Vol. 2, p. 20. See also *LCB* v. *United Kingdom*, European Court (1998) 27 EHRR 212; *Oneryildiz* v. *Turkey*, European Court, 30 November 2004.

② *Budayeva et al* v. *Russia*, European Court, 20 March 2008.

③ *Pentiacova et al* v. *Moldova*, European Court, 4 January 2005：申诉人患有慢性肾功能衰竭，诉称摩尔多瓦未能支付他们血液透析所需的所有药物费用以及血液透析单位资金不足。*Hristozov et al* v. *Bulgaria*, European Court, 13 November 2012：申诉人声称，由于传统疗法在他们情况中不起作用，因此制定国内法的方式应使他们有权作为例外，获得由公司免费提供的、其正在开发的、实验性但未经测试的产品。欧洲人权法院认为，《欧洲人权公约》第 2 条不能被解释为，对于获得未经授权的针对绝症的药品，要以某种特别的方式规制。

④ *Powell* v. *United Kingdom*, European Court, 4 May 2000. 程序义务不能仅限于个人因暴力行为而丧失生命的情况。该义务延及需要一个有效的独立系统来确定由卫生专业人员照管和负责的个人的死因，以及卫生专业人员的任何责任。

没有必要的治疗设施，要么是因为没有足够的地方接收他。结果，他不得不在一家私立医院获得必要的治疗。印度最高法院认定，索赔人实际上本来能够被不止一家拒绝收治他的医院接收，还认定负责做出这种决定的人犯有行为不当之错。①

南非宪法法院对以下案件与上述案件进行了区分：一名41岁失业男性患有糖尿病，还患有缺血性心脏病和脑血管疾病，并且处于慢性肾功能衰竭的最后阶段，他援用了生命权以获准进入一家国立医院进行肾透析治疗。他被拒绝入院，因为他不符合有关准则——制定和采用这些准则是为了在资源短缺的情况下，确定哪些慢性肾功能衰竭患者应该接受治疗。南非宪法法院提到了印度宪法和南非宪法之间的结构性差异，特别是后者对国家施加的积极义务："任何人不得被拒绝紧急医疗。"南非宪法法院认为，虽然没有必要从生命权中推断出获得紧急医疗的权利，但索赔人的情况不是一种要求立即采取补救措施的"紧急情况"，而是一种无法治愈的，其肾功能恶化导致的持续状况。萨克斯（Sachs）法官指出，在一个以尊严、自由和平等为基础的开放的和民主的社会中，限量分配获得延长生命的资源的机会被认为是对卫生保健之人权进路的组成部分，而不是与其不相容。②

5. 战争与核武器

人权事务委员会扩大了《公民及政治权利国际公约》第6条中的保护概念，要求各国采取积极行动以避免战争和其他大规模暴力行为——这些行为继续给人类带来灾祸，每年夺走成千上万无辜者的生命。人权事务委员会指出，根据《联合国宪章》，除行使其固有自卫权利的情况外，任何国家不得对另一个国家威胁使用或使用武力。"因此，各国有防止战争、灭绝种族和造成无理剥夺生命的其他大规模暴行的重大责任。它们为防止战争危险，特别是热核战争，以及加强国际和平与安全所作的任何努力，都构成了维护生命权的最重要条件和保障。"③ 委员会还重点关注核武器问题："设计、试验、制造、拥有和部署核武器显然是当今人类所面对的对生命权的最大威胁之一。不仅在战时有可能实际使用这种武器，甚至因人为的或机械的过失或故障也有可能实际使用这种武器的危险，使得核武器

---

① *Paschim Banga Khet Mazdoor Samity v. State of West Bengal*, Supreme Court of India, (1996) AIR SC 2426.

② *Soobramoney v. Minister of Health*, *KwaZulu-Natal*, Constitutional Court of South Africa, [1998] 2 LRC 524.

③ 人权事务委员会第6号一般性意见，第2段。

的威胁倍增。"①

国际法院在一份咨询意见中一致同意：（1）在习惯国际法或协议国际法中，都没有任何对威胁使用或使用核武器的具体授权；（2）违反《联合国宪章》第2条第4款且不符合第51条之所有要求的以核武器威胁或使用武力，是非法的；（3）威胁或使用核武器还应符合适用于武装冲突的国际法的要求，特别是国际人道法原则和规则的要求，以及明确涉及核武器之条约和其他承诺中的具体义务。在国际法院认定无论是习惯国际法还是协议国际法都没有全面和普遍禁止威胁或使用核武器之时，法官意见不一，为11票对3票。在国际法院认定下述问题时，法官则分裂成7票对7票，最后法院院长投了决定票：虽然由于威胁或使用核武器通常会有违适用于武装冲突的国际法规则，特别是人道法原则和规则，但鉴于目前的国际法状况以及国际法院所掌握的事实要素，国际法院无法肯定地总结说，在国家之生死存亡危在旦夕而实行自卫的极端情况下，威胁或使用核武器究竟是合法的还是非法的。② 威拉曼特里（Weeramantry）法官在全面审查了习惯国际法和人道法原则的反对意见中得出的结论是，现行法律绝对禁止使用或威胁使用核武器——在任何情况下且毫无保留。③

美洲人权法院在21世纪早期的一系列判决中，④ 参照国际人道法的规定解释了基于《美洲人权公约》的义务，⑤ 重申了与在武装冲突的情况中保护平民人口有关的原则：

预防原则要求：

（a）在采取军事行动时，必须不断顾及不损害平民和民用物体。

（b）必须采取一切可行的预防措施，以避免并在任何情况下尽量减少平民

---

① 人权事务委员会第14号一般性意见（1984年），第4段。联合国大会（联大）1983年12月15日的第38/75号决议"坚决、无条件和始终如一地"谴责核战争"违背人类的良心和理智，是对各国人民的滔天大罪，也是对最基本人权——生命权利的侵犯"。参见，*Operation Dismopper Inc and Others v. The Queen*, Supreme Court of Canada,［1986］LRC（const）421：该案中，加拿大最高法院驳回了一项申请，即要求宣布联邦内阁允许美国在加拿大领土上测试巡航导弹的决定侵犯了生命权。法院认为，"为了在庭审中取得成功，上诉人必须证明，除其他外，测试巡航导弹会增加核战争的风险"。

② *Legality of the Threat or Use of Nuclear Weapons*, International Court of Justice, Advisory Opinion, ICJ Reports 1996, 226.

③ *Legality of the Threat or Use of Nuclear Weapons*, International Court of Justice, Advisory Opinion, ICJ Reports 1996, 553.

④ *Santo Domingo Massacre v. Colombia*, Inter-American Court, 30 November 2012；*Ndege Dorzema et al v. Dominican Republic*, Inter-American Court, 24 October 2012；*Massacres of E Mozote and nearby places v. El Salvador*, Inter-American Court of Human Rights, 25 October 2012.

⑤ 尤其是，1949年日内瓦四公约共同第3条；《1949年8月12日日内瓦四公约关于保护非国际性武装冲突受难者的附加议定书》（第二议定书）以及习惯国际人道法。

生命的意外损失、平民受伤和民用物体受损。

区分原则确定：

（a）冲突各方必须始终区分平民和战斗人员。

（b）攻击只能针对战斗人员。

（c）攻击不得针对平民。

（d）冲突各方必须始终区分民用物体和军事目标，以便攻击只能针对军事目标。

（e）平民不得成为攻击对象。

（f）采用不受限制的战斗方法或手段，因此具有无差别地攻击军事目标和平民或民用物体的性质的不加区别的攻击，受到禁止。

当使用武力必要时，必须按照以下原则使用：

（a）合法性：使用武力必须旨在实现一个正当目标。

（b）绝对必要性：必须核实，根据情况的具体情节，是否存在其他可用方法以保护其寻求保护的人的生命和安全。

（c）比例性：使用的武力的程度必须与受到的抵抗程度保持一致。

美洲人权法院认为，根据联合国使用武力的原则，如果有人因使用武力而受伤，应确保并提供帮助和医疗援助，并应尽早通知其亲属或密友。此外，应及时报告此事件，报告应由行政和检察机关审查。同样，应调查事实，以确定所有直接或间接干预的人的参与程度和形式，从而确定相应的责任。

欧洲人权法院要求，尽可能根据国际法的一般原则解释《欧洲人权公约》第2条，这些原则中包括在减轻武装冲突的野蛮和不人道方面发挥着不可或缺的、普遍接受的作用的国际人道法规则。因此，在发生国际冲突的地区，各国有义务保护那些没有或不再参与敌对行动的人的生命。这也延及在战斗人员被杀或因伤死亡的情况中，向伤员提供医疗帮助。问责的必要性意味着需要妥善处理遗体，并要求当局收集和提供有关人员身份和命运的信息，或允许红十字国际委员会等机构这样做。①

波兰宪法法庭曾审议波兰的一项法律的合宪性——该法律将允许国防部部

---

① *Varnava et al v. Turkey*, European Court, 18 September 2009：欧洲人权法院认为，《欧洲人权公约》第2条施予应诉国政府一项持续性的责任，即解释失踪人员的下落和命运。"这场冲突的双方［塞浦路斯和土耳其］可能都不愿意将发生的报复、司法外杀人和屠杀暴露在光天化日之下，也不愿意确定他们自己的部队和公民中有牵连之人。情况可能是，它们更愿意对失踪人员问题采取一种'政治敏感'的方法，而且职权范围有限的塞浦路斯失踪人员委员会（CMP）是能够经联合国协调商定的唯一解决办法。这对《欧洲人权公约》条款的适用没有影响。"因此，欧洲人权法院的结论是，由于应诉国未能提供有效的调查，以澄清1974年失踪的九名男子的命运，因此存在对《欧洲人权公约》第2条的持续违反。

长下令击落叛变的航空器。民航局局长在提交给法庭的一份书面陈述中强调,由于恐怖袭击而危及平民生命的风险,或多或少等于由于随机技术故障造成的类似风险。法庭认为,在对以下两方面的兼容性进行纵向评估时,一方面是关键领域的法律制度的要素,例如赋予公共安全问题的权重,另一方面是特定个人——包括那些在叛变的飞机上的人——的生命受到法律保护的权利,诸如人的生命和尊严等价值必须毫不含糊地获得优先地位。这些价值构成了文明的基础,概括了人本主义(Humanism)的语义内容,即"这是一种对我们的文化(包括法律文化)具有核心性的概念"。这些价值是不可剥夺的,即不允许在某种特定背景下的任何"暂停"或"取消"。人本主义不是一种只有在和平与繁荣时期才得被遵循的态度,而是一种在关键的、有时甚至是极端困难的情况下,才得到最好衡量的价值。从法律制度的最基本设定的角度来看,任何其他结论都是完全不可接受的。法庭指出,无须完全停止或否定基本人权和自由,仍然能够打击有组织犯罪、进行常规战争。因此,在无须广泛侵扰未参与各方之基本权利特别是他们的生命权的情况下,仍然可能打击恐怖主义。①

(四)"任何人之生命不得无理剥夺"

在《公民及政治权利国际公约》第 6 条的起草阶段,看来没有就"无理"* 一词的含义达成普遍一致意见。一些代表认为它意味着"非法",而另一些代表认为它意味着"不公正",还有一些代表则认为它同时意味着这两者。② 人权事务委员会一直认定,"无理"是一个比"非法"更广泛的概念。也就是说,某一杀害行为即使得到国内法的许可,也可能违反《公民及政治权利国际公约》第 6 条。禁止"无理"剥夺生命意味着不得在不合理或不成比例的情况下剥夺生命。③《美洲人权公约》第 4 条和《非洲人权与民族权宪章》第 4 条包含了类似的规定,而《欧洲人权公约》第 2 条则使用"故意"一词。

---

① Decision of the Constitutional Tribunal of Poland, 30 September 2008, (2009) 2 *Bulletin on Constitutional Case-Law* 345. 波兰宪法法庭认为,适用受质疑的法律规定将导致一架叛变飞机上那些并非侵害者的乘客的"非人化"或"物化"。必须被认为是错误的一种主张,他们发现自己身处此种境地完全是由施暴者之非法行为所导致;这种境地间接表明了国家未能履行其保护的积极义务。如果所涉法律规定所设想的只是击落一架仅搭载了施暴者的飞机,那么也就不会引起如此严重的宪法疑问,因为这些施暴者已经依其自由意志决定去死,同时威胁无辜者的生命。

* 英文用词为"arbitrary"。该词在《公民及政治权利国际公约》中多次出现,还具有"任意""肆意""武断"的含义,与"不合理"(unreasonable)有区别。

② UN document A/2929, chap. VI, ss. 1, 2, 3. See also A/3764, s. 114.

③ *Suárez de Guerrero v. Colombia*, Human Rights Committee, Communication No. 45/1979, HRC 1982 Report, Annex XI.

国家当局剥夺生命是一个极其严重的问题。因此，法律必须严格约束和限制国家当局剥夺个人生命的情况。① 人权事务委员会认为，在以下案件的具体情况中，由于导致一人死亡的警察行为与执法的要求不成比例，因此国家要为无理剥夺该人的生命承担责任。在哥伦比亚，一项司法命令授权对波哥大的一所房屋进行突击搜查，因为据信一位几天前被一个游击队组织绑架的前哥伦比亚大使被关押在里面。警察巡逻队虽然没有找到这位前大使，但是决定躲在屋内等待"涉嫌绑架者"的到来。随后进入该房屋的七人被警察开枪打死。虽然警方最初表示受害者是在抗拒逮捕、挥舞甚至使用各种武器开火时死亡的，但是法医和弹道学报告以及石蜡测试的结果显示，没有任何受害者哪怕开了一枪，他们都是在近距离内被枪杀的——其中有些背部或头部中枪。确定的情况还有，受害者并非在同一时间被杀，而是每隔一段时间，在他们到达房屋的不同时间被杀的，并且他们中的大多数人是在试图从意外袭击中逃脱时被枪杀的。就其中一人而言，法医报告显示，她在因心脏病发作死亡后被多次枪击。警察的故意行动导致七人丧生的事实表明，剥夺生命是故意的。警方采取行动时，显然没有警告受害者，也没有给他们任何机会投降或对他们的出现或意图提出任何解释。没有证据表明，警察的所作所为是为保护他们自己或其他人所必要，或者是为实施逮捕或防止有关人员逃跑所必要。此外，受害者只不过是几天前发生的绑架事件的嫌疑人，他们被警方射杀也使他们没有得到《公民及政治权利国际公约》第6条规定的正当程序的保护。②

人权事务委员会在审查了一件来自苏里南的来文后，也做出了类似的认定。该来文是有人代表一名律师提交的，该律师据说于1982年12月8日被军事当局逮捕，其尸体于12月9日被送到太平间，上面的痕迹表明了严重虐待和数处枪伤。根据未受到反驳的、委员会以之作为其意见之依据的事实，在1982年12月8日凌晨，帕拉马里博（Paramaribo）的15名知名人士——包括记者、律师、教授和商人——在家中被警方逮捕并遭受了暴力。在当局宣布一次政变企图遭到挫败、一些被逮捕的人在试图逃跑时被杀后，这15人的尸体被运送到了太平间。家人看到了这些尸体，但尸体解剖或对杀害事件的官方调查都没有发生。军警的蓄意行动导致15名知名人士丧生的事实表明，剥夺生命是故意的。苏里南没有提交任何证据证明，这些人是在试图逃跑时遭到枪击的。因此，受害者被无理剥夺了生命，这有违《公民及政治权利国际

---

① 人权事务委员会第6号一般性意见，第3段。
② *Suárez de Guerrero v. Colombia*, Human Rights Committee, Communication No. 45/1979, HRC 1982 Report, Annex Ⅺ.

公约》第 6 条。①

施行作为特殊制裁的死刑应被视为"无理剥夺人的生命权"。② 一种不对引发惩罚的特定案件的严重性作出区分的惩罚本质上是任意的。③ 在仍然规定可判处死刑的一个国家中，在完全知晓一个被判定犯有谋杀罪的人仍在上诉法院、枢密院司法委员会和人权事务委员会寻求救济这一事实的情况下，将其处决，这不仅违反了在履行国际条约（包括《公民及政治权利国际公约》）规定的义务方面规范所有国家的善意原则，而且违反了《公民及政治权利国际公约》第 6 条第 1 款，因为这构成了无理剥夺生命。④

《欧洲人权公约》第 2 条第 2 款规定，在使用武力绝对必要之情况下，其所导致之剥夺生命不应被视为侵犯生命权。这些使用武力绝对必要的情况包括：（a）保护任何人免遭非法暴力行为，（b）为执行合法逮捕或为防止被合法拘禁之人脱逃，以及（c）为平息暴动或叛乱而采取之行动。⑤ 这些情况被认为是详尽无遗的，并应予以狭窄解释，属于对一项基本权利的例外或表明其限度何在。这些不是允许故意杀害个人的情况，而是"使用武力"可予允许的情况，这种使用武力可能导致——作为使用武力的并非意图所在的结果——剥夺生命。必须证明导致剥夺生命的使用武力对于所列举的目的之一是"绝对必要的"，因此尽管存在给人之生命带来的风险，但仍然是正当合理的。这种使用武力还必须与实现所许可之目的严格成比例。在评估使用武力是否严格成比例时，必须考虑所追求的目标的性质、有关局势中固有的对生命和肢体的危险以及所使用之武力可能导致生命损失的风险程度。应适当考虑围绕着剥夺生命存在的所有相关情况。⑥

---

① *Baboeram-Adhin v. Suriname*, Human Rights Committee, Communication No. 146/1983, HRC 1985 Report, Annex X.

② Decision of the Constitutional Court of Ukraine, 29 December 1999, (2000) 1 *Bulletin of Constitutional Case-Law* 172.

③ *Johnson v. Republic*, Supreme Court of Ghana, [2012] 1 LRC 343, dissenting opinion of Date-Bah JSC.

④ *Ashby v. Trinidad and Tobago*, Human Rights Committee, Communication No. 580/1994, HRC 2002 Report, Vol. Ⅱ, p. 13: "缔约国的行为令人震惊，没有表现出一个《公约》和《任择议定书》的缔约国需要具备的最基本的善意。"

⑤ 对这些例外的讨论见，*The State v. Makwanyane*, Constitutional Court of South Africa, [1995] 1 LRC 269, per Chaskalson P。

⑥ *Stewart v. United Kingdom*, European Commission, (1984) 7 EHRR 453; *Wolfgram v. Germany*, European Commission, (1986) 9 EHRR 548. *Andronicou and Constantinou v. Cyprus*, Supreme Court of Cyprus (1997) 25 EHRR 491：在一次解救行动中，一对激烈争吵的年轻夫妇被特警队队员枪杀。*Burrell v. Jamaica*, Human Rights Committee, Communication No. 546/1993, HRC 1996 Report, Annex R：在一所监狱中发生几个狱警被劫持为人质的事件后，一名囚犯遭枪击身亡，但枪击发生时，被劫持的狱警已获解救，使用武力之必要已不复存在。

《欧洲人权公约》第 2 条第 2 款使用"绝对必要"这一术语表明,在剥夺生命的情况中,与在确定国家行为是否"在民主社会中必要"(例如,该公约第 8 条第 2 款、第 10 条第 2 款或第 11 条第 2 款)时通常适用的标准相比,必须采用更为严格和更具说服力的必要性检验。因此,任何法院在进行评估时,必须对剥夺生命作最仔细的审查——特别是在使用故意致命的武力的情况中,要考虑的不仅是实际运用该武力的国家工作人员的行为,而且有所有的周边情况,包括诸如对受到审查的行为的规划和控制等事项。① 实行合法逮捕的正当目的只有在绝对必要的情况下,才能证明将人的生命置于危险之中是合理的。原则上,如果知道要被逮捕者不会对生命或肢体构成威胁并且没有被怀疑犯有暴力罪行,则不存在这样的必要性,即使未使用致命武力可能导致丧失逮捕逃跑者的机会,也是如此。②

联合国国际法院在一项咨询意见中同意,《公民及政治权利国际公约》规定的保护在战争时期并不停止——除非适用第 4 条而在国家紧急状态时期可能克减某些规定,但与此同时认为,究竟何种情况构成无理剥夺生命的检测取决于可适用的特别法,即可适用于武装冲突的、旨在规范敌对行为的法律。因此,通过在战争中使用某种武器而造成的特定生命损失是否应被认为是违反《公民及政治权利国际公约》第 6 条的无理剥夺生命,只能通过参照可适用于武装冲突的法律来决定,而不能从该公约本身来推导。在一项单独反对意见中,威拉曼特里法官指出,当某种武器有可能杀死上百万人甚至数十亿人之时,"人的生命就降低到一种毫无价值的程度,这完全抹杀了任何文化所理解的人类尊严。任何国家的这种蓄意行动在无论任何情况下,都不符合其对世界和平所依赖的尊重基本人类尊严的承认,而尊重基本人类尊严是联合国所有会员国同意的。"他赞同人权事务委员会的一般性意见,并指出所有人权都来自一项核心权利即"生存权",这是全世界在第二次世界大战后的岁月中煞费苦心地搭建的人权的"精巧结构"的基础。"赞成使用一

---

① *McCann v. United Kingdom*, European Court,(1995)21 EHRR 97; *Salman v. Turkey*, European Court,27 June 2000.

② *Nachova et al v. Bulgaria*, European Court, 6 July 2005. 两名因为多次擅离职守而被军方拘禁的罗姆人应征士兵逃出拘禁,躲在罗姆人居住区的一所房子里。两个人都没有携带武器。几天后,一队宪兵得知了他们的藏匿地点,一支由一名少校指挥的四人巡逻队被派往村子,他们得到的指示是,使用任何视情况必要的手段实施逮捕。该少校装备有一把手枪和一支自动步枪。当宪兵到达村子时,那两人试图逃跑,但被少校开枪击中,据称是在警告他们停止逃跑之后。他们在去医院的路上死亡。一位邻居声称,有几名军官开枪,少校还用枪指着他喊:"你个该死的吉卜赛人。"尸检结果显示,两人都是被自动步枪射杀的:一个胸部中枪,另一个背部中枪。欧洲人权法院认为《欧洲人权公约》第 2 条被违反。

种能够扼杀数百万人生命的武器的合法性——无论在任何情况下使用，都会撕碎这一精巧结构的基础。"[1]

美洲人权委员会指出，无论是在和平时期、战争以外的紧急情况时期，还是在武装冲突时期，《美洲人权公约》第 4 条都通过禁止无理剥夺生命和即决处决来规范国家及其工作人员使用致命武力的情况。[2] 生命权的范围可能在武装冲突的背景中发生变化，但禁止无理剥夺生命仍然是绝对的。《美洲人权公约》第 4 条明确规定，在任何情况下都不得中止生命权，包括在武装冲突与合法的紧急状态中。[3] 在民众受到暴力威胁的情况中，执法人员可以使用致命武力保护自己或他人免受死亡或重伤的即时威胁，或在严格必要和比例相称的情况下维护法律和秩序，即使这意味着剥夺一个人的生命。[4]

对于被诊断为处于永久性植物人状态的患者，停止供应人工营养和水分的目的或意图是导致患者死亡或缩短其生命，但《欧洲人权公约》第 2 条中的"剥夺生命"一词意指一种故意行为，而与某一代表国家行事之人的、导致死亡的不作为相反。决定停止不再符合患者最大利益的治疗，即使这种停止可能会缩短患者的生命，也不等于国家故意剥夺生命。这种基于临床判断的决定是一种不作为，患者随后死亡是其所患疾病或所受伤害的结果，不能被称为一种对生命的剥夺。如果以不符合患者的最大利益为由做出停止治疗的负责任的临床决定，而且这一临床决定是根据值得尊重的医疗机构的意见作出的，那么国家就不必履行其根据《欧洲人权公约》第 2 条承担的、采取充分和适当措施来保障生命的积极的、非绝对的义务。因此，如果这种治疗无效，那么根据《欧洲人权公约》第 2 条就不存在对患者进行治疗的

---

[1] *Legality of the Threat or Use of Nuclear Weapons*, Advisory Opinion, ICJ Reports 1996, 226.
[2] *Abella v. Argentina*, Inter-American Commission, 18 November 1999.
[3] *Bustios Saavedra v. Peru*, Inter-American Commission, 16 October 1997；*Chumbivilcas v. Peru*, Inter-American Commission, 1 March 1996；*Santo Domingo Massacre v. Colombia*, Inter-American Court, 30 November 2012.
[4] *S v. Walters et al*, Constitutional Court of South Africa, (2002) 2 *Bulletin of Constitutional Case-Law* 319：禁止在逮捕期间使用枪支，除非嫌疑人（a）对逮捕者或其他人构成了一种即时的严重人身伤害威胁，或（b）有理由被怀疑犯有涉及或威胁造成此类伤害的严重罪行。Decision of the Constitutional Court of Hungary, 30 March 2004, (2004) 1 *Bulletin on Constitutional Case-Law* 69：警察使用枪支的权利是正当合理的，所依据的事实是，要被逮捕者以前曾以杀害他人的方式侵犯了生命权。Decision of the Constitutional Court of the Former Yugoslav Republic of Macedonia, 30 June 2004, (2004) 2 *Bulletin of Constitutional Case-Law* 339：任何社会都不接受使用终极武力，这意味着即使在最极端的犯罪行为的情况中，也应避免警察使用终极武力的概念。*Abella v. Argentina*, Inter-American Commission, 18 November 1999：杀害曾参与袭击军营但后来投降的人构成对《美洲人权公约》第 4 条的违反。*Arturo Ribón Avilán v. Colombia*, Inter-American Commission, 30 September 1997：杀害曾参与武装对抗安全部队但后来投降、被逮捕或受伤、不再参加武装对抗的人，构成对《美洲人权公约》第 4 条的违反。

积极义务。①

在指控国家当局无理剥夺生命的情况中，举证责任不能由来文提交人单独承担，特别是考虑到提交人和国家并不总是能够平等地获得证据，而且往往只有国家能获得相关信息。②

1. 非自愿失踪

一个人非自愿失踪引起一种推定，即此人已经被无理剥夺生命。这种失踪发生在以下情况中：一个人被逮捕、拘禁、绑架或以其他方式被剥夺自由，而行为者是政府的不同分支或层级的官员，或者是代表政府行事的有组织的团体或私人，或这些行为得到了政府的支持、直接或间接的同意或默许，然后拒绝透露有关人员的命运或下落，或拒绝承认剥夺其自由，从而将此人置于法律的保护之外。③强迫失踪的做法往往涉及未经审判的秘密处决，随后隐匿尸体以消除犯罪的任何实质证据，并确保肇事者不受惩罚。如果国家未采取适当措施防范某人失踪和随后被杀害并有效调查其被杀害的责任，生命权就遭到了侵犯。失踪在侵犯人权的历史上并不新鲜。然而，其系统性和重复性以及其使用不仅是为了使某些个人暂时或永久地消失，而且是作为一种造成痛苦、不安全和恐惧的一般状态的手段，则是

---

① *NHS Trust A v. M*, High Court of England, [2001] 4 LRC 1. 被诊断为处于永久性植物人状态的患者仍然活着：患者的脑干仍然完好无损；因此，患者受到生命权保障的保护，这明显包含着国家应避免故意剥夺生命的消极义务。但是，这一消极义务的范围具有限度。医生的职责是治疗患者，只要这种治疗符合患者的最大利益；若情况不再如此，医疗队就没有义务继续治疗。如果为了患者的最大利益而停止医疗的决定，考虑到禁止故意杀人的绝对性质，被定性为故意剥夺生命，那么在任何情况下都存在一种责任，即采取措施、以一切可能手段使绝症患者活着，并无限期地继续采取这些措施，直到患者的身体不能再经受治疗，而不管情况或预后如何。英格兰高等法院首席法官伊丽莎白（Elizabeth）认为，对《欧洲人权公约》第 2 条的这种解释是不正确的。

② *Amirov v. Russian Federation*, Human Rights Committee, Communication No. 1447/2006, HRC 2009 Report, Vol. Ⅱ, p. 199.

③ 《国际刑事法院罗马规约》第 7 条第 2 款第 9 项对"强迫失踪"的定义是："强迫人员失踪是指国家或政治组织直接地，或在其同意、支持或默许下，逮捕、羁押或绑架人员，继而拒绝承认这种剥夺自由的行为，或拒绝透露有关人员的命运或下落，目的是将其长期置于法律保护之外。"另见 2006 年《保护所有人免遭强迫失踪国际公约》。不过，"强迫失踪"并非《公民及政治权利国际公约》所使用的术语或概念，虽然这种行为对于该公约致力于保护的若干权利明显具有一种不利影响。See *Cifuentes Elgueta v. Chile*, Human Rights Committee, Communication No. 1536/2006, HRC 2009 Report, Vol. Ⅱ, p. 491, 克里斯汀·夏内（Christine Chanet）、拉吉苏默·拉拉赫（Rajsoomer Lallah）和赞克·马约迪纳（Zonke Majodina）各自的异议意见；*Norma Yurich v. Chile*, Human Rights Committee, Communication No. 1078/2002, Selected Decisions, Vol. 9, p. 3, 克里斯汀·夏内、拉吉苏默·拉拉赫、迈克尔·奥弗莱厄蒂（Michael O'Flaherty）、伊丽莎白·帕尔姆（Elizabeth Palm）和伊波利托·索拉里 - 伊里戈延（Hipólito Solari-Yrigoyen）的单独意见，他们在其中强调，人权事务委员会的义务是："适用《公约》，适用整个《公约》，只适用《公约》"。

最近的现象。①

人权事务委员会要求各国采取具体有效的措施，防止个人失踪。② 据报告有人失踪后，国家继续有义务根据《公民及政治权利国际公约》第2条第3款开展尽职和认真的调查以确定这个人的遭遇、目前的状态和生死情况。如果这个人已经死亡，国家继续有义务开展有效和持续的调查，以确定谁对他的死负有责任；如果这个人还活着，则国家有义务立即采取步骤确保他的生命不会受到威胁。国家还有持续的义务确保这个人未曾或正在遭受酷刑或者不人道或侮辱性的待遇，或遭到无理拘禁，并且他的自由和安全没有以其他方式被剥夺。同样，国家有持续的义务确保这个人作为某一家庭——"社会之基本团体单位"——的一员，得到国家和社会应给予他的保护。就这些权利，国家还有一项基本义务，即在这种情况下确保有关程序尽职、有力和有效，并确保任何被最终认定要负责任者被绳之以法，以承担他们行为的法律后果。失踪本身就会对一些《公民及政治权利国际公约》规定的权利产生持续影响。③ 国家不能为逃避责任，仅限于采取被动同意的态度；它必须提供证据，证明它已利用一切

---

① *Velásquez Rodríguez v. Honduras*, Inter-American Court, 29 July 1988：一名大学生于1981年9月在没有逮捕令的情况下被捕，在七年后仍没有关于其命运的任何信息，这种情况引致一种合理推测，即他已经被杀。即使在这方面存在微乎其微的怀疑余地，也必须假定他的命运取决于当局，而这些当局曾系统地不经审判就处决被拘禁者并隐匿他们的尸体，以避免受到惩罚。这种情况与没有进行调查的情况一道，构成了国家对确保《美洲人权公约》第4条所承认之权利的法律义务的违反。*Nydia Erika Bautista de Arellana v. Colombia*, Human Rights Committee, Communication No. 563/1993, HRC 1996 Report, Annex Ⅷ. S：在某人失踪及随后死亡负责的国家工作人员的身份已经为人所知，但国家未做到对其提起刑事诉讼、予以审判和惩罚时，这一权利就受到了侵犯。哥伦比亚政府提出，对负责绑架、折磨和杀害一位35岁的政治活动家纳迪亚（Nadia）的几位军官已经实施了纪律惩戒，一个行政法庭也已经给予受害者家属赔偿。对此，人权事务委员会认为，尽管《公民及政治权利国际公约》没有规定一个人有权要求国家对另一人予以刑事起诉，但当实施强迫失踪的侵害者已被确定时，国家有义务这样做。对于极其严重的侵犯人权行为，纯粹的纪律和行政救济不构成《公民及政治权利国际公约》第2条第3款所指的充分和有效的救济。

② 人权事务委员会第6号一般性意见，第4段。*Kozljak v. Bosnia and Herzegovina*, Human Rights Committee, Communication No. 1970/2010, 28 October 2014："强迫失踪"一词可以在延伸意义上用于指，除了可归咎于一缔约国的失踪以外，由独立于或敌对于一缔约国的力量所造成的失踪。*Imakayeva v. Russia*, European Court, 9 November 2006：在尚未证明一人被国家当局羁押，但可以确定该人进入了由当局控制的某一地点并从此消失不见的情况中，政府要承担责任，对于此等场所发生的情况给出合理解释，并表明所涉人员没有被当局拘禁，而是离开了此等场所，后来也没有被剥夺自由。*Kroumi v. Algeria*, Human Rights Committee, Communication No. 2083/2011, 30 October 2014；*Louddi v. Algeria*, Human Rights Committee, Communication No. 2117/2011, 30 October 2014；*Kerouane v. Algeria*, Human Rights Committee, Communication No. 2132/2012, 30 October 2014.

③ *Cifuentes Elgueta v. Chile*, Human Rights Committee, Communication No. 1536/2006, HRC 2009 Report, Vol. Ⅱ, p. 491, 克里斯汀·夏内、拉吉苏默·拉拉赫和赞克·马约迪纳的单独意见。

可用手段来确定失踪者的下落。①

美洲人权法院提到1981年至1984年在洪都拉斯发生的失踪事件的背景时指出，这些事件遵循相同的模式。它们始于穿着便服的武装人员——通常是在光天化日之下和公共场所中——以武力绑架受害者；这些人明显行事不受惩罚，使用的车辆没有任何官方标记、带有有色窗户、使用假车牌或无车牌。众所周知，绑架是由军事人员或警察或者根据其命令行事的人进行的。失踪是以系统的方式造成的，尤其涉及下列情况：(1) 受害者通常是官员认为对国家安全有危险并且通常长期受到监视的人。(2) 所使用的武器是专门保留给军队和警察的官方使用的武器，使用的车辆带有有色玻璃——这需要特别的官方授权。在某些情况中，绑架是公开进行的，没有任何伪装或掩饰；在另一些情况中，政府工作人员清理了发生绑架事件的地区；至少有一次，他们拦住了绑匪，但在检查他们的身份证件后，允许他们继续自由行动。(3) 绑架者蒙上受害者的眼睛，将他们不停地在秘密的非正式拘禁中心之间转移。他们审讯受害者并施予其残忍和侮辱性的待遇和折磨。有些人最终被杀，他们的尸体被埋葬在秘密墓地。(4) 当失踪者的亲属、律师、致力于保护人权的个人或组织或者负责执行人身保护令的法官提出询问时，当局有系统地否认其知道受害者被拘禁，或者其下落或命运。即使在有关当局系统地否认扣押了失踪者或知晓他们的命运，而后失踪者就在同一当局手中出现的情况下，也可以看到这种态度。(5) 军事和警务官员以及行政和司法部门的人员要么否认失踪发生，要么无法阻止或调查失踪事件，无法惩罚负责任者，无法帮助利害关系人查证受害者的下落和命运或者发现他们的遗体所在。政府和武装部队建立的调查委员会没有产生任何结果。提起的任何司法诉讼都进行缓慢，明显无人关注，有些最终被驳回。②

非自愿失踪的做法导致了一项新权利的形成，即获知真相的权利。获知真相的权利有两个不同的方面：个体性方面（权利持有者是此种侵犯行为的受害

---

① *Bousroual* v. *Algeria*, Human Rights Committee, Communication No. 992/2001, Selected Decisions, Vol. 9, p. 50; *Jegatheeswara Sarma* v. *Sri Lanka*, Human Rights Committee, Communication No. 950/2000, Selected Decisions, Vol. 8, p. 210；在国家没有否认某人被一位军官绑架从从此下落不明的情况中，该军官越权行事或上级军官不知晓该军官所采取的行动是无关紧要的，国家因此应对该人的失踪负责。*Jose Vicente et al* v. *Colombia*, Human Rights Committee, Communication No. 612/1995, Selected Decisions, Vol. 6, p. 135.

② *Velasquez Rodriguez* v. *Honduras*, Inter-American Court, 29 July 1988. See also *Godínez Cruz* v. *Honduras*, Inter-American Court, 20 January 1989; *Mojica* v. *Dominican Republic*, Human Rights Committee, Communication No. 449/1991, HRC 1994 Report, Annex W; *Timurtas* v. *Turkey*, European Court, 13 June 2000; *Sejad Hero* v. *Bosnia and Herzegovina*, Human Rights Committee, Communication No. 1966/2010, 28 October 2014.

者及其家人）和集体性方面（社会）。获知真相之权利的切实行使是充分补救的一个重要组成部分，但它本身并不足以达此目的。真相之披露必须与司法工作相结合，才能满足当代国际法对于采取行动打击有罪不罚现象的要求。考虑到个人的和社会的获知真相的权利，调查和审判诸如非自愿失踪等罪行的义务已经逐渐从一种行为的义务转变为一种结果的义务。调查义务指的是以国家可以动用的一切手段开展彻底详尽的调查，消除会妨碍或限制调查的任何法律或实际障碍。国家必须确保所有公共机构向负责审判的法院提供一切必要便利。这意味着它们必须提供法院所要求的任何信息和文件，将其指定的任何人员带到法院，并采取它们被指令在这一方面履行的任何步骤。调查应该查明所发生事件的真相，并导致确定负责任方，以便将他们绳之以法。使得失踪者的下落为人所知是一项结果的义务。当国家对失踪负责时，国家不向家属提供他们为哀悼已经被法外处决的失踪亲人——这是他们的权利——所需的答案，这不仅在伦理上，而且在法律上，都是不可接受的。在非自愿失踪的情况中，一项"有效救济"是允许查明受害者的下落。如果国家设法让某人"消失"，那么它应该能够解释它是如何做到的，那个人在哪里，或者在哪里能找到其遗体。①

2. 判处死刑

死刑违反了生命权的基本内容，因为它扼杀了生命本身。在南非共和国宪法法院，穆罕默德（Mahomed）法官解释说：

> 国家系统性地策划蓄意消灭一个人的生命，将其作为一种惩罚模式……不像是在自卫中的杀人行为——这种行为在捍卫受害者维护其生命的明确权利方面是正当合理的。这不是在突发紧急状态下执行的，也不是在面临叛乱或国家在战争期间自卫时，存在非常压力的情况下进行的。这是在犯罪者已经犯下他将要为之受到惩罚的罪行很长一段时间之后——有时几年之后，并且是在他于监禁中软弱无助地等待与刽子手见面之时，系统地策划的。因其显而易见的、令人生畏的终结性，这使得宪法……如此有力而生动地保障的每一其他权利都永远不再可能得到享有。如果随后的事件证明了——就像有时已经证明的那样——被处决者无辜或者能表明他

---

① *Cifuentes Elgueta v. Chile*, Human Rights Committee, Communication No. 1536/2006, HRC 2009 Report, Vol. Ⅱ, p. 498, 海伦·凯勒（Helen Keller）和法比安·萨尔维奥利（Fabian Salvioli）的单独异议意见。See also *Gudiel Alvarez（'Diario Militar'）v. Guatemala*, Inter-American Court, 20 November 2012；一直拒绝告知国内武装冲突情况中强迫失踪者的家人真相，以及在签署结束冲突的和平协定之后的转型过程中，隐瞒国家掌握的信息，增加了作为本案调查之特性的有罪不罚的情况，构成了对亲属获知真相之权利的侵犯。

不应该被判处死刑的情况，那么死刑所固有的不可逆转的后果，使得任何补救或纠正都不可能。

在某种程度上，死刑必须在其执行中体现出一种对于无可辩驳之绝望的理念，即必须接受这样一点：死刑力图惩罚的罪犯是如此超越人性的极限，以至于无法指望任何复原、任何改造、任何悔改、任何希望或灵性的内在期盼，也没有丝毫可能，他有朝一日能够成功地、无愧地寻求和享受宪法所保护的尊严和安全的伟大权利以及基本自由——这些权利和自由之行使，只有在"生命权"不被摧毁的情况下，才是可能的。死刑的终结性使得这些救赎可能性中的任何一个都不可能。死刑消灭了它们出现的可能性。而且，如果不以非常深刻和令人痛苦的方式侵入宪法所赋予的人格尊严的保障，死刑就无法实现其目标，因为要被处决的人受到长期羁押，被"吊着脖子直到被绞死"的前景所折磨。侵犯他的尊严将是必然的。他实际上被告知："你超越了人性的极限。你不适合在人类中生活。你无权享有生命。你无权享有尊严。你不是人。因此，我们将消灭你的生命。"在该案中做出了主要判决的查斯卡尔森（Chaskalson）首席法官集中关注这种惩罚的终极性和不可撤销性："它留下的，只不过是其他人对所曾发生情况的记忆以及传递给死者之继承人的遗产。"克雷格拉（Krieglar）法官认为无须进一步的辩论，因为"死刑，从定义上来说，直击生命权的核心"。①

其他国内法院也表达了类似的观点。匈牙利宪法法院宣布，死刑侵犯了固有的生命权和人格尊严："它们聚合在一起，是所有其他权利的根源。其他权利可以被限制，甚至被撤回然后再被授予，但他们的最终界限在于维护生命和尊严这两项孪生权利。这些是宪法规定的所有权利的基本内容。取消这两项权利，所有其他权利均不复存在。"② 在加拿大最高法院，科里（Cory）法官总结道："死刑不仅剥夺了囚犯的所有人之尊严的迹象，而且是对个人之作为人的终极亵渎。这是对人之尊严的本质的消灭。"③ 立陶宛宪法法院认为，对情节严重的谋杀罪判处死刑违反了宪法规定，即"个人之权利和自由应与生俱来"。④

---

① *The State v. Makwanyane*, Constitutional Court of South Africa, [1995] 1 LRC 269. 克里斯·巴纳德（Chris Barnard）对死刑之执行的描述如下——奥勒甘（O'Regan）法官摘引了这段话："这个人的脊髓会在进入颅骨的那一点上断裂，生化电流会使他的四肢疯狂地抽搐，在绳子的冲击下，眼睛和舌头会从面孔中暴突出来，他的肠胃和膀胱会同时失禁，把腿弄脏并滴到地板上。"

② Decision of the Constitutional Court of Hungary, Case No. 23/1990 (X. 31) AB.

③ *Kindler v. Minister of Justice*, Supreme Court of Canada, (1992) 6 CRR (2nd) 193 (SCC) at 241.

④ Decision of the Constitutional Court of Lithuania, 9 December 1998, (1999) 1 *Bulletin of Constitutional Case-Law* 83.

阿尔巴尼亚宪法法院认为，死刑不符合"人之生命受到法律保护"的宪法规定。死刑并不是限制生命权；其目的是要绝对地消灭一个人，将他从社会中除掉。这是一种杀人的手段，国家承担着刽子手的角色。因此，它废除了生命权。所有其他权利都建立在生命权的基础之上，否认生命权意味着取消所有其他人权。死刑不能被视为惩罚犯罪的一种措施，这种措施通过严重地影响被判处死刑者的方式——就如通常的或社会的改造通过罚款和监禁的方式——来发挥一种重要作用。[1] 印度最高法院指出，不能假设惩罚的严重性与威慑的关联达到这样一种程度，即这种严重性可以成为通过判处死刑而限制最基本人权的理由。减少犯罪的目标可以通过更好的警察和起诉工作，在与判处死刑同等或至少是大致与其相当的程度上来实现。[2]

虽然存在有关死刑与保护生命权不相容的这些声明，但由于已经讨论过的原因，《公民及政治权利国际公约》第6条试图规范死刑在那些尚未将其废除的国家中的适用和执行。第6条第2至6款要求死刑：(a) 只能对最严重的罪行判处，(b) 根据犯罪时有效的法律，(c) 不得违反该公约或《防止及惩治灭绝种族罪公约》的规定，(d) 只能根据主管法院作出的最终判决执行，(e) 不得对18岁以下的人所犯罪行判处，(f) 不对孕妇执行，以及 (g) 任何被判处死刑的人有权寻求赦免或减刑，并且在没有寻求豁免的情况下，可获得大赦、赦免或减刑。

《公民及政治权利国际公约》第6条第2款的各项规定具有减损固有生命权的性质，因此必须严格解释。他们只涉及使那些尚未废除死刑的国家当前诉诸死刑的次要和从属目标。这种"宽免"仅仅使得这些国家可以免于履行该公约第2条和第6条规定的义务——尊重其领土内受其管辖的所有个人并确保他们无所区别地享有固有的生命权，使得它们能够区别对待犯下"最严重罪行"的人。《公民及政治权利国际公约》第6条第2款并不允许的是，废除死刑的国家后来又恢复死刑。该第6条第2款并不意味着授权任何国家延迟废除死刑，或者更为重要的是，扩大其范围、确立或恢复死刑。因此，一个已经废除

---

[1] Decision of the Constitution Court of Albania, 10 December 1999, (1999) 3 *Bulletin of Constitutional Case-Law* 341.

[2] *Santosh Kumar Satishbhushan Bariyar v. State of Maharashtra*, Supreme Court of India, [2010] 1 LRC 158. 参见, Decision of the Constitutional Court of the Republic of Korea, 25 February 2010, (2011) 3 *Bulletin on Constitutional Case-Law* 504："考虑到人的生存本能和对死亡的恐惧，死刑可以被视为一种对犯罪具有最强威慑力的惩罚。对于最凶残的犯罪，仅仅判处终身监禁与这种罪犯的责任并不成比例。判处这样的刑罚可能不符合被害人家属或者公众的正义感。……导致死刑的错误决定不应被视为死刑本身固有的问题，而应被视为判决过程中可能出现的问题之一，并可以通过司法层级制度或上诉程序来缓解。"

死刑的国家具有一种不恢复死刑的法律义务。这项义务既指向在国家管辖范围内直接恢复，也指向间接恢复，如一国通过引渡、驱逐或强制遣返的行为方式，使得在其领土内受其管辖的某一个人在另一个国家面临死刑的情况。此外，《公民及政治权利国际公约》第 6 条第 2 款仅提及尚未废除死刑的国家，从而排除了其约文对于已经废除死刑之国家的适用。[①]

死刑问题现在是一个正在发展的有关人命之价值的法律思想和判例领域的一部分。在过去半个世纪中，就这一问题在国际上得到接受的法律规范经历了变化。仔细阅读相关判例法将证明这一点。反映了更严厉、更具压迫性和歧视性之价值观的陈旧案件，与体现了不断发展的文明标准的现代案件之间的差别，表明了对遵循先例规则的值得赞许的修改。法院拒绝受那些与现行国际人权法规范不一致的陈旧决定的约束。[②]

3. 强制死刑

仅根据被告被判定犯下的罪行的特定类别就强制判处死刑，而不考虑被告的个人情况或犯罪的具体情节，构成违反《公民及政治权利国际公约》第 6 条第 1 款的无理剥夺生命。这种制度未经考虑这种非常形式之惩罚在案件的特定情况中是否合适，即剥夺了一个人的最基本权利——生命权。[③]

1976 年，美国最高法院裁定，一项规定对所有被判犯有一级谋杀罪的人，

[①] *Kindler v. Canada*, Human Rights Committee, Communication No. 470/1991, 30 July 1993, 克里斯汀·夏内的个人意见。*Rolando v. The Philippines*, Human Rights Committee, Communication No. 1110/2002, HRC 2005 Report, Vol. Ⅱ, p. 161, 在该案中，三位委员马丁·舍伊宁（Martin Scheinin）、克里斯汀·夏内、拉吉苏默·拉拉赫表达的意见是，一国如在废除死刑以后恢复死刑，即违反了《公民及政治权利国际公约》第 6 条第 2 款。在他们看来，只能对最严重的罪行且只在尚未废除死刑的国家，才能判处死刑。因此，菲律宾——其 1987 年宪法已经从可适用的法律中取消了死刑——于 1993 年通过新的立法，在其中包括了对若干罪行的死刑时，即违反了《公民及政治权利国际公约》第 6 条第 2 款。

[②] *Hughes v. R*, *Spence v. R*, Eastern Caribbean Court of Appeal, on appeal from the High Courts of St Lucia and St Vincent and the Grenadines, [2002] 2 LRC 531, per Byron CJ. 法院提到了例如英国枢密院在以下案件中的判决：*Runyowa v. R*, [1966] 1 All ER 63: "在一宗陈旧且饱受批评的南罗德西亚的案件中，一项保留条款被解释为保护死刑的强制性质。" See also *Santosh Kumar Satishbhushan Bariyar v. State of Maharashtra*, Supreme Court of India, [2010 1 LRC 158.

[③] *Thompson v. St Vincent and the Grenadines*, Human Rights Committee, Communication No. 806/1998, Selected Decisions, Vol. 7, p. 102. 另见第 107 页科尔维尔（Colville）勋爵的异议意见。参见，*Weerawansa v. Sri Lanka*, Human Rights Committee, Communication No. 1406/2005, HRC 2009 Report, Vol. Ⅱ, p. 162; *Lubuto v. Zambia*, Human Rights Committee, Communication No. 390/1990, HRC 1996 Report, Annex Ⅷ. B: 一项赞比亚法律要求，对于使用了枪支的情节严重的抢劫判处死刑。在该案中，被定罪的被告使用了枪支，并没有造成任何人死亡或受伤，但由于法院根据这一法律在判决时无法将这些因素考虑在内，因此根据这一法律被判处了死刑。人权事务委员会认定，这种强制性判处死刑违反了《公民及政治权利国际公约》第 6 条第 2 款。*Mutiso v. Republic*, Court of Appeal of Kenya, [2011] 1 LRC 691. 相反的情况见，*Nguyen Tuong Van v. Public Prosecutor*, Court of Appeal of Singapore, [2005] 5 LRC 140.

死刑为强制性刑罚的法律违宪，违反了美国宪法第八修正案。斯图尔特（Stewart）法官指出："一种并不看重单个罪犯之性格和记录或特定罪行之情况的相关方面的过程，即在对于将死刑确定为最终惩罚的考虑中，排除了考虑人所具有的令人同情或减轻其罪责的脆弱之处的可能。它并不将所有被判定犯下所指罪行的人视为独特的人之个体，而是将他们视作一种毫无个性、千篇一律的大众的成员，可对其不管不顾地盲目施以死刑。"①

1980年，在对新加坡上诉法院的一项判决提出的上诉中，有人基于宪法论据提出反对对贩毒的强制死刑，而英国枢密院则维持了这一刑罚。迪普洛克（Diplock）勋爵指出，"死刑具有强制性并无任何不寻常之处"。他认为，"如果死刑不具有强制性，那么它作为威慑的效果可能会在某种程度上减弱"。然而，在2002年，英国枢密院认为，从1980年的决定"能获得的帮助有限"——这一决定是"在有关人权的国际判例尚在早期的时候作出的"，因此拒绝遵循这一决定。② 2004年，英国枢密院相当明确地表示，"不再可以接受的是，也不再可能像迪普洛克勋爵所说的那样，死刑具有强制性并无任何不寻常之处"。对于被判犯下的谋杀罪的强制死刑在时间上大大早于保护人权的任何国际协定。③ 英国枢密院现在的观点是，有关对谋杀案应处以之适当刑罚的决定，应由法官在听取各方陈述以及在适当情况下审查有关该事项的证据后做出。④

乌干达宪法规定了行政机关、立法机关和司法机关之间的分权，而议会通过的任何法律，如果具有束缚司法机关履行其司法工作之职能的效果，就不符合宪法。司法工作是司法机关的职能。从传讯某一被告到对其作出判决的整个审判过程就构成了司法工作。议会确立强制性死刑，即取消了法院确定刑罚的权力，而这与司法权力之行使不符。因此，所有规定强制性死刑的法律都被宣布为与宪法不符，并因此在这种不一致的范围内无效。这种强制性判决只能被

---

① *Woodson v. North Carolina*, United States Supreme Court, (1976) 428 US 280. 以下案件也宣布了类似的结论：*Roberts v. Louisiana*, United States Supreme Court, (1976) US 325；*Sumner v. Shuman*, United States Supreme Court, (1987) 483 US 66。

② *Reyes v. R*, Privy Council on appeal from the Court of Appeal of Belize, [2002] 2 LRC 606.

③ *Watson v. The Queen*, Privy Council on appeal from the Court of Appeal of Jamaica, [2004] UKPC 34.

④ *R v. Hughes*, Privy Council on appeal from the High Court of St Lucia, [2002] 2 LRC 585. See also *Fox v. R*, Privy Council on appeal from the High Court of St Christopher and Nevis, [2002] 2 LRC 634；*Bowe v. R*, Privy Council on appeal from the Court of Appeal of The Bahamas, [2006] 4 LRC 241；*Coard v. Attorney General*, Privy Council on appeal from the Court of Appeal of Grenada, [2007] 3 LRC 679；*Kafantayeni v. Attorney General*, High Court of Malawi, [2007] MWHC 1；*Attorney General v. Kigula*, Supreme Court of Uganda, [2009] 2 LRC 168；*Mutiso v. Republic*, Court of Appeal of Kenya, [2011] 1 LRC 691.

视为一种最高刑罚。① 在韩国,《军事刑法》中有一项条款规定,任何杀害上级者将被判处死刑,这被认定为违宪,因为它对和平时期在军队中谋杀上级以死刑作为统一惩罚,而不管动机或行为模式如何。②

在印度,法律的一项规定剥夺了法院在事关生死的问题上使用其酌处权,而不考虑犯罪的情节,因而也不考虑犯罪的严重性,这一规定被最高法院宣布为严苛、不公正和不公平。对某一罪行的惩罚措施不是由该罪行所带有的标签决定的,例如"盗窃""违反信任"或"谋杀"。罪行的严重性为惩罚提供了指导准则,而如果不考虑犯罪的具体情况、动机和影响,就无法确定如何惩罚。印度最高法院指出:

> 立法机关不能将相关情况变得无关紧要,剥夺法院在适当情况下行使酌处权不判处死刑的正当管辖权,迫使他们对减轻从轻情节视而不见,并施予它们判处预定死刑的可疑的、不合情理的责任。公平和良心是正义的标志。强制性判处死刑,而不给法院留下考虑导致犯罪之情况的酌处余地,这是古代历史的残迹。在我们生活的时代,这是军事政体的无法无天的法律。我们印度人民承诺采取一套不同的价值观。对于我们来说,如果法律通过指令某一罪犯——无论其犯罪的情节如何——都必须被吊着脖子直到被绞死,而强迫司法的掌管者闭着眼睛作出判决,那么法律就不再值得尊重和具有重要性。③

4. "只可对最严重的罪行判处死刑"*

在起草过程中,这一表述被批评为缺乏精确性,因为"严重罪行"的概念

---

① *Attorney General v. Kigala*, Supreme Court of Uganda, [2009] 2 LRC 168, 首席法官奥多基(Odoki)法官指出:"虽然一个被指控偷了一只鸡的人不仅能够得到从轻审理,而且出于评估对其合适的刑罚,实际上可以要求法庭调查他的人品和先前行为,但一个被指控谋杀、命悬一线的人则不能如此行为。我们认为这不符合法律面前和之下人人平等的原则。"他还补充说:"并非所有的谋杀都是在相同的情况中犯下的,也并非所有的谋杀者都必然具有相同的品性。某一谋杀者可能是初犯,而谋杀是在被告深为后悔、极其懊悔的情况中犯下的。我们看不出任何理由认为,在法庭通过其最终判决之前,这些因素不应提交法庭考虑。" See also *Johnson v. Republic*, Supreme Court of Ghana, [2012] 1 LRC 343, dissenting opinion of Date-Bah JSC; *Kigala v. Attorney General*, Constitutional Court of Uganda, [2006] 3 LRC 388. *Simmons v. R*, [2006] 4 LRC 686, the Privy Council, on appeal from the Court of Appeal of The Bahamas, 该案中,将对谋杀规定了强制性死刑的刑法典第 312 条解释为提出了一种酌处性的而非强制性的死刑。

② Decision of the Constitutional Court of Korea, 29 November 2007, (2010) 1 *Bulletin on Constitutional Case-Law* 96.

③ *Mithu v. State of Punjab*, Supreme Court of India [1983] 2 SCC 277, per Chandrachud CJ. See also *State of Punjab v. Singh*, Supreme Court of India, [2012] 3 LRC 675.

* 此处表述使用的并非《公民及政治权利国际公约》作准中文本的措辞,而是对其英文表述"sentence of death may be imposed only for the most serious crimes"的翻译。

因国家而异。但是对这一术语作更明确的定义以及"政治罪行"应该被明确排除在外的建议没有得到接受。① 这与《美洲人权公约》第 4 条形成了对照,后者明确表示"对任何政治罪行或有关之犯罪,不得施以死刑"。人权事务委员会指出,"最严重的罪行"这一表述必须做限制性的解读,它意味着死刑应当是极为非常的措施。② 根据经济及社会理事会(经社理事会)的规定,严重罪行的范围不应超出带有致命或其他极端严重后果的蓄意犯罪行为。③ 联合国有关法外处决、即决处决和任意处决问题的特别报告员认为,这些限制排除了对经济罪行和其他所谓无受害者罪行或者宗教或政治性质之活动——包括叛国行为、间谍和其他含糊地界定的、通常称为"危害国家的罪行"或"不忠"的行为——判处死刑的可能性。这一原则还排除了主要与普遍道德价值观有关的行为,如通奸和卖淫,以及性取向问题。④

印度最高法院试图通过确定一种"少见的死刑案件"的一般集合来确立死刑的基本门槛,并在这个集合中确定一种"少见案件中之最少见案件"的较小集合。⑤ 2006 年,印度最高法院确定了如下据其施用死刑可能正当合理的宽泛原则,即当所发生的情况是:

1. 谋杀以极端残忍、怪诞、邪恶、反叛或卑鄙的方式犯下,以至于引起社会之强烈和极端愤慨。

2. 谋杀之犯下是出于一种完全邪恶和卑鄙的动机,例如雇用杀手为金钱或报酬实施谋杀,或相对于某人处于支配地位或受信任地位的谋杀者为谋取与该人有关之利益而将其冷血谋杀,或在背叛祖国的过程中实施谋杀。

3. 实施对在册种姓或少数族裔群体的谋杀不是出于个人原因,而是在引起社会愤怒的情况中,或在"烧死新娘"或"嫁妆死亡"的情况中,或实施谋杀是为了再婚以再次获取嫁妆,或为了出于迷恋而与另一个女人结婚。

4. 犯罪规模巨大,例如谋杀一个家庭的所有或几乎所有成员,或者某个特定种姓、社群或地方的大量人员。

5. 谋杀的受害者是无辜儿童、无助妇女、年老或体弱者,或者是谋杀者对其处于支配地位的某人,或者是社会普遍热爱和尊重的公众人物。

如果根据这些主张对所有情况进行全面的全球性考察,并考虑对以少见之

---

① UN document A/2929, chap. VI, s. 6.
② 人权事务委员会第 6 号一般性意见,第 7 段。
③ 经社理事会第 1984/50 号决议:《关于保护死刑犯的权利的保障措施》,1984 年 5 月 25 日。
④ UN document E/CN.4. 2000/3, 25 January 2000.
⑤ *Bachan Singh v. State of Punjab*, Supreme Court of India, (1980) 2 SCC 684.

最少见案件的测试方式所提出的问题的答案，案件的具体情况使得有理由判处死刑，那么法院就会如此判处。①

2009年，印度最高法院进一步限制了死刑的适用，强调终身监禁是常规，而死刑是例外。因此，某一法院在选择死刑作为其倾向的刑罚时，具有一种特别的责任，即对事实进行客观评估，以满足"少见中之最少见"的测试所要求的例外情况。只有在改造的判刑目标无法实现时，终身监禁才是完全徒劳的。法院必须提出清楚的证据，证明罪犯为什么不适合任何形式的改造或复原计划。法院必须以开放的心态分析与犯罪和罪犯有关的所有加重和减轻情节，而不论所考虑的犯罪的严重程度或性质如何。公众意见在这一判决过程中不得起作用。"少见之最少见"之测试的原则性适用并不妨碍量刑的个性化。正义是有关判刑之法律的首要德性。②

5. "依照犯罪时有效之法律"

这一规定旨在确保判处死刑的法律不得具有追溯效力。③ 这一规定的作用还在于，拒绝政府之行政部门的官员在其选择将不可避免地导致判处死刑的情况中，有选择审判罪行之方法的权力。

在毛里求斯，1986年《危险药物法》确立了非法进口毒品的罪行，但没有规定刑罚。相反，该法授权公诉署署长选择，是在中级法院、地区法院（有权判处罚款和刑事劳役）或在只有一位主审法官而没有陪审团的最高法院（对刑罚没有酌情决定权，而有义务判处死刑）起诉违犯者。英国枢密院宣布这一授权规定无效。基思（Keith）勋爵指出："本案的邪恶之处在于，署长为起诉据称为贩卖而进口毒品所具有的酌处权力——究竟是在一个基于必要认定而必须判处罪犯死刑的法院，或是在一个只能判处罚款或监禁的法院，使得他实质上能够选择要在某一特定案件中判处的刑罚。"英国枢密院的法官们指出，如果选择对罪犯所施刑罚仍处于判刑法院的酌处余地之内，则赋予检察机关选择将被指控某一特定罪行的个人提交某一法院的酌处权力不可反对。④

6. "与本公约规定及防止及惩治灭绝种族罪公约不抵触"⑤

遵守《公民及政治权利国际公约》之规定的必要性意味着，必须遵守其

---

① Union of India v. Devendra Nath Rai, Supreme Court of India, 2006 (2) SCC 243, 以下案件以赞同态度摘引了该案：Jagdish v. State of Madhya Pradesh, Supreme Court of India, [2010] 3 LRC 369。

② Santosh Kumar Satishbhushan Bariyar v. State of Maharashtra, Supreme Court of India, [2010] 1 LRC 158.

③ UN document A/3764, s. 116.

④ Ali v. The Queen, Privy Council on appeal from the Supreme Court of Mauritius, [1992] 2 WLR 357.

⑤ 之所以要提到《防止及惩治灭绝种族罪公约》是基于这样对信念，即如果某一个人所属群体面临灭绝危险，其生命权也将无法得到充分保障。这一规定也旨在进一步限制判处死刑。

中规定的程序性保障,包括由独立法庭进行公正审理、无罪推定、最低限度的辩护保障以及上级法庭的复审权。这些权利也适用于寻求赦免或减刑的权利。①

严格遵守《公民及政治权利国际公约》第 14 中规定的公正审判的所有最低限度的保障不允许任何例外。因此,人权事务委员会认定,在出现如下情况的审判后判处死刑时,《公民及政治权利国际公约》第 6 条即被违反:

(a) 法院可获得的具有可证明被告无罪之性质的重要信息没有被提请陪审团注意(第 14 条第 1 款);②

(b) 由于国家指导的媒体的广泛和负面的审前报道,无罪推定被违反(第 14 条第 2 款);③

(c) 被告没有获准享有适当准备其辩护的充分时间[第 14 条第 3 款(丑)项];④

(d) 对于被告应不得无故拖延地受到审判的要求,没有给予应有的尊重

---

① 人权事务委员会第 6 号一般性意见,第 7 段。See also *Peart and Peart v. Jamaica*, Human Rights Committee, Communication Nos. 464/1991 and 482/1991, HRC 1995 Report, Annex X.E; *Mbenge v. Zaire*, Human Rights Committee, Communication No. 16/1977, HRC 1983 Report, Annex X; *Idiev v. Tajikistan*, Human Rights Committee, Communication No. 1276/2004, HRC 2009 Report, Vol. Ⅱ, p. 66:死刑之判处违反了《公民及政治权利国际公约》第 7 条、第 14 条第 3 款(午)项、第 14 条第 3 款(卯)项和(寅)项所确立的保障; *Toliphkuzhaev v. Uzbekistan*, Human Rights Committee, Communication No. 1280/2004, HRC 2009 Report, Vol. Ⅱ, p. 82; *Uteev v. Uzbekistan*, Human Rights Committee, Communication No. 1150/2002, HRC 2008 Report, Vol. Ⅱ, p. 14; *Sultanova v. Uzbekistan*, Human Rights Committee, Communication No. 915/2000, Selected Decisions, Vol. 9, p. 53, 违反了《公民及政治权利国际公约》第 14 条第 1 款、第 14 条第 2 款、第 14 条第 3 款(丑)(卯)(辰)(午)项; *Yaseen and Thomas v. Guyana*, Human Rights Committee, Communication No. 676/1996, Selected Decision, Vol. 6, p. 184, 违反了《公民及政治权利国际公约》第 14 条第 3 款(丑)(寅)(卯)(辰)项。

② *Wright v. Jamaica*, Human Rights Committee, Communication No. 349/1989, HRC 1992 Report, Annex Ⅸ.O:对死者进行尸检的医生所确定的死亡时间意味着,当死者被枪杀时,被告已经被警方羁押。See also *Mulai v. Guyana*, Human Rights Committee, Communication No. 811/1998, Selected Decisions, Vol. 8, p. 72; *Deolall v. Republic of Guyana*, Human Rights Committee, Communication No. 912/2000, HRC 2005 Report, Vol. Ⅱ, p. 40:法官没有做到警告陪审团,检控方必须证明,供认不是在压迫下做出的。

③ *Saidov v. Tajikistan*, Human Rights Committee, Communication No. 964/2001, HRC 2004 Report, Vol. Ⅱ, p. 164; *Karimov and Nursatov v. Tajikistan*, Human Rights Committee, Communication Nos. 1108 and 1121/2002, Selected Decisions, Vol. 9, p. 92, 违反了《公民及政治权利国际公约》第 14 条第 2 款、第 14 条第 3 款(丑)(卯)项。

④ *Little v. Jamaica*, Human Rights Committee, Communication No. 283/1988, HRC 1992 Report, Annex Ⅸ.J:在审判开始前,与律师商讨了半个小时;在审判期间也商讨了差不多这么长时间;在上诉之前和上诉期间,未能与律师商讨。See also *Saidov v. Tajikistan*, Human Rights Committee, Communication No. 964/2001, HRC 2004 Report, Vol. Ⅱ, p. 164:受指派的律师未能提供有效的代理; *Khomidov v. Tajikistan*, Human Rights Committee, Communication No. 1117/2002, HRC 2004 Report, Vol. Ⅱ, p. 363:未能提供及时的法律代理或确保与受指派律师的保密联络。

[第14条第3款（寅）项］；①

（e）虽然被告已明确表示希望出庭，但确认对其死刑判决之上诉仍为缺席审理［第14条第3款（卯）项］；②

（f）被告没有得到其自己选择之律师的充分辩护，或在上诉时没有得到有效代理，或未能使其在一场初步审理中有法律代表可用［第14条第3款（卯）项］；③

（g）当局没有采取合理步骤以促使被告要求的证人出庭［第14条第3款（辰）项］；④

（h）未能向被告提供唯一目击证人对警方的陈述，其中包含严重说不通的

---

① *Wright and Harvey v. Jamaica*, Human Rights Committee, Communication No. 459/1991, HRC 1996 Report, Annex Ⅷ. F：在重新逮捕以后22个月才重审。*McLawrence v. Jamaica*, Human Rights Committee, Communication No. 702/1996, HRC 1997 Report, Annex Ⅵ. V：在一审和驳回上诉之间拖延了31个月。*Taylor v. Jamaica*, Human Rights Committee, Communication No. 707/1996, HRC 1997 Report, Annex Ⅵ. W：在逮捕和一审之间拖延了28个月。*Johnson v. Jamaica*, Human Rights Committee, Communication No. 588/1994, Selected Decisions, Vol. 6, p. 126.

② *Campbell v. Jamaica*, Human Rights Committee, Communication No. 248/1987, HRC 1992 Report, Annex Ⅸ. D；*Simonds v. Jamaica*, Human Rights Committee, Communication No. 338/1988, 23 October 1992.

③ *Pinto v. Trinidad and Tobago*, Human Rights Committee, Communication No. 232/1987, HRC 1990 Report, Annex Ⅸ. H：被告既没有见到也没有同意以其名义提出的上诉的理由，他也没有得到机会与其律师商讨如何准备上诉。实际上，被告不希望由法院指派的律师代理，而且安排了另一位律师在上诉法院代理他的案件。*Aliev v. Ukraine*, Human Rights Committee, Communication No. 798/1997, HRC 2003 Report, Vol. Ⅱ, p. 54：进行审判时，他和他的律师都不在场。*Aliev v. Ukraine*, Human Rights Committee, Communication No. 798/1997, HRC 2003 Report, Vol. Ⅱ, p. 54：在被拘禁的头五个月，没有可能与律师商讨和由其代表。*Smartt v. Guyana*, Human Rights Committee, Communication No. 867/1999, HRC 2004 Report, Vol. Ⅱ, p. 41：在收监诉讼阶段，没有律师代理。*Arutyunyan v. Uzbekistan*, Human Rights Committee, Communication No. 917/2000, HRC 2004 Report, Vol. Ⅱ, p. 96：律师被禁止与被告私下会面。*Rolando v. The Philippines*, Human Rights Committee, Communication No. 1110/2002, HRC 2005 Report, Vol. Ⅱ, p. 161：在被拘禁的最初阶段，没有机会接触律师，也没有被告知获得法律帮助的权利。See also *Kelly v. Jamaica*, Human Rights Committee, Communication No. 253/1987, HRC 1991 Report, Annex Ⅺ. D；*Campbell v. Jamaica*, Human Rights Committee, Communication No. 248/1987, HRC 1992 Report, Annex Ⅸ. D；*Simonds v. Jamaica*, Human Rights Committee, Communication No. 338/1988, 23 October 1992；*Grant v. Jamaica*, Human Rights Committee, Communication No. 353/1988, HRC 1994 Report, Annex Ⅸ. H；*Wright and Harvey v. Jamaica*, Human Rights Committee, Communication No. 449/1991, HRC 1996 Report, Annex Ⅷ. F；*Graham and Morrison v. Jamaica*, Human Rights Committee, Communication No. 461/1991, HRC 1996 Report, Annex Ⅷ. G；*Kelly v. Jamaica*, Human Rights Committee, Communication No. 537/1993, HRC 1996 Report, Annex Ⅷ. O.

④ *Grant v. Jamaica*, Human Rights Committee, Communication No. 353/1988, 31 March 1994；*Burrell v. Jamaica*, Human Rights Committee, Communication No. 546/1993, HRC 1996 Report, Annex R；*Steadman v. Jamaica*, Human Rights Committee, Communication No. 528/1993, HRC 1997 Report, Annex Ⅵ. C；*Price v. Jamaica*, Human Rights Committee, Communication No. 572/1994, HRC 1997 Report, Annex Ⅹ. E.

内容［第14条第3款（辰）项］；①

（i）被告在调查当局直接或间接的身体或心理压力下被迫作出了具有自证其罪性质的陈述（随后在审判中作为证据）［第14条第3款（午）项］；②

（j）上诉法院在驳回上诉后，未能以书面形式提供裁决理由（第14条第5款）。③

如果当局所允许的在宣判死刑和通知被判刑人将要执行死刑之间的期间过长——以年而不是以月为单位计算的拖延，以至于使他有理由相信他的死刑必须减为终身监禁之刑，则也许可以争辩说，剥夺被判刑人的生命并不是"通过正当的法律程序"。④

7."依管辖法院终局判决"

"管辖法院"一词是指已经依法建立的具有属事、属人和属地管辖权的适当构成之法院。⑤ 在《公民及政治权利国际公约》的起草阶段有一项提议是，法院也应"独立"，但此提议遭到反对，理由是法院的独立性已经在其他地方规定。⑥ 增加"一致作出"和"作为一审法院行事"这两个词的提议没有付诸表决。⑦ 根据当代国际和区域人权制度，"管辖法院"之表述，对于接受了人权事务委员会、欧洲人权法院、美洲人权委员会和美洲人权法院的管辖权的国家而言，将包括这些机构，因为"通过批准一项规定个人可诉诸国际机构的条约，政府使这一程序暂时成为国内刑事司法制度之一部分"。⑧

---

① *Peart and Peart* v. *Jamaica*, Human Rights Committee, Communication Nos. 464/1991 and 482/1991, HRC 1995 Report, Annex Ⅸ. D.

② *Berry* v. *Jamaica*, Human Rights Committee, Communication No. 330/1988, 7 April 1994. *Kurbanova* v. *Tajikistan*, Human Rights Committee, Communication No. 1096/2000, Selected Decisions, Vol. 8, p. 355：定罪是基于在压迫下取得的供述。*Saidov* v. *Tajikistan*, Human Rights Committee, Communication No. 964/2001, HRC 2004 Report, Vol. Ⅱ, p. 164：定罪是基于在压迫下取得的供述。*Khomidov* v. *Tajikistan*, Human Rights Committee, Communication No. 1117/2002, HRC 2004 Report, Vol. Ⅱ, p. 363：法官拒绝让医生检查囚犯，以评估为使他认罪而对其所施之酷刑造成的伤害。

③ *Kelly* v. *Jamaica*, Human Rights Committee, Communication No. 253/1987, HRC 1991 Report, Annex Ⅺ. D：拖延了五年。*Francis* v. *Jamaica*, Human Rights Committee, Communication No. 320/1988, 24 March 1993：拖延了九年。*Smith* v. *Jamaica*, Human Rights Committee, Communication No. 282/1988, 31 March 1993：拖延了四年。

④ *Abbot* v. *Attorney-General of Trinidad and Tobago*, Judicial Committee of the Privy Council on appeal from the Court of Appeal of Trinidad and Tobago, (1979) 32 WIR 347, at 352, per Lord Diplock.

⑤ 《公民及政治权利国际公约》第14条第1款使用了类似的表述。

⑥ UN document A/2929, chap. Ⅵ, s. 7.

⑦ UN document A/2929, chap. Ⅵ, s. 7.

⑧ Per Lord Millet in *Thomas* v. *Baptiste*, Judicial Committee of the Privy Council, [1999] 2 LRC 733 at 745.

8. "［对死刑］请求特赦或减刑之权"

为减轻仍判处死刑之国家中的死刑,《公民及政治权利国际公约》第6条第4款承认被判处死刑者有"请求特赦或减刑"的权利。应当区分对于刑罚的司法权和执行权。作出判决是一项司法职能,而执行判决则是一项行政执行职能。以宽恕行为减轻或免除刑罚是一种行政执行权力的行使,它节略了判决的执行,但并不改变判决本身。① 最初有人提议在该规定中包括"请求大赦的权利",但该提议被否决,因为大赦是由行政部门自己决定的一项措施,而且具有集体特赦的性质,因此设想一个人能够寻求大赦被认为是不适当的。② 在《公民及政治权利国际公约》第6条第4款没有规定程序的情况下,国家保留着详细规定这一权利之行使模式的酌处余地。③ 一个问题是:承认请求特赦的"权利"是否将迄今为止纯粹的行政行为转变为具有司法性质或至少是准司法性质的行为?

1980年,印度最高法院法官克里什纳·艾耶(Krish Iyer)指出,尽管特赦权非常广泛,但它不能"胡闹"。他认为,没有什么法律权力可以"信马由缰"地不守规矩,而"必须理智地保持一条稳定的路径"。艾耶法官警告说,政治宿怨或党派偏袒不应成为行使这种权力的根据。他建议政府在行使特赦权时,应制定自己的指导规则,以排除歧视的弊端。"政府在寻找其慷慨善举的接收者方面,并不像也不应该像个人那样自由。"艾耶法官指出,行使这一权力的考虑因素"可能千差万别,其情势也千变万化,并要留给适当的政府,但任何考虑因素或情势都不能完全无关、不合理、具有歧视性或恶意。只有在这些罕见的案件中,法院才会审查其如何行使"。④ 印度最高法院后来宣布,总统或邦长行使或不行

---

① *United States v. Benz*, United States Supreme Court, 282 US 304 (1931). See also *Narayan Dutt v. State of Punjab*, Supreme Court of India, [2011] 5 LRC 119:印度旁遮普邦邦长赦免了三名因谋杀罪被判处终身监禁的人。对此,印度最高法院注意到,在州长的命令中,对请求赦免的人有罪或无罪做出了一些评论。"得到牢固确立的是,判定被告无罪或其他情况属于具有合格管辖权之法院的专属权限,因为这本质上是一项司法职能。邦长准予赦免之权力作为一种行政职能之行使,独立于法院宣布被告无罪或有罪的权力。法院在刑事审判和随后向本法院提出的上诉中的权力,以及总统或州长的权力,在完全不同的领域内运作,这两种权力的性质也完全不同。"因此,该法院认为,邦长提出这些意见,已经超过了可予允许的宪法界限。

② UN document A/2929, chap. VI, s. 9.

③ *Kennedy v. Trinidad and Tobago*, Human Rights Committee, Communication No. 845/1998, Selected Decisions, Vol. 7, p. 127.

④ *Maru Ram v. Union of India*, Supreme Court of India, AIR 1980 SC 2147. See also *Kehar Singh v. Union of India*, Supreme Court of India, AIR 1989 SC 653; *Swaran Singh v. State of Uttar Pradesh*, Supreme Court of India, AIR 1998 SC 2026; *Satpal Singh v. State of Haryana*, Supreme Court of India, AIR 2000 SC 1702; *Bikas Chatterjee v. Union of India*, Supreme Court of India, (2004) 7 SCC 634.

使特赦权并不得免于受司法审查。仍有有限的司法审查可用，而且如果出现以下情况，就可以质疑特赦令：（a）该命令是未经申请决策者的想法而作出的，（b）该命令是恶意作出的，（c）该命令是基于外部的或完全无关的考虑，（d）相关材料被排除在考虑之外，（e）该命令具有无理性。该法院补充说，没有任何义务说明作出命令的理由，并不意味着不应该有作出该命令的正当或相关理由。如果政府选择不披露这些理由，法院可能会得出结论认为，该命令没有坚实的理由。[①] 最近，印度最高法院认为，寻求宽恕的权利是一项宪法权利，而非行政机关可酌处或一时冲动决定之事。每一项宪法义务都必须以应有的小心和谨慎来履行。如果由于对宽恕申请的悬而未决，或行政和宪法当局未能注意到或考虑到有关方面，导致处决出现不正当的、无法解释的和过度的拖延，则法院有权听取罪犯的申诉，并仅仅基于这一理由将死刑减为终身监禁。[②]

加勒比共同体法院（Caribbean Court of Justice）认为，确认或减轻死刑判决的权力太重要，不允许被赋予这一权力者享有在没有司法审查之任何可能性的情况下行使该权力的自由。宽恕和正义在概念上的差异不能作为一种正当理由，来拒绝给予一个被判死刑的人一项可强制执行的权利，即要求以一种公正的程序来得出他是生还是死的决定。伯纳德（Bernard）法官指出，宽恕不得也不能被视为一种权利，但当其行使通过建立一个具有法定权力的法庭正式化时，宽恕就不再是一种能够随意加以行使的自由裁量权：它变成了一个要根据基本正义规则来判断的问题。在强制性死刑制度中，巴巴多斯枢密院对于判刑的个性化至关重要——这种个性化是任何文明的司法制度的一个本质特征。巴巴多斯枢密院只应举行一次会议——在所有国内和国际程序结束之时。在这一阶段，枢密院应向被定罪者提供该院提出以作出其决定要依据的所有材料，合理地通知他会议的日期，并邀请他提交书面陈述。[③]

[①] *Epuru Sudhakar v. Government of Andhra Pradesh*, Supreme Court of India, [2007] 3 LRC 187.

[②] *Shatrughan Chauhan v. Union of India*, Supreme Court of India, [2014] 4 LRC 124. 印度最高法院在其判决中，提出了保障死刑犯利益的指导方针。关于申请宽恕，法院发出的指令包括：（1）在拒绝宽恕申请前的单独或单间禁闭是违宪的；（2）在所有阶段，包括在拒绝宽恕申请后，都要向罪犯提供法律援助以及所有相关文件的副本；（3）应发出所有必要的材料，如警察记录和判决，以尽早作出决定；（4）应立即以书面形式告知罪犯及其家属对宽恕申请的决定；（5）在收到宽恕申请被拒绝的通知和预定的处决日期之间，应规定一段至少14天的期间，以使囚犯能够对处决做出心理准备、制作其遗嘱、与家人最后相会并利用任何其他司法救济。

[③] *Attorney General v. Joseph*, Caribbean Court of Justice, [2007] 4 LRC 199. 法院认定，没有任何情况能阻止其审查巴巴多斯枢密院所采用的程序（该枢密院就总督行使其有关宽恕特权的权力向其提出建议）并通过参考自然正义规则和符合宪法所承认之基本人权的情况检测其程序公正性。如果所采用的程序通不过这种检测，就将存在对获得法律保护之权利的侵犯。

在乌干达，宪法设立了一个常设机构，名为"宽恕权咨询委员会"，由司法部部长任主席并负责向总统提出建议。乌干达最高法院认为，该委员会应优先且无不合理拖延地处理所有被判处死刑者的案件，并相应地向总统提出建议。同样，总统应毫无不合理拖延地作出决定，是否特赦、准予缓刑、以较轻的刑罚替代死刑或者免除全部或部分刑罚。如果未做到这一点，就是将一个人关在监狱中，服其并未被判处之刑。① 新加坡上诉法院认为，行使宽恕权并不是超出任何法律限制意义上的"法外"之权。如果宪法或法律权力以恶意或越权的方式行使，这样的权力不得超出法院之监督管辖权的范围。法院有权审查宽恕权的行使情况，以确保这种行使是出于善意和意在目的，并且没有违反宪法保护和权利。此外，对于死刑案件所规定的具体程序保障——即要求法官的报告和总检察长的意见要在内阁向总统提出建议之前送交内阁，必然意味着内阁具有一种宪法义务，在向总统提出建议之前，公正和善意地审议这些材料。如果有证据表明内阁之行为违反了这些程序要求，那么除非法院可以干预，否则法治就将变得毫无价值。在新加坡，与许多普通法系国家一样——这些国家将宽恕权从一种普通法的特权提升为成文宪法所规定的一项宪法权力，作出宽恕决定不是正巧有此权力的个人的私人恩典行为，而是宪法安排的一部分。此外，宽恕权受到司法审查是得到宪法保障的生命权和人身自由权的一个必然结果。②

9. "未满十八岁之人犯罪，不得判处死刑"

包括这一条款是为了承认，大多数国家的刑事立法给予未成年人优惠待遇。基于坚实的道德和智识准则，人们相信违法的未成年人可以成为社会的有用成员。在考虑了诸如"未成年人""儿童和年轻人"和"青少年"等几种表述后，"未满十八岁之人"的用词以多数票被决定采用。③《美洲人权公约》第

---

① *Attorney General v. Kigala*, Supreme Court of Uganda, [2009] 2 LRC 168.

② *Yong Vui Kong v. Attorney General*, Court of Appeal of Singapore, [2012] 2 LRC 439. 仍有一些法律制度采取相反的观点。See *Juriami bin Husin v. Pardons Board, State of Pahang*, Federal Court of Malaysia, [2003] 2 LRC 650：根据马来西亚宪法，对于由法院对某一已经用尽法律救济的被定罪者判处的死刑，只能由苏丹依据他作为主席的赦免委员会的建议来行使减刑权力。宽恕并非一项法律权利的主题，而是在法律权利终结之时才开始。就其性质而言，宽恕特权并不是一种可以或必须受到司法审查的行为。宽恕特权只可用于已经用尽了法律救济的被定罪者，而非一项法律权利。宽恕的程序显然是不可诉的。See also *De Freitas v. Benny et al*, Privy Council on appeal from the Court of Appeal of Trinidad and Tobago, 27 WIR 318；(1974) 26 WIR 523（CA）；*Riley v. Attorney-General*, Privy Council on appeal from the Court of Appeal of Jamaica, (1982) 35 WIR 279；*Pratt v. Attorney-General for Jamaica*, Privy Council on appeal from the Court of Appeal of Jamaica, [1993] 2 LRC 349.

③ UN document A/3764, s. 119.

9条第6款还包括70岁以上的人。《非洲儿童权利和福利宪章》第5条第3款禁止对于儿童（未满18岁的人）所犯罪行的死刑。

美国最高法院的布伦南（Brennan）法官解释了为什么青少年的"不负责任的行为"不被认为像成年人的这种行为一样在道德上应受到谴责：

> 青少年比成年人更脆弱、更冲动、更不自律，并且没有同样的能力控制自己的行为和进行长远考虑。他们特别容易受到影响、受制于同龄人的压力，而且容易尝试、冒险和逞能。他们缺乏经验、观点和判断力。此外，我们的社会对年轻人表现出的家长主义以及这强加给他们的服从意味着，社会对青少年的行为负有责任，而对那些至少在理论上自由做出自己选择的成年人的行为则不负有责任。①

美洲人权委员会认定，美国政府因为罗奇（Roach）和平克顿（Pinkerton）这两名年轻人被裁决犯有在他们的18岁生日之前犯下的罪行而将他们处决，违反了《美洲人的权利和义务宣言》第1条。美国虽然是美洲国家组织的成员国（因此受《美洲人的权利和义务宣言》的约束），但不是《美洲人权公约》的缔约国，而《美洲人权公约》规定，除其他外，"对犯罪时未满18岁者，不得判处死刑"。然而，美洲人权委员会认为，在美洲国家组织的成员国中，有一项得到公认的禁止国家处决儿童的强行法规范。这一规范被包括美国在内的所有美洲体系的国家所接受。尽管美洲人权委员会同意，"目前还不存在一项习惯国际法规范，将18岁确定为可判处死刑的最低年龄"，但这种规范"正在出现"。美国的责任基于这样一个事实：联邦政府将对青少年适用死刑的问题留给了州官员自由裁量。

> 这导致了一种立法的拼凑图，使惩罚的严重性不是主要取决于所犯罪行的性质，而是取决于犯罪的地点。将是否可以处决未成年人的决定权移交给州立法机关，与准予各州决定购买酒精饮料或同意结婚的成年年龄的酌处权，并不是同一个类型。对于这项最基本的权利——生命权，联邦政府未能先于各州行动，导致了整个美国的一种立法任意性模式，这又导致了无理剥夺生命和在法律面前的不平等，这分别有违《美洲人的权利和义

---

① *Stanford v. Kentucky*, United States Supreme Court, 492 US 361 (1989), at 394.

务宣言》第1条和第2条。①

10. "怀胎妇女被判死刑，不得执行其刑"

规定不得对孕妇执行死刑的主要原因是为了挽救未出生的无辜孩子的生命。② 尽管可以说，该规定仅仅意在将执行死刑的时间拖延至孩子出生，但看来该规定的意图在于，如果死刑事关孕妇，该死刑根本就不应执行。在起草期间占主导地位的观点似乎是，如果母亲生活在对孩子出生后自己将被执行死刑的持续恐惧中，那么胎儿的正常发育可能会受到影响。③ 经社理事会现在要求不对新生儿的母亲执行死刑。④《非洲人权和民族权宪章关于妇女权利的议定书》第4条第2款（j）项还要求各国确保不对孕妇或哺乳期的妇女执行死刑。

---

① *Re Roach and Pinkerton*, Inter-American Commission, Resolution No. 3/87, Case 9647 (United States), 27 March 1987. 但是见，*Stanford* v. *Kentucky* (above) and *Wilkins* v. *Missouri* 492 US 361 (1989)，该案中，美国最高法院的五位法官通过拒绝国际标准、转而选择"美国的道德观念"（"American conceptions of decency"），维持了对在16岁和17岁时犯下谋杀罪的被告的死刑。斯卡利亚（Scalia）法官认为，对于禁止判处在这些年龄犯下的罪行死刑，并没有当代的全国共识，因为（a）允许死刑的大多数州允许对16岁或16岁以上的人所犯的罪行判处死刑，（b）根本不允许死刑的州的数目，对于对少年的死刑是否适当这一具体问题，无关紧要，以及（c）外国的并不反映美国的道德观念的量刑做法与这些问题无关。布伦南（Brennan）法官在其异议判决中认为——马歇尔（Marshall）法官、布莱克蒙（Blackmun）法官和史蒂文斯（Stevens）法官同意其意见，对于某人在未满18岁时所犯的罪行，将剥夺其生命作为惩罚是残忍和不寻常的，因此被美国宪法第八修正案所禁止。多数法官的观点与《公民及政治权利国际公约》第6条第5款、《美洲人权公约》第4条第5款禁止处决未成年人的规定以及《关于保护死刑犯的权利的保障措施》（经社理事会第1984/50号决议通过，联大第39/51号决议核可）相左。禁止判处未满18岁的人死刑的立法必须与违犯者犯罪时的年龄有关。

② UN document A/3764, s. 119.

③ UN documents A/3764, s. 119; A/2929, chap. VI, s. 10.

④ 经社理事会第1984/50号决议：《关于保护死刑犯的权利的保障措施》，1984年5月25日。

第十一章　免受酷刑权

国际文书

《世界人权宣言》
第 5 条
任何人不容加以酷刑，或施以残忍不人道或侮慢之待遇或处罚。

《公民及政治权利国际公约》
第 7 条
任何人不得施以酷刑，或予以残忍、不人道或侮辱之处遇或惩罚。非经本人自愿同意，尤不得对任何人作医学或科学试验。

区域文书

《美洲人的权利和义务宣言》
第 26 条
任何被控有罪之人有权……不受残忍的、恶毒的或者非同寻常的惩罚。

《欧洲人权公约》
第 3 条
任何人不容加以酷刑，或施以不人道或侮慢之待遇或处罚。

《美洲人权公约》
第 5 条
任何人不容加以酷刑，或施以残忍不人道或侮慢之处罚或待遇。

《非洲人权和民族权宪章》
第 5 条
对人的一切形式的剥削和侮辱，尤其是……酷刑、不人道或侮辱之处罚和待遇，均应予以禁止。

有关文本

《保护人人不受酷刑和其他残忍、不人道或有辱人格待遇或处罚宣言》，联合国大会 1975 年 12 月 9 日第 3542（XXX）号决议通过

《执法人员行为守则》，联合国大会 1979 年 12 月 17 日第 34/169 号决议通过

《有关医务人员、特别是医生在保护被监禁和拘留的人不受酷刑和其他残忍、不人道或有辱人格的待遇或处罚方面的医疗道德原则》，联合国大会 1982 年 12 月 18 日第 37/194 号决议通过

《关于保护死刑犯的权利的保障措施》，联合国经济及社会理事会 1984 年 5 月 25 日第 1984/50 号决议通过

《联合国少年司法最低限度标准规则》（北京规则），联合国大会 1985 年 11 月 29 日第 40/33 号决议通过

《美洲预防和惩治酷刑公约》，美洲国家组织 1985 年 12 月 9 日通过，1987 年 2 月 28 日生效

《禁止酷刑和其他残忍、不人道或有辱人格的待遇或处罚公约》，1984 年 12 月 10 日通过，1987 年 6 月 26 日生效

《欧洲监狱规则》，欧洲理事会部长委员会 1987 年 2 月 12 日通过

《保护所有遭受任何形式拘留或监禁的人的原则》，联合国大会 1988 年 12 月 9 日第 43/173 号决议通过

《欧洲禁止酷刑和其他残忍、不人道或有辱人格的待遇或处罚公约》，欧洲理事会 1987 年 11 月 26 日通过，1989 年 2 月 1 日生效

《囚犯待遇基本原则》，联合国大会 1990 年 12 月 14 日第 45/111 号决议通过

《联合国保护被剥夺自由少年规则》，联合国大会 1990 年 12 月 14 日第 45/113 号决议通过

《执法人员使用武力和火器的基本原则》，1990 年第八届联合国预防犯罪

和犯罪待遇大会通过

《联合国保护被剥夺自由少年规则》，联合国大会 1990 年 12 月 14 日第 45/113 号决议通过

《联合国非拘禁措施最低限度标准规则》（东京规则），联合国大会 1990 年 12 月 14 日第 45/110 号决议通过

《有条件判刑或有条件释放罪犯转移监督示范条约》，联合国大会 1990 年 12 月 14 日第 45/119 号决议通过

《联合国关于女性囚犯待遇和女性罪犯非拘禁措施的规则》（曼谷规则），联合国大会 2010 年 12 月 21 日第 65/229 号决议通过

《囚犯待遇最低限度标准规则》（曼德拉规则），联合国大会 2015 年 12 月 17 日第 70/175 号决议通过

《关于战俘待遇之日内瓦公约》，1949 年 8 月 12 日通过，1950 年 10 月 21 日生效，第 3 条

《改善战地武装部队伤者病者境遇之日内瓦公约》，1949 年 8 月 12 日通过，1950 年 10 月 21 日生效，第 3 条

《改善海上武装部队伤者病者及遇船难者境遇之日内瓦公约》，1949 年 8 月 12 日通过，1950 年 10 月 21 日生效，第 3 条

《关于战时保护平民之日内瓦公约》，1949 年 8 月 12 日通过，1950 年 10 月 21 日生效，第 3 条

一　评论

正如国际性和区域性文书所定义的，免受酷刑权包括对七种不同行为方式的禁止：酷刑、残忍的待遇、不人道的待遇、侮辱性的待遇、残忍的惩罚、不人道的惩罚和侮辱性的惩罚。[①] 对每一种行为方式的禁止都是绝对的和不可克减的，即使是在威胁国家生命的公共紧急状态下亦然。即使能确凿地证明不诉诸此等行为就无法维护法律和秩序，诉诸这种行为也是不被允许的，从这个意义上说，这项禁止是无条件的。即使是在诸如打击恐怖主义暴行及有组织犯罪等最困难的情形中，也绝对禁止施用酷刑或残忍的、不人道的或侮辱性的待遇

[①] 《欧洲人权公约》第 2 条省略了"残忍的"待遇或惩罚的提法。《美洲人的权利和义务宣言》第 26 条只提到了施予被指控之人的"残忍的、恶毒的或者非同寻常的惩罚"。See *Ex parte Attorney-General of Namibia*: *Re Corporal Punishment by Organs of State*, Supreme Court of Namibia [1992] LRC (Const) 515, at 527–8.

或惩罚。① 不得援用任何理由或可减轻罪责的情况作为违反《公民及政治权利国际公约》第 7 条的借口;② 这与受害者的行为无关,③ 也与怀疑某人可能参与犯罪活动无关,不论该怀疑是多么有根据。④ 禁止酷刑彰显了民主社会的最基本价值观念之一:"它存在于一国宪法之中,责成该国,特别是其执法人员,履行其艰巨职责时合理注意每个人的基本尊严。所有人都必须遵守宪法指令。即使是在困难的案件中,法院也应予强制执行。"⑤

根据马修·利普曼的观点,⑥ 使用酷刑并不是一种历史上的独特现象。"在以往时代,酷刑被用于'检验'诸如奴隶等'不可靠证人'的真实性,或者从刑事嫌犯处逼取入罪供述,或者迫使异教徒承认或放弃其宗教信仰。在所有的这些情况中,使用酷刑都会受到相对严格的监督和管理。"利普曼将酷刑的这种传统用法与"新酷刑"进行了对比,后者起源于第三帝国(纳粹德国),特点是针对某一政权的政治反对者,系统且广泛地使用先进精密的科学技术。"因此,酷刑已经成为试图利用'恐怖统治'进行治理的政权的一种工具。与此同时,没有政权会承认使用了酷刑,酷刑的使用总体上是隐蔽且不受管制的。"利普曼指出了现代政权使用酷刑的四种目的:(1)获取情报;(2)筹备对被告的"作秀审判";(3)使个人遭受身体上或心理上的毁损,并因此使其不能在政治上发挥作用,或者通过"心理控制"技术对个人进行"改造"或者"洗脑";(4)在大众中渲染恐怖氛围和政治冷漠。⑦

加拿大最高法院首席法官麦克拉克林(McLachlin)指出,有三个令人信

---

① *A v. Netherlands*, European Court, 20 July 2010; *A et al v. United Kingdom*, European Court, (2009) 49 EHRR 29; *Dikme v. Turkey*, European Court, 11 July 2000; *Selcuk and Askar v. Turkey*, European Court, (1998) 26 EHRR 477; *Chahal v. United Kingdom*, European Court, (1996) 23 EHRR 413; *Tomasi v. France*, European Court, (1992) 15 EHRR 1; *Tyrer v. United Kingdom*, European Court, (1978) 2 EHRR 1.

② 人权事务委员会第 20 号一般性意见(1992 年),第 3 段。

③ *Chahal v. United Kingdom*, European Court, (1996) 23 EHRR 413, at 457.

④ *Aydin v. Turkey*, European Court, (1997) 25 EHRR 251.

⑤ *Osifelo et al v. R*, Court of Appeal of the Solomon Islands, [1995] 3 LRC 602 at 608, per Kirby P.

⑥ Matthew Lippman, 'The Protection of Universal Human Rights: The Problem of Torture' 1 (4) *Universal Human Rights* (Oct.-Dec. 1979), 25, at 28.

⑦ 以法律禁止酷刑甚至可以追溯至 17 世纪。1688 年英国《权利法案》(《国民权利与自由和王位继承宣言》)中禁止过分的保释金、过分的罚款以及残酷非常的惩罚。1791 年美国宪法第八修正案反映了英国《权利法案》的内容,规定"不得要求过多的保释金,不得处以过重的罚金,不得施以残酷非常的惩罚"。英国的禁令似乎是针对未经法律授权的惩罚和审理法院管辖范围之外的惩罚,以及与所涉罪行不成比例的惩罚,而后者则主要关注明令禁止"酷刑"和其他"野蛮的"惩罚方式。See *Gregg v. Georgia*, United States Supreme Court 428 US 153 (1976).

服的迹象表明，禁止酷刑是习惯国际法中的一项强制性规范或者强行法。[1] 第一，存在大量明确禁止酷刑的多边文书（见"有关文书"部分）。第二，没有国家将酷刑合法化或者承认故意使用它，被指控实施酷刑的政府通常也否认它们参与其中，而将责任推卸给单个的国家工作人员或者政府控制之外的某些团体。事实上，大部分国家，就算不是所有国家，都已正式禁止将酷刑用作其行政行为的一部分。因此，这些国内实践的分量是禁止酷刑得到普遍接受的证据。第三，很多国际机构表示，禁止酷刑是一种既定的强制性规范。其他没有明确将其规定为强制性规范的国际机构也承认，保护人权或人道权利是一种强制性规范。[2] 因此，禁止酷刑可以被视为一种正在出现的——即使不是已经确立的——强制性规范。

在关注国家实施《公民及政治权利国际公约》第 7 条的责任时，人权事务委员会指出，该保护不限于被拘禁者，而且特别延及教育和医疗机构中的儿童、学生和病人。禁止各种形式的待遇或惩罚或者将其规定为犯罪还不够；还必须采取立法、行政、司法及其他措施来防止酷刑或其他虐待行为，而不论实施者是以其官方身份行事，还是以其官方外的身份或者是私人身份行事。那些侵犯此权利之人，不论是通过怂恿、命令、容忍，还是通过实施禁止性行为，都必须承担责任。因此，拒绝服从实施被禁止之行为的命令的人，不得受到惩罚或者遭受任何不利待遇。国内法中必须确认针对各种形式的禁止性待遇提出控诉的权利，并通过法律制度保证适当的补救措施。某控诉一旦提出，国家即应迅速地、公正地展开调查；否则就将构成对《公民及政治权利国际公约》第 7 条之违反。[3] 一般而言，大赦不符合国家调查酷刑行为、保证在其管辖范围内无人受此等行为伤害以及确保将来不再发生这类行为的责任。[4]

欧洲人权法院在解释《欧洲人权公约》第 3 条时认为，某一虐待行为若要属于禁止范围，则必须达到严重性的一种最低限度。对这种最低限度的评估，就其性质而言，是相对的；这取决于该案件的所有情形，例如该待遇的持续时

---

[1] 1969 年《维也纳条约法公约》将强制性规范定义为"国家之国际社会全体接受并公认为不许损抑且仅有以后具有同等性质之一般国际法律规律始得更改之规律。"

[2] *Suresh v. Canada*, Supreme Court of Canada, [2002] 4 LRC 640, per McLachlin CJ. See also *Filártiga v. Peña-Irala*, 630F. 2d 876 (1980), 77 ILR 169, 在该案中，美国上诉法院第二巡回法庭认为，鉴于大量国际性文书普遍谴责酷刑，并且世界上几乎所有国家都拒绝将酷刑作为官方政策之工具（即使不是在实践中，也是在原则上），国家工作人员针对被拘禁者实施酷刑之行为违反了国际人权法的既定规则，因此违反了国际法。该禁止是清楚明确的。

[3] *Karimov and Nursatov v. Tajikistan*, Human Rights Committee, Communications No. 1108/2002 and 1121/2002, 27 March 2007, Selected Decisions, Vol. 9, p. 92.

[4] 人权事务委员会第 20 号一般性意见，第 15 段。

间、其身体或心理影响,以及某些情况下受害者的性别、年龄和健康状况。①因此,在确定是否施行了酷刑或任何其他被禁止的待遇或惩罚时,可以进行主观性以及客观性检测。欧洲人权法院的泽基亚(Zekia)法官举了一个遭受严苛待遇的老年病人的例子:在经受几轮殴打、被打倒在地之后,他在地板上被拖拽以及乱踢达几个小时。"我会毫不犹豫地说,这个可怜的老人遭受了酷刑。如果对摔跤手或者哪怕是年轻的运动员施以此种待遇,我将其描述为不人道的待遇会犹豫得多,我有可能仅仅将其视为粗暴的处理方式。"他还举了一个例子:在审讯某位母亲时,她与其哺乳的婴儿被分开,该婴儿被放在一个相邻的房间内,母亲听到婴儿因为饥饿哭了几个小时。"我同样会说,母亲和婴儿都遭受了不人道的待遇——即使母亲和婴儿都没有遭到殴打:因为母亲遭到了痛苦折磨,婴儿则被剥夺了来自母亲的紧急关照。"②

列入"待遇"*一词表明了扩大保护的意愿,因为在范围上,"待遇"比"惩罚"更广。③ 其意图很可能是要在禁止范围内,不仅纳入法院以判决的形式作出的惩罚,而且要包含可能伴随着服刑发生的待遇(不同于惩罚的某些情况),也就是指服刑的条件。④ 待遇与惩罚有着不同的内涵。"搜查已决犯和羁押待审之人的频率和条件、拒绝与监狱外的家人和朋友联系、拥挤和不卫生的

---

① *A et al v. United Kingdom*, European Court, (2009) 49 EHRR 29; *Frerot v. France*, European Court, 12 June 2007; *Ireland v. United Kingdom*, European Court, (1978) 2 EHRR 25; *Selcuk and Askar v. Turkey*, Human Rights Committee, European Court, (1998) 26 EHRR 477. 这种方式也被人权事务委员会采用: *Vuolanne v. Finland*, Human Rights Committee, Communication No. 265/1987, HRC 1989 Report, Annex X.J。

② *Ireland v. United Kingdom*, European Court, (1978) 2 EHRR 25. See also *Quinteros v. Uruguay*, Human Rights Committee, Communication No. 107/1981, HRC 1983 Report, Annex XXⅡ:母亲因女儿失踪而遭受的精神痛苦构成对《公民及政治权利国际公约》第7条之违反。该禁止不仅涉及造成身体痛苦的行为,还涉及那些造成受害者精神痛苦的行为。斯里兰卡最高法院在一起案件中,适用了一项主观检测: *Wijeyasiriwardene v. Inspector of Police*, Kandy [1989] 2 Sri L R 312。该案中,一位警官在一名16岁大、6英尺高的运动员的脸上打了一下——当时他和一群学生正在校外以拦挡车辆并在上面张贴海报的方式示威。法院认为,虽然使用的武力"相当过分",但也"合理",并不构成不人道的待遇。在武力之间可以做出的区别是:对于一个虚弱的老太太来说,某种武力可能是残忍的,但是对于一个强壮的年轻人来说,则不一定如此;如果在一个安静、有序的教室中对某位学生使用武力,可能是侮辱性的,但是在充满紧张和暴力的氛围中使用武力,则不会被如此认定。See also *Navaratne v. Chandrasena*, Supreme Court of Sri Lanka, 16 December 1997:在教师培训学院中的嘲弄——这使受害者遭受疼痛或者痛苦,或者身体、精神心理紧张——是残忍的、不人道的和侮辱性的。

* 英文用词为"treatment"。《公民及政治权利国际公约》作准中文本第7条中,与之对应的用词为"处遇"。鉴于联合国人权文书如《世界人权宣言》《禁止酷刑公约》更广泛地使用"待遇"作为"treatment"的对应用词,本中译本也使用"待遇",即使在引用《公民及政治权利国际公约》约文之处亦然。

③ See UN document A/4045, s. 19.

④ *Smith v. R*, Supreme Court of Canada, [1988] LRC (Const) 361, per McIntyre J.

牢房、故意拒绝必要的医疗护理，都可以作为例子。"① 然而，本条规定的实际司法适用表明，"待遇"并不局限于伴随着刑罚的待遇，其相关性超越了刑事法律和监狱管理领域。

在法律诉讼过程中，通过对另一人施以酷刑而获得的供词或陈述是不可采信的，而不论酷刑在何处实施、由谁实施或者由谁授权实施，而且即使对此诉讼过程有管辖权的国家未参与施用酷刑，也是一样。普通法原则曾独自明令排除经第三方施用酷刑而取得的证据，因为其不可靠、不公正、有违人道及尊严的通常标准，并且不符合推动法庭努力伸张正义的原则。但是普通法的原则现已得到国际条约和《禁止酷刑公约》包含的几乎普遍性的共识的补充。② 排除通过酷刑获得的证据的规则的目的并不是规诫行政部门——虽然这可能是一种附带后果，而是为了维护司法工作的品格。③ 排除使用此种证据的理由不在于其不可靠，而在于其野蛮性、非法性和不人道性。④

对于是否存在对该权利之侵犯的决定，在评估其所依据的证据时，需要超出合理怀疑。这种证据可能来源于同时存在有足够说服力的、清晰且一致的推论或者对事实的相似的、未受反驳的假设。在这种情况下，必须考虑在获取证据时各当事方的行为。⑤ 合理怀疑意味着不是仅仅建立在理论可能性基础之上或者为了避免得出相左结论而提出的怀疑，而是一种可以给出从所呈现的事实中得出理由的怀疑。然而，在证明据称的酷刑或者虐待方面，存在着某些固有的困难：

第一，能够证实事实的受害者或者证人由于惧怕对其自身或家人的报复，可能会犹豫要不要描述或揭露他所经历的一切。第二，警方或武装部

---

① *Ncube et al v. The State*, Supreme Court of Zimbabwe, [1988] LRC (Const) 442, per Gubbay J.

② *A and Others v. Secretary of State for the Home Department* (*No. 2*), House of Lords, [2006] 4 LRC 110. 涉案事项是，依制定法设立的一个高等法院即特别移民上诉委员会（SIAC），在根据 2001 年《防止恐怖主义、犯罪以及安全法》审理一个依据该法被指认并拘禁的人提出的上诉时，是否能够接受并无英国官方同谋的、确实或可能由外国官方人员通过施用酷刑获取的证据。法院认为，这种证据在司法诉讼过程中是不可采信的，并评论道，很明显，英国普通法从其存在一开始就已经表明立场，坚决反对使用酷刑。普通法拒绝使用酷刑——无论是适用于潜在的被告还是潜在的证人——的动因在于：对那些尚未被定罪者采取此做法是残酷的；由此所获得的供词或证据在本质上是不可靠的；相信这种做法侮辱了所有那些向其屈服的人。

③ *A and Others v. Secretary of State for the Home Department* (*No. 2*), per Lord Hoffmann.

④ *A and Others v. Secretary of State for the Home Department* (*No. 2*), per Lord Hope. See *Mthembu v. State*, Supreme Court of Appeal of South Africa, [2008] 5 LRC 399：在国内法和国际法中绝对禁止使用酷刑要求，"在任何程序中"都必须排除通过酷刑获得的"任何证据"。*Osifelo et al v. R*, Court of Appeal of the Solomon Islands, [1995] 3 LRC 602, per Kirby P.；如果在不公正的情况下榨取证词，即使在技术意义上是自愿的，也应该被排除在外。

⑤ *Ramirez Sanchez v. France*, European Court, (2007) 45 EHRR 1099；*Ireland v. United Kingdom*, European Court, (1978) 2 EHRR 25.

队的人员会尽可能地在没有证人、其上级当局大概也不知情的情况下，实施酷刑或者虐待行为。第三，如果提出酷刑或者虐待的指控，当局——不论是警方或武装部门还是有关政府部门——必然会觉得它们需要捍卫集体声誉，这种意愿在那些不了解指控所针对之人员的行为的当局中，会更加强烈。因此，上级当局可能不愿意承认或者准许调查可能证明该指控属实的事实。最后，随着时间的流逝，即使医学专家也可能无法辨认酷刑或者虐待在身体上留下的痕迹，尤其是在酷刑本身几乎没有留下任何外部痕迹的情况下。[1]

而且，很难指望来自酷刑受害者的信息完全准确。事实陈述中可能存在的某些矛盾不一定会导致怀疑控诉总体上的真实性。[2]

任何文书中都没有界定被禁止的行为方式。[3] 人权事务委员会在其一般性意见以及实践中，也没有试图在各种行为方式之间作出明确的区分——这取决于具体待遇或惩罚的性质、目的和严厉程度。因此，在某些情况中，被指责的行为被描述为"酷刑"，而在其他情况中，非常相似的待遇则被描述为构成某种"待遇""恶劣的待遇""不人道的或侮辱性的待遇""情况""虐待"或者"酷刑和不人道的待遇"。制定合适定义的困难，以及任何定义都可能成为规避其自身的手段的事实，可能致使起草者将解释和适用不同概念的职责留给了法官。虽然后文尝试分析了各种文书中使用的不同术语，但是有必要强调，每一文书中的相关条款必须作为一个整体解读，而被指控的措施，无论其描述为何，都必须在个案中评估，以确定它们在各该条款的范围内，是否构成一种或几种被禁止的待遇或惩罚形式。在每个案件中，相关事实必须根据整体情况予以判断。

---

[1] *Denmark et al v. Greece*, European Commission, (1976) 12 *Yearbook* 186 – 510. See *Fernando v. Perera*, Supreme Court of Sri Lanka, [1992] 1 Sri LR 411: 仅仅因为警察否认或者因为申诉人无法提供受伤的医学证据就拒绝对酷刑的指控，这被认为是不恰当的。即使没有在医学上得到支持的伤情，指控也可以成立。

[2] *Tala v. Sweden*, Committee against Torture, Communication No. 43/1996, 15 November 1996.

[3] See *Taunoa et al v. Attorney General*, Supreme Court of New Zealand, [2007] 5 LRC 680, per Elias CJ. "残忍的、侮辱性的或不成比例的严重待遇"这一表述（在新西兰《权利法案》中）更适宜被视作是禁止任何不符合人性之待遇的规范的简要描述，而不是将其用作一种精确的分类，因为在大多数情况中，有违人的尊严与价值之待遇同时属于全部这三种类别。*Dodo v. State*, Constitutional Court of South Africa, [2001] 4 LRC 318. 尽管并不容易区分"残忍的""不人道的"和"侮辱性的"这三个概念，但是在所有这三个概念中，都必然以某些形式、在某种程度上涉及对人格尊严的损害。不能忽视该权利至少是在部分程度上与自由相关的事实。

二 释义

(一)"酷刑"

1984年《禁止酷刑和其他残忍、不人道或有辱人格的待遇或处罚公约》出于该公约之目的,在第1条中将"酷刑"一词定义如下:

> ……是指为了向某人或第三人取得情报或供状,为了他或第三者所作或涉嫌的行为对他加以处罚,或为了恐吓或威胁他或第三者,或为了基于任何一种歧视的人和理由,蓄意使某人在肉体上或精神上遭受剧烈疼痛或痛苦的任何行为,而这种疼痛或痛苦是由公职人员或以官方身份行使职权的其他人所造成或在其唆使、同意或默许下造成的。纯因法律制裁而引起或法律制裁所固有或附带的疼痛或痛苦不包括在内。

这个定义意味着:

(甲)所引起的疼痛和痛苦必须是剧烈的,才能构成酷刑。为了确定特定形式的虐待是否应被定性为"酷刑",可以考虑这一概念与不人道待遇或侮辱性待遇的概念之间的区别。这种区别意味着,"酷刑"这一特殊的污名只会与"引发非常严重且残忍之痛苦的、蓄意的不人道待遇"相联系。[1]

在人权事务委员会看来,此种待遇包括如下例证:在三个月时间里,某一被拘禁者被迫蒙着眼睛、全天直立(西班牙语'plantón'),每次只能休息或者睡几个小时,遭受殴打,食物不足且不被允许接受探视。[2] 在十天时间里,某一被拘禁者的手臂被绑在身后、被吊起来达几个小时,被电击,被摔到地板上,用带有电流的锁链捆住,被弄得全身裸露且潮湿。[3] 在大约50天的时间里,某一被拘禁者被施以电击,对其使用"潜艇术"('submarino',将他被罩住的头浸入污水中),他的肛门中被插入瓶子或者自动步枪枪管,被强迫保持站立,被罩着头,被戴上手铐,他的嘴里被塞进一块木头达几天

---

[1] *Ireland v. United Kingdom*, European Court (1978) 2 EHRR 25; *Aydin v. Turkey*, European Court, (1997) 25 EHRR 251.

[2] *Setelich v. Uruguay*, Human Rights Committee, Communication No. 63/1979, HRC 1982 Report, Annex VIII.

[3] *De Lopez v. Uruguay*, Human Rights Committee, Communication No. 52/1979, HRC 1981 Report, Annex XIX.

几夜。① 某位大学教授被罩上头套,并直着身子坐上七天七夜(西班牙语'plantón de silla'或者'cine');他不被准许活动,在吃饭时,他必须跪在地板上,同一把椅子既用来坐,也用作桌子;他的手腕被铁丝绑住,每天只带他去两次厕所;只有在他在椅子上晕倒或者因为精疲力竭而不省人事时,才有不得不睡在水泥地板上的仅有机会;他会听到极具穿透性的尖叫,伴随着以超大音量播放的嘈杂噪声和音乐,每次长达几个小时。② 某一26岁的女大学生在大街上被逮捕时——逮捕是为了逼取有关她的政治活动的供词,在所有路人眼前遭到了残忍殴打;在接下来的15天,对她使用了"电击棒",特别是在生殖器部位;她被戴上手铐,并用她手铐上的链子将她吊起来——这发生在隆冬时节的敞开院子里,而且受害者身体赤裸,但这只发生了一次;结果,她失去了意识,因此无法说清她处于这种状态下多久;她还遭受了各种形式的持续侮辱与侵犯,例如,一直被迫赤身裸体与守卫和施加酷刑者相处,受到威胁与凌辱,还受到保证对她施行更多残忍行为的嘲弄;据称这些方法旨在通过不断攻击她的心理平衡并破坏她的身体完整,以逐步摧毁被拘禁者的人格。③

以下情形是欧洲人权法院认为等于酷刑的几种行为方式:某人被脚踢、受到威胁和虐待;受到"巴勒斯坦悬挂"(即被脱光衣服,双手被绑在身后,并通过双臂悬挂);通过连接在脚上或者生殖器上的电极进行电击,同时将冷水泼到他身上;对其施暴时,使他身体赤裸且通常蒙住他的眼睛;被模拟执行死刑。④ 欧洲人权委员会认为以下几种对身体的残害也等于酷刑:"打脚板"或

---

① *Motta* v. *Uruguay*, Human Rights Committee, Communication No. 11/1977, HRC 1980 Report, Annex X.

② *Cariboni* v. *Uruguay*, Human Rights Committee, Communication No. 159/1983, HRC 1988 Report, Annex Ⅶ. A.

③ *Gilboa* v. *Uruguay*, Human Rights Committee, Communication No. 147/1983, HRC 1986 Report, Annex Ⅷ. B. See also *Ramirez* v. *Uruguay*, Human Rights Committee, Communication No. 4/1977, HRC 1980 Report, Annex Ⅷ; *Weinberger* v. *Uruguay*, Human Rights Committee, Communication No. 28/1978, HRC 1981 Report, Annex Ⅸ; *Bouton* v. *Uruguay*, Human Rights Committee, Communication No. 37/1978, HRC 1981 Report, Annex ⅩⅣ; *Carballal* v. *Uruguay*, Human Rights Committee, Communication No. 33/1978, HRC 1981 Report, Annex Ⅺ; *Izquierdo* v. *Uruguay*, Human Rights Committee, Communication No. 73/1980, HRC 1982 Report, Annex ⅩⅦ; *Peñarrieta et al* v. *Bolivia*, Human Rights Committee, Communication No. 176/1984, HRC 1988 Report, Annex Ⅶ. C; *Portorreal* v. *Dominican Republic*, Human Rights Committee, Communication No. 188/1984, HRC 1988 Report, Annex Ⅶ. D; *Domukovsky et al* v. *Georgia*, Human Rights Committee, Communication Nos. 623-4, 626-7/1995, HRC 1998 Report, Annex Ⅺ. M; *McTaggart* v. *Jamaica*, Human Rights Committee, Communication No. 749/1997, HRC 1998 Report, Annex Ⅺ. Y.

④ *Dikme* v. *Turkey*, European Court, Application No. 20869/1992, 11 July 2000; *Aksoy* v. *Turkey*, European Court, (1996) 23 EHRR 553.

者"打脚掌"(用木质或金属棒或条击打脚部,这不会造成皮肤损伤或者留下永久性的、可识别的痕迹,但是会造成脚部剧烈的疼痛和肿胀);将金属夹子套在头上,然后在两侧太阳穴拧紧;拔掉头发或者耻区的汗毛;脚踢男性生殖器;播放让人无法睡觉的强烈噪声;将棍棒插入直肠;用烟头灼烧;埋到地下只露出头部;在指甲下插针;头朝下吊在火堆上方;将双手铐在后背达几天或者长时间给人戴手铐。①

(乙)酷刑既可以是身体上的,也可以是精神上的。精神上的痛苦是通过对身体施暴以外的手段制造的苦恼和压力施予的。"它可以——事实上也确实——通过在自称为科学的多学科实验室中改进的精妙技术实施。其目标是,通过与传统折磨所引起的身体痛苦几乎没有共同点的新形式痛苦,破坏人在精神上和心理上的平衡并摧毁他的意志,甚至是导致暂时性的人格分裂。"②其中包括诸如单独关押等非身体性酷刑的形式;在没有食物、水或者不能去厕所的情况下被隔离在警察的牢房中;模拟执行死刑;恐吓将某人扔出窗外;使用诬蔑性语言;将呕吐物涂在头上;被迫脱光衣服;在亲人或朋友受到酷刑或不人道或侮辱性待遇时被强迫在场。另一个例子则是某位音乐会钢琴家受到会对其亲人或朋友施以酷刑或暴力的威胁;受到要将他驱逐到阿根廷的威胁——他在那里有可能被处决;还经历了使用电锯进行的模拟截肢。③ 这些情况都构成了酷刑,因为它们都是旨在摧毁个人意志和意识的恐吓和羞辱形式。④ 出于提高调查效果的目的,通过使用某些科学技术强行介入一个人的心理过程,也是对人格尊严和自由的侮辱,往往具有严重的、持久的后果。⑤ 人

---

① *Denmark et al v. Greece*, European Commission, (1976) 12 *Yearbook*.
② *Ireland v. United Kingdom*, European Court, (1978) 2 EHRR 25, at 143, per Judge Evrigenis.
③ *Estrella v. Uruguay*, Human Rights Committee, Communication No. 74/1980, HRC 1983 Report, Annex XII.
④ *Denmark et al v. Greece*, European Commission, (1976) 12 *Yearbook* 196. See *Gomez Casafranca v. Peru*, Human Rights Committee, Communication No. 981/2001, 22 July 2003, Selected Decisions, Vol. 8, p. 228:反恐局(DIRCOTE)对一名牙科学生施以的待遇包括:反拗他的双手并扭转他的胳膊、将他吊起来、把手枪伸到他的嘴里、把他带到海边并试图淹死他、在他的肛门中插入蜡烛。*Suresh v. Canada*, Supreme Court of Canada, [2002] 4 LRC 640, per McLachlin CJ:酷刑可能诱发恐惧,其后果可能是毁灭性的、不可逆转的,甚至是致命的。See also UN document A/2929, chap. VI, s. 13.
⑤ *Selvi et al v. State of Karnataka*, Supreme Court of India, [2010] 5 LRC 137. 这些技术是:(1)测谎,这种技术是将某人连接在几种仪器上来测量并记录其对于一系列给出的问题的生理反应,目的是确定该人是否在撒谎;(2)麻醉分析,方式是向静脉注射一种药物,该药物使人进入催眠恍惚状态,并变得不那么克制,因而在问讯时更容易泄露信息;(3)脑电激活曲线(BEAP)测试,这一过程通过监测大脑被与调查相关的选定刺激因素(如文字、图片或声音)所触发的活动,以检验此人是否熟悉某些信息。印度最高法院认为,无论是在刑事侦查还是其他情况中,都不得对任何人强行使用这些技术中的任何一项。

权事务委员会强调,《公民及政治权利国际公约》第 7 条在未成年人案件中尤为重要。[1]

某一失踪者的家人是否是酷刑的受害者这一问题,取决于某些特殊因素的存在——这些因素给申诉人造成的痛苦的程度和特征不同于可能被认为必然会对严重人权侵犯的受害者的亲属造成的精神痛苦。相关因素包括亲属关系的亲疏(在这种情况下,父母—子女关系占有相当的分量)、该关系的特殊情况、家人目睹有关事件的程度、家人参与试图获取失踪者信息的活动的程度以及当局对这些查询的回应方式。这种侵犯的本质并不怎么在于所涉家人"失踪"的事实,而是关系到在该事件引起当局注意时,它们的反应和态度。特别是就后者而言,亲属可以直接控诉其是当局行为的受害者。[2]

(丙)酷刑必须是蓄意实施的。换言之,作为该行为之要素,必须有造成身体或精神疼痛或痛苦的意图,或者有充分理由相信有关个人面临着一种遭受这种疼痛或痛苦的现实风险。[3] 在秘鲁的一个案件中,在利马的一家急诊医院工作的一位女医生在街上被一些着便装的人拦住,被强行送入一辆汽车并被带到了反恐局(DINCOTE),在那里被蒙着眼睛接受了审讯。她受到威胁说,要逮捕她的家人、没收她的财产和医疗设备。她的头部受到重击并失去了意识。在她恢复意识后,伴随着殴打、侮辱和恐吓(包括威胁强奸)的审讯继续进行。在她被拘禁的最初几天,她被迫全天保持站立。她被单独关押了 7 天,此后被羁押候审、受到审判,并被定罪为"卫生部门领导小组成员,并起草了护理和检查利马大区恐怖活动中的伤员的计划",她被判处 25 年监禁和罚金。人权事务委员会认为,这些该国未予否认的指控违反了《公民及政治权利国际公约》第 7 条。[4]

(丁)促使施用酷刑的动机无关紧要。出于残忍和虐待的原因而非为了获

---

[1] *K. N. L. H.* v. *Peru*, Human Rights Committee, Communication No. 1153/2003, Selected Decisions, Vol. 9, p. 108. 妇产科医生告知一名女孩,其胎儿异常,如果她继续妊娠可能会危及她的生命,并建议以子宫刮除术终止妊娠。然而,医院院长拒绝批准此行为,理由是只有在终止妊娠是挽救孕妇生命的唯一途径时,才准许治疗性堕胎。这个女孩生下了一个只存活了 4 天的无脑女婴,在此期间,她不得不用母乳哺育女儿。在女儿死后,她陷入了严重的抑郁状态。她还染上了需要治疗的外阴炎症。她主张,她不得不继续怀孕的事实构成了残忍和不人道的待遇,因为她不得不忍受眼看着女儿的明显畸形并知道其预期寿命很短的痛苦。

[2] *Imakayeva* v. *Russia*, European Court, 9 November 2006. 由于申诉人的儿子和丈夫的失踪,以及她无力查明他们的遭遇,她遭受了并将继续遭受紧张和痛苦。当局处理她的申诉的方式构成了不人道的待遇。See also *Kroumi* v. *Algeria*, European Court, 30 October 2014.

[3] *Chahal* v. *United Kingdom*, European Court,(1996) 23 EHRR 413, at 457.

[4] *Carranza Alegre* v. *Peru*, Human Rights Committee, Communication No. 1126/2002, Selected Decisions, Vol. 9, p. 102.

取情报而施用酷刑的事实并不会减轻其罪责。①

（戊）"在符合《囚犯待遇最低限度标准规则》的范围内"，因法律制裁而引起的疼痛或痛苦不构成酷刑。②

由于《禁止酷刑公约》旨在规范国家行为，其界定的重点在于公职人员的行为。第29届世界医学大会1975年10月10日在东京通过的《东京宣言》则包含了更宽泛的界定。这一针对医务人员的界定如下："酷刑是一个或多个人独自或者根据任何当局的命令实施的、故意的、系统的或者无节制的造成他人身体上或精神上的痛苦，以迫使他提供情报、作出供述或者是为了任何其他理由的行为。"③

（二）"残忍之待遇"

如果某种惩罚极为过分，达到了侮辱尊严的程度，就是残忍的、异常的。④"残忍"可能意味着不人道和野蛮。⑤ 在一件来文中，一个被判处死刑的犯人被置于狱警看守之下，他的睾丸遭到金属探测器的敲打，他的所有个人财物也遭到了毁坏，这些行为被人权事务委员会形容为"残忍的待遇"。⑥ 绑架并使某人失踪，且阻止他与家人和外界取得联系，也构成残忍的（和不人道的）待遇。⑦

（三）"不人道之待遇"

酷刑和不人道的待遇之间的区别主要来自所施加的痛苦的程度差异。⑧ 欧

---

① See Decision of the Court Martial, Liège, Belgium of 20 November 1972, *Journal des tribunaux*, 3 March 1973, 148.

② 1975年《保护人人不受酷刑和其他残忍、不人道或有辱人格待遇或处罚宣言》。在批准《禁止酷刑公约》时，两个国家即卢森堡和荷兰声明，它们的理解是，"法律制裁"指的是那些根据国内法和国际法都合法的制裁。UN document CAT/C/2/Rev. 1 of 26 February 1991. 其他批准国没有对这一解释提出质疑。

③ 引自，Alice Armstrong, 'Torture, Inhuman and Degrading Treatment and the Admissibility of Evidence' (1987) 5 *Zimbabwe Law Review* 95, at 96。《东京宣言》的完整文本见，(1986) 2 *South African Journal on Human Rights* 230。

④ *R v. Smith*, Supreme Court of Canada, [1988] LRC (Const) 361, per Lamer J.

⑤ *Weems v. United States*, United States Supreme Court 217 US 349 (1910).

⑥ *Peart and Peart v. Jamaica*, Human Rights Committee, Communication Nos. 464/1991 and 482/1991, HRC 1995 Report, Annex X. E; *Taunoa et al v. Attorney General*, Supreme Court of New Zealand, [2007] 5 LRC 680. 残忍的待遇或惩罚的概念意味着造成身心损害或痛苦的行为大大地超越了对囚犯施以监禁、合法限制和处罚之固有限度。

⑦ *Tshshimbi v. Zaire*, Human Rights Committee, Communication No. 542/1993, HRC 1996 Report, Annex Ⅷ. Q; *Laureano v. Peru*, Human Rights Committee, Communication No. 540/1993, HRC 1996 Report, Annex Ⅷ. P.

⑧ *Ireland v. United Kingdom*, European Court, (1978) 2 EHRR 25, para. 167.

洲人权法院将某项待遇认作"不人道的"是因为（包括但不限于），这是有预谋的、一次性进行数小时的并造成实际身体伤害或者强烈身心痛苦的。[1]

根据司法裁判，不人道的待遇的例子包括以下行为：威胁使用酷刑，如果这种威胁足够实在且迫近；[2] 由于当局对于他们索要信息的极为冷漠的态度，长期经历在希望和绝望之间转换的"失踪者"的家人遭受的痛苦；[3] 某一男子在有争议的情形中被杀害而使其家人遭受的痛苦和心理压力，且该痛苦和压力会持续，因为他们不知道死亡的具体情节如何，也不知道该男子的遗体被正式埋葬的确切地点，还因为当局未能纠正死亡证明，而且拒绝对死亡进行调查。[4]

在土耳其的一起案件中，宪兵在一个恐怖活动猖獗的地区、当着某位70岁老人的面焚烧和摧毁了她的房屋和财产，剥夺了她的容身之所和谋生手段，并强迫她离开她生活了一辈子的村庄和社区，当局也没有采取任何措施为这个处于困境中的人提供救助。欧洲人权法院认为，她一定遭受到了来自安全部队、被归类为不人道的待遇的行为所造成的非常剧烈的痛苦。[5] 同样，在土耳其的另一个村庄，安全部队毁坏了某个家庭的房屋和大部分财产，剥夺了他们的生计，并迫使他们离开他们的村庄。这种行为看来是有预谋的，并且是在不尊重已经在此村庄生活了一辈子的相关个人的感受的情况下，做出的侮辱行为。村民并没有做好准备，只能站在一边眼看着他们的家园被焚烧。没有对保障他们的安全采取充分的预防措施，他们的抗议活动被无视，在此后也未向他们提供任何帮助。欧洲人权法院在特别考虑了他们家园被毁的方式以及他们的个人情况后认为，他们一定遭受到了来自安全部队的、被归类为不人道的待遇的行为所造成的非常剧烈的痛苦。即使情况是实施相关行为不带有任何惩罚有

---

[1] *A et al* v. *United Kingdom*, European Court, (2009) 49 EHRR 29; *Frerot* v. *France*, European Court, 12 June 2007; *Ocalan* v. *Turkey*, European Court, 12 May 2005.

[2] *Campbell and Cosans* v. *United Kingdom*, European Court, (1982) 4 EHRR 293, para. 26.

[3] *Janowiec* v. *Russia*, European Court, (2013) 3 *Bulletin on Constitutional Case-Law* 616.

[4] *Sankara* v. *Burkina Faso*, Human Rights Committee, Communication No. 1159/2003, Selected Decisions, Vol. 9, p. 120: 布基纳法索总统托马斯·桑卡拉（Thomas Sankara）在1987年的一次政变期间被暗杀。一名军医发出的死亡证明谎称他是自然死亡。对其暗杀事件没有调查，他的家人使调查得以开展的尝试也未成功。*Sarma* v. *Sri Lanka*, Human Rights Committee, Communication No. 950/2000, Selected Decision, Vol. 8, p. 210: 在1990年的一次军事行动中，某人当着其妻子和其他人的面，从住所被带走。1991年，军方通知这位妻子，他已死亡；在1993年又声称，他从未受到羁押。此人失踪给家人带来的痛苦和紧张，以及有关于他的命运与下落的持续不确定性，对于他和他的家人，都构成了对《公民及政治权利国际公约》第7条的违反。

[5] *Dulas* v. *Turkey*, European Court, 30 January 2001; *Hasan Ilham* v. *Turkey*, European Court, 9 November 2003.

关个人的意图，而是为了防止他们的房屋被恐怖分子利用，或是为了作为对他人的一种阻止警告，这也不能为虐待提供正当理由。①

相比之下，在欧洲人权法院的一起案件中，一位患有运动神经元疾病——一种无法治愈的退行性疾病——的妇女想自杀，但她在没有帮助的情况下无法做到，而在她的国家，协助他人自杀是一种犯罪行为。国家拒绝一种承诺，如果她丈夫帮助她自杀将不会面临起诉。这不构成应由国家负责的不人道或者侮辱性的待遇。该案件中不存在行为或者"待遇"。如果支持国家对未能保护她免受痛苦负责，这将会对待遇的概念做出超出了该词语的一般含义的新的和扩展性的解释。②

（四）"侮辱之待遇"

如果某项待遇足以引起受害者的恐惧、痛苦以及能够使他们产生受到羞辱和贬低的自卑感，它就被认为是"侮辱性的"。在考虑某惩罚是否具有侮辱性时，法院会考虑其目的是否是羞辱和贬低相关个人，以及就后果而言，其是否以不尊重人权的方式对他的人格产生了负面影响。要想把某项待遇与具有侮辱性联系起来，所涉及的痛苦或者羞辱必须超越与特定形式的合法待遇相关的痛苦或者羞辱所必然具备的因素。③

在他人面前严重地侮辱某人或者驱使他做违背自身意愿或者良心的行为的待遇是"侮辱性的"。④ 例如，在将被逮捕者送到警察局的过程中不必要地使用身体上的强制——即强行抓捕、拽住裤子、向前猛推，并使用暴力把他推到屋子里——构成了侮辱性的待遇。给囚犯戴上手铐不是侮辱性的，哪怕是带着被这样铐着的囚犯穿越一个市镇，⑤ 条件是这没有引发使用暴力或者超过在该情形下合理必要的在公众中的曝光程度。⑥ 然而，以使用同一副手铐扣牢一只手和一只脚的方式来制住囚犯，就有问题了。⑦ 因为囚犯的暴力行为而使用约

---

① *Selcuk and Asker v. Turkey*, European Court, (1998) 26 EHRR 477.
② *Pretty v. United Kingdom*, European Court, (2002) 35 EHRR 1.
③ *A et al v. United Kingdom*, European Court, 19 February 2009; *Frerot v. France*, European Court, 12 June 2007.
④ *Denmark et al v. Greece*, European Commission, (1976) 12 Yearbook; *Ireland v. United Kingdom*, European Court, (1978) 2 EHRR 25.
⑤ *X v. Italy and Germany*, European Commission, Application 5078/71, (1972) 46 Collection of Decisions 35; *X v. Austria*, European Commission, Application 2291/64, (1967) 24 Collection of Decisions 20.
⑥ *Ocalan v. Turkey*, European Court, 12 May 2005.
⑦ *Wiechert v. Germany*, European Commission, (1964) 7 Yearbook 104.

束衣不属于禁止的范围,① 要求穿监狱制服也是如此。② 然而,将囚犯装在笼子里转移并展示给媒体则构成了侮辱性待遇,③ 在囚犯的腿上拴上铁块或者锁链也是一样。④ 在清理房屋期间,警官强迫占据者中的一人撩起她的罩衣,使其身体部分地裸露,在这种情况下,警察的行为表现出对人性的严重漠视,构成了对人的尊严的侵犯。⑤ 极具压迫性地适用惩戒措施,尤其是针对被医学证人描述为"歇斯底里的精神病患者"的囚犯,构成了侮辱性的待遇。⑥

肢体行为或状态不是侮辱性待遇的先决条件。禁止侮辱性待遇的一般目的是防止对个人尊严做出性质特别严重的侵扰。因此,任何贬低人的等级、地位、名誉或者人性的行为如果严重到了一定程度,就可以被视为"侮辱性的待遇"。在某些情况下,基于种族公开地单挑出某一群人予以差别对待,有可能构成侮辱人格尊严的一种特殊形式;基于种族而予以某一群人差别对待因此可能会构成侮辱性待遇,条件是在基于某些其他理由予以差别对待时,不会引发这种问题。1968 年英国的《英联邦移民法》对亚裔公民实施移民控制,这是基于该群体的肤色和种族而对其进行歧视。通过适用移民法使他们公开地遭受种族歧视,构成了对人格尊严的侵犯,在这种情况下,也构成了侮辱性的待遇。⑦

如果国家当局拒绝正式认可某人变性——方式是更改她的身份证件上的名字,⑧ 或者当一国未能为游牧群体签发护照或其他身份证明时,⑨ 就可能出现

---

① *Zeidler-Kornmann* v. *Germany*, European Commission, (1967) 11 *Yearbook* 1020.
② *McFeeley et al* v. *United Kingdom*, European Commission, (1980) 20 *Decisions & Reports* 44.
③ *Polay Campos* v. *Peru*, Human Rights Committee, Communication No. 577/1994, HRC 1998 Report, Annex Ⅺ. F.
④ *Namunjepo* v. *Commanding Officer*, *Windhoek Prison*, Supreme Court of Namibia, [2000] 3 LRC 360.
⑤ Decision of the Constitutional Court of Austria, B. 1605/88, 25 February 1991.
⑥ *Hilton* v. *United Kingdom*, European Commission, (1978) 3 EHRR 104, dissenting opinion of Messrs Fawcett, Tenekides, Trechsel and Klecker, at 128. 欧洲人权委员会多数委员认为,对一位囚犯采取的严格的、非人性化的惩戒措施——有时候会达到荒谬的地步(例如,因为把手放到了自己的口袋里而惩罚他)——对他产生了一种压抑的、令人沮丧的影响,但这不构成侮辱性的待遇。
⑦ *East African Asians* v. *United Kingdom*, European Commission, Applications 4403–19/70, 4422/70, 4434/70, 4443/70, 4476/70, 4478/70, 4486/70, 4501/70, 4526–30/70, (1973) 3 EHRR 76. 参见, *De Silva* v. *Chairman*, *Ceylon Fertilizer Corporation* [1989] 2 Sri LR 393,该案中,斯里兰卡最高法院表明,肥料公司的一名向董事会举报董事长腐败的雇员被其雇主"贬低和侮辱",并"遭受了极大的痛苦",却不愿认定雇主的行为构成侮辱性的待遇。一名法官认为,这种待遇构成"严重不公平的劳动行为";还有一位法官认为,禁止侮辱性待遇"并不涉及公职人员与诸如工作场合中某人的合同权利等事项相关的行为"。这两位法官明显忽视了禁止侮辱性待遇的目的,即保护人之尊严免受任何性质特别严重的侵扰,而不论侵扰发生在什么样的情形中。
⑧ *X* v. *Germany*, European Commission, Application 6699/74, (1977) 11 *Decisions & Reports* 16.
⑨ *Kalderas Gypsies* v. *Germany*, European Commission, (1978) 11 *Decisions & Reports* 221.

侮辱性待遇的问题。博茨瓦纳上诉法院认为,某人是否遭受了不人道的或者侮辱性的待遇涉及一种价值判断,而法院在做出这种判断时,有权考虑国际共识。因此,该法院在参考了联合国大会将获得安全与清洁的水的权利承认为充分享受生活和所有人权所必需的基本权利,以及联合国经济、社会和文化权利委员会的陈述——对水的人权对于有尊严的生活必不可少——之后,认为某对已婚夫妇——他们是居住于中央卡拉哈里动物保护区中的某一社群中的成员——由于缺水所经历的人间苦难,构成了侮辱性待遇。①

在病人死亡前的短时间内撤去人工供养和补水,不构成侮辱性待遇。继续进行或者撤销无效的治疗不是侮辱性待遇。在任何情况下,受害者都应意识到他正在经历的不人道和侮辱性的待遇,或者他至少处于身体或心理痛苦的状态;这不适用于无知觉患者。② 作为对失职的纪律处罚而撤销行医权,③ 或者是为了获得失业救济而有义务接受可以说是被贴上"社会诋毁"标签的工作,④ 都不会对个人性格产生会构成侮辱性待遇的不利影响。

(五)受质疑之待遇的种类

1. 使用身体暴力

当使用身体暴力显示出对受侵犯者之人格尊严的严重漠视时,就可能构成不人道的待遇,⑤ 例如以下情形:安全部队成员拉拽示威参与者的头发并踩踏他;⑥ 在驱散另一场示威活动过程中,安全部队中的一名成员踢了某位参与者的下半身,并用警棍击打他的双腿;⑦ 某位示威参与者受到重推,以至于他的头冲破了一块玻璃板。⑧

2. 审讯方式

如果某人在健康状态下被警方羁押,但是在获释时被发现有伤,那么国家

---

① *Matsipane Mosetlhanyane v. Attorney General*, Court of Appeal of Botswana, [2011] 2 LRC 592. 申诉人指控说,缺水经常使他们虚弱、容易生病;他们经常没有水做饭或者保持个人卫生,年轻人尤其受到影响。

② *NHS Trust A v. M*, High Court of England, [2001] 4 LRC 1.

③ *Albert and Le Compte v. Belgium*, European Court, (1983) 5 EHRR 533.

④ *X v. Netherlands*, European Commission, Application 7602/1976, (1976) 7 *Decisions & Reports* 161.

⑤ Decision of the Constitutional Court of Austria, B. 590/8929, September 1992.

⑥ Decision of the Constitutional Court of Austria, B. 483/86, 10 June 1988.

⑦ Decision of the Constitutional Court of Austria, (1987) 30 *Yearbook* 273.

⑧ Decision of the Constitutional Court of Austria, B. 538/89, 26 February 1991; *Karabet v. Ukraine*, European Court, 17 January 2013:采取野蛮行动,镇压囚犯的和平绝食。

有责任给出合理解释，说明这些伤是如何造成的。①

在北爱尔兰，据确定英国政府适用了五种审讯技术。它们是"靠墙站立"：强迫被拘禁者保持"紧张姿势"长达几个小时，据描述这种姿势是对着墙壁伸展四肢，手指高高举过头并顶在墙上，双腿分开，双脚向后，使得他用脚趾站立，身体的重量主要由手指承担；"戴头套"：将黑色或深蓝色的袋子罩在被拘禁者头上，以及至少是在最开始，一直保持这种状态，除了在接受审讯时；"噪声干扰"：在待审期间，将被拘禁者关押在一个连续发出响亮的嘶嘶噪声的房间里；"剥夺睡眠"：在待审期间，剥夺被拘禁者的睡眠；"剥夺饮食"：在待审期间削减被拘禁者的饮食。同时采取这五种技术——也被称为"方向迷失"或者"剥夺感觉"手法——旨在对某人施加巨大的精神和身体压力，给他带来极度痛苦，其目的在于从他那里获取信息。综合适用这些手段使他不能运用感官，尤其是眼睛和耳朵，并直接在身体上和精神上侵犯人性。在这种情况下，坚持或屈服的意愿的形成不带有任何程度的自主性。在遭受这种用于扰乱甚至是消除意志的精密手段时，即使是那些最坚定的抵抗者也可能在早期阶段就屈服。在欧洲人权委员会看来，恰恰是综合使用这五种技术的这一特点，使它们不仅是不人道的和侮辱性的待遇，而且是酷刑。但是欧洲人权法院的大多数法官并不这样认为。他们认为，综合运用这五种技术，无疑构成了不人道的和侮辱性的待遇，但并没有造成"酷刑"一词被理解为意味的极为严重且残忍的痛苦。②

其他一些审讯手段也可能构成不人道的以及/或者侮辱性的待遇，例如：在受审期间用链子锁着嫌疑人；③嫌疑人被审讯了40小时，其间"遭到掌掴、脚踢、拳打与肘击，被迫没有支撑地长时间站立，双手被铐在背后，被吐唾沫，被迫赤裸地站在一扇敞开的窗户前，被剥夺食物，被枪指着恐吓"；④公

---

① *Virabyan v. Armenia*, European Court, 2 October 2012；*Dikme v. Turkey*, European Court, 11 July 2000；*Ribitsch v. Austria*, European Court, (1995) 21 EHRR 573；*Aksoy v. Turkey*, European Court, (1995) 21 EHRR 573.

② *Ireland v. United Kingdom*, European Court, (1978) 2 EHRR 25. 在一项单独意见中，马特舍（Matscher）法官不同意不人道的待遇和酷刑之间的区分标准主要在于所致的痛苦的强度。他认为，强度因素是对体系性因素的补充："研究和总结出的手段越多，为达目的而需要引起的疼痛（首先是身体疼痛）就越不尖锐。人们意识到，酷刑所采取的那些现代手段在表面上与过去使用的野蛮、原始的手段截然不同。从这个意义上说，酷刑绝不是提升了一个等级的不人道待遇。相反，人们可以想象造成更多身体痛苦的残暴行为，但这不一定因此符合酷刑的概念。"

③ Decision of the Constitutional Court of Austria, B. 976/1989, 27 February 1990.

④ *Tomasi v. France*, European Court, (1992) 15 EHRR 1.

职人员强奸被拘禁者。① 实际上，即使在另一个人的生命处于危险之中时，在审讯过程中也不能施以酷刑和不人道的或者侮辱性的待遇。②

在所罗门群岛，一个被判犯有谋杀罪的囚犯——其依据是在审讯过程中，他向警方作出的经警告的供词——诉称，他先是被警方羁押了6天多，其间受到了晚上11点20分左右开始的一般性审讯，他不能休息，被剥夺了食物、香烟和槟榔，然后，他的供词是在受到从凌晨4点36分持续到上午11点20分的经警告的审讯之后作出的。他指控说，他遭到了殴打，被剥夺了食物，不能睡眠，并戴着手铐受审。在上诉法院，科尔比（Kirby）院长表达的观点是，如果确定被警方羁押的被告不仅受到了警方的长期的、在所述时间进行的审讯，而且遭受了其所描述的虐待，那么这种行为就构成了宪法禁令范围内的不人道待遇。他还倾向于认为，在被告已经被警方羁押了多日的情况下，在凌晨4点36分开始经警告的审讯是一种不人道的待遇。③

人权事务委员会强调，很重要的是，将所有审讯的时间和地点以及在场所有人的姓名记录在案，并为司法或行政程序之目的，这一资料应可供查询之用。对审讯规则、指示、手段和做法以及对受到任何形式的逮捕、拘禁或监禁者的监管和待遇方面的安排的系统审查，是防止酷刑和虐待行为的有效方式。为保障被拘禁者获得有效保护，应规定将其关押在官方正式确认的拘禁处所，也应规定其姓名和拘禁地点以及负责关押者的姓名登记在方便查询的登记册中，以供包括亲友在内的有关人员查阅。应规定禁止与外界隔绝的拘禁，拘禁处所均不得设置任何可被用于折磨或虐待犯人的设备。保护被拘禁者还要求其

---

① *Aydin v. Turkey*, European Court, (1997) 25 EHRR 251; *Selmouni v. France*, European Court, (1999) 2 *Bulletin on Constitutional Case-Law* 303. 1976 年，欧洲人权委员会曾试图在不人道的待遇和"粗鲁的待遇"之间做出区分（*Denmark et al v. Greece*, 12 *Yearbook* 186, at 510），并认为，待遇的某种粗鲁情况被大多数被拘禁者所容忍，甚至会被认为是理所当然的。它提到了对头或者脸的掌击和拳打，这是一种被拘禁者和公众可能因其既不残忍也不过分而接受的身体暴力形式。这似乎站不住脚。接受审讯之人遭受此种"粗鲁的待遇"的事实，尤其是在此人处于审讯人员的羁押之下时，并不一定意味着他（或她）愿意容忍这种待遇。

② *Gafgen v. Germany*, European Court, (2010) 3 *Bulletin on Constitutional Case-Law* 628；涉嫌绑架一个11岁男孩并向该男孩的父母索要赎金的一名男子在收到钱后很快被捕。他被带到了警察局，在那里被问起男孩的下落。第二天，首席警官命令他的一位下属以肉体上的痛苦威胁被拘禁者，并在必要时，让他遭受此种痛苦，以使他披露男孩的下落。按照这些命令，警官威胁被拘禁者说，他将经受为此类目的而受过特殊训练的人给他带来的巨大痛苦。在虐待威胁之下的审讯在局面极为紧张、情绪极为激动的氛围中持续了大约10分钟，而警官相信仍然可以拯救男孩的生命。被拘禁者戴着手铐，处于一种脆弱的状态，这种威胁一定给他造成了巨大的恐惧、痛苦和心理折磨。由于害怕被施以用于威胁他的待遇，他披露了藏匿男孩尸体的地点。

③ *Osifelo et al v. R*, Court of Appeal of the Solomon Islands, [1995] 3 LRC 602.

能迅速和定期会见医生和律师,并在处于为调查工作所需的适当监督下,会见家人。最后,为阻止有人诉诸违犯行为,法律必须禁止在司法程序中使用或采信通过酷刑或其他违禁待遇获取的声明或供词。①

3. 拘禁的条件

拘禁的条件可能会引发对不人道待遇的指控,尤其是在该条件引起囚犯的身体损伤或者精神痛苦时。② 国家对任何被拘禁之人均负有道德责任。在处于官方羁押期间遭受损伤的情况下,政府应圆满地证明,该损伤不是完全地、主要地或者部分地由被拘禁者在被羁押期间所经受的待遇造成的。打击犯罪中所固有的调查之需和不可否认的困难,不能作为限制对个人的身体完整提供的保护的正当理由。③

在极度拥挤和不卫生的环境中拘禁,再加上囚犯在这种条件中被拘禁的期限,构成了侮辱性的待遇。④ 这同样适用于不让囚犯获取新鲜空气、阳光以及适当活动能力的情况。这种待遇不符合不断发展的尊严标准——这种标准标志着一个成熟社会的进步。几十年前可能不会被视作不人道的行为,可能有悖于随着文明进步而出现的新的社会情感。⑤

---

① 人权事务委员会第 20 号一般性意见,第 12 段。
② *Yvon Neptune v. Haiti*, Inter-American Court, (2008) 2 *Bulletin on Constitutional Case-Law* 364.
③ *Ribitsch v. Austria*, European Court, (1995) 21 EHRR 573.
④ *Canali v. France*, European Court, 25 April 2013:某人被关押在一座建于 1857 年并于 2009 年因其极其破旧的状况而被关闭的监狱中。拥挤的条件和卫生管理上的缺陷的合力作用构成了侮辱性的待遇。*Modarca v. Moldova*, European Court, 10 May 2007:患有骨质疏松症的某人与其他三名被拘禁者在一个 10 米×10 米的牢房中经历了 9 个月的审前拘禁。牢房窗口上有三层金属网。在某些时间段内会停止水电供应。他没有得到床单或者衣服。餐桌靠近厕所,每名被拘禁者的日常食物支出限制在每天 0.28 欧元。*Kalashnikov v. Russia*, European Court, (2002) 36 EHRR 34:被指控贪污的某人在最终被无罪释放之前,经历了 5 年的审前拘禁。他的牢房面积为 17 平方米,关押着 24 名囚犯。在重度吸烟者的包围下,他被迫成为被动吸烟者。电视和牢房的灯从未关过。牢房中蟑螂和蚂蚁泛滥成灾。他患上了多种皮肤病和真菌感染。*Massiotti v. Uruguay*, Human Rights Committee, Communication No. 25/1978, HRC 1982 Report, Annex XVIII:35 名囚犯被关押在三个牢房中,每个牢房的规格为 4 米×5 米;100 名囚犯被关押在一个规格为 5 米×10 米的小屋中。See also *Torreggiani et al v. Italy*, European Court, 8 January 2013;*Mandic and Jovic v. Slovenia*, European Court, 20 October 2011; Decision of the Constitutional Court of Croatia, 23 April 2008, (2008) 2 *Bulletin on Constitutional Case-Law* 226; *Bazzano v. Uruguay*, Human Rights Committee, Communication No. 5/1977, HRC 1979 Report, Annex XVII.
⑤ *Conjwayo v. Minister of Justice of Zimbabwe*, Supreme Court of Zimbabwe, (1992) 12 *Commonwealth Law Bulletin* 1582:一名因出于政治动机的谋杀而被判处死刑、需要高度戒备的囚犯被关在一个很小的无窗牢房中,每天只被允许走出牢房半小时用于洗浴,在工作日有额外半小时在封闭的院子里活动。See also *McCann v. The Queen*, Federal Court of Canada (1976) 1FC 570 (T.D.); *Deidrick v. Jamaica*, Human Rights Committee, Communication No. 619/1995, HRC 1998 Report, Annex XI. K; *Shaw v. Jamaica*, Human Rights Committee, Communication No. 704/1996, HRC 1998 Report, Annex XI. S.

过长时间的单独关押构成不人道待遇。① 欧洲人权委员会试图做出如下区分：一方面，完全的感官隔离外加完全的社会隔离，构成不人道待遇；另一方面，出于安全、纪律或保护的原因，将某个囚犯隔离或者切断其与其他囚犯的联系，不构成不人道待遇。② 不能无限期地对囚犯施以单独关押，甚至使其只会导致相对孤立的时候，也是一样。国家必须定期审查对囚犯的单独关押，对任何继续隔离之决定给出理由，并监测囚犯的身心状态。③

监狱官员在封闭的空间内使用胡椒喷雾以控制住犯人构成不人道的和侮辱性的待遇。④ 通过报复或惩罚的方式对已决犯系统地、不分青红皂白地使用橡皮警棍，即使不会对囚犯的健康产生永久性的影响，也是旨在于实际的身体痛苦之外引发恐惧和羞辱的无端暴力行为。⑤ 制约措施不应被用作惩罚囚犯的手

---

① 人权事务委员会第 20 号一般性意见，第 6 段。See also *Marais v. Madagascar*, Human Rights Committee, Communication No. 49/1979, HRC 1983 Report, Annex Ⅺ：一名囚犯在监狱地下室中一个规格为 1 米×2 米的牢房中被单独禁闭了 18 个月。*Bequio v. Uruguay*, Human Rights Committee, Communication No. 88/1981, HRC 1983 Report, Annex ⅩⅩⅡ：一名囚犯在一个没有窗户的小牢房中被单独禁闭了一个月，牢房中每天 24 小时开着灯，其他设施只有一个水泥床和用作厕所的地板上的一个洞。*Wight v. Madagascar*, Human Rights Committee, Communication No. 115/1982, HRC 1985 Report, Annex Ⅷ：一名囚犯被关在政治警察监狱中的单间里，被链条锁在地板上的弹簧垫上，只有极少量的衣服和严格的食物配给，为期三个半月。See also *Medjnoune v. Algeria*, Human Rights Committee, Communication No. 1297/2004, Selected Decisions, Vol. 9, p. 182；*Grioua v. Algeria*, Human Rights Committee, Communication No. 1327/2004, Selected Decisions, Vol. 9, p. 229；*Acosta v. Uruguay*, Human Rights Committee, Communication No. 110/1981, HRC 1984 Report, Annex Ⅺ.

② *De Courcy v. United Kingdom*, (1966) 24 Collection of Decisions 93；*Wemhoff v. Germany*, (1969) 30 Collection of Decisions 56；*R v. Denmark*, Application 10263/1983, (1985) 41 Decisions & Reports 149. 但是参见，*Re Suwannapeng*, High Court of Hong Kong, [1990] LRC (Const) 835, per Sears J at 838：从常识来看，仅因认为某人可能逃跑而将他单独禁闭并非正当理由。

③ *Ilascu et al v. Moldova and Russia*, European Court, (2004) 40 EHRR 1030；*Piechowicz v. Poland*, European Court, 17 April 2012；*X v. Turkey*, European Court, Application 24626/2009, 9 October 2012：一名因非暴力罪行待审的同性恋者，基于表面上是为了保护他的理由，被置于个人牢房中达 8 个多月，牢房的面积为 7 平方米，他的生活空间不足该面积一半，他被剥夺了与其他囚犯的任何联系或者社交活动。See *Taunoa et al v. Attorney General*, Supreme Court of New Zealand, [2007] 5 LRC 680：该案中出现的问题是，为对付麻烦的和有破坏性的囚犯而确立的被称为"行为管理制度"（BMR）的方案是否构成残忍的、侮辱性的或者过分严厉的待遇或惩罚。该方案由逐步进展的四个阶段组成，从最初的高度控制状态到不断减少限制的其他阶段，每个阶段至少持续 6 个月。通过对最低权利的限制的增减刺激行为的变化。在每个阶段结束时，如果囚犯的表现令人满意，就进入下一阶段；反之，则重新进行。该制度需要与主要的监狱机构隔离，并且在大多数时间内，每一位囚犯都被实质性地隔离在分立的牢房中。他们被锁在单独牢房中，每天长达 22 小时或 23 小时，具有极为有限的活动机会，也没有实在的隐私。尽管新西兰最高法院的多数法官认为，该制度不构成残忍的、侮辱性的或者过分严厉的待遇或惩罚，但是首席法官埃利亚斯（Elias）在异议判决中不以为然。

④ *Tali v. Estonia*, European Court, 13 February 2014.

⑤ *Dedovskiy v. Russia*, European Court, 15 May 2008；*Fernando v. Perera*, Supreme Court of Sri Lanka, [1992] 1 Sri LR 411：非法羁押 49 天、无当局的拘禁授权而拘禁 15 天，并且在此期间遭遇攻击、羞辱和痛苦（被蒙住眼睛、锁在长凳上），构成了侮辱性的待遇和惩罚。

段，而应仅仅用于避免自我伤害或者对他人或监狱安全造成严重的危险。在一个被锁住的单人惩戒牢房中、被绑在束缚床上达三个半小时，① 以及不断浸泡被拘禁者的被褥，② 都构成侮辱性的待遇。

虽然在某些情况下可能有必要脱衣搜查，以确保监狱安全或者防止混乱，但是这必须以一种适当的方式进行。旨在引起羞辱感和自卑感的行为显示出对囚犯人格尊严的无视，并构成侮辱性的待遇。③ 在针对法国的一起案件中，任意感、自卑感以及通常与之相连的焦虑感之组合，以及必须在他人面前脱去衣服并接受对肛门的目视检查无可争议地造成的严重的尊严受辱感，再加上全身搜查所导致的其他对私密的侵入性措施，导致脱衣搜查本来就无法避免的侮辱超出了不可避免的且因此可容忍的程度，这种情况使得一名囚犯在两年多的时间里多次经受的全身搜查构成了侮辱性的待遇。这一囚犯多次拒绝服从这些措施导致他被安置于一个惩罚囚室的事实，加重了对他的侮辱。④ 在安全的环境中还惯常地给囚犯戴手铐不具有正当合理性，⑤ 虽然出于将未成年人带到法院的目的而给他戴手铐是合理的限制。⑥

从已经确立的医学原则的角度看，具有医疗必要性的措施原则上不能被视为不人道的和侮辱性的。旨在拯救故意绝食的被拘禁者的生命的强迫进食，也可以说是如此。然而，在采取强迫进食之前，必须令人信服地证明存在医学上的必要性，且所采取的措施不得超过最低严重性之阈值。不顾申诉人的抵制而适用的暴力制约措施——戴手铐、掰开嘴巴、向食道插入特殊的管子，构成了具有严重性质的待遇，足以被定性为酷刑，这种情况违反了《欧洲人权公约》

---

① *Tali v. Estonia*, European Court, 13 February 2014.

② *Young v. Jamaica*, Human Rights Committee, Communication No. 615/1995, HRC 1998 Report, Annex XI. J.

③ *Valasinas v. Lithuania*, European Court, 24 July 2001：一名囚犯在其亲属探望之后，被命令当着一名女性监狱官员的面脱光衣服后蹲下，他的性器官以及从亲属处收到的食物被没有戴手套的守卫检查一番。*Iwanczuk v. Poland*, European Court, (2004) 38 EHRR 148：一位在押候审者请求准许他在议会选举中投票。一伙狱警告诉他，允许他投票的条件是他必须脱下衣服并经历搜身。在他脱得只剩下内衣时，这伙狱警嘲笑他，相互交换有关他身体的侮辱性言论，并在口头上辱骂他。他被命令脱光。当他拒绝如此做时，他被带回牢房，而未允许他投票。See also *El Shennawy v. France*, European Court, 20 January 2011.

④ *Frerot v. France*, European Court, 12 June 2007.

⑤ *Kashavelov v. Bulgaria*, European Court, 20 January 2011：一名服终身监禁刑的囚犯，在13年多的时间里，每当到牢房之外就会被戴上手铐，甚至在他进行日常锻炼之时也是一样。这位从未试图逃跑或伤害他自己或者他人的囚犯受到了侮辱性的待遇。

⑥ *DG v. Ireland*, European Court, (2002) 1 *Bulletin on Constitutional Case-Law* 168.

第 3 条。① 适当的情况中，在司法控制之下，对于心理异常的囚犯在精神病院中进行强制性医疗是正当合理的。② 拒绝为被拘禁者提供充足的食物和饮用水或者适当的医疗，构成不人道的待遇，③ 虽然如果有通过其他途径获得医疗的可能，当局拒绝提供特定的医疗专家，此时并不一定会产生问题。④ 为被拘禁者提供不充足的饮食（法庭听审期间的一片面包、一个洋葱和一块烤鱼或肉丸，以及在晚上回到监狱后的面包卷，而没有完整的晚餐）构成侮辱性待遇。⑤

在某些情况下，监禁要求加强对脆弱个人的保护。国家必须确保所有囚犯都被拘禁于尊重其人格尊严的条件之下，确保他们不遭受超出拘禁所固有的不可避免的痛苦程度的痛苦或艰难，确保他们的健康不受损害。⑥ 将某个患有慢性肝炎和动脉高血压之人与其他 110 人至 120 人（其中许多人是吸烟者）拘禁于一个只有 35 张床的牢房中；一个 15 岁的男孩在一所成人监狱中被审前拘禁了四年半以上，而且他在那里未受到关于他心理问题的医疗护理；⑦ 以及在监狱之间反复转移、长期单独关押、频繁对"需要特别监督的囚犯"搜身，这些情况都构成了不人道的和侮辱性的待遇。⑧

有时，因犯的健康需要人道主义措施，特别是出现的问题有关持续拘禁某个其情况从长期来讲不适应监狱环境的人之时。⑨ 在长期拘禁需要医疗护理的

---

① *Nevmerzhitsky v. Ukraine*, European Court, 5 April 2005; *Rappaz v. Department of Security, Social Affairs and Integration*, Valais Canton, Federal Court of Switzerland, (2011) 1 *Bulletin on Constitutional Case-Law* 186; *Ciorap v. Moldova*, European Court, 19 June 2007：没有任何医学证据表明被拘禁者的生命或健康处于严重危险之中，并且有充分理由表明，强迫进食实际上是为了阻止他继续抗议。

② *X v. Germany*, European Commission, Application 8518/1979, (1980) 20 *Decisions & Reports* 193.

③ *Cyprus v. Turkey*, European Commission, (1976) 4 EHRR 482; *Linton v. Jamaica*, Human Rights Committee, Communication No. 255/1987, 22 October 1992; *Miha v. Equatorial Guinea*, Human Rights Committee, Communication No. 414/1990, HRC 1994 Report, Annex Ⅸ. O; *Williams v. Jamaica*, Human Rights Committee, Communication No. 609/1995, HRC 1998 Report, Annex Ⅺ. I; *Whyte v. Jamaica*, Human Rights Committee, Communication No. 732/1997, HRC 1998 Report, Annex Ⅺ. V.

④ *X and Y v. Switzerland*, Applications 7289/75 and 7349/76, (1977) 20 *Yearbook* 372.

⑤ *Moisejes v. Latvia*, European Court, 15 June 2006.

⑥ *Florea v. Romania*, European Court, 14 September 2010.

⑦ *Guvec v. Turkey*, European Court, 20 January 2009; *Coselav v. Turkey*, European Court, 9 October 2012.

⑧ *Khider v. France*, European Court, 9 July 2009; *Payet v. France*, European Court, 20 January 2011.

⑨ *Gulay Cetin v. Turkey*, European Court, 5 March 2013：持续拘禁一位最终因病死于医院的监狱病房中的癌症患者构成了不人道的和侮辱性的待遇。类似的裁决见，*Mouisl v. France*, European Court, (2004) 38 EHRR 735：一位刑期为 15 年的囚犯在服刑时被诊断出患有淋巴球性白血病，他被戴上镣铐送至医院接受化疗，其间他的双脚被铁链拴住，手腕被系到了床上。*Tekin Yildiz v. Turkey*, European Court, 10 November 2005：持续拘禁已经出现萨科夫综合征的囚犯。*Serifis v. Greece*, European Court, 2 November 2006：持续拘禁因交通事故导致左手瘫痪、患有多发性硬化症的囚犯。See also *Tarariyeva v. Russia*, European Court, 14 December 2006; *Testa v. Croatia*, European Court, 12 July 2007.

老人的情况中，尤需如此。[1] 对遭受社会病态人格困扰的囚犯采取限制措施不构成不人道的待遇。[2] 对被认定极度危险且无法治愈的精神病囚犯的隔离与严格监视也不构成不人道的待遇。[3] 当局负有积极义务，采取一切其可合理遇见的步骤，防止囚犯的身心完整性遭受当局已经知晓或应当知晓的现实和直接的危险。在性犯罪者和与警察合作者的案件中，这项义务最为紧迫。对于受到了其他囚犯的系统性虐待之指控，必须有效调查。[4] 如果将患者的人身自由权利限制于精神病院中的方法和程序导致了侮辱性的和不人道的待遇，这就不是正当合理的。[5] 在某个重度残疾人患有重感冒、有恶化为疮的危险（因为她的床太硬或者无法触碰）、不经历一大番周折不能上厕所或者保持卫生的情况下将她拘禁，构成了侮辱性的待遇。[6]

国家应通过向被拘禁者提供必要的医疗帮助，以确保他们的健康和福祉得到充分保障。[7] 仅对被拘禁者进行检查和诊断是不够的；根据诊断提供治疗以及适当的医疗观察是必不可少的。未能如此做就构成不人道的和侮辱性

---

[1] *Bonnechaux v. Switzerland*, European Commission, (1979) 3 EHRR 259; *X v. Ireland*, Application 9554/1981, (1983) 6 EHRR 336; *X v. Germany*, Application 9610/81, (1983) 6 EHRR 110.

[2] *The State v. Frawley*, Supreme Court of Ireland, (1976) Irish Reports 365.

[3] *M v. United Kingdom*, European Commission, Application 9907/1982, (1983) 35 *Decisions & Reports* 130.

[4] *Premininy v. Russia*, European Court, 10 February 2011. See also *D. F. v. Latvia*, European Court, 29 October 2013：警方的一位前付薪线人和性犯罪者一直处于来自同狱囚犯的暴力危险中。

[5] Decision of the Constitutional Court of Hungary, 27 October 2000, (2000) 3 *Bulletin on Constitutional Case-Law* 496. 根据《卫生法》，无行为能力患者和法律行为能力受限的患者不能行使同意医疗服务或者拒绝特殊类型治疗的权利。

[6] *Price v. United Kingdom*, European Court, (2001) 34 EHRR 1285：一名四肢残疾、肾脏也有问题的萨力多胺受害者因在民事诉讼过程中藐视法庭而被收监，在警方的牢房中被关了一晚，在那里，她不得不在她的轮椅上睡觉，因为那里的床并非专为残疾人配置。*Vincent v. France*, European Court, 24 October 2006：一位只能乘轮椅活动的高位截瘫者被要求在特别不适合监禁身体残疾者的监狱中服刑10年。*Z. H. v. Hungary*, European Court, 8 November 2011：一名不能使用手语或者读写且有学习障碍的聋哑人被关押在监狱中3个月，其间未采取必要措施处理他的状况。*Arutyunyan v. Russia*, European Court, 10 January 2012：一名坐轮椅的囚犯有许多健康问题，包括肾移植失败、视力极差、糖尿病和重度肥胖，该囚犯被关押在一栋没有电梯的建筑的四楼，而医疗和行政部门则位于一楼。Decision of the Constitutional Court of Croatia, 3 November 2010, (2010) 3 *Bulletin on Constitutional Case-Law* 487：一名被诊断为患有痉挛性截瘫的重度残疾者被关押在监狱中18个月。他被安置在没有电梯的医院大楼中的二楼；他的牢房中有太多的床，以至于他几乎不可能使用轮椅；他经常要依靠牢房里的其他囚犯的怜悯和帮助，才能满足他的基本需求，如洗漱、剃须、穿衣、便溺（一直到他"习惯"医院的"反射性排便"制度为止）；只有医院职工或者囚犯伙伴将他抬到轮椅上，他才能出门。这是不人道的待遇的一种客观表现。

[7] *Khudobin v. Russia*, European Court, 26 October 2010.

的待遇。① 对于患病的囚犯，出现的问题包括：是否向其提供了适当的应急和专门的医疗护理，囚犯的身心健康是否过度恶化，是否由于缺乏及时和尽职的医疗护理或者过分的安全条件而遭受严重的或长期的疼痛。此外，如果当局未对事实进行严肃调查、随后起诉那些负责任者，那么国家可能对某人在前述情形中遭受的残忍的、不人道的或侮辱性的待遇或者某位囚犯在这些情形中死亡负责。② 当局在决定监禁某位年老且患病的囚犯时，必须特别谨慎，以确保拘禁条件符合囚犯身体虚弱所产生的具体需求。③ 在不考虑重度残疾者的特殊需要的情况下，将其拘禁构成侮辱性的待遇。需要对具有严重精神障碍和自杀倾向的囚犯采取符合其病情的特别措施，这与他们被判之罪的严重性无关。④

在国际机场的转机区拘禁非法移民超过 10 天，构成不人道的和侮辱性的待遇。就其本质而言，转机区是一个旨在接收极短期停留之人的地方。它可能没有可供散步或者活动身体的外部区域，没有内部餐饮设施，也没有确保连接

---

① *Poghosyan v. Georgia*, European Court, 24 February 2009：没有为病毒性丙型肝炎提供治疗。*V. D. v. Romania*, European Court, 16 February 2010：因为某一囚犯无法付钱，未能使几乎没有牙的他装上假牙。*Slyusarev v. Russia*, European Court 20 April 2010：某位近视的犯人脱离眼镜就不能正常阅读或书写，不能用"监禁的实际需求"这一术语来辩解没收他的眼镜的行为。*Xiros v. Greece*, European Court, 9 September 2010：在未寻求专家医学意见的情况下，就拒绝囚犯到外边的专业眼科诊所接受医院治疗的请求。*Vladimir Vasilyev v. Russia*, European Court, 10 January 2012：拒绝为因冻伤被截去右脚趾和左脚末端的囚犯提供适当的矫形鞋。*Iacov Stanciu v. Romania*, European Court, 24 July 2012：未能定期和系统地监管患有慢性和严重疾病的囚犯的健康状况，包括许多牙齿问题、慢性偏头痛和神经痛。*McGlinchey v. United Kingdom*, European Court, (2003) 37 EHRR 821：未能对海洛因成瘾者所遭遇的戒断症状提供充分的医疗护理。*Elefteriadis v. Romania*, European Court, 25 January 2011：医学检查和医生建议表明，出于健康原因，必须采取措施保护某位囚犯免受被动吸烟的有害影响，但对这种情况未采取措施。See also *Florea v. Romania*, European Court, 14 September 2010.

② *Vera Vera v. Ecuador*, Inter-American Court, 19 May 2011, (2011) 3 *Bulletin on Constitutional Case-Law* 599.

③ *Farbtuhs v. Latvia*, European Court, 2 December 2004：一名84岁的老人因其曾在1940年、1941年斯大林主义高压期间数万拉脱维亚公民遭驱逐和死亡中起到的作用，而被判犯有危害人类罪和灭绝种族罪。他是一名截瘫患者和残疾人——达到了无法独立完成大部分日常事务的程度，当他被送进监狱时，他还患有许多严重疾病，其中大部分是慢性的、无法治愈的。See also *Contrada (No. 2) v. Italy*, European Court, 11 February 2014.

④ *Riviere v. France*, European Court, 11 July 2006：在没有合适的医疗监管的情况下，拘禁一位被诊断患有涉及自杀倾向的精神疾病之人。*Dybeku v. Albania*, European Court, 18 December 2007：将一位因谋杀罪被判处终身监禁的患有慢性偏执型精神分裂症的囚犯关押在一个普通监狱中，并作为普通囚犯对待。*Renolde v. France*, European Court, (2009) 48 EHRR 969：一位在惩戒牢房中关押了45天的患有急性精神病的囚犯自杀。*Slawomir Musial v. Poland*, European Court, 20 January 2009：一位自幼年起即患有癫痫症的囚犯没有得到充分的医疗护理。*Raffray Taddei v. France*, European Court, 21 December 2010：没有为一位患有厌食症和孟乔森综合征的囚犯提供适当的治疗。See also *M. S. v. United Kingdom*, European Court, 3 May 2012; *Claes v. Belgium*, European Court, 10 January 2013.

外界的广播或者电视。① 然而,一个身体健康的人不得不在民防庇护所过夜的情况并不违反对人格尊严之尊重。②

终身监禁本身不构成不人道的待遇。③ 但是,长期丧失自由是一种非同寻常的身心负担,可能导致服刑者的人性受到极大扰乱。因此,如果被判刑者从不会有在未来某天获得自由的机会,这样的终身监禁就不能被称为"人道的"。以因犯的自然生命为期限的监禁将会导致背离惩罚的目标之一,即通过矫正,为罪犯重新融入社会并在获得自由时其行为可为社会所接受做准备。④ 事实上,欧洲的一个专门委员会已经得出结论,"对某人处以毫无获释希望的终身监禁是不人道的",以及"任何人不得被剥夺可能获释的机会"。⑤ 因此,欧洲理事会的一项决议建议成员国政府尤其要"将适用于长期监禁的相同原则调整适用于终身监禁,并确保应审查判决,以期决定是否可以准予附条件释放;如果以前没有这样做,那么在拘禁 8 年到 14 年后也应如此做,并定期重复进行。"⑥

对于被拘禁者提出的受到了狱警虐待的可信指控缺少彻底、有效的调查,侵犯了任何人不受不人道的和侮辱性的待遇的权利。⑦

---

① *Riad and Idiab* v. *Belgium*, European Court, 24 January 2008; See also *Dougoz* v. *Greece*, European Court, (2002) 34 EHRR 1480; *S. D.* v. *Greece*, European Court, 11 June 2009; *A. A.* v. *Greece*, European Court, 22 July 2010; *Abdolkhani and Karimnia* v. *Turkey*, European Court, 27 July 2010; *M. S. S.* v. *Belgium and Greece*, European Court, 21 January 2011; *Horshill* v. *Greece*, European Court, 1 August 2013; *Mubilanzila Mayeka and Kaniki Mitunga* v. *Belgium*, European Court, 12 October 2006; *Muskhadzhiyeva et al* v. *Belgium*, European Court, 19 January 2010; *Rahimi* v. *Greece*, European Court, 5 April 2011; *Popov* v. *France*, European Court, 19 January 2012; *Mahmundi et al* v. *Greece*, European Court, 31 July 2012; *Aden Ahmed* v. *Malta*, European Court, 23 July 2013.

② *S* v. *State of Vaud*, Department of Economic Affairs, Federal Court of Switzerland, (2013) 3 *Bulletin on Constitutional Case-Law* 596.

③ Decision of 27 February 1976, Court of Appeal of the Hague, Netherlands, 8 *Netherlands Yearbook of International Law* (January 1978), (1978) 20 *Yearbook* 772. See also *Kotalla* v. *Netherlands*, European Commission, (1978) 21 *Yearbook* 522; *The State* v. *Tcoeib*, Supreme Court of Namibia, [1997] 1 LRC 90.

④ Decision of the Constitutional Court of 'The former Yugoslav Republic of Macedonia', 23 April 2008, (2008) 2 *Bulletin on Constitutional Case-Law* 339. See also *Vinter* v. *United Kingdom*, European Court, (2013) 2 *Bulletin on Constitutional Case-Law* 401:终身监禁的囚犯有权在他们服刑伊始就知道:他们必须如何行为以及在何种条件下——包括何时会进行或者可能寻求对其刑罚的审查——才会被考虑释放。*Graham* v. *Florida*, United States Supreme Court, (2010) 2 *Bulletin on Constitutional Case-Law* 395:禁止残忍的和非同寻常的惩罚的宪法禁令不允许判处未犯杀人罪的少年犯无假释的终身监禁。

⑤ General Report on the Treatment of Long-Term Prisoners Prepared by the Sub-Committee No. XXV of the European Committee on Crime Problems 1975, para. 77.

⑥ Resolution (76) 2 on the Treatment of Long-Term Prisoners, adopted by the Ministers' Deputies of the Council of Europe, 17 February 1976.

⑦ *Labita* v. *Italy*, European Court, (2000) 1 *Bulletin on Constitutional Case-Law* 186.

4. 执行死刑判决中的拖延

人权事务委员会的多数委员一再申明，执行死刑判决中的长期拖延本身不构成残忍的、不人道的和侮辱性的待遇。在做出这样的决定时，他们考虑了以下因素：（1）《公民及政治权利国际公约》未禁止死刑，尽管对其使用予以了严格限制；（2）《公约》第6条一般性地提到废除死刑，其用语强烈提示宜于废除死刑；（3）《公约》的规定必须根据其目的及宗旨加以解释，其中之一就是促进减少使用死刑。因此，应尽量避免可能会促使保留死刑的国家使用死刑的解释。鉴于这些因素，人权事务委员会审查了拘禁于死囚牢房的期限违反《公民及政治权利国际公约》第7条的可能影响。

这一潜在变化的第一个也是最严肃的可能影响是，如果死囚已经在死囚牢中度过一定时间后，某国处决他不会违反其《公约》义务，但是如果它不处决，则将违反《公约》。导致这一结果的解释不符合《公约》的目的及宗旨。设定截分日期会使问题恶化；这给了国家一个明确的截止日期，如果它要避免违反其《公约》义务，就要在该截分日期前处决有关犯人。将时间因素本身作为决定因素——即将在死囚牢中的拘禁转变为违反《公约》的因素——的第二个可能影响是，它向保留死刑的国家传达了一个信息：它们应在作出死刑判决后，尽速执行。然而这并不是人权事务委员会希望传达的信息。死囚牢中的生活虽然严酷，但比死去要好。而且，执行死刑中的拖延可能是若干因素的必然结果，其中很多可能归因于国家：例如，在废除死刑在政治上不可行的情况中，在审查死刑问题期间暂停处决或者执行部门拖延处决。有些因素可能会大大减少被实际处决的犯人的数量，人权事务委员会希望避免作出会弱化这类因素影响的判例路线。[①] 人

[①] Human Rights Committee, *La Vende* v. *Trinidad and Tobago*, Communication No. 554/1993, HRC 1998 Report, Annex Ⅺ. B. See also *Pratt and Morgan* v. *Jamaica*, Communication No. 210/1988, HRC 1989 Report, Annex Ⅹ. F; *Barrett & Sutcliffe* v. Jamaica, Communication Nos. 270/1988 and 271/1988, HRC 1992 Report, Annex Ⅸ. F; *Kindler* v. *Canada*, Communication No. 470/1991, 30 July 1993; *Simms* v. *Jamaica*, Communication No. 541/1993, HRC 1995 Report, Annex Ⅺ. M; *Chaplin* v. *Jamaica*, Communication No. 596/94, HRC 1995 Report, Annex Ⅷ. Y; *Clement Francis* v. *Jamaica*, Communication No. 606/1994, HRC 1995 Report, Annex Ⅹ. N; *Graham and Morrison* v. *Jamaica*, Communication No. 461/1991, HRC 1996 Report, Annex Ⅷ. G; *Johnson* v. *Jamaica*, Communication No. 588/1994, HRC 1996 Report, Annex Ⅷ. W, 另见克里斯汀·夏内（Christine Chanet）、普拉富拉钱德拉·巴格瓦蒂（Prafullachandra Bhagwati）、马可·布鲁尼－塞利（Marco Bruni Celli）、胡利奥·普拉多－巴列霍（Julio Prado Vallejo）、福斯托·波卡尔（Fausto Pocar）和弗朗西斯科·何塞·阿吉拉－乌尔维纳（Francisco José Aguilar Urbina）的异议意见；*Adams* v. *Jamaica*, Communication No. 607/1994, HRC 1997 Report, Annex Ⅵ. P; *Shaw* v. *Jamaica*, Communication No. 704/1996, HRC 1998 Report, Annex Ⅺ. S; *Leslie* v. *Jamaica*, Communication No. 564/1993, HRC 1998 Report, Annex Ⅺ. D; *Deidrick* v. *Jamaica*, Communication No. 619/1995, HRC 1998 Report, Annex Ⅺ. K; *Whyte* v. *Jamaica*, Communication No. 732/1997, HRC 1998 Report, Annex Ⅺ. V; *Daley* v. *Jamaica*, Communication No. 750/1997, HRC 1998 Report, Annex Ⅺ. Z.

权事务委员会强调，它不希望传递一种印象：将死囚羁押在死囚牢中多年是一种可接受的对待他们的方式。并不是。然而，死囚牢现象的残酷性直接来源于不废除死刑。人权事务委员会也从未暗示，与拘禁于死囚牢之中相关的其他情形不会将此拘禁转化为残忍的、不人道的或侮辱性的待遇或惩罚。委员会的判例一直是，与拘禁有关的进一步的紧迫情况如果得到证实，该拘禁就可能构成对《公民及政治权利国际公约》第7条的违反。①

在国内层面上，在那些保留死刑的国家，关于执行死刑判决中的拖延是否构成不人道的待遇的司法意见存在分歧。英国枢密院认为，希望保留死刑的国家必须确保在判决之后尽速执行死刑，但应预留出合理的上诉和考虑缓刑的时间。虽然被判处死刑者将通过使用上诉程序来抓住一切挽救其生命的机会，但是如果他能够因此将审理延长几年的时间，该缺陷也得归因于允许这种拖延的上诉制度，而非利用它的犯人。持续多年的上诉程序与死刑不相容。因此，在牙买加有一位被法院定罪的犯人在死囚牢中用了14年等待处决，这种情况中的拖延构成了不人道的待遇。关于将死刑减为监禁，格里菲斯（Griffiths）勋爵的解释是："对于某人可能在因死刑判决而被羁押多年之后被施以绞刑，人们有着一种本能性的反感。是什么引起了这种本能性的反感呢？答案只能是我们的人性；我们认为，使某人在延续很长的一段时间里面临着被处决的痛苦是一种不人道的行为。"英国枢密院的法官在建议整个国内上诉程序应在两年内完成的同时提出，死刑判决作出后超过五年以上就不应再执行。②

英国枢密院将这一五年期间视为总体期限：在一般情况下，在可以说执行死刑将构成残忍或者不人道的惩罚之前，自作出死刑判决必须经过这么长的期限。然而，这并不被视为可适用于所有案件的固定限制，而是作为一种如为案件具体情况所需即可背离的规范。因此，在来自特立尼达和多巴哥的一项上诉中，总共拖延了四年零十个月之后的处决被认为会构成残忍的和非同寻常的惩罚。③ 在来自巴哈马（不同于牙买加，其公民无权向人权事务委员会提交来文）的一项上诉中，英国枢密院认为，死刑判决与执行间隔三年半的时间构成

---

① *Clement Francis v. Jamaica*, Human Rights Committee, Communication No. 606/1994, HRC 1995 Report, Annex X. N：该案中一位已定罪囚犯的精神状况在其被拘禁于死囚牢的12年间严重恶化，其他证据还表明，该囚犯经常遭到狱警殴打，并在死囚牢中等待处决的五天里受到了愚弄和扭打，这违反了《公民及政治权利国际公约》第7条。

② *Pratt v. Attorney General for Jamaica*, Privy Council, on appeal from the Court of Appeal of Jamaica, [1993] 2 LRC 349.

③ *Guerra v. Baptiste*, Privy Council on appeal from the Court of Appeal of Trinidad and Tobago, [1995] 1 LRC 507.

了不人道的和侮辱性的待遇。①

　　印度最高法院赞同枢密院的看法，但附加了一个说明，即对于死刑判决，拖延的原因并不重要。"即使拖延的起因是上诉以及考虑缓刑所必需的时间，或者是可能应由被告自己负责的一些其他原因，这都不会改变该拖延的非人性化特征。"② 在一起案件中，印度最高法院认为，拖延超过两年就足以使一个被判处死刑者有权要求撤销对他的判决，理由是这违反了宪法性保障："除非依照法定程序，任何人的生命或者人身自由不得被剥夺。"③ 在更晚近的一个判决中，该法院认为死刑判决有两个基本原则：它应是惩罚性的，它应该起到威慑作用。如果执行死刑中的拖延会产生消除这两个因素的效果，那么就没有理由执行了。因此，已经被判处死刑很长一段时间的定罪囚犯，应该能够基于不能归咎于他的原因，主张死刑应被减为终身监禁。被判处死刑的囚犯和他遭受痛苦的亲属由此恰恰拥有一项相关权利，即坚持在合理的时间内就此事做出决定，如果未能做到，则刑罚权力应以有利于囚犯的方式行使。④

---

① *Henfield v. Attorney General*, Privy Council on appeal from the Court of Appeal of The Bahamas, [1997] 1 LRC 506. *Higgs and Mitchell v. Minister of National Security et al* [2000] 2 LRC 656，在该案中，对于来自牙买加上诉法院的上诉，英国枢密院认为，对囚犯的待遇是否达到如此程度，以至于使后来处决他成为一种不人道的惩罚的问题，必须"全面看待"，要考虑使得对他的惩罚在整体上不仅仅是"直截了当的死刑"的所有情况。See also *Fisher v. Minister of Public Safety and Immigration et al*, Privy Council on appeal from the Court of Appeal of The Bahamas [1997] 4 LRC 344，斯泰恩（Steyn）勋爵在对该案的异议意见中认为，为了评估拖延执行死刑的影响，可以考虑审前拖延的可能性。他认为，假设与死刑判决相关的痛苦只是始于该判决宣布之时是不符合实际的。被告从被逮捕和起诉之时起，或者至少从他因被指控谋杀经司法收监之时起，就处于最终被判处死刑并被绞死的现实危险之中，并且通常被关押在其条件使他时不时就会遭受处决恐吓的监狱中。因此，如果因为国家失职而给被告造成对其谋杀指控的审判长期拖延的痛苦，那么在逻辑上，这种情况就肯定具有作为促成和加重因素的相关性，并根据具体情况，可能影响具体案件中的衡量。

② *Vatheeswaram v. State of Tamil Nadu*, Supreme Court of India, [1983] 2 SCR 348 at 353, per Reddy J.

③ *Triveniben v. State of Gujarat*, Supreme Court of India, [1992] LRC (Const) 425. 在后来的案件中，印度最高法院认为，在拖延超过两年执行死刑应被认为足以使此人有权要求撤销死刑判决的案件中，不能设定"硬性规则"，虽然"如果……处决方面存在过度拖延，被判处死刑的囚犯有权要求法院审查允许执行死刑判决是否公平公正"。

④ *Jagdish v. State of Madhya Pradesh*, Supreme Court of India, [2010] 3 LRC 369. 哈吉特·辛格·贝迪（Harjit Singh Bedi）法官补充道："我们作为法官，在很大程度上仍未意识到政府在作出有利于或不利于囚犯的决定时所依据之原因，但是无论该决定是什么，都必须符合与案件事实相关的合理法律原则。然而，我们必须最有力地强调，人不是财产，不应被用作为推动某些更大的政治或政府政策的抵押物。我们可以回想一下我们自己的人生经历。即使是和某些事情——迫近的考试结果或者因怀疑患有严重疾病而产生的医学检测报告，或者失踪的亲人的命运，或者由于重伤而在生死之间挣扎的人——一样平凡或琐碎的事情，都不可能使人保持其平静或正常的生活方式。请将这与某位囚犯的困境对比：他被判处死刑已经15年或更长时间，希望活下去，却被恐惧所淹没，因为他的生死难测，这掌握在那些与他的案件没有个人瓜葛的人的手上，对这些人来说，他只是个人名。同样地，请考虑此类囚犯的家人——他的父母、妻子和孩子、兄弟姐妹——的困境：由于亲人命运的不确定性，他们同样处于束手无策、坐立难安的状态，无法继续生活。对于囚犯来讲更糟糕的是，放弃、疲惫和绝望的合力作用最终使家庭中产生冷淡和倦怠。可以提出的疑问是，这些不幸的个人究竟犯了什么错，他们是否应受到如此低劣方式的对待。"

津巴布韦最高法院也认为执行死刑判决中的拖延具有相关性，但是首席法官古贝（Gubbay）拒绝接受应区别对待使用上诉程序造成的拖延："在我看来，基于以下理由而把在死囚牢中经历的精神痛苦和折磨打折扣是极为虚伪做作和不切实际的：被判处死刑者不去最大限度地利用司法程序就会缩短而不是会延长他的痛苦。但是如果他采取了一系列站不住脚的和无理纠缠的、结果产生拖延司法截止时间的效果的诉讼程序，可能又是另外一种情况。"① 加勒比共同体法院认为，在无节制的期间里将某些人关押在"死囚牢"中的做法是不可接受的，并且违反了保障人道待遇的宪法规定。即使是对于被判处死刑的人，宪法也赋予其必须获得尊重的权利。衡量这些权利价值的真正标准不仅仅在于它们多么好地服务于社会中守法的那部分人，还在于它们如何适用于那些社会很少或者并未给予同情心的那些人。② 乌干达最高法院认为，自最高法院确认死刑判决之日起拖延三年多执行构成了不合理的拖延。在三年期结束时，如果总统没有行使其赦免权，死刑判决会被认为减为不可再减刑的终身监禁。③

5. 处决未给予充分通知

正义和人道要求，被判处死刑的犯人应得到有关处决时间的合理通知。此通知之必须是为使他能够安排他的事务，在离世之前获得其近亲属的探访，并获得心理上的建议及安慰，使他能够在面对终极痛苦时最大限度地保持镇静。将迫近的处决合理地通知死刑犯还有一个特别的目的：为他提供一个合理的机会，以获得法律建议，并诉诸法院以求助于在当时可能对他开放的救济。在这种情况下，这种救济可能采取的最重要形式就是一项暂停处决的命令。因此，未事先通知将要对他执行死刑，就处决死囚，会构成残忍的和非同寻常的惩罚。④ 人权事务委员会认为，死囚的母亲未被告知处决她儿子的日期、时间、地点以及她儿子随后被埋葬的确切地点，并

---

① *Catholic Commission for Justice and Peace v. Attorney General*, Supreme Court of Zimbabwe, [1993] 2 LRC 279.

② *Attorney General v. Joseph*, Caribbean Court of Justice, [2007] 4 LRC 199, per de La Bastide P and Saunders J, approving *Pratt v. Attorney General* [1993] 2 LRC 349. See also *Wilson v. The Philippines*, Human Rights Committee, Communication No. 868/1999, Selected Decision, Vol. 8, p. 114.

③ *Attorney General v. Kigula*, Supreme Court of Uganda, [2009] 2 LRC 168, 该案确认的案件是：*Kigula v. Attorney General*, Constitutional Court of Uganda, [2006] 3 LRC 388。

④ *Guerra v. Baptiste*, Privy Council on appeal from the Court of Appeal of Trinidad and Tobago [1995] 1 LRC 407. 英国枢密院认为，特立尼达和多巴哥的既定做法，即在宣读处决令与执行死刑之间向死囚提供至少四整天的优待（包括一个周末），是合理的通知。

被拒绝将尸体交给她下葬,由此给她带来的痛苦和精神压力,通过将家人置于一种构成不人道待遇的不确定状态和精神压力的方式,具有恐吓或者惩罚家人的后果。①

6. 驱逐或引渡

如果一国寻求引渡某人,引渡国必须确保此人不会在接收国面临遭受酷刑或不人道的或侮辱性的待遇的现实风险。② 换言之,如果一国在其管辖范围内作出了关于某人的一项决定,并且其必然的和可预见的后果,是此人根据《公民及政治权利国际公约》享有的权利会在另一国管辖范围内受到侵犯,则前一国家本身也将违反《公约》。③ 这种观点也被《禁止酷刑公约》第 3 条所确认,其指出,如有充分理由相信任何人在另一国家将有遭受酷刑的危险,任何缔约国不得将该人驱逐、推回(refouler)或引渡至该国。在已经废除了死刑的加拿大,其最高法院的多数法官在确认(在一项现已被推翻的判决中)将一个被判犯有谋杀和绑架罪并被判处死刑的人引渡到美国宾夕法尼亚州时认为,"处决将根据美国的法律在美国执行,针对一个美国公民且有关在美国发生的罪行";

---

① *Schedko* v. *Belarus*, Human Rights Committee, Communication No. 886/1999, 3 April 2003, Selected Decision, Vol. 8, p. 136.

② *Chahal* v. *United Kingdom*, European Court,(1996)23 EHRR 413. See Decision of the State Council of Liechtenstein,(1996)2 *Bulletin on Constitutional Case-Law* 236:如果存在接收国可能会施以比被请求国可能最高的判决还要严厉的判决的现实危险,也会产生这种义务。See also Decision of the Constitutional Court of Austria,(1995)1 *Bulletin of Constitutional Case-Law* 6; *Lukka* v. *United Kingdom*, European Court,(1986)9 EHRR 552; *X* v. *Germany*, European Commission, Application 10564/83,(1984)8 EHRR 262; *X* v. *Belgium*, European Commission, Application 984/61,(1961)6 *Collection of Decisions* 39; *X* v. *Germany*, European Commission, Application 1465/62,(1962)5 *Yearbook* 256; *X* v. *Austria*, European Commission, Application 2143/62,(1964)7 *Yearbook* 304; *X* v. *Germany*, European Commission, Application 3040/67,(1967)10 *Yearbook* 518; *X* v. *Germany*, European Commission, Application 6315/73,(1974)1 *Decisions & Reports* 73; *Becker* v. *Denmark*, European Commission,(1975)4 *Decisions & Reports* 215; *X* v. *Germany*, Application 7216/75,(1976)3 *Decisions & Reports* 137; *Lynas* v. *Switzerland*, European Commission,(1976)20 *Yearbook* 412; *X* v. *Germany*, European Commission, Application 4162/69,(1969)13 *Yearbook* 806; *X* v. *Germany*, European Commission, Application 4314/69,(1970)13 *Yearbook* 900; *X* v. *Denmark*, European Commission, Application 7465/76,(1976)7 *Decisions & Reports* 153; *Agee* v. *United Kingdom*, European Commission,(1976)7 *Decisions & Reports* 164.

③ *Cox* v. *Canada*, Human Rights Committee, Communication No. 539/1993, HRC 1995 Report, Annex Ⅷ. M. 援用这一原则的最早案件之一涉及一名摩洛哥空军军官,他参与了一项试图推翻摩洛哥政府的未遂行动,其中包括企图暗杀国王。他逃到了直布罗陀,并请求政治庇护。他的请求遭到拒绝,次日,他被送回了摩洛哥,随后被审判并被处决。他的遗孀提起了申诉,但在欧洲人权委员会达成了友好解决。在未承认违反《欧洲人权公约》第 3 条的情况下,英国政府同意向遗孀支付 17000 英镑:See *Amekrane* v. *United Kingdom*, European Commission Application 5961/72, 44 *Collection of Decisions* 101(admissibility), Report of the Commission(friendly settlement), 19 July 1974.

克里（Cory）法官与另外两名持异议的法官则提醒多数法官，"本丢·彼拉多的仪式性洗手并没有减轻他对其他人所判处的死刑的责任，在随后的几个世纪里也很少获得认可"。①

有充分理由相信遣返时将会有现实虐待风险这一要求，只不过意味着必须要有一种适当的证据基础来得出存在此等风险的结论。现实风险只不过是一种可能性，是一种难以用概率衡量的事物。因为现实风险不是更有可能发生的风险，所以不能要求被驱逐者证明，有充分的理由确信他将毋庸置疑地遭受酷刑或者其他虐待。"坚实的理由"和"充分的理由"之间没有区别。②

因为免受酷刑之保护是绝对的，所以国家有义务不引渡或驱逐在接收国将会面临遭受这种待遇的现实风险的任何人。此规则不容减损。不得对照为驱逐举出的原因来权衡虐待的风险，以确定是否涉及国家的责任，即便这种待遇由另一个国家造成，也是如此。相关之人的行为无论多么可恶或危险，也都不能被考虑在内，其结果就是，例如《欧洲人权公约》第3条所提供的保护就比联合国《关于难民地位的公约》中规定的更广泛。以平衡如下两方面为根据的论点是错误的：一方面是，某人如果被遣返，其受到伤害的风险；另一方面是，如果某人不被遣返，其会给社会带来的危险。在这种语境下，不能对"风险"和"危险"的概念进行平衡检验，因为它们都是只能相互独立地予以评估的概念。情况只能是，或者提出的证据表明，如果此人被送回，会有重大风险，或者提出的证据没有表明这一点。此人若不被遣返，就可能对社会构成严重威胁的可能性，不以任何方式减轻此人被遣返后可能遭受虐待的风险程度。出于这个原因，如果因此人被认为会给社会带来严重危险就要求更高的证据标准，将是不正确的，因为对风险程度的评估独立于此项证明。③

因为问题在于，意在被引渡（或被驱逐）者本人是否会在他将被送去的

---

① *Kindler v. Minister of Justice of Canada*, Supreme Court of Canada, [1991] 2 SCR 779. （按《圣经》所载，罗马帝国犹太行省总督本丢·彼拉多在判处耶稣钉死在十字架上后，洗手以示自己不承担处死耶稣的责任。——译者注）

② *AS (Libya) v. Secretary of State for the Home Department*, Court of Appeal of the United Kingdom, [2009] 1 LRC 704.

③ *Saadi v. Italy*, European Court, (2000) 49 EHRR 730. 欧洲人权法院注意到了大赦国际和人权观察关于突尼斯的报告。"考虑到这些报告作者的权威和声誉，汇编这些调查的方式的严肃性，它们就所讨论问题得出的结论相互一致并在大量的其他资料中得到确认的事实……法院不怀疑它们的可靠性。"

国家面临遭受酷刑的风险，所以该国一直存在严重、公然或大规模侵犯人权的情况本身并不构成认定在将此人遣返至该国后，他就将有遭受酷刑之风险的充分理由。必须存在表明相关之人本人将会面临风险的额外理由。类似地，不存在严重侵犯人权的一贯模式也不意味着，不能认定某人在其具体情况下会有遭受酷刑之危险。① 在评估将要被引渡或被驱逐者所承担之风险时，可以考虑如下事实：引渡或驱逐国未对相关个人采取适当的保护措施，并且接收国不是国际人权文书的缔约国，或者，即使它是，但它还没有承认个人向有关国际机构提出申诉的权利。② 即使当危险来自并非公职人员的个人或者群体之时，如果可以证明该风险是现实的且接收国当局无法通过提供适当的保护消除这一风险，那么该禁令也适用。③ 如果某人尚未被驱逐，则重要的时间点一定是法院审议该案件的时间。因此，虽然历史情况是有价值的——就其可能会说明当前的形势及其可能的演变而言，但是，现实情况才是决定性的。④

难民的行为，不论多么可恶或危险，都不能成为确定是否驱逐他的重要考

---

① *Mutombo v. Switzerland*, Committee against Torture, Communication No. 13/1993, 27 April 1994：在当时的情况下，将提交人驱逐或遣返至扎伊尔将构成对《禁止酷刑公约》第 3 条的违反。See also *Khan v. Canada*, Committee against Torture, Communication No. 15/1994, 15 November 1994：有充分的理由相信，提交人——一位克什米尔学生领袖——将会面临遭受酷刑的危险，因此，在当时的情况下，将他遣返至巴基斯坦会构成对《禁止酷刑公约》第 3 条的违反。*Tala v. Sweden*, Committee against Torture, Communication No. 43/1996, 13 November 1996：考虑到提交人的政治派别及其曾被拘禁和受酷刑的历史，强行将他遣返至伊朗会构成对《禁止酷刑公约》第 3 条的违反。有关伊朗伊斯兰共和国国内人权状况的联合国特别代表记录了伊朗严重的人权情况，以及——特别是——大量的处决和酷刑事件。

② *Altun v. Germany*, European Commission, (1983) 36 *Decisions & Reports* 209；*X v. Switzerland*, European Commission, Application 12146/86, (1986) 10 EHRR 10；*X v. Netherlands*, European Commission, Application 12543/86, (1986) 10 EHRR 161.

③ *HLR v. France*, European Court, (1997) 26 EHRR 29：毒贩的报复威胁。See also *X v. United Kingdom*, Application 8581/79, (1980) 29 *Decisions & Reports* 48：危险来自自治团体，据称当局不针对这种威胁保护相关个人。

④ *Chahal v. United Kingdom*, European Court, (1996) 23 EHRR 413. 查哈尔（Chahal）是锡克分离主义的一位著名支持者，他被拘禁于英国，等待被驱逐到印度。虽然欧洲人权法院不怀疑印度政府在对查哈尔提供安全保证时的诚意，但它指出，在印度旁遮普邦和其他地方，某些安全部队成员侵犯人权是一个顽固且持久的问题。基于此背景，法院不认为印度的保证会为查哈尔提供充分的安全保障。See also Decision of the Constitutional Court of the Czech Republic, 15 April 2003, (2004) 3 *Bulletin on Constitutional Case-Law* 438：摩尔多瓦当局请求捷克共和国引渡一位摩尔多瓦公民，以便能够以盗窃罪起诉他。根据联合国难民署驻布拉格办事处和捷克赫尔辛基委员会的报告，在摩尔多瓦监狱中存在侵犯人权的情况，特别是生命权和禁止酷刑。捷克共和国宪法法院认为，虽然它无权认定摩尔多瓦监狱中发生的对禁止酷刑的实际违反，但是根据提交的证据，有充分的理由认为，如果申诉人被引渡，就存在该禁止将会被违反的危险。（在刑事诉讼期间，以及如果他被判有罪之后的服刑期间）可能关押他的摩尔多瓦监狱的条件，对申诉人免受酷刑、不人道或侮辱性待遇之权利构成了一种真实威胁。

虑因素。① 为方便起见而接受移徙工人并准予其定居的国家，应该对这些移民的子女的教育和社会融入负责，就像该国对待其"公民"的子女一样。如果这种社会融入失败，结果是"第二代"外来人出现反社会或者犯罪行为，国家也有义务对他们的重适社会生活作出规定，而不是将他们遣送回对有关行为没有责任的原籍国。② 即使是在国家的安全利益面临危险的情况下，国际法也不允许使人遭受酷刑的驱逐。一方面，国家在打击恐怖主义和防止其领土成为恐怖分子的避风港方面存在着现实的利益；另一方面，国家对于自由和正当程序负有宪法义务。在这种情况下，二者之间的平衡的一般结果是，不允许驱逐某人而使其在其他地方面临酷刑。③

驱逐可能构成不人道的待遇的其他情况有：有充分的医学理由认为，由于相关人员的精神状态，此种措施可能会导致健康严重受损或者自杀危险；④ 有理由担心，虽然该引渡仅仅是以普通罪名提出的，但实际寻求的却是出于政治罪行或者仅仅是他的政治观点而对该人采取行动，从而违反引渡罪名特定原则。⑤

非常规"移送"（rendition）构成酷刑。在欧洲的一起案件中，一名涉嫌恐怖主义罪行的黎巴嫩裔德国国民被逮捕，并在任何司法系统外的特殊拘禁场所（斯科普里的一家旅店）被单独关押、审讯和虐待达 23 天。此后，为了在

---

① *Ahmed v. Austria*, European Court, (1996) 24 EHRR 278：该案中，一位索马里国民因其抢劫未遂被定罪之后，失去了在奥地利的难民地位。欧洲人权法院在审理其申诉时，特别重视的事实是：四年前，因认定他的说法是可信的——他在一个反对派团体中的行为以及索马里的局势使人有理由担心，如果将他遣返至该国，他将受到迫害，奥地利内政部部长批准了他的难民身份申请。因此，《欧洲人权公约》第 3 条提供的保护范围比 1951 年《关于难民地位的公约》第 33 条规定的更为广泛。*Byahuranga v. Denmark*, Human Rights Committee, Communication No. 1222/2003, Selected Decisions, Vol. 8, p. 406：在伊迪·阿明统治期间，一名乌干达军官于 1981 年逃离乌干达进入丹麦，并于 1986 年在丹麦获得庇护，在 1990 年获得永久居留许可。他的妻子是一位坦桑尼亚国民，于 1998 年在丹麦与他团聚，并成为丹麦公民。他们有两个出生在丹麦的孩子。2002 年，他被判犯有与毒品有关的罪行，并根据《外国人法》被下令驱逐出丹麦，并永远禁止再进入丹麦。人权事务委员会认为，如果通过将他遣返至乌干达的方式实施，此驱逐令会将他置于受到虐待的特别危险之中，并因此会构成对《公民及政治权利国际公约》第 7 条的违反。See also *Cruz Varas et al v. Sweden*, European Court, (1991) 14 EHRR 1；*Vilvarajah et al v. United Kingdom*, European Court, (1991) 14 EHRR 24.
② *Nasri v. France*, European Court, (1995) 21 EHRR 458.
③ *Suresh v. Canada*, Supreme Court of Canada, [2002] 4 LRC 640, per McLachlin CJ.
④ *Brückman v. Germany*, European Commission, (1974) 17 *Yearbook* 458, 46 *Collection of Decisions* 202. 欧洲人权法院后来确认了这一观点，*D v. United Kingdom*, (1997) 24 EHRR 423, 在这个案件中，法院认为，将一名处于艾滋病晚期的被定罪毒品贩子遣返至他的原籍国圣基茨，会使他面临在最痛苦的情况下死亡的真实风险，并因此面临不人道的待遇。See also Decision of the Supreme Administrative Court of Finland, 27 June 1995, (1995) 2 *Bulletin on Constitutional Case-Law* 154；Decision of the Supreme Administrative Court of Finland, 4 February 1997, (1996) 3 *Bulletin on Constitutional Case-Law* 349.
⑤ *Altun v. Germany*, European Commission, (1983) 36 *Decisions & Reports* 209.

正常的法律制度之外拘禁和审讯的目的,他被从一国移送到了另一国。最终,他被美国中央情报局的特工带到了阿富汗的一个秘密拘禁场所,他在那里又遭受到了长达四个多月的虐待。这位秘密"移送"行动的受害者所受之待遇,构成了酷刑。①

如果两个国家之间存在引渡条约,引渡国必须在引渡某人之前,寻求并获得来自接收国的保证——被引渡者不会遭受酷刑、不人道的或侮辱性的待遇或惩罚,包括不会被判处死刑或者被处决。② 某县的检察官提供的保证不是来自有执行权的政府的"保证"。③ 英国和利比亚阿拉伯共和国之间存在的一项谅解备忘录(MOU)规定,任何被英国驱逐之人在利比亚阿拉伯共和国都应受到适当对待。在这种情况下,关键问题在于,利比亚是否会遵守谅解备忘录的条款,以及在其不遵守时,可能之危险的程度如何。英国法院认为,要不是有谅解备忘录中的保证,就会有充分理由相信,被驱逐者一被遣返,就将面临酷刑的现实风险。事实上唯一的问题是,谅解备忘录是否会将风险降低至可接受的水平。④ 仅有外交保证而没有任何监督其执行的机制,不足以消除虐待的风险。⑤

---

① *El-Masri* v. '*The former Yugoslav Republic of Macedonia*', European Court, (2012) 3 *Bulletin on Constitutional Case-Law* 642. 对于申诉人在旅店所受之待遇,因为他在经受审讯期间对于自身命运的不确定,他毋庸置疑地生活在一种长期焦虑的状态之中。而且,故意施以此等待遇的目的,是获取关于他与恐怖主义组织的据称联系的供词或信息。该行动的秘密性以及他被与外界隔绝地关押在一家旅店——一个司法系统外的非常态拘禁场所——的事实,增加了申请人的痛苦。因此,申诉人在旅店期间所遭受的待遇既是不人道的,也是侮辱性的。

② See *Minister of Justice* v. *Burns and Rafay*, Supreme Court of Canada, [2001] 5 LRC 19.

③ *Soering* v. *United Kingdom*, European Court, (1989) 11 EHRR 439. 一名被拘禁在英国监狱中的德国国民被美国通缉,面临着在弗吉尼亚州的谋杀指控,他在该州将有很大可能性被判处死刑,并经受"死囚牢现象"(被判处死刑的囚犯在被处决之前,估计在弗吉尼亚的死囚牢中要度过平均六年至八年的时间)。弗吉尼亚州某县的一名检察官保证,虽然他想寻求死刑,但是在判刑时,会向法官提出一份陈述,指出英国希望不应判处或者执行死刑。这不是引渡条约中所设想的政府行政部门的"保证"。欧洲人权法院认为,县检察官的承诺并未消除判处死刑的危险。因此,担心遭受"死囚牢现象"的可能性得到了认定。

④ *AS* (*Libya*) v. *Secretary of State for the Home Department*, Court of Appeal, United Kingdom, [2009] 1 LRC 704. See also *Othman* (*Jordan*) v. *Secretary of State for the Home Department*, Court of Appeal, United Kingdom, [2009] 1 LRC 738, 该案中,英国上诉法院认为,尽管英国和约旦也有类似的谅解备忘录,但是有极大可能性的是:很可能是通过酷刑获得的证据,会在对要被驱逐的外国人的审判中被采信。

⑤ *Alzery* v. *Sweden*, Human Rights Committee, Communication No. 1416/2005, Selected Decisions, Vol. 9, p. 243. 一位被通缉以便在埃及受审的埃及国民在瑞典寻求庇护。瑞典政府在收到了来自埃及政府的保证——他将获得公正审判,并且即使被判处死刑也不会被处决——之后,下令将其驱逐。人权事务委员会注意到,瑞典承认,存在着一种虐待的风险,这种风险(未考虑额外风险)可能使驱逐不符合瑞典的国际人权义务。瑞典获得的外交保证不含有监督其执行的机制。除了保证的文本本身之外,也没有规定有效实施的任何安排。因此,人权事务委员会认为,外交保证不足以将虐待危险消除至符合《公民及政治权利国际公约》第 7 条之要求的程度,该驱逐因此违反了《公民及政治权利国际公约》第 7 条。

欧洲人权法院认为，不能信任来自某些国家做出的不施用酷刑的外交保证——在这些国家，酷刑具有普遍性或持久性，或者保证是以一般性的模式化的方式表述的，没有提供任何监督机制。① 如果两项国际义务发生冲突——例如，《欧洲引渡公约》规定的义务和国际人权公约规定的义务发生冲突，则宜于优先考虑有关保护人权的公约所产生的义务。②

（六）"残忍之惩罚"

在加拿大，《加拿大权利和自由宪章》第 12 节对"残忍的惩罚"的禁止被认为是对惩罚质量的控制，也涉及给被施以该惩罚之人所带来的惩罚后果。这种衡量是一种极端不成比例的情况，因为它指向的是那些极为过分而非略微过分的惩罚。③ 美国最高法院认为，"残忍的"意味着"侮辱人的尊严的"，指的是"不人道的和不文明的惩罚"。④

（七）"不人道之惩罚"

不人道的惩罚不仅仅包括残忍的惩罚，还包括有违人格尊严的惩罚。⑤

（八）"侮辱之惩罚"

因为某人可能仅仅因为被刑事定罪就蒙受羞辱，所以如果该人遭受羞辱不是简单地来自被定罪，而是来自执行施予他的惩罚，则这一惩罚被认为是"侮辱性的"。然而，由于在大多数情况下（即便不是所有情况），这可能是司法惩罚的后果之一——其中实际上涉及对刑事制度的不自愿服从，因此某项惩罚要成为"侮辱性的"，其所涉及的羞辱或者贬损必须达到某一特定水平，并且在任何情况下，必须具有司法惩罚所包含的通常屈辱以外的因素，或者必须使侮辱达到明显超过任何采取强制或者剥夺自由之方式的通常惩罚所固有的程度。就事情的本质而言，评估是相对的：这取决于案件的所有情况，尤其是惩

---

① *Abdulkhakov v. Russia*, European Court, 2 October 2012.

② Decision of the Constitutional Court of the Czech Republic, 15 April 2003, (2004) 3 *Bulletin on Constitutional Case-Law* 438. See also Decision of the Constitutional Court of the Czech Republic, 10 November 2010, (2010) 3 *Bulletin on Constitutional Case-Law* 503.

③ *Smith v. R*, *Supreme Court of Canada*, [1988] LRC (Const) 361, at 379 – 81. See *The State v. Petrus*, Court of Appeal of Botswana, [1985] LRC (Const) 699, at 725, 阿古达（Aguda）法官认为："残忍的惩罚"与"不人道的惩罚"含有相同的意思，但是在所指范围上可能更窄些。

④ *Furman v. Georgia*, United States Supreme Court, 408 US 238 (1972), at 272 – 5, 282.

⑤ *The State v. Petrus*, Court of Appeal of Botswana, [1985] LRC (Const) 699, per Aguda JA.

罚本身的性质、背景及其执行的方式和方法。①

一项侮辱性的惩罚，并不会因其被确信是——或者事实上就是——对犯罪的有效威慑或者有助于控制犯罪，就不再具有侮辱之特性。某一种刑罚与另一种刑罚相比，可能更可取，或者具有更少的负面影响，或者没有那么严厉，这一事实本身并不意味着前一种刑罚就不是"侮辱性的"。在评估某一惩罚是否具有"侮辱性"时，公开性可能成为一个相关因素，但是没有公开性并不必然阻碍某一特定惩罚不会落入"侮辱性"惩罚之列，因为在受害者自己看来，他有可能受到了羞辱，即便在其他人眼中不是如此。②

（九）受质疑之惩罚的种类

1. 带有酷刑的惩罚

南非宪法法院认为，死刑是残忍的惩罚。查斯卡尔森（Chaskalson）院长解释道："一旦被判处死刑，该犯人即与其他被判处死刑的囚犯在死囚牢中一起等待他们的上诉程序和从轻发落程序的进行。在此期间，这些留在死囚牢中的囚犯无法确定自己的命运：不知道他们最终是将获得缓刑，还是会被带到绞刑架上。死刑本身就是残忍的惩罚，而且必然涉及在不确定状态中等待该判决将被撤销或者将被执行的法律过程，增加了死刑的残忍性。"③ 阿克曼（Ackermann）法官认为，死刑是一种残忍的惩罚的原因在于它的任意性："如果惩罚的任意与不平等施予达到了如死刑一般罕见的惩罚程度，它就会因其残忍性和不人道性令我震惊。依据我的价值观评估，如果某人要被判处死刑，而处于类似处境中的另一人没有被如此判处，那么这对于被判处死刑的人而言就是残忍的。允许以这种方式确定某人之生死之可能，就是将人减损为复杂的司法抽奖中的一个号码。"

在美国，最初的情况是，一项惩罚如果涉及酷刑或者拖沓的死亡过程，那么就会被认为是残忍的。相应地，1852年的一部法律——该法律规定，对于被判处极刑者，按照法院的可能指示，"应以枪毙、绞死或者斩首的方式处死"

---

① *Tyrer v. United Kingdom*, European Court, (1978) 2 EHRR 1.

② *Tyrer v. United Kingdom*, European Court, (1978) 2 EHRR 1. 但是如果没有实际实施某一惩罚，则不会产生本条规定之下的问题。因此，在实施侮辱性惩罚的学校中，未受罚的学生——仅仅因为面临遭受此种惩罚的危险——并没有受到在其他人看来会达到必要程度的羞辱或者贬损。See *Campbell and Cosans v. United Kingdom*, European Court, (1982) 4 EHRR 293.

③ *The State v. Makwanyane*, Constitutional Court of South Africa, [1995] 1 LRC 269. See also *Mbushuu v. The Republic*, Court of Appeal of Tanzania [1995] 1 LRC 216：死刑判决构成残忍的和侮辱性的惩罚；以及，*Catholic Commission for Justice and Peace in Zimbabwe v. Attorney-General*, Court of Appeal of Zimbabwe, [1993] 2 LRC 279，该案审查了"死囚牢现象"。

或者"由他选择处决他的方式",通过了宪法有效性检验。① 同样,"使已决犯的身体中穿过足以致死之强度的电流"不被认为是残忍的。② 在设备意外故障导致先前的执行尝试失败后,继续执行死刑也不被认为是残忍的。有人试图在两方面之间做出区分:一方面是惩罚方式所固有的残酷性,另一方面是用于人道地消灭生命的任何方法中所包含的必要痛苦。但是伯顿(Burton)法官在代表四位少数法官发言时主张,应将即时死亡与分阶段致死区分开来。"如果国家官员蓄意地且有意地将相关人员置于电椅上五次,并且每次都以不足以致死的方式向他的身体施以电流,直到最后一次才电死他,那么这种方式的酷刑与绑在柱子上烧死相差无几。"虽然相比于一次性的电击,五次电击更加残忍且非同寻常,但是他认为,该案件的独特性证明,两次分开的电击就足够"残忍和非同寻常",而应予以禁止。③

2. 严重不成比例的惩罚

比例性的概念在宪法对残忍的和非同寻常的惩罚的禁止中,处于核心地位:对于犯罪的惩罚必须是分等级的,并且与罪行在比例上相称。缺少任何合法的刑罚正当理由的判决,在其性质上就与罪行不成比例。④ 在美国,1910年对一项伪造官方文件的罪行的判决是12年监禁,其间戴着镣铐从事艰苦劳动,同时自动丧失许多基本民事权利,并终身受到监视。美国最高法院认为这一判决是过分的,与该罪行完全不成比例,并因此是残忍的。⑤ 在美国1977年的另一案件中,对强奸罪判处死刑被认为是严重不成比例的、过分的,并因此是残忍的。⑥

在加拿大最高法院讨论对于严重不成比例的检测时,迪克逊(Dickson)首席法官和拉默(Lamer)法官指出,为了确定什么样的判刑幅度对于惩罚、改造、遏制特定罪犯或者保护公众免受该罪犯之害适当,法院必须首先考虑罪行的严重性,罪犯的个人特征以及案件的特殊情况。在调查的这一阶段,威慑其他潜在的罪犯不是相关因素。这不意味着法官或者立法者在确定刑罚时,不能考虑超出特定的罪犯以外的一般性威慑或者其他刑罚目的,而只能考虑产生

---

① *Wilkerson v. Utah*, United States Supreme Court, 99 US 130 (1878). 美国最高法院认为,只有诸如活活烧死罪犯的残酷处决方式,才会违反禁止"残酷的和非同寻常的惩罚"的第八修正案。

② *In Re Kemmler*, United States Supreme Court, 136 US 436 (1890)。

③ *Louisiana v. Resweber*, United States Supreme Court, 329 US 459 (1947). 除了伯顿法官,其他持异议的法官是道格拉斯(Douglas)、墨菲(Murphy)和拉特利奇(Rutledge)。

④ *Graham v. Florida*, United States Supreme Court, (2010) 2 *Bulletin on Constitutional Case-Law* 395. 这一原则也载于1215年《大宪章》:"除非根据罪行的程度,不得因轻微罪行对自由人予以罚款;对严重的罪行处以罚款应依据其严重性。"

⑤ *Weems v. United States*, United States Supreme Court, 217 US 349 (1910)。

⑥ *Coker v. Georgia*, United States Supreme Court, 433 US 584 (1977)。

的判决不得与罪犯所应受之惩罚严重不成比例。这两位法官补充说,还必须衡量实际判处的刑罚的效果。该效果通常是多种因素的综合,并不限于该刑罚的程度或者期限,而是还包括其性质和适用的条件。有时,单单就刑罚的期限或其性质而言,该刑罚就与其所追求的目标严重不成比例。有时,它可能是这些因素综合作用的结果,当单独考虑其中的某一因素时,其自身并不具有严重不成比例性。例如,对于首次侵犯财产的罪行判刑 20 年可能是严重不成比例的,但是如果监狱机关决定,应对其执行单独关押,那么三个月的监禁可能就是严重不成比例的。①

任何对于不成比例情况的分析都应关注该人是否该受此惩罚,而不仅仅是此惩罚是否将服务于某一功利主义的目标。"对于超时停车处以法定终身监禁的法律可能会有效遏制车辆的无法无天行为,但是它也会侵犯我们所感知到的正义感。"② 将剥夺公民权利作为对相对较轻罪行的惩罚措施是不成比例的。③ 某人强奸了一个儿童但未将其杀害,也没打算帮助另外一人杀害该儿童,判处他死刑是严重不成比例的。④ 比例性的重要性已牢固确立,并且也有关拒绝给

---

① *Smith v. R*, Supreme Court of Canada, [1988] LRC (Const) 361, at 379 – 81; *Zúñiga et al v. Attorney General*, Court of Appeal of Belize, [2013] 3 LRC 426: 仅仅是不成比例的惩罚不会违宪; 而是说, 要因其不人道和侮辱性而受到谴责的惩罚, 对于犯人而言一定是严重不成比例的, 并致使社会成员觉得其是令人憎恶或无法忍受的; *State v. Matlho*, Court of Appeal of Botswana, [2009] 1 LRC 133: 决定某一刑罚是否严重不成比例, 涉及法院行使价值判断, 这并非基于主观考虑, 而是基于客观因素——考虑当代的规范以及文明民主之中的价值理念。

② *Rummel v. Estelle*, United States Supreme Court, 445 US 263 (1980), at 288, per Powell J; *Lyall v. Solicitor-General*, Court of Appeal of New Zealand, [1998] 1 LRC 162: 法院维持了原审的法院判决, 即根据 1991 年《犯罪所得法》对被判犯有贩卖大麻罪的两个人用于毒品交易的财产可享权益予以没收。

③ Decision of 25 January 1963, Amtsgericht, Wiesbaden, (1963) *Neue Juristiche Wochenschrift* 967. See also Decision of 10 June 1963, Oberlandesgericht (Court of Appeal), Cologne, (1963) *Neue Juristiche Wochenschrift* 1748; Decision of 19 January 1965, Bundesgerichtsh (Federal Court of Justice), Federal Republic of Germany, (1965) *Neue Juristiche Wochen-schrift* 1088; Decision of 20 January 1965, Kammergericht (Court of Appeal), Berlin, (1965) 8 *Yearbook* 550; Decision of 4 October 1967, Amtsgericht (District Court), Berlin-Tiergarten, (1968) *Neue Juristische Wochenschrift* 61.

④ *Kennedy v. Louisiana*, United States Supreme Court, (2008) 2 *Bulletin on Constitutional Case-Law* 357. 对于过分的或者残忍的、非同寻常的惩罚的宪法禁止来自正义的基本准则, 即对于犯罪的惩罚必须是分等级的, 并且与罪行成比例。关于惩罚的宪法要求是否在具体案件中得到满足, 将取决于当前普遍存在的规范, 这些宪法要求的含义的基础是标志着一个成熟社会之进步的、不断发展着的尊严标准。See also *Morrisey v. R*, Supreme Court of Canada, [2001] 3 LRC 336: 对使用枪支时过失导致死亡的罪行处以至少 4 年监禁的刑罚, 不构成残忍的和非同寻常的惩罚。*R v. Latimer*, Supreme Court of Canada, [2001] 3 LRC 593: 某人使用一氧化碳致使他的患有严重脑瘫的 12 岁女儿死亡, 他被处以终身监禁且 10 年内不得假释的法定最低刑, 这一判决获得维持。*Simeon v. Attorney General*, Constitutional Court of Seychelles, [2011] 2 LRC 411: 某人在被判犯有贩运受管制的药物之罪后被处以法定至少监禁 10 年, 这一判决获得维持。*Ponoo v. Attorney General*, Court of Appeal of Seychelles, [2012] 5 LRC 305: 对打破门窗进入一栋建筑并偷取了一双鞋的行为处以法定至少 5 年监禁的判决被撤销, 并代之以 3 年监禁。

予保释的问题，就如其有关量刑问题一样。①

在不定刑期的掩饰下，对于被判犯有盗窃和诈骗罪行的一位既非暴力型也不会给社会带来危险的惯犯判处终身监禁，与判处此刑罚的既定目的即保护社会免受惯犯之害严重不成比例。这类惯犯不会给社会带来需要以无限期监禁应对的威胁。② 南非宪法法院首席法官穆罕默德（Mahomed）对于不定刑期给被拘禁者的尊严权造成的影响，曾生动地表述说："我认为，必须承认，如果是否释放囚犯完全取决于监狱或者执行当局的任意行使的自由裁量权，使它们可以自由地在高兴或者根本不高兴的时候考虑这种可能性，并且决定它们在考虑时喜欢什么样的情况，那么，可能在囚犯的脑子里和心目中闪现过的希望就太过微弱、太难以预测，以至于无法为囚犯留存住足够的、还未被侵犯的残余尊严。"③ 阿克曼（Ackermann）法官认为，未经查证罪行与监禁期限之间是否比例相称，就试图证明任何期限的监禁刑罚——更何况是终身监禁——正当合理，就"忽视了，就算没有否认的话，人类尊严中包含的最核心的东西"。他继续道：

> 人不是可以被贴上价签的商品；他们是具有内在的和无限的价值的生物；他们自身应被当作目的，绝不能只是被当作实现某种目的的手段。如果判处某一刑罚的期限基于其对他人的一般性威慑作用，而与该罪行的严重性无关，那么实质上，此违犯者就被用作实现其他目的的手段，此人的尊严就会受到侵犯。在以下情况中也是如此：惩罚的改造效果占主导地位，并且违犯者被判处长期监禁主要是因为他不能在短时间内完成改造，但是监禁的期限长短与所犯罪行的应得惩罚无关。即使是在没有这些特点的情况下，仅仅只是在罪行与监禁期限之间比例不相称，也往往会将罪犯作为实现某一目的的手段，并因此否定罪犯的人性。④

---

① *Police v. Khoyratty*, Supreme Court of Mauritius, [2004] 5 LRC 611.

② *State v. Niemand*, Constitutional Court of South Africa, [2002] 3 LRC 435. 南非1977年《刑事诉讼法》规定，被宣告是惯犯之人在可被考虑假释之前，应在监狱中拘禁了至少7年。因此，该惯犯的整个余生可能都处于拘禁中。

③ *State v. Tcoeib*, Constitutional Court of South Africa, [1997] 1 LRC 90 at 102. See also *R v. Lichniak*, House of Lords, [2002] 2 LRC 741：一个被判犯有谋杀罪的人被处以强制终身监禁，这一判决获得维持。量刑标准条款所表现出的惩罚性因素，是对被定罪的谋杀犯所犯下的严重罪行施以的惩罚。预防性因素则表现为继续将被定罪的谋杀犯监禁在监狱中的权力，除非并且直到假释委员会（一个独立的机构）认为释放他是安全的。该因素也表现为将已经被释放的被定罪谋杀犯重新收监的权力，其条件是为了保护公众，判定有必要将其重新收监。

④ *Dodo v. State*, Constitutional Court of South Africa, [2001] 4 LRC 318.

对谋杀罪强制性判处死刑损害了免受不人道的或侮辱性的惩罚的保护，因为这种刑罚要求，在未给予被告任何机会表明减轻惩罚的因素以及没有个性化量刑的情况下，就要做出死刑判决，并且在有些案件中，判决可能与被告的刑事罪责（culpability）比例不相称。① 重罪谋杀就是任意的和不成比例的死刑情况的一个有力例证，因为被告的责任（responsibility）可能是微乎其微的，且他的刑事罪责相对较小。出于怜悯的杀害可能是涉及故意行为的同样有力的例证。使用这两个例证通俗地表明，犯下谋杀罪的具体情况千差万别，被告的责任也随之有所不同。②

3. 有违人格尊严的惩罚

在20世纪中期，美国最高法院认为，有违人格尊严的惩罚是残忍的。因此，该法院认定，将剥夺国籍用作对战时逃离军队的惩罚是无效的。"其中可能不包含身体虐待，也没有原始性的酷刑。但是，此人在有组织的社会中的地位却遭到了彻底的破坏。这是一种比酷刑更为原始的惩罚方式，因为对于该个人而言，这摧毁了几个世纪里处于发展中的政治存在。这种惩罚剥夺了公民在国内和国际政治社会中的地位。他的存在本身有赖于他恰好身在其中的国家的宽容。"③

对于某种"状态"的惩罚是残忍的，因为它涉及对于单纯的行为偏好——一种犯罪的可能——的惩罚；心理因素不仅是犯罪的一部分，而且有可能构成犯罪的全部。例如，美国加利福尼亚州的一项将麻醉品成瘾的"状态"规定为犯罪的的法律被美国最高法院判定为无效。正如道格拉斯（Douglas）法官所述："如果成瘾者因为他们上瘾而受到惩罚，那么疯子也会因为他们的疯狂而受到惩罚。这两者中每一个都患有疾病，每一个都必须被作为病人对待。"④ 但是，"状态"和"条件"之间存在本质区别。"在公共场所中被发现处于醉酒状态"的罪行归属于后一类。对此的惩罚不是因为长期酗酒的行为，而是因为在公共场合醉酒

---

① *Kafantayeni v. Attorney General*, High Court of Malawi, [2007] 5 LRC 353. 参见，*Yong Vui Kong v. Public Prosecutor*, Court of Appeal of Singapore, 14 May 2010: 如果对于毒贩判处强制性死刑的反对意见是，缺少根据案件情节调整量刑的司法自由裁量权，那么立法者规定的所有强制性的——实际上是所有固定的——最低和最高刑期判决都将违反并非普通法律的宪法。然而，鉴于新加坡政府故意决定不将禁止不人道的惩罚纳入新加坡宪法，没有必要裁判强制性死刑是否是一种不人道的惩罚。*Nguyen Tuong Van v. Public Prosecutor*, Court of Appeal of Singapore, [2005] 5 LRC 140: 即使存在禁止以绞刑处决的习惯国际法规则，但是如果出现不一致的情况，国内法对于该惩罚的规定——即强制性死刑——将优先。

② *Griffith v. R*, Privy Council on appeal from the Court of Appeal of Barbados, [2005] 3 LRC 759. 该起诉讼依据重罪谋杀规则做出。该规则是：在犯下重罪中使用身体暴力的人自行承担其行为的风险，如果该暴力导致受害者死亡，此人会被判犯有谋杀罪。

③ *Trop v. Dulles*, United States Supreme Court, 356 US 86 (1957), at 101.

④ *Robinson v. California*, United States Supreme Court, 370 US 660 (1962).

时，在特定情形下，这种行为"可能对违犯者自身和公众成员造成实质性的健康和安全危害，并会冒犯社会中大部分人的道德和审美情感"。①

在乌干达的一起案件中，一项驱逐令——其效力是将某人从他的家中和土地上驱逐10年，剥夺他的住所、食物、生计手段、公司、家庭服务以及与他所在地区其他人的社会联系——可能会使该人沦为被了解他的人排斥的穷困潦倒的乞丐。这一令状导致的状况不仅是去人格化的，而且威胁了他的存在与生命本身，使他遭受到了残忍的、不人道的或者侮辱性的待遇或惩罚。② 立陶宛宪法法院曾裁决，对于被定罪者而言，死刑本身的残忍性就是侮辱性的。该残忍性表现为以下情况：在死刑判决被执行以后，该罪犯作为人的本质被否定，他被剥夺了所有的人格尊严——因为在这种情况下，该国将此人仅仅当作要从社会中消灭的一个客体。③

4. 没有有效社会目标的惩罚

如果一项惩罚对于可接受的目标没有可衡量的贡献，那么它就是残忍的，并因此只不过是施以无目的的、无必要的疼痛和痛苦。需要考虑的标准包括：是否可以通过对这一罪行施以不那么严厉的惩罚来同样有效地实现可予允许的惩罚目标——例如威慑、隔绝以及改造；如果该目标可以通过此等方式实现，施以更严厉的惩罚是否就构成了不必要的残忍行为。④ 在美国最高法院，一些法官认为，将判处死刑作为阻止被定罪之人进一步犯罪的手段是没有必要的。没有理由相信，无论是对于阻遏死刑犯罪还是对于保护社会，当时施用的死刑是必要的。无法断定死刑比监禁更有效地服务于报复目的。可能的是，无法证明死刑能够服务的任何刑事目的，是不那么严厉的惩罚不能同样充分地达到的。⑤

在加拿大的一起案件中，最高法院的三名法官在一份异议意见中表达的观点是，死刑本身构成了残忍的和非同寻常的惩罚。"死刑不仅剥夺了囚犯所有

---

① *Powell v. Texas*, United States Supreme Court, 392 US 514 (1968), at 532, per Justice Marshall.
② *Attorney General v. Abuki*, Supreme Court of Uganda, [2001] 1 LRC 63. 被告对巫术行为的指控认罪，并被判处22个月的监禁，然后再"从其家中"驱逐10年。
③ Decision of the Constitutional Court of Lithuania, 9 December 1998, (1999) 1 *Bulletin on Constitutional Case-Law* 83.
④ *Rudolph v. Alabama*, United States Supreme Court, 375 US 889, per dissenting opinions of Justices Goldberg, Douglas and Brennan.
⑤ *Furman v. Georgia*, United States Supreme Court, 408 US 238 (1972). 在后来的判决中，例如，*Gregg v. Georgia* 428 US 153 (1976), 美国最高法院认为，死刑并非在任何情况下都构成残忍的惩罚。See also *R v. Miller and Cockreill* (1975) 24 CCC (2d) 401, 其中加拿大不列颠哥伦比亚省上诉法院的麦金太尔（McIntyre）法官的异议意见。*Miller and Cockreill v. The Queen* [1977] 2 SCR 680: 上诉法院中的大多数法官以及最高法院的所有法官同意，对于谋杀处以死刑不构成残忍的和非同寻常的惩罚。

残存的人类尊严。它是对人之为人的终极亵渎。它是对人格尊严的本质的湮灭……如果肉体惩罚、前脑叶白质切除和阉割不再是可接受的……则死刑只能被认为是残忍的和非同寻常的惩罚。这等于是对个人的最大侮辱、终极的肉体惩罚、最后的和完全的前脑叶白质切除以及绝对的和无可挽回的阉割。"①

5. 法定强制性的或最低限度的刑罚

有两项与量刑有关的重要原则。第一个原则是，处以刑罚显然是要由审判法院自由裁量之事。这种自由裁量使平衡和公正的量刑成为可能。第二个且与第一个原则相关的原则是刑罚的个性化原则，这要求适当考虑每个被告的个人情况。法定刑（即立法机关规定的一种刑罚）根本没有给法院留下自由裁量余地，无论是对于可判处的刑罚的类型，还是对于监禁的情况中的监禁期限，因此对这两项原则都有违背。"它将法院的正常的量刑职能降低到橡皮印章的水平。它否定了个性化理念。道德上公正的和道德上应受谴责的，都受到类似对待。从轻情节和加重因素都毫无价值。任何考量——无论其多么正当还是令人信服——都无法影响量刑问题。"②

法律规定的强制性或最低限度的刑罚是否构成残忍惩罚的问题，在几个法域中都得到了审查。美国最高法院和英国枢密院司法委员会认为，规定强制性死刑的法律是残忍的，因为其未能关注特定罪行的具体情况以及违犯者的性格和习性。③ 它

---

① *Kindler v. Minister of Justice of Canada* [1991] 2 SCR 779, at 818, per Cory J. See also *Reference re Ng Extradition*, Supreme Court of Canada, [1991] 2 SCR 858; *Smith v. R*, Supreme Court of Canada [1988] LRC (Const) 361, at 395. *Ng v. Canada*, Human Rights Committee, Communication No. 469/1991, HRC 1994 Report, Annex IX. CC: 以毒气窒息的方式处决不符合"最小可能的身心痛苦"的检验，并因此是残忍的和不人道的。

② *The State v. Thoms*, 1990 (2) SA 802 (A).

③ *Woodson v. North Carolina*, United States Supreme Court, 428 US 280 (1976); *Roberts v. Louisiana*, United States Supreme Court, 428 US 325 (1976); *Roberts v. Louisiana*, United States Supreme Court, 431 US 633 (1977). See also *Ncube v. The State*, Supreme Court of Zimbabwe, [1988] LRC (Const) 442 at 460; *Ryes v. R*, Privy Council on appeal from the Supreme Court of Belize, [2002] 2 LRC 606; *Fox v. R*, Privy Council on appeal from the High Court of St Christopher and Nevis, [2002] 2 LRC 634; *Khan v. State*, Privy Council on appeal from the Court of Appeal of Trinidad and Tobago, [2004] 1 LRC 257; *Roodal v. State*, Privy Council on appeal from the Court of Appeal of Trinidad and Tobago, [2004] 1 LRC 213; *Watson v. R*, Privy Council on appeal from the Court of Appeal of Jamaica, [2004] 4 LRC 811; *Boyce v. R*, Privy Council on appeal from the Court of Appeal of Barbados, [2004] 4 LRC 749; *Balson v. State*, Privy Council on appeal from the Court of Appeal of Dominica, [2005] 4 LRC 147; *Bowe v. R*, Privy Council on appeal from the Court of Appeal of The Bahamas, [2006] 4 LRC 241; *Simmons v. R*, Privy Council on appeal from the Court of Appeal of The Bahamas, [2006] 4 LRC 686; *Coard v. Attorney General*, Privy Council on appeal from the Court of Appeal of Grenada, [2007] 3 LRC 679; *de Boucherville v. State*, Privy Council on appeal from the Court of Appeal of Mauritius, [2009] 3 LRC 147; *Miguel v. State*, Privy Council on appeal from the Court of Appeal of Trinidad and Tobago, [2012] 2 LRC 320; *Taitt v. State*, Privy Council of appeal from the Court of Appeal of Trinidad and Tobago, [2013] 3 LRC 305; *R v. Selassie*, *R v. Pearman*, Judicial Committee on appeal from the Court of Appeal of Bermuda, [2014] 2 LRC 511; *Daniel v. State*, Privy Council on appeal from the Court of Appeal of Trinidad and Tobago, [2014] 3 LRC 402.

具有纯粹基于某一违犯者被认定所犯罪行的种类而剥夺其生命的效果和意图,而不考虑违犯者的个人情况或者特定罪行的具体情形,并因此使人遭受残忍的、不人道的或侮辱性的待遇或惩罚。① 在做出死刑判决时,应有个性化的量刑要求。人道要求提出的一项义务是,在做出死刑判决前,考虑罪行以及违犯者的个体情况。②

加拿大最高法院认为,《麻醉品管制法》对于进口或者出口任何麻醉品的罪行规定最低七年监禁的刑罚是一种残忍的和非同寻常的惩罚,因为这种惩罚适用于具有不同危险程度的多种情况,而且不顾进口麻醉品的数量、进口的目的以及违犯者的前科记录。让人反对的是该刑罚的"确定性",而非"仅仅是可能"。③ 如果法定最低限度的刑罚极其过分,以至于有辱尊严标准,那么它就相当于不人道的或者侮辱性的惩罚。④ 在巴布亚新几内亚最高法院,麦克德莫特(McDermott)法官指出,将所有罪行都当作同等可憎的,以至于达到任意地设定惩罚标准的程度,这是一种"粗暴地是适用的、全盘处理的方式",使法院对犯人科刑时,无法考虑任何正常的相关因素,因此是残忍的。⑤

纳米比亚高等法院认为,1996年《武器和弹药法》——该法规定,对于拥有"任何武器弹药"的行为判处至少十年监禁——没有在以下两种违犯者之间作出区分:为了保护其牲畜免受野生动物的侵害而在他的养牛站点非法地持有一把自动步枪的违犯者;和为了暴动之目的而藏有一批武器的违犯者。⑥ 斯里兰卡最高法院认为,对于违反拟议中的《基本公共服务法》的任何条款(不论其严重程度)的行为,判处不少于两年的监禁或不少于2000卢比的罚款,或者二者并罚,必须没收罪犯的动产或者不动产,从职业登记册中将违犯

---

① *Edwards v. The Bahamas*, Inter-American Commission, Report No. 48/01, 4 April 2001.
② *Hughes v. R*, *Spence v. R*, Eastern Caribbean Court of Appeal, [2002] 2 LRC 531, per Byron CJ.
③ *Smith v. R*, Supreme Court of Canada, [1988] LRC (Const) 361, per Dickson CJ and Lamer J.
④ *Davis v. Commissioner of Police*, Court of Appeal of The Bahamas, [2013] 1 LRC 213. 在根据《危险药品法》提起的一项诉讼中,无视减轻处罚的因素(持有少量药品且很早就承认有罪)而判处四年监禁,这导致了一项严重不成比例的判决。*Aubeeluck v. State*, Privy Council on appeal from the Supreme Court of Mauritius, [2011] 1 LRC 627:在根据《危险药品法》提起的一项诉讼中,无视所有减轻处罚的因素(其中包括系第一次犯罪的事实)而判处最低三年刑事劳役,这是严重不成比例的。
⑤ *Special Constitutional Reference No. 1 of 1984; Re Minimum Penalties Legislation*, Supreme Court of Papua New Guinea, [1985] LRC (Const) 642.
⑥ *The State v. Likuwa*, High Court of Namibia, [2000] 1 LRC 600. 参见,*Shorter et al v. R* (1988) 40 WIR 72,该案中,百慕大上诉法院审查了一项法定无期监禁条款的有效性,认为1973年《武器法》第30条第1款中所规定的"净"不能被说是广泛到了过分的程度:"人不会在以下过程中使用枪支:经营妓院或者普通的游戏场、伪造货币、收赃、犯下与破产相关的罪行……而恰恰是在犯下诸如抢劫和强奸等某些危害人身的罪行的时候,才会经常使用枪支。"

者强制除名，这"具有残忍性的特点"。该法院的结论是，"不分青红皂白地在惩罚上叠加惩罚，而不论惩罚的新旧形式，这可不仅仅是惩罚过度的事情，而是一种不人道的待遇和惩罚。"① 要求法官对被判定"恶作胡闹（ragging）"的某人处以法定最低监禁刑期，自动将其驱逐出教育机构，并终身不得进入任何高等教育机构，违反了对于残忍的、不人道的或侮辱性的待遇或惩罚的禁止。②

对惯犯处以更重的刑罚可能不构成残忍的惩罚。③ 累犯法条的目的是阻遏屡犯者，并且在一再犯下严重到足以作为重罪惩罚的罪行之人的生命中的某个时间点，将其与社会中的其他人隔离较长的一段时间。"这种隔离及其持续时间不仅是基于该人最近的罪行，而且基于他在被定罪以及因罪获刑的期间内所表现出的倾向。"④

6. 民事监禁

民事监禁包括应债权人之请，将债务人在监狱中监禁一定期限，或者——在该期限到期以前——直到他已偿还他所欠的债务。津巴布韦最高法院认为，由于这种监禁具有补救性质——原因是债务人完全可以通过偿还债务立即结束关押期，因此这一程序并未违反宪法上对侮辱性惩罚之禁止。⑤ 然而，南非宪法法院废除了此类法令在该国的法律效力，理由是它们是"过分的"。该法律并没有充分地区分债务人的根本不同的种类：那些即使有能力但不愿偿付的人；以及那些只是无法偿付但又没有证明自己无力偿付的人。⑥

---

① *Wickremanayake v. The State*, Supreme Court of Sri Lanka, Hansard, 2 October 1979.

② *Re Supreme Court Special Determination Nos. 6 and 7 of 1998*, Supreme Court of Sri Lanka, [1999] 2 LRC 579.

③ *Graham v. State of West Virginia*, United States Supreme Court, 224 US 616 (1912); *McDonald v. Massachusetts*, United States Supreme Court, 180 US 311 (1901).

④ *Rummel v. Estelle*, United States Supreme Court, 445 US 263 (1980), at 284, per Rehnquist J. 在一项异议意见中，法官鲍威尔（Powell）、布伦南（Brennan）、马歇尔（Marshall）和史蒂文斯（Stevens）认为，在该案中，对一名第三次被判犯有重罪的被告处以法定终身监禁"与他的罪行严重不成比例"并因此是残忍的。*The State v. Vries*, High Court of Namibia, [1997] 4 LRC 1：1990 年的《家畜盗窃法》除其他外规定，在因与家畜（家禽除外）相关的罪行而被定罪两次或者两次以上的案件中，责任人将被判处为期不少于三年的监禁。法院认为这是一种残忍的、不人道的和侮辱性的惩罚，因为（1）并没有在上一次被定罪之日以及适用最低刑罚的该罪行之间，限定可能经过的年限（在该案中，经历了大约 26 年的时间）；（2）在众所周知牛的价值是羊的价值的五倍到六倍的情况下，该法律除了排除家禽外，并没有在不同的家畜之间作出区分。See also *Daniel and Another v. Attorney General*, High Court of Namibia, 10 March 2011, [2011] 5 LRC 258.

⑤ *Chinamora v. Angwa Furnishers (Pvt) Ltd*, Supreme Court of Zimbabwe, [1997] 1 LRC 149.

⑥ *Coetzee v. Government of the Republic of South Africa*, *Matiso v. Commanding Officer, Port Elizabeth Prison*, Constitutional Court of South Africa, [1995] 4 LRC 220.

印度最高法院认为，因为某人贫困并因此无力履行其契约义务而将他投入监狱是"令人震惊的"。"在我国，贫困不是犯罪，而以将某人送入监狱的方式'收回'债务，悍然违反了宪法第 21 条（'非经法定程序，任何人不得被剥夺他的生命和自由'）——除非有最低限度的公平证据证明，尽管他有充足的财产，并且不存在对于其财产的更为急切的紧迫需求，例如医疗费，但执意不予偿还。"法院坚持认为，必须要有某些不只是漠视还债的恶意因素，过去要有故意或违抗的表现，或者现在要有偿付判令或者其相当之一部分的手段。需要确定的，不是其仅仅无视偿付义务，而是一种接近于欺诈性地否认法令所规定之义务的、对要求的抗拒态度。①

7. 司法裁决的肉体惩罚

司法肉体惩罚的本质在于，它涉及一个人对另一个人施加身体暴力。它也是一种制度化的暴力，即是法律允许的、由国家司法当局下令的、由该国的警察当局执行的暴力。欧洲人权法院认为，虽然罪犯可能不会受到任何严重的或者长久的身体伤害，但是将其视为当局权力的客体而对他的惩罚构成了对于《欧洲人权公约》第 3 条的一项主要目标所恰好保护的内容——人的尊严和人身完整性——的侵犯。不能排除该惩罚可能产生负面的心理影响。官方程序参与该惩罚的整个氛围，以及实施此惩罚者对于罪犯完全是陌生人的事实，进一步加强了这种暴力的制度化特点。对裸露的臀部实施惩罚的羞辱性在某种程度上加重了该惩罚的侮辱性质。② 英国枢密院认为，鞭刑是一种不人道的和侮辱性的惩罚。这种惩罚的严重性超出了司法控制的范围，而取决于实施者的力量，实施的风气，甚至是受害者的痛阈。法官不可能指令将要施行的打击的力度或者打击的详细部位。③

在博茨瓦纳，有一部法律授权治安法官判处某人经受反复的、定时的肉体惩罚，即在监禁期间的第一年和最后一年中，每个季度打四下，这一法律被认

---

① *Vergese v. The Bank of Cochin*, Supreme Court of India, [1980] 2 SCR 913.

② *Tyrer v. United Kingdom*, European Court, (1978) 2 EHRR 1. 在这起案件中，当犯人被马恩岛少年法庭判处使用桦条抽打三下时，时年 15 岁。他被定罪的原因是，他在学校里殴打一位高年级学生并造成了实际身体伤害，后者曾举报申诉人把啤酒带到学校。在高等法院审理申诉人的上诉之前，他接受了医学检查，并被宣告能够适应接受处罚。同一天下午，在他的上诉被驳回以及花了相当长的时间等待医生到达以后，当着他父亲和医生的面，他被执行了用桦条抽打之刑。他被迫褪下裤子和内裤，俯身趴在桌子上；两名警察抓牢他，同时第三名警察行刑，在第一次抽打的时候，桦条的一部分折断了。他的父亲被控制住，以防其袭击某位警察。申诉人的皮肤肿胀但是没有被划伤，并在此后疼了大约一周半。

③ *Pinder v. R*, Privy Council on appeal from the Supreme Court of The Bahamas, [2002] 5 LRC 496.

为有违宪法对不人道的或者侮辱性惩罚的禁止。① 同样，纳米比亚最高法院认为，无论是司法当局还是准司法当局下令的肉体惩罚都构成侮辱性的和不人道的惩罚。穆罕默德（Mahomed）法官承认该问题涉及由法院行使价值判断，但指出这是一项客观上需要阐明和确定的价值判断，其中必须考虑纳米比亚人民在其制度和宪法中所表达的现代规范、愿望、期望以及情感，并进一步考虑在文明社会（纳米比亚是其一部分）中正在形成的、纳米比亚也认同的价值观共识。"这不是一个静态的考量，而是一个不断演化的动态考量。几十年前可能会被认可为一种公正惩罚方式的，在今天可能看来是明显不人道的或者侮辱性的。昨天的正统可能显现为今天的异端。"② 巴巴多斯上诉法院认为，使用"九尾鞭（cat-o-nine-tails）"抽打是侮辱性的，因为"这被设计用于——并且可能真的会用于——羞辱和贬损囚犯，以至于达到侵犯他作为人的尊严和情感的程度"。③ 津巴布韦最高法院也认为，对成年人施以鞭刑的判决是一种不人道的或侮辱性的惩罚。④

在对未成年人实施司法肉体惩罚的问题上，津巴布韦采取了类似的思路。在一起案件中，某一少年被判处接受"将由监狱官员不公开执行的、用轻藤条鞭打4次的适度矫正"。对此，古贝（Gubbay）法官评论道，仅仅考虑使用的藤条的尺寸，根本无法区分以鞭刑进行的适度矫正和对成年人的鞭刑。就算有什么分别，在受刑者是一个敏感的年轻人的情况中，这种行刑方法所带来的不人道性、创伤和心理影响都将会大得多。他强调，这种禁止所关注的不是对鞭打的次数分级，而是惩罚本身的基本性质。他的想法比欧洲人权法院更进一步，认为司法鞭打——不论使用的工具的性质以及执行方式如何——是一种本质上就残酷和残忍的惩罚，因为其实施伴随着剧烈的身体疼痛。他认为，侵犯人身完整性的鞭刑是"一种阻塞理解

---

① *The State v. Petrus*, Court of Appeal of Botswana, [1985] LRC (Const) 699.
② *Ex parte Attorney General of Namibia*, *In re Corporal Punishment by Organs of State*, [1992] LRC (Const) 515.
③ *Hobbs et al v. The Queen*, Court of Appeal of Barbados, 1 September 1991, (1994) 20 Commonwealth Law Bulletin 44.
④ *Ncube et al v. The State*, Supreme Court of Zimbabwe, [1988] LRC (Const) 442. 对该国的这一程序的描述如下："一旦囚犯被认定能够接受鞭刑，他就会被剥光衣服。他会被头罩蒙住眼睛，并被按下以俯卧姿势面朝长凳。他的手和腿被捆绑在长凳上，然后将长凳抬起至45度。一小块白布被浸入水中、拧干，然后绑在臀部上，一条毯子或者类似形式的肾脏保护器被固定在囚犯臀部上方的背部。然后，囚犯的身体被捆绑在长凳上。藤条被浸入水中，以防止折裂。从臀部的一侧施以横过整个臀部的抽打。决定力道、时间以及在某种程度上打击臀部的部位属于执行官员的权力范围之内。再次抽打前一次已经被抽打的相同部位，无疑会比抽打其他地方造成更剧烈的疼痛。"

犯罪的病理学路径的过时的、不人道的惩罚"。在附议意见中，科萨（Korsah）法官补充道，任何这样的法律——违背某人的意愿、强迫他将臀部暴露于完全陌生之人的注视之下，同时被蒙住眼睛并被绑在木制长凳上，都侮辱并贬损了该人，并且如果这样做的唯一目的是使他遭受鞭刑，那么这也将他非人化。①

8. 非司法裁决的肉体惩罚

人权事务委员会曾指出，《公民及政治权利国际公约》第7条的禁止将肉体惩罚延及"包括下令做出的作为犯罪之惩罚、教育或惩戒之措施的过分的惩罚"，因为该条的保护也延及"儿童，包括在教育机构中的学生"。② 这一观点在非洲的几个法律制度中获得了确认。

在津巴布韦最高法院的一个案件中，首席法官顿巴切纳（Dumbutshena）表达了这样的观点：控制司法肉体惩罚的考虑，也应同样适用于学校教师对儿童的肉体惩罚；甚至父母"打屁股"的普通法权利也是有限的。他并非没有注意到这样一个事实，即大多数父母通常使用手掌或者小条子打他们任性的孩子的臀部。"有些人认为，这种打屁股可以教子成人。我并不这样认为。据说打孩子屁股是父母的普通法权利。这个我同意。但是如果父母在此过程中造成孩子的瘀肿、撕裂、骨折或者其他这类损伤，那么这种肉体惩罚就超出了父母自身的普通法权利所给予他们的保护。"在他看来，造成这种伤害等于是虐待儿童，根据普通法将受到惩罚，并且更重要的是，这将违反宪法对于不人道的或侮辱性惩罚的禁止。③ 纳米比亚最高法院认为，根据教育部制定的纪律守则而在公立学校中对学生实施的肉体惩罚，既是侮辱性的，也是不人道的。如下因素不会使这些性质受到任何减损：与处于类似情况下的成年人相比，可以想象青少年可能从这种对其尊严的根本伤害中更快地恢复。④

南非宪法法院在禁止对青少年的鞭刑时，证实了非洲在这一问题上的趋势。朗加（Langa）法官不同意肉体惩罚可能对年轻人产生改造效果的说法："可以认为，正是因为少年具有更容易受影响和敏感的特征，他才应受到保护，免遭可能会致使他变得粗俗或者冷酷的境遇。如果承担杰出榜样之角色的国

---

① *A Juvenile v. The State*, Supreme Court of Zimbabwe, [1989] LRC (Const) 774.
② 人权事务委员会第20号一般性意见，第5段。
③ *A Juvenile v. The State*, Supreme Court of Zimbabwe, [1989] LRC (Const) 774, at 790.
④ *Ex parte Attorney General of Namibia*, *In re Corporal Punishment by Organs of State*, Supreme Court of Namibia, [1992] LRC (Const) 515.

家，对于我们中间最脆弱、最易受到伤害的群体，以一种削弱而非增强其自尊和人格尊严的方式对待他们，那么一种危险就会增加，即他们对于道德文明的尊敬以及对于他人权利的尊重将会减弱。"他补充道："故意使用藤条在身体的柔软部位造成疼痛以及该程序的制度化性质，涉及支持这种做法的制度中的一种残忍因素。这种行为是事先计划的，是故意的。鞭刑之执行者是否有残酷倾向并不重要。很难说——至少是在物理意义上，这种行为使他比他鞭下的受害者更痛苦。这种行为是非个人性的，是在陌生的环境中由陌生人实施的。事实上，该少年被视为一个客体而非一个人。"①

在欧洲和北美，对于施行非司法性肉体惩罚的态度似乎并不明确。在欧洲人权法院，菲茨莫里斯（Fitzmaurice）法官根据他自身的经历认为，在一起涉及少年的案件中，这种惩罚没有达到需要将其认定为违反《欧洲人权公约》第3条的侮辱的程度。"我必须承认，我自己的观点可能会被一个事实所左右，即在我所被抚养和教育的制度下，对于男学生的肉体惩罚（有时由高级别的人如维持纪律的学长或者监督员执行，有时则由教师执行）被认为是对于重大的不正当行为——有时甚至是远没有这么严重的行为——的正常惩戒。一般来说，并根据具体情况，男孩自己经常认为更愿意接受肉体惩罚，而非可能的替代惩罚，例如在一个美好的夏天的夜晚被留下，把莎士比亚或维吉尔的作品抄上500行或者用心学上几页，或者在某个假期之时被剥夺假期。"他不记得任何男孩觉得受到了侮辱或者贬损："事实上，这是年轻人群体的自然秉性——这些场合经常被视为是可骄傲、可庆祝之事，这与以前德国大学里面学生联合会成员将他们的决斗伤痕视为荣誉没有什么不同。"② 然而，他在欧洲人权委员会中的同事克雷克尔（Klecker）先生并不认同。他主张，肉体惩罚完全是对人缺少尊重，这与年龄无关。他回忆说，直到20世纪，在所有的欧洲国家，无论是在家中还是在学校，肉体惩罚都是司空见惯的。丈夫对妻子、师父对他们的学徒频繁施以肉体惩罚，有时在军营里和船上还采取最不人道的残忍方式。"事实上，这种做法在任何地方都已衰减，现在只有对儿童实施才是合法的。"他认为，肉体惩罚直接影响学习的意念。"教学研究已经确认，如果惩罚是严厉的且伴随有强烈恐惧，就会完全地夺走注意力，并引起恐慌和精神错乱。严厉的惩罚会抑制心理活动，并破坏学习

---

① *State v. Williams*, Constitutional Court of South Africa, [1995] 2 LRC 103.
② *Tyrer v. United Kingdom*, European Court, (1978) 2 EHRR 1, at 22 – 4.

的可能性。"①

《加拿大刑法典》第 43 节规定，学校教师、父母或者具有父母地位之人，"在合理的情况下"使用武力纠正学生或孩子是正当合理的。加拿大最高法院中的多数法官认为，这一规定并没有侵犯"不受任何残忍的和非同寻常的待遇或惩罚的权利"。他们认为，这种武力是教育孩子的真正努力的一部分，造成的合理风险并不超过暂时性和微不足道的伤害，而且在这种情况下是合理的。该法典并不是认可对儿童使用武力，而是为合理纠错过程中的父母及教师规定了一种免受刑事制裁的豁免。② 宾尼（Binnie）法官提出异议。他区分了父母出于纠错目的对孩子使用合理武力的情况与教师使用武力的情况。教师对于孩子的义务完全属于一种不同的制度，并且是在更有限的时间段之内。虽然维持学校秩序的无可置疑的必要性是一种正当目的，但是给予非家庭成员"以纠错的方式"实施对儿童的刑事性侵害以豁免，并不是对于该问题的合理或者成比例的立法回应。

近年来，尽管存在禁止性立法，但宗教组织企图继续在学校实行肉体惩罚。这种企图被法院挫败。在英国，1996 年《教育法》规定，由教职人员对于在任何学校接受教育的儿童做出的或者授权做出的肉体惩罚，在任何诉讼程序中都不是正当合理的，理由是这是根据教职人员"凭借其自身地位"行使权利而做出的，并将在公立学校中禁止肉体惩罚的既有法律规定延及独立学校。一所独立基督教学校中的一群教师和孩子的父母寻求对该《教育法》的司法审查。他们主张，他们的基本信仰中包含了一项信条，即在基督教的背景下，教

---

① Campbell and Cosans v. United Kingdom, European Commission, (1980) 3 EHRR 531, at 554. 在这起案件中，欧洲人权法院认为，在申诉人的孩子就读的学校中，将肉体惩罚作为惩戒措施的现象侵犯了《欧洲人权公约第一任择议定书》第 2 条之下的权利，(1982) 4 EHRR 293。Warwick v. United Kingdom, European Commission, Application 9471/81, (1986) 60 Decisions & Reports 5：在英国的一所学校中，一个 16 岁的女孩——根据法律规定，她是一个已到适婚年龄的妇女——被一个男人当着另一个男人的面施以肉体惩罚，由此产生的伤痕持续数天可见，所造成的羞辱的严重程度足以被视为具有侮辱性。Costello-Roberts v. United Kingdom, European Court, (1993) 19 EHRR 12：在一所英国独立的寄宿预科学校中，一名七岁学生的臀部被运动鞋的橡胶鞋底"重打"了 3 下，这并没有造成任何可见的瘀伤，但是据称这将一个"自信、外向的七岁孩子变成了一个紧张和不善交际的孩子"。欧洲人权法院认为，该惩罚不是具有侮辱性的，因为其并未触及侮辱性的最低限度。X v. United Kingdom, European Commission, Application 9119/1980, (1984) 8 EHRR 47：恐惧感不足以构成侮辱性的惩罚，惩罚必须实际施予某人。A v. United Kingdom, European Court, (1998) 27 EHRR 611：根据英国法律，对于殴打儿童的指控的一项答辩是，所涉待遇构成"合理的惩罚"。该案中，某一儿童不止一次遭到了他继父大力使用果蔗条对他的严重殴打，在对该继父的审判中，对陪审团提出这一答辩理由取得了成功。欧洲人权法院认为，此等虐待的严重性已经达到了《欧洲人权公约》第 3 条所禁止的程度，但是英国法律并未对此提供充分保护。因此，未能提供这种保护构成了对这一条的违反。

② Canadian Foundation for Children, Youth and the Law v. Attorney General, [2004] 3 LRC 564.

育的一部分职责是，教师应能够代表父母并对被判定违纪的儿童进行肉体惩罚。英国上议院认为，议会有权采用一种观点，即总体上以及基于对互相冲突的各种考虑的平衡，对学校中的儿童的所有肉体惩罚都是不可取的、不必要的，但是其他非暴力性的纪律手段是可行的、可取的。①

在南非，也有人对 1996 年的《学校法》提出了类似的质疑。该法规定，"任何人不得在学校对学习者施以肉体惩罚"。196 所基督教学校的一个上级组织认为，肉体惩罚是基督教精神的一个组成部分。他们引用《圣经》经文主张说，这些经文要求使用肉体惩罚作为基督教的一个重要方面，并声称，父母通过将他们惩罚其子女的权利委托给教师的方式，遵守他们的圣经责任。他们提出，该《学校法》是违宪的，因为它侵犯了隐私权、宗教自由、受教育权、语言和文化权，以及文化、宗教和语言社群的权利。南非宪法法院认定，在学校禁止肉体惩罚所代表的不仅是以一种新的方式处理纪律问题的一种实用主义尝试，而且具有原则性和象征性功能，明显是旨在促进尊重所有儿童的尊严和身心完整。事实上，教师在学校进行的肉体惩罚不同于在家庭环境中进行的肉体惩罚，后者更具有亲密性和自发性特点。②

（十）"医学或科学试验"

未经有关人员自愿同意的医学和科学试验是被禁止的。只有在医生已经将拟作试验的性质、意义和影响告知相关人员之后，方可征得此种同意。该人可以随时撤回其同意。因此，其结果是，不得对未成年人、心智不健全之人或者经由司法命令或者官方指示而被羁押之人施以此类试验。在欧洲的一起案件中，在对一名希望不再生孩子的妇女进行外科手术的过程中，外科医生使用了大约在三个月以前推出的一种新型钳子，几周后，该妇女发现自己怀孕了。欧洲人权委员会认为，该手术本身不能被认为是一种如果未经同意而进行就构成违反《欧洲人权公约》第 3 条的医学试验。引入新工具并未改变手术程序，而只是意在预防或减少医务人员已知的副作用。③

---

① R (Williamson) v. Secretary of State for Education and Employment, House of Lords, United Kingdom, [2005] 5 LRC 670.

② Christian Education South Africa v. Minister of Education, Constitutional Court of South Africa, [2001] 1 LRC 441.

③ X v. Denmark, European Commission, (1983) 32 Decisions & Reports 282.

第十二章　免受奴隶制的权利

国际文书

《世界人权宣言》
第 4 条
任何人不容使为奴役；奴隶制度及奴隶贩卖，不论出于何种方式，悉应予禁止。

《公民及政治权利国际公约》
第 8 条
一、任何人不得使充奴隶；奴隶制度及奴隶贩买，不论出于何种方式，悉应禁止。
二、任何人不得使充奴工。
三、（子）任何人不得使服强迫或强制之劳役；
（丑）凡犯罪刑罚得科苦役徒刑之国家，如经管辖法院判处此刑，不得根据第三项（子）款规定，而不服苦役；
（寅）本项所称"强迫或强制劳役"不包括下列各项：
（一）经法院依法命令拘禁之人，或在此种拘禁假释期间之人，通常必须担任而不属于（丑）款范围之工作或服役；
（二）任何军事性质之服役，及在承认人民可以本其信念反对服兵役之国家，依法对此种人征服之国民服役；
（三）遇有紧急危难或灾害祸患危及社会生命安宁时征召之服役；
（四）为正常公民义务一部分之工作或服役。

区域文书

《美洲人的权利和义务宣言》

第 34 条

任何身体健全之人都有责任提供该人的国家可能为该国之国防或者存在所需的任何民事和军事服务，并且在公共灾难的情况下，提供他的能力之内可能提供的此类服务。

《欧洲人权公约》

第 4 条

1. 任何人不得使为奴隶或者役使。
2. 任何人不应被要求从事强迫或强制劳动。
3. 为了本条目的之用，"强迫或强制劳动"一词不应包括：

（a）在根据本《公约》第 5 条的规定而被监禁的正常程序中，以及在有条件地免除上述被监禁期间所必须完成的任何工作；

（b）任何军事性质的服务，以及如果在认可基于良心拒服兵役者的国家中，代替义务兵役而提供的服务；

（c）在威胁社会生命或福祉的紧急状态或灾难的情况下强征的任何服务；

（d）属于正常的公民义务的一部分的任何工作或服务。

《美洲人权公约》

第 6 条

1. 任何人不得受奴役或者从事非自愿的役使，各种形式的奴役和非自愿的役使如同奴隶交易和贩卖妇女一样都应当予以禁止。

2. 不得要求任何人从事强迫或强制劳动。本条款不得被解释为，在那些对某些罪行规定的刑罚是用强迫劳动来剥夺自由的国家中，应当禁止执行主管法院作出这种判决。强迫劳动不得有损于犯人的尊严、身体或者智力。

3. 为了本条目的之用，下列情况不构成强迫或强制劳动：

（1）在押犯人根据主管司法当局所作的判决或者正式决定服刑时，正常需要从事的工作或者服务。这种工作或者服务应当在公共当局的监督和管制下进行。从事这类工作或者服务的任何人不得置于任何私人党团、公司或者法人的支配下；

(2) 军事服务，以及在承认基于良心拒服兵役的国家中，基于良心拒服兵役者依法被要求的任何国民服务；

(3) 在威胁社会生命或福祉的紧急状态或灾难的情况下强征的任何服务；

(4) 属于正常的公民义务的一部分的任何工作或服务。

《非洲人权和民族权宪章》
第 5 条
对人的任何形式的剥削和侮辱，特别是奴隶制和奴隶贸易……应被禁止。

有关文本

《禁奴公约》1926 年 9 月 25 日通过，1927 年 3 月 9 日生效

《禁止贩卖人口及取缔意图营利使人卖淫的公约》，1949 年 12 月 2 日通过，1951 年 7 月 25 日生效

《禁奴公约之议定书》，1953 年 10 月 23 日通过，1953 年 12 月 7 日生效

《废止奴隶制、奴隶贩卖及类似奴隶制之制度与习俗补充公约》，1956 年 9 月 7 日通过，1957 年 4 月 30 日生效

《消除对妇女一切形式歧视公约》，1979 年 12 月 18 日通过，1981 年 9 月 3 日生效

《儿童权利公约》，1989 年 11 月 20 日通过，1990 年 9 月 2 日生效

《保护所有移徙工人及其家庭成员权利国际公约》，1990 年 12 月 18 日通过，2003 年 7 月 1 日生效

《国际刑事法院罗马规约》，1998 年 7 月 17 日通过，2002 年 7 月 1 日生效，第 7 条第 2 款第 3 项

《美洲贩卖未成年人国际公约》，1994 年 3 月 18 日通过，1997 年 8 月 15 日生效

《欧洲理事会打击人口贩卖公约》，2005 年 5 月 16 日通过，2008 年 2 月 1 日生效

《欧洲理事会保护儿童免遭性剥削和性虐待公约》，2007 年 10 月 25 日通过，2010 年 7 月 1 日生效

国际劳工组织《关于强迫或强制劳动的第 29 号公约》，1930 年 6 月 28 日通过，1932 年 5 月 1 日生效

国际劳工组织《关于废除强迫劳动的第 105 号公约》，1957 年 6 月 25 日

通过，1959年1月17日生效

国际劳工组织《关于禁止和立即行动消除最恶劣形式的童工的第182号公约》，1999年6月17日通过，2000年11月19日生效

一　评论

免受奴隶制是得到国际法保护的第一项人权。1885年的《柏林会议关于中非的总议定书》禁止"贩卖奴隶"。1926年9月25日在日内瓦签订的《禁奴公约》是第一个多边人权条约，旨在防止和抑制奴隶贸易，并致力于彻底废除一切形式的奴隶制。1956年全权外交代表会议通过的《废止奴隶制、奴隶贩卖及类似奴隶制之制度与习俗补充公约》（以下简称《废止奴隶制补充公约》）试图消除某些类似奴隶制的制度与习俗。《公民及政治权利国际公约》第8条、《欧洲人权公约》第4条和《美洲人权公约》第6条包含了对于一切形式的奴隶制的绝对禁止。《公民及政治权利国际公约》第8条和《美洲人权公约》第6条还包含了对于奴隶贸易以及贩运妇女的禁止。如今，禁止奴隶制已经固化为一项习惯国际法规则，并具取得了强制性规范的性质。① 事实上，国际法院已经将保护任何人免受奴隶制确认为"由人权法所产生之对世义务"——或者说国家对于整个国际社会所承担的义务——的两个例证之一。②

《公民及政治权利国际公约》第8条、《欧洲人权公约》第4条和《美洲人权公约》第6条也包含了对于奴工的绝对禁止（在最后一项条约中，为"非自愿的奴工"），以及看来是对强迫或强制劳动的有条件禁止。但是，欧洲人权法院解释说，《欧洲人权公约》第4条第3款——其与《公民及政治权利国际公约》第8条第3款（寅）项和《美洲人权公约》第6条第3款类似——列举了四类被认为不应包括在强迫或强制劳动的概念之内的工作或者服务，但并非旨在"限制"行使免受强迫或强制劳动的权利，而是"划定"该权利的内容，因为它与《欧洲人权公约》第4条第2款形成一个整体，并表明"'强迫或强制劳动'这一术语应包含的内容"（法语 *ce qui n'est pas considéré comme 'travail forcé ou obligatoire'*"）。因此，《欧洲人权公约》第4条第3款可为解释第4条第2款提供帮助。这四个类别，"尽管具有多样性，却都是建立在普遍利益、

---

① 人权事务委员会第24号一般性意见（1994年），第8段。
② *Barcelona Traction, Light and Power Co Ltd Case* (*Belgium v. Spain*), ICJ Reports 1970, 3. 另见戴维·维斯布罗特（David Weissbrodt）和"反奴隶国际"编写的工作文件，*Contemporary Forms of Slavery*, UN document E/CN. 4/Sub. 2/2000/3。

社会团结和日常事务中一般内容的主流观点之上的"。①

奴隶制和奴工看来主要指个人的地位或者他的生活状况，而强迫或强制劳动——"至少在法定使用中，已经成为一种艺术性表达"——体现了个人所从事的工作或者服务（通常是偶然性的或暂时性的）的特征。②

二 释义

（一）"奴隶制度及奴隶贩买，不论出于何种方式"

《禁奴公约》第1条第1款将"奴隶制度"定义为"对一人行使附属于所有权之任何或一切权力之地位或状况"。③ "奴隶贩买"是指并包括所有涉及捕获、取得或者处分某人，意图将其贬损为奴隶的行为；所有涉及取得某一奴隶以图出售或者交换的行为；所有以出售或者交换而处分已取得之某人以图出售或者交换的行为；以及一般而言，以任何运送方式将奴隶贩卖或运输的一切行为。④ 在起草《公民及政治权利国际公约》第8条时，一个提议是用"人口贩买"代替"奴隶贩买"，以便其也能涵盖贩运妇女的行为，但该提议未被采纳。据认为，该条应该只处理奴隶贩买本身。⑤

1956年，《废止奴隶制补充公约》第1条确定了以下被其统称为"奴役地位"的制度与习俗：⑥

> （甲）债务质役，乃因债务人典质将其本人或受其控制之第三人之劳务充作债务担保，所服劳务之合理估定价值并不作为清偿债务计算，或此种劳务之期间及性质未经分别限制及订明，所引起之地位或状况；
>
> （乙）农奴制，即土地承租人受法律、习惯或契约之拘束须在他人所

---

① *Van Der Mussele v. Belgium*, European Court, (1983) 6 EHRR 163.

② J. E. S. Fawcett, *The Application of the European Convention on Human Rights* (Oxford: Clarendon Press, 1987), 55.

③ 这一定义不仅指向传统意义上的奴隶制的概念——起因于非洲奴隶贸易的概念，而且还包括国内奴隶制和其他情况，例如债务奴役、将对人的奴役伪装成收养儿童、以支付嫁妆为掩饰通过购买方式取得女孩。See *Report of the Temporary Slavery Commission to the Council of the League of Nations*, 引自戴维·维斯布罗特和"反奴隶国际"编写的工作文件，*Contemporary Forms of Slavery*, UN document E/CN. 4/Sub. 2/2000/3.

④ 1956年《废止奴隶制补充公约》第7条（丙）项。更早且非常类似的定义，见1926年《禁奴公约》第1条第2款。

⑤ UN document A/2929, chap. VI, s. 17.

⑥ 对"奴役地位"的界定见第7条。

有之土地居住劳作，并向该一他人提供有偿或无偿之若干固定劳务，而不能自由变更其身份之租地状况；

（丙）有下列情况之一之制度或习俗：

（子）女子之父母、监护人、家属或任何他人或团体受金钱或实物之报酬，将女子许配或出嫁，而女子本人无权拒绝；

（丑）女子之丈夫、其丈夫之家属或部族，有权取得代价或在其他情形下将女子转让他人；

（寅）女子于丈夫亡故后可为他人所继承；

（丁）儿童或未满十八岁少年之生父、生母或两者，或其监护人，不论是否为取得报酬，将儿童或少年交给他人以供利用，或剥削其劳动力之制度或习俗。

1926 年《禁奴公约》和 1956 年《废止奴隶制补充公约》中给出的奴隶制的综合定义没有变化。"所有权"是两个公约中的共同主题，但是使用"附属于所有权之任何或一切权力"这一短语赋予了该定义更为广泛和全面的含义。"被奴役者"的情况对于确定何种行为构成奴隶制至关重要，这些情况包括：(1) 对于个人所固有之行动自由的限制程度；(2) 对于个人的所有物的控制程度；(3) 存在知情同意和对于双方关系的性质的充分理解。这些控制与所有权的因素——往往伴随着暴力威胁——是确认存在奴隶制的核心。"护照被其雇主没收的移徙工人、被出卖用于卖淫的儿童或者被迫成为性奴的'慰安妇'，都具有一种因素，即他们对生活之选择和把握被剥夺并将其移交给第三方——无论是个人还是国家。"[①]

（二）"奴工"

在起草《公民及政治权利国际公约》第 8 条时，一项以"债役和农奴"（peonage and serfdom）替换"奴工"的建议被拒绝，因为这两个词的范围太有限，而且没有确切的含义。还有一项提议提出，在"奴工"之前插入"非自愿"一词，以明确该条款针对强制性奴工，而不适用于有能力达成正常合同义

[①] 戴维·维斯布罗特和"反奴隶制国际"编写的工作文件，*Contemporary Forms of Slavery*, UN document E/CN. 4/Sub. 2/2000/3, paras. 16–20。See also UN documents E/CN. 4/Sub. 2/2000/3/Add. 1（奴隶制的形式）；E/CN. 4/Sub. 2/2000/23（当代奴隶制形式工作组的工作报告）；E/CN. 4/Sub. 2/1998/13（特别报告员盖伊·J. 麦克杜格尔的最后报告）；E/CN. 4/Sub. 2/2000/21（对最后报告的更新）；UN Centre for Human Rights, *Contemporary Forms of Slavery* (Geneva: United Nations, 1992); Benjamin Whitaker, *Slavery* (New York: United Nations, 1984)。

务的人之间的义务。该提议遭到了拒绝，理由是应禁止任何形式的奴工，不论自愿与否。个人甚至不可以通过契约使自己陷入奴役之中。①

任何文书都未给出"奴工"这一术语的定义。欧洲人权法院的理解是，这一术语意味着"剥夺自由"的一种特别严重的形式。它是一种通过使用胁迫强加的使某人提供服务的义务，例如，"农奴"要倚靠他人财产为生并且不可能改变其状态的义务。因此，奴工是强迫或强制劳动的一种特殊形式，或者换言之，是"加重的"强迫或强制劳动。

在欧洲人权法院审理的一起案件中，一名出生在布隆迪的法国女孩通过其姨妈作为中介抵达法国，她的姨妈被指任为她的监护人。从她到达之日起，她就不得不为她的姨妈、姨妈的丈夫以及他们的七个孩子承担各种家务事，并照看他们的房子。她整天忙于家务和照看一个残疾的表亲。她在没有就自己的身份事宜向当局提出任何申请的情况下，达到了成年年龄——显然是因为她认为她在法国的居住是非法的。她的姨妈威胁把她送回布隆迪。她几次住院，但都是以她的表姐妹之名。在该案中，使奴工区别于强迫或强制劳动的关键要素在于，受害者感到她的现状无法改变，也没有改变的可能。在这方面，该感受建立在那些负有责任者所创造或者维持的客观因素之上，就足够了。她相信，她不冒着沦为非法移民的风险，就无法摆脱该对夫妇的监护，而这种感受通过诸如以虚假名字住院的事件增强了。她没有上过学，也没有接受过任何能够使她希望有一天在该对夫妇家中以外找到工作的职业培训。在没有任何休假或者休闲活动的情况下，她没有机会做出可以使她得以求助的外界联系。因此，她感到她的现状是无法取得进展的，并且是不可改变的，尤其是因为这已经持续了四年。这种状态在她还是未成年时就开始了，并一直持续到其成年。因此，她一直处于一种奴工的状态。②

---

① UN document A/2929, chap. VI, s. 18. 但是，《美洲人权公约》第 6 条保留了"非自愿的奴工"的表述。

② *C. N. and V. v. France*, European Court, 11 October 2012. 她也遭受了"强迫或强制劳动"。See also *Siliadin v. France*, European Court, (2006) 43 EHRR 287：出于学习目的而抵达法国的一位多哥国民，却不得不在巴黎的一个私人家庭作为家庭佣工劳动。她的护照被没收，并且被迫每天工作 15 个小时，没有薪水，多年也没有一天假期。虽然她并没有被奴役——因为她的雇主虽然对她进行了控制，却并不对她拥有真正的法律所有权，而是将她贬损至"客体"的地位，但是她却是处于奴工状态。*The Republic v. Khadi, ex parte Nasreen* [1973] EA 153：在丈夫可以强迫妻子服从他的身体需求，而不会使自己受到刑事指控的情况下，卡迪（Khadi）法院的恢复夫妻权利的命令将会使妻子所遭受的、来自丈夫的有效支配达到构成"奴工"的程度。*W, X, Y, and Z v. United Kingdom*, Applications 3435 – 8/67, (1968) 28 *Collection of Decisions* 109：四名曾在未成年时经过父母同意而参军的军人在服役九年后，申请解除服役。当他们的申请被国防部拒绝时，他们诉称，他们继续服役而不存在任何退役之可能的情况构成了奴工。虽然历史上曾有出于军事服役之目的的奴隶或者奴工的例证，但是，"如果服役条件对于成年军人不构成奴工状态，那么其对于经过父母同意而开始服役的男孩也不具有此特征"。

（三）"强迫或强制之劳役"

《公民及政治权利国际公约》并没有详细说明"强迫或强制之劳役"*的术语的含义。人权事务委员会在指出国际劳工组织文书中的定义可能有助于阐明该术语的含义时声明，"强迫或强制之劳役"的术语涵盖了一系列行为。这一范围从一个方面，即通过刑事制裁强加给个人的劳动——尤其是在极其具有强迫性、剥削性或者其他恶劣条件下，延伸至另一方面，即如果未从事所指示的劳动，则威胁以相应的制裁作为惩罚的情况下，形式较轻微的劳动。① 无论是欧洲理事会的文件还是《欧洲人权公约》的准备工作文件，都没有对《欧洲人权公约》第 4 条第 2 款中该术语的含义给出任何指导。欧洲人权法院认为，《欧洲人权公约》的立法者"明显""以《公民及政治权利国际公约》第 8 条的立法者为榜样"，在很大程度上倚靠国际劳工组织第 29 号公约为基础，决定采纳该公约中的定义作为解释《欧洲人权公约》第 4 条第 2 款的"起点"。欧洲人权法院指出，在《欧洲人权公约》第 4 条第 3 款与国际劳工组织第 29 号公约第 2 条第 2 款之间存在着"并非偶然的"惊人相似。②

欧洲人权法院指出，"劳动"一词不局限于体力工作，还具有法语单词"工作"（*travail*）所具有的广泛含义，因此也包括专业性的工作。如果劳动涉及身体上或者精神上的限制，那么它就是"强迫的"。"强制"劳动指的并非

---

* 《公民及政治权利国际公约》英文本中，与"劳役"相对应的用词为"labour"，亦可理解为"劳动"，本中译本将使用"劳动"一词作为"labour"的对应用词，除非是在直接使用《公民及政治权利国际公约》约文之处。

① 在《公民及政治权利国际公约》第 8 条的起草阶段曾提出的一个问题是，是否应当界定"强迫或强制劳役"这一术语。有人提到了国际劳工组织 1930 年《强迫或强制劳动公约》第 2 条，该条第 1 款将"强迫或强制劳动"这一术语定义为意味着"以任何惩罚相威胁，强使任何个人从事的并非本人自愿的一切工作或服务"，第 2 款则列举了一些例外情况。这一定义，特别是在根据例外情况解读时，并不被认为可以完全令人满意地列入《公民及政治权利国际公约》（UN document A/2929, chap. VI, s. 19）。1957 年，国际劳工组织通过了一个新的《废除强迫劳动公约》，禁止采取任何形式的强迫或强制劳动：

(a) 作为一种政治强制或政治教育的手段，或者作为持有或发表某些政治观点或思想意识上同既定的政治、社会或经济制度对立的观点的人的一种惩罚；
(b) 作为动员和利用劳动力以发展经济的一种方法；
(c) 作为一种劳动纪律的措施；
(d) 作为对参加罢工的一种惩罚；
(e) 作为实行种族、社会、民族或宗教歧视的一种手段。

② *Van Der Mussele v. Belgium*, European Court, (1983) 6 EHRR 163. Decision of the Constitutional Court of Latvia, 21 May 2004, (2004) 1 *Bulletin on Constitutional Case-Law* 289. 一项法律要求是，为了公众使用，私有财产所有者应维护与此财产相邻的土地（路面、沟渠、排水沟或者通向快车道或者道路的草地）的卫生清洁，虽然这既没有报酬，也不受节假日或者带薪年假的影响，但是这并不构成强迫劳动。

任何形式的法律强制或者义务。例如，依据自由谈判达成的合同进行的工作，不能仅仅因为合同一方已经向另一方承诺从事某项工作，而如果他不履行承诺，将会接受制裁，就被认为处于《欧洲人权公约》第 4 条第 2 款的范围之内。强制劳动所需的是"在任何惩罚的威胁之下"的工作，并且其进行违背了有关人员的意愿，即他"并未自愿地使自身从事"的工作。① 例如，贩运人口就其剥削的本质和目的而言，其基础是行使附属于所有权的权力。这是一种极具侮辱性的迁徙方式，将人视作用于买卖并迫使其劳动的商品。它意味着密切监视其活动通常受限的受害者的活动，并涉及对受害者使用武力和威胁。②

欧洲人权法院在一起案件中适用了这些原则：一位见习律师申诉称，比利时《辩护律师法》（*Ordre des avocats*）的规定强迫他在该法如此指令时，无偿代理客户。虽然他拒绝如此做不会受到任何刑事性质的制裁，但是他将面临被该法律设立的理事会从见习名册中除名或者拒绝他登记为辩护律师的危险。这些可能性相当使人畏惧，足以构成"以惩罚相威胁"。欧洲人权法院继而审查了申诉人是否"自愿地使自身"从事相关工作。如果要求申诉人提供的服务所造成的负担与未来从事该职业所带来的好处相比极为过分或者不成比例，那么它将属于禁止强制劳动的范围之内，该服务就不能被认为是自愿接受的。法院指出，要申诉人提供的服务并不在辩护律师的正常活动范围之外。不论是就这些服务的性质而言，还是就处理案件对自由的任何限制而言，这些服务与律师协会成员的通常工作都没有什么不同。在该职业所具有的优势中，有补偿性的因素，包括在比利时——同其他几个国家一样，辩护律师享有的专有听证权和代理权。此外，所涉服务有助于申诉人的职业培训，其方式与他在必须依照他自己的付费客户或者见习导师的要求行事的案件中的方式相同。这些服务给了他丰富经验和提高声誉的机会。在这一方面，一定程度上的个人利益与最重要的一般性利益紧密相关。此外，见习辩护律师所拒绝的义务构成了一种为其客

---

① *Van Der Mussele v. Belgium*, European Court, (1983) 6 EHRR 163; *C. N. v. United Kingdom*, European Court, 13 November 2012. 一位乌干达妇女被迫以住家保姆的身份工作，违反了《欧洲人权公约》第 4 条。

② *Rantsev v. Cyprus and Russia*, European Court, 7 January 2010：一名到塞浦路斯工作并死在那里的年轻女性的父亲诉称，塞浦路斯警方并没有尽一切可能在其女儿还活着的时候保护她免受贩运，以及惩罚那些应对其女儿的死亡负责之人。欧洲人权法院认为，《欧洲人权公约》第 4 条禁止贩运人口并得出结论，塞浦路斯在两方面违反了根据《欧洲人权公约》第 4 条产生的积极义务：第一，它未能建立适当的法律和行政制度，以打击人口贩运；第二，警方未能采取行动措施，保护该年轻女性免遭人口贩运，而不去引发怀疑她可能是人口贩运的受害者的具体情况如何。法院认为，俄罗斯也违反了《欧洲人权公约》第 4 条，理由是该国未能调查申诉人的女儿被招募的方式和地点，尤其是未能采取步骤查明参与招募她的人员或者使用的招募方法。

户确保获得律师之益的手段；换言之，它类似于"正常公民义务"。最后，施加给申诉人的负担并非是不成比例的。虽然有偿的工作也可能符合强迫或强制劳动的条件，但是在考虑某一行为是否成比例或者属于事务的正常状态之时，没有报酬也构成相关因素。在这一案件中，虽然申诉人由于没有报酬而遭受到了一些损害，但是这种损害与其获益息息相关，并且并没有被证明是过分的。申诉人并没有被施以不成比例的负担，而且由相关案件直接引起的花费金额也相对较小。[①]

仅凭事先同意并不能保证得出结论认为，施予某人的义务不构成强迫或强制劳动。还必须考虑其他因素。在捷克共和国，在从求职者登记表中被除名的威胁下履行的所谓的公共服务义务，构成了不成比例的负担，这种负担就其外部特征而言，给求职者带来了羞辱，影响了他们的人格尊严。求职者同意在求职者登记表上登记不得被解释为代表其同意履行作为被继续列在登记表上的条件之一的公共服务。因此，这种同意构成了被强迫劳动的意思表示。[②]

（四）"凡犯罪刑罚得科苦役徒刑……如经管辖法院判处此刑"

《公民及政治权利国际公约》第 8 条阐明，对于强迫或强制劳动的禁止不排除：在把苦役监禁作为一种对犯罪的惩罚的国家中，按照由有管辖权的法庭关于此项刑罚的判决而执行的苦役。只有在法院的判决明确声明的情况中，才可以要求从事苦役。然而，"苦役"的表述并不意指某种特殊形式的惩罚，而是在《公民及政治权利国际公约》第 8 条被起草之时存在于一些国家中的

---

① *Van Der Mussele* v. *Belgium*, European Court, (1983) 6 EHRR 163. *Steindel* v. *Germany*, European Court, 14 September 2010：施予私人诊所中的一名眼科医生参与由公共机构组织的紧急服务计划的法定义务没有违反《欧洲人权公约》第 4 条。*Mihal* v. *Slovakia*, European Court, 28 June 2011：施予一名司法执行官员的负担——他在试图执行法院判决时所产生的花费未获得补偿——不是过分的、不成比例的或者在其他方面是不可接受的，并因此不构成强迫劳动。*Graziani-Weiss* v. *Austria*, European Court, 18 October 2011：在奥地利，律师（或者公证人，但不包括受过法律培训的其他类别的人员）担任精神疾病患者的无偿监护人的义务没有违反《欧洲人权公约》第 4 条。See also *X* v. *Germany*, European Commission, Application 4653/70, (1974) 46 *Collection of Decisions* 22；*Gussenbauer* v. *Austria*, European Commission, (1972) 42 *Collection of Decisions* 41；*X and Y* v. *Germany*, European Commission, Application 7641/76, (1976) 10 *Decisions & Reports* 224；*X* v. *Germany*, European Commission, Application 8410/78, (1979) 18 *Decisions & Reports* 216.

② Decision of the Constitutional Court of the Czech Republic, 27 November 2012, (2012) 3 *Bulletin on Constitutional Case-Law*, 489. 但是见，Decision of the Constitutional Court of Latvia, 27 November 2003, (2003) 3 *Bulletin on Constitutional Case-Law* 494：在经济困难的情况下，雇主有权要求劳动者在一年中不超过两个月的期限内，履行劳动合同未约定的工作。在某些特殊情况下，雇主有权要求雇员在没有其书面同意的情况下加班。这些情况不被认为是强迫劳动。

刑罚。[1]

(五)"经法院依法命令拘禁之人,或在此种拘禁假释期间之人,通常必须担任……之工作或服役"

这是不被认为包含在"强迫或强制劳役"这一术语中的四种工作或服务中的第一种。它涵盖了根据法院命令而处于拘禁中的人可能被要求从事的通常监狱工作,包括在拘禁过程中进行的日常工作和为了促进犯人重适社会生活而做的工作。"通常对一个……被拘禁的人……所要求的"这一表述指的是通常由囚犯完成的工作,而不是指苦役。列入"通常"一词的目的在于提供一种保障,防止监狱当局对于可能要求被拘禁者从事的工作做出任意决定。"拘禁"一词涵盖了由法院的命令所导致的在任何机构中所有形式的强制居留。[2] 提到假释是对如下事实的承认,即在某些国家,法律允许在所判刑期结束之前释放被定罪者,其目的是使其重返社会、为正常生活做准备。对于此类人所要求的任何工作也不被认为是"强迫或强制劳役"。[3]

被认为是《欧洲人权公约》第4条第3款(a)项含义之内的"在通常的拘禁过程中可被要求完成的"工作如下:

(1)根据比利时法律,由治安法官通过命令的方式,对于依照"禁止流浪和乞讨"的立法被置于地方政府处置的人所要求的工作,因为其目标是使其重适社会生活;[4]

(2)在瑞士的一个有特殊设备的工作坊中的木工工作;[5]

(3)在比利时,要求"被置于政府处置的"为期十年的惯犯,至少要在工作中赚得12000比利时法郎,以获得假释的资格(这笔金额足以支付他在获释后的第一个月这一期间的食宿费用),"因为打算是这会帮助他重新融入社会";[6]

(4)在德国,被称为"租约""契约"和"计件价格"的一种监狱劳动制度——囚犯通过这种制度受雇于私营公司,并获取极少量的报酬,因为"这种工作为职业培训和洗心革面提供了更多的可能性";[7]

---

[1] UN document A/2929, chap. VI, ss. 20, 21.
[2] UN document A/2929, chap. VI, s. 22.
[3] UN document A/4045, s. 28.
[4] *De Wilde, Ooms and Versyp v. Belgium* (*No. 1*), European Court, (1971) 1 EHRR 373.
[5] *X v. Switzerland*, European Commission, Application 8500/79, (1979) 18 *Decisions & Reports* 238.
[6] *Van Droogenbroeck v. Belgium*, European Court, (1982) 4 EHRR 443.
[7] 21 *Detained Persons v. Germany*, European Commission, (1968) 27 *Collection of Decisions* 97.

（5）要求一个因侮辱检察官而被判犯有轻微流氓罪并被判处两周拘禁的人从事的没有报酬的市政工程基础设施建设工作；①

（6）因盗窃而被判处五年零十个月监禁的囚犯，在服刑期间参与维护监狱车队的工作——该囚犯未因此工作获得报酬，但作为补偿，其剩余刑期被减少了 37 天；②

（7）未附加养老金制度的监狱工作。③

（六）"任何军事性质之服役，及在承认人民可以本其信念反对服兵役之国家，依法对此种人征服之国民服役"

军事性质的服役和基于其信念反对服兵役者依法被要求的任何国民服役不被认为是"强迫或强制劳役"。④ 在起草时，有一项提议是，《公民及政治权利国际公约》第 8 条应指明，基于其信念反对服兵役者依法被要求的国民服役"应在与其他所有公民承担的服役平等的条件下施行"，而且这些服役"应获得不低于最低军衔的士兵获得的生活费和补偿"，这一提议被否决。为了支持将其列入，有人指出，在基于其信念反对服兵役者被解除军事义务的一些国家中，他们受到不符合人类尊严的对待；因此规定一些最低保障是至关重要的。那些反对该提议的人则反驳说，详细规定有关基于其信念反对服兵役者的待遇是不适宜的。⑤

在提交人权事务委员会的一件来文中，提交人主张但未成功获得支持的是，一部芬兰法律具有《公民及政治权利国际公约》第 26 条含义之内的歧视性，因为该法律要求基于其信念反对服兵役者或者在军队中履行 11 个月的非武装兵役，或者从事 16 个月的民事服役，以代替 8 个月的兵役。然而，委员会中有三名委员持异议。他们认为，民事服役的期限更长导致了对于基于其信念反对服兵役者的一种制裁，并因此违反了法律之前平等的要求。⑥

---

① *Zhelyazkov v. Bulgaria*, European Court, 9 October 2012.

② *Floroiu v. Romania*, European Court, 12 March 2013.

③ *Stummer v. Austria*, European Court, 7 July 2011. 申诉人在监狱中度过了他人生中的 28 年。欧洲人权法院认为，对于囚犯的工作实行养老金制度，在这一问题上并不存在欧洲共识。

④ *L T K v. Finland*, Human Rights Committee, Communication No. 185/1984, HRC 1985 Report, Annex xxi. 这并不必然意味着由此产生了基于信念拒服兵役的权利。

⑤ UN document A/2929, chap. VI, s. 23.

⑥ *Jarvinen v. Finland*, Human Rights Committee, Communication No. 295/1988, HRC 1990 Report, Annex IX. L. 弗朗西斯科·何塞·阿吉拉-乌尔维纳（Francisco Aguilar Urbina）、福斯托·波卡尔（Fausto Pocar）和伯蒂尔·文纳尔格伦（Bertil Wennergren）持异议意见。

(七)"遇有紧急危难或灾害祸患危及社会生命安宁时征召之服役"

此处所设想的服役是在"战争或灾害或灾害威胁,例如火灾、水灾、饥荒、地震、恶性流行病或动物瘟疫、动物、昆虫或植物害虫的侵害以及一般来说可能危害全部或部分居民的生存或安宁的任何情况在紧急情况下",要求社会成员提供的工作或劳务。①

(八)"为正常公民义务一部分之工作或服役"

为满足"正常公民义务"的条件,所涉及的劳动必须——亦即至少——不能是一项例外措施。它不得具有惩罚的目的或者效果,并且必须由法律规定,以便实现《公民及政治权利国际公约》规定的正当目的。因此,要求一名21岁、具有澳大利亚和马耳他双国籍者参加"以工作换救济"项目,以避免她失业救济的减少或者中止,并没有显示出,在其所从事的特定劳动不具有侮辱性或者非人道性表征的情况下,这种劳动属于《公民及政治权利国际公约》第8条规定的禁令的范围。②

出租人安排维修其建筑物的义务构成了属于其正常公民义务之部分的工作或服役。③ 强制性的消防服役是《欧洲人权公约》第4条第3款(d)项所规定的正常的公民义务之一。作为服役之替代而支付的财务捐款是一种"补偿性收费",考虑到其与提供服役的义务的密切关系,这一支付义务也属于《欧洲人权公约》第4条第3款(d)项的范围。④

---

① 国际劳工组织《关于强迫或强制劳动的第29号公约》第2条第2款(d)项。
② *Faure* v. *Australia*, Human Rights Committee, Communication No. 1036/2000, 31 October 2005, Selected Decisions, Vol. 9, p. 68.
③ *X* v. *Austria*, European Commission, Application 5593/72, (1973) 45 *Collection of Decisions* 113.
④ *Karlheinz Schmidt* v. *Germany*, European Court, 18 July 1994, Series A, No. 291-B.

第十三章　人身自由权

国际文书

《世界人权宣言》

第3条

人人有权享有……自由和人身安全。

第9条

任何人不容加以无理逮捕、拘禁……

《公民及政治权利国际公约》

第9条

一、人人有权享有身体自由及人身安全。任何人不得无理予以逮捕或拘禁。非依法定理由及程序，不得剥夺任何人之自由。

二、执行逮捕时，应当场向被捕人宣告逮捕原因，并应随即告知被控案由。

三、因刑事罪名而被逮捕或拘禁之人，应迅即解送法官或依法执行司法权力之其他官员，并应于合理期间内审讯或释放。候讯人通常不得加以羁押，但释放得令具报，于审讯时、于司法程序之任何其他阶段，并于一旦执行判决时，候传到场。

四、任何人因逮捕或拘禁而被剥夺自由时，有权声请法院提审，以迅速决定其拘禁是否合法，如属非法，应即令释放。

五、任何人受非法逮捕或拘禁者，有权要求执行损害赔偿。

第11条

任何人不得仅因无力履行契约义务，即予监禁。

区域文书

《美洲人的权利和义务宣言》

第1条

人人皆有……人身自由权和安全权。

第25条

非在案件中且非依法律预先设定之程序,任何人之自由不被剥夺。任何人之自由不因未履行纯粹民事义务而被剥夺。任何被剥夺自由之人有权立即通过法院确定拘禁行为之合法性,有权不受无故拖延地接受审判,否则,他有权被释放。

《欧洲人权公约》

第5条

1. 人人皆有自由权和人身安全权。除以下情况且依照法律所规定之程序,任何人之自由不被剥夺:

(a) 由具有管辖权的法院定罪之后对某人实施的合法拘禁;

(b) 因为某人不遵守法院之合法命令,或者为了确保履行法律所规定之义务,而对他采取的合法逮捕或者拘禁;

(c) 因合理怀疑某人已犯某种罪行,或者合理地认为有必要防止他犯某种罪行,或者防止他在犯此种罪行后逃跑,出于将他移送至有权法律机关处理之目的而对他实施的合法逮捕或者拘禁;

(d) 依合法命令、基于教育监督之目的而对某未成年人实施的拘禁,或者出于将他移送至有权法律机关处理之目的而对他实施的合法拘禁;

(e) 出于防止传染病蔓延之目的而对某些人采取的合法拘禁,以及对精神失常者、酗酒者、吸毒成瘾者或者流氓实施的合法拘禁;

(f) 为防止某人未经许可进入某国,或者正在采取针对某人的、目的是将他驱逐出境或者引渡的行动,而对某人实施的合法逮捕或者拘禁。

2. 任何被逮捕的人,应迅速通过一种他理解的语言被告知逮捕他的理由,以及对他提出的任何指控。

3. 依照本条第1款(c)项规定而被逮捕或者监禁的任何人,应被迅速带见法官或其他经法律授权行使司法权力的官员,并有权在合理的时间内受审判或被释放。予以开释时被开释人应保证于审讯时,候传到场。

4. 任何因逮捕或拘禁被剥夺自由的人,有资格提起诉讼,法庭应迅速地决定拘禁他是否合法以及如果拘禁不合法时命令予以释放。

5. 任何因违反本条规定而遭受非法逮捕或拘禁的受害者,有得到可予执行之赔偿的权利。

《欧洲人权公约第四议定书》
第 1 条
任何人不得仅因无力履行契约义务即被剥夺自由。

《美洲人权公约》
第 7 条
1. 人人皆有人身自由权和安全权。

2. 除根据有关的缔约国宪法或依照宪法制定的法律所预先确认的理由和条件外,不得剥夺任何人的人身自由。

3. 任何人不得加以任意逮捕或监禁。

4. 任何被监禁之人都应被告知他被监禁的原因,并应被迅速告知对他提出的一项或几项指控。

5. 任何被监禁之人,应被迅速带见法官或其他经法律授权行使司法权力的官员,并有权在合理的时间内受审判,或者在不影响诉讼程序继续进行的情况下将他释放。对于开释,被开释人应保证于审讯时,候传到场。

6. 任何被剥夺自由之人均有权求助于主管法院,以便法院能不拖延地决定逮捕他或者拘禁他是否合法以及如果逮捕或者拘禁不合法时命令予以释放。如果缔约国的法律已经规定,任何认为自己受到了剥夺自由之威胁的人均有权求助于主管法院,以便法院决定此威胁是否合法,则该国不得对此项救济规定加以限制或者予以废除。

7. 任何人不得因债务而被拘禁。这一原则不得限制有权司法机关就未履行供养义务而发出的命令。

《非洲人权和民族权宪章》
第 6 条
任何人均享有人身安全与自由之权利。非经法律预先设定之理由和条件,任何人之自由不受剥夺。尤其是任何人不得加以任意逮捕或监禁。

有关文本

《执法人员行为守则》,联合国大会 1979 年 12 月 17 日第 34/169 号决议通过

《保护所有遭受任何形式拘留或监禁的人的原则》,联合国大会 1988 年 12 月 9 日第 43/173 号决议通过

《关于检察官作用的准则》,第八届联合国预防犯罪和犯罪待遇大会 1990 年于古巴哈瓦那通过

《囚犯待遇基本原则》,联合国大会 1990 年 12 月 4 日第 45/111 号决议通过

《联合国非拘禁措施最低限度标准规则》,第八届联合国预防犯罪和犯罪待遇大会 1990 年于古巴哈瓦那通过,联合国大会 1990 年 12 月 14 日第 45/110 号决议通过

一 评论

个人的自由权被描述为"民主社会中自由的支柱之一"。[1] 锡兰(即现在的斯里兰卡)最高法院的费尔南多(T. S. Fernando)法官在几十年前就曾强调,即使在没有权利法案的情况下,"公民的自由也不只是口号……而是公民所享有的宝贵权利,法院必须保持警惕,确保此项权利不被无益地减损"。[2] 早期的宪法性文书,例如美国宪法、印度宪法、加拿大宪法,仅仅力图确保非经法定正当程序,任何人之自由不被剥夺。这些国家的法院通常在广义上解释"自由"这一概念,其中包括了诸如迁徙、缔约、隐私、选择职业等其他方面的自由。更晚近的国际性和区域性人权文书以及以这些文书为基础的国内宪法则将这一概念划分为不同要素,这些要素均旨在保护个人免受无理逮捕和拘禁之害。《公民及政治权利国际公约》第 9 条、第 11 条,《欧洲人权公约》第 5 条和《欧洲人权公约第四议定书》,《美洲人权公约》第 7 条都包含了类似的规定,其中只有一个显著的例外,即《欧洲人权公约》第 5 条包含了"任何人

---

[1] *Makomberedze v. Minister of State Security*, High Court of Zimbabwe, [1987] LRC (Const) 504, per Ebrahim J.

[2] *Premasiri v. Attorney-General*, Supreme Court of Ceylon, (1967) 70 NLR 193, at 199.

不得受无理逮捕或拘禁这一消极命题的积极成分",① 因为该条穷尽列举了个人可能被剥夺自由的所有可能情形。

在所有与剥夺自由相关的情形中均可援引自由权,无论出现这种剥夺是有关刑法的适用,或是基于精神疾病、流浪行为、吸毒成瘾、教育需要、移民控制等原因。虽然自由权的一些要素(《公民及政治权利国际公约》第9条第2款的部分规定、《欧洲人权公约》第5条第2款的部分规定、《美洲人权公约》第7条第4款的部分规定以及《公民及政治权利国际公约》第9条第3款、《欧洲人权公约》第5条第3款、《美洲人权公约》第7条第5款的全部规定)仅仅适用于被提起刑事指控之人,但是其他要素,特别是包含在《公民及政治权利国际公约》第9条第4款、《欧洲人权公约》第5条第4款和《美洲人权公约》第7条第6款中的重要保障——由法院控制拘禁行为合法性之权利,则适用于因逮捕或者拘禁而被剥夺自由的所有人。② 强调迅即性和司法审查的这项保障具有特别重要的功能,即通过规定剥夺自由之行为可以受到独立的司法审查、确保当局对剥夺自由之行为负责的方式,保障这一意在将任意性的危险最小化的实体权利,从而加强对个人的保护,使其免受无理剥夺自由之害。及时的司法介入有可能发现并预防威胁生命的做法——这违反对生命权之基本保障,或者严重的虐待行为——这违反免遭酷刑或者不人道的、侮辱性的待遇或惩罚之基本保障。事关重大的,既有对个人人身自由的保护,也有对他们人身安全的保护:在这样的情况中,如果保障缺位,就会导致法治被颠覆,并将被拘禁者排除于最法律的基本保护形式之外。③

不仅平民享有这项权利,武装部队之成员也享有这项权利。④ 非法处于某国境内的外国人也受此项权利之保护。⑤ 《公民及政治权利国际公约》第9条也适用于通常出于公共安全之原因而采取的所谓的"预防性"或者"行政性"

---

① Paul Sieghart, *The International Law of Human Rights* (Oxford: Clarendon Press, 1983), 139.

② 人权事务委员会第8号一般性意见(1982年),第1段。另见《公民及政治权利国际公约》第2条第3款,该款要求国家确保,对于个人主张剥夺其自由违反该公约的其他情况,国家应确保提供有效的救济。

③ *Kurt v. Turkey*, European Court, (1998) 27 EHRR 373.

④ *Engel et al v. Netherlands*, European Court, (1976) 1 EHRR 647. 在解释和适用这些规定时,应该考虑军事生活的特点及其对武装部队成员的状况的影响。虽然存在军事纪律制度意味着有可能对武装部队成员适用某些不能施予平民的限制,但是军事纪律本身并不处于这项权利之适用范围以外。

⑤ *Lawyers for Human Rights v. Minister of Home Affairs*, Constitutional Court of South Africa, (2004) 1 *Bulletin on Constitutional Case-Law* 136.

拘禁。这种拘禁不得是无理的，而且必须依据法定的理由和程序。拘禁行为必须给出理由，对拘禁行为之司法审查也不能被拒绝。对于错误的拘禁行为，必须给予赔偿。如果在拘禁后对被拘禁者提起了刑事指控，须适用《公民及政治权利国际公约》第 9 条第 2 款、第 3 款和第 14 条予以保护。① 政府的最基本责任之一就是确保其公民的安全。这一责任可能需要政府基于某些它不能披露的信息采取行动，并拘禁某些威胁国家安全的人。然而，在一个宪政民主国家，政府必须负责任地行动，并且符合宪法和宪法所保障之权利和自由。这两项命题勾勒出存在于现代民主治理内核中的一种紧张关系。解决这样一种紧张关系的方式，必须既能尊重对人身安全的要求，又能尊重负责任之宪政治理的要求。②

二 释义

（一）"人人有权享有人身自由＊及人身安全"

"人身自由权"与人身免受拘禁相关，而非指一般的行动自由。③ 它关注传统意义上的个人自由，即人的人身自由，其目的在于确保人之自由不以无理方式被剥夺。④ 而"人身安全权"则是人在行使人身自由权时受到法律保护的权利。"安全和自由是同一硬币的两面"。⑤ 因此，人身安全权也可能适用于正式剥夺自由以外的情形。例如，国家不能仅仅因为某人未被逮捕或者遭到拘禁，就对处于其管辖范围内的某人生命受到的已为人知晓的威胁坐视不管。国

---

① 人权事务委员会第 8 号一般性意见，第 4 段。See also *Habeas Corpus in Emergency Situations*, Inter-American Court, Advisory Opinion, 30 January 1987, (1988) 27 ILM 512：在国家紧急状态期间，《美洲人权公约》第 7 条第 6 款所保障的人身保护令不得中止。

② *Charkaoui v. Minister of Citizenship and Immigration*, Supreme Court of Canada, [2007] 5 LRC 95.

＊ 英文用词为"liberty...of person"。《公民及政治权利国际公约》作准中文本第 9 条中，与之对应的用词为"身体自由"。本中译本从中文通行用法，以"人身自由"作为"liberty...of person"的对应用词，即使在引用《公民及政治权利国际公约》约文之处亦然。

③ *Wackenheim v. France*, Human Rights Committee, Communication No. 854/1999.

④ *Engel et al v. Netherlands*, European Court, (1976) 1 EHRR 647；*Guzzardi v. Italy*, European Court, (1980) 3 EHRR 333. 参见，*Suchita Srivastava v. Chandigarh Administration*, Supreme Court of India, [2010] 2 LRC 718：根据印度宪法第 21 条，妇女对于生育的选择权属于"人身自由"的一个方面。行使对生育的选择权，可以是选择生育，也可以是放弃生育。

⑤ J. E. S. Fawcett, *The Application of the European Convention on Human Rights* (Oxford：Clarendon Press, 1987), 70.

家有义务采取合理的和恰当的措施保护此人。①

出于完全无害的目的而闲逛,是一种免受无理管制干涉的自由利益。② 当某人在被判定无罪之后仍然受到拘禁时,他的人身自由权就受到了侵犯。③ 采集口腔拭子并建立 DNA 档案构成对个人自由之干涉。然而,因为口腔拭子不包括任何的身体干预,这些行为可能仅仅对个人自由产生最低限度的影响。④ 在某些情形下,扣押驾驶执照一定期间并不构成造成限制个人自由的制裁。⑤ 乞讨,作为以获得帮助为目的而接近他人的一种权利形式,是一种基本的自由,构成人身自由之一部分。然而,对于乞讨的管理可能基于公共利益之考量而正当合理,以控制其可能对公共秩序、安全和稳定带来的风险,并特别具有保护儿童的目的,还可以打击对人的剥削行为。⑥

人身安全权保护个人免受故意造成的身体或者心理伤害,这与被害人是否被拘禁无关。⑦ 人身安全权既保护个人身体的完整性,也保护个人心理的完整

---

① *Paez v. Colombia*, Human Rights Committee, Communication No. 195/1985, HRC 1990 Report, Annex IX. D:该案中,一位宗教与伦理学的中学老师是"解放神学"的支持者,因而他的社会观与天主教区教长的观点不一致。这位教师诉称,在该教长的煽动下,他受到了哥伦比亚当局的迫害。他被诬告盗窃、收到死亡威胁、遇到身体袭击并被迫辞职。一位同事在这位老师的住处外遭枪杀。人权事务委员会认为,考虑到他所面临的威胁,国家为他提供保护措施以保障其安全是一项客观要求。该国由于未能做到这一点而违反了《公民及政治权利国际公约》第 9 条第 1 款。*Jayawardena v. Sri Lanka*, Human Rights Committee, Communication No. 916/2000, 22 July 2002, Selected Decisions, Vol. 8, p. 168:该案中,享有豁免权的国家元首在接受媒体采访时,公开指责一位反对派政治家参与恐怖主义活动,该反对派政治家随即收到了死亡威胁。人权事务委员会认定,在这种情况下,该反对派政治家的人身安全权受到了侵犯,斯里兰卡没有调查他受到的威胁也侵犯了他的人身安全权。*Chongwe v. Zambia*, Human Rights Committee, Communication No. 821/1998, 25 October 2000:人权事务委员会在该案中认定,即使在正式剥夺自由的情况以外,人身安全权也适用。国家不得对其管辖范围内未被拘禁者受到的人身安全威胁坐视不管。See also *Bwalya v. Zambia*, Human Rights Committee, Communication No. 314/1988, 14 July 1993; *Bahamonde v. Equatorial Guinea*, Human Rights Committee, Communication No. 468/1991, 20 October 1993; *Mojica v. Dominican Republic*, Human Rights Committee, Communication No. 449/1991, HRC 1994 Report, Annex IX. W; *Tshishimbi v. Zaire*, Human Rights Committee, Communication No. 542/1993, HRC 1996 Report, Annex VIII. Q.

② *City of Chicago v. Morales*, United States Supreme Court, (1999) 2 *Bulletin on Constitutional Case-Law* 299.

③ *Labita v. Italy*, European Court, (2000) 1 *Bulletin on Constitutional Case-Law* 186:该案中,被告被判定无罪后,继续被拘禁了 12 小时,部分原因是需要办理相关的行政手续。See also *Assanidze v. Georgia*, European Court, (2004) 1 *Bulletin on Constitutional Case-Law* 182.

④ *Z v. Public Prosecutor's Office*, Federal Court of Switzerland, (2002) 3 *Bulletin on Constitutional Case-Law* 519.

⑤ Decision of the Constitutional Court of Turkey, 13 May 2004, (2004) 3 *Bulletin on Constitutional Case-Law* 544.

⑥ *X v. Grand Council of the Canton of Geneva*, Federal Court of Switzerland, (2008) 2 *Bulletin on Constitutional Case-Law* 338.

⑦ *Leehong v. Jamaica*, Human Rights Committee, Communication No. 613/1995.

性。此项保护也相应地超越刑事法律范围，涉及儿童保护程序。污名化、丧失隐私和扰乱家庭生活的合力作用足以构成对人的安全之限制。[①] 加拿大刑法典第 43 节就违反了儿童所享有的人身安全权这一宪法权利，因为该节规定，为了纠正学生或者儿童的行为，学校教师、父母或者具有父母地位的人在合理情况中使用暴力是正当的，这种故意的、受暴力者并未同意的攻击行为并不受刑事制裁。[②]

  人身安全权要求国家采取适当措施，以保护个人免受来自任何政府部门或者私人行为者的、对于生命或者身体完整性的可预见威胁。[③] 这些措施既包括防止未来伤害的预期措施，也包括追溯措施，诸如针对以往的伤害行为执行刑事法律。例如，国家必须恰当地应对针对有些类别的受害者群体的暴力行为，例如对人权捍卫者和记者的威胁、对证人的报复、对妇女的暴力（包括家庭暴力）、对武装部队中士兵的欺辱、对儿童的暴力、对某些人基于其性取向或者性别认同而实施的暴力、对于残疾人的暴力等。国家也应防止执法过程中使用武力并不正当合理的情况、对其加以补救，并应保护人们免受私人保安力量滥用之害、免受获得枪械极为容易造所成之危险。[④]

  加拿大最高法院认定，宣布经营妓院、以卖淫为生、公开联络推销卖淫活动的行为违法的法律不符合人身安全权。虽然在这种情况中，卖淫本身是一种法律意义上的活动，但是对它加以禁止不仅仅是对如何卖淫强加条件，而是又向前迈了重要的一步，即对卖淫活动施加危险的条件：这些禁止使从事危险（但合法）活动的人不能采取措施使自己免受这些危险。这些禁止使卖淫者不能在固定的室内场所从事其活动，但是在固定的室内场所从事此活动会比在大街上进行或在不同的地点会见他们的客户更加安全。第一项中规定的禁止经营妓院会对卖淫者的人身安全产生消极影响。第二项禁止实际上使得卖淫者不能雇用保镖、司机和接待员。由于这一法律使得卖淫者无法获得加强安全的保障，因此使他们无法采取措施减少他们面临的危险，并会对他们的人身安全产生消极影响。第三项通过禁止公开联络推销卖淫活动，使卖淫者不能筛选客户，也不能为使用避孕套或者安全场所事项设定条件。这一法律的这些方面极

---

  ① *New Brunswick (Minister of Health and Community Services) v. G*, Supreme Court of Canada, (1999) 3 *Bulletin on Constitutional Case-Law* 362.
  ② *Canadian Foundation for Children, Youth and the Law v. Attorney General*, Supreme Court of Canada, [2004] 3 LRC 564.
  ③ *Marcellana and Gumanoy v. The Philippines*, Human Rights Committee, Communication No. 1560/2007.
  ④ 人权事务委员会第 35 号一般性意见（2014 年），第 9 段。

大地增加了卖淫者所面临的危险，并影响了他们的人身安全。①

特定的行为方式被描述为同时严重侵犯了人身自由权和人身安全权。一个例子就是"非常规移送"（extraordinary rendition），即以司法方式之外的方式将某人从某一法域或者国家移送至另一法域或者国家，其目的在于在正常的司法制度以外进行拘禁和审问，并通过此方式特意避开正当程序。② 另一个例子则有关一位被美军拘禁在古巴关塔那摩湾的加拿大公民，他从 2002 年起即被拘禁，当时还是未成年人。2003 年，来自两个加拿大情报部门的特工就与其未决诉讼有关的事宜对他进行了询问，并与美国当局分享了他们的面谈结果。2004 年，一名加拿大官员再次与他会面，获悉他遭受了美国当局对他施加的名为"常飞者计划"（frequent flyer program）的睡眠剥夺技术，以减少其对审问的抵制。由此，对于该年轻人已遭受且仍持续的、剥夺其人身自由与安全权的拘禁行为，加拿大也有份儿，难逃干系。③ 一国当局未经另一国同意而在后者领土内执行逮捕，这种行为侵犯了被逮捕者的人身安全权。不过，欧洲人权法院认为，基于国家间合作而移交逃亡者这一事实本身并不会使这项逮捕违法，因此也不会引起《欧洲人权公约》第 5 条之下的任何问题。④

---

① *Attorney General of Canada v. Bedford*, Supreme Court of Canada, [2014] 4 LRC 74. 第一项禁止的目的是防止对社会的滋扰性损害，而不是阻止卖淫本身。第二项禁止针对的是皮条客和他们所参与的寄生剥削行为。第三项禁止不是为了消除街头卖淫，而是为了使卖淫"远离街头和公众视野"。法院认为，每项禁令都过分宽泛，与立法目标严重不成比例。

② *El-Masiri v. 'The former Yugoslav Republic of Macedonia'*, European Court, (2012) 3 *Bulletin on Constitutional Case-Law* 642. 马其顿当局在马其顿边境盘问了一位乘坐前往斯科普里的公共汽车的德国国民，怀疑他可能与伊斯兰组织和团体有关系。这位德国国民被带到斯科普里的一个旅馆房间里，并在那里被扣留了 23 天。将他拘禁在旅馆中的行为未经法院授权，也没有任何羁押记录予以确认。他没有机会获得律师帮助，也不被允许联系家人或者德国大使馆的代表。他被剥夺了通过法庭审理的方式对他被拘禁的合法性作出裁判的可能。在第 24 天，他被戴上手铐、蒙上眼睛、带入汽车并被带到斯科普里机场，在那里他被关在一个房间里，并遭到几名乔装男子的残暴殴打，被脱光并被某物体鸡奸。然后，他被戴上镣铐和头套、完全无法感知外界情况，被强行带到一架美国中央情报局的飞机上。在飞机上，他被扔到地板上，被锁住，并被强迫安静下来。他以这种姿势被空运到阿富汗的喀布尔，在那里被关押五个月后，才得以途经阿尔巴尼亚返回德国。

③ *Canada v. Khadr*, Supreme Court of Canada, [2010] 3 LRC 668. 根据这一判决，联邦司法部部长向美国发出外交照会，要求加拿大官员收集的证据不得用于针对该青年的任何美国法律诉讼。See also *Minister of Justice v. Khadr et al*, Supreme Court of Canada, [2008] 5 LRC 757.

④ *Ocalan v. Turkey*, European Court, 12 May 2005. 奥贾兰是库尔德工人党的创始人及时任领导人。最初，库尔德工人党的目标是建立一个独立的库尔德国家，但随着时间的推移，他们改变了目标，并寻求确保在土耳其共和国建立过程中起到了重要作用的库尔德人作为一个自由民族能享有权力。土耳其国家安全法院认定奥贾兰犯有实施旨在分裂土耳其部分领土并为此训练、领导一伙武装恐怖分子的罪行，将其判处死刑。土耳其法院对他发出了七份逮捕令，国际刑警组织也对他发出了一份通缉令。他被驱逐出他生活了多年的叙利亚。他去了希腊，但希腊当局拒绝了他的政治庇护申请。他去了俄罗斯，又去了意大利，但这两个国家也拒绝授予他政治难民地位。他回到希腊，又被带到了肯尼亚。希腊大使馆的官员会见了他，并让他住在了大使官邸。希腊大使在与肯尼亚外交部部长会晤后告诉他，他可以自由前往他选择的目的地，而荷兰准备接受他。肯尼亚官员去了希腊大使馆，带他去机场，然后登上了一架飞机。在飞机内，一些土耳其官员正在等他，并在他登机后将其逮捕。

对于被收容在某一机构中的人，对其采取作为纠正和预防措施的、违背其意志的医疗，是对其人身自由和安全权的极为严重的侵犯。然而，如果此人因为疾病而缺乏对于需要医疗的必要认知能力，或者不能依此认知进行活动，则强制性医疗是可予允许的。强制性医疗措施只可被用作最后的手段，而且条件只能是这些措施被认为有助于能证明这些措施正当合理的治疗目标，以及这些措施不会给被治疗者造成与预期收益不成比例的负担。对于被收容在某一机构中的人，需要采取特别的程序保障以保护他们的基本权利。① 将心智健全之人强制监禁于精神病院的行为侵犯了他的人身自由和安全权。②

（二）"任何人不得无理予以逮捕或拘禁"

起草《公民及政治权利国际公约》第 9 条期间的讨论表明，"无理"一词被理解为意味着"不公正的"，或者是不符合正义原则或人格尊严。③ 逮捕和拘禁可能是由国内法授权进行的，但仍是无理的。"无理"的概念不等同于"违法"，而必须加以更宽泛的解释，以包括不适当、不公正、缺乏可预见性、缺少法律正当程序的因素，④ 以及包括合理性、必要性、比例性的因素。⑤ 本章所考察的《公民及政治权利国际公约》第 9 条、《欧洲人权公约》第 5 条和《美洲人权公约》第 7 条中的实体性和程序性要求，均旨在防止个人遭受无理逮捕或拘禁。事实上，这些条款之根本目的就是要保护个人免受无理行为之害。⑥

不能"无理地"剥夺自由；换言之，在剥夺自由和某个可从客观上确定的

---

① Decision of the Federal Constitutional Court of Germany, 23 March 2011, (2011) 1 *Bulletin on Constitutional Case-Law* 84.
② *Gawanas v. Government*, Supreme Court of Namibia, [2012] 4 LRC 277.
③ UN documents A/2929, chap. VI, ss. 29, 30, 31, and A/4045, s. 49.
④ *Gorju-Dinka v. Cameroon*, Human Rights Committee, Communication No. 1134/2002; *Van Alphen v. Netherlands*, Human Rights Committee, Communication No. 305/1988; *A v. Australia*, Human Rights Committee, Communication No. 560/1993, HRC 1997 Report, Annex Ⅵ. L.
⑤ *Gangaram Panday v. Suriname*, Inter-American Court, 21 January 1994; *A v. United Kingdom*, European Court, 19 February 2009.
⑥ *Perks v. United Kingdom*, European Court, (1999) 30 EHRR 33. 联合国任意拘禁问题工作组认为，拘禁行为如果属于下列类别中的一类或者多类，就是无理的。第一类：根据任何法律基础都明显不存在任何正当理由的拘禁。例如，某人已经服完刑期或者赦免法令适用于某人，但该人仍然被继续拘禁。第二类：拘禁是对某人进行的司法诉讼或者将其判刑所致，而这些诉讼或判刑是因为该个人行使了《世界人权宣言》第 7 条、第 13 条、第 14 条、第 18 条、第 19 条、第 20 条、第 21 条所宣布之权利和自由；或者，对于一个《公民及政治权利国际公约》的缔约国而言，行使了该公约第 12 条、第 18 条、第 19 条、第 21 条、第 22 条、第 25 条、第 26 条、第 27 条所确认之权利和自由。第三类：完全或部分违反有关公正审判的国际标准，其程度已经严重到使得对自由的任何方式的剥夺具有了无理性。

目的之间必须存在合理的联系。这种合理联系即便存在，本身也不是剥夺自由的充分条件；剥夺自由的目的、原因或者"理由"必须是"公正的"。① 这意味着，羁押候审不仅应是合法的，而且在任何情形下，也必须是合理且必要的，例如是为了防止逃跑、干扰证据或者再次犯罪。② 在这种语境中，比例要素也具有相关性。③ 一位荷兰律师因被怀疑是伪造文书罪的从犯并故意提交伪造的所得税申报表，而被逮捕。因为他拒绝违背他的职业性保密义务，而且虽然他的客户已经豁免了他的此项义务，但他仍然继续坚持遵守这项义务，他被拘禁了九个多星期。因为这位律师没有义务帮助国家对他自己或者他的客户立案调查，且不存在任何因素可以说明将他羁押候审是合理的、必要的，所以对他的拘禁就是"无理的"。④

当然，非法的逮捕一定是无理的。在一起案件中，在巴西警察的默许下，一位妇女和她的两个孩子在巴西被乌拉圭特工逮捕，在其公寓中被拘禁了一个星期以后，被送往乌拉圭边境，并在那里被强行挟持到乌拉圭领土。在这种情况中，乌拉圭当局所采取的挟持行为构成了无理逮捕和拘禁。⑤ 在为达到某种非法目的而执行逮捕的情况中，其所导致的拘禁是无理的。在塞浦路斯，某人因被怀疑持有爆炸物而被逮捕和拘禁。然而，最高法院认定，执行此项逮捕的目的是使他处于不利境地中，以便警察更容易获得他的笔迹样本，而这是为了调查一起伪造罪之需——他后来被判定犯有这一罪行并被判刑。这种逮捕和拘

---

① *De Lange v. Smuts NO*, Constitutional Court of South Africa, [1999] 2 LRC 598.

② *Rafael Marques de Morais v. Angola*, Human Rights Committee, Communication No. 1128/2002, 29 March 2009, Selected Decisions, Vol. 8, p. 366：该案中，安哥拉的一名记者，也是开放社会研究所的一位代表，在一份独立的安哥拉报纸上撰写了几篇批评安哥拉总统的文章。他在家中、被枪口指着，被来自紧急干预警队的20名武装警员逮捕，且未被告知逮捕原因。他被带到警务执行局，在那里被关押、审问了7个小时后，被移交给国家刑事调查局的调查员，后者又审问了他5个小时。然后，他被副检察长正式逮捕，虽然没有被起诉。See also *Gorji-Dinka v. Cameroon*, Human Rights Committee, Communication No. 1134/2002, 17 March 2005, Selected Decisions, Vol. 9, p. 374.

③ *A v. Australia*, Human Rights Committee, Communication No. 560/1993, HRC 1997 Report, Annex Ⅵ. L.

④ *Van Alphen v. Netherlands*, Human Rights Committee, Communication No. 305/1988, HRC 1990 Report, Annex Ⅸ. M. See also *Mukong v. Cameroon*, Human Rights Committee, Communication No. 458/1991, HRC 1994 Report, Annex Ⅸ. AA.

⑤ *Casariego v. Uruguay*, Human Rights Committee, Communication No. 56/1979, HRC 1981 Report, Annex ⅩⅩ. 津巴布韦的一个类似案件见 *Makomberedze v. Minister of State (Security)* [1987] LRC (Const) 504。See also *Jaona v. Madagascar*, Human Rights Committee, Communication No. 132/1982, HRC 1985 Report, Annex Ⅸ；*Mpaka-Nsusu v. Zaire*, Human Rights Committee, Communication No. 157/1983, HRC 1986 Report, Annex Ⅷ. D；*Kanana v. Zaire*, Human Rights Committee, Communication No. 366/1989, HRC 1994 Report, Annex Ⅸ. J.

禁是无理的。① 逮捕某人、将其拘禁或者调查案件的当局机关只能行使法律准予其行使的权力，并且这些权力的行使要受到相关人可能提起的司法或者其他机关的审查。②

"拘禁"指的是通过严重的身体或心理限制，使个人的自由利益处于暂停状态。心理上的拘禁可以在两种情形下成立，一种是个人负有一种服从限制性的要求或指令的法律义务的情况，另一种则是普通理性人从国家行为的原因中推断出他（她）除了服从别无选择的情况。在不存在身体限制或者法律义务的情况下，判断某人是否被拘禁可能并不清晰明确。为了在具体情况中判断一个理性人能否得出结论认为，他（她）已经被国家剥夺了选择的自由，法院可以考虑例如但不限于以下因素：（a）该个人可以合理地觉察引起此拘禁的情况，例如，警察是否提供了一般性的帮助、维持了基本的秩序、就特定事件进行了一般性的询问或者单挑出这个人进行了重点调查；（2）警察的行为性质，包括使用的语言、肢体活动、事件发生的地点、其他人在场的情况以及此项拘禁的持续时间；（3）该个人的相关具体情况和境遇，包括年龄、身体状态、少数者身份和成熟程度。③

如果没有明示或暗含的标准能规制对自由裁量之行使，则行使这种自由裁量所导致的拘禁是无理的。加拿大最高法院审查了来自一个驾车者的申诉，这位驾车者在一次路上临检中被警察随机地拦了下来。他的驾驶行为没有任何不正常之处。路上临检是警察的日常活动，目的是检查驾驶执照、保险、车辆的机械状况以及驾车者是否清醒，对这种活动的仅有准则是，在执行临检任务时，至少要有

---

① *Parpas v. Republic of Cyprus*, Supreme Court of Cyprus, (1988) 2 CLR 5.

② 《保护所有遭受任何形式拘留或监禁的人的原则》，原则9。*Human Rights: A Compilation of International Instruments*, Vol. I (first part) (United Nations, New York, 1993), 265. 该汇编另被引用为 ST/HR/I/Rev. 4 (Vol. I, part I)。

③ *R v. Grant*, Supreme Court of Canada, [2010] 1 LRC 779：该案中，一名在人行道上行走的年轻黑人被三名正在巡逻的警察拦下。其中一名警察直接站在他欲前行的人行道上，开始与他对话，其他两名警察则站在他们的同事后面。第一位警察询问他在做什么，并要求他提供姓名和地址。这时，他表现得很紧张，并整理了一下他的夹克。这名警察随即要求他将手放在身前，然后问他是否持有不应该有的东西，他则回答说他有一把枪。这时，几名警察将他逮捕、进行搜身，并扣押了一把子弹已经上膛的左轮手枪。警察告知他，他有权联系律师，并将他带到了警察局。加拿大最高法院认为，考虑到被告与警察之间相遇这一事件的整个背景，当他被要求将手放在身前时，他就已经被"拘禁"。两名便衣警察移动至穿制服的警察身后，这次相遇则带有审讯的特点，从作为通常街区警务巡查工作的一部分的随意对话，转变为警察有效控制被告并试图引诱他人罪的微妙的强制性情形。在这样的情况下，任何一个处于被告境地的理性人都会得出这样的结论：他选择如何回答、是离开还是配合的权利都已经被剥夺了。因为这几个警察没有拘禁被告的法律依据或合理怀疑，所以他们的拘禁行为是无理的。See also *R v. Suberu*, Supreme Court of Canada, [2010] 1 LRC 844；*R v. Therens*, Supreme Court of Canada, [1986] LRC (Const) 455；*Everitt v. Attorney General*, Court of Appeal of New Zealand, [2002] 3 LRC 407.

一辆具有警察标记的车辆。至于应该拦截哪些车辆，则没有判断的条件、标准、准则或者程序，这属于警察的自由裁量权。加拿大最高法院认为，对驾车者的随意拦截行为，即使是相对较短的时间，也导致了驾车者被"拘禁"。警察通过指令或者指向的方式获得了对驾车者行动的控制，任何拒绝服从此指令或者指向的行为，都可能招致严重的法律后果以及附带的刑事责任。虽然临检程序有法定授权和合法目的，但是选择要拦截并对其执行临检程序的驾车者，则完全在警官的自由裁量之内。因此，这位驾车者受到了"无理拘禁"。①

绑架某人是对人身自由的无理剥夺，侵犯了被拘禁者的如下权利，即应被毫不拖延地带见法官，并援用合适的程序对此拘禁的合法性进行审查。② 尤其是，拘禁某人但不承认这一拘禁是对人身自由权利的一种最严重侵犯。在采取措施控制某人后，当局有责任对其下落作出解释。基于这个原因，当局有义务采取有效措施以保障被拘禁者免受失踪之危险，并有义务对某人被羁押且自此后再未出现的可能申诉，展开迅速、有效的调查。③

如果没有对拘禁之必要性的客观评估就下令拘禁，这种拘禁就是无理的。一个"关于无理拘禁的简单明了的情况"的例子是：一个被指控谋杀的人被带见一位预审法官，而该法官已经将这个人的同案被告交付审判。这位预审法官在并未考虑进行另一场预审的情况下，对被控告者采取了审前羁押措施，并指示法院职员联系检察长，以便其采取可能认为可行的措施。④ 同样，出于恶意的拘禁，或者是由于疏忽而未能正确适用相关法律的拘禁，也是无理拘禁。⑤ 建立在根据模糊标准（例如重复犯罪的可能性）做出的预测基础上的预防性拘禁，有违《公民及政治权利国际公约》第 9 条第 1 款。仅仅基于潜在的危险而拘禁的原则是不可接受的。⑥ 在醉酒的情形中，醉酒者可能对他自己或者他人

---

① *R* v. *Hufsky*, Supreme Court of Canada, [1988] 1 SCR 621. 然而，加拿大最高法院认为，鉴于高速公路安全的重要性以及与此重要性密切相关的随机拦截权力所具有的作用——这种权力是为了加强对于机动车违法行为和可预见危险的侦测，而很多机动车违法行为是无法仅仅通过肉眼观察驾车情况就能确定的，因此公路交通法第 189a 条第 1 款对于不被任意拘禁权利的限制是合理的，在自由民主社会中明显具有正当性。

② *Velasquez-Rodriguez* v. *Argentina*, Inter-American Court, 29 July 1988; *Godínez Cruz Case*, Inter-American Court, 20 January 1989.

③ *Kurt* v. *Turkey*, European Court, (1998) 27 EHRR 373.

④ *Graham* v. *Attorney-General of Jamaica*, Court of Appeal of Jamaica, [1990] LRC (Const) 384.

⑤ *Benham* v. *United Kingdom*, European Court, (1996) 22 EHRR 293.

⑥ *Rameka et al* v. *New Zealand*, Human Rights Committee, Communication No. 1090/2002, 6 November 2003, 普拉富拉钱德拉·巴格瓦蒂（Prafullachandra Bhagwati）、克里斯汀·夏内（Christine Chanet）、莫里斯·格莱莱－阿汉汉左（Maurice Glèlè Ahanhanzo）和伊波利托·索拉里－伊里戈延（Hipólito Solari Yrigoyen）的单独意见，Selected Decisions, Vol. 8, p. 336 at 347。

带来危险的风险不能被当作拘禁的理由。①

在存在与行使拘禁权之目的具有合理关联的标准的情况下，拘禁就不是无理的。有时，造成某一外国国民被拘禁的情况只是签发了一份认定书，声明该外国国民被禁止入境是基于安全理由、其侵犯了人权或者国际权利、犯有严重罪行或者有组织罪行。外国国民与其他人一样，享有通过人身保护法或者法定程序得到迅速复查的权利，以确保对他们的拘禁合法。在通过司法方式对认定书的合理性作出判定 120 天后仍然未对外国人进行复查，这违背了免受无理拘禁的保障。② 下令继续将某人长期扣留在住宅中以进行精神治疗活动必须满足比例原则所要求的严格标准。比例原则还要求，只有在为扣留措施之目的绝对必要，且损害更小的措施对达成目的无济于事的情况下，才可以采取扣留措施。③

人权事务委员会指出，所有将人拘禁的决定都应该接受定期审查，以评估作为拘禁理由的根据的正当性。除了通过司法判决施加的固定刑期，以任何形式拘禁人的决定，如果其持续进行的正当性不受定期审查，就是无理的。④ 在任何情况下，拘禁的持续时间都不得超出有权机关可以给出正当理由的期间。例如，对于寻求庇护者，非法入境这一事实可能表明要进行调查，且所涉个人也可能存在某些特殊的其他因素，例如弃保潜逃的可能和不配合，会使将其拘禁一段时间有正当理由。若无这些因素，即使入境是非法的，采取拘禁措施也可能被认为是无理的。⑤

裁定某人未犯所指控罪行是刑事诉讼中的关键点，此时羁押某人的理由即告消失或者被削减至最小程度；因为法庭判决已经证明指控并无理由，所以与尊重人身自由之要求相冲突的继续羁押，已不具有任何公共利益。因此，如果

---

① Decision of the Constitutional Court of Hungary, (2003) 3 *Bulletin on Constitutional Case-Law* 478. 匈牙利《警察法》中的一项规定授权警察在涉及人身利益的情况中（某人由于醉酒或者其他原因而处于可能给他自己或者他人带来危险的状态），可基于公共安全的理由将个人羁押 24 小时。在涉及醉酒的情形中，这项规定是违宪的。

② *Charkaoui v. Minister of Citizenship and Immigration*, Supreme Court of Canada, [2007] 5 LRC 95; *Madafferi v. Australia*, Human Rights Committee, Communication No. 1011/2001, Selected Decisions, Vol. 8, p. 259：虽然拘禁未获批准的入境者本身并不是无理的，但审前羁押若非根据案件所有情节实属必要，就可能被认为是无理的：对此，起作用的是比例原则的因素。

③ Decision of the Federal Constitutional Court of Germany, 26 August 2013, (2013) 2 *Bulletin on Constitutional Case-Law* 279.

④ *Shafiq v. Australia*, Human Rights Committee, Communication No. 1324/2004. *A v. Australia*, Human Rights Committee, Communication No. 560/1993, 3 April 1997, Selected Decisions, Vol. 6, p. 89.

⑤ *A v. Australia*, Human Rights Committee, Communication No. 560/1993, HRC 1997 Report, Annex VI. L.

一审法院作出了无罪判决，即使公诉人提出上诉，被告也必须被立即释放。①要求被定罪之人在服完刑期后继续受到羁押构成无理拘禁。② 同样，不立即执行法院对处于羁押状态之人的释放命令，也会导致对他的无理拘禁。一位居住在巴黎的美国国民于1988年8月1日被法国警方逮捕，并被指控诈骗。他对受到拘禁提出了上诉。8月4日上午9时，巴黎上诉法院指令"如果没有其他拘禁他的理由，应立即将他释放"。因为没有人对此提出上诉，这项裁决立即生效，但是他并没有被释放。同时，在同一天下午5点30分，日内瓦的一位调查法官发传真给巴黎检察院，请求巴黎检察院对他采取以引渡为目的的临时逮捕措施。这份请求同时附有一份由瑞士法官签发的、基于指控他诈骗而将其逮捕的国际逮捕令。相同的请求也在第二天经由国际刑警组织、通过外交渠道在8月16日送达。巴黎检察官下令执行临时逮捕，于是在8月4日晚上8点，他被收监以便进行引渡。欧洲人权法院认为，执行下令释放被拘禁者的裁决有些许延迟是可以理解的。但是，在法国法院已经下令他应被"立即"释放之后的11个小时，他仍然处于被拘禁状态，却未将这一裁决通知他，也没有对执行这一裁决开始任何行动，因此对他的拘禁是无理的。③

在没有充分解释和独立的程序保障的情况下施加严苛的惩罚属于禁止"无理"剥夺自由的范畴。这种行为是由政府之司法部门作出的事实，并不能免除当事国作为整体应为此承担的责任。④

（三）"非依法定理由及程序，不得剥夺任何人之自由"

这项规定的含义由紧邻着它的前述规定所统摄——任何人不得无理予以逮捕或拘禁。⑤ 因此，暗含在这项规定中的合法性标准，要受制于对是否存在无

---

① Decision of the Constitutional Court of the Czech Republic, 20 April 2010, (2010) 2 *Bulletin on Constitutional Case-Law* 278.

② *Massiotti v. Uruguay*, Human Rights Committee, Communication No. 25/1978, HRC 1982 Report, Annex XVIII; *Terán Jijón v. Ecuador*, Human Rights Committee, Communication No. 277/1988, HRC 1992 Report, Annex IX. I.

③ *Quinn v. France*, European Court, (1995) 21 EHRR 529.

④ *Fernando v. Sri Lanka*, Human Rights Committee, Communication No. 1189/2003, Selected Decisions, Vol. 9, p. 400：该案中，提交人因藐视法庭而被处以监禁一年的严厉惩罚。来文表明，他的破坏行为仅仅是重复提交申请（对此行为加以经济处罚就已足够）、一次在法庭上"提高声音"并在此后拒绝道歉。尽管普通法系的法院在传统上有权为了维护法庭辩论过程中的秩序及尊严，而行使即决权力处罚"藐视法庭"的行为，但是法院或者国家都没有给出解释的是，在行使法院维护诉讼秩序之权力时，为何有必要做出如此严重、迅即的处罚。See also *Dissanayake v. Sri Lanka*, Human Rights Committee, Communication No. 1373/2005.

⑤ UN document A/2929, chap. VI, s. 29.

理性的进一步检测。①

1. "剥夺自由"

为了判定某人是否被"剥夺自由",需要考虑一系列的标准,诸如形式、期限、所涉措施的实施效果和方式。② 仅仅限制行动自由的情况应被区别对待。"限制"自由和"剥夺"自由之间的区别仅有关程度或者强度,而无关性质或者本质。例如,某国将寻求庇护者限制在机场的国际区域,并辅之以对所涉人员的合适保障措施,这样的行为只有在使该国能够防止非法移民并遵守相关国际文书规定之义务的条件下,才是可接受的。如果留置寻求庇护者的时间过长,则会使原本仅仅是限制自由的行为转化为剥夺自由的情况。仅仅是寻求庇护者可能自愿离开他们本希望寻求避难之国这一事实,不能排除认定该国对他们自由的限制。③

在欧洲的一起案件中,两个儿童因持有本属于他们的伙伴的钢笔而被巡逻车带到警察总局,并被询问;在被带回家之前,他们被安排在未锁的房间内等待。这种情况没有剥夺他们的自由。④ 然而,在斯里兰卡的一起案件中,警官要求一位搭乘公交车的乘客随他去警察局,这名乘客也确实随他前往,这种情况构成了对该乘客的自由的剥夺。因为这位乘客不能再自由地搭乘公交车继续他的行程。事实上使用了强制力并不是剥夺自由的必要条件,威胁使用强制力而使他服从就已经足够。他并不是自愿去的警察局。⑤

某项如果适用于平民就会毋庸置疑地被认为剥夺了其自由的措施,当其适用于军人时,可能就不具有这种性质了。特别是在这项措施并没有偏离武装部队中正常的生活条件时,更是如此。因此,"轻度拘留"(在当班和非当班期间被限制在军营内)或"加重拘留"(在非当班期间被限制在特别指定的地点)并不会导致剥夺自由。然而,在整个处罚期间实施的单独拘禁于牢房中的

---

① UN documents A/2929, chap. VI, s. 32; A/4045, s. 46.

② *Engel et al v. Netherlands*, European Court, (1976) 1 EHRR 647; *Guzzardi v. Italy*, European Court, (1980) 3 EHRR 333.

③ *Amuur v. France*, European Court, (1992) 22 EHRR 533:该案中,这些人在被关押了15天后才联系到律师,在被关押17天后,他们的案件才被法院审查,这种情况违反了《欧洲人权公约》第5条。See also Decision of the Constitutional Court of Austria, 11 March 1999, (1999) 1 *Bulletin on Constitutional Case-Law* 16; *Riad and Idiab v. Belgium*, European Court, 24 January 2008; *Nolan and K v. Russia*, European Court, 12 May 2009.

④ *Sargin v. Germany*, European Court, (1981) 4 EHRR 276. Cf. *X v. Austria*, European Commission, Application 8278/78, (1979) 18 *Decisions & Reports* 154; *X v. Sweden*, European Commission, Application 7376/76, (1976) 7 *Decisions & Reports* 123.

⑤ *Namasivayam v. Gunawardena*, Supreme Court of Sri Lanka, [1989] 1 Sri LR 394.

"绝对拘留"、对于旨在使某人接受刑事判决而将他拘禁在特定地点的"纪律收监处分"(包括在牢房中实施的夜间单独拘禁),则构成剥夺自由。①

通常对公众活动自由采取的临时限制在严格意义上不能被称为"剥夺自由",只要这些限制满足以下条件:因形势超出当局控制,这些临时限制不可避免;为避免发生严重伤害或者损失的现实危险,这些临时限制实属必要;这些临时措施被限制在为达成目的所需的最低限度之内。②* 在特定情况下,公众经常被要求承受对行动自由之临时限制,例如,在其乘坐公共交通工具、在高速公路上驾驶或者观看足球比赛之时。

被"剥夺自由"和被"拘禁"之间,没有实质区别。有些寻求在澳大利亚获得庇护的人被不情愿地带到了瑙鲁,而这仅仅是为了处理他们庇护申请。他们被要求生活在一个实际上将他们局限于有限的、指定的区域的地方,这一地方孤立于瑙鲁的居民区和市区,他们的生活也处于每天24小时的严格管理和监控中。他们一直处于有效的守卫和监管之下,以防止他们逃跑。尽管对于他们的限制还达不到对被监禁的犯人的限制程度,但是这些限制对寻求庇护者的日常生活和活动仍然具有十分广泛的影响。他们可以自愿地回到他们声称十分惧怕会迫害他们的国家的情况,并不阻碍将他们的当前状态认定为拘禁。因此,他们处于被拘禁之状态中。③

2. "依法定理由及程序"

在需要判断拘禁的"合法性"时,包括判断拘禁是否依照"法定程序"

---

① *Engel et al v. Netherlands*, European Court, (1976) 1 EHRR 647;Decision of the Constitutional Court of Spain, 17 March 1997, (1997) 1 *Bulletin on Constitutional Case-Law* 103:该案中,对于职业军人来说,"缓减的监禁"不是限制自由,而是剥夺自由。*Stocke v. Germany*, European Commission, (1989) 13 EHRR 126. See also European Court, (1991) 13 EHRR 839:该案中,国家官员和私人共谋,以图将居住于国外的某人押送至相关国家。此行为违反了该人之意愿,也未经他的居住国同意。相关国家应该为事实上代表该国行事之私人的行为负责。这样的情形会导致对该某人的逮捕和拘禁具有《欧洲人权公约》第5条所指的非法性。

② *Austin et al v. United Kingdom*, European Court, 15 March 2012, (2011) 3 *Bulletin on Constitutional Case-Law* 601. 2001年,伦敦发生了反对资本主义和全球化的大规模示威活动。组织者并没有通知警察他们的意图,而他们事先分发的宣传材料包括煽动抢劫、暴力和多次抗议的内容。警方获得的情报表明,除了和平示威者外,还可能有500—1000名具有暴力和对抗性的人参与其中。在午后不久,一大群人前往牛津广场,而到有关事件发生时,大约有3000人在广场内,此外还有数千人聚集在外面的街道上。为了防止人员受伤、财产受损,警方决定有必要隔离人群,方式是建立一道封闭该区域的所有进出路径的警戒线(这种措施被称为"围堵")。由于来自警戒线内外的个人的暴力和暴力危险,以及贯彻寻找、确定警戒线内的涉嫌肇事者的身份这一政策要求,许多和平示威者和路人几个小时都没有被释放。

* 在原书中,这段话在本自然段末尾重复了一遍,显系笔误,予以删除,并将其末尾的脚注移到此处。

③ *Attorney General v. Secretary of State for Justice*, Supreme Court of Nauru, [2014] 1 LRC 189.

时，国际性或区域性人权文书实际上提到的是国内法，并设定了遵循国内法的实体规则和程序规则的义务，但是这些文书还要求任何剥夺自由的情况必须符合相关条文之宗旨，即保护个人免受无理行为之害。在规定任何剥夺自由之行为必须"依法定程序"采取时，《欧洲人权公约》第 5 条第 1 款主要要求任何逮捕或者拘禁都应有国内法之法律依据。然而，这些用语不仅仅指形式上的国内法——就如"依法"和"法律所确定"之类的表述所体现的，而且有关法律的质量，即要求法律必须符合法治。这个意义上的"质量"意味着在国内法授权剥夺自由时，这种国内法必须足以为人所知并精确，以避免出现无理行为的任何风险。①

"依法定理由及程序"的表述意味着国家有义务在逮捕过程中确保遵守实体法和程序法的规则。国家有义务在采取拘禁措施前，尽一切可能确定剥夺人身自由的"原因"和"条件"。② 这意味着被拘禁之人不仅有权申请有关法院审查国家及其工作人员是否遵守了有关逮捕他的理由的程序法规则，还有权申请有管辖权的法院审查构成逮捕之根据的嫌疑理由、执行逮捕之行为的合法性、在特定情形下逮捕的必要性和正当合理性。③ 可据以限制人身自由之理由必须总是严格地解释。这些理由只能通过法律而非对这些法律的解释，才可以扩展。④

在起草《公民权利及政治权利公约》第 9 条时，有建议提出，应当明确列举可据以正当地剥夺自由的理由。这种建议主张，这将使该条更明确，也会避免解释时出现困难。但是，对于任何此类列举能否全面或能否被所有的国家所接受，存在怀疑。事实上，被提出的、可包含在第 9 条内的理由的数量从 12 个到大约 40 个不等。也有观点认为，即使各方可就所列之理由达成一致，将它们都包含在该公约中可能也不理想：该公约应是权利的清单，而非限定的清单。⑤ 作为对照，《欧洲人权公约》第 5 条则列举了可合法剥夺人之自由的理

---

① *Amuur v. France*, European Court, (1992) 22 EHRR 533. 法国适用于寻求庇护者的法律都不允许普通法院审查他们被扣押的条件，对拘禁的期限施加限制，或提供法律、人道主义或者社会救助，因此这些法律没有有效保障他们的自由。See also *Ismoilov v. Russia*, European Court, 24 April 2008；*Duogoz v. Greece*, European Court, 6 March 2001.

② *Torres Millacura v. Argentina*, Inter-American Court, 26 August 2011.

③ Decision of the Constitutional Court of Ukraine, 29 June 2010, (2010) 2 *Bulletin on Constitutional Case-Law* 387.

④ Decision of the Constitutional Court of the Czech Republic, 20 May 2004, (2004) 2 *Bulletin on Constitutional Case-Law* 251.

⑤ UN documents A/2929, chap. VI, s. 28, and A/4045, s. 44.

由。这是一份穷尽列举的清单,对它必须做严格解释;① 只有对例外情形做狭义解释才符合这项规定之目的,即确保任何人不会被无理地剥夺自由。② 然而,适用一个理由不必然排斥其他理由之适用;根据具体情况,某次拘禁可能根据如下列举的《欧洲人权公约》第 5 条第 1 款各项中的不止一项,具有正当合理性:③

(1)"由具有管辖权的法院定罪之后对某人实施的合法拘禁"

"定罪"一词被认为意味着双重含义:一是在已经依法认定存在违法行为后"判定有罪",二是处以刑罚或者是包含有剥夺自由的其他处罚。"之后"不意味着"拘禁"必须在时间点紧接着"定罪"发生。"拘禁"必须源自、"随着和依赖"或者"基于'定罪'"而发生。根据法院命令执行的拘禁,原则上是合法的。④ 事后发现法院在下令时适用法律错误,并不必然追溯性地影响发生在此间内的拘禁的效力。⑤

如果法律规定,惯犯可以由法院判决服监禁刑一段时间,然后再"交由政府处置"一段时间,那么后者的执行可以采取多种形式,从保留自由但受到监视,到基于司法长官(minister of justice)自由裁量的拘禁,不一而足。司法长官行使其下令继续拘禁惯犯的权力不能独立于有权法院对惯犯之定罪。司法长官在做出决定时,并不享有无限的权力。在法定范围内,他必须要评估此惯犯造成的危险的程度和他再次融入社会的短期或中期前景。随着时间的推移,司法长官作出的不释放或者再拘禁的决定与最初的判决之间的关联就逐渐减弱了。如果达到某种条件,这项关联可能最终会被打破:在这种条件下,决定所依据之理由已与立法机关和法院的目的无关;或者所依据的理由是基于是从这些目的来说不合理的评估。在这些情况下,在开始时合法的拘禁就可能转化为对自由的无理剥夺。⑥ 相同的原则也适用于服终身监禁刑的囚犯。对于这样的

---

① *Loukanov v. Bulgaria*, European Court, (1997) 24 EHRR 121, at 138.
② *K-F v. Germany*, European Court, (1997) 26 EHRR 390.
③ *Eriksen v. Norway*, European Court, (1997) 29 EHRR 328.
④ *Van Droogenbroeck v. Belgium*, European Court, (1982) 4 EHRR 443.
⑤ *Tsirlis and Kouloumpas v. Greece*, European Court, (1997) 25 EHRR 198. See *Loukanov v. Bulgaria*, European Court, (1997) 24 EHRR 121:该案中,保加利亚前总理因涉嫌挪用公款被拘禁,根据保加利亚当时的法律,法院不认为他被起诉的行为构成刑事罪行。用以证明将其拘禁具有正当合理性的任何刑法条文都没有明确规定甚至没有暗示的一点是,任何人会因为参加本案所涉及的集体决策而招致个人刑事责任。也没有任何证据表明这些决策是违法的,或是超越职权作出的。因此,此项剥夺自由不构成"合法拘禁"。
⑥ *Van Droogenbroeck v. Belgium*, European Court, (1982) 4 EHRR 443; *Eriksen v. Norway*, European Court (1997) 29 EHRR 328.

囚犯，在他的余生中，不管他是在监狱内服刑还是经批准在监狱外服刑，由于法院所做的判决，他的自由都处于行政部门的自由裁量范围内，除非发生被赦免或者减刑的情况。①

（2）"因为某人不遵守法院之合法命令，或者为了确保履行法律所规定之义务，而对他采取的合法逮捕或者拘禁"

"法院之合法命令"包括禁止令、强制证人出庭令和与监护儿童或者探视儿童相关的命令，② 还包括接受血液检测的命令。③

"法律所规定之义务"必须是明确的和具体的，这种义务不必然来自法院命令。只有在为了"确保履行"这项义务时，才会授权监禁。因此不论如何，都必须存在某人未履行其所承担之义务的情况，而且将其逮捕和拘禁都必须是为了确保义务之履行，而不是出于其他目的（例如进行惩罚）。一旦履行了相关义务，那么拘禁的根据亦即不复存在。仅仅是某人身负未履行之义务这一事实，并不足以作为将其拘禁以保证他履行义务的正当理由。相关之人一般来说必须提前有机会履行他所承担的"明确而具体"的义务，而且只有在他并无正当理由而没有履行义务之后，才可以基于善意说，将其拘禁是"为了确保履行"这项义务。④

因为签发逮捕令可能会导致对个人自由的严重侵蚀，所以对其法律依据必须设定相对严格的要求。所涉之人只是没有出席最后的听审并不构成逃匿，即使这个人在该国境内没有住所，也是如此；这也不能证明他可能犯有需要对其签发国际逮捕令的逃匿罪。对于法律基础作出如此宽泛的解释侵害了个人自由的基本权利。⑤

可能会存在有限的紧急情况，这些情况使得拘禁成为必要，以确保义务之履行，甚至并不提前给予义务人履行的机会。例如，有三个人在从爱尔兰抵达利物浦时被警察逮捕，并为了执行1976年反恐法令规定的"审查"而被拘禁了45个小时。在被拘禁时，他们还被搜身、询问、拍照、采集指纹。对他们所施加的服从审查的义务是一项明确的、具体的义务，只在特定的情形中产

---

① *Weeks* v. *United Kingdom*, European Court, (1987) 10 EHRR 292.
② See Fawcett, *Application of the European Convention*, 82.
③ *X* v. *Austria*, European Commission, Application 8278/78, (1980) 18 *Decisions & Reports* 154.
④ *McVeigh, O'Neill and Evans* v. *United Kingdom*, European Commission, (1981) 5 EHRR 71. *Perks* v. *United Kingdom* (1999) 30 EHRR 33：该案中，某人因未能支付一笔总计150英镑的社区税（人头税）而被判入狱6天。已经查明，他未支付人头税出于他的故意拒绝或者有罪疏忽。在这种情况下，拘禁他的目的在于确保他履行缴纳社区税的义务，因此符合《欧洲人权公约》第5条第1款（b）项。
⑤ Decision of the State Council of Liechtenstein, 15 September 2009, (2010) 2 *Bulletin on Constitutional Case-Law* 320.

生。也就是说，这发生在以下情况中：他们越过了明确的地理或政治边界，当局进行审查的目的是被限定的，且指向受有组织的恐怖主义严重和持续威胁之背景下的明显公共利益。英国当局原则上有权诉诸拘禁措施，以确保他们履行义务。①

（3）"因合理怀疑某人已犯某种罪行，或者合理地认为有必要防止他犯某种罪行，或者防止他在犯此种罪行后逃跑，出于将他移送至有权法律机关处理之目的而对他实施的合法逮捕或者拘禁"

法院首先应确定的是，逮捕或者拘禁是否"合法"，包括逮捕是否"依照法律所规定之程序"做出。② 允许依此理由剥夺自由，只能与刑事诉讼有关，③且只能出于将他移送至有权法律机关处理之目的。④

逮捕必须基于合理怀疑，这构成了防止无理逮捕和拘禁之保障的基本组成部分。具备"合理怀疑"以存在某些事实或者信息为先决条件，这些事实或者信息要能够说服客观第三人，使其相信有关之人可能犯有某种罪行。但是，引起怀疑的事实在程度上不一定要与可用来合理定罪的事实相同，甚至也不一定要与提起指控的事实相同——提起指控发生在刑事调查过程的后期阶段。⑤ 合理怀疑的依据可能仅仅是处于执行逮捕的官员认知范围内的事项，也可能仅仅是其他人的陈述，只要这些陈述以某种方式表明执行逮捕的官员可正当合理地予以采信。⑥

当一位巡警没有授权令就逮捕"他怀疑是恐怖分子的某人"之时，"真实的"或者"善意的"怀疑是否足够？某人在北爱尔兰的警察局中被讯问，但是并没有被提出指控，也没有被带见法官，他在被拘禁了44个小时后被释放。对于这种情况，欧洲人权法院承认，恐怖主义犯罪属于一种特殊类

---

① *McVeigh, O'Neill and Evans v. United Kingdom*, European Commission, (1981) 5 EHRR 71. 英国1976年《反恐法（临时条款）》规定，任何到达或者计划离开英国之人应被审查，以确定他是否卷入恐怖主义。根据该法，审查的官员可在没有授权令状的情况下，将某人拘禁最长7天。参见特雷彻瑟尔（Trechsel）的异议意见，即将逮捕和拘禁许可范围扩展至"其他有限的紧急情况"会很"危险"。
② *K-F v. Germany*, European Court, (1997) 26 EHRR 390.
③ *Ciulla v. Italy*, European Court, (1989) 13 EHRR 346.
④ *Lawless v. Ireland*, European Court, (1961) 1 EHRR 15.
⑤ *K-F v. Germany*, European Court, (1997) 26 EHRR 390.
⑥ *Elasinghe v. Wijewickrema*, Supreme Court of Sri Lanka, [1993] 1 Sri LR 163; Decision of the Constitutional Court of Slovenia, 10 July 2002, (2002) 2 *Bulletin on Constitutional Case-Law* 312：根据该案，如果存在某些事实或者信息，可以让客观第三人得出被指控之人可能犯有某种罪行的结论，那么这一要求就满足了。因而，不需要记录被指控者的实际有罪的证据。*Meyauzin v. Volo*, Supreme Court of Papua New Guinea, [2012] 5 LRC 598：根据该案，警察逮捕或者拘禁某人，或者以其他方式剥夺其自由，必须存在他已犯某罪或者正要犯某罪的"合理怀疑"之依据。不允许随机地或任意地选择某人并对他进行盘问。

别。由于这种犯罪可能造成生命丧失和人类痛苦的危险,警察有义务根据所获信息——特别是来自秘密渠道的信息,按照最紧急情况处理。警方往往可以根据可靠的信息逮捕嫌疑恐怖分子,但是这些信息的来源不能向嫌疑人披露,也不能为支持某项指控而在法庭上揭示,否则就可能威胁信息的来源。考虑到侦查和起诉恐怖主义形式犯罪的内在困难,作为此类逮捕之正当理由的"合理"怀疑并不总是能够依照适用于传统犯罪的同等标准来判定。但是,处理恐怖主义犯罪的紧急情况也不能证明,将"合理"这一概念延展至破坏这项保障措施之本质的程度有任何正当理由。尽管逮捕或者拘禁某人可以基于他是恐怖分子这一善意怀疑,并在拘禁期间询问有关他涉嫌的具体恐怖行为的情况,但是,他曾因恐怖活动被定罪这一仅有的事实,不能构成在约7年之后逮捕他的正当的怀疑依据,因此这也不足以支持存在"合理怀疑"的结论。①

出于希望在讯问过程中得到某些线索——这些线索能证明提出某项指控正当合理——而逮捕和拘禁某人以进行讯问是不被允许的。无罪假定原则保护每个人的人身自由权免受来自国家行为的无理侵扰。在出于保护社会整体免受恐怖主义之害这一正当目的而执行逮捕的情况下,这一事实尽管无可怀疑,但还不充分。逮捕的目的,必须是基于合理怀疑某人已犯一项或几项罪行,而将被逮捕者移送至有权法律机关。②

(4)"依合法命令、基于教育监督之目的而对某未成年人实施的拘禁,或者出于将他移送至有权法律机关处理之目的而对他实施的合法拘禁"

拘禁的第一个理由是"教育监督",但是这并不必然禁止将未成年人限制在羁押候审监狱中,即使这项限制本身并不是为了向他提供"教育监督"。这可能是一种确保他会被安置于"教育监督"之下的一种方式。这种安置不一定非要是立刻进行的。临时羁押可被用作教育监督体制的一种初步措施,而自身不具有任何教育监督功能。但是在这种情况下,在监禁之后,必须要在为教育监督之目设立并具有充足资源的某一(开放的或封闭的)设施中,立刻实际适

---

① *Fox Campbell and Hartley v. United Kingdom*, European Court, (1990) 13 EHRR 157.

② *Brogan v. United Kingdom*, European Court, (1988) 11 EHRR 117, dissenting view of Judges Farinha, Walsh and Salcedo. 多数法官认为,为证明拘禁正当合理,警察不需要在逮捕之时或申诉人处于羁押之时,就已经获得了提出指控的充足证据。某人由于"和恐怖活动之进行、准备、煽动有关或曾经有关"的合理怀疑而被一位巡警逮捕,并在四天零六小时后被释放,但既没有被提起任何犯罪指控,也没有被带见预审法官。对于这种情况,这些法官认为,一个被逮捕之人既没有受到指控也没有被移送至法院的事实,并不必然意味着对他的逮捕和后续拘禁不是建立在对于某项犯罪的合理怀疑之上。已有的目的和最终实际结果必须分开予以考虑。See also *Murray v. United Kingdom*, European Court, (1994) 19 EHRR 193.

用教育监督体制。①

第二个拘禁的理由旨在使公权力能够为保护并未犯罪，但是需要从有害环境中移出的儿童而做出干预。② 该款只能适用于未成年人。因此，有必要通过参考国内法来判断某人在哪一年龄不再是未成年人。

（5）"出于防止传染病蔓延之目的而对某些人采取的合法拘禁，以及对精神失常者、酗酒者、吸毒成瘾者或者流氓实施的合法拘禁"

根据此项理由剥夺自由必须符合三项条件：必须依据法定程序实施、必须根据法律条文、必须满足该项中所列举的实体标准之一。③ 这些类型的人——其中有些并不适应社会——之所以可能被剥夺自由，不仅是因为他们可能被认为对公共卫生有害或者偶尔对公共安全造成危险，而且还因为，为了他们自身的利益，拘禁他们可能是有必要的。④

对于为防止传染病蔓延之目的而实行的拘禁，有两项评估其"合法性"的基本标准：疾病的蔓延会损害公共卫生或安全；实行拘禁是防止传染病蔓延的最后措施，其他更温和的措施都已被证明不奏效。在采取强制限制自由的措施之前，国家有责任尝试更温和的措施。⑤

"精神失常者"一词没有被定义，因为这不是一个能给出确定解释的用词。这一用词的含义会随着精神病学研究的发展而不断变化，也会因对其治疗的发展而具有不断增加的弹性。欧洲人权法院对如何满足"合法拘禁精神失常者"的标准，提出了三项最基本的要求：第一，除非是紧急情况，否则必须可靠地证明某人"精神失常"，即必须由有权当局根据客观的医学专业鉴定确定某人确实精神失常；第二，精神失常状态的种类或程度必须使得强制限制自由必要；第三，继续限制自由措施的有效性将取决于精神失常的持续情况。⑥ 保护公众免受严重伤害之需，本身就是拘禁精神失常者的正当原因，这与他们的精

---

① *Bouamar v. Belgium*, European Court, (1987) 11 EHRR 1. 根据少年法庭的命令，将某一未成年人先后关押在某个候审监狱中的九个场所，等着把他送进合适的机构，这种行为不符合该款的要求。在缺乏合适的、单独的机构设施的情况下，将一名未成年人拘禁于候审监狱中，事实上处于隔绝状态，且没有受过教育培训的工作人员为他提供帮助，这种情况不能被认为是促进了任何教育目的。

② Fawcett, *Application of the European Convention*, 90, 其中提到了准备工作文件。

③ *X v. United Kingdom*, European Commission, Application 6998/75, (1980) 8 *Decisions & Reports* 106; (1980) 20 Yearbook 294.

④ *Guzzardi v. Italy*, European Court, (1980) 3 EHRR 333.

⑤ *Enhorn v. Sweden*, European Court, (2005) 1 *Bulletin on Constitutional Case-Law* 164.

⑥ *Winterwerp v. Netherlands*, European Court, (1979) 2 EHRR 387. See also *X v. United Kingdom*, European Court, (1981) 4 EHRR 188; *Luberti v. Italy*, European Court, (1984) 6 EHRR 440; *Johnson v. United Kingdom*, European Court, (1997) 27 EHRR 296.

神失常能否被治愈无关。① 对于应第三方请求将精神失常之人送进医院治疗的情况，相关的程序安排必须确保只有在必要且合比例的情况下，方可采取此措施。此类羁押措施不要求一定要提前提交司法机关审查。但是，除非法院尽速采取行动，否则也不能认为个人自由受到了保护。② 因某人是精神病患者而将其拘禁，这只有发生在为此目的而获得授权的医院、诊所或其他合适的机构中时，才是"合法的"。③

如果某人曾被法院认定精神失常且会给社会带来危险，那么终止拘押他一事，不仅仅关系到他自身，还关系到他如果被释放，他将要居住的社区。因此，即使医学证据已经表明他已康复，负责机关在考虑是否终止拘押时，也有权谨慎行事。④ 并不是随着专业机构认定他的精神失常状态不再持续，就会自动导致他应被立即且无条件地被释放。采用如此严格的方法解释释放的条件，会给负责机关在特定案件中并根据所有相关情形——将其释放是否会在事实上最好地服务于患者和他被释放后将生活在其中的社区的利益——作出判断施加程度无法接受的限制。⑤

存在心理缺陷本身不能证明剥夺自由正当合理，而应是，任何剥夺自由的行为对于保护有关个人免受严重伤害或者防止他伤害他人的目的，都必须是必要且合比例的。剥夺自由只能被用作最后的手段、执行最短的合适期限，并须附之以法律规定的充分的程序性和实体性保障。⑥ 如果有理由相信，一个有精神障碍的人可能直接危及其自身或他人的生命或者健康，那么在特别紧急的情况下，获得授权的人员可不预先对其进行医学检查而将其安置于精神病机构。⑦ 只有在精神失常者有必要加以看护、危害他人安全或者严重损害公共秩序的情况下，才可以强制该个人住院治疗。这些理由可能为执行羁押措施提供正当理

---

① *Anderson v. Scottish Ministers*, Privy Council on appeal from the Court of Session of Scotland, [2002] 3 LRC 721.

② Decision of the Constitutional Council of France, 26 November 2010, (2011) 2 *Bulletin on Constitutional Case-Law* 280.

③ *Ashingdane v. United Kingdom*, European Court, (1985) 7 EHRR 528; Decision of the Constitutional Court of Belgium, 17 September 2009, (2009) 3 *Bulletin on Constitutional Case-Law* 480.

④ *Luberti v. Italy*, European Court, (1984) 6 EHRR 440.

⑤ *Johnson v. United Kingdom*, European Court, (1997) 27 EHRR 296. 在心理疾病领域，通过评估疾病症状是否消失来认定是否完全康复不是一门精确的科学。

⑥ *Fijlkowska v. Poland*, Human Rights Committee, Communication No. 1062/2002.

⑦ Decision of the Constitutional Court of Croatia, 13 October 1999, (1999) 3 *Bulletin on Constitutional Case-Law* 367.

由。羁押措施不一定非要由司法机关作出。①

这份清单中包含流浪者的适当性受到了质疑。在巴布亚新几内亚,最高法院审查了《流浪法》。该法规定,如果合理怀疑某些在城镇中被发现的人根本没有合法的谋生手段或手段不足,就可将他们逮捕并驱逐出城最长 6 个月。首席法官基度(Kidu)认为,根据现行法律,贫困既不是刑事罪行,也不是提起民事诉讼的依据。《流浪法》的本意是用来将失业的捣乱者清理出城,但这明显地适用于无辜的穷人——他们自身的贫穷并没有过错。巴奈特(Barnett)法官补充说,《流浪法》既不顾及他们曾经的雇用记录,也不顾及他们在一直居住的社区中的声誉,就对所有没有充分合法谋生手段的不幸者下达了驱逐令。"在消除潜在的和实际的罪犯的掩饰下,《流浪法》布下了一张可以兜捕好人与坏人、年轻人和老年人等的法网。它会使家人分离,家庭破裂。"②

(6)"为防止某人未经许可进入某国,或者正在采取针对某人的、目的是将他驱逐出境或者引渡的行动,而对某人实施的合法逮捕或者拘禁"

对于特定类型的寻求庇护者采取的短时间自动拘禁不违法,也不违反《欧洲人权公约》第 5 条。在合理的条件下,这种拘禁是被允许的,因为其目的在于防止未经授权的入境行为。③ 将一位不法移民羁押三年则不成比例地限制了他宪法上的自由权。④ 因非法入境被逮捕而被警察扣押于某一国际机场中名为"被拒人员区"的区域的外国国民,享有限制拘禁期限的宪法保障。⑤

拘禁拟加以驱逐者只有在其与驱逐出境程序有关的情况下才是正当的,而不得出于其他目的。拘禁拟加以驱逐者不以针对他的驱逐令实际生效为条件。"为了驱逐出境而对他采取行动"就足够了。⑥ 在决定是否拘禁作为驱逐出境

---

① Decision of the Constitutional Council of France, 9 June 2011, (2011) 2 *Bulletin on Constitutional Case-Law* 283.

② *Re Vagrancy Act*, Supreme Court Reference No. 1 of 1986, [1988] PNGLR 1. 在本案中,法院认为《流浪法》违宪,因为"流浪"不是可以剥夺某人自由的一项法定理由。

③ *Regina v. Secretary of State for the Home Department, ex parte Saadi et al*, House of Lords, (2002) 3 *Bulletin on Constitutional Case-Law* 532.

④ Decision of the Supreme Court of Israel, 16 September 2013, (2013) 3 *Bulletin on Constitutional Case-Law* 513.

⑤ Decision of the Constitutional Court of Spain, 27 September 1999, (1999) 3 *Bulletin on Constitutional Case-Law* 449:72 小时是允许当局决定是否驱逐被拘禁者、将他们送回来源国或立即释放他们的最长期限。

⑥ *Caprino v. United Kingdom*, European Commission, Application 6871/75, (1978) 12 Decisions and Reports 14; Decision of the Constitutional Court of Spain, 26 June 2000, (2000) 2 *Bulletin on Constitutional Case-Law* 366; *Mikolenko v. Estonia*, European Court, 8 October 2009; *Louled Massoud v. Malta*, European Court, 27 July 2010.

程序的对象的某一外国人时,法院除其他因素外,必须考虑与驱逐原因相关的情况及他(或她)潜逃的可能性。例如,仅可在特殊的情况下拘禁外国人;必须尊重他(或她)的自由,除非认定为了预警性或者预防性目的而剥夺其自由是不可或缺的。① 这种决定应符合"合法逮捕或者拘禁"的先决条件,也应符合对例外情形加以严格解释的原则。因无国籍或者其他障碍导致国家无法驱逐此人不能成为无限期拘禁的理由。②

对于为引渡而被拘禁的人而言,只有引渡程序正在进行时,拘禁才是正当合理的。因此,如果这些程序并不是以尽到适当审慎的方式执行,拘禁就不再具有正性。③ 拘禁只能由有权法院授权。④ 在任何情况下,对于正处于引渡程序的人采取的羁押候审,都不得超出法定的最长期限。⑤ 将某人收监后,被请求国将其交予请求国的义务的重要性足以使该国采取措施,以履行这项义务。这项义务在国际层面上起作用,是一项在收监后将被请求人交给请求国的义务。确保遵守此项政府义务的一项措施就是,在适当的情况下剥夺他(或她)的自由。然而,为了能经得住比例性的检测,限制宪法上的自由权必须公正而不得无理,所采取的手段必须尽合理可能使此权利受到最小程度的损害。在收监后,绝对禁止申请和准予保释是不公正的、无理的,因为这没有区分以下两种情况:(1)基本或者根本不需担心要被引渡者潜逃,并因此造成国家不能履行交出他(或她)的义务;(2)存在被引渡者可能会潜逃的合理顾虑,而确保其可被移交的唯一方式,是剥夺他(或她)的自由。⑥

在欧洲的一起案件中,一位意大利国民在意大利因严重罪行被缺席定罪并被判处终身监禁;他在法国被捕后,意大利当局请求引渡他。意大利的申请被法国某一法院拒绝,理由是审判程序不符合法国的公共秩序。这项裁决是最终裁决,

---

① Decision of the Constitutional Court of Spain, 19 June 1995, (1995) 2 *Bulletin on Constitutional Case-Law* 210.

② *F. K. A. G. v. Australia*, Human Rights Committee, Communication No. 2094/2011.

③ *Quinn v. France*, European Court, (1995) 21 EHRR 529; Decision of the Constitutional Court of Spain, 19 June 1995, (1995) 2 *Bulletin on Constitutional Case-Law* 210;拘禁处于驱逐程序中的外国人的决定必须由法院作出。鉴于只有在特殊情况下才能拘禁外国人,且必须尊重他们的自由——除非认定为了预警性或者预防性目的不得剥夺此自由,因此必须要给出拘禁的理由,必须尊重辩护权,还必须考量除其他外以下情况:围绕驱逐理由的各种情节,该外国人的法律和个人情况,他潜逃的可能性以及其他被认为与法院做出决定相关的事项。

④ *Diallo v. Bern Canton Immigration Police*, Federal Tribunal of Switzerland, 28 March 1995, (1995) 2 *Bulletin on Constitutional Case-Law* 217.

⑤ Decision of the Constitutional Court of Spain, 13 March 2000, (2000) 1 *Bulletin on Constitutional Case-Law* 150.

⑥ *Alexander v. Minister of Justice*, Supreme Court of Namibia, [2010] 4 LRC 751.

对法国政府具有约束力。然而，大约五个月后的一个深夜，三名便衣警察在大街上同申诉人搭讪，强迫他上了一无标识的车辆，给他戴上手铐并把他带到了警察局。在这里，向他送达了一份法国内政部在一个多月以前发出的驱逐令。此后，在既没有首先要求他离开法国去一个他选择的国家，也未允许他通知他的妻子或律师的情况下，他被强行送上另一无标识的车辆，仍然戴着手铐，身处两名警察中间，被送到了瑞士。在日内瓦的一个警察局，瑞士警方拘留了他，并通知他意大利请求引渡他。在瑞士法院驳回了他的异议后，他被引渡到意大利，并立即被送入监狱服刑。通过考量整体情况，欧洲人权法院认为，剥夺他的自由事实上等于变相引渡，其目的在于规避法国法院对意大利引渡请求的否定裁决，而这不是为"旨在将他驱逐出境……行动"的一般事由而必需的"拘禁"。①

（四）"任何被逮捕的人，在被逮捕时应被告知逮捕他的理由，并应被迅即告知对他提出的任何指控"*

这项要求关注两个阶段的通知程序：某人在被逮捕时，必须被告知他被羁押的原因；在短时间内，这个人必须被告知针对他的指控。也必须让他知晓他获得律师的权利。②

因为"逮捕"意味着开始剥夺自由，所以不论做出的逮捕正式与否或者逮捕所依据之理由是否正当，这项要求均适用。③ 为了调查他们可能犯下的罪行

---

① *Bozano v. France*, European Court, (1986) 9 EHRR 297.

* 此处表述使用的并非《公民及政治权利国际公约》作准中文本的措辞，而是对其英文表述"Anyone who is arrested shall be informed, at the time of arrest, of the reasons for his arrest and shall be promptly informed of any charges against him"的翻译。

② Principles on Detention, Principle 13, note 22. See *R v. Mallinson*, Court of Appeal of New Zealand, [1993] 1 NZLR 528：被逮捕之人享有：（1）毫无拖延地咨询和指示律师的权利；（2）被告知享有此项权利的权利。两项权利均在逮捕时产生，而为使咨询律师的权利有效，被告知权也须随着逮捕立即产生。时间性表述"毫无拖延地"不等同于"即刻地"或者"立即地"。这是一个否定性的禁止，即在没有任何进一步限定的情况下，"不得拖延"必然意味着检验在考虑此权利之目的所有有关情况中，拖延是否合理。为使该权利有效，它就必须在被逮捕者的合法利益受到损害之前即可行使。这包括在没有机会获得法律咨询意见的情况下，不得通过言语或者行为损害被逮捕者的法律地位。被"告知"获得律师的权利就是要使他知晓这一点。这一义务是明确告知被逮捕者，他（或她）享有此权利。这不要求特别的形式，只要使被逮捕者清晰认识权利的内容即可。See also *R v. Alo*, Court of Appeal of New Zealand, [2008] 3 LRC 393.

③ 人权事务委员会第35号一般性意见，第24段；*Yklymova v. Turkmenistan*, Human Rights Committee, Communication No. 1460/2006；*Griffin v. Spain*, Human Rights Committee, Communication No. 493/1992；*McLawrence v. Jamaica*, Human Rights Committee, Communication No. 702/1996；*Smirnova v. Russian Federation*, Human Rights Committee, Communication No. 712/1996. *Philibert v. Zaire*, Human Rights Committee, Communication No. 90/1981, HRC 1983 Report, Annex XIX；Decision of the Constitutional Council of France, 18 November 2011, (2011) 2 *Bulletin on Constitutional Case-Law* 286。

或者为了将他们羁押待审而被逮捕之人,必须被立即告知他们所被怀疑或被指控之罪。这项权利不仅适用于普通刑事起诉,也适用于军事起诉或者其他旨在进行刑事处罚的特殊制度。① "理由"与"指控"不同,后者更具有精确性、严肃性。②

一个人必须被适足地——或者按人权事务委员会所称的"充分地"——告知其被剥夺自由所依据的事实和法律权力。例如,只是指出逮捕某人的法律依据,是他根据某一法律的特定部分被怀疑是恐怖分子,并不充分。③ 不过,《公民及政治权利国际公约》第 9 条第 2 款并没有暗含一项得到案件的全部卷宗的权利,因为这一款与《公民及政治权利国际公约》第 14 条第 3 款不同,并没有要求"详细地"告知相关信息。④ 逮捕的理由不仅应包括大致的法律依据,还应包括充分的事实性细节以表明指控的内容,例如违法行为和据称的受害者的身份。⑤ "理由"有关逮捕的正式根据,而非执行逮捕的官员的主观动机。⑥ 口头告知逮捕理由符合要求。必须使用被逮捕者听得懂的语言告知逮捕理由。⑦

使用简单的、非技术性的语言将逮捕所依据的必要的法律和事实理由告知被逮捕者的目的,是使他能尽早有机会消除逮捕机关的心目中可能存在的错误、误解或者误会,⑧ 也使他能判断该措施的合法性,并在他认为合适的情况下采取步骤对其提出质疑,从而行使他向法庭提起诉讼的权利。⑨ 这项权利

---

① *Aboufaied v. Libya*, Human Rights Committee, Communication No. 1782/2008.

② UN documents A/2929, chap. VI, s. 34, and A/4045, ss. 50, 53, 54.

③ *Fox, Campbell and Hartley v. United Kingdom*, European Court, (1990) 13 EHRR 157; European Commission, 4 May 1989. See also *X v. United Kingdom*, European Court, (1981) 4 EHRR 188.

④ *G, S and M v. Austria*, European Commission, Application 9614/81, (1983) 34 Decisions & Reports 119. 在一起案件中,貌似是海军人员但既未表明他们的身份,也没有出示任何司法令状的官员逮捕了一位前乌拉圭工会官员,并告知他,他根据"紧急安全措施"被逮捕,但并未表明任何针对他的指控的内容。因为他未被充分地告知逮捕他的理由,所以这种情况违反了《公民及政治权利国际公约》第 9 条第 2 款。(该注解有两个问题。其一,所引的 G、S 和 M 诉奥地利案是欧洲人权委员会审议的案件,其中并没有提到《公民及政治权利国际公约》,提到的只是与该公约第 9 条第 2 款、第 14 条第 3 款相类似的《欧洲人权公约》第 5 条第 2 款、第 6 条第 3 款;其二,所提到的第二个案件——应为 *Carballal v. Uruguay*, Human Rights Committee, Communication No. 33/1978——仅认定《公民及政治权利国际公约》第 9 条第 2 款被违反,而没有将其与第 14 条第 3 款相比较。——译者注)

⑤ *Wenga and Shandwe v. Democratic Republic of the Congo*, Human Rights Committee, Communication No. 1177/2003.

⑥ *Levinov v. Belarus*, Human Rights Committee, Communication No. 1812/2008.

⑦ *Wilson v. The Philippines*, Human Rights Committee, Communication No. 868/1999.

⑧ *Mallawarachchi v. Seneviratne*, Supreme Court of Sri Lanka, [1992] 1 Sri LR 181.

⑨ *X v. United Kingdom*, European Commission, Application 6998/75, (1980) 8 Decisions & Reports 106; *Fox et al v. United Kingdom*, European Court, (1990) 13 EHRR 157. *Campbell v. Jamaica*, Human Rights Committee, Communication No. 248/1987.

"建立在这样一个概念之上：如果某人不知道逮捕的理由，他就没有义务接受逮捕"。① 此信息必须在逮捕时立即告知。但在特殊情况下，可能无法进行此项即时沟通。例如，在翻译到场前可能出现延迟，但是任何此类延迟只能是在最低程度上绝对必要的。② 对于某些类别的弱势群体，需要直接告知被逮捕者，但这还不够。当逮捕儿童时，还应直接向其父母、监护人或者法律代表提供逮捕通知和原因。③

根据逮捕令逮捕时，逮捕的理由应在逮捕令中以书面形式列明。只有在本应包含在逮捕令中的信息类型经口头传达时，没有逮捕令的逮捕才可能是合法的。④ 如果警察没有逮捕令，却仅仅因为"难以言表地怀疑"某人犯有某种可辨别的罪行而将他逮捕，这名警察就有可能构成袭击罪或者非法拘禁罪。⑤ 但是，如果被逮捕者"完全知道"拘禁他的理由——他向警方自首就是这种情况，而负责调查的警务人员立即提醒了他，那么就不违反《公民及政治权利国际公约》第9条第2款。⑥

被告知逮捕理由的权利适用于初次逮捕。如果将某人附条件释放较长时间后再次逮捕他，则告知他理由的义务重新适用。向被逮捕者披露的细节的多少及信息的类型可能取决于特定案件的具体情况。例如，在某人心智不健全的情况下，如果他明显不能接收或者理解这些信息，或者有严肃理由相信他可能会以危险的方式做出反应，或者这些信息会因严重干扰患者——这对未来的治疗具有消极影响——而背离拘禁的目的，则不向患者本身披露信息就有可能是正当的。但是，如果患者没有能力接收正确的信息，则应将相关细节告知代表他的利益之人，例如律师或者监护人。由于某些精神病患者所带来的特殊困难，负责逮捕精神病人这一棘手任务的警官可能没有义务将逮捕或者召回的详细原

---

① *R* v. *Evans*, Supreme Court of Canada, [1991] 1 SCR 869, per McLachlin J. See also *Mallawarachchi* v. *Seneviratne*, Supreme Court of Sri Lanka, [1992] 1 Sri LR 181：如果某人未被适当告知逮捕他的理由，他没有义务服从逮捕且可拒捕。*Barreto Leiva* v. *Venezuela*, Inter-American Court, (2010) 3 *Bulletin on Constitutional Case-Law* 621；*Yvon Neptune* v. *Haiti*, Inter-American Court, (2008) 2 *Bulletin on Constitutional Case-Law* 364；*Bulacio* v. *Argentina*, Inter-American Court, (2004) 1 *Bulletin on Constitutional Case-Law* 169；Decision of the Constitutional Court of Spain, 22 February 1999, (1999) 1 *Bulletin on Constitutional Case-Law* 118.
② *Hill & Hill* v. *Spain*, Human Rights Committee, Communication No. 526/1993.
③ *Krasnova* v. *Krygyzstan*, Human Rights Committee, Communication No. 1402/2005.
④ *R* v. *Evans*, Supreme Court of Canada, [1991] 1 SCR 869, per Sopinka J.
⑤ *Corea* v. *The Queen*, Supreme Court of Ceylon, 55 NLR 457. See also *Maharaj* v. *Attorney-General of Trinidad and Tobago* [1977] 1 All ER 411：本案中，某位出庭律师因藐视法庭而被判决入狱，法官在判决他入狱前，未告知他被指控的藐视法庭的具体性质，这种情况构成了未经法定正当程序即剥夺自由。
⑥ *Stephens* v. *Jamaica*, Human Rights Committee, Communication No. 373/1989, HRC 1996 Report, Annex Ⅷ. A.

因告知他，因为警官没有能力评估患者的病情及其认知处境的能力。在这种情况下，告知患者或其代表人的责任将由相关医务人员承担。这项义务必须在抵达医院时立即（即最迟在此时）履行。①

原则上，自警察首次讯问时起，即应向被拘禁者提供联系律师的途径，除非根据案件的具体情况，能表明有紧迫理由限制此项权利。即使有紧迫理由可在非常情况中限制被拘禁者联系律师，但是，无论其理由为何，这种限制都不得过度损害他的权利。被拘禁者未联系律师，但他在警察讯问期间所作入罪陈述却被用于定罪，这种情况原则上将无法挽回地侵犯他的辩护权利。② 就拘禁进行法律咨询的最重要功能是确保被拘禁者知晓他的权利，其中最主要的是他的沉默权。国家没有义务为保护被拘禁者而阻止他陈述；事实上，国家可以使用合法的说服手段来鼓励嫌疑人发言。但是，国家有义务允许被拘禁者在知情的情况下选择是否与当局交谈。为帮助做出选择，被拘禁者有权获得律师。③ 而且，在讯问开始时，对被拘禁者提出警告可能使他陷入两难的处境。一方面，如果他选择保持沉默，就可能引起不利于他的推论。另一方面，如果他选择在讯问期间不再沉默，他就会面临这样的危险：他将来的辩护受到损害，但并不必然消除当局针对他做出不利推论的可能性。在这种情况下，公正的理念也要求，被拘禁者在警方讯问的初始阶段就应得到律师的帮助。④

被拘禁者有权将其正处于国家羁押之下的情况通知第三方。在被拘禁之时，即应通知被拘禁者，他享有联系亲属、律师、领事机构的权利，但是如果被逮捕者是未成年人，则有必要采取可能为有效通知所必需的措施。此时被拘禁的未成年人的权利——联系正在或即将提供帮助和辩护的第三方的权利，和国家机关的义务——即使该未成年人并未要求也应立即传达其被拘禁的事实，并行存在。⑤ 此类被拘禁者还必须得到医学检查和护理。官方下令做出的任何

---

① *X* v. *United Kingdom*, European Commission, Application 6998/75, (1980) 8 *Decisions & Reports* 106.

② *Salduz* v. *Turkey*, European Court, (2008) 26 BHRC 223. 该案中，大法庭庭长布拉特扎（Bratza）法官在他的附议意见中认为，欧洲人权法院做得还不够。他认为，法院应以清晰的论述说明，刑事诉讼的公正性要求，作为一项原则，嫌疑人应自其被警察羁押或者审前拘禁之时，即应获得法律咨询的途径。"如果此判决给人留下这样的印象——只要嫌疑人在审问开始的时间点上获得联系律师的途径，就不会引起《欧洲人权公约》第 6 条之下的任何问题，或者只有在拒绝嫌疑人联系律师会影响对他的审问之公正性的情况下，才能适用《欧洲人权公约》第 6 条，这将是令人遗憾的。从一开始拘禁嫌疑人就拒绝他联系律师——这在特定情况下会导致损害辩护权，不论这种损害是否来源于审问嫌疑人，都可能违反《欧洲人权公约》第 6 条。"

③ *R* v. *Hebert*, Supreme Court of Canada, [1990] 2 SCR 151. See also *R* v. *Sinclair*, Supreme Court of Canada, [2011] 1 LRC 216.

④ *Magee* v. *United Kingdom*, European Court, 6 June 2000.

⑤ *Bulacio* v. *Argentina*, Inter-American Court, (2004) 1 *Bulletin on Constitutional Case-Law* 169.

医学检查（这种检查不得在警方在场的情况下进行）的结果必须要提交给法官、被拘禁者及其律师或者任何依法行使此未成年人之监护权或代表权之人。①

一旦某人被逮捕，他就立即处于"被拘禁"状态。因此，"逮捕"是剥夺某人人身自由的第一步，"拘禁"是继续剥夺他自由一段时间的手段。换言之，剥夺自由始于"逮捕"，在"拘禁"期间继续。然而，某人可能未经刑事意义上的逮捕即被拘禁（即自由被完全剥夺）。例如，为防止疾病传播，某人可能被隔离但没有被逮捕；如果某人患有传染病，可能被拘禁在医院中；非法处于国境之内的某人可能被拘禁，直到他离开该国。在所有的这些情况中，被拘禁者都必须被告知拘禁他们的理由。②

预防性拘禁值得专门论述。

《公民及政治权利国际公约》第9条第2款的规定也适用于所谓的预防性拘禁。预防性拘禁不具有惩罚性，而是一种预防措施，其表面目的不是因某人已实施某行为而惩罚他，而是在他做此行为之前拦截他、阻止他这样做。就这种拘禁，不必证明存在违法行为，也不形成任何指控，其理由是怀疑或者合理的可能性。从这个意义上说，这是一种预测性行动。③ 在这些情况中，拘禁机关通常需要在拘禁后，在实际可能时尽快将做出拘禁令所依据之理由告知被拘禁者，并尽早为他提供针对该拘禁令作出陈述的机会。④ 然后，拘禁机关必须尽快地考虑该陈述。人权事务委员会认为，某国当局花了近一个月的时间通知被拘禁者逮捕他的理由，而且没有立即将他带见法官或者依法执行司法权力的其他官员，这违反了《公民及政治权利国际公约》第9条第2款和第3款。⑤

并非基于起诉之考虑而实行的预防性拘禁（有时也被称作保安拘禁、行政

---

① *Bulacio v. Argentina*, Inter-American Court, (2004) 1 *Bulletin on Constitutional Case-Law* 169.

② *The State v. Songke Mai*, Supreme Court of Papua New Guinea, [1988] PNGLR 56. See *Van der Leer v. Netherlands*, European Court, (1990) 12 EHRR 567：本案中，一位自愿在荷兰一家医院就诊的精神病患者在被安置隔离时得知，10天前，根据她丈夫的申请，一位法官批准将她强制关押在这家医院6个月。因此，她不再可以在她想离开时自由离开。欧洲人权法院认为，她被告知剥夺其自由之措施的方式与告知她此信息的时间都不符合《欧洲人权条约》第2条的要求。

③ *Dariusz v. Union of India*, Supreme Court of India, [1990] LRC (Const) 744. 见路易斯·儒瓦内（Louis Joinet）向联合国防止歧视和保护少数小组委员会提交的《关于行政拘禁做法的报告》（UN document E/CN. 4/Sub. 2/1990/29）中采用的"行政拘禁"的概念："如果在法律上和/或事实上，由行政机关下令拘禁且决定权仅在于执行或者行政当局，此拘禁即被认为是'行政拘禁'，即使事后确实有在法庭上反对此决定的救济，也是如此。此时法院仅仅负责审查此决定的合法性和/或其执行是否适当，而不审查作出此决定这一行为本身。"

④ *Khudiram Das v. State of West Bengal*, Supreme Court of India, AIR 1975 SC 550："在允许行政机关以公共利益和社会安全的名义预防性地拘禁某人，从而剥夺其个人的人身自由权之前，这些是行政机关必须遵守的最基本的最低保障。"

⑤ *Kalenga v. Zambia*, Human Rights Committee, Communication No. 326/1988, 27 July 1993.

拘禁或者行政扣留）会带来无理剥夺自由的严重危险。这种拘禁通常相当于无理拘禁。在最特殊的情况下，如果要援引实在的、直接的、迫切的威胁，证明有理由拘禁被认为造成这种威胁的人，则国家应承担举证责任，表明此人造成此种威胁且其不能通过替代措施加以解决。这一举证责任随着拘禁时间的延长而增加。国家还需确保此拘禁不超过绝对必要的期间，可能的拘禁总期间受到限制，而且此种拘禁在所有情况下都充分遵守《公民及政治权利国际公约》第9条规定的保障。法院或者具有与司法机关相同之独立性与公正性的其他法庭的及时和定期审查是这些条件的必要保障，同样必要的还有获得独立的法律咨询意见的可能——最好是由被拘禁者选择的，以及向被拘禁者披露至少是做出此决定的证据的基本内容。①

在需要向受到预防性拘禁者提供"拘禁他所依据的理由"的情况中，模糊的、不确定的、试探性的理由是不够的。② 这些理由必须"清晰、准确、相关且不含糊"。③ 给予的这些理由必须对案件的情况有足够详细的交代，以便能够就其做出充分的陈述。必须向被拘禁者提供充足的信息，使他能够知晓针对他的指控，并作出有意义的陈述。④ 在印度的一个案件中，巴格瓦蒂（Bhagwati）法官强调，"理由"指的是"拘禁机关在作出拘禁令的过程中所考虑的、因此也是拘禁令所依据的所有基本事实和材料"。⑤ 在另一个案件中，首席法官钱德拉楚德（Chandrachud）指出，被拘禁者有权获得"每一份具体材料，否则他将无法做出充分有效的陈述"。如果拘禁令援引或者依托任何文件、声明或者其他材料，则应向被拘禁者提供它们的副本。⑥ 在赞比亚的一个案件中，马格纳斯（Magnus）法官认为，理由"至少应像普通诉讼中提出的理由一样

---

① 人权事务委员会第35号一般性意见，第15段。

② *Herbert v. Phillips and Sealey*, Court of Appeal of the West Indies Associated States on appeal from St Christopher, Nevis and Anguilla, (1967) 10 WIR 435：在本案中给出的理由是，被拘禁者最近参与了损害公共安全和公共秩序的行为，基于此原因，有必要对他进行控制。See also *Paweni v. Minister of State Security of Zimbabwe*, Supreme Court of Zimbabwe, [1985] LRC (Const) 612.

③ *Rahman v. Secretary*, Ministry of Home Affairs, Supreme Court of Bangladesh [2000] 2 LRC 1.

④ *Kapwepwe and Kaenga v. The People*, Supreme Court of Zimbabwe, (1972) ZR 248.

⑤ *Khudiram Das v. State of West Bengal*, Supreme Court of India, AIR 1975 SC 550.

⑥ *State of Punjab v. Talwandi*, Supreme Court of India, [1985] LRC (Const) 600. 在本案中，首席法官钱德拉楚德认为已经提供了充分的详细资料，并评论说："在这一上诉中，我们所关注的第一个拘禁理由，就提到了被告为了能够在控诉拘禁令时作出充分有效陈述而有权知道的每个重要细节。该理由提到了据称会议的地点、日期和时间，描述了举行会议即'沙德迪会议'（Shadeedi Conference）的场合，提到了出席会议的大概人数，最后还特别提到了被告在他的演讲中所作的各种陈述。拘禁理由中提到的这些细节构成了被告有必要知道以作出知情陈述的整个事实的全部。"另见印度最高法院的其他两项判决：*Ichhu Devi Choraria v. Union of India* (1981) 1 SCR 640；*Bhawarlal Ganshmalji v. State of Tamil Nadu* AIR 1979 SC 541。

具体"。① 在津巴布韦的一个案件中，首席法官达姆布塞纳（Dumbutshena）指出，虽然不要求拘禁机关向被拘禁者提供其线人的姓名，但是"必须向被拘禁者提供构成此拘禁之基础或根据的基本事实和重要细节，因为它们共同构成了拘禁令所依据的理由"。② 在牙买加的一个案件中，该国 1976 年《紧急权力条例》要求政府部门提供"必要的细节"，最高法院据此同意某一被指控参与向未经授权的人非法发放枪支而被拘禁之人的意见——这些人的姓名属于"必要的细节"。③

给出的理由被认定"不充分"的情况包括：

1. "你是一个已经或可能以某种方式做出会危害公共安全和公共秩序稳定之行为的人"。④

2. "作为工会运动的领导成员，你一直追求鼓动者的角色，你通过威胁在基本服务领域进行非法罢工，不仅破坏了劳动领域的良好关系，还破坏了政府的劳动政策，从而对国家经济产生了不利影响，并因此对共和国安全产生了不利影响。"⑤

3. "你参与了危及肯尼亚良好治理及其部门的活动及言论，为了维护公共安全的利益，拘禁你是有必要的。"⑥

4. "（a）你是南非的从事破坏活动的间谍；（b）你向南非传递情报信息，这危害了津巴布韦的安全；（c）你对津巴布韦的安全构成了一种威胁。"⑦

5. "你，约翰·雷诺兹，于 1967 年间在国内外鼓动全国范围的民间不服从，从而危及国家的和平、公共安全和公共秩序。"⑧

在英国枢密院司法委员会，关于提供给约翰·雷诺兹的拘禁理由，萨蒙勋爵（Lord Salmon）认为，难以想象出比这项告知的内容更模糊、更含混或者信

---

① *Attorney-General of Zambia v. Chipango*, Supreme Court of Zambia, (1971) ZR 1.
② *Minister of Home Affairs v. Austin*, Supreme Court of Zimbabwe, [1987] LRC (Const) 567. See also *Bull v. Attorney-General*, Supreme Court of Zimbabwe (1986), (3) SA 886 (ZS).
③ *R v. Minister of National Security, ex parte Grange*, Supreme Court of Jamaica, (1976) 24 WIR 513, at 524，威尔基（Wilkie）法官称："'必要的细节'必须包括政府部门所掌握的、使得政府部门有必要作出拘禁令并有助于被拘禁者对针对他的每一项指控准备和制定答辩的所有信息。"
④ *Uganda v. Commissioner of Prisons, ex parte Matovu*, High Court of Uganda [1966] EA 514.
⑤ *Ooko v. The Republic of Kenya*, High Court of Kenya, (HCCC No. 1159 of 1966).
⑥ *Republic of Kenya v. Commissioner of Prisons, ex parte Wachira*, High Court of Kenya, [1985] LRC (Const) 624. 本案中，首席法官辛普森（Simpson）将其描述为"刻板陈述"，它"仅告知他们参与了危及肯尼亚良好治理的活动及言论，但没有指出这些活动及言论的性质"。
⑦ *Minister of Home Affairs v. Austin*, Supreme Court of Zimbabwe, [1987] LRC (Const) 567.
⑧ *Attorney-General of St Christopher, Nevis and Anguilla v. Reynolds*, Privy Council on appeal from the Court of Appeal of St Christopher, Nevis and Anguila, [1979] 3 All ER 129.

息量更少的情况：

> 提出这项告知作为对拘禁申诉者之理由的详述，简直是一种笑话。在大法官们看来一目了然是，从这项通知中只能得出不可抗拒的推论：根本没有理由——更不用说有正当根据的理由，拘禁申诉者。如果有任何这样的理由，他们一定会在告知中列明。①

他认为，未提出任何理由证明拘禁令有正当理由的事实会引起一种不可抗拒的推测：这些理由从来就不存在。因此，枢密院确信拘禁令无效，申请人系被非法拘禁。

赞比亚宪法允许每次不超过 14 天的行政拘禁，但应在"合理可行的情况下尽快"给出其理由。在一起案件中，因 14 天届满，某一被拘禁者收到了一项撤销令和一项新的拘禁令，且这两项令状之间间隔的时间相当短。这种情况在法律上并没有中断，因为拘禁是由同一拘禁机关基于相同原因作出的。撤销和进一步拘禁是相互关联的。因此，被拘禁者继续受到了实际上的拘禁——根本不存在任何法律上或者事实上的短期自由。结果是，在拘禁理由送达之前，他已被拘禁超过 14 天，因此对他继续拘禁是违法的。②

作为通常规则，根据相关的预防性拘禁法律做出的拘禁令，只有在特殊情况下，法院才会在预执行、预逮捕阶段予以撤销，这些情况包括法院初步确信，被质疑的拘禁令：（甲）本应依某一法令做出，但其未能如此；（乙）旨在用来冤枉某人；（丙）被用于不正当目的；（丁）系基于模糊的、外部的、无关的理由做出；（戊）系由无权机关做出。法院必须注意，对于预防性拘禁的管辖建立在怀疑基础之上，且采取此行动之"目的在于阻止"某人以任何方式损害相关法律列举的特定活动。法院介入预执行、预逮捕阶段只能是例外而不能是原则，且法院的介入应极度谨慎、小心、慎重。③

受到预防性拘禁之人（即使是在针对恐怖主义设备和基础设施采取大规模军事行动期间）至少有权享有最低标准的拘禁条件。因为他们未经审判或定罪，应予以无罪推定。虽然预防性拘禁剥夺了他们的自由，但是这没有剥夺他

---

① *Attorney-General of St Christopher, Nevis and Anguilla v. Reynolds*, Privy Council on appeal from the Court of Appeal of St Christopher, Nevis and Anguila, [1979] 3 All ER 129.
② *Re Thomas James Cain*, High Court of Zambia, (1974) ZR 71.
③ *State of Maharashtra v. Bhaurao Punjabrao Gawande*, Supreme Court of India, [2008] 4 LRC 480. 此拘禁令是根据1980年《防止非法交易和维持基本商品供应法》签发的。

们的人格。个人权利与国家安全两个方面的平衡,以及人格尊严的基本理念要求人道地对待被拘禁者并承认其人格尊严。①

(五)"任何因刑事指控被逮捕或拘禁之人,应被迅即带见法官或依法执行司法权力之其他官员"*

《公民及政治权利国际公约》第 9 条第 3 款适用于"任何因刑事指控被逮捕或拘禁"的人。这不仅适用于普通刑事起诉,也适用于军事起诉或者其他指向刑事处罚的特别制度。② 这要求任何因刑事指控被逮捕或拘禁的人,应被迅即带见法官或依法执行司法权力的其他官员。此要求无例外地适用于所有情况,也不依赖于被拘禁者的选择或其主张此权利的能力。③ 只要某人因涉嫌犯罪活动被逮捕或拘禁,此要求甚至在提出正式指控之前就适用。④ 该权利旨在将刑事调查中对某人的拘禁置于司法控制之下。⑤ 如果已经因一项刑事指控被拘禁的某人又被下令拘禁以面对一项无关的刑事指控,该人必须被迅即带见法官以控制第二次拘禁。⑥ 对于正确行使司法权力,一项固有的要求是,这一权力必须由一个在与被处理的问题的关系上,独立、客观、公正的机构行使。⑦

---

① *Zonenstein v. The Chief Military Advocate*, High Court of Justice of Israel,(2002)3 *Bulletin on Constitutional Case-Law* 460.

* 此处表述使用的并非《公民及政治权利国际公约》作准中文本的措辞,而是对其英文表述"Anyone arrested or detained on a criminal charge shall be brought promptly before a judge or other officer authorized by law to exercise judicial power"的翻译。

② 人权事务委员会第 35 号一般性意见,第 29 段。

③ *Kovsh v. Belarus*, Human Rights Committee, Communication No. 1787/2008; *Basnet v. Nepal*, Human Rights Committee, Communication No. 2051/2011, 29 October 2014; *Platonov v. Russian Federation*, Human Rights Committee, Communication No. 1218/2003, 1 November 2005; *Ashurov v. Tajikistan*, Human Rights Committee, Communication No. 1348/2005, 20 March 2007; *Ismailov v. Uzbekistan*, Human Rights Committee, Communication No. 1769/2008, 25 March 2011; *Kovsh v. Belarus*, Human Rights Committee, Communication No. 1787/2008, 27 March 2013; *Kozulin v. Belarus*, Human Rights Committee, Communication No. 1773/2008, 21 October 2014; *Bhandari v. Nepal*, Human Rights Committee, Communication No. 2031/2011, 29 October 2014; *Louddi v. Algeria*, Human Rights Committee, Communication No. 2117/2011, 30 October 2014. Decision of the Constitutional Court of Spain, 10 February 1997,(1997)1 *Bulletin on Constitutional Case-Law* 98. 本案中,即使拘禁发生在公海上,也存在将拘禁置于迅速的司法控制之下的义务。西班牙海关部门登上一艘悬挂巴拿马国旗航行的船舶,并将几人羁押。对于这种情况,西班牙宪法法院认为,司法机关必须决定此拘禁是否应超出 72 小时。宪法要求的意义和目的不是将被羁押者本身带至法庭,而是在经过一段特定的时间后,他们不应再受执行对其逮捕的当局的监督,而应置于相关司法机关的监督之下,并服从该机关的裁决。

④ *Marques de Morais v. Angola*, Human Rights Committee, Communication No. 1128/2002.

⑤ *Musaev v. Uzbekistan*, Human Rights Committee, Communication No. 1914/2009.

⑥ *Morrison v. Jamaica*, Human Rights Committee, Communication No. 635/1998.

⑦ *Kulomin v. Hungary*, Human Rights Committee, Communication No. 521/1992.

因刑事指控被逮捕或拘禁的个人必须被亲身带见法官或依法执行司法权力的其他官员。被拘禁者亲自参加审讯可提供调查他们在羁押中所受待遇的机会；如果下令继续拘禁，则有助于迅即将其转移至审前羁押中心。因此，这起到一种保障人的安全权利以及禁止酷刑和残忍的、不人道的、侮辱性的待遇的作用。在随后的以及随之而来的法官评估拘禁之合法性与必要性的各项审讯中，该个人有权获得法律帮助，这在原则上由其选择的律师提供。①

被逮捕者要被带见的司法官员应审查对拘禁有利或者不利的情形，通过参照法律标准，裁决拘禁是否具有正当理由，如果没有此类理由，则下令释放。换言之，司法官员需要考虑拘禁的实质案情。法官必须审查的事项不仅仅是拘禁的合法性。旨在判断剥夺某人自由否有正当理由的审查必须足够宽泛，以涵盖对拘禁有利或者不利的各种情形。②

因此，存在三个因素。第一，司法控制必须迅即。③ 第二，它必须是自动的，不得依赖于被拘禁者的预先申请。此要求应区别于被逮捕者享有的另一项权利，即提起诉讼由法院审查拘禁他（或她）的合法性的权利。不能通过提供救济确保符合此项要求。第三，在作出合适的裁决之前，司法官员必须亲自讯问被拘禁之人。④

1. 迅即

对"迅即"的任何评估都必须根据此要求的目标和宗旨作出，即保护个人免受国家对其自由权的无理干涉。司法控制旨在最大限度地降低任意性的风险。因此，解释和适用"迅即"这一概念的灵活程度极为有限。⑤ 尽管在每个案件中都可以根据其特殊情况评估迅即性，但是不能将这些特殊情况所具有的

---

① 人权事务委员会第 35 号一般性意见，第 34 段。*John Doe v. The State of Israel*, Supreme Court (Court of Appeal) of Israel, (2010) 1 *Bulletin on Constitutional Case-Law* 85：嫌疑人或者被拘禁者有权出席他（或她）的监禁审理，这是获得正当程序权的一部分。

② *TW v. Malta*, European Court, (1999) 29 EHRR 185.

③ Decision of the Supreme Court of Mexico, 7 February 2003, (2010) 2 *Bulletin on Constitutional Case-Law* 330；*Gómez Casafranca v. Peru*, Human Rights Committee, Communication No. 981/2001, Selected Decisions, Vol. 8, p. 228；Decision of the Constitutional Court of Armenia, 12 September 2009, (2010) 1 *Bulletin on Constitutional Case-Law* 8；Decision of the Constitutional Court of Russia, 14 March 2002, (2002) 2 *Bulletin on Constitutional Case-Law* 305.

④ Ibid. See also *McGoff v. Sweden*, European Commission, (1983) 6 EHRR 101. See *Kolugala v. Superintendent of Prisons*, Supreme Court of Ceylon (now Sri Lanka), (1961) 66 NLR 412. 这项要求也延及行政拘禁。在某一法律授权行政机关召回某位被判处缓刑或者赦免之囚犯的情况下，尽管授权逮捕此人不需要由法院签发要求将其押执行其判决期未满部分的逮捕令，但是锡兰最高法院认为，如果此人是被逮捕而非被还押，将他拘禁于监狱中就是非法的，且他逃离监狱不构成逃脱合法还押之罪。还押的要求不仅仅是一种形式；被逮捕者可以提出理由反对它。

⑤ *TW v. Malta*, European Court, (1999) 29 EHRR 185.

重要性提到损害此被保障之权利的实质的程度,即实际上否定国家应确保迅即释放或者迅即带见司法当局的义务。《公民权利及政治权利国际公约》第 9 条第 3 款中的用语"迅即地"不同于该条中"合理期间"这一严格程度较低的限制要求,也不同于《公民权利及政治权利国际公约》第 14 条中的"无故拖延"。"迅即地"意味着更短的时间,即延迟不得超过几天。①

虽然"迅即"的确切含义可能因客观情况而异,但延迟从逮捕之时起算,不应超过几天。② 根据人权事务委员会的观点,48 个小时通常足以移交某人并为司法审讯做准备;③ 任何超过 48 个小时的延迟一定是极为特殊的,且必须基于具体情况有正当理由。④ 置于执法人员羁押下的、不受司法控制的较长期拘禁不必要地增加了虐待的风险。大多数国家的法律规定了确切的时间限制,有的短于 48 小时,这些确切的时间限制也不应被逾越。"迅即"应以特别严格的标准适用于未成年人的案件,例如 24 小时。⑤

当"逮捕"是刑事诉讼中的一个步骤时——逮捕意在将某人交付刑事法律制度之机制,因为此理由被拘禁之人不得因任何其他目的被关押,除非出于移送中的紧急情况和实际考虑,例如没有法庭或者司法官员。"可行性不得通过参考刑事调查的紧急情况评估;人身自由权不是在警察调查结束以后才剩下的东西。"⑥ 因此,延迟 5 天是不可接受的。⑦

在欧洲的一个案件中,尽管恐怖主义背景具有延长拘禁期间的效果——在此期间,当局可在将涉嫌严重恐怖主义罪行之人带见法官或者其他司法官员之

---

① 人权事务委员会第 8 号一般性意见,第 2 段。See also *Augustine Eda v. The Commissioner of Police*, Federal Court of Appeal of Nigeria,[1982] 3 NCLR 219;《尼日利亚联邦共和国宪法》第 32 条规定,任何被逮捕或者被拘禁之人应"在合理期间内"被带至法庭,并进一步限定此术语之含义为:如果逮捕或者拘禁发生于 40 公里范围内有法庭的任何地方,期限为一天;在其他任何情况下,在法院有可能根据具体情形认为合理时,期限为两天或者更长。*Kennedy v. Trinidad and Tobago*, Human Rights Committee, Communication No. 845/1998, Selected Decisions, Vol. 7, p. 127:延迟不得超过几天。*Banda v. Gunaratne*, Supreme Court of Sri Lanka [1996] 3 LRC 508:如果没有理由逮捕某人的理由,将他拘禁于警察局过夜是不合理的。

② *Terán Jijón v. Ecuador*, Human Rights Committee, Communication No. 277/1988:5 天不够迅即。*Freemantle v. Jamaica*, Human Rights Committee, Communication No. 625/1995:4 天不够迅即。

③ *Kovsh v. Belarus*, Human Rights Committee, Communication No. 1787/2008.

④ *Fillastre v. Bolivia*, Human Rights Committee, Communication No. 336/1988:预算限制不能证明延迟 10 天合理。

⑤ 见联大第 43/173 号决议:《保护所有遭受任何形式拘留或监禁的人的原则》,原则 37。

⑥ *The State v. Songke Mai*, Supreme Court of Papua New Guinea, [1988] PNGLR 56, per Los J.

⑦ *Terán Jijón v. Ecuador*, Human Rights Committee, Communication No. 277/1988, HRC 1992 Report, Annex Ⅸ.Ⅰ; *Stephens v. Jamaica*, Human Rights Committee, Communication No. 373/1989, HRC 1995 Report, Annex Ⅷ.A(延迟 8 天)。

前羁押他，但是，强调案件的特殊情况并以此证明未带见法官的长期拘禁正当合理，是对"迅即"一词的通常含义的不可接受的扩大解释。如此解释将给这项要求带来有害于个人的、对程序保障的严重削弱，并将导致损害此项规定所保护之权利的实质的后果。①

2. 法官或依法执行司法权力之其他官员

由于《公民及政治权利国际公约》第9条第3款在两类机关之间留出了选择（"法官"或"依法执行司法权力之其他官员"），此选择中就暗示着这些机关不是同一的。然而，"其他官员"必须具有"法官"的某些属性，且能提供与法律赋予他的"司法权力"想适应的保障；也就是说，他必须满足一定的条件，而每项条件都构成对被逮捕之人的保障：

（a）制度性保障：他必须独立于执行部门和当事人。

（b）程序性保障：他必须亲自负责讯问被带见他的人。

（c）实体性保障：他必须审查有利于或者不利于拘禁的情形；通过参考法律标准，负责裁决拘禁是否具有正当理由，如果没有此类理由则应下令释放。②

对于正确执行司法权力，一项固有的要求是，这一权力必须由一个在与要处理的问题的关系上，独立、客观、公正的机构行使。③ 以下情况被认为不满足这些条件：荷兰④或者比利时⑤的军事稽查员（*auditeur-militair*），因为他在案件送交军事法庭审判后，在同一个案件中负责作为检察机关行事；荷兰的军官理事⑥（*officier-commissaris*），因为法律没有授权他裁决拘禁的正当合理性，他也无权在拘禁不具有正当合理性时下令释放；北爱尔兰的关押咨询委员会或者马耳他的地方法官，因为他们没有权力下令释放；⑦瑞士的地方检察官或者

---

① *Brogan et al* v. *United Kingdom*, European Court, (1988) 11 EHRR 117. 这项规定适用于军方的情形见，*De Jong, Baljet and Van den Brink* v. *Netherlands*, European Court, (1984) 8 EHRR 20; *McGoff* v. *Sweden*, European Court, (1984) 8 EHRR 246; *McLawrence* v. *Jamaica*, Human Rights Committee, Communication No. 702/1996, HRC 1997 Report, Annex Ⅵ. V; *Koster* v. *Netherlands*, European Court, (1991) 14 EHRR 396。

② *Schiesser* v. *Switzerland*, European Court, (1979) 2 EHRR 417.

③ *Kulomin* v. *Hungary*, Human Rights Committee, Communication No. 521/1992, HRC 1996 Report, Annex Ⅷ. L.

④ *De Jong, Baljet and Van Den Brink* v. *Netherlands*, European Court, (1984) 8 EHRR 20; *Van der Sluijs, Zuiderveld and Klappe* v. *Netherlands*, European Court, (1984) 13 EHRR 461.

⑤ *Pauwels* v. *Belgium*, European Court, (1988) 11 EHRR 238.

⑥ *Duinhof and Duijf* v. *Netherlands*, European Court, (1984) 13 EHRR 478; *Van de Sluijs, Zuiderveld and Klappe* v. *Netherlands*, European Court, (1984) 13 EHRR 461.

⑦ *Ireland* v. *United Kingdom*, European Court, (1978) 2 EHRR 25; *TW* v. *Malta*, European Court, (1999) 29 EHRR 185.

意大利、匈牙利或者白俄罗斯的检察官，因为他有权作为公诉机关的代表介入随后的刑事诉讼程序；① 或者瑞士的预审法官，因为其一般会指导刑事调查或者签发羁押令。② 符合条件的机关应不仅仅有咨询功能，也应有权对拘禁的"合法性"做出"裁决"，且如果拘禁不合法，有权下令释放。③

（六）"有权于合理期间内受审判或被释放"*

《公民及政治权利国际公约》第9条第3款中的"合理期间"与《公民及政治权利国际公约》第14条中的"无故拖延"不同，对前者的解释比对后者的更严格。相比于针对某人的未决刑事案件，拘禁会对他的自由造成更大的损害。"合理期间"这一要求所涵盖的拘禁期限始于逮捕被指控之人。"审判"一词指的是在法庭进行的整个诉讼，而不是仅指其启动。"有权受审判"一词不等同于"有权被提交审判"。然而，此要求所指的拘禁期限结束是指一审法院对指控的判决之日，而不是定罪为终局判决之日。④ 如果因调查缓慢、调查结束和送达起诉状之间或者它们与审判开始之间的耗时、审判耗时而实行拘禁，这种拖延将是不合理的。⑤ 审前拘禁应作为例外且时间应尽可能短。⑥ 对刑事司法工作缺乏足够的预算拨款，以及对刑事案件的调查实质上通过书面程

---

① *Huber* v. *Switzerland*, European Court, 23 October 1990, overruling *Schiesser* v. *Switzerland*, European Court, （1979）2 EHRR 417, and *Brincat* v. *Italy*, European Court, （1992）16 EHRR 591; *Kulomin* v. *Hungary*, Human Rights Committee, Communication No. 521/1992, HRC 1996 Report, Annex Ⅷ.L; *Sultanova* v. *Uzbekistan*, Human Rights Committee, Communication No. 915/2000, Selected Decisions, Vol. 9, p. 53; *Bandajevsky* v. *Belarus*, Human Rights Committee, Communication No. 1100/2002, Selected Decisions, Vol. 9, p. 84; *Kozulin* v. *Belarus*, Human Rights Committee, Communication No. 1773/2008, 21 October 2014; *Nikolova* v. *Bulgaria*, European Court, [2001] EHRR 3.

② *Diallo* v. *Bern Canton Immigration*, Police and Examining Judge, Federal Tribunal of Switzerland, 28 March 1995, （1995）2 *Bulletin on Constitutional Case-Law* 217.

③ *Benjamin and Wilson* v. *United Kingdom*, European Court, （2003）36 EHRR 1：心理健康审查法庭未满足独立性要求，也无权下令释放。

* 此处表述使用的并非《公民及政治权利国际公约》作准中文本的用语，而是对其英文表述"shall be entitled to trial within a reasonable time or to release"的翻译。

④ *Wemhoff* v. *Germany*, European Court, （1968）1 EHRR 55. See also *Shalto* v. *Trinidad & Tobago*, Human Rights Committee, Communication No. 447/1991, HRC 1995 Report, Annex X.C, 该案中，在上诉法院判决与再审开始之间拖延了几乎4年，在此期间被告一直被拘禁，这种情况被认为不符合《公民及政治权利国际公约》第9条第3款。

⑤ *Wemhoff* v. *Germany*, European Court, （1968）1 EHRR 55. See also *Neumeister* v. *Austria*, European Court, （1968）1 EHRR 91; *Stogmuller* v. *Austria*, European Court, （1969）1 EHRR 155; and *Matznetter* v. *Austria*, European Court, （1969）1 EHRR 198. Cf. *Noordhally* v. *Attorney-General of Mauritius*, Supreme Court of Mauritius [1987] LRC（Const）599.

⑥ 人权事务委员第8号一般性意见，第3段。

序进行的事实,都不能作为刑事案件裁判中无故拖延的正当理由。①

何为"合理期间"是一个要在每个具体案件中评估的问题。在裁决候审拘禁期限的合理性时,必须审查两个主要问题。第一,是否有具体迹象表明,存在着超越了尊重个人自由原则的、公共利益的真正需要——且不管无罪推定。第二,假设确实存在不释放等待审判之被告的相关且充分的情况,当局是否以不合理地延长候审拘禁的方式处理案件,因而给被告带来了比可合理预期被无罪推定之人所付代价更大的牺牲。② 作为一般原则,不能仅仅因为被告在被拘禁期间利用了其所享有的权利就认为他应对诉讼的拖延负责。但是被拘禁者的行为可能与拘禁期限是否"合理"有关。如果某人过度地利用了(就算不是滥用)某些法律规定的可能,且此行为以他及他的律师可预见的方式延长了拘禁期限,法院可以认定对他的审前拘禁没有超出合理期限。③

(七)"等候审判的人* 通常不得加以羁押,但释放得令具报,于审讯时、于司法程序之任何其他阶段,并于一旦执行判决时,候传到场"**

审前拘禁必须建立在任何情况下都合理且必要的对个案作出认定的基础上。④ 只有在合法、合理且必要的情况下,才能采取此措施。审前拘禁是例外,而且除非需要"防止逃跑、干扰证据或者再次犯罪"⑤ 或者"有关人员对社会

---

① *Fillastre* v. *Bolivia*, Human Rights Committee, Communication No. 336/1988, HRC 1992 Report, Annex Ⅸ. N. See also *Kone* v. *Senegal*, Human Rights Committee, Communication No. 386/1989, HRC 1995 Report, Annex Ⅹ. A.

② *Wemhoff* v. *Germany*, European Court, (1968) 1 EHRR 55; *Scott* v. *Spain*, European Court, (1996) 24 EHRR 391.

③ *Levy* v. *Germany*, European Commission, 9 July 1975. *Sextus* v. *Trinidad and Tobago*, Human Rights Committee, Communication No. 818/1998, Selected Decisions, Vol. 7, p. 111. 对于涉及诸如杀人或谋杀等严重指控的案件,并在法院拒绝被告保释的情况下,被告必须以尽可能迅捷的方式受审。因此,对于这样的情况——被告在犯罪当天被逮捕,被指控犯有谋杀罪并被关押至受审,且事实证据简单明了、显然不需要警方太多调查,就必须有充分的理由来证明拖延22个月才审理正当合理。

* 此处表述使用的并非《公民及政治权利国际公约》作准中文本的措辞,而是对其英文表述"persons awaiting trial"的翻译。

④ *Kozulin* v. *Belarus*, Human Rights Committee, Communication No. 1773/2008, 21 October 2014. See also *Kulov* v. *Kyrgyzstan*, Human Rights Committee, Communication No. 1369/2010, 26 July 2010; *Cedeno* v. *Bolivarian Republic of Venezuela*, Human Rights Committee, Communication No. 1940/2010, 29 October 2012; *Smantser* v. *Belarus*, Human Rights Committee, Communication No. 1178/2003, 23 October 2008.

⑤ *Van Alphen* v. *Netherlands*, Human Rights Committee, Communication No. 305/1988, HRC 1990 Report, Annex Ⅸ. M; Decision of the Constitutional Court of Spain, 7 April 1997, (1997) 1 *Bulletin on Constitutional Case-Law* 104; Decision of the Constitutional Court of Spain, 26 July 1995, (1995) 2 *Bulletin on Constitutional Case-Law* 214.

构成了无法通过其他任何方式遏制的清楚而严重的威胁",[1] 否则应准予保释。仅考虑犯罪的严重性或者继续调查之需,不能成为审前拘禁的正当理由。[2] 应考虑审前拘禁的替代方法,例如保释、电子拘禁或者在特定案件中使得拘禁并无必要的其他情况。某人是外国人这一事实本身不意味着可对其实行审前拘禁;仅仅推测该外国人如获保释就可能离开管辖区,也不能成为破例的理由。[3]

一旦某人被带见法官,法官必须决定他应该被释放,还是为了补充调查或者待审而被羁押。如果不存在继续拘禁的合法根据,法官就必须下令释放。如果有理由需要补充调查或者审判,法官也必须决定他是否应被释放(有条件或者无条件)——因为这时拘禁已经没有必要,以等待进一步的诉讼程序。法官不得预判处罚如何或者预断罪行,因为这些结论只能通过审判得出,也只有在公正审判后根据法院判决的内容才能实施。[4] 待审拘禁不应是回头再让警方羁押,而应置于不同当局管理的单独机构——于此更容易减少被拘禁者权利受侵犯的危险。[5]

被拘禁者有权在合理的时间内受审判或者被释放。这项要求特别适用于审前拘禁期间,即从逮捕到一审判决期间的拘禁。[6] 将案件提交审判的任何延迟是否合理,都必须根据每个案件的情况评估,应考虑到案件的复杂性、诉讼期间被告的行为、行政及司法当局处理此事的方式。[7] 完成调查中的障碍可以作为额外用时的正当理由,[8] 但是人员不足或者预算限制的一般条件则不然。[9]

对于被逮捕者犯了某一罪行的合理怀疑的持续性是继续拘禁之合法性的必要条件,但在经过一段时间之后,此条件就不再充分。这时法院必须确定,是否存在剥夺自由的其他正当理由。如果此类理由"相关"且"充分",法院就

---

[1] *Schweizer* v. *Uruguay*, Human Rights Committee, Communication No. 66/1980, HRC 1983 Report, Annex Ⅷ.

[2] *Bolaños* v. *Ecuador*, Human Rights Committee, Communication No. 238/1987, HRC 1989 Report, Annex Ⅹ.1.

[3] *Hill* v. *Spain*, Human Rights Committee, Communication No. 526/1993, HRC 1997 Report, Annex Ⅵ. B. *Smanster* v. *Belarus*, Human Rights Committee, Communication No. 1178/2003.

[4] Decision of the Constitutional Court of Spain, 17 February 2000, (2000) 1 *Bulletin on Constitutional Case-Law* 147.

[5] 人权事务委员会第35号一般性意见,第36段。

[6] *Engo* v. *Cameroon*, Human Rights Committee, Communication No. 1397/2005.

[7] 人权事务委员会第35号一般性意见,第37段。*Taright* v. *Algeria*, Human Rights Committee, Communication No. 1085/2002; *Teesdale* v. *Trinidad and Tobago*, Human Rights Committee, Communication No. 777/1996; *Thomas* v. *Jamaica*, Human Rights Committee, Communication No. 614/1995.

[8] *Boodoo* v. *Trinidad and Tobago*, Human Rights Committee, Communication No. 721/1997.

[9] *Fillastre* v. *Bolivia*, Human Rights Committee, Communication No. 336/1988; *Sextus* v. *Trinidad and Tobago*, Human Rights Committee, Communication No. 818/1998.

必须确定主管当局在开展诉讼中是否做到了"特别尽责"（special diligence）。调查的复杂性和特殊性是这方面需要考虑的因素。如果被逮捕者的案件不复杂而且本可以更快速地处理，但是构成了某个极其复杂的调查的一部分，那么主管机关必须表明的尽责与整个调查相关。然而，即使对某人参与了严重罪行存在强烈怀疑，这种怀疑尽管构成了相关因素，本身却不能作为长期拘禁的正当理由。① 延长审前羁押必须比最初实行羁押满足更严格的要求；对于为何无法终结诉讼，必须表明"有分量的理由"。②

不能简单地因为检控方请求拒绝保释，就机械地拒绝保释。对被告采取审前羁押是一项司法行为，法院在作出命令时，应在剥夺被告的人身自由之前，给出司法意见。施加的条件和限制必须合理。③ 促成继续拘禁的理由包括：

（甲）重复犯罪的危险，其条件是这种危险是合理的，而且根据该案件的情况，特别是有关人员的过去经历和性格，所采取的措施是适当的。④ 作为一般原则，以某人可能在待审的自由状态期间犯其他罪为理由拒绝保释，违反了无罪推定。⑤

（乙）涉嫌之罪行的严重性和有重大迹象表明涉嫌者有罪，虽然这本身不能作为长期的审前拘禁的正当理由。⑥

（丙）潜逃的危险。这不能仅根据可能判处的刑罚的严厉性来衡量。虽然一个人所可能预计的、他一旦被定罪时刑罚的严厉程度可以被合理地视为促使他潜逃的一个因素，但是可能被处以严厉刑罚本身不是充分的理由。当继续拘禁仅存的理由是担心此人可能会潜逃并因此躲避出庭受审时，如果有可能从他那里获得确保其出庭受审的保证，则必须将其释放待审。⑦ 然而，其他相关因

---

① *Jablonski v. Poland*, European Court, (2003) 36 EHRR 27; *Kemmache v. France*, European Court, (1991) 14 EHRR 520; *Toth v. Austria*, European Court, (1991) 14 EHRR 551; *Mansur v. Turkey*, European Court, (1995) 20 EHRR 535; *Yagci & Sargin v. Turkey*, European Court, (1995) 20 EHRR 505; *Scott v. Spain*, European Court (1996) 24 EHRR 391; *Van der Tang v. Spain*, European Court, (1993) 22 EHRR 363.

② Decision of the Constitutional Court of The Czech Republic, 13 November 1997, (1997) 3 *Bulletin on Constitutional Case-Law* 369.

③ *Foundation for Human Rights Initiatives v. Attorney General*, Constitutional Court of Uganda, [2008] 5 LRC 317.

④ *Clooth v. Belgium*, European Court, (1991) 14 EHRR 717.

⑤ *The People v. O'Callaghan*, Supreme Court of Ireland, (1966) IR 501; *Director of Public Prosecutions v. Ryan*, Supreme Court of Ireland, (1988) 31 *Yearbook* 309.

⑥ *Tomasi v. France*, European Court, (1992) 15 EHRR 1.

⑦ *Wemhoff v. Germany*, European Court, (1968) 1 EHRR 55. See also *B v. Austria*, European Court, (1990) 13 EHRR 20; *Toth v. Austria*, European Court, (1991) 14 EHRR 551; *Clooth v. Belgium*, European Court, (1991) 14 EHRR 717; *Tomasi v. France*, European Court, (1992) 15 EHRR 1; *W v. Switzerland*, European Court, (1993) 17 EHRR 60.

素也可能要么证实存在潜逃的危险,要么可能使这一危险显得如此轻微,以致无法证明待审拘禁有正当理由。① 例如,可以考虑此人的性格、道德品质、住所、职业、财产、家庭关系、在该国缺乏可靠的联系和国际联系情况,② 这些情况可能导致有理由认定,对他来讲,与接受继续拘禁相比,逃跑的后果和危害似乎反倒不那么糟糕。③ 为了确定潜逃的危险,证明某人事实上有可能逃掉并不充分。所有的刑事诉讼中都潜在地存在嫌疑人可能会通过潜逃的方式逃避起诉的可能性,因此也一定存在着他将通过潜逃的方式逃避服刑的特定概率。④ 在审查是否继续羁押待审时,法院还应考虑随着时间的推移可能出现的、减少嫌疑人潜逃风险的任何情况。⑤

(戊)保护公共秩序。⑥ 某些罪行因其特定的严重性以及公众对它们的反应,可能会引发社会动荡,这足以作为至少是一段时间的审前拘禁的正当理由。因此,在特殊情形下,如果国内法承认某项罪行会引发公共秩序动荡的概念,则此项因素可以被纳入考虑。然而,该理由只有建立在有事实足以证明释放此人确实将扰乱公共秩序的基础之上,才能被认为是相关且充分的。此外,只有公共秩序确实持续受到威胁,拘禁才会继续具有正当性。⑦

(己)存在给证人带来压力的风险。⑧

(庚)存在共同被告之间串通的风险。⑨

所提到的有关出庭受审的"保证"不一定是纯粹的经济性质的保证,⑩ 但是它们必须足以抵消拘禁之理由。⑪ 保释的目的不是弥补所造成的损害,而是

---

① *Toth v. Austria*, European Court, (1991) 14 EHRR 551; *Tomasi v. France*, European Court, (1992) 15 EHRR 1; *Letellier v. France*, European Court, (1991) 14 EHRR 83; *Mansur v. Turkey*, European Court, (1995) 20 EHRR 525; *Yagci & Sargin v. Turkey*, European Court, (1995) 20 EHRR 505.

② *W v. Switzerland*, European Court, (1993) 17 EHRR 60.

③ *Stogmuller v. Austria*, European Court, (1969) 1 EHRR 198; *Schertenlieb v. Switzerland*, European Commission, (1979) 17 *Decisions & Reports* 180.

④ Decision of the Federal Court of Switzerland, 3 November 1976: (1976) 20 *Yearbook* 801.

⑤ Decision of the Constitutional Court of Spain, 26 July 1995, (1995) 2 *Bulletin on Constitutional Case-Law* 214.

⑥ *Tomasi v. France*, European Court, (1992) 15 EHRR 1.

⑦ *Letellier v. France*, European Court, (1991) 14 EHRR 83 (在一起有关涉嫌买凶杀人的案件中,不符合条件)。See also *Kemmache v. France*, European Court, (1991) 14 EHRR 520 (在一起有关指控进口假币的案件中,不符合条件)。

⑧ *Tomasi v. France*, European Court, (1992) 15 EHRR 1. Decision of the Constitutional Court of Bosnia and Herzegovina, 13 May 2008, (2011) 1 *Bulletin on Constitutional Case-Law* 23.

⑨ *Tomasi v. France*, European Court, (1992) 15 EHRR 1; *W v. Switzerland*, European Court, (1993) 17 EHRR 60.

⑩ UN document A/2929, chap. VI, s. 38.

⑪ Decision of the Federal Court of Switzerland, 3 November 1976, 20 *Yearbook* 801.

为了确保被告出庭受审。必须通过被告失去或者不被偿还所提供的担保金额的预期来阻遏他潜逃。然而，此金额不应是不切实际的，而应根据涉案者的财力和具体情形确定。① 要求被告提供的担保不应用于赔偿犯罪所造成的损害之目的，而应是为了确保他在每一次审理中都出庭。在要求被拘禁者提交一笔他无法筹集的款项作为担保的情况中，延长拘禁时间是不合理的。要求某一具有相当资产之人为相对较轻的罪行提交大笔款项的保证金，而要求某一不具有相同财力之人为相同的罪行提交少得多的保证金，这种情况是可以的。②

关于预先保释，无法为其批准或拒绝提出刚性准则或者严格方案。不应试图在这方面提出严格的、刚性的准则，因为未来的情况和形势无法被清晰地预见。其批准或者拒绝必然会取决于每一案件的事实和情况。在处理预先保释的申请时，应评估、理解以及/或者考虑以下因素和参数：(a) 指控的性质和严重程度，以及申请人的具体角色；(b) 申请人的前科，包括他（或她）此前是否曾因任何被查明的罪行被法院定罪入狱之事实；(c) 申请者潜逃以躲避司法的可能性；(d) 申请者再犯类似或者其他罪行的可能性；(e) 提出的指控是否表现出具有通过逮捕申请者来伤害或者羞辱他（或她）之目的；(f) 批准预先保释的影响，特别是在影响很多人的大规模案件中；(g) 针对被告的全部可用材料的情况，包括他（或她）的具体角色；(h) 在两个因素之间需要达成的平衡，即不得对自由、公正和全面的调查产生损害与不得有对申请人的骚扰、侮辱或者不公正的拘禁；(i) 对申请人所受威胁的合理担心；(j) 滥诉的可能性。③

（八）"任何人因逮捕或拘禁而被剥夺自由时，有权声请法院提审，以迅速决定其拘禁是否合法，如属非法，应即令释放"

这项权利适用于所有通过官方行动或根据官方授权实行的拘禁，包括与以下方面的程序有关的拘禁：刑事的、军事的、保安的、反恐的、非自愿住院的、移民的、引渡的以及完全无依据的拘捕。它也适用于流浪拘禁或吸毒拘禁，为教育目的而对儿童实施的与法律冲突的拘禁以及其他形式的行政拘禁。《公民及政治权利国际公约》第9条第4款含义之内的拘禁还包括本宅软禁和

---

① Decision of the Federal Court of Switzerland, 3 November 1976, 20 *Yearbook* 801.
② *Youssef Isa v. Attorney General*, Constitutional Court of Malta, 17 April 2000, (2000) 1 Bulletin on Constitutional Case-Law 83.
③ *Siddharam Sarlingappa Mhetre v. State of Maharashtra*, Supreme Court of India, [2011] 2 LRC 138. (在印度刑事诉讼法中，"预先保释/anticipatory bail" 指的是与实行逮捕后申请的通常保释不同的，某人在预计自己会因被指控犯有一项不可保释之罪行而被逮捕的情况中，申请的保释。——译者注)

单独禁闭。① 非法拘禁也包括在其开始时合法，但是由于相对人已经服完监禁刑期，或者由于作为拘禁正当理由的情形已经改变，而不再合法的拘禁。②《公民及政治权利国际公约》第9条第4款彰显了人身保护令原则。③

这一要求的目的在于保障被拘禁者享有的、其所受之措施的合法性得到司法监督的权利。④ 逮捕和拘禁的"合法性"不仅应根据国内法确定，而且应依据相关国际或者区域人权文书中体现的一般原则来确定。⑤ "合法性"的概念不仅指遵守国内法中的实体性和程序性规则的义务，而且要求任何对自由的剥夺视情况都应符合《公民及政治权利国际公约》第9条、《欧洲人权公约》第5条或者《美洲人权公约》第7条之宗旨。⑥ 人权事务委员会委员巴格瓦蒂（Bhagwati）在指出《公民及政治权利国际公约》第9条第4款体现了一项具体人权的同时，还指出应对此项人权予以广义的、扩大的解释。因此，要求是，"如果拘禁不合法"（即拘禁是无理的，或者不符合《公民及政治权利国际公约》第9条第1款中的要求或该公约中的任何其他规定），则法院应有权下令释放。⑦ 对于拘禁的合法性的司法审查必须提供这样一种可能性，即如果

---

① 人权事务委员会第35号一般性意见，第40段。See *Campbell* v. *Jamaica*, Human Rights Committee, Communication No. 248/1987; *Mulezi* v. *Democratic Republic of Congo*, Human Rights Committee, Communication No. 962/2001; *Ahani* v. *Canada*, Human Rights Committee, Communication No. 1051/2002; *Fijalkowska* v. *Poland*, Human Rights Committee, Communication No. 1062/2002; *Torres* v. *Finland*, Human Rights Committee, Communication No. 291/1988; *Mika Miha* v. *Equatorial Guinea*, Human Rights Committee, Communication No. 414/1990; *Vuolanne* v. *Finland*, Human Rights Committee, Communication No. 265/1987. 关于军事拘禁，见，*De Jong, Baljet and Van den Brink* v. *Netherlands*, European Court, (1984) 8 EHRR 20：在该案中，三名应征入伍者基于信念理由拒绝服从下达给他们的命令，因此被逮捕并被拘禁，而提供给他们诉诸法院的途径分别延迟了7天、11天和6天，这不符合"快速"审查的要求。

② *Rameka* v. *New Zealand*, Human Rights Committee, Communication No. 1090/2002.

③ *Gavrilin* v. *Belarus*, Human Rights Committee, Communication No. 1342/2005. 在人权委员会起草《公民及政治权利国际公约》之时，第9条第4款早期草案中曾存在的"以人身保护令的性质"的说法被删除，以便使每个国家都能提供适合其自身法律制度的救济办法：UN document A/2929, chap. VI, s. 35。See *Habeas Corpus in Emergency Situations*, Inter-American Court, Advisory Opinion OC-8/87, 30 January 1987, (1988) 27 ILM 512. 该案中，美洲人权法院指出，人身保护令在以下方面起着至关重要的作用：确保人的生命和身体完整受到尊重；防止有人失踪或其下落被隐匿；保护人免受酷刑或者其他残忍的、不人道的或侮辱性的惩罚或待遇。See also *Suárez Rosero Case*, Inter-American Court, Judgment, 12 November 1997.

④ *Nasrulloyev* v. *Russia*, European Court, Application No. 656/2006, 11 October 2007. *Ocalan* v. *Turkey*, European Court, Application No. 46221/1999, 12 May 2005.

⑤ *Weeks* v. *United Kingdom*, European Court, (1987) 10 EHRR 293.

⑥ *Chahal* v. *United Kingdom*, European Court, (1996) 23 EHRR 413.

⑦ *A* v. *Australia*, Human Rights Committee, Communication No. 560/1993, HRC 1997 Report, Annex Ⅵ. L.

某人所受拘禁被宣告为有违此项权利，则可下令将其释放。[1]

为使此项要求能实现其目的，即获得对于拘禁之合法性的司法宣告，有必要为被拘禁者提供接触对其有管辖权的主管法官或者法庭的途径。[2] 对于对剥夺其自由的"合法性"至关重要的相关程序性和实体性事项，被指控者或被拘禁者有权要求审查。这意味着有权法院不仅要审查遵守国内法规定的程序性要求的情况，而且要审查逮捕所依据之怀疑的合理性、逮捕及随后的拘禁所追求之目的的正当性。在法院有关人身保护令之救济的实践中，这些条件通常都能得到满足。[3] 审查控诉拘禁情况的法院必须提供一种司法程序保障。诉讼应是对抗性的，且应始终确保当事方之间、检控方和被拘禁者之间的"诉讼手段平等"。如果程序未能确保诉讼手段平等，就不是真正对抗性的。[4] 如果拒绝律师获取调查档案中的、对有效地质疑其委托人所受拘禁的合法性至关重要的资料，就没有确保诉讼手段平等。[5] 被逮捕者或被拘禁者享有一种权利，即由法院"不拖延地"就其所受拘禁之合法性作出裁决。[6]

在这种情况下，"法院"一词不一定被理解为是传统类型的、属于国家标准化的司法机制之组成部分的法院。[7] 然而，某个机关要想成为"法院"，就

---

[1] *Benhadj v. Algeria*, Human Rights Committee, Communication No. 1173/2003, 20 July 2007, Selected Decisions, Vol. 9, p. 143.

[2] *Hammel v. Madagascar*, Human Rights Committee, Communication No. 155/1983, HRC 1987 Report, Annex Ⅷ. A. 该案中，一位法国国民是一名执业律师，马达加斯加政治警察在他的律师所中逮捕了他，把他送到了马达加斯加政治监狱中的一个地下室里，并将他与外界隔绝地关押了3天。关押期满后，他被告知内政部长于同一天签发了针对他的驱逐令。同时，他在看守下被带到家中，只有两个小时收拾行李。当晚，他被驱逐至法国。在驱逐之前拘禁他的期间里，他无法对逮捕他的行为提出质疑，在此意义上，《公民及政治权利国际公约》第9条第4款被违反。

[3] *Brogan et al v. United Kingdom*, European Court, (1988) 11 EHRR 117. 参见, *Chahal v. United Kingdom* (1996) 23 EHRR 413, 欧洲人权法院在该案中认定，根据案件的情节，人身保护令的程序未能满足《欧洲人权公约》第5条第4款的要求。See also *Aerts v. Belgium*, European Court, (1998) 29 EHRR 50: 该案中，对遭受精神障碍之人申请强制令符合《欧洲人权公约》第5条第4款的要求。

[4] *Lamy v. Belgium*, European Court, (1989) 15 EHRR 529; *Toth v. Austria*, European Court, (1991) 14 EHRR 551; *Kampanis v. Greece*, European Court, (1995) 21 EHRR 43; *Sanchez-Reisse v. Switzerland*, European Court, (1986) 9 EHRR 71.

[5] Decision of the Constitutional Court of Belgium, 11 March 2013, (2013) 1 *Bulletin on Constitutional Case-Law* 15: 如果律师不知道其委托人将被讯问的事实和背景，或者没有得到其委托人的适当告知，他就无法有效地向被审查者提出建议。因此，如果要让律师能够根据涉案人员的情况和特点恰当地履行职责，警官、皇家检察官或者调查法官还应告知律师将构成庭审主题的事实。

[6] *Oldham v. United Kingdom*, European Court, (2001) 31 EHRR 34:《欧洲人权公约》第5条第4款要求有关持续拘禁的裁决应"迅速地"做出，这不仅意味着有权法院必须"迅速地"做出裁决，还意味着在规定了对拘禁之合法性的自动审查的情况下，对其裁决也应在"合理间隔"后作出。

[7] *X v. United Kingdom*, European Court, (1981) 4 EHRR 188.

必须独立于行政机关和案件当事方，且应提供司法程序上的基本保障。① 相关人员出席口头审理至关重要，他因此有机会亲自或者通过律师获得听讯，并有可能传唤和质询证人。② 法院必须与本质上咨询性的法庭（tribunal）区分开来。例如，累犯委员会（recidivist's board）就不是符合此目的的法院，因为它既不能为被带见它的被拘禁者提供司法程序上的保障，也无权判定拘禁他们的"合法性"，且即使在它可能认定剥夺某些人的自由违法时，也无权下令释放。③ 类似地，虽然假释裁决委员会（parole board）是一个独立的、公正的机构，但是它缺少必要的决定权，因此在审查是否准予正在服终身监禁刑的被拘禁者有条件假释时，它限于扮演一种咨询角色。虽然它可以撤销司法官员作出的将被拘禁者送回监狱的决定，但是该程序不能被认为具有司法性质，受此影响之人也无权要求充分披露假释委员会已掌握的不利材料。④ 单从组织的角度看，少年法庭无疑是前述的"法院"，但是由于它的审理程序是在申请人的律师缺席的情况下进行的，因此也不满足成为"法院"的条件。⑤ 向部长提出上诉的权利没有满足《公民及政治权利国际公约》第9条第4款的要求。⑥

这项要求施予国家的义务的范围，不一定在所有情况下、对于任何一类被剥夺自由者都是相同的。例如，对于患有精神障碍的人，通常不可能提前确定拘禁必须持续的时间，继续拘禁的正当性将取决于病症的持续情况。这种剥夺自由行为的本质要求每隔合理期间，就审查其合法性。⑦ 因此，被强制性地、无期限或长期地限制在精神病机构中的精神失常者，尤其是在没有自动的、具有司法性质的定期审查的情况下，原则上有权在每个合理期间后向法院提起诉讼，要求审查拘禁他的"合法性"，而不论该拘禁命令是由民事或刑事法院做

---

① *De Wilde, Ooms and Versyp v. Belgium*, European Court, (1971) 1 EHRR 373.
② *Singh v. United Kingdom*, European Court, 21 February 1996; *Hussain v. United Kingdom*, European Court, (1996) 22 EHRR 1. See *Winterwerp v. Netherlands*, European Court, (1979) 2 EHRR 387: 虽然精神疾病可能意味着需要限制或者改变患者行使权利的方式，但是这不能作为损害权利行使之本身的正当理由。事实上，为了保护因为精神障碍而不能完全自主行事之人的利益，可能需要特别的程序保障。See also *Megyeri v. Germany*, European Court, (1992) 15 EHRR 585.
③ *Van Droogenbroeck v. Belgium*, European Court, (1982) 4 EHRR 443.
④ *Weeks v. United Kingdom*, European Court, (1987) 10 EHRR 293; *Singh v. United Kingdom*, European Court, 21 February 1996; *Hussain v. United Kingdom*, European Court, (1996) 22 EHRR 1.
⑤ *Bouamar v. Belgium*, European Court, (1987) 11 EHRR 1.
⑥ *Torres v. Finland*, Human Rights Committee, Communication No. 291/1988, HRC 1990 Report, Annex Ⅸ. K.
⑦ *Winterwerp v. Netherlands*, European Court, (1979) 2 EHRR 387. See also *Luberti v. Italy*, European Court, (1984) 6 EHRR 440.

出的,还是由其他机关做出的,① 因为最初批准拘禁的理由可能已经不复存在。②

本节中所提到的原则也适用于交由政府处置的、对累犯或惯犯的拘禁;③ 被判处无期徒刑的、在准予有条件假释之后又被收监之人;④ 出于安全原因而被拘禁的、发育不完全或心智能力永久受损之人。⑤ 这些原则也适用于被判处酌情性终身监禁之人。这种刑罚包括惩罚性因素或者"最低期限"(tariff,即被认为是可以满足惩罚和威慑之需的、必要的拘禁期限)和安全因素(一种被用于处理精神不稳定和危险违法者的措施)。在这种案件中,精神不稳定和危险性的因素有可能随着时间的推移而发生变化,因此在拘禁过程中可能会出现新的合法性问题。因此,在刑罚执行的这一期间,相对人有权提起诉讼,由法院在每个合理期间后裁决继续拘禁他的合法性,并由法院判断任何再次拘禁的合法性。⑥

在英国,对被判犯有谋杀罪的未满18岁的人施予的"在长官裁量期间"(during Her Majesty's pleasure)拘禁的强制性刑期,效力是使该人"可能拘禁于国务大臣可能指定的特定地点、特定条件中"。对此类被拘禁者,设有与他应服刑期有关的"最低期限",以满足惩罚和威慑之需。在此最低期限届满之后,此囚犯就有可能获准有条件假释。欧洲人权法院认为,最低监禁期限届满后的拘禁和酌情性终身监禁差不多。因此,继续拘禁他的决定性理由是该罪犯对社会的危害性。考虑到少年犯的年龄增长给他的性格和态度带来的进步,这种社会危害性是一种可能随着时间推移而改变的特点。因此,他有权提起诉讼,由法院在每个合理期间后裁决这些问题,并由法院判断任何再次拘禁的合法性。⑦

法院对于拘禁之合法性的审查必须包括下令释放的可能,而不是限于仅审查拘禁是否符合国内法。尽管国内法律制度可能采取不同的方式确保法院审查行政拘禁,但是从《公民及政治权利国际公约》第9条第4款的目的来看,具

---

① *X v. United Kingdom*, European Court, (1981) 4 EHRR 188. 对于持续关押患有精神障碍之人,人身保护令的救济并不充分,因为它并不允许对此种关押实体上的正当性和形式上的合法性做出所需的判定。See also *Perez v. France*, European Court, (1995) 22 EHRR 153.
② *Musial v. Poland*, European Court, (2001) 31 EHRR 29.
③ *Van Droogenbroeck v. Belgium*, European Court, (1982) 4 EHRR 443.
④ *Weeks v. United Kingdom*, European Court, (1987) 10 EHRR 292.
⑤ *E v. Norway*, European Court, (1990) 17 EHRR 30.
⑥ *Thynne, Wilson and Gunnell v. United Kingdom*, European Court, (1990) 13 EHRR 666.
⑦ *Singh v. United Kingdom*, European Court, 21 February 1996; *Hussain v. United Kingdom*, European Court, (1996) 22 EHRR 1; *Curley v. United Kingdom*, European Court, (2001) 31 EHRR 14.

有决定性的是这种审查具有真实的而非仅仅是形式上的效果。通过规定"如果拘禁非法时"法院应有权下令释放,《公民及政治权利国际公约》第 9 条第 4 款要求,如果拘禁不符合《公民及政治权利国际公约》第 9 条第 1 款或者该公约其他条款中的要求,法院就必须有权下令释放。这一结论也得到《公民及政治权利国际公约》第 9 条第 5 款的支持,因为该款显然调整的是对无论是根据国内法还是在该公约之含义之内的"非法"拘禁提供赔偿的情况。①

一个人,无论是处于自由状态还是被拘禁,都享有此权利。例如,一名获得有条件假释的囚犯处于"自由"状态,但是他所享有的自由在法律上更受限制,也比普通公民享有的自由更不稳定。如果他随后被收监,他事实上的自由状态即被取消,而转换为被羁押状态,尽管他曾享有的自由在法律上是一种优待而不是一种权利。② 即使在他最终被解除所有限制之后,他仍可以援用向法院提起诉讼、由法院裁判拘禁他的合法性的救济。③ 将特定种类的被拘禁者排除在《公民及政治权利国际公约》第 9 条第 4 款所要求的司法审查之外的法律违反了该公约。④ 使得此等救济实际上无法为个人所用的做法,包括与外界隔绝的拘禁,也同样违反该公约。⑤

(九)"任何人受非法逮捕或拘禁者,有权要求执行损害赔偿"

《公民及政治权利国际公约》第 9 条第 5 款阐明了一个需要国家对于侵犯人权提供有效救济的具体例证。这种特定救济不能代替遭受非法或者无理逮捕或拘禁的受害者在特定情形下可能要求的其他救济,但可与其他救济一道提供。《公民及政治权利国际公约》第 9 条第 4 款提供了一种从正在进行的非法拘禁中获释的迅捷救济,《公民及政治权利国际公约》第 9 条第 5 款则清楚地规定,非法逮捕或拘禁的受害者还权获得经济赔偿。⑥

《公民及政治权利国际公约》第 9 条第 5 款要求缔约国确立一种法律框架,

---

① *A v. Australia*, Human Rights Committee, Communication No. 560/1993, HRC 1997 Report, Annex Ⅵ. L.
② *Weeks v. United Kingdom*, European Court, (1987) 10 EHRR 293
③ Decision of the Supreme Court of Austria, 7 Ob 585/91, 26 September 1991.
④ *Umarov v. Uzbekistan*, Human Rights Committee, Communication No. 1449/2006.
⑤ *Aboussedra v. Libyan Arab Republic*, Human Rights Committee, Communication No. 1751/2008; *Fijalkowska v. Poland*, Human Rights Committee, Communication No. 1062/2002; *Grioua v. Algeria*, Human Rights Committee, Communication No. 1327/2004, Selected Decisions, Vol. 9, p. 229.
⑥ 人权事务委员会第 31 号一般性意见(2004 年),第 16 段。*Bolaños v. Ecuador*, Human Rights Committee, Communication No. 238/1987; *Mulezi v. Democratic Republic of Congo*, Human Rights Committee, Communication No. 962/2001.

在这种框架中,受害者能得到赔偿是作为一项可予强制执行的权利,而非作为恩赐或酌处决定。救济决不能只是理论上存在,而是必须实际起效,且赔偿必须在合理时间内支付。《公民及政治权利国际公约》第9条第5款没有具体规定程序的确切形式,其中可以包括针对国家本身获得救济,或者针对对侵权负有责任的个别国家官员获得救济,只要有效。①

《公民及政治权利国际公约》第9条第5款的含义之内的非法逮捕和拘禁既包括因刑事或者非刑事诉讼产生的非法逮捕和拘禁,也包括根本不存在任何诉讼程序而产生的非法逮捕和拘禁。② 逮捕或者拘禁的"非法"性可能因违反国内法或者该公约本身而产生,例如,实体性的无理拘禁以及违反《公民及政治权利国际公约》第9条其他各款之程序性要求的拘禁。③ 然而,刑事被告在一审或者上诉审中被最终宣告无罪的事实本身并不会导致任何先前的拘禁"非法"。④

(十)"任何人不得仅因无力履行契约义务,即予监禁"

这项禁止性义务必须从合同中产生。如果支票的出票人未在银行中存入足以支付支票的金额,或者在被要求与警告后仍未及时将支票簿归还给银行,则拘禁这些行为人不违反此项禁止。支票的出票人和持有人之间的关系并非产生于合同关系。支票持有人享有的权利来自支票,而不是来自支票出票人与持有人之间订立的合同。⑤

这项禁止不包括不履行由法律或者法院令施加的、具有公共利益性质的义务的违法行为,例如支付赡养费。由离婚的配偶支付赡养费的根据是司法协议(离婚令),司法机关可采取必要手段使其得到遵守,其中包括逮捕。在这种情况下,逮捕不是刑事制裁,而是旨在确保离婚协议中有关赡养费的条款得到有效遵守的一种强制执行机制。⑥

这项禁止适用于偿付债务、履行服务或者交付货物。在起草阶段,在《公

---

① 人权事务委员会第35号一般性意见,第50段。
② *A v. New Zealand*, Human Rights Committee, Communication No. 754/1997; *Martínez Portorreal v. Dominican Republic*, Human Rights Committee, Communication No. 188/1984.
③ *Marques de Morais v. Angola*, Human Rights Committee, Communication No. 1128/2002.
④ *W. B. E. v. Netherlands*, Human Rights Committee, Communication No. 432/1990; *Uebergang v. Austria*, Human Rights Committee, Communication No. 963/2001.
⑤ Decision of the Constitutional Court of Turkey, 21 November 2002, (2003) 3 *Bulletin on Constitutional Case-Law* 552.
⑥ Decision of the Constitutional Court of Chile, 27 September 2012, (2013) 1 *Bulletin on Constitutional Case-Law* 35.

民及政治权利国际公约》第 11 条末尾增加"除非其犯有诈骗罪"之表述的提议未被采纳，因为"仅因无力"的表述足以明确地将所有欺诈案件排除在本条规定的范围之外。① 基于债务理由拘禁某人是非法的，法官在这种案件中签发逮捕令也是非法的。② 针对据称的逃匿债务人的逮捕程序不合理地限制了他的人身自由与安全权利，因为该程序准许无正当理由地剥夺自由。③ 不过，此原则仅适用于"善意债务人"，而不适用于欺诈性地不履行义务的情况。④ 如果某人被指控欠债权人一笔钱，并有合理的理由认为他将很快地、永久性地离开该国，那么即使债务人的责任尚未在法院获得承认或者证明，预审法官也可以签发逮捕债务人的命令。逮捕的目的是使原告能够获得针对被告的判决，而不是在给付前一直羁押被告。⑤

在肯尼亚的一起案件中，肯尼亚社区发展基金会（KCDF）的一名项目协调员在某一酒店召开了一次会议，而该酒店提前同意了支付条件。在周五早上她正准备离开时，酒店的会计向她出示了一张发票，要求她用支票结算账单。她回答道，没有人授权她付款，而且她也没有支票。然后她被告知不准离开酒店。当天下午晚些时候，肯尼亚社区发展基金会的财务经理给酒店发了电子邮件，确认该基金会将结算此账单。然而，酒店保安仍然依指令不让她离开。她最终被拘禁在酒店中，直到周一下午，酒店的保安才通知她可以离开。肯尼亚高等法院认为，她以未履行合同义务为由被非法拘禁。而且，她仅仅是债务人即肯尼亚社区发展基金会的一名员工，因此她甚至不对此债务负责。⑥

---

① UN document A/2929, chap. VI, ss. 45, 46, 47.

② Decision of the Federal Supreme Court of Brazil, 3 December 2008, (2011) 1 *Bulletin on Constitutional Case-Law* 30.

③ Tatiana Malachi v. Cape Dance Academy International (Pty) Ltd, Constitutional Court of South Africa, (2010) 2 *Bulletin on Constitutional Case-Law* 368.

④ Decision of the Constitutional Court of Portugal, Case No. 631/04, 4 November 2004, (2004) 3 *Bulletin on Constitutional Case-Law* 518.

⑤ Malachi v. Cape Dance Academy International (Pty) Ltd, Constitutional Court of South Africa, [2011] 2 LRC 360.

⑥ Rasugu v. Sandalwood Hotel and Resort Ltd, High Court of Kenya, [2013] 3 LRC 360.

第十四章 囚犯的权利

国际文书

《公民及政治权利国际公约》

第 10 条

一、自由被剥夺之人,应受合于人道及尊重其天赋人格尊严之处遇。

二、(子)除特殊情形外,被告应与判决有罪之人分别羁押,且应另予与其未经判决有罪之身分相称之处遇;

(丑)少年被告应与成年被告分别羁押,并应尽速即予判决。

三、监狱制度所定监犯之处遇,应以使其悛悔自新、重适社会生活为基本目的。少年犯人应与成年犯人分别拘禁,且其处遇应与其年龄及法律身分相称。

区域文书

《美洲人权公约》

第 5 条

1. 每个人都具有在身体上、精神上和心理上得到尊重的权利。

2. ……所有被剥夺自由的人都应受到尊重其固有人格尊严的待遇。

3. 惩罚不得扩大到非罪犯的任何人。

4. 除特殊情况之外,被控告的人应与被判决有罪的人隔离开,并应给予适合其未犯罪者身份的分别待遇。

5. 未成年人接受刑事诉讼时,应当同成年人隔离开,并尽可能迅速地送交特别法庭,以便可以按照未成年人的身份来对待他们。

6. 剥夺自由的惩罚应当以囚犯的改造和社会再适应为主要目的。

有关文本

《维也纳领事关系公约》,1963 年 4 月 24 日通过,1967 年 3 月 19 日生效,第 36 条第 1 款

《囚犯待遇最低限度标准规则》,1955 年第一届联合国防止犯罪和罪犯待遇大会通过,联合国经济及社会理事会 1957 年 7 月 31 日第 663C(XXIV)号决议和 1977 年 5 月 13 日第 2076(LXII)号决议核可

《执法人员行为守则》,联合国大会 1979 年 12 月 17 日第 34/169 号决议通过

《有关医务人员、特别是医生在保护被监禁和拘留的人不受酷刑和其他残忍、不人道或有辱人格的待遇或处罚方面的任务的医疗道德原则》,联合国大会 1982 年 12 月 18 日第 37/194 号决议通过

《关于保护死刑犯的权利的保障措施》,联合国经济及社会理事会 1984 年 5 月 25 日第 1984/50 号决议通过

《联合国少年司法最低限度标准规则》("北京规则"),联合国大会 1985 年 11 月 29 日第 40/33 号决通过

《关于移交外国囚犯的示范协定以及关于外国囚犯待遇的建议》,第七届联合国预防犯罪和罪犯待遇大会 1985 年通过,联合国大会 1985 年 11 月 29 日第 40/32 号决议核可

《欧洲监狱规则》,欧洲理事会部长委员会 1987 年 2 月 12 日通过

《保护所有遭受任何形式拘留或监禁的人的原则》,联合国大会 1988 年 12 月 9 日第 43/173 号决议通过

《执法人员使用武力和火器的基本原则》,第八届联合国预防犯罪和罪犯待遇大会 1990 年 8 月 27 日至 9 月 7 日在古巴哈瓦那通过

《囚犯待遇基本原则》,联合国大会 1990 年 12 月 14 日第 45/111 号决议通过

《联合国预防少年犯罪准则》("利雅得准则"),联合国大会 1990 年 12 月 14 日第 45/112 号决议通过

《联合国保护被剥夺自由少年规则》,联合国大会 1990 年 12 月 14 日第 45/113 号决议通过

《联合国非拘禁措施最低限度标准规则》("东京规则"),联合国大会 1990 年 12 月 14 日第 45/110 号决议通过

《有条件判刑或有条件释放罪犯转移监督示范条约》，联合国大会 1990 年 12 月 14 日第 45/119 号决议通过

《儿童权利公约》，1989 年 11 月 20 日通过，1990 年 9 月 2 日生效，第 37 条、第 40 条

《联合国关于女性囚犯待遇和女性罪犯非拘禁措施的规则》（"曼谷规则"），联合国大会 2010 年 12 月 21 日第 65/229 号决议通过

《囚犯待遇最低限度标准规则》（"曼德拉规则"），联合国大会 2015 年 12 月 17 日第 70/175 号决议通过

一 评论

《公民及政治权利国际公约》第 10 条和《美洲人权公约》第 5 条都载有与拘禁相关的具体规定。它们都要求，所有被剥夺自由者都应得到尊重其固有人格尊严的待遇。这两条也都要求，被控告的人应与被判决有罪的人隔离开，并应给予前者与其身份相称的待遇。少年（在《美洲人权公约》中是"未成年人"）应与成年人分隔开，并应尽速予以判决（在《美洲人权公约》中为送交"特别法庭"）。两份文书都要求，监狱制度的基本目的是改造被定罪的囚犯、使其重适社会生活（或者"社会再适应"）。只有《美洲人权公约》第 5 条规定了惩罚不得扩大到并非罪犯的任何人，而这一原则包含在"残忍的、不人道的或者侮辱性的惩罚"的概念之中可能会更合适。

在起草《公民及政治权利国际公约》第 10 条时达成共识的是，虽然被剥夺自由者并不处于和其他任何人完全相同的地位，并且在特殊情况下可能会受到特殊的待遇，但是不能仅仅因为他被判定犯罪，就将他视为"毫无价值的"，因为基本目标是对他的改造和重塑。这样的人有权获得对其人身和道德尊严的尊重，有权获得对该尊严有益的物质条件和待遇，有权获取同情和善待。①

1955 年首次通过的《囚犯待遇最低限度标准规则》更详细地阐述了被接受为适合于囚犯待遇的最低限度的条件，其中的囚犯包括被逮捕或者等待审判之人或者未经起诉就被逮捕并被拘禁之人。如今，这些规则已经被 2015 年的"曼德拉规则"所取代。《联合国关于女性囚犯待遇和女性罪犯非拘禁措施的规则》（"曼谷规则"）也为这些规则提供了补充。尽管《公民及政治权利国际

---

① UN document A/4045, s. 79.

公约》第 10 条（或《美洲人权公约》第 5 条）并未提及这些规则，但这些规则意在要在第 10 条的适用中得到考虑，因为该条中没有任何内容妨碍这些规则的适用。① 除了《囚犯待遇最低限度标准规则》，如今可适用于囚犯待遇的相关联合国标准包括：《执法人员行为守则》（1978 年）、《有关医务人员、特别是医生在保护被监禁和拘留的人不受酷刑和其他残忍、不人道或有辱人格的待遇或处罚方面的任务的医疗道德原则》（1982 年）和《保护所有遭受任何形式拘留或监禁的人的原则》（1988 年）。②

二　释义

（一）"所有自由被剥夺的人应受合于人道及尊重其固有人格尊严的待遇"*

这一要求适用于根据国家法律和权力而被剥夺自由的任何人，无论其关押在监狱、医院（特别是精神病院）、拘留所、教养院或其他地方。这是一项基本规则。因此，适用这一规则的义务丝毫不取决于可用的物质资源水平。必须不加任何区分地适用这项规则，不分种族、肤色、性别、语言、宗教、政治或其他见解、民族或社会出身、财产、出生或其他身份。该要求补充了对酷刑或其他残忍、不人道或侮辱性的待遇或惩罚的禁止。被剥夺自由之人不得遭受此类待遇或惩罚，包括不得对其进行医学或科学实验，而且不得使其遭受除剥夺自由所导致的困难或限制以外的任何其他困难或限制。必须按照对待自由人的同等条件，保障对这些人的尊严的尊重。被剥夺自由者除受到在封闭环境中不可避免的限制外，享有得到承认的一切权利。③

监禁对于囚犯的个人权利和自由所造成的损害是相当大的。他们不再拥有行动自由，并且对于他们的监禁地点也无从选择。他们与外界的联系受到限制和监管。他们必须遵守监狱生活的纪律，还要受制于规定他们如何行事、在监狱中受到何种对待的规则和条例。然而，仍然存在他们不能被剥夺的基本权利的实质性剩余；如果他们被剥夺了这些权利，他们就有权获得法律补救。④ 有

---

① UN document A/4045, s. 84.
② 人权事务委员会第 21 号一般性意见（1992 年），第 5 段。
* 此处表述使用的并非《公民及政治权利国际公约》作准中文本的措辞，而是对其英文表述"All persons deprived of their liberty shall be treated with humanity and with respect for the inherent dignity of the human person"的翻译。
③ 人权事务委员会第 21 号一般性意见，第 3 段。
④ *August v. Electoral Commission*, Constitutional Court of South Africa, [2000] 1 LRC 608, per Sachs J.

必要"否定如下狭隘的和错误的观念：一旦囚犯进入监狱，似乎他就被剥夺了所有的个人权利；并且在此后，只要对他的拘禁仍在持续，他就只能主张可以在关于监狱的立法——无论是以法律还是以条例的形式——中找到的具体条款规定的权利"。①

虽然监狱管理人员在采用和执行他们认为对维持内部秩序和纪律以及维护机构安全所必要的政策和做法方面，要受到广泛的遵从，但是法院仍具有持续的责任落实囚犯的宪法权利。"一个囚犯因为犯罪即在监狱门口失去了所有基本权利的观点不再站得住脚。相反，这个人还保留着一个自由公民所具有的所有权利，除了通过法律以明示或者暗示的方式剥夺的那些权利，以及那些与矫正制度的正当刑事目标不相符的权利。"②爱尔兰高等法院就囚犯行使其他得到宪法保障的权利提出了如下检测："当国家依法行使权力剥夺公民宪法规定的自由权时，其后果之一就是剥夺了对宪法所保护的许多其他权利的行使。仍旧可以行使的权利是那些不取决于其个人自由状态的继续、符合监禁他的场所的合理要求的权利；或者换言之，是那些不会对这种场所施加无理要求的权利。"③

对囚犯所受待遇的要求涉及：每名囚犯的最小地面面积和空气体积、充分的卫生设施、不以任何方式具有侮辱性或者羞辱性的衣服、提供单独的床、提供营养价值足以保持健康和体力的食物。这些是始终都应当得到遵守的最低要求，即使预算方面的考量可能给遵守这些义务带来困难，也是如此。④国家需要确保囚犯被拘禁于符合尊重他们的人格尊严的条件之下，确保执行该措施的方式和方法不会使他们受到超过拘禁所固有的不可避免的痛苦程度的紧张或困难，并鉴于监禁的实际需求，确保他们的健康和福祉得到充分保障。⑤

美洲人权法院曾强调，由于监狱当局对被剥夺自由者行使全面控制，因此在与他们的关系方面，国家具有一种特殊的保障者地位。在这一方面，国家作为保障者，必须制定和实施监狱政策，以防止危及囚犯基本权利的严重情况。⑥国家

---

① *Minister of Justice v. Hofmeyr*, Court of Appeal of South Africa, 1993 (3) SA 131, per Hoexter JA.
② *Conjwayo v. Minister of Justice*, Legal and Parliamentary Affairs, Supreme Court of Zimbabwe, [1991] 1 ZLR 105; *Woods v. Minister of Justice*, Legal and Parliamentary Affairs, Supreme Court of Zimbabwe, [1994] 1 LRC 359; *Blanchard v. Minister of Justice*, Legal and Parliamentary Affairs, Supreme Court of Zimbabwe, [2000] 1 LRC 671.
③ *Kearney v. Ireland*, High Court of Ireland, (1987) ILRM 52; (1987) 30 *Yearbook* 292.
④ *Mukong v. Cameroon*, Human Rights Committee, Communication No. 458/1991, HRC 1994 Report, Annex IX. AA.
⑤ *Ramirez Sanchez* ['*Carlos the Jackal*'] *v. France*, European Court, 4 July 2006; *Louddi v. Algeria*, Human Rights Committee, Communication No. 2117/2014, 30 October 2014.
⑥ *Pacheco Teruel v. Honduras*, Inter-American Court, 27 April 2012.

必须保障被剥夺自由者所处的监狱条件的主要标准，尤其需要包括：（a）过度拥挤本身就是对个人完整性的侵犯，而且妨碍了监狱基本职能的正常运行；（b）正在被起诉之人必须与已经被定罪之人隔离开，未成年人应与成年人隔离开，以确保被剥夺自由者获得与其自身情况相称的待遇；（c）每个被剥夺自由者必须能够获得供其消耗的饮用水和个人卫生用水；（d）监狱中供给的食物必须质量良好、营养充分；（e）必须定期提供医疗护理，必要时由合格的医务人员提供必要的治疗；（f）教育、工作和娱乐是监狱的基本职能，必须提供给所有被剥夺自由者，以便有助于他们重适社会生活、重新融入社会；（g）探监必须获得保证，在某些情况下，限制探监制度的监禁可能与人之完整性背道而驰；（h）所有的牢房必须有充足的自然光和人造光、通风条件以及充分的卫生条件；（i）厕所必须卫生和私密；（j）对于在这一方面不符合国际最低标准的条件以及相当差以至于不尊重人类固有尊严的条件，国家不得以财政困难为由主张其正当合理；（k）严格禁止构成残忍的、不人道的或侮辱性的待遇的惩戒措施，包括肉体惩罚、长期单独隔离以及严重危害囚犯身心健康的任何其他措施。①

人权事务委员会认为，如果囚犯受到了如下待遇，就违反了《公民及政治权利国际公约》第10条：

· 被与外界隔绝地拘禁，无论时间长短。②

---

① *Pacheco Teruel v. Honduras*, Inter-American Court, 27 April 2012.

② *Caldas v. Uruguay*, Human Rights Committee, Communication No. 43/1979, HRC 1983 Report, Annex XVIII；*Benhadj v. Algeria*, Human Rights Committee, Communication No. 1173/2003, Selected Decision, Vol. 9, p. 143：一个受到刑事指控者被与外界隔绝地拘禁在一个没有通风或者任何卫生设施的微型惩罚性牢房中，后来又被关押在一个非常小以至于无法站立或者躺下的惩罚性牢房中。*Kennedy v. Trinidad and Tobago*, Human Rights Committee, Communication No. 845/1998, Selected Decisions, Vol. 7, p. 127：申诉者在没有卫生设施（除了一个便桶）也没有自然光线的小牢房中被单独关押，每周只被允许从牢房中出来一次，供给的食物也完全不充足，而且也没有考虑到他的特殊饮食需求。*Louddi v. Algeria*, Human Rights Committee, Communication No. 2117/2014, 30 October 2014；*Casariego v. Uruguay*, Human Rights Committee, Communication No. 56/1979, HRC 1981 Report, Annex XX；*Sendic v. Uruguay*, Human Rights Committee, Communication No. 63/1979, 28 October 1981；*Altesor v. Uruguay*, Human Rights Committee, Communication No. 10/1977, HRC 1982 Report, Annex IX；*Machado v. Uruguay*, Human Rights Committee, Communication No. 83/1981, HRC 1984 Report, Annex VII；*Romero v. Uruguay*, Human Rights Committee, Communication No. 85/1981, HRC 1984 Report, Annex IX；*Conteris v. Uruguay*, Human Rights Committee, Communication No. 139/1983, HRC 1985 Report, Annex XI；*Voituret v. Uruguay*, Human Rights Committee, Communication No. 109/1981, HRC 1984 Report, Annex X；*Muteba v. Zaire*, Human Rights Committee, Communication No. 124/1982, HRC 1984 Report, Annex XIII；*Espinoza de Polay v. Peru*, Human Rights Committee, Communication No. 577/1994, HRC 1998 Report, Annex XI. F. See also *Ramirez Sanchez* ['Carlos the Jackal'] *v. France*, European Court, 4 July 2006：在延长已经很长的单独关押期间之时，必须给出实质性理由，以避免任意性风险；应考虑到囚犯的情况、处境或者行为的任何变化，重新进行评估；随着时间的推移，所陈述的理由需要越来越详细、越来越有说服力。即便是在需要相对隔离的情况下，也不能对囚犯实行无限期的单独关押。独立的司法机关必须审查延长单独关押措施的是非曲直及理由。

- 遭到狱警的殴打。①
- 被戴上枷锁并被蒙住眼睛。②
- 被关在笼子里向媒体展示。③
- 被拒绝就医。④
- 受到嘲弄。⑤
- 被拒绝阅读设施,不被允许听广播。⑥
- 被要求睡在潮湿的水泥地板上。⑦
- 被要求共用床垫。⑧
- 每天都被过长时间地限制在牢房中。⑨

---

① *Solorzano v. Venezuela*, Human Rights Committee, Communication No. 156/1983, HRC 1986 Report, Annex Ⅷ. C; *Bailey v. Jamaica*, Human Rights Committee, Communication No. 334/1988, 31 March 1993; *Soogrim v. Trinidad and Tobago*, Human Rights Committee, Communication No. 363/1989, 8 April 1993; *Thomas v. Jamaica*, Human Rights Committee, Communication No. 321/1988, HRC 1994 Report, Annex Ⅸ. A; *Hylton v. Jamaica*, Human Rights Committee, Communication No. 407/1990, HRC 1994 Report, Annex Ⅸ. M; *Francis v. Jamaica*, Human Rights Committee, Communication No. 606/1994, HRC 1995 Report, Annex Ⅹ. N; *Stephens v. Jamaica*, Human Rights Committee, Communication No. 373/1989, HRC 1996 Report, Annex Ⅷ. A; *Reynolds v. Jamaica*, Human Rights Committee, Communication No. 587/1994, HRC 1997 Report, Annex Ⅵ. O; *Walker v. Jamaica*, Human Rights Committee, Communication No. 639/1995, HRC 1997 Report, Annex Ⅶ. R; *Daley v. Jamaica*, Human Rights Committee, Communication No. 750/1997, HRC 1998 Report, Annex Ⅶ. R.

② *Terán Jijón v. Ecuador*, Human Rights Committee, Communication No. 277/1988, HRC 1992 Report, Annex Ⅸ. I; *Basnet v. Nepal*, Human Rights Committee, Communication No. 2051/2011, 29 October 2014:一名囚犯被关押的情况是:双手被铐在背后并被蒙住眼睛很长时间,是在一个不适合冬季天气的有洞的帐篷中;关押场所只有一个供100多名被拘禁者使用的厕所,食物质量很差,供给量也很小。

③ *Espinoza de Polay v. Peru*, Human Rights Committee, Communication No. 577/1994, HRC 1998 Report, Annex Ⅺ. F.

④ *Mpandanjila v. Zaire*, Human Rights Committee, Communication No. 138/1983, HRC 1986 Report, Annex Ⅷ. A; *Kalenga v. Zambia*, Human Rights Committee, Communication No. 326/1988, 27 July 1993; *Lewis v. Jamaica*, Human Rights Committee, Communication No. 527/1993, HRC 1996 Report, Annex Ⅷ. N.

⑤ *Francis v. Jamaica*, Human Rights Committee, Communication No. 606/1994, HRC 1995 Report, Annex Ⅹ. N.

⑥ *Nieto v. Uruguay*, Human Rights Committee, Communication No. 92/1981, HRC 1983 Report, Annex XX.

⑦ *Shaw v. Jamaica*, Human Rights Committee, Communication No. 704/1996, HRC 1998 Report, Annex Ⅺ. S.

⑧ *Yasseen and Thomas v. Guyana*, Human Rights Committee, Communication No. 676/1996, HRC 1998 Report, Annex Ⅺ. R.

⑨ *Cabreira v. Uruguay*, Human Rights Committee, Communication No. 105/1981, HRC 1983 Report, Annex XXI; *Parkanyi v. Hungary*, Human Rights Committee, Communication No. 410/1990, HRC 1992 Report, Annex Ⅸ. Q.

- 与一个精神紊乱的囚犯被关押在同一个特别牢房中。①
- 被关押在一个过度拥挤且不卫生的牢房中。②
- 被关押在一个电灯一直开着的牢房中。③
- 被关押在一个一天有 23 个半小时不亮灯的牢房中。④
- 得到在不卫生的条件下制备的食物。⑤
- 与家人通信受到限制。⑥
- 被判死刑的人被囚禁在一个没有水的牢房中,里面冬天很冷、夏天很热、通风不足、有大量的虫子滋生,并且该囚犯每天只被允许离开其牢房半个小时。⑦
- 因为恐怖主义活动而被定罪的人与被判犯有类似罪行的其他人(其中包括患有精神疾病或传染病的人)一并关押,而不提供为病人所需的设施;每天只被允许到他的 3 米×3 米的牢房之外半小时;除非得到明示授权,否则不允许持有书写材料,带入的书籍须经严格审查,而且不保证囚犯将会收到它们;不被允许获得任何杂志、报纸、广播或电视;得到劣质食物;在被送往医院时

---

① *Wolf v. Panama*, Human Rights Committee, Communication No. 289/1988, HRC 1992 Report, Annex Ⅸ. K.

② *Massiotti v. Uruguay*, Human Rights Committee, Communication No. 25/1978, HRC 1982 Report, Annex ⅩⅧ; *Griffin v. Spain*, Human Rights Committee, Communication No. 493/1992, HRC 1995 Report, Annex Ⅷ. G; *Adams v. Jamaica*, Human Rights Committee, Communication No. 607/1994, HRC 1997 Report, Annex Ⅹ. P; *Whyte v. Jamaica*, Human Rights Committee, Communication No. 732/1997, HRC 1998 Report, Annex Ⅺ. V; *McTaggart v. Jamaica*, Human Rights Committee, Communication No. 749/1997, HRC 1998 Report, Annex Ⅺ. Y; *Perkins v. Jamaica*, Human Rights Committee, Communication No. 733/1997, 30 July 1998.

③ *Lluberas v. Uruguay*, Human Rights Committee, Communication No. 123/1982, HRC 1984 Report, Annex Ⅻ.

④ *Espinoza de Polay v. Peru*, Human Rights Committee, Communication No. 577/1994, HRC 1998 Report, Annex Ⅺ. F; *Finn v. Jamaica*, Human Rights Committee, Communication No. 617/1995, HRC 1998 Report, Annex Ⅺ. K; *Deidrick v. Jamaica*, Human Rights Committee, Communication No. 619/1995, HRC 1998 Report, Annex Ⅺ. L; *Yasseen and Thomas v. Guyana*, Human Rights Committee, Communication No. 676/1996, HRC 1996 Report, Annex Ⅺ. R; *McLeod v. Jamaica*, Human Rights Committee, Communication No. 734/1997, HRC 1997 Report, Annex Ⅺ. X.

⑤ *Matthews v. Trinidad and Tobago*, Human Rights Committee, Communication No. 569/1993, HRC 1998 Report, Annex Ⅺ. E; *Sextus v. Trinidad and Tobago*, Human Rights Committee, Communication No. 818/1998, Selected Decisions, Vol. 7, p. 111:监狱食物制备区的位置距离囚犯倾倒其便桶的地方大约 2 米,这明显对健康有害。

⑥ *Espinoza de Polay v. Peru*, Human Rights Committee, Communication No. 577/1994, HRC 1998 Report, Annex Ⅺ. F.

⑦ *Kurbanova v. Tajikistan*, Human Rights Committee, Communication No. 1096/2002, Selected Decision, Vol. 8, p. 355.

被戴上手铐和脚镣；只允许他最近的亲属每月探访一次，探访时限为 20—30 分钟。①

· 某人的死刑判决被减为终身监禁，此后与其他 9—12 名囚犯一同被拘禁于一个规格为 9 英尺长、6 英尺宽的牢房中，因为过度拥挤，导致他们之间发生暴力冲突；牢房中只有一张单人床，这迫使他睡在地板上；给他们一个塑料桶用作便桶，每天清空一次，因此有时会装满溢出；一个 2 英尺见方的带栏杆的窗户致使通风不足；每天被锁在牢房里 23 个小时；没有接受教育的机会、工作或者阅读材料。②

· 某人在绝食抗议 53 天期间，要求见到他的律师和独立的医疗专家，但都被拒绝。③

囚犯一经入狱，就必须尽快向其提供医疗服务，并且在此后，还必须根据需要经常提供。为了判断囚犯是否被剥夺了医疗护理，必须考虑以下因素：没有相关的紧急救助和专门的医疗救助；身心健康过度恶化；由于缺少及时和尽职的医疗护理而导致严重的或者长期的疼痛；尽管存在明显的和严重的健康问题，并且没有任何理由或者证据证明其为必要，但囚犯却要受过分的安全戒备条件的约束。④

虽然囚犯在被监禁时必然会失去一些权利，但是那些剩余权利——包括诉诸法院的权利、获得法律咨询的权利、与享有法律职业特权保障的法律顾问进行保密沟通的权利——变得更为重要。要求当监狱官员审查囚犯在他们的牢房中所持有的经过特许的法律文件时囚犯不得在场的政策是非法的。虽然企图恐吓或者破坏对其牢房进行搜查的囚犯，或者其过往行为表明他可能如此行为的囚犯，即使在其得到保护的通信受到检查时，可以被正当地排除于现场之外，但是在执行这一部分的搜查时，惯常地排除所有囚犯，不论其是否具有恐吓性和破坏性，则不是正当合理的。与维护监狱的安全、秩序、纪律以及防止犯罪的必要性相比，侵犯囚犯维护其特许法律文件之保密性的权利更为严重。

---

① *Maria Sybila Arredondo v. Peru*, Human Rights Committee, Communication No. 688/1996, Selected Decisions, Vol. 7, p. 36; *Thompson v. St Vincent and the Grenadines*, Human Rights Committee, Communication No. 806/1998, Selected Decisions, Vol. 7, p. 102：一位被判处死刑之人被关押在一个没有日光的、小而潮湿的、黑暗的牢房中，只提供给他一条毯子和一个便桶。他被要求在日夜都开着的灯光之下睡在地板上，并且每天只被允许从牢房中出来进入院子一个小时。

② *Sextus v. Trinidad and Tobago*, Human Rights Committee, Communication No. 818/1998, Selected Decisions, Vol. 7, p. 111.

③ *Kozulin v. Belarus*, Human Rights Committee, Communication No. 1773/2008, 21 October 2014.

④ *Vera Vera et al v. Ecuador*, Inter-American Court, 15 May 2011. See also *Sarban v. Moldova*, European Court, 4 October 2005.

在许多国家，特定类别的囚犯被剥夺了投票资格。例如，在法国，某些特定犯罪会被自动地剥夺政治权利；在希腊，审判法院可依据个案下令作出此类剥夺；在德国，被判定犯有以德意志国家统一或者其民主秩序为犯罪目标之罪行的囚犯丧失选举权。一个更普遍的趋势是规定，应由所服刑期之长短确定对于选举权的剥夺。在斯里兰卡为六个月，在加拿大为两年，在新西兰为三年，在澳大利亚为五年。在英国和日本，所有正在服刑之人均被剥夺选举权，但是在丹麦、爱尔兰、以色列、瑞典和瑞士，所有囚犯都可以投票。在南非，其宪法无限制地赋予每个成年公民在所有立法机关的选举中投票的权利，并且议会未曾通过任何限制该权利的法律；南非宪法法院认为，囚犯保有选举权。①

（二）"除特殊情形外，被控告的人应与被判决有罪的人分隔，并应给予与其未经判决有罪之身份相称之待遇"*

待审的囚犯是未被定罪的人，因此，应推定其并未犯下任何不法行为。拘禁他们的目的仅仅是将他们交付审判。惩罚、威慑、报复都不符合无罪推定。自布莱克斯通（Blackstone）的时代起就已牢固地确立的是，必须给予待审囚犯关押之需所允许的全面考虑的待遇："但是这种拘禁，正如人们所说的那样，只是为了安全的羁押待审，而不是为了惩罚：因此，在送交拘禁和审判之间的这段无把握的期间里，必须以最人性化之方式对待犯人，并且除了仅为关押之目的绝对必需的情况外，既不应使其承受不必要的负担，也不应使其遭遇其他困难。"②

要求将被控告的人与被判决有罪的人分隔的目的，是强调他们作为享有无罪推定权利的未被判罪者的身份。③ 未做到将审前拘禁者与已被判决有罪的囚犯分隔违反了《公民及政治权利国际公约》第10条第2款。④ 在起草《公民及政治权

---

① *August v. Electoral Commission*, Constitutional Court of South Africa, [2000] 1 LRC 608. See also *O'Brien v. Skinner* 414 US 524 (1973), 该案中，美国最高法院认为，囚犯不得被剥夺投票资格，除非因为身体上不能之原因——这要完全从字面上理解，而无法在选举日去投票站或者提前通过信件的方式进行恰当的登记。

* 此处表述使用的并非《公民及政治权利国际公约》作准中文本的措辞，而是对其英文表述"Accused persons shall, save in exceptional circumstances, be segregated from convicted persons and shall be subject to separate treatment appropriate to their status as unconvicted persons"的翻译。

② 4 *Commentaries* 300, 被首席法官古贝（Gubbay）引用于：*Blanchard v. Minister of Justice, Legal and Parliamentary Affairs*, Supreme Court of Zimbabwe, [2000] 1 LRC 671。

③ 人权事务委员会第21号一般性意见，第9段。See *Griffin v. Spain*, Human Rights Committee, Communication No. 493/1992, HRC 1995 Report, Annex Ⅷ. G.

④ *Wilson v. The Philippines*, Human Rights Committee, Communication No. 868/1999, Selected Decisions, Vol. 9, p. 114；*Gorji-Dinka v. Cameroon*, Human Rights Committee, Communication No. 1134/2002, Selected Decisions, Vol. 8, p. 374.

利国际公约》第 10 条时，被控告的人"通常"应与被判决有罪的人分隔的提议遭到了否决，理由是这一提法可能会过度削弱这一条款。联大第三委员会中的一些成员甚至反对"除特殊情况外"这一短语，担心这些词语可能会为不合理的滥用和做法敞开大门。① 人权事务委员会认为，虽然已被定罪之人和未被定罪之人必须被关押在不同区域中，但是不一定非要在不同的建筑中。使得已被定罪之人与未被定罪之人经常接触的安排，例如已被定罪之人在未被定罪之人被关押的地方干杂活，不违反《公民及政治权利国际公约》第 10 条第 2 款，"条件是这两类犯人之间的接触被严格限制于他们完成任务所必需的最小限度之内"。②

供未被定罪的犯人占用的个人牢房必须在一周中的每一天（包括周六、周日）和公众假期的白天保持解锁和开放状态，从而使他们在被拘禁的监牢区的范围之内自由活动和交流。每个牢房中的电灯必须在晚十点至早六点之间被关闭；在晚上，狱警可以使用手电筒有效地检查这些居住者在其牢房中的就位情况。③

待审的犯人有权一直使用和身穿自己的衣服。"其原因是显而易见的。待审的犯人被推定为无罪。因此，他不应被强迫穿上使其看上去有罪的衣服。制造一种境遇，使得待审犯人因监狱着装而在外观上无法区分于已定罪的囚犯，在他眼中就是在贬损和羞辱他，并且使其他人对他的评价降低。这暗示着——可以被预测到的，或者是极有可能发生的——对接受者的状态产生负面影响的待遇。"④ 虽然待审的犯人也有权每天从监狱外的来源获得他们所要求的尽可能多的食物，但是由法院作出指示，供应的食物不应首先由带来食物的人试吃，是不合适的。检查食物的权力及其采用的方式是法院不应干涉的行政程序。这样的干涉将对那些负责管理刑罚机构之运行并为此得到训练之人的职权空间构成不必要的侵扰。

（三）"被控告的少年应与成年人分隔，并应尽速即予判决"*

这项要求旨在基于道德和身体方面的原因，将少年与成年人分隔开。⑤ 虽然它并没有表明少年的年龄上的任何限制，但是人权事务委员会指出，《公民

---

① UN document A/4045, s. 80.

② *Pinkney v. Canada*, Human Rights Committee, Communication No. 27/1978, HRC 1982 Report, Annex VII.

③ *Blanchard v. Minister of Justice, Legal and Parliamentary Affairs*, Supreme Court of Zimbabwe, [2000] 1 LRC 671.

④ *Blanchard v. Minister of Justice, Legal and Parliamentary Affairs*, Supreme Court of Zimbabwe, [2000] 1 LRC 671.

* 此处表述使用的并非《公民及政治权利国际公约》作准中文本的措辞，而是对其英文表述"Accused juvenile persons shall be separated from adults and brought as speedily as possible for adjudication"的翻译。

⑤ UN document A/4045, ss. 82, 83. 该款包含在锡兰的提案中。

及政治权利国际公约》第 6 条第 5 款表明，所有未满 18 岁的人都应被视为是少年。

（四）"监狱制度应包括以争取囚犯改造和重适社会生活为基本目的的待遇"*

这一要求没有走到这样一步，即声明监狱制度的唯一目的应是使囚犯获得改造和重适社会生活，正如联大第三委员会中的一些代表希望《公民及政治权利国际公约》第 10 条所规定的那样，这符合他们所描绘的拘禁犯罪者的基本目的的当代潮流和现代理念。在这个意义上，该要求并没有忽视惩罚的威慑方面。① 人权事务委员会强调，任何监狱制度都不应仅具有报复性，而应主要在于寻求改造囚犯并使其重适社会生活。相关的措施可以包括指导、教育和再教育、职业指导和培训、在教养场所内部或外部提供的工作方案以及释放后的帮助。②

（五）"少年犯人应与成年犯人分隔开，并应给予与其年龄及法律身份相称的待遇"**

这一规定包括在锡兰代表的一项提议中，该代表认为，虽然《公民及政治权利国际公约》无法规定详细的措施，但它应体现包含少年罪犯的特殊需求的规定，涉及诸如对他们进行临时拘禁的条件和期限，将他们与成年人分隔开（特别是与已被定罪者分隔开），给予他们的待遇的性质等方面。给予他们的待遇的性质应当符合公认的青少年矫正治疗原则，并与每个罪犯的个体性质相协调。这一要求是以广泛的形式表述的，留由每个国家根据少年的需求采用适当的界定、详细的措施和方案。③ 就拘禁的条件而言，"与其年龄及法律身份相称的待遇"包括较短的工作时间以及和亲人接触。被称为"北京规则"的《联合国少年司法最低限度标准规则》列明了可适用于少年的待遇

---

* 此处表述使用的并非《公民及政治权利国际公约》作准中文本的措辞，而是对其英文表述 "The penitentiary system shall comprise treatment of prisoners the essential aim of which shall be their reformation and social rehabilitation" 的翻译。

① UN document A/4045, s. 81.

② 人权事务委员会第 21 号一般性意见，第 11 段。

** 此处表述使用的并非《公民及政治权利国际公约》作准中文本的措辞，而是对其英文表述 "Juvenile offenders shall be segregated from adults and be accorded treatment appropriate to their age and legal status" 的翻译。

③ UN document A/4045, s. 82.

的其他标准。①

　　一名 17 岁的澳大利亚原住民患有中度心理疾病，这严重损害了他的适应行为、沟通技能以及认知功能。他因入室盗窃被定罪并被判处八个月监禁。他被关押在一间安全牢房或者所谓干燥牢房*之中，意图是维护监狱秩序，并保护他免受来自他自己或者其他囚犯的伤害。该措施被认为不符合《公民及政治权利国际公约》第 10 条。而且，《公民及政治权利国际公约》第 10 条第 3 款要求国家给予少年囚犯与其年龄及法律身份相称的待遇。将他长期关押在一个不可能进行任何交流的孤立牢房中，外加将他长期暴露于人造光源之下，并且拿走他的衣服及毯子，与他作为一个处于极为脆弱状态——因为他的心理疾病和原住民地位——的少年身份不相称。因此，监禁中的这些苦难明显与他通过实施自残以及企图自杀的倾向所表现出的病情不相符。②

---

　　① 人权事务委员会第 21 号一般性意见，第 13 段。
　　* 按照缔约国的定义，所谓"干燥牢房"（dry cell）是指"用于在短期内监禁囚犯的安全牢房，当囚犯无法提供尿液样品或涉嫌在体内隐藏违禁品的情况下才使用"。
　　② *Brough v. Australia*, Human Rights Committee, Communication No. 1184/2003, Selected Decisions, Vol. 9, p. 154.

第十五章　迁徙自由权

国际文书

《世界人权宣言》

第9条

任何人不容加以无理……放逐。

第13条

一、人人在一国境内有自由迁徙及择居之权。

二、人人有权离去任何国家，连其本国在内，并有权归返其本国。

第14条

一、人人为避迫害有权在他国寻求并享受庇身之所。

二、控诉之确源于非政治性之犯罪或源于违反联合国宗旨与原则之行为者，不得享受此种权利。

《公民及政治权利国际公约》

第12条

一、在一国领土内合法居留之人，在该国领土内有迁徙往来之自由及择居之自由。

二、人人应有自由离去任何国家，连其本国在内。

三、上列权利不得限制，但法律所规定，保护国家安全、公共秩序、公共卫生或风化，或他人权利与自由所必要，且与本公约所确认之其他权利不抵触之限制，不在此限。

四、人人进入其本国之权，不得无理褫夺。

第13条

本公约缔约国境内合法居留之外国人，非经依法判定，不得驱逐出境，且除事关国家安全必须急速处分者外，应准其提出不服驱逐出境之理由，及声请主管当局或主管当局特别指定人员予以复判，并为此目的委托代理人到场申诉。

区域文书

《美洲人的权利和义务宣言》

第 8 条

人人有权在其国籍国领土内定居，在该领土内自由迁徙，非出于自身意愿不得被放逐出该国。

第 27 条

根据一国之法律和国际协议，如果追捕不是由一般性罪行造成的，人人有权在他国寻求并享受庇护。

《欧洲人权公约第四议定书》

第 2 条

1. 合法地处于一国领土之内的每一个人都应当在该国领土之内享有迁徙自由和自由选择其居所的权利。

2. 人人应有自由离去任何国家，连其本国在内。

3. 不得对行使这些权利施加任何限制，但根据法律施加的限制以及在一个民主的社会中出于保护国家安全和公共安全、维护公共秩序、预防犯罪、保护健康或道德、保护他人的权利和自由的需要而施加的限制除外。

4. 第 1 款中所设定的权利也可以在特殊领域中受制于一些按照法律而施加的并基于民主社会的公共利益而正当合理的限制条件。

第 3 条

1. 不得以单独或集体的方式将任何人驱逐出其所属国的国家领土。

2. 不得剥夺任何人进入其所属国领土的权利。

第 4 条

禁止对外国人进行集体性驱逐。

《美洲人权公约》

第 22 条

1. 合法地处在一缔约国领土内的每一个人，有权按照法律的规定在该国领土内迁移和居住。

2. 人人都有权自由地离开任何国家，连其本国在内。

3. 上述权利的行使，只能接受一个民主社会按照法律规定为了防止犯罪或者保护国家安全、公共安全、公共秩序、公共道德、公共卫生或者他人的权利和自由所必需的限制。

4. 第1款所承认的权利的行使，也可以因公共利益的理由，在指定的区域内由法律加以限制。

5. 任何人都不得从他国籍所属国家的领土内被驱逐出去，或者剥夺他进入该国的权利。

6. 合法地处在本公约的一个缔约国领土内的外国人，只有在执行按照法律达成的协议时，才能被驱逐出境。

7. 每一个人当他因犯有政治罪或者有关的刑事罪而正在被追捕时，有权按照国内立法和国际公约，在外国的领土上寻求庇护或者受到庇护。

8. 如果一个外国人的生命权利或者人身自由，在一个国家中，由于他的种族、国籍、宗教、社会地位或者政治见解等原因而正遭到被侵犯的危险时，该外国人在任何情况下都不得被驱逐到或者被送回该国，不论该国是否是他的原居住国。

9. 禁止集体性驱逐外国人。

《非洲人权和民族权宪章》
第12条
1. 在一国范围内，只要遵守法律，人人有权自由迁徙和居留。

2. 人人有权离开包括其本国在内的任何一个国家，也有权返回其本国。此项权利只受为保护国家安全、法律及秩序、公共卫生或道德而制定的法律条文的限制。

3. 每一个人在遭到迫害时均有权依照其他国家的法律和国际公约在其他国家寻求和获得庇护。

4. 合法地处于本宪章各缔约国境内的非本国国民，惟按照依法作出的决定方可被驱逐出境。

5. 大规模地驱逐非本国国民应予禁止。大规模的驱逐是指对民族、种族、族裔或宗教团体的驱逐。

有关文本

《联合国难民事宜高级专员办事处规程》，联合国大会1950年12月14日

第 428（V）号决议通过

《关于难民地位的公约》，1951 年 7 月 28 日通过，1954 年 4 月 22 日生效

《关于无国籍人地位的公约》，1954 年 9 月 28 日通过，1960 年 6 月 6 日生效

《关于难民地位的议定书》，1967 年 1 月 31 日通过，1967 年 10 月 4 日生效

《领域庇护宣言》，联合国大会 1967 年 12 月 14 日第 2312（XXII）号决议通过

《关于离境权和回归权的乌普萨拉宣言》，1972 年在瑞典乌普萨拉举行的国际研讨会通过

《减少无国籍状态公约》，1961 年 8 月 30 日通过，1975 年 12 月 13 日生效

《禁止酷刑和其他残忍、不人道或有辱人格的待遇或处罚公约》，1984 年 12 月 10 日通过，1987 年 6 月 26 日生效

《关于难民的卡塔赫纳宣言》，1984 年在哥伦比亚卡塔赫纳举行的难民国际保护研讨会通过

《非居住国公民个人人权宣言》，联合国大会 1985 年 12 月 13 日第 40/144 号决议通过

《关于离境和回归权的斯特拉斯堡宣言》，1986 年由法国斯特拉斯堡国际人权研究所召集的专家会议通过

《保护所有移徙工人及其家庭成员权利国际公约》，1990 年 12 月 18 日通过，2003 年 7 月 1 日生效

《联合国关于人人有权离开任何国家，包括他自己的国家，并返回其国家的自由和不受歧视宣言草案》，联合国人权委员会 1991 年通过

国际劳工组织《关于移民就业的第 97 号公约（修订）》，1949 年 7 月 1 日通过，1952 年 1 月 22 日生效

国际劳工组织《关于移民就业的第 86 号建议（修订）》，1949 年 6 月 8 日通过

一　评论

苏格拉底（Socrates）在与克力同（Crito）的对话中谈到了个人自由。他将人人有权离开自己的国家视为个人自由的一个属性："依据我们向所有雅典人所允诺的自由，我们进一步向他宣布，如果他已成年、洞察城市的运作方式

和我们，但这时他并不喜欢我们，他可以去他喜欢的地方，并带走他的财产。我们的任何法律都不得禁止他，也不得干涉他。任何不喜欢我们和城市之人，以及想要移民到殖民地或者任何其他城市之人，都可以带着他的财产去他喜欢的地方。"① 在古印度，迁徙自由是其传统文化的一部分，它维护了人的尊严，并将人视为蕴含着神性。巴格瓦蒂（Bhagwati）法官解释道：

  吠陀先知知道，不论是人身迁徙，还是为了追求商业贸易或者求索知识，或者是为了向他人传授古代先贤和先知所传授给他们的知识之光而在土地上进行的迁徙，都不应受限。印度因此扩展了她的边界：她的船只越过大洋，她财富中精美的奢侈品遍及东西方。她的文化信使和使者在东南亚传播她的艺术和史诗，她的宗教征服了中国和日本以及其他的远东国家，并向西扩展到巴勒斯坦和亚历山大港。即使是在上世纪末以及本世纪初，我们的人民也在海上穿行，并在非洲国家定居。在国内外的迁徙自由是我们遗产的一部分。②

  事实上，在考底利耶（Kautilya，公元前321—前296）时代，在印度就有护照管理人员"按照通行的比率签发通行证"。③ 1215年，《大宪章》以如下条款在法律上承认了迁徙自由权："从今以后，在对我们忠诚的条件下，任何人——不论是通过水陆还是陆路——安全稳定地离开或者返回我们的王国都是合法的，除非是在战时——在短时间内——为了王国的共同利益。但是根据本土之法律的囚犯和不法分子、与我们作战国之国民以及应以上述方式对待的商人除外。"④

  迁徙自由包括四项不同的权利：（1）在某一领土内的迁徙自由权；

---

① *Plato*, *Dialogues*，被克里什纳·艾伊尔（Krishna Iyer）法官引用：*Maneka Gandhi v. The Union of India*, Supreme Court of India, [1978] 2 SCR 621 at 715。（苏格拉底的这段话为柏拉图所记录。对这段话希腊文原文——参校其英文译文——的既有中文译文是："此外我们还预先声明给雅典人所欲得的权利：成年以后，看清了国家行政和我们——法律，对我们不满，可带自己的财物往所欲往之地。国家和我们不合你们的意，你们要走，我们没人拦阻，不会禁止你们带自己的财物到所要去的地方，——或去殖民地，或移居外邦。"［古希腊］柏拉图：《游叙弗伦·苏格拉底的申辩·克力同》，严群译，商务印书馆1983年版，第109页。——译者注）

② *Maneka Gandhi v. The Union of India*, Supreme Court of India, [1978] 2 SCR 621 at 698.

③ 被克里什纳·艾伊尔法官引用：*Maneka Gandhi v. The Union of India*, Supreme Court of India, [1978] 2 SCR 621 at 714。他补充道："旅行使自由变得有价值。生命是一次在人间宣扬个性、提升至更高层次、走向新的丛林、触及使我们的世俗旅程实现真正成就之现实的机会，是在天地之间浮动的美丽瞬间，而不是一个由某个满是怨言和毫无价值的愤恨的白痴所讲述的故事。"

④ Article 42, 6 *Halsbury's Statutes* (3rd edn) 401.

(2) 在某一领土内选择居所的权利;① (3) 自由离开包括其本国在内的任何国家的权利;(4) 进入某人之本国的权利。国家必须确保,这些权利不仅要针对公权力受到保护,也要针对私人干涉受到保护。在涉及妇女的情况下,这种保护义务要求,例如,自由迁徙和选择居所的权利根据无论法律还是实际做法,都不应受制于另外一人(包括其亲属)的决定。② 寻求和享有庇护以免受迫害的权利是离开一人之本国的权利的必然结果。《欧洲人权公约第四议定书》第3条和《美洲人权公约》第22条第5款都明确禁止驱逐本国人,但是建议《公民及政治权利国际公约》第12条应包括禁止无理放逐的条款——这以《世界人权宣言》第9条为基础——的提议遭到了批评,理由是自由民主社会不应允许放逐,因此《公民及政治权利国际公约》没有规定这样的条款。③

作为一项通例,在享有这一权利方面,公民与外国人之间或者不同类别的外国人之间没有区别。④ 一国有义务确保在其领土以及受其管辖的所有个人的基本权利(明显或者必然地仅适用于其公民的权利除外),不论对等原则,亦不论该个人的国籍或无国籍身份。⑤ 然而,与公民不同,外国人可能被驱逐出一国领土。但是《公民及政治权利国际公约》第13条、《美洲人权公约》第22条第6款和《非洲人权和民族权宪章》第12条第4款承认,合法处于一国领土之内的外国人,除非根据"依法判定",否则享有不被驱逐出该领土的权利。《公民及政治权利国际公约》第13条还进一步规定了该程序的一些要素:即提出反对驱逐理由的权利和使案件得到主管当局或其指定人员的复审并为此目的委托代理人的权利。⑥ 就《公民及政治权利国际公约》第13条的适用,

---

① 这项权利意味着受到保护,不被任意地逐出家园。关于这一点,见 Francis M. Deng, *Internally Displaced Persons: Compilation and Analysis of Legal Norms* (New York: United Nations, 1998); 特别报告员哈苏奈(Al-Khasawneh)先生的最终报告: *Human Rights and Population Transfer*, UN document E/CN. 4/Sub. 2/1997/23 of 27 June 1997。

② 人权事务委员会第27号一般性意见(1999年),第6段。

③ UN document A/2929, chap. VI, ss. 58, 59. 为了支持该提议,有人解释道,虽然在大多数国家里,流放不再作为刑罚存在,但是在某些情况下,流放某人而不是对他施以诸如拘禁在集中营中或者完全剥夺自由等更严厉的惩罚,可能更加人道。

④ 人权事务委员会第15号一般性意见(1986年),第1—2段。

⑤ 见《世界人权宣言》第2条第1款,《经济社会文化权利国际公约》第2条(但是参见第2条第3款,发展中国家根据该款能够在适当顾及人权及其经济的情况下,决定它们对非本国国民享受的经济权利,给予多大程度的保证),《公民及政治权利国际公约》第2条,《欧洲人权公约》第1条,《美洲人权公约》第1条和《非洲人权和民族权宪章》第1条。

⑥ 《公民及政治权利国际公约》第13条建立在《关于难民地位公约》第32条的基础之上。See UN document A/2929, chap. VI, s. 64.

一国不得区别对待不同类别的外国人。① 《欧洲人权公约第四议定书》第 4 条和《美洲人权公约》第 22 条第 9 款禁止对外国人进行集体驱逐（或者是《非洲人权和民族权宪章》第 12 条第 5 款所表述的"大规模"驱逐）。② 《公民及政治权利国际公约》第 13 条没有包含类似的禁令，但是其宗旨和效果显然是要防止任意驱逐。有关准予被驱逐者提出反对驱逐出境的理由和使他的案件得到复审的规定确认了这一点。③

迁徙自由是"一个人自由发展必不可少的条件"。④ 它与其他几项基本权利相互影响。例如，获得公正审判权使得行使迁徙自由权被拒绝的个人能够诉诸独立的和公正的法庭，而不是必须依赖某位下级官员的自由裁量。改变一人之国籍的权利以离开其国家的权利为先决条件，而禁止任意剥夺一人的国籍则确保他能返回自己的国家。财产权有助于迁徙自由权的行使，而不论国界寻求、接收和传递信息的自由使思想能够自由流通，这是迁徙自由的重要组成部分。⑤ 就像美国最高法院法官道格拉斯（Douglas）所评论的："和集会权和结社权一样，它经常会使其他权利变得有意义——包括知晓、研习、辩论、探索、交谈、观察甚至是思考。一旦旅行的权利受到限制，所有其他的权利也会遭殃，正如对一个人施行宵禁或者软禁一样。"⑥

二　释义

（一）"在一国领土内合法居留之人，在该国领土内有迁徙往来之自由"

原则上，一个国家的公民总是合法地处于该国领土内，即使他（或她）暂

---

① 人权事务委员会第 15 号一般性意见，第 10 段。
② 另见 1985 年《非居住国公民个人人权宣言》第 7 条：禁止基于种族、肤色、宗教、文化、出身或民族本源，对合法在一国境内的外侨个别或集体驱逐。
③ 人权事务委员会第 15 号一般性意见，第 10 段。
④ 人权事务委员会第 27 号一般性意见，第 1 段。
⑤ 见弗拉迪米尔·伯特科维奇（Volodymyr Boutkevitch）为防止歧视和保护少数小组委员会准备的一份工作文件：*Freedom of Movement*, E/CN. 4/Sub. 2/1997/22 of 29 July 1997。
⑥ Per Douglas J in *Aptheker v. Secretary of State*, United States Supreme Court, 378 US 500（1964）at 520. See also International Commission of Jurists, *Declaration of Bangalore* 1965：个人在其本国之内、离开其本国前往他国以及进入其本国的迁徙自由是一项至关重要的人类自由，无论该迁徙是为了娱乐、教育、商贸或者就业之目的，还是为了逃离他的其他自由受到压制或者威胁的环境。而且，在一个需要不断增进国际谅解的相互依存的世界中，人民之间的个人接触以及消除对其迁徙的所有不合理限制是非常必要的。

时性地离开其永久或者主要居住地。① 一个外国人是否"合法地"处于某一国家领土内是一个由国内法调整的问题,国内法可对外国人进入该国领土施加限制,条件是应遵守该国的国际义务。② 有正规身份地位的外国人必须被认为是合法处于一国领土之内。③ 一旦某人合法地处于一国领土之内,对他(或她)的迁徙自由的任何限制以及任何不同于给予本国国民的待遇,都必须根据一个或几个法定理由正当合理。④ 必须使用某人在其国籍国的姓氏——而与已经在出生或者居住国登记的名字不同——有可能妨碍在此类国家领土之内行使自由地迁徙和居住的权利。⑤

迁徙自由涉及一国的整个领土,包括联邦国家的各个部分。享受这一权利不取决于意欲迁徙或在某地留驻的人的任何特定目的或理由。⑥ 这一原则已经在一些法律制度内得到适用。在扎伊尔,某一反对派政治团体的两名成员首先受到了行政性的国内放逐,然后被限制在各自的故乡村庄中长达一年多的时间,这两种情形都剥夺了他们在本国领土内的迁徙自由。⑦ 一名多哥公民被总

---

① Decision of the Constitutional Court of Russia, 24 November 1995, (1995) *Bulletin on Constitutional Case-Law* 343. 俄罗斯联邦北奥塞梯共和国的一部法律授权中央选举委员会,对于不在该共和国领土内定居并且人在国境之外的公民——不论他们不在境内的原因是什么,不予在选民名册上登记,俄罗斯宪法法院认定这侵犯了他们的迁徙自由。在登记时公民未在境内,不得用作拒绝将他们登记在相关选区的选民名册上的理由,因为选择行使迁徙自由权并因此暂时离开其永久或主要居住地的公民并不因此失去在其居住地所在的选区的选民名册上登记的权利。

② 人权事务委员会第27号一般性意见,第4段。

③ *Celepli v. Sweden*, Human Rights Committee, Communication No. 456/1991, HRC 1994 Report, Annex Ⅸ. Z.

④ 人权事务委员会第27号一般性意见,第4段。

⑤ *Case of Grunkin and Paul*, Court of Justice of the European Communities, 14 October 2010, (2010) *Bulletin on Constitutional Case-Law* 406. 列奥纳德·马蒂斯·格伦金-保罗 (Leonard Matthis Grunkin-Paul) 的父母是德国国民,但他本人出生并一直生活在丹麦。根据丹麦法律,这个孩子获得格伦金-保罗的姓氏(是他母亲和父亲的姓氏)。当这一孩子的父母在德国申请将他的姓氏格伦金-保罗进行家庭登记时,遭到了主管当局的拒绝,理由是德国法律不允许使用复姓。欧洲共同体法院认为,拒绝承认在丹麦登记的姓氏,违反了欧洲共同体的法律。

⑥ 人权事务委员会第27号一般性意见,第5段。然而,《欧洲人权公约第四议定书》第2条第4款和《美洲人权公约》第22条第4款允许通过法律在"特定领域"(或者"指定区域")中为了"公共利益"加以限制。See *Paramanathan v. Germany*, European Commission, (1986) 10 EHRR 123: 该案中,申诉人临时进入德国所要服从的条件是,该人只能到海尔布隆市 (Heilbronn)。因此,申诉人在该国境内的合法居留受到了地域上的限制。

⑦ *Birindwa and Tshisekedi v. Zaire*, Human Rights Committee, Communication Nos. 241 and 242/1987, HRC 1990 Report, Annex Ⅸ. I. See also *Mpandanjila v. Zaire*, Human Rights Committee, Communication No. 138/1983, HRC 1986 Report, Annex Ⅷ. A; *Mpaka-Nsusu v. Zaire*, Human Rights Committee, Communication No. 157/1983, HRC 1986 Report, Annex Ⅷ. D, Selected Decisions, Vol. 2, p. 187.

统令剥夺了进入其故乡的权利也是如此。① 在萨摩亚，村庄立法会（Village Fono）命令放逐某个家庭，而威胁是如果他们不立即离开该村庄，人身就会受伤害、财产就会被毁坏，这侵犯了萨摩亚所有公民在萨摩亚全境自由迁徙并在其任何地方居住的权利。② 在所罗门群岛，当其木材公司主席——该主席基于警察和司法部部长的命令被禁止在一定期间内离开所罗门群岛——被禁止登机离开该国时，这项权利受到了侵犯。"在所罗门群岛全境自由迁徙的权利"包括登上将穿越所罗门群岛的部分领土、抵达边界并穿过它的船只或飞机的权利。③ 如果不存在国家提出的用以证明限制乃是正当合理的任何特殊情况，则软禁违反了《公民及政治权利国际公约》第12条第1款。④

为了对在一国领土之内行使迁徙自由权实行刑事处罚而将人划分为不同类别侵犯了这一权利。在美国，哥伦比亚特区的一部法律将某州的贫困家庭分为了两类——在该州居住一年或者一年以上并因此有资格获得福利救助的人，以及在该州居住不满一年并因此没有资格获得救助的人，这被认定为侵犯了从一州自由迁徙到另一州的权利。美国最高法院解释说，虽然设置一年的等待期非常适合阻止需要救助的贫困家庭的涌入，但是如果一个渴望迁徙、重新安定下来找到一份工作并开启新生活的贫困者得知，他的迁居必须冒着一种风险——在其居住的第一年期间、他的需求可能最为紧迫之时，并不存在享受该州的福利救助的可能后路，那么他一定会犹豫不决。禁止有需求之人移入该州的目的在宪法上是不被允许的。⑤ 美国最高法院在如下案件中也得出了类似结论：田纳西州的一项法律规定，在选举前30天关闭选民登记簿，但是要求在该州居住满一年并在县内居住满三个月作为投票登记的先决条件。投票的居住期限要

---

① *Ackla v. Togo*, Human Rights Committee, Communication No. 505/1992, HRC 1996 Report, Annex Ⅷ. I.

② *Punitia et al v. Tutuila*, Court of Appeal of Samoa, [2014] 4 LRC 193.

③ *Jamakana v. Attorney General of Solomon Islands*, Supreme Court of the Solomon Islands, [1985] LRC (Const) 569.

④ *Fongum Gorji-Dinka*, Human Rights Committee, Communication No. 1134/2002, Selected Decisions, Vol. 8, p. 374.

⑤ *Shapiro v. Thompson*, United States Supreme Court, 394 US 618 (1969). 美国1791年《权利法案》中并没有提及迁徙自由权。然而，在19世纪开始的一系列判决中，美国最高法院认为，在美国全境旅行的自由（包括进入并停留于联邦任何一州的自由）是本国公民身份的特权和权利之一，到国外旅行的自由是第5修正案和第14修正案保证每一个人享有的"个人自由"的一个属性。See *Kent v. Dulles*, United States Supreme Court, 357 US 116 (1958); *Aptheker v. Secretary of State*, United States Supreme Court, 378 US 500 (1964); *Zemel v. Rusk*, United States Supreme Court, 381 US 1 (1965); *United States v. Guest*, United States Supreme Court, 383 US 745 (1966); *Griffin v. Breckenridge*, United States Supreme Court, 403 US 88 (1971); *Dunn v. Blumstein*, United States Supreme Court, 405 US 330 (1972).

求的作用是为了惩罚那些行使了他们的州际移徙的宪法权利的人,且仅惩罚这些人。① 在波兰,《公民注册和身份证法》要求,申请注册他(或她)的永久性或者持续时间超过两个月的临时性居所之人,应以建筑物管理员的书面声明的形式,向有关当局出示他(或他)有权在其申请注册的房屋中居住的证明;波兰宪法法庭认定,这样的规定与在波兰国境之内迁徙以及选择居住地或住所地的自由不相容。②

对于被检测出在药物或毒品影响之下驾驶的人,除判处其监禁之外,永久性地撤销其驾驶执照作为一种补充处罚,构成了对迁徙自由的不成比例的干涉。③ 限制使用某种特定交通工具也可能侵犯这一权利。塞浦路斯有一项条例限制私人机动车辆通行——这些车辆在周末的通行要依据登记的车牌号码是奇数或者是偶数而轮换,塞浦路斯最高法院认定这一条例不符合"在共和国领土全境内自由迁徙的权利"。在周末,公共交通不足,并且很少有公民可以负担得起拥有两辆机动车或者乘坐出租车,用步行走完这些行程也不合情理。④ 然而,在直布罗陀,在晚上10时至早上7时的宵禁时间——其间没有海关人员值班——禁止运行"快艇"(fast launches)的规则获得了法院支持。这些规定与"在整个直布罗陀自由迁徙的权利"并不矛盾,因为它们只影响汽艇的活动,而不是其所有者。那些不方便的人仍然可以使用另一种船只。而且,这些规则为了公共利益是必要的,因为其目的在于协助当局打击毒贩。⑤ 在该案中,并没有考虑前述的塞浦路斯的判决。对于驶入"旧城区"的机动车辆收费并未侵犯迁徙自由权。⑥

警察无组织地、随意地拦截公众中的成员是对他们迁徙自由的侵犯。津巴布韦的一项法律规定,除非得到特别豁免,否则任何人被发现"身上没有携带身份证件",即属犯罪;此人能够通过其他方式证实他的身份,并不是辩护理由。这一规定的效果是允许随意拦截人员,以确定他们是否携带身份证件,由此赋予了警察完全任意的自由裁量权。这种任意性拦截不论多么短暂,都等于

---

① *Dunn v. Blumstein*, United States Supreme Court, 405 US 330 (1972).

② Decision of the Constitutional Tribunal of Poland, 27 May 2002, (2002) *Bulletin on Constitutional Case Law* 290.

③ Decision of the Constitutional Court of Turkey, 29 December 2011, (2012) *Bulletin on Constitutional Case-Law* 410.

④ *Elia v. The Police*, Supreme Court of Cyprus, (1980) 2 CLR 118; (1980) 1 *Commonwealth Law Bulletin* 65.

⑤ *Vinet v. Cortes*, Supreme Court of Gibraltar, [1988] LRC (Const) 486.

⑥ Decision of the Supreme Court of Estonia, 22 December 1998, (1998) *Bulletin on Constitutional Case-Law* 413.

是拘禁，并因此侵犯了迁徙自由权。[1] 以可能会举行集会或者抗议活动为理由而行使警察权力，拦截通向某一对公众开放的地方的所有通道，侵犯了公民的迁徙自由。[2] 在以色列，在战时占领的情况下，完全封锁领土上的居民使用旨在为他们服务的道路，并未适当地平衡这些作为"受保护居民"的居民（巴勒斯坦人）的权利与安全需要，原因是确实存在替代性的安全措施，因此完全封锁是不成比例的。[3]

在印度，监视这一权利之行使所造成的影响受到了司法调查。将某人置于监视之下是否限制了他的"在印度全境之内自由迁徙"的权利？印度最高法院的多数法官认为，"迁徙"的权利仅仅意味着行动的权利，并且在这种语境中，"自由地"这一副词表明，在服从任何有效法律的条件下，迁徙自由是不受限制的、绝对的，即按照某人所愿意的地点、时间以及方式迁徙的自由。敲门或者将某人从睡梦中唤醒，并没有以任何方式妨碍或损害他的行动。该法院的多数法官否决了一种说法，即知晓或预计警方监视可能会对人的迁徙活动产生心理抑制，而是认为得到保障的自由涉及的是某种有形的和物理的东西，而不涉及对一个人的心理产生的无法衡量的影响——这种心理可能指导他有关迁徙或移动事宜的行为。少数法官的观点则强调，监视传达了监督和密切观察的意图。受监视之人无法在不被人注视的情况下四处走动。苏巴·饶（Subha Rao）法官解释了其重要性："仅仅是在身体限制意义上不受阻碍的迁徙本身不是一个人迁徙的目标。一个人的迁移通常是为了寻求某种目标。他前往一个地方去享受、去做生意、去见朋友、去与他人进行秘密和亲密的商谈，并做许多其他的事情。如果一人处于阴影之下，那么他的迁徙就明显受到了限制。他可以在身体上迁移，但这只是一种机械性的迁徙。"他询问道，一种在警察的审视下的迁移如何能被说成是一种自由的迁徙。"整个国家就是他的监狱。因此，迁徙自由必须是在一个自由国家中的迁徙，即在当然要服从社会控制之法律的情况下，在一国内能够做他愿意的任何事情，与他所愿意的任何人讲话，毫无忧惧地与他自己选择的人见面。"处于被监视之阴影下的人，肯定是被剥夺了自由。他虽然可以在身体意义上迁徙，但这种迁徙却不是自由的，因为他的所有活动都会被观察、记录。对他施以的铺天盖地的监视必然会使他陷入被限制的

---

[1] *Elliott v. Commissioner of Police*, Supreme Court of Zimbabwe, [1997] 3 LRC 15. See also *R v. Hufsky*, Supreme Court of Canada, (1988) 1 SCR 621.

[2] Decision of the Constitutional Court of Korea, 30 June 2011, (2012) *Bulletin on Constitutional Case-Law* 535.

[3] *Abu Safiya et al v. Minister of Defence*, High Court of Justice of Israel, (2009) Bulletin on Constitutional Case-Law 531.

危险之中，他也无法按照自己的意愿自由行事。① 考虑到该法院在后续的判决中，采取了更自由的解释方法，如今可以认为苏巴·饶法官的少数意见是对印度法律的一项正确陈述。②

在一国之全境自由迁徙的权利是否包括沿着高速公路行动的权利？圭亚那上诉法院认为不包括。沿着高速公路行动的权利——沿着高速公路来回移动的权利以及附带的短暂停留的权利——在概念上和特性上与在该国自由迁徙的权利具有不同的性质。③ 根据命名和定义，公共道路意味着是为公众所使用的；铺设它们不是为了促进开展私人业务。④ 因此，为了社会利益而采取的控制人群的措施不侵犯迁徙自由。⑤ 商贩从一地到另一地经营业务的权利被认可历时已久。如果根据情况的紧急性进行适当的监管，人行道上的小商贩可以以相对较低的价格提供日常使用的普通物品，从而有助于公众的舒适和便利。⑥

（二）"在该国领土内择居之自由"

合法地处在某一国家领土内的任何人均可选择他希望居住的地方。这排除了禁止人们进入或停留在领土中的特定部分。⑦ 在德国的一起案件中，一位以就业为目的而居住在柏林的土耳其国民曾经成功地援用这一权利：在他进入德国几乎15年之后，他的永久居留许可证首次被盖上了"未经授权，不得在克罗茨贝格（Kreuzberg）、蒂尔加滕（Tiergarten）、维丁（Wedding）几个区定居"的印章。⑧

---

① *Kharak Singh v. The State of Uttar Pradesh*, Supreme Court of India, [1964] 1 SCR 332.

② See *Cooper v. The Union of India*, Supreme Court of India, [1971] 1 SCR 512; *Maneka Gandhi v. The Union of India*, Supreme Court of India, [1978] 2 SCR 621. *R v. Wise* (1992) 133 NR 161, 该案中，加拿大最高法院以4比3的多数认为，通过对车辆的电子监控获取的证据可以在起诉伤害案件中采用。拉·福雷斯特（La Forest）法官在他的异议意见中认为，"在一个自由社会中，警察或者其他国家工作人员竟然在它们的权力范围之内，根据他们自身的自由裁量并仅凭怀疑就在他人的汽车上安装侦测设备，以使他们在长时间内日日夜夜地跟踪他（或她）的行动"是"完全不可接受的"。See also *Raimondo v. Italy*, European Court, (1994) 18 EHRR 237.

③ *Ramson v. Barker*, Court of Appeal of Guyana, (1982) 33 WIR 183. See also *Saghir Ahmed v. The State of Uttar Pradesh*, Supreme Court of India, [1955] 1 SCR 707; *United States v. Guest*, United States Supreme Court, 383 US 745 (1966); *Griffin v. Breckenridge*, United States Supreme Court, 403 US 88 (1971).

④ *Bombay Hawkers' Union v. Bombay Municipal Corporation*, Supreme Court of India, [1985] 3 SCC 528.

⑤ *Austin v. Metropolitan Police Commissioner*, House of Lords, United Kingdom, [2009] 4 LRC 686.

⑥ *Sodan Singh v. New Delhi Municipal Corporation*, Supreme Court of India, [1989] 4 SCC 155. See also *Saudan Singh v. New Delhi Municipal Corporation*, Supreme Court of India, [1993] 4 LRC 204：每个公民都有使用公共街道的权利，包括在其上交易的权利，但应受到国家施加的任何合理限制。然而，在公共街道上交易的权利不能扩展到允许公民占用或者蹲坐在任何特殊场地，而只是允许公民通过不断地从一个地方移动到另一个地方，在人行街道上叫卖。

⑦ 人权事务委员会第27号一般性意见，第7段。

⑧ Decision of the Berlin Administrative Court (VwG Berlin), 26 August 1977, (1978) *Neue Juristische Wochenschrift* 68; (1977) 21 *Yearbook* 747.

在印度的一起案件中，一位印度公民成功地主张了一项法律与其"在印度领土的任何地方居住和定居"的权利相冲突：根据该法律，如果他在未经允许或者没有有效许可的情况下访问巴基斯坦后回国，政府可以下令将他从其本国驱逐。① 在克罗地亚，有一项法律侵犯了自由迁徙和选择居住地的自由，因为该法律规定：如果某个地方的公民没有一个特定的永久性居所，那么应拒绝其居住权；如果他（或她）未应主管当局的要求出示就业或者其他经常性收入来源的证据，也可以拒绝其居住权。② 在美国，公民迁徙的权利包括：当迁徙者决定成为美国某个成员州的永久性居民时，该人有权获得和该州中的其他公民一样的待遇。宪法上的迁徙权平等对待在一州居住的该州的所有公民，并且不允许根据居住期限对州的公民身份划分等级。③

某人在其国籍国领土内选择居所的权利不受临时离开住处的影响。在白俄罗斯的一起案件中，宪法法院认定该国的一项法律与这一权利不相符：该法律规定，如果承租人及其家人暂时性地离开，将仅在特定的期间内保留其住所（在该案件中为6个月）。④ 即使承租人离开住处的原因是去服法院判处的监禁刑罚，他也不能丧失保留其居所地点的权利。选择居所的权利不受时间限制。⑤ 在捷克共和国的一起案件中，一位患病的老年妇女选择在她儿子居住的城市而不是她所居住的城市接受治疗，而她租用其一间公寓的大楼的所有者认为，她的离开构成了终止租约并驱逐她的理由。捷克共和国宪法法院认为，这侵犯了在国外或者国内任何地方自由迁徙的宪法权利：因为她有权选择她的治疗地点，所以她决定在她儿子所居住的城市寻求治疗是有效的，尤其是考虑到她年事已高并需要家人的照顾。⑥

在津巴布韦的一起案件中，当局以"不能提供本国稀缺的技能"为由，拒

---

① *Ebrahim Vazir Mawat v. Bombay*, Supreme Court of India, [1954] SCR 933.

② Decision of the Constitutional Court of Croatia, 19 January 2000, (2000) *Bulletin on Constitutional Case-Law* 35. See Decision of the Constitutional Court of Russia, 22 June 2010, (2010) *Bulletin on Constitutional Case-Law* 359：某外国向一位俄罗斯公民签发居留许可并不必然意味着，他/她不再忠于俄罗斯联邦；这种情况也不会造成与该外国的相当于俄罗斯国籍的任何关系。由于在外国工作或学习而必须在国外居住一段期间、拥有不动产、家庭关系或其他原因，都不会导致丧失俄罗斯国籍。俄罗斯公民在外国持有居留许可的事实，并不限制他/她的权利和自由；也不会免除他/她的俄罗斯公民身份所引起的义务。

③ *Saenz v. Roe*, United States Supreme Court, (1999) *Bulletin on Constitutional Case-Law* 298.

④ Decision of the Constitutional Court of Belarus, 25 June 1996, (1996) *Bulletin on Constitutional Case-Law* 178.

⑤ Decision of the Constitutional Court of Russia, 23 June 1995, (1995) 2 *Bulletin on Constitutional Case-Law* 191.

⑥ Decision of the Constitutional Court of the Czech Republic, 2 May 2000, (2000) *Bulletin on Constitutional Case-Law* 240.

绝给予一位与津巴布韦公民结婚的外国国民在津巴布韦工作和居住的许可,这侵犯了这位津巴布韦公民在该国全境自由迁徙以及在其任何地方居住的权利。[1] 在该国随后的一起案件中,津巴布韦最高法院首席法官古贝(Gubbay)评论道,"居住"一词具有模糊性:[2]

> 根据其所表现出的意图和对象,该词可能具有不同的含义。将它限制于一个人在完成一天的工作之后吃饭和睡觉的地方这种严格的意义,将会削弱该外国人的作为津巴布韦公民的妻子得到保障的权利——她因为诸如年老、贫困、文盲、裁员、身体或者精神残疾等原因,无法充分供养身处津巴布韦的她的外国丈夫和子女。因此,为了保全和维持婚姻关系,她别无选择,而只能与她丈夫离开,到一个她丈夫能够承担养家糊口的角色和责任的国家。换言之,赋予"在津巴布韦任何地方居住的权利"以通常的狭义含义,将会区分两类妻子:一类是富裕的妻子,她自己和孩子都不依赖丈夫的供养;另一类是穷困或一贫如洗的妻子,她的生活需要部分或者全部依赖她的丈夫。

迁徙自由权不承认在有关房地产或土地使用的法规与永久性居住相冲突的某些领土内占据或者保有住所的权利,条件是这些法规是普遍适用的,而不意在专门针对某些个人或人群的迁徙自由。[3] 然而,在领土内于某人选择的地方居住的权利包括得到保护,免受各种形式的强迫国内迁移。[4] 应该将被迁移者处于脆弱和无防御的状态理解为一种缺少保护的情况。因此,国家有义务采取积极措施,扭转这种情况的影响。[5] 不对暴力行为进行有效调查,有可能刺激采取强迫迁移。[6]

---

[1] *Rattigan v. Chief Immigration Officer*, Supreme Court of Zimbabwe, [1994] 1 LRC 343.
[2] *Salem v. Chief Immigration Officer*, Supreme Court of Zimbabwe, [1994] 1 LRC 354. 若没有明确提出结婚是为了寻求某种方便的怀疑,移民官员不得在这位丈夫申请的居留许可的审查未决期间,坚持要求他离开该国。津巴布韦最高法院指令,在30天内,应为这位外侨丈夫签发使他在津巴布韦能够保有与长期居住的其他外侨同等地位的必要书面授权,并给予他与所有永久居民享有的权利相同的权利,包括在津巴布韦的任何地方受雇用或者从事其他有报酬的活动的权利,而且不能对该权利加以限制。See also *Ruwodo NO v. Minister of Home Affairs*, Supreme Court of Zimbabwe, [1995] 2 LRC 86.
[3] Decision of the Federal Constitutional Court of Germany, 17 December 2013, (2013) *Bulletin on Constitutional Case-Law* 503.
[4] 人权事务委员会第27号一般性意见,第7段。
[5] *Rio Negro Massacres v. Guatemala*, Inter-American Court, 4 September 2012.
[6] *Velez Restrepo and Family Members v. Colombia*, Inter-American Court, 3 September 2012.

(三)"自由离去任何国家,连其本国在内"

人人有自由离开任何国家,包括其本国在内。① 离开一国领土的自由不得取决于任何特定的目的或者个人选择在该国以外停留的期间。这既包括到国外旅行,也包括为长期移居国外而离境。同样,个人确定目的地国的权利也是法律保障的一部分。因为这一权利不局限于合法处于某一国家领土内的人,所以被依法驱逐出境的外国人也有权选择目的地国,条件是这个国家同意。② 当然,离开任何国家——包括其本国——的权利并不保证一种从一国旅行到另一国的不受限制的权利,尤其是不赋予一个人进入其本国以外的其他国家的权利。③ 然而,《世界人权宣言》第 14 条、《美洲人的权利和义务宣言》第 27 条、《美洲人权公约》第 22 条第 7 款和《非洲人权和民族权宪章》第 12 条第 3 款都承认,个人为了在另一个国家寻求并享有庇护以免受迫害,有离开其本国的权利。④

虽然未决的司法程序可能作为限制某人离开其本国之权利的正当理由,但是在司法程序被不正当地拖延的情况下,限制离开该国的权利就是不合理的。⑤ 某人是外国公民的事实不足以作为在审前程序中将其羁押的正当理由。必须要给出一个会使羁押此人在宪法上具有正当合理性的具体的潜在威胁。⑥

欧盟成员国国民的迁徙自由权既包括进入原籍成员国以外的成员国的权利,也包括离开原籍国的权利。⑦ 只有以公共政策、公共安全或者公共卫生为

---

① 外国人有权寻求其本国的外交帮助,以确保享有这一权利。见《联合国关于人人有权离开任何国家,包括他自己的国家,并返回其国家的自由和不受歧视宣言草案》:UN document E/CN. 4/Sub. 2/1991/45,第 12 条。

② 人权事务委员会第 27 号一般性意见,第 8 段。

③ *Nunez v. Uruguay*, Human Rights Committee, Communication No. 108/1981, HRC 1983 Report, Annex XXIII.

④ 因非政治犯罪或者行为违反联合国之宗旨和原则而被起诉的人,不享有这一权利。

⑤ *Miguel Gonzalez del Rio v. Peru*, Human Rights Committee, Communication No. 263/1987, Selected Decisions, Vol. 4, p. 68:被迫受限达 7 年。Decision of the Constitutional Court of Bulgaria, 31 March 2011, (2011) *Bulletin on Constitutional Case-Law* 33:这一限制只可施予故意妨碍强制执行程序的债务人,而不得施于那些配合相关当局的债务人。Decision of the Constitutional Court of Romania, 23 September 2004, (2004) *Bulletin on Constitutional Case-Law* 519:在刑事诉讼的审判阶段之前,对被告人或者正受司法调查的人施予最多 30 天不得旅居国外的限制,为及时审理刑事案件以及防止对刑事调查行为的任何干涉之需,是正当合理的。*Ram v. Director of Immigration*, High Court of Fiji Islands, [2006] FJHC 15:在审理指控和诉讼之时,不能限制刑事犯罪嫌疑人的迁徙自由长达一年。See also *Singh v. Naupoto et al*, High Court of Fiji Islands, 4 July 2008, [2009] 3 LRC 119.

⑥ Decision of the Constitutional Court of the Czech Republic, 6 June 2002, (2002) *Bulletin on Constitutional Case-Law* 243.

⑦ *Ministerul Administrtieisi Internelor-Directia Generala de Pasapoarte Bucuresti v. Gheprghe Jipa*, Court of Justice of the European Communities, (2010) *Bulletin of Constitutional Case-Law* 198.

由，才可以驱逐欧盟成员国的公民。[1]

1. 获得护照的权利

为了使个人能够行使离开包括其本国的任何国家的自由，其居留国和原籍国都承担了一定的义务。由于国际旅行通常需要适当的文件，特别是护照，因此离开一个国家的权利就必须包括获得必要旅行文件的权利。[2] 护照通常要由个人的国籍国签发。某位公民居住在国外，或者居住在国外的公民已经从另一个国家获得旅行证件的事实，并不免除国籍国签发护照的义务。在这种情况下，居住国和国籍国都承担着义务。[3] 对于居住在国外的国民，一国拒绝发放护照或拒绝延长护照的有效期，就会剥夺其离开居住国到别处旅行的权利。国家不能以其国民没有护照也可回国入境为理由证明上述做法正当合理。[4]

持有护照不是一项特权。赞比亚高等法院的穆苏马里（Musumali）法官解释了原因：

---

[1] Decision of the Supreme Administrative Court of Finland, 21 September 2004, (2004) *Bulletin on Constitutional Case-Law* 451.

[2] 人权事务委员会第 27 号一般性意见，第 9 段。关于护照的起源，见 1988 年由姆班加 - 齐泊亚（C. L. C. Mubanga-Chipoya）1988 年为人权委员会准备的关于"人人有权离开任何国家，包括其本国在内，并有权返回其国家"的研究报告（UN document E/CN. 4/Sub. 2/1988/35, para. 66）："在 16 世纪，欧洲国家首先使用了护照，以此作为军事当局准予士兵休假的许可证。在 18 世纪，该术语被用来指由某一领土的主权者向外国人签发的在该领土内有效的文件。当时，在一国之内的内部迁徙也需要护照。在 19 世纪初，护照被认为是交战国给予外国人的书面许可，允许他们在其领土内或者由其所占领的领土内旅行。在法国大革命期间，根据所宣称的迁徙自由，护照第一次被废除，但是后来又被恢复，以限制离开该国的权利。从那时起，一国当局开始向其出国旅行的国民签发护照。"在 1835 年，美国最高法院如此描述护照的性质："从性质和目的来看，它都是用于针对外国权力的一份文件；它的目的只是请求护照持有者可以安全地、自由地通行；而且主要作为一种政治性质的文件得到考虑，持有人通过护照在外国被承认为是美国公民；并且根据其用途和万国法，它也可以被接受为持有者为美国公民这一事实的证据。" *Urtetiqui v. D'Arcy* (US) 9 Pet 692, 699, 9 Led 276, 279, 道格拉斯（Douglas）法官的引述：*Kent v. Dulles*, United States Supreme Court, 357 US 116 (1958), at 121。

[3] *Waksman v. Uruguay*, Human Rights Committee, Communication No. 31/1978, HRC 1980 Report, Annex Ⅶ; *Martins v. Uruguay*, Human Rights Committee, Communication No. 57/1979, HRC 1982 Report, Annex ⅩⅢ; *Lichtensztejn v. Uruguay*, Human Rights Committee, Communication No. 77/1980, HRC 1983 Report, Annex ⅩⅣ; *Montero v. Uruguay*, Human Rights Committee, Communication No. 106/1981, HRC 1983 Report, Annex ⅩⅦ.

[4] 人权事务委员会第 27 号一般性意见，第 9 段。See also *Vidal Martins v. Uruguay*, Human Rights Committee, Communication No. 57/1979, Selected Decisions under the Optional Protocol (Second to Sixteenth Sessions), p. 122; *Loubna El Ghar v. Libyan Arab Jamahiriya*, Human Rights Committee, Communication No. 1107/2002, Selected Decisions, Vol. 8, p. 360：利比亚驻摩洛哥领事馆向一位一直生活在摩洛哥并希望在法国继续接受高等教育的利比亚国民签发的通行证（其中称，"鉴于她是摩洛哥本地人，并且尚未获得护照，因此签发这份旅行文件是为了使她能够返回其国籍国领土"），不能被视为能够使她旅行到国外的有效利比亚护照的合格替代品。*X v. Minister of Foreign Affairs*, Council of State of the Netherlands, (2013) *Bulletin on Constitutional Case-Law* 329：只有在最特殊的情况下，才会给外国人签发旅行证件，因为签发此类文件通常会被理解为针对某一主权国家的敌对行为。

持有护照不是一项特权，因为他/她有宪法规定的迁徙自由权。为了到国外旅行，赞比亚公民需要有效的赞比亚护照或者旅行证件。正如他们从本国的一个地方到另一个地方旅行不需要获得当局的许可一样，他们到国外旅行也不需要获得这种许可。由于他们没有护照就不能在本国之外旅行，因此他们有权拥有护照，除非宪法对迁徙自由规定的法律限制有效适用。①

在签发护照仍然属于行使行政特权的英国，高等法院有权审查护照申请是否被错误地拒绝。上诉法院法官奥康纳（O'Connor）评论道，行使在签发护照问题上的行政特权"是这样一个领域，其中常识就可以告诉人们，如果由于某种原因，签发护照因某个糟糕的理由而被错误地拒绝，法院应能够对其进行调查"。因此，随之而来的是，应该给出拒绝的理由。② 在印度，在没有规范签发护照的法律的情况下，行政部门行使其自由裁量权拒绝签发护照，构成了对公民离开其本国权利的侵犯。③ 锡兰（即现在的斯里兰卡）的宪法曾经并不保障迁徙自由权，签发护照依据的则是《出入境移民法》，而且处于所规定当局的绝对性自由裁量之下。对此，锡兰最高法院的费尔南多（T. S. Fernando）法官指出，"迁徙自由权是公民的一项重要权利，在合适情形和适当程序中，我们的法院不得被认为不愿意审查行政自由裁量权是否可以等同于行政机构的突发奇想或者任性随意"。④

任何对离开的权利特别是离开某人之本国的权利有负面影响的法律规定和行政措施，都需要评估其是否符合这一权利的行使。同样需要评估的，是对将无必要文件的人带入其领土的国际承运人所采取的制裁措施——如果这些措施影响离开另外一个国家的权利的话。⑤ 不得要求持有效护照的人向其政府寻求获得旅行的特别许可，或者解释或证明旅行的原因。锡兰最高法院曾有效地扼杀该国当局对旅行自由施加此等限制的一次尝试。1964 年，锡兰移民当局坚持，在一个持有有效护照、必要签证和旅行票的人可以被获准离开该国之前，

---

① *Nawakwi v. Attorney-General of Zambia*, High Court of Zambia, [1993] 3 LRC 231. See also *Nyirong v. Attorney-General of Zambia*, Supreme Court of Zambia, [1993] 3 LRC 256：赞比亚公民进入赞比亚的权利的前提是，该公民首先要有权离开赞比亚。因此，这一权利只能依照宪法所规定的理由而被限制或者剥夺。

② *R v. Secretary of State for Foreign and Commonwealth Affairs*, ex parte Everett, Court of Appeal of the United Kingdom, [1989] LRC (Const) 966.

③ *Satwant Singh Sawhney v. Ramarathnam*, Supreme Court of India, [1967] 3 SCR 525.

④ *In Re Ratnagopal*, Supreme Court of Ceylon, (1968) 70 NLR 409.

⑤ 人权事务委员会第 27 号一般性意见，第 10 段。

要有国防部和外事部门的"通关许可"。锡兰联合国协会秘书长申请"通关许可",以访问吉隆坡参加其协会的上级机构的一次会议,却被告知不能被准予所需的通关许可。他上诉到最高法院,法院坚持要求立即撤销这项"非法要求"。①

不得因公民的信仰和组织联系而扣留其护照。美国最高法院在一起案件中就曾如此认定:一位美国公民希望访问英国并参加在芬兰举行的世界和平会议,但国务卿拒绝为其签发护照,理由是(甲)他是一个共产主义者,(乙)他"始终如一地长期坚持共产党的路线"。② 在后来的一起案件中,美国最高法院认定,禁止共产主义组织的成员"申请、使用或者试图使用护照"的《颠覆活动控制法》过于宽泛地、不分皂白地限制了公民的旅行权利。戈德堡(Goldberg)法官指出,该禁令的适用未考虑到个人希望旅行的目的。"这造成的结果是,如果某一被登记组织的据知成员申请护照是为了看望在爱尔兰的亲属,或者到牛津大学的波德利图书馆阅读稀有书籍,申请人就将犯有刑事罪行;然而,如果他前往加拿大或者拉丁美洲从事针对美国的犯罪活动,他却可以得逞,但又逃脱了该法律的禁止范围。"③

联合国已经形成了关于护照问题的如下原则:

(1) 人人有权获得离开任何国家或者进入其本国可能需要的旅行或其他文件。不得拒绝发给任何人此类文件或者许可。

(2) 此类文件应免费签发。

(3) 任何国家均不得以申请人无法提交进入另一个国家的授权为由,拒绝签发此类文件或者以其他方式阻止其行使离境权利。

(4) 签发此类文件的程序应当快捷,不得过分冗长或烦琐。

(5) 提交申请此类文件的每个人都有权立即获得提交申请的正式的具有证

---

① *Aseerwatham v. Permanent Secretary, Ministry of Defence and External Affairs*, (1964) 6 *Journal of the International Commission of Jurists* 319. See also *Gooneratne v. Permanent Secretary, Ministry of Defence and External Affairs*, (1964) 6 *Journal of the International Commission of Jurists* 320.

② *Kent v. Dulles*, United States Supreme Court, 357 US 116 (1958).

③ *Aptheker v. Secretary of State*, United States Supreme Court, 378 US 500 (1964). 在一项附议判决中,道格拉斯(Douglas)法官评论道:"是一名共产主义者不是犯罪;尽管旅行可能会增加非法事件发生的可能,但是人活着也会有此种可能。在未发生战争的情况下,除非有权禁一位公民,否则就不能以任何方式阻止他在国内外旅行。在这种情况下,非法行为当然可以受到惩罚;但是该权利仍然是神圣不可侵犯的。"在另一案件中,道格拉斯法官补充说:"然而,世界充满了共产主义思潮;共产主义政权也不止存在于一块大陆上。它们是整个世界的一部分;如果我们想要了解和理解它们,我们就必须与它们进行交往。在对立的群体之间保持着思想交流始终是重要的,而且现今似乎更加前所未有地重要。" *Zemel v. Rusk*, United States Supreme Court, 381 US 1 (1965).

明力的收据。关于签发此类文件的决定应该在法定的合理期限内做出。应以书面形式迅速通知申请人拒绝、撤回、注销或者延期签发此类文件的任何决定，其具体原因，该决定所依据的事实，以及可用于对该决定提出申诉的行政性或其他救济。

（6）在离境或者返回的权利被拒绝的任何情况下，均应提供向更高级别的行政或司法当局提出上诉的权利。上诉人应有充分的时机陈述上诉的理由、获得由其自择之律师的代理，并质疑任何拒绝或者限制所依据的事实的准确性。应以书面形式迅速通知上诉人任何具体说明决定的理由的上诉结果。[1]

《关于离境和回归权的斯特拉斯堡宣言》包含了有关行使这一权利的其他原则。[2] 例如，某人或其家庭成员在寻求行使或者正在行使离境权时，不得受到任何制裁、惩罚、报复或者干扰，例如——包括但不限于——对就业、住房、居住状况或者社会、经济或教育利益产生不利影响的行为。不得要求某人为离境而放弃其国籍，也不得因为该人寻求行使或者正在行使这一权利而剥夺其国籍。不得以某人希望放弃或者已经放弃其国籍为由，拒绝该人的离境权利。[3] 除了与旅行证件有关的小额费用外，不得对寻求行使或者正在行使离境权征收任何费用或者税款。不得要求保证金或者其他担保以确保任何国民归国或返回。不得将货币或者经济控制用作阻止任何国民离境的手段。因不遵守对国家或者对他人之义务而被阻止离境的任何人，应当可以做出履行这些义务的合理安排。[4] 任何离开某一国家的人都有权从该国带走：

---

[1] Draft UN Declaration on Freedom and Non-Discrimination in Respect of the Right of Everyone to Leave Any Country, Including His Own, and to Return to His Country. （该草案载姆班加－齐泊亚1987年为人权委员会编写的关于"人人有权离开任何国家，包括其本国在内，并有权返回其国家"的最后报告第一部分，E/CN. 4/Sub. 2/1987/10, Annex Ⅰ。——译者注）See Decision of the Constitutional Court of Russia, 15 January 1998, (1998) *Bulletin on Constitutional Case-Law* 108：如果某位公民无论出于何种原因无法在其登记的居住地申请护照，法律也未规定其他可能性，那么其离开该国的权利就受到了侵犯。仅由经登记确认的居住地签发护照，在公民享有自由地离开该国的宪法权利与只能向具体地域的行政机关申请的要求之间，建立了一种过于严格的联系。永久居住在该国境外的公民、被迫移居者以及未正式登记地址的人实际上不可能在俄罗斯获得护照。

[2] The Strasbourg Declaration on the Right to Leave and Return，这一宣言是由法国斯特拉斯堡的国际人权研究所于1986年11月召集的国际法律工作者和其他专家为期三天的会议制定的。来自哥斯达黎加、埃及、德意志联邦共和国、法国、摩洛哥、荷兰、瑞典、瑞士、英国、美国和赞比亚的30名与会者出席了会议。该宣言的文本见，Hurst Hannum, 'The Strasbourg Declaration on the Right to Leave and Return' [1987] 81 *American Journal of International Law* 432 or UN document E/CN. 4/Sub. 2/1988/35/Add. 1 of 15 June 1988, 19。

[3] 第3条。See also Draft UN Declaration on Freedom and Non-Discrimination in Respect of the Right of Everyone to Leave Any Country, Including His Own, and to Return to His Country, Articles 5 and 6.

[4] 第4条（g）项。See also Draft UN Declaration on Freedom and Non-Discrimination in Respect of the Right of Everyone to Leave Any Country, Including His Own, and to Return to His Country, Article 8.

（一）其个人财产，包括家用物品以及与履行其职业或者技能有关的财产；
（二）所有其他财产或者其收益，只需满足诸如对家庭成员的供养义务等法定金钱义务、服从法律为保护国民经济而实行的一般性控制，条件是这类控制不会产生否定此权利之行使的后果。不能从该国带走的财产或其收益仍应由离境的所有者持有，此人可以自由地处置在该国境内的此类财产及其收益。①

由于《公民及政治权利国际公约》第 12 条第 2 款承认的权利可能受到第 12 条第 3 款规定的某些限制的约束，因此在某些情况下，如果法律有规定，国家可以拒绝向公民签发护照。②

2. 对护照的限制

护照在地理上的有效范围是否可以受到限制？宪法所保护的在一国境内旅行的权利不意味着可以不受到限制地进入遭受洪水、火灾或者瘟疫破坏的地区。国际旅行可能也是如此。例如，战场对于旅行来说可能就太危险了。在美国最高法院，福塔斯（Fortas）法官曾提到参议院外交关系委员会的审理情况，该委员会曾在几年前的审理中问国务院，当一份护照被盖上"到×国无效"的字眼时意味着什么。得到的回答是，这"意味着，如果该护照的持有者进入×国境内，他无法保证得到美国的保护……[但是这并]不意味着，如果持有者到×国旅行，他就将触犯刑法"。同样，在参议院的一个委员会举行的听证会上，一名部门官员解释说，当一份护照被标记为前往所述国家"无效"时，这就意味着"本国政府并不提倡个人进入这些国家，也没有允许他在本政府的保护之下进入这些国家"。③

扣押护照的命令必须以准司法的方式做出。在这种情况下，自然正义规则适用于这种权力的行使。印度最高法院认为，必须认为兼听双方陈述这一规则的必然含义包含在护照法律之中，因为任何涉及管理、限制甚至是拒绝一项基本权利之模式的程序都必须是公正的，而不能是"任意的、怪异的或者匪夷所思的"。在一起案件中，前总理儿媳的护照被扣押，理由是在调查委员会的审理过程中，可能会要求她出庭。巴格瓦蒂法官认为，护照管理当局可以扣押护

---

① 第 5 条。See also Draft UN Declaration on Freedom and Non-Discrimination in Respect of the Right of Everyone to Leave Any Country, Including His Own, and to Return to His Country, Article 9.

② *Lichtensztejn* v. *Uruguay*, Human Rights Committee, Communication No. 77/1980, Selected Decisions, Vol. 2, p. 102; *Mabel Pereira Monteiro* v. *Uruguay*, Human Rights Committee, Communication No. 106/1981, Selected Decisions, Vol. 2, p. 136; *Carlos Varela Nunez* v. *Uruguay*, Human Rights Committee, Communication No. 108/1981, Selected Decisions, Vol. 2, p. 143.

③ *United States* v. *Laub*, United States Supreme Court, 385 US 475 (1967).

照，而不给予有关人员获得先行听证的机会，但是扣押护照的命令一经做出，就应该给予她以补救为目的听证机会，以便她得以提出自己的案件，反驳护照管理当局的理由，并指出为何不应该扣押她的护照以及为何应当撤销扣押决定。扣押护照的命令一经做出就应立即有获得听证的公平机会，将符合自然正义的要求；而且可以且应当从1967年的《护照法》中解读出要求给予有关个人这种机会的规定。"如果认为该项规定的必然含义包含在1967年《护照法》之中，正如我们认为它应当如此的那样，那么该法律所规定的扣押护照的程序就应当是正确的、公平的、公正的，并且不会受到任意或者无理的缺陷的影响。"[1]

（四）"上列权利不得限制，但法律所规定，保护国家安全、公共秩序、公共卫生或道德，或他人权利与自由所必要，且与本公约所确认之其他权利不抵触之限制，不在此限"

只有在特殊情况下，在一国领土内自由迁徙和居住的权利以及离开包括其本国在内的任何国家的权利才可以受到限制。《公民及政治权利国际公约》第12条第3款授权，国家只有为保护国家安全、公共秩序、公共卫生或者道德、他人的权利和自由，才可以限制这些权利。[2]《欧洲人权公约第四议定书》第2条第3款和《美洲人权公约》第22条第3款进一步增加了要保护的两种利益——公共安全和预防犯罪，而《非洲人权和民族权宪章》使用"法律及秩序"替代公共秩序，并且未提到"他人的权利与自由"。

1. "法律所规定"

限制必须由法律所规定，即法律必须确定这类权利可以受到限制的条件。在圭亚那的一起案件中，一名被指控纵火但是被判定无罪的大学讲师被禁止离开该国——理由是检控方已经针对他的无罪判决提出上诉，而这种阻止他离境的行为是违宪的。"离开圭亚那的权利"不受未经法定理由所认可的任何限制。被判定无罪的人是自由的，没有义务出现在上诉中；他也不需要法院的允许以

---

[1] *Maneka Gandhi v. The Union of India*, Supreme Court of India, [1978] SCR 312.

[2] 在起草这一条时，得到承认的是，迁徙自由和选择居所的自由应受到某些正当的限制。但是，对于可予允许之限制的范围，观点不一。该条的早期草案中包含了一长串的例外清单，但是后来寻求达成的则是一种更一般化的、旨在保障国家利益的同时又对个人予以保护的表述模式。还被认为可取的一点是，这一条中的限制规定应与第18、19、20、21条中的限制类似（UN document A/2929, chap. VI, ss. 51, 56）。（原书中，该注解位于本段末尾；译文根据其内容，调整到此处。——译者注）

离开该国。①

"法律"意味着正式意义上的法律，即指议会通过的法律。爱沙尼亚某个市议会的一项条例禁止 16 岁以下的人在晚上 11 点至早上 6 点之间在公共场所停留，除非有成年人陪同。这一条例是无效的，因为尽管该条例是一份法律性文件，但是它并不是根据有权施以此种限制的立法做出的。②《俄罗斯联邦国家边界法》规定，在边境管制地点要向离开俄罗斯联邦领土的人收取边境管理费用，这在本质上是一种税，却是有效的。但是，由于该法律中并没有规定与征收此税相关的其他要素——诸如收取的金额和收取的程序，因此政府无权收取此税。③

一国在制定规定了《公民及政治权利国际公约》第 12 条第 3 款所允许之限制的法律时，应总是以限制不得损害权利的最根本内容这一原则为指导；权利与限制之间、规范与例外之间的关系不应被颠倒。授权实行限制的法律必须使用精确的标准，且不得给予负责实行限制者不受制约的裁量权限。④

2. "所必要"

《公民及政治权利国际公约》第 12 条第 3 款要求，任何限制都应为保护特定的目的"所必要"，且与《公约》所承认的其他权利相一致。因此，仅规定限制乃是服务于可予允许的目的是不够的，它们还应该是为保护这些目的所必要的。限制性措施必须符合比例原则，它们必须适合于达成其保护功能，必须是可用来达成所欲结果的诸种手段中侵扰性最小的一个，必须与要保护的利益成比例。比例原则不仅应该在规定限制的法律中得到尊重，而且行政和司法当局在适用法律时也必须加以尊重。各国应确保有关这些权利之行使或限制的任何诉讼必须迅速进行，适用限制措施要提出理由。⑤

---

① *Roopnarine v. Barker*, Supreme Court of Guyana, (1981) 30 WIR 181, per Persaud J. 参见, *Re Application by Robert Sookrajh* (1969) 14 WIR 257, 该案中, 圭亚那最高法院认为, 基于一项公诉指控被交付巡回审判并被准予保释的某人无权离开该国。该国《宪法》第 14 条虽然保障"离开圭亚那的权利", 但是"为了确保他在日后的审判中为该刑事罪行出庭"或者"为了确保履行该人的法定义务", 也允许对这一权利施以限制。

② Decision of the Supreme Court of Estonia, 6 October 1997, (1997) *Bulletin on Constitutional Case-Law* 377.

③ Decision of the Constitutional Court of Russia, 11 November 1997, (1997) *Bulletin on Constitutional Case-Law* 416.

④ 人权事务委员会第 27 号一般性意见, 第 13 段。

⑤ 人权事务委员会第 27 号一般性意见, 第 15 段。*Labita v. Italy*, European Court, (2000) *Bulletin on Constitutional Case-Law* 186: 虽然对涉嫌是黑手党成员的人进行特别监管是合法的, 但是在当局并未发现任何具体证据表明他是黑手党成员或他有犯罪的现实风险的情况下, 严格限制其迁徙自由不能被认为是"在民主社会中所必要的"。

人权事务委员会指出，作为一个重要的关切，"许多法律的和官僚主义的障碍毫无必要地影响了在国内迁徙的权利"。它提到了要求个人更换居所应申请许可的规定，要求获得目的地地方当局批准的规定，以及在处理此类申请时的拖延。一系列障碍使得公民难以离开国家，这些困难包括但不限于需要雇主或家人表示支持的说明，确切描述旅行路线，只有支付大大高出行政服务成本的高额费用才发放护照，要求缴纳归国抵押或回程机票，要求目的地国或在那里居住的人的邀请信，还有因为据说申请人损害了国家声誉而拒绝发放护照。①

3. "与本公约所确认之其他权利不抵触"

适用《公民及政治权利国际公约》第 12 条第 3 款允许的限制必须与《公约》保障的其他权利一致，必须符合平等和不歧视的基本原则。由此，假如按照基于诸如种族、肤色、性别、语言、宗教、政治或其他见解、民族本源或社会出身、财产、出生或其他身份等因素所做的区分来限制第 12 条第 1、2 款规定的权利，就将违反《公约》第 12 条。禁止妇女自由迁徙或要求她们在离开本国时有男性的同意或陪伴的措施构成了对《公民及政治权利国际公约》第 12 条的违反。②

4. "国家安全"

例如，如果仅以某人掌握"国家机密"为由就禁止其出国，或者禁止一个人没有某种特定许可就在国内旅行，均不符合比例原则的要求。相反，以国家安全为由限制进入军事区域，或限制在土著或少数社群居住的地区定居的自由，则是符合条件的。③ 在一个其法律规定施行强制性国民服务制度的国家中，限制尚未服兵役的个人的迁徙自由，在原则上可以被认为是为保护国家安全和公共秩序所必要的。④

联合国安全理事会根据《联合国宪章》第七章作出的对于指定组织的成员实施旅行制裁的决议，可以构成《公民及政治权利国际公约》第 12 条第 3 款所涵盖的为保护国家安全或者公共秩序所必要的"限制"。然而，向制裁委员会递交个人姓名的国家应该对此行为负责，并证明损害这些人的迁徙自由权是为保护国家安全或者公共秩序所必要的。⑤ 证明禁止离开一国正当合理的忧惧

---

① 人权事务委员会第 27 号一般性意见，第 17 段。
② 人权事务委员会第 27 号一般性意见，第 18 段。
③ 人权事务委员会第 27 号一般性意见，第 16 段。
④ *Lauri Peltonem v. Finland*, Human Rights Committee, Communication No. 492/1992, Selected Decisions, Vol. 5, p. 141.
⑤ *Nabil Sayadi and Patricia Vinck v. Belgium*, Human Rights Committee, Communication No. 1472/2006, HRC 2009 Report, Vol. 11, p. 241.

必须基于评估——根据该评估,存在着该人出国旅行可能会对国家安全造成重大损害的现实危险。如果从反面意义上界定,"严重的忧惧"这一表达意味着,轻微的、不太可能的、遥远的和理论上的忧惧并不能证明禁止正当合理。如果仅仅基于公民在国外的活动与"政府或者国家的大多数人的民族或政治愿望"不一致的理由就禁止出国旅行,将是不正当的。①

5. "公共秩序"(ordre public)

"公共秩序"不仅仅是一般性的维护法律和秩序。它是公共和平、安全、安宁的同义词,是没有公共混乱的状态。判断某一行为是否影响了公共秩序或者法律和秩序,就是检验它是否造成了社会生活的混乱,或者实际上只是影响了某一个人,却没有扰乱社会安宁。这是一个该行为影响社会的程度和范围的问题。因此,造成社会骚乱,造成内乱或者叛乱,以及仅以引起劳动力动荡为目的而推动的罢工,是影响公共秩序行为的明显例证。简言之,"公共秩序"意味着一种不存在暴力的状况以及一种人们可以追求正常生活喜好的有序的事态。②

6. 公共安全/预防犯罪

构成侵犯迁徙自由的引渡可能会基于以下理由而正当合理:引渡的目标对于"预防犯罪"或者保护"公共安全"或者实际上"公共秩序"乃是紧迫的、实质性的、足够重要的。③ 调查、起诉和制止犯罪是所有有组织社会的一项重要目标。追求这一目标实际上无法局限于国家边界之内。引渡的目标超出了普遍意义上的制止犯罪的目标,它还包括将逃亡者交付司法,以便在合适的审理中恰当地确定他们有罪或无罪。④ 法院判决的刑罚,即禁止某一罪犯进入某个特定的体育场馆,并要求他在某一特定足球俱乐部在该体育场举行的每场比赛的中场期间,在其家乡所在的警察局登记(其目的在于监督该罪犯遵守禁令),

---

① *Dahar v. Minister of the Interior*, H. C. 448/85, 40 (2) *Piskei Din* (Reports of the Israel Supreme Court) 701. 一位阿拉伯裔的以色列律师被禁止出国旅行 12 个月。据称理由是,存在现实的、严重的忧惧——他出国旅行可能会损害国家安全,因为这种旅行有可能被用来维持与巴勒斯坦解放组织(PLO)的领导人的违禁性联络,并将旨在用于资助巴勒斯坦解放组织活动的资金带入以色列。

② *Elliott v. Commissioner of Police*, Supreme Court of Zimbabwe, [1997] 3 LRC 15:该案中,一项允许任意拦截个人并逮捕没有携带身份证明文件之人的法律,被认定为对维护国家的公共秩序没有任何潜在的效果。*X v. Germany*, European Commission, Application 3962/69, (1970) 32 *Collection of Decisions* 68:该案中,某人先因嗜酒被德国某个法院置于监管之下,后又因乞讨被逮捕并被关押在一个劳动所里。他诉称,因为他被拘禁并被置于监管之下,他无法从事他的水手职业或者离开该国。但对他所施限制被认定为是为了维护"公共秩序"。

③ *X v. Austria and Germany*, European Commission, Application 6189/73, (1974) 46 *Collection of Decisions* 214;*Bruckmann v. Germany*, European Commission, (1974) 46 *Collection of Decisions* 202.

④ *United States of America v. Cotroni*, Supreme Court of Canada, [1989] 1 SCR 1469.

是为防止他再犯他曾被定罪的刑事罪行所必要的。①

7. "公共卫生"

当存在对于民众健康或者社会中的多个成员的严重威胁时，可以援引公共卫生作为限制理由。② 这旨在预防疾病或者损伤，并为病人和伤者提供关照。可以援引这一理由对获得供水以及进入受污染地区施以限制，或者施以人口密度的限制，以预防健康和卫生问题。③ 作为世界卫生组织的主要决策机构的世界卫生大会通过的《国际卫生条例》针对四种疾病——霍乱、鼠疫、黄热病和天花，要求港口、机场、边境哨所所在地的卫生当局采取一切可行措施（甲）防止任何受感染或者疑似感染者离境；（乙）防止通过船只、飞机、火车、公路车辆、其他运输工具或集装箱引入条例规定的可能的感染病原或者疾病病菌。根据定义，这一限制是临时性的。④

8. 公共道德

当公共道德这一理由对于维护尊重社会的基本道德价值观念至关重要时，即可援用之。⑤ 在这一领域的一个例证是《禁止贩卖人口及意图营利使人卖淫的公约》第 17 条中的规定："对移入或移出人口迁动，［缔约国承担］采取或续施必需办法……取缔贩卖男女以卖淫为业"。

9. "他人权利与自由"

基于"他人权利与自由"的限制并不意味着亲属（无行为能力的未成年人的父母除外）、雇主或者其他人可以通过拒绝同意的方式，阻止任何人寻求离开某个国家。⑥ 政府也不得企图使用"他人权利与自由"这一理由，通过限

---

① Decision of the Supreme Court of Netherlands, 14 May 1996, (1996) 2 *Bulletin on Constitutional Case-Law* 246.

② Draft UN Declaration on Freedom and Non-Discrimination in Respect of the Right of Everyone to Leave Any Country, Including His Own, and to Return to His Country, Article 6.

③ C. L. C. Mubanga-Chipoya, *The Right of Everyone to Leave Any Country, Including His Own, and to Return to His Country*, UN document E/CN. 4/Sub. 2/1988/35, para. 267.

④ 《国际卫生条例》于 1969 年 7 月 25 日由第 22 届世界卫生大会通过，并于 1973 年和 1981 年进行了修订。See Leonard J Nelson III, 'International Travel Restrictions and the AIDS Epidemic', (1987) 81 *American Journal of International Law* 230; C. L. C. Mubanga-Chipoya, *The Right of Everyone to Leave Any Country, Including His Own, and to Return to His Country*, UN document E/CN. 4/Sub. 2/1988/35, para. 268. ［关于《国际卫生条例》的有关情况，应见第 58 届世界卫生大会 2005 年 5 月 23 日通过、2007 年 6 月 15 日生效的《国际卫生条例（2005）》。——译者注］

⑤ Draft UN Declaration on Freedom and Non-Discrimination in Respect of the Right of Everyone to Leave Any Country, Including His Own, and to Return to His Country, Article 6.

⑥ The Strasbourg Declaration on the Right to Leave and Return 1986, Article 4 (f); Draft UN Declaration on Freedom and Non-Discrimination in Respect of the Right of Everyone to Leave Any Country, Including His Own, and to Return to His Country, Article 6.

制可能在国外批评本国政策之人的迁徙自由,来保护它自身或者其官员免遭批评。然而,有建议提出,如果某人未做到支付抚养孩子或者妻子的抚养费,并且没有对支付此费用提供充分的保证,则可以限制其离境的权利。①

(五) 寻求庇护的权利

《世界人权宣言》第 14 条的最初草案规定,人人为避免迫害有权在他国寻求"并被准予"庇护。② "并被准予"的说法后来被放弃,转而使用的是"并享受",因为准予庇护是一国行使其主权的单方面行为。③ 虽然《美洲人权公约》第 22 条第 7 款保留了"并被准予"的用语,但同时明确规定,此项准予应"按照国内立法和国际公约"。在《美洲人的权利和义务宣言》第 27 条和《非洲人权和民族权宪章》第 12 条第 3 款中——它们分别承认"享受庇护"和"获得庇护"的权利,也包含类似的限定。在审查迁徙自由权时,人权委员会讨论了几项与庇护权有关的提议,并试图确定各方建议的应被给予庇护之人的类别,但是这些讨论并无定论。在联合国大会第三委员会,有观点认为,完全不提及庇护权的条款将是严重不足的。然而,仍未能达成一致意见。还有人建议,可以就庇护权制定单独的一条,但这也未能实现。④ 不过,《公民及政治权利国际公约》第 12 条第 2 款规定,"人人有自由离开任何国家,包括其本国在内",行使这一权利将使人得以在他国寻求庇护。⑤

虽然"被准予"庇护的权利并没有得到明确承认,但是一国也不是可以完

---

① C. L. C. Mubanga-Chipoya, *The Right of Everyone to Leave Any Country, Including His Own, and to Return to His Country*, UN document E/CN. 4/Sub. 2/1988/35, para. 275.

② See *Minister for Immigration and Multicultural Affairs v. Respondents*, High Court of Australia, [2004] 4 LRC 708, per Kirby J:"迫害"包括严重的伤害以及国家未能给予保护。See also *Minister for Immigration and Multicultural Affairs*, High Court of Australia, [2002] 5 LRC 172.

③ 《领土庇护宣言》强调,一国给予庇护"是一种和平的人道行为",其本身"不能被任何其他国家认为是不友好的"。该宣言还指出,一国行使其主权准予的庇护应得到所有其他国家的尊重。

④ UN documents A/2929, chap. VI, ss. 65 – 9, and A/4299, s. 27.

⑤ 确定在外国寻求庇护的某人是否可以被认定为难民的指南见,Office of the United Nations High Commissioner for Refugees, *Handbook on Procedures and Criteria for Determining Refugee Status* (Geneva: United Nations, 1988), UN document HCR/IP/4/Eng. Rev. 1。在 1951 年《关于难民地位的公约》第 1 条 A 款第 2 项中,难民被界定为,"因有正当理由畏惧由于种族、宗教、国籍、属于其一社会团体或具有某种政治见解的原因受到迫害而留在其本国之外,并且不能或由于此项畏惧而不愿受该国保护的人;或者不具有该国国籍并由于上述事情留在他以前经常居住国家以外而现在不能或者出于上述畏惧不愿返回该国的人"。(需要注意,1967 年《难民地位议定书》第 1 条第 1 款对这一定义做了修订,删去了"并由于上述事情"的字样。——译者注) 在非洲和拉丁美洲采用的扩展性限定,分别见 1969 年《非洲难民问题具体问题公约》(Convention Governing Specific Aspects of Refugee Problems in Africa) 和 1984 年《关于难民的卡塔赫纳宣言》(the Cartagena Declaration on Refugees), part III, para. 3。

全随心所欲地行事。现在看来已经具有习惯国际法规则性质的两项原则可以规范国家行为：（甲）不推回原则，即国家不得以任何方式将难民驱逐或送回（推回）至其生命或自由可能会受到威胁的领土的边界；① （乙）对于直接来自其生命或自由受到威胁的领土，并毫不迟延地自行投向当局、说明非法入境或逗留的正当原因的难民，国家不得因该难民的非法入境或逗留而科以刑罚的原则。②

（六）进入其本国之权

一个人进入其本国的权利确认了这个人与该国之间的特殊关系。这一权利包括几个方面。它意味着个人有权停留在其本国内。它包括的不仅是个人在离开其本国后返回的权利，也使得一个出生在国外的人有权第一次进入该国家（例如，如果这个国家是这个人的国籍国）。返回的权利对于寻求自愿遣返的难民是至关重要的。这一权利也意味着禁止强迫人口迁徙转移或大规模驱逐人口出境。③ 在巴基斯坦的一起案件中，一位政治家向政府承诺，除其他外，他将离开其本国，并在十年内不再返回。这种承诺没有法律效力，也不可执行，因为公民享有不可剥夺的和无可否认的出国以及返回的权利而不受任何阻碍和限制，也不得为主张该权利设定时间限制。④

进入其本国的权利是一项由在国外的人享有的权利。因此，在某位公民身处外国领土的情况中，国籍国有积极义务采取使该公民得以行使其入境权所可能必需的一切措施，因为宪法所承认的权利应在国家的管辖范围内得到保障，而不仅仅局限于其自身领土之内。如果某位公民在国外被拘禁，这一积极义务要求国籍国出于确保享有这一权利之目的，与拘禁该公民的国家交涉，因为任何公民自身都无法以与外国政府当局同等的法律地位行事。如果国籍国没有采

---

① 1951年《关于难民地位的公约》（第33条）和1984年《禁止酷刑和其他残忍、不人道或有辱人格的待遇或处罚公约》（第3条）都表述了这一原则。

② 《关于难民地位的公约》第31条。

③ 人权事务委员会第27号一般性意见，第19段。在起草《公民及政治权利国际公约》第12条第4款时，在人权委员会中就曾有人指出，在有些国家，返回的权利并不是由关于国籍或者公民身份的规则调整，而是通过永久住所这一概念调整。早期草案只涉及国民"进入"其本国的权利，并且重点关注诸如那些出生在国外、从未到过其国籍国的人。对于准予非国民但已在该国安家之人"返回"权的国家，这样的方案并不令人满意。在《世界人权宣言》第13条第2款的基础上，通过将"他是其国民的国家"替换为"其本国"，达成了妥协。"进入"该国的权利被保留下来（UN document A/2929, chap. VI, s. 60）。

④ *Pakistan Muslim League et al v. Federation of Pakistan*, Supreme Court of Pakistan, [2008] 3 LRC 61.

取此等行动,这一权利即受到了损害。①

关于这一权利的行使,《公民及政治权利国际公约》第12条第4款并未区分国民和外国人。② 因此,只有通过对"其本国"这一短语之含义的解释,才能确定什么人有权行使这一权利。"其本国"的范围要大于"其国籍国"的概念。它不局限于正式意义上的国籍,即出生时获得或被授予的国籍。它至少包括因与某国有特殊联系或特殊权利而不能被仅仅视为外国人的那些人。例如,以违反国际法的方式被剥夺某国国籍的人,以及其原籍国被并入或移交另一国家实体但被拒绝后一国家国籍的人,就属于此类。另外,《公民及政治权利国际公约》第12条第4款的语言允许做更广义的解释,使之可能包括其他种类的长期居民,包括但不限于长期居住但被专横地剥夺了获得居住国国籍之权利的无国籍人。其他因素在某些情况下也可使个人和国家之间产生密切而长久的联系。③

在确定某一领土是否可以被视为"其本国"时,应考虑个人可能与他所居住的领土以及在其中所获得的社会环境之间的强烈的个人以及情感联系。《公民及政治权利国际公约》第12条第4款存在的理由在于,不能剥夺个人进入"其本国"的权利,因为剥夺任何人与他的家人或朋友的密切联系,或者是一般而言的构成他的社会环境的关系网,都被认为是不可接受的。因此,虽然一个人的"其本国"一定会包括国籍国,但除了国籍之外,还存在一些可以使个人和国家之间产生密切而长久联系的因素,这些联系可能比国籍的联系更为紧密。一个人可能会有几个国籍,但与这些国家中的一个或者几个可能只有少量的住所或家庭联系,甚至是不存在实际联系。从表面上看,"其本国"一词要求考虑诸如长期居住、亲密的个人和家庭关系以及留下来的意愿(以及在其他地方没有这类关系)等事项。如果某人不是有关国家的公民,那么这种联系就需要很强,以支持认定这就是其"本国"。然而,一个外国人可以证明,存在与某国的牢固联系,因此他(或她)有权主张得到《公民及政治权利国际公

---

① Decision of the Constitutional Court of the Slovak Republic, 4 September 1996,(1996)3 *Bulletin on Constitutional Case-Law* 403. 奥地利当局在奥地利靠近与斯洛伐克边境的一个小镇上发现了一位斯洛伐克公民,并因怀疑他在德国犯罪而将其羁押。他在奥地利被拘禁了五个月,直到奥地利法院拒绝将他引渡到德国。在此判决之后,他回到了斯洛伐克。他在奥地利期间,向斯洛伐克外交部、司法部和总检察长呼吁,要求提供帮助,但是这些机构都没有采取任何行动。

② 《欧洲人权公约第四议定书》第2条和《美洲人权公约》第22条第5款都将这一权利限于本国国民行使。

③ 人权事务委员会第27号一般性意见,第20段。

约》第 12 条第 4 款的保护。①

虽然《欧洲人权公约第四议定书》第 3 条第 2 款和《美洲人权公约》第 22 条第 5 款都承认，进入某人之本国领土的自由是绝对的，不受任何限制，但是《公民及政治权利国际公约》第 12 条第 4 款的表述则是，任何人行使这一权利不得"无理"加以剥夺。②《公民及政治权利国际公约》第 12 条第 4 款中提到无理这一概念意在强调，它适用于一切国家行为，即立法、行政和司法行为；它保障即使是法律规定的干涉也应符合《公约》的规定、目的和目标，并且无论如何在任何特定情况下也应是合理的。合理地剥夺一个人进入其本国之权利的情况，即使有，也极为少见。国家不得以剥夺一个人国籍或将其驱逐至一个第三国的方式，无理地阻止其返回本国。③ 进入一国的权利既是一项现实权利，也同样是一项预期权利。无论是否存在实际上的拒绝入境，都有可能发生对于这种权利的剥夺。如果一国有义务允许某人入境，该国就不得驱逐此人。因此，《公民及政治权利国际公约》第 12 条第 4 款保护个人不从其本国被无理驱逐。④

---

① *Stewart v. Canada*, Human Rights Committee, Communication No. 538/1993, HRC 1997 Report, Annex Ⅵ. G, 伊丽莎白·伊瓦特（Elizabeth Evatt）、塞西莉亚·梅迪纳-基罗加（Cecilia Medina Quiroga）、弗朗西斯科·何塞·阿吉拉-乌尔维纳（Francisco José Aguilar Urbina）、克里斯汀·夏内（Christine Chanet）、胡利奥·普拉多-巴列霍（Julio Prado Vallejo）和普拉富拉钱德拉·巴格瓦蒂（Prafullachandra N. Bhagwati）提出了异议意见。多数委员不愿意在这一类别中列入在人生中大部分时间都生活在某国却从未申请该国国籍之人。他们认为，选择不"取得由国籍所引起之所有权利并承担由国籍所引起之所有义务"的人，就应被认为已经选择在该国保持外国人身份。See also *Madafferi v. Australia*, Human Rights Committee, Communication No. 1011/2001, Selected Decisions, Vol. 8, p. 259; *Canepa v. Canada*, Human Rights Committee, Communication No. 558/1993, HRC 1997 Report, Annex Ⅵ. K.

② 需要指出，只有《非洲人权和民族权宪章》第 12 条第 2 款对这一权利与离开的自由作出了相同的限制。

③ 人权事务委员会第 27 号一般性意见，第 21 段。该条款在联大第三委员会曾得到广泛讨论。一些委员认为，被承认的这一权利不应受到任何限制。然而，更普遍的共识是，该权利并不是绝对的，只是它不应受到与本条中定义的其他权利相同的限制。例如，一国出于卫生或道德原因而禁止本国国民进入其领土，被认为是不可思议的。最终达成一致的是对该款做如下表述："任何人进入其本国的权利，不得任意加以剥夺"；"任意"一词是以 29 票赞成、20 票反对、20 票弃权的表决结果通过的。See UN document A/4299, s. 7.

④ *Stewart v. Canada*, Human Rights Committee, Communication No. 538/1993, HRC 1997 Report, Annex Ⅵ. G; *Plumbley v. The Republic of Cyprus*, Supreme Court of Cyprus, (1987) 3 CLR 2036: 纳丁·普兰伯利（Nadine Plumbley）的原籍国不是塞浦路斯，但她在 1966 年嫁给了一个塞浦路斯人。1967 年，她生了一个并非与其丈夫的孩子。后来，婚姻解除，但是她继续在该国生活。1980 年，她与另一个塞浦路斯人结婚。1982 年，她申请并被登记为塞浦路斯公民。1985 年，她去了英国，但是一年以后决定返回塞浦路斯。然而，移民当局告知她，她将因公共利益而被拒绝进入塞浦路斯。塞浦路斯最高法院指出，她仍是塞浦路斯公民——因为她既没有放弃她的塞浦路斯国籍，其国籍也没有被部长会议的命令剥夺，并认为在任何情况下，都不得将任何公民放逐到或者排除在该共和国之外。

（七）"驱逐外国人""缔约国境内合法居留之外国人"

外国人是在一国境内但非该国国民的任何个人。① 任何人没有进入其本国之外的他国领土或在其境内居住的权利。原则上，一国有权决定可准予何人入境。但是，在某些情况下，例如涉及不歧视、禁止非人道待遇和尊重家庭生活等考虑因素时，外国人甚至可以在入境或居留方面获得保护。同意入境可以受到有关诸如迁徙、居住和就业等条件的限制。一国亦可对过境的外国人规定一般条件。② 有关外国人入境及其居留条件的法律和条例必须符合该国所负包括在人权领域的国际法律义务。③ 在某国拥有合法稳定居所的外国人有权像该国国民一样，享有正常的家庭生活。在申请将居留许可期限延长几年时，外国人可以援引已经在该国境内合法停留了相当长时间的事实。这种居留的稳定性很可能已经在该外国人与居留国之间建立了诸多联系。④

一旦某一外国人合法地处于一国境内，他在该国境内的迁徙自由和离开该国的权利只能以规定的方式和规定的理由受到限制。因为这些限制尤其应符合其他得到承认的权利，所以一国不能以扣留某一外国人或将其驱逐至第三国的方式，任意阻止他返回其本国。除按照依法作出的决定外不受驱逐的权利，仅为合法处于一国境内的外国人所享有。在确定此项保护的范围时，必须考虑有关入境和居留要求的国内法。非法入境者和居留超过法定期限或其许可所准许居留期限的外国人尤其不在此保护的范围之内。如果就某一外国人的入境或居留的合法性存在争议，对于这一事项的任何导致其被驱逐或者遣返的决定就必须依法作出。⑤

（八）"不得被驱逐出境"

《公民及政治权利国际公约》第 13 条适用于旨在强制外国人离境的一切程序，不论其在国内法中被称为驱逐或使用其他称谓。如果此类程序导致逮捕，则《公约》中有关剥夺自由的保障（第 9 条和第 10 条）亦可适用。如果逮捕

---

① 联大 1985 年第 40/144 号决议：《非居住国公民个人人权宣言》，第 1 条。外国人通常可以分为几类：移徙工人、备有证明文件的和没有证明文件的外国人、失去国籍的人。见戴维·维斯布罗特（David Weissbrodt）为防止歧视和保护少数小组委员会准备的一份工作文件：*The Rights of Non-Citizens*, E/CN. 4/Sub. 2/1999/7 of 31 May 1999。

② 人权事务委员会第 15 号一般性意见，第 6 段。

③ 《非居住国公民个人人权宣言》，第 2 条。

④ Decision of the Constitutional Council of France, 22 April 1997, (1997) 1 *Bulletin on Constitutional Case-Law* 38.

⑤ 人权事务委员会第 15 号一般性意见，第 9 段。

是为了引渡的特别目的,则可能适用国内法和国际法的其他规定。通常,必须准予被驱逐的外国人前往同意接收他的任何一国。① 外国人应可在任何时候与其国籍国的领事馆或者外交使团自由联系,或者与受托保护其国籍国之利益的其他国家的领事馆或外交使团自由联系。②

(九)"非经依法判定"

驱逐外国人的理由必须有法律依据,做出驱逐的程序必须由法律规定。③ 因此,对于每一外国人均应做出一项独立的决定;由此不得进行集体或大规模驱逐。④ 在这一语境中提到的"法"是指有关国家的国内法,不过当然,国内法的有关规定本身必须符合有关人权文书的规定。虽然《公民及政治权利国际公约》第 13 条仅仅直接调整程序,但是它要求同时遵守法律的实体性要求和程序性要求。⑤

为了针对驱逐而寻求救济,外国人必须获得充分的便利,以使这一权利从其案件的所有方面来看,均为有效。⑥ 瑞典 1954 年的《外国人法》规定,"如果有理由认为某一外国人属于恐怖主义组织或者团体或者为其工作",并且如果"考虑到关于他以前的行为或者其他方面的信息,存在着他将在瑞典参与恐怖活动的危险",就可以驱逐该外国人。安娜·马鲁菲多是一名在瑞典寻求庇护的希腊公民,于 1976 年获得居留许可。1977 年 4 月 4 日,她因涉嫌参与一件绑架某位前瑞典政府官员的恐怖主义阴谋而被逮捕。中央移民局申请将她驱逐出瑞典,依据是有理由认为,她属于恐怖主义组织或者团体或者为其工作,并且存在着她将在瑞典参与《外国人法》中提到的这种恐怖活动的危险。1977 年 5 月 5 日,瑞典政府决定驱逐她,并且该决定被立即执行。人权事务委员会认为,在作出驱逐她的决定时,瑞典当局以善意与合理的方式解释并适用了瑞典法律的有关规定,因此,该决定是"依法"作出的。⑦

相反,居住在安的列斯群岛的圣巴泰勒米岛(Saint-Barthélémy)上的法国

---

① 人权事务委员会第 15 号一般性意见,第 9 段。
② 《非居住国公民个人人权宣言》,第 10 条。
③ UN document A/2929, chap. VI, s. 63.
④ 人权事务委员会第 15 号一般性意见,第 10 段。
⑤ *Maroufidou v. Sweden*, Human Rights Committee, Communication No. 58/1979, HRC 1981 Report, Annex XVII, Selected Decisions, Vol. 1, p. 80.
⑥ 人权事务委员会第 15 号一般性意见,第 10 段。
⑦ *Maroufidou v. Sweden*, Human Rights Committee, Communication No. 58/1979. 恐怖主义组织或团体被定义为,"考虑到对其行为的认知,有可能在其本国境外出于政治目的使用暴力、威胁或者武力,因此在这一方面,有可能在瑞典实施此类行为的组织或团体"。

公民皮尔·吉里在抵达多米尼加共和国并在那里停留了两天后，在去机场购买回程机票时，被两名穿制服的特工逮捕、被他们带到机场警察局并在那里遭到了搜查。2 小时 40 分钟以后，他从一个直接通向跑道的后门被带出来，并被迫登上一架前往波多黎各的飞机。抵达波多黎各后，他被逮捕、被指控并被判定犯有将可卡因输入美国的共谋罪行和使用电话犯下此共谋的罪行。他被判处 28 年监禁，并被处以 25 万美元的罚款。人权事务委员会指出，多米尼加政府采取的行动无论被称作引渡或者驱逐，《公民及政治权利国际公约》第 13 条的规定都适用。虽然该国援引了基于国家安全的例外，但是没有证据表明从多米尼加领土驱逐吉里的决定是"依法"作出的。因此，由于吉里没有得到机会提出反对将他驱逐出境的理由，或者使他的案件得到主管当局的复审，《公民及政治权利国际公约》第 13 条被违反。①

（十）"且除事关国家安全必须急速处分者外，应准其提出不服驱逐出境之理由，及声请主管当局或主管当局特别指定人员予以复判，并为此目的委托代理人到场申诉"

外国人提出反对驱逐出境的理由和使他的案件得到主管当局复审，并为此目的而由人代理的权利，只有在"国家安全的紧迫原因"另有要求的情况下，才可不予遵从。② 在马达加斯加，一名执业 19 年的法国籍律师在他的律师所被政治警察逮捕，并在政治监狱的地下牢房中被与外界隔绝地拘禁了三天后，收到了内政部部长当天签发的驱逐令。然后，他在看管下被带到家里，仅有两个小时收拾行李。当晚，他被驱逐到法国。他后来提出的撤销驱逐令的申诉被马达加斯加最高法院驳回，理由是他"利用其作为大赦国际通信成员以及律师的身份"诋毁马达加斯加。人权事务委员会认定，并不存在国家安全的紧迫原因，足以剥夺他质疑自己被驱逐出境的有效救济。③

---

① *Giry v. Dominican Republic*, Human Rights Committee, Communication No. 193/1985, HRC 1990 Report, Annex Ⅸ. C. See also *Canon Garcia v. Ecuador*, Human Rights Committee, Communication No. 319/1988, Selected Decisions, Vol. 4, p. 90, 该案中，一位哥伦比亚公民在厄瓜多尔被绑架，然后被飞机送到了美国。

② 人权事务委员会第 15 号一般性意见，第 10 段。

③ *Hammel v. Madagascar*, Human Rights Committee, Communication No. 155/1983, HRC 1987 Report, Annex Ⅷ. A. 人权事务委员会关切地注意到，根据该国提供的信息，驱逐提交人的决定似乎与他代表他人向该委员会提交来文一事有关。如若确实如此，委员会认为，如果《公民及政治权利国际公约》及其《任择议定书》的缔约国对于作为根据《任择议定书》将来文提交委员会审议的人的法律顾问行事的任何人予以区别对待，既是站不住脚的，也不符合这些文书的精神。See also *Mansour Ahani v. Canada*, Human Rights Committee, Communication No. 1052/2002, Selected Decisions, Vol. 8, p. 290.

在考虑驱逐外国人的任何时候，都必须考虑所有相关事实和情况。在芬兰的一起案件中，内政部下令将某位停留在该国、既没有签证也没有居留许可的外国人驱逐出境。最高行政法院认为，医生的陈述是本应该——但是并没有——被考虑在内的事实。根据医生的陈述，这位外国人由于严重的抑郁和自杀的念想，在芬兰曾至少有十次入院就医，并因此需要反复的周期治疗。因此，该法院认为，驱逐出境将是"不人道的"。在这种情况下，法院裁决，没有充分的理由将他从该国驱逐出境，这样做将会侵犯他的权利。①

除其他事项外，可能导致某一外国人被驱逐或递解出境的程序必须是个体性的，以便评估每个人的个人情况，并且遵守禁止集体性驱逐的规定。这种程序必须遵守与外国人有关的如下最低保障：（甲）必须以明示和正式的方式告知他对他的指控以及驱逐或递解出境的原因；（乙）如果作出了不利的决定，他必须有权将其案件提交主管当局复审，并为此目的面见该当局；（丙）最终的驱逐只能在根据法律作出并经正式通知的决定之后进行。②

---

① Decision of the Supreme Administrative Court of Finland, 27 June 1995, (1995) 2 *Bulletin on Constitutional Case-Law*.

② *Nadege Dorzema v. Dominican Republic*, Inter-American Court, 24 October 2012.

第十六章　获得公正审判权

国际文书

《世界人权宣言》
第 10 条
人人于其权利与义务受判定时及被刑事控告时，有权享受独立无私法庭之绝对平等不偏且公开之听审。

《公民及政治权利国际公约》
第 14 条
一、人人在法院或法庭之前，悉属平等。任何人受刑事控告或因其权利义务涉讼须予判定时，应有权受独立无私之法定管辖法庭公正公开审问。法院得因民主社会之风化、公共秩序或国家安全关系，或于保护当事人私生活有此必要时，或因情形特殊公开审判势必影响司法而在其认为绝对必要之限度内，禁止新闻界及公众旁听审判程序之全部或一部；但除保护少年有此必要，或事关婚姻争执或子女监护问题外，刑事民事之判决应一律公开宣示。

区域文书

《美洲人的权利和义务宣言》
第 26 条
2. 任何被指控犯罪的人有权享受不偏且公开之听审，并由依据已存法律设立的法庭审问……

《欧洲人权公约》
第 6 条
1. 在确定某人的公民权利和义务或者在判定对某人提出的任何刑事指控

时，人人有权在合理的时间内，由依法设立的独立的和无私的法庭进行公平和公开的审讯。判决应当公开宣布。但是，基于对民主社会中的道德的、公共秩序或国家安全的利益，以及对民主社会中的少年的利益或者是诉讼当事人的私生活之保护有此需要时，或者在特殊情况下，法院认为公开审判会损害司法利益而严格需要的限度内，可以拒绝记者和公众参与旁听全部或者部分审讯。

《美洲人权公约》

第 8 条

1. 人人都有权在适当的保证下和在一个合理的期限内由事前经法律设立的独立和公正的管辖法庭进行审讯，以判定对该人具有犯罪性质的任何指控，或者决定该人的民事、劳动、财政或者具有任何其他性质的权利和义务。

5. 除非为了保护司法利益的需要，刑事诉讼应当公开进行。

《非洲人权和民族权宪章》

第 7 条

1. 人人享有对其诉讼案件要求听审的权利。此项权利包括：

（4）有权要求无私的法院或法庭在一个适当的时间内予以审判。

第 26 条

本宪章各缔约国有义务保证法院之独立……

有关文本

《关于司法机关独立的基本原则》，联合国第七届预防犯罪和罪犯待遇大会 1985 年 9 月 6 日通过，联合国大会 1985 年 11 月 29 日第 40/32 号决议及 1985 年 12 月 13 日第 40/146 号决议核可

《〈关于司法机关独立的基本原则〉的有效执行程序》，联合国经济及社会理事会 1989 年 5 月 24 日第 1989/60 号决议批准，联合国大会 1989 年 12 月 15 日第 44/162 号决议核可

《关于律师作用的基本原则》，联合国第八届预防犯罪和罪犯待遇大会 1990 年 9 月 7 日通过

《关于检察官作用的准则》，联合国第八届预防犯罪和罪犯待遇大会 1990 年 9 月 7 日通过

《联合国关于获得公正审判和救济权利的原则草案》*，1994 年

《欧洲法官规约宪章》，欧洲理事会 1998 年 7 月 10 日主持通过

《检察官的职业责任标准和基本权利义务声明》，国际检察官协会 1999 年 4 月 23 日通过，联合国预防犯罪和刑事司法委员会核可

《公诉机关在刑事司法制度中的作用》，欧洲理事会部长委员会 2000 年 10 月 6 日通过的第（2000）19 号建议书

欧洲法官咨询委员会 2000 年第 1 号意见《关于司法独立和法官不可撤职标准》；2001 年第 2 号意见《法院的资金和管理》；2002 年第 3 号意见《法官的伦理和责任》；2004 年第 4 号意见《法官培训》；2005 年第 7 号意见《法官与社会》；2007 年第 10 号意见《司法委员会应服务社会》；2008 年第 11 号意见《司法裁判的质量》；2009 年第 12 号意见《民主社会中法官与检察官的关系》

《非洲获得公正审判和法律援助权利的原则和准则》，2003 年由非洲人权和民族权委员会宣布，并经非洲联盟国家元首核可

《班加罗尔司法行为原则》，经联合国国际预防犯罪中心（现为联合国毒品和犯罪问题办公室）邀请，由司法品格小组[①]于 2002 年 11 月通过，联合国人权委员会 2003 年 4 月 29 日第 2003/43 号决议和联合国经济及社会理事会 2006 年 7 月 27 日第 2006/23 号决议核可

《对班加罗尔司法行为原则的评述》，2007 年首先由司法品格小组起草，后在由联合国毒品和犯罪问题办公室组织的一次开放式政府间专家组上，应经济及社会理事会的要求进一步完善

《班加罗尔司法行为原则的有效执行措施》，2010 年由司法品格小组制定并通过

《加强司法品格与司法能力资源指南》，2007 年由政府间专家组起草，2011 年由联合国毒品和犯罪问题办公室公布

《〈联合国反腐败公约〉第 11 条（与审判和检察机关有关的措施）实施指南和评估框架》，2015 年由联合国毒品和犯罪问题办公室发布

---

* 该文件似指防止歧视及保护少数小组委员会任命的特别报告员斯坦尼斯拉夫·切尔尼琴科（Stanislav Chernichenko）和威廉·特里特（William Treat）编写的《关于获得公正审判和救济权利的原则草案》（Draft Body of Principles on the Right to a Fair Trial and a Remedy），E/CN. 4/Sub. 2/1994/24（1994），Annex II。

① "Judicial Integrity Group"，一个由多国首席法官组成的代表小组。《班加罗尔司法行为原则》的编写经过了与来自超过 75 个国家的高级法官的协商，于 2002 年 11 月在海牙和平宫举行的代表所有地理区域的首席法官圆桌会议上通过，国际法院的法官也参加了该会议。（该原则制定过程中，也参考了《中华人民共和国法官职业道德基本准则》。——译者注）

一 评论

获得公正审判权在保护人权方面的重要性凸显在以下事实中：所有其他权利的落实都有赖于适当的司法工作。《公民及政治权利国际公约》第14条列出了各国必须尊重的各种保障，不论它们的法律传统和国内法如何。[①]《公民及政治权利国际公约》第14条承认，"人人"在法院和法庭前"平等"，并且进一步保证，在判定任何"刑事控告"或"一件法律诉讼中的权利和义务"*时，由一个"独立无私之法定管辖"法庭进行"公正公开审理"**。《欧洲人权公约》第6条第1款的表述与此类似，不同的只是，该条款提到了"民事权利和义务"，并在有关法庭的表述中删除了"管辖"一词，但是要求"在合理的时间内"审理。《美洲人权公约》第8条第1款承认在"正当保障"下，[②]由"事前"依法设立的法庭审理的权利，并界定了权利和义务，使其不仅包括民事上的，也包括"劳动、财政或者具有任何其他性质的"权利和义务。《非洲人权和民族权宪章》第7条第1款仅提到人人享有由"无私的"法庭审理"其案由"的权利，但是在其他条款（第26条）中要求缔约国"保证法院之独立"。《公民及政治权利国际公约》第14条第1款、《欧洲人权公约》第6条第1款和《美洲人权公约》第8条第1款都包含了公正审判的一般性要求，而《公民及政治权利国际公约》第14条第2款和第7款、《欧洲人权公约》第6条第2款和第3款、《美洲人权公约》第8条第2款至第5款、第9条、第10条各自都规定了一些适用于刑事诉讼的特殊保障，无论是初审还是上诉审。

《公民及政治权利国际公约》第14条第1款和《欧洲人权公约》第6条第1款都允许"公开审理"原则的例外情形，这是基于民主社会中的道德、公共秩序或国家安全的理由（在《欧洲人权公约》第6条第1款中这是为了这些方面的利益）；或者在保护"诉讼当事人私生活"的利益（《欧洲人权公约》第6条第1款还增加了"少年的利益"）有此必要时（《欧洲人权公约》第6条第

---

① 人权事务委员会第32号一般性意见（2007年），第4段。

* 此处表述使用的并非《公民及政治权利国际公约》作准中文本的措辞，而是对其英文表述"his rights and obligations in a suit at law"的翻译。

** 英文用词为"hearing"，《公民及政治权利国际公约》作准中文本第14条第1款中与之对应的用词为"审问"。由于中文中，"审问"往往指向刑事案件，因此本中译本一律使用"审理"这种可适用于各种诉讼的用词作为"hearing"的对应用词，即使在引用《公民及政治权利国际公约》约文时亦然。

② "正当保障"的表述意味着，对于判定民事、劳动、财政或者具有其他任何性质的权利和义务，个人有权获得在刑事案件中提供的公正审理：*Paniagua Morales v. Guatemala*, Inter-American Court, 8 March 1998。

1 款则规定为"保护"这些利益有此必要时);或者是"情形特殊公开审判势必影响司法而在其认为绝对必要之限度内"。《美洲人权公约》第 8 条第 5 款仅要求"刑事诉讼"应当公开,但是允许"为了保护司法利益之可能需要"的例外。《欧洲人权公约》第 6 条第 1 款要求,判决应当"公开宣布",而《公民及政治权利国际公约》第 14 条第 1 款则规定,除了相关的特定家庭事项,判决"应一律公开宣示"。

虽然《公民及政治权利国际公约》第 14 条未被列入该公约第 4 条第 2 款之不可克减权利的清单,但是一国若在公共紧急状态之情况中克减第 14 条所规定的正常程序,它应确保这种克减不超过实际局势的紧急情势所严格需要的程度。克减措施对公正审判权之限制绝不得有损对不可克减之权利的保护。就此举例而言,由于《公民及政治权利国际公约》第 6 条整条不得被克减,因此在紧急状态时期,任何导致判处死刑的审判必须符合该公约的各项规定,包括第 14 条的所有要求。同样,由于《公民及政治权利国际公约》第 7 条整条也不得被克减,因此即使在紧急状态时期,在可适用该公约第 14 条的任何诉讼中,也不得采信违反该条规定取得的证词、口供或在原则上违反该条的其他证据作为证据,但以违反第 7 条的方式取得的证词或口供可被用作证明发生了本条所禁止的酷刑或其他待遇的证据。在任何时候,均禁止偏离包括无罪推定在内的公正审判的基本原则。①

审判受刑事犯罪控告者的军事法庭必须保证这些人享有《公民及政治权利国际公约》第 14 条规定的所有权利。原则上,这些法庭不应具有审判平民的管辖权。军事职能处于等级组织的框架之内,其所遵守的纪律规则也难以符合《公民及政治权利国际公约》第 14 条所要求并在《班加罗尔司法行为准则》中得到重申的法官的独立性。②

二 释义

(一) 诉诸法院的权利

对获得公正审判权的保障不仅有关已在进行中的法律诉讼,而且还包括诉

---

① 人权事务委员会第 32 号一般性意见,第 6 段。
② *Akwanga v. Cameroon*, Human Rights Committee, Communication No. 1813/2008,克里斯汀·夏内(Christine Chanet)、艾哈迈德·阿明·法塔拉(Ahmad Amin Fathalla)、赞克·扎内莱·马约迪纳(Zonke Zanele Majodina)、尤利亚·莫托科(Iulia Motoc)、奈杰尔·罗德利(Nigel Rodley)和马戈·瓦特瓦尔(Margo Waterval)的个人意见。

诸法院以判定刑事控告和法律诉讼中的权利与义务的权利。① 诉诸法院的权利并不限于公民，而是可为所有人享有，不论其国籍如何或是无国籍，不论其地位如何，也不论是不是寻求庇护者、难民、移徙工人、无人陪伴的儿童或者可能身处一国领土内或受其管辖的任何其他人。② 这一权利有关一审程序，而不涉及上诉权或者其他救济。③

诉诸法院的权利是法治的一个重要方面。在一个建立在法治基础上的宪政民主国家里，国家与其国民之间、其国民自身之间的争端，应依据法律裁决。冲突的潜在分歧越大，在法院对其作出裁决就越重要。④ 受到保障的不是理论上的或者虚幻的权利，而是实用的、有效的权利。因此，法院必须亲自审查对于判定其所面临的争端关键的事实。⑤ 这一权利确保了无须诉诸自助行为即可解决争端的和平、规范且制度化的机制。诉诸法院的权利是防范暴力及其引发的混乱和无政府状态的堡垒。在法治以及尤其是反对自助行为的原则的背景下

---

① 如果该权利仅及于已经向法院提起的诉讼行为，那么一国就可以废除其法院，或者将法院的管辖权移交给不具有司法法庭最基本特质的其他机关。国际人权文书详细地规定了给予未决诉讼中的当事人的程序保障，而不保护可以单独使当事人可能从这些保障中受益的程序，将是不可思议的。如果没有司法程序，司法诉讼的公平、公开和快捷的特性就根本没有价值。因此，获得公正审判权包含着"诉诸法院权"，其中提起诉讼的权利——准入权——构成一个方面，而与法院的组织和构成相关的保障以及诉讼的进行，构成了另一方面。"总而言之，这一整体构成了获得公平审理的权利。" See *Golder v. United Kingdom*, European Court, (1975) 1 EHRR 524; *Le Compte, Van Leuven and De Meyere v. Belgium*, European Court, (1981) 4 EHRR 1; Decision of the Constitutional Tribunal of Poland, 9 June 1998, (1998) *Bulletin on Constitutional Case-Law* 280.

② 人权事务委员会第 32 号一般性意见，第 9 段。*Olo Bahamonde v. Equatorial Guinea*, Human Rights Committee, Communication No. 468/1991; *Ato del Avellanal v. Peru*, Human Rights Committee, Communication No. 202/1986：将在法庭代表夫妻财产的权利限于丈夫享有，从而使得已婚妇女无法在法庭起诉。*Hamdi v. Rumsfeld*, United States Supreme Court, (2004) *Bulletin on Constitutional Case-Law* 353：一位被拘留的、寻求质疑"敌方战斗员"之分类的公民有权被告知该分类的事实依据，有权获得在中立决策者面前反驳政府的事实主张的公平机会，并有权获得律师。

③ *I. P. v. Finland*, Human Rights Committee, Communication No. 450/1991.

④ *Zondi v. Member of the Executive Council for Traditional and Local Government Affairs*, Constitutional Court of South Africa, [2005] 4 LRC 388：一项法律允许土地所有者在不通知牲畜所有者的情况下，立即抓住并扣押擅自闯入的动物，然后对闯入进行损害评估，并最终出售被扣押的牲畜，以弥补土地所有者的费用或损失以及由扣押保管人所支出的费用及花销，同时还拒绝给予牲畜所有者司法程序保护，这被判定与诉诸法院的权利不相容。*José Antonio Sánchez v. Ministerio de Defensa*, Constitutional Court of Spain, (2000) *Bulletin on Constitutional Case-Law* 144：一项禁止任何法院审查开除武装部队成员的法律侵犯了在诉诸司法方面的获得司法保护权。

⑤ *Terra Woningen BV v. Netherlands*, European Court, (1996) 24 EHRR 456. See Decision of the Constitutional Court of the Czech Republic, 20 November 1997, (1997) 3 *Bulletin on Constitutional Case-Law* 370：仅仅重复法院公布的有关某一不合适条件的判决以及其适用的推理，导致法院未能查明与所审查的事项的判决相关的情况，并因此构成了对诉诸法院之权利的侵犯。Decision of the Federal Constitutional Court of Germany, 6 August 2003, (2002) *Bulletin on Constitutional Case-Law* 264：如果法院在书面判决中未做出充分说明——对此无法提起进一步上诉，则获得法庭审理的权利就受到了侵犯。

加以解释，诉诸法院至关重要。为使限制这一权利合理且正当，需要极其充分有力的考量。①

诉诸法院的权利不是绝对的。但是，它"接近一项绝对权利，就像任何可以想象具有这种性质的权利一样"。② 对该权利所适用的任何限制，其限定或者减少该权利的方式都不得采用损害该权利之本质的方式或达到这样的程度。因此，某一限制只有在其追求一个合法的目的，以及其所采取的手段和所寻求实现的目标之间存在着合理的比例关系时，才符合这一权利。③ 以下限制被认为符合诉诸法院的权利：

（1）限制可以提起诉讼的期间的规则：时间限制在给社会和法律事务带来确定性、稳定性以及维持裁判的质量方面，发挥着至关重要的作用。没有诉讼时效，法律纠纷将有可能被无限期拖延，从而给争端当事方带来长期的不确定性。随着时间的推移，法院裁判的质量有可能受到损害，因为证据可能已经丢失，证人可能不再能够作证，或者他们对事件的记忆可能已经模糊。裁判的质量是法治的核心。④ 在许多国家，该期间从作为案由的行为发生之日起算，而在其他法律制度中，该期间则仅从原告已经知晓或者应当知晓该案件的主要事实之日起算。⑤

（2）要求被告在提起上诉前，申请并获得许可的规则：这样的规则并没有

---

① *Lesapo v. North West Agricultural Bank*, Constitutional Court of South Africa, 1999（12）BCLR 1420, per Mokgoro J. See *Movement for Democratic Change v. Chinamasa*, Supreme Court of Zimbabwe, [2001] 3 LRC 673：在某次大选之后，高等法院收到37项选举请愿，质疑选举程序的结果。在审理开始之前，总统根据《选举法》签发了一个通知，其效力是，无论请愿的结果如何，都预先确定选举结果有效，并排除选举中的任何部分基于违反《选举法》的任何调查结果而无效。该通知的序言还断言，提出的选举请愿是无事生非、无理取闹的。法院认定该通知无效，因为它剥夺了质疑据称已被腐败和违法行为所玷污的选举结果的权利。*Adofo et al v. Attorney General*, Supreme Court of Ghana, [2005] 4 LRC 327：1985年加纳《可可委员会重组和赔偿法》中的一项规定，除其外，禁止就终止雇佣该委员会任何雇员的事宜提起任何诉讼，这一规定被认定无效。

② *R v. Lord Chancellor, ex parte Witham*, High Court of England and Wales, [1997] 3 LRC 349.

③ *Ashingdane v. United Kingdom*, European Court, (1985) 7 EHRR 528; *Fayed v. United Kingdom*, European Court, (1994) 18 EHRR 393; *Lithgow v. United Kingdom*, European Court, (1986) 8 EHRR 329; *Sotiris and Nikos Koutros Attee S. A. v. Greece*, European Court, (2003) 36 EHRR 24.

④ *Road Accident Fund v. Mdeyide*, Constitutional Court of South Africa, [2011] 3 LRC 356.

⑤ See *Mohlomi v. Minister of Defence*, Constitutional Court of South Africa, [1997] 2 LRC 274：1957年南非《国防法》的一项条款规定，"如果自诉讼事由产生之日起已过6个月，并且有关任何此类民事诉讼的书面通知至少在诉讼开始之前一个月送交给被告"，即不得就依据该法的任何作为或不作为对国家或任何人提起民事诉讼。这被认定为既不合理也不正当，并因此在宪法上是无效的。See also *Pérez de Rada Cavanilles v. Spain*, European Court, (1998) 29 EHRR 109; *Stubbings v. United Kingdom*, European Court, (1996) 23 EHRR 213; Decision of the Court of Arbitration of Belgium, 9 January 2002, (2002) *Bulletin on Constitutional Case-Law* 22：提出上诉的时限不得以影响该权利之本质的方式限制这一权利。

损害被告诉诸法院的权利，特别是这种情况——如果未获许可，还有一种诉愿程序允许被告诉诸更高一级法院以重新评估其上诉问题。①

（3）要求在法院诉讼程序中，在提交某些文件时支付印花税和法庭费用。②

（4）拒绝管辖（如基于属事理由或者属地理由）或者对婴儿、精神不健全者和破产者行使这一权利施加条件。③

（5）法定的程序要求以及要求使用规定的方式：但不得适用此类法律阻碍或者拒绝诉诸法院。④

（6）在民事诉讼中准予外国主权豁免：这寻求的是符合国际法的、增进国家之间的礼让和良好关系的正当目的。⑤

（7）在国会辩论过程中，对国会议员发言的豁免：这寻求的是保护在国会中的言论自由的正当目的。⑥

---

① *State v. Rens*, Constitutional Court of South Africa, [1996] 2 LRC 164. 但是，要求仍在狱中的、被下级法院定罪的人在被允许向上级法院提起上诉之前必须获得法官的证明，这限制了该人诉诸上诉法院的充分可能：*State v. Ntuli*, Constitutional Court of South Africa, [1996] 2 LRC 151。See also *Beserglik v. Minister of Trade and Tourism*, Constitutional Court of South Africa, 14 May 1996.

② *Bahamas Entertainment Ltd v. Koll*, Supreme Court of The Bahamas, [1996] 2 LRC 45; *Miloslavsky v. United Kingdom*, European Court, (1995) 20 EHRR 442：诉讼保证金令没有损害诉诸上诉法院之权利的本质。

③ 这种限制不能是不合理的。See *Canea Catholic Church v. Greece*, European Court, (1997) 27 EHRR 521.

④ *Golder v. United Kingdom*, European Commission, 1 June 1973. See also *Jaundoo v. Attorney-General of Guyana*, Privy Council on appeal from the Supreme Court of Guyana, (1971) 16 WIR 141: 对基本权利受侵犯寻求补救的申诉人，可以利用可用以诉诸此等法院的任何形式的程序，以使法院行使其权力。这种途径，不得由于立法机关或者规则制定当局未能就如何获得这种途径作出具体规定而受到阻挠。Decision of the Constitutional Court of the Czech Republic, 11 July 1996, (1996) 2 *Bulletin on Constitutional Case-Law* 199：如果一方当事人提出的申诉中含有明显的错误，纠正它即可纠正未能满足程序要求的毛病，并且如果这不需要法院一方采取任何程序性步骤（例如取证）就能注意到这一明显错误，则诉讼的该当事人就应被给予纠正此错误的机会。不这样做就将是"高举形式主义"，结果将是"对明显不公正的圆滑辩解"。Decision of the Constitutional Court of Malta, 16 November 1998, (1998) *Bulletin on Constitutional Case-Law* 436：可以根据普通法律对行政决定进行司法审查的事实本身并不意味着，有冤屈的一方无权提出指控基本权利被侵犯的宪法诉愿。宣告某人的权利受到侵犯并不取决于申诉人是否有获得救济的其他补救办法，以及这些救济是否来自普通法律。*Omar v. France*, European Court, (1998) 29 EHRR 210; *Poitrimol v. France*, European Court, (1994) 18 EHRR 130.

⑤ *Al-Adsani v. United Kingdom*, European Court, (2002) *Bulletin on Constitutional Case-Law* 158：以国家豁免为由，禁止就据称的酷刑针对外国政府提出索赔，不构成对诉诸法院之权利的不合比例的限制，这种限制被国际社会所普遍接受。本案不涉及个人的刑事责任，而是涉及国家在民事诉讼中的豁免权。在国际文书、司法权威或者其他材料中没有充分的依据可以得出这样的结论：就国际法而言，在酷刑指控方面，一国不再享有在另一国法院中的民事诉讼豁免。

⑥ *A v. United Kingdom*, European Court, 17 December 2002, (2002) *Bulletin on Constitutional Case-Law* 555; *Toussaint v. Attorney General of Saint Vincent and the Grenadines*, Privy Council on appeal from the Court of Appeal of Saint Vincent and the Grenadines, [2007] 4 LRC 755.

在当事人滥用诉讼的情况中，限制这一权利对于保护法院的有效运作、司法的合理运行以及遭遇滥诉的无辜当事人的利益是必要的。法院既不应被无价值的事务搞得应接不暇，也不能被滥用以损害社会的其他成员。①

在刑事事项方面，"诉诸法院权"受到暗含的限制，这方面的两个例子是不起诉的决定和终止诉讼的命令。② 然而，美洲人权法院根据《美洲人权公约》的文本及其精神，给出了广义上的解释，认为《美洲人权公约》第8条第1款承认失踪者的亲属有权获得国家当局对该人的失踪和死亡的有效调查，目的是使负责任者受到起诉和惩罚，并有权就亲属所受损失和伤害得到赔偿。③ 同样，尽管《公民及政治权利国际公约》第14条第1款没有规定个人有权要求国家对他人提起刑事起诉，但是国家有义务全面调查据称的侵犯人权的情况——特别是强迫失踪和侵犯生命权的情况，对于对此类侵权情况负责任者提起刑事起诉、予以审判和惩罚。在此类侵权情况的加害者已经被确定的案件中，这一义务更加适用。④

被认为是不合比例的并因此与诉诸法院的权利不相容的限制包括：

（1）不合理数额的保证金。⑤

---

① *Beinash v. Ernst and Young*, Constitutional Court of South Africa, (1998) *Bulletin on Constitutional Case-Law* 473：根据《扰乱诉讼程序法》，如果某人被法官宣告为滥用诉讼程序者，那么此后该人只能在法院事先授权的情况下提起诉讼。

② 但是见，*De Weer v. Belgium*, European Court, (1980) 2 EHRR 439：该案中，一位比利时屠夫被指控犯有出售肉类谋取非法利益的罪行，并被检察官下令临时关闭他的商店，期限直到对于拟针对他提出的刑事控告作出判决，或者直到他通过和解的方式支付协议的罚金。他极不情愿地缴纳了罚金，而临时关闭他的商店，使他受到了针对他的和解协议的限制。因此，他放弃公正审判也受到了该限制的影响。欧洲人权法院认为，在一个民主社会中，"诉诸法院的权利"所负载的重要性极大，不可仅仅因为某人是在附属于法庭诉讼的某种程序中达成和解的一方的事实，该权利之利益即被夺走。他有权在"一个依法建立的独立且无私的法庭"前获得公正审判，其中包括"审理"以及随后"判定对他的刑事控告"。

③ *Blake v. Guatemala*, Inter-American Court, 24 January 1998.

④ *Nydia Erika Bautista de Arellana v. Colombia*, Human Rights Committee, Communication No. 563/1993, HRC 1996 Report, Annex VIII. S. 参见, Decision of the Constitutional Court of Spain, 10 March 1997, (1997) 1 *Bulletin on Constitutional Case-Law* 102：不存在"反转的合法性原则"，即受害者确保可能或可能没有侵犯其基本权利的另一人被刑事定罪的基本权利。

⑤ Decision of the Supreme Court of the Netherlands, 31 January 1995, (1996) *Bulletin on Constitutional Case-Law* 60；*R v. Lord Chancellor, ex parte Witham*, House of Lords, United Kingdom, [1997] 3 LRC 349；*Ait-Mouhoub v. France*, European Court, (1998) 30 EHRR 382：一项命令要求，一位民事案件当事人在针对两名宪兵提出的申诉能够进行之前，存入总额为八万法郎的保证金，这被认定使得申诉人无法诉诸法院。*Ndyanabo v. Attorney General*, Court of Appeal of Tanzania, [2002] 3 LRC 541，其中首席法官萨玛塔（Samatta）指出："选举法中的要求，即寻求对选举提出申诉的人应该向法院支付总额为500万先令的费用作保证金，是违宪的，自始就没有任何法律效力。诉诸司法不仅仅是提交诉状以及支付所需的法庭费用。求助或者诉诸法院的权利意味着更多。它包括在法院陈述其案件或者辩护的权利。因此，断定一位对选举提出申诉的人一旦提交了诉状，他就享有了充分的诉诸司法的权利，是不正确的。诉诸司法不仅仅是敲响法院的大门。它比此更为丰富。……任何寻求法律救济的人都应能够敲响司法的大门，并得到审理。"

（2）未经检察长的事先同意，不得对政府提起民事诉讼的规定。①

（3）可能会使法院拒绝就某一控告的实质问题作出裁判的国会或者外交豁免。②

（4）强制性仲裁制度。③

（5）意在将某一先前作出的非法行为认定为合法合宪并禁止受害人在任何法院采取任何措施以确定该行为是否合法的赔偿法，因为这实际上意味着该行为合法与否将是无法通过法院裁判的。④ 然而，也要在以下二者之间作出区分：通过给予国家自身豁免权来掩盖其罪行的国家行为；一国在长期的集权和专横统治后的过渡时期中，旨在促进该过渡而做的决定。在后一种情况中，问题不是对侵权负责的政府官员自身免于受罚，而是在前述的受害者获得充分代表的情况下，由各方订立宪法契约，以此作为发展宪政民主并防止过去的专横重演

---

① *Pumbun et al v. Attorney-General*, Supreme Court of Tanzania, [1993] 2 LRC 317：因为检察长拒绝同意，三名希望在高等法院起诉政府非法侵入并实施殴打的人无法起诉。See *Sofekun v. Akinyemi*, Supreme Court of Nigeria, [1981] 1 NCLR 135; Decision of the Constitutional Court of Poland, 8 April 1997, (1997) *Bulletin on Constitutional Case-Law* 72：一项法律规定，由于"部门的重要利益"，禁止国家安全部门的官员对解职提起上诉，这被认定不符合诉诸法院的权利。*Philis v. Greece*, European Court, (1991) 13 EHRR 741, European Commission, (1990) 13 EHRR 741, at 753 – 63; Decision of the Constitutional Court of Georgia, 5 December 1996, (1996) 3 *Bulletin on Constitutional Case-Law* 354：希腊《劳动法》中的一项规定称，某些类别的公务员的劳动争议应由其上级而不是由法院解决，这被认定为阻止了他们行使诉诸法院的权利。

② 就外交豁免，见，Decision of the Constitutional Court of Spain, 29 August 1995, (1995) 3 *Bulletin on Constitutional Case-Law* 368 – 70; Decision of the Constitutional Court of Spain, 22 December 1997, (1997) *Bulletin on Constitutional Case-Law* 99：必须严格解释国会豁免权。"法院不应使自己觉得受到来自民众代表的制度性分量的威胁，或者觉得受到它们的决定对于国会之构成的影响的阻碍"。*Osman v. United Kingdom*, European Court, (1998) 29 EHRR 245：在调查和打击犯罪期间，警方对其作为和不作为享有的无限豁免，对于个人的权利——在适格案件中就其针对警方提出的诉求的实质问题得到裁判，构成了一种不合理的限制。*Pramstaller v. Austria*, European Court, 23 October 1995; *Gradinger v. Austria*, European Court, 23 October 1995; *Umlauft v. Austria*, European Court, (1995) 22 EHRR 76; *Pfarrmeier v. Austria*, European Court, (1995) 22 EHRR 175; *Palaoro v. Austria*, European Court, 23 October 1995; *Schmautzer v. Austria*, European Court, (1995) 21 EHRR 511.

③ Decision of the Constitutional Court of Spain, 23 November 1995, (1995) 3 *Bulletin on Constitutional Case-Law* 373：一项法律规定，在各方没有其他明确约定的情况下，如果涉案金额不超过 50 万比塞塔，则由陆路运输合同产生的任何争议应由仲裁裁决，虽然这并未阻止诉诸法院解决争议，但是使得这种可能以约定或获得另一方的同意为条件。

④ *Attorney-General of St Christopher, Nevis and Anguilla v. Reynolds*, Court of Appeal of Grenada and West Indies Associated States, (1977) 24 WIR 552：有关《赔偿法》旨在使紧急状态期间的拘禁合法。*Adofo et al v. Attorney General*, Supreme Court of Ghana, [2005] 4 LRC 327：1985 年加纳《可可委员会重组和赔偿法》中的一项规定禁止就终止雇用该委员会任何雇员的事宜提起任何诉讼，这一规定被宣布为无效。

的进程的一部分。①

(6) 对诉讼程序当事人征收会在事实上阻止其诉诸司法的费用。②

(7) 要求将书面通知作为提起法律诉讼的先决条件之一。③

经济障碍可能会导致诉诸法院的权利失效。虽然《公民及政治权利国际公约》第14条第1款并未明确要求国家在刑事审判的范围之外提供法律援助，但是它实实在在地规定国家有义务确保所有人在诉诸法院和法庭时一律平等。是否有法律帮助可用往往决定某人是否能够进入相关诉讼程序，或者以有意义的方式参与其中。例如，如果一个被判处死刑的人寻求获得对刑事审判中的违规行为的合宪性审查，但是并没有足够的手段支付为了寻求此项救济的法律帮助的费用，该国就有义务根据《公民及政治权利国际公约》第14条第1款——结

---

① AZAPO v. President of South Africa, Constitutional Court of South Africa, [1997] 4 LRC 40：这种形式的赦免的一个例证，是1995年南非《促进民族团结与和解法》。该法规定，不得再令根据该法获得赦免的人对与他获得赦免的相关行为，承担民事或者刑事责任。南非宪法法院认为，为了鼓励通常被归类为侵犯人权行为的责任人全面承认其行为，而不用担心惩罚或者大额的民事损害索赔，广泛的赦免是必不可少的。赦免不是为了在受害者或者其亲属未获得查明真相的补偿性获益的情况下，就豁免违犯者，因为该法特别规定，只有在有关事实充分披露的情况下，才会准予赦免。根本目的在于过渡到一种致力于人民和解与社会重建的新的民主秩序。为实现这一目标，国家的有限资源有必要以造福整个社会的方式配置（例如，通过投资于教育、住房和卫生保健），而不是被转移到解决遭受国家损害的个人的民事诉求——无论这些诉求可能有多合理。对于该赦免的理由的阐述，见穆罕默德副院长的判决，Mahomed DP at 51–4。

② Biowatch Trust v. Registrar, Genetic Resources, Constitutional Court of South Africa, [2009] 5 LRC 445：在政府与寻求主张宪法权利的私人当事人之间的诉讼中，政府如果败诉，通常就应支付另一方的费用。如果政府胜诉，各方应承担其各自费用。该规则的基本原理是：（一）它可以消除责令败诉方承担费用可能对寻求主张宪法权利的当事人产生的寒蝉效应；（二）宪法诉讼不仅关系到所涉及的特定诉讼当事人的利益，还关系到所有处于类似情况之中的人的权利；（三）国家对于确保与宪法保持一致负有主要责任。然而，这种做法并不是无条件的。如果一项申诉是无事生非或无理取闹的，或者在其他方面明显不当，申诉人就不能指望免于应由败诉方承担的费用。但是，对于在提起针对国家的诉讼中取得实质性成功的私人诉讼当事人，如果法院不责令国家承担费用，就必须存在非常有力的理由。Anni Aarela et al v. Finland, Human Rights Committee, Communication No. 779/1997, 24 October 2001, Selected Decisions, Vol. 7, p. 90：依法判予向胜诉方支付费用的严格责任可能阻碍人们向法院寻求救济的能力。法院判决支付大量的费用，而没有酌情考虑这对于特定个人的可能影响，或者对于情况类似的其他申诉人诉诸法院的后果，构成了对结合《公民及政治权利国际公约》第2条理解的第14条第1款的违反。See also Sankara et al v. Burkina Faso, Human Rights Committee, Communication No. 1159/2003, 28 March 2006, Selected Decisions, Vol. 9, p. 120；Lindon v. Australia, Human Rights Committee, Communication No. 646/1995；Aarela and Nakkalajarvi v. Finland, Human Rights Committee, Communication No. 779/1997；Decision of the Constitutional Court of Belgium, 10 September 2012, (2012) Bulletin on Constitutional Case-Law 247；Ford v. Labrador, Privy Council on appeal from the Court of Appeal of Gibraltar, [2003] 5 LRC 549.

③ Moise v. Transitional Local Council of Greater Germiston, Constitutional Court of South Africa, [2002] 2 LRC 47：法律规定的自违法行为发生起、在非常有限的90天内提起诉讼的期限，对于潜在的申诉人诉诸法院构成了实质性阻碍。该时限非常短，而传票却必须送达给可能的债务人，并且该传票必须包含有关事件和诉称所遭受之损害的重要信息。

合第 2 条第 3 款中规定的获得有效救济的权利理解——提供法律帮助。① 一国可以自由选择保障诉讼当事人有效诉诸法院的权利所采用的方式。虽然建立法律援助制度构成了众多方式之一，但是也可以采用诸如简化程序等方式。②

如果法律制度允许具有拘束力的终局司法裁判不起作用，从而损害一方当事人，那么诉诸法院的权利将是虚幻的。在不能确保在公正、公开、迅速的诉讼中作出的司法裁判得到执行的情况下，获得公正审判权却能保障这些诉讼，是不可思议的。因此，执行法院作出的判决应被视为"审判"之整体的一部分。③ 不论案件有多复杂，也不论在解决中有什么困难，对于法院判决得到有效执行的权利都意味着，法院必须使用所有客观上可行以及适当的方式，确保该权利的享有。这一权利的一个关键要素是，如果遇有第三方的任何阻碍，判决都应得到尊重，并在如果必要时予以有力执行。④ 对于判决的明确内容得到执行的权利是这样一项权利：它不同于对于判决毫无无理拖延地得到执行的权利，但又与之密切相关。⑤

---

① *Currie v. Jamaica*, Human Rights Committee, Communication No. 377/1989; *Shaw v. Jamaica*, Human Rights Committee, Communication No. 704/1996; *Taylor v. Jamaica*, Human Rights Committee, Communication No. 707/1996; *Henry v. Trinidad and Tobago*, Human Rights Committee, Communication No. 752/1997; *Kennedy v. Trinidad and Tobago*, Human Rights Committee, Communication No. 845/1998. See also *Airey v. Ireland*, European Court, (1979) 2 EHRR 305: 如果某位妻子寻求司法分居，却因高额的诉讼费用而难以向高等法院提起诉讼，而她在没有律师的协助下可以自由诉诸该法院的事实对于该问题并不是终局性的，因为如果她的丈夫有律师代理而她没有，那么她将处于不利地位。而且，假定在这样的诉讼中申诉人可以有效地处理她自己的案件——即使法官在传统上会向无代理人的亲自诉讼方提供帮助，也是不现实的。除了会涉及复杂的法律问题外，这样的诉讼可能还需要证明诸如通奸、反常行为或者残忍行为等有关婚姻的罪行。为了查明事实，可能需要提供专家证明，还可能需要寻找、传唤以及询问证人。此外，婚姻争端往往会导致情绪因素的卷入，这与法庭中的辩护所要求的客观性程度基本不相符。因此，在高等法院亲自出庭的可能性并未向潜在的诉讼当事人提供有效的诉诸法院的权利。

② *Andronicou and Constantinou v. Cyprus*, European Court, (1997) 25 EHRR 491. See also Decision of the Constitutional Court of Portugal, 22 June 1995, (1995) 2 *Bulletin on Constitutional Case-Law* 186: 拒绝向某位希望对驳回其庇护申请的部长决定提出上诉的外国人提供法律援助（该国宪法保障特定种类的外国人的庇护权），直击诉诸法院之权利的核心，因为这对处于经济困境中的人构成了歧视。

③ *Hornsby v. Greece*, European Court, (1997) 24 EHRR 250. See also *Matos E Silva, Lda v. Portugal*, European Court, (1996) 24 EHRR 573: 诉讼花费很长时间的事实与诉诸法庭无关。由此遇到的困难与诉讼的进行——而不是提起诉讼——有关。*Antonetto v. Italy*, European Court, (2003) 36 EHRR 10.

④ Decision of the Constitutional Court of Spain, 14 January 1997, (1997) 1 *Bulletin on Constitutional Case-Law* 96: 一位被赤道几内亚驻马德里大使馆雇用的司机被辞退，在这一辞退被劳动法院宣布无效后，他并没有被重新雇用，他提起了一项赔偿诉讼，但大使馆就此项诉讼宣布自己临时破产。西班牙宪法法院认为，可以用来执行该判决的方式之一是命令西班牙的经济事务和财政部从尚未支付给赤道几内亚政府的任何贷款、援助或者补贴中扣留所涉及的款额，另一种方式是指示外交部根据调整外交关系的国际法针对大使馆采取适当行动，甚至是就经济关系针对该国本身采取适当行动。

⑤ Decision of the Constitutional Court of Spain, 13 February 1995, (1996) 1 *Bulletin on Constitutional Case-Law* 90.

在某些法律制度中，民事诉讼法不允许针对国家提起执行程序。例如，在南非，《国家责任法》第 3 节规定，"不得针对此类行为或诉讼程序的被告人或者责任人，或者针对任何国家财产，发布执行令、扣押财产或者采取类似程序"。南非宪法法院将这一规定描述为先前宪法制度的残余——该制度将国家置于法律之上，并确保其官员不会因为他们的行为而被问责。它不允许扣押国家财产，并妨碍法院命令之执行，因此限制了诉诸法院的权利。获得针对私人诉讼当事人的判决的胜诉一方有权获得针对该私人诉讼当事人的执行，以获取对于判决债务的清偿。然而，获得针对国家的判决的胜诉一方却被明令禁止获得以获取对于判决债务的清偿为目的的针对国家财产的执行。这一区别对待的后果是，获得了针对国家的判决的胜诉一方不被允许享有与获得了针对私人诉讼当事人的判决的胜诉一方相同的保护和权益。因此，该第 3 节实际上将国家置于法律之上，并限制了法律面前的平等权、法律的平等保护权和诉诸法院的权利。[1]

（二）"人人在法院或法庭之前，悉属平等"

平等保障不仅适用于《公民及政治权利国际公约》第 14 条中所述的法院和法庭，而且在国内法将司法任务交付某一司法机关的任何时候也适用。[2] 当事方之间平等的原则也适用于民事诉讼，并要求，除其他外，每一当事方均有

---

[1] *Nyathi v. Member of the Executive Council for the Department of Health*, Gauteng, Constitutional Court of South Africa, [2009] 2 LRC 323. 持异议的朗加（Langa）首席法官认为，对这一节的恰当解释和适用，既不禁止由国家机关支付货币的判决，也不偏离服从法院命令的核心价值。它也没有侵犯诉诸法院的权利或影响负有履行法院命令之义务者的能力。他认为，对于不遵守的情况，普通法的救济令将会是一种适当的救济。作为回应，马达拉（Madala）法官承认，不遵守救济令的国家工作人员将被认定为藐视法庭。然而，这是一个冗长的过程，它会给判决债权人带来沉重的负担，对于判决债权人而言，这并没有转化为口袋里的现钱。一旦某位诉讼当事人享有判决债务，就不应再指望他（或她）对获得偿付继续无止境地努力。人们不能期望已经经历了很大麻烦并且在诉讼中投入了时间与金钱的债权人，在知道藐视法庭诉讼不太可能确保债务最终会得到偿还的情况下，还对不履行判决的国家官员提起此类诉讼。这对于胜诉的诉讼当事人构成了太沉重的负担。See also *Antonetto v. Italy*, European Court, (2003) 36 EHRR 10：如果一国的国内法律制度允许具有拘束力的终局司法裁判不起作用，从而损害一方当事人，那么诉诸法院的权利将是虚幻的。因此，执行任何法院作出的判决应被视为从《欧洲人权公约》第 6 条的目的来看的"审判"之整体的一部分。*Government of the Republic of Zimbabwe v. Fick et al*, Constitutional Court of South Africa, [2014] 1 LRC 751；*Bolshakov v. Russian Federation*, Human Rights Committee, Communication No. 1946/2010, 15 October 2014；*Czernin v. The Czech Republic*, Human Rights Committee, Communication No. 823/1998, 29 March 2005；*Sechermelis v. Greece*, Human Rights Committee, Communication No. 1507/2006, 25 October 2010.

[2] *Perterer v. Austria*, Human Rights Committee, Communication No. 1015/2001：有关针对公务员的纪律处分程序。*Everett v. Spain*, Human Rights Committee, Communication No. 961/2000：有关引渡程序。

机会反驳由对方提出的所有主张和证据。① 在特殊情况下，这一原则还可能要求为贫困的当事方提供免费的口译协助，否则他无法在平等的条件下参加诉讼或使其提出的证据得到审查。②

人人有权获得公正审判，不分种族、肤色、性别、语言、宗教、政治或者其他信仰、民族或社会出身、财产状况、身份或者其他情况。在一起有关秘鲁的案件中，根据该国法律，已婚妇女无权就其拥有的财产提起诉讼，只有丈夫有权在法院代表夫妻财产，因此妇女在法院面前的平等权就被剥夺了。③ 同样，尽管坦桑尼亚的一部法律要求，针对政府提起诉讼需要总检察长的事先书面同意，但是在该国的桑给巴尔，这种同意就不是必需的，而只要求提前一个月通知，即可起诉政府。坦桑尼亚联合共和国法院所依据的、用于针对同一政府寻求救济的这种限制，侵犯了在法律面前的平等权。④

平等权利以一般性的规定保障机会平等，并保证诉讼的当事各方所受待遇没有任何歧视。⑤ 因此，在无人代表的被定罪者能够提出上诉之前，要求其得到法官的证明违反了平等保障。无人代表并正在服监禁刑的人在处理其上诉事宜方面处于最不利的状态，因此要求这类人获得这种证明，而不要求其他有法律代表的群体或者不在狱中的人——不论是否有代表——获得这种证明，就违反了该原则。⑥ 平等权利也保障诉讼手段平等（equality of arms）。这意味着向所有当事方提供同等的程序性权利，区别对待只能基于法律，并且基于不会给被告造成实际不利或者其他不公的客观合理的理由，才正当合理。⑦ 例如，如果只允许检察官对某项裁决提出上诉，而不允许被告上诉，那么就不存在诉讼手段的平等。⑧

法院和法庭之前一律平等要求以同样的程序处理同样的案件。例如，如果在裁判某些种类的案件时，采用特殊的刑事程序或者专门组建的法院，就必须提出客观合理的理由来证明这种区别正当合理。⑨ 在南非的一起案件中，有两

---

① *Jansen-Gielen v. Netherlands*, Human Rights Committee, Communication No. 846/1999.
② 人权事务委员会第32号一般性意见，第13段。
③ *Avellanal v. Peru*, Human Rights Committee, Communication No. 202/1986, HRC 1989 Report, Annex X. C.
④ *Pumbun et al v. Attorney-General*, Supreme Court of Tanzania, [1993] 2 LRC 317.
⑤ 人权事务委员会第32号一般性意见，第8段。
⑥ *State v. Ntuli*, Constitutional Court of South Africa, [1996] 2 LRC 151.
⑦ *Dudko v. Australia*, Human Rights Committee, Communication No. 1347/2005.
⑧ *Weiss v. Austria*, Human Rights Committee, Communication No. 1086/2002.
⑨ 例如，对于某些特定类别的违法者不适用陪审团审判：人权事务委员会第32号一般性意见，注6。

项上诉申请针对的是来自高等法院的不同审判庭的两项决定——两项上诉申请的主要事实和理由基本相同,但最高上诉法院在接连两天中拒绝准许一位申请者上诉,却准许另一位申请者上诉。法官马达拉(Madala)、恩格科波(Ngcobo)和萨克斯(Sachs)提出了异议判决,认为在涉及相同问题的两个案件中、在接连两天里作出两项截然相反的命令,显然是不平等的和不公正的,并因此是任意的。他们认为,情况类似的诉讼当事方有权得到相似的待遇,除非有不这样做的原则性理由,或者具有不这样做的区别对待的因素。而在此案件中,并不存在这样的例外情形。①

(三)"判定任何刑事控告"

"刑事控告"在原则上涉及根据国内刑事法律宣布为可予惩罚的行为。该术语也可以扩展到具有犯罪性质的行为,无论其在国内法中如何限定。② "控告"是由主管当局送达给个人的、关于其犯下的刑事罪行的控告的正式通知。③ "刑事控告"是一个具有"实质性"而非"形式性"含义的自主性概念。因此,法院必须审视表象的背后,并调查有关程序的现实情况。④ 一个例证是牙买加的"再分类程序",在该程序中,一名法官判定所控告罪行是"死罪"或是"非死罪",然后再设定不得假释期限的长度,这在接下来会构成对

---

① *Van der Walt v. Metcash Trading Limited*, Constitutional Court of South Africa, (2002) *Bulletin on Constitutional Case-Law* 130.

② *Perterer v. Austria*, Human Rights Committee, Communication No. 1015/2001.

③ *Eckle v. Germany*, European Court, (1982) 5 EHRR 1; *Foti v. Italy*, European Court, (1983) 5 EHRR 313. See *De Weer v. Belgium*, European Court, (1980) 2 EHRR 439:该案中,一位比利时屠夫被指控犯有出售肉类谋取非法利益的罪行,并被检察官下令临时关闭他的商店,期限直到对于拟针对他提出的刑事控告作出判决,或者直到他通过和解的方式支付协议的罚金。这位屠夫极不情愿地缴纳了罚金。欧洲法院判定,通知临时关闭他的商店以及其重新开业的条件构成了"刑事控告"。*Air Canada v. United Kingdom*, European Court, (1995) 20 EHRR 150:伦敦希思罗机场的海关和货物税务专员在一架飞机卸下货物后扣押了该飞机,货物中包括一个集装箱,被打开时发现里面有331千克大麻树脂。税务专员在飞机所有者支付了罚款后,将飞机交还。所申诉的事项不涉及对"刑事控告"的判定。不存在刑事控告或者"刑事"性质的规定以及没有刑事法院的参与,将之与即使不服从也没有任何刑事诉讼之威胁的事实放到一起考虑,就足以将后一案件与前一案件区分开来。See also *Tejedor García v. Spain*, European Court, (1997) 26 EHRR 440; *Smyth v. Ushewokunze*, Supreme Court of Zimbabwe, [1998] 4 LRC120.

④ *Adolf v. Austria*, European Court, (1982) 4 EHRR 313:有人针对某位奥地利会计师提出了造成身体伤害的投诉,检察官指示警方调查是否有人犯下了应受罚的罪行。在这些调查的过程中,会计师否认了指控,并指责该投诉是故意伪造的。他提供了证人的姓名,但是警方并没有询问他们。应检察官的请求,地方法院未经审理即终止了诉讼,理由是犯罪程度轻微,该行为只有微不足道的后果,没有必要以惩罚作为威慑。除非以检察官的名义提出,否则不存在可以对此裁判提出上诉的权利。欧洲人权法院认定,在这种情况下,多种因素的结合可以表明,在相应的时间里,存在针对该会计师的"刑事控告"。

刑事控告之判定的重要部分。①

为了判定某一违法行为是否是"刑事性的",欧洲人权法院指定了要考量的三项标准。第一是国内法对诉讼的归类,即在该国的国内法律制度中,它是否属于刑事法律管辖。这一因素的重要性是相对的,仅仅作为起点。第二是诉讼的性质;这一标准更重要些。第三是惩罚的性质和严重程度。② 如果某一作为或不作为既是刑事罪行又是违纪行为,就有可能出现问题。公共当局是否有权通过纪律惩戒程序的方式处理此类行为,从而剥夺个人享有在有关判定刑事控告的权利方面的利益?为了判断被国家视为纪律惩戒性的控告在另一方面是否具有刑事控告的性质,欧洲人权法院采用了同样的标准。③ 但是,对于这一目的,第二个和第三个因素更为重要。④ 尽管某一违法行为根据国内法不属于刑事罪行,但是有关控告仍有可能构成刑事控告。因此,控告的性质最终决定了某一行为是刑事性的还是纪律惩戒性的。

这些原则已经被用于判断被称为"管理性违法"*的违法行为是否属于刑事法律的范畴。欧洲人权法院认定,虽然某些行为形式可能会被非刑事化,例如道路交通违法行为,但是国家也不能通过将某一违法行为归类为是"管理性的",而不是刑事性的,从而排除适用《欧洲人权宣言》第 6 条第 1 款。⑤ 违

---

① *Gallimore v. Jamaica*, Human Rights Committee, Communication No. 680/1996, HRC 1999 Report, Annex XI. U; *Bailey v. Jamaica*, Human Rights Committee, Communication No. 709/1996, HRC 1999 Report, Annex XI. W.

② *Benham v. United Kingdom*, European Court, (1996) 22 EHRR 293. See also *Ozturk v. Germany*, European Court, (1994) 6 EHRR 409; *Demicoli v. Malta*, European Court, (1991) 14 EHRR 47. *AP, MP and TP v. Switzerland*, European Court, (1997) 26 EHRR 541; *Ravnsborg v. Sweden*, European Court, (1994) 18 EHRR 38.

③ *Engel et al v. Netherlands* (1976) 1 EHRR 647. 这些标准最初适用于兵役方面,此后一直适用于判定监狱纪律指控是否属于"刑事性的"范围:见,*Kiss v. United Kingdom*, European Commission, (1976) 7 *Decisions & Reports* 55; *Campbell and Fell v. United Kingdom*, European Commission, (1982) 5 EHRR 207, European Court, (1984) 7 EHRR 165。

④ *Ozturk v. Germany*, European Court, (1984) 6 EHRR 409.

* "管理性违法"(regulatory offence)是由制定法而不是普通法所规定的犯罪。它是一种准刑事犯罪,属于这样一类犯罪:其中证明有罪的标准已经降低,因此无须证明犯意(*mens rea*)。

⑤ *Ozturk v. Germany* (1984) 6 EHRR 409; *Lutz v. Germany* (1987) 10 EHRR 182. See *Pramstaller v. Austria*, European Court, 23 October 1995, 该案中,这一检测被适用于行政管理领域。某一地方当局向一位建筑商发出了"判决令",指称他在没有规划许可的情况下开展了某些建筑工程。该建筑商被下令支付罚款,若不付款就将受到监禁。欧洲人权法院认定,他受指控的违法行为可以被归类为是"刑事性的"。对于违反《汽车交通法》的有关"判决令",该法院也作出了类似的决定:*Gradinger v. Austria*, European Court, 23 October 1995(在酒精影响下驾驶,罚款或代之以监禁);*Umlauft v. Austria*, European Court, (1995) 22 EHRR 76(拒绝接受呼气测试,罚款或代之以监禁);*Palaoro v. Austria*, European Court, 23 October 1995(两次超速驾驶,罚款或代之以监禁);*Schmautzer v. Austria*, European Court, (1995) 21 EHRR 511(不系安全带,罚款或代之以监禁)。

反监狱规则的违法行为属于刑事控告，因为对已经受到执行刑罚之限制的囚犯施以纪律惩戒，是对其自由的严重限制。[1] 对扰乱法庭诉讼处以罚款，不构成"刑事"诉讼，[2] 但是暂停驾驶执照是一项事关刑事控告之实质问题的决定。[3]

驱逐出境和引渡程序不涉及对刑事控告的判定。[4]

（四）"在一件法律诉讼中的权利和义务"

《公民及政治权利国际公约》第 14 条第 1 款提到的是"权利和义务"，而《欧洲人权公约》第 6 条第 1 款提到的是"民事"权利和义务。不过，《公民及政治权利国际公约》第 14 条第 1 款和《欧洲人权公约》第 6 条第 1 款的法文本都使用了相同的表述——他的民事权利和义务（ses droits et obligations civiles）。根据法国法律，民事权利（droits civils）指的是民事法律中的权利，而不同于公法和刑法中的权利。这一区别反映在人权事务委员会和欧洲人权法院对这一表述作出的不同解释中。

《欧洲人权公约》第 6 条第 1 款中的"民事权利和义务"的术语被赋予了自主性的解释，[5] 并涵盖了所有的其结果对于私人权利和义务具有决定性的诉讼。必须存在一种有关某种"权利"的、可以说至少是基于可主张的理由而要根据国内法予以承认的争端（争议）。该争端必须是真实的、严肃的；它可能不仅涉及权利之存在，而且涉及其范围和行使方式。诉讼的结果必须对所涉权利具有直接的决定性。[6] 在斯特拉斯堡的欧洲人权机构在适用这些原则时认定，《欧洲人权公约》第 6 条第 1 款适用于与以下所有问题相关的诉

---

[1] Decision of the Constitutional Court of Spain, Case No. 143/1995, (1995) 3 *Bulletin on Constitutional Case-Law* 370.

[2] *Putz v. Austria*, European Court, 22 February 1996. 参见德梅耶尔（De Meyer）法官和荣威尔特（Jungwiert）法官的异议意见。

[3] *T v. Administrative Law Appeals Board of the Canton of Sankt Gallen*, Decision of the Federal Tribunal of Switzerland, 11 January 1995, (1995) 2 *Bulletin on Constitutional Case-Law* 216; *Demicoli v. Malta*, European Court, (1991) 14 EHRR 47; European Commission, 15 March 1990: 针对一份政治讽刺性期刊的编辑侵犯国会特权的诉讼——该编辑涉嫌诽谤一位马耳他众议院议员——被认为是"刑事"性质的。See also *Weber v. Switzerland*, European Court, (1990) 12 EHRR 548.

[4] *Tarlue v. Canada*, Human Rights Committee, Communication No. 1551/2007, 27 March 2009; *Lukaszewski v. District Court in Torun*, Poland, Supreme Court of the United Kingdom, [2013] 1 LRC 568; *Zundel v. Canada*, Human Rights Committee, Communication No. 1341/2005, Selected Decisions, Vol. 9, p. 20.

[5] *Benthem v. Netherlands*, European Court, (1984) 6 EHRR 283; *Deumeland v. Germany*, European Court, (1984) 7 EHRR 409.

[6] *Zander v. Sweden*, European Court, (1993) 18 EHRR 175; *Kerojarvi v. Finland*, European Court, 19 July 1995; *Acquaviva v. France*, European Court, 21 November 1995.

讼：支付工资；[1] 终止雇用；[2] 获得养老金的权利和该获益的金额；[3] 获得健康保险金的权利；[4] 对于法定或者公共当局的索赔；[5] 有关社会保障制度规定的缴费的争议——有别于根据该制度获益的权利；[6] 离婚、对子女的监护和探视；[7] 将个人拘禁在精神病院；[8] 专利的所有权问题；[9] 股东参与关系其股份价值的决策的权利；[10] 从事商业活动的权利，包括从事某一职业；[11] 就实习律师名单注册事宜质询律师协会；[12] 地方或者公共当局作出的影响财产权的决定；[13] 向计划监察员提出的质疑计划执行通知的诉讼；[14] 收取仲裁员裁定的金

---

[1] *Maillard v. France*, European Court, (1998) 27 EHRR 232：但是有关公务员的招聘、工作以及终止履职的争端，一般而言超出了《欧洲人权公约》第 6 条第 1 款的范围。See also *Huber v. France*, European Court, (1998) 26 EHRR 457.

[2] *Zand v. Austria*, European Commission, (1978) 15 *Decisions & Reports* 70；*Buchholz v. Germany*, European Court, (1981) 3 EHRR 597. See also *Ma Wan Farming Ltd v. Chief Executive in Council*, Court of Appeal of the Hong Kong SAR, [1998] 1 HKLRD 514：可能因征用或者没收土地，或者是由于规划法，而产生此种争议。

[3] *Pauger v. Austria*, European Court, (1997) 25 EHRR 105；*Submann v. Germany*, European Court, (1966) 25 EHRR 64. 参见, Decision of the Constitutional Court of Austria, 25 September 1995, (1996) 1 *Bulletin on Constitutional Case-Law* 5：给予养老金的决定不是"硬核公民权利"的一部分。

[4] *Feldbrugge v. Netherlands*, European Court, (1986) 8 EHRR 425；*Salesi v. Italy*, European Court, (1993) 26 EHRR 187；*Schuler-Zgraggen v. Switzerland*, European Court, (1993) 16 EHRR 405；*Kerojarvi v. Finland*, European Court, 19 July 1995.

[5] *Zimmerman and Steiner v. Switzerland*, European Court, (1983) 6 EHRR 17；*Adler v. Switzerland*, European Commission, (1985) 46 *Decisions & Reports* 368；*Lithgow v. United Kingdom*, European Court, (1986) 8 EHRR 329；*Axen v. Germany*, European Court, (1983) 6 EHRR 195；*Beaumartin v. France*, European Court, (1994) 19 EHRR 485；*Gustavson v. Sweden*, European Court, (1997) 25 EHRR 623.

[6] *Schouten and Meldrun v. Netherlands*, European Court, 9 December 1994：(1994) 19 EHRR 432.

[7] *H v. United Kingdom*, European Court, (1987) 10 EHRR 95；*Bock v. Germany*, European Court, (1989) 12 EHRR 247.

[8] *Winterwerp v. Netherlands* (No. 2), European Court, (1981) 4 EHRR 228.

[9] *X v. Switzerland*, European Commission, Application 8000/77 (1978) 13 *Decisions & Reports* 81；*British-American Tobacco Co Ltd v. Netherlands*, European Court, 20 November 1995.

[10] *Paftis v. Greece*, European Court, (1998) 27 EHRR 566.

[11] *König v. Germany*, European Court, (1978) 2 EHRR 170；*Kaplan v. United Kingdom*, European Commission, (1980) 21 *Decisions & Reports* 5；*Le Compte, Van Leuven and De Meyere v. Belgium*, European Court, (1981) 4 EHRR 1；*Albert and Le Compte v. Belgium*, European Court, (1983) 5 EHRR 533；*Diennet v. France*, European Court, (1995) 21 EHRR 554；*B v. Committee for the Monitoring of Solicitors of the Canton of Grisons*, Federal Court of Switzerland, (1997) 2 *Bulletin on Constitutional Case-Law* 274.

[12] *De Moor v. Belgium*, European Court, 23 June 1994.

[13] *Ringeisen v. Austria*, European Court, (1971) 1 EHRR 455；*Adler v. Switzerland*, European Commission, (1983) 32 *Decisions & Reports* 228；*Erkner and Hofauer v. Austria*, European Court, (1987) 9 EHRR 464；*Ettl v. Austria*, European Court, (1987) 10 EHRR 255；*Marcuard v. Hausamman et al*, Federal Court of Switzerland, (1996) *Bulletin on Constitutional Case-Law* 432.

[14] *Zander v. Sweden*, European Court, (1993) 18 EHRR 175；*Bryan v. United Kingdom*, European Court, (1995) 21 EHRR 342.

额的权利;[1] 诽谤;[2] 破产裁决;[3] 批准不动产交易;[4] 享有良好声誉的权利,以及由法庭裁判侵犯此声誉是否正当的权利;[5] 获得经营药房许可的权利;[6]以及法律予以明确界定的权利,例如不得基于宗教信仰或者政治见解而受歧视的权利。[7]

即使某人不是未决诉讼的当事人,有关事项也有可能涉及他的"权利"。在欧洲的一起案件中,某位业主想要质疑颁发给某个公司的向邻近土地倾倒垃圾的许可证,理由是含有氰化物的垃圾被丢在了垃圾场,从而污染了饮用水。欧洲人权法院认为,业主虽然是第三人,却可以合理地主张,他有权得到保护,免受其水井中的水被污染。因此,由他针对颁发许可证的决定提起的申诉,涉及对他的"权利"作出"判定"。[8] 判定与纳税人或者在源头报税的义务人有关的税收估值,不能被视为是判定民事义务。[9]

欧洲人权法院认为,行政当局与行使公法所赋予权力的雇员之间的争议,不会导致《欧洲人权公约》第6条第1款适用。然而,与养老金有关的争端则属于《欧洲人权公约》第6条第1款的范围,因为在退休时,在前雇员与当局之间的特殊纽带就断了。这些退休人员,尤其是凭借其养老金享有权利的人,接下来就会发现自己处于与私法之下的雇员完全相当的境遇之中,因为连接他们与国家的信任和忠诚的特殊关系已不复存在,并且这类雇员也不再行使公法之下的任何权力。[10] 欧洲人权法院的这种做法受到了批评:该做法建立在对于普通法系的法律工作者所不熟悉的"民事权利和义务"一词的狭义理解之上。这种做法排除了许多普通法系会当作个人民事权利之一部分而在欧洲大陆却被视为应由行政法院处理之事务的权利。[11]

---

[1] *Stran Greek Refineries and Stratis Andreasis v. Greece*, European Court, (1994) 19 EHRR 293.

[2] *Isop v. Austria*, European Commission, (1962) 5 *Yearbook* 108; *Golder v. United Kingdom*, European Court, (1975) 1 EHRR 524; *Miloslavsky v. United Kingdom*, European Court, (1995) 20 EHRR 442.

[3] *X v. Belgium*, European Commission, (1981) 24 *Decisions & Reports* 198.

[4] Decision of the Constitutional Court of Austria, 12 July 2006, (2009) *Bulletin on Constitutional Case-Law* 234.

[5] *Werner v. Poland*, European Court, (2003) 36 EHRR 28.

[6] *GS v. Austria*, European Court, (2001) 31 EHRR 21.

[7] *Tinnelly & Sons Ltd v. United Kingdom*, European Court, (1998) 27 EHRR 249. See also *Aerts v. Belgium*, European Court, (1998) 29 EHRR 50:有关自由权。

[8] *Zander v. Sweden*, European Court, (1993) 18 EHRR 175.

[9] Decision of the Supreme Court of the Netherlands, 25 June 1997, (1997) 2 *Bulletin on Constitutional Case-Law* 230.

[10] *Pellegrin v. France*, European Court, (2001) EHRR 26.

[11] *Meerabux v. Attorney General*, Privy Council on appeal from the Court of Appeal of Belize, [2005] 4 LRC 281.

"法律诉讼"的概念建立在有关权利的性质之上,而不是基于某一当事方的身份(官方的、半官方的或者法定自治实体),也不基于国内法律制度为判定特定权利而设立的特定场合或机构。① 这个概念包括(甲)旨在判定与私法领域中的合同、物权和侵权相关的权利和义务的司法程序,以及(乙)行政法领域的等同概念,例如除纪律原因以外终止雇用公务员、② 社会保障福利的确定、③ 士兵退役金权利的确定、④ 与使用公共土地有关的程序⑤或与征收私人财产有关的程序。此外,它可能还包括必须根据有关权利的性质逐案评估的其他程序。⑥ 这些程序包括导致解除劳动合同的程序、⑦ 对专业团体活动的监管以及法院对这些监管的审查。⑧

然而,如果国内法没有给予相关个人任何权利,那么《公民及政治权利国际公约》第14条第1款规定的诉诸法院或法庭的权利就不适用。因此,这一规定并不适用于以下情况:国内法并未赋予晋升至公务部门中更高职位的权利、⑨ 被任命为法官的权利⑩或者由执行机关将死刑减刑的权利。⑪ 而且,如果有关人员因其属于受到高度行政控制之人的身份而面临对他们采取的措施,例

---

① *Y. L. v. Canada*, Human Rights Committee, Communication No. 112/1981, HRC 1986 Report, Annex Ⅸ. A.

② *Casanovas v. France*, Human Rights Committee, Communication No. 441/1990; *Vojnovic v. Croatia*, Human Rights Committee, Communication No. 1510/2006, 30 March 2009.

③ *Garcia Pons v. Spain*, Human Rights Committee, Communication No. 454/1991.

④ *Y. L. v. Canada*, Human Rights Committee, Communication No. 112/1981.

⑤ *Aarela and Nakkalajatvi v. Finland*, Human Rights Committee, Communication No. 779/1997.

⑥ 但是,见露丝·韦奇伍德(Ruth Wedgwood)对一件来文的异议意见。*Lederbauer v. Austria*, Human Rights Committee, Communication No. 1454/2006, Selected Decisions, Vol. 9, p. 280 at 292. 她通过参考准备工作文件,主张对"法律诉讼"做狭窄界定,其依据是具体法律制度中对于所要裁定的相关权利可能规定的特殊架构,特别是在普通法系中,在公法和私法之间没有固有区别,并且不论是在初审还是在法律规定的上诉中,或者在通过司法审查的其他程序中,法院通常掌控诉讼程序。

⑦ *Van Meurs v. Netherlands*, Human Rights Committee, Communication No. 215/1986, HRC 1990 Report, Annex Ⅸ. F.

⑧ *J. L. v. Australia*, Human Rights Committee, Communication No. 491/1992, HRC 1992 Report, Annex X. EE. 根据《联合国关于获得公正审判和救济权利的原则草案》,在涉及某些事项的诉讼中也可以判定权利和义务。这些事项如:破产、被送入精神病机构、针对国内当局索赔、约定的权利和义务、驾驶执照、与家庭有关的问题、健康保险福利、土地兼并问题、财产权、专利的所有权和范围以及某人有权出庭并出示证据的其他诉讼程序。

⑨ *Kolanowski v. Poland*, Human Rights Committee, Communication No. 837/1998.

⑩ *Kazantzis v. Cyprus*, Human Rights Committee, Communication No. 972/2001; *Jacobs v. Belgium*, Human Rights Committee, Communication No. 943/2000; *Rivera Fernandez v. Spain*, Human Rights Committee, Communication No. 1396/2005.

⑪ *Kennedy v. Trinidad and Tobago*, Human Rights Committee, Communication No. 845/1998.

如对公务员、① 武装部队成员或者囚犯采取的不构成刑事制裁的纪律措施，那么也不存在在一项法律诉讼中对权利和义务的判定。该保障也不适用于引渡、驱逐或者递解出境的程序。②

（五）"人人有权受……公正审理"

"公正审理"概念的内在要求，在有关判定诉讼案中的权利和义务的案件中，与其在有关判定刑事控告的案件中，并不必然相同。处理涉及民事权利和义务的民事案件时，比处理刑事案件时，存在更大的灵活余地。③ 事实上，国际性和区域性法律文书中阐述的有关判定刑事控告的"公正审理"的要求④是最低的保障，仅遵守这些要求并不总是足以确保审理的公正性。⑤ 获得公正审理的权利包含着比这些最低要求更为广泛的"实质公正"的概念。⑥ 然而，不论诉讼在本质上是刑事的还是民事的，公正审判的更广义概念不仅包括司法当局一方的独立和公正义务，还包括尊重对抗性诉讼原则、诉讼手段平等原则和诉讼快捷原则。⑦

诉讼的公正性要求不存在来自任何一方的、不论出于何种动机的任何直接或间接影响、压力、恐吓或干扰。审判法庭未做到控制公众在法庭上制造的敌

---

① *Perterer* v. *Austria*, Human Rights Committee, Communication No. 1015/2001.
② *Zundel* v. *Canada*, Human Rights Committee, Communication No. 1341/2005, Selected Decisions, Vol. 9, p. 20; *Esposito* v. *Spain*, Human Rights Committee, Communication No. 1359/2005; *Kaur* v. *Canada*, Human Rights Committee, Communication No. 1455/2006, 30 October 2008; *Dimitrov* v. *Bulgaria*, Human Rights Committee, Communication No. 1030/2001, 28 October 2005; *Casanovas* v. *France*, Human Rights Committee, Communication No. 441/1990, 19 July 1994.
③ *Société Levage Prestations* v. *France*, European Court, (1996) 24 EHRR 351.
④ 见《公民及政治权利国际公约》第14条第2款至第14条第7款、第15条；《欧洲人权公约》第6条第2款、第3款；《美洲人权公约》第8条第2款至第8条第5款、第9条、第10条。
⑤ 人权事务委员会第13号一般性意见（1984年），第5段。See also *De Weer* v. *Belgium*, European Court, (1980) 2 EHRR 439; *Artico* v. *Italy*, European Court, (1980) 3 EHRR 1; *Jespers* v. *Belgium*, European Commission, (1981) 5 EHRR 305; *Berbera, Messegue and Jabardo* v. *Spain*, European Court, (1988) 11 EHRR 360：被告人移交马德里审判被延迟，就在审理开始之前，法庭成员意外地发生了变化，审判很简短，以及没有当着被告和公众的面充分地提出非常重要的证据并予以辩论，这些情况意味着整个诉讼不符合公正和公开审判的要求。*Kwame Apata* v. *Roberts*, Court of Appeal of Guyana, (1981) 29 WIR 69.
⑥ *State* v. *Zuma*, Constitutional Court of South Africa, [1995] 1 LRC 145; *Pinto* v. *Trinidad and Tobago*, Human Rights Committee, Communication No. 232/1987, HRC 1990 Report, Annex IX. H：在被告可能被宣判死刑的情况中，法官对陪审团的指示必须满足特别高的彻底性和公正性标准。*Collins* v. *Jamaica*, Human Rights Committee, Communication No. 240/1987, HRC 1992 Report, Annex IX. C：所有陪审员所处的状态必须使得他们有可能以客观的方式评估事实和证据，以便能够作出公正的判决。
⑦ *Fei* v. *Colombia*, Human Rights Committee, Communication No. 514/1992, HRC 1995 Report, Annex X. J; *Asensi* v. *Spain*, Human Rights Committee, Communication No. 1413/2005, HRC Report 2008, p. 146.

对氛围和压力——这使辩护律师难以适当地诘问证人并提出他的辩护，侵犯了获得公正审判的权利。① 法庭容许陪审团表达种族主义态度②以及基于种族偏见选择陪审员，是对程序的公正性产生负面影响的其他情况。在陪审团审判中，选择陪审团所采用的方法必须是一种将能给予公民公正审判的方法。因为陪审团是从陪审员名单中随机选出的，因此编制陪审团名单方法的非歧视性是陪审团进行公正审判的至关重要组成部分。从本身就是公平地构成的名单中随机选择人员组成陪审团，就实现了公正。在没有任何客观理由的情况下，在排除了几乎一半本来符合条件的人口（即女性）的基础上编制的陪审团名单，是基于歧视而编制的陪审团名单。由这样的名单产生的陪审团进行的审判不符合由独立和无私的法院进行公正审判的宪法要求。③

联合国《关于获得公正审判和救济权利的原则草案》确定了公正审理的如下要求，不论诉讼在本质上是民事的、刑事的、行政的还是军事的。一方当事人应当有权（甲）被充分告知诉讼的性质和目的；（乙）有充分的机会准备案件；（丙）提出主张、出示证据，以书面或者口头或者二者兼有的方式抗辩对方的主张和证据；（丁）在诉讼的各个阶段期间，咨询律师或其选择的其他有资格的人并由其代表；（戊）如果他（或她）无法理解或者表达法院或者法庭中使用的语言，在诉讼的各个阶段期间咨询译员；（己）只有完全基于公开的诉讼中的当事人所知晓之证据的裁判，才能影响他（或她）的权利或义务；（庚）只有通在并无不当拖延的情况下作出的裁判，并且向裁判的当事方充分提供裁判的通知以及理由，才能影响他（或她）的权利或义务；（辛）向更高级别的行政当局、司法法庭或者二者兼有提出上诉。

1. 对抗式诉讼

对抗式诉讼原则是指，刑事或者民事审判中的每一当事方必须不仅有机会获知为其请求获得支持所需的任何证据，而且有机会知晓和评论所有提交的证

---

① *Gridin v. Russian Federation*, Human Rights Committee, Communication No. 770/1997, Selected Decisions, Vol. 7, p. 82.

② *Narrainen v. Norway*, Committee on the Elimination of Racial Discrimination, Communication No. 3/1991.

③ *Rojas v. Berllaque*, Privy Council on appeal from the Court of Appeal of Gibraltar, [2004] 1 LRC 296. See also *Rojas v. Berllaque*, Supreme Court of Gibraltar, [2002] 4 LRC 464; *JEB v. Alabama*, United States Supreme Court, (1994) 511 US 127; *Batson v. Kennedy*, United States Supreme Court, (1986) 476 US 79; *Taylor v. Louisiana*, United States Supreme Court, (1975) 419 US 522; *Ballard v. United States*, United States Supreme Court, (1946) 329 US 187.

据或者做出的陈述以期影响法院的裁判。① "对抗式诉讼"也暗含着遵守自然正义原则。② 自然正义的一个重要方面是兼听双方之词（audi alteram partem）的理念。例如，如下例子就违背了这一理念：在当事一方缺席的时候进行审理；当事一方在整个诉讼中都在场，但是在作出对其利益产生不利影响指令之前，未听取其意见；③ 法院不允许亲自出庭的诉讼当事方做开庭陈述或者总结陈词，或者对适用法律发表任何意见；④ 或者，在要求上诉法院重新评估在审判时提交的证据，并判定是否有程序瑕疵影响了审判法院的裁判时，上诉法院没有进行口头审理。⑤ 遵守自然正义还意味着，要做出说理的判决。⑥ 这不能理解为对每一项主张都必须予以详细的回应。履行给予理由这一义务的程度，可能会根据裁判的性质而有所不同。⑦ 采用书面判决本身不等于其对于申诉人或者他的律师"可得"。还应该有他们可以用来索要并获得相关的法院文件的

---

① *Mantovanelli v. France*, European Court, (1997) 24 EHRR 370：有关未给予真正机会，对某份专家医学报告作有效评论。*Lobo Machado v. Portugal*, European Court, (1997) 23 EHRR 79：有关没有提供由检察长提交给法院的书面意见，也没有提供在判决前对其作答辩的机会。*Fei v. Colombia*, Human Rights Committee, Communication No. 514/1992, 4 April 1995：有关在一方提交辩护陈述的截止日期之前，就作出了有利于另一方的判决。*Brandstetter v. Austria*, European Court, (1991) 15 EHRR 378：有关检控方的陈述的副本没有送交被告。*Vermeulen v. Belgium*, European Court, 20 February 1996：有关未向一方提供重要文件。*De Haes and Gijsels v. Belgium*, European Court, (1997) 25 EHRR 1：有关完全拒绝制作某份文件的申请。See also *Niderost and Huber v. Switzerland*, European Court, (1997) 25 EHRR 709；*Borgers v. Belgium*, European Court, (1991) 15 EHRR 92；*Ruiz-Mateos v. Spain*, European Court, (1993) 16 EHRR 505；*Kerojarvi v. Finland*, European Court, 19 July 1995；*Werner v. Austria*, European Court, (1997) 26 EHRR 310；*Krcmar et al v. Czech Republic*, European Court, (2001) 31 EHRR 41；*Fitt v. United Kingdom*, European Court, (2000) 30 EHRR 480.

② *Hermoza v. Peru*, Human Rights Committee, Communication No. 203/1986, HRC 1989 Report, Annex X. D；*Hlophe v. Constitutional Court of South Africa*, Witwatersrand High Court of South Africa, [2009] 4 LRC 71：一位被指控严重行为不当的法官有权在程序的每个实质阶段发表意见。仅在最后阶段才给予他发表意见的权利是不够的，因为某个关键环节——如公布了针对法官的严重的或者重大的行为不当的指控，却未在提出指控前给予他发表意见的权利——可能会不仅给相关法官，而且给整个司法制度的道德可接受性、尊严和声誉带来严重的或者甚至是无法挽回的侵蚀。

③ *Lazarus Atano v. Attorney-General*, Supreme Court of Nigeria, [1988] 2 NWLR 201；*Ekbatari v. Sweden*, European Court, (1988) 13 EHRR 504；*Fredin v. Sweden (No. 2)*, European Court, 23 February 1994；*Holland v. Minister of the Public Service*, Labour and Social Welfare, Supreme Court of Zimbabwe, [1998] 1 LRC 78. Decision of the Constitutional Court of Liechtenstein, 5 September 1997, (1997) 3 *Bulletin on Constitutional Case-Law* 395.

④ *Hurnam v. Paratian*, Privy Council on appeal from the Court of Civil Appeal of Mauritius, [1998] 3 LRC 36.

⑤ *Karttunen v. Finland*, Human Rights Committee, Communication No. 387/1989, 23 October 1992.

⑥ *Firestone Tyre and Rubber Co Ltd and International Synthetic Rubber Co Ltd v. United Kingdom*, European Commission, Application 5460/72, (1973) 43 Collection of Decisions 99.

⑦ *Van de Hurk v. Netherlands*, European Court, 19 April 1994；*Balani v. Spain*, European Court, 9 December 1994；*Torija v. Spain*, European Court, 9 December 1994；*Helle v. Finland*, European Court, (1997) 26 EHRR 159；*Georgiadis v. Greece*, European Court, (1997) 24 EHRR 606.

合理有效的行政渠道。①

为了获得某位证人的证词而将其拘禁是一种特殊措施,必须受到法律和实践中的严格标准的约束。在针对牙买加的一件来文中,在审判某一男孩的父亲谋杀他母亲时,为检控方作证的这位 10 岁男孩拒绝回答任何问题,理由是他没有看到他的父亲做什么。法官威胁说,如果他拒绝回答,就拘禁他。他确实在警方总部被拘禁了一夜,后来在同样的场景再次发生时,这位男孩支撑不住并给出了不利于他父亲的证词。人权事务委员会认为,不存在可以证明拘禁他正当合理的特殊情形,而且鉴于他撤销其声明,就可能的恐吓以及在这种情况下所获证词的可靠性,产生了严重的问题,从而侵犯了获得公正审判权。② 在针对牙买加的另一件来文中,在一名被指控犯有谋杀罪(murder)的被告承认犯有过失杀人罪(manslaughter),检控方也接受了这一认罪并撤回其最初的谋杀控告之后,审判应被告的请求延期,以便传唤使其处罚减轻的品德证人,但检控方立即就完全相同的谋杀控告提起了新的诉讼,这与公正审判的要求不相容。③

2. 诉讼手段平等原则

当事各方程序平等的原则,或者通常所说的"诉讼手段平等",是公正审判的固有要素。④ 如下情况违反这一原则:审判法官拒绝准予延期审理,以使被告能获取法律代理,但在检控方未找到或者未准备好证人的情况下,却已经批准了几次延期;⑤ 在被告或者他的法律代理人缺席的情况下,就与羁押待审相关的事项听取检控当局的意见;⑥ 某位被告无法在治安法院登记处获取他的案件材料,并因此无法准备充分的辩护;⑦ 将某位被告在陪审团审理期间记的笔记以及他的法律书籍从其牢房中拿走并没收;⑧ 法院未能控制公众在法庭上

---

① *M. F. v. Jamaica*, Human Rights Committee, Communication No. 233/1987, HRC 1992 Report, Annex X. A.

② *John Campbell v. Jamaica*, Human Rights Committee, Communication No. 307/1988, 24 March 1993. 另见伯蒂尔·文纳尔格伦(Bertil Wennergren)的个人意见。

③ *Richards v. Jamaica*, Human Rights Committee, Communication No. 535/1993, HRC 1997 Report, Annex Ⅵ. F.

④ *Kouphs v. The Republic*, Supreme Court of Cyprus, (1977) 11 JSC 1860; *Moreal v. France*, Human Rights Committee, Communication No. 207/1986, HRC 1989 Report, Annex X. E.

⑤ *Robinson v. Jamaica*, Human Rights Committee, Communication No. 223/1987, HRC 1989 Report, Annex X. H. See also *The State v. Fitzpatrick Darrell*, Court of Appeal of Guyana, (1976) 24 WIR 211: 有关拒绝准许重新传唤某位证人。

⑥ *Neumeister v. Austria*, European Court, (1968) 1 EHRR 91; *Kampanis v. Greece*, European Court, (1995) 21 EHRR 43.

⑦ *Foucher v. France*, European Court, (1997) 25 EHRR 234.

⑧ *Pullicino v. The Prime Minister*, Constitutional Court of Malta, (1998) 2 *Bulletin on Constitutional Case-Law* 272.

制造的敌对氛围和压力,这使辩护律师难以适当地反诘证人并提出他的辩护;①国家不允许某一非居民的外国人亲自参加他是当事一方的法庭诉讼;② 某位已被定罪的囚犯被告知审理他的上诉的日期时,审理已经完结。③

　　国家造成公众对被告的偏见的行为违反了这一原则。在美洲的一起案件中,国家当局通过在报纸上刊登带有被告人照片的广告来征集证据,由此暗示他们犯了被控告的罪行,这侵犯了获得公正审理的权利。④ 同样,在终审判决作出之前,通过电视传播被告人的入罪供述,这既"引导公众预判被告有罪",也严重违反了"正当程序的基本要求"。⑤

　　刑事诉讼中对公正性的一项要求是,检控方应向被告披露其掌握的所有有利于或者不利于被告的重要证据。⑥ 对警方案卷中的信息(即证人所做的陈述),可适用六项原则:

　　(1) 警方案卷中的信息不属于警方或者检控方,而是属于公众,不是为了定罪,而是为了见证正义实现。

　　(2) 被告没有义务协助检控方,对他而言,检控方是他的对立方。

　　(3) 国家负有一般义务,向被告披露其打算举证的所有信息,以及其不打算使用但是能够在被告的辩护中对他有帮助的所有信息。这不是一项绝对义务,而是一项从属于国家依据自由裁量保留其享有特权的信息以及在调查尚未完成的情况下延迟披露的义务。

　　(4) 国家行使其自由裁量可由审判法院依据被告的申请审查。

　　(5) 首次披露必须在传唤被告进行答辩之前做出。这是一项持续性的义务。如果发现进一步的事实,国家有义务尽快将其披露给被告。

　　(6) 所有证人证言必须提供给被告,不论这些证人是否会被传唤。如果没

---

① *Gridin* v. *Russian Federation*, Human Rights Committee, Communication No. 770/1997, HRC 2000 Report, Annex Ⅸ. O.

② *Zouhair Ben Said* v. *Norway*, Human Rights Committee, Communication No. 767/1997, 20 March 2000.

③ *Alrick Thomas* v. *Jamaica*, Human Rights Committee, Communication No. 272/1988, HRC 1992 Report, Annex Ⅸ. G.

④ Inter-American Commission, Nicaragua Report, 1981, p. 81.

⑤ Inter-American Commission, Nicaragua Report, 1981, p. 106.

⑥ *Edwards* v. *United Kingdom*, European Court, (1992) 15 EHRR 417. See also *HM Advocate* v. *Murtagh*, Privy Council on appeal from the High Court of Justiciary of Scotland, [2010] 3 LRC 199; *Rowe* v. *United Kingdom*, European Court, (2000) 8 BHRC 325; *Jasper* v. *United Kingdom*, European Court, (2000) 30 EHRR 97; *Brady* v. *Maryland*, United States Supreme Court, (1963) 373 US 83: 美国最高法院认定,获得公正审判权要求检控方披露所有重要信息,因为从某种意义上说,存在一种合理的可能性,即如果向被告披露该信息,结果就有可能不同。"合理的可能性"是一种足以破坏对审判结果的信任的可能性。*United States* v. *Bagley*, United States Supreme Court, (1985) 473 US 667.

有完整的证言而只有笔记,则必须提供笔记;如果有口头询问,则必须为被告准备并提供该证据的摘要。①

如果不能完全或者根本不能将材料披露给被告,而且没有严重损害重要的公共利益的风险,则对于该黄金法则的某些减损可能是正当合理的,但是这种减损应始终保持在为保护有关公共利益所必需的最低限度上,并且绝不能危及审判的总体公正性。当出现任何减损这一规则的问题时,法院必须考虑以下问题:(甲)检控方企图扣留的材料的内容;(乙)该材料是会削弱检控方对案件的起诉或者加强被告的辩护;(丙)是否存在损害重要的公共利益的现实风险;(丁)在不披露的情况下是否可以保护被告的利益,或者是否能够下令披露,其方式既会充分保护公共利益,也会为被告的利益提供充分保护(这要求法院考虑检控方是否应正式认可被告所希望证实的内容,或者是否可以下令不充分披露);(戊)为保护被告的利益和公共利益而打算采取的措施是否体现了保护公共利益的最低程度的减损;(己)如果下令做出有限披露,其效果是否可以使审判程序从整体上看对被告不公正,而在对被告不公正的情况下,应当下令做出更全面的披露,即使这已经导致或者可能导致检控方终止诉讼,以避免其必须做此披露;(庚)随着审判的进行、证据的列举以及辩护的提出,对以上问题的答案是否仍是一样的。②

---

① *R v. Stinchcombe*, Supreme Court of Canada, [1992] LRC (Crim) 68. See also *Phato v. Attorney General*, Supreme Court of South Africa, [1994] 3 LRC 506.

② *R v. H*, House of Lords, United Kingdom, [2004] 5 LRC 293. See also *Fraser v. Her Majesty's Advocate*, Supreme Court of the United Kingdom, [2011] 5 LRC 360. Decision of the Constitutional Court of Hungary, 11 March 1998, (1998) *Bulletin on Constitutional Case-Law* 58:一项法律规定,如果某一刑事案件的卷宗包含国家或者官方机密,就禁止该案件的辩护律师和被告获取卷宗,这侵犯了辩护权利以及被告人获得公正审判的权利。Decision of the Constitutional Court of Hungary, 29 March 2002, (2002) *Bulletin on Constitutional Case-Law* 66:一项有关金融机构的法律规定,如果某一案件的卷宗包含银行机密,就禁止案件当事人(通常是申诉人)及其律师获取这些卷宗,这违反了诉讼双方手段平等原则。*Sinclair v. Her Majesty's Advocate*, Privy Council on appeal from the High Court of Justiciary of Scotland, [2005] 4 LRC 477:主要规则是,由王国政府掌握的除了预言以外的所有证人证言,均应披露。被告没有索求它们的义务。虽然可能存在为了公共利益而必须扣留或者加工证词的案件,但是如果被告提出披露申请,这类案件适宜被视为例外情况——王国政府需要能够向法院作出解释。而且,检控方有义务向被告披露其所掌握的所有有利于或者不利于被告的重要证据。为此目的,任何有可能动摇所检控的案件或者是有助于被告的案件的证据,都应被视为是重要的。但是,被告没有使所有相关证据都获得披露的绝对权利。可能存在出于公共利益而需要保护的相冲突的利益。但是,关于扣留相关信息是否出于公共利益的决定不能完全交由王国政府。还必须要有已经就绪的充分司法保障,以确保不以公共利益为由扣留信息,除非这是绝对必要的。*Named Person v. Vancouver Sun*, Supreme Court of Canada, [2007] 3 SCR 252:警官在调查过程中,为了换取通过其他方式难以或者不可能获取的有用信息,对可能成为线人的人提供保护和保密保证,在这样的情况中,就产生了线人特权。这受到保护性"面纱"(veil)的保障,只有当被告的清白明显处于危机之时,才可以通过司法命令取消。这种"面纱"保证之存在与否,必须由法院在"第一阶段"的审理中秘密地决定。线人特权由王国政府和提供消息的人共同享有。未经另一方的同意,任何一方都不得放弃它。See also *R v. Basi*, Supreme Court of Canada, [2010] 3 LRC 526.

津巴布韦最高法院指出，获得公正审判权的广义性和创造性解释不仅包括法院的公正无私，而且包括检察官的绝对公正无私——检察官的职能构成司法程序不可或缺之一部分，其行为反映了法院是否公正无私。检察官必须致力于实现正义，并公正无私地追求这一目标。他必须在适当地考虑率直和绝对公正的传统戒律的情况下，处理针对被告的案件。由于检察官代表国家、整个社会以及一般性的正义利益，他的任务比辩护律师更为全面、更为苛刻。就像恺撒大帝的妻子一样，检察官必须能够经得住任何怀疑性的探寻。作为"真相的公使"，他有见证真相在法庭上呈现的特殊义务。他必须向法庭提出所有相关证据，并尽最大可能确保这些证据的真实性。他必须冷静地陈述事实。如果他知晓有利于被告的某一要点，他也必须指出来。如果他知道某个可以陈述证明被告无罪之事实的可信证人，在被告没有代表的情况下，他必须亲自提出该证人。如果他自己的证人根本偏离他的证据，他必须提醒法院注意矛盾之处，或者在向辩护律师的陈述中揭露出严重矛盾的部分，除非存在特殊的并且有说服力的相反理由。[1]

　　能否面见证人与公正审判之间存在密切的联系。在交叉诘问或者准确的可信度评估中，能够面见证人虽然不是唯一因素，或事实上可能不是最重要的因素，但它的重要性在刑事司法制度中根深蒂固，若没有令人信服的证据，就不能弃之不顾。然而，在任何特定案件中，面见证人是否会影响审判的公正性将取决于该证人要提供的证据。如果证据没有争议，则不存在评估可信度以及交叉诘问的问题，因此，无法面见证人也不会侵犯被告的公正审判权。[2] 在一起案件中，审判法院准许了一项申请，即其所审理的强奸案中的申诉人在作证时被帘子挡住，被告看不见她。英国枢密院指出，虽然在询问她的时候，每位律师都能看到这位证人，但在她作证时，被告及其律师都无法看到她的行为举止——在基于口头证词的审判中，这经常是可能影响审判的裁决者的事项之一。在特定的证人作证期间，仅仅是被告不能面见她这一事实并不致使审判不公。然而，至关重要的是，被告的代表人应能够在整个审判过程中见到并听到证人，因为随时都有可能发生某些重要的事情。在再诘问（以及总体诘问）期间，检控方证人的行为举止可能与在交叉诘问她期

---

[1] *Smyth v. Ushewokunze*, Supreme Court of Zimbabwe, [1998] 4 LRC 120, per Gubbay CJ. See also *Boodram v. Attorney General*, Privy Council on appeal from the Court of Appeal of Trinidad, [1996] 2 LRC 196：检察长在维护"正义之泉的纯净"以及防止陪审团审判可能会演变为媒体审判的任何严重风险中，必须发挥他自身的作用。

[2] *R v. NS*, Supreme Court of Canada, [2014] 1 LRC 599.

间的行为举止同样重要。①

在加拿大最高法院，首席法官麦克拉克林（McLachlin）分析了证人在作证时能否佩戴"面纱"（niqab）的问题。如果佩戴面纱不会给公正审判带来严重风险，那么出于虔诚的宗教原因而希望佩戴它的证人可以这样做。如果宗教自由和审判公正二者都牵扯事实问题，那么下一步就是尝试通过合理可行的替代措施或者通融措施调和它们。问题是，是否存在既符合证人的宗教信仰同时又可以防止给审判公正带来严重风险的合理可行的替代性选择。如果没有这种合理可行的替代性选择，那么就要转而分析，要求证人摘下面纱的有益影响——包括对审判公正的影响，是否超过了这样做的有害影响——包括对宗教自由的影响。法官必须评估所有的这些因素，并判定要求证人摘下面纱的有益影响是否超过了这样做的有害影响。在被告的自由岌岌可危，而证人的证据是案件的核心并且她的可信性至关重要的情况中，错误定罪的可能性在权衡中必须占据重要分量，从而支持摘下面纱。②

隐匿证人身份是可能影响诉讼手段平等的另一个因素。通过回顾案例，可以得出以下命题：（甲）存在一种假定，即司法要公开，被告要能与控告者对质。（乙）原则上，有可能在某种程度上允许偏离司法公开的基本规则，但是应该列出明确的必要情况。（丙）法院应当充分认可，证人不愿意以通常方式提供证据是真诚的，并且他（或她）的恐惧程度使隐匿身份的程度正当合理。（丁）隐匿身份的方式可能包括不披露证人的姓名和地址，遮挡住证人使其与被告的法律顾问隔离开，对被告和公众掩饰证人的声音，对法律顾问掩饰证人的声音。（戊）法院可能考虑采用的这些变通方式越多，该案就越侵扰司法公开原则。对这一问题的判断取决于确保审判持续具有公正性的平衡。（己）一个重要的考量因素，是证人的证词对于检控方的相对重要性。如果它构成了针对被告的唯一或者决定性证据，那么禁止或者过度阻碍被告及其法律顾问采取措施减损该证人的可信性的隐匿身份的做法，就非常有可能是不公正的操作。何种措施——如果有的话——符合审判的充分公正性，在任何给定的案件中都是一个事实问题。作为一般性规则，在有关证人的证词构成了影响被告的唯一或者决定性证据的案件中，如果允许极大程度的匿名证据，审判就不太可能是

---

① *Attorney General for the Sovereign Base Areas of Akrotiri and Dhekelia v. Steinhoff*, Privy Council on appeal from the Senior Judge's Court of the Sovereign Base Areas of Akrotiri and Dhekelia，[2006] 2 LRC 368.
② *R v. NS*, Supreme Court of Canada，[2014] 1 LRC 599，per McLachlin CJ.

公正的。[1]

在美国最高法院的一起案件中,多数法官的裁决解释了隐匿身份的实际效果:

> 可以肯定的是,在本案中并没有完全否定交叉诘问的所有权利。但是,申诉人询问检控方主要证人的姓名或者住址的权利被剥夺,尽管该证人承认,他先前给出的姓名是假的。然而,当某一证人的可信度存在问题时,通过交叉诘问"揭露谎言并得出真相"中的起点,必然是询问证人他是谁,以及他住哪儿。证人的姓名和地址能打开无数的庭上询问和庭外调查的渠道。在一开始就禁止这项最基本的质询,根本上削弱了交叉诘问的权利本身。[2]

向被告隐匿证人的姓名和身份的后果包括如下:(甲)被告的法律代表无法调查证人的背景,以确定他是否有不诚实的一般声誉,或者他先前是否做出过不一致的陈述,或确定可能与他的总体可信度相关的其他事项。(乙)对证人做出质询以确定他并不在其所提到的场合,将会更加困难。[3] 即使是在"制衡"("counterbalancing")程序被认为足以弥补被告所处的艰难处境之时,定罪也不能单独地或在决定性程度上基于匿名陈述。[4]

在涉及私人当事方的诉讼中,"诉讼手段平等"意味着,在不使任何一方相比其对方处于非常不利境地的条件下,必须为各方都提供合理的机会陈述其案件——包括他的证据,[5] 并为此目的由律师代表。[6] 虽然在民事案件中免费

---

[1] *R v. Davis*, House of Lords, [2009] 2 LRC 373, per Lord Carswell. See *Van Mechelen v. Netherlands*, European Court, (1997) 25 EHRR 647:在审理一起杀人和抢劫未遂案时,法官安排审理的方式是:法官本人、书记员和正在作证的警官在一个房间里,而被告、他们的律师和检察官在另一个房间,这两个房间通过声音传导连接在一起。被告不仅不知晓证人的身份,而且还不能观察他们在直接询问下的行为举止,因此无法检验他们的可靠性。

[2] *Smith v. Illinois*, United States Supreme Court, (1968) 390 US 129 at 131.

[3] *State v. Leepile*, 1986 (4) SA 187 (W), SA Loc. Div., per Ackermann J.

[4] *Doorson v. The Netherlands*, European Court, (1996) 22 EHRR 330.

[5] *Dombo Beheer BV v. Netherlands*, European Court, (1993) 18 EHRR 213; *Krcmar et al v. Czech Republic*, European Court, (2001) 31 EHRR 41. See also *Stran Greek Refineries and Stratis Andreadis v. Greece*, European Court, (1994) 19 EHRR 293:公正审判的理念排除立法机关对于旨在影响对争端之司法裁判的司法工作的任何干涉。该案中,国家通过颁布新的立法以一种决定性的方式进行了干预,来确保其作为当事一方的诉讼的迫近裁判结果对它有利。*Zielinski et al v. France*, European Court, (2001) EHRR 19:虽然在原则上,对于民事案件,并不禁止立法机关通过新的具有溯及力的规定来调整根据现行法律所产生的权利,但是法治原则和公正审判的理念排除立法机关对于旨在影响对争端之司法裁判的司法工作的任何干涉,除非是基于公共利益的令人信服的理由。

[6] *Ntukidem v. Oko*, Supreme Court of Nigeria, [1989] LRC (Const) 395.

获得法律援助的权利并没有得到明确保障，但是在某些情况中，剥夺它可能违反"诉讼手段平等"原则，并构成对获得公正审理权利的侵犯。[①] 规定使用一种官方法庭语言可能不会违反程序上的平等。如果某一公民的母语不同于官方法庭语言但能够以官方语言充分地自我表达，则公正审理的要求并不要求国家要向这一公民提供译员服务。只有当事人或者证人难以理解法庭语言或者用此种语言自我表达，才应提供译员服务。如果法院确认某一当事人足够熟悉法庭所用语言，就无须查证确定让他使用法庭语言以外的语言作自我表达是否更可取。[②]

除非是在最清楚明了的案件中，以谨慎小心的方式，并且仅出于极其紧迫的理由，否则不得以滥用程序为由行使准予永久性地停止刑事诉讼的管辖权。可能构成滥用程序的情况多种多样，因此无法穷尽列举。在刑事诉讼的语境中，一些将构成滥用程序的情况包括：出于不正当目的或者别有用心地提起诉讼，检控方存在使得公正审判无法实现的行为，或者故意不遵守法院的命令——这损害了法院的廉正性。这些情况是否构成滥用程序将取决于案件的事实。一般来说，在刑事诉讼的语境中，没有什么会比让被告受到不公正审判更加严重地损害法院的正义感和分寸感。因此，法院将采用诸如休庭在内的一切可用措施，来防止进行不公正的审判。当有人申诉程序被滥用时，法院必须考虑两个基本的政策因素。首先是一种公共利益，即确保国家本身和司法工作中的所有其他人公正地运用法院程序。其次是，如果法院不以这种方式运作，将会削弱公信力。[③]

3. 迅捷诉讼

审理之公正性的一个重要方面是其迅捷性。虽然《公民及政治权利国际公约》第 14 条第 3 款（寅）项只明确规定了刑事诉讼中的不当拖延问题，但是民事诉讼中的拖延，若无法以案件的复杂性或者当事方的行为作为正当理由，

---

① *X v. Germany*, European Commission, Application 2857/66, (1969) 29 *Collection of Decisions* 15; *X v. Switzerland*, European Commission, Application 6958/75, (1975) 3 *Decisions & Reports* 155. Cf. *Airey v. Ireland*, European Court, (1979) 2 EHRR 305.

② *Guesdon v. France*, Human Rights Committee, Communication No. 219/1986, HRC 1990 Report, Annex Ⅸ. G; *Cadoret v. France*, Human Rights Committee, Communication No. 221/1987, HRC 1991 Report, Annex Ⅸ. A. See Decision of the Supreme Court of the Netherlands, 19 December 1997, (1998) *Bulletin on Constitutional Case-Law* 89：在某些情况下，在民事案件中未能提供免费的译员帮助，可能会与包括双方诉讼手段平等原则在内的公正审判的要求相冲突。

③ *Toailoa Law Office v. Duffy*, Supreme Court of Samoa, [2006] 2 LRC 138, per Sapolu CJ; *Evrezov et al v. Belarus*, Human Rights Committee, Communication No. 1999/2010, 10 October 2014：法院必须提供有关口头审理的时间和地点的信息。

则也将偏离公正审理原则。① 如果这种拖延是由于缺少资源和长期经费不足所造成的，则应为司法工作划拨尽可能的补充预算资源。② 法院系统的负担过重不能作为法院未能尊重个人使其案件不受拖延地得到审理的基本权利的借口。③ "长期超负荷"不能作为不遵守这一原则的正当理由。④

（六）"人人有权受……公开审理"

在原则上，所有刑事案件或者有关法律诉讼的审判都必须以口头方式公开进行。审理公开确保了诉讼透明，从而为个人和整个社会的利益提供了重要的保障。它能阻遏法院方面的不当行为，维护司法工作的公信力，使公众知道司法工作公正地进行，可能导致有新的证据可用，并使得对法院诉讼作出不知情和不准确评论的可能性变小。⑤ "公开庭审原则"是民主社会的标志，适用于所有的司法程序。公众有权进入法院，通过确保司法工作依据法治而非以任意的方式进行，来保障司法程序的廉正。公开对于维护法院的独立性和公正无私性是必需的。它对于司法制度的公信力以及公众对于司法工作的理解是不可或缺的。而且，公开是司法程序之正当性的一个主要组成部分，也是当事各方和公众遵守法院裁决的一个原因。⑥

进行公开审理的义务是由国家承担的，并不依赖于当事各方提出公开审理的任何请求。如果公众有此意愿，国内立法和司法实践就必须规定公众参与的可能性。法院必须向公众提供有关口头审理的时间和地点的信息，并在合理限

---

① *Muñoz Hermoza v. Peru*, Human Rights Committee, Communication No. 203/1986, HRC 1989 Report, Annex X. D; *Bolaños v. Ecuador*, Human Rights Committee, Communication No. 238/1987, HRC 1989 Report, Annex X. I; *Fei v. Colombia*, Human Rights Committee, Communication No. 514/1992, HRC 1995 Report, Annex X. J: 关于被告应准予其前妻探视他们的子女的法院判令，在其被发出之时起的30多个月以后，仍"处于调查中"，就不符合这项要求。

② 人权事务委员会第32号一般性意见，第27段。

③ Decision of the Constitutional Court of the Czech Republic, 10 November 1998, (1998) *Bulletin on Constitutional Case-Law* 408.

④ *Pammel v. Germany*, European Court, (1997) 26 EHRR 100.

⑤ *R v. Legal Aid Board, ex p Kaim Todner (a firm)*, [1998] 3 All ER 541 at 549, per Lord Woolf. See *Diennet v. France*, European Court, (1995) 21 EHRR 554; *Werner v. Austria*, European Court, (1997) 26 EHRR 310; *Richmond Newspapers Inc v. Commonwealth of Virginia*, United States Supreme Court, 448 US 555 (1980), per Brennan J: "保密对于审判程序的这一明确目的极为不利。公开审判向公众确保，程序性权利得到了尊重，司法正义得到了平等运用。封闭的审判促成了对于偏向和任意的怀疑，这又导致了对法律的不尊重。因此，如果以审判裁决事项是为了达到维护司法工作之公信力的目的，那么公众知悉必不可少。"

⑥ *Re Vancouver Sun*, Supreme Court of Canada, [2005] 2 LRC 248; *Canadian Broadcasting Corporation v. Attorney General for New Brunswick*, Supreme Court of Canada, [1997] 1 LRC 521 at 530: 无论审理中处理的具体问题有关案件的实质还是属于纯粹的程序性问题，这项权利均适用。

度内且尤其考虑案件的潜在利益和口头审理的持续时间，为有兴趣的公众成员旁听审理提供适足的便利。如果在事实上公众中任何有兴趣的人并未被禁止旁听口头审理，那么未能提供大型的庭审房间不构成对旁听公开审理之权利的侵犯。① 除了可以排除新闻界和公众旁听审判之全部或者部分的例外情况，审理必须向包括新闻界成员的一般公众开放，而不应例如只限于某种特定类别的人。即便是在排除公众旁听审判的案件中，除了严格规定的某些例外情况之外，判决应一律公开宣示。② 公开审理的要求不一定适用于所有上诉程序——其中的某些可以基于书面陈述进行，③ 也不一定适用于由检控方或者其他公共当局作出的审前裁决。④

审判是否公开进行，这是一个必须在考虑所有情况的基础上，客观地判定的问题。1936年在加拿大，对于一场无抗辩离婚诉讼的审判发生在法官的法律图书馆内，法官和律师都没有穿着法袍。法律图书馆不是常规法庭的一种，但法官——由法院的助理职员和一名正式速记员陪同——准备就坐前，宣布他就坐于一个公开的法庭。在整个诉讼期间，到场的其他人只有申诉人和他的两名证人。虽然图书馆的大门是开着的，但是它却通向一条内部走廊，在走廊的尽头，是在公共走廊的墙上的一道双扇门。那扇门的摇摆侧一直是被固定着的，另一侧没有被固定，但是在固定的一侧上有一块黄铜版，上面用黑色字母印着"内部"（Pritvate）字样。在诉讼结束时，法官宣布了一项一段期限过后将生效的离婚判决，这一判决随后成为绝对的。被告提出了申诉，以在法律图书馆中的诉讼不构成在公开法庭中的审判为由，要求撤销这一一段期限过后将生效的绝对判决。对此，英国枢密院认为，虽然对公众造成的实际排除仅是因为外门上的"内部"字样，但是在该离婚审判的情形中，法官未能使其庭审公开——即便是无意识的——侵犯了公众到场的权利。布拉内斯堡（Blanes-

---

① *Van Meurs v. Netherlands*, Human Rights Committee, Communication No. 215/1986, HRC 1990 Report, Annex Ⅸ. F.
② 见人权事务委员会第13号一般性意见，第6段。
③ *R. M. v. Finland*, Human Rights Committee, Communication No. 301/1988.
④ *Kavanagh v. Ireland*, Human Rights Committee, Communication No. 819/1998. 参见，*Re Vancouver Sun*, Supreme Court of Canada, [2005] 2 LRC 248：司法诉讼公开的原则延及司法诉讼的审前阶段，因为这种公开所依据的政策性考虑在审判阶段中，也是一样的。*South African Broadcasting Corporation Ltd v. National Director of Public Prosecutions*, Constitutional Court of South Africa, [2007] 1 LRC 181：获得公开审理的权利并不意味着庭审在任何情况下都必须现场直播。南非最高法院在决定是否允许对其审理的上诉录音时，所采用的检验标准是，除非能使法院信服这不会妨碍法院的公正，否则就不应准许播放。这种检验标准承认了法院的首要义务是确保公正的诉讼，并确立了在表达自由权和确保司法之公正的义务之间，一种适当的比例关系。必须基于诉讼向公众和新闻界公开这一点来理解这种检验标准。

burgh）勋爵解释说，虽然有证据表明，外门上的"内部"字样事实上并没有妨碍或者阻止旁听者进入法院内廷，但是仍然存在一个严肃的问题，即在一侧标有"内部"字样的双扇门，对于发现其身处公共走廊中的公众中的普通成员进入图书馆所起到的禁止作用，与这扇门事实上就是锁着的情况相比，是否效力是一样的。①

法官和陪审团之间的任何交流都必须在公开的法庭上、当着全体陪审员以及律师和申诉人进行。因此，法官在其房间内与陪审团主席讨论陪审团的建议判决是严重违规行为。对于当法官收到来自已经退庭去审议判决的陪审团的通知时应该如何作为，有关法律是明确的。如果该信函中提出的是与审判无关的内容——例如请求将某些信息传达给某一名陪审员的亲属，则可以简单处理，而无须将其提交律师，也不必将陪审团叫回到法庭。在几乎所有其他情况中，法官均应在公开的法庭上陈述他从陪审团处收到的信函的性质和内容，并在他认为需要的情况中，寻求律师的协助。通常要在要求陪审团返回法庭之前寻求这种协助，然后在陪审团返回以后，法官即可以处理他们的信函。这些程序的原因是为了确保不引起对于法院和陪审团之间存在任何私下或秘密交流的怀疑，并使法官能够就任何困扰陪审团的法律或者事实事项给予他们适当的、准确的帮助。②

在秘鲁，根据反恐怖主义立法设立的、由允许遮盖其面容的隐匿身份的法官组成的特别法庭进行的审判违反了《公民及政治权利国际公约》第14条第1款。在一座偏远的监狱中由"不露脸法官"进行审判的制度的本质，被认为是将公众排除在诉讼之外。该制度也未做到保障公正审判的另一个重要方面，即法庭应是并且应被看到是独立的和公正无私的，因为该案中的法庭是临时的并可能由武装部队的现役成员组成。③

获得公正审理的权利包括获得"口头审理"的权利。④ 所有证据通常必须在公开审理中提出并当着被告的面——被告必须得到充分和适当的机会，质疑

---

① *McPherson* v. *McPherson*, Privy Council on appeal from the Supreme Court of Canada,［1936］AC 177.

② *Ramstead* v. *R*, Privy Council on appeal from the Court of Appeal of New Zealand,［1998］4 LRC 497; *McBean* v. *R*, Privy Council on appeal from the Court of Appeal of Jamaica,（1976）33 WIR 230：在牙买加的某一法院中，在一场审判开始之时，辩护律师就申请预审法官回避，理由是他将在自己的案件中担任法官，该预审法官邀请这位辩护律师到内庭陈述他的申请理由。诉讼记录显示，该法庭随后转移至内庭；在内庭，"法院裁定，案件将继续进行"；随后，"法庭恢复"。牙买加宪法中"法庭诉讼"的表述（"每一法庭的所有诉讼……应公开进行"）包含了本案中在内庭中所发生的情况，因为有一项裁定是在那里作出的。

③ *Polay Campos* v. *Peru*, Human Rights Committee, Communication No. 577/1994, HRC 1998 Report, Annex Ⅺ. F. See also *Castillo-Petruzzi* v. *Peru*, Inter-American Court, 30 May 1999.

④ *Fischer* v. *Austria*, European Court,（1995）20 EHRR 349.

和盘问任何针对他的证人。如果证人的生命、自由或者安全可能受到威胁，则可以以这些利益不受到不合理危害的方式组织刑事诉讼。但是被告的利益也必须与被传唤作证的受害者或者证人的利益取得平衡。例如，可以通过允许儿童证人在更加适意的环境中并且在被告看不见的情况下作证，来实现对儿童证人的保护以及被告的公正审判权。①

上诉法院在未经对被告以及检控方证人进行公开审理的情况下，不得裁定在初审时被判无罪的被告有罪；查看对下级法院审理的录像是不够的。如果上诉法院基于在上诉法院中对其所做评估不同于初审法院所做评估的证据，而未举行公开的和对抗式的审理，就判定初审时被判无罪的被告有罪，那么迅速、公开、口头以及对抗式审理的宪法保障就未能实现。②

公开审理可以有例外。

《公民及政治权利国际公约》第14条第1款承认，法院有权将全部或者部分公众排除在法院或者法庭的诉讼之外。然而，必须狭义地解释公开审理的例外。③ 对于任何一种例外情况，法院或者法庭都必须确定，该例外的理由是否以及在多大程度上根本性地超越了公开诉讼中的公共利益。④ 出于以下原因，新闻和公众可能被排除在全部或者部分审判之外：

（1）道德，即证词将会对旁观者或者参加者产生腐化性或恐吓性影响。排除公众的道德理由可能主要是在审判涉及性犯罪的案件中提出。

（2）公共秩序（ordre public），⑤ 即以严重威胁公共秩序为理由。⑥

（3）国家安全，即审理涉及国防秘密。

（4）诉讼当事人的私生活的利益有此需要时，即审理有关诸如离婚和监护等家庭问题以及涉及性犯罪的少年诉讼，而公开的诉讼会构成对个人隐私的明

---

① *Klink v. Regional Court Magistrate NO*, Supreme Court of South Africa (South-Eastern Cape Local Division), [1996] 3 LRC 667.
② Decision of the Constitutional Court of Spain, 18 May 2009, (2009) *Bulletin on Constitutional Case-Law* 391.
③ Decision of the Court of Appeal of Finland, 23 September 1992, Report No. 1698, 592/31.
④ 见《联合国关于获得公正审判和救济权利的原则草案》。
⑤ 就包括这一术语的讨论见，UN document A/4299, s. 55。
⑥ *Campbell and Fell v. United Kingdom*, European Court, (1984) 7 EHRR 165：欧洲人权法院认定，要求对已被定罪的囚犯的纪律处分过程公开进行，会给国家当局带来过分负担。囚犯被习惯性地关押在监狱管理区之内，而准许公众进入这些管理区的困难是显而易见的。如果纪律处分过程在监狱外进行，那么对于囚犯被运送到场和出席审理，也会产生类似的问题。因此，存在着公共秩序及安全的充分理由，使得将新闻界和公众排除在监狱的访客委员会的纪律处分过程之外是正当合理的。*Hogan v. Hinch*, High Court of Australia, [2011] 4 LRC 245：2005年《恶性性犯罪者监管法》第42节授权法院颁布禁止令，禁止确认受到法院监管令的性犯罪者。该规定的有效性得到了支持。

显无端侵犯。①

（5）在严格必要的程度内，法院或者法庭认为公开会损害司法利益的特殊情况。② 必须要检验的是，是否存在被告将不能获得公正审判的现实风险。③ 不采用公开审理的一般规则的证明责任要由提出申请一方承担。申请人有责任证明，对于相关的适当司法工作，该命令是必要的，该命令已经尽可能地受到了限制，该命令的有益影响与其有害影响是比例相称的。④ 诉讼各方没有"权利"使此类诉讼得到秘密审判，哪怕是为了保护他们的私生活。⑤

除了这些例外情形外，审理必须向包括新闻界成员的一般公众开放，而不应例如只限于某种特定类别的人。如果看来任何作证之证人的私生活需要通过在私下里开展诉讼予以保护，那么适当的做法是，确定那些需要保护的证人，并在他们作证时，将公众排除在外。⑥ 即便是在拒绝公众旁听审判的案件中，所做判决（包括主要认定、证据和法律推理）都应予公开，除非少年的利益另有要求，或者诉讼涉及婚姻争端或儿童监护问题。⑦ 任何限制新闻界的行为，就是对民众获知司法工作的限制。新闻界有权报道，且公众有权知悉司法工作在公正地、适当地运行。⑧

当事方，即包括刑事案件中的公诉方和被告人或其律师，同意该诉讼秘密地或者闭庭进行的事实本身，都不是下达此等命令的有效理由，虽然主审法官

---

① See UN document A/2929, chap. VI, s. 81. 在起草本条时，讨论了"诉讼当事人的私生活的利益"的用词，其间有人提到了涉及婚姻争端或者儿童监护的诉讼以及少年之利益的要求。See *Diennet v. France*, European Court, (1995) 21 EHRR 554：保护职业秘密以及患者的私生活的需要，可能成为秘密进行与医师有关的纪律处分过程的正当理由。*Jersey Evening Post Ltd* v. *Al-Thani*, Royal Court of Jersey, [2004] 2 LRC 1：如果法院以行政性的方式进行审理，或者是行使准监护性管辖权，以保护信托的所有受益人的利益，那么法院一般要公开开庭。*Pullicino* v. *The Prime Minister*, Constitutional Court of Malta, (1998) *Bulletin on Constitutional Case-Law* 272.

② 在考虑纳入"或者在公开会损害司法利益的特殊情况下，法院认为达到了严格的必要程度"的表述时，有人提到，在某些情况中，最好保持诉讼标的的秘密——例如涉及加工过程秘密的情况，还提到了法律上无行为能力人以及初犯的特殊地位。See UN document A/2929, chap. VI, s. 80. 参见，*Scott v. Scott* [1913] AC 417, per Earl of Halsbury："对于王国的每位国民，每个法院都是开放的。"

③ *Irish Times Limited* v. *Judge Murphy*, Supreme Court of Ireland, (1998) *Bulletin on Constitutional Case-Law* 255.

④ *Canadian Broadcasting Corporation* v. *Attorney General for New Brunswick*, Supreme Court of Canada, [1997] 1 LRC 521.

⑤ Bundesgerichtshof, Germany, Decision of 2 July 1969, 1969 *Neue Juristische Wochenschrift* 2107.

⑥ *Meerabux* v. *Attorney General*, Privy Council on appeal from the Court of Appeal of Belize, [2005] 4 LRC 281.

⑦ 人权事务委员会第 32 号一般性意见，第 29 段。

⑧ *Irish Times Limited* v. *Judge Murphy*, Supreme Court of Ireland, 2 April 1998, (1998) *Bulletin on Constitutional Case-Law* 255.

有权将这一情况与出现的任何其他理由一并考虑。这不仅仅是便利的问题。最重要的考虑是应当伸张正义，如果向公众开放的审理有损这一目标，那么准许这样的请求就是可予允许的。① 在拒绝这种申请时，马拉维最高法院评论道：

> 在我们要解决的这个案件中有很多利害关系。一方面，有人指控，本国国家元首的生命将被终结，而如果这种情况发生，很明显就可能出现整个国家的混乱和社会失序。另一方面，如果该指控得到证实，则后果就是被告人的生或死的问题。因此，从各个角度看，这对于国家和被告都是极为重要的案件。这是一个应该采取极度透明措施的案件，这种透明只有在确实必要、势在必行的情况中，才能受到限缩。事实上，正如被告人的亲属关注这些诉讼的每个阶段一样，整个国家都在关注。封闭的审判是任何人都最不希望的事态，除非给出的事实和理由正当合理……公众不会协助做出案件的裁定和判决是众所周知的。但是就案件的性质而言，正像在每一严肃的刑事审判中的情况一样，公众认可审判过程将会证明其结果的正确。问题将以这种方式得到一劳永逸的解决。②

（七）"独立无私之法定管辖法庭"

《公民及政治权利国际公约》第 14 条第 1 款要求法庭是有权管辖的、独立的和无私的，这是一项绝对权利，不得有任何例外。③ 独立原则和无私原则力求实现双重目标。第一个目标是确保个人可以受到没有任何偏向的，并且能够仅基于其要解决之案件的案情、依据法律作出裁判的法庭的审判。审判者不应受到案件当事人或者外部力量的影响，除非是在被有关所争议之法律问题的陈述或论证说服的程度上。第二个目标是通过防止对偏向的任何合理的担忧，维护司法制度的廉正。④ "独立"和"无私"的概念密切相关，但又是分立的和

---

① *Republic* v. *Allen*, High Court of Malawi, (1966 – 1968) ALR Mal 549.

② *Republic* v. *Chilumpha*, High Court of Malawi, [2009] 1 LRC 114. 被告被指控叛国并共谋杀害国家元首。检察长请求，对检控方的两名主要证人（均为外国人），在向公众隐匿他们的身份的情况下，秘密听取他们作证，理由是他们的人身安全需要这些措施。See also *Independent Newspapers（Pty）Ltd* v. *Minister for Intelligence Services*, Constitutional Court of South Africa, [2009] 1 LRC 787, 特别是莫森尼科（Moseneke）法官做出的多数法官的判决，以及萨克斯（Sachs）法官的异议意见。

③ *González del Río* v. *Peru*, Human Rights Committee, Communication No. 263/1987.

④ *R* v. *Genereux*, Supreme Court of Canada, (1992) 133 NR 241, per Lamer CJ. See *R* v. *Lippe*, Supreme Court of Canada, [1991] 2 SCR 114："政府"的概念不仅指行政或者立法部门，而且指任何可以通过国家权力对司法机构施加压力的任何个人或机构，包括在司法机关内被授予某些凌驾于其他法官之上的权力的任何个人或者机构。

不同的。"无私"指的是法庭的有关具体案件中的事件和当事人的心理状态或态度。"无私"一词意味着不存在事实上的或者被觉察的偏向。"独立"一词反映或者体现了独立的传统宪法价值。因此,它不仅意味着在实际行使司法职能时的心理状态或者态度,还意味着一种与他人之间——尤其是依靠客观条件或者保障的政府行政部门——的地位或者关系。

1. 管辖

在"独立无私之法庭"的法庭之前使用"管辖"* 一词的意图是,确保所有人都能在其管辖权已经预先依法确立并因此避免专断行为的法院接受审判。[1]"管辖"的术语着眼于在属事方面(ratione materiae)、属人方面(ratione personae)和属地方面(ratione loci)有权管辖的法律理念。[2]

2. 独立

司法独立指的是作出裁判所需的个人独立以及机关独立。因此,司法独立既是一种心理状态,也是一系列制度性和操作性的安排。前者涉及的是法官个人在事实上的独立,后者涉及的则是界定司法机关与其他机关的关系,尤其是与其他政府部门的关系,以确保事实上的和表现上的独立。司法独立的这两个方面之间的关系是,法官个人可能具有这种独立的心理状态,但是如果该法官所执掌的法院在对其职能至关重要的事项中,并不独立于其他政府部门,那么也就不能说法官是独立的。[3]

为了确定法庭是否可以被认为"独立"于其他政府部门,除其他事项外,通常还需考虑其成员的任命方式、他们的任期、他们的任职条件、针对外部压力而存在的保障以及法庭是否表现出独立的问题。[4] 司法独立原则虽然在历史上仅限于高等级法院,但现在已经演进到适用于所有法院。[5] 司法独立的最低条件如下:

(1) 法官任命:在一些国家,法官是从先前没有职业经验的法学毕业生中选聘的。在其他一些国家,法官是从法律职业中的执业人员中选聘的,该人在

---

* 对应英文用词为"competent",在指向司法机关时,该词兼指形式能力即"主管"和实质能力即"合格"。本中译本视语境需要,有时也将"competent"译为"有管辖权的"。

[1] UN document A/2929, chap. VI, s. 77.
[2] UN document A/4299, s. 52.
[3] See *Valente v. The Queen*, Supreme Court of Canada, [1985] 2 SCR 673; *R. v. Jones*, Supreme Court of The Bahamas, [2008] 1 LRC 1.
[4] 人权事务委员会第32号一般性意见,第19段。
[5] *Alberta v. Ell*, Supreme Court of Canada, [2003] 5 LRC 256. 这延及保护由不开庭的治安法官所执掌的司法机关。*Pabla Ky v. Finland*, European Court, (2004) *Bulletin on Constitutional Case-Law* 374:作为专家的非司法机构成员参与住房法庭的工作本身并不违反独立和无私原则。

司法层级中被最初任命的职位通常取决于他（或她）在该职业中的资历和经验。不论是哪种模式，司法任命都应基于"客观标准"、根据"才具"作出，政治考虑应是"不可接受的"。[1] 客观标准不仅要求排除政治影响，还要求排除其他原因，例如倾向主义、保守主义以及任人唯亲（或者"任用亲信"）的风险——如果以非结构化的方式或者基于个人推荐作出任命，就存在这样的风险。因此，被选任担任司法职位者应该是有能力、有诚信、有效率的人，并具有适当的法律训练或者资质。对于司法职位候选人的评估，不仅应包括审查他（或她）的法律专业知识和总体专业能力，还应包括考虑他（或她）的社会意识和社会敏感度，以及其他个人品质（包括道德、耐心、礼节、诚信、常识、机敏、谦逊、守时）和沟通技能。[2] 在选任法官时，不得存在基于种族、肤色、性别、宗教、政治或其他见解、民族或社会出身、财产状况、出生或身份的歧视。应做出充分的考量，以确保司法机关合理地反映社会的各个方面。[3]

国家的实践表明，法官获得职位的方式多种多样：由人民或者立法机关选举，或者由行政、司法或者某个独立的机关任命。每一种方式都有其正面和负面的特性。选举制度被看作为司法机关提供了一种更大程度的民主合法性。然而，这可能会导致法官卷入筹资、政治竞选以及被诱惑去收买或者给予好处。立法机关参与这一过程，即使是为了决定是否批准某个由政府的行政部门作出或建议的任命，也可能导致司法任命的政治化，因为这不能排除政治性考虑可能凌驾于客观标准之上。不过，立法机关可以作为对最终任命权的一种制约。[4] 由国家元首任命，尤其是对高等法院法官的任命，也会带来依赖政府行政部门的风险，尤其是在国家元首根据政府首脑的意见行事或

---

[1] See Consultative Council of European Judges (CCJE), Opinion No. 1.
[2] 例如，在加拿大，法庭经验被认为只是评估候选人是否适合承担司法职位的众多因素之一。专业和能力指标包括法律方面的一般熟练度；智力能力；分析能力；倾听能力；在听取对某一争论的各方意见时保持开放心态的能力；做出决定的能力；做出正确合理判断的能力；在专业同行以及普通社会中的声誉；职业专业分工的领域、专门经验或者特殊技能；无须监管即可安排时间和工作量的能力；处理繁重的工作量的能力；处理司法角色的孤立带来的精神紧张和压力的能力；与同行和公众的人际交往能力；对种族和性别问题的认知；以及双语能力（加拿大是英法双语国家——译者注）。相关的个人特征还包括道德、耐心、礼貌、诚实、常识、得体、正直、谦逊和守时。见加拿大的司法任命标准，www.fja.gc.ca/fja-cmf/index-eng.html，引自，Tanya Ward, *Justice Matters: Independence, Accountability and the Irish Judiciary*, [2008] *Judicial Studies Institute Journal* 1 at 25。
[3] 南非宪法强调，司法机关需要广泛地反映该国的种族和性别构成，并要求在任命司法官员时对此予以考虑。
[4] 欧洲通过法律建立民主委员会（威尼斯委员会）认为，"议会更多地关注政治游戏，法官的任命可能会导致政治交易，其中，议会中来自这个或那个地区的每名议员都想要有他（或她）自己的法官。"见威尼斯委员会关于"司法任命"的第403/2006号意见。

者他（或她）本人同时也是政府首脑的情况下。这种方法在一些较为古老的民主国家中可能运行良好——在这些国家中，行政权受到法律文化和传统以及强大的媒体的约束。

最近的国际性和区域性举措表明了一种强烈的倾向，即在国家元首对高层级的任命进行形式干预的情况下，由一个独立的机构——例如司法委员会或者司法任职委员会，决定法官的任命和晋升。① 在这种机构中，司法部门的成员以及社会的成员在选取适合司法职位的候选人时，可以各自恰当地发挥其所被界定的作用。该机构的组成应该能够保障其独立性并能够使其有效地履行职能。该机构成员之选择应基于他们的能力、经验、对司法工作的理解、作适当讨论的能力和对独立之文化重要性的评价。该机构中的非法官成员，可以从经由合适的任命机制选择的杰出法学家或者享有公认盛誉和阅历的公民中选出。多元的人员组成避免了造成自身获利、自我保护和任人唯亲的感觉，并反映了社会中的不同观点，从而为司法机关提供了额外的正当性来源。该机构的人员组成应尽可能地反映社会的多样性。

（2）任期保障：司法独立的一个基本原则是，法官应该享有得到宪法保障的任期，这种任期或者是终身的，或者延续到强制退休年龄或固定任期届满之时。② 不可连任的任期被形容为是独立的主要特征。"不可连任制是任期保障的基石，也是一座防止通过判决时出现司法偏袒的堤坝。不可连任制增进了公众对整个司法制度的信心，因为其成员在履职时，既不会受到他们将无法连任的威胁，也不具有寻求连任的任何诱因。"③

---

① See CCJE, Opinion No. 10. 《欧洲法官规约宪章》（European Charter on the Statute for Judges）也倡议设立一个独立的委员会；1998 年《英联邦关于规制行政、议会和司法机构之间的关系，促进善政、法治和人权之良好做法的拉提莫宫准则》（Latimer House Guidelines for the Commonwealth on good practice governing relations between the Executive, Parliament and the Judiciary in the promotion of good governance, the rule of law and human rights）；2003 年在开罗，有关"支持并促进司法独立"的第二届阿拉伯司法大会上通过的《开罗司法独立宣言》（Cairo Declaration on Judicial Independence）；2010 年司法廉正小组的《班加罗尔司法行为准则的有效执行措施》（Measures for the Effective Implementation of the Bangalore Principles of Judicial Conduct）。

② *Walter Humberto Vásquez Vejarano v. Peru*, Inter-American Commission, 13 April 2000, *Annual Report 1999*, p.1200; *Therrien v. Canada*, Supreme Court of Canada, [2001] 5 LRC 575; Decision of the Constitutional Court of Hungary, 17 July 2012, (2012) *Bulletin on Constitutional Case-Law* 321：关于法官的强制性退休年龄的新规定不得具有追溯效力。*Irakli Lekveishvili et al v. Parliament of Geogia and President of Georgia*, Constitutional Court of Georgia, (2003) *Bulletin on Constitutional Case-Law* 456：通过总统下令的方式在一段限定的期间内授予某人司法权的可能性，对该人的独立性具有负面影响。

③ *Justice Alliance of South Africa v. President of the Republic of South Africa*, Constitutional Court of South Africa, [2012] 1 LRC 66：由总统挑选出的宪法法院首席法官的任期，在其不可连任的 12 年任期届满或者直到他年满 70 岁——以较早发生者为准，被进一步延长 5 年是违宪的。

（3）资金保证：法官的薪金、任职条件和退休金应该适足，与他们职务的地位、尊严和责任相称，并且为这些目的得到定期审查。适足报酬的目的是保护法官"免受旨在影响他们裁判以及更一般意义上他们的行为的压力"。[1] 因此，这些事项应由法律确定，不受行政机关以可能会影响司法独立的方式做出的任意干涉。但是，在这一要求的范围之内，政府仍享有制定适合于不同类型的法庭的具体薪酬计划的权力。因此，只要该要求的本质得到保护，多种方案都可能同样满足资金保证的要求。[2]

（4）制度性独立：为了确保司法机关能够独立于其他政府部门运作，国家应当通过宪法或者其他类似的方式规定：

（甲）司法机关应独立于行政机关和立法机关，任何权力之行使不得干涉司法程序。

（乙）在裁判过程中，法官应能够不受直接的或间接的、来自任何方面或出于任何原因的任何限制、不当影响、引诱、压力、威胁或者干涉而行事，并能够根据他们的良知以及法律对他们所查明之事实的适用，行使无私地裁判案件之不受约束的自由。

（丙）行使行政或者立法权力之人，不得对一名或者多名法官施加或者是企图施加任何形式的压力，不论是公开的还是隐蔽的。

（丁）可能影响法官之任职、薪酬、服务条件或者资源保障的立法权或者行政权不得被用于威胁或者施压于某位特定法官或者几位法官的目的或者效果。

（戊）除了有关大赦、赦免的决定或者类似的权力之行使外，行政机关应避免妨碍争端之司法裁判或者干扰法院裁决之正常执行的任何作为或者不作为。

（己）不得要求法官或者法院向行政机关或者立法机关提供咨询意见，除非有明确的宪法或者法律规定准许这种做法。

（庚）不得在立法机关中讨论针对法官的不当行为的指控，除非是基于已经事先通知的开除或者制裁该法官的实质性动议。

（辛）在履行作为法官之职责时，法官不得同时参与行政或立法活动。

（壬）在法官仍以司法身份履职时，行政机关不得向其提供法官职业完结

---

[1] 《欧洲法官规约宪章》。

[2] Decision of the Constitutional Court of Latvia, 18 January 2010, (2010) *Bulletin on Constitutional Case-Law* 316：对于保有另一份工作以及获得其他收入的法官施以的限制，使得国家有义务提供与法官的地位相称的充分报酬和社会保障。

外部力量能够干涉与审判职能直接而密切相关的事项——例如法官之指派、法院之会议或法院之案件安排——是不可接受的。虽然在司法机关和行政机关之间必然存在某种制度联系,但是这种联系不得干涉司法机关裁判具体纠纷、维护法律和宪法之价值的自由。① 在匈牙利,基于法官的司法活动,司法部部长授予或者建议授予其荣誉的做法,被认为违反了司法独立原则。在没有司法部门的实质性参与的情况下,由行政部门的代表酌情认可法官的司法工作,损害了司法的独立性。② 在立陶宛,向法官支付与司法工作有关的"奖金"(即特别鼓励),被认为与司法独立原则不相容。③

(5) 司法行为:公众有理由期望法官的行为符合最高的标准,但是保护司法独立要求,法官不得因不当行为而被免职,除非法官已远不能达到标准,以至于表明其不适合继续留任。《班加罗尔司法行为准则》中规定了法官所被期许的行为准则。这些是所有法官均应渴求达到的标准,但这并不代表未能达到就会自动地构成不当行为。④ 在履行司法职权时善意地造成的裁判错误不应被当作不当行为,基于事实错误或者误解法律的行为也是如此。尽管存在这一原则,但任何法官不得免受为控制滥用司法职能而采取的纪律惩戒措施。⑤

(6) 解除职务:只有在法官的缺陷相当严重,以致彻底毁掉对该法官正确行使司法职能之能力的信心的情况下,将法官解职才正当合理。⑥ 在这方面需

---

① *The Queen v. Liyanage* (1962) 64 NLR 313, the Supreme Court of Ceylon, 该案中, 锡兰最高法院认为, 授权司法部部长提名法官审理某一特定案件的法律是越权的。See also *Senadhira v. Bribery Commissioner*, Supreme Court of Ceylon, (1961) 63 NLR 313; Decision of the Constitutional Court of Moldova, 6 November 2013, (2003) *Bulletin on Constitutional Case-Law* 504. 通过总统令的方式在一段限定的期间内授予某人司法权的可能性, 对该人的独立性具有负面影响。*Beaumartin v. France*, European Court, (1994) 19 EHRR 485: 在法国最高行政法院进行的诉讼中, 出现的问题有关某一国际条约的解释。法庭宣告此种解释超出了其司法职能的范围, 因此寻求了外交部部长的意见。法庭在收到部长的解释后, 依其作出了判决。欧洲人权法院注意到, 该法庭为了解决其所面临的法律问题, 将其交给了行政部门的一位代表。而且, 对于部长的参与——这对该法律诉讼的结果具有决定性, 不容许各方当事人提出质疑。因此, 欧洲人权法院认定, 该案件并没有得到具有充分管辖权的独立的法庭的审理。

② Decision of the Constitutional Court of Hungary, 18 October 1994, (1994) 3 *Bulletin on Constitutional Case-Law* 240.

③ Decision of the Constitutional Court of Lithuania, 6 December 1995, (1995) 3 *Bulletin on Constitutional Case-Law* 323.

④ *Re Levers J*, Privy Council on a reference by the Queen at the request of the Governor of Cayman Islands, [2010] 5 LRC 827. See also *Therrien v. Canada*, Supreme Court of Canada, [2001] 5 LRC 575.

⑤ *Durity v. Attorney General*, Privy Council on appeal from the Court of Appeal of Trinidad and Tobago, [2009] 4 LRC 376.

⑥ Per Lord Phillips in Hearing on the Report of the Chief Justice of Gibraltar: Referral under Section 4 of the Judicial Committee Act 1833, Privy Council No. 16 of 2009, 12 November 2009.

要考虑的问题是，法官受到指责的行为是否如此明显且彻底有违司法机关的无私、廉正和独立，以至于面对法官的个人的信心或者公众对司法制度的信心将受到损害，致使法官无法履行其职责。越来越多的国际共识是，只有因为被证实的无能力、被定以重罪、严重不称职或者明显违反司法之独立、无私和廉正的行为，才可以解除法官的职务。司法机构中某位成员的被证实的腐败行为应被认为达到了解职的门槛。① 必须给予"无能力"其天然的广义含义，不能将其限定为因疾病不胜任，而是应扩大到因性格缺陷不胜任。② 为了表明解职程序的廉正性，解除法官职务的权力应归属于有权力对法官予以纪律惩戒的独立机构。如果国家元首或者立法机关被授予了解除法官职务的权力，那么良好的做法表明，只有在被授予惩戒法官的权力的独立机构给出此种意思的建议之后，这种权力才得行使。关于纪律惩戒行为的规定，应视情况适用于解除法官职务的程序。

重要的是，法庭应被视作是独立的，并且对独立性的检验应当包括这种感知。这是一种法庭是否享有司法独立的基本客观条件或者保障的感知，而不是对其实际上如何运行的感知——不论其是否享有这些条件或者保障。③ 如果法庭成员中的某人在其职责和工作组织安排方面与案件当事一方相比处于从属地位，诉讼当事人即可对此人的独立性表示合理怀疑。④ 想要质疑法庭独立性的个人无须证明独立性实际不足。相反，为此目的而做的检验与判定某一裁判者是否存在偏向的检验相同。问题在于，一个知情和理性的人是否会将法庭视作

---

① *Pastukhov v. Belarus*, Human Rights Committee, Communication No. 814/1998：由行政机关将法官解职，例如，在他们被任命的任期届满之前，没有给予他们任何具体理由，也没有有效司法保护可用来对解职提出质疑，这种情况与司法机关的独立不相容。*Mundyo Busyo v. Democratic Republic of Congo*, Human Rights Committee, Communication No. 933/2000：例如，在没有遵守法律规定的任何程序的情况下，就由行政机关将据称贪腐的法官解职，也是如此。

② *Re Chief Justice of Gibraltar*, Privy Council, [2010] 2 LRC 450.

③ *Valente v. The Queen*, Supreme Court of Canada, [1985] 2 SCR 673.

④ *Law Society of Lesotho v. Prime Minister of Lesotho*, Court of Appeal of Lesotho, [1986] LRC (Const) 481, per Schutz P：将公诉机关负责人所领导的工作人员之一临时任命到高等法院，这有违保障法院独立的国家义务。独立不是在一天或者三个月里不受干涉的状态；它比这更有保障、更长久。See also *Attorney General v. Per-Hendrik Nielsen*, Supreme Court of Denmark, (1994) 1 *Bulletin of Constitutional Case-Law* 18：某位代理法官审理刑事诉讼案件，而他同时还在司法部任职，与警方和检控方打交道，并且批准刑事诉讼中的上诉许可，此时司法独立受到了损害。*Millar v. Dickson*, Privy Council on appeal from the High Court of Justiciary Appeal Court of Scotland, [2002] 1 LRC 457：在苏格兰，任命期限为一年、检察总长对其享有撤销权的临时司法长官（sheriff）并不是一个有权能对宪法问题作出裁判的"独立无私法庭"。See also *Stars v. Procurator Fiscal*, High Court of Justiciary of Scotland, 11 November 1999；[2000] 1 LRC 718.

是独立的。① 虽然司法独立是一种依赖客观条件或者保障的状态或者关系，也是一种在实际行使司法职能中的心理状态或态度，但是对独立性的检验是，法庭是否可以被合理地视作是独立的。②

军事法官的身份的某些方面使其独立性和公正性存在问题。③ 例如，存在着这样的事实：他们是仍然属于武装部队的现役人员，而武装部队又听命于行政机关；他们仍受到军事纪律的约束；有关他们任职的决定在很大程度上是由行政当局和武装部队作出的。因此，担心国家安全法院缺少独立和无私，可以被认为在客观上是正当合理的。④ 对于一般的军事法庭而言，问题不在于它是否实际上以一种可以被定性为独立和无私的方式行事。恰当的问题应当是，从一个理性和知情的人的客观立场来看，这种法庭是否会被看作具备独立性的基本条件。一般的军事法庭并没有充分的任期保障，其军事审判员和成员并不享有充分的资金保障，而且一般军事法庭的组成和结构也不符合法院的最低要求。⑤ 某人要有资格成为某个军事法庭中的一员，其选任不需

---

① *R v. Genereux* (1992) 133 NR 241, per Lamer CJ. See also *Nystrom v. Belgium*, European Commission, Application 11504/85, (1988) 58 *Decisions & Reports* 48：比利时医学协会上诉委员会的人员组成（五名医生和四名律师，其中一人主持）以及其中的医生的任命方式，都不能作为指控该机构偏袒的正当理由。*Versteele v. Belgium*, European Commission, Application 12458/86, (1989) 59 *Decisions & Reports* 113：关于比利时律师协会纪律上诉委员会（四名律师以个人身份任职，一名法官主持）的独立和无私，并不存在任何可质疑性。

② *Olo Bahamonde v. Equatorial Guinea*, Human Rights Committee, Communication No. 468/1991；*Andre Plumey v. Public Prosecution Service and the Appeal Court of the Canton on Basle-Urban*, Federal Court of Switzerland, (1998) *Bulletin on Constitutional Case-Law* 480：该案中，有权下令还押候审者和公诉检察官是同一个人，这违反了对法庭独立的保障。Decision of the Constitutional Court of Slovakia, 4 July 2000, (2000) *Bulletin on Constitutional Case-Law* 346：在任何情况下，在司法部负有职责的人都不得同时在法院中作为法官行事。*Muhwezi v. Attorney General*, Constitutional Court of Uganda, [2010] 5 LRC 436：司法官员的角色与政府总监察员（IGG）的职位不相容，一人不得同时兼任两个职位。司法官员的主要作用是（甲）裁判社会中的争端，（乙）解释法律，（丙）执行法律，而政府总监察员的责任和职能则包括在有关涉及腐败、滥用权力或者公职的案件中，进行调查、逮捕或者发起逮捕、公诉或者发起公诉的权力。因此，将某位法官任命为政府总监察员是无效的。

③ *White v. Director of Military Prosecutions*, High Court of Australia, [2007] 5 LRC 605, per Kirby J：近几十年里，许多国家已经废除了它们独立的军事司法制度，至少是在战争或者国家紧急时期以外（瑞典、德国、奥地利和丹麦已经废除了它们的军事法庭制度）。

④ *Baskaya and Okcuoglu v. Turkey*, European Court, (2001) 31 EHRR 10. See also *Sadak et al v. Turkey*, European Court, (2003) 36 EHRR 26；*Incal v. Turkey*, European Court, (2000) 29 EHRR 449；*Ciraklar v. Turkey*, European Court, (2001) 32 EHRR 23.

⑤ *R v. Genereux*, Supreme Court of Canada, (1992) 133 NR 241, per Lamer CJ. *Uganda Law Society v. Attorney General*, Constitutional Court of Uganda, [2009] 5 LRC 170：鉴于乌干达军事法院的构成所依据的法律以及它们的运作所依据的军事架构，这些法院不可能是独立无私的。该案中，两名士兵因谋杀三名平民，就在一天的三个小时里被起诉、审判和处决，他们没有时间质疑针对他们的指控或者证据；他们也未被告知他们有权获得法律代表，或者有权向总军事法庭提起上诉。

要考虑法律训练、技能、经验或者能力，而是要考虑与武装部队的明确关系及其在该部队中所具有的特定级别。缺乏必要的（或实际的）法律通识训练、法庭组成的临时性、没有成员任期制度以及要求选任人员必须与部队有关（并因此必然会对被告的行为感兴趣），都是极为严重地偏离法院的一般特性的表现。①

3. 无私

独立和无私*是各自不同而独特的价值。然而，它们作为司法职务的相辅相成的属性，是联系在一起的。独立是无私的必要的先决条件，也是实现无私的前提条件。某位法官可以是独立的，但不是无私的（基于具体个案）；但是某位不独立的法官从定义上来讲就不可能是无私的（基于制度）。②

无私的要求包含了一个人不能在他自己的案件中担任法官的基本原则。经过众多法院所发展的这一原则有两个非常相似但并不完全相同的含义。第一，它可以按照字面意思适用：如果某位法官事实上是诉讼的当事一方，或者对诉讼结果有财产上的或者所有权上的利益，而他当时确实在他自己的案件中担任了法官。在这样的情况中，他是诉讼当事一方或者他对诉讼结果有财产上的或者所有权上的利益的单纯事实，就足以使他自动地丧失资格。在1852年英格兰的一起案件中，该原则得到适用，取消了一位大法官的资格——他作出了有利于某一运河公司的判决，而他是该公司的主要股东，虽然人们并不认为这位法官受到了他在该公司中所拥有的利益的哪怕是微乎其微的影响。③ 最近，英国上议院将这一原则的适用扩展至这样一个案件：法官对于诉讼所涉事项的利益源自他对某一目标或者观念的强烈信念或者他和参与该诉讼的某个人或者机构有联系，而这位法官的裁判有

---

① *White v. Director of Military Prosecutions*, High Court of Australia, [2007] 5 LRC 605，科尔比（Kirby）法官在其异议意见中称："对于本高等法院而言，将军事司法的'例外'限于完全或者基本上是纪律惩戒性质的、可处以一年以下监禁的'违法行为'的时机已经到来。"*Minister of Defence v. Potsane*, Constitutional Court of South Africa, [2002] 3 LRC 579：军纪惩戒并非有关惩罚犯罪或者维护和促进法治、秩序及社会安定。军纪惩戒有关保有一支有能力并准备好保卫国家的领土完整和人民自由的有效武装力量。

* 对应英文用词为"impartial"，该词的基本含义是"公正""不偏不倚"，因此正如下文所述，不仅指法官没有私利，也指法官公正无偏。

② See *Reference re Territorial Court Act (NWT)*, Northwestern Territories Supreme Court, Canada, (1997) DLR (4th) 132 at 146, per Justice Vertes.

③ *Dimes v. Proprietors of Grand Junction Canal*, House of Lords, United Kingdom, (1852) 3 HL Cas. 759.

可能会促成此目标。①

第二种适用该原则的情况是：法官不是诉讼的当事一方，并且对诉讼结果也没有经济利益，但是在某些其他方面，他的行为或做法可能会引起他未做到无私的怀疑。这种情况中，并不是法官自身获利，而是由于未做到无私而为另一人提供了好处。② 各国法院曾适用不同的程式来确定是否存在对于偏向或者预定判决的忧惧。③ 看来最符合人权法的检验方法由澳大利亚高等法院发展而来，即"一个心思公正的非专业旁观者是否会合理地忧惧，法官对于如何解决他所需要裁判的问题，并未拿出一种公正无私、全无成见的态度"。必须推定想象出来的旁观者有两个特征：充分了解重要事实以及心存公正意识。该旁观者将这些特性适用于他对法官是否公正无私问题的考量时，应询问自己，是否存在裁判者具有偏向的现实可能性。而且，心思公正且知情的旁观者被推定可以获得能够被公众所普遍知道的所有事实，同时还要记住，这只是这些事实造成的表象，而不是正在接受审视的特定法官或者法庭成员心目中的事实。这一检验提出的是可能性（possibility）的问题，而不是大概性（probability）的问题，而且需要：第一，辨识可能引导法官并非基于其事实和法律问题本身而对案件作出裁判的因素是什么；第二，在这一因素与法官可能偏离案情本身而裁判案件之间，存在逻辑联系。只有这样，才能评估

---

① *R v. Bow Street Metropolitan Stipendiary Magistrate*, ex parte Pinochet Ugarte (No. 2), House of Lords, United Kingdom, [1999] 1 LRC 1：在大赦国际作为一方介入者的诉讼中，英国上议院以3比2的多数票支持了逮捕智利前国家元首的一项临时逮捕令，以期将他引渡到西班牙接受对其危害人类罪的审判。后来发现，多数派法官之一霍夫曼（Hoffman）勋爵曾担任大赦国际慈善有限公司的董事长兼主席，该公司是为了承担大赦国际的慈善事业而成立的。无人诉称他在事实上存在偏向。但是上议院认为，他虽然不存在无论何种偏向之过错，但是已自动地丧失了审理该申诉的资格。*Attorney General v. Dre*, Court of appeal of the Fiji Islands, [2011] 4 LRC 433：斐济上诉法院的某位法官（在上诉审理仍进行之时）准予了一位女性要求获得临时损害赔偿支付的申请的申诉——她先前在个人伤害案件中获得了支持。该法官在几个月前曾在一个会议上公开评论本案，并表达其观点说，初审法官对医疗过失的认定是正确的。但是，参见，*Ebner v. Official Trustee in Bankruptcy*, High Court of Australia, [2001] 2 LRC 369, 科尔比法官称："在我看来，最近将自动丧失法律资格的范畴扩展至包括金钱利益以外的利益，并非切实可行。非金钱利益并不总是容易予以客观的且因此自动的适用。它们必然会引发出评估和判断的问题。"

② *R v. Bow Street Metropolitan Stipendiary Magistrate*, ex parte Pinochet Ugarte (No. 2), House of Lords, United Kingdom, [1999] 1 LRC 1, per Lord Browne-Wilkinson. 但是见，*R v. S*, Supreme Court of Canada, [1997] 3 SCR 484：要求中立并不是要求法官不顾其生活经验。社会背景可用于帮助判定可信度的问题。在相关情况中使用社会背景作为参考是否合适，以及从具体的陈述中是否会出现对于偏向的合理忧惧，都取决于事实。*Jenny v. Austria*, Human Rights Committee, Communication No. 1437/2005, 9 July 2008.

③ 这些规则程式的范围从由裁判者所表现出的偏向的"高度可能"，到"现实可能""实质可能""合理怀疑"或者"现实危险"。See *R v. Gough* [1993] 3 LRC 612; [1993] 2 All ER 724; *Locabail (UK) v. Bayfield Properties Ltd*, Court of Appeal, United Kingdom, [2000] 3 LRC 482; *Abiola v. Federation of the Republic of Nigeria*, Supreme Court of Nigeria, [1995] 3 LRC 468; *Omoniyi v. Central Schools Board*, Court of Appeal, Nigeria, [1988] 4 NWLR 448; *Akoh v. Abuh*, Supreme Court of Nigeria, [1988] 3 NWLR 696.

对据称的偏向的忧惧的合理性。①

科尔比（Kirby）法官解释道，这一检测方法考虑到了国际人权法的阐述——这种阐述支持对于一种可能性的警惕态度，即当事人或者公众可能具有一种某个裁判者可能并非公正无私的合理忧惧。这不同于在英格兰适用的检测方法，因为它的基本原理构建在正义必须被实现并且要被看见实现的原则之上。假设出对于法官行为的假定的理性旁观者是为了强调，该检测是客观的，是建立在公众必须信任司法的基础之上，而不是单纯基于其他法官对于某位同事的能力或者表现所做的评估。这种检测认识到，"当事人和公众越来越多地倾向于带着质疑去审视这样一种断言，即法官会基于其训练和经验，对其职责持超然的心态"。②

有人提出，四个不同的、虽然有时会重合的情况的主要类项，为判定法院的无私是否受到或者是否显得受到损害，提供了"一个实用的参考框架"。"利益"已经在前面提到。其他三个类项是行为、关联以及外部信息。③

（1）行为：这种情况是指法官在诉讼过程之中或者之外所从事的行为引起

---

① *Ebner v. Official Trustee in Bankruptcy*, High Court of Australia, [2001] 2 LRC 369; *British American Tobacco Australia Services Ltd v. Laurie*, High Court of Australia, [2011] 3 LRC 513. 在加拿大，出现了类似的取消资格的标准，即："一个知情人在全盘考量整个事件以后，现实且实际地看待该事件，会得出怎样的结论？他是否会认为，相比于作出公正裁决，法官更有可能作出不公正裁决——不论是有意的还是无意的？" See *Wewaykum Indian Band v. Canada*, Supreme Court of Canada, [2004] 2 LRC 692; *R v. S*, Supreme Court of Canada, [1997] 3 SCR 484; *Committee for Justice and Liberty v. National Energy Board*, Supreme Court of Canada, [1978] 1 SCR 369. See also *Lesage v. Mauritius Commercial Bank Ltd*, Privy Council on appeal from the Court of Civil Appeal of Mauritius, [2013] 4 LRC 330; *Belize Bank Ltd v. Attorney General*, Privy Council on appeal from the Court of Appeal of Belize, [2012] 3 LRC 273; *Save Guana Cay Reef Assn Ltd v. R*, Privy Council on appeal from the Court of Appeal of The Bahamas, [2010] 2 LRC 530; *Stubbs v. Attorney General*, Court of Appeal of The Bahamas, [2010] 4 LRC 103; *Magill v. Porter*, House of Lords, [2002] 1 All ER 465; *Man O'War Station Ltd v. Auckland City Council*, Privy Council in appeal from the Court of Appeal of New Zealand, [2003] 1 LRC 598; *Supreme Court Reference No. 1 of 2012*, Supreme Court of Papua New Guinea, [2012] 5 LRC 633.

② *Johnson v. Johnson*, High Court of Australia, [2000] 5 LRC 223. 欧洲人权法院解释道，公正无私的要求有两个方面。第一，法庭必须在主观上是公正无私的，即法庭的任何成员都不得持有任何个人偏见或者偏向。除非有相反证据，否则应推定个人公正无私。第二，法庭从客观的角度来看也必须是公正无私的，即它提供充分的保障，以排除任何这方面的合理怀疑。根据这一检测，必须判定，是否存在可能引起怀疑法官之公正无私的可查证事实——不论法官的个人行为如何。在这方面，即便是表象也可能具有一定的重要性。关键之所在，是一个民主社会中的法院必须对于包括被告人在内的公众所激发出来的信心。因此，如果对于任何法官，有正当理由担心其缺少公正无私性，他就必须回避。在判定刑事案件中是否存在正当理由担心某位法官缺少公正无私性的过程中，被告的立场虽然很重要，但不是决定性的。起决定性作用的是，这种担心是否可以在客观上被认为是正当合理的。See *Gregory v. United Kingdom*, European Court, (1997) 25 EHRR 577; *Castillo Algar v. Spain*, European Court, (1998) 30 EHRR 827.

③ *Ebner v. Official Trustee in Bankruptcy*, High Court of Australia, [2001] 2 LRC 369.

了对于偏向的忧惧。例如，这可能会发生在以下情形中：某位法官先前参与了下级法院的诉讼，这使他在审判之前就了解了案件，而这种了解必然与针对被告的控告、对这些控告以及被告的品质的评价相关联；[1] 某位法官曾三次作为高级副检察长参与了案件的调查；[2] 在对某位被告的刑事审判中，他所面对的某些法官曾经在一起不同的刑事案件中，评估过他作为针对其同伙嫌疑人的证人的可信度；[3] 某位曾签发过多个电话监听令的预审法官后来在审判所涉案件时，坐上审判席成了法官；[4] 对于某一具体裁判过程拥有个人利益的某人，对于在该案件即将开庭审理之际，通过集资的方式将某位法官安插在该案中，有着重大的且不成比例的影响；[5] 两名法官曾经是对某位法官实施纪律处分的司法职务委员会的专门小组的成员，他们随后又担任了驳回该法官之申诉的上诉法院联合审判庭的法官；[6] 某位法官发表了攻击某人的言论，而这个人后来参与到诉讼中，即便该法官的言论仅仅是为了维护法庭的声誉免受诉讼当事人的非法的、不当的攻击；[7] 在某人被控告藐视司法的情况中——对法官进行诽谤

---

[1] *Collins v. Jamaica*, Human Rights Committee, Communication No. 240/1987, HRC 1992 Report, Annex IX. C；*De Haan v. Netherlands*, European Court, (1997) 26 EHRR 417.

[2] *Piersack v. Belgium*, European Commission, 13 May 1981：但是，仅仅是某位法官曾是公诉部门中的一员这种事实，不是担心他缺少公正无私的理由。对于其他人没有提供必要保障的情况，See *De Cubber v. Belgium*, European Court, (1984) 7 EHRR 236：有关在同一起案件中，由同一个人接连行使调查法官和审判法官的职能。*Hauschildt v. Denmark*, European Court, (1989) 12 EHRR 266：一位审判法官基于被告确实已犯罪的"特别确认的怀疑"而曾经作出审前拘禁的命令。

[3] Decision of the Supreme Court of the Netherlands, 14 October 1997, (1998) *Bulletin on Constitutional Case-Law* 83.

[4] Decision of the Supreme Court of the Netherlands, 23 January 1998, (1998) *Bulletin on Constitutional Case-Law* 91.

[5] *Caperton v. A. Y. Massey Coal Company, Inc*, United States Supreme Court, (2009) *Bulletin on Constitutional Case-Law* 418. 该案中的问题是，某一司法职位候选人竞选活动的资金的绝大部分都来源于一处，在这种情况下，如果该来源后来又成为该成功的竞选者作为其中一员的法院所要裁判之案件的当事一方，那么宪法所要求的正当程序是否会受到影响。

[6] *Demo R v. Joint Chamber of the Supreme Court*, Constitutional Court of Albania, (1999) *Bulletin on Constitutional Case-Law* 339. See also Decision of the Constitutional Court of Montenegro, (2011) *Bulletin on Constitutional Case-Law* 321：某位法官参与了对申诉的裁判，后来又参加了的后续复审诉讼。*Larranaga v. The Philippines*, Human Rights Committee, Communication No. 1421/2005, Selected Decisions, Vol. 9, p. 266：该案中，审判法官和两位最高法院法官参与了针对被告人的初步控告的评估，这些法官参与初步程序有可能导致的情况是，他们得以在审判以及上诉程序之前，就形成了对该案的意见。这些信息必然与针对被告的控告以及对这些控告的评估有关。因此，这些法官参与审判以及上诉程序与公正无私的要求不相容。

[7] Decision of the Constitutional Court of Spain, (1999) *Bulletin on Constitutional Case-Law* 447：坎塔布里亚（Cantabrian）高等法院院长做出了很多公开声明，以捍卫法院的独立和公正无私。他在最后一份声明中，驳斥了一名被告的主张，称他对该被告的"悲哀、荒谬"的行为表示遗憾，而且该被告表现出了某种完全不适合他作为一个自治团体主席之身份的"心理状态"。

或个人批评，提出申诉并因此可以说在该事项中有个人利益的法官，自己对此事进行了审理而未将其提交给首席法官。① 某位法官盘问被告人的方式竟然看来偏倚检控方，而不是在其介入时保持相当的克制，这是非常不可取的。②

然而，基于某位法官将当事人陈述的相当一大部分逐字地复制到他的判决中，而批准取消该法官资格的申请，这并不符合司法利益，虽然该法官使用自己的言辞表述判决可能会更加严谨。③ 法官的不礼貌行为，尽管不受欢迎且接近于符合这一检测，但是还不能推翻司法公正无私的假定。④ 同一法官就同一案件连续两次被委以报告法官的职责的事实本身，与评估是否符合了公正无私的要求无关，因为这些职责是在法院的合议架构中履行的。⑤ 在诸如国务委员会的某个机构内一直行使咨询和司法职能，并不会产生有关客观上的公正无私的问题，条件是该咨询意见不能被合理地解读为是对后续的司法诉讼中所要裁判的问题发表意见或者构成初步裁判。⑥ 对于某一案件，某位法官曾作出表面上看来确实存在可审理的案件的初步评估，这并不会使其丧失审判该案的资格，因为初步程序的目的是防止出现完全无端的诉讼。⑦

（2）关联：这是指法官与诉讼的一个或多个利害关系人或以其他方式参与诉讼程序的人具有直接或者间接的关系、经历或联络的情况。⑧ 这可能发生在以下情况中：某位法官与某个律师之间存在着友好或者敌对关系，前提是这些关系的性质能够引起客观上的担忧，即在诉讼过程中以及法官的裁决中，该法官可能受到影响；⑨ 或者该法官事前与争端事项有着某种关联或者联系。⑩ 法

---

① *Federation of Pakistan v. Gilani*, Supreme Court of Pakistan, [2013] 1 LRC 223.
② *Jahree v. The State*, Privy Council on appeal from the Supreme Court of Mauritius, [2005] 4 LRC 188. *Okoduwa v. The State*, Supreme Court of Nigeria, [1990] LRC (Const) 337：法官有权以澄清问题的方式提出问题。但是，如果他不断地介入并实际上接管了检控方的角色，并利用他自己的询问结果以得出其判决中的结论，那么法官就同时成了控方、证人以及法官，被告人就没有获得公正审判。
③ *Stuttafords Stores (Pty) Ltd v. Salt of the Earth Creations (Pty) Ltd*, Constitutional Court of South Africa, (2010) *Bulletin on Constitutional Case-Law* 597.
④ *Stainbank v. South African Apartheid Museum at Freedom Park*, Constitutional Court of South Africa, (2011) *Bulletin on Constitutional Case-Law* 359：据称存在偏向所依据的，是法官评论说律师在撒谎，以及一份罚金令。
⑤ *Chronopost SA and La Poste v. Union francaise de l' express (UFEX)*, Court of Justice of the European Communities, (2010) *Bulletin on Constitutional Case-Law* 197.
⑥ *Kleyn v. The Netherlands*, European Court, (2003) *Bulletin on Constitutional Case-Law* 368.
⑦ *Federation of Pakistan v. Gilani*, Supreme Court of Pakistan, [2013] 1 LRC 223.
⑧ *Ebner v. Official Trustee in Bankruptcy*, High Court of Australia, [2001] 2 LRC 369.
⑨ *HX and FX v. Court of Justice of the Canton of Geneva*, Federal Court of Switzerland, (2012) *Bulletin on Constitutional Case-Law* 408.
⑩ *Panton v. Minister of Finance*, Privy Council on appeal from the Court of Appeal of Jamaica, [2001] 5 LRC 132.

官个人认识申诉人及其兄弟姐妹的事实本身并不能成为担忧偏向的理由，尤其是在一个小国家。①

（3）外部信息：这是指法官已经知晓一些审前的但是不可采信的事实或者事件——这可能会引发偏向的忧惧——的情况。② 一个例证是，在一起案件中，某位法官曾就某一问题或某位仍然活着、对该法官要处理案件具有实际或明显重要性的证人的可信度表达了自己的意见。如果在同一案件中，对可信度做出了负面认定，那么就更应支持回避，因为这所表现出的态度会适用于对这起案件的进一步裁判。③

《公民及政治权利国际公约》第14条的规定适用于该条范围之内的所有法院和法庭，不论是普通的还是专门的，民事的还是军事的。然而，军事刑事司法制度的管辖权应限制在适当的限度之内，才能够与《公民及政治权利国际公约》全面相符。军事司法应适用于现役军人，而绝不能适用于平民或者退役军人。军事法庭应有权审理违纪行为，但不得审理普通犯罪，而且当然不得审理侵犯人权的行为。只有满足了这些条件，军事管辖权才能与《公民及政治权利国际公约》相符。④ 该公约虽然不禁止军事法庭或者特别法庭审判平民，但是从公正、无私和独立司法的角度来看，这可能产生严重的问题。因此，这种审判应完全符合《公民及政治权利国际公约》第14条的要求，同时其保障不得因所涉法庭的军事或特别性质而遭到限制或变更。由军事法庭或特别法庭审判平民应该是一种例外的情况，即只限于这样的案件：国家能证明采用这种审判根据客观的和重大的原因是必要的、合理的，而且就案件所涉个人和罪行的特殊类型而言，常规的民事法院无法进行审判。⑤

这些原则适用于涉及判定具有刑事性质之控告的诉讼的军事法庭。一位军官（"召集军官"）负责召集军事法庭、任命该军事法庭的所有成员以及确认判决。该军事法庭的所有成员在职衔上都是他的下级，而且他有权在规定的情

---

① Decision of the State Council of Liechtenstein, 7 June 2000, (2000) *Bulletin on Constitutional Case-Law* 314.
② *Ebner v. Official Trustee in Bankruptcy*, High Court of Australia, [2001] 2 LRC 369.
③ *Munuma v. State*, Supreme Court of Namibia, [2014] 2 LRC 144.
④ *Akwanga v. Cameroon*, Human Rights Committee, Communication No. 1813/2008, 费边·奥马尔·萨尔维奥利（Fabian Omar Salvioli）的个人意见。
⑤ 人权事务委员会第32号一般性意见，第22段。See also *Madani v. Algeria*, Human Rights Committee, Communication No. 1172/2003, Selected Decisions, Vol. 9, p. 134；*Benhadj v. Algeria*, Human Rights Committee, Communication No. 1173/2003, Selected Decisions, Vol. 9, p. 143. ［这里的民事法院（civilian courts）是指与军事法院或法庭相对应的普通法院，而非与刑事法院或法庭相对应的审判民事案件的法院（civil courts）。——译者注］

况下,在审判前或者在审判期间解散该军事法庭。由于军事法庭中的所有成员都处于召集军官的指挥链体系之内,被告对该法庭的独立和公正无私的怀疑客观上是正当合理的。重要的是,召集军官还担任着"确认军官",因此直到经过他的批准,军事法庭的裁判才会生效,而且他有权改变刑罚。这违背了一项牢固确立的原则,即作出具有拘束力的、不得被非司法当局改变的裁决的权力,是"法庭"这一概念中所固有的,并且也可以看作其"独立"的一个组成部分。军事法庭制度中的这些缺陷并未因保障措施之存在而获得补救,任何的后续审查程序也不能纠正这些缺陷。①

在采取措施打击恐怖主义的背景下,一些国家采用了由隐匿身份的法官组成的"不露脸法官"的特别法庭。在一座偏远的监狱中由"不露脸法官"进行审判的制度的本质,被认为是将公众排除在诉讼之外。② 即便是这些法官的身份和地位已经得到了某个独立机关的核可,这类法院还是会遭到诟病,不仅是因为该信息不为被告人所知这一事实,还在于某些不规范行为,诸如将公众甚至是被告或者他们的代理人排除在诉讼之外;③ 限制使用被告自己选择的律师的权利;④ 严格限制或者剥夺与其律师沟通的权利,尤其是在被与外界隔绝地拘禁之时;⑤ 威胁律师;⑥ 准备案件的时间不足;⑦ 严格限制或者剥夺传唤并询问证人或者使证人受到询问的权利,包括禁止交叉诘问某些类别的证人,诸

---

① *Findlay* v. *United Kingdom*,(1997)24 EHRR 221. See also *Coyne* v. *United Kingdom*, European Court, 24 September 1997; *Moore and Gordon* v. *United Kingdom*, European Court,(1999)29 EHRR 728; Decision of the Constitutional Court of Spain, 14 January 1997,(1997)1 *Bulletin on Constitutional Case-Law* 96. 参见, *Sekoati* v. *President of the Court Martial*, Court of Appeal of Lesotho,[2000]4 LRC 511:虽然军事法庭必须是独立的,但这是对于其作为军事法庭而非民事法庭的固有性质适当之意义上和程度上的独立。

② *Polay Campos* v. *Peru*, Human Rights Committee, Communication No. 577/1994, Selected Decisions, Vol. 6, p. 117; *Arredondo* v. *Peru*, Human Rights Committee, Communication No. 688/1996, Selected Decisions, Vol. 7, p. 36; *Carranza Alegre* v. *Peru*, Human Rights Committee, Communication No. 1126/2002, Selected Decisions, Vol. 9, p. 102; *Barney* v. *Colombia*, Human Rights Committee, Communication No. 1298/2004, Selected Decisions, Vol. 9, p. 188.

③ *Barney* v. *Colombia*, Human Rights Committee, Communication No. 1298/2004; *Polay Campos* v. *Peru*, Human Rights Committee, Communication No. 577/1994; *Gutiérrez Vivanco* v. *Peru*, Human Rights Committee, Communication No. 678/1996; *Carranza Alegre* v. *Peru*, Human Rights Committee, Communication No. 1126/2002.

④ *Gutiérrez Vivanco* v. *Peru*, Human Rights Committee, Communication No. 678/1996.

⑤ *Polay Campos* v. *Peru*, Human Rights Committee, Communication No. 577/1994; *Carranza Alegre* v. *Peru*, Human Rights Committee, Communication No. 1126/2002.

⑥ *Vargas Mas* v. *Peru*, Human Rights Committee, Communication No. 1052/2002.

⑦ *Quispe Roque* v. *Peru*, Human Rights Committee, Communication No. 1125/2002.

如负责逮捕和审讯被告的警官。① 这些情形中的法庭，不论其法官是否不露脸，都不符合公正审判的基本标准，尤其是法庭必须独立且公正无私的要求。②

"不露脸"的司法制度没有给予刑事被告充分的正当程序保障。隐匿检察官、法官和证人的身份剥夺了被告的基本司法保障。因为被告不知道是谁在裁判或者指控他，所以他无法知道这些人是否有资格这样做。他也无法知道，是否存在着基于无资格或者缺乏公正无私而需要这些当局回避的任何理由。其结果是，被告人无法获得由一个有权管辖的、独立和无私的法庭审判的保障。被告也无法有效地诘问对其不利的证人。诘问的权利之所以重要，主要是因为它为被告提供了质疑证人的可信性以及了解事实的机会。如果被告没有关于证人的背景或者动机的任何信息，也不知道证人如何获得了所涉事实的信息，被告就无法充分地诘问该证人。由此，"不露脸"的司法制度也会导致对被告诘问证人的权利的侵犯。③

在一国根据其法律委托基于习惯法设立的法院或宗教法院履行司法职责的情况下，《公民及政治权利国际公约》第14条也息息相关。只有在遵循了下列条件的情况下，这些法院才能做出国家承认具有约束力的判决：诉讼限于轻微的民事案件和刑事案件；诉讼能满足公正审判和《公约》其他有关保障的基本要求；其判决应由国家法院依据《公约》规定的保障加以认可；有关各方能够通过符合《公约》第14条要求的程序质疑判决。虽然有这些原则，但各国仍有保护受习惯法院和宗教法院之运作影响的人根据《公约》所享有之权利的一般性义务。④

在适当情况下，司法官员能够并且确实主持质询委员会。该职能的履行通常要求履行司法职能所需的品质和技能：独立、评估信息、依据信息形成意见、根据对相关信息的考量作出决定。但是，可以允许法官履行他们的司法职能以外的某些职能，并不意味着立法机关能够赋予他们任何职能。可被允许的范围是有限的。某些职能与司法职能相距甚远，因此允许法官履行这些职能将

---

① *Gutiérrez Vivanco v. Peru*, Human Rights Committee, Communication No. 678/1996; *Carranza Alegre v. Peru*, Human Rights Committee, Communication No. 1126/2002; *Quispe Roque v. Peru*, Human Rights Committee, Communication No. 1125/2002; *Vargas Mas v. Peru*, Human Rights Committee, Communication No. 1052/2002.

② *Polay Campos v. Peru*, Human Rights Committee, Communication No. 577/1994; *Gutiérrez Vivanco v. Peru*, Human Rights Committee, Communication No. 678/1996.

③ Inter-American Commission on Human Rights, OEA/Ser. L/V/II. 102/Doc. 9, rev. 1, 26 February 1999; *Carlos Florentino Molero Coca v. Peru*, Inter-American Commission, Report No. 49/2000, Case II. 182, 13 April 2000, *Annual Report* 1999, p. 1226.

④ 人权事务委员会第32号一般性意见，第24段。

使司法机关与其他政府部门之间所必须保持的分离变得模糊。例如，司法官员不能是立法机关或者内阁的成员，或者是政府中的工作人员，如警察局局长。这些职能对于立法机关和行政机关的任务具有核心性质，必须由这些政府部门中的成员行使。因此，任命某位法官为特别调查组的负责人——其职责包括代表国家开展调查和诉讼——与司法职务不相容。这会导致司法机关的某一成员由行政机关——经过立法部门的同意——指派，履行接近于行政权的"心脏地带"的职能。①

在大多数民主国家，司法官员在被任命为法官之前从事政治活动，在他们被任命后，可能必须裁判具有政治影响的案件。从来没有人提出，司法官员不应有政治偏好或者对于法律和社会的看法。除非争议中的诉讼标的来源于先前的政治组织或者活动，否则先前的政治联系本身从未被视为回避的充分理由。而且，司法官员选自社会各界，以反映国家的种族和性别构成。② 法律之外的经验，不论是政治上的还是其他方面的，都可以被合理地认为强化而非减损了一种司法资质。在认可并接受法官很可能以往具有政治隶属或者政党利益的国家里，也会承认和接受，为了独立且公正无私地履行某项司法职责，可以搁置这些历史上的联系。这是一个理性的或心思公正的人在判定法院是否可能会有偏向或者判定是否存在着偏向的任何现实风险的过程中，应当在心中权衡的考虑因素之一。③

公正无私的本质在于要求法官以开放心态着手处理将要裁判的案件。相反，偏向或者偏见则被定义为："以一种倾斜、倾向、歪曲或预断的方式裁决问题或案由，这种方式未将司法心理向确信完全开放。偏向是一种会影响判决并使司法官员无法在特定案件中公正无私地行使其职能的一种心理情况或状态。"从这个角度看，公正无私是司法程序的关键，必须设想其存在。对公正无私的设想具有极大的重要性，法律不应粗疏地提出法官偏向的可能性，因为其权威取决于这种设想。因此，即便司法公正无私是一项严格的要求，但是主张法官无资格的一方当事人仍然负有举证责任，提出确能证明必须取消该法官

---

① *South African Association of Personal Injury Lawyers v. Heath*, Constitutional Court of South Africa, [2001] 4 LRC 99. 特别调查组是依法成立的，负责调查由总统提交给它的与国家机构管理有关的玩忽职守或管理不善行为。"这些职能有关为国家追回钱款的目的，必要时会诉诸诉讼。就其本质而言，这些职能具有派别性。法官无法使其自身远离调查人员的行为。这些职能是行政职能，通常由警方、国家检察机关工作人员或州检察官执行。它们与司法职能不一致。"

② *The President of the Republic of South Africa et al v. The South African Rugby Football Union*, Constitutional Court of South Africa, (1999) *Bulletin on Constitutional Case-Law* 274.

③ *Panton v. Minister of Finance*, Privy Council of Appeal from the Court of Appeal of Jamaica, [2001] 5 LRC 132; *Kartinyeri v. Commonwealth of Australia*, High Court of Australia, (1998) 156 ALR 300.

的资格正当合理的情形。①

在一个理性、知情的人会合理地忧惧某位法官将不会公正无私地裁判案件的情况中，基于这种被感知的偏向，该法官有义务从案件中退出。然而，如果对此种忧惧并不存在坚实理由，法官则有义务裁判提交给他的案件。② 面临着回避申请的法官必须经过平衡两种相冲突的因素的微妙过程：一方面是挫败对法庭组成的毫无根据的和误导性的质疑这一需要，另一方面是公众对于争端得到公正无私之裁判的信心这一首要价值。指导该平衡过程的，必须主要是这样的基本原则，即法院的案件必须由一个独立且公正无私的法庭裁判。③ 法官不得过度敏感，不应将申请他回避视为一种对他个人的冒犯。如果他做不到，这就有可能使他的判决蒙上阴影，而且如果他向当事人表达他的愤恨，其结果就很可能给申请回避一方的猜疑火上浇油。因此，被申请回避的法官应当牢记，"显而易见的公正无私"才是所被需要的，尤其是在处理回避申请本身时。④

4. "法定法庭"

"法庭"是依照法律设立的机构。⑤ 法庭独立于政府的行政和立法机构，或在特定情况中，在司法性质的诉讼中裁定法律事项时，享有独立性。《公民及政治权利国际公约》第 14 条第 1 款保障所有人在被指控犯有刑事罪行之时或者在确定一件诉讼案中的权利和义务之时，均能诉诸这样的法庭。国家未能

---

① *Wewaykum Indian Band* v. *Canada*, Supreme Court of Canada, [2004] 2 LRC 692. See also *R* v. *S*, Supreme Court of Canada, [1997] 3 SCR 484; *Committee for Justice and Liberty* v. *National Energy Board*, Supreme Court of Canada, [1978] 1 SCR 369; *South African Commercial Catering and Allied Workers Union* v. *Irvin and Johnson Ltd*, Constitutional Court of South Africa, (2000) Bulletin on Constitutional Case-Law 354.

② *The President of the Republic of South Africa* v. *The South African Rugby Football Union*, Constitutional Court of South Africa, (1999) Bulletin on Constitutional Case-Law 274.

③ *Bernert* v. *Absa Bank Ltd*, Constitutional Court of South Africa, [2011] 4 LRC 395：持有作为诉讼一方之某一公司的股份属于和案件中的诉讼当事方有关联、在其中有利益的一种形式。股份权益或股份价值的性质和权重是相关的考量因素。仅仅是法官拥有股份——而不需要更多条件——就足以使他丧失参审案件的资格。See also *Prosecutor* v. *Sesay*, Special Court for Sierra Leone (Appeals Chamber), [2004] 3 LRC 678：一位法官罗伯逊（Robertson）撰写了一本书，其中他特别地指称革命统一战线（RUF）的成员犯有危害人类罪。他因此在涉及指控革命统一战线的成员的动议中，丧失了裁决资格。参见，*Prosecutor* v. *Norman*, Special Court for Sierra Leone (Appeals Chamber), [2004] 3 LRC 634：罗伯逊（Robertson）院长指出，过去或现在致力于推动国际人权原则（包括终结有罪不罚现象）通常不会提供一个国际性刑事法院质疑某位法官的依据。必须存在与某一当事方的家庭、财产、所有权或类似的联系（对此丧失资格将是自动的），或者存在可能使理性且知情的旁观者现实地意识到存在偏向之危险的其他情形。

④ *BTR Industries SA (Pty) Ltd* v. *Metal and Allied Workers Union*, 1992 (3) SA 673; *Sole* v. *Cullinan*, Court of Appeal of Lesotho, [2004] 1 LRC 550.

⑤ *Piersack* v. *Belgium*, European Commission, 13 May 1981. 这一要求旨在确保民主社会中司法工作之组织由议会通过的法律规定，而不依赖于行政机关的自由裁量。

为此目的设立一个有权管辖的法庭或者未能允许就具体案件诉诸这种法庭,均相当于对《公民及政治权利国际公约》第 14 条的违反。①

"法庭"一词不一定要被理解为就指经典类型的、融入一国司法机制之内的法院。然而,某个机构行使司法职能的事实并不能使其成为一个"法庭"。只能对于满足了其他要求的机关,诸如独立于行政机关以及案件的各当事方、其成员的任职期间以及其程序所提供的保障,才准用"法庭"一词。② 作出不可由非司法机关改变而损害某一单方当事人的、具有约束力的裁决的权力,是"法庭"之概念所固有的。③ 因此,执行其裁决任务之时的监狱访客委员会;④ 不动产交易机关——其职能是在其权限范围之内、依据法律规则、遵循以规定方式开展之程序处理事项;⑤ 在处理恢复登记申请时的律师公会(Ordre des avocats)理事会⑥都是"法庭"。⑦ 陪审团构成"法庭"的一部分。因为有关法庭独立和公正无私的原则适用于陪审员,所以在存在陪审团候选人中的某些人可能心怀使其丧失公正无私性之偏见的现实可能性时,被告可以质疑潜在的陪审员。⑧

---

① 人权事务委员会第 32 号一般性意见,第 18 段。
② *Le Compte*, *Van Leuven and De Meyere v. Belgium*, European Court,(1981)4 EHRR 1:在医生协会(*Ordre des Médecins*)上诉委员会中,在任法官构成了其成员的一半——其中包括主席,这为公正无私提供了充分保证。*Pace v. Prime Minister*, Constitutional Court of Malta,(1997)3 *Bulletin on Constitutional Case-Law* 402:根据《受控公司(清算程序)法》设立的上诉委员会符合这些要求。*DPP v. Mollison*(*No.* 2), Privy Council on appeal from the Court of Appeal of Jamaica,[2003] 1 LRC 756:《少年法》的某项条款规定了要根据总督的裁量处以拘禁刑,这与判刑的司法职能必须由司法机关而非行政机关履行的原则不相符。*R*(*on the application of Anderson*)*v. Secretary of State for the Home Department*, House of Lords,[2003] 1 LRC 703:在对被定罪的谋杀犯量刑方面,国务大臣不应该发挥任何作用,即便他所做的只不过是确认了法官的建议。
③ *Benthem v. Netherlands*, European Court,(1985)8 EHRR 1;*Van de Hurk v. Netherlands*, European Court, 19 April 1994:授权部长部分地或全部地否定工业上诉法庭的某一判决的效力——这损害了一方当事人,剥夺了法庭的一项基本属性,违反了《欧洲人权公约》第 6 条第 1 款。
④ *Campbell and Fell v. United Kingdom*, European Court,(1984)7 EHRR 165.
⑤ *Sramek v. Austria*, European Court,(1984)7 EHRR 351.
⑥ *H v. Belgium*, European Court,(1987)10 EHRR 339.
⑦ *Bramelid and Malmstrom v. Sweden*, European Commission,(1986)8 EHRR 45:在该案的情况中,选出的仲裁员不能构成独立无私的法庭。*Obermeier v. Austria*, European Court,(1990)13 EHRR 290:残疾人委员会和行政法院都不是一个独立的法庭,因为任何一个都缺少"完全管辖权"。
⑧ *R v. Williams*, Supreme Court of Canada,[1998] 4 LRC 183. See also *Remli v. France*, European Court,(1996)22 EHRR 253:当上诉法院未能审查提交给它的表明某位陪审员曾做出种族主义言论的证据时——理由是法院"无法注意到在它开庭之外发生的所谓事件",就违反了《欧洲人权公约》第 6 条第 1 款。Cf. *Gregory v. United Kingdom*, European Court,(1997)25 EHRR 577;*Boodram v. State*, Court of Appeal of Trinidad and Tobago,[1998] 4 LRC 585;*Pullar v. United Kingdom*, European Court,(1996)22 EHRR 391.

（八）"除保护少年有此必要，或事关婚姻争执或子女监护问题外，对刑事案件或法律诉讼之任何判决*应一律公开宣示"

将判决书存放在法院的登记处，并向当事各方提供有关实质性内容的书面通知，而不再在公开法庭上宣告，足以符合这一要求。任何人都可以向法院的登记处申请查阅判决或者获取其副本。① 规制公开审理的原则也适用于公开作出判决，并且具有相同的目的，即公正审判。在每一起案件中，都必须根据有关诉讼的专有特点并参照本要求的目的及宗旨，评估公开宣示"判决"的形式。②

在国家安全受到威胁的情况下，使用机密资料可能被证明是不可避免的。然而，在这样的诉讼中，完全对公众隐瞒司法裁判不能被认为是必需的。公开司法裁判的目的在于确保公众监督司法机关，并构成了防止专断性的一项基本保障。事实上，即便是在无可争议的事关国家安全的案件中——例如在与恐怖主义活动有关的案件中，已经遭受或者正在面临恐怖主义袭击的风险的国家当局已经决定仅对裁判中的、其被披露将会损害国家安全或者他人安危的那些部分予以保密。这表明，存在着在无须完全剥夺诸如公开司法裁判等基本程序保障的情况下，容纳正当合理的安全考虑的技巧。③

---

* "对刑事案件或法律诉讼之任何判决"并非《公民及政治权利国际公约》作准中文本的措辞，而是对其英文表述"any judgment rendered in a criminal case or in a suit at law"的翻译。

① *Preto v. Italy*, European Court, (1983) 6 EHRR 182; *Axen v. Germany*, European Court, (1983) 6 EHRR 195. 需要注意，《欧洲人权公约》第 6 条第 1 款要求，判决应当"公开宣布"。*Sutter v. Switzerland*, European Court (1984) 6 EHRR 272, 法官克雷莫纳（Cremona）、范德米尔什（van der Meersch）、沃尔什（Walsh）和麦克唐纳（MacDonald）的反对意见：将获取判决限于能够表明且令法院工作人员信服其对此有利益的人，没有达到《欧洲人权公约》第 6 条第 1 款的要求。将这些信息局限于限定的人员类别，无法确保公众知悉法院的裁决。不论是在可预估的延迟之后按年度"刊印"判决，还是随后以印刷的形式、通过涵盖几年（例如，只是每隔六年之后）的刊物公布其中的某些判决，都不足以符合该款的要求。*Campbell and Fell v. United Kingdom*, European Court, (1984) 7 EHRR 165; *De Moor v. Belgium*, European Court, 23 June 1994：未能公布监狱访客委员会的决定或律师公会对于在实习律师名册上登记的申请的决定，都违反了《欧洲人权公约》第 6 条第 1 款。

② *Werner v. Austria*, European Court, (1997) 26 EHRR 310.

③ *Raza v. Bulgaria*, European Court, 11 May 2010.

第十七章　受刑事控告之人的权利

国际文书

《世界人权宣言》

第 11 条

一、凡受刑事控告者，在未经依法公开审判证实有罪前，应视为无罪，审判时并须予以答辩上所需之一切保障。

二、任何人在刑事上之行为或不行为，于其发生时依国家或国际法律均不构成罪行者，应不为罪。刑罚不得重于犯罪时法律之规定。

《公民及政治权利国际公约》

第 14 条

二、受刑事控告之人，未经依法确定有罪以前，应假定其无罪。

三、审判被控刑事罪时，被告一律有权平等享受下列最低限度之保障：

（子）迅即以其通晓之语言，详细告知被控罪名及案由；

（丑）给予充分之时间及便利，准备答辩并与其选任之辩护人联络；

（寅）立即受审，不得无故稽误；

（卯）到庭受审，及亲自答辩或由其选任辩护人答辩；未经选任辩护人者，应告以有此权利；法院认为审判有此必要时，应为其指定公设辩护人，如被告无资力酬偿，得免付之；

（辰）得亲自或间接诘问他造证人，并得声请法院传唤其证人在与他造证人同等条件下出庭作证；

（巳）如不通晓或不能使用法院所用之语言，应免费为备通译协助之；

（午）不得强迫被告自供或认罪。

四、少年之审判，应顾念被告年龄及宜使其重适社会生活，而酌定程序。

五、经判定犯罪者，有权声请上级法院依法复判其有罪判决及所科刑罚。

六、经终局判决判定犯罪，如后因提出新证据或因发现新证据，确实证明原判错误而经撤销原判或免刑者，除经证明有关证据之未能及时披露，应由其本人全部或局部负责者外，因此判决而服刑之人应依法受损害赔偿。

七、任何人依一国法律及刑事程序经终局判决判定有罪或无罪开释者，不得就同一罪名再予审判或科刑。

第15条

一、任何人之行为或不行为，于发生当时依内国法及国际法均不成罪者，不为罪。刑罚不得重于犯罪时法律所规定。犯罪后之法律规定减科刑罚者，从有利于行为人之法律。

二、任何人之行为或不行为，于发生当时依各国公认之一般法律原则为有罪者，其审判与刑罚不受本条规定之影响。

区域文书

《美洲人的权利和义务宣言》

第26条

1. 凡受控告者，在未经证实有罪前，应被假定为无罪。

《欧洲人权公约》

第6条

2. 凡受刑事罪指控者在未依法证实有罪之前，应被假定为无罪。

3. 凡受刑事罪指控者具有下列最低限度的权利：

（1）迅速以一种他懂得的语言详细地告知对他提出的控诉的性质和原因；

（2）有相当的时间和便利准备他的辩护；

（3）亲自为自己辩护或者经由他自己所选择的辩护人进行辩护，或者如果他没有足够能力偿付辩护人，则在司法利益有此需要时，免费提供；

（4）亲自或通过他人讯问对他不利的证人，并使对他有利的证人在与对他不利的证人相同的条件下出庭和受讯问；

（5）如果他不懂或不会说法庭上所用的语言，能免费获得译员的援助。

第7条

1. 任何人的行为或者不行为，在其发生时依照国家法或者国际法均不构成刑事犯罪者，不得据以认为犯有刑事罪。所加的刑罚也不得重于犯罪时适用的规定。

2. 本条不得妨碍对任何人的作为或者不作为进行审判或者予以惩罚，如果该作为或者不作为在其发生时根据文明国家所承认的一般法律原则为刑事犯罪行为。

《欧洲人权公约第七议定书》

第 2 条

1. 任何被法庭定了刑事罪名的人，应当享有由一个较高级的法庭对其定罪及刑罚进行复审的权利。这一权利的行使以及可以行使的理由均应由法律规定。

2. 在按照法律规定属于性质较轻的犯罪、初审法院为最高法院或者在提出针对无罪宣判的上诉后被判有罪等特定情况下，上诉权会受到制约。

第 3 条

在一人按照最后决定已被判刑事罪而其后根据新的或新发现的事实确实表明发生误审，他的定罪被推翻或被赦免的情况下，因这种定罪而受罚的人应依该有关国家之法律或惯例得到赔偿，除非经证明当时不知道的事实的未被及时揭露完全是或部分是由于他自己的缘故。

第 4 条

1. 任何人已依一国的法律及刑事程序被最后定罪宣告无罪者，不得就同一罪名在同一国家管辖下的刑事诉讼中再予审判或惩罚。

2. 如有影响案件结果的新的事实或新发现的事实证据，或者在此前的诉讼程序中有根本性的缺陷，那么前款规定不应妨碍根据有关国家的法律和刑事程序重审此案。

3. 缔约方不得根据公约第 15 条采取克减本条的措施。

《美洲人权公约》

第 8 条

2. 凡受刑事罪指控者，只要依据法律未被证实有罪，有权被假定为无罪。在诉讼的过程中，人人都有权完全平等地享有下列最低限度的保证：

（1）如果被告不懂或不会说法庭或者法院所用的语言，他有权无偿地获得翻译或译员的援助；

（2）将对被告的指控事先详细地通知他；

（3）有相当的时间和手段准备他的辩护；

（4）有权亲自为自己辩护或者由他自己选择的辩护人援助辩护，并自由地和私下里与他的律师联络；

（5）如果被告不亲自为自己辩护或者在法律规定的时间内未聘请自己的律师，他有不可剥夺的受到国家所指派的律师帮助的权利，并按照国内法律规定自付费用或者不负担费用；

（6）被告一方有权讯问在法院出庭的证人，并有权请专家或者其他能说明事实真相的人作为证人出庭；

（7）有权不被强迫作不利于他自己的证明，或者被迫认罪；

（8）有权向更高一级的法院提起上诉。

3. 只有在不受任何强制的情况下，被告供认有罪才得有效。

4. 经一项未上诉的判决而宣判无罪的被告不得因相同的原因而受到新的审判。

第9条

任何人的行为或者不行为，在其发生时依照现行的法律不构成刑事犯罪者，不得据以认为犯有刑事罪。所加的刑罚也不得重于犯罪时适用的规定。如果在犯罪之后，法律规定应当处以较轻的刑罚，犯罪者应当从中得到益处。

第10条

如果由于错判而使其受到最后判决的，人人都有权按照法律受到赔偿。

《非洲人权和民族权宪章》

第7条

1. 人人享有对其诉讼案件要求听审的权利。此项权利包括：

（2）在由管辖法院或法庭证实有罪之前，有权被假定为无罪；

（3）有权辩护，包括有权由他自己所选择的辩护人进行辩护；

（4）有权由一个无偏倚的法院或者法庭在合理的时间内予以审判。

2. 任何人的行为或者不行为，在其发生时未在法律上构成该惩罚的罪行的，不得予以定罪。一种罪行在发生时尚未作出规定的，不得处以刑罚。刑罚涉及个人的，只能加于罪犯本人。

有关文本

《执法人员行为守则》，联合国大会1979年12月17日第34/169号决议通过

《联合国少年司法最低限度标准规则》（"北京规则"），联合国大会1985

年11月29日第40/33号决议通过

《为罪行和滥用权力行为受害者取得公理的基本原则宣言》,联合国大会1985年11月29日第40/34号决议通过

《关于司法机关独立的基本原则》,联合国第七届预防犯罪和罪犯待遇大会1985年9月6日通过,联合国大会1985年11月29日第40/32号决议及1985年12月13日第40/146号决议核可

《关于检察官作用的准则》,联合国第八届预防犯罪和罪犯待遇大会1990年9月7日通过

《关于律师作用的基本原则》,联合国第八届预防犯罪和罪犯待遇大会1990年9月7日通过

《刑事事件转移诉讼示范条约》,联合国大会1990年12月14日第45/118号决议通过

《囚犯待遇最低限度标准规则》("曼德拉规则"),联合国大会2015年12月17日第70/175号决议 通过

一 评论

《公民及政治权利国际公约》第14条第2款至第7款和第15条,《欧洲人权公约》第6条第2款、第3款和第7条,《欧洲人权公约第七议定书》第2条、第3条和第4条,《美洲人权公约》第8条第2款至第4款、第9条和第10条中所规定的保障,分别体现了《公民及政治权利国际公约》第14条第1款、《欧洲人权公约》第6条第1款和《美洲人权公约》第8条第1款中所规定的公正审判的一般原则对刑事诉讼的具体适用。[1] 这些保障的目的及宗旨,是确保任何人不得受到任意起诉、定罪或惩罚。[2] 它们适用于对被告的刑事诉讼的所有阶段,包括可能存在的初步程序,到他被移交审判,以及审判本身的所有阶段。[3] 为了维护这些保障,法官有权在诉讼的任何阶段审查违反它们的指控。[4]

---

[1] *Pakelli v. Germany*, European Court,(1983)6 EHRR 1. See also *Judicial Guarantees in States of Emergency*, Inter-American Commission, Advisory Opinion OC-9/87, 6 October 1987:《美洲人权公约》第8条承认了"法律正当程序"的概念。

[2] *C. R. v. United Kingdom*, European Court,(1995)21 EHRR 363.

[3] *McKenzie et al v. Jamaica*, Inter-American Commission, Report No. 41/2000, 13 April 2000, *Annual Report* 1999, p. 918.

[4] 人权事务委员会第13号一般性意见(1984年),第15段。

这些规定确认的被告*的权利如下：

（1）在未依法证实有罪之前，被假定为无罪。

（2）以一种他懂得的语言被迅速和详细地告知（在《美洲人权公约》中为"事先通知"）对他提出的控告（《欧洲人权公约》中为"控诉"）的性质和原因。

（3）有充分时间和便利（《美洲人权公约》中为"手段"）准备他的辩护。

（4）（《公民及政治权利国际公约》中）与他自己选任的律师（《美洲人权公约》中为"他的律师"）联络（《美洲人权公约》中为"自由地和私下里"）[1]。

（5）不被无故拖延地（《欧洲人权公约》和《美洲人权公约》中为"在合理的时间内"）受审。

（6）到庭受审（仅在《公民及政治权利国际公约》中规定）。

（7）亲自为自己辩护或经由他自己所选任的辩护人辩护。

（8）被告知有权到庭受审并亲自为自己辩护或经由他自己所选任的辩护人辩护（仅在《公民及政治权利国际公约》中规定）。

（9）在司法利益有此需要的案件中，为他指定辩护人，而在他没有足够能力酬偿辩护人的案件中，不要他自己付费（《欧洲人权公约》中为"免费提供"）（《美洲人权公约》中为"得到由国家提供之律师帮助的不可剥夺之权利，是否付费则按国内法律之规定"）。

（10）亲自或通过他人诘问对他不利的证人（《美洲人权公约》中为"在法院出庭的"）。

（11）使对他有利的证人在与对他不利的证人相同的条件下出庭和受诘问。

（12）如果他不通晓或不能使用法院所用的语言，得到译员（《美洲人权公约》中为"或翻译"）的免费协助（《美洲人权公约》中为"无偿协助"）。

（13）不得强迫自供或认罪（《美洲人权公约》中为"只有在不受任何强制的情况下，被控告者供认有罪才得有效"）[2]。

（14）由一个法庭对其定罪及刑罚依法进行复审（《美洲人权公约》中为

---

* 原书本章中出现的"accused""accused person""defendant"，均译为"被告"，指"受刑事控告之人"。

[1] 虽然《欧洲人权公约》第6条第3款并没有类似的规定，但是如果有关之人不在场，那么（c）项和（d）项——保障每一位受到刑事罪行指控的人有权"亲自为自己辩护"以及"亲自或通过他人诘问证人"——就将没有意义。就整体而言，《欧洲人权公约》第6条的目的及宗旨表明，受到违法行为指控的人，有权参与审理。See Zana v. Turkey, European Court, (1997) 27 EHRR 667.

[2] 虽然在《欧洲人权公约》第6条中没有具体提及，但沉默权以及不得自我归罪的权利都是得到普遍承认的国际标准，处于该条规定的公正审判的概念的核心：Saunders v. United Kingdom, European Court, (1996) 23 EHRR 313.

"有权就判决向更高一级法院提起上诉")。

（15）已就某一罪名被最后定罪或宣告无罪者，不得就同一罪名再予审判或惩罚。

（16）任何人的作为或者不作为，在其发生时依照国内法或者国际法（《美洲人权公约》中为"依照现行法律"）均不构成刑事罪行者，不得据以认为犯有刑事罪行。

（17）对其所施加之刑罚不得重于犯罪时可适用之刑罚。

（18）基于新的或新发现的事实表明发生了错判（《美洲人权公约》中为"如果由于错判而使其受到最后判决的"），其定罪被撤销或被免除的情况下，此人应依法得到赔偿，除非不为人知之事实未被"及时"披露应由其本人全部或局部负责（《公民及政治权利国际公约》以及《欧洲人权公约》）。

只有《公民及政治权利国际公约》为少年规定了特别程序。

某人在哪一刻不再是潜在证人，而是成为嫌疑人，对于从《欧洲人权公约》第6条第1款之目的来看，他应在何时被当作已经受到了控告，给出了一种很好的指导。① 在他被调查的那一刻起，辩护权就出现了。在该调查期间，他必须始终能够获得法律代理，尤其是在作出陈述时。②

二 释义

（一）"受刑事控告之人，未经依法确定有罪以前，应有权被假定为无罪"

1. 假定为无罪

在未证实有罪之前，应被假定为无罪的权利是无条件的。无罪假定是包含在一个独立条款中的一项独立权利，独立于《公民及政治权利国际公约》第14条第1款中的获得公正审判权以及第14条第3款中的最低限度保障。这种区分是联合国大会第三委员会根据英国的提议有意采用的，以强调这一假定的重要性。③ 被假定为无罪的权利是绝对的，不受任何限制。与获得公正审判权以及诉诸一个公正无私之法庭的权利一样，无法只限定而不剥夺无罪假定。同样，对无罪假定的任何"限制"，实际上都完全剥夺了这一权利。④

---

① *Ambrose v. Harris*, Supreme Court of the United Kingdom, on a reference from the High Court of Justiciary of Scotland, [2012] 3 LRC 70. See also *Salduz v. Turkey*, European Court, (2008) 26 BHRC 22.

② *Barreto Leiva v. Venezuela*, Inter-American Court, (2010) 3 Bulletin on Constitutional Case-Law 621.

③ *R v. Hansen*, Supreme Court of New Zealand, [2008] 1 LRC 26, per Elias CJ. See UN document A/4299, s. 56.

④ *R v. Hansen*, Supreme Court of New Zealand, [2008] 1 LRC 26, per Elias CJ.

无罪假定包括三个基本组成部分：举证责任由控方承担；证据标准应排除合理怀疑；证明方法必须符合公正性。① 无罪假定的目的是将无辜者被定罪和监禁的风险最小化。它通过施予控方证明责任——证明所控告的罪行的要素超出了合理怀疑——来实现这一点，从而在法院全面评估在审判过程中提出的证据时，将其出现错误的风险降低到可接受的水平。②

举证责任倒置从表面上看就与无罪假定不相容。尽管《公民及政治权利国际公约》明确准许限制某些权利，诸如思想、信念和宗教自由（第18条）以及表达自由（第19条），并指明了可据以作出此类限制之理由，但是就获得公正审判权以及被假定无罪权而言，则并未规定此类许可。《公民及政治权利国际公约》第14条中没有载列任何可据以考虑作出限制的价值（就如第18条中为保障"公共安全、秩序、卫生或道德或他人之基本权利和自由"所必需的理由），从中可以推断出，作为一项国际义务，这些权利不能受到限制；否则就无法解释为何未做此等载列。③ 举证责任倒置的规定要求被告在平衡各种可能性的基础上证明其无罪——其风险是无辜者可能受到惩罚，以此种方式遭受对其基本权利的不成比例的影响，从而违反了刑事司法制度的一项基本原则。④

2. 法律和事实的制定法假定

在许多法律制度中，对法律或事实作出假定被认为是刑事司法有效运行所必需的。例如，法律可能要求得出对被告不利的结论，直到他证明相反为止。或者在证明某个事实（"基本事实"）时，可能要求得出存在对被告不利的另一个事实（"推定事实"）的结论。给予无罪假定突出地位意味着，这些法律或事实的假定要求它们应被限制在合理且适当的限度之内。⑤ 在任何情况下，

---

① *R v. Oakes*, Supreme Court of Canada, [1987] LRC (Const) 477; *Queen v. Appleby*, Supreme Court of Canada [1972] SCR 303：从更确切的意义上说，无罪假定给予了被告沉默权的初始受益，以及享有任何合理怀疑的终极受益。*Woolmington v. DPP*, House of Lords, United Kingdom, [1935] AC 462：桑吉（Sankey）勋爵对英国普通法的这一规则的表述如下："正像存在着对检方有利的证据一样，也可能存在会对囚犯有利的、对其是否有罪引起怀疑的证据。在任何一种情况中，他都有权享有存疑时对其有利之益。不过，尽管控方有义务证明囚犯有罪，囚犯却并不负有证明其无罪的责任。他对其有罪提出怀疑，就足够了；他没有义务使陪审团相信其清白。"

② *State v. Manamela*, Constitutional Court of South Africa, [2000] 5 LRC 65.

③ *R v. Hansen*, Supreme Court of New Zealand, [2008] 1 LRC 26, per Elias CJ. 但以下案件没有遵循这一逻辑：*Salabiaku v. France*, European Court, (1988) 13 EHRR 379; *R v. Lambert* [2002] 1 LRC 584, *R v. Johnston* [2003] 3 All ER 884; *Sheldrake v. DPP* [2005] 3 LRC 463。

④ *State v. Siongo*, Constitutional Court of South Africa, [2002] 5 LRC 545.

⑤ See *Salabiaku v. France*, European Court, (1988) 13 EHRR 379; *Senis v. France*, European Commission, Application 11423/85, (1989) 59 *Decisions & Reports* 50.

要求被告所做的，都不能超过对其有罪提出合理怀疑。因此，一种减轻控方对于刑事控告的所有要素的部分举证责任，从而在哪怕对被控告者有罪存在合理怀疑之时仍能将其定罪的假定，就违反了无罪假定。

与这些法律或事实的制定法假定相关的判例，并没有提出可用以判定这些假定是否有悖于无罪假定的普遍性程式。英国枢密院评论说，"在如下情况中——应允许偏离控方必须证实被告之有罪超出了合理怀疑这一原则的严格适用明显明智且合理"，就需要在被告与国家的利益之间取得平衡。对于正常原则的偏离越细微，证明某个例外情形正当合理就会越简单。如果控方仍保留证明该罪行之基本要素的责任，那么例外情形就不太可能被认为是不可接受的。在判定基本要素的内容时，相关法律规定的用语将很重要。不过，将起决定性作用的，是设立该罪名的用语的实质和现实，而非其形式。如果该例外情形要求假定某些事项，直到证实相反为止，那么证明这一假定正当合理将很困难，除非可以有相当把握地说，该假定的事实多半有可能产生于作出该假定所依赖的已被证明的事实。①

管理危险物品和监管危险活动往往会施予负责者责任，并继而要求他们证明自己已经履行了职责。这些情况是在公共领域内受到监管法规管理的许可性活动的例证。其他的例证包括与公共文书或许可是否存在或真实相关的假定——对此，实际情况和常识使人相信，考虑到已经减少了的错误风险，要求检方有义务履行其通常举证责任对其将是不成比例的负担。交通法规提供了另一个例证，例如某部法律假定车辆的所有者就是非法停车者的情况。②

加拿大最高法院认为，假定被告精神正常（"在证实相反之前，人人均应被假定为目前和过去均精神正常"）使被告负有一种责任，即对于谋杀将精神失常作为辩护理由，这违反了无罪假定，③ 但却是一个"合理的"限制，"在一个自由和民主的社会中也是明显正当合理的"。拉默（Lamer）法官描述了在这类案件中所遵循的推理：（一）受到质疑的规定的目的必须足够重要，以

---

① *Attorney General v. Lee Kwong-kut*, Privy Council on appeal from the Court of Appeal of Hong Kong, (1993) 1 HKPLR 72.

② *State v. Manamela*, Constitutional Court of South Africa, [2000] 5 LRC 65, at 83.

③ 如果发现被告在犯罪时精神失常，那么他将不会被判定有罪；精神失常的"事实"阻却了有罪判决。无论精神失常的主张是否定性为缺少犯意——一种免责的辩护理由，还是更一般地说，是一种基于无刑事责任能力的豁免，事实仍然是，精神正常对于构罪必不可少。该假定允许控方假定对构罪至关重要的事实，而不是证明其超出合理怀疑。而且，它要求被告在盖然性权衡的基础上，证明精神正常不存在（或者证明精神失常），从而允许定罪，即便在法官心里，对被告有罪之事实存在合理怀疑。在以精神失常辩护的案件中，转移举证责任的原因见 *Bratty v. Attorney General for Northern Ireland* [1961] 3 All ER 523, at 531, per Viscount Kilmuir LC。

至于可取消宪法所保护的权利或自由；在其被定性为足够重要之前，这一目的必须有关一个自由和民主社会中具有紧迫性和实质性的考虑。（二）假设已经确定了足够重要的目标，那么为实现该目标而选择的方式也必须通过比例性检测；也就是说，这些方式必须（甲）与该目标具有"合理联系"，而非任意的、不公正的或者出于荒谬的考虑；（乙）应"尽可能小地"损害有关权利或自由；（丙）做到对权利和自由的限制的影响与其目的成比例。①

南非宪法法院承认，开放和民主的社会允许将举证责任转移给被控告者，但条件是这样做不会不成比例地侵犯沉默权和无罪推定。在本质上，法院必须进行平衡，并在比例性方面做出全面的判断，而不是机械地遵行某个顺序性的检验清单。作为一般性规则，一项措施对权利的影响越大，证明其正当合理的理由就必须越有说服力、越令人信服。说到底，这是一个要在该措施的具体立法和社会架构中评估的度的问题，并合理顾及在该国现实可用的手段，但不得忽视所要保护的终极价值。②

在大多数情况中，存在着可用来推翻推定事实的三种可能方式。第一，被告可能只需要提出合理的怀疑。第二，被告可能负有一种举证责任，举出充分的证据来质疑推定的事实的真实性。第三，被告可能负有一种法定责任或说服责任，证明基于盖然性权衡，推定的事实不存在。如果被告负有一种法定责任，要在盖然性权衡的基础上，证明一项罪行的某一基本要素有误——如此处的第三种路径要求他所做的那样，那么尽管存在着合理怀疑，也仍有可能发生定罪。这种情况产生于：如果被告给出了充分的证据以提出对于其无罪的合理怀疑，但未能让陪审团或者法官相信，基于盖然性权衡，该推定事实是不真实的。③

3. 被告的证明责任

证明责任（evidentiary burden）要求被告举出充分的证据，在某一争论点被判定为案件的事实之一前，就提出这一争论点。如果提出了该争论点，举证责任仍然在于控方。被告只需提出对其有罪的合理怀疑。在以下情况中，被告负有证明责任：（甲）某位电力消费者被控告"在没有合法授权或者理由的情

---

① *Chaulk v. R*, Supreme Court of Canada, [1990] 3 SCR 1303.

② *The State v. Manamela*, Constitutional Court of South Africa, [2000] 5 LRC 65. *Mello v. The State*, Constitutional Court of South Africa, (1998) 2 *Bulletin on Constitutional Case-Law* 311：南非《毒品及毒品贩运法》规定，如果在紧邻某人处发现毒品，则应推定——对此可予辩驳——该人持有这些毒品；这样的规定给被告施加了证明其无罪的反向责任，因此侵犯了在证实有罪之前，应被假定为无罪的权利。

③ *R v. Oakes*, Supreme Court of Canada, [1987] LRC (Const) 477.

况下", 非法获取电力;① (乙) 法律规定, 在对刑事诽谤的诉讼中, 如果被告证明他的指责是真实的, 那么他就不会受到惩罚;② (丙) 据规定, 任何被发现持有被窃物品, 又不能对该持有行为给出令人满意之解释的人, 即犯有盗窃罪;③ (丁) 在雇用过程中, 公职人员出于对任何人表现出偏袒或者恶意的目的, 而做出任何有违或者不符合其职责的行为, 即属违法, 并且经过任何对于该罪行的指控证明, 该公职人员违背了自身的职责, 做出了对任何人有偏袒或者恶意的任何行为, 在这种情况中, "除非证实相反, 否则应当推定"他是出于对某人表现出有偏袒或者恶意的目的——视情况而定——才这样做的;④ (戊) 一旦确定了从事赌博游戏的控告, 被告就需要证明, 基于盖然性权衡, 其所从事的游戏不是以金钱或者利益为目的的。⑤ 如果法律规定, 在某些情况下, 对于超过限速的行为, 即便车辆登记证的持有者自己并未做出此等违法行

---

① *Police* v. *Moorbannoo*, Supreme Court of Mauritius, (1972) *The Mauritius Reports* 22 [Electricity Ordinance, s. 32 (1)]: 如果对于受指控的行为, 他的行为实际上有授权或者有理由——例如, 因为他作为消费者已经为供电付款, 或者他是合法地获得授权免费使用电力的人, 或者由于他的职位允许他以其采取的方式干预电表, 那么他的权利就尤其在其认知之内, 就可正当地要求他对此作出证明。See also *Police* v. *Leonide*, Supreme Court of Mauritius, (1976) *The Mauritius Reports* 250: 在没有合法授权或者合理理由的情况下, 某人在公共场合随身携带攻击性武器, 是违法行为。

② *Lingens and Leitgens* v. *Austria*, European Court, (1981) 4 EHRR 373: 除了有关言论的真实性外, 该违法行为的所有要素, 都应由控方以通常的方式证明。法律旨在强制该言论的提出者事先确信, 所说的内容能够被证明是真实的, 即它施加了一种特别的注意标准。

③ *Osman* v. *Attorney General*, Constitutional Court of South Africa, [1992] 2 LRC 221: 一个人总是能做出选择, 是否为持有某物作出解释。这些用语并未表明, 不能对持有某物给出令人满意的解释, 只能是犯罪行为的一个要素, 而非其他;因此在整个审判过程中, 对于该要素的举证责任在控方, 举证失败的后果取决于控方提出的案件的说服力。如果控方未能履行其义务, 被告就有权被无罪开释。但是, 如果该案件坚实有力, 足以定罪, 而又不存在被告作出的或者对他有利的对抗性证据, 那么就不能接受该被告说, 在这种情况下定罪侵犯了其沉默权。在任何阶段, 举证责任都没有转移, 被告也没有失去无罪假定的保护。

④ *State* v. *Chogugudza*, Supreme Court of Zimbabwe, [1996] 3 LRC 683: 在能够依这一假定证据诉讼之前, 必须排除合理怀疑地确立如下事实前提: (甲) 该被告是公职人员, (乙) 是在其雇用过程中违反其职责, (丙) 他所做之事从客观上考虑, 表现出对另一人的偏袒或者恶意。这就剩下了被告需要排除的表现出偏袒或者恶意之目的的证据。这一要素可被描述为: (甲) 是一种特定的事实 (一种心理状态), (乙) 是他应当知道并易于证明的事项, (丙) 是控方难以证明的事项。该假定并不具有不公平地要求被告否定该罪行的主要部分的效果, 而是控诉所证实的事实已经造成了强烈的嫌疑, 从该事实中可以得出可予允许的推论——主观目的是表现出偏袒或者恶意。被告只是需要透露专属于其认知的某些事务, 即他那样做的原因。

⑤ *Scagell* v. *Attorney General*, Constitutional Court of South Africa, [1997] 4 LRC 98: 只有在检方已经证实存在赌博游戏——以金钱或者任何有价事物为目的而从事之游戏——之后, 被告才负有证明责任。如果某一被告对该游戏是否为了赌金提出合理怀疑, 但没有基于高度盖然性证明不是为了赌注, 那么对于有排除了合理怀疑的证据证明从事了某一赌博游戏的公诉案件, 被告所提出的证据的后果很有可能是被驳回。

为，也可对其处以罚款，这并未违反无罪假定。①

南非的一项法律规定，获取盗赃物——除非在公开拍卖中购买——而又没有合理理由相信处置该物者有权获取，即为违法。南非宪法法院认定："该法律太过宽泛，因为其范围并未限于可以期望出售者保有记录的汽车或者其他商品，而是将其法网扩及从走门串户的小贩处购买家庭必需品的数百万人，他们往往还是穷人和文盲。"② 但是，南非的另一项法律基于被查明持有被合理地怀疑是盗赃物的任何人无法对持有行为给出令人满意的解释，而将这种情况规定为法定罪行，并不侵犯被告不被强迫做出可用来针对他的任何供述的权利。这也没有侵犯被告有权保持沉默以及在被证实有罪之前被假定为无罪的权利。③ 爱尔兰的一项法律允许在被告未给出解释的情况下，由法院对于某些事项——某一可使人入罪的物品、他身上或身边的物体或痕迹，或者他未能对其在某一特定时间出现在某一特定地点作出解释——做出推论，并未侵犯沉默权或者无罪假定的权利。在一起案件中，某一男子被控告在明知是假币的情况下持有它们，法院对此得出的结论是，立法仅规定了可以被举出作为证据的一个因素。如果作出推论，它们也仅仅是补强证据，一个人不能单单因为这种推论就被定罪。④

南非《刑事诉讼法》中有一项规定是，除非被告能使法院信服其未能出庭并非是由于他的过错，否则法院可以对他判处罚金或者监禁，这是一个举证责任倒置的规定。这一规定通过要求被告在盖然性权衡的基础之上证实其无罪，违反了无罪假定，并导致无罪者可能会受到惩罚的风险。⑤

4. 被告的说服责任

一种早期的认识是，说服责任（persuasive burden）要求被告在盖然性权衡的基础上，证明对于判定其有罪或者无罪"至关重要的"事实。⑥ 现今更受青睐的观点是，犯罪行为的要素与该控告的其他方面之间的区别并不重要。真正令人关切的并不是被告必须证明某一要素不成立或者证明豁免理由，而是尽管存在着合理怀疑，被告却有可能被定罪。当这种可能性存在时，就会违反无罪

---

① Decision of the Constitutional Council of France, (1999) 2 *Bulletin on Constitutional Case-Law* 215.
② *The State v. Manamela*, Constitutional Court of South Africa, (2000) 1 *Bulletin on Constitutional Case-Law* 134, per Madala, Sachs and Yocoob JJ.
③ *Osman v. Attorney General of Transvaal*, Constitutional Court of South Africa, (1998) 3 *Bulletin on Constitutional Case-Law* 469.
④ *Rock v. Ireland*, Supreme Court of Ireland, (1998) 2 *Bulletin on Constitutional Case-Law* 252.
⑤ *State v. Singo*, Constitutional Court of South Africa, [2002] 1 LRC 545.
⑥ See, for example, *R v. Oakes*, Supreme Court of Canada, (1987) LRC (Const) 477, at 496.

假定。在将某一要素确切地定性为至关重要的要素时，豁免理由或者辩护不得影响对于无罪假定的验定。有关裁决的规定的最终效力才是决定性的。如果要求被告在盖然性权衡的基础上证明某些事实以避免被定罪，该规定就违背了无罪假定，因为尽管审判者心中对于被告有罪之事实存有合理怀疑，却还允许定罪。①

说服责任通过解除控方的举证责任，并将其转移至被告的方式将其倒置，并因此违反了无罪假定。具有这种性质的、给被告带来法定责任的规定，可能导致某人因未能基于盖然性权衡证明某一事实而被定罪，尽管在法官的心里就其有罪存在着合理怀疑。被认为创设了说服责任——通常但不必然是由"举证责任倒置"条款创设——的情况包括：

（1）可予辩驳的假定，即由被告向治安法官做出并形成书面形式的供述是由该人自愿做出的：供述从定义上来说，是对受控告的罪行的所有要素的承认，是完全承认有罪。在没有其他证据的情况下，该假定在未被推翻的情况下，存在于整个审判期间。因此，可能会发生这样的情况，即在考虑到犯罪本身的旁证的情况下，可能会根据某项可被采信的供述定罪，即便法庭合理地怀疑该供述是否是自由且自愿地做出的。②

（2）南非《毒品和毒品贩运法》中有一项规定是，如果证实被告被发现持有超过115克的大麻，那么"在证实相反之前，应假定该被告经营这些大麻"：115克的数量是一个任意的数字，并且假定被查明持有这一数量大麻的人可能正在经营大麻是不合逻辑的，尤其是考虑到以下事实，即将持有行为入刑更可能促使普通吸食者大量购买，以避免与其购买行为相联系的风险。因此，在证实的事实与假定的事实之间没有逻辑联系。如果存在对被告就是经营者的任何怀疑，那么他在法律上就有存疑时应对其有利的权利。③

---

① *R v. Whyte*, Supreme Court of Canada, (1989) 51 DLR (4th) 481, per Dickson CJ, 这一点被南非宪法法院认可和采用，See *State v. Coetzee* [1997] 2 LRC 593, per Langa J. 。

② *State v. Zuma*, Constitutional Court of South Africa, [1995] 1 LRC 145. 类似的判决见，*State v. Shikunga*, Supreme Court of Namibia, [1988] 2 LRC 82。纳米比亚最高法院首席法官穆罕默德（Mahomed）解释道，在不利于被告的唯一重要证据仅由供述构成的案件中，这一规定起到的作用会是，即便控方不能证明该供述是自由且自愿地作出的，也允许基于该供述定罪。在这种情况下，对被告有罪持合理怀疑的法院应当认定被告有罪，因为他未能在盖然性权衡的基础上履行他所承担的责任。

③ *State v. Bhulwana*, *State v. Gwadiso*, Constitutional Court of South Africa, [1996] 1 LRC 194. See also *State v. Ntsele*, Constitutional Court of South Africa, [1998] 2 LRC 216；*State v. Mello*, Constitutional Court of South Africa, [1999] 1 LRC 215；*R v. Oakes*, Supreme Court of Canada, (1987) LRC (Const) 477：如果某一持有麻醉品的被告未能证实他持有该麻醉品并非出于贩运目的，就假定他犯有贩运的罪行，这施予了该被告在盖然性权衡的基础上证明其持有该麻醉品并非出于贩运目的的法定责任。

（3）南非《武器和弹药法》中有一项规定是，如果证实某违禁品"在任何时候存在于任何场所"，那么"当时在场，或者掌管、现身于或者控制该场所"的任何人，在被证实相反之前，均应被假定已经持有该违禁品：这项规定的效果是，解除了控方对罪行的一项基本要素的举证责任。该假定的适用过于宽泛：在未经要求控方说明被告与违禁品之间或者该被告与该违禁品所处的地点之间的任何关联的情况下，就可以适用；以及其适用针对的是任何在相应时间内掌管或者控制该场所之人，而不论该人与该场所中的被证实存在违禁品的某一特定部分的联系多么微乎其微。①

（4）南非《赌博法》中有一项规定是，在任何场所发现某些用于或者能够用于从事任何赌博的物品，这"应是该场所负责人允许从事赌博的初步证据"：尽管该规定只会引发证明责任，而不会对被告施以举证责任——通过提供足以引起对其有罪产生合理怀疑的证据来履行，但其效果还是太过笼统宽泛。除非能提出合理怀疑，否则掌管某一场所的任何人，均会在诸如在该场合发现了一盒扑克牌的情况中，被假定为允许从事赌博。执行该规定可能导致无辜者在根本不存在表明他们的任何犯罪行为之证据的情况下，被控告犯有一项罪行，并被要求在法庭上拿出证据证明其清白。该类人可能很容易证明其清白，但这并不会使该条款不再严苛。②

（5）南非《刑事诉讼法》中有一项规定是，法人团体中的主管或者雇员对于法人团体所犯的罪行承担罪责，除非经证明，该人未参与该犯罪行为并且无法阻止它：要求受到控告的主管人员证明其并未参与该犯罪行为并且无法阻止其他人这样做，否则即以犯罪论处的事实（即便这表述为例外情形），与关系到犯罪行为的一项基本要素的举证责任倒置的规定具有同样的效果。③

（6）南非有一项法律规定是，任何没有正当理由而从他人处获取盗赃物并持有之人，"应由前述获取者证明"，他相信在该获取行为发生之时，这些物品是它们的提供者的财产，否则即对该行为负有罪责：当该规定适用于这样的人——某一小贩让他将箱子搬运到出租车停靠站——之时，该规定不仅为被告

---

① *State v. Mbatha*, *State v. Prinsloo*, Constitutional Court of South Africa, ［1996］2 LRC 208. 朗加（Langa）法官解释道，虽然消除携带非法枪支是一项紧迫的公众关注事项，需要有力且协调一致的努力，但是这种关注不能导致全盘逮捕这样的人，即在一个以自由和平等为根基的开放、民主社会中，表面上的无罪看来合理或者有道理之人。即便是没有这一假定可能会使有罪之人逃避定罪，也应如此，因为必须将这一因素与以下方面权衡：如果适用该假定，无罪者被定罪的危险；以及无罪者的权利应得到优先考虑。

② *Scagell v. Attorney General*, Constitutional Court of South Africa, ［1997］4 LRC 98.

③ *State v. Coetzee*, Constitutional Court of South Africa, ［1997］2 LRC 593.

施加了在盖然性权衡的基础上证明所必需的犯意的责任，还施加了为证明其主观信念之合理性举出证据的责任。"应由前述获取者证明"这一短语直接牵扯到沉默权以及无罪假定。①

（7）加拿大《刑法》中有一项规定是，"持有任何适合用于入室盗窃之工具的任何人……在合理地推断出该工具已经用于、计划或者曾计划用于入室盗窃的情形下，如果不存在由他证实的合法理由……即犯有一项可诉罪行"：即便"如果不存在由他证实的合法理由"这一说法不构成举证责任倒置条款——原因是它并没有假定该罪行的一项基本要素，它仍要求被告在盖然性权衡的基础上提出某些抗辩证据，并且即使是在存在合理怀疑的情况下，也可能定罪。②

（8）加拿大有一项法律规定是，"在没有相反证据的情况下，证明某人与卖淫者共同生活或者惯常地与卖淫者在一起，或者居住在通常的妓院或者分配的房间中的证据，即可证明该人以卖淫所得利益为生"：在与有工作的、自给自足的并且不依赖或依靠从卖淫中获得的收入的配偶或者同伴的关系中，根本没有什么寄生的问题。身为卖淫者以及卖淫者的配偶都不构成犯罪。某人和妓女住在一起并不能毫不容情地引出这个人以"卖淫所得利益"为生的结论。③

（9）加拿大法律中有一个假定是，"如果证实被告坐在了通常由机动车驾驶员坐的座位上，应视为他已经驾驶和控制了该车辆，除非他能证明，他并未出于启动该车辆的目的而进入或者骑上该车辆"，当这一假定适用于某人时——该人被发现处于一辆汽车的驾驶员座位上、瘫倒在方向盘上，车钥匙在点火开关中，但是发动机并未运转；该人被控告在受到酒精损害时仍然驾驶和控制了车辆：被告不应承担任何证明责任，即便是就特别或者只是属于他的认知之内的事项也是如此。该假定与该犯罪的一项"基本要素"不相关并不重

---

① *State v. Manamela*, Constitutional Court of South Africa, [2000] 5 LRC 65.
② *R v. Holmes*, Supreme Court of Canada, [1988] 1 SCR 914.
③ *R v. Downey and Reynolds*, Supreme Court of Canada (1992) 136 NR 266. 然而，加拿大最高法院中的大多数法官认为，根据《加拿大人自由和权利宪章》第1节，在任何情况下，违反该规定"在自由和民主的社会中都明显是正当合理的"。*X v. United Kingdom*, Application 5124/71, (1972) 42 *Collection of Decisions* 135, 该案中，欧洲人权委员会审查了英国的一项法律——其规定，"与卖淫者共同生活或者在日常生活中与卖淫者在一起的人……除非他证明相反，否则应假定他在明知的情况下，以卖淫者所得为生"。尽管该委员会承认，如果措辞宽泛或不合理，那么该规定可能会与有罪假定具有同样的效果，但是该委员会评论道："在本案中，该法律假定的措辞是限制性的。它要求控方证明，被告'与卖淫者共同生活或者在日常生活中与卖淫者在一起，或者……［他］以其帮助、教唆或者强迫她卖淫的方式，对［她］行动加以影响、指示或者控制'。只有证实了这一点，才能假定他在明知的情况下，以她的所得为生，而且他接下来也有权举证推翻这一假定。该假定既不是不可反驳的，也不是不合理的。在大部分案件中，责成控方获取'以有伤风化的所得为生'的直接证据，会使其任务变得不可能。"

要。无罪假定的真正关切并不是被告是否必须证明某一要素不成立或者证明豁免理由,而是尽管存在着合理怀疑,被告却有可能被定罪。当这种可能性存在时,就会存在对于无罪假定的违反。[①]

(10)加拿大有一项刑事法律规定,如果控方排除合理怀疑地证明,被告故意针对某一特定群体宣扬仇恨言论,而如果被告"能够证明所传播的言论是真实的",他将不负责任:这种将证明该言论真实性的责任置于被告的方式,违反了被告不需要证明辩护理由的基本原则。[②]

(11)毛里求斯有一项法律规定,如果——包括但不限于——某人被发现处于任何土地之内,而不能就其出现在该场所给出令人满意的解释,该人就会被认为是流氓或者是流浪汉:不得允许立法机关制定这样的法律——其效果是,法律并未明示或者通过必要的暗示禁止的某一行为本身是无罪的,但是仅因没有令人满意的解释,该行为就成了违法行为。换言之,这种法律的效果是,被告将承担证明某一无害行为不是不法行为的责任。如果某人有权处于某一场所,而且这是一种除非出于这样或那样的原因他被禁止或不得在该场所出现,否则他就有的权利,那么期望他说明他的权利的根据,或者因为做不到这一点而控告他,就会有违常识。某人可能会基于正当合法的理由而处于某一场所,但是他并不想让人知悉该理由。[③]

5. 符合该假定的待遇

无罪假定意味着按照该项原则被对待的权利。例如,公共机关不得预判某一审判的结果。[④] 如果被告在先前未被依法证实有罪,那么关于他的司法裁判不得反映出他有罪的观点。[⑤] 在一起案件中,一起自诉的刑事诽谤案件因法定时效期限届满而在判决前被终止,但是法院指令被告承担三分之二的法庭费用,理由是如果该诉讼程序没有终止,他本来很有可能被定罪,这违反了无罪

[①] *R v. Whyte*, Supreme Court of Canada, [1988] 2 SCR 3.

[②] *R v. Keegstra*, Supreme Court of Canada, [1991] LRC (Const) 333. See also *R v. Andrews*, Supreme Court of Canada, [1991] LRC (Const) 431.

[③] *Police v. Fra*, Supreme Court of Mauritius, (1975) The Mauritius Reports 157. See also *Lecordier v. Lalane*, Supreme Court of Mauritius, (1979) *The Mauritius Reports* 168; *Police v. Seechurn*, Supreme Court of Mauritius, (1980) *The Mauritius Reports* 248:毛里求斯《消费税法》第32节无效——该节规定,被发现持有任何应缴税消费品(在该案中,为26瓶朗姆酒)之人即属犯罪,除非他可以对其持有作出令人满意的解释。"应缴税消费品"是指应由制造商支付消费税的所有商品,包括软饮料、化妆品、香烟和安全火柴。要求证明一瓶剃须后洗剂、一包香烟或者一升可口可乐的获得方式合法,对于任何人来说都是无法忍受的。

[④] 人权事务委员会第13号一般性意见,第7段。

[⑤] *Barbera, Messegue and Jabardo v. Spain*, European Court, (1988) 11 EHRR 360.

假定。① 同样，在另一起案件中，有关道路交通违法行为的诉讼因时效期满中止，但是法院拒绝下令补偿被告的费用和开支，理由是根据案卷情况，他"本来极有可能被定罪"，这违反了无罪假定。虽然"受到刑事罪行控告"的人在针对他提起的诉讼中止的情况下，没有权利获得费用补偿，并且因此拒绝补偿的行为本身并不违反无罪假定，② 但是，在此前该被告未被依法被证实有罪的情况下，尤其是在他没有机会行使辩护权的情况下，如果与实质性条款不可分割的支撑理由在本质上是判定被告有罪，那么在诉讼终结后，拒绝补偿被告的必要费用和开支的裁定就可能会产生问题。③

无罪假定要求，受到刑事罪行控告的人应按照这一原则被对待。被告在审判期间通常不应被戴上镣铐或关在笼子里，也不能以其他表明他们可能是危险罪犯的方式出现在法庭上。媒体应该避免损害无罪推定的新闻报道。④ 因拒绝保释而导致的超期预防性拘禁影响被假定为无罪的权利，并因此违反《公民及政治权利国际公约》第 14 条第 2 款。⑤ 而且，绝不得将审前拘禁的期限作为有罪或者罪行程度的某种暗示。⑥ 无罪假定不仅保护已经被正式宣布为嫌疑人的人，还保护在刑事诉讼中任何被视为嫌疑人的人。这包括已经对其启动刑事诉讼程序的人，而不论他们是否已经被正式宣布为嫌疑人。⑦ 尚未被提交审判或者定罪的受到行政性拘禁之人，甚至是在打击恐怖主义场所及基础设施的大规模军事行动期间受到拘禁的人，也有权获得至少是最低限度的拘禁标准。这一最低标准来源于人的尊严和无罪假定的理念。⑧

无罪假定不仅可能受到法官或法院的侵害，而且可能受到其他公权机关的侵害——例如，在一个受到刑事罪行控告的人被依法证实有罪之前，某一公职人员的言论表明，这个人是有罪的。在声称某人只是涉嫌犯罪的言论，与在某

---

① *Minelli* v. *Switzerland*, European Commission, (1983) 5 EHRR 554.
② *Leutscher* v. *Netherlands*, European Court, 26 March 1996.
③ *Lutz* v. *Germany*, European Court, (1987) 10 EHRR 182, European Commission, 18 October 1985. See also *Bolkenbockhoff* v. *Germany*, European Court, (1987) 10 EHRR 163.
④ *Kozulin* v. *Belarus*, Human Rights Committee, Communication No. 1773/2008, 21 October 2014. See also *Pustovoit* v. *Ukraine*, Human Rights Committee, Communication No. 1405/2005, 20 March 2014; *Kovaleva* v. *Belarus*, Human Rights Committee, Communication No. 2120/2011, 29 October 2012.
⑤ *Cagas, Butin and Astillero* v. *The Philippines*, Human Rights Committee, Communication No. 788/1997, *Selected Decisions*, Vol. 7, p. 98.
⑥ 人权事务委员会第 32 号一般性意见（2007 年），第 30 段。
⑦ Decision of the Supreme Court of Estonia, 2 December 2002, (2002) 3 *Bulletin on Constitutional Case-Law* 442.
⑧ *Yassin et al* v. *Commander of Kziot Military Camp*, High Court of Justice of Israel, (2002) 3 *Bulletin on Constitutional Case-Law* 469.

人没有被最终定罪的情况下声称该人已经犯下相关罪行的明确宣告之间,必须作出根本性区分。① 在一起案件中,在某人被逮捕后不久,一名在新闻发布会上发言的高级警官就将这个人称作是一起谋杀案的煽动者之一,将其行为称作是"一种明显的有罪宣告"。该警官的做法首先怂恿了公众相信被逮捕者有罪,其次还预断了有权司法机关对事实的判断。因此,这种做法违反了无罪假定。② 表达自由包括接收和传递信息的自由。因此,即便是不能阻止当局向公众通报正在进行的刑事调查,但如果要使无罪假定受到尊重,当局在通报时就必须尽到一切必要的审慎及权衡。

无罪假定仅可适用于刑事犯罪。在一起案件中,破产法规定了对被置于司法监管之下的公司管理者一方的过错推定——方式是要求他们证明,他们已经对管理公司事务投入了一切应有的努力和审慎,否则他们就要对公司的损失承担责任。由此所产生的是,在公司管理者一方未能证明其审慎的情况下,就要假定他们负有责任。该假定与任何刑事罪行控告都无关;这是与个人活动所导致的风险的责任制度有关的一种假定。③ 波兰《银行法》的某些条款规定,银行业监管委员会不得任命已经被提起刑事诉讼或者有关犯罪所得诉讼的人员作为银行管理委员会成员。这与无罪假定并不冲突。④ 拒绝保释⑤或者民事诉讼中的责任认定⑥并不影响无罪假定。

无罪假定要求,刑事责任不得在犯有刑事罪行之人身故后继续存在。⑦ 违反无罪假定——包括禁止自我归罪的权利——而获取的证据不能被采信。⑧

---

① *Ismoilov* v. *Russia*, European Court, 24 April 2008.

② *Allenet de Ribemont* v. *France*, European Court, (1995) 20 EHRR 557; *Gridin* v. *Russian Federation*, Human Rights Committee, Communication No. 770/1997, *Selected Decisions*, Vol. 7, p. 82; Decision of the Constitutional Court of Croatia, 30 June 2011, (2011) 2 *Bulletin on Constitutional Case-Law* 257.

③ *Morael* v. *France*, Human Rights Committee, Communication No. 207/1986, HRC 1989 Report, Annex XX. E.

④ Decision of the Constitutional Tribunal of Poland, 29 January 2002, (2002) 2 *Bulletin on Constitutional Case-Law* 287.

⑤ *Cagas*, *Butin and Astillero* v. *The Philippines*, Human Rights Committee, Communication No. 788/1997.

⑥ *Morael* v. *France*, Human Rights Committee, Communication No. 207/1986, HRC 1989 Report, Annex XX. E; *W. J. H.* v. *The Netherlands*, Human Rights Committee, Communication No. 408/1990; *W. B. E.* v. *The Netherlands*, Human Rights Committee, Communication No. 432/1990.

⑦ *AP*, *MP and TP* v. *Switzerland*, European Court, (1997) 26 EHRR 541.

⑧ *Psyllas* v. *Republic of Cyprus*, Supreme Court of Cyprus, 18 July 2003, (2003) 2 *Bulletin on Constitutional Case-Law* 231. 某人被指控入室行窃。在警方羁押期间,他拒绝提供用于 DNA 指纹分析之目的的血液样本。在同一天,他被带到了审讯办公室,以便被带到法庭。当日,审讯者向来访者提供了饮品,以庆祝其晋升。他也给该被告提供了一份饮品,被告使用吸管喝了它。在被告喝完饮品之后,该审讯者通知他,吸管将被用于 DNA 指纹分析之目的。该审讯者随后警告了这位被告。

（二）"迅即以其通晓之语言，详细告知被控罪名及案由"

"迅即"被告知控告这一权利要求，一旦某人被正式控告犯有刑事罪行，就应立即以规定的方式被告知该信息。可以用口头——如果后来经书面确认——或者书面通知控告来满足《公民及政治权利国际公约》第14条第3款（子）项的具体要求，但告知必须说明控告所依据的法律及声称的一般事实。① 在缺席审判的案件中，《公民及政治权利国际公约》第14条第3款（子）项要求，即便是被告缺席，也应采取一切应有措施，将控告告知被告，并通知他们诉讼情况。② 这不适用于在等待警方调查结果之际被还押的人，但如果在调查过程中，法院或检察官决定对涉嫌犯罪的人采取程序性措施或者公开地指称他涉嫌犯罪，这项权利就将出现。在刑事诉讼过程中，犯罪行为的具体情节起着至关重要的作用，因为从控告被送达的那一刻起，嫌疑人就正式以书面通知形式得知了对他提出的控告的事实和法律依据。必须告知他的，不仅有控告的"原因"，即据称他所实施的、并据以受到控告的行为，而且有对这些行为的法律性质的定性。③ 在审判期间，如果意在判定被告犯有比受控告的罪行更严重的罪行，则必须将新的控告详细告知被告，并为他准备有关此项新控告的辩护提供充分的便利。④ 告知这一信息的目的，在于以一种将使被告得以准备辩护的方式获得通知。

"告知"被告对他提出之控告的性质和原因这一要求意味着，他必须切实收到了相关信息。法律上假定收到是不够的。⑤ 必须以一种被告通晓的语言提

---

① 人权事务委员会第32号一般性意见，第31段。See also *Kelly v. Jamaica*, Human Rights Committee, Communication No. 253/1987, HRC 1991 Report, Annex XI. D; *McLawrence v. Jamaica*, Human Rights Committee, Communication No. 702/1996, HRC 1997 Report, Annex VI. V：依据《公民及政治权利国际公约》第14条第3款（子）项的告知被告的义务，比依据《公民及政治权利国际公约》第9条第2款的告知被逮捕者的义务更为明确。*Maharaj v. Attorney General for Trinidad and Tobago* [1977] 1 All ER 411：就藐视法庭程序而言，法官必须指明该人所被指控的藐视的具体性质。未能这样做，就会使因藐视而为的收监无效。

② *Mbenge v. Zaire*, Human Rights Committee, Communication No. 16/1977.

③ *Pelissier and Sassi v. France*, European Court, (1999) 30 EHRR 715; *Director of Public Prosecutions v. Bholah*, Privy Council on appeal from the Supreme Court of Mauritius, [2012] 4 LRC 375：根据《经济犯罪和反洗钱法》定罪，并不需要具体犯罪行为的证据。无须查实并证明上游犯罪，并不是解决洗钱犯罪可能出现的证据问题的异常途径。证明财产来源于上游犯罪就足够了，而无须准确地证明是哪种罪行。某一特定的上游犯罪的证据，并不是洗钱犯罪的必不可少的"要素"。

④ Decision of the Supreme Court of Finland, 2 June 1992, (1992) 1-95 *Decisions of the Supreme Court* 343-6.

⑤ *C v. Italy*, European Commission, Application 10889/84, (1988) 56 *Decisions & Reports* 40. See also *Mbenge v. Zaire*, Human Rights Committee, Communication No. 16/1977, HRC 1983 Report, Annex X.

供该信息，并且要切实传达给他。① 法院未能在公开法庭上向被告宣读控告、让人以他通晓的语言将控告翻译给他并给予他对控告做出答辩的机会，这会导致嗣后的定罪无效。这一结论的基本原理是，只有一个人以一种他通晓的语言获得了有关控告的充分信息，才可以期待他有效地为自己辩护。任何其他认识都会"给正义感带来危险"。②

被告有权被告知对他提出的控告的性质和原因是一项最低限度的要求。在根据起诉进行审判的刑事案件中，被告在审判开始之前，就有权获得所有控方证人和资料的清单、由这些证人以及由被告向调查人员作出的将会作为证据提出的所有陈述的副本、控方所依据的资料的副本。③ 为了为审判做准备，被告要求获得警方案卷中将要被传唤的以及将不会被传唤的证人的证言，通常是合理的。提供证人证言的摘要是为了防止被告以证人陈述的形式看到影响他的信息，并使他相信检方能够忠实准确地传达证言中所有关键和重要的内容。对于被告有权获得的信息而言，这是一种不能令人满意的替代。④

（三）"有充分时间及便利准备其辩护*的权利"

这一要求适用于任何司法诉讼的所有阶段。这是保障公正审判以及适用诉讼双方平等原则的一个重要因素。⑤

---

① *Brozicek v. Italy*, European Court, (1989) 12 EHRR 371. 该案中，一个既非意大利血统，也未在意大利定居之人在意大利被送达了"指控"。他以明确的方式告知有关司法当局，因为他缺乏对意大利语的了解，他难以理解他们的来文内容，并要求它们以他的母语或者联合国的官方语言之一向他送交来文。司法当局应采取措施满足他的要求，除非它们能够证明，他实际上充分了解意大利语，能够理解通知他对他提起的指控的来文的意图。

② *Mmatli v. State*, Court of Appeal, Botswana, [2000] 5 LRC 15. 在受到刑事罪行指控的许多人都是文盲，无法请得起法律代表，也没有能力理解刑法的国家里，这尤为适用。

③ *The Queen v. Liyanage*, Supreme Court of Ceylon, (1963) 65 NLR 337. See also *Macauley v. Attorney-General*, Supreme Court of Sierra Leone, [1968 – 9] ALR SL 58. 关于治安法庭的审判摘要，见，*Vincent v. R*, Privy Council on appeal from the Court of Appeal of Jamaica, [1993] 2 LRC 725：如果不存在致使披露某一陈述不合时宜的任何情形，例如保护证人的需要，那么为了司法之利益，披露该陈述是更可取的。

④ *Nortje v. Attorney General of the Cape*, Supreme Court of South Africa, [1995] 2 LRC 403. See also *State v. Nasser*, High Court of Namibia, [1994] 3 LRC 295；*Phato v. Attorney General*, Supreme Court of South Africa, [1994] 3 LRC 506；*State v. Sefadi*, Supreme Court of South Africa, [1994] 3 LRC 277：公正审判就其本质要求各方参与者之间平等，而只服从于刑法学的两个最高原则——无罪假定以及超出合理怀疑地证实被告有罪。当参与者中只有一方获得了由警方从潜在的证人处获得的陈述记录时，此较量就既不会是公平的，也不会是公正的。

* 英文用词为 "defence"，《公民及政治权利国际公约》作准中文本第 14 条第 1 款中与之对应的用词为"答辩"。由于中文法律语言中以"辩护"指刑事案件中被告的答辩，因此本中译本一律使用"辩护"作为"defence"的对应用词，即使在引用《公民及政治权利国际公约》约文时亦然。

⑤ *Smith v. Jamaica*, Human Rights Committee, Communication No. 282/1988；*Sawyers, Mclean and Mclean v. Jamaica*, Human Rights Committee, Communications Nos. 226/1987 and 256/1987.

"准备"辩护——必须为此提供充分时间及便利——意味着有必要在实际审判之前采取某些措施。便利则必须包括被告取得为准备辩护所需的文件及其他证据,以及有机会聘雇和联络辩护律师。① 这包括免费获得刑事案卷中的重要文件。② 辩方有机会自身熟悉拟对被告提出的证明文件,是至关重要的。在被告贫困的案件中,可能只有在审前和审判阶段提供免费的译员,才能确保其与辩护律师的联络。然而,这并不要求不通晓法庭所用语言的被告有权要求刑事调查中的所有相关文件都附有译文——但是其辩护律师要能够获得这些相关文件。③

为判断何为"充分时间",需要评估每个案件的各自情况。④ 在一起案件中,一位被告在审判前与辩护律师的商讨时间不超过半小时,在审判期间的商讨时间也大致如此,就没有满足这一要求。⑤ 在另一起案件中,在陪审团成立之后,被指定的律师只有四个小时寻找助手并与被告联络,也没有满足这一要求。⑥ 法院未能准予辩护律师足够的最低时限准备对证人的询问,违反了《公民及政治权利国际公约》第 14 条第 3 款(丑)项。⑦ 如果辩护律师有合理理由认为准备辩护的时间不充足,则要由他们来申请审判延期。⑧ 国家对辩护律

---

① 人权事务委员会第 13 号一般性意见,第 9 段。See also *Can v. Austria*, European Commission,(1984)7 EHRR 421.

② Decision of the Constitutional Court of Hungary, 28 April 2005,(2005)1 *Bulletin on Constitutional Case-Law* 63.

③ *Harward v. Norway*, Human Rights Committee, Communication No. 451/1991, HRC 1994 Report, Annex Ⅸ. X; *Hill v. Spain*, Human Rights Committee, Communication No. 526/1993, HRC 1997 Report, Annex Ⅵ. B.

④ 人权事务委员会第 13 号一般性意见,第 9 段。See also *Kelly v. Jamaica*, Human Rights Committee, Communication No. 253/1987, HRC 1991 Report, Annex Ⅺ. D; *Sawyers v. Jamaica*, Human Rights Committee, Communication No. 226/1987, HRC 1991 Report, Annex Ⅺ. B.

⑤ *Little v. Jamaica*, Human Rights Committee, Communication No. 283/1988, HRC 1992 Report, Annex Ⅸ. J; *Simmonds, Gentles and Kerr v. Jamaica*, Human Rights Committee, Communication No. 352/1989, HRC 1994 Report, Annex Ⅸ. G. 参见,*Thomas v. Jamaica*, Human Rights Committee, Communication No. 272/1988, HRC 1992 Report, Annex Ⅸ. G:在受审的第一天进行了商讨,但是没有证据表明,法院在实际上拒绝给予辩护律师充分的时间为辩护做准备。*Wright v. Jamaica*, Human Rights Committee, Communication No. 349/1989, HRC 1992 Report, Annex Ⅸ. O:在受审的早上才给辩护律师指示,但是准备不充分不能归咎于司法机关,因为并没有人申请延期。*Douglas v. Jamaica*, Human Rights Committee, Communication No. 352/1989, HRC 1994 Report, Annex Ⅸ. G:首席辩护律师、初级辩护律师以及被告都没有向主审法官控诉,准备辩护的时间或者便利不充分。

⑥ *Smith v. Jamaica*, Human Rights Committee, Communication No. 282/1988, 31 March 1993.

⑦ *Reid v. Jamaica*, Human Rights Committee, Communication No. 250/1987, HRC 1990 Report, Annex Ⅸ. J.

⑧ *Morais v. Angola*, Human Rights Committee, Communication No. 1128/2002; *Wright v. Jamaica*, Human Rights Committee, Communications No. 349/1989, *Thomas v. Jamaica*, Human Rights Committee No. 272/1988; *Henry v. Jamaica*, Human Rights Committee, Communication No. 230/87; *Sawyers, Mclean and Mclean v. Jamaica*, Human Rights Committee, Communications Nos. 226/1987 and 256/1987.

师的行为不负责任，除非在法官明显看来，或者本应看来，律师的行为与司法利益不相容。① 对于合理的延期申请，应予批准，尤其是在被控告者受到严重刑事罪行控告且需要额外的时间准备辩护的案件中。②

为被告准备其辩护而需给予的"便利"包括：（甲）诸如笔、纸、电脑和书籍等实物；（乙）获取控方的案卷、所进行的调查的结果以及为控告收集的相关材料，除非该披露会违反公共利益或者为法律所禁止；（丙）在被告受到羁押的情况中，使被告得以充分地为受审做准备的拘禁条件，但此类便利不包括提供由国家资助的专家服务。③ 获取文件和其他证据必须包括控方计划在法庭上提出的针对被告或者辩明其无罪的所有材料。无罪的材料应被理解为不仅包括证实无罪的材料，而且包括可能有助于辩护的其他证据（例如，表明供述并非自愿做出的迹象）。如果有申诉称，证据之获取违反了《公民及政治权利国际公约》第7条，那么就必须提供有关获得该证据之具体情况的信息，以便评估此项申诉。如果被告不会说诉讼中使用的语言，但是其代理辩护律师熟悉该语言，那么将案件档案中的相关文件提供给辩护律师也足以符合要求。④

（四）"与其选任之辩护人联络的权利"

被告有权联络他的辩护人，联络条件应充分尊重他们的联络的保密性。律师应能够根据他们既定的职业标准和判断为其客户提供咨询与代理，而不受来自任何方面的任何限制、影响、压力或者不当干涉。⑤ 将辩护律师与被告之间的联络置于法院的监管之下，在原则上与获得律师有效帮助的权利不相容。⑥ 私密是及时聘雇并托付律师之权利的一个组成要素。这一要素是该权利的本质之所在，因此在未获得私密——不论是否对此提出申请——的情况中，所谓的准予聘雇并托付律师的权利就仅仅等于准予参加某个谈话的许可，其性质不及聘雇并托付律师之权利的行使。⑦ 同样，在一起案件中，一名被拘禁者申请行使与其辩护人私下交谈的权利，而一位警官坚持置身于能够听到他们之间对话

---

① *Marques de Morais* v. *Angola*, Human Rights Committee, Communication No. 1128/2002.
② *Chan* v. *Guyana*, Human Rights Committee, Communications No. 913/2000; *Phillip* v. *Trinidad and Tobago*, Human Rights Committee, Communication No. 594/1992.
③ *Attorney General* v. *Gibson*, Caribbean Court of Justice, [2010] 5 LRC 486. 但是见，*Attorney General* v. *Gibson*, Court of Appeal of Barbados, [2010] 4 LRC 445：提供专家证人属于为辩护提供的"便利"。
④ *Harward* v. *Norway*, Human Rights Committee, Communication No. 451/1991.
⑤ 人权事务委员会第13号一般性意见，第9段。See also *Ministry of Transport* v. *Noort*, Court of Appeal, New Zealand, [1992] 3 WLR 260; *Robertson* v. *R*, Court of Appeal, New Zealand, [1997] 3 CLR 327.
⑥ *Can* v. *Austria*, European Commission, (1984) 7 EHRR 421.
⑦ *R* v. *Makismchuk*, Manitoba Court of Appeal, Canada, [1974] 2 WWR 668.

的地方，此时该被拘禁者的权利就被剥夺了。① 在另一起案件中，一位警察留在走廊中，在8—10英尺的距离之外观察着被告，此时警察没有听到任何对话内容的事实无关紧要，因为他已经置身于能够听到该对话的地方。保有私密的程度将因情况而异，但是在任何情况下，在被告向辩护人作完全披露时，给予他的私密必须足以使其能够自由地、放心地与辩护人联络。② 然而，在这种语境下的私密并不要求被告应当独处且处于警方的视线之外。③

即便是在警方对犯罪行为的初步调查阶段，与律师联络的权利也适用。④ 在嫌疑人被逮捕时，以在该阶段会见律师可能会阻碍调查为由，未给予他托付并咨询律师的机会，是对这一权利的侵犯。⑤ 在该阶段获得的证据决定了在审判时审查受到控告的罪行所依据的框架。在诉讼的这个阶段，被告通常会发现自己处于特别脆弱的状态，因为刑事诉讼立法——尤其是规范证据收集和使用的规则——日益趋于复杂，这种后果会被放大。在大多数案件中，这种特别脆弱的状态只能通过律师的帮助而适当地得到补偿，因为其承担的多项任务之一就是帮助确保被告不自我归罪的权利受到尊重。事实上，这一权利的前提是：刑事案件中的控方，在不诉诸通过违背被告的意愿、以胁迫或压制方式获取的证据的情况下，寻求证明其针对被告的案件。在早期接触律师是程序保障的一部分，法院在审查某一程序是否已经剥夺了不得自我归罪之权利的本质时，应

---

① *R v. Balkan*, Alberta Court of Appeal, Canada, [1973] 6 WWR 617.

② *R v. Straightnose*, Saskatchewan District Court, Canada, [1974] 2 WWR 662. See also *R v. Penner*, Manitoba Court of Appeal, Canada, [1973] 6 WWR 94; *R v. Irwin*, Manitoba Court of Appeal, Canada, [1974] 5 WWR 744; *R v. McGuirk*, Prince Edward Island Supreme Court, Canada, (1976) 24 CCC (2nd) 386.

③ *R v. Paterson*, Ontario High Court of Justice, Canada, (1978) 39 CCC (2nd) 355.

④ *Murray v. United Kingdom*, European Court, (1996) 22 EHRR 29：在警方拘禁的前48小时内限制接触律师的权利——依据是警方有合理理由相信，行使会见权尤其会妨碍收集有关恐怖主义犯罪行为的信息，或者使预防此类行为变得更难——违反了与《欧洲人权公约》第6条第3款（c）项相联系的第6条第1款。See also *Imbrioscia v. Switzerland*, European Court, (1993) 17 EHRR 441; *De Voituret v. Uruguay*, Human Rights Committee, Communication No. 109/1981, HRC 1984 Report, Annex X：许可某位待审囚犯只能借助监狱的电话、透过玻璃墙与她的律师交谈，同时守卫还站在他们身边，这违反了《公民及政治权利国际公约》第14条第3款（丑）项。*Kelly v. Jamaica*, Human Rights Committee, Communication No. 537/1993, HRC 1996 Report, Annex Ⅷ. O：在受警方拘禁期间，不允许某人与其律师交谈长达5天，违反了《公民及政治权利国际公约》第14条第3款（丑）项。

⑤ *Thornhill v. Attorney-General of Trinidad and Tobago* (1974) 27 WIR 281. 参见，Decision of the Constitutional Court of Lithuania, 18 November 1994, *Valstybes Zinios*, 91-1789 of 25 November 1994：仅在某些案件中——出现怀疑被告与其律师的会见将会对该案的彻底、公正调查有不利影响的时候，才可以限制该会见的保密性。See also *Khomidova v. Tajikistan*, Human Rights Committee, Communication No. 1117/2002; *Siragev v. Uzbekistan*, Human Rights Committee, Communication No. 907/2000; *Gridin v. Russian Federation*, Human Rights Committee, Communication No. 770/1997.

特别注意这一情况。因此，除非依据特定案件的具体情况，表明有紧迫理由限制这一权利，否则应当从警方首次审讯嫌疑人时起，即应使其能接触律师。即便是紧迫理由可能会例外地使拒绝接触律师正当合理，此时这种限制——不论其多么正当合理——也不得过分地损害被告的权利。原则上，在警方讯问期间、在未接触律师的情况下作出的入罪陈述若被用于定罪，则辩护权将无可挽回地受到损害。①

在某些情况中，如果未将联络法律顾问的权利告知某人，那么该权利可能就没有多少价值。许多人可能对他们拥有这一宪法权利的事实一无所知，或者即便是知道，也有可能在他们被逮捕的情况中因为太迷茫而无法想到这一点。因此，警方有责任确保被逮捕者以一种他懂得的方式被告知这一权利。他可能是文盲、耳聋或不懂某种语言。因此，仅仅在警察局出示通知书，就其本身而言，不足以传达必要的信息。② 某位被拘禁者在被逮捕后，被与外界隔绝地拘禁了数周，这使他在关键阶段丧失了与他自己选的辩护人联络的可能性，并因此丧失了为其辩护做准备的最重要便利中的一项。③ 在初步调查的开始阶段，必须给予还押因犯与其辩护律师私下联络的权利。在诉讼程序的这一阶段，辩护律师的职能包括控制在调查过程中采取的任何措施的合法性；在仍然有可能通过记忆还清晰的证人追踪新的相关事实之际，确定并提出证据；在提出与其拘禁的正当性、期限和条件相关的任何申诉时，向已经不再处于正常境遇的被告提供帮助。④

职业保密的概念包含两个组成部分。第一个部分，是承认对于在律师—委托人关系中产生的信息的保密义务。这施予律师一种审慎义务，并产生了一种律师为其委托人保持沉默的相关联权利。这种保密义务接着引起了免受披露，这为委托人提供了信息不被披露的保护——仅在有限情况中例外，尤其是在司法程序中。就第三方而言，职业保密包括保护信息内容免受强制披露——即便是在司法程序中，但要以其他法律规则或者原则为限。在判定该义务涵盖什么样的信息时，不仅应当考虑职业保密所具有的社会重要性——就其在维护正常运作的司法制度以及维护法治方面的作用而言，而且要考虑法律职业不断变化的性质：在这一职业中，越来越多地需要律师在远远超出了他们的传统执业范

---

① *Salduz v. Turkey*, European Court, 27 November 2008.
② *Whiteman v. Attorney-General of Trinidad and Tobago*; [1991] LRC (Const) 536.
③ *Caldas v. Uruguay*, Human Rights Committee, Communication No. 43/1979, HRC 1983 Report, Annex XVIII.
④ *Can v. Austria*, European Commission, (1984) 7 EHRR 421.

围的领域内提供服务。职业保密尽管很重要，但它也有限度。因此，并非律师与委托人之间关系的每一方面都必然是保密的。其他价值的迫切性以及对于相互冲突的利益的关切，都可能在某些时候使得披露保密信息有必要。当职业关系产生于某个复杂的、长期的授权时，保密义务的适用范围的有限性可能要求法院仔细审视当事人之间的关系，包括所提供的职业服务的性质和背景。①

国家没有义务保护嫌疑人，使其免于陈述；事实上，国家可以利用合法的说服手段，鼓励嫌疑人陈述。但是，国家有义务允许嫌疑人在知情的情况下，自行选择是否向当局交代。为了帮助做出这一选择，应给予嫌疑人获得辩护人的权利。②

（五）"立即受审，不得无故拖延*的权利"

受审不得无故拖延的权利，是指在没有无故拖延的情况下，获得能够产生最终的判决和刑罚（如果确实判刑）的审判的权利。③ 因此，这项保障不仅关系到何时审理应该开始，也关系到何时审理应当结束审讯和作出判决。它还包括对于定罪和刑罚获得不被无故拖延的复审的权利。为了使该项权利有效，无论是在初审还是在上诉时，都必须有一项程序以确保审判之进行"不被无故拖延"。④ 这

---

① *Foster Wheeler Power Co Ltd v. Societe intermunicipale de gestion et d'elimination des dechts (SIGED) Inc*, Supreme Court of Canada, [2005] 1 LRC 166.

② *R. v. Hebert*, Supreme Court of Canada, [1990] 2 SCR 151, per McLachlin J.

* 英文用词为"delay"，《公民及政治权利国际公约》作准中文本第14条第1款中与之对应的用词为"稽误"。由于"稽误"一词较为生僻，因此本中译本一律使用"拖延"作为"delay"的对应用词，即使在引用《公民及政治权利国际公约》约文时亦然。

③ see *R v. MacDougall*, Supreme Court of Canada, [2000] 1 LRC 390, *R v. Gallant*, Supreme Court of Canada, [2000] 1 LRC 412：在合理时间内受审的权利包括在合理时间内被量刑的权利。

④ 人权事务委员会第13号一般性意见, 第10段。有关"无故拖延"的判决见, *Fillastre v. Bolivia*, Human Rights Committee, Communication No. 336/1988, HRC 1992 Report, Annex Ⅸ. N：在起诉后, 4年仍未完成审判。*State v. Borarae et al*, National Court of Justice of Papua New Guinea, [1984] PNGLR 99：在逮捕与开始受审之间, 间隔11个月。*Seerattan v. Trinidad and Tobago*, Human Rights Committee, Communication No. 434/1990, HRC 1996 Report, Annex Ⅷ. D：在逮捕与受审之间, 间隔3年。*Shalto v. Trinidad and Tobago*, Human Rights Committee, Communication No. 447/1991, HRC 1995 Report, Annex Ⅹ. C：在上诉法院作出判决与再审开始之间, 间隔4年。*Barroso v. Panama*, Human Rights Committee, Communication No. 473/1991, HRC 1995 Report, Annex Ⅹ. F：在起诉和受审之间, 间隔3年半。*Johnson v. Jamaica*, Human Rights Committee, Communication No. 588/1994, HRC 1996 Report, Annex Ⅷ. W：审理某一死刑案的上诉用了4年零3个月。*Yasseen and Thomas v. Guyana*, Human Rights Committee, Communication No. 676/1996, HRC 1998 Report, Annex Ⅺ. R：下令再审与再审得出结论之间拖延了2年。*Henry and Douglas v. Jamaica*, Human Rights Committee, Communication No. 571/1994, HRC 1996 Report, Annex Ⅷ. U：在逮捕与受审开始之间, 间隔了30个月。参见, *Kelly v. Jamaica*, Human Rights Committee, Communication No. 253/1987, HRC 1991 Report, Annex Ⅺ. D：在逮捕与受审开始之间间隔了1年并不是"无故拖延"，因为并未表明, 审前调查本应更早地结束或者被告就此曾向当局申诉。

项权利并不取决于被告申请其应该得到遵守。① "拖延"不是简单地意味着时间的流逝,而是意味着在具体情况下,一种比本应消耗的时间更久的时间流逝。② 政府的行政部门负有划拨充足资源的宪法义务,以确保这种保障具有真实性,而不仅仅是象征意义。③ 人员配备不足或者一般性的工作积压不足以成为无故拖延的正当理由。④

这一权利的目的是将未决的刑事控告对被告的负面影响最小化。因此,该权利承认,随着时间的推移,未决的刑事控告会给被告带来自由受限、不便、社会诟病以及有害身心健康的压力。等待审讯的时间对于被告及其直系亲属来说是折磨人的经历;对于受到犯罪控告的无辜者而言,没有什么比剥夺他证明无罪的机会——原因是拖延将他交付审判而导致的不合理的时间超期——更让他灰心丧气了。无故拖延也有可能损害个人对控告作出充分的、公正的辩护的能力。⑤ 不存在无故拖延的审判也具有一种内在价值。被告如果无罪,就应在其社会和家庭关系遭受最小程度干扰的情况下被开释;如果有罪,则应在不被无故拖延的情况下被定罪和处以适当的刑罚。在确定犯罪者都迅速地受到审判、得到公平公正处理一事上,社会有一种共同的利益。⑥

---

① *Pratt and Morgan* v. *Jamaica*, Human Rights Committee, Communication No. 210/1986, HRC 1989 Report, Annex X. F.

② *Thornhill* v. *Attorney-General*, Court of Appeal of Trinidad and Tobago, (1976) 31 WIR 498. See also *Bell* v. *Director of Public Prosecutions*, Privy Council on appeal from the Court of Appeal of Jamaica, (1985) 32 WIR 317:在再审的案件中,拖延应当从责任人本应当确保再审令在并无可避免之拖延的条件下得到遵守之时——下令再审之日——起计算。被告并没有给出因拖延而导致的具体损害的证据的事实,不意味着损害的可能性就应当被完全无视。

③ *Attorney General* v. *Gibson*, Caribbean Court of Justice, [2010] 5 LRC 486.

④ *Ashby* v. *Trinidad and Tobago*, Human Rights Committee, Communication No. 580/1994, Selected Decisions, Vol. 7, p. 29.

⑤ *Re Mlambo*, Supreme Court of Zimbabwe, [1993] 2 LRC 28, per Gubbay CJ.

⑥ *R* v. *Askov*, Supreme Court of Canada, [1990] 2 SCR 119. 科里(Cory)法官解释道,这一社会利益尽管不是该权利的对象,但却是其后果。"毫无疑问,记忆会随着时间逐渐消退。对于在不久前刚刚发生的事件,相比于发生在受审之前许多个月甚至是许多年的事件,作证的证人可能会更可靠。随着时间的推移,不仅是证人的记忆会消退,证人自身也一定会减少。证人是人;因为他们的雇主,他们会搬出这个国家;或者出于与家庭或工作有关的原因,他们会从东海岸迁徙到西海岸;他们会生病因而无法在法庭上作证;他们会发生身体衰弱的意外;他们会死亡,他们的证据会随之永远消失。证人也关心他们的证据能被尽快取得。作证通常被认为是一种折磨。这是会使证人的内心载有重负,并且在他们结束作证之前,是他们的焦虑以及沮丧的根源。"他补充道,尽管受害者可能会被犯罪行为大大侵害,"但是可以合理地说,所有的犯罪都扰乱了社会,严重的犯罪还会使社会恐慌。因此,所有社会成员都有权看到司法制度公正、有效地运行,并合理地分派。在进行审理之前,由犯罪行为所自然引起的社会的合理关注和恐慌不会得以平息。审判不仅是解决个人的罪与非罪,而且是对社会重申,严重的罪行已被调查,涉案者已被交付审判并被依法处置。"*Attorney General* v. *Gibson*, Caribbean Court of Justice, [2010] 5 LRC 486:基于长期保释而被释放的被告,如果受到了基于长期保释而被释放的处理,那么该被告就有机会犯下其他罪行。被告待审前的自由越久,从保释中脱逃并避免受审的机会就会变得越有诱惑力。而无罪的被告则被剥夺了在早期就洗刷其名声的机会,并面临着遭受刑事诉讼所伴随的污名、失去隐私、焦虑和压力。面临着被定罪及惩罚的被告也会受损——尽管程度会轻一些,因为他不得不经受长期拖延的额外创伤,以及其可能对他的健康和家庭生活所产生的种种影响。

在判断是否存在无故拖延时,所要考虑的时间范围开始于个某人受到控告之时。这可能发生于案件被提交给初审法院的日期之前,例如逮捕之日、该个人被正式通知他将被起诉之日或者初步调查开始之日。在这种语境中,"控告"可以被定义为"主管当局给予某人的有关指控其犯下某一刑事罪行的正式通知"。在某些情况中,这种通知的形式可能是其他措施,这些措施也含有控告并且同样会实质性地影响嫌疑人的处境。① 因此,在某些情况中,考虑即便是被告被逮捕前的某段时间,例如在因撤回起诉而终止的夭折诉讼的情况中,可能也是适当的。② 撤回控告并不会妨碍该时间范围。③ 因此,检方不能通过诉诸这样的便宜之计而使时间就此停止,即在法庭抗辩前撤回控告,然后在能够开始审讯之时,再次提起同一控告或者基于相同信息的控告。

判断某一被告是否不被无故拖延地受审,应该考虑哪些因素?不同的司法制度采用了不同的检验方法。拖延的时间长度是"触发机制",是作进一步调查的门槛要求。欧洲人权法院通过考虑案件的复杂性、被告的行为以及行政和司法当局处理此事的方式,来判断刑事诉讼的时间长度的"合理性"。④ 美洲人权法院也采用了同样的检验方法。⑤ 美国最高法院通过评估检控方给出的拖延原因、被告主张其权利的方式以及给被告造成的损害,来判断被告获得"快速的和公开的审判"的宪法权利是否被剥夺。⑥ 加拿

---

① *Eckle v. Germany*, European Court, (1982) 5 EHRR 1; *Foti v. Italy*, European Court, (1983) 5 EHRR 313; *Corigliano v. Italy*, European Court, (1982) 5 EHRR 334; *Imbriosica v. Switzerland*, European Court, (1993) 17 EHRR 441; *Director of Public Prosecutions v. Feurtedo* (1979) 30 WIR 206; *Re Mlambo*, Supreme Court of Zimbabwe, [1993] 2 LRC 28, 首席法官古贝(Gubbay)称:"逮捕不应是调查程序。相反,它们是通往法庭的工具,与签发、送达载有被告被控诉犯下的罪行的传票属于同一种类。" *United States v. Marion*, United States Supreme Court, 404 US 307 (1971),怀特(White)法官称:"就合法的逮捕和拘禁而言,政府必须给出相信被告已犯下某一罪行的合适理由。逮捕是一种可能会严重侵扰被告自由——不论其是否是因为保释而自由——的公共行为,还有可能会扰乱他的工作,消耗他的财力,限制他的联络,使他受到公开谴责,并给他、他的家人和朋友造成焦虑。"

② *Mungroo v. R*, Privy Council on appeal from the Supreme Court of Mauritius, [1992] LRC (Const) 591. Cf. *R v. Kalanj*, Supreme Court of Canada, [1989] 1 SCR 1594.

③ *Re Mlambo*, Supreme Court of Zimbabwe, [1993] 2 LRC 28. See also *Klopfer v. North Carolina*, United States Supreme Court, 386 US 213 (1967).

④ *König v. Germany* (*No.* 2), European Court, (1980) 2 EHRR 170; *Milasi v. Italy*, European Court, (1987) 10 EHRR 333; *Vernillo v. France*, European Court, (1991) 13 EHRR 880; *Mitap and Muftuoglu v. Turkey*, European Court, (1996) 22 EHRR 209; *Philis v. Greece* (*No.* 2), European Court, (1997) 25 EHRR 417; Decision of the Constitutional Court of the Czech Republic, 25 October 1995, (1995) 3 *Bulletin on Constitutional Case-Law* 345–6.

⑤ *Genie Layaco Case*, Inter-American Court, 29 January 1997.

⑥ *Barker v. Wingo*, United States Supreme Court, 407 US 514 (1972). 在以下两起案件中,适用了这三个因素: *R v. Cameron*, Alberta Queen's Bench Court, Canada, [1982] 6 WWR 270; *Bell v. DPP*, Privy Council on appeal from the Court of Appeal of Jamaica, (1985) 32 WIR 317.

大最高法院批评了美国的做法，认为其结果只会使"最严重的拖延"受到禁止。①

对于为了判断被告的宪法保障是否受到了侵害，他所受到的损害是否是相关因素，加拿大的某些法官也拿不准。② 他们拒绝采用"数学化的或者行政化的程式"，而更倾向于做出一种司法判断，其中权衡这一权利旨在保护的利益，使其免遭必然会导致拖延或者以其他方式引起拖延的因素之害。③ 因此，在判断多久才算过久的过程中，加拿大最高法院考虑了（一）拖延的原因，包括（甲）在假定有充分的制度资源可用的情况下，案件的内在时间要求，即处理某起案件通常所需的时间，（乙）被告的行为，（丙）控方的行为，（丁）制度资源所受到的限制④以及（戊）拖延的其他原因；⑤（二）被告不论是通过协议还是其他行为，是否全部地或部分地放弃了对于拖延提出申诉的权利。对被告造成的损害，可以从拖延的时间长度推断。该法院强调，这种分析不得以机械的方式进行。上述考虑因素并不是一成不变、僵化刻板的，也不是详尽无遗的。在每起案件中，所考虑的终极问题是整个拖延的合理性，而合理性是"一个无法在司法上精准、确定地加以定义的捉摸不定的概念"。⑥

为了判断拖延是否构成侵犯不得无故拖延地受审的权利，有三个因素需要

---

① *R* v. *Morin*, Supreme Court of Canada, (1992) 134 NR 321.
② *R* v. *Conway*, Supreme Court of Canada, [1989] 1 SCR 1659, 参见该案中拉莫（Lamer）法官的观点。*R* v. *Rahey*, Supreme Court of Canada, [1987] 1 SCR 588, 参见该案中威尔逊（Wilson）法官的观点。
③ *R* v. *Morin*, Supreme Court of Canada, (1992) 134 NR 321.
④ 必须根据政府有提供足够资源防止无故拖延的宪法义务——其不同于与司法工作争夺资金的许多其他义务——的事实，来评估给予资源限制的考虑分量。存在着一个时间点，在此时间点上，法院将不再容许以资源不足为理由的拖延。
⑤ See *R* v. *Rahey*, Supreme Court of Canada, [1987] 1 SCR 598：在审判过程中，法官在11个月的时间里主使了19次延期，并不被认为在严格意义上是制度性的。
⑥ 要给予制度性或体系性的拖延的考虑分量经过了大量的司法讨论。See *Bell* v. *Director of Public Prosecutions*, Privy Council on appeal from the Court of Appeal of Jamaica, (1985) 32 WIR 317, [1986] LRC (Const) 392；*O'Flaherty* v. *Attorney-General of St Christopher and Nevis*, Court of Appeal of the Eastern Caribbean States, (1986) 38 WIR 146；*Commissioner of Police* v. *Triana* [1990] LRC (Const) 431；*Mungroo* v. *R*, Privy Council on appeal from the Supreme Court of Mauritius, [1992] LRC (Const) 591；*Sanderson* v. *Attorney General of Cape*, Constitutional Court of South Africa, [1998] 2 LRC 543；*State* v. *Heidenreich*, High Court of Namibia, [1996] 2 LRC 115；*Sookermany* v. *DPP*, Court of Appeal of Trinidad and Tobago, [1996] 2 LRC 292. See also *Hussainara Khatoon* v. *Home Secretary*, State of Bihar, Supreme Court of India, AIR 1979 SC 1369：设计出能够确保迅速地审判被告的程序，是国家的宪法义务。国家不能诉诸财政或者行政无力，逃避这一宪法义务。印度最高法院也有宪法义务落实被告受到迅速审判的基本权利，方式是向国家发出必要的指令，这些指令可能包括采取积极措施，诸如扩展和强化调查机制、设立新的法院、建造新的法庭、为法院提供更多的工作人员和设备、任命额外的法官，以及为确保迅速审判而筹划的其他措施。

考虑。

（1）案件的复杂性：公认的是，案件越复杂、证人越多、文件负担越重，为初审或者任何上诉审理充分地准备案件所必然耗费的时间就越长。然而，当时间的流逝变得过分且不可接受时，任何一起案件，不论其有多复杂，都会达到临界点。

（2）申诉者的行为：在几乎所有公正的、发达的法律制度中，狡猾的被告都有可能通过提出虚假的申诉和质疑、更换法律顾问、使自己缺席以及利用程序规则造成拖延。被告不能对他所导演的拖延合宜地提起申诉。然而，被告一方在程序上浪费时间，并不会使检控当局自身因此有权不必要地且超期地浪费时间。

（3）行政和司法当局的行为：国家不能将不可接受的拖延归咎为一般性地缺乏检察官、法官或者法庭，或者归咎于法律制度的长期资金匮乏。一般而言，国家有责任以有效方式组织其法律制度，以确保遵守不被无故拖延地受审的要求。[1]

法院对于侵犯这一权利所能准予的补救措施，通常享有酌处权。[2] 然而，司法界的共识似乎是，暂停诉讼是最低限度的救济。津巴布韦最高法院指出，如果法院要指示审判即刻继续进行，那么这将与已被接受的申诉相矛盾，即过度拖延已经造成被告没有得到公正审判；这相当于参与了对该权利的进一步侵犯。然而，在并未对是否有罪的问题做出最终判定的情况下，就下令撤销某一控告则等同于宣告无罪。[3] 加拿大最高法院曾指出，对于认定受审不被无故拖延的权利是否受到损害，由任何审理被告或者继续参与对他的控告的法院行使管辖权。"如果被告享有在合理时间内受审的宪法权利，那么在该时间点之后，他就有权不受审判，任何法院都无权审判他或者下令让他受到审判，从而使这

---

[1] *Rummum v. State*, Privy Council on appeal from the Supreme Court of Mauritius, [2013] 4 LRC 655; *Dyer (Procurator Fiscal, Linlithgow) v. Watson*, Privy Council, [2002] 4 LRC 577; *Flowers v. R*, Privy Council on appeal from the Court of Appeal of Jamaica, [2001] 1 LRC 643; *Somjee v. United Kingdom*, European Court, (2003) 36 EHRR 16; *Foley v. United Kingdom*, European Court, (2003) 36 EHRR 15.

[2] *Bailey v. Attorney General*, High Court of St Vincent and the Grenadines, [2000] 5 LRC 522：在1994年受到强奸指控的某位被告寻求一份宣告——他的在合理时间内获得公正审判的权利受到了侵犯，这获得了支持。

[3] See *Re Mlambo*, Supreme Court of Zimbabwe, [1993] 2 LRC 28. See also *R v. Ogle*, High Court of Guyana, (1966) 11 WIR 439; *Attorney-General v. Cheung Wai-bun*, Privy Council on appeal from the Supreme Court of Hong Kong, [1993] 1 LRC 871：由于无故拖延已经严重侵害了被告的健康并损害了诉讼的公正性，刑事诉讼永久性地终止。*DPP v. Lebona*, Court of Appeal of Lesotho, [1998] 4 LRC 524：某位公职人员在1994年3月因涉嫌欺诈而被停职，在1994年8月被起诉，但是直到1997年3月都没有被交付审判，对他的刑事诉讼获准永久性地终止。

一权利受到侵犯。在合理的时限经过以后,不允许有任何审判,即便是最公正的审判。"[1] 新西兰上诉法院对该问题是否属于管辖权问题表示怀疑,但是认为,根据新西兰《权利法案》,对于无故拖延的"标准救济"在逻辑上应该是停止诉讼程序。[2]

受审不被无故拖延的权利必须根据每个具体案件的情形评估。如果国家一方的无故拖延明显地损害了被告的辩护,那么他有权获得不受审判的指令。被告获得公正审判的权利优越于社会的追诉权。因此,检验标准是,是否存在着拖延导致被告将得不到公正审判的现实危险。[3] 相同的方法也适用于未决上诉拖延的后果。即便是在定罪和上诉之间的拖延很极端,其本身也不足以成为撤销原本合理的定罪的正当理由。只有在拖延可能会造成实质性损害的案件中,例如在涉及新证据的上诉中,其证明价值可能会受到时间消逝的影响,才会考虑这种救济。[4] 如果在审理后确定这一权利受到了侵犯,则适当的救济可能是使公众知悉这一侵害、减少处以被定罪者的刑罚以及对无罪开释的被告支付补偿。除非审理不公正,或者审判被告根本就不公正,否则撤销任何定罪都是不

---

[1] *Rahey v. R*, Supreme Court of Canada, [1987] 1 SCR 588, per Lamer J. See *Dharmalingam v. State*, Privy Council on appeal from the Supreme Court of Mauritius, [2000] 5 LRC 522: 因为上诉程序中的拖延而撤销定罪。

[2] *Martin v. Tauranga District Court*, Court of Appeal of New Zealand, [1995] 2 LRC 788, 库克(Cooke)院长:"但是,对于任何这种建议——虽然已查明了无故拖延,但是国家应当继续审讯,即便是这会导致定罪、监禁以及随之而来的支付赔偿金,我倾向于不以为然。中止似乎是更自然的救济。一般来说,阻止权利受到侵害似乎比允许侵害发生然后再给予补救要好。"参见哈迪·博伊斯(Hardy Boys)法官的认识:"该权利是不被无故拖延地受审;它不是在无故拖延后不受审判的权利。而且,将可能——大概明显——犯有严重罪行之人置于放任状态,并不是一件小事。只有在无法以其他令人满意的方式实现维护个人权利的情况下,才可以这样做。" Decision of 20 January 1987, Bundesgerichtshof, Germany, (1987) 42 (10) *Juristen Zeitung* 528: 德国联邦法院的一贯做法是,在确定处罚时将程序上的延迟——它们具有减轻罪责的实效——考虑在内。*Attorney General v. Gibson*, Caribbean Court of Justice, [2010] 5 LRC 486: 对于仍有公正审判之可能的无故拖延的案件,永久停止或者取消指控甚至是通常的救济并非不可避免,因为国家为公正之目的提供服务的义务应优于为被告提供的合理的期限保障。但是,在特殊情况下,法院可以在考虑公共利益以及其他人的权利和自由的情况下,通过行使其提供公正有效的救济的广泛酌处权,以在合理的时间内受审的权利被侵犯为由,下令永久停止或者取消指控。根据具体情况,可以对侵犯该权利判处损害赔偿,但是只有在被告被无罪释放或者其定罪被驳回或者不再受审的情况下,作出此类判决才是合适的。即使是这样,作出此类判决还是要取决于案件的具体情形,而不应被认为是自动的。See also *Bothma v. Els*, Constitutional Court of South Africa, (2009) 3 *Bulletin on Constitutional Case-Law* 601.

[3] *B v. Director of Public Prosecutions*, Supreme Court of Ireland, (1998) 2 *Bulletin on Constitutional Case-Law* 249.

[4] *Tapper v. Director of Public Prosecutions*, Privy Council on appeal from the Court of Appeal of Jamaica, [2013] 2 LRC 75.

合适的。①

（六）"到庭受审的权利"

在判定对于被告提出的任何控告期间，他有权到场。② 即便是被告实施破坏性行为，也必须采取合理措施确保这一权利，尤其是在受控告的罪行会引致死刑的情况下。虽然受到刑事罪行控告之人有权在初审中到场，但是对于上诉审理或者决定初审无效的审理而言，他亲自到场并不必然具有同样的重要性。③

这一要求不能解释为会一律致使缺席审判无效，而不顾被告缺席的原因如何。实际上，在某些情况中（例如，尽管已提前将诉讼充分地通知被告，但他仍拒绝行使其到场权利的情况），为了正常司法工作之利益，缺席审判是可予允许的。然而，有效行使被告的权利的先决条件是，采取了必要步骤以及时告知被告对他提起的诉讼。缺席判决要求，尽管被告缺席，但是就审判他的时间和地点，已经做出了尽职通知。如果被告没有收到此项通知，他就没有得到准备辩护的充分时间及便利，不能通过他自己选任的辩护人为他辩护，也没有机会诘问或者通过他人诘问不利于他的证人并使有利于他的证人出庭。④

（七）"亲自辩护或者由其选任辩护人辩护的权利；未经选任辩护人者，被告以有此权利的权利"

法律制度必须保证被告自行辩护或者经由自行选任的律师辩护的权利。被告或其律师必须有权不懈地、无畏地进行各种可能的辩护；如果他们认为案件

---

① *Attorney General's Reference* (*No. 2 of* 2001), House of Lords, United Kingdom, [2004] 5 LRC 88. See also *Mills v. HM Advocate*, Privy Council on appeal from the High Court of Justiciary of Scotland, [2002] 5 LRC 367; *R v. Williams*, Supreme Court of New Zealand, [2009] 5 LRC 693; *R v. Setaga*, High Court of Tuvalu, [2009] 2 LRC 287; *Nalawa v. State*, Supreme Court of Fiji Islands, [2011] 2 LRC 233; *Shameem v. State*, Court of Appeal of Fiji, [2008] 2 LRC 258; *Oatile v. Attorney General*, High Court of Botswana, [2010] 4 LRC 659.

② 人权事务委员会第 32 号一般性意见，第 36 段。（原书此处为"第 13 号一般性意见"，有误，因为该一般性意见并未涉及庭受审的权利，提到该权利的是第 32 号一般性意见。——译者注）See also *Conteris v. Uruguay*, Human Rights Committee, Communication No. 139/1983, HRC 1985 Report, Annex XI.

③ *Belziuk v. Poland*, European Court, (1998) 30 EHRR 614; *Pobornikoff v. Austria*, European Court, (2003) 36 EHRR 25.

④ *Mbenge v. Zaire*, Human Rights Committee, Communication No. 16/1977, HRC 1983 Report, Annex X：并没有尽充分可能地将在扎伊尔进行的未决法庭诉讼告知被告——一位以难民身份居住在比利时、司法机关知道他在比利时的地址的扎伊尔公民，尤其是因为在庭审开始前三天才发出传票。

的处理不公正,则有权提出异议。① 自行选任律师的权利要求,该人有自由选任的机会。② 因此,违反被告的意愿强行指派律师,就有可能侵犯主导其自身之辩护的权利。③ 在一起案件中,某一军事法庭迫使一位被带到该法庭的钢琴手从军方正式指派的两名律师中选择他的辩护律师,这里就不存在选择的成分。④ 当一位被告被迫从一份军事律师名单中选择其辩护律师时,这一权利也受到了侵犯。⑤ 在允许刑事诉讼中的辩护律师接触机密信息之前,对他们进行安全度审查,侵犯了自由选任律师的权利。⑥ 即便是刻意放弃亲自出庭的被告,也有权得到"由其选任的辩护人"。⑦ 在审判中得到律师的代理,对于严重罪行能够受到公正审判而言,几乎总是必要的。⑧

如果为受到死刑控告的被控告者出庭的辩护律师在审理期间想要退出,那么庭审法官应尽其所能地说服该律师留任。如果拟议的退出的诱因是与庭审法官的争执,那么该法官应当考虑,是否适于延期审理以便度过一个冷静期。只

---

① 人权事务委员会第 13 号一般性意见,第 11 段。See *Hill v. Spain*, Human Rights Committee, Communication No. 526/1993, HRC 1997 Report, Annex Ⅵ. B:该案中,西班牙法院以国内立法不允许被告亲自为自己辩护为由,拒绝了为了能够使其自行辩护而获得译员的申请,违反了《公民及政治权利国际公约》第 14 条第 3 款(卯)项。

② See Constitutional Court of Russia, Decision of 27 March 1996, *Rossiyskaya Gazeta* of 04.04.1996, (1996) 1 *Bulletin on Constitutional Case-Law* 253:在与适用《国家保密法》有关的诉讼中,以某位律师无权接触国家秘密为由拒绝允许由被告自行选任的该律师作辩护,并建议被告在有权接触国家秘密的有限数量的律师中选择他的辩护律师,侵犯了这一权利。

③ *Correia de Matos v. Portugal*, Human Rights Committee, Communication No. 1123/2002, Selected Decisions, Vol. 9, p. 98.

④ *Estrella v. Uruguay*, Human Rights Committee, Communication No. 74/1980, HRC 1983 Report, Annex Ⅻ.

⑤ *Burgos v. Uruguay*, Human Rights Committee, Communication No. 52/1979, HRC 1981 Report, Annex ⅩⅨ. See also *Mitchell v. R*, Privy Council on appeal from the Court of Appeal of Jamaica, [1999] 4 LRC 38:该案中,一名被指控谋杀的被告向法庭表示他对律师的辩护方式不满,该律师因此退出。司法利益要求,在除了最特殊的案件之外的所有案件中,都应有合理的延期,使他能够获得可替代的代理。参见,*Caesar v. State*, Court of Appeal of Guyana, [1999] 4 LRC 32:延期两天,以便雇用可胜任的辩护律师。

⑥ Decision of the Constitutional Court of the Czech Republic, 28 January 2004, (2004) 1 *Bulletin on Constitutional Case-Law* 30.

⑦ *Poitrimol v. France*, European Court, (1993) 18 EHRR 130. See *Campbell and Fell v. United Kingdom*, European Court, (1984) 7 EHRR 165:受到了提交访客委员会的纪律性违法指控的囚犯,有权在该委员会听审之前以及听审之时获得法律代理。*Lala v. Netherlands*, European Court, (1994) 18 EHRR 586:法庭必须确保,出于为缺席的被告辩护之目的而出庭的辩护律师得到这样做的机会。*Sultanova v. Uzbekistan*, Human Rights Committee, Communication No. 915/2000, Selected Decisions, Vol. 9, p. 53:在包括作出死刑判决以后的诉讼的各个阶段,由律师有效地为被告提供帮助,是不言自明的。See also *Pelladoah v. Netherlands*, European Court, (1994) 19 EHRR 81;*Karimov and Nursatov v. Tajikistan*, Human Rights Committee, Communication No. 1108 and 1121/2002, Selected Decisions, Vol. 9, p. 92.

⑧ *R v. Condon*, Supreme Court of New Zealand, [2007] 4 LRC 40. See also *Stephens v. Connellan*, High Court of Ireland, [2002] 4 IR 321;*Dietrich v. R*, High Court of Australia, [1993] 3 LRC 272.

有在庭审法官确信被告并不会因律师退出受到重大损害的情况下，他才可以准予律师退出。如果哪怕法官做了努力，律师仍然退出，那么法官就必须考虑是否应休庭，以使被告获得另外的代理。如果庭审法官未能如此做，而是好像什么也没发生过一样，在没有任何休庭的情况下允许庭审继续进行，那么被告获得公正审理的权利就因此被剥夺。① 有时休庭特别必要，例如，被告选择了曾在初审和上诉审中为其辩护的某位律师在复审中为他辩护，而该律师却未能到场，并且只有在准予对他的审判进行休庭，该律师才能在日后到场的情况。② 即便是在辩护律师未能到场可部分归咎于被告的情况中，法院也必须保障获得辩护律师的权利，并在必要时，中止诉讼。庭审法官提供帮助并不能取消被告获得辩护律师的权利。③

一旦被告选择由其自己选任的辩护人代理，其辩护人所做出的与进行上诉有关的任何决定，包括决定向庭审派出替代者或者不安排被告到场，都处于被告的责任范围之内，而不能归咎于国家。④ 但是，如果将庭审日期通知了先前曾代理被告的律师，而不是现任律师，并导致后者未能出庭，该权利就受到了侵犯。⑤ 如果在被告的律师未出庭的审理后驳回了上诉，而该律师并未提前收到庭审日期的通知，被告可能并未受到任何损害的事实——因为根据政府的说法，该上诉不可能成功——并不具有相关性。当局有义务采取措施，确保被告有效享有其有权享有的权利，即在对其上诉的审查中，有可能获得

---

① *Dunkley v. R*, Privy Council on appeal from the Court of Appeal of Jamaica, [1994] 1 LRC 365. Cf. *Dietrich v. R*, High Court of Australia, [1993] 3 LRC 272.

② *In re Charalambous*, Supreme Court of Cyprus, (1986) 1 CLR 319. See also *Ogola v. Republic*, High Court of Kenya, [1973] EA 277.

③ *Robinson v. Jamaica*, Human Rights Committee, Communication No. 223/1987, HRC 1989 Report, Annex X. H：该案中，两名受雇为某位受到谋杀指控的被告出庭辩护的律师在庭审的第一天并没有出庭，但法官准许了庭审继续进行。第二天，其中的一位律师到庭并申请准许两位律师退出该案。法官拒绝批准，并要求这两位律师通过法律援助为被告做代理。在律师拒绝这一要求后，在被告没有代理人的情况下，法官继续进行庭审。这违反了《公民及政治权利国际公约》第14条第3款（卯）项。参见，*Ricketts v. R*, Privy Council on appeal from the Court of Appeal of Jamaica, [1998] 2 LRC 1：该案中，在谋杀案的庭审开始时，被指派的律师以得不到被告的任何指示为由退出。在被告无辩护人——有时甚至因为他爆发情绪产生噪声而用绕圈缠住他的嘴的一块布条塞住嘴——的情况下，庭审继续进行。这并没有侵犯获得辩护律师权的宪法保障，因为无法说没有"允许"他亲自为自己辩护或者经由他选择的代理人进行辩护。See also *Reid v. Jamaica*, Human Rights Committee, Communication No. 250/1987, HRC 1990 Report, Annex IX. J；*Pinto v. Trinidad and Tobago*, Human Rights Committee, Communication No. 232/1987, HRC 1990 Report, Annex IX. H；*Campbell v. Jamaica*, Human Rights Committee, Communication No. 248/1987, HRC 1992 Report, Annex IX. D.

④ *Henry v. Jamaica*, Human Rights Committee, Communication No. 230/1987, HRC 1992 Report, Annex IX. B.

⑤ *Goddi v. Italy*, European Court, (1984) 6 EHRR 457.

律师的代理。① 如果已向被告提供了法律代理，而他后来可能认为他若由他自己选任的辩护人进行代理可能会更好，这一事实并不是构成侵犯此项权利的事项。② 在刑事诉讼中获得辩护律师的权利并不保证一种获得完美的辩护律师的权利；而只是承诺一种获得有效的辩护律师的权利。为了证明这一权利受到了侵犯，被告必须证明一种门槛事项，即其辩护律师的行为未能达到合理的客观标准。③ 在判断辩护律师的行为的合理性时，可以将职业准则作为证据，说明合理的勤勉律师会怎么做，但并不能将这些准则作为所有辩护律师都必须完全遵循的硬性规则。④

不允许被告亲自辩护的立法有违《公民及政治权利国际公约》第 14 条第 3 款（卯）项。⑤ 不经过律师而自我辩护的权利并不是绝对的。有时司法利益可能要求不顾被告意愿而指定律师，尤其是在当事人大量且长期妨碍审判的正常进行，或者面临严重控告却无法为其自身利益行事的案件中，或者是在有必要保护脆弱的证人——在被告要亲自诘问他们的情况下——免受进一步焦虑的案件中。然而，对被告亲自辩护之意愿的任何限制都必须具有客观的、足够严肃的目的，且不得超出维护司法利益所必需。在具体案件中，评估指定律师是否是司法利益所必需，是有管辖权的法院的职责，因为面临着刑事起诉之人可能无法恰当评估事关重大之利益，并因此无法尽可能有效地为自身辩护。⑥

---

① *Alimena* v. *Italy*, European Court, 19 February 1991.

② *Pratt and Morgan* v. *Jamaica*, Human Rights Committee, Communication No. 210/1986, HRC 1989 Report, Annex X. F. See *Kelly* v. *Jamaica*, Human Rights Committee, Communication No. 537/1993, HRC 1996 Report, Annex VIII. O: 该案中，律师决定不传唤几位潜在的证明被告不在犯罪现场的证人，或者未能指出在队列中认人的矛盾点，归因于他行使的职业判断，并未违反《公民及政治权利国际公约》第 14 条第 3 款（卯）项。

③ *Burt* v. *Titlow*, United States Supreme Court, (2013) 3 *Bulletin on Constitutional Case-Law* 611.

④ *Bobby* v. *Van Hook*, United States Supreme Court, (2009) 3 *Bulletin on Constitutional Case-Law* 632.

⑤ *Michael and Brian Hill* v. *Spain*, Human Rights Committee, Communication No. 526/1993, Selected Decisions Vol. 6, p. 39.

⑥ *Correia de Matos* v. *Portugal*, Human Rights Committee, Communication No. 1123/2002, Selected Decisions, Vol. 9, p. 98. See *Powell* v. *Alabama*, United States Supreme Court, 287 US 45 (1932), 萨瑟兰（Sutherland）法官提出：在许多案件中，获得听审的权利如果不包括由律师获得听审的权利，就没有太大价值了。即便聪明且受过教育，外行人在法律科学方面的技能也会很少，有时甚至没有。如果被指控犯罪，他通常无法自行判定该起诉是好是坏。他并不熟悉证据规则。如果没有律师的帮助，他可能会在没有适格的指控的情况下受到审判，并依无效的证据或是与该问题无关的或者以其他方式不能被接受的证据被定罪。他缺少足以为其辩护做准备的技能和知识，即便是他有可能做出完美的辩护。在针对他的诉讼的每一步中，他都需要辩护律师的指导。没有这一点，即便是无罪，他也会面临着被定罪的危险，因为他不知道如何证明他无罪。如果对于聪明的人来说都是这样，那么对于无知者、文盲或者那些智力低下的人来说，更是如此的程度会有多大呢？

(八)"有权在司法利益有此需要的案件中,获得指定辩护人,*如被告无资力酬偿,得免付之"

《公民及政治权利国际公约》第 14 条第 3 款(卯)项保障了在某些情形中被告获得为其指定辩护人的权利。有的人可能不知道这一权利,并可能因此未能申请法律援助,并由于这个缘故未能获得法律援助。因此,如果某人被控告犯有严重罪行,面临着被判处监禁的可能,并且没有律师也请不起律师,那么他就应被告知其有权获得法律援助。如果他不知道这一权利,他就不能行使该权利;如果他不能行使该权利,他的权利就受到了侵犯。对于可被判处死刑的罪行,即便是无法获得私人辩护律师在某种程度上可归咎于被告,或者即便是提供辩护人会导致诉讼暂停,提供辩护人也是"不言自明的"。在没有律师的情况下,庭审法官可能通过其他方式帮助被告进行其辩护,但这种努力不能使这一要求变得不再必要。① 一旦指定律师,就必须将这一指定及时通知被告,在审理前给予其咨询辩护律师的充分机会,并为其提供在审理期间出庭的机会。② 这不仅适用于审判阶段,还适用于与案件有关的任何预审阶段。③ 对于被定罪并判处死刑的囚犯,必须提供法律援助,这适用于法律诉讼的所有阶段,包括对于有些国家和地区,向英国枢密院司法委员会提出的上诉。④

获得免费的辩护人受两个条件的限制:相关之人没有足够能力酬偿辩护人,以及司法利益有此需要。在判定是否应"为了司法利益"指定辩护律师时,罪行的严重程度很重要,⑤ 正如在上诉阶段,存在着某些成功的客观机会一样重要。⑥ 在涉及死刑的案件中,被告必须在诉讼的各个阶段都获得律

---

* "在司法利益有此需要的案件中,获得指定辩护人"并非《公民及政治权利国际公约》作准中文本的表述,而是对其英文表述 "to have legal assistance assigned to him, in any case where the interests of justice so require" 的翻译。

① *Yasseen and Thomas v. Guyana*, Human Rights Committee, Communication No. 676/1996, HRC 1998 Report, Annex XI. R.

② *Simmonds, Gentles and Kerr v. Jamaica*, Human Rights Committee, Communication No. 352/1989, HRC 1994 Report, Annex IX. G.

③ *Wright and Harvey v. Jamaica*, Human Rights Committee, Communication No. 459/1991, HRC 1996 Report, Annex VIII. F.

④ *La Vende v. Trinidad and Tobago*, Human Rights Committee, Communication No. 554/1993, Selected Decisions, Vol. 6, p. 82.

⑤ *Lindon v. Australia*, Human Rights Committee, Communication No. 646/1995.

⑥ *Z. P. v. Canada*, Human Rights Committee, Communication No. 341/1988.

师的有效帮助。① 在判定"司法利益"是否要求被告具有法律代表时，必须依据每起案件的事实予以审查。取得成功的可能性以及在诉讼的其他阶段能够获得辩护人虽然是需要考量的重要因素，但并不是唯一标准。其他事实包括对于申诉人利益攸关的事项的重要性，例如量刑的严厉程度、申诉人的个人能力以及诉讼的性质，例如相关问题或程序或者可适用的法律的重要性或复杂性。②

得到保障的是"帮助"，而非"指定"。因此，仅仅指定并不能确保有效帮助，因为出于法律援助目的而被指定的律师可能会死亡、患重病、履职受到长期阻挠或者推卸责任。如果当局获知这些情况，它们就必须要么替换该律师，要么促使其履行义务。③ 主管当局根据本规定提供的辩护律师必须有效地代表被告。与私人聘雇律师的情况不同，④ 指定律师的明显行为不当或者能力不足，例如在死刑案件中未经协商就撤回上诉⑤或者在这类案件中缺席对证人的审理，⑥ 可能会导致国家违反《公民及政治权利国际公约》第14条第3款（卯）项的责任，条件是对于法官而言，律师的行为明显与司法利益不相容。⑦ 如果法院或其他有关机关阻碍指定的律师有效履行其职责，也违反这一规定。⑧ 因此，指定辩护律师本身并不能确保他可能为被告提供的帮助的有效性。⑨ 必须采取措施确保律师一旦被指定，即能为司法利益提供

---

① *Aliboeva v. Tajikistan*, Human Rights Committee, Communications No. 985/2001; *Saidova v. Tajikistan*, Human Rights Committee, Communication No. 964/2001; *Aliev v. Ukraine*, Human Rights Committee, Communication No. 781/1997; *LaVende v. Trinidad and Tobago*, Human Rights Committee, Communication No. 554/1993.

② *Granger v. United Kingdom*, European Commission, (1988) 12 EHRR 460; *Quaranta v. Switzerland*, European Court, 24 May 1991; *Hoang v. France*, European Court, (1992) 16 EHRR 53; *Benham v. United Kingdom*, European Court, (1996) 22 EHRR 293; *Perks v. United Kingdom*, European Court, (1999) 30 EHRR 33. 参见，*Monnell and Morris v. United Kingdom*, European Court, (1988) 10 EHRR 205：并不是只要在初审中获得了公正审判的被定罪之人在审判后希望提起上诉（但没有任何成功的客观可能），司法利益就会要求自动地提供法律援助。

③ *Artico v. Italy*, European Court, (1980) 3 EHRR 1.

④ *H. C. v. Jamaica*, Human Rights Committee, Communication No. 383/1989.

⑤ *Kelly v. Jamaica*, Human Rights Committee, Communication No. 253/1987.

⑥ *Hendricks v. Guyana*, Human Rights Committee, Communication No. 838/1998. 在调查审理中听审证人期间，申请人的法律代理人缺席的案件见，*Brown v. Jamaica*, Human Rights Committee, Communication No. 775/1997。

⑦ *Taylor v. Jamaica*, Human Rights Committee, Communications No. 705/1996; *Chan v. Guyana*, Human Rights Committee, Communication No. 913/2000; *Hussain v. Mauritius*, Human Rights Committee, Communication No. 980/2001.

⑧ *Arutyunyan v. Uzbekistan*, Human Rights Committee, Communication No. 917/2000.

⑨ *Imbrioscia v. Switzerland*, European Court, (1993) 17 EHRR 441.

有效代理。这包括如果他打算撤回上诉或认为上诉没有实际意义,就应告知并与被告协商。[1] 如果指定给被告的法律援助律师认为上诉没有实际意义,并且不准备提出有利于上诉的争讼,则可能需要指定另一位律师。[2] 对于可被判处死刑的罪行,如果被告的律师承认上诉没有实际意义,那么法院应查明,该律师是否已经与被告商讨并予以相应告知。如果没有,法院就必须确保被告获知此事,并给他获得其他辩护律师的机会。[3] 如果法官在庭审中做总结期间,辩护律师没有在场,那么该权利就被剥夺了。[4]

获得免费辩护人的权利的本质在于,所提供的帮助应是切实而有效的,而不能是虚幻的或理论上的。[5] 在对谋杀案的审判中,任命一位只有三个月任职经历的律师为客户辩护,不可能是正当合理的。无法想象在这样一个重大的审判过程中,他会有成熟的判断力和策略经验来处理证据和提出陈述,从而能够正确地作出各种各样的必要决定。[6] 被告无权选择为他指定的辩护人。[7] 但是,在指定辩护律师时,法院必须考虑被告的意愿。如果有相关的、充分的理由认

---

[1] *Kelly v. Jamaica*, Human Rights Committee, Communication No. 253/1987, HRC 1991 Report, Annex XI. D; *Grant v. Jamaica*, Human Rights Committee, Communication No. 353/1988, HRC 1994 Report, Annex IX. H.

[2] *Reid v. Jamaica*, Human Rights Committee, Communication No. 250/1987, HRC 1990 Report, Annex IX. J; *E. B. v. Jamaica*, Human Rights Committee, Communication No. 303/1988, HRC 1991 Report, Annex XII. D; *R. M. v. Jamaica*, Human Rights Committee, Communication No. 315/1988, HRC 1991 Report, Annex XII. H; *W. W. v. Jamaica*, Human Rights Committee, Communication No. 254/1987, HRC 1991 Report, Annex XII. B.

[3] *Wright & Harvey v. Jamaica*, Human Rights Committee, Communication No. 459/1991, HRC 1996 Report, Annex VIII. F; *Price v. Jamaica*, Human Rights Committee, Communication No. 572/1994, HRC1997 Report, Annex VI. N; *McCordie Morrison v. Jamaica*, Human Rights Committee, Communication No. 663/1995 HRC 1999 Report, Annex XI. Q; *Lumley v. Jamaica*, Human Rights Committee, Communication No. 662/1995 HRC 1999 Report, Annex XI. Q; *Smith and Stewart v. Jamaica*, Human Rights Committee, Communication No. 668/1995, HRC 1999 Report, Annex XI. T.

[4] *Brown v. Jamaica*, Human Rights Committee, Communication No. 775/1997, HRC 1999 Report, Annex XI. GG; *Jahree v. State*, Privy Council on appeal from the Supreme Court of Mauritius, [2005] 4 LRC 188; *Sukur Ali v. State of Assam*, Supreme Court of India, [2011] 5 LRC 73; *Luboya v. State*, Supreme Court of Namibia, [2007] 5 LRC 547. *Hussain Julfikar Ali v. State of Delhi*, Supreme Court of India, [2012] 5 LRC 330. See also *Rajoo Ramakant v. State of Madhya Pradesh*, Supreme Court of India, [2013] 3 LRC 1:在为被告提供免费的法律援助方面,不得以社会正义可能要求拒绝免费的法律援助为由,规定任何例外(例如,涉及经济犯罪、卖淫、虐童的案件)。

[5] *McLean v. Buchanan*, Privy Council on appeal from the High Court of Justiciary, [2001] 5 LRC 497.

[6] *Bernard v. State*, Privy Council on appeal from the Court of Appeal of Trinidad and Tobago, [2008] 1 LRC 395.

[7] *Fourri v. The Republic*, Supreme Court of Cyprus, (1980) 2 CLR 142; *Reference by the Head of State*, Supreme Court of Western Samoa, [1989] LRC (Const) 671; *State v. Vermaas and State v. Du Plessis*, Constitutional Court of South Africa, [1995] 2 LRC 557. See also UN document A/2929, chap. VI, s. 84.

为这是为了司法利益所必需的,那么法院可以不顾这些意愿。① 但是,受控告的罪行可被判处死刑的人可以对法院为其指定律师的选择事宜提出异议。在一起案件中,一位在初审中被判定犯有谋杀罪的被告在上诉中被指定的律师与在初审中代理他的律师是同一个,而该律师告知他,上诉没有实际意义。该被告申请得到一位新的律师以及在上诉中准许他亲自出庭,但这两项申请都遭到了法院拒绝。在上诉审理中,法院指定的律师并没有提出有利于上诉的争讼,因此上诉被驳回。人权事务委员会认为,被告实际上并没有法律代理,这违反了《公民及政治权利国际公约》第 14 条第 3 款(卯)项;他本应该由其他被指定的律师为他辩护,或者允许他自行辩护。②

(九)"亲自或间接诘问他造证人的权利"

《公民及政治权利国际公约》第 14 条第 3 款(辰)项保障了被告亲自或者间接(即通过他人)诘问他造证人(即对他不利的证人),并使对他有利的证人在与对他不利的证人相同的条件下出庭和受诘问的权利。作为诉讼双方平等原则的一种具体适用,这一保障对于确保被告及其律师的有效辩护至关重要,并因此保障了被告获得与控方相同的法律权力,即强制证人出庭以及诘问或反诘任何证人——不论是在控辩对抗式还是在纠问式的审判制度中。在后一种制度中,如果由法庭诘问证人,那么被告将享有与法院相同的权力。然而,《公民及政治权利国际公约》第 14 条第 3 款(辰)项并没有提供一种使得被告或其律师所要求的任何证人均出庭的不受限制的权利,而仅是这样的权利,即使得与辩护有关的证人到庭,并得到适当的机会,在诉讼的某些阶段询问并质疑不利于被告的证人。在这些限制之内——并受到使用以违反《公民及政治权利国际公约》第 7 条的方式所获得的陈述、供述以及其他证据的限制,主要由国内立法机关确定证据可否采信以及其法院如何评估证据。

"证人"必须被理解为具有一种自主含义,这可能比某一国内法律制度中所理解的技术意义上的"证人"的含义更广泛。③ 在一起案件中,对某位被告提出控告的依据是他的妻子和继女向警方所作的陈述。但是,她们通过援引《奥地利刑事诉讼法》规定的一项特权,以她们是被告的近亲属为由,拒绝在

---

① *Croissant v. Germany*, European Court, (1992) 16 EHRR 135.
② *Reid v. Jamaica*, Human Rights Committee, Communication No. 250/1987, HRC 1990 Report, Annex IX. J.
③ See *Pullar v. United Kingdom*, European Court, (1996) 22 EHRR 391:例如,如果某人的书面陈述在法庭上提出并且得到考虑,那么他就是证人。

法庭上作证。欧洲人权委员会认为,她们实际上是《欧洲人权公约》第6条第3款(d)项意义上的"证人"。鉴于她们的陈述含有对被告的明确指控,且控方提出并依赖这些陈述的事实,她们必须被认为是对被告"不利的证人"。[1]类似地,在另一起案件中,仅凭抢劫的受害者和她的一位朋友向警方所作陈述,被告即被判犯有抢劫罪,而他的律师和他本人都没有能够在刑事法院或者是上诉法院诘问或者通过他人诘问他们,或者因为采取了直接收监程序,而没有能够在调查法官面前诘问或者通过他人诘问他们。欧洲人权法院认为,该抢劫的受害者和她的朋友都应被认为是"证人"。由于被告无法检验他们的可靠性或者对其可信性提出质疑,因此该权利受到了侵犯。虽然原则上必须在公开审理中当着被告作证,但是只要辩护权利得到了尊重,那么将在预审阶段作出的陈述作为证据使用本身可能并不会不符合这一权利。这些辩护权利要求给予被告充分和适当的机会,质疑和询问不利于他的证人,不论是在证人作出其陈述时还是在诉讼的某个后续阶段。[2]

在芬兰的一起根据《麻醉品法》起诉的案件中,检控方在举证时提出了由先前的一次与本案被告有牵连的毒品审判中的两名被告作出的两项陈述,而没有为本案被告提供反诘这两个人中的任何一人的机会。芬兰最高法院认为,将这些陈述用作证据侵犯了被告诘问或通过他人诘问不利于他的证人的权利。[3] 但是,在人权事务委员会审议的一起案件中,某位被告申诉称,他没有得到机会反诘已经离开该国并因此无法在庭审期间作证的控方证人。对此,人权事务委员会注意到,被告在初步审理期间在场,当时该证人在宣誓后做了陈述,并且接受了被告律师的诘问。在被告未反对的情况下,证人的陈述和在反诘中的回答被采用为审判中的证据。因此,由于在初步审理中,辩方已经在与控方相同的条件下诘问了证人,因此《公民及政治权利国际公约》第14条第3款(寅)项并未被违反。[4]

---

[1] *Unterpertinger v. Austria*, European Commission, 11 October 1984 unreported, European Court, (1986) 13 EHRR 175.

[2] *Delta v. France*, European Court, (1990) 16 EHRR 574. See also *Kostovski v. Netherlands*, European Court, (1989) 12 EHRR 434; *Windisch v. Austria*, European Court, (1990) 13 EHRR 281; *Asch v. Austria*, European Court, (1991) 15 EHRR 597; *Saidi v. France*, European Court, (1993) 17 EHRR 251; Decision of the Constitutional Court of the Czech Republic, 12 October 1994, Case No. Pl. US 4/94, (1994) 3 *Bulletin on Constitutional Case-Law* 225.

[3] Decision of the Supreme Court of Finland, 6 June 1991, D:R-90/770 T:1930 (KKO1991:84). See also Decision of the Vaasa Court of Appeal, Finland, 14 January 1992, Report No. 21, R91/759; *Doorson v. Netherlands*, European Court, (1996) 22 EHRR 330.

[4] *Compass v. Jamaica*, Human Rights Committee, Communication No. 375/1989, 19 October 1993. See also *Boodram v. State*, Court of Appeal of Trinidad and Tobago, [1998] 4 LRC 585.

在南非的一起案件中，法院任命一名中间人，而举例而言，一起强奸案中十六岁的申诉人可以通过该中间人提供证据，这与行使诘问权利并不矛盾。虽然在诘问者和证人之间插入一位中间人时，诘问的力度和效果可能会减弱，但这并不意味着剥夺了被告获得公正审判的权利，因为在判定被告的权利是否受到侵犯时，还必须考虑儿童证人的权益。只有以适合儿童成长的途径以及不剥夺被告反诘权的方式向儿童提出问题，才能推动审判法院的查明真相的功能。有坚实理由认为，由一位中间人传达由辩护律师提出的诘问的"一般意图"，能够使儿童证人适当地参与到该制度之中。问题应以证人可以理解的形式提出，以便其可以作出恰当的回答。但是，中间人不得在传达一般意图时歪曲问题，而是必须以证人可以理解的语言和形式传达所要求的内容和含义。①

未能向辩方提供证人对警方所作陈述严重妨碍了辩方对该证人的反诘，因而违反《公民及政治权利国际公约》第 14 条第 3 款（辰）项，并阻碍被告获得公正审判。② 在未当庭提供有能力证明鉴定报告之表述的真实性的证人的情况下，控方不得提出这样的报告以证明某一事实。③

（十）"使本方证人在与对方证人同等条件下出庭和受诘问"*

作为诉讼双方平等原则的一种具体适用，《公民及政治权利国际公约》第 14 条第 3 款（辰）项的保障对于确保被告及其律师的有效辩护至关重要，并由此保障被告获得与控方所具有之权力相同的法律权力——强制证人出庭以及诘问或反诘任何证人。然而，该项并没有提供一种使得被告或其律师所要求的任何证人均出庭的不受限制的权利，而仅是这样的权利，即使得与辩护有关的证人到庭，并得到适当的机会，在诉讼的某些阶段询问并质疑不利于被告的证人。④ 这项规定旨在确保被告在强制证人出庭方面，获得与控方所具有之权力

---

① *Klink* v. *Regional Court Magistrate NO*, Supreme Court (South-Eastern Cape Local Division of South Africa), [1996] 3 LRC 667.

② *Peart and Peart* v. *Jamaica*, Human Rights Committee, Communication Nos. 464/1991 and 482/1991, HRC 1995 Report, Annex X. E.

③ *Bullcoming* v. *New Mexico*, United States Supreme Court, (2011) 2 *Bulletin on Constitutional Case-Law* 391.

* 此处表述使用的并非《公民及政治权利国际公约》作准中文本的措辞，而是对其英文表述"to obtain the attendance and examination of witnesses on his behalf under the same conditions as witnesses against him"的翻译。

④ *Khuseynov* v. *Tajikistan*, Human Rights Committee, Communication No. 1263/2004; *Butaev* v. *Tajikistan*, Human Rights Committee, Communication No. 1264/2004, 20 October 2008.

相同的法律权力。① 它并没有赋予被告传唤任何证人的绝对权利。国内法可以规定证人的到庭（和受诘问）的条件，只要这些条件对于双方的证人是相同的。同样，有管辖权的司法机关在尊重其他权利尤其是平等原则的前提下，可自由决定听取辩方证人作证是否有助于查明真相，以及若非如此，则拒绝传唤该证人。② 但是法庭一旦拒绝批准传唤某位证人，就必须立即解释该决定的理由。③ 法官必须将这一权利告知没有代理的被告。告知被告一事事关应得救济之权利，而法庭中在场的任何工作人员均应在必要时，提醒法官他有义务这样做。④

被告若以其证人无法出庭为由申请延期，则通常应使法庭确信：（甲）该证人对其辩护具有实质意义；（乙）被告在促成该证人出庭方面不存在过失责任；以及（丙）可以合理地期待被告能促成证人在某一特定日期出庭。⑤ 如果证人未能出庭归咎于国家当局（例如，缺少交通工具），《公民及政治权利国际公约》第 14 条第 3 款（辰）项即被违反。⑥

这项权利不仅涉及传唤狭义上的证人，还与指定鉴定人有关。原则上，对于后者也适用同样的考虑，虽然在立法与实践中，对一方面是可适用于传唤证人的条件，另一方面是可适用于指定鉴定人的条件之间，可能做了区分。⑦

（十一）"如不通晓或不能使用法院所用之语言，应免费为备通译协助之"

审判应在被告出庭的情况下进行的原则的基础，不仅仅是指被告应现身于法庭，还指被告应因其出庭而能够懂得诉讼并决定他希望传唤哪些证人，是否提供证据，以及如果提供的话，提供与针对他的控告有关的哪些事项的证据。不懂得针对他的诉讼行为的被告，在没有明确表示同意的情况下，无法说得到了公正审判。⑧ 因此，如果被告不通晓或不会说法院所用之语言，那么他就有

---

① 人权事务委员会第 13 号一般性意见，第 12 段。
② *Bonisch* v. *Austria*, European Commission, （1984）6 EHRR 467; *Gordon* v. *Jamaica*, Human Rights Committee, Communication No. 237/1987, 5 November 1992.
③ Decision of the Constitutional Court of Spain, 6 June 1995, （1995）2 *Bulletin on Constitutional Case-Law* 208.
④ *The State* v. *Cleveland Clarke*, Court of Appeal of Guyana, （1976）22 WIR 249.
⑤ *Yanor* v. *The State*, Supreme Court of Nigeria, [1965] 1 All ER 193.
⑥ *Grant* v. *Jamaica*, Human Rights Committee, Communication No. 353/1988, HRC 1994 Report, Annex Ⅸ. H.
⑦ *Bonisch* v. *Austria*, European Commission, （1984）6 EHRR 467.
⑧ *Kunnath* v. *The State*, Privy Council on appeal from the Court of Criminal Appeal of Mauritius, [1993] 2 LRC 326; *Guesdon* v. *France*, Human Rights Committee, Communication No. 219/1986.

权获得通译即译员的免费协助。这项权利独立于诉讼的结果,同时适用于外国人和本国国民。获得译员的权利是属于被告的一项基本权利;他本人不能放弃该权利,其律师也不得代为放弃。但是,如果被告知晓法院所用的官方语言,足以为其自身做有效辩护,那么在原则上,其母语不同于该官方语言的被告无权获得译员的免费协助。①

口译所涉及的是将口头语言的含义以及它所包含的信息和观点转化为另一种语言。在审判期间的口译是一个不允许译员有太多机会思考的同步过程。法院或法庭审理中的译员应在目标语言允许达到的最大准确程度上,始终传递正在被翻译的用语中所表达的观点或概念。即便是质量最好的庭审口译也无法达到完美。在所有时间里都进行交替传译是极为理想的。它使被告能够立即反应,对法庭上所说的内容作出回应,而不会被与译员同时讲话的律师以及证人的声音分散注意力。这种做法避免了译员可能会拖后并错过证据的某些片段的极为现实的风险。译员也应始终以足够大的、使法庭上的所有人都能听到的声音讲话。这能满足法庭上所有可能需要翻译协助的人员的需要。这还将有助于法官确保,口译并不会成为同时有人过度讲话的问题。最后,对于有译员为被告提供协助的所有刑事审判,都要录音。只有经法院的命令才会被转录或者发布给当事人的这些录音,在有必要时,将是解决在上诉中出现的有关口译的准确性和一般效力问题的适当且最佳手段。② 在对被告的审判中,未能为他提供所有证据的全面的和同步的翻译,构成对这一权利的侵犯。尽管所提供的口译无须完美,但它必须是连续的、准确的、无偏的、适格的和同时发生的。并不是对所受保护的口译标准的所有偏离都会侵犯这一权利;其错误必须涉及诉讼本身,从而涉及被告的重大利益。③

作为一般规则,如果被告申请译员服务且法官认为该申请正当合理,或者如果法官明显知道被告在理解法庭语言方面有困难,那么就应当指定译员。法庭必须警觉这样的风险,即看来在一般对话中能良好使用某种语言的人可能难以理解更正式的法庭语言。④ 在不明白或不熟悉法庭所用语言可能构成行使辩护权的重大障碍的案件中,这项权利具有根本重要性。⑤ 但是,使用某种官方法庭语言的规定本身并不侵犯这一权利。如果某人能够通晓并以官方法庭语言

---

① *Ogba v. The State*, Supreme Court of Nigeria, [1993] 2 LRC 44.
② *Abdula v. R*, Supreme Court of New Zealand, [2012] 3 LRC 313.
③ *R v. Tran*, Supreme Court of Canada, [1994] 2 SCR 951.
④ *Abdula v. R*, Supreme Court of New Zealand, [2012] 3 LRC 313.
⑤ 人权事务委员会第 13 号一般性意见,第 13 段。See also *Luedicke, Belkacem and Koc v. Germany*, European Court, (1978) 2 EHRR 149.

充分地自我表达，那么也不要求国家向其母语不同于此官方语言的人提供口译服务。只有在被告或证人在理解或者在以法庭语言自我表达存在困难的情况下，才存在提供译员服务的义务。① 该权利的适用范围延及诉讼中，为了让被告获得公正审判之权益而有必要理解的所有文件或陈述的翻译或口译。② 查明被告是否需要译员，是法官通过与被告协商——尤其是在法官已经觉察到辩护律师与被告存在沟通困难的情况下——来判定的问题。③

由于法官有责任确保被告获得公正审判，法官必须令自己信服的是，根据既有的惯例，为被告提供协助的译员得到了有效利用。④ 在肯尼亚的一起案件中，某位被告向上诉法院申诉称，他不理解初审诉讼是如何进行的，对这种情况，庭审法官确信被告理解诉讼语言的事实是不充分的；宪法保障所要求的，不仅仅是庭审法院官员一方的确信。如果从其他情况看，被告似乎可能并不理解诉讼过程中所使用的语言，则必须下令重审。⑤ 因为身体残疾（聋或哑，或者二者兼有）而既听不到也说不了话，或者丧失了其中任何一项机能的被告，有权享有与不通晓法庭用语的被告获得译员协助的保障相同的法律保障。⑥

（十二）"不得强迫被告自供或认罪"

被告不得被强迫自供或认罪。因此，这项权利与"受罪行控告"之人有关。这是针对不被"强迫成为证人"的保护，也是针对该强迫致使他举出"不利于自己"的证据的保护。这种语境中的"强迫"意味着"威逼"。从这个意义上讲，强迫是一种身体遭受的客观行为，而不是作出陈述之人的心理状态，除非是在心理因某种外来作用而受到限制，以至于不自愿地作出该陈述即因此被强行逼取陈述的情况中。不能仅仅因为调查某一罪行的警官要求做某

---

① *Barzhig v. France*, Human Rights Committee, Communication No. 327/1988, HRC 1991 Report, Annex XI. F.

② *Luedicke, Belkacem and Koc v. Germany*, European Court, (1978) 2 EHRR 149. See Decision of the Cour de Cassation, Belgium, No. 5280, 27 January 1970：并未要求翻译辩护律师的言论。*Buraimoh Ajayi v. Zaria NA*, Supreme Court of Nigeria, (1964) NNLR 61：被告以法庭听不懂的语言讲的任何内容，法庭均应予以充分的翻译。See also *Gwonto v. The State*, Federal Court of Appeal, Nigeria, [1982] 3 NCLR 312；UN document A/2929, chap. VI, s. 87.

③ *Cuscani v. United Kingdom*, European Court, (2003) 36 EHRR 2.

④ *Kunnath v. The State*, Privy Council on appeal from the Court of Criminal Appeal of Mauritius, [1993] 2 LRC 326. 参见，*The State v. Gwonto*, Supreme Court of Nigeria, [1985] LRC (Const) 890：除非法庭意识到，该诉讼情况未被恰当地理解，否则不存在权利受到侵犯的问题。

⑤ *Andrea v. The Republic*, High Court of Kenya, [1970] EA 46.

⑥ Decision of the Constitutional Court of Italy, 22 July 1999, (1999) 2 *Bulletin on Constitutional Case-Law* 224.

事,或者因为被告在作出相关陈述时处于警方羁押之下的单纯事实,就可推断出存在强迫。当然,这不限制被告证明,在其被警方羁押的相关时间内,他受到的待遇——在该案的具体情形中——基于这种待遇本身就会推断出事实上实施了强迫。换言之,这是每个案中的事实问题,要由法庭权衡其面前的证据所披露的事实和具体情形来判定。①

这项权利所隐含的是,不得存在调查机关出于获取认罪供述之目的而对被告施以的任何直接或间接的身体或心理压力。② 为了强迫被告供认或者自供,经常会使用违反《公民及政治权利国际公约》第 7 条和第 10 条第 1 款的手段。因此,用这种手段或其他强迫形式获得的证据是完全不可接受的。③ "受强迫的证词"不仅包括通过人身威胁或暴力获得的证据,还包括通过心理折磨、氛围压力、环境胁迫、令人疲劳的审问性拖沓或专横的和恐吓性的手段获得的证据。如果警方采用的任何形式的压力,不论是巧妙的或粗暴的、精神的或肉体的、直接的或间接的,对于从被告处获取强烈暗示有罪的信息具有充分的实质性作用,那么所获取的就是"受强迫的证词"。④

不得自证其罪的权利不能被想当然地限定为承认不法行为或者与归罪直接相关的言辞。在强迫下获取的、表面上看来并不具有归罪性质的证言,例如无罪辩解的言辞或者单纯有关事实问题的信息,后来也可能被用来支持该诉讼,例如,用来反驳或质疑该被告的其他陈述或者他在庭审期间提出的证据,或者通过其他方式破坏他的可信度。在加拿大的一起刑事审判中,被告所受控告是未在事故现场停车。采信她在一项规范机动车使用的法律的强迫下作出的某一陈述违反了不得自证其罪的原则。⑤ 在被告的可信性必须由陪审团评估的情况

---

① *State of Bombay v. Kathi Kalu Oghad*, Supreme Court of India,[1954] 3 SCR 10. 见首席法官辛哈(Sinha)的判决词。

② *Kelly v. Jamaica*, Human Rights Committee, Communication No. 253/1987, HRC 1991 Report, Annex Ⅺ. D;*Campbell v. Jamaica*, Human Rights Committee, Communication No. 248/1987, HRC 1992 Report, Annex Ⅺ. D;*Berry v. Jamaica*, Human Rights Committee, Communication No. 330/1988, HRC 1994 Report, Annex Ⅸ. D; *Johnson v. Jamaica*, Human Rights Committee, Communication No. 588/1994, HRC 1996 Report, Annex Ⅷ. W; *Deolall v. Guyana*, Human Rights Committee, Communication No. 912/2000, Vol. 9, p. 53; *Kurbonov v. Tajikistan*, Human Rights Committee, Communication No. 1208/2003; *Shukurova v. Tajikistan*, Human Rights Committee, Communication No. 1044/2002. See *Singarasa v. Sri Lanka*, Human Rights Committee, Communication No. 1033/2001, 21 July 2004:国内法必须确保,以违反《公民及政治权利国际公约》第 7 条的方式获取的陈述或供认被排除于证据之外,除非这些材料被用于证明发生了该条规定所禁止的酷刑或者其他待遇;并且在这种情况下,国家有责任证明,被告所做的该陈述是出于其自由意志做出的。

③ 人权事务委员会第 13 号一般性意见,第 14 段。在起草本款期间,提出增加"或者通过承诺回报或者豁免而被引诱作出此类供述"的建议遭到了拒绝。See UN document A/2929, chap. Ⅵ, s. 88.

④ *Satpathy v. Dani*, Supreme Court of India,[1978] 3 SCR 608.

⑤ *R v. White*, Supreme Court of Canada,(1999) 2 *Bulletin on Constitutional Case-Law* 201.

下，使用此类证言可能尤为危险。因此，在这种情况下，起关键作用的是，在刑事审判过程中采用何种在强迫之下获得的证据。①

针对自证其罪的保护超出了特定的调查或审判，还在可能会妨碍他自愿地披露归罪事项的其他罪行方面——不论是未决的还是即将来临的，保护被告。在美国，宪法第五修正案规定的禁止自证其罪的权利范围不仅及于本身可能会支持定罪的回答，而且包括可能会提供为起诉被告所需的证据链中某一环节的回答。②在加拿大，通过对被告与一位朋友之间的对话进行录音而获取的证据被排除，因为该证据是通过诱使被告不利于其本人而获得的。③南非的一项法律条款强制在公司清算中作证，并允许在后续的刑事诉讼中使用该证据控告作证之人，这与该权利不相容。④但是该保护并不适用于在无权审理任何人的刑事罪行的调查委员会所进行的审理。⑤在判定免受自证其罪的保护的范围时，有必要考虑引起其适用的特定背景。在监管领域，禁止自证其罪原则并不禁止控方依赖依法需要提交的、作为参与该监管领域的条件或者资格之一的记录。在刑事或者调查听审中，禁止自证其罪的保护并未将此类记录提升到被强迫作出的证言的地位。⑥

---

① *Saunders v. United Kingdom*, European Court, (1996) 23 EHRR 313：工商贸易部稽查员通过行使他们的法定强制权所获得的陈述。See *Terán Jijón v. Ecuador*, Human Rights Committee, Communication No. 277/1988, HRC 1992 Report, Annex Ⅸ. Ⅰ, 伯蒂尔·文纳尔格伦（Bertil Wennergren）的个人意见：一位受指控者在被单独拘禁时发生的审讯期间，被强迫在10张空白纸上签名。

② 然而，这种链条必须具有一种合理强度，即使被告忧惧该回答中的危险。必须在法庭看来，在该问题被提出的背景下，该问题的含义清楚地表明，就无法回答该问题的原因而言，某一回应性的解答或者解释可能会是危险的，原因是可能会造成有害的披露。因被要求回答而产生的被入罪的忧惧必须是实质性的、现实性的，区别于具有极小可能性的危险或者幻想出来的臆断。

③ *R v. Broyles*, Supreme Court of Canada, (1991) 131 NR 118.

④ *Ferreira v. Levin*, *Vryenhoek v. Powell*, Constitutional Court of South Africa, [1996] 3 LRC 527；*Parbhoo v. Getz NO*, Constitutional Court of South Africa, [1998] 2 LRC 159. Decision of the Constitutional Court of Chile, 20 August 2013, (2013) 3 *Bulletin on Constitutional Case-Law* 466：这一保护并不及于法人，在法定代表人为正在接受调查的公司所犯下的行为作证时，也不保护他们。

⑤ *Bethel v. Douglas*, Privy Council on appeal from the Court of Appeal of The Bahamas, [1995] 1 LRC 248：虽然出席根据《调查委员会法》任命的委员会所进行的审查的人，不能以回答某些问题或者提供某些文件或物品可能有自证其罪的倾向为由，而免于回答任何问题或者提供任何文件或物品，但是相关法律也规定，被传召出席委员会审查的证人所做的任何回答，都不得在刑事诉讼中被用于指控他人，但是用于指控在委员会作伪证的诉讼除外。

⑥ *R v. Fitzpatrick*, Supreme Court of Canada, [1995] 4 SCR 154：在接受许可证时，就假定从事受监管的商业性底栖鱼渔业的船长已经知晓并接受与之相关的规定和条件，其中包括完成冰鲜报告和捕捞日志以及控告过度捕鱼者。这些记录中的信息可以用于以后的对抗性程序——国家可借此程序寻求实施为完成其监管目标所必需的限制。对于有效监管渔业而言，冰鲜报告和捕捞日志是必要的，并且应被认为是获得从事底栖鱼渔业的许可之人的"一般性"记录。这些记录的法定性的事实，并不能将它们转化为强制性证据。*Poli v. Minister of Finance and Economic Development*, Supreme Court of Zimbabwe, [1988] LRC (Const) 501：根据津巴布韦《外汇管制法》而被要求在14天之内提供国外银行账户的书面详情之人，不能援引这一保护。

这一保护禁止"作证强迫"。然而，一个人成为"证人"，不仅通过口头作证，也通过制作文件或者做出易于理解的肢体语言作证，例如在证人为聋人的情况中。"成为证人"就是"提供证据"，而提供这种证据既可以通过口头或书面，也可以通过提供某一物件或文件，或者通过任何其他方式。① 该保护并不及于为辨识之目的而展示拇指印、掌印或脚印、笔迹样本以及签名，或者露出身体的某个部分。"自证其罪"指的是基于提供者的个人认知传达信息，而不包括在法庭上生成文件的纯粹的机械过程——这种过程不包括被告基于其个人认知的任何陈述。② 它也不包括诸如呼吸或者血液中的酒精含量等可用来归罪的身体状态。③ 为确定其血液酒精浓度而从不能或者不愿同意被采集血液样本的司机处采集血样，并不意味着侵犯禁止自证其罪的权利；这仅仅是事先并不知道其结果的专业检测的基础，也不包含能够表明被检测者承认了会使其承担责任的某些事实的任何言辞或者积极行为。④ 这一受保护的权利主要涉及尊重被告保持沉默的意愿。其范围并不延及在刑事诉讼中使用依法强制从被告处获得但独立于被告的意愿而存在的资料（如根据搜查令获得的文件；呼吸、血液和尿液样本；以及用于 DNA 测试的身体组织）。⑤

在印度，为了改善刑事案件的调查工作而采用的某些科学技术被认为违反了对于禁止自证其罪的保护：（甲）麻醉分析法，此方法需要向静脉内注射某种药物，该药物会使人进入催眠状态并变得不那么抗拒，因此在受到讯问时更可能作出交代，并涉及作证行为；（乙）测谎仪检测法，这种方法将个人与几种设备连接，用它们检测并记录该人对于一系列为判定他是否说谎之目的而提出的问题的心理反应。（丙）大脑电激活曲线（BEAP）检测法，这种方法是通过测量因被暴露于选定的刺激因素——例如与调查有关的词语、图片或者声音——而引发的大脑活动，来探测某人是否熟悉某些信息的过程。强制进行这些检测妨碍了个人在保持沉默和提供实质性信息之间选择的权利。它们是取得

---

① *Sharma* v. *Satish Chandra*, Supreme Court of India, [1954] SCR 1077.

② *State of Bombay* v. *Kathi Kalu Oghad*, Supreme Court of India, AIR 1961 SC 1808.

③ *Curr* v. *The Queen*, Supreme Court of Canada, (1972) SCR 889. See *Regina* v. *McKay*, Manitoba Court of Appeal, (1971) 4 CCC (2nd) 45：该案中，某人向一位治安官提供了他的呼吸的预审样本，他所提供的只是其他人在随后可能依此出示证据的样本；他本人并未提供证据。Decision of the Supreme Court of Justice of the Nation, Argentina, 12 August 1997, (1997) 3 *Bulletin on Constitutional Case-Law* 346：当罪犯在公立医院寻求医疗时，从该被告的身体条件中获取的犯下某一罪行的证据，并未侵犯这一权利。

④ Decision of the Constitutional Court of Portugal, 15 July 2013, (2013) 3 *Bulletin on Constitutional Case-Law* 340.

⑤ *Saunders* v. *United Kingdom*, European Court, (1966) 23 EHRR 313. See also Decision of the Constitutional Court of Spain, 2 October 1997, (1997) 3 *Bulletin on Constitutional Case-Law* 441.

个人对相关事实之认知的手段，并因此触发了不得自证其罪的保护机制。①

法院作为必须公正无私地裁决的机构，不得通过承诺诸如较轻的刑罚之类的回报，试图说服被告承认犯下了某一罪行。法院必须确定实质性的事实；该事实不一定是检控方所断言的。说服被告承认犯罪就是强迫被告做不利于其自身的行为，即便是他并没有犯下刑事罪行，或者并没有按照检控方在起诉中所声称的方式犯罪。这种法律劝诫不仅会迫使被告与检控方合作，还会迫使他以不利于其自身权益的方式行事并承认起诉中的控告。这种劝诫通过这种方式侵犯了被告的沉默权，并且也与无罪假定不相容，因为它恰恰来源于相反的假定——有罪假定。② 一般而言，被告在整个审判期间都应在场。被告声称如果他出现在法庭上，证人可能会指认他，而这一事实侵犯了禁止自证其罪的权利，这种说法是毫无根据的。③

在不得强迫被告自供式认罪方面还需要提到沉默权。沉默权源于无罪假定和禁止自证其罪之保护的合并适用。马斯蒂尔（Mustill）勋爵曾确定构成这一权利的"豁免的一个分散组别，这些豁免在性质、起因、影响以及重要性上各有不同"。其中包括这些：（1）一种普遍豁免，为所有人和组织所享有，即免于受到强迫——违者即受惩罚——来回答其他人或者组织提出的问题；（2）一种普遍豁免，为所有人和组织所享有，即免于受到强迫——违者即受惩罚——来回答某些对其回答可能会使他们被归罪的问题；（3）一种具体豁免，为被怀疑负有刑事责任、受到警官或者有类似权力地位的其他人讯问的所有人所享有，即免于受到强迫——违者即受惩罚——来回答任何种类的问题；（4）一种具体豁免，为正在受审的被告所享有，即免于受到强迫提供证据以及免于受到强迫回答将他们送上被告席的问题；（5）一种具体豁免，为受到刑事罪行控告之人所享有，即免于回答警官或者有类似权力地位的人向他们提出的对犯罪行为有实质意义的问题；（6）一种具体豁免，为正在受审的被告所享有，即对于任何未能（甲）在庭审前回答问题或者（乙）在庭审中提供证据的行为，免于遭受非难评论。④

原则上，沉默权用于保护嫌疑人对警方的讯问选择讲话或者保持沉默的自

---

① *Selvi et al v. State of Karnataka*, Supreme Court of India, [2010] 5 LRC 137.

② Decision of the Constitutional Court of Slovenia, 14 March 2002, (2002) 1 *Bulletin on Constitutional Case-Law* 121. *Bobby v. Dixon*, United States Supreme Court, (2011) 3 *Bulletin on Constitutional Case-Law* 595；这一权利并不禁止警方敦促某位嫌疑人在其他嫌疑人供认之前供认。

③ *Holland v. Her Majesty's Advocate*, Privy Council on appeal from the High Court of Justiciary of Scotland, [2005] 4 LRC 445.

④ *R v. Director of Serious Fraud Office*, ex parte Smith [1992] 3 All ER 456, at 463.

由。该权利与免于自证其罪的权利主要意在针对当局的不适当强迫以及通过胁迫和压制方式获取证据提供保护。① 因此，当某人受制于国家的强制性权力时，就会涉及沉默权。个人一经被逮捕、控告或者拘禁，就产生这种情况。正是在这一时间点上，在国家和个人之间就产生了一种对抗关系。被告一旦被置于国家的强制性权力之下，其沉默权就只能通过其知情的决定而被放弃；"国家的诡计是不可接受的"。② 然而，加拿大最高法院认为，沉默权受到以下限制：

（1）被警方说服并不侵犯沉默权，只要没有剥夺嫌疑人的选择权或者剥夺他的心理活动。

（2）沉默权仅适用于被拘禁以后。在被拘禁之前，被寻取信息的个人并不处于国家控制之下。在拘禁以后，情况就大不相同；国家实施了控制并承担确保该被拘禁者的权利受到尊重的义务。

（3）基于嫌疑人自由选择与警方讲话或者保持沉默的沉默权，并不影响对被共同关押者作出的自愿陈述。只有在警方的行为侵犯了嫌疑人选择不对当局做出陈述的宪法权利时，才会产生对嫌疑人的权利的侵犯。

（4）在被告告知警方他不想和他们讲话之后，如果警方使用诡计审讯他，那么警方就以不正当的诱骗方式，取得了若尊重嫌疑人在宪法上的沉默权即无法获得的信息。然而，如果警方没有诱骗行为，那么就不会侵犯被告选择是否与警方讲话的权利。如果他（或她）讲了话，那么这是其自己的选择，他（或她）就必须准备好承担该信息的接收者可能会通报警方的风险。③

允许从被告的沉默权中得出非难性推论看来构成了强迫，其后果是将举证责任从控方转移给了被告，并因此与沉默权不相容。在这种情况中，被告被置于无法在沉默——这将被用作对他不利的证据——与作证之间作出合理选择的状态。尽管不言而喻的是，完全或主要依据被告的沉默、拒绝回答问题或提供证据来定罪与这一权利不相容，但是在明显需要解释的情况中，这些豁免不应阻止在评估控方举出的证据的说服力时，将被告的沉默考虑在内。每个特定的案件中的问题是，控方所提出的证据是否强有力，足以要求获得回答。法院不能仅仅因为被告选择保持沉默，就得出其有罪的结论。只有在对被告不利的证据"需要"解释，且被告应该能够作出解释时，未能作出解释"才可能从常

---

① *Allan* v. *United Kingdom*, European Court, (2003) 36 EHRR 12; *Beckles* v. *United Kingdom*, European Court, (2003) EHRR 13.

② *R* v. *Herbert*, Supreme Court of Canada, [1990] 2 SCR 151.

③ *R* v. *Herbert*, Supreme Court of Canada, [1990] 2 SCR 151. See also *R* v. *Van Haarlem*, Supreme Court of Canada, (1992) 135 NR 377.

识来讲，允许得出没有解释以及被告有罪的推论"。相反，如果控方所提出的案件的证据价值如此之小以至于并不需要作出回答，那么未能作出回答就无法证明有罪推论合理。①

一旦被逮捕者被告知了保持沉默的权利，就不得从其沉默中得出非难性的推论。必须将审前的沉默权与庭审期间的沉默权区分开来。法院不得从被告的审前沉默中得出任何有罪推论。这种推论会损害保持沉默和被假定为无罪的权利。因此，在审判前迫使被告打破沉默或者披露其辩护的义务，将会侵蚀沉默权。然而，可以适当地区分两种情况：一种是从沉默中得出有罪的推论，另一种是与被告选择保持沉默有关的可信性裁决。因此，在评估证据的整体情况时，可以合理考虑未能及时披露不在犯罪现场的情况。②

（十三）"经判定有罪者，有权申请上级法院依法复审其定罪及刑罚"*

《公约》不同语言文本中使用的术语（英文本中的 *crime*、法文本中的 *infraction*、西班牙文本中的 *delito*）表明，这一保障并不局限于最严重的罪行。"依法"的表述并不意在将复审权的存在与否留由国家自由裁量。所要"依法"确定的是由一个上级法院进行复审所要采取的方式，③ 以及由哪个法院负责以符合《公民及政治权利国际公约》的方式进行复审。这并未要求一国提供多个上诉审级。④ 但是，《公民及政治权利国际公约》第 14 条第 5 款中提到国内法应被解释为意味着，如果国内法提供了进一步的上诉审级，那么被定罪者必须得以有效地利用每一上诉审级。⑤

并不会仅仅因为存在一个比对被告进行审判和定罪的法院更高一级的法院

---

① *Murray v. United Kingdom*, European Court, (1996) 22 EHRR 29. See also *Funke v. France*, European Court, (1993) 16 EHRR 297; *Condron v. United Kingdom*, European Court, (2000) 31 EHRR 1; *Averill v. United Kingdom*, European Court, (2000) 31 EHRR 839; *Griffin v. State of California*, United States Supreme Court, 380 US 609 (1965); *Miranda v. Arizona*, United States Supreme Court, 384 US 436 (1966).

② *Thebus v. State*, Constitutional Court of South Africa, [2004] 1 LRC 430; *Bukoya v. State*, Supreme Court of Papua New Guinea, [2008] 3 LRC 274; *Condron v. United Kingdom*, European Court, (2001) 31 EHRR 1; *Averill v. United Kingdom*, European Court, (2001) 31 EHRR 36.

* "有权申请上级法院依法复审其定罪及刑罚"并非《公民及政治权利国际公约》作准中文本的表述，而是对其英文表述"shall have the right to his conviction and sentence being reviewed by a higher tribunal according to law"的翻译。

③ *Salgar de Montejo v. Colombia*, Human Rights Committee, Communication No. 64/1979, HRC 1982 Report, Annex XV.

④ *Rouse v. Philippines*, Human Rights Committee, Communication No. 1089/2002.

⑤ *Henry v. Jamaica*, Human Rights Committee, Communication No. 230/1987; *Douglas v. Jamaica*, Human Rights Committee, Communication No. 352/1989, HRC 1994 Report, Annex IX. G.

且被告可以向其上诉,对判决提出上诉的权利就得到了满足。为了对判决作出真正的审查,上级法院必须具有处理有关具体案件的管辖权。有必要强调的事实是,从初审到终审,刑事诉讼是具有不同阶段的单一诉讼。因此,预先依法设立的法庭的理念以及正当程序原则融贯地适用于所有这些阶段,并且必须在所有不同的审级程序中都得到遵守。如果二审法院未能满足法庭所必须满足的要求,即应是预先依法设立的公正的、无私的和独立的法庭,那么在该法院所进行的诉讼阶段就既不能被认为是合法的,也不能被认为是有效的。① 以下两种情况都违反《公民及政治权利国际公约》第14条第5款:初审法院的判决是终局的;或者在下级法院作出无罪判决之后,上诉法院或者终审法院作出了有罪判决,而该判决根据国内法又不能由某一更高一级法院复审。② 如果一国的最高等级法院负责初审,也是唯一的审级,那么由该国最高法庭审判的事实,并不能弥补不存在由一个更高一级法庭复审的权利的情况。③ 如果高一级法院确认了下级法院的定罪,但是对同一罪行加重了下级法院所处刑罚,这并没有违反《公民及政治权利国际公约》第14条第5款,因为该上级法院并没有改变对罪行的基本定性。其裁判仅仅反映了高一级法院的评定,即基于该罪行的具体情形的严重性,应处以更严厉的刑罚。④

只有在被定罪者有权获得初审法院的经适当说理的、书面判决的情况下——若国内法规定了多个上诉审级,则在获得至少是第一级上诉法院的这种判决的情况下,才能有效行使使其定罪获得复审的权利。⑤ 被定罪者还有权获得为享有上诉权之有效行使所必需的其他文件,诸如审判记录。⑥ 当被定罪者因为没有上诉法院的书面判决而无法提出上诉时,《公民及政治权利国际公约》

---

① *Castillo Petruzzi Case*, Inter-American Court, 30 May 1999.
② *Salgar de Montejo v. Colombia*, Human Rights Committee, Communication No. 64/1979, HRC 1982 Report, Annex XV; *Gomariz v. Spain*, Human Rights Committee, Communication No. 1095/2002, Selected Decisions, Vol. 8, p. 350; *Terrón v. Spain*, Human Rights Committee, Communication No. 1073/2002, 5 November 2004.
③ *Serena v. Spain*, Human Rights Committee, Communication No. 1351/2005; *Rodriguez v. Spain*, Human Rights Committee, Communication No. 1352/2005, 25 March 2008:如果法律规定,相比于一般的案件,某些个人由于其他地位,应由一个较高级法院审判,那么这种情况本身并不得使受指控者的由更高一级法院对其定罪及刑罚进行复审的权利受到减损。
④ *Perez Escolar v. Spain*, Human Rights Committee, Communication No. 1156/2003, Selected Decisions, Vol. 9, p. 113.
⑤ *Van Hulst v. Netherlands*, Human Rights Committee, Communication No. 903/1999; *Bailey v. Jamaica*, Human Rights Committee, Communication No. 709/1996; *Morrison v. Jamaica*, Human Rights Committee, Communication No. 635/1995.
⑥ *Lumley v. Jamaica*, Human Rights Committee, Communication No. 662/1995.

第 14 条第 5 款即被违反。① 如果具有更高审级的法院的复审以违反《公民及政治权利国际公约》第 14 条第 3 款（寅）项的方式被无故拖延，那么这一权利的有效性就受到了损害，《公民及政治权利国际公约》第 14 条第 5 款也被违反。② 说理义务所适用的程度可能因裁决的性质而有所不同，必须根据案件的具体情况确定。但是，这不能被理解为需要对每项主张都予以详细回答。在驳回上诉时，上诉法院在原则上可以简单地核可下级法庭的判决的理由。③ 新西兰上诉法院曾指出，说理为法官提供了一项行为准则，以确保不会出现错误的或任意的裁决以及不协调的司法行为。因此，即便在某些案件中，判决的理由可能会被缩减或者不言自明，但还是需要它们足够充分，以表明法官在得出结论时，关注了哪些内容。④

使得定罪及刑罚由一个上级法院进行复审的权利，带来了同时基于证据的充分性和法律对定罪及刑罚进行实质性复审的义务，以便该程序顾及对案件性质的合理考量。⑤ 不对事实作任何考量而仅局限于对定罪的形式或法律方面的复审是不充分的。⑥ 没有进行正式审理或者仅审查法律事项的司

---

① *Pratt and Morgan* v. *Jamaica*, Human Rights Committee, Communication Nos. 210/1986 and 25/1987, Selected Decisions, Vol. 3, p. 121.

② *Kennedy* v. *Trinidad and Tobago*, Human Rights Committee, Communication No. 845/1998; *Sextus* v. *Trinidad and Tobago*, Human Rights Committee, Communication No. 818/1998; *Daley* v. *Jamaica*, Human Rights Committee, Communication No. 750/1997; *Brown and Parish* v. *Jamaica*, Human Rights Committee, Communication No. 665/1995; *Thomas* v. *Jamaica*, Human Rights Committee, Communication No. 614/1995; *Bennet* v. *Jamaica*, Human Rights Committee, Communication No. 590/1994; *Smith* v. *Jamaica*, Human Rights Committee, Communication No. 282/1988, 31 March 1993; *Pratt and Morgan* v. *Jamaica*, Human Rights Committee, Communication No. 210/1986, HRC 1989 Report, Annex X. F; *Kelly* v. *Jamaica*, Human Rights Committee, Communication No. 253/1987, HRC 1991 Report, Annex XI. D; *Little* v. *Jamaica*, Human Rights Committee, Communication No. 283/1988, HRC 1992 Report, Annex IX. J; *Francis* v. *Jamaica*, Human Rights Committee, Communication No. 320/1988, 24 March 1993; *Johnson* v. *Jamaica*, Human Rights Committee, Communication No. 588/1994, HRC 1996 Report, Annex VIII. W; *Pinkney* v. *Canada*, Human Rights Committee, Communication No. 27/1978, HRC 1982 Report, Annex VII; *Alexander* v. *Williams*, Court of Appeal of Trinidad and Tobago, (1984) 34 WIR 340: 在被提出上诉的案件中，提供理由是"正当程序"不可或缺的要求。

③ *Garcia Ruiz* v. *Spain*, European Court, (1999) 31 EHRR 589.

④ *Lewis* v. *Wilson & Horton Ltd*, Court of Appeal of New Zealand, [2002] 2 LRC 205.

⑤ *Bandajevsky* v. *Belarus*, Human Rights Committee, Communication No. 1100/2002; *Aliboeva* v. *Tajikistan*, Human Rights Committee, Communication No. 985/2001; *Khalilova* v. *Tajikistan*, Human Rights Committee, Communication No. 973/2001; *Domukovsky et al* v. *Georgia*, Human Rights Committee, Communication No. 623-627/1995; *Saidova* v. *Tajikistan*, Human Rights Committee, Communication No. 964/2001; *Rogerson* v. *Australia*, Human Rights Committee, Communication No. 802/1998; *Lumley* v. *Jamaica*, Human Rights Committee, Communication No. 662/1995.

⑥ *Gómez Vázquez* v. *Spain*, Human Rights Committee, Communication No. 701/1996, HRC 2000 Report, Annex IX. I; *Perera* v. *Australia*, Human Rights Committee, Communication No. 536/1993, HRC 1995 Report, Annex XI. G.

法复审,① 以及"监督性复审"② 都不能被定性为从《公民及政治权利国际公约》第14条第5款的目的来说的"复审"。然而,只要进行复审的法庭能够关注案件的实际方面,那么完全的重审或者"审理"③ 并不是必需的。因此,例如,在一起案件中,一个更高一级的法院十分详细地审查了对一位已被定罪者提出的控告,考察了在审判中提交的并在上诉中提到的证据,并认定,在该具体案件中,有充分的归罪证据证明有罪判决是合理的。这种情况就没有违反《公民及政治权利国际公约》。④ 要求特许上诉与有权诉诸一个上级法院并不矛盾,⑤ 但是有关可以就多少法律要点提出上诉的限制则与上诉权矛盾。⑥ 在对定罪和/或刑罚的特许上诉申请中,缺少经适当说理的判决(哪怕是以简短的内容)——这为法院裁决该上诉将不会成功提供了理由,损害了当事人使其定罪获得复审的权利的有效行使。⑦

在死刑案件中,上诉权尤为重要。复审某一贫穷的被定罪者之死刑判决的法院拒绝提供法律援助,不仅构成对《公民及政治权利国际公约》第14条第3款(卯)项的违反,还构成对《公民及政治权利国际公约》第14条第5款的违反,因为该拒绝实际上阻碍了由上级法院对定罪及刑罚的有效复审。⑧ 如果被告未被告知其辩护律师并不打算向法院提出任何争讼,从而使他们丧失寻求替代的代理人、使他们的关切得以在上诉层级上得到审查的机会,也侵犯了当事人使其定罪获得复审的权利。⑨

---

① *Domukovsky et al v. Georgia*, Human Rights Committee, Communication Nos. 623, 624, 626 and 627/1995, HRC 1998 Report, Annex XI. M.

② *Bandajevsky v. Belarus*, Human Rights Committee, Communication No. 1100/2002, Selected Decision, Vol. 9, p. 84. No. 836/1998.

③ *Rolando v. Philippines*, Human Rights Committee, Communication No. 1110/2002; *Juma v. Australia*, Human Rights Committee, No. 984/2001; *Perera v. Australia*, Human Rights Committee, Communication No. 536/1993.

④ *Pérez Escolar v. Spain*, Human Rights Committee, Communications No. 1156/2003; *Bertelli Gálvez v. Spain*, Human Rights Committee, No. 1389/2005.

⑤ *State v. Rens*, Constitutional Court of South Africa, [1996] 2 LRC 164.

⑥ Decision of the Supreme Court of Argentina, 7 April 1995, (1995) 3 *Bulletin on Constitutional Case-Law* 271.

⑦ *Aboushanif v. Norway*, Human Rights Committee, Communication No. 1542/2007, 17 July 2008. 在一项附议意见中,伊万·希勒(Ivan Shearer)指出,对于上诉将不可能成功的结果而言,相比于格式化的答复,需要做的还有更多。不论说理有多简短,法院都应向上诉人说明法院不受理该上诉的主要原因。

⑧ *La Vende v. Trinidad and Tobago*, Human Rights Committee, Communication No. 554/1993, HRC 1998 Report, Annex XI. B.

⑨ *Daley v. Jamaica*, Human Rights Committee, Communications No. 750/1997; *Gallimore v Jamaica*, Human Rights Committee, Communication No. 680/1996; *Smith and Stewart v. Jamaica*, Human Rights Committee, Communication No. 668/1995; *Sooklal v. Trinidad and Tobago*, Human Rights Committee, Communication No. 928/2000.

（十四）"任何人依一国法律及刑事程序经终局判决判定有罪或无罪开释者，不得就同一罪名再予审判或科刑"

《公民及政治权利国际公约》第 14 条第 7 款中的这一权利体现了一事不再理（ne bis in idem）原则。该权利由经终局判决有罪或无罪开释的被告所享有。"经终局判决有罪或无罪开释"这一表述意味着，司法复审和上诉的所有一般性手段都已被用尽，并且所有的等待期均已届满。① 如果陪审团就某一起诉作出了总体性的无罪裁决，那么被告随后就可针对该起诉中本来可能使其被定罪的每一罪行，主张前经宣告无罪不应再受审判的抗辩。因此，谋杀起诉中的总体性无罪裁决，也可用于为过失杀人主张前经宣告无罪。然而，如果法官交给陪审团两个问题——谋杀或者过失杀人，陪审团给出了不犯有谋杀罪的裁决，却未能对过失杀人有效地达成一致并就该问题作出裁决，那么并不能推断出部分无罪的裁决也可以涵盖陪审团所未达成一致的过失杀人的罪行。②

如果查明有罪就构成"定罪"，③ 那么或者一经被告承认被控告之罪，或者在由陪审团进行的庭审中，一经陪审团作出有罪裁决，他就被认为是"被定罪"。由此被定罪的被告可能不会再一次"受审"。在这方面上，《公民及政治权利国际公约》第 14 条第 7 款中所承认的权利在范围上，似乎比一罪不二罚（autrefois convict）的普通法原则——其基本原理是"防止重复惩罚"——更为广泛。后一项原则曾被适用于牙买加的一起案件，该案中，在起诉中被控告谋杀的某位被告承认了犯有过失杀人罪，并且控方律师在公开法庭上接受了这一认罪。法官也没有表示反对。随后，辩方成功地申请了延期，以便传唤有助于减轻罪责的品德证人。在恢复的庭审中，控方由公诉机关的检察长提出撤回起诉（nolle prosequi）——他认为对过失杀人的认罪本就不应该被接受，诉讼程序随即终止。随后，在一份全新的起诉中，被告被起诉谋杀并受到了陪审团的审判，被定罪并被判处死刑。被告辩称，在涉及相同情形的先前的起诉中——与后来的起诉所提到的事实基础也相同，他已经以过失杀人被定罪。英国枢密院拒绝了这一辩解，认为"在没有法院通过判决或其他命令作出最终判决的证

---

① See UN document A/2929, chap. VI, s. 63. 人权事务委员会区分了以下二者：以例外情形为由重启的庭审，以及根据本条款中所包含的一事不再理原则所禁止的重审。见第 13 号一般性意见，第 19 段。

② *Director of Public Prosecutions v. Nasralla*, Privy Council on appeal from the Supreme Court of Jamaica, [1967] 2 All ER 161；*Lawrence v. State*, Court of Appeal of Cyprus, [1999] 4 LRC 129：如果对于过失杀人的替代性裁决不合适、相当于无效，那么同样的原则也将适用。

③ *R v. Blaby* [1894] 2 QB 170.

据的情况下",并不足以支持前经定罪就一事不再理的抗辩。①

禁止双重危险的权利仅涉及在一个特定国家之内的一项罪行。对于两个或者两个以上国家的管辖制度,它并不保证一事不再理。② 因此,一国根据其法律审判某个因同一罪行已经被另一个国家的法院判刑之人,看来可予允许(尽管可能是不可取的)。如果某人已经被某一公务法庭判定犯有公务犯罪,那么就同一行为再对该人以刑事罪行起诉,是否合法?加拿大最高法院认为,如果某一特定的诉讼在本质上是刑事诉讼,或者因为对该罪行定罪可能会导致现实的刑事后果,那么答案将是否定的。该法院区分了两种事项:一种是具有公共性的事项,是为了在某一公共活动范围内促进公共秩序以及福祉;另一种是私人的、家庭的或者惩戒性的事项,具有管理性、保护性或者纠正性,主要是为了维护纪律、职业操守以及职业标准,或者是为了在某一有限的私人活动范围之内规范行为。现实的刑事后果指的是监禁或者其程度看来是为了纠正对整个社会犯下的违法行为而处以的罚金。③

存在这一权利,并不是绝对禁止在民事上主张惩罚性损害赔偿,即便是该主张具有惩罚性并具有阻止再犯恶意行为之目的,而不是为了补偿受害者或者平息报复情绪。"惩罚"一词有关刑事程序,是为了防止重复使用诉诸刑事程序的惩罚功能。然而,为判定是否可以基于已经是刑事诉讼之对象的事实提出这种主张,法院需要作出权衡公共利益和私人利益的政策性决定。(1) 如果刑事诉讼的结果是被定罪,那么就会有充分理由认为,后来在民事上基于同样事实主张惩罚性损害赔偿并非正当合理。(2) 即便最终结果是无罪开释的起诉不会一般性地禁止因同样事实而引发的后续民事诉讼,但是允许就同样的问题再次提起诉讼,而其唯一目的是以惩罚性损害赔偿的形式施以惩罚——这种惩罚大致服务于与刑事制裁相同的惩罚目的,也将是滥用程序。(3) 如果刑事起诉已经开始但尚未结束,那么寻求民事上的惩罚性赔偿,也将是滥用程序;如果有可能提起刑事起诉,那么即便是尚未提起,中止民事诉讼程序也将是恰

---

① *Richards* v. *R*, Privy Council on appeal from the Court of Appeal of Jamaica, [1993] 1 LRC 625, per Lord Bridge.

② *A. P.* v. *Italy*, Human Rights Committee, Communication No. 204/1986, HRC 1988 Report, Annex Ⅷ. A. See also UN document A/4299, s. 60; Decision of the Constitutional Court of Croatia, 5 July 1994, (1994) 2 *Bulletin on Constitutional Case-Law* 119:如果对在克罗地亚境内所犯罪行的诉讼在他国启动或者终了,只有在例外且国家检察官批准的情况下,才能再在克罗地亚起诉。*A. R. J.* v. *Australia*, Human Rights Committee, Communication No. 692/1996, Selected Decisions, Vol. 6, p. 177; *A. P.* v. *Italy*, Human Rights Committee, Communication No. 204/1986.

③ *Wigglesworth* v. *R*, Supreme Court of Canada, [1989] LRC (Const) 591.

当的。①

如果某一高级法庭撤销某一定罪并下令重审，并不会引起《公民及政治权利国际公约》第 14 条第 7 款禁止的问题。② 该款也不禁止以特殊情况——例如发现在无罪判决时未能获得或并不知晓的证据——为正当理由而再次进行刑事审判。这一禁止仅适用于刑事罪行，而不适用于不构成《公民及政治权利国际公约》第 14 条的含义之内的对刑事罪行之制裁的纪律惩戒处分。③ 在税收领域，对于曾向税务机关提供了不准确或不完整信息的纳税人而言，在他已经因为同一行为而在逃税的刑事诉讼中受到起诉的情况下，不能再对他征收额外的追加税。④ 拒绝因侵犯工人的基本权利而被定罪的公司参加公开合同投标，并不构成双重危险。⑤ 对醉酒驾车者，在撤销因过失造成人身伤害的刑事诉讼中的起诉后，对其处以行政处罚，并不构成对《欧洲人权公约第七议定书》第 4 条的违反，因为这两种违法行为在根本要素上并不相同。⑥

（十五）"任何人之任何行为或不行为，于发生当时依国内法或国际法均不构成刑事罪者，不为罪"

这一权利旨在保护任何人，对于在发生时不构成犯罪的行为或者不行为，免受起诉和惩罚。该权利尤其体现了只有法律才可以界定犯罪并规定刑罚的原则即"法无明文不为罪、法无明文不处罚"（nullum crimen, nulla poena sine lege）。⑦ 如果一个人受控告的行为是在某一法律被废除之后做出的，则不能依据该过时的法律判他有罪。在这种情况下的定罪，将会涉及在做出某一行为或者不行为时，依据当时的国内法并不构成犯罪的行为或者不行为。不再构成刑事

---

① *Daniels v. Thompson*, Court of Appeal of New Zealand, [1998] 4 LRC 420.
② *Terán Jijón v. Ecuador*, Human Rights Committee, Communication No. 277/1988.
③ *Gerardus Strik v. The Netherlands*, Human Rights Committee, Communication No. 1001/2001.
④ Decision of the Supreme Court of Norway, 3 May 2002, (2002) 2 *Bulletin on Constitutional Case-Law* 280 and 283. 参见, Decision of the Supreme Administrative Court of Sweden, 13 September 2002, *Bulletin on Constitutional Case-Law* 517：某一法律致使某人因逃税而被最终定罪，并征收了额外的税，这构成了《欧洲人权公约第七议定书》第 4 条第（1）项含义之内的两种不同的惩罚，因为后者与逃税不同，其并不要求相关个人一方的故意或者过失的要素。
⑤ Decision of the Constitutional Court of Chile, 4 July 2013, (2013) 3 *Bulletin on Constitutional Case-Law* 239.
⑥ Decision of the Constitutional Court of Austria, 2 July 2009, (2009) 3 *Bulletin on Constitutional Case-Law* 471.
⑦ *Baskaya and Okcuoglu v. Turkey*, European Court, 8 July 1999；*Kokkinakis v. Greece*, European Court, (1993) 17 EHRR 397. "有溯及力的（retroactive）" 和 "追溯性的（retrospective）" 法律之间的区别见，*Benner v. Secretary of State of Canada*, Supreme Court of Canada, [1997] 2 LRC 469。

罪行的行为或者不行为，以及从未构成刑事罪行的行为或者不行为，二者之间没有区别。为此目的，该刑事法律的废除是明示的还是默示的并不重要，只需满足的条件是，后一种废除形式存在于相关国家的国内法律制度之中。① 在这种语境下，"法律"一词包括成文的以及不成文的，并暗示着资格性条件，尤其是可获知性以及可预见性。②

这一权利还旨在防止刑法领域中的追溯性立法——由此，某一在发生时无罪的行为、不行为或者非刑事行为，可能会转化为根据该立法可被惩罚的刑事行为或者不行为。所被禁止的是根据事后法（ex post facto）进行定罪或判刑，而不是根据它进行审判。依据不同于罪行发生时所能获得的程序或者由当时有管辖权的法院以外的法院审判，并不被禁止。被控告犯有某一罪行的人无权获得某一特定法院或者经由某种特定程序的审判，但是如果事涉以歧视或者侵犯任何其他基本权利的方式违背宪法，则属例外。③

该权利所体现的另一个原则是，不得对刑法做出不利于被告的扩大解释，例如通过类推的方式。因此，必须在法律中明确规定任一罪行以及对其处以的制裁。但是，这种对确定性的要求并不意味着，必须在有关法条中详细列明引发刑事责任的具体事实。何种行为或者不行为会承担刑事责任，如果可以通过相关条款的措辞加以确定，再加上必要之时法院对其解释之辅助，就足够了。④

---

① *X v. Germany*, European Commission, Application 1169/61, (1963) 13 *Collection of Decisions* 1；*X v. Netherlands*, European Commission, Application 7721/76, (1977) 11 *Decisions & Reports* 209.

② *Miloslavsky v. United Kingdom*, European Court, (1995) 20 EHRR 442.

③ *Rao Shiv Bahadur Singh v. State of Vindhya Pradesh*, Supreme Court of India, [1953] SCR 1188；*Dobbert v. Florida*, United States Supreme Court, 432 US 282 (1977). See *Ikpasa v. Bendel State*, Supreme Court of Nigeria, [1982] 3 NCLR 152；*Walter Humberto Vásquez Vejarano v. Peru*, Inter-American Commission, Report No. 48/2000, Case Ⅱ. 166, 13 April 2000, Annual Report 1999, p. 1200：《美洲人权公约》第9条适用于对个人权利产生不利影响的任何类型的制裁，因为其最终目的是，在知晓何种行为合法以及何种行为不合法的意义上——以便可以预见个人行为的法律后果，为个人提供保障。

④ *Handyside v. United Kingdom*, European Commission, 30 September 1975；*X v. Germany*, European Commission, Application 7900/77, (1978) 13 *Decisions & Reports* 70. See also *Bouie v. Columbia*, United States Supreme Court, 378 US 347 (1964)：追溯性地适用刑事法律，对其作出不可预见的司法化扩张，这种操作与事后法完全相同。如果溯及既往条款禁止一国的立法机关通过这样的法律，那么必然由此而来的是，一国的最高法院也不得通过司法解释的方式达到完全相同的效果。*Masiya v. Director of Public Prosecutions (Pretoria)*, Constitutional Court of South Africa, [2008] 5 LRC 334：根据普通法，只有未经同意的阴道性交才被认为是强奸。该案中，被告被指控强奸了一名9岁的女孩，证据证实，申诉人被插入的是肛门。法庭将普通法中对于强奸的限定扩展到了包括插入女性的肛门，但是认为在该案的情况中——在行为发生时，相关行为并不构成这种犯罪行为，对被告以强奸行为定罪并不公正。因此，他被以猥亵定罪。在反对意见中，兰加（Langa）首席法官和萨克斯（Sachs）法官认为，应当以对待插入女性肛门相同的方式对待插入男性肛门的行为。

"法律"一词还包括司法宣告以及对于创设了刑事责任的法律条款的司法解释。① 拟定的法律规定不论多么明确,在包括刑法的任何法律制度中,司法解释都是必不可少的要素。总是存在澄清疑点并适应不断变化的具体情形的需要。通过司法性立法逐渐发展刑法,是法律传统中根深蒂固且必要的组成部分。因此,这一权利不能被解读为,禁止通过逐案作出的司法解释的方式逐步澄清刑事责任规则,条件是由此作出的完善符合罪行的本质并且可以被合理预见。② 正如如果新的解释首次创设了刑事责任,并且其执行会不利于被告,法院就不得溯及既往地推翻对于某项刑事法律规定先前作出的解释一样,在新的解释意味着推翻对法律的先前解释且实际上扩展刑事责任的情况下,同样的禁令——禁止溯及既往地推翻——也必须同等适用。③

某项法律加重了在其颁布之前犯下的某一行为的罪行程度,侵犯了这一权利。④ 在犯罪行为日以后,取消了被告在犯下罪行之时可以获得的辩护的法律,或者为了将被告定罪而改变证据规则的法律——要求的证据比犯下罪行之时的法律所要求的更少,也是如此。⑤ 同样与这一权利不相容的法律还有:因为某人拒绝宣誓否定过去所做的在先前并不可作为罪行惩处的行为,而剥夺其担任公职或者从事某一职业或者其他工作的资格的法律;⑥ 由于某些在先前并非是犯罪的行为,而剥夺某人投票权的法律;⑦ 或者因此前并非是犯罪的行为而授

---

① *Public Prosecutor v. Manogaran*, Court of Appeal of Singapore, [1997] 2 LRC 288.

② *C. R. v. United Kingdom*, European Court, (1995) 21 EHRR 363:在英国1976年《性犯罪法(修正案)》对强奸犯罪行为的界定中——"与性交发生之时并未予以同意的女性的非法性交","非法"一词仅仅是无关因素,并且并未禁止上诉法院"删除已经不合时宜的以及过激性的普通法拟制",也未禁止其宣布"强奸犯依旧是受刑事法律规制的强奸犯,而无论他与其所伤害之人的关系如何"。案例法的发展有一条可被觉察的路径,逐步摒弃了丈夫强奸妻子可免受起诉。虽然毫无疑问,根据按照当时定立的法律(在被控诉的罪行发生之日),强行与妻子发生性交的丈夫在某些情况下也可能被判犯有强奸罪。但是,通过司法解释,刑事法律有了符合该罪行之本质的明显演变,其方向是一般地将此等行为当作是处于强奸罪行的范围之内。这一演变已经达到了这样一个阶段,即在司法上确认不存在豁免已经成为能够合理预见的法律发展。See also *S. W. v. United Kingdom*, European Court, 22 November 1995.

③ *Public Prosecutor v. Manogaran*, Court of Appeal of Singapore, [1997] 2 LRC 288.

④ *Calder v. Bull*, United States Supreme Court, 3 US 386 (1798); *Malloy v. South Carolina*, United States Supreme Court, 237 US 180 (1915). See *G v. France*, European Court, 27 September 1995:如果新法律将被告所被指控的罪行从严重违法行为(犯罪)降格为不太严重的违法行为(违法),则其适用——这无可否认是追溯性的——是有利于被告的。

⑤ *Kring v. Missouri*, United States Supreme Court, 107 US 221 (1883); *Dobbert v. Florida*, United States Supreme Court, 432 US 282 (1977).

⑥ *Cummings v. Missouri*, United States Supreme Court, 71 US 277 (1967); *Ex parte Garland*, United States Supreme Court, 71 US 333 (1867); *Garner v. Board of Public Works*, United States Supreme Court, 341 US 716 (1951).

⑦ *Johannessen v. United States*, United States Supreme Court, 225 US 227 (1912).

权扣押某人的财产的法律。① 匈牙利国会的一项决议试图废除在 1944 年至 1989 年的政治犯罪的法定时效，就违背了这一条款，因为它是可以使刑事起诉溯及既往的事后法。②

在锡兰（今斯里兰卡），英国枢密院废除了某项法律，理由是，该法律实际上构成了对法院的特别指示，要其审判在某一特定情形下被控告特定罪行的特定人员（虽然该法律中并没有列出姓名，但是可以从之前发表的白皮书中认出来）；该法律还意在将他们在待审期间的拘禁合法，使在该期间以不被准许的方式获得的他们的陈述可以采信，改变证据法则以便将他们定罪，并溯及既往地改变将对他们施以的惩罚。③

《公民及政治权利国际公约》第 15 条第 2 款的规定——"任何人之行为或不行为，于发生当时依各国公认之一般法律原则为有罪者，其审判与刑罚不受本条规定之影响"，旨在确认在第二次世界大战以后建立的战争罪法庭所适用的原则。其意图在于确保，任何人都不能以其行为根据其本国的法律合法为由提出抗辩，从而逃脱根据国际法对某一罪行的惩罚。反过来看，人们认为，提到国际法将会构成对个人安全的额外保障，使其免受可能的任意性行为，哪怕该行为是来自国际组织。④ 然而，这一规定似乎减损了第 15 条第 1 款中的实质性规定。这一权利的实质是，任何刑事条款均应首先界定罪行，然后再规定刑罚，因此，任何人不得因适用未被纳入其本国国内法的"一般原则"而被定罪。

（十六）"刑罚不得重于犯罪时法律所规定"

这一权利力图防止的是，在发生时应受较轻刑罚的罪行被施以了更重的刑罚。在判定立法是否加重了对先前的罪行的刑罚时，关键问题是，新法是否存在使被告受到更重的刑罚的可能性——尽管根据新法，他受到的刑罚也有可能与依据前法所本应施予的刑罚相同。⑤ 例如，如果将诸如轻罪的简单罪行变为一经定罪就可能会被处以更重惩罚的重罪，或者法律对罪行发生时所规定的刑

---

① *Fletcher v. Peck*, United States Supreme Court, 10 US 87 (1810).
② Decision of the Constitutional Court of Hungary, No. 85/1993, (1993) 2 *Bulletin on Constitutional Case-Law* 27.
③ *Liyanage v. The Queen*, Privy Council on appeal from the Supreme Court of Ceylon, [1966] 1 All ER 650.
④ See UN document A/2929, chap. VI, s. 94. See *R v. Finta*, Supreme Court of Canada, [1994] 4 LRC 641.
⑤ *Lindsay v. Washington*, United States Supreme Court, 301 US 397 (1937).

罚强加了附加刑罚,就可能发生这种情况。在一起案件中,某位牙科学生于1986年被逮捕并于1988年被判犯有恐怖主义罪。根据1987年颁布的一部法律,他被判处25年监禁——这增加了1981年的法律规定的12年的刑期,这种情况违反了《公民及政治权利国际公约》第15条。①

"刑罚"一词在含义上具有自主性,适用于法院施予刑事罪行的刑罚以及民事和行政机构处以的刑罚。② 为了使得针对更重刑罚的保护有效,法院必须保持自由,能够步入表象的背后,并独立评估某一具体措施在本质上是否构成了"刑罚"。对刑罚是否存在的任何评估的起点都是,有关措施是否是在将"刑事罪行"定罪之后施行的。可以考虑的其他因素还有该措施的性质和目的、该措施在国内法之下的特性、在制定和执行该措施时所涉及的程序和该措施的严重性。通过适用这一检验,欧洲人权法院认为,在将毒品罪行定罪以后溯及既往地处以没收令,③ 以及法院根据有关毒品之罪行实施后颁布的法律,下令将监禁期限延长20个月,④ 都等于是刑罚。但是,不能认为强制性监管等同于刑罚,更确切地说,这种监管是为了被定罪之人的利益,旨在为了他重适社会生活而做准备的一种社会援助措施。即便是在获得缓刑的情况下,相关之人在被释放后仍然受到监管,而不能重新获得其无条件自由的事实,因此也不能被定性为施予或者重新施予与本部分所讨论的权利不相容的刑罚。⑤

如果创设了某一罪行的法令被废除后,又以带有更重刑罚的方式重新颁布,则应当依据被废除的法令惩罚在该废除前所犯下的罪行。⑥ 不得处以比

---

① *Gómez Casafranca* v. *Peru*, Human Rights Committee, Communication No. 981/2001, Selected Decisions, Vol. 8, p. 228.

② *MacIsaac* v. *Canada*, Human Rights Committee, Communication No. 55/1979, HRC 1983 Report, Annex Ⅶ.

③ *Welch* v. *United Kingdom*, European Court, 9 February 1995.

④ *Jamil* v. *France*, European Court, 8 June 1995.

⑤ *A. R. S.* v. *Canada*, Human Rights Committee, Communication No. 91/1981, 28 October 1981.

⑥ *Buckle* v. *Commissioner of Police*, Supreme Court of Sierra Leone, (1964 – 6) ALR SL 265. See also *Rao Shiv Bahadur Singh* v. *Vindhya Pradesh*, Supreme Court of India, [1953] SCR 1188:印度宪法第20条第1款(该款禁止施以比依据犯罪行为发生时的有效法所可能处以的刑罚更严厉的刑罚)中的"有效法"的表述意味着在罪行发生时事实上存在并运行的法律,不同于基于立法机关通过具有溯及力的法律的权力而"被认为"有效的法律。*R* v. *Ali*, Supreme Court of Mauritius, [1989] LRC (Const) 610:于周六早上抵达毛里求斯的国际机场并在手提箱里携带了大量海洛因的某人根据1986年《危险药品法》受到指控,该法在当日经由总督签署公告而生效,并在当天下午在政府公报的特刊中公布。该法对相关罪行规定了死刑,而被它所取代的1976年《危险药品法》则规定了最高20年监禁的刑罚。毛里求斯最高法院认为,虽然法定解释规则是,一项法律"一经其生效的前一天届满"即开始实施,并且一般原则是,在适用该法律的当天中的片刻空当被忽略不计,但是本案中的新法并不适用于被告,因为在被告携带海洛因抵达机场的早上,该法律尚未公布。即便是1976年的法律在当天晚些时候因溯及力而被废除,在被告抵达毛里求斯的确切时间点上,有效的也是这部法律。

罪行发生之时所可能被处以的刑罚更严厉的刑罚,并不针对虽然没有溯及既往的效力,但又为不同类别的违犯者前瞻性地规定了不同刑罚的法律。例如,在津巴布韦的一起案件中,一项法律规定,取消驾驶执照自判处刑罚之日起即生效。而一名被控告因交通事故而犯有杀人罪的被告,在事故发生时持有实习驾照。法院认定,在定罪时所存在的这份唯一的驾照就是完整的驾驶执照,法院有义务取消它。[1] 同样,在牙买加的一起案件中,一项新的法律规定,将谋杀划分为死刑谋杀(对其强制性判处死刑)和非死刑谋杀,并要求法官重新审查在该法律生效之前以谋杀被定罪并被判处死刑者的案件,以便将他们分类并重新确定刑罚。这一新法律并不是事后法,因为它并没有加重刑罚或者对已经被判定犯有谋杀罪并被判处死刑者的处境产生不利影响。[2] 刑事诉讼中的可能当事人或者被告并不享有可以获得任何特定程序的既定权利;在案件提交法院时,不论适用何种有效的程序,通常都谈不上不公正。[3]

在美国,以下情况中的法律被解释为施加了额外的刑罚:(甲)允许法院判处少于监禁之最高刑期的原法律被修改,要求法院一经定罪即判处最高刑罚;[4](乙)一项法律取消了在罪行发生时依法可以获得假释的罪行的假释资格;[5](丙)一项要求将被判处死刑者置于单独拘禁以待执行的法律,适用于在该法律生效之日前犯下罪行的人;[6](丁)一项法律通过授权监狱官员确定处决时间的方式,改变了死刑执行的可能方式。[7] 如果被告因一项或几项先前的罪行已被定罪,那么对现有罪行增加刑罚的、有关惯犯的法规不能被认为是事后法。[8]

---

[1] *S v. Kalize*, Court of Appeal of Zimbabwe, (1992) *Commonwealth Law Bulletin* 50. 无论如何,相比于取消实习驾驶执照,取消完整的驾驶执照都不会是更严厉的刑罚,因为对持有者的后果都是一样的。

[2] *Huntley v. Attorney General*, Privy Council on appeal from the Court of Appeal of Jamaica, [1994] 4 LRC 159.

[3] *Humphreys v. Attorney General*, Privy Council on appeal from the Court of Appeal of Antigua and Barbuda, [2009] 4 LRC 405.

[4] *Lindsay v. Washington*, United States Supreme Court, 301 US 397 (1937).

[5] *Warden, Lewisburg Penitentiary v. Marrero*, United States Supreme Court, 417 US 653 (1974).

[6] *Re Medley*, United States Supreme Court, (1890) 134 US 160; *Holden v. Minnesota*, United States Supreme Court, 137 US 483 (1890); *McElvaine v. Brush*, United States Supreme Court, 142 US 155 (1891); *Rooney v. North Dakota*, United States Supreme Court, 196 US 319 (1905).

[7] *Re Medley*, United States Supreme Court, 134 US 160 (1890).

[8] *McDonald v. Massachusetts*, United States Supreme Court, 180 US 311 (1901); *Gryger v. Burke*, United States Supreme Court, 334 US 728 (1948).

（十七）"犯罪后之法律规定减科刑罚者，从有利于行为人之法律"

英国枢密院审查了这一权利的适用，并得出如下结论：（甲）如果某位被告被判定犯有被控告之罪——该控告在量刑时没有变化，但是后来对其规定了更轻的刑罚，则该被告就有权得益于新法。（乙）如果在罪行发生时存在的法律已经被废除，并被创设了相同罪名却规定了更轻刑罚的另一法律所取代，则被告有权得益于更轻的刑罚。（丙）如果通过法律中的改变，使得在当时是犯罪的行为，（1）根本不再是犯罪，或者（2）要在重新设计的制度框架之内——其中并无与先前法律确切对应的内容——评估，那么"逻辑"要求：在情况（1）中，因为法律不再对该罪行作任何规定，定罪应当成立，但是不应对其处以任何刑罚；在情况（2）中，如果新法律不再直接反映旧法，那么待判定的问题是，如若依据新法而非旧法对被告定罪量刑，法庭能够处以的刑罚幅度有多大，而不是对于该罪行的新的界定如何与旧的界定对应。

（十八）"少年之审判，应顾念被告年龄及宜使其重适社会生活，而酌定程序"

虽然该款强调，对少年的审判需要根据考虑他们的年龄并意在促进他们重适社会生活的法律规定，但是也默认，少年应至少享有与依据本条赋予成年人的保障和保护相同之保障和保护。① 此外，少年还需要特别保护。在刑事诉讼中，尤其应直接告知对他们提出的控告，且在适当之时，通过他们的父母或法定监护人，为他们准备和提出辩护提供适当帮助。他们应该在有辩护律师、其他适当帮助以及其父母或法定监护人在场——除非这被认为不符合儿童的最大利益——并尤其是考虑到儿童的年龄和处境的公正的审理中，尽快受到审判。应尽可能地避免庭审之前和庭审期间的拘禁。②

国家应采取措施，建立一套适当的少年刑事司法制度，以确保少年之待遇方式与其年龄相称。重要的是，要确定一个最低年龄，低于此年龄的儿童和少年不得因犯罪行为被送交审判；该年龄应考虑他们的身体和心理上的不成熟。在任何适当之时，尤其是在会促进被控告犯有刑事法律所禁止之行为的少年重适社会生活的情况中，应当考虑刑事诉讼以外的措施，例如在加害者与受害者

---

① *Chan Chi-hung* v. *R*, Privy Council on appeal from the Court of Appeal of Hong Kong, [1995] 3 LRC 45.

② 人权事务委员会第 32 号一般性意见，第 42 段。（原书此处作人权事务委员会有关儿童权利的第 17 号一般性意见，有误，予以更正。——译者注）

之间的调解、与加害者家属的协商、辅导或社区服务、教育方案，条件是这些措施要符合《公民及政治权利国际公约》的要求以及其他相关人权标准。

（十九）"经终局判决判定犯罪，如后因提出新证据或因发现新证据，确实证明原判错误而经撤销原判或免刑者，除经证明有关证据之未能及时披露，应由其本人全部或局部负责者外，因此判决而服刑之人应依法受损害赔偿"

《公民及政治权利国际公约》第 14 条第 6 款要求，对按照终局已被判定犯刑事罪并因这种定罪而受刑罚之人，在根据新的或者新发现的事实确实表明发生错判，使定罪被撤销或者他被赦免的情况下，依法给予赔偿。[①] 国家有必要制定法律，确保按照这一规定所要求的赔偿在实际上支付，并且是在合理的期限内支付。[②]《公民及政治权利国际公约》第 14 条第 6 款并不必然要求获得重审的权利。[③]

如经证明关键事实未被及时披露可完全或者部分归咎于被告自己，这一保障就不适用；在这样的情况中，举证责任由国家承担。而且，如果定罪被撤销是基于上诉——在判决终局以前，[④] 或者是因为具有人道性质或自由裁量性质的赦免，或者是因为并非暗示存在错判的、对公正之考量所引发的赦免，[⑤] 则不应赔偿。

[①] *Uebergang* v. *Australia*, Human Rights Committee, Communication No. 963/2001; *Irving* v. *Australia*, Human Rights Committee, Communication No. 880/1999; *W. J. H.* v. *Netherlands*, Human Rights Committee, Communication No. 408/1990.

[②] *Muhonen* v. *Finland*, Human Rights Committee, Communication No. 89/1981, HRC 1985 Report, Annex Ⅶ.

[③] *L. G.* v. *Mauritius*, Human Rights Committee, Communication No. 354/1989, HRC 1991 Report, Annex ⅩⅠ. K，罗莎林·希金斯（Rosalyn Higgins）和阿莫斯·瓦科（Amos Wako）的个人意见。

[④] *Irving* v. *Australia*, Human Rights Committee, Communication No. 880/1999; *Wilson* v. *Philippines*, Human Rights Committee, Communication No. 868/1999.

[⑤] *Muhonen* v. *Finland*, Human Rights Committee, Communication No. 89/1981.

第十八章　被承认为人的权利

国际文书

《世界人权宣言》
第 6 条
人人于任何所在有被承认为法律上主体之权利。

《公民及政治权利国际公约》
第 16 条
人人在任何所在有被承认为法律人格之权利。

区域文书

《美洲人的权利和义务宣言》
第 17 条
人人在任何地方有权被承认为拥有权利义务，并享有基本民事权利的人。

《美洲人权公约》
第 3 条
人人有权被承认在法律前的人格。

《非洲人权和民族权宪章》
第 5 条
人人有权……被承认法律地位。

有关文本

《保护所有人不遭受强迫失踪宣言》,联合国大会 1992 年 12 月 18 日第 47/133 号决议通过,第 1 条第 2 款

《国际刑事法院罗马规约》,1998 年 7 月 17 日通过,2002 年 7 月 1 日生效,第 7 条第 2 款第(9)项

《保护所有人免遭强迫失踪国际公约》,2006 年 12 月 20 日通过,2010 年 12 月 23 日生效,第 2 条

一 评论

《公民及政治权利国际公约》第 16 条的最初草案规定,"任何人不得被剥夺司法人格(juridical personality)"。该文本被认为不够明晰精确,尤其是因为在某些法律制度中,"剥夺司法人格"并没有十分明确的含义。强调该条款指向的是任何人而非"司法人格",也被认为是必要的。因此决定是,以《世界人权宣言》第 6 条作为《公民及政治权利国际公约》第 16 条的文本的基础。①

二 释义

"法律前的人格"的表述意在确保承认每个人的法律地位,以及其行使权利、订立契约义务的资格。② 它旨在确保每个人都是法律的主体,而非客体。例如,由国家签发的身份证明,意味着承认某人的人格。③ 它的目的并不是处理可能会因为诸如未成年或者心智缺陷等原因而受到限制的人的法律行为能力问题。④

强迫失踪可能会构成拒绝承认受害者在法律前的人格。如果受害者在最后出现时处于国家控制之下,并且在同时,其亲属获得可能的有效救济途径的尝试受到了系统性的阻碍,那么故意将该人长时间地排除在法律的保护之外,就

---

① UN document A/2929, chap. VI, ss. 97 – 8.
② UN document A/2929, chap. VI, s. 97.
③ *Darwinia Rosa Mónaco de Gallicchio v. Argentina*, Human Rights Committee, Communication No. 400/1990, HRC 1995 Report, Annex X. B.
④ UN document A/4625, s. 25.

可能构成拒绝承认法律前的人格。在这种情况下，失踪者实际上被剥夺了行使根据法律所应享之权利的能力——包括《公民及政治权利国际公约》规定的所有其他权利。作为国家行为的直接后果，失踪者也被剥夺了获得任何可能的救济的机会，这必须被解释为拒绝承认此等受害者在法律前的人格。如果一人被当局逮捕，而且后来就再没有关于该人的遭遇的任何消息，那么当局未能有效地调查就是以违反《公民及政治权利国际公约》第16条的方式，将这位失踪者置于法律保护之外。①

有观点认为，将大脑仍然存活之人视为在法律上已死亡的国内立法，可能与这一权利不相容。还有观点认为，在以下情况中，也会出现类似的问题：宣告某一消失或者失踪之人正式死亡，或者高压政权企图使生活在国外的难民或者处于地下活动状态的政治反对者被宣布死亡。②

---

① *Grioua v. Algeria*, Human Rights Committee, Communication No. 1327/2004, 10 July 2007. See also *Bhandari v. Nepal*, Human Rights Committee, Communication No. 2031/2011, 29 October 2014：在来文提交人的父亲被逮捕以后，当局向提交人及其母亲提供的有关逮捕的信息相互矛盾。后来，尽管他们多次申请，但当局还是没有提供有关提交人父亲的下落的充分信息。因此，强迫失踪使该人不能受到法律的保护，并剥夺了他被承认在法律前的人格的权利。*Basnet v. Nepal*, Human Rights Committee, Communication No. 2051/2011, 29 October 2014：当局对某人实行了大约8个月的与外界隔绝的拘禁，而且尽管他的家人多次努力，但当局仍然拒绝向他们提供有关他的下落的信息，正式否认他被拘禁在某处军事设施中。无可辩驳的是，每次国家人权委员会和红十字国际委员会探访该受害者和其他被拘禁者时，当局都会转移并且将他们藏在营房的不同区域中。人权事务委员会认定，他被强迫失踪剥夺了法律对他的保护。*Louddi v. Algeria*, Human Rights Committee, Communication No. 2117/2011, 20 October 2014：阿尔及利亚在近20年前强迫该案中的受害者失踪，使他脱离了法律的保护，并剥夺了他被承认在法律前的人格的权利。

② Michael Bogdan, 'Article 6', in Asbjorn Eide et al (eds.), *The Universal Declaration of Human Rights: A Commentary* (Oslo: Scandinavian University Press, 1992), 111.

第十九章　隐私权

国际文书

《世界人权宣言》

第 12 条

任何人之私生活、家庭、住所或通讯不容无理侵犯，其荣誉及信用亦不容侵害。人人为防止此种侵犯或侵害有权受法律保护。

《公民及政治权利国际公约》

第 17 条

一、任何人之私生活、家庭、住宅或通信，不得无理或非法侵扰，其名誉及信用，亦不得非法破坏。

二、对于此种侵扰或破坏，人人有受法律保护之权利。

区域文书

《美洲人的权利和义务宣言》

第 5 条

人人有权享受法律保护，以免其名誉、声誉、隐私和家庭生活受到不正当攻击。

第 9 条

人人享有住宅不受侵犯的权。

第 10 条

人人享有通信传播并不受侵犯权。

《欧洲人权公约》

第 8 条

1. 人人有权享有使自己的私生活和家庭生活、住宅和通信得到尊重的权利。

2. 公共当局不得干涉上述权利的行使，但是，依照法律规定的干预以及基于在民主社会中为了国家安全、公共安全或者国家的经济福利的利益考虑，为了防止混乱或者犯罪，为了保护健康或者道德，为了保护他人的权利与自由而有必要进行干预的，不受此限。

《美洲人权公约》

第 11 条

1. 人人都有权使自己的名誉得到尊重，自己的尊严得到承认。

2. 不得对任何人的私人生活、家庭、住宅或者通信加以任意或者不正当的干涉，或者对其名誉或者信用进行非法破坏。

3. 人人都有权受到法律保护，以免受这种干涉或攻击。

第 14 条

1. 凡受到不确实的或者攻击性的通过合法控制的通讯手段而在公众中普遍传开的声明或者意见所损害的任何人，都有权在法律规定的条件下，用同样的通讯方法进行答辩或者更正。

2. 这种更正或者答辩在任何情况下都不得免除可能已经引起的其他法律责任。

3. 为了有效地保护名誉和声誉，每一出版者和每一报纸、电影、广播和电视公司都应当有一位不受豁免权或者特权所保护的负责人。

有关文本

《北欧法学家会议关于隐私权的结论》，1967 年 5 月由北欧法学家和法律专家会议在瑞典斯德哥尔摩通过

《关于将国际人权法应用于性取向和性别认同相关事务的日惹原则》，由 2006 年 11 月在印度尼西亚日惹市召开的法律专家国际学术会议通过

一 评论

隐私权作为一种独立和独特的概念，起源于侵权法领域：根据侵权法，一种新的诉讼理由，即因非法侵扰隐私而导致损害赔偿得到了承认。① 此外，在以罗马—荷兰法为基础的法律制度即大陆法系中，隐私权在尊严的概念中，作为独立的人格权获得了承认。② 宪法对于个人隐私权的承认，或者更确切地说是对某些"隐私领域"的保障，是作为得到宪法保障的人的生命权、自由权和安全权的延伸，由法院发展起来的。例如，美国的《权利法案》并没有明确提到隐私权，但是美国最高法院在一系列裁决中认为，在保护个人自由以及免受无理搜查和扣押的权利中，可能暗含着这一权利。③ 类似地，印度最高法院认为，虽然宪法并没有确立隐私权本身，但是它隐含在该国公民得到保障的"生命"权和"个人自由"权之中，并因此"除非依据法定程序"，不得剥夺。④ 1982年《加拿大权利和自由宪章》也没有具体规定保护个人隐私，但是免受无理搜查和扣押的安全保障，被认为在一种积极意义上构成了"对隐私之合理期待"的权利。⑤ 虽然以上法院的裁决有助于理解"隐私"概念的某些属性，但必须注意的是，要避免将由此发展出来的原则投射到对隐私之基本权利的解释上。

首次尝试将隐私权规定为一项独立的基本权利的，是《世界人权宣言》第

---

① See Warren and Brandeis, 'The Right to Privacy' (1890) 4 *Harvard Law Review* 193; *Olmstead v. United States*, United States Supreme Court, 277 US 438 (1928); *New York Times Co v. Sullivan*, United States Supreme Court, 376 US 254 (1964); *Time Inc v. Hill*, United States Supreme Court, 385 US 374 (1967); *Cox Broadcasting Corp v. Cohn*, United States Supreme Court, 420 US 469 (1975).

② See *Bernstein v. Bester NO*, Constitutional Court of South Africa, [1966] 4 LRC 528, at 568.

③ See *Pierce v. Society of Sisters*, United States Supreme Court, 268 US 510 (1925)：育儿和教育；*Skinner v. Oklahoma*, United States Supreme Court, 316 US 535 (1942)：生育；*Prince v. Massachusetts*, United States Supreme Court, 321 US 158 (1944)：家庭关系；*Griswold v. Connecticut*, United States Supreme Court, 381 US 479 (1965)：避孕；*Loving v. Virginia*, United States Supreme Court, 388 US 1 (1967)：婚姻；*Eisenstadt v. Baird*, United States Supreme Court, 405 US 438 (1972)：避孕；*Roe v. Wade*, United States Supreme Court, 410 US 113 (1973)：终止妊娠。

④ *Kharak Singh v. State of Uttar Pradesh*, Supreme Court of India, [1964] 1 SCR 332：监视；*Gobind v. State of Madhya Pradesh*, Supreme Court of India, (1975) 2 SCC 148：监视；*Rajagopal v. State of Tamil Nadu*, Supreme Court of India, [1995] 3 LRC 566：事前限制出版；*People's Union for Civil Liberties v. Union of India*, Supreme Court of India, [1999] 2 LRC 1：电话窃听。

⑤ *Hunter v. Southam Inc*, Supreme Court of Canada, (1984) 11 DLR (4th) 641, at 652.

12 条，该条区分了"隐私"（或者私生活）*的概念与包括家庭、住所以及通讯在内的私人领域。相应地，以《世界人权宣言》第 12 条为基础的《公民及政治权利国际公约》第 17 条保护"隐私""家庭""住宅"以及"通信"免受"无理"或"非法"侵扰，** 并承认人人有权享有法律保护，以免受此类侵扰。相比于"隐私"一词，《欧洲人权公约》第 8 条和《美洲人权公约》第 11 条更偏好使用"私生活"一词，前者还以"家庭生活"替代"家庭"。《公民及政治权利国际公约》第 17 条以及《欧洲人权公约》第 8 条的法语文本均使用了私生活（*vie privée*）的表述，意味着"隐私"和"私生活"的术语是可以互换的。① 《公民及政治权利国际公约》第 17 条以及《美洲人权公约》第 11 条（但非《欧洲人权公约》第 8 条）也保护个人的"名誉"和"信用"不得受到"非法破坏"，并承认有权享受免受这种破坏的法律保护。

《公民及政治权利国际公约》第 17 条要求国家采取立法及其他措施，不仅保护这一权利，而且禁止任何侵扰或破坏，不论其来自国家当局还是自然人或法人。由于这种保护是同时针对"非法"侵扰和"无理"侵扰提供保障，因此国内立法需要为此目的做出适当的规定，详细地将可能允许干涉的准确情形具体化。这样的规定应当包括确定以下方面：能授权在法律允许的限度内进行干涉的有权机关、能确保这种干涉严格依法进行的其他机关以及由于适用此类法律而被侵权之人可诉诸的申诉程序。② 虽然《欧洲人权公约》第 8 条用"尊重"义务替代了"法律保护"的要求，其目标在根本上也是保护个人免受公

---

* 与《世界人权宣言》和《公民及政治权利国际公约》英文本中的"privacy"相对应的，在这两份文书的中文本中，均为"私生活"。但以下译文从中文一般用法，将"privacy"译为"隐私"，而将"private life"译为"私生活"。正如下文所述，在国际人权法中，"privacy"／"隐私"与"private life"／"私生活"的含义相同，可以互换使用。

** 在《公民及政治权利国际公约》英文本中，与其作准中文本中的"侵扰"相对应的用词为"interference"，该词亦可理解为"干涉"——以下译文视语境有时会使用这一译法。

① Robertson, A. H., *Human Rights in Europe*, 2nd edn (Manchester: Manchester University Press 1977), 86, 解释道，在《欧洲人权公约》第 8 条中使用"私生活"的表述，并未反映任何实质差异，而只是力图保证法语和英语文本之间的一致性。

② 人权事务委员会第 16 号一般性意见（1988 年），第 6 段。在起草阶段提出的一项动议——《公民及政治权利国际公约》第 17 条应限于对政府行为加以限制，而不应处理私人行为——未获认可。See UN documents A/2929, chap. VI, s. 100, and A/4625, s. 34. See also *Stubbings v. United Kingdom*, European Court, (1966) 23 EHRR 213：国家可能需要采取旨在保证尊重私生活的措施，甚至是在个人与个人之间的关系领域。*Police v. Georghiades*, Supreme Court of Cyprus, (1983) 2 CLR 33：近年来科技的迅速发展给人权带来了巨大的危险。个人、国家、私人机构和组织对于各种设备的使用——诸如电声、对话录音（光学上的、影片形式或者摄影上的）以及数据计算机化和汇编——使隐私权处于危险之中。隐私权可能会受到这些活动的侵犯，不论行为者是国家还是其他主体。因此，该保护若要有效，其针对的范围就必须包括每个人。

共当局的无理侵扰。[1]

《欧洲人权公约》第 8 条第 2 款要求，公共当局的任何干涉都必须"依照法律"[2]，并且"基于在民主社会中为了国家安全、公共安全或者国家的经济福利的利益考虑，为了防止混乱或者犯罪，为了保护健康或者道德，为了保护他人的权利与自由而有必要"。[3] 虽然《公民及政治权利国际公约》第 17 条没有包括这种明确的限制，但是在判定某一干涉是否"无理"时，可能尤其宜于考虑诸如《欧洲人权公约》第 8 条第 2 款中所列的各种民主必要性。《公民及政治权利国际公约》第 17 条和《欧洲人权公约》第 8 条可能都需要"一种进行权衡的形式"，而字面上的差别"不应被大力强调"。[4]

有观点认为，尽管将家庭、住宅和通信联系在一起表明，《欧洲人权公约》第 8 条旨在（至少主要是为了）保护个人生活的物理框架，即家庭免于分离、住宅不受侵扰以及通信不受搜查及阻隔，但这种权利"也触及内在生活"。[5] 然而，也有观点辩称，《欧洲人权公约》第 8 条的主要目的——如果不是唯一目的的话——以及意在适用的范围是个人的"住家保护"，而不是家庭关系的内部性的、家务性的管理规则。[6] 然而，欧洲人权法院的判例似乎表明，隐私的概念更为广泛。它的范围超出了众多盎格鲁－撒克逊和法国学者给出的定义——"一人免被公开地按照其意愿生活的权利"。某种程度上，它也包括为

---

[1] *Guerra v. Italy*, European Court, (1998) 26 EHRR 357：除了不得干涉这一消极义务外，有效"尊重"中还可能存在固有的积极义务。*Sheffield and Horsham v. United Kingdom*, European Court, (1998) 27 EHRR 163：在判断是否存在积极义务时，必须考虑到，在一般性社会利益以及个人利益之间达到了合理的平衡。

[2] "依照法律"的表述首先要求，受到质疑的措施要有法律依据。它还涉及有关法律的质量，要求它能够被有关个人所获得，并且规定得足够准确，使他们——如果需要的话，在适当的告知下——在具体情况中、合理程度上，得以预见某一特定行为可能招致的后果。然而，这些具体情况并不需要能够绝对确定地预见，因为这种确定性可能会导致过度僵化，而法律要能够跟得上不断变化的具体情况。See *McLeod v. United Kingdom*, European Court, (1998) 27 EHRR 493.

[3] 必要这一理念意味着，干涉必须与迫切的社会需求相应，尤其是它要与所追求的正当目的成比例。See *McLeod v. United Kingdom*, European Court, (1998) 27 EHRR 493.

[4] *Fok Lai Ying v. Governor-in-Council*, Privy Council on appeal from the Court of Appeal of Hong Kong, [1997] 3 LRC 101.

[5] J. E. S. Fawcett, *The Application of the European Convention on Human Rights*, 2nd edn (Oxford: Clarendon Press, 1987), 211.

[6] *Marckx v. Belgium*, European Court, (1979) 2 EHRR 330, 菲茨莫里斯（Fitzmaurice）法官称："他和他的家庭不再遭受早上 4 点的砰砰敲门声；不再遭受家里被闯入、搜查和质问；不再遭受对于通信的检查、延期和没收；不再被植入监听设备；不再被限制使用广播和电视；不再遭受电话窃听或者断线；不再遭受诸如被断电或者断水的胁迫措施；不再遭受如此令人厌恶的事，以至于儿童被要求报告其父母的活动，甚至是有时要求夫妻一方针对另一方如此做——简言之，法西斯式的和其他极权专制式的调查做法的全部内容。至少在西欧，自宗教不容忍以及压迫的时代以后，这些已鲜为人知，直到（意识形态取代宗教）两次世界大战之间以及其后，它们在许多国家中再度盛行起来。"

了发展并实现某人自己的人格，而与其他人建立并发展关系的权利，尤其是在情感领域。①

隐私权需要跟上科技发展的步伐。在我们的身体以及生活和工作的地方之外，存在着一个棘手的问题：对于多少有关我们自身以及活动的信息，我们有权挡住国家的好奇探视。信息性隐私被界定为，"个人、群体或者机构为它们自身而决定在什么时间、以何种方式以及在何种程度上向他人传递与他们有关之信息的诉求"。它的保护基于"这样一种假设，即关于某人的所有信息在根本上都属于他自己，是否适宜传递或者保留随他自己"。个人性的、领域性的以及信息性的隐私之间的区分提供了有用的分析工具，但是理所当然的是，在某一具体情况中，隐私利益可能同时覆盖这些类别。② 1928年，美国最高法院法官布兰代斯（Brandeis）预见到，不能指望为政府提供了"窥视"手段的科技进步止步于窃听。③ 安东尼·阿姆斯特丹（Anthony Amsterdam）语出惊人地概括了窃听技术自发展以来所具有的"极速步伐"，④ 他表示，如今，我们只有退避到地下室、遮住我们的窗户、熄掉灯光并保持绝对安静，才能确保不受监视。⑤ 这些进展表明了定期审查国内立法的必要性。

并非总是可能的，是准确判断对这一权利的据称侵犯，究竟从哪一个方面审查：个人的"隐私"（或者私生活），还是私人领域（即"家庭""住宅"或"通信"）。例如，德国法院倾向于将电话交谈视为"隐私"而非"通信"的一部分；而在塞浦路斯，交谈被视为既是"通信"的一种形式，也是"私生活"一个事项。此外，各国对这一权利的表述也不一定包含国际性和区域性法律文书所做的区分。例如，南非宪法就将"住宅"和"通信"包括在"隐私"的概念之内。⑥

在法律秩序之内的人为形式的法人实体也享有隐私权。只有由法院下令，才可以干涉法人实体的空间性和通信性隐私。存在着某种受到保护的免受外部侵扰的内部领域，并且法人实体可在该领域内从事其成立的目的，对于法人实体的存在以及其活动的正常进行很重要。不过，法人实体的空间性和通讯性隐

---

① See *X v. Iceland*, European Commission, Application 6825/75, 5 *Decisions & Reports* 88.
② *R v. Tessling*, Supreme Court of Canada, [2005] 3 LRC 528, per Binnie J.
③ *Olmstead v. United States*, United States Supreme Court, 277 US 438 (1928).
④ See *R v. Wong*, Supreme Court of Canada, [1990] 3 SCR 36 at 44, per La Forest J.
⑤ Anthony G. Amsterdam, 'Perspectives on the Fourth Amendment' (1974) 58 *Minnesota Law Review* 349 at 402, cited by La Forest J in *R v. Wong* [1990] 3 SCR 36 at 45.
⑥ 南非宪法第13条："人人享有其个人隐私权，该权利包括其人身、住宅或财产不受搜查权，私有财产不受扣押权，私人通信不受侵犯权。"

私受到保护的强度不及自然人，尤其是因为有必要使国家能够监督其经济活动。①

二　释义

（一）"任何人不得……无理或非法侵扰"

《公民及政治权利国际公约》第17条第1款中的"非法"一词意味着，除非经法律授权，否则不得发生任何干涉。而反过来，法律也必须要符合《公约》的规定、目的和目标。即便法律规定的干涉也可能是"无理"（arbitrary）的。引入无理性这一概念的目的，是确保即使法律规定的干涉也应符合《公约》的规定、目的和目标，并且无论如何在特定情况中均应合理。② 合理性这一要求意味着，任何对隐私的干涉必须与所追求的目的在比例上相称，并且在任何特定情况的具体情形下都是必要的。③ 例如，虽然某人有权使其健康状况保密，但是在没有申请进行任何匿名化处理的情况下，将与他健康有关的事实告知负责审查由他提出的针对拒绝赔偿医疗费用的申诉的人，且对于该申诉的

---

① Decision of the Constitutional Court of Slovenia, 11 April 2013, (2013) 3 *Bulletin on Constitutional Case-Law* 582.

② 人权事务委员会第16号一般性意见，第4段。在联合国大会（联大）第三委员会，讨论了保留"无理"和"非法"两个词的必要性。据解释，可能存在合法的措施，但却是无理的。一位代表强调，"无理"和"非法"的术语指的是两个不同的概念："无理"意味着公共机关滥用权力，而"非法"则意味着行为违反法律。另一位代表指出，"无理"与程序有关，"非法"则与实体有关。该代表进一步建议，以无理方式采取行动意味着在需要采取合理的行动的情况下，采取了不合理的行动。在更早些时候在人权委员会，在有动议将"不合理"（unreasonable）加到"无理"和"非法"的术语中以限定"干涉"的情况中，有人回顾说，联大在《世界人权宣言》第12条中，相比于"不合理"，更倾向"无理"这一术语，用以同时传递不合法和不合理这两种理念。See UN document A/4625, s. 39. See *Morales Tornel v. Spain*, Human Rights Committee, Communication No. 1473/2006, 20 March 2009; *Vojnovic v. Croatia*, Human Rights Committee, Communication No. 1510/2006, 30 March 2009. 居住在萨格勒布的一个国有公寓中的某位塞尔维亚族裔的克罗地亚公民及其家人遭到了来自不明身份者的死亡威胁，并因其塞尔维亚族裔克罗地亚人的身份而害怕生命受到威胁，被迫离开了他们的公寓并搬到了塞尔维亚。他们并未将这些威胁告知当局，因为该公寓大楼中处于同样处境的其他居民在向警方报案后，也经历了被迫搬迁。三年后，萨格勒布市法院认为，他们被剥夺了租户权，因为他们"在没有正当理由的情况下"，超过6个月未使用该公寓。尽管当局知道他们在贝尔格莱德的临时住址，但是他们并没有收到诉讼通知。人权事务委员会认为，由于该家庭离开克罗地亚由胁迫造成并与歧视有关，而且他们未能前往克罗地亚出庭是因为缺少个人通知文件，剥夺他们的租户权是任意的。

③ *Toonen v. Australia*, Human Rights Committee, Communication No. 488/1992, HRC 1994 Report, Annex Ⅸ. EE: 将同性恋行为定为刑事犯罪不能被视为实现预防艾滋病/艾滋病病毒扩展或者保护公序良俗之目的的合理手段或相称措施。*Canepa v. Canada*, Human Rights Committee, Communication No. 558/1993, HRC 1997 Report, Annex Ⅵ. K: 以某人驱逐的方式使其与家人分离，而且如果在该案的具体情形下，该分离及其后果对于驱逐的目的而言不合比例，则可以被认为是对家庭的无理干涉。

支持有赖于这些事实，是合理的。①

（二）"隐私"

隐私的理念指的是一个人的生活范围，在这个范围中，该个人可以自由地表现自己的特性，不论是单独地还是通过与他人建立关系。一个人的姓氏构成了他身份特性的一个重要组成部分，禁止无理或非法干涉个人隐私的保护包括针对无理或非法干涉个人选择或改变自己姓名的权利的保护。例如，如果一国强迫所有的外国人都改变他们的姓氏，这就将构成违反《公民及政治权利国际公约》第 17 条的干涉。同样，当局拒绝承认改姓，也超过了《公民及政治权利国际公约》第 17 条的含义之内可予允许的干涉的门槛。②

尽管欧洲人权委员会注意到，试图对"私生活"的概念做详尽界定并不可能，但它也指出，将其限定为一种"内圈"——在其中个人可以按其选择过他自己的个人生活并从中完全排除不包含在该范围内的外部世界，太过严格。尊重私生活在一定程度上还必须包括与其他人和外部世界建立并发展关系的权利。③ 南非宪法法院表达了类似的观点，将隐私权描述为不仅仅是一项不受政府入侵而占据私人领域的消极权利，还是一个人"从容面对生活，表达个性，作出关于亲密关系的基本决定而不受惩罚"的权利。因此，隐私权的积极方面表明，对于促进个人能够做到自我实现的条件，国家至少有某些责任。重要的是援引隐私权所涉及的活动的性质，而不是其场所。④ 隐私所保护的是个人不受不合理的外部干涉而做出个人决策的权利，只要这些选择具有根本上的私人性和内在的个人性即可。⑤

---

① *K v. Commission of the European Communities*, Decision of the Court of First Instance, European Union, (1995) 2 *Bulletin on Constitutional Case-Law* 240. See also Decision of the Supreme Court of the Netherlands, 20 October 1995, (1995) 2 *Bulletin on Constitutional Case-Law* 326：在出生、死亡和婚姻登记簿中记录下准确的事实并不侵犯这一权利。

② *Coerial and Aurik v. The Netherlands*, Human Rights Committee, Communication No. 453/1991, Selected Decisions, Vol. 5, p. 72. 两名采奉了印度教的荷兰公民，根据他们的宗教要求，申请将其名字改为印度教的名字，得到了法院的准许。然而，他们申请将他们的姓氏改为印度教的姓氏——理由是对于希望成为印度教教士的人来说，必须采用印度教的姓名——遭到了司法部部长的拒绝。拒绝所依据的理由是，他们并没有表明所寻求的改姓对于从事他们的研习必不可少，这些姓有宗教内涵，并且它们听起来不像"荷兰语的发音"。

③ *Niemietz v. Germany*, European Court, (1992) 16 EHRR 97; *Friedl v. Austria*, European Commission, (1995) 21 EHRR 83.

④ *National Coalition for Gay and Lesbian Equality v. Minister of Justice*, Constitutional Court of South Africa, [1998] 3 LRC 648.

⑤ *Godbout v. City of Longueuil*, Supreme Court of Canada, [1998] 2 LRC 333.

  "隐私"被认为具有基本性,是因为它一方面为人的个性提供了保护,另一方面为人的个性的发展提供了空间。一人有权在他的私生活中独立自主地行为,而"隐私"就是旨在保护他免受公众对这一私领域的注视。[①] 隐私力图承认的,是"为了任何单个的男人、女人、儿童所希望享有或体验的那些品性、愿望、事业以及生活方式而提供的一个孤立的地带、一个法定的隐居地"。[②] 成人私下里两相情愿的性行为处于"隐私"概念的范围之内。[③] 无法堕胎也是如此。禁止堕胎会导致干涉私生活得到尊重的权利。[④] 媒体披露有关被领养子女的生父母和养父母的情况,是对私生活的一种干涉。在工作中的性骚扰侵害了受害者的隐私基本权利。[⑤]

  私生活包括个人看待他们自身的方式以及他们决定如何将自己投射于其他人身上,是自由发展其个性的必要条件。母性是女性自由发展其个性的必不可少的一部分。就是否成为一位父母亲作出决定是私生活权利的一部分,包括决定是否在基因或生物意义上成为母亲或者父亲。私生活权与(甲)生育自主以及(乙)获得生育健康服务权——这涉及获得行使该权利所必需的医疗技术的权利——相关联。[⑥]

  "隐私"的范围并不是基于完全自由的自我的理念,而是基于何为拥有某人自己的独立自主身份所必需的理念。因为没有权利是绝对的,所以这意味着任何权利都受到同时发生的另一项权利的限制。在隐私的语境中,这意味着只有一个人的内心圣地——例如其家庭生活、性偏好以及家庭环境——才免受社会的相冲突权利的侵蚀。隐私在完全个人的空间内获得认可,但是随着一个人步入社群关系以及诸如商业和社会互动等活动,个人空间的范围也相应限缩。对于隐私权的范围可以超越个人存在的私人领域的提法,并无权威认可。"在个人私域以外,一人的隐私权的范围仅延及那些能够遮蔽对隐私之合理期待的有关方面。在每种特殊情况中,必须做出评估的是,政府本不应干涉的公众利

  [①] *Police v. Georghiades*, Supreme Court of Cyprus, (1983) 2 CLR 33, at 54, per Pikis J.

  [②] Fernando Volio, 'Legal Personality, Privacy and the Family', in Louis Henkin (ed.), *The International Bill of Rights* (New York: Columbia University Press, 1983), 185, at 190.

  [③] *Toonen v. Australia*, Human Rights Committee, Communication No. 488/1992, Selected Decisions Vol. 5, p. 133.

  [④] *A, B and C v. Ireland*, European Court, (2010) 3 *Bulletin on Constitutional Case-Law* 631.

  [⑤] Decision of the Constitutional Court of Spain, 13 December 1999, (1999) 3 *Bulletin on Constitutional Case-Law* 454. 性骚扰被界定为是一种其所针对之人既不希望发生也不能容忍的猥亵行为,该行为在客观上足以严重到造成一种不友善的工作环境。对于雇主的主动骚扰,如果很明显某位女性雇员既不希望这些行为发生也不能容忍它们,那么也并不要求她一定要立即且直截了当地作出反应。

  [⑥] *Artavia Murillo v. Costa Rica*, Inter-American Court, 28 November 2012.

益是否必须让位于政府为了实现其目标——尤其是执法目标——而不得不侵入个人隐私的利益"。[1]

1. 个人信息

只有在获知与一个人私生活有关的信息对按《公民及政治权利国际公约》所理解的社会利益必要时，主管公共当局才可要求提供该信息。[2] 常见的例子是要求在出生、死亡和婚姻登记中录入法定的且准确的信息；户主有义务填写人口普查表；税务机关提出要求，以便稽查某人的私人支出清单；[3] 银行或其他金融机构所持有的纳税人的数据；[4] 以及与公司事务有关的信息，不论其是由公司董事或高级职员，还是由该公司的审计师或者债务人持有。[5] 当法律要求议员披露他们的收入、财产和商业权益时，隐私权并未受到侵犯。[6]

不论是公共当局还是私人或私人机构，在计算机和其他设备以及数据库中

---

[1] *Bernstein v. Bester NO*, Constitutional Court of South Africa, [1996] 4 LRC 528, per Ackermann J. 另见人权事务委员会第 16 号一般性意见，第 7 段：因为所有的人都生活在社会中，所以保护隐私也必然是相对的。*Schreiber v. Canada*, Supreme Court of Canada, [1998] 4 LRC 136：法律保护隐私的程度与破坏隐私将会对一个人的自由和尊严造成的影响密切相关。因此，对于与某人的身体完整或住宅有关的隐私，他或她有权怀有较高的期待值，而对于他或她仅仅是一名乘客的公共汽车，或者对于他或她仅是一名访客的公寓而言，其所有权怀有的期望值就小多了。*Amann v. Switzerland*, European Court, (2000) 30 EHRR 843：就电话交谈而言，私人和商业场所二者受同等保护。*Political association Stop Wilders. nu v. Central Electoral Committee of the Municipality of The Hague*, Council of State of the Netherlands, (2010) 1 *Bulletin on Constitutional Case-Law* 120：某个政党希望在选举的候选人名单上被知晓和使用的称谓——例如"反威尔德斯"(Stop Wilders) 党，在未经某个政客——例如自由党主席基尔特·威尔德斯 (Geert Wilders) 先生——同意的情况下，仅仅使用其姓氏，并不侵犯其隐私。

[2] 人权事务委员会第 16 号一般性意见，第 7 段。参见，Decision of the Constitutional Court of Hungary, 30 June 1995, (1995) 2 *Bulletin on Constitutional Case-Law* 168：通用的个人识别码（PIN）与信息自决权冲突，并意味着保护个人数据的基本权利受到了直接的和重大的限制。

[3] Decision of the Supreme Court of the Netherlands, 20 October 1995, (1995) 3 *Bulletin on Constitutional Case-Law* 326. See *X v. United Kingdom*, European Commission, Application 9702/82, (1983) 30 *Decisions & Reports* 239; *X v. Belgium*, European Commission, Application 9804/82, (1982) 31 *Decisions & Reports* 231.

[4] Decision of the Constitutional Court of Belgium, 4 February 2013, (2013) 1 *Bulletin on Constitutional Case-Law* 13：税务机关可以在特定情况下要求金融机构提供此类数据，但要遵守程序规则。

[5] *Bernstein v. Bester NO*, Constitutional Court of South Africa, [1996] 4 LRC 528：公司是一个没有它自己的思想或者其他感觉的拟制的人；就其所有的活动而言，它完全依赖于人类的知识、感觉和智力。成立公司，作为在有限责任的基础上开展业务的工具，并非私事。它依赖于被社会所认可的某一法律制度，并通过调配属于该社会之成员的资金开展业务。从事这些活动的任何人都应预见到，这一法律设计中所固有的利益将伴随着相应的责任，包括适当披露的法定义务以及对股东的说明责任。因此，不能说就这种信息而言，存在着合理的隐私期望。这同样适用于该公司的审计师和债务人。

[6] Decision of the Constitutional Court of Hungary, 29 April 1997, (1997) 1 *Bulletin on Constitutional Case-Law* 53; Decision of the Constitutional Court of Portugal, 14 March 1996, (1996) 1 *Bulletin on Constitutional Case-Law* 65.

收集和存储个人信息，都必须由法律规范。国家必须采取有效措施，确保有关个人私生活的资料不会落到法律未授权接受、处理和使用这些资料的人手里，且绝不会用于不符合《公民及政治权利国际公约》的用途。[1] 这一要求曾适用于以下情况：执法人员所获得的与个人身份和人身关系有关的信息；[2] 银行记录，因为它们揭示了关于某人的包括财务状况以及私密生活选择在内的个人详情；[3] 与一人的身体状况、健康或者品性有关的事实；[4] 以及关于某人的秘密信息，包括其教育、婚姻状况、健康状况、出生日期和地点以及财产状况。[5] 尊重医疗数据的机密性不仅对于尊重患者的隐私至关重要，而且对于保持其对医疗职业和整体卫生服务的信任至关重要。[6] 未经允许而将精神病报告的内容

---

[1] 人权事务委员会第 16 号一般性意见，第 10 段。

[2] Decision of the Constitutional Court of Slovenia, 30 January 1997, (1997) 1 *Bulletin on Constitutional Case-Law* 87：在从事私人侦探工作中使用此类信息侵犯了隐私权。

[3] *Schreiber v. Canada*, Supreme Court of Canada, [1998] 4 LRC 136：由外国当局在国外根据外国法律进行的搜查并未侵犯一个人对隐私的合理期待，即便该搜查是经司法部的请求而启动的。参见亚克布奇（Iacobucci）法官的异议意见：隐私权所关注的是不合理的搜查或扣押对个人的影响，而不是搜查或扣押发生的地点。See also Decision of the Constitutional Court of Portugal, 31 May 1995, (1995) 2 *Bulletin on Constitutional Case-Law* 185：对银行秘密的限制必须经法律授权，并必须符合比例原则。

[4] Decision of the Supreme Court of the Netherlands, 28 February 1997, (1997) 2 *Bulletin on Constitutional Case-Law* 222：性别变化构成敏感信息，而且从本身不具有敏感性的其他信息中，应该无法推断出该信息。*Van Oosterwijck v. Belgium*, European Commission, (1979) 3 EHRR 581：例如，如果法律要求，在进行激素和手术治疗时，在外表以及性别特征上不同于出生证明上的表征之人，应携带证明其在外观上明显不符的文件，就有可能带来披露或者不当的发现。参见，*Metropolitaine (La), compagnie d'assurancevie v. Frenette*, Supreme Court of Canada, (1992) 134 NR 169：该案中，已经获得了生命保险保单的某人——他在这样做时，签下了一份格式表格，授权保险公司可以出于风险评估以及损失分析之目的而查阅他的医疗记录，很可能是因为溺水而窒息死亡。在调查意外死亡的补充性赔偿的索赔有效性的过程中，保险公司有权查阅医疗记录。被保险人已经放弃了这些记录所附带的职业性保密。See also *K v. Commission of the European Communities*, European Union, Court of First Instance, (1995) 2 *Bulletin on Constitutional Case-Law* 240.

[5] Decision of the Constitutional Court of Ukraine, 30 October 1997, (1997) 3 *Bulletin on Constitutional Case-Law* 456. See Decision of the Constitutional Court of Hungary, 22 March 1996, (1996) 1 *Bulletin on Constitutional Case-Law* 37：要求入读高等教育机构的申请人出示没有犯罪记录的证明文件，侵犯了他们的隐私权。Decision of the Constitutional Court of Spain, 23 March 2009, (2009) 2 *Bulletin on Constitutional Case-Law* 388：基于某位教师的私人诊断报告——其获取未经该教师同意，也没有任何法律依据——中的医疗报告，某一公共当局要求他因永久残疾退休，侵犯了隐私权。

[6] *Z v. Finland*, European Court, (1997) 25 EHRR 371：对于有关某人的艾滋病病毒感染的相关信息的机密性保护，这些考量尤为必要。虽然调查和起诉犯罪以及法庭诉讼公开之利益，可能超过了某位患者及整个社会在保护医疗数据机密性方面的利益，但是例外情况有：（甲）下令在 10 年以后，公众可以获得由医疗顾问提供的证据笔录以及医疗记录，并不符合诉讼中的当事人的意愿或者利益——其中的所有人均要求更长的保密期限，而且没有可以认定长期保存数据的机密性足以不顾患者利益的理由对其予以支持，并因此构成对于《欧洲人权公约》第 8 条不成比例的干涉；以及（乙）并无充分理由支持在判决中披露患者的身份。

用于其原始目的之外的目的,与尊重这一权利不相容。① 即便是医疗咨询在本质上也是一件私密的事,在私密的环境中进行对于该咨询的效果至关重要。② 一人的犯罪记录是私人信息,因此,对其处理和查阅应遵循有关犯罪记录的法律规定。在法律严格监管的案件和情形之外获取此信息,构成了对隐私权的侵犯。③

个人的私生活不受侵犯的权利也保护其有关商业或职业活动的信息不被收集、保存或披露,并致使与某人的财产和经济权益相关的信息被揭示。披露有关以下人员的薪酬的信息——代表着私人利益的监督委员会的成员或者国家有控股权益的公司的管理委员会的成员,侵犯了这些个人的私生活不受侵犯的权利。这同样适用于施予所述个人的就其经济权益提交声明的义务。④ 人们的财产构成了他们的私生活的一部分,其披露构成了对有关人员之私生活的干涉。⑤

采集、使用、保留和存储指纹、DNA 图谱和 DNA 样本,都构成了国家对个人之私生活获得尊重的权利的干涉。这是所谓的信息性隐私的一个方面。采集或者保存它们的唯一原因是为了它们所包含的信息。保存它们并不是因为它们作为诸如口腔拭子或者毛发等本身就有价值。保存它们是因为它们包含个人内在的独特基因编码。保存它们为的是该个人的信息,而不是其他。虽然可以说,并非关于个人的所有信息都如此私密,以至于可以享有《欧洲人权公约》第 8 条的保护,但是对于隐私必须有合理的期待。对个人而言,几乎没有什么比获知他们的基因构成更私密的了。⑥ 公共当局存储有关某人之私生活的数据,

---

① Decision of the Supreme Court of the Netherlands, 9 January 1996, (1996) 1 *Bulletin on Constitutional Case-Law* 52:某一被告申请,将原本用于两名证人自身的刑事案件中的这两名证人的精神病报告,用于纳入他的案件档案中。

② *Police v. Georghiades*, Supreme Court of Cyprus, (1983) 2 CLR 33:该案中,某位心理师被指控作伪证。使用某位客户的律师在即将进行咨询的房间中提前安装好的电子收听和录音设备偷听到的被告及该客户之间的对话的证据是不能被采纳的。*X v. Norway*, European Commission, Application 7945/77, (1978) 14 *Decisions & Reports* 228:未经授权即向第三人披露包含在某人的犯罪记录中的信息。

③ Decision of the Constitutional Court of Spain, 22 July 1999, (1999) 3 *Bulletin on Constitutional Case-Law* 445.

④ Decision of the Supreme Court of Estonia, 24 December 2012, (2002) 3 *Bulletin on Constitutional Case-Law* 443.

⑤ Decision of the Supreme Court of Cyprus, 12 May 2000, (2000) 2 *Bulletin on Constitutional Case-Law* 238.

⑥ *R (on the application of S) v. Chief Constable of South Yorkshire*, House of Lords, United Kingdom, [2005] 2 LRC 627, partially dissenting opinion of Baroness Hale. See also *R (on the application of Wood) v. Metropolitan Police Commissioner*, Court of Appeal, United Kingdom, [2010] 2 LRC 184:警方拍摄(并保留)了在伦敦街头进行合法经营的某人的照片,以预防在某一会议期间或其附近可能出现的混乱和犯罪行为,这在比例上并非正当合理。

构成了《欧洲人权公约》第 8 条含义之内的干涉。①

为了使私生活受到最切实的保护,人人均应有权以明白易解的方式确知个人资料是否被存放在自动数据档案中,若如此,那么有哪些资料被存放,其目的又是什么。人人也应能够确知哪些公共当局、私人或私人机构控制着或可以控制其档案。② 如果这种档案含有不正确的个人数据,或这些数据以违反法律规定的方式收集或处理,则人人应有权要求改正或消除。③ 因此,不允许某人有机会辩驳存放于保密的警方登记册中的有关其私生活的信息,可能构成对其隐私权之干涉。④

在某些情况下,一人可能希望从其档案中获取个人数据。例如,某人在很小的时候就被送进教养院,而后极少与他的自然家庭联系,或者一直由一个替代家庭养育,而由地方当局编制并保存的档案保有关于他儿时和成长期的唯一的连贯记录。在这样的情况中,拒绝允许这个人获得这些档案干涉了他的私生活。尊重私生活要求,一个人应该能够确定他作为一个人的身份细节,尤其是关系到这样一个时期——他作为一个幼童尤为脆弱,他的个人记忆无法提供关于这一时期的可靠的或者充分的信息来源。⑤ 尊重私生活还要求,政府在进行某些危险的、可能会对活动参与者的健康具有潜在不利后果的活动时——例如核试验项目,应建立有效且可行的程序,使这些人能够获得所有相关和适当的信息,以或者减轻他们的恐惧,或者使他们得以评估他们曾面临的风险。⑥

---

① *Amann v. Switzerland*, European Court, 16 February 2000:在与苏联大使馆有关的反情报监视措施的过程中,瑞士当局录下了某一电话交谈,在交谈中,该使馆的一位女士从一个叫阿曼的人那里订购了一台脱毛器。阿曼受到了调查,但当局认为他的活动完全是无罪的。然而,阿曼的名字和该电话交谈的细节却被存放于一张存储卡上,并被存储于国家安全索引中。九年以后,这张存储卡的存在变得为公众所周知,阿曼提起了针对瑞士政府的索赔。
② 人权事务委员会第 16 号一般性意见,第 10 段。
③ 人权事务委员会第 16 号一般性意见,第 10 段。
④ *Leander v. Sweden*, European Court, (1987) 9 EHRR 433;European Commission, (1985) 7 EHRR 557:该案中,某人因据称的使他成为安全威胁的某些秘密信息,而被永久性地拒绝雇佣为瑞典海军博物馆的技术人员。他认为,该审查涉及对他声誉的破坏,并且他本应有机会在法庭上为自己辩护。根据瑞典法律,对于信息的收集、记录和发布具有保护国家安全的合法目的,并且存在防止滥用的充分有效的保护措施。
⑤ *Gaskin v. United Kingdom*, European Court, (1989) 12 EHRR 36;European Commission, (1987) 11 EHRR 402。这些记录包含申诉人在接受养育时各个时期在哪里生活的信息,以及许多提供者提交的关于申诉人的健康、教育和犯罪记录——总之是他的历史——的大量的、种种的其他材料。在申诉人未成年、接受养育期间,所有参与养育和抚养他的那些人,均可以参考该档案并予以增补。在这方面,该档案提供了对于未养育其子女的父母的记忆和经历的一种替代性记录。然而,拒绝允许该人全面地查阅他的案件记录,不能说是已经"干涉"了他的私生活,因为一部分信息已经被封存为机密,并且保持其秘密性也是为了保护第三人所必要的。
⑥ *McGinley v. United Kingdom*, European Court, (1998) 27 EHRR 1.

未经社会和政治活动的参与者的同意，媒体可以向公众通报他们的私生活，只要这个人的私生活的个人特性、行为和特殊情况可能对于公共事务具有重要性。任何参与社会和政治活动的人都必须预计到公众以及媒体给予他的关注。① 有关公职人员申报财产并规定依据申请公示其个人数据的法律并不侵犯隐私权。② 私生活的权利涵盖个人计算机中包含的有关私人和职业生活的个人数据和信息。如果一台计算机在没有密码的情况下被交付维修，那么就被推定其所有者已经同意技术专家查阅计算机中所包含的文件。③

2. 搜查和监视

个人和身体搜查是刑事调查中的必要因素。但是，应有切实的措施确保实行这种搜查的方式符合被搜查者的尊严。个人受到国家官员或应国家要求行事之医务人员的搜身时，应只限于由同一性别的人搜检。④ 对于宪法提供的庇护，人的隐私可能提出最有力的请求，因为它保护身体之完整，尤其是这样一项权利，即使得我们的身体不受触碰或者搜检以至于披露我们希望隐瞒的目标或事项。要求提供身体样本并对该样本进行分析，构成一种搜查，需要有授权。⑤ 利用缉毒犬嗅闻是一种以非常轻微的方式侵入个人隐私的侦查技术，但是由于从被封闭物品中获取的信息的重要性和特性，它也构成调查。⑥

脱衣搜身是行使警察权力的一种最极端方式。⑦ 除非警方有合理的、极为可能的理由认定，在逮捕的特殊情形下有必要进行合法逮捕附带搜查，并且以合理的方式执行，否则不得实行无授权的脱衣搜身。在公共场所脱衣搜身是不合理的。⑧

---

① Decision of the Constitutional Court of Lithuania, 23 October 2002, (2002) 3 *Bulletin on Constitutional Case-Law* 471.

② Decision of the Constitutional Court of Albania, 11 November 2004, (2004) 3 *Bulletin on Constitutional Case-Law* 407.

③ Decision of the Constitutional Court of Spain, 7 November 2011, (2011) 3 *Bulletin on Constitutional Case-Law* 576：一位西班牙公民因其个人电脑中的某些文件夹中含有恋童癖资料，而被认定犯有传播儿童色情的罪行。这些文件是由一位正在修理该电脑的技术专家发现的，该专家随后将此事报告给了警方，并向他们移交了这台电脑。

④ 人权事务委员会第16号一般性意见，第8段。

⑤ *Cropp v. Judicial Committee*, Supreme Court of New Zealand, [2009] 3 LRC 74；*R v. Tessling*, Supreme Court of Canada, [2005] 3 LRC 528.

⑥ *R v. Kang-Brown*, Supreme Court of Canada, [2008] 5 LRC 473. See also *R v. AM*, Supreme Court of Canada, [2008] 5 LRC 536；*R v. MacKenzie*, Supreme Court of Canada, [2014] 2 LRC 428；*R v. Chehil*, Supreme Court of Canada, [2014] 2 LRC 408.

⑦ *Everitt v. Attorney General*, Court of Appeal of New Zealand, [2002] 3 LRC 407.

⑧ *R v. Pratt*, Court of Appeal, New Zealand, [1994] 1 LRC 333；*ANN v. Attorney General*, High Court of Kenya, [2014] 1 LRC 586：该案中，警方逮捕了一位自称是女性并打扮成女人样子的男人，在公共场所并且有媒体在场的情况下将他扒光，这侵犯了他的隐私权。

搜身一般只能在警察局进行，除非存在着紧急情况，需要在被拘禁者被送往警察局之前对其搜身。只有警方有合理的、极为可能的理由确信，有必要在当场而非在警察局实行搜身的情况中，才能够确定存在这种紧急情况。只有在如下情况中——搜查可能会被用于危害被指控者、执行逮捕的官员以及其他人的武器或者工具具有明显之必要性和紧迫性，当场执行脱衣搜身才可能正当合理。警方必须证明，等到了警察局而非当场执行脱衣搜身为何会不安全。当场实行脱衣搜身代表着对隐私的一种大得多的侵扰，对被拘禁者的身体完整性构成了大得多的威胁，因此，只有在紧急情况下才是正当合理的。[1]

就教师或者校长在小学或者中学对学生实行的搜查而言：（甲）对于由学校当局搜查学生，授权并非必不可少；（乙）学校当局必须有合理的理由相信，存在着对于学校规定或者纪律的违反，并且搜查学生会揭示该违反的证据；（丙）对于提供给学校当局的信息，学校当局最有条件评估该信息并将它与学校中的现有情况联系起来。[2]

如果没有任何特殊情况，则视频监视与隐私权并非不相容。[3] 然而，在加拿大的一起案件中，警方在调查某一"流动"赌场的过程中，在并无事先司法授权的情况下安装摄像机并监视某一旅店客房中的活动，这侵犯了隐私权。[4] 摆放在街道上等待被收取的垃圾袋不受保护隐私所适用的规则的约束，因此警方可以搜查。[5] 在未经授权的情况下，出于测量流入某一住宅的电力之目的而安装的数字记录电流表，虽然可以显示出某种与种植大麻的行为相一致的图

---

[1] *Golden v. R*, Supreme Court of Canada, [2002] 3 LRC 803. 另见包含在英国1984年《警察和证据法》（PACE）第60章"行为准则"中的指针。

[2] *R v. M*, Supreme Court of Canada, (1998) 3 *Bulletin on Constitutional Case-Law* 398：在一位警察在场的情况下，一名涉嫌毒品交易的高中生在学校受到了副校长的搜查。该搜查并未侵犯免受无理搜查和扣押之保障。

[3] Decision of the Supreme Court of the Netherlands, 6 June 1995, (1995) 2 *Bulletin on Constitutional Case-Law* 179.

[4] *R v. Wong*, Supreme Court of Canada, [1990] 3 SCR 36, 拉·福雷斯特（La Forest）法官称："可以肯定地假定，每周在全国各地的酒店客房中都举行着向受邀人士开放的各种集会。这些会议将吸引那些有着共同利益，但又往往彼此陌生的人们。显然，参加这些会议的人们不能抱有他们的出现不会被其他参会者注意到的期待。但是，出于同样的原因，对于那些举行或者参加此类集会的人来说，必须默认允许国家特工对该过程进行永久性的电子记录的未受约束的自由裁量权——以此作为这样做的代价，并不是合理期待的一部分。" See also *R v. Sanelli*, Duarte and Fasciano, Supreme Court of Canada, [1990] 1 SCR 30；*R v. Kokesch*, Supreme Court of Canada, [1990] 3 SCR 3；Decision of the Supreme Court of the Netherlands, 19 March 1996, (1996) 1 *Bulletin on Constitutional Case Law* 54：使用摄像机和监视器对一名被拘禁于警方监狱中以讯问的嫌疑人进行秘密的和连续的监视，在他不能考虑到他可能正处于监视之下的情况下，构成了对该嫌疑人的隐私的侵犯。

[5] Decision of the Supreme Court of the Netherlands, 19 December 1995, (1996) 1 *Bulletin on Constitutional Case-Law* 50.

景，但并不侵犯免受不合理搜查的权利。① 秘密使用间谍软件，以查实某位公务员将分配给他的计算机设备用于与其公职不相关之目的的怀疑，是一种被禁止的措施，或者至少是一种不合比例的措施。② 使用隐藏起来的摄像机一般是违法的，即便是所获得的信息以及随后的播放是为了公共利益。记者为了获取本来无法获得的信息而使用诡计，并使用诸如隐藏的摄像机之类的技术，构成了对被记录者的隐私权及其自身形象权的侵犯。③ 在没有合法授权的情况下，在数月里通过警方在地面上隐秘放置的动作感应摄像机所获取的照片进行秘密监视，侵犯了隐私权。④

沿街行走之人难免会出现在同样在场的公众成员的视线中。通过技术手段对于同一公共场景进行监控（例如，安保人员通过闭路电视观看）也具有类似的特征。不过，来自公共领域的这类资料的系统性和长久性记录一旦形成，就有可能需要考虑私生活的因素。因此，收集和存储有关特定的人的数据，是对其私生活的一种干涉。⑤ 在被逮捕者不知情的情况下，记录下他们的声音——不论是在监禁囚室中，还是在警方正向他们宣读指控之时，以便与在他们的公寓中所采录音比对，是对他们的私生活受到尊重的权利的一种干涉。⑥ 在开展调查的情况中，在沙发中安装隐蔽式监听装置，以便录制某处住所的各种居住者的对话，构成对于私生活受到尊重的权利的一种干涉。⑦

虽然对于车辆及其驾驶员的合理监视和监督对于社会的安全和福祉至关重要，并且个人就自己的汽车而言，对于隐私只具有一种降低了的期待值，⑧ 但是在汽车中安装跟踪设备（即蜂鸣器⑨），并由此监视汽车，则侵犯了隐私权。汽车对于人们的日常生活如此重要，以至于车辆内部成为一个值得保护以免受国家侵入的领域。⑩ 通过在某个涉嫌参与恐怖活动者的汽车内安装 GPS 接收器——这能够收集和存储与他在公共范围的行动有关的数据——来监视

---

① *R* v. *Gomboc*, Supreme Court of Canada, [2011] 2 LRC 321.
② *Civil Protection Group Z* v. *X*, Federal Court of Switzerland, (2013) 1 *Bulletin on Constitutional Case-Law* 165.
③ Decision of the Constitutional Court of Spain, 30 January 2011, (2012) 1 *Bulletin on Constitutional Case-Law* 177.
④ *Hamed* v. *R*, Supreme Court of New Zealand, [2012] 4 LRC 124.
⑤ *Usun* v. *Germany*, European Court, 2 December 2010.
⑥ *P. G. and J. H.* v. *United Kingdom*, European Court, 25 September 2001.
⑦ *P. G. and J. H.* v. *United Kingdom*, European Court, 25 September 2001.
⑧ *R* v. *Belnavis*, Supreme Court of Canada, [1997] 4 LRC 302.
⑨ 蜂鸣器是一种通常由电池供电的无线电发射器，发出可以被无线电接收器接收的周期性信号。
⑩ *R* v. *Wise*, Supreme Court of Canada, (1992) 133 NR 161, per La Forest J. 该案中，警方试图追踪某人的行踪——该人是他所居住的农村地区的几起凶杀案的主要嫌疑人。

他，是对于他的私生活的一种"依法"干涉。只能对涉嫌犯有相当严重的刑事罪行的人才能下令做出这种监视。① 然而，警官打开停放于公共通道中的一辆汽车的未上锁的车门，以便与该汽车的乘坐者交谈，并不是对隐私的侵犯。②

授权司法官员批准为调查犯罪活动所需的搜查和扣押令状的法律，构成了对隐私权的一种合理正当的限制，但条件是这一法律要能够被解释为规定了司法官员行使该权力时必须依据的某些标准。③ 一项使得并无令状即可搜查无证经营的赌博场所的法律规定，不能被认为是合理的或正当的，并因此侵犯了隐私权。④ 持有搜查某一地点的令状的警察并不需要对于搜查诸如橱柜和文件柜等容器获得具体的、事先的授权。然而，计算机与传统制度所规范的某些容器极为不同，搜查计算机会引起特别的、通过以往的方法并不能充分解决的隐私问题。这些因素要求对搜查计算机有特定的预先授权。警方必须要满足授权上的正当性，即他们有合理理由相信，他们所发现的电脑或者类似设备将包含他们正在寻找的数据。在有授权令状的搜查的过程中，如果警方碰到了可能包含着他们被授权搜查的资料的计算机，但是该令状并未给予他们搜查计算机的具体的、事先的授权，那么他们可以扣押该设备，并尽力确保数据的完整性；但是在搜查这一数据以前，必须获得进一步的授权。⑤

在嫌疑人同意时，警方有权在没有合理怀疑的情况下进行搜查。然而，此类搜查若要合法，则该同意必须是一种"知情的同意"。在同意者知道他有权拒绝被搜查，并且在这种情况中，该拒绝在警方调查以及审判过程中都不会被用于针对他的时候，同意才是知情的。为了确保知情的同意，希望进行搜查的警官必须明确地告知嫌疑人，他有权拒绝被搜查，并且这种拒绝将不会被用于针对他。如果嫌疑人未获得恰当的通知，那么搜查就是违法的，并且从该嫌疑

---

① *Usun v. Germany*, European Court, 2 December 2010.

② Decision of the Supreme Court of the Netherlands, 19 March 1996, (1996) 1 *Bulletin on Constitutional Case-Law* 55：一打开车门，警官便看到坐在驾驶座上的一个人正在吸毒。

③ *The Investigating Directorate: Serious Economic Offences v. Hyundai Motor Distributors (Pty) Ltd*, Constitutional Court of South Africa, (2000) 2 *Bulletin on Constitutional Case-Law* 358.

④ *Magajane v. Chairperson*, North West Gambling Board, Constitutional Court of South Africa, [2006] 5 LRC 432.

⑤ *R v. Vu*, Supreme Court of Canada, [2014] 3 LRC 515. See also *R v Cole*, Supreme Court of Canada, [2013] 4 LRC 372.

人处获得的任何证据都会被排除、被认为是不可采信的。[1]

一项规范药品以及相关物品的法律授权稽查员对于他们合理地认为存在着该法律所规范的药品或者其他物品的任何场所进行不受限制的搜查,这一法律因为与隐私权背道而驰而无效。定期的监管稽查对于维护专业标准以及保护公众是必要的。然而,当立法赋予监管稽查员过分的权力且未能向他们提供执行稽查的必要准则时,这种立法就必须作为对隐私权的不可允许之侵犯而被废除。[2]

除了紧急情况外,警官在强行进入住宅之前必须做出宣告。在通常情况下,他们必须(甲)通过敲门或者拉响门铃来通知他们到场,(乙)通过表明他们是执法人员来通知他们的权力,以及(丙)通过陈述合法的进入理由来通知他们的目的。如果警方偏离了这种做法,那么他们就负有举证责任,要解释他们为何认为有必要做此偏离。如果受到质疑,检控方必须提供证明框架,以支持这样的结论,即警方有合理理由担心他们自己或者居住者受到伤害的可能性或者担心证据被损毁。与经宣告进入原则偏离得越远,警方证明其做法正当合理的举证责任就越重。证明该偏离行为正当合理的证据必须显示在记录中,并且可供警方在行动时使用。在这一方面,警方的决定必须根据他们当时已经或者应当合理地知道的情况来判断,而不是根据事情的结果来判断。正如国家不能依赖事后理由为某一搜查辩解一样,也不能基于警方在当时无法合理知晓的情况,抨击有关如何采取行动的决定。[3]

3. 人际关系

隐私的概念承认,个人有权拥有私人的亲密和自主空间,这使其在不受干涉的情况下建立和发展人际关系。一人对性情况(sexuality)的表现方式在私人亲密关系这一领域中居于核心。"如果在表现我们的性情况时,我们的行为是各方同意的,不会伤害彼此,那么侵入该领域就将侵犯我们的隐私。"[4] 因此,在澳大利亚塔斯马尼亚州的刑法典中,一直存在的将私下的同性恋行为规定为犯罪的条款,这种情况"持续地、直接地"干涉了隐私,即便是这些条款

---

[1] Decision of the Supreme Court of Israel, 6 March 2012, (2012) 1 *Bulletin on Constitutional Case-Law* 94.

[2] Mistry v. The Interim National Medical and Dental Council of South Africa, Constitutional Court of South Africa, (1998) 2 *Bulletin on Constitutional Case-Law* 312.

[3] R v. Cornell, Supreme Court of Canada, [2011] 1 LRC 564.

[4] National Coalition for Gay and Lesbian Equality v. Minister of Justice, Constitutional Court of South Africa, [1998] 3 LRC 648, per Sachs J.

在十年里并未得到执行。① 虽然认为同性恋不道德的公众可能会因他人进行的私下同性行为而感到震惊、恼怒或者不安，但是"当它只涉及表示了同意的成年人时，其本身并不能成为适用刑事制裁的理由"②。禁止处于稳定的同性伴侣关系中的女性获得精子捐赠（即通过子宫内授精来怀孕），侵犯了尊重私生活和家庭生活的权利。③

并非在私下进行的任何性活动都必然处于"隐私"的范围之内，因为隐私的概念并没有给予人们全然的、解放式的允许，可以做他们想做的任何事情——只要是在私下里做的，而不论这些事情多么怪异或者可耻。法律可以继续禁止某些行为，诸如代际、亲属间、物种间的性行为，以及涉及暴力、欺诈、窥探、侵扰或者骚扰的性行为：在这些情况中，隐私利益因为可以察觉的伤害而受到压制。尊重个人隐私并非要求不顾社会标准，并且只要所确定的无论什么样的限制都不会侵犯该受保障的权利，那么法律就可以继续对于性方面的表达——甚至是在家庭的私密空间中——规定哪些是可以接受的、哪些是不可以接受的，也可以在正当合理的限度内惩罚有害的行为，并规制冒犯的行为。所作出的抉择并非是在两个极端之间的抉择：一个极端是"维持斯巴达式的常态"，另一个极端是进入所谓的"满足方式的后现代

---

① *Toonen v. Australia*, Human Rights Committee, Communication No. 488/1992, HRC 1994 Report, Annex Ⅸ. EE. 人权事务委员会拒绝了塔斯马尼亚当局的意见，即基于健康和道德的理由，这些法律是合理的，因为它们的部分目的是防止艾滋病病毒/艾滋病的传播。人权事务委员会接受了澳大利亚政府的意见，即将同性恋行为定为犯罪的法律规定，"通过将许多面临感染风险的这类人赶到地下"，似乎会阻碍公共健康计划。See *National Coalition for Gay and Lesbian Equality v. Minister of Justice*, Constitutional Court of South Africa, [1998] 3 LRC 648, 萨克斯（Sachs）法官称："反鸡奸法［1957 年《性犯罪法》第 20A 条：旨在刺激性欲或者给予性满足的男性之间的行为］真正惩罚的是异常行为，仅仅因为该行为是异常的，而不是因为它是暴力的、不诚信的、奸诈的或者以某种方式扰乱公共安宁或引发伤害。而且，对其压制也是因为它被认为具有的象征主义，而不是因为它被证实是有害的。其结果是，所有的同性恋欲望都遭到了玷污，并且整个男女同性恋群体都被标记为异常和堕落。" See also *X and Y v. United Kingdom*, European Commission, Application 9369/81, (1983) 32 *Decisions and Reports* 220; *Dudgeon v. United Kingdom*, European Court (1981) 4 EHRR 149, European Commission, (1980) 3 EHRR 40; *B v. United Kingdom*, European Commission, Application 9237/81, 34 *Decisions & Reports* 68; *ADT v. United Kingdom*, European Court, (2001) 31 EHRR 33; *Naz Foundation v. Delhi*, High Court of Delhi, [2009] 4 LRC 838: 1860 年《印度刑法典》第 377 节将同性成年人双方同意的私下性行为规定为犯罪，这侵犯了隐私权。该案的判决在上诉后被印度最高法院推翻，See *Suresh Kumar Koushal v. Naz Foundation*, [2014] 2 LRC 555。印度最高法院认为，由于立法机关没有选择修改或者再议第 377 节，因此即便是在德里高等法院作出判决后，最高法院也没有权力因为该法律在其目的和需要的正当性方面，已经陷于废弃或者社会观念已经发生了变化，就废除该第 377 节。

② *Norris v. Ireland*, European Court (1988) 13 EHRR 186. See also *Modinos v. Cyprus*, European Court, (1993) 16 EHRR 485.

③ Decision of the Constitutional Court of Austria, 10 December 2013, (2013) 3 *Bulletin on Constitutional Case-Law* 441.

超市"。① 南非的一项法律将 12 岁至 16 岁的儿童（少年）与其他少年进行的自愿性行为规定为犯罪，这侵犯了他们的隐私权。这些受到质疑的规定将构成了少年的成长规范的行为规定为犯罪，对法律旨在保护的这些儿童产生了不利影响。②

虽然怀孕及终止妊娠不仅仅是母亲的私生活的问题，③ 但确定某人与某个儿童的法律关系却涉及他（或她）的私生活。④ 在教育领域采取的旨在以不合理的方式扰乱私生活或者会产生扰乱之后果的措施，尤其是无理地将儿童从其父母身边带走，可能也会处于私生活这一概念之内。然而，由公共当局提供或者帮助以父母的语言接受教育的权利，是不受保障的。⑤

隐私权并不延及个人与他全部的直接环境之间的联系——只要这些环境不涉及人际关系，即便此人希望将此等联系保持在私人领域之内也一样。例如，养狗的权利与其所有者的私生活的范围无关，因为就这种动物的本性而言，养狗必然会与干扰他人的生活甚至是公共生活产生一定程度的联系。⑥ 大量的噪

---

① *National Coalition for Gay and Lesbian Equality v. Minister of Justice*, Constitutional Court of South Africa, [1998] 3 LRC 648, per Sachs J. See *Laskey, Jaggard and Brown v. United Kingdom*, European Court, (1997) 24 EHRR 39：该案中，某个男性同性恋群体中的成员参与到了施虐受虐活动之中，包括虐待生殖器、仪式性的鞭笞以及打烙印。根据《人身侵害法》，他们因造成身体伤害和创伤而应被起诉。这些活动是经过同意的，并且在成年男人之间私下发生，或者所施以的疼痛受着某些规则的约束——包括使用暗号叫停任何一次活动，或者并未造成永久性的伤害或者感染，如上事实都不具有相关性。确定法律应当容忍的伤害程度首先应当是国家的事情，因为利害攸关的是以下两个方面之间的平衡行为：一方面是公共健康考量和刑法的威慑作用，另一方面是私人的个人自主权。

② *The Teddy Bear Clinic for Abused Children v. Minister of Justice and Constitutional Development*, Constitutional Court of South Africa, (2013) 3 *Bulletin on Constitutional Case-Law* 584.

③ *Brüggemann and Scheuten v. Germany*, European Commission, (1977) 3 EHRR 244：在一位女性怀孕时，她的私生活就变得与发育中的胎儿密切相关。See *Roe v. Wade*, United States Supreme Court, 410 US 113 (1965)：女性的宪法隐私权足以宽泛，以至于可以涵盖终止她的妊娠的决定。这一堕胎权利是一种受限制的权利，它必须在相互对立的国家利益即母亲的健康和胎儿的生命之间取得平衡。

④ *Rasmussen v. Denmark*, European Court, (1984) 7 EHRR 371：丹麦的一项法律规则在某位父亲的前妻有权随时提起亲权诉讼的情况下，为该位父亲对于在婚姻期间出生的子女提出亲权抗辩设置了时间限制。这被认为是出于正当目的，即为了确保法律的确定性和保护子女的利益。在这一点上规定了丈夫和妻子之间的不同待遇所依据的理念是：对于妻子而言，该时间限制并没有为丈夫所设定的那么必要，因为母亲的利益通常与孩子的利益一致，她们在大多数离婚或分居案件中被判予了监护权。See also *X v. Switzerland*, European Commission, Application 8257/78, (1978) 13 *Decisions & Reports* 248：即便是在没有血缘或婚姻的任何法律联系的情况下，在某人照顾某位儿童多年并对他十分依恋的情况中，也可能存在着某种纽带。

⑤ *Inhabitants of Les Fourons v. Belgium*, European Commission, 30 March 1971. 因此，比利时政府拒绝在勒芙蓉（Les Fouron）地区建立法语学校或者提供补贴，并未侵犯这一权利。如果讲法语的父母因此决定将他们的孩子送到离家有一段距离的学校，该决定也是他们自己的选择。这不是由立法强加给他们的。

⑥ *X v. Iceland*, European Commission, Application 6825/75, (1976) 5 *Decisions & Reports* 88. 该案所争议的是，雷克雅未克市议会制定的一项规则的有效性。该规则规定，"除了在合法建立的农场中，饲养与农业有关的有必要的狗——且应接受公共健康委员会的监督——以外，不得养狗。"

声滋扰会影响人的身体健康，并因而侵扰他的私生活。①

拘禁就其本质而言是对私生活的限制，但是对于囚犯的私生活及其重适社会生活都必不可少的，是尽可能维持他们与外界的接触，以便促进他们在被释放后融入社会。例如，通过为囚犯的亲友提供探访便利，或者通过允许囚犯与亲友或者其他人通信，就会有此作用。然而，因为探访便利给监狱机关带来了沉重的管理和安全负担，所以要求监狱提供无限制的探访便利也是不可行的。因此，除某些例外情况以外，对亲属和密友的探访进行一般性的限制，看来是合理的。②

4. 身体和道德的完整性

私生活是一个涵盖了人的身体、道德和心理的完整性的概念。③ 因此，在没有法定授权的情况下，只有经过嫌疑人同意，警方才可以合法地采集其血液和毛发样本。这必须是一种知情的同意，才能是一种有效的同意。④ 法院下令分析某位嫌疑人的毛发——这需要法医专家从头部和身体的几个区域获取毛发，以确定他是否吸食了可卡因，以及如果是的话，吸食了多久，侵犯了该嫌疑人的隐私权。⑤ 授权一位医生给出有关某人的精神病专家意见的命令，不论该专家意见是通过自愿的或者强制性的个人检查的方式，还是仅仅通过查验文件证据而获得，都侵害了该人的私生活受到保护的权利。⑥ 但是，在针对一位律师的纪律惩戒诉讼过程中，具体情形引发了对于他的精神状态的有充分根据的怀疑，那么精神病检查对于预防混乱以及保护他人的权利和自由均是必要的。⑦ 旨在保护社会健康，并采用适当的管控制度以便将所涉风险最小化的自愿性疫苗接种，

---

① *Baggs* v. *United Kingdom*, European Commission, (1985) 9 EHHR 235; *Powell* v. *United Kingdom*, European Commission, (1985) 9 EHRR 241; *Rayner* v. *United Kingdom*, European Commission, (1986) 9 EHRR 375.

② *X* v. *United Kingdom*, European Commission, Application 9054/80, (1982) 30 *Decisions & Reports* 113.

③ *Botta* v. *Italy*, European Court, (1998) 26 EHRR 241.

④ *R* v. *Arp*, Supreme Court of Canada, [2000] 2 LRC 119. See also *D* v. *K*, Supreme Court of South Africa (Natal Provincial Division), [1999] 1 LRC 308：采集血液样本，以证明或者否定亲子关系，是对隐私权的一种侵犯。Cf. Decision of the Constitutional Court of Spain, 17 January 1994, (1994) 1 *Bulletin on Constitutional Case-Law* 59.

⑤ Decision of the Constitutional Court of Spain, 16 December 1996, (1996) 3 *Bulletin on Constitutional Case-Law* 425.

⑥ *X* v. *Germany*, European Commission, Application 9687/82, (1983) 5 EHRR 511.

⑦ *Wain* v. *United Kingdom*, European Commission. See also *Vernonia School District 47J* v. *Acton*, United States Supreme Court, (1995) 2 *Bulletin on Constitutional Case-Law* 226：对于参加校际竞技的学生进行强制性药物测试的项目，并未侵犯无理搜查和扣押之保护。

并不干涉这一权利。① 在医院中对患有严重心理疾病的患者进行强制性检查，干涉了其私生活受到尊重的权利。然而，这种干涉具有法律依据、追求的是保护其健康的合法目的，并且并非不成比例，因而"在民主社会中是必要的"。②

性虐待是对人的私生活的重要方面的一种严重侵扰。在这方面，儿童以及其他弱势人员得到国家通过适用刑法给予的保护。③ 在一起案件中，对于一位智障人士受到的性侵犯，刑法典要求，在能够针对据称的嫌疑人提起刑事诉讼之前，需要实际受害者提出申诉；因此，在父亲代表他 16 岁的智力残疾的女儿提起申诉后，并没有提起任何公诉。这种情况中，国家就没有做到为该残障者提供切实有效的保护。④

国家负有一种积极义务，维持并在实际中适用一种适当的法律制度，以针对诸如私人进行秘密拍摄等侵犯个人完整性的行为，提供充分的保护。⑤ 公开在公共场合中拍摄但未经某位知名人士知悉或同意的、有关其从事纯粹是私人活动的照片，处于该知名人士的"私生活"的范围之内。而且，如果此人不是行使官方职权的公众人物，公开这些照片并不会有助于事关公共利益的讨论。任何人——即便是他们为普通公众所知——均对他们的私生活得到保护和尊重抱有一种"合理期望"，这种私生活中就包括社会层面的。⑥

5. 个人身份认同

作为个人身份认同（identification）以及与家庭联系的一种手段，人的姓名关乎他的私生活。尤其是一个人的姓氏，构成了一个人之身份的重要组成部分，其所受免遭无理或非法侵扰的保护延及选择或者改变自己的姓氏的权利。欧洲人权法院认为，是否拒绝承认姓氏变更，是一个超越了可予允许之干涉的限度的事实问题。⑦ 例如，在一起案件中，当局拒绝允许已婚夫妇使用妻子的

---

① *Association X v. United Kingdom*, European Commission, Application 7154/75, (1978) 14 *Decisions & Reports* 31.
② *Matter v. Slovakia*, European Court, (2001) 31 EHRR 32.
③ *Stubbings v. United Kingdom*, European Court, (1996) 23 EHRR 213.
④ *X and Y v. Netherlands*, European Court, (1985) 8 EHRR 235.
⑤ *Soderman v. Sweden*, European Court, (2013) 3 *Bulletin on Constitutional Case-Law* 620.
⑥ *Von Hannover v. Germany*, European Court, (2004) 2 *Bulletin on Constitutional Case-Law* 375. 该案涉及一些德国小报——它们发布了摩纳哥亲王雷尼尔三世（Prince Ranier Ⅲ）的长女的一系列照片，这些照片是在她不知情的情况下拍摄的，并且显示了她在家外自己或在他人陪同下进行日常活动的情况。
⑦ *Stjerna v. Finland*, European Court, 25 November 1994. 该案中，一位居住在芬兰的芬兰人寻求获得将他的姓氏"斯特纳（Stjerna）"变更为"特瓦斯特斯特纳（Tawaststjerna）"，这是大约 160 年以前他的父系祖先使用的姓氏。他提出，他现在的姓氏是一个古老又罕见的瑞典姓氏，对于不说瑞典语的芬兰人而言，拼写和发音极为困难；由于他的姓氏被拼错，他的邮件经常被延迟；这一姓氏还会产生具有贬义性的绰号"科恩（kirnn）"，意思是"流失（chrun）"。但其所诉称的不便之处，并未被认为足以引起不尊重私人生活的问题。

姓氏作为姓氏，就违反了《欧洲人权公约》第 8 条。① 人权事务委员会认为，对于使更名获得承认的请求，只有在案件的具体情形中依据合理理由，才能予以拒绝。② 因此，当两名荷兰裔的申诉人希望将他们的姓氏改为印度教姓氏，以便学习并践行印度教，并成为印度教牧师时，拒绝他们的请求——理由是他们并没有证明他们所寻求的改姓对于他们的研习必不可少，这些姓有宗教内涵，并且它们听起来不像"荷兰语的发音"——被认定为不合理。③

虽然无法从隐私权中推导出绝对的匿名权，但是寻求保护其匿名状态并防止被拍照并被传播的某人，有权获得法律保护。④ 个人对于他的影像享有权利。因此，一旦某人的影像未经同意即被公开，并使得该人能够被认出来，那么这一权利就受到了侵害。然而，这一权利也必须与表达自由权相平衡，其行使取决于信息的性质、有关人员的情况以及有关案件的具体情形。⑤ 在某些情况下，在对隐私权的限制中，由表达自由支撑的公众获得信息的权利可能具有决定性：例如，有关从事公共活动的或者已经有了某些坏名声的人的私生活的某些方面；或者是某人——即便并非自愿——偶然地置身于某一体育赛事、游行或者某一公共场合的人群照之中的情况。⑥

---

① *Burghartz v. Switzerland*, European Court, (1994) 18 EHRR 101.

② *Coeriel and Aurik v. Netherlands*, Human Rights Committee, Communication No. 453/1991, HRC 1995 Report, Annex Ⅹ. D.

③ *Coeriel and Aurik v. Netherlands*, Human Rights Committee, Communication No. 453/1991, 31 October 1994. 在一份异议意见中，安藤仁介（Nisuke Ando）认为，姓氏并不属于其隐私受到《公民及政治权利国际公约》第 17 条保护的某个人自身。在西方社会，姓氏可能仅仅被认为是确定某个人身份的一个要素，因此可以用诸如数字或者密码等其他识别方式替换。然而，在世界上的其他地方，姓名具有广泛的社会、历史以及文化含义，并且人们也实实在在地将某些价值加诸他们的姓名。对于姓氏来说，尤为如此。因此，如果一个家庭成员改变了他或她的姓氏，这就有可能影响家庭中的其他成员，以及加诸姓氏的价值。因此，安藤仁介难以得出结论认为，一个人的姓氏属于《公民及政治权利国际公约》第 17 条所保护的隐私的专属范围。See also Decision of the Constitutional Court of Croatia, 3 April 1996, (1996) 1 *Bulletin on Constitutional Case-Law* 20：立法机关可以对更名施加的限制，只能是对于限制权利和自由一般性地授权的限制，例如保护公共秩序、道德或健康或者他人的权利和自由。因此，行政机关拒绝准予更名的理由——更名请求"在他居住的地区并非惯例，它违反了克罗地亚语的拼写，以及他对于拟议的名字的理由具有主观性"——不能被接受。

④ Decision of the Constitutional Court of Spain, 11 April 1994, (1994) 2 *Bulletin on Constitutional Case-Law* 163.

⑤ *Aubry v. Duclos*, Supreme Court of Canada, [1998] 4 LRC 1：声称用于展现当代都市生活的艺术表达照片，并不能使其造成的隐私权受到的侵犯正当合理。没有得到证明的是，公众看到该照片的利益会占据主导地位。因此，相对于申请人在未经被申请人事先同意的情况下公布该照片的权利，被申请人保护她自己的影像的权利更重要。See also Decision of the Supreme Court of the Netherlands, 2 May 1997, (1997) 2 *Bulletin on Constitutional Case-Law* 226：未经某人同意即将该人的肖像用于商业广告的目的，侵犯了隐私权。

⑥ *Aubry v. Duclos*, Supreme Court of Canada, [1998] 4 LRC 1.

人人有权选择自己的性别，并且有权获得他人对该选择的承认。每个人自我确定的性取向以及性别认同是其个人自主以及自我表达的一个组成部分，构成了该人的个人自我以及身份认同的核心，是过上有尊严的以及与其他性别具有平等地位的生活的权利的必要组成部分，是每个人充分发挥其潜力的基本权利的一部分。对性别认同的选择是基于人的心理进行自我确认的问题，而不取决于性别的生物学或者医学检验，因为自我意象、心理以及情绪上的性别认同感以及改变性别者的实质，优越于男性和女性的二元概念。对性别的选择和承认具有人权的所有特征，并且居于对尊严之基本权利的核心。①

就通过激素和手术治疗而已经变性的人而言，国家当局有责任设计必要的法律措施，在不泄露相关之人的真实生物性别的基础上，提供与该变性者所获之身份相符的身份证件。在出生证明正确地将某人记录为男性的情况中，要求将登记内容改为他生来就是生理上女性之一员将构成伪造正确的历史记录。然而，如果该人在心理上自我确认为女性这种情况从小就存在并随着年龄增长变得愈发明显，还最终导致他进行了由心理要求而非医学要求驱动的"变性"手术，获得了新的"性别认同"，而且现在所有的外在表征也都是女性，那么这种新的身份就必须在法律中被承认为是她新的生活方式的隐私所必不可少的要素，不得受到来自国家及其机构以及公共机构的干涉。② 在结婚一事上不承认新的身份与隐私权不相容。③ 鉴于在变性领域中医学和科学的发展，性别不再能够通过单纯的生物学标准来判定。④

为了使有些人自我认同的性别获得承认，他们并不需要进行彻底的身体上的变性手术。通过参考个人的身体特征将某人确认为是男性或者女性的问题，

---

① *National Legal Services Authority v. Union of India*, Supreme Court of India, [2014] 4 LRC 629.

② *B v. France*, European Court, (1992) 16 EHRR 1. 见沃尔什（Walsh）法官的附议意见。根据法国法律，在个人的生活期间发生的并影响其身份的如下事件，会出现在出生证书的旁注处，或者转录到该证书上：承认非婚生子女、收养、结婚、离婚和死亡。该案中，在某位男性变性者已通过激素和手术治疗获得女性表征的情况下，法国当局拒绝更正该人的性别记录，该变性者认为她处于一种与尊重她的私生活不相容的境遇之中。欧洲人权法院区分了其在以下案件中的判决：*Cossey v. United Kingdom* (1990) 13 EHRR 622, *Rees v. United Kingdom* (1986) 9 EHRR 56. 在这些案件中，该法院认定，拒绝改变出生登记或者签发新的出生证明不能被认为是对变性者的私生活的干涉。在英格兰和威尔士，出生证明是一种揭示历史事实而非现在身份的一种证明文件。在联合王国，并不需要或者使用公民身份证明或者等效的通用证明，如果需要身份识别，通过出示驾驶执照或者护照一般就够用了。这些文件可以在使用最少的手续的情况下，以有关个人所采用的名字签发，在变性人的情况中，它们在所有方面与新的身份均可保持一致。See also *Sheffield and Horsham v. United Kingdom*, European Court, (1988) 27 EHRR 163. 参见欧洲人权委员会在以下案件中的报告：*Van Oosterwijck v. Belgium*, (1979) 3 EHRR 581, and *Rees v. United Kingdom*, (1984) 7 EHRR 429。

③ *Bellinger v. Bellinger*, House of Lords, United Kingdom, [2004] 1 LRC 42.

④ *Goodwin v. United Kingdom*, European Court, (2002) 3 *Bulletin on Constitutional Case-Law* 553.

主要是社会认可问题。① 变性人要与间性人区别开来。变性人是给予这样一种人的标签——并非全然令人愉快地：在出生时具有某一性别的身体特征，但是该人的自我认识却并非如此；即变性人生来就具有某一性别的人的身体，但是却有着他们是另一个性别的人的不可动摇的信念或感觉——他们在经验上将自己视为另一性别的人。② 变性人所感知的性别的永久性和不可逆性不能根据他们的生殖器在外观上的异化程度评估，而是要根据他们按其感知的性别生活的程度评估。进行外科手术变性的无条件要求构成了一种过分的要求，因为这需要变性人进行手术并忍受健康损害，即便是相应的案件中并没有表明这种后果，或者是这为判定变性的永久性并无必要，也是如此。③

知晓其亲生父母并与其确立法律联系的权利包含在个人身份认同以及获得家庭的基本权利之中。然而，该权利并非绝对，而是可能与其他价值相冲突。发生这种情况时，法院的任务是协调甚至是限制对立的利益。④ 知晓一人的亲生父母身份的权利必须与父母获得优待以及隐私的权利相平衡，并且对于冲突利益的这种权衡必须根据每一个案的具体情形做出。可以考量的一些事项是：导致母亲交出监护权的具体情形，母亲和子女的现状，二者的年龄，母亲以及子女对于披露该母亲之身份的态度，这些态度的原因以及养父母的意见。⑤ 已经成年的被领养者有绝对的权利知晓其父母的情况，并在出生登记中查阅被遮掩的登记条目，而不论可能存在着什么样的冲突利益。⑥ 对于儿童被交由地方当局看护的情况，包含关于该人成长年份的重要时期的主要信息来源的社会服务记录，与他的私生活和家庭生活相关。未能使他不受阻碍地获得对他的记录，构成对《欧洲人权公约》第8条的违反。⑦

6. 个人选择

隐私权也关注将一人的私生活排除在公众视野之外的权利。在一个尊重自由的社会中，除非有某种迫切的理由，否则不能迫使某人透露消遣或阅读、饮食习惯或他过夜的地点。即便是在这些事项未被保密，并且经由某些情形已被有限的人所知晓的时候，该人也可以决定告知何人、告知多少。即便是对于

---

① *AB v. Western Australia*, High Court of Australia, 6 October 2011.
② *Bellinger v. Bellinger*, House of Lords, United Kingdom, [2004] 1 LRC 42.
③ Decision of the Constitutional Court of Germany, 11 January 2011.
④ Decision of the Constitutional Court of Portugal, 22 September 2011, (2011) 3 *Bulletin on Constitutional Case-Law* 546.
⑤ *I O'T v. B*, Supreme Court of Ireland, (1998) 2 *Bulletin on Constitutional Case-Law* 256.
⑥ *AA v. BB and the Conseil d'Etat and the Lucerne Cantonal Court*, Federal Court of Switzerland, 3 March 2002, (2002) *Bulletin on Constitutional Case-Law*, 133.
⑦ *MG v. United Kingdom*, European Court, (2003) 36 EHRR 3.

最普通的私生活，这也适用。隐私的本质是它不受公众的评估，并且对其保密也不需要任何特别理由加以证明。因此，租用用于家庭观看的录影带具有私生活的性质。当这受到国家或者公众的控制或者监管时，隐私权就受到了侵犯。[1]禁止藏有不雅或者淫秽影像资料的法律规定，也侵害了隐私权。[2]

隐私权的保障不仅适用关起门的封闭空间，也适用于公共场所；它的本质是防止国家对个人施以并非绝对必要的限制。因此，一项禁止在公共场所饮用含有超过0.75%酒精的所有饮品的法律侵犯了隐私权。旨在通过禁止饮酒、吸烟和毒物上瘾的其他形式来保护公共安宁的法律，必须同在未涉及个人行为或者任何实际参与破坏公众安宁的情况下，即禁止某一行为的法律区分开来。[3]

并不是通过制止某人做其想做之事或者要求他做其不愿做之事而对个人人格产生直接或者远期影响的所有法律，都会被认为构成对其私生活的干涉。例如，在火车站使用地下通道或者在公路上使用人行横道的义务，以及为公共利益而采用的保护个人或集体的大量其他措施，绝不会影响一个人的私生活。机动车辆的驾驶员和前座乘客系上安全带的义务，也是如此。[4]

对于自己将私生活与公共生活连接或者与其他受保护的利益密切联系的人来说，对于尊重私生活所能提的诉求就自动地就减少了。因此，对于在公开诉讼中所作陈述的后续交流，[5] 或者对于公共事件的参与者拍照，[6] 都不构成对私生活的干涉。禁止卖淫并不会涉及隐私权。在私下里犯下罪行的人——该罪行具有只能在私下里犯下之性质，不能主张隐私条款的保护。卖淫者邀请一般公众参与并在私下里从事非法行为，会让这一困难变得更严重。[7]

（三）"家庭"

"家庭"一词应广义地加以解释，使之包括有关社会中所理解的家庭的所

---

[1] Decision of the Constitutional Court of Austria, 14 March 1991, G 148 – 150/90.

[2] *Case v. Ministry of Safety and Security*, *Curtis v. Ministry of Safety and Security*, Constitutional Court of South Africa, (1996) 1 *Bulletin on Constitutional Case-Law* 85.

[3] Decision of the Constitutional Court of the Slovak Republic, 13 December 1995, (1995) 3 *Bulletin on Constitutional Case-Law* 347.

[4] *X v. Belgium*, European Commission, Application 8707/79, (1979) 18 *Decisions & Reports* 255.

[5] *X v. United Kingdom*, European Commission, Application 3868/68, (1970) 34 *Collection of Decisions* 10.

[6] *X v. United Kingdom*, European Commission, Application 5877/72, (1973) 45 *Collection of Decisions* 90.

[7] *Jordan v. State*, Constitutional Court of South Africa, [2003] 2 LRC 135.

有成员。① 在特定情形中界定该术语时，还应考虑文化传统。② 家庭生活的概念不仅限于以婚姻为基础的家庭，还可能包括其他事实上的关系。③ 一对生活在一起的男女构成了"家庭"，并有权获得其保护，即便事实是他们的关系可能存在于婚姻之外。④ 同性间的结合被认为是家庭单位，适用于稳定的男女之间结合的规则，也适用于同性间的结合。⑤ 在判定某种关系是否可以说构成家庭生活时，可能存在许多相关因素，包括俩人是否生活在一起，他们的关系的存续期间，他们是否通过共同养育子女或者任何其他方式而表现出彼此的承诺与投入。⑥ 不得对"合法的"和"不合法的"家庭予以区分。"不合法的"家庭的成员与传统家庭的成员在享有这一权利上具有平等地位。"家庭"的概念中还包括诸如祖父母的近亲属，因为他们经常在家庭生活中起着重要作用。⑦ 在某些社会中，与祖先的关系可能是人之身份的基本要素，并在他们的家庭生活中起着重要作用。⑧

妻子之于她丈夫的关系显然属于"家庭"的范畴，因此得到保护，而不受"无理或非法侵扰"。由于丈夫和妻子同居被视为正常的家庭行为，所以以将配偶一方排除于另一方配偶所居住的国家之外，可能构成对享有这一权利的干涉。

---

① 人权事务委员会第 16 号一般性意见，第 5 段。联大第三委员会认为在《公民及政治权利国际公约》第 17 条中纳入"家庭"一词是可取的，尤其是因为在一些国家，"家庭"——在该词语的严格意义上——并非指的是家庭住所以及居住在其中的所有人，而仅仅指住所。然而，有些代表认为，增加"家庭"一词并不是必要的，因为"住宅"和"隐私"都表达了家庭的理念。有人指出，《公民及政治权利国际公约》第 17 条保护个人，并且由于家庭由个人组成，该保护也必然扩展至家庭。See UN document A/4625, s. 37.

② *Francis Hopu and Tepoaitu v. France*, Human Rights Committee, Communication No. 549/1993, *Selected Decisions*, Vol. 6, p. 68.

③ *X, Y, and Z v. United Kingdom*, European Court, (1997) 24 EHRR 143. 该案中，某位曾经历了变性手术的变性人自 1979 年起就与某位女性一起生活，并在所有表征上看，都是该女性的男性伴侣。这对伴侣共同申请了 AID 疗法（通过捐赠者进行人工授精）并获得了准许，以便使该女性孕育子女。这位变性人参与了这件事的全部过程，并在孩子出生以来，在各个方面都扮演了父亲角色。事实上的家庭关系将这三人联系在了一起。

④ *Johnston v. Ireland*, European Court, (1986) 9 EHRR 203.

⑤ Decision of the Federal Supreme Court of Brazil, 5 May 2011, (2012) 2 *Bulletin on Constitutional Case-Law* 267.

⑥ *X, Y, and Z v. United Kingdom*, European Court, (1997) 24 EHRR 143.

⑦ *Marckx v. Belgium*, European Court, (1979) 2 EHRR 330, European Commission, 10 December 1977. See also *Boyle v. United Kingdom*, European Court, (1994) 19 EHRR 179, European Commission, 9 February 199, 叔叔和侄子可以构成"家庭"。*Vermeire v. Belgium*, European Commission, Application 12849/87, (1988) 58 *Decisions & Reports* 136.

⑧ *Francis Hopu and Tepoaitu v. France*, Human Rights Committee, Communication No. 549/1993. 法属玻利尼西亚塔希提岛上的居民认为他们与祖先的关系是他们的身份的基本要素，并在他们的家庭生活中起着重要作用。因此，在来自欧洲的定居者到来之前的墓地在他们的历史、文化和生活中起着重要作用。因此，在他们祖先的墓地上建造酒店综合体，无理地干涉了他们的隐私和家庭生活。

即便是配偶中的一方是外国人，也是如此。影响一方配偶居住情况的移民法是否与此权利相容，取决于依据该法律产生的干涉是否是"无理或非法的"，或者是否以其他方式与该国根据《公民及政治权利国际公约》或者相关的区域性法律文书承担的义务相冲突。① 拒绝准予外籍伴侣居住许可，在某些情况下可能会干涉私生活。② 维持居住许可之有效不得依赖于这一条件：在已满18岁的某人基于家庭纽带获签居住许可之后，在不确定的一段时间里不得结婚。也不得将这种情况下的婚姻视作对进入该国之目的的根本改变，或者签发居住许可的理由的根本改变。③ 即便是离婚诉讼正在进行，家庭生活也仍然存在。④

出生之事实，即在母亲和子女之间存在生身纽带，会产生家庭生活。因为血缘证据通常是承认家庭状态的前提条件，所以允许并促进获得这种血缘证据的方式极为重要。因此，对于承认家庭生活之存在而言，自动并立即将这种生身纽带转化为法律关系纽带至为重要。这意味着，对孩子出生的登记——而不需要进一步的手续——应具有承认与母亲之关系的法律纽带的效果。⑤ 在婚姻关系中出生的子女，法定是这一关系的部分。因此，从子女出生那一刻起并根据该事实本身，在该子女及其父母之间就存在着构成"家庭生活"的纽带，并且除非出现特殊情况，否则也不会被以后发生的事件打破。⑥ 家庭的概念并不

---

① *Aumeeruddy-Cziffra et al v. Mauritius*, Human Rights Committee, Communication No. 35/1978, HRC 1981 Report, Annex XIII. Cf. *Abdulaziz, Cabales and Balkandali v. United Kingdom*, European Court, (1985) 7 EHRR 471. See also *Beldjoudi v. France*, European Court, (1992) 14 EHRR 801：该案中，某位出生在法国的阿尔及利亚公民——他的父母当时是法国人——与一位法国女性结了婚。他由于刑事记录而被下令递解出境，如果该决定付诸实施，将与所寻求的合法目标不成比例，并因此违反《欧洲人权公约》第8条。如果他的妻子在他被递解出境后随他而去，她将不得不在国外定居，估计是在阿尔及利亚，一个她很可能并不通晓其语言的国家。这种背井离乡可能会使她极其难以适应，还可能存在着现实的操作性或者法律性障碍。该干涉可能会因此危及他们的结合，甚至是婚姻的存续。*Gul v. Switzerland*, European Court, (1996) 22 EHRR 93：就国家准许定居移民的亲属入境的义务而言，可适用的原则有：（1）义务的范围将根据所涉人员的具体情况和一般利益而有所不同；（2）作为一项公认的国际法问题，并根据条约义务，一国有权控制非公民进入其领土；以及（3）在移民方面，《欧洲人权公约》第8条不能被认为给国家施加了这样的一般性义务：尊重移民对他们的婚姻住所所在国的选择，并在其领土上准许家庭重聚。

② *P and C v. State Council and Administrative Court of Zurich Canton*, Federal Court of Switzerland, (2000) 3 *Bulletin on Constitutional Case-Law* 586.

③ Decision of the Supreme Administrative Court of Finland, 18 January 2005, (2005) 1 *Bulletin on Constitutional Case-Law* 52.

④ *Lanouar Bounab v. Attorney General*, Constitutional Court of Malta, (2005) 1 *Bulletin on Constitutional Case-Law* 78.

⑤ *Marckx v. Belgium*, European Commission, (1977) 2 EHRR 330. See also European Court, (1979) 2 EHRR 330; *Johnston v. Ireland*, European Court, (1986) 9 EHRR 203, European Commission, (1985) 8 EHRR 214.

⑥ *Ahmut v. Netherlands*, European Court, (1966) 24 EHRR 62; *Gul v. Switzerland*, European Court, (1996) 22 EHRR 93.

限于以婚姻为基础的关系，而是可能包括当事人在婚姻框架以外共同生活的、其他事实上的"家庭"关系。在这种关系中出生的子女，从他出生那一刻起并根据该事实本身，就法定是这个"家庭"单位的部分。因此，在该子女和他的父母之间存在着一种构成家庭生活的纽带。①

即便父母不在一起生活了，存在于子女和父母之间的这一纽带仍然存续。②在婚姻解体后，未获得对子女之监护权的离异父亲也有权探访或联系他的子女。③ 在一位外籍父亲的婚姻解体后，当局拒绝延长他的居留许可，而他被驱逐的结果可能会构成对这位父亲及其未成年女儿的家庭生活得到尊重的权利的一种干涉。④ 在其子女由于父母亲分离而并未永久性地与自己居住的情况中，如果该父亲或母亲仍承担对其子女的实际责任，并且在他或她的合法的可能性框架中经常地与子女联系，包括定期探访以及子女在该父亲或母亲的家中过夜，那么在该位父亲或母亲及其子女之间就存在着一种共同的家居生活，它受到与适用于每天居住在一起的父母子女的保护相同的保护。⑤

父母和子女彼此陪伴的双向愉悦构成家庭生活的一个基本要素。因此，使家庭分离是一种非常严重的干涉。这种步骤必须有出于儿童利益的充分合理并重大的考量予以支持。如果将儿童送交看护，其状况会更好，这种理由并不充分。将儿童带走送交看护的理由不得只是"相关"，而该"充分"。⑥ 将儿童带

---

① *Elsholz* v. *Germany*, European Court, Application No. 25735/1994, 13 July 2000. See also *K and T* v. *Finland*, European Court, 12 July 2001; *T. P. and K. M.* v. *United Kingdom*, European Court, 10 May 2001.

② *Hendriks* v. *Switzerland*, European Commission, (1982) 5 EHRR 223.

③ 就完全不允许使父亲接触他的子女而言，只有特别重大的原因才会使其正当合理。See *K* v. *Netherlands*, European Commission, Application 9018/80, (1983) 33 *Decisions & Reports* 9：该案中，一名正在上中学五年级的 16 岁的女孩拒绝与她的父亲有任何联系。她被认为已经足够大，并与她的年龄相适应。即便事实是该父亲的前妻并未反对她的女儿与父亲会面，也必须给予儿童利益以优先地位，而通过准予她的父亲探望权强迫她见她的父亲，并不符合她的利益。

④ *Berrehab* v. *Netherlands*, European Court, (1988) 11 EHRR 322：虽然该父亲可以通过临时签证返回，但是鉴于女儿的年龄非常小，经常性的接触必不可少，因而这种可能性仅是理论上的。*Moustaquim* v. *Belgium*, European Court, (1991) 13 EHRR 802：该案中，一位基于居留许可已经在比利时生活了 19 年的摩洛哥公民，因其犯罪记录而被递解出境，并因此与他的父母和七个兄弟姐妹分离。在与他的家庭生活的关系上，这并未在相关利益之间达到适当的平衡。因此，所采用的方式对于所追求的正当目的而言，不合比例。See also *Djeroud* v. *France*, European Court, (1991) 14 EHRR 68；*Lamguindaz* v. *United Kingdom*, European Court, 28 June 1993；*Alam and Khan* v. *United Kingdom*, European Commission, 17 December 1968；*Uppal* v. *United Kingdom*, European Commission, (1980) 3 EHRR 399；*Kamal* v. *United Kingdom*, European Commission, (1980) 4 EHRR 244；*Abdulmassih* v. *Sweden*, European Commission, (1984) 35 *Decisions & Reports* 57.

⑤ Decision of the Federal Constitutional Court of Germany, 12 October 2010, (2010) 3 *Bulletin on Constitutional Case-Law* 524.

⑥ *Olsson* v. *Sweden*, European Court, (1988) 11 EHRR 259. See *X* v. *Sweden*, European Commission, Application 10141/82, (1984) 8 EHRR 253；*Andersson* v. *Sweden*, European Court, (1992) 14 EHRR 615.

走送交看护通常应被视为是一种只要情况允许，就应立即停止的临时措施，并且实行临时看护的任何措施都应符合使亲生父母与子女重新团聚的最终目标。在这方面，在处于公共看护中的儿童的利益和父母与子女重新团聚的利益之间，必须达到一种正确平衡。在进行这一平衡考量时，法院必须格外重视儿童的最大利益，该利益取决于其性质和重大性，可能会超越父母亲的利益。尤其是，父母亲无权令人作出可能损害儿童的健康和发展的行为。① 未经母亲同意而下令收养是一种性质极其严重的特别干涉行为。② 有关这些事项的决策程序必须能够确保亲生父母的观点和利益获得知悉和适当考虑，并确保父母能够在适当的时间行使任何他们可用的救济。③ 以父母缺乏足够的智力能力抚育两名幼儿为由，而将他们从父母身边带走，并限制父母的探访，在没有充分考虑不那么激进的措施的情况下，构成了对于家庭生活受到尊重的权利的侵犯。④ 然而，在母亲因严重毒品犯罪而被监禁期间，使该母亲与其新生儿分离，并不侵犯这一权利。⑤

虽然拘禁就其本质而言是对家庭生活的限制，但是监狱当局有义务协助囚犯维持与其亲近的家庭成员的有效联系。⑥ 由于监狱当局态度消极，因而未能将某一囚犯健康恶化以及他病重入院的情况告知其家人，这使他们无法获知无

---

① *Johansen v. Norway*, European Court, (1996) 23 EHRR 33：尤其是完全剥夺了一位母亲与其孩子的家庭生活并且不符合使她们重新团聚的目标的影响深远的措施，只应在特殊情况下适用，并且只有在经由与儿童的最大利益有关的极为重要的需求驱动的情况下，才是正当合理的。Cf. *Soderback v. Sweden*, European Court, (1998) 29 EHRR 95. See also *Olsson v. Sweden*, European Court, (1988) 11 EHRR 259：该案中，有三名儿童被送交看护。对他们的隔离、将他们中的二人置于距离他们父母的家很远的地方以及对后者的探访所施的限制，阻碍了家庭成员之间的方便的和经常的接触，并因此违背了重新团聚的最终目标。在一个像尊重家庭生活如此重要的领域中，行政性的困难所应起到的，至多是一种第二位的作用。*Andersson v. Sweden*, European Court, (1992) 14 EHRR 615：社会福利当局对一位母亲与其受到看护令约束的11岁儿子之间的会面以及通过通信和电话的交流施加的限制，对于所追求的正当目的而言，不合比例。*Eriksson v. Sweden*, European Court, (1989) 12 EHRR 183; *Rieme v. Sweden*, European Court, (1992) 16 EHRR 155; *Olsson v. Sweden (No. 2)*, European Court, (1992) 17 EHRR 134.

② *X v. United Kingdom*, European Commission, Application 7626/76, (1978) 11 *Decisions & Reports* 160.

③ *W v. United Kingdom*, European Court, (1987) 10 EHRR 29, European Commission, (1985) 10 EHRR 62. See also *R v. United Kingdom*, European Court, (1987) 10 EHRR 74; *C v. United Kingdom*, European Commission, Application 9276/81, (1983) 35 *Decisions & Reports* 13.

④ *Kutzner v. Germany*, European Court, (2002) 1 *Bulletin on Constitutional Case-Law* 162; *Scozzari and Giunta v. Italy*, European Court, (2000) 2 *Bulletin on Constitutional Case-Law* 398.

⑤ Decision of the Supreme Court of Norway, 2 July 1998, (1998) 2 *Bulletin on Constitutional Case-Law* 276.

⑥ *X v. United Kingdom*, European Commission, Application 9054/80, (1983) 30 *Decisions & Reports* 113. See also *S v. United Kingdom*, European Commission, Application 9466/81, (1986) 36 *Decisions & Reports* 41：该案中，至少有两次，当某位囚犯的家人准备在监狱中探访他的时候，他被转移，这有可能产生对这一权利的侵犯。*X v. United Kingdom*, European Commission, Application 9658/82, (1983) 5 EHRR 603：允许某位服终身监禁刑的囚犯进行家庭探访的条件是其近亲属病危，这并非不合理。

疑对他们的家庭生活具有重大影响的信息,并构成了对该家庭的无理干涉。①

国家对于执行其移民政策并要求非法在境之人离开,享有广泛的权力。②然而,这种酌处权并非没有限制,在某些情况下可能会被无理地行使。一国拒绝允许家庭中的某个成员在其领土上停留,可能会涉及干涉该人的家庭生活。然而,仅仅是该家庭中的某些成员有权在该国领土上停留这一事实,并不必然意味着要求该家庭中的其他成员离境就会涉及这种干涉。③ 在一起案件中,澳大利亚政府计划将两名原印度尼西亚公民递解出境,这迫使他们做出选择:他们的13岁儿子——他因为出生而获得了澳大利亚公民身份并在该国居住,他还通过就读澳大利亚的学校,和通常的孩子一样发展出了一定的社会关系——或者独自留在澳大利亚,或者随他的父母离开。在这种情况中,为了避免其行为被定性为无理,国家有义务表明,在只是执行其移民法之外,还有额外的因素证明将两位父母都驱走正当合理。④ 南非的一项法律允许南非人的外籍配偶

---

① *Morales Tornel v. Spain*, Human Rights Committee, Communication No. 1473/2006, 20 March 2009.
② *Stewart v. Canada*, Human Rights Committee, Communication No. 538/1993, Selected Decisions, Vol. 6, p. 49.
③ *Winata v. Australia*, Human Rights Committee, Communication No. 930/2000, Selected Decisions, Vol. 7, p. 147; *Madafferi v. Australia*, Human Rights Committee, Communication No. 1011/2001, 26 July 2004; *Byahuranga v. Denmark*, Human Rights Committee, Communication No. 1222/2003, 1 November 2004.
④ *Winata v. Australia*, Human Rights Committee, Communication No. 930/2000, Selected Decisions, Vol. 7, p. 147:驱走父母——如果实施的话——将构成对该家庭的任意干涉。由于未向儿子提供作为未成年人所必需的保护措施,这也违反了《公民及政治权利国际公约》第24条第1款。*Dauphin v. Canada*, Human Rights Committee, Communication No. 1792/2008, 28 July 2009:该案中,一位21岁的海地公民的所有有意识的生活都是在加拿大度过的,他的近亲属及女朋友也生活在那里;他在他的原籍国没有任何关系,在那里也没有家人。他在因暴力抢劫而被定罪并被判处33个月的监禁之后,被下令递解出境,这一干涉对他的家庭生活的是不合比例的,并构成了对《公民及政治权利国际公约》第17条的违反。Decision of the Supreme Court of Denmark, 24 November 1998, (1999) 1 Bulletin on Constitutional Case-Law 46:将一名在丹麦生活了20年并被判犯有多项与毒品有关罪行的土耳其公民从该国递解出境,违反了《欧洲人权公约》第8条。他在5岁时就来到了丹麦,并在丹麦接受了教育并获得了一些工作经验,他的家人也生活在那里。他与丹麦的联系如此紧密,以至于将他递解出境将会干涉他的私人和家庭生活。*Madafferi v. Australia*, Human Rights Committee, Communication No. 1011/2001, Selected Decisions, Vol. 8, p. 259:将一位意大利公民——一个有4个未成年子女的家庭的父亲——从澳大利亚递解出境,并强迫该家庭选择他们是随此公民而去,还是留在该国的某项决定,被认为"干涉"了该家庭,因为任何一个选择都会对长期定居的家庭生活带来重大变化。如果母亲和子女决定搬迁到意大利以避免家庭分离,他们就将不仅不得不居住在一个他们并不熟悉并且子女不会说当地语言的国家中,而且将不得不在一个对于他们陌生的环境中,照料心理健康受到严重困扰——这部分是因为可归咎于国家的行为——的父亲和丈夫。因此,驱走该父亲将会构成对家庭生活的任意干涉。*Bakhtiyari v. Australia*, Human Rights Committee, Communication No. 1069/2002, Selected Decisions, Vol. 8, p. 304:使得到达某国的一方配偶和子女与在该国有效居住的另一方配偶分离,可能会引起《公民及政治权利国际公约》第17条之下的问题。Decision of the Constitutional Court of Spain, 15 June 2009, (2010) 1 Bulletin on Constitutional Case-Law 176:驱逐某一没有有效居留许可的外国公民侵犯了他的私生活和家庭生活权利,因为他与某个持有居留许可的人有着稳定的关系,并且还和此人有着在市政学校上学的四个未成年子女。*Husseini v. Denmark*, Human Rights Committee, Communication No. 2243/2013, 24 October 2014:国家决定将离异家庭中的两个幼童的父亲递解出境,并附之以永久性的再入境禁令,是对该家庭的"干涉",在这种情况下,家庭生活会随之发生重大变化。

移民长期合法地在该国居住,但是未能向类似居民的同性生活伴侣提供同等的权益,这侵犯了人格尊严和平等权,不能以限制性条款作为辩解理由。①

由于儿童的抚养和教育是家庭生活的核心方面,因此父母的权利和选择至关重要、超越国家。但是这种权利和选择也有必要受到法律的限制。例如,在法律禁止体罚儿童时,父母就不得坚持体罚其子女。② 近亲属之间的法定继承和处置事项与家庭生活密切相关。虽然在财产所有者去世——家庭生活发生变化甚至终止的时间点——之前,通常不会行使继承权,但是在去世之前也可能出现关于这一权利的问题:可能对该财产做出分配,在实践中比较经常性的分配方式是订立遗嘱或者针对某项将来的遗产做出赠与。③ 这一权利还涵盖了许多更具体的方面,例如获得已故的近亲属的遗体的权利。④

虽然这一权利的目的基本上是保护个人免受公共当局的无理侵扰,但是它不仅仅是要求国家避免这种干涉:除了这一主要的消极义务以外,在有效尊重私生活或者家庭生活中,可能还存在着固有的积极义务。因此,如果严重的环境污染可能影响人们的福祉,并使他们无法享受住宅,从而对他们的私生活和家庭生活产生了不利影响,那么未能向当地居民提供必要信息,使他们在当时可以评估他们及其家人,在继续生活在特别容易受到危险——如果当地工厂发生事故的话——的小城中的情况下,可能会遭遇的风险,就侵犯了尊重他们的私生活和家庭生活的权利。⑤

(四)"住宅"

选择在何处建立一个人的住宅,处于受到私生活权利保护的决策范围之内。⑥ 在提及这一权利时所使用的术语,即英文中的"home"、阿拉伯文中的

---

① *National Coalition for Gay and Lesbian Equality* v. *Minister of Home Affairs*, Constitutional Court of South Africa, (2000) 2 *Bulletin on Constitutional Case-Law* 129.

② *X* v. *Sweden*, European Commission, Application 8811/79, (1982) 29 *Decisions & Reports* 104:一群隶属于新教自由教会的父母提出,作为他们的宗教教义的一个方面,他们相信有必要对他们的孩子实行体罚。

③ *Marckx* v. *Belgium*, European Court, (1979) 2 EHRR 330; *Camp and Bourimi* v. *The Netherlands*, European Court, Application No. 28369/1995, 3 October 2000.

④ *Panullo and Forte* v. *France*, European Court, 30 October 2001.

⑤ *Guerra et al* v. *Italy*, European Court, 19 February 1998, (1998) 1 *Bulletin on Constitutional Case-Law* 162.

⑥ *Godbout* v. *City of Longueuil*, Supreme Court of Canada, [1998] 2 LRC 333:该案中,市政当局要求其所有长期雇员都居住在该市的土地范围内,并在他们受雇用期间,在该范围内保有住宅,这侵犯了私生活得到尊重的权利。另见类似的判决,*Brasserie Labatt Ltee* v. *Villa*, Quebec Court of Appeal, [1995] RGQ 73。

"manzel"、中文中的"住宅"、法文中的"domicile"、俄文中的"zhilshche"和西班牙文中的"domicilo",表示一个人所居住或从事其通常工作的地方。[①] 用于临时住所的酒店房间构成"住宅",[②] 用于居住的拖车也一样。[③] 然而,计划建造用于居住目的的房屋的地产,以及一人曾经成长的,且其家庭曾有根基但是不再有人生活的地方,都不能被认为是"住宅"。[④] "住宅"包括构成其一部分的地面或者宅地。[⑤] 长时间不在住宅中的家庭仍有可能与该住宅保持足够的持续联系,使其能被认为是他们的住宅。[⑥] 不得因为一人暂时不在——例如当某人因被法院判刑而入狱监禁 6 个月时,就剥夺他的租赁权。[⑦] 生活在大篷车中是吉卜赛人身份的一个组成部分,因为它构成了这一少数群体所遵循的旅居的长期传统的一部分。与大篷车停靠有关的措施不仅会影响住宅得到尊重的权利,还会影响保持吉卜赛人的身份特性以及追求与这一传统相一致的私生活和家庭生活的能力。[⑧]

人的住宅不受侵犯的权利的"存在是为了保护反映在特定实体区域之上

[①] 人权事务委员会第 16 号一般性意见,第 5 段。See *Niemietz v. Germany*, European Court, (1992) 16 EHRR 97:"住宅"一词延及商业场所,因为与某一职业或者业务有关的活动很可能是从一个人的私人住处开展的,而不那么相关的活动则很可能是在办公室或者商业场所开展的。Cf. *Psaras v. The Republic of Cyprus*, Supreme Court of Cyprus, (1987) 2 CLR 132; *Garcia v. Attorney General of Gibraltar*, Supreme Court of Gibraltar, (1978) Gib. LR 53.

[②] *R v. Wong*, Supreme Court of Canada, [1990] 3 SCR 36, 拉·福雷斯特(La Forest)法官提出:"通常情况下,我们租用这些房间的原因是为了获得一个私人领域,在那里我们可以在不受不请自来的审查的情况下开展我们的活动。因此,我找不到任何可想见的理由,以解释在这些地方——可以被合适地当作我们的住宅之外的住宅,我们应被剥夺免受不合理搜查的权利的原因。"See also *Oueiss v. The Republic of Cyprus*, Supreme Court of Cyprus, (1987) 2 CLR 49. *Kanthak v. Germany*, European Commission, (1988) 58 Decisions & Reports 94, 在该案中,是否可以将露营车视为住宅的问题尚待解决。

[③] *R v. Feeney*, Supreme Court of Canada, [1997] 3 LRC 37.

[④] *Loizidou v. Turkey*, European Court, (1996) 23 EHRR 513.

[⑤] *Fok Lai Ying v. Governor-in-Council*, Privy Council on appeal from the Court of Appeal of Hong Kong, [1997] 3 LRC 101.

[⑥] *Gillow v. United Kingdom*, European Court, (1986) 11 EHRR 335:在 1956 年,某个家庭搬到了根西岛(Guernsey)。在第二年,他们买了一块土地,在其上为自己建了住房。在 1960 年,他们离开了根西岛并居住在海外,直到 1978 年。在此期间,他们保留了住房的所有权,并将该住房腾出,租给了由住房管理部门核可的人员。他们在 1979 年返回时,他们在英国或者其他地方都没有其他住宅;他们在根西岛的住房是空置的,也没有预计的租客。但是根据 1969 年——在他们移居海外期间颁布的——《住房法》,他们应当寻求获得占据该住房的许可,因为由于法律的变更,他们已经失去了在根西岛的居住资格。住房管理部门作出决定,拒绝给予他们占据该住房的永久性或者临时性许可,确认他们非法占据了房产并处以罚款。这构成了对他们的住宅的侵犯。See also *Wiggins v. United Kingdom*, European Commission, (1979) 13 Decisions & Reports 40.

[⑦] Decision of the Constitutional Court of Russia, 23 June 1995, (1995) 2 *Bulletin on Constitutional Case-Law* 191.

[⑧] *Chapman v. United Kingdom*, European Court, 18 January 2001.

的，居住者所保留的并相对于第三人保持私密的私人领域，但他同意或者司法机关授权相反的情况除外"。在没有这种同意或者必要的情况下，如果没有有权法官下令或者授权如此做，任何人不得进入他人的住宅。① 在未经司法授权或者所有者明示同意的情况下，警方进入并搜查住宅是对一个人在住宅中的隐私的干涉，除非这种干涉是基于知悉或者清楚地察觉到在该房屋内正在犯下某种罪行，并且前提是警方的行动是为制止犯罪完成、逮捕推定的违法者、保护受害者或者防止该犯罪行为的印记或者工具消失所急需的。② 为了处理或者防止破坏秩序，③ 或者是作为对于报警电话的反应，警方在没有授权令状的情况下进入也可能是正当合理的；但是任何此类闯入必须严格限于此目的，而且并不构成对于搜查该场所或者是以其他方式侵犯居住者的隐私或财产的许可。④

安全部队蓄意破坏住宅和住宅财产，是对《欧洲人权公约》第8条的悍然违反。⑤ 然而，对住宅的干涉也可能以其他方式发生。南非的一项法律授权在没有许可令状的情况下进入私人住宅并搜查私密占有物，侵犯了"私密圣地"，就如同这样的法律：其范围如此广泛并且不受限制，以至于授权公职人员为了检查、搜查或扣押之目的进入"任何场所、地点、车辆、船只或者航空器"。⑥ 在一起案件中，海关当局无须司法授权，即有专有权限裁量他们可以实行的稽查的方便情况、数量、期限和规模，相关的立法和惯例未能提供免遭滥用的充分有效的保障。⑦ 在重建背景下，以强制购买令的方式实行的干涉，只有在该

---

① Decision of the Constitutional Court of Spain, 16 December 1997, (1997) 3 *Bulletin on Constitutional Case-Law* 448.

② Decision of the Constitutional Court of Spain, 25 May 1996, (1996) 2 *Bulletin on Constitutional Case-Law* 269. See also *R* v. *Feeney*, Supreme Court of Canada, [1997] 3 LRC 37; *Coronel* v. *Colombia*, Human Rights Committee, Communication No. 778/1997, Selected Decisions, Vol. 8, p. 60.

③ *McLeod* v. *United Kingdom*, European Court, (1998) 27 EHRR 493.

④ *Godoy* v. *R*, Supreme Court of Canada, [2000] 3 LRC 40. See Decision of the Supreme Court of the Netherlands, 23 April 1996, (1996) 2 *Bulletin on Constitutional Case-Law* 242：打开可移动的屋顶，以便看到未被用作居住场所的车库的内部，并不侵犯私生活得到尊重的权利。

⑤ *Selcuk and Asker* v. *Turkey*, European Court, (1998) 26 EHRR 477; *Mentes* v. *Turkey*, European Court, (1997) 26 EHRR 595.

⑥ *Mistry* v. *Interim National Medical and Dental Council of South Africa*, Constitutional Court of South Africa, [1999] 1 LRC 49：根据《药品法》扣押了药品或者受管制的物品，以及书籍、记录或文件。See also Decision of the Constitutional Court of the Former Yugoslav Republic of Macedonia, 12 June 1996, (1996) 2 *Bulletin on Constitutional Case-Law* 286：根据法律的授权，税务部门官员在违反纳税人意愿的情况下，进入其房间，以便清点被认为将在房间中找到的、适合被强制征税的物品。

⑦ *Funke* v. *France*, European Court, (1993) 16 EHRR 297. See also *Cremieux* v. *France*, European Court, (1993) 16 EHRR 357; *Miailhe* v. *France*, European Court, (1993) 16 EHRR 332.

强制购买令所针对的房屋或者财产的所有者的利益与该社群整体的利益二者之间达到平衡的情况下，才会在一个民主社会中，为了保护将会受益于拟议的重建的他人的权利和自由之必要，而正当合理。例如，通过在现有的住宅附近提供适合其要求的替代住房，并对造成的不便以及搬迁费用提供全额补偿，同时再为其住宅和土地提供全额补偿，才会实现这一平衡。① 对于影响个人福祉，并使人无法享受住宅的环境污染，适用相同的原则。②

搜查一个人的住宅应只限于搜查必要的证据，而不得有构成骚扰的情况。③ "私生活"的概念并不排除职业或者商业性质的活动。因此，在针对某一第三人进行刑事调查的过程中，搜查某位律师的办公室侵犯了这一权利，因为并不总是可能清楚地区分，一个人的什么活动构成了他的职业或者商业生涯的一部分，而什么活动没有。因此，特别是在一个人从事自由职业时，他在这种情况中的工作可能构成他的生活的组成或者部分，并达到以至于无法知道他在特定时刻究竟以何种身份行事的程度。④

住宅是最私密的地方。已经被转为住宅废弃物并用于处置的住宅中传递出的个人信息的私密性，有权得到保护，免受国家的轻率侵犯。这种信息不应仅仅因为它被放在外面作垃圾处理，就被认为自动地失去了其"私人"性质。某人为了供处理的特定目的而"放弃了"其住宅废弃物的事实，并不意味着他们"放弃了"他们的信息隐私。在国家能够从终极隐私区域翻找个人信息之前，至少应存在着某一罪行已经或者很可能将被犯下的合理怀疑。⑤

住所的不可侵犯性首先适用于个人用以享有个人和家庭隐私的住宅。不可侵犯的原则，即除非有合法令状，否则未经居住者同意，任何人不得进入住所

---

① *Howard* v. *United Kingdom*, European Commission, (1985) 9 EHRR 116.

② *Lopez Ostra* v. *Spain*, European Court, 9 December 1994: (1994) 20 EHRR 277. 该案中，在一个皮革工业高度集中的小城里，这些制革厂有一个用于处理液体和固体废物的厂房。来自该厂房的排放物（气体烟雾、反复的噪声以及强烈的气味）给居住在12米远的家庭造成了严重的健康问题，就侵犯了这一权利。在该小城的经济福祉的利益——拥有废物处理厂房——与个人有效享受其住宅受到尊重的权利之间，国家未能做到有效的平衡。并不需要证实该家庭的健康已经受到了危害；因为他们不能享受他们的住宅，他们的私生活和家庭生活已经受到了负面影响，这就足够了。*Guerra* v. *Italy*, European Court, (1998) 26 EHRR 357: 未能提供与排放易燃气体和其他有毒物质有关的信息，以便使居民能够评估——如果继续居住在这一区域的话——他们可能面临的风险。

③ 人权事务委员会第16号一般性意见，第8段。See *Chappell* v. *United Kingdom*, European Court, (1989) 12 EHRR 1.

④ *Niemietz* v. *Germany*, European Court, (1992) 16 EHRR 97. See also *X* v. *Germany*, European Commission, Application 6794/74, (1976) 3 *Decisions & Reports* 104: 从某位法律工作者的办公室中扣押"小说草稿"。

⑤ *R* v. *Patrick*, Supreme Court of Canada, [2009] 5 LRC 470.

的任何地方，主要适用于个人住宅。并不是所有的场地都有资格成为住所地点。对公司营业地的保护仅适用于特定场所：使公司得以在不受干涉的情况下开展活动所必不可少的物理场所，构成公司的管理地点之一，或者存储机密文件或与公司日常存续有关的其他资料的场所。当局必须获得许可令状，才能在公司拒绝的情况下进入这些场所。[1]

（五）"通信"

"通信"包括口头的和书面的交流沟通，以及通过任何机械或者电子手段进行的交流沟通。遵守《公民及政治权利国际公约》第17条要求，必须在法律上和事实上保障通信的完整性和机密性。信件应送达受信人，不得被拦截、启开或以其他方式阅读。应禁止电子或其他方式的监察，禁止拦截电话、电报和其他形式的通讯，也禁止窃听和记录谈话。[2] 然而，禁止"无理"或"非法"侵扰通信意味着，在某些情形下，拦截是被允许的。因此，有关的立法必须详细具体地规定容许这种干涉的明确情况。必须由依法指定的当局在逐一个案的基础上对作出这种授权的干涉作出决定。[3]

如果破产者的财产被隐瞒而导致债权人受损，那么当局可能认为有必要拦截破产者的通信，以便查明和追查他的收入来源。然而，实施该措施必须附有充分和有效的保障措施，以确保对其通信得到尊重的权利的最小损害，特别是在可能拦截破产者与其法律顾问的通信之时。律师—客户关系是特许保密的，在这种情境下的通信，不论其目的如何，均有关具有私人性和保密性的事项。[4] 监狱当局启开囚犯的信件，侵犯了这一权利。[5]

得到承认的是，也需要对囚犯的通信实行某种程度的控制。在评估该控制之可予允许的限度时，不应忽视的事实是，写信和接收信件的机会有时是囚犯与外部世界的唯一联系。显然符合一般利益的是，任何希望咨询律师的人，都应该能自由地在有利于完全和不受约束的商讨的条件下，如此行为。同样的考

---

[1] Decision of the Constitutional Court of Spain, 26 April 1999, (1999) 1 *Bulletin on Constitutional Case-Law* 131.
[2] 人权事务委员会第16号一般性意见，第8段。
[3] 人权事务委员会第16号一般性意见，第8段。See *Klass v. Germany*, European Court, (1978) 2 EHRR 214：允许当局打开并检查邮件以及听取电话交谈的立法，仅仅是其存在，就涉及对于这些控制措施可以被适用的所有人进行监视的危险。这必然会打击邮政和电信服务用户之间的通信自由，从而构成公共当局对于行使通信自由权的干涉。因此，只有在为保障民主制度严格必要的条件下，才能容许对公民进行秘密监视的、具有警察国家特征的权力。
[4] *Foxley v. United Kingdom*, European Court, (2001) 31 EHRR 25.
[5] *Demirtepe v. France*, European Court, (2001) 31 EHRR 28.

量也适用于因犯与律师有关预计的或者未决的诉讼事宜的通信——对此，保密之需也同样迫切。这意味着，在监狱当局有合理理由相信，在律师给囚犯的信件中包含有通常侦测手段无法发现的非法物件时，监狱当局可以启开此信件。然而，该信件只能被启开，但不能被阅读。应提供适当的保障，以防止该信件被阅读，例如当着囚犯的面启开信件。不过，对于囚犯与律师之间的往来信件，只有在当局有合理理由相信这一特权遭到滥用——来信的内容危及监狱的安全或他人的安全，或者以某种方式具有犯罪性质——的例外情况下，才允许阅读。哪些情形可以被视为"合理理由"将取决于所有的具体情况，但是其前提条件是，存在着足以令客观观察者信服这一被特许保密的通信渠道被滥用的事实或信息。[1] 在囚犯不在场的情况下搜查监狱牢房，并在此搜查过程中检查他的合法通信，以确保在囚犯与其律师之间的通信是善意的，这对囚犯行使这一权利的干涉，远远超过了必要性所需的程度。[2]

1. 电话交谈

拦截电话交谈处于"干涉通信"的概念范围之内。[3] 在法国，不论是成文还是不成文法律都没有合理地明确规定赋予公共当局拦截电话交谈的酌处权的行使方式和范围，这侵犯了这一权利。[4] 同样，在英国的一起案件中，在审判一位被指控犯有有关不当处理赃物罪行的古董商期间，出现的情况是，警方根据内政大臣签发的授权令拦截并计量[5]了他的电话通信，这侵犯了该权利。无法合理地确定说，拦截权力的哪些要素包含于法律规则之内，哪些则留存在行

---

[1] *Erdem v. Germany*, European Court, 5 July 2001.

[2] *R v. Secretary of State for the Home Department*, ex parte Daly, House of Lords, United Kingdom, [2001] 4 LRC 345; *Giovine v. Italy*, European Court, (2003) 36 EHRR 8：欧洲人权委员会秘书处收到的一封囚犯的来信上带有监狱管理部门的审查印章，构成了对于《欧洲人权公约》第8条的违反。

[3] *Maycock v. United States of America*, Privy Council on appeal from the Court of Appeal of The Bahamas, [2014] 4 LRC 684. See also *Maycock v. Attorney General of the Bahamas*, [2010] 3 LRC 1; *Kopp v. Switzerland*, European Court, (1998) 27 EHRR 91.

[4] *Huvig v. France*, European Court, (1990) 12 EHRR 528, European Commission, (1988) 12 EHRR 310; *Kruslin v. France*, European Court, (1990) 12 EHRR 547. See also *Domenichini v. Italy*, European Court, 15 November 1996：意大利的某项法律仅规定了其通信可能受到审查的人员类别以及管辖法院，而未就该措施的期限或者可能准予该措施的理由作出任何说明，这并不符合《欧洲人权公约》第8条的要求。*Kopp v. Switzerland*, European Court, (1998) 27 EHRR 91：该案中，在针对某位律师和他的妻子的刑事调查的过程中，他的电话遭到了窃听，而并没有法律明确规定如何、在何种条件下以及由谁在以下事项之间做出区分——与根据来自诉讼一方当事人的指示开展的律师工作具体相关的事项（允许特许保密），与辩护律师的活动以外的活动有关的事项，这违反了《欧洲人权公约》第8条。

[5] 被称为"计量"（metering）的这一程序，包括使用某种设备（一种计量检查打印机）记录下在特定电话上拨打的号码以及每次呼叫的持续时间。

政机关的酌处范围之内。① 在德国，立法允许当局启开并检查邮件以及听取电话交谈，以便防止，除其他外，"迫在眉睫的危险"威胁"自由民主宪政秩序"和国家"生存或安全"。在依据四个安全机构之一的负责人申请并得到州最高当局或者某指定联邦部长的批准而进行这种监视之前，还必须存在某些事实迹象。这些措施在3个月后失效，但是可以延期。在终止之后必须通知受到监视的对象——如果这样做不会危及监视的目的，并且由一个法定的委员会监督该制度的这一方面。该监视本身则由一个独立官员监督。部长定期向由全部党派组成的议会委员会汇报，而法定的监督委员通常需要批准该部长所希冀的监视。欧洲人权法院认为，这些措施在一个民主社会中，是为了国家安全的利益以及防止混乱或者犯罪而必要的。②

对于有关一项严重罪行的调查，法院可以签发进行电话窃听的授权令，但条件是该窃听措施是必要的、适当的、合比例的，并且有关可能参与该罪行的人。这一决定必须说明的，不仅是能证明该措施正当合理的事实，还有引起调查者怀疑某一罪行已经被犯下，并且该措施所涉及之人参与其中的旁证和客观信息。选择记录下的电话交谈、它们被转化为文字版本和译文以及它们被置于档案中的条件，必须经受司法审查，以保障当事人有权在符合获得公正审理以及具有充分保障之审判的权利的情况下，提出他们的案情。法院在没有正当理由的情况下授权电话窃听，侵犯了通信保密的权利。由此拦截的交谈内容在任何情况下都不得被作为与庭审程序有关的证据，因为这侵犯了获得具有充分保

---

① *Malone v. United Kingdom*, European Court, (1984) 7 EHRR 14, European Commission, (1983) 6 EHRR 385. 在这项判决之后，英国颁布了1985年《通信拦截法》。但是见，*Halford v. United Kingdom*, European Court, (1977) 24 EHRR 523：该案中，一位助理警长从她的办公室呼出的电话遭到了警察的拦截，以便收集信息帮助他们在性别歧视诉讼中的辩护。这一干涉并不是"依法"的，因为1985年的《通信拦截法》并不适用于公共当局运作的内部通信系统。See also Decision of the Constitutional Court of Spain, 11 December 1995, (1995) 2 *Bulletin on Constitutional Case-Law* 275：对电信的监控构成了对隐私权的严重干涉，并因此必须符合合法性原则，尤其是比例原则。后者不仅要求刑事罪行的严重性使得所采取的措施的性质正当合理，还要求遵守具体的、合理的司法授权的必备保障。Decision of the Constitutional Court of Spain, 26 March 1996, (1996) 1 *Bulletin on Constitutional Case Law* 97：授权电话窃听的决定所陈述的理由并不充分，因为它并没有确定有关的个人，也没有具体说明被调查的罪行。它既没有解释采取该措施的原因，也没有解释其目的。它仅仅列出了将被窃听的电话号码，并引述了申请窃听的文书以及在其中所给出的理由，以此作为授权的理由。

② *Klass v. Germany*, European Court, (1978) 2 EHRR 214：民主社会受到高度精密的间谍行为方式和恐怖主义的威胁，其结果是国家必须能够出于有效对抗这种威胁之目的，对其管辖范围内运作的破坏因素予以秘密监视。See also *Ludi v. Switzerland*, European Court, (1992) 15 EHRR 173；*A, B, C, and D v. Germany*, European Commission, Application 8290/78, (1979) 18 *Decisions & Reports* 176. 印度最高法院在一起案件中，指出了旨在"为了排除任意地"行使拦截电报信息的权力的程序性保障措施：*People's Union for Civil Liberties v. Union of India*, [1999] 2 LRC 1, at 17–18.

障之审判的权利。①

对于通信地点以及接线时间（与拨打的号码和电话交谈时长有关的信息）进行的身份查验，构成了受到电话通信保密的不可侵犯性的保护的电话交谈的一个组成部分，这种保护也有关公布的电子通信的内容和数据。② 在详细的收据中包含的数据，以及将通信用作提供移动设备的地理位置基准的移动设备定位数据（只要它们能够传输通信），都构成电信传输数据。它们因此享有给予电信秘密的保护。③ 警方仿制嫌疑人的寻呼机以拦截发给他的信息，违反了《欧洲人权公约》第8条。④

电信隐私不仅包括电话交谈，也包括通过互联网传输的电子信息。正如识别电话交谈参与者侵犯了这一权利一样，揭示电子邮件发件人的身份也侵犯了电信隐私。因此，这需要法律依据，并获得有权法官的批准。

有人提议，因为众所周知，任何人想要监控通过移动电话进行的交谈，借助简单易得的电子设备即可如此监控，所以可能有必要接受对于这种交谈的干涉。这不仅意味着通过移动电话交谈的人应当考虑到第三方能够接收和偷听电话的可能性，还意味着他们在一定程度上有义务使他们自己屈从于这种可能性，因为在原则上，人人都可以自由地接收无线电信号。然而，这并不意味着这些人完全丧失了这一方面的隐私权。⑤ 某个通过电话与处于合法监听之下的他人交谈的人，在原则上可以要求该交谈不被披露或被用作对其本人不利的证据。如要将这样的电话交谈用作偶然获得的对该人不利的证据，还必须要满足对于该个人而言规范监听电话交谈的标准。⑥ 即便是借助于第三方线路的电话交谈，也受保护。⑦

---

① Decision of the Constitutional Court of Spain, 5 April 1999, (1999) 1 *Bulletin on Constitutional Case-Law* 125; *Kopp v. Switzerland*, European Court, (1998) 1 *Bulletin on Constitutional Case-Law* 166：根据检察官的命令，监控某位律师事务所的电话线路，侵犯了私生活得到尊重的权利。See also *Swiss Online AG v. Public Prosecutor's Services of the District of Dielsdorf and the Canton of Zurich*, Federal Court of Switzerland, (2000) 2 *Bulletin on Constitutional Case-Law* 377.

② Decision of the Constitutional Court of Montenegro, 18 July 2013, (2013) 2 *Bulletin on Constitutional Case-Law* 327.

③ Decision of the Constitutional Court of Portugal, 28 September 2009, (2009) 3 *Bulletin on Constitutional Case-Law* 568.

④ *Taylor-Sabori v. United Kingdom*, European Court, (2003) 36 EHRR 17.

⑤ Decision of the Supreme Court of the Netherlands, 19 December 1995, (1996) 1 *Bulletin on Constitutional Case-Law* 50.

⑥ Decision of the Federal Tribunal of Switzerland, 27 December 1994, (1995) 1 *Bulletin on Constitutional Case-Law* 98.

⑦ *Lambert v. France*, European Court, (1998) 30 EHRR 346.

2. 私下交谈

私下交流是不容侵犯的，因为一切个人必须能够保护他们的某些私生活不被其他人影响和知晓，以便能够享受最低质量的生活。民事法院在诉讼中不得采信非法获取的私人交流的录音为证据。[①] 当某人参与了他完全有理由相信是一场通常的私下交谈时，在判定是否发生侵权时，采用了"对隐私的合理期望"的检验。因此，警察从相邻的房间中窃听到声音大到足以被人的裸耳听得到的交谈，可能并不会侵犯隐私。[②] 警察使用远程无线传输设备记录交谈，在侵害有关个人的隐私的性质及程度上，实际上与电话窃听相同。[③]

在工作场所安装对于安全目的或相关公司的正常运营而言并非必要的监听和声音记录设备，是对雇员个人隐私权的侵犯。[④] 在监狱牢房中以及监狱探视区使用录音和录像设备，目的在于记录下某位囚犯与同狱囚犯的交谈，以期探得他被怀疑曾犯下的其他罪行的信息，构成了对他的私生活权利的侵犯。[⑤]

3. 书面通信

要遵守《公民及政治权利国际公约》第17条，就必须在法律上和事实上保障通信的完整性和机密性。信件应送达收信人，不得被拦截、启开或以其他方式阅读。应禁止电子或其他方式的监察。[⑥]

这一权利的保护延及防止对于通信的内容或其递送的积极干涉。它不包括获得邮政服务的完美无缺之运营的权利，因为邮政服务就其本质而言，是一种处理大量邮件的业务，包含着偶尔会误送邮件的某种统计意义上的风险。因此，邮局未能执行邮递指令，造成某人的邮件被送到寄件人所指明的地址以外的地址，并不构成对其通信的干涉。[⑦] 虽然出于查明和追查破产人的收入来源的目的，探查其通信尽管可能被认为是有必要的，但是实施任何此类措施必须附充分和有效的保障措施，以确保对其通信得到尊重的权利的最小损害。[⑧]

[①] Decision of the Supreme Court of Mexico, 11 October 2000, (2009) 3 *Bulletin on Constitutional Case-Law* 549.

[②] *United States v. Agapito*, United States District Court, 620 F. 2nd 324 (2nd Cir. 1980).

[③] *Bykov v. Russia*, European Court, 10 March 2009, (2009) 2 *Bulletin on Constitutional Case-Law* 431.

[④] *Santiago Gomez v. Casino de la Toja*, Constitutional Court of Spain, (2000) 1 *Bulletin on Constitutional Case-Law* 158.

[⑤] *Allan v. United Kingdom*, European Court, (2003) 36 EHRR 12. See also *Khan v. United Kingdom*, European Court, (2001) 31 EHRR 45.

[⑥] 人权事务委员会第16号一般性意见，第8段。

[⑦] *X v. Germany*, European Commission, Application 8383/78, (1980) 17 *Decisions & Reports* 227. See *X v. United Kingdom*, European Commission, Application 10333/83, (1983) 6 EHRR 353.

[⑧] *Foxley v. United Kingdom*, European Court, (2000) 31 EHRR 637.

囚犯的通信权并不受到由于他的处境而暗含的限制。就他的通信而言，囚犯与自由人享有相同的权利，在评估对行使该权利的任何干涉的正当性时，监禁的通常与合理需求都是相关因素。[①] 因此，如果当局阅读并销毁囚犯所写的信件，或者未经阅读即行销毁，就侵犯了这一权利。未能为囚犯提供写信的工具，与未经阅读即销毁囚犯的信件具有相同的后果。如果囚犯被告知不得写信给某一特定的人，那么囚犯所处的境遇就与他写给该人的信件被没收并被销毁的情况相同。当囚犯申请"咨询"律师的许可时，他事实上就是在申请获得给律师写信的许可，因为他在被监禁的正常过程中，是没有机会与律师会面的。当许可未获准时，他就会处于这样的情况之中：他会发现他先期写的信后来被"叫停"了。从所有实际目的来看，都存在对他的通信权的默示拒绝。[②] 如果囚犯诉称他并未收到他的信件，那么仅仅出示一份囚犯的来信记录是不够的。在没有可以作为反证的文件或者其他证据的情况下，法院不得判定有关物件已经送达其收件人。[③]

如果通信受到自动性的控制，那么与律师秘密通信的目的就不能实现。在

[①] *Silver v. United Kingdom*, European Commission, (1980) 3 EHRR 474, 欧洲人权委员会在该案中所持的观点是：(1) 囚犯可以写信给国会议员投诉监狱待遇，即便是没有首先通过监狱的内部渠道作出该投诉；(2) 囚犯可以写信寻求有关任何话题的可靠的法律建议，以便保护或行使他们的权利，或者仅仅是获得合理的资讯；(3) 因为囚犯在社会交往方面几乎没有选择，并鉴于表达有关现实中的和想象中的困难的思想和感受（包括投诉）这一人类基本需要，他们可以通过通信向其近亲属和朋友表达他们的经历和委屈。以下限制是"过于宽泛的"，而且并非"在民主社会中必要"：(1) 一般性禁止给亲属或朋友以外的人写信；(2) 全面禁止囚犯的包含了拟用于发表的材料的信件（因为接触媒体在民主社会中是一个重要因素）；(3) 禁止被认为是羞辱了监狱当局的材料（因为囚犯可以在他的通信中以情绪化的或激烈的言辞自由地表达他的委屈和诅丧，这通常是存在于封闭的群体中的必不可少的发泄途径或者"泄压安全阀"）；(4) 禁止包含与审判、定罪或者判刑有关的陈述的信件；(5) 全面禁止试图挑起群众请愿——不同于煽动公众——的囚犯的信件（因为提出请愿是民主社会中和平地就个人或具有公共重要性的事项表达某人之观点的正常活动）；(6) 全面禁止针对监狱官员的指控；(7) 禁止囚犯的包含极为不当语言的通信（因为在民主社会中，表达自由的一个必不可少的特征是，个人可以自由地以他或她想要的任何言辞通信，即便这些言辞可能是粗鲁的、有争议的、令人愤慨的或者是具有攻击性的，也因为这一自由对于每天都受到封闭的群体生活挫折的人，例如囚犯，尤其重要）。See also *Silver v. United Kingdom*, European Court, (1983) 5 EHRR 347; *McCallum v. United Kingdom*, European Court, (1990) 13 EHRR 596, European Commission, (1984) 13 EHRR 597, at 605–19.

[②] *Golder v. United Kingdom*, European Court, (1975) 1 EHRR 524. See also *De Wilde, Ooms and Versyp v. Netherlands*, European Court, (1971) 1 EHRR 373; *Boyle and Rice v. United Kingdom*, European Court, (1988) 10 EHRR 425; *McMahon v. United Kingdom*, European Commission, (1977) 10 *Decisions & Reports* 163; *Carne v. United Kingdom*, European Commission, (1977) 10 *Decisions & Reports* 205; *Reed v. United Kingdom*, European Commission, (1979) 19 *Decisions & Reports* 113. *Schonenberger and Durmaz v. Switzerland*, European Court, (1988) 11 EHRR 202; *Colne v. United Kingdom*, European Commission, (1977) 10 *Decisions & Reports* 154.

[③] *Messina v. Italy*, European Court, 26 February 1993.

一起案件中，一位因犯谋求对监狱当局提起法律诉讼，欧洲人权法院认为，他的通信容易受到例行审查，尤其是来自可能与通信中包含的标的有直接利害关系的个人或当局的审查，而这"并不符合律师与他的委托人之间的关系所享有的职业特权以及保密性原则"。欧洲人权法院尽管承认，在有关预期诉讼的邮件以及一般性邮件之间的界限极难划分，与律师的通信也可能有关与诉讼有极少关联或没有关联的事项，但还是认为，并无理由区分与律师的通信的不同类别，因为不论它们的目的如何，都会涉及具有私人性和秘密性的事项。所有这些信件都被认为是受保护的。①

披露个人的互联网协议地址（IP地址）并不必然构成对电信保密这一保护领域的严重侵犯。电信保密保障个人通信的秘密性，而鉴于在个人通信中的发送者和接收者之间的空间距离，个人通信有赖于他人传递该通信，因此允许第三方以及国家机构以某种特殊的方式获得访问许可。这一权利也涵盖新的传送方法。其保护涵盖通信的内容以及该通信关系的所有进一步的细节，包括通信的事实、参与者的通信数据以及参与者用于实现连线的号码以及联结。在接收者接到消息、传送完成的这一时间点上，对于通信秘密的保护即终止。②

（六）"对于此种侵扰或破坏，人人有受法律保护之权利"

《公民及政治权利国际公约》第17条提供对个人的名誉及信用的保护，各国有义务为此目的提供适足的立法。③ 在人权委员会，有人质疑是否需要这一条款，因为《公民及政治权利国际公约》第2条已经要求国家采取必要步骤，采取对有效落实所承认之权利可能必要的立法或者其他措施。然而，有人主张增加该条款并不是多余的。仅承认任何人的名誉及信用不得受到无理或非法破坏是不够的；受法律保护免受这种侵扰或者破坏的个人权利也必须得到明确承认。不过，也有人强调，"法律保护"这一表述不应被解释为授权任何形式的审查，因为这会违反《公民及政治权利公约》第19条中有关意见和表达自由的规定。④ 因此，国家有义务制定足以保护个人名誉和声誉的立法。此外，还应规定人人能切实保护自己，不受确实发生的任何非法破坏，并能针对为此等行为负责者获得有效救济。⑤ 申诉人在法庭上未获成功的事实，并不意味着国

---

① *Campbell v. United Kingdom*, European Court, (1992) 15 EHRR 137.
② Decision of the Federal Constitutional Court of Germany, 13 November 2010, (2010) 3 *Bulletin on Constitutional Case-Law* 528.
③ 人权事务委员会第16号一般性意见，第11段。
④ UN document A/2929, chap. VI, s. 104.
⑤ 人权事务委员会第16号一般性意见，第11段。

家未能履行对他的这一权利提供充分保护的义务。① 在《公民及政治权利国际公约》第17条中的"非法"之前插入"无理"一词的目的是解决这样的异议：除非加以限定，否则该条款可能会以扼杀公众意见之表达自由的方式解释。因此，可能会影响个人名誉或声誉的公正评论或真实言论不被禁止。②

名誉权的实质是不断变化的，并取决于在当时占主导地位的社会规范、价值和观念。某一个人作为某种人类群体之组成部分，也可以享有名誉权：此种人类群体没有法律人格，但有着其他明确的和一致的，经由其诸如历史、社会、种族或宗教特征等结构性和凝聚性的主要特征所形成的人格。③ 法人也有可能因有关其身份之事实的披露而受到名誉权的侵犯，条件是该披露构成诽谤或者导致该法人在他人的评判中损失信用。④ 然而，就活跃地参与大型公众公司事务的商人而言，对他们的批评的可以接受的限度比普通私人的更宽。这些人不可避免地并且自知地使自身处于公开状态，使其行为受到不仅来自新闻界的，而且还有来自代表公众利益的机构的密切监督。⑤ 在信息自由与名誉权之间发生冲突的情况中，只有在有关信息准确并且涉及具有普遍利益之公共事项——其中已经考虑了所涉事项和参与者——的情况下，信息自由才具有优先地位。⑥

在某人成为公众人物时，这一权利并不会自动消失，但是名誉权受保护的范围要与表达和信息自由的外向范围成比例，并且此人不得不接受的是，其个人权利可能受到具有普遍利益的意见和信息的影响。同样，批评司法裁决是正当的，但条件是该批评不涉及使用明确具有侮辱性的或者偏离公共利益的，并且也因此对于传达所表达的思想、观点或者意见的本质并不必要的词语。⑦ 一位著名时装模特在很大程度上依赖媒体作为促进她职业生涯的媒介，此人就已将她的私生活细节置于公众视域之中了。公开只会在相对较小的程度上影响她

---

① *X v. Sweden*, European Commission, Application 11366/85, (1986) 50 *Decisions & Reports* 173.
② UN document A/2929, chap. VI, s. 103. 在起草《公民及政治权利国际公约》第17条时，有人表示，对个人名誉的诽谤涉及对他的道德行为的判断，而对他的信用的诽谤可能只涉及据称未能遵守职业或社会标准。See UN document A/4625, s. 38.
③ Decision of the Constitutional Court of Spain, 11 December 1995, (1995) 3 *Bulletin on Constitutional Case-Law* 373.
④ Decision of the Constitutional Court of Spain, 26 September 1995, (1995) 3 *Bulletin on Constitutional Case-Law* 367：某一建筑企业被指控从事构成贿赂的非法行为。
⑤ *Fayed v. United Kingdom*, European Court, (1994) 18 EHRR 393.
⑥ Decision of the Constitutional Court of Spain, 30 June 1998, (1998) 2 *Bulletin on Constitutional Case-Law* 319.
⑦ *Hosking v. Runting*, Court of Appeal of New Zealand, [2005] 1 LRC 320; Decision of the Constitutional Court of Spain, 2 March 1998, (1998) 1 *Bulletin on Constitutional Case-Law* 129.

的生活，而不能公开则将否认对于公众具有普遍利益的正当新闻报道。①

依附于某人的职业或者工作的信用构成了名誉权之一部分。在西班牙的一起案件中，某位女性工作者因纪律原因被辞退在公司内部公布，而只要这种公布以通知为目的，并且没有使用侮辱或冒犯性的语言，就不会损害她的名誉。② 然而，以下情况则是对一人之名誉及信用的非法破坏：（甲）某一全球救援组织的两位官员的姓名被列入依据联合国安全理事会的决议而制定的一份制裁名单，却没有给予他们获知证明其被列名正当合理的"相关信息"的途径，也未等待由检察官提起的刑事调查的结果；③（乙）一位美国公民在土库曼斯坦遭逮捕、被拘禁于非人道的条件之中、因企图暗杀该国总统而被定罪并被判刑25年——他后来在美国大使馆的干涉下被释放，有虚假声明称，该美国公民是一本书的作者，而该书确认了对于导致所称暗杀企图的事件的官方说法；④（丙）法院在未经见到或者聆讯某位诉讼当事人本人的情况下，就因她过多的书面陈述和申诉而下令对她进行身心健康状况的医学检查；⑤ 以及（丁）根据某位科学家的政治立场来评估他的科学作品。⑥

---

① *Naomi Campbell v. MGN Ltd*, House of Lords, United Kingdom, [2005] 1 LRC 397, dissenting opinion of Lord Nicholls and Lord Hoffman. 某份报纸在披露某些事项外，还披露了该案的申诉人是一名吸毒成瘾者，并且她在匿名戒毒所正在就毒品成瘾接受治疗。

② Decision of the Constitutional Court of Spain, 27 November 2000, (2000) 3 *Bulletin on Constitutional Case-Law* 578.

③ *Sayadi and Vinck v. Belgium*, Human Rights Committee, Communication No. 1472/2006, 22 October 2008.

④ *Komarovski v. Turkmenistan*, Human Rights Committee, Communication No. 1450/2006, 24 July 2008.

⑤ *MG v. Germany*, Human Rights Committee, Communication No. 1482/2006, 23 July 2008.

⑥ Decision of the Constitutional Court of Croatia, 8 April 1998, (1998) 1 *Bulletin on Constitutional Case-Law* 29. 该评估中有争议的部分是提到了他曾是多少个政党、哪个政党的成员及其时间。这些说明了他的政治观点，但不是他的科学观点。

第二十章　思想自由权

国际文书

《世界人权宣言》
第 18 条
人人有思想、良心与宗教自由之权；此项权利包括其改变宗教或信仰之自由，及其单独或集体、公开或私自以教义、躬行、礼拜及戒律表示其宗教或信仰之自由。

《公民及政治权利国际公约》
第 18 条
一、人人有思想、信念及宗教之自由。此种权利包括保有或采奉自择之宗教或信仰之自由，及单独或集体、公开或私自以礼拜、戒律、躬行及讲授表示其宗教或信仰之自由。
二、任何人所享保有或采奉自择之宗教或信仰之自由，不得以胁迫侵害之。
三、人人表示其宗教或信仰之自由，非依法律，不受限制，此项限制以保障公共安全、秩序、卫生或风化或他人之基本权利自由所必要者为限。
四、本公约缔约国承允尊重父母或法定监护人确保子女接受符合其本人信仰之宗教及道德教育之自由。

区域文书

《美洲人的权利和义务宣言》
第 3 条
人人有权自由地信奉宗教信仰，并公开或私下对它予以表明或践行。

《欧洲人权公约》

第 9 条

1. 人人有权享有思想、良心以及宗教自由。此项权利包括改变其宗教信仰，以及单独或与他人共同、公开或私下以礼拜、教授、践行或戒律来表明他的宗教或信仰的自由。

2. 表明自己的宗教或信仰的自由，仅仅受到法律规定的限制，以及基于在民主社会中为了公共安全的利益考虑，为了保护公共秩序、卫生或道德，为了保护他人的权利与自由而施以的必需的限制。

《欧洲人权公约第一任择议定书》

第 2 条

……在国家行使其所承担的与教育和教授相关的任何功能的过程中，国家应当尊重父母确保此类教育和教授符合其自己的宗教和哲学信仰的权利。

《美洲人权公约》

第 12 条

1. 人人有权享有良心和宗教自由。此种权利包括保有或者改变个人的宗教或信仰的自由，以及单独或与他人一起，公开或者私下宣称或者传播自己的宗教或者信仰的自由。

2. 任何人都不得受到可能损害保有或改变其宗教或信仰的自由的限制。

3. 表明个人的宗教或信仰的自由，仅仅受到法律所规定的为保障公共安全、秩序、卫生、道德或者他人的权利或自由所必需的限制。

4. 根据情况，父母或监护人有权按照他们自己的信念，对其子女或者受监护的人进行宗教和道德教育。

《非洲人权和民族权宪章》

第 8 条

良心、信仰表达以及自由践行宗教的自由应受保障。在法律和秩序约束下，任何人不受行使这些自由的限制措施。

有关文本

《消除基于宗教或信仰原因的一切形式的不容忍和歧视宣言》，联合国大会

1981 年 11 月 25 日第 36/55 号决议通过

《囚犯待遇最低限度标准规则》（"曼德拉规则"），联合国大会 2015 年 12 月 17 日第 70/175 号决议通过，规则 65 至规则 66

一　评论

　　思想自由这一权利体现在两个方面：其一是保障思想、信念、宗教和信仰自由的一般性权利；其二是保护以礼拜、戒律、躬行和教授（在《美洲人权公约》第 12 条中为"宣称或传播"[①]）来表示这种宗教或信仰的更具体的权利。前者包括保有或采奉一人自择之宗教或信仰的权利以及"改变"其宗教或信仰的自由，并无条件地受到保护。任何人不得被强迫表明他的思想或对某一宗教信仰之奉行。[②] 后者则可以公开或者私下、单独或与他人一起（在《美洲人权公约》第 12 条中为"共同"）行使。

　　在《公民及政治权利国际公约》第 18 条的起草期间，众多参与者都将这一一般性权利定性为"绝对的""神圣的""不可侵犯的"。人们一致认为，对于一个人的内在思想或道德信念，或者他对世界及其创造者的态度，都不能施以任何法律性的限制；只有对于宗教或信仰的外在表示，才能予以正当合法的限制。[③] 因此，法律只能规定对表示自己的宗教或信仰的自由的限制，但是这些限制必须是为保护公共安全（《欧洲人权公约》第 9 条中无此项）、秩序、卫生、道德或他人的（《公民及政治权利国际公约》第 18 条中为"基本"）权利和自由所必要（《欧洲人权公约》第 9 条中还有"在民主社会中"）。《公民及政治权利国际公约》第 18 条明确禁止会侵害一人保有或采奉其自择之宗教或信仰的自由的"胁迫"。《公民及政治权利国际公约》第 18 条、《欧洲人权公约》第一议定书和第二议定书以及《美洲人权公约》第 12 条第 4 款，均承认父母有权确保他们的子女（《美洲人权公约》第 12 条还规定"和受监护的人"）接受符合其本人信

[①] 在《美洲人权公约中》，思想自由权包含在第 13 条中。

[②] 人权事务委员第 22 号一般性意见（1993 年），第 3 段。《欧洲人权公约》第 9 条以及《美洲人权公约》第 12 条都特别提到了"改变"一人之宗教或信仰的自由，但《公民及政治权利国际公约》第 18 条则非如此。不过，该自由也必然隐含于"保有或采奉自择之宗教的自由"中。

[③] UN document A/2929, chap. VI, s. 106.

仰的宗教和道德教育。①

宗教自由概念的本质是怀持一个人所选择的宗教信仰的权利，公开地、不担心遭到阻碍或者报复地宣称宗教信仰的权利，以及通过礼拜和躬行或者通过教授和传播来表示宗教信仰的权利。然而，该概念所蕴含的不止这些。自由意味着，在受到为保护公共安全、秩序、卫生、道德或他人的基本权利和自由所必要之限制的条件下，任何人都不得被迫以一种违背其信仰或信念的方式行事。② 必须将宗教自由与宗教宽容区别开来。作为法律概念的宽容的前提是假定国家对宗教和教会享有最终控制，以及是否和在多大程度上准予和保护宗教自由，是一个由国家政策决定的事项。③

在一个多党制民主国家的宪法表明其是一个世俗国家时，它既不能其强迫其公民采奉某一特定宗教，也不能优待某一特定宗教的信从者。④ 出于任何理由，包括其为新成立的或者代表着可能遭到来自占主导地位的宗教社群之敌视的宗教少数群体的事实，而歧视任何宗教或信仰的任何倾向，都与这一权利不一致。如果某一宗教被承认为国教或者被确立为官方或传统宗教，或者如果其信从者占人口的大多数，则必要确保这不会导致享有该权利受到任何侵害，或者其他宗教的信从者或者无宗教信仰者受到任何歧视。同样，如果某一套信仰在宪法、法律、执政党的规章中或者在实际做法中被当作官方意识形态，则

---

① 在起草《公民及政治权利国际公约》第 18 条时，有若干提议想要达到的效果是，对于未成年人，父母或监护人应当有权决定他应接受何种形式的宗教教育。反对这些提议者则主张，未成年人不再是未成年人的年龄在不同的国家中各有不同，并且不论如何，如果在《公民及政治权利国际公约》第 18 条中写入父母有权决定未成年人应当接受何种形式的宗教教育，那么父母给予未成年人纯粹世俗教育的权利也应予以保障。虽得到普遍认同的是，不应违背父母的意愿施予未成年人宗教教育，但是也有观点认为，这一规定的合适位置应当是在有关教育的条款之中。然而，希腊提议，依据《经济社会文化权利国际公约》第 14 条第 3 款草案所包含的规定，列入新的一款（即目前的《公民及政治权利国际公约》第 18 条第 4 款）。考虑到有些国家也许不会成为《经济社会文化权利国际公约》的缔约国的可能性，决定仍是在《公民及政治权利国际公约》中列入新的这一款（UN documents A/2929, chap. VI, s. 115, and A/4625, s. 54）。对于一国是否有义务根据本款在父母选择的宗教方面提供指导这一具体问题，希腊代表的回答是否定的，并解释说，除了尊重父母以他们自己的宗教养育其子女的意愿外，国家无须承诺做任何事情（UN document A/4625, s. 55）。还有观点指出，被带离其父母的儿童的宗教和道德教育，应当遵循其父母所表达的或者被推定的意愿（UN document A/4625, s. 56）。

② R v. Big M Drug Mart Ltd, Supreme Court of Canada, [1986] LRC (Const) 332.

③ Pitsillides v. Republic of Cyprus, Supreme Court of Cyprus, (1983) 2 CLR 374, per Stylianides J at 385. Cf. Mamat bin Daud v. Government of Malaysia, Supreme Court of Malaysia, [1988] LRC (Const) 46.

④ Kamau v. Attorney General, High Court of Kenya, [2011] 1 LRC 399：根据宪法设立的卡迪（Kadhi）法院并不符合国家的世俗性质，并与禁止歧视相冲突。确立卡迪法院将伊斯兰教提升到了其他宗教之上，不符合宗教自由以及免受歧视之自由。Decision of the Constitutional Court of the Czech Republic, 27 November 2002, (2002) 3 Bulletin on Constitutional Case-Law 434：宗教自由的核心在于保障每个人在不受国家干涉的情况下表示其宗教的可能性。与此同时，明显独立于教会和宗教团体的国家没有义务积极协助个别教会和宗教团体的活动。

有必要确保这不会造成这一权利或者任何其他得到承认的权利受到侵害，或者不接受或反对该官方意识形态之人受到任何歧视。尤其是，某些歧视后一类人的措施——例如，将受国家雇用的资格限于占主导地位的宗教的成员，或者给予他们经济特权，或者对躬行其他信仰施以特别限制，并不符合对基于宗教或信仰之歧视的禁止以及《公民及政治权利国际公约》第26条对平等保护之保障。《公民及政治权利国际公约》第20条第2款所设想的措施，对于禁止损害宗教少数群体和其他宗教群体行使这一权利以及《公民及政治权利国际公约》第27条所保障之权利，以及禁止针对上述群体采取暴力或迫害行为，都构成重要的保障。①

保护宗教自由不仅限于教义或信仰问题，而且延及在追求宗教中所为的行为，并因此包括保障作为宗教之基本和不可分割部分的仪式、戒律、庆典和礼拜方式。什么构成宗教之基本或不可分割部分，必须参照具体宗教的教义、习俗、信条和历史背景来判断。宗教的基本部分意味着该宗教所建基于其上的核心信仰。为了判断某一部分习俗对宗教是否基本，有必要查明在没有该部分或习俗的情况下，该宗教的性质是否会被改变。如果除去该部分或习俗会导致该宗教或其信仰的性质根本改变，那么该部分就可以被认为是基本的或不可分割的。②

二　释义

(一) "人人"

"人人"均可享有这一权利，包括外国人。③ 企业作为法人而非自然人，不能享有或行使这一权利。④ 然而，作为被告的企业可以通过主张对它提出的

---

① 人权事务委员第22号一般性意见，第9段。See Decision of the Constitutional Court of Italy, 18 October 1995, (1995) 3 *Bulletin on Constitutional Case-Law* 318：在亵渎行为可予处罚的情况中——不论该神学所属的宗教如何，"针对神性"的亵渎罪就不违宪。该规则保护所有的信徒以及所有的宗教。但是亵渎罪仅仅针对"国教"中所推崇的"象征和人物"，就侵害了法律前人人平等的原则、在宗教观点方面的不歧视以及所有宗教的平等自由。参见，*R v. Chief Metropolitan Stipendiary Magistrate*, ex parte Chaudhury, Queen's Bench Division, United Kingdom, [1991] LRC (Const) 278："亵渎神明"的普通法只保护基督教。

② *Commissioner of Police v. Acharya Jagadishwarananda Avadhuta*, Supreme Court of India, [2005] 3 LRC 20：公开表演1966年推出的坦达瓦舞 (Tandava dance，使用刀具、活蛇、三齿叉或三叉戟、贝壳或头骨)，并非阿南达玛吉 (Ananda Margi) 信条——印度教的一个宗教派别——在1955年成立所依据的一个"核心"。

③ *Darby v. Sweden*, European Commission, 9 May 1989.

④ *Church of X v. United Kingdom*, European Commission, Application 3798/1968, (1968) 12 *Yearbook* 306.

刑事指控所依据的法律与保障宗教自由的宪法规定不一致来辩护。如果一项法律侵害了宗教自由，那么被告是否是基督教教徒、犹太教信徒、穆斯林、印度教教徒、佛教教徒、无神论者或不可知论者，或者是否是个人或者企业，并不重要。要点是法律的性质，而非被告的身份。①

教会是一种有组织的、以相同的或至少是本质上相似的观点为基础的宗教社群。通过其成员对这一权利的享有，教会本身的表示其宗教以及组织和从事礼拜、教授、躬行、戒律的权利也受到保护，可以自由地就这些事项表明和贯彻统一性。在国家教会制度中，雇用其职员的目的在于实行和教授某一特定的宗教。在他们接受或拒绝被雇用为神职人员的时候，就行使了他们个人的思想、信念或宗教自由，而他们有权离开教会则保证了在他们在反对其教义的情况下的宗教自由。因此，教会没有为其职员和成员提供宗教自由的义务。② 尽管教授者享有在不受干涉的情况下按照他们自己的观点教授其主题的自由，然而在教会和国家之间存在着某种特殊关系的情况下——如某项协定所昭示，则教会要求应以某种特定方式教授其宗教并不违反《公民及政治权利国际公约》第19条。③

选择寻求军事生涯的人自愿接受了军纪制度，而这种制度据其本质上暗含着一种可能性，即对武装部队的某些权利和自由设置不可能施以平民的限制。例如，一国可能对其军队采用一项禁止不利于既定秩序之态度的纪律条例。因此，因空军中的某位军法官的"原教旨主义倾向"违反了作为国家之基础的世俗主义原则而强制其退役，并不违反《欧洲人权公约》第9条。④

（二）"有权享有思想、信念及宗教［或信仰］之自由"

思想、信念和宗教自由（包括持有信仰的自由）的权利影响深远、意味深

---

① *R v. Big M Drug Mart Ltd*, Supreme Court of Canada, ［1986］LRC (Const) 332, per Dickson J.

② *X v. Denmark*, European Commission, Application 7374/1974, (1976) 5 *Decisions & Reports* 157：《欧洲人权公约》第9条并不包括教士有权以国家教会制度中的公务身份，为洗礼设定违背教会内部的最高行政权威——教会首脑（church minister）——的指示的条件。

③ *Páez v. Colombia*, Human Rights Committee, Communication No. 195/1985, July 1990, Selected Decisions, Vol. 3, p. 85.（该案中，人权事务委员会确实认定，哥伦比亚天主教会要求应以某种特定方式教授该宗教没有违反《公民及政治权利国际公约》第19条；但是，在此处的语境中，也许更适宜指出，人权事务委员会——在认定第19条未被违反之前——认定了提交人表明其宗教的权利并没有受到侵犯，即第18条未被违反，哥伦比亚可以允许教会决定谁可以教授宗教课程以及以何种方式教授。——译者注）

④ *Kalac v. Turkey*, European Court, (1997) 27 EHRR 552：该官员能够履行作为穆斯林躬行其宗教的一般形式的义务。例如，允许他每天祷告五次并履行他的其他宗教义务，例如保持斋月禁食并在清真寺参加周五的祷告。受到质疑的行为包括以提供法律帮助的方式参与苏莱曼教派（Suleyman）的活动，参与培训项目，并多次干预属于该教派成员的军人的任命。因此，他违反了军纪。

长。它包括对于所有事项的思想自由，包括个人的无论是单独或与他人一起表示的、对宗教或信仰的信从和信守的自由。它保护有神论者、非神论者和无神论者的信仰，并包括不信奉任何宗教或信仰的权利，并因此将其保护延及不可知论者、怀疑者以及不关心之人。"信仰"和"宗教"二词应做广义解释。这一权利之适用不限于传统的宗教、带有体制特性的宗教和信仰、类似于传统宗教的崇奉行为。① 这一权利的根本性质也反映在这样的事实中：即便是在公共紧急状态时期，《公民及政治权利国际公约》第 18 条和《美洲人权公约》第 12 条也不得克减。

信念和宗教并不局限于对于造物者或者人与造物者之间关系的信仰。它们包括诸如自由思想、和平主义以及理性主义等信念。② 虽然没有明确提到基于信念拒绝的权利，但是在两个方面——在军队中服役的义务与个人信念或者对于宗教或其他信仰的深刻本真的信奉——之间的严重的、不可逾越的冲突所导致的对兵役的反对，就构成具有充分的说服性、严肃性、内聚性以重要性的信念或信仰。③ 津巴布韦最高法院认为，信念和宗教自由必须作广义解释，以包括在信念上所怀有的、不论是基于宗教还是世俗道德的信仰。佩戴发绺是对拉

---

① 人权事务委员第 22 号一般性意见，第 2 段。See UN documents A/4625, s. 51, and A/2929, chap. VI, s. 107：在起草《公民及政治权利国际公约》时，"思想"和"信仰"这两个词是否意指不同的概念这一问题被提了出来。被问到的有："宗教"一词是否不得被解释为仅指具有经文或者先知的这类信奉，以及"信仰"一词是否也包括世俗信仰。联合国大会（联大）第三委员会的一些代表认为，"宗教"涵盖了对神性的所有信仰，而不论经文或先知存在与否。有些代表则认为，尝试定义"宗教"是不可取的。至于"信仰"，虽然有些人认为本条只应处理宗教信仰，但另一些人声称，其目的是给予思想、信念和宗教完全的自由，而这种自由也必然包括非宗教信仰。在被请求澄清"信仰"一词是否意味着具有宗教含义，或者它是否也指世俗信念时，联合国秘书长向第三委员会提到了阿尔果德·克里希纳斯瓦米（Arcot Krishnaswami）的如下表述："鉴于界定'宗教'的难度，在本研究中使用的'宗教或信仰'一词除了包括各种有神论的信条之外，还包括诸如不可知论、自由思想、无神论和理性主义等其他信仰。" Arcot Krishnaswami, Final Report of the Special Rapporteur, *Study of Discrimination in the Matter of Religious Rights and Practices* (New York：United Nations publications, Sales No. E. 60. XIV. 2, 1960). See Elizabeth Odio Benito, special rapporteur, Sub-Commission on the Prevention of Discrimination and the Protection of Minorities, *Elimination of All Forms of Intolerance and Discrimination Based on Religion or Belief* (New York：United Nations, 1989), para. 19："宗教是对生命的意义以及如何相应地生活的一种解释。"

② *Pitsillides* v. *Republic of Cyprus*, Supreme Court of Cyprus, (1983) 2 CLR 374, at 385, per Stylianides J. 参见，*Barralet et al* v. *Attorney General*, Court of Appeal, England, [1980] 3 All ER 918："宗教"关注的是人与神的关系。宗教的两个基本属性是信奉和礼拜——对神的信奉和对神的礼拜。但是狄龙（Dillon）法官承认他所作出的这种界定可能不适用于佛教。"可以说宗教不一定是有神论或者依赖于对神、某个超自然的或至高无上的存在的信仰，因为佛教就没有这样的信仰……我对佛教知之不多。就佛教而言的回答可能是将佛教视为例外。" See *Arrowsmith* v. *United Kingdom*, European Commission, (1978) 3 EHRR 218：和平主义是"在任何情况下，甚至是在对于武力使用或威胁作出回应时，均在理论上和实践中致力投身于实现自身的政治或其他目标的哲学，而不针对他人诉诸使用武力或武力威胁。"

③ *Bayatyan* v. *Armenia*, European Court, (2011) 2 *Bulletin on Constitutional Case-Law* 401.

斯塔法里信仰（Rastafarianism）的象征性表达——其在广义上以及非技术意义上具有宗教地位，或者无论如何也是建立在个人道德之上的信仰体系。法院并不关注拉斯塔法里信仰的有效性或者吸引力，而只关注信仰的虔诚情况。[①]

宗教自由权排除了国家确定哪些宗教信仰或者用于表达此类信仰的方式具有正当性的任何酌处权力。虽然国家有权查实某一运动或组织是否在表面上追求宗教目的，却从事对民众有害的活动，但是对于通过某些非正统运动躬行宗教信仰，这种权力不得用来施以过于严格的或者事实上是禁止性的条件。[②] 要求某位当选的议员向福音书（Gospel）宣誓——而他并不愿意这么做——侵犯了这一权利，因为这要求他向一个特定的宗教宣誓效忠，否则就会丧失他的议会席位。要求"耶和华见证人"——这是一个其信条不允许使用武器或在军队中服役的宗教组织——的成员向国防部控制的账户中付款，侵犯了信念自由。[③]

只要国家教会制度包括对于个人宗教自由的具体保障，那么该制度本身并不侵犯这一权利。[④] 尤其是，任何人不得被强迫加入或者被禁止脱离国家教会。

[①] *Re Chikweche*, Supreme Court of Zimbabwe, [1995] 2 LRC 93.

[②] *Manoussakis v. Greece*, European Court, (1996) 23 EHRR 387：一群耶和华见证人的信徒因为在未事先获得法律所要求的授权的情况下建立并运营礼拜场所而被起诉并被定罪，这既与正当目标（即保护公共秩序）不成比例，也不是在民主社会中所必要的。参见，*Chan Hiang Leng Colin v. Minister for Information and the Arts*, Court of Appeal, Singapore, [1997] 1 LRC 107：因为违反公共利益，某个部门禁止进口、销售或派发国际圣经学生组织（International Bible Students Association）——一个耶和华见证人信徒范围内的组织——的出版物。这些出版物对于表现、躬行、宣传该信仰是必不可少的。此命令的唯一原因是耶和华见证人基于宗教理由拒服国民役。该部门认为，这种拒绝对国家安全构成了严重威胁。而法院则拒绝准予提出司法审查的申请，理由是国家安全问题不具有可审理性。*Buscarini v. San Marino*, European Court, (1999) 30 EHRR 208.

[③] Decision of the Constitutional Chamber of the Kyrgyz Republic, (2013) 3 *Bulletin on Constitutional Case-Law* 517.

[④] *Engel v. Vitale*, United States Supreme Court, 370 US 421 (1962), 该案中，布莱克（Black）法官在适用美国宪法第一修正案（"国会不得制定关于确立国教或禁止信教自由的法律"）时，非常有说服力地提出了反对国家宗教的观点。该修正案包含了"确立条款"和"信教自由条款"："当政府的权力、地位和经济支持助力某一特定的宗教信仰时，对宗教少数群体遵循占据优势地位的、官方认可的宗教的间接强制性压力是显而易见的。但是'确立条款'的潜在目的却远不止于此。它的首要也是最直接的目的的依据，在于相信政府和宗教的结合较易于毁害政府并贬损宗教。不论是在英国还是在我国，由政府确立宗教的历史表明，当无论何时政府将其自身与一种特定形式的宗教相结合时，不可避免的结果均是招致对持有不同信仰者的仇恨、不敬甚至是蔑视。同样的历史表明，依靠政府支持传播其信仰的任何宗教，已经丧失了许多人的尊重。因此，'确立条款'是我们宪法创始人所作出的原则性表达，即宗教是如此的私人化、庄严、神圣，以至于不允许民事法官对其进行不正当的歪曲。'确立条款'的另一个目的的依据，在于意识到由政府确立宗教和宗教迫害总是相伴而行的历史事实。"在附议意见中，道格拉斯（Douglas）法官指出："根据第一修正案，政府应当'不得在神学和宗教仪式中享有利益'，因为在这些事项上，'政府必须是中立的'。第一修正案使政府处于不得敌视宗教而是中立的立场。哲理在于无神论者或不可知论者——非信徒——有权以他自己的方式行事。其理念是如果政府干涉精神事项，那么这将是一种造成纷争的力量。第一修正案的教义是，政府在宗教领域的中立能更好地服务所有的宗教利益。"

如果一人不是从事宗教活动的某个宗教团体的成员，则不得强迫他违背自身意愿地直接牵连到这些活动之中。例如，向教会纳税用于其宗教活动，就将构成这种牵连。① 同样，宗教自由要求学校不得强制施行宗教箴言。因此，强制性要求所有小学教室中悬挂十字架就是对这一权利的侵犯。"十字架不仅仅是西方文化的一个元素；它是基督教的表现。"② 一国的教育制度必须保障对学生及其父母的政治和宗教信仰的尊重。为教育系统配备的公职人员必须是非宗派的，他们的行为和表现必须与国家的世俗性质相一致。例如，禁止教师佩戴伊斯兰面纱、教士服或宗教小帽或者展示十字架就具有重大的公共利益。③ 然而，某项法律未能规定使某人得以避免在同性婚姻上主持仪式的"信念条款"，并未侵犯婚姻登记员的信念自由。④

（三）"保有或采奉其自择之宗教或信仰之自由"

在《公民及政治权利国际公约》第 18 条的起草阶段，有相当多讨论关注的是该条是否应包括明确提及一人改变其宗教或信仰的权利。有观点认为，改变权暗含于"人人有思想、信念及宗教之自由"的表述之中，并没有必要再专门提及。而有人表达的关切则是，特别提到"改变"一人之宗教或信仰的权利有可能被解释为支持劝人改宗或传教的活动，或者支持宣传反宗教信仰的协同努力，也有可能被解释为鼓励信徒在心中怀疑其信仰的真实性。对此也有人质疑，认为《公民及政治权利国际公约》中规定改变宗教的权利将会对那些其宪法或基本法律在起源或者性质上具有宗教性的国家带来不确定性和困难。因

---

① *Darby v. Sweden*, European Commission, 9 May 1989. 该案中，通过教会本身所享有的税权征收的教会税，被作为所谓的"市政税"的虽小但可识别的一部分支付给税务机关，然后再被转交给该教会。《欧洲人权公约》第 9 条要求，国家通过使不属于某个教会之人得以被免除为该教会的宗教活动供款的义务的方式，尊重他们的宗教信仰。参见，*C v. United Kingdom*, European Commission, Application 10358/83, (1983) 37 *Decisions & Reports* 142：即便是国家使用通过一般性税收的方式筹措的资金支持宗教团体或宗教活动，该税收也不得被专门用于某一特定的宗教目的。就一般性税收而言，在个人纳税人和国家资助宗教活动之间，不存在直接关系。

② Decision of the Federal Constitutional Court of Germany, 16 May 1995, (1995) 2 *Bulletin on Constitutional Case-Law* 157. 参见，Decision of the Constitutional Tribunal of Poland, 7 June 1994, (1994) 2 *Bulletin on Constitutional Case-Law* 151：波兰的某项法律要求公共广播组织"尊重符合普遍伦理规则的基督教价值观"并不会造成给某一价值体系特权地位的结果。尊重基督教价值观的义务并不构成发扬它们的义务。而且该法律仅仅提到了那些符合普遍伦理准则的基督教价值观。

③ *X v. Conseil d'Etat of the Canton of Genève*, Federal Court of Switzerland, 12 November 1997, (1997) 3 *Bulletin on Constitutional Case-Law* 453：信仰伊斯兰教的女性佩戴面纱是一种清晰可见的宗教标识，当局有权禁止受雇于公立学校的女教师在学校内佩戴面纱。

④ Decision of the Constitutional Council of France, 18 October 2013, (2013) 3 *Bulletin on Constitutional Case-Law* 489.

此，沙特阿拉伯提议删除出现在工作草案中的"改变其宗教或信仰的自由"的表述。① 然而，许多国家则希望保留这些表述。他们强调，首要问题是保护个人在思想、信念和宗教事务上的选择自由；而详细的规定，包括承认不仅是保有，而且同样还有改变其宗教或者信仰的权利，对于赋予这种自由法律内容，是必要的。有人指出，存在着劝阻改变宗教的宗教团体以及承认国教并歧视不信仰国教者的法律。还有人指出，该条只涉及改变某人自己而非他人之宗教或信仰的权利。② 最终，巴西和菲律宾提交了一份折中方案，将表述替换为"保有其自择之宗教或信仰的自由"，并依英国的建议——在"保有"一词后面插入"或采奉"的词语——做了进一步的修改，这一方案得到无异议接受。之所以提出这一修改，是因为当时有一些代表表达的关切是，"保有"一词有可能以一种静态的方式解释，即一旦做出了选择，就禁止改变宗教或信仰。同样达成共识的是，增加一项进一步的规定，即保护任何人不受"胁迫"。③

　　这一问题在一个伊斯兰教占主流地位的国家受到了严峻考验。一名马来西亚人根据《国内安全法》受到了拘禁，以防止其以不利于马来西亚安全的方式行事。拘禁理由的本质是据称他牵扯进在马来人中传播基督教的计划或项目、参与了为此目的而举行的集会和研讨会、将6名马来人转变为基督徒。马来西亚最高法院确认了庭审法官的决定，即该拘禁非法，同时认为，被告的所谓行为并未超出可通常被认为宣扬和躬行他自己的宗教的行为。④ 然而，马来西亚联邦法院在更晚近的一项多数法官做出的判决中认为，希望从伊斯兰信仰转变之人必须遵循其为这种行为规定的程序。"如果允许一人根据他的一时之念和异想天开而改变对伊斯兰的信仰，那么将在穆斯林之中导致混乱。"如果一人希望脱离伊斯兰教，那么他必须使用他在伊斯兰教法背景下的权利，而该法在脱教问题上有它自身的判例和理论。伊斯兰法院的裁判依据是伊斯兰教法。⑤

---

① UN documents A/2929, chap. VI, s. 108, and A/4625, s. 48.
② UN documents A/2929, chap. VI, s. 109, and A/4625, s. 49.
③ UN documents A/4625, s. 50, and A/2929, chap. VI, ss. 110, 111. 埃及提出的一项提议，"非法地或者为了逃避调整个人身份的法律所规定的有关个人的义务，而在宗教上做出的任何改变，均应被宣告无效"，遭到了拒绝，因为人们认为，改变宗教这一问题本身应当与个人身份的问题区分开来——前者是精神性质的，而后者则是法律问题。
④ *Minister for Home Affairs*, *Malaysia v. Jamaluddin bin Othman*, Supreme Court of Malaysia, [1990] LRC (Const) 380.
⑤ *Joy v. Federal Territory Islamic Council*, Federal Court of Malaysia, 30 May 2007, [2009] 1 LRC 1. Malanjum CJ (Sabah and Sarawak) dissented. See Decision of the Constitutional Court of Peru, 12 September 2011, (2012) 1 *Bulletin on Constitutional Case-Law* 137：在未经无神论父亲的知情或同意的情况下，某个在母亲的提议下接受了洗礼的3岁男孩，并不需要由教会通过离教机制驱逐，以便能够使他在成年时或甚至在此之前自由地选择或者不皈依任何宗教信仰。

人权事务委员会确认,"保有或采奉"宗教或信仰的自由必然涉及选择宗教或信仰的自由,尤其包括以另一种宗教或信仰取代目前的宗教或信仰的权利,或者改持无神论的权利,以及保持自己的宗教或信仰的权利。① 这意味着,例如,人人均可自由决定是否信奉某一特定的宗教,以及是否参加宗教仪式。② 加拿大最高法院称,通过在魁北克引入的道德和文化项目,向儿童全面展示各种宗教而不强迫这些儿童加入它们,并不构成会侵犯他们或他们的父母的宗教自由的对学生的灌输。在早期向儿童展示不同于他们的直接家庭环境中的实际情况,是社会生活的一种实际。③

(四)"单独或集体、公开或私自……之自由"

"集体"* 表示个人之宗教的权利一直被认为是宗教自由的重要组成部分。"单独或集体"这两种选择不能被认为是相互排斥的,或者被认为给当局留下了一种选择,而只能被认为是承认可以其中任何一种形式躬行宗教。④

(五)"以礼拜、戒律、躬行及讲授表示其宗教或信仰之自由"

表示宗教或信仰的自由包含广泛的行为方式。联合国曾确认了如下一些:(甲)举行与宗教或信仰有关之礼拜和聚会以及为此目的设立和维持一些场所;(乙)设立和维持适当的慈善机构或人道主义机构;(丙)在适当程度上制造、取得和使用有关宗教或信仰之仪式或习俗所需物件和用品;(丁)编写、发行和传播宗教或信仰领域中的有关出版物;(戊)在为此等目的适当的场所讲授宗教或信仰;(己)征求和接受个人和机构的自愿捐款和其他捐赠;(庚)按照宗教或信仰之要求和标准,培养、委派、选举或以接班方式指定合适领导人;(辛)按照宗教和信仰的规条奉行安息日、庆祝宗教节日和举行宗教仪式;

---

① 人权事务委员第22号一般性意见,第5段。
② Decision of the Constitutional Court of The former Yugoslav Republic of Macedonia, 19 April 2000, (2000) 1 *Bulletin on Constitutional Case-Law* 168.
③ *S. L. v. Commission scolaire des Chenes*, Supreme Court of Canada, [2012] 3 LRC 382.
* 《公民及政治权利国际公约》英文本中,与之对应的用语为"in community with others",也可理解为"与他人一起"。
④ *Ahmed v. United Kingdom*, European Commission, (1981) 4 EHRR 126. See also *The Bahamas District of the Methodist Church in the Caribbean and the Americas v. Symonette*, Privy Council on appeal from the Supreme Court of The Bahamas, [2000] 5 LRC 196:该案中,由于加勒比的卫理教会巴哈马区(Bahamas District of the Methodist Church)的成员之间存在着不可调和的分歧,因此通过立法建立了一个新的自治教会——巴哈马卫理教会(Methodist Church of The Bahamas),而使原成员自由地选择保持作为原教会成员,或者加入新教会。为了两个群体的利益,而出于结束内部纷争的合法目的所由衷地、合理地作出的分割所带来的不便,并不构成妨碍躬行宗教。

(壬) 在国内和国际范围内与个人和团体建立和保持宗教或信仰方面的联系。① 然而，判断什么构成宗教或宗教习俗的必不可少部分，不仅需要参照某一特定宗教的教义，还要参照被社群认为是其宗教之组成部分的习俗。②

欧洲人权委员会表达的观点是，对于某一特定的宗教表现形式而言，主张这一自由的个人的情况应是考量的一个相关因素，而且行使宗教自由的权利可以受到合同义务的限制。③ 然而，美国最高法院则表现出对这一权利的更严格恪守：该法院认为，如果雇员被迫在两方面做出选择——一方面是遵循她的宗教规条并被迫放弃权益，另一方面是为了屈从工作而放弃她的某一宗教规条，那么强加这种选择给自由践行宗教所施以的负担，与因遵循其宗教规条而被处以罚款的负担是相同的。④

表示宗教或信仰的权利并不意味着特定的信条或教旨不受批评，除非这种批评或"煽动"达到了可能危及宗教自由的程度。那些选择了行使表示其宗教之自由的人，无论他们是以多数人之宗教还是少数人之宗教的成员身份这么做，都不能合理地期望免受一切批评。他们必须容忍和接受他人对其宗教信仰的否认，甚至是他人传播对其信仰带有敌意的信条。然而，反对或否定宗教信仰和信条的方式是一件可能涉及国家责任的事项，特别是国家确保这些信仰和信条的持有者和平享有这一权利的责任。事实上，在极端情况下，反对或否定宗教信仰的特定手段的后果可能达到这样的地步，即阻遏了这些信仰的持有者

---

① 1981 年《消除基于宗教或信仰原因的一切形式的不容忍和歧视宣言》第 6 条。宗教婚姻仪式也是宗教自由的体现：Decision of the Constitutional Court of Croatia, 16 February 1994, (1994) 1 *Bulletin on Constitutional Case-Law* 14。

② *Seshammal v. State of Tamil Nadu*, Supreme Court of India, (1972) 2 SCC 11. See also *Quareshi v. State of Bihar*, Supreme Court of India, AIR 1958 SC 731; *Yulitha Hyde v. State of Orissa*, High Court of Orissa, AIR 1973 Or. 116.

③ *Ahmed v. United Kingdom*, (1981) 4 EHRR 126. 一名英国国籍的伊斯兰信徒因不被允许前往清真寺进行集会祷告（因此导致在工作日的那些周五的下午伊始，缺席大约 45 分钟的课业），而被迫辞去他的全职教师职务；他对此提出的申诉未能成功。

④ *Sherbert v. Verner*, United States Supreme Court, 374 US 398 (1963). 一位基督复临安息日会的信徒 (Seventh-Day Adventist) 因拒绝在星期六工作而被雇主解雇，并以她拒绝在星期六工作为由拒绝给予她失业补偿金，这导致其他雇主拒绝雇用她，使她因无法承担合适的工作而变得欠缺资格。她的申诉——她自由践行其宗教的权利受到了减损——获得了成功。另见道格拉斯法官的意见："穆斯林的宗教理念要求他们周五去清真寺并每日做五次祈祷。锡克教徒的宗教理念要求他携带通常的或象征性的剑。耶和华见证人信徒的宗教理念教导他成为一个书报员，挨家挨户地、从一个城镇到另一个城镇地派发他的宗教小册子。贵格会教徒 (Quaker) 的宗教理念使他在起誓上保持克制，而是要进行确认。佛教信徒的宗教理念可能要求他不要吃任何肉，甚至是鱼肉。这些例证可以翻倍——包括以星期六为安息日 (Sabbath) 并被告诫不要吃任何肉类的基督复临安息日会的信徒。然而，这足以表明，许多人持有着我们社会中大多数人所陌生的、受到第一修正案保护的信仰。"

践行其持有和表示这些信仰的自由。①

这一权利并不要求允许某人在他自己选择的任何时间和地点表示其宗教。表示的权利是有条件的，哪些情况构成干涉则取决于案件的所有情形，包括一人在所涉情况中，可以合理地期待能实际上自由表示其信仰的程度。如果一人自愿地接受了没有容纳其躬行或戒守的某种雇用或角色，并且存在着供该人在不受无理困阻或不便的情况下躬行或戒守其宗教的其他方式，那么就不存在对其在践行或戒律中表示宗教的权利的干涉。②

1. 礼拜

礼拜的概念延及直接表现信仰的仪式和典礼，以及作为这些行为之组成部分的若干做法，包括建造礼拜场所、使用仪礼和器物、陈列象征物、过节假日和休息日。③

2. 戒律

遵行宗教或信仰的戒律可能不仅包括典礼，而且包括遵行饮食规定、穿戴特定的服饰或头巾、参加与某个生活阶段有关的仪式等习俗，以及使用为某一群体所惯用的某种特定语言。④ 津巴布韦最高法院曾将这一原则适用于拉斯塔法里（Rastafarian）运动的一位追随者——他在已满足符合法律职业的所有法定准入条件的情况下，向高等法院申请注册成为一名法律执业者。当他出席高等法院的听证时，主持法官认为他的着装不合适；该法官尤其反对申请人的头发——他作为拉斯塔法里的信徒，佩戴着发绺。该法官拒绝准许这位申请人做

---

① *Otto-Preminger-Institut v. Austria*, European Court, (1994) 19 EHRR 34. 某部形容"上帝是老的、弱的和无效的神；耶稣基督是一个智力低下的'干瘪男孩'；圣母玛利亚是一个无原则的荡妇"的电影被查获和没收。这为"保护他人的权利"是正当合理的。参见，*Church of Scientology v. Sweden*, European Commission, (1980) 21 *Decisions & Reports* 109：一家报纸报道了一位神学教授在授课过程中所作的某些陈述，其中包括这样的片段："科学神教（Scientology）是最虚伪的运动。它是精神生活的霍乱。它就是这么危险。"这并未引发《欧洲人权公约》第9条之下的问题。

② *R (on the application of Begum) v. Head Teacher and Governors of Denbigh High School*, House of Lords, [2006] 4 LRC 543.

③ 人权事务委员第22号一般性意见，第4段。See also *Boodoo v. Trinidad and Tobago*, Human Rights Committee, Communication No. 721/1996, 2 April 2002；*R v. Registrar General*, ex parte Segerdal, Court of Appeal, England, [1970] 3 All ER 886, per Buckley LJ at 892："礼拜"至少具有以下一些特征：对于礼拜对象的顺从，对于该对象的敬奉、赞美、感恩、祈祷或代祷。

④ 人权事务委员第22号一般性意见，第4段。但是见，*Sumayyah Mohammed v. Moraine*, High Court of Trinidad and Tobago, [1996] 3 LRC 475：某个女学生作为穆斯林，虔诚地确信穿戴希贾布（hijab）——一种确保仅有手和面部暴露在外的穿着方式——是伊斯兰的强制性要求，拒绝穿规定的学校制服，因此被驱逐出课堂。这一驱逐被撤销，但所依据的理由不是该驱逐侵犯了"信念、宗教信仰和戒守自由的权利"，而是因为该校当局的决定所依据的是外在的或不相关的考量因素，即给予特例会导致违纪、学校当局将不得不接受其他的类似请求、该学生可以转学到另一所学校等。

忠诚和任职宣誓，而这是为注册所必需的先决事项。津巴布韦最高法院认为，申请人通过佩戴发绺表示其宗教处于信念自由的保护范围之内。因此，以申请者的外表为由，拒绝准许他做出作为注册成为法律执业者的先决事项的上述两个宣誓，使他陷入了两难境地。他不得不在遵守他的宗教戒律——这意味着放弃从事他选择之职业的权利，以及为了能够执业而舍弃其宗教的一项重要戒律之间做出选择；因此，法官的裁决侵犯了他的宗教自由权。[①]

国家并没有义务颁行有关人身的法律，以使某人得以通过遵行戒律表示他的宗教。在毛里求斯，两名伊斯兰信仰者希望仅根据他们的宗教仪式结婚，而不再按照法律要求根据民法典的统一规定结婚。他们声称，作为穆斯林躬行者，他们认为婚姻只能遵照他们的宗教，并且在事关结婚、离婚和财产转移方面，他们只应受到他们的信仰规则的约束。毛里求斯最高法院首席法官格洛弗（Glover）以及法官拉拉赫（Lallah）指出，如果只有在宗教中所规定的所有内容都要由法律给予效力的条件下，才能充分享有宗教自由，那么宗教和国家的二分原则就受到了侵犯。

> 世俗国家并不是反对宗教，而是在属于宗教自由的范围内承认该自由。在国家和宗教之间，各自都有其自己的领域，前者的领域是为了公共利益立法，后者的领域是宗教讲授、戒律和躬行。宗教若到了寻求给予宗教原则和戒律法律的性质和效力的地步，就超出了其自身的领域并侵入了立法领域，即强迫国家将宗教原则和戒律制定为法律。在某一特定的宗教不仅是一国的国教，而且该宗教的圣书还是最高法的情况中，这在宪法上确实是可能的。[②]

一国并没有义务在公共墓地中提供一块埋葬地，保障该地无限期地专门供伊斯兰信徒使用，以使其能遵行已逝者的遗体"永久长息"的伊斯兰教戒律。宗教社群应当采取必要步骤，确保他们拥有自己的、使其戒律得以遵行的墓地。[③] 在加拿大的一起案件中，某位14岁的耶和华见证人信徒坚信她的宗教要求她不得接受输血。她签署了一项预先的医疗指令，其中包括在任何情形下都

---

① *Re Chikweche*, Supreme Court of Zimbabwe, [1995] 2 LRC 93.
② *Bhewa and Another v. Government of Mauritius*, Supreme Court of Mauritius, [1991] LRC (Const) 298. See also *Serif v. Greece*, European Court, (1999) 31 EHRR 561; Decision of the Constitutional Court of Spain, 28 October 1996, (1996) 3 *Bulletin on Constitutional Case-Law* 421.
③ *Abd-Allah Lucien Meyers v. Municipality of Hausen and the Council of State of the Canton of Zurich*, Federal Court of Switzerland, (1999) 2 *Bulletin on Constitutional Case-Law* 280.

不得对其输血的书面说明。三个月后,她因患内出血而被送到医院。在这种情况下,确保脆弱的年轻人的健康和安全的目标是压倒性和实质性的,使法院在考量所有相关情形后自由裁量下令予以治疗,这是对该权利的合比例的限制。①

在若干法律制度中出现的一个问题与服饰要求有关,尤其是信仰伊斯兰的女性穿戴"尼卡布"(niqab)或者"希贾布"(hijab)面纱。在乌兹别克斯坦的一起案件中,一名女学生因拒绝摘下她依其信仰所戴的头巾("希贾布")而被逐出大学,这违反了《公民及政治权利国际公约》第18条。人权事务委员会认为,表示一人宗教之自由包括公开穿戴符合该人的宗教或信仰的衣饰或服装。② 然而,在英格兰的一起案件中,一所学校对于女生着装要求的选项中包括沙丽克米兹(shalwar kameeze)——该服饰被认为符合穆斯林女孩穿着端庄服饰的宗教要求。一位学生在遵循该着装要求两年后穿上了"长袍"(jilbab)——一种遮掩住她的手臂和腿的轮廓的服饰,这被认为是一个已经进入青春期的穆斯林女孩的适当服饰。但是学校拒绝允许她上学,除非她遵守该校的着装要求。英国法院认为,这并未干涉她在躬行和戒律中表示其信仰的权利。她的家人在知晓学校的着装要求的情况下,为她选择了这所学校,并且不存在什么因素能阻止她入读一所允许穿着长袍的学校。③

在马来西亚,禁止穆斯林学生将佩戴头巾作为他们小学着装的一部分,并不侵犯宗教自由。

> 伊斯兰与头巾和胡须无关。外邦的阿拉伯人戴着头巾并留有胡须……生活在沙漠或半沙漠地区的其他人,例如阿富汗人和波斯人,也保有这些。

---

① *AC v. Manitoba* (*Director of Child and Family Service*), Supreme Court of Canada, [2009] 5 LRC 557.

② *Hudoyberganova v. Uzbekistan*, Human Rights Committee, Communication, No. 931/2000 Selected Decisions, Vol. 8, p. 176. 参见, *Leyla Sahim v. Turkey*, European Court, 29 June 2004:出于对其他女学生的"影响"的原因,世俗大学可以在穿着由覆盖头部和颈部的头巾组成的传统"希贾布"方面,限制女学生。这涉及"他人的权利和自由"以及"维护公共秩序",因为某一特定的装扮可能会引起具有同样信仰的人感受到压力而去遵守。欧洲人权法院评论道,它"并未对土耳其的极端主义政治运动试图向整个社会强加他们的宗教象征以及建立在宗教训诫基础上的社会理念的这一事实视而不见。"

③ *R* (*on the application of Begum*) *v. Head Teacher and Governors of Denbigh High School*, House of Lords, United Kingdom, [2006] 4 LRC 543. See also *Kjeldsen v. Denmark*, European Commission, (1976) 1 EHRR 711:父母基于理念和宗教抵制公立学校中的性教育。该抵制被驳回,理由是他们可以将他们的孩子送到私立学校或者在家中教育他们。*Karaduman v. Turkey*, European Commission, (1993) 74 DR 93:在拒绝给予一位学生毕业证的情况中(因为她出于宗教原因,不愿意在不戴头巾的情况下拍照),并不存在对宗教自由的干涉。她既然选择了在世俗大学中接受高等教育,就应遵守大学的这些规则。*Valsamis v. Greece*, European Court, (1996) 24 EHRR 294:一位儿童因拒绝参加与她作为耶和华见证人信徒的信仰相悖的国庆游行而受罚,她的申诉未获成功。

事实上，前往麦加的任何人都会立刻意识到，用以遮掩头脸以阻挡干热以及灰尘的一块布——不论怎么称呼它——都是最实用的。如今，式样以及缠绕或佩戴方式各有特点的头巾表明了佩戴它们之人的国籍，例如这些人是否是沙特人、苏丹人、阿富汗人、阿曼人等。头巾已经成了这些国家的国民服饰的一部分。①

在南非，学校当局对于真诚地信奉的宗教和文化信仰和习俗的着装要求，未能作出例外规定，这损害了宗教自由。一位来自印度南部的泰米尔印度教（Tamil Hindu）家庭的女孩佩戴鼻钉遭到了拒绝。这不是她的宗教的强制性教义，而是南印度泰米尔印度教文化的一种自愿表现。②

在加拿大出现的一个问题是，允许证人戴着"尼卡布"面纱作证是否为保护她的宗教自由所必需，此时法院适用了涉及对以下问题之回答的框架：要求证人在作证时摘下面纱是否涉及干涉她的宗教自由；允许证人在作证时戴着面纱是否会给审判的公正性造成严重风险；是否存在兼容这两项权利并避免它们之间冲突的方式；而如果不存在这种方式，要求证人摘下面纱的有益效果是否能够超出这样做的有害后果。③

在英格兰的一起辩诉和个案安排的听审中，被指控恐吓证人的被告在出庭时穿戴着罩袍和面纱。她拒绝了法庭出于辨认身份的目的而让她露出面容的要求，声称她作为穆斯林的信仰要求她不得在男人面前暴露脸面。法庭裁定，被告在审判期间总体上可以自由地佩戴面纱，尽管法官会告知她如此做的可能后

---

① *Meor Atiqulrahman bin Ishak v. Fatimeh bte Sihi*, Federal Court of Malaysia, 12 July 2006, per Abdul Hamid Mohamed FCJ.

② *MEC for Education, Kwazu-Natal v. Pillay*, Constitutional Court of South Africa, [2008] 2 LRC 642. 学生苏娜里（Sunali）的母亲解释道，她们来自一个印度南部的家庭，该家庭希望通过坚持祖辈女性的传统来维护文化特性。植入鼻钉是历史悠久的家庭传统的一部分。这需要在年轻女子成熟时，刺穿她的鼻子，并植入鼻钉，以此作为她已适于结婚的标识。这种习俗如今意味着将女儿载誉为能够负起责任的年轻成年人。当苏娜里达到16岁时，她的祖母将用钻石鼻钉替换掉金鼻钉。苏娜里的母亲表示，这种做法将是宗教仪式的一部分，使苏娜里得以载誉并获得祝福。她明确指出，佩戴鼻钉并不是出于时尚目的，而是长期存续的家庭传统和/或文化理由的一部分。

③ *R v. NS*, Supreme Court of Canada, (2014) 1 LRC 599. 在一份独立附议意见中，勒贝尔（LeBel）法官和罗斯特斯坦（Rothstein）法官如此表达他们自己的观点：鉴于审判程序本身的性质，在证人作证时，应该允许其在所有情况中都戴面纱，或者根本不允许其戴面纱。由于其对辩护权的影响，在司法制度的基本价值的语境中，不应允许戴面纱。不得戴面纱的这一明晰的规则与审判过程公开的原则是一致的，并且如果该过程是一种交互式的过程，它也能保证过程的完整性。它还将符合在该国的民主社会中，审判对于所有人都公开、开放这一传统。这一规则应当适用于刑事审判的所有阶段，即初步调查和审判本身：证据问题出现于刑事程序的不同阶段并在其中演变，它们影响着在审判过程中发生的交互过程的进行。See *R v. Kwaja*, Supreme Court of Canada, (2012) 3 *Bulletin on Constitutional Case-Law* 476.

果,并且明确表示她在作证时将不会有自由这么做;她会被请求摘下面纱,并且得到时间以思考并接受建议——如果她愿意接受建议。如果她作证,她就必须在整个作证过程中摘下面纱。法庭将会利用其固有权力减缓她的不适,例如通过使用帘幕遮挡公众的视线——但并不遮挡法官、陪审团或律师的视线,或者通过采用允许她通过实时链接的方式作证。然而,如果被告拒绝摘下面纱,法官就不应允许她作证,给予陪审团关于她未能作证的明确指示。辨认身份问题无论在何时出现,都必须在法庭上公开处理,并且为此目的要求被告摘下面纱。如果她拒绝这样做,法庭应当休庭,以便允许一名官员或其他可靠的女性证人在私下里查验该被告的面容,并在公开法庭上给出身份辨认的肯定证据。这一程序必须在需要身份辨认的每一情况中都得到遵循,尤其是在传讯、判决、基于定罪量刑之前。然而,在出现例如视觉辨别问题或怀疑人员冒充问题的情况中,这样一种程序有可能并不充分,摘下面纱仍有必要。当她的面容不再被遮盖时,不得在法庭上制作或者在法庭外传播或公布被告的描画、素描或者其他影像。[1]

着装的要求可能因时间和地点而异。在比利时,一项旨在"禁止穿戴任何完全遮盖面部或者隐藏其主要特征的衣物"的法律,使得完全或部分遮盖面部——以便使其不可辨识——的个人进入公众可进入的地点成为可受到罚金或监禁处罚的犯罪行为。这一法律因为对实现公共安全目标的必要而获得了支持。在一个民主社会中,除非能看到一个人的面容——这是他或她的个体性的基本要素,否则任何人的个体性都是无法想象的。如果藏匿了个体性的这一基本要素的人在公共空间中活动——这种空间根据定义关系到整个社会,那么就不可能建立对于社会生活必不可少的人际关系。在女性的尊严方面,民主社会的基本价值观不允许女性在其家庭或其社群成员的压力下被迫遮盖面容并因此违背她们的意愿、被剥夺掌控自己的生活的自由。即便在女性自主选择佩戴遮盖整个面部的面纱的情况中,作为民主社会中一项基本价值观的性别平等,也使得国家可以正当合理地反对通过与男女平等原则不相容的行为在公共场所中表示宗教信仰。[2]

南非的一项禁止在任何学校实行体罚的法律受到了挑战,理由为体罚是基督教学校的宗教精神的一个组成部分。南非宪法法院在假定宗教自由权受到损害的情况下认为,禁止体罚是通过拒绝支持使用身体强制实现学业上的纠正的

---

[1] *R v. D*, Crown Court, Blackfriers, England, [2014] 1 LRC 629, per Judge Peter Murphy.

[2] Decision of the Constitutional Court of Belgium, 6 December 2012, (2012) 3 *Bulletin on Constitutional Case-Law* 468; *Refah Patisi v. Turkey*, European Court, 13 February 2003.

方式，来转变教育制度的国家规划的一个组成部分。它具有原则性和象征性的功能，其意图明显地在于促进尊重所有儿童的尊严以及他们的身心健康。就事实而言，由教师在学校执行体罚与在家庭环境中执行体罚并不相同，后者具有更加亲密和自发的性质。而且，就其国际法义务而言，国家有责任采取适当的措施，保护儿童免受暴力、虐待或羞辱。全世界的法院均保护儿童免受它们所认为的儿童父母之宗教习俗的潜在有害后果。①

英国上议院认为，宗教自由保护了个人所持有的信仰，个人可以自由地持有自己的信仰，不论它们可能看起来多么不合理、存在矛盾或者令人诧异。然而，在出现表示信仰的问题时，信仰必须符合某些谦抑的、客观的最低限度。信仰必须符合人格尊严或完整的基本标准，必须具有充分程度的严肃性和重要性，并且必须在易于理解和能够被理解的意义上是一贯的。因此，虽然独立的基督教学校中的儿童的教师和家长的基本信仰包括这样一种信仰——在基督教语境中的部分教育义务是教师应当能够替代父母并对犯下违纪行为的儿童实行体罚，但是儿童有权在不受制度性暴力的情况下被抚养成人，而且这一权利应当受到尊重，而不论他的父母是否别有想法。因此，议会有权认为——总体而言并经平衡相互冲突的考量因素，在学校中对儿童的所有体罚均是不值当、不必要的，而且有其他非暴力的惩戒手段可用且更可取。②

一人所必须要表现出来的，是其虔诚地相信某一特定信仰或行为是其宗教所要求的。宗教信仰必须善意地主张，而不能是虚构的、任意的或是一种欺骗手段。在判断信仰的虔诚性时，法院必须考虑主张特定信仰的人的言辞的可信度，以及该信仰与其当前的其他宗教行为的一致性。在加拿大的一起案件中，一位信仰正统锡克教的学生因为佩戴吉尔班（kirpan）弯刀（一种由非金属材料制成的类似于短刀的宗教物品）而被拒绝在当地学校上学，依据是这违反了学校禁止携带武器以及危险物品的行为准则。法院认定他的宗教自由因此受到了侵犯。③ 基于信念拒服兵役的主张是一种受到保护的表示宗教信仰的形式。尽管表示一人之宗教或信仰的权利本身并不意味着有权拒绝法律规定的所有义务，但是它提供了符合《公民及政治权利国际公约》第18条的某些保护，以免于被迫从事违背其真诚地持有的宗教信仰的行为。

---

① *Christian Education South Africa v. Minister of Education*, Constitutional Court of South Africa, [2001] 1 LRC 441.

② *R (on the application of Williamson et al) v. Secretary of State for Education and Employment*, House of Lords, United Kingdom, [2005] 5 LRC 670.

③ *Multani v. Commission scolaire Marguerite-Bourgeoys*, Supreme Court of Canada, [2006] 4 LRC 496.

不顾使用致命武力将会严重违背某人的信念或者宗教信仰的要求,而仍要求他这样做,这处于《公民及政治权利国际公约》第 18 条第 1 款的调整范围之内。拒绝应征服强制兵役是对一人所真诚持有之宗教信仰的一种直接表现。①

3. 躬行

躬行宗教或信仰包括由宗教团体处理作为其基本事务之组成部分的行为,例如选择其宗教领袖、牧师和教师的自由,开设神学院或宗教学校的自由,以及编写和分发宗教文书或出版物的自由。② 然而,"躬行"一词并不包括受到某一宗教或者信仰驱使或影响的任何行为。例如,公开声明一般性地宣扬和平主义者的观点以及敦促接受非暴力承诺——这可以被认为是对和平主义信仰的一种通常的、公认的表示,必须与和平主义者试图诱使部队不履行它们的军事职责加以区别。实际上并未表达此类信仰的行为并不受到《欧洲人权公约》第 9 条第 1 款的保护,不论该行为是否受到了此类信仰的驱使或影响。③

以"躬行"表示宗教和信仰的自由,不能被解释为包括依据特别法、以特定的"恐怖主义类型"的罪行被定罪的、认为自己是"政治犯"或者"战俘"的囚犯的如下权利:在狱中穿着他们自己的服装、免于从事监狱劳动的要求以及在总体上以一种有别于由普通法院判定犯有刑事罪行的其他囚犯的方式受到对待。④ 一位犹太教信徒在离婚后拒绝将断交信(guett,一种断绝关系的信件)交给他的前妻,也不构成对宗教戒律或躬行之表示。⑤ 在监狱当局允许一位英格兰教会的成员参加非圣公会教会的宗教仪式之前,施予其在监狱记录中改变其宗教登记的义务,并不构成侵犯对其宗教自由之侵犯。⑥

表示一人的宗教的自由并不必然包括依照非常严格的宗教规定进行仪式性屠宰的自由,但条件是要能够获取符合该标准的肉。只有在进行仪式性屠宰的不合规性使得极端正统的犹太教信徒无法吃到根据他们认为可适用的宗教规定

---

① *Yoon and Choi* v. *Republic of Korea*, Human Rights Committee, Communication Nos. 1321/2004 and 1322/2004, Selected Decisions, Vol. 9, p. 218.
② 人权事务委员第 22 号一般性意见,第 4 段。
③ *Arrowsmith* v. *United Kingdom*, European Commission, (1978) 3 EHRR 218. 欧洲人权委员会维持了对于一位向驻扎在某个军营的部队散发传单的和平主义者的、根据《叛离法》中的煽动行为的定罪,理由是她以此致力于诱使部队脱离职责,即在北爱尔兰服役。
④ *McFeeley* v. *United Kingdom*, European Commission, (1980) 20 *Decisions & Reports* 44.
⑤ *D* v. *France*, European Commission, Application 10180/82, (1983) 35 *Decisions & Reports* 199.
⑥ *X* v. *United Kingdom*, European Commission, Application 9796/82 (1982) 5 EHRR 487.

而屠宰的动物的肉，才会存在对该自由的干涉。① 洁净（Kosher）屠宰，即依据犹太教和伊斯兰教仪式在不经麻醉的情况下屠宰动物（羊和牛）的一种特定方式，被律令信条以及先例认为是一种宗教习俗。因此，禁止洁净屠宰侵犯了这一权利。②

持有信仰的权利并不必然保障在公共领域中按照这种信仰所要求的方式行为的权利，例如，因为通过税收筹集的财政收入中的部分可能会用于军事开支而拒绝缴纳某些税款。纳税义务是一项一般性义务，本身并没有具体的信念指向。"税收在这种意义上的中立性也由以下事实体现，即一旦税款被收缴，任何纳税人都不能影响或决定其所缴税款将用于何种目的。"③

4. 讲授

以讲授表示一人之宗教或信仰的权利在原则上包括试图使其身边的人信服的权利，否则"改变一人之宗教或信仰的自由"将可能会沦为一纸空文。然而，欧洲人权法院区分了"承担基督徒之见证"以及"不恰当之劝人改信宗教"：前者与真正的福音传道相符；而后者则代表着真正的福音传道的腐化或变形——这可能采取提供物质性或社会性好处的活动的形式，以期为教派获得新的成员或者为处于困境或贫穷中的人施加不当的压力。这甚至可能诉诸使用暴力或洗脑。④ 即便是"传播福音"，如果在上位者/服从者的关系中进行，也有可能构成信任的滥用，并因此损害这一权利。⑤ 讲授宗教或信仰当然包括建立神学院或宗教学校的自由，以及编写并分发宗教文本或出版物的自由。⑥

在《公民及政治权利国际公约》第18条的起草阶段曾考虑过一项动议，即包括宗教教派或团体自我组织从事传教、教育以及医疗工作的自由的规定。

---

① *Cha'are Shalom Ve Tsedek v. France*, European Court, 2000（2）*Bulletin on Constitutional Case-Law* 395. See also Decision of the Constitutional Court of Germany, 15 January 2002,（2008）2 *Bulletin on Constitutional Case-Law* 254，涉及一位非德裔穆斯林屠夫在未按照他的宗教信条将动物致晕（仪式性屠宰）即屠宰它们的权利。

② Decision of the Constitutional Court of Austria, 17 December 1998,（1998）3 *Bulletin on Constitutional Case-Law* 384.

③ *X v. United Kingdom*, European Commission, Application 10295/82,（1983）6 EHRR 558.

④ *Kokkinakis v. Greece*, European Court,（1993）17 EHRR 397.

⑤ *Larissis v. Greece*, European Court,（1998）27 EHRR 329. 例如，作为军队生活之特征的等级结构可能会使军中人员之间的关系的所有方面都变得模糊，这使得下属难以拒绝上级人员的接洽或者从他发起的对话之中脱身。因此，在平民世界中可能被视为是良性的、可以自由接受或拒绝的思想交流，在军事生活范围内就可能被认为是一种骚扰的形式，或者是以滥用权力的形式施加的不正当压力。然而，并非任何non平等级别的个人之间任何关于宗教或其他敏感事项的交流均属此类。但是在具体情形有此需要的情况下，国家采取特殊措施保护武装部队中的下属成员的权利和自由可能是正当合理的。

⑥ 人权事务委员第22号一般性意见，第4段。

一方面，有人强调，任何宗教派别或修会，作为一个团体，都应享有固化其自身的生活模式并传播其教义的内在权利。另一方面，有人主张，一个宗教的传教往往会倾向于破坏另一宗教的基本信仰，并有可能因此构成宗教间的误解或摩擦的一种根源。最后并未对此动议做出任何决定。另一项动议——"任何成年且心智健全之人"均应能自由地"投身于说服其他成年且心智健全之人确信他的信仰的真理性"——在一开始获得了认可，但最终遭到了否决。[1] 在斯里兰卡，门津根教区圣方济第三修会圣十字会（Holy Cross of the Third Order of Saint Francis in Menzingen）试图注册成为法人，以便能够使该修会的授课修女更好地实现该修会的宗教以及世俗目标，例如包括建造礼拜场所。斯里兰卡最高法院裁定，注册该团体的章程是违宪的，因为这会"造成一种合并以下两方面的境况：一方面是对于某一宗教或信仰之躬行及戒律，另一方面是向无经验者、无防护者、弱势者提供物质和其他好处以传播宗教的活动。章程中所设想的这类［社会和经济］活动必然会造成的情况是，给那些处于困境或贫穷中的人们在其自由运用思想、信念和宗教方面，施加不必要的、不合适的压力。"该法院还裁定，"章程中所预想的对基督教的传播和扩散是不可被允许的，因为这将损害佛教或佛法的存在"。人权事务委员会认为，这违反了《公民及政治权利国际公约》第18条第1款。[2]

在官方承认乃是进行宗教活动的先决条件的情况中，国家拒绝给予某一教会此种承认构成了对该教会及其成员的宗教自由权利的干涉。而且国家有责任确保相互冲突的宗教团体能相互宽容。[3]

（六）"任何人所享保有或采奉自择之宗教或信仰之自由，不得以胁迫侵害之"

损害保有或采奉宗教或信仰之权利的胁迫，包括使用或威胁使用暴力或刑事制裁来强迫信从者或不信从者遵行其宗教信仰和集会、取消或改变其宗教或信仰，均受禁止。具有同样意图或效果的政策或做法，例如限制获得教育、医疗或就业的机会，或限制《公民及政治权利国际公约》第25条和其他条款所保障的权利的政策或做法，均同样受到禁止。持有一切非宗教性质之

---

[1] UN document A/2929, chap. VI, s. 116.

[2] *Sister Immaculate Joseph v. Sri Lanka*, Human Rights Committee, Communication No. 1249/2004, 21 October 2005, Selected Decisions, Vol. 9, p. 172.

[3] *Metropolitan Church of Bessarabia v. Moldova*, European Court, (2002) 1 *Bulletin on Constitutional Case-Law* 160.

信仰的人也受到同样的保护。① 任何强迫某人躬行并非其宗教之行为的习俗，均侵犯这一权利。例如，在尼日利亚，在根据本土法律和习俗结婚后改奉基督教的一位寡妇主张，在她的丈夫死亡时，不能强迫她提供山羊——这是根据习俗向她索取的——用作下葬祭品，因为作为基督徒，她不能成为祭祀的参与方。奥格博（Ogebe）法官指出，只要某一行为不为某人之宗教所允许广为人知，则任何法院、当局或个人都无权强迫任何人践行其宗教所不承认或不允许的行为。②

政府不得因为某些原本无害的行为对于他人在宗教上的重要性，而强迫个人履行或放弃这些行为。因此，强迫在加拿大遵守基督教安息日的《圣日法》侵犯了信念和宗教自由。该法律秉承了根植于基督教道德的宗教价值观，并使用国家力量将这些价值观转化为同等约束信从者和非信从者的实在法。该法律抑制了非基督徒出于宗教原因开展如无该法律即为合法的、符合道德的和正常的活动。③ 当南非的法律禁止持有酒类许可证之人在周日出售酒类时，则采取了一种不同的态度。南非宪法法院的多数法官认为，出于并非纯粹宗教性的目的而选择星期日，不能被说成是强迫遵守安息日或者鼓励任何特定的宗教。在南非，星期日已经获得了世俗和宗教的双重性质，是一周中最普遍的人们不工作的日子。许多人度过他们的星期日的方式是从事体育和娱乐活动而非礼拜，这证明了星期日的世俗性质。从该法律中不能查证出任何能够引起损害宗教自由的强迫或者限制，不论是直接的还是间接的，因为它并未强迫持有许可证之人或者任何其他人直接或间接地遵守基督教的安息日；该法律也没有以任何方式限制他们的如下权利：怀有他们可能选择的宗教信仰，或者公开宣称他们的宗教信仰，或者表示他们的宗教信仰。而且，在基督教以及限制商户在仍然可以开业进行其他买卖的星期日出售酒类之间可能存在着的联系不论是什么，将

---

① 人权事务委员第 22 号一般性意见，第 5 段。当这一规定被提议列入《公民及政治权利国际公约》第 18 条时的理解是："胁迫"一词不应被解释为适用于道德或者理智上的说服，以及表示一人的宗教或信仰自由所受到的合法限制。相比于"剥夺其自由的权利"而言，"损害其自由"的表述更受青睐，因为后者在范围上更广泛，并且也涵盖了间接的压制（UN document A/4625, s. 52）。不得要求任何人违背其宗教戒律或习俗行事的动议并未获得采纳。虽然在原则上不存在对这一动议的异议，但是人们认为适用这一规定可能并非非常可行，尤其是在躬行着许多不同的宗教的国家中（UN document A/2929, chap. VI, s. 117）。

② *Ojonye v. Adegbudu*, High Court of Nigeria, [1983] 4 NCLR 492.

③ *The Queen v. Big M Drug Mart Ltd* [1986] LRC (Const) 332，迪克森（Dickson）首席法官认为："如果我是一个犹太教信徒、严守安息日的信徒或者一个穆斯林，躬行我的宗教信仰至少意味着我有权在周日工作——如果我愿意的话。在我看来，任何纯粹以宗教为目的的、否定我的这一权利的法律，注定会侵犯我的宗教自由。"

这种限制定性为损害宗教自由都太小题大做了。①

菲律宾提出的一项动议——"因违背其宗教而基于信念反对战争者应免予服兵役"——未获通过，因此没有包括在《公民及政治权利国际公约》第18条之中。② 塞浦路斯最高法院接受了两名主张其信念不允许他们拿起武器的耶和华见证人信徒的申诉。该法院认为，考虑到当时的国家现实情况，为国家安全之原因而实行强制性兵役正当合理，但是如果且在将来国家的具体情况允许时，有关当局应当考虑豁免基于信念拒绝者服兵役以及/或者对其施予替代性的国民服务。③ 人权事务委员会现在则称，虽然《公民及政治权利国际公约》并没有明确提到基于信念拒服兵役的权利，但是就使用致命武力的义务可能与信念自由和表示自己宗教或信仰的权利严重冲突来说，可以从《公民及政治权利国际公约》第18条中推导出这一权利。④

在圣马力诺，两位新当选的国会议员需要宣誓效忠某特定宗教的义务，否则即丧失他们的议会席位，这被欧洲人权法院认定为与宗教自由的权利不相容。⑤ 在存在着一种以上的宗教信仰的地区，在小学和中学学年开始时进行某一种宗教祝福的做法，是对宗教自由的损害。⑥ 在幼儿园装上十字架的义务并没有被认为构成表现国家对某一特定宗教信仰的偏好。十字架已经成了西方思想史的象征。加装十字架并不表现一种国家持有的信仰，而是将如何诠释十字架这一象征分别留给了儿童以及他们的父母。⑦ 不过，国家强迫任宗教职务的人员违背他们的宗教信仰为同性婚姻主持民事性或宗教性结婚仪式，则会侵害对宗教自由的保障。这同样适用于对同性婚姻的强制性庆祝。⑧

---

① *State v. Lawrence*, Constitutional Court of South Africa, [1998] 1 LRC 390. 参见萨克斯（Sachs）法官和莫格罗（Mokgoro）法官的附议意见：该法律第90节"通过将星期日、耶稣受难日以及圣诞节确认为不得出售酒类的休息日，包含了宗派信息，以此表明国家将基督教认可为需要特殊遵守并相比于其他宗教更应受尊重的宗教。这其中所隐含的假定是，基督教在政治王国中占据中心地位，而非基督教则存在于外围。"奥勒根（O'Regan）法官、戈德斯通（Goldstone）法官以及马达拉（Madala）法官的异议意见："休息日"的界定并非是世俗的界定，因为它考虑了耶稣受难日和圣诞节已经与星期日一起被选为了构成"休息日"之界定范围的事实，原因在于它们对于基督徒在宗教上的重要性。因此，这是给基督教而非其他宗教背书。

② UN document A/2929, chap. VI, s. 117.

③ *Pitsillides v. The Republic of Cyprus*, Supreme Court of Cyprus, (1983) 2 CLR 374.

④ 人权事务委员第22号一般性意见，第11段。

⑤ *Buscarini v. San Marino*, European Court, (1999) 1 Bulletin on Constitutional Case-Law 150.

⑥ Decision of the Constitutional Court of The former Yugoslav Republic of Macedonia, 19 April 2000, (2000) 1 *Bulletin on Constitutional Case-Law* 168.

⑦ Decision of the Constitutional Court of Austria, 9 March 2011, (2011) 1 *Bulletin on Constitutional Case-Law* 8.

⑧ *Reference re Same-Sex Marriage*, Supreme Court of Canada, [2005] 2 LRC 815.

（七）"人人表示其宗教或信仰之自由，非依法律，不受限制，此项限制以保障公共安全、秩序、卫生或道德或他人之基本权利自由所必要者为限"

法律只可以干涉表示一人之宗教或信仰的自由。对这一限制性条款应予以严格解释，即不允许基于其中不曾具体规定的理由施加限制。只可为了那些明文规定的目的而实行限制，而且限制必须与载述的特定需要直接有关并且比例相称。施加的限制不得出于歧视性的目的或采用歧视性的方式。①

保护"公共秩序"的理由在如下情况中得到了援用：要求希望举行宗教婚礼仪式的当事人提供之前进行了民事婚姻登记的证据；② 要求希望进行仪式性屠宰山羊的人事先将他如此做的打算通知法律指定的行政当局；③ 禁止在法律允许进行公共礼拜之外的地方公开庆祝宗教仪式；④ 拒绝准许囚犯在下巴处留胡须或者留出祈祷者的连毛胡须；⑤ 正当合理地拒绝允许声称其信念不允许他"参与审判他人"的人不担任陪审员。⑥

对一位在骑摩托时未能佩戴防撞头盔作为必要的安全措施的锡克教徒，保障"卫生"是对其起诉、定罪和审判的正当合理根据。⑦ 在人权事务委员会审议的一起案件中，申诉人提出，使用大麻在拉斯塔法里宗教中具有核心地位，因为它在宗教仪式上被作为圣餐的一部分而通过圣杯吸用，并在私下里被用于熏香、沐浴、吸用、食用和饮用。人权事务委员会认定，在不豁免任何特定的宗教团体的情况下，禁止持有和使用毒品是符合比例的、必要的，因此南非没有就此项一般性禁止给予拉斯塔法里教徒豁免是正当合理的。⑧ 在人权事务委

---

① 人权事务委员第 22 号一般性意见，第 8 段。See also *Manoussakis* v. *Greece*, European Court, (1996) 23 EHRR 387：确保真正的宗教多元化之需求是一个民主社会理念的内在特征。在判定施以的限制是否与所追求的合法目标成比例时，必须对此种需求给予相当大的重视。

② Decision of the Hoge Raad (Supreme Court), Netherlands, 22 June 1971, *Nederlandse Jurisprudentie* No. 22.

③ Decision of the Hoge Raad (Supreme Court), Netherlands, 4 November 1969, *Nederlandse Jurisprudentie* 3298, No. 127.

④ Decision of the Hoge Raad (Supreme Court), Netherlands, 19 January 1962, *Nederlandse Jurisprudentie* 1962, p. 417.

⑤ *X* v. *Austria*, European Commission, Application 1753/63, (1965) 8 *Yearbook* 174.

⑥ *Re Eric Darien*, *A Juror*, Supreme Court of Jamaica, (1974) 22 WIR 323.

⑦ *X* v. *United Kingdom*, European Commission, Application 7992/77, (1978) 14 *Decisions & Reports* 234. 戴上防撞头盔的要求使他有义务摘下头巾。

⑧ *Prince* v. *South Africa*, Human Rights Committee, Communication No. 1474/2006, 31 October 2007. See also *Prince* v. *President of the Law Society of the Cape of Good Hope*, Constitutional Court of South Africa, [2002] 4 LRC 508：虽然禁止持有和使用大麻的立法限制了拉斯塔法里教信徒的个体性的和集合性的权利，但是考虑到南非是世界大麻贸易供货的主要来源地之一，并且承担着削减该贸易的国际义务，这种限制是正当合理的。

员会审议的另一起案件中，一位受雇担任铁路维修电工的锡克教徒提出，一项要求他在工作时佩戴安全帽的规定限制了他在日常生活中通过佩戴头巾的方式表示他自己的宗教信仰的权利。人权事务委员会认定，该项要求旨在保护工人免受伤害和电击，是合理的。① 接受强制性疫苗接种的义务是对个人之宗教自由权的可予允许的限制，因为这对于保护公共卫生以及他人的权利和自由是必不避免的、必要的。②

"道德"观念来源于许多社会、哲学和宗教传统。因此，为了保护道德之目的对表示宗教或信仰之自由的限制必须基于来源于不只是单一传统的原则。③

强制性汽车保险，即使有人基于信念理由予以反对，也因为对"保护他人的权利和自由"必要而正当合理。这种保险保障的是可能成为车祸受害者的第三方的权利。④ 依据类似理由的一起案件是，监狱当局没收了一本书，该书虽然具有宗教或哲学性质，但却包含了专门讨论武术的一章。⑤ 在希腊，存在得到承认之宗教的神职人无资格参选公职的规定，这样的规则旨在保护选民形成其意见时，不受存在于神职人员和宗教团体成员之间的特殊的精神关系之阻碍，同时也保护神职人员免受行使公职中存在的固有危险。⑥ 在持续时间以及声量程度方面对教堂的钟声予以规定，并不构成对宗教自由权的限制。⑦

在加拿大的一起案件中，虽然一位哈特教派信徒（Hutterian）虔诚地坚信，第二戒律不允许他的照片被拍取，并以宗教理由拒绝被拍照，但是就其持有包含其照片的驾驶执照的法律要求而言，损害他的宗教自由是正当合理的。政府的首要目标是交通安全，为实现这一目标，法律规定了驾驶执照制度。这种制度的一个附带影响是，司机的驾驶执照已经成为一般性的身份证明文件，随之而来的风险则是这些证照可能为窃取身份而被滥用以及由窃取身份所导致的各种麻烦。因此，国家有权通过一项条例，要求所有司机的照片均被保存于数码照片存储库中。在判定实现这一目标的方式是否符合比例时，存在三个需

---

① *Bhinder v. Canada*, Human Rights Committee, Communication No. 208/1986, HRC 1990 Report, Annex Ⅸ. E.

② Decision of the Constitutional Court of the Czech Republic, 13 February 2011, (2011) 1 *Bulletin on Constitutional Case-Law* 45.

③ 人权事务委员第 22 号一般性意见，第 8 段。

④ *X v. Netherlands*, European Commission, Application 2988/66, (1967) 10 *Yearbook* 472.

⑤ *X v. United Kingdom*, European Commission, Application 6886/75, (1976) 5 *Decisions & Reports* 100.

⑥ Decision of the State Council of Greece, 3704/95, 29 June 1995, (1995) 2 *Bulletin on Constitutional Case-Law* 164.

⑦ *The priest of the parish of St Margarita Maria Alacoque v. The Mayor and Aldermen of Tilburg*, Council of State of the Netherlands, (2011) 2 *Bulletin on Constitutional Case-Law* 326.

要考量的因素：（甲）限制与目的之间是否合理相关；（乙）该限制是否对权利造成了最小损害；以及（丙）法律是否与其效果成比例。法律并没有强制拍照；相反，法律只是规定，希望获取驾驶执照的人必须允许其照片被纳入身份数据库。在高速公路上驾驶汽车并不是与生俱来的权利，而是一种赋权。①

（八）"父母……确保其子女接受符合其本人信仰之宗教和道德教育之自由"

父母或法定监护人确保他们的子女接受符合其本人信仰之宗教和道德教育的自由与讲授宗教或信仰的自由有关。② 包括了就某一特定宗教或信仰进行教导的公共教育，除非提供了能够容纳父母和监护人愿望的非歧视性的豁免或备选办法，否则即与这一权利不一致。学习宗教和伦理历史可予允许，条件是这种选修课程的教导以一种中立的和客观的方式提供，并尊重不信奉任何宗教的父母和监护人的信仰。③ 挪威的学校制度引入了一门新的必修课程，名为"基督教知识以及宗教和道德教育"，该课程结合了宗教知识教育以及躬行一种特定的宗教信仰，例如学习心灵祷告、唱宗教赞美诗以及参加宗教仪式。人权事务委员会认定，这侵犯了身为人文主义者以及挪威人文主义协会成员的父母决定他们的子女应当拥有的生活立场、抚养以及教育的自由。④

任何人不得被强迫参加不符合自身宗教信仰的宗教教育，是宗教自由原则的内在内容。然而，不属于某一宗教社群的学生有权参加宗教教育。⑤ 因此，能够做到遵循这一权利的安排包括：（甲）在公立学校中禁止各种形式的宗教指导或戒律，而在课余时间或私立学校提供宗教教育；（乙）在公立学校中以

---

① *Alberta v. Hutterian Brethren of Wilson Colony*, Supreme Court of Canada, [2010] 1 LRC 349, (2009) 2 *Bulletin on Constitutional Case-Law* 259. 该移民教会成员坚信，允许对他们拍照违背了第二戒律："不可为自己雕刻偶像，也不可做什么形象仿佛上天、下地，和地底下、水中的百物"（《旧约·出埃及记》20：4）。他们坚信，拍照是第二戒律含义范围之内的"形象仿佛"，并希望不对他们的形象予以处理或使用。

② 在加拿大，最高法院在没有具体提及该权利的这一方面的情况下认为，《加拿大权利和自由宪章》中的"信念和宗教自由"包含了父母根据其宗教信仰教育他们的子女的权利：*B v. Children's Aid Society of Metropolitan Toronto*, Supreme Court of Canada, [1995] 4 LRC 107。

③ 人权事务委员第22号一般性意见，第6段。See *Hartikainen v. Finland*, Human Rights Committee, Communication No. 40/1978, HRC 1981 Report, Annex XV. 某一学校的一名教师声称，课堂教学所依据的教科书是由基督徒编写的，因此教学难以避免具有宗教性质。

④ *Leirvag v. Norway*, Human Rights Committee, Communication No. 1155/2003, Selected Decisions, Vol. 8, p. 385.

⑤ Decision of the Supreme Administrative Court of Finland, 25 November 2004, (2004) 3 *Bulletin on Constitutional Case-Law* 453.

官方的或多数人的宗教实行宗教教育,但规定其他宗教的信从者以及不信宗教者享有完全的豁免;(丙)在公共教育制度中,根据需求提供几种甚至是所有宗教的指导;(丁)在公立学校的课程中纳入具有对于宗教和伦理之一般历史的中立和客观的指导。① 需要申请对于入读公立学校接受义务教育的法律要求的豁免、在家中或其他地方开展经认证的教育或者入读获得认可的私立学校,并不违反宗教自由。②

父母根据他们的信仰选择医疗或其他治疗的权利源于他们根据自己的宗教信仰教育子女的权利。不过,尽管宗教信仰自由很广泛,但基于这些信仰行事的自由却相当狭窄。因此,虽然父母有权根据他们的信仰信条教育和抚养他们的子女,但是他们不能对子女强加威胁其生命、健康或安全的宗教做法。以父母的宗教信仰为由,拒绝对子女的必要医疗护理,而如果子女因此死亡,就会造成这种后果。③

---

① *Waldman v. Canada*, Human Rights Committee, Communication No. 694/1996, HRC 2000 Report, Annex IX. H, 马丁·舍伊宁(Martin Scheinin)的个人附议意见。See *Engel v. Vitale*, United States Supreme Court, 370 US 421 (1962):对于纽约州公立学校中的日常课堂祷告项目——"全能的上帝,我们承认我们依赖您,我们恳求您赐福于我们、我们的父母、我们的老师以及我们的国家",虽然学生的遵守是自愿的,但违反了美国宪法第一修正案("国会不得制定关于确立国教或禁止信教自由的法律")。

② *Jones v. The Queen*, Supreme Court of Canada, [1988] LRC (Const) 289.

③ *B. v. Children's Aid Society of Metropolitan Toronto*, Supreme Court of Canada, [1995] 4 LRC 107:该案中,父母是反对输血的耶和华见证人这一宗教派别的信徒。某位早产婴儿的血红蛋白的水平降低到了如此程度,以至于医生认为,如果按照她父母的意愿——医生在不输血的情况下继续对她的治疗,她将有生命危险。儿童救助协会根据 1980 年《安大略省儿童福利法》向法院申请并获得了婴儿的护理和监护权。此后,该婴儿获得了输血、得到了康复,并被送还父母。父母随后申诉,认为该协会以及该法院干涉了他们的信念和宗教自由的权利。加拿大最高法院认为,为了保护婴儿的健康以及她的权利和自由,限制父母的权利是必要的。

第二十一章　意见、表达和信息自由权

国际文书

《世界人权宣言》
第 19 条
人人有主张及发表自由之权；此项权利包括保持主张而不受干涉之自由，及经由任何方法不分国界以寻求、接收并传播消息意见之自由。

《公民及政治权利国际公约》
第 19 条
一、人人有保持意见不受干预之权利。
二、人人有发表自由之权利；此种权利包括以语言、文字或出版物、艺术或自己选择之其他方式，不分国界，寻求、接受及传播各种消息及思想之自由。
三、本条第二项所载权利之行使，附有特别责任及义务，故得予以某种限制，但此种限制以经法律规定，且为下列各项所必要者为限：
（子）尊重他人权利或名誉；
（丑）保障国家安全或公共秩序，或公共卫生或风化。
第 20 条
一、任何鼓吹战争之宣传，应以法律禁止之。
二、任何鼓吹民族、种族或宗教仇恨之主张，构成煽动歧视、敌视或强暴者，应以法律禁止之。

区域文书

《美洲人的权利和义务宣言》
第 4 条
人人有调查、主张、通过任何媒介表达以及散布意见自由之权。

《欧洲人权公约》

第 10 条

1. 人人享有表达自由的权利。此项权利应当包括，在不受公共机构干涉和不分国界的情况下持有意见以及接受和传递信息和思想的自由。本条不得阻止各国对广播、电视、电影等企业规定许可证制度。

2. 行使上述各项自由，因为同时负有责任和义务，必须接受由法律所规定的和民主社会所必需的程式、条件、限制或者是惩罚的约束。这些约束是基于对国家安全、领土完整或者公共安全的利益，为了防止混乱或者犯罪，保护健康或者道德，为了保护他人的名誉或者权利，为了防止秘密收到的情报的泄漏，或者为了维护司法机关的权威与公正的因素的考虑。

《美洲人权公约》

第 13 条

1. 人人都有思想和表达自由。这种权利包括寻求、接受和传递各种信息和思想的自由。而不论国界，或者通过口头、书写、印刷和艺术形式，或者通过自己选择的任何其他手段表达出来。

2. 前款所规定的权利的行使不应接受事先审查，但随后应当受到法律明确所规定的义务的限制，其限制程度确保达到下列条件所必需：

（1）尊重他人的权利或者名誉；

（2）保护国家安全、公共秩序、公共卫生或者道德。

3. 表达自由不得以间接的方法或者手段加以限制，如滥用政府或者私人对新闻、广播频率或者对用于传递信息的设备的控制，或者采取任何其他有助于阻止各种思想和意见的联系和传递的手段。

4. 尽管有上述第 2 款规定，但是依照法律仍可事先审查公共文娱节目，其唯一目的是为了对儿童和未成年人进行道德上的保护而控制观看这些节目。

《非洲人权和民族权宪章》

第 9 条

1. 人人应享有权接受信息。
2. 人人应有权在法律内表达并散布其意见。

有关文本

《国际更正权公约》，1953 年 3 月 31 日通过，1962 年 8 月 24 日生效

《关于新闻工作者消息来源的机密性的决议》，欧洲议会1994年1月18日通过

《关于新闻自由和人权的决议》，第四届欧洲大众传媒政策部长级会议1994年12月8日在匈牙利布拉格通过

《美洲表达自由原则宣言》，美洲人权委员会第108届例会2009年10月19日通过

《关于国家安全、表达自由和信息获取的约翰内斯堡原则》，由非政府组织"第十九条"和国际反新闻审查中心召集的专家组于1995年10月1日在南非约翰内斯堡通过

《烟草控制框架公约》，世界卫生大会2003年5月21日通过，2005年2月27日生效

一 评论

表达自由*是包括思想自由、结社和集会自由以及选举权在内的几项相互支撑的权利之一：这些权利聚合在一起，默示地承认，形成并表达意见的能力对于民主社会以及个人的重要性，即便是这些观点具有争议性。意见自由和表达自由密切相关，表达自由为交流和阐发意见提供媒介。表达自由及其相关权利的必然结果是社会容忍不同的观点。在本质上，它要求接受对异议的公开表现，并拒绝压制不受欢迎的观点。①

个人不仅有表达其自身的想法的权利和自由，还有寻求、接受和传播各种信息和思想的权利和自由。因此，当个人的表达自由受到非法限制时，他人"接受"信息和思想的权利也受到了侵犯。因此，表达自由有两个方面。

---

* 英文为"freedom of expression"，与之对应的用词在《世界人权宣言》《公民及政治权利国际公约》中文本中均为"发表自由"；本中译本从中文通行用法，将其译为"表达自由"。

① South African National Defence Union v. Minister of Defence, Constitutional Court of South Africa, [2000] 2 LRC 152. See also Whitney v. California, United States Supreme Court, (1927) 274 US 357, 布兰代斯（Brandeis）法官认为："为我们赢得独立的先驱认为，国家的终极目的是使人们自由发展其才能，并且在其政府中，协商的力量应优先于任意的力量。他们将自由既珍视为目的，也珍视为手段。他们坚信，自由是幸福的秘诀，而勇气则是自由的秘诀。他们坚信，按照自己的意愿思考、按照自己的想法发言的自由，是发现并播散政治真理所不可或缺的手段；没有言论和集会自由，讨论就将是徒劳的；讨论为他们提供了通常来说足够的保护，使其免受有害学说的散布；对自由的最大威胁是无动于衷的人；公开讨论是一项政治义务，这应是美国政府的基本原则……他们相信在公开讨论中贯穿适用的理性力量，而避免采用法律强制沉默——这是以最恶劣的形式主张强制力。因为认识到政府中多数人的偶尔的暴政，他们修改了宪法，以保障言论和集会自由。"

一方面,它要求任何人在表达他自己的想法时,不得受到任意的限制或阻碍。在这个意义上,它是属于每一个人的权利。另一方面,它意味着一种接受任何信息以及获取他人表达的想法的集体权利。就其个体维度而言,表达自由超出了对于有权发言或写作的理论上的承认;它还包括——并且不能脱离——使用任何被认为对传播思想合适的媒介并使这些思想触及尽可能广泛之受众的权利。因此,对思想和信息的表达和传播是不可分割的概念。就其社会维度而言,表达自由是一种在人与人之间交换思想和信息以及进行大众交流沟通的方式。它包括每个人寻求向他人传输他自己的观点的权利,以及从他人处接受意见和消息的权利。对普通公民来说,知晓他人的意见或普遍地获取信息,与有权传达他自己的意见同样重要。表达自由权的这两个维度同时受到保障。①

《公民及政治权利国际公约》第 19 条和《欧洲人权公约》第 10 条承认不受干预地保持意见的权利(《欧洲人权公约》中为"自由"),而《美洲人权公约》第 13 条则将"意见"换做"思想"。② "意见"自由是经美国代表提议,首次被纳入《世界人权宣言》第 19 条的。美国代表解释道,在他的国家,国会的各种委员会曾强迫人们表达他们的私人意见,例如有关共产主义的意见。③ 在起草《公民及政治权利国际公约》第 19 条时,得到认同的是,虽然人注定会受到外部世界的制约或影响,但是任何法律均不得管制他的意见,任何权力也不得指令他可以或不可以接受哪些意见。④ 因此,保持意见的权利是一项不允许有例外或限制的权利。⑤ 根据最初的动议,"不受干预"这一词语之中还有"由政府行为做出的"这一限定词语。后来,根据有更多赞同的观点,即个

---

① *Compulsory Membership of Journalists' Association*, Inter-American Court, Advisory Opinion OC – 5/85, 13 November 1985. See also *Schmidt v. Costa Rica*, Inter-American Commission, Case No. 9178, 3 October 1984; *Sunday Times v. United Kingdom*, European Court, (1979) 2 EHRR 245. "表达"的概念并不包括任何情感的身体表达的概念,例如在性关系中示爱:*X v. United Kingdom*, European Commission, Application 7215/75, 12 October 1978。

② 在《公民及政治权利国际公约》第 19 条第 1 款中,保持意见不受干预的权利与表达自由权是分立的、有区别的;然而在《欧洲人权公约》第 10 条第 1 款中,保持意见的自由则包含在表达自由的权利之中。

③ John P. Humphrey, *Human Rights and the United Nations: A Great Adventure* (New York: Transnational Publishers Inc, 1984), 51.

④ UN document A/2929, chap. VI, s. 120.

⑤ 人权事务委员会第 10 号一般性意见(1983 年),第 1 段。(该第 10 号一般性意见已经被人权事务委员会 2011 年通过的第 34 号一般性意见所取代。原书实际上使用了第 34 号一般性意见的一些内容,但没有以脚注标出。以下仅在译者认为有必要之处,标出原书内容出自该第 34 号一般性意见之处。——译者注)

人应当免受任何形式的干预,这一限定词语被删除。①

表达自由的权利包括不分国界而"寻求"(《公民及政治权利国际公约》第 19 条以及《美洲人权公约》第 13 条)、②"接受"和"传播"信息和思想(在《美洲人的权利和义务宣言》中为"表达以及传播意见")的权利。受到保护的是各种信息和思想的双向流动,包括口头的、书面的、印刷的、采取艺术形式的或通过个人所选择的任何其他媒介。任何对于行使表达自由权的限制都必须"经法律规定"(《公民及政治权利国际公约》第 19 条)、"由法律所规定"(《欧洲人权公约》第 10 条)或者"由法律确定"(《美洲人权公约》第 13 条)。

《美洲人权公约》第 13 条禁止"事先审查"(除非是有关"公共文娱节目",而其"唯一目的是为了对儿童和青少年的道德保护而控制观看这些节目"),但是允许"随后施予责任",限度是为确保尊重他人的权利或名誉,或者保护国家安全、公共秩序、公共卫生或道德所必要。《公民及政治权利国际公约》第 19 条允许"必要"的"某些限制",《欧洲人权公约》第 10 条也承认,表达自由权可以受到"民主社会所必要"的"程式、条件、限制或惩罚"的约束。③ 对于"公共秩序",《公民及政治权利国际公约》第 19 条使用的表述是"公共秩序"["public order (*ordre public*)"],而《欧洲人权公约》第 10 条则使用了"防止混乱或者犯罪"的表述。《欧洲人权公约》第 10 条包含了两项额外的利益,即"领土完整"和"公共安全",以及另外两个目的,即"为了防止秘密收到的情报的泄漏"和"为了维护司法机关之权威与公正"。《公民及政治权利国际公约》第 19 条以及《欧洲人权公约》第 10 条均将约束和限制表达自由权立基于其行使带有的"责任及义务"(duties and responsibili-

---

① UN document A/2929, chap. VI, s. 122. "[由]公共机构[施加的]"这一限定词语在《欧洲人权公约》第 10 条中得到了保留。

② 在起草《公民及政治权利国际公约》第 19 条时,对于是否保留"寻求……自由"的表述,或者是否依照印度的建议将其替换为"汇集信息之自由",有大量的讨论。赞成保留"寻求"一词的人认为,它暗含着积极问询的权利,而"汇集"则具有被动接受政府或者新闻机构提供的新闻的意味。其他人则认为,"寻求"可能意味着不受限制并往往是无耻的对他人事务的探求,而"汇集"并不带有任何被动的意味,而只是缺少了"寻求"一词的攻击意味。通过唱票表决,使用"汇集"替代"寻求"的动议以 59 票反对、25 票赞成、6 票弃权的结果被否决(UN document A/5000, s. 22)。

③ 人权委员会拒绝了法国的一项提议,即在《公民及政治权利国际公约》第 19 条第 2 款中的"必要"一词之前加上"在民主社会中"这一短语(UN documents E/CN. 4/SR. 167, s. 21, and E/CN. 4/SR. 322, p. 12)。但由于"在民主社会中"这一短语在《公民及政治权利国际公约》中出现——有关集会自由和结社自由的权利(其规定起草于其他时间),因此不大可能的是,只有表达自由权是在一种非民主社会的背景中构想的。

ties）之上。①

《欧洲人权公约》第 10 条允许国家规定广播、电视或电影企业的许可证制度，而《美洲人权公约》第 13 条明确规定，表达自由不得以间接的方法或者手段加以限制，如滥用政府或者私人对新闻、广播频率或者用于传播信息的设备的控制，也不得以任何其他可能阻止各种思想和意见之沟通和交流的手段加以限制。在起草《公民及政治权利国际公约》第 19 条时，纳入"使用合法操作的视听设备"以及"使用经正式许可的视听设备"的表述的动议遭到了拒绝。人们认为，这些表述可以被任意地解释和适用来压制沟通渠道。② 支持这一规定的人解释说，寻求要予以许可的并不是使用这些设备所传递的信息，而是这些设备本身，例如无线电台和电视台——这是为了防止使用频率中出现紊乱所必需的措施。而反对的人则担心，这可能被用于妨碍在这些媒介上的表达自由，甚至被错误地解释为对印刷文字的授权许可。而且，人们普遍认为，上述意义上的许可制度已经被"公共秩序"的提法所涵盖。③

这一权利的重要性已经在若干国内法律制度中得到了确认。印度最高法院认为，表达自由不仅在政治上有用，而且对于民主制度的运作不可或缺。"在民主制度中，基本前提是，人民既是统治者又是被统治者。为了使被统治者能够形成理性的、明智的判断，有必要的是，他们必须评估要予以决定的问题的所有方面，以便使他们了解真相。"④ 尼日利亚高等法院承认，"若没有自由讨论，尤其是关于政治问题的自由讨论，任何公共教育或启蒙——这对于负责任政府的正确运作以及事项的执行至关重要——都是不可能的"。⑤ 立

---

① 在起草《公民及政治权利国际公约》第 19 条期间，纳入"行使带有责任及义务"的用语在人权委员会遭到了反对，理由是《公民及政治权利国际公约》的目的是规定公民权利和政治权利并加以保障和保护，而不是设定"责任及义务"并将其施于个人。也有人争辩说，由于每项权利都带有相应的责任，而且对于其他权利都没有设定相应责任，该条也不应该例外。为了支持这一提议，有观点提出，表达自由也可能是一种危险的工具，并鉴于现代媒体对人们的思想以及国家和国际事务施加的强大影响，应当特别强调"责任及义务"。这一声明表达自由权的行使"带有责任及义务"的表述获得了通过，并加入了"特别"这一限定词语（UN document A/2929, chap. VI, s. 127）。

② UN document A/2929, chap. VI, s. 126.

③ UN document A/5000, s. 23.

④ *Bennett Coleman & Co v. The Union of India*, Supreme Court of India, [1973] 2 SCR 757, at 811, per Mathew J. See also, *Romesh Thappar v. The State of Madras*, Supreme Court of India, [1950] SCR 594, per Patanjali Sastri J at 602; *Sakal Newspapers (P) Ltd v. The Union of India*, Supreme Court of India, [1962] 3 SCR 842, per Mudholkar J at 866; *Rangarajan v. Jagjivan Ram et al*, Supreme Court of India, [1990] LRC (Const) 412, per Jagannatha Shetty J at 427. *Re Munhumeso*, Supreme Court of Zimbabwe, [1994] 1 LRC 282, per Gubbay CJ.

⑤ *The State v. The Ivory Trumpet Publishing Co Ltd*, High Court of Nigeria, [1984] 5 NCLR 736, at 747, per Araka CJ. See *Re Munhumeso*, Supreme Court of Zimbabwe, [1994] 1 LRC 282, per Gubbay CJ; *Madani v. Algeria*, Human Rights Committee, Communication No. 1172/2003, Selected Decisions, Vol. 9, p. 134.

陶宛宪法法院强调，"信息既是个人之必需，也是其认知之量度"。① 圣文森特和格林纳丁斯高等法院指出，在允许自由讨论的社会中，才最有可能产生新的和更好的想法。② 美国最高法院表示，"仅仅通过对违犯行为将受惩罚之恐惧，并不能确保秩序；阻碍思想、希望和想象是危险的；恐惧滋生压抑；压抑滋生仇恨；仇恨威胁政府之稳定；安稳之路在于有机会自由讨论所谓的不满以及所提出的补救措施；对于有害言论的合适补救是有益言论"。③ 加拿大最高法院警告说，表达自由如此之重要，以至于不能被轻易地抛弃或限制。"具有讽刺意味的是，大多数限制表达自由以及由此而来的获知自由与信息自由的企图，其证成理由都是该限制是为了保护其权利将要被限制的人的利益。"正是这种主张促使早期教会限制获取信息，随后还被用作依据，以更广的知识面只会使妇女对她们在社会中的角色感到不满为由，反对并限制她们接受公共教育。④

虽然意见自由并未被载列于根据《公民及政治权利国际公约》第 4 条的规定不得予以克减的权利之中，但是在并未被如此载列的该《公约》条款中，存在一些不得根据该第 4 条予以合法克减的某些要素。意见自由就是一种这样的要素，因为在紧急状态期间，对其予以克减从来都不可能是必要的。⑤ 尊重意见和表达自由的义务对于每个国家之整体都有约束力。政府的所有部门（执法、立法和司法）以及无论任何层次——国家、区域或者地区——上的其他公共机构或者政府机构均应承担国家的责任。在某些情况中，对于半国家实体的

---

① Decision of the Constitutional Court of Lithuania, 19 December 1996, (1996) 3 *Bulletin on Constitutional Case-Law* 377.

② *Richards* v. *Attorney General of St Vincent and the Grenadines*, High Court of St Vincent and the Grenadines, [1991] LRC (Const) 311, at 318, per Singh J.

③ *Whitney* v. *California*, United States Supreme Court, 274 US 357 (1927), at 375, per Brandeis J. See *Abrams* v. *United States*, United States Supreme Court, 250 US 616 (1919), at 630, per Holmes J: "真理的最好检验是在市场竞争中使自身获得认可的思想的力量"。*Dennis* v. *USA*, United States Supreme Court, 341 US 494 (1951), 道格拉斯（Douglas）法官称："思想的传播释放了压力，否则这些压力可能会变得具有破坏性。当某些思想在市场中为了获得接受而竞争时，充分与自由的讨论会揭示它们的虚伪，并使得它们几乎不能获得追随者。即便是对于我们所仇视的想法的充分与自由的讨论，也会促使我们检验自己的偏见和先入之见。充分与自由的讨论使社会不至于陷入停滞不前以及对于能够撕裂所有文明的压力和僵持毫无准备。"在一个半世纪以前，詹姆斯·麦迪逊就曾警告说，"一个人民的政府（Popular Government），如果没有人民的信息或者没有获取它的方式，就只能是一场闹剧或悲剧——或者可能二者兼有——的序幕。真理将永远地控制着无知。意欲成为自己的统治者的人民，必须用真理所给予的力量武装自己。"Letter to W. T. Baray, 4 August 1822, cited by R. Bruce McColm in his dissenting opinion in *Schmidt* v. *Costa Rica*, Inter-American Commission, Case No. 9178, 3 October 1984.

④ *Irvin Toy Ltd* v. *Attorney General of Quebec*, Supreme Court of Canada, [1989] 1 SCR 927, at 1008, per McIntyre J.

⑤ 人权事务委员会第 29 号一般性意见（2001 年），第 11 段。

行为，也可能产生国家的这种责任。该义务还要求国家在意见和表达自由可在私人或私人实体之间适用的限度之内，确保个人受到保护，免遭私人或私人实体的将妨碍享受意见和表达自由的行为。①

二 释义

(一)"人人"

"人人"(everyone)一词既包括自然人，也包括法人以及活动具有商业性质的有限公司。② 公务员享有表达自由的权利；③ 他们在民主社会中具有一种独特身份这种一般性理由，并不必然能够证明过度侵扰他们的基本权利和自由就是正当合理的，而是要求在表达自由和公务员恰当地履行其职责之间，达到适当的平衡。④ 教师享有在不受干涉的情况下，根据其自身的观点教授课程的自由，⑤ 学

---

① 人权事务委员会第 31 号一般性意见 (2004 年)，第 8 段。See *Gauthier v. Canada*, Human Rights Committee, Communication No. 633/1995, 7 April 1999; *Hertzberg et al v. Finland*, Human Rights Committee, Communication No. 61/1979, 2 April 1982.

② *Citizens United v. Federal Elections Commission*, United States Supreme Court, (2010) 2 *Bulletin on Constitutional Case-Law* 392：表达自由的保护范围包括法人。与个体的自然人一样，法人有助于言论自由所寻求促进的信息和思想的讨论、辩论与传播，因此，法人的言论不能仅仅因为它们不是自然人就受到区别对待。See also *Autronic AG v. Switzerland*, European Court, (1990) 12 EHRR 485; *Sunday Times v. United Kingdom*, European Court, (1979) 2 EHRR 245; *Markt Intern Verlag GmbH v. Germany*, European Court, (1989) 12 EHRR 161; *Groppera Radio AG v. Switzerland*, European Court, (1990) 12 EHRR 321; *Attorney General of Antigua v. Antigua Times*, Privy Council, [1975] 3 All ER 81; *Lebron v. National Railroad Passenger Corporation*, United States Supreme Court, 21 February 1995. 参见, Decision of the Constitutional Court of Hungary, 4 March 2010, (2010) 1 *Bulletin on Constitutional Case-Law* 78：烟草公司并不是公民。它们没有自己的想法，并因此不能与现实中的人一样享有言论自由的基本权利。因此，国家可以限制烟草广告。

③ *Osborne v. Treasury Board of Canada*, Supreme Court of Canada, [1991] 2 SCR 69, [1993] 2 LRC 1：某一法规禁止公务员做出党派性的政治言论和活动，并以包括解雇在内的纪律处分相威胁，这侵犯了表达自由的权利。该权利适用于所有公务员，而与工作的类型或者他们在公共服务等级中的有关角色、层级或者重要性无关，并因此适用于许多这样的人，即他们完全不行使可能会以任何方式受到政治考量影响的任何自由裁量权。*Michael Cwik v. Commission of the European Communities*, Court of First Instance of the European Union, (2003) 3 *Bulletin on Constitutional Case-Law* 570：在立基于尊重基本权利之上的民主社会中，官员可以公开表达不同于他所工作的机构的观点。显然，表达自由的目的恰恰是能够表达不同于官方层面所持的意见。See also *Vogt v. Germany*, European Court, (1995) 21 EHRR 205; *Wille v. Liechtenstein*, European Court, (1999) 30 EHRR 558.

④ *De Freitas v. Permanent Secretary of Agriculture, Fisheries, Lands and Housing*, Privy Council on appeal from the Court of Appeal of Antigua and Barbuda, [1998] 3 LRC 62.

⑤ *Paez v. Colombia*, Human Rights Committee, Communication No. 195/1985, HRC 1990 Report, Annex IX. D. 但是如果教会和国家之间存在着协约关系，即公立机构的宗教教育的教授必须依照教会的指导进行，那么教会就有权提供课程、批准教材并核查该教育的提供方式。

生也可以在上课期间表达自己的观点。① 表达自由也并不止步于军营大门。② 禁止国防军成员参加公开抗议或加入工会与表达自由不符。③ 同样，警察也有权利和其他公民一样，参加有关公众关注的事项的辩论。④ 只要不存在滥用言语和侮辱行为的情况，律师就享有代表其客户发表主张和价值评判的自由。⑤

　　新闻界在行使这一权利方面的突出作用一再得到强调。⑥ 新闻自由不仅包括选择报纸、期刊的某一期或者将要被播放的节目的内容，还包括有关产品之导向和形态的基本决定。这也包括决定发表并非是专业写手的第三方的供稿，包括匿名发表的供稿，尤其是在匿名的目的是保护作者免遭不利以及保证信息流通的情况中。⑦ 以采访为基础的新闻报道，不论是否经过了编辑，都构成新闻界能够发其"公共监督者"（public watchdog）之关键作用的重要手段之一。⑧ 新

---

① *Tinker v. Des Moines Independent Community School District*, United States Supreme Court, 393 US 503 (1969). 公立学校当局发布的某项规定禁止学生在上课期间佩戴黑色臂章，以宣传他们反对在越南的战争行动的意见和支持休战的意见。在没有证据表明学校当局有理由预判到佩戴臂章将会严重扰乱学校的工作，或者侵犯其他学生的权利，或者该禁止对于避免给学校运作或纪律带来重大的和实质性的干预具有必要性的情况下，这种禁止侵犯了学生享有的言论自由的宪法权利。

② *Grigoriades v. Greece*, European Court, (1997) 27 EHRR 464：某一应征入伍的军官因为在其致指挥官的一封信中发表的有关武装部队的激烈的、无节制的言论而被起诉和定罪。这不能以"在民主社会必要"为正当理由，因为这些言论是在对于军队生活和作为一个组织的军队作出一般性的、长篇的叙述性评论的背景下作出的。

③ *South African National Defence Union v. Minister of Defence*, Constitutional Court of South Africa, [2000] 2 LRC 152：国防军成员仍然是社会的一部分，享有公民的权利和义务。他们固然需要不带情感地履行职责，但是也不能在生活的其他方面丧失公民的权利和义务。南非《国防法》中禁止国防军成员举行"公开抗议活动"侵犯了他们的表达自由，这并不受限制条款的保护。加入工会的权利并不意味着必然会带来罢工权，它也不意味着国防部队内部的纪律会随之丧失。

④ *Kauesa v. Minister of Home Affairs*, Supreme Court of Namibia, [1995] 3 LRC 528. 禁止警察部队成员不适宜地公开评论部队或者任何其他政府部门的管理的规定违背了表达自由。

⑤ Decision of the Constitutional Court of Spain, 15 October 1996, (1996) 3 *Bulletin on Constitutional Case-Law* 420. 但是在面谈过程中，律师对法官的人身攻击并不受保护：Decision of the Constitutional Court of Spain, 2 March 1998, (1998) 1 *Bulletin on Constitutional Case-Law* 129。

⑥ *Saxbe v. Washington Post*, United States Supreme Court, 417 US 843 (1974)：知情的公众取决于准确、有效的新闻媒体报道。任何人都不能亲自获得为明智地履行其政治义务所需的信息。对于大多数公民而言，亲自获悉具有新闻价值的事件的可能性是希望渺茫的、不切实际的。因此，就发现新闻而言，媒体充当了普通大众的代理人角色。*Castells v. Spain*, European Court, (1992) 14 EHRR 445：新闻自由为公众提供了发现并形成关于其政治领导人的观点和态度的观念的最佳手段之一。尤其是它为政客提供了表达和评论公众舆论的关注点的机会。这因此使得每个人都能参加到自由的政治辩论之中，这是民主社会的概念的核心。

⑦ Decision of the Federal Constitutional Court of Germany, 8 October 1996, (1996) 3 *Bulletin on Constitutional Case-Law* 355：只在某个公司内部发行的期刊属于"新闻"。具有决定作用的是传播媒介，而不是它的传播途径或者它的特定的读者群。See also Decision of the Federal Constitutional Court of Germany, 15 December 1999, (2000) 2 *Bulletin on Constitutional Case-Law* 280.

⑧ *Jersild v. Denmark*, European Court, (1994) 19 EHRR 31. 某位记者因协助传播他人在一次采访中所做的陈述而受罚，这严重妨碍了新闻界对讨论公共利益问题的贡献。

闻自由可能包括诉诸某种程度的夸张，甚至是挑衅。① 事实上，通过得到允许可以基于没有"伤害意图"（animus injuriandi），以及通过在无过失的情况下不会招致损害责任，媒体并不总是受到与普通公众成员相同的对待。②

（二）"保持意见不受干预之权利"

意见自由在性质上不同于表达自由：前者是纯粹的私事，属于思想领域，而后者则是涉及公开表达的公共事项。思想自由（《公民及政治权利国际公约》第18条）和意见自由之间的差异就没有那么明显了。有评论者认为，"思想"和"意见"之间不存在明显的界限——两者都是内部性的。"思想"是过程，而"意见"则是该过程的结果。"思想"可能更近于宗教或其他信仰，而"意见"则更近于政治信念。"思想"可能在与信仰或信条相关时使用，而"意见"则用于世俗或民事事务中的信念。③ 因此，美国一个州的教育委员会的行为——要求公立学校的学生在背诵效忠誓言时向美国国旗敬礼，如果学生非法缺席，则学生和父母都要承担责任，而且学生可能受到被开除的惩罚，侵犯了美国宪法所保留的免于任何官方控制的思想和精神领域。向国旗的强制性敬礼和宣誓要求对于一种信仰和心理态度的确认。学生要么放弃自己任何相反的信念并且不情愿地屈从规定的仪式，要么是在通过并无信仰的言辞以及没有意义的姿势假装赞同。在任何一种情况中，学生都会受到公共当局的强迫，来表达出他思想中并不存在的东西，或者他思想中的另类事项。④

---

① *Fressoz and Roire v. France*, European Court, (1999) 21 EHRR 28.

② *National Media Ltd v. Bogoshi*, Supreme Court of Appeal, South Africa, [1999] 3 LRC 617. *Cf. Ivan v. Attorney General*, Supreme Court of Sri Lanka, [1999] 2 LRC 716.

③ Karl Josef Partsch, 'Freedom of Conscience and Expression, and Political Freedoms', in Louis Henkin (ed.), *The International Bill of Rights* (New York: Columbia University Press, 1983), 209, at 217. See Decision of the Constitutional Court of 'the former Yugoslav Republic of Macedonia', 23 October 1996, (1996) 3 *Bulletin on Constitutional Case-Law* 434：个人信念、良心、思想和思想的公开表达的自由是相互的、双向的。信念自由是通过个人的决定及选择而表达的，这取决于个人的利益以及他与他所生活的社会的关系。作为思考过程的结果，个人信念自由尤其体现在一个人的政治信念中，在实践中，这意味着接受或拒绝某个特定的政治运动；意味着积极地支持或者不支持该政治运动；以及为了表达、宣传、追求特定的政治目的而建立某一政党或成为某一政党的成员。

④ *West Virginia State Board of Education v. Walter Barnette*, United States Supreme Court, 319 US 624 (1943). 杰克逊（Jackson）法官："只有以偶尔的怪异和异常的态度为代价，我们才可以拥有具有创造力的个性以及归功于非同寻常的思想的丰富文化多样性。……但是，'不同'的自由不仅仅局限于无关紧要的事项。那只是自由的影子。对其本质的检验是有关触及现存秩序之核心事项的'不同'的权利。如果在我们宪法的星空中有一颗不变的星辰，那就是，在政治、民族主义、宗教还是其他舆论问题上，没有任何官员，无论其职位高低，有权决定什么是正确的，或者用言语或行动来强迫公民表达他们关于这些的信念。"

意见自由包括一人不论在何时以及不论出于什么原因自由选择改变意见的权利。任何人不得基于其实际的、被感知到的或者被推定的意见而受到对其根据《公民及政治权利国际公约》所享有的任何权利的侵害。任何形式的意见均受保护，包括具有政治、科学、历史、道德或者宗教性质的意见。将持有某种意见定为犯罪与这一权利不相容。① 因为某人可能持有的意见而对他（或她）的骚扰、恐吓或者侮辱，包括逮捕、拘禁、审判或者监禁，构成对《公民及政治权利国际公约》第19条第1款的违反。② 以任何形式胁迫持有或不持有任何意见均被禁止。③ 表达自己意见的自由必然包括不表达自己意见的自由。

一项陈述是否应被视为主要是意见陈述或事实陈述的问题，关键取决于有关陈述的总体背景。如果在特定的情况下，无法区分一项陈述的事实要素和评价要素，那么为了根据这一权利有效保护之利益，该陈述在整体上应被视为一种意见的表达。否则，就存在着严重限制这一权利所提供之保护的重大风险。④

（三）"表达自由之权利"

表达自由有两个维度：个体维度，这包括在不受干涉的情况下使用任何合适的媒介来交流意见、想法和信息并确保这触及最多数的人的权利；以及社会维度，这包括知晓由第三方提供的意见、报告和新闻的权利。"自由"一词的主要意味是消极性的，即没有任何的外来干涉，不论是压制还是制约。获得自由本质上就是不受任何针对行为的任意性妨碍，不受某些权力或权势的主导。⑤ 这一权利针对任何形式的干涉受到保护，而不论其来源如何。⑥ 人权事务委员会强调，由于现代大众传播媒介的发展，因此有必要采取有效措施，防止对这

---

① *Faurisson* v. *France*, Human Rights Committee, Communication No. 550/93, 8 November 1996.
② *Mpaka-Nsusu* v. *Zaire*, Human Rights Committee, Communication No. 157/1983, 26 March 1986; *Mika Miha* v. *Equatorial Guinea*, Human Rights Committee, Communication No. 414/1990, 8 July 1994.
③ *Kang* v. *Republic of Korea*, Human Rights Committee, Communication No. 878/1999, 15 July 2003.
④ Decision of the Federal Constitutional Court of Germany, 24 July 2013, (2013) 2 *Bulletin on Constitutional Case-Law* 276：某个难民组织作出的陈述——某个城市的法律办公室和法律办公室的一位具名官员故意地、任意地忽视事实，即便是在某位难民的耳聋已经获得医学专家的证实的情况下，仍然指责他装聋，以便能够提出拒绝居留许可的理由——在其目的和综合背景下，是一种总结它所依据的背景事件的评价性意见陈述。因诽谤而对该难民组织的雇员定罪被认为侵犯了表达自由权。
⑤ *Richards* v. *Attorney General of St Vincent and the Grenadines*, High Court of Saint Vincent and the Grenadines, [1991] LRC (Const) 311.
⑥ UN document A/5000, s. 24. 在起草《公民及政治权利国际公约》第19条时，有建议提出在第2款中纳入"不受政府干涉，第3款另有规定除外"的表述。这遭到了反对，理由是——尤其是——就信息的自由流动而言，私人经济利益和信息媒介的垄断性控制可能和政府干涉同样有害，因此，后者不应被排除于前者之外。

种媒体的控制会以限制条款中没有规定的方式干涉每个人的表达自由权。① 用印度最高法院的话说，这一权利"如果只能在主要报纸的管理人员的勉强同意下行使，那它就有点难以令人信服了"。②

表达自由的权利不仅保护所表达的想法和信息的本质，而且保护它们的传递形式。③ 同语言和艺术一样，内容和形式密不可分。语言与表达的形式和内容如此密切相关，以至于如果禁止某人使用他所选择的语言，就不可能存在通过语言行使的真正的表达自由。语言不仅仅是表达的方式或媒介，它还为表达的内容和意义着色。④ 语言的选择不仅仅是一种实用性的决定；事实上，语言是一种某人之文化的表达，通常也是某人之尊严和自我价值的表达。⑤ 对于艺术——形式和内容相互交叉的另一个例证，也是如此。例如，不经诉诸其呈现方式或形式，就不可能理解一段音乐、一幅绘画、一段舞蹈、一场戏剧或一部电影。与语言赋予书面或口头表达色彩一样，艺术形式赋予艺术表达的产品色彩，并实际上帮助界定这种产品。与语言一样，艺术在很多方面也是对文化特性的一种表达，在许多情况下，是对一个人的包括一组特定的思想、信仰、意见和情感的身份特性的一种表达。⑥ 对于没有足够经济资源的个人和群体而言，符号是一种有效且廉价的交流方式。几个世纪以来，它们被用于传播政治、艺术或经济信息，有时还会传递有力的信息。因此，各种形式的符号对于无法进

---

① 人权事务委员会第 10 号一般性意见，第 2 段。See *Mukong v. Cameroon*, Human Rights Committee, Communication, No. 458/1991, 21 July 1994, Selected Decisions, Vol. 5, p. 86：某位记者因为在 BBC 的采访中声称其本国经济危机的原因是政府最高层的普遍腐败而被逮捕并拘禁，这违反了《公民及政治权利国际公约》第 19 条。See also *Jong-Kyu Sohn v. Republic of Korea*, Human Rights Committee, Communication, No. 518/1992, 19 July 1995, Selected Decisions, Vol. 5, p. 163：某位工会会员——他因发表支持罢工并谴责政府以派遣部队为威胁阻止罢工而受到指控并被定罪——行使的是《公民及政治权利国际公约》第 19 条第 2 款含义之内的传播信息和思想的权利。类似的案件见：*Tae Hoon Park v. Republic of Korea*, Human Rights Committee, Communication, No. 628/1995, 20 October 1998, Selected Decisions, Vol. 6, p. 153。

② *Bennett Coleman & Co v. The Union of India*, Supreme Court of India, [1973] 2 SCR 757, at 812. 印度最高法院补充道："除非具备表达想法的媒介，否则享有表达想法的权利并无用处。思想的自由市场这种理念的先决条件是各种类型的思想都将进入市场，如果任何思想自由进入市场的通道受阻，那么从这个意义上说，竞争的过程就会受到限制，所有思想进入市场的机会也受到了剥夺。"

③ *Lehideux and Isorni v. France*, European Court, (1998) 30 EHRR 665；*News Verlags GmbH & Co KG v. Austria*, European Court, (2000) 31 EHRR 246.

④ *Ford v. Attorney General of Quebec*, Supreme Court of Canada, [1988] 2 SCR 712.

⑤ Decision of the Constitutional Court of France, 29 July 1994, (1994) 2 *Bulletin on Constitutional Case-Law* 122：规定一种官方语言与这一权利并不矛盾。然而，虽然公共机构在提供公共服务时可能有义务使用这种语言，但是不论是私人还是广播或电视播报机构或服务商，均不得被强迫使用官方语言。国家对学术或科学研究的援助，也不得以使用官方语言发表或传播成果或者将出版物翻译成官方语言为条件。

⑥ *Reference Re ss. 193 and 195. 1 (1) (c) of the Criminal Code of Manitoba*, Supreme Court of Canada, [1990] 1 SCR 1123, at 1182, per Lamer J.

行媒体宣传活动的人来说，是一种公开的、可及的和有效的表达活动的形式。①

并非所有的言论在宪法上都具有相同的重要性。有关公共问题的言论处于表达自由的价值层级的顶端，有权获得特殊的保护。而在涉及纯粹个人意义事项的情况中，保护就没有那么严格，因为限制有关纯粹个人事项的言论所涉及的顾虑，不同于管制关涉公共利益事项的言论时所引发的顾虑。判断言论是否有关公共关切，需要法院审查整个记录所揭示的案件中言论的内容、形式和背景。当言论能够在相当程度上被认为涉及社会所关切的任何政治、社会或者其他事项时，或者当它是合法的新闻利益之主题时，即是一个具有普遍利益并且对公众有价值、受其关注的主题时，它就将被认为是公共关切事项，并因此值得受到保护。某一陈述可能被认为具有不合适的或争议的性质，与它是否涉及公共关切事项并因此受到保护的问题无关。即便是受到保护的言论，也并不是在任何地点、任何时间都同等地可予允许：它可能受到时间、地点或方式的合理限制。在公开辩论中，即便是令人愤慨的言论也必须予以容忍，以便为行使宪法上的自由提供充分的释放空间。根据"受困听众原则"（captive audience doctrine），不愿意听的听众将会被隔离在通常受保护的言论之外。②

对民主社会而言，没有比保护表达自由更重要的保护。没有表达、交流和传播新思想以及就公共事务或公共机构的运作提出批评性意见的自由，民主就无法生存。自由和民主社会的本质是，在《公民及政治权利国际公约》第19条第3款所设的限度之内，允许其公民自己了解有关政治制度或者执政党的替代方案，并能够在不忧惧受到干涉或惩罚的情况下，坦率地、公开地评价他们的政府。③

---

① *R v. Guignard*, Supreme Court of Canada, [2002] 5 LRC 82; *Ramsden v. Peterborough*, Supreme Court of Canada, [1993] 2 SCR 1084; *Committee for the Commonwealth of Canada v. Canada*, Supreme Court of Canada, [1991] 1 SCR 139.

② *Snyder v. Phelps*, United States Supreme Court, (2011) 1 *Bulletin on Constitutional Case-Law* 205. 威斯特布路浸信会（Westboro Baptist Church，该组织相信上帝仇视美国容忍同性恋，尤其是在美国的军队中）的七名成员举行了一次游行，距离一个教堂大约1000英尺——在该教堂中，正在为一位在伊拉克执行任务时阵亡的美国海军陆战队成员举行葬礼，并展示了一些标语，上面写的内容包括："为士兵之死而感谢上帝""垂死之国""你要下地狱了"以及"美国注定灭亡"。这一游行是公共关切事项，因为这些标语涉及了具有公共意义的事项。See *Citizens United v. Federal Elections Commission*, United States Supreme Court, (2010) 2 *Bulletin on Constitutional Case-Law* 392. 政治竞选通信的资金支出受到言论自由的保护。

③ *Aduayom v. Togo*, Human Rights Committee, Communication, No. 422-424/1990, 12 July 1996, Selected Decisions, Vol. 6, p. 28：某位大学教师因掌握批评多哥当权政府以及在多哥施行的政府制度的信息和材料而遭到逮捕，并被指控犯有大不敬（*lese majeste*）的罪行。这些指控随后被撤销，但是他也未能恢复在大学中的职务。*Keun-Tae Kim v. Republic of Korea*, Human Rights Committee, Communication, No. 574/1994, 3 November 1998, Selected Decisions, Vol. 6, p. 110：某位政客因编写了批评大韩民国政府及其外国盟友以及呼吁国家统一的文件，而依据《国家安全法》被起诉、定罪和判处监禁。法院认为，仅仅通过获知这些活动可能对朝鲜有利，就足以认定有罪。然而，韩国未能具体说明该政客在行使他的表达自由时所带来的威胁的确切性质。

使用丰富多彩的、有力的甚至是不敬的语言，可能是为了在关于纠正抗议所针对的情况或防止其再次发生的必要性方面，为吸引公众的注意、兴趣和关切所必需的。① 这一权利不局限于诸如正确的意见、合理的想法或真实的信息等类型。② 只要不存在宣传煽动暴力或其他违法行为，表达可能不受欢迎、令人讨厌、令人反感或错误的想法也都处于表达自由的范围之内。③ 即使是极端的、不公正的、不平衡的、夸大的和有偏见的批评，也都受保护，只要它所表达的，是对有关真实事实的、涉及公共利益之事项的一种并无恶意的诚恳意见。④ 在不忧惧国家制裁的情况下，表达甚至是严厉批评公共当局所采取的措施的权利，对于表达自由具有根本性。⑤

强有力地公开表达意见是自由的一部分，是代议制民主的宪政制度中所固有的。这一制度要求沟通交流的自由。这种自由之属于偏执狂、带有情绪者和不善表达者，与其之属于有逻辑者、理性者和克制者一样多。对一人所说的话语要达到"冒犯"的程度，就必须有可能引起一种身体上的反应，即"挑衅言辞"（"fighting words"）。⑥

表达可能令人反感、粗鲁或刺耳，但该事实并不能作为不保护表达的理由。表达的真实性并不是相关因素。允许限制虚假的表达将允许当局享有区分真假的权力。政府机构不享有对真相的垄断权。一般而言，在自由和开放的社会中，揭示真相是给予公众的一项特权。这一特权显现于一系列的观点和表达

---

① *Re Chinamasa*, Supreme Court of Zimbabwe,［2001］3 LRC 373；*R v. Mokhantso*, High Court of Lesotho,［2004］1 LRC 408.

② *Onyango-Obbo v. Attorney General*, Supreme Court of Uganda,［2004］5 LRC 315，首席法官奥多基（Odoki）：在一个自由民主社会中，乌干达刑法典第 50 条——该条规定，任何发表"可能会引起公众恐惧和惊觉或扰乱公共和平的任何虚假陈述、谣言或报告"之人均犯有刑事罪——是不可接受或并非明显正当合理的。它通过为新闻界和其他媒体创造两难境地，即公开并面对惩处，或者不公开并对公众隐瞒信息，而对新闻自由施加了一种令人无法接受的寒蝉效应。它并不是服务于超过了保护表达自由之必要的任何紧迫的或实质性的社会需要；与意图达到的目标不成比例；并且也不是为保护他人的权利或保护公共利益所必要的。它给予了警察或国家起诉人员对于判定什么构成刑事罪行的不受约束的自由裁量权，它并未禁止非法、犯罪的行为，而是将在其他方面具有合法性的、宪法所保护的表达自由权的行使行为规定为犯罪。See also *Chavundukar v. Minister of Home Affairs*, Supreme Court of Zimbabwe,［2000］4 LRC 561.

③ *Attorney General v. Clarke*, Supreme Court of Zambia,［2008］4 LRC 267, per Sakala CJ.

④ *The Citizen* 1978（*Pty*）*Ltd v. McBride*, Constitutional Court of South Africa,［2011］5 LRC 286.

⑤ Decision of the Federal Constitutional Court of Germany, 24 July 2013,（2013）2 *Bulletin on Constitutional Case-Law* 276.

⑥ *Coleman v. Power*, High Court of Australia,［2005］2 LRC 392, per Kirby J. 该案中，所指称的"冒犯"言辞是对某位警官作出的。法官指出，警官和其他公职人员一样，在履行职责时应该是厚脸皮和宽心胸的，并且应当将他们的权力用于保护人民，而不是用于制裁或压制关于他们自身、他们的同事或者与公职人员腐败有关的政府或政治问题的公开表达的意见。

之中，即便是错误的表达。一个维护表达自由、在内心中确信这会推动社会而不是威胁它的民主社会，愿意承受以表达自由之名对公众情感之冒犯。① 不能限制表达自由的权利以保护某人免受伤害性、诋毁性或冒犯性的意见。然而，言论的可能后果——而非其内容——可能成为对言论自由予以某些限制的正当理由。限于法官认为应当是负责任的表达或者为了公共利益的表达的自由就不是自由。自由意味着公布政府和法官无论处于何种良好的动机认为不应该被公布的事项的权利。它意味着说出"思想正确的人们"认作是危险的、不负责任的事情的权利。这种自由仅受到明确限定的例外情况的限制。② 只有在极端情况下，立法机关才可诉诸刑法限制表达自由。这些情况是所谓的最危险的、"能够煽动大多数人的强烈情绪"的、危及在宪法价值中占有突出地位的基本权利的、构成破坏和平的明显和现实危险的行为。③

幽默表达不仅是可予允许的，而且是为民主之健康所必要的。通过卡通和漫

---

① *Bakri v. Israel Film Council*, Supreme Court (High Court of Justice) of Israel, (2003) 3 *Bulletin on Constitutional Case-Law* 483. 2002 年 4 月 3 日，以色列国防军进入了位于约旦河西岸（West Bank）北部的杰宁（Jenin）难民营。该营地是组织对以色列的恐怖袭击的中心基地。在警告平民撤离后，以色列军队展开了挨家挨户的战斗行动。巴勒斯坦武装人员藏匿于平民之中。在战斗中，23 名以色列士兵和 52 名巴勒斯坦人被杀。财产也受到了严重破坏。在战争期间和之后的几天里，记者被禁止进入营地。只有通过观察战场本身以及相关人员的言辞才可能了解曾发生的事件。一位以色列籍阿拉伯人拍摄了巴勒斯坦居民对此事件的反应，并将它们编辑进了一部电影《杰宁、杰宁》。他宣称，他并没有试图呈现以色列的立场，或试图呈现对该事件的全面公正的描述。他的目的是呈现巴勒斯坦人的故事。根据这部电影，以色列士兵在杰宁实施了大屠杀，并试图通过隐藏尸体加以掩饰。它指称以色列士兵故意伤害儿童、妇女、老人和残疾人。以色列电影委员会决定不批准该电影的放映。该国坚称这部电影是虚假的，必须受到审查，因为它给公共秩序带来了危险，并且会对公众情感造成冒犯。以色列最高法院一致决定，应当允许该电影的放映。杜诺（Dorner）法官指出，电影委员会没有权限仅仅因为政府、部分公众甚至公众中的大多数不同意某些被表达的观点，就限制主要是意识形态性的或政治性的表达。她还认为电影委员会的决定不合比例。普罗卡齐亚（Procaccia）法官认为，据称的揭示以色列国防军的行动的文件——将这些行动描述为战争罪——引起了三个公众群体不自在的情绪反应：第一，参与了行动的并近距离经历战斗之恐怖的士兵的内部群体；第二，在战斗中失去了亲人的死者家属圈；第三，大部分公众。该国持续面临恐怖袭击的现实情况加重了这种冒犯。虽然电影委员会可以阻止可能扰乱公共秩序的电影上映，但是"扰乱公共秩序"是一个宽泛的概念，它也顾及公众敏感的不法行为。不法行为的效力不仅与其内容有关，还与其时间有关。和平、平静时期的不法行为不同于战争期间的不法行为。一方面，电影委员会必须要考虑表达自由原则——该原则反映了具有宪法重要性的基本权利；另一方面，还要考虑其委员有责任保留的其他价值。表达自由是一般性原则。这种自由适用的信息与它们的性质、内容、质量或真实性无关。

② *R v. Central Independent Television plc*, Court of Appeal of the United Kingdom, [1994] 3 All ER 641.

③ Decision of the Constitutional Court of Hungary, 3 July 2008, (2008) 2 *Bulletin on Constitutional Case-Law* 270; Decision of the Supreme Court of Denmark, 3 December 2004, (2004) 1 *Bulletin on Constitutional Case-Law* 39：通过互联网向穆斯林发布侮辱性和攻击性的言论——其意图在于在广泛的人群中传播这些言论——构成了宣传，并且不在政治人物所享有的较为广泛的言论自由的范围之内。处罚这种行为并不侵犯表达自由权。

画表现幽默是最典型的表达方式之一。它不应受到事先审查,不过,如果它侵害了其他宪法权利,通常可以受到民事起诉。① 幽默"是民主的最伟大溶媒之一。它能够以非暴力的形式阐明公共生活中的含糊与矛盾。它促进着多样性。它能够使大量的不满以多种自发的方式表达出来。它是宪政健康的灵丹妙药"。

> 宪法不能勉强沉默的人大笑。然而,它可以防止扼杀我们中间那些情绪欢乐者的笑声而使生活了无生趣。事实上,如果我们的社会因为行使基于某些有价值的指令的国家权力而变得彻底庄严肃穆,那么不仅所有的无关笑声都会受到压制,而且对节制的考虑可能最终导致喝啤酒本身也成为一种危险。在原则上,我找不出为何戏谑政府可予容忍,但是以通常所称的大企业为代价的戏谑则不可以容忍……嘲笑也有其语境。它可以是嘲弄性的、惩罚式的,对强者手中的弱者施加侮辱。在另一方面,它也可以是抚慰性的甚至是颠覆式的,服务于被边缘化的社会批评者。与当前的事件相关的是,其语境是使用一种嘲笑作为挑战经济权力的一种方式,抵制意识形态上的霸权并促进人的尊严……不论表达幽默是通过换装形式的模仿、媒体中的卡通还是在 T 恤上印制讽刺物,都必须存在对它的保护……将自身看得太重的社会所冒的风险是压抑所有的紧张情况,并将所有不敬行为的例证都视作是对其存在的威胁。②

淫秽表达也在言论自由的保护范围之内,但受到《公民及政治权利国际公约》第 19 条第 3 款所规定的限制的制约。③ 表达性材料具有鼓励非法行为的倾

---

① Decision of the Federal Supreme Court of Brazil, 2 September 2010, (2013) 1 *Bulletin on Constitutional Case-Law* 24. 某项法律禁止在选举年度通过广播和电视台制作和播放使用贬低或嘲笑任何参选人或政党的滑稽的、蒙太奇式的或其他形式的节目,或禁止这些节目表达它们支持或反对某一参选人或政党的意见。这侵犯了新闻自由。

② *Laugh It Off Promotions CC v. South African Breweries International (Finance) BV*, Constitutional Court of South Africa, [2005] 5 LRC 475, (2005) 1 *Bulletin on Constitutional Case-Law* 118, per Sachs J. 新闻学课程的一位毕业生决定与一些企业巨头开展较量。他将自己的企业命名为"一笑而过(Laugh It Off)",并用载有拙劣模仿的、从他的对手肆无忌惮地剽窃来的图像和文字的 T 恤将自己武装起来。他的一个受害者——南非啤酒厂(SAB)——发现该厂的一个著名商标被印到了用于公开销售的 T 恤上。该公司的标识上的文字"黑标(Black Label)"和"卡林啤酒(Carling Beer)"被变形为"黑工(Black Labour)"和"白色罪行(White Guilt)"。在较小的字体中,"美式激情热烈啤酒(America's Lusty Lively Beer)"和"南非酿造(Brewed in South Africa)"被转化为"自 1652 年起对非洲的激情热烈的剥削,全世界不予尊重(Africa's Lusty Lively Exploitation since 1652, No Regard Given Worldwide)"。南非啤酒厂并未一笑而过。相反,该厂诉诸法院,并寻求且获得了禁止供应该 T 恤的禁令。宪法法院推翻了这一禁令。

③ Decision of the Constitutional Court of the Republic of Korea, (2011) 1 *Bulletin on Constitutional Case-Law* 94.

向的事实，并不是禁止它的充分理由。例如，国家不得为了保护儿童，而完全压制成年人有权接收的表达内容。[①] 虽然色情性质的表达受到言论自由的保护，但是给予它的保护程度反映了其低微的社会价值，以及它并不是受保护的言论的"核心"部分的事实。色情表达多涉及侵犯妇女的人格尊严权。色情制品刺激暴力性和侮辱性的性活动，其主要目的是满足性冲动。消费色情制品不能使人充实丰富或受到启发、拓展他们的视野或促进他们的心灵成长。这些积极目的并不是色情制品的创造者似乎希望实现的目标。因此，色情材料存在于表达自由权的最边缘，对消费它的权利所给予的保护范围，与给予政治或艺术之自由表达的保护范围相比，是有限的。[②]

传达或者试图传达某种意思的活动具有表达性内容，并乍看来处于这一权利的范围之内。虽然大部分人类活动结合了表达因素和身体因素，但是某些活动纯粹是身体性的，并不会传达或试图传达意思。例如，可能难以将类似于停车这样的普通活动定性为具有表达性的内容。若要将这类活动纳入保护范围，则有必要证明从事该活动是为了传递某种意思。作为公众抗议的一部分，一位未婚人士可能将车停在为政府雇员的配偶预留的区域之内，以表达对于分配有限的资源所选择的方法的不满或愤怒。如果此人能够证明其行为确实具有表达性内容，那么他就将受这一权利的保护。[③] 劳动纠察行为，不论如何定义，通常都会涉及表达行为，因为在劳动的语境中，自由表达尤为重要。二级纠察包括广泛的行为，其中大部分既不是强制性的，也不是有害的。[④]

表达的内容可以通过无数种形式传达，包括沉默、明显的反语表达。[⑤] 某

---

① *Ashcroft v. Free Speech Coalition*, United States Supreme Court, (2002) 1 *Bulletin on Constitutional Case-Law* 151：显示了从事色情表现行为的真实少年的色情作品可以被禁止，即便它并不是淫秽的。

② *Peled v. Israeli Prison Service*, Supreme Court of Israel, (2011) 2 *Bulletin on Constitutional Case-Law* 300, per Beinisch P. 但是见，*De Reuck v. Director of Public Prosecutions*, Constitutional Court of South Africa, [2004] 4 LRC 72，朗加（Langa）法官认为：将进口和持有儿童色情制品规定为犯罪是正当的、合理的。"儿童色情制品定义的一个基本因素是色情刺激，而不是目标受众中的审美感觉。在客观上和整体上看起来主要刺激的是审美感觉的影像，就不在该定义之内。而且，该影像也不会是儿童色情作品，除非它明确地刻画了从事性活动的少年、展示生殖器的少年、参与性活动的少年或者以刺激目标受众的性欲为目的而协助他人参与性活动的少年。"

③ *Irvin Toy Ltd v. Attorney General of Quebec*, Supreme Court of Canada, [1989] 1 SCR 927. See also *Lavigne v. Ontario Public Service Employees Union*, Supreme Court of Canada, (1991) 126 NR 161; Decision of the Hoge Raad, Netherlands, 15 April 1975, (1976) 19 *Yearbook* 1147：该案中，某人提供了一些橙子，目的是它们能够被买去扔在一张南非地图上。以销售或者展示商品作为表明意见或情感的一种手段与表达自由权相去甚远。

④ *Pepsi-Cola Canada Beverages (West) Ltd v. RWDSU*, Supreme Court of Canada, [2002] 5 LRC 14.

⑤ 例如，纪念日上的片刻沉默传达着某种意图。

些人对于他们并不支持的活动，采取阻止活动的形式抗议构成了表达意见。①禁止在机场散发传单是不合比例的。希望在严格保留给消费者所用的区域内创造一个"令人感觉良好的氛围"，这不能被援作限制表达自由的正当目的；机场运营者不赞同某一企业的意见或者认为这些意见损害了该企业的声誉，也不能作为限制的正当目的。② 言论不一定要发声，因为说不出话的人做的标识也是言论的一种形式。③ 选民意见的口头表达显然处于"表达"的范围之内。以最小风险表达这种意见的最有效的方式，是在保密的投票站中默默地在选票上做标记。因此，投票权是一种"表达"形式。④

举起横幅是一种表达形式。⑤ 在公共街道上张贴标语是一种重要的表达方式，因为它们使得人们以最小的阻碍与他人交流自己的意见。⑥ 举行示威和游行的权利是表达自由权不可分割的组成部分。它构成了在公共议题中表达意见以及提出社会问题的重要方式之一。它是某一个人或团体的感受或情绪的显性

---

① *Hashman and Harrup* v. *United Kingdom*, European Court, (1999) 30 EHRR 241; *Levy* v. *State of Victoria*, High Court of Australia, [1997] 4 LRC 222; *Schenck* v. *Pro-Choice Network of Western New York*, United States Supreme Court, 117 SCR 855 (1997)：该案中，对于反对提供堕胎服务的抗议者试图阻止人们进入堕胎诊所的情况，划定一个缓冲区是可予允许的，即距离门口的一个固定区域，根据法院的禁令，示威者不得进入该区域。

② Decision of the Federal Constitutional Court of Germany, 22 February 2011, (2011) 1 *Bulletin on Constitutional Case-Law* 77：某一运动反对在私人航空公司的合作下将外国人递解出境。该运动的一位成员被禁止在法兰克福机场——该机场由一家股份公司运营，其大部分股份为公共所有——的候机厅内散发传单。但是，与公共街道空间的情况一样，使用机场场所传播意见也可以根据保护合法利益的功能方面，受到限制和管理。然而，这些限制必须符合比例原则。

③ *Kameshwar Prasad* v. *The State of Bihar*, Supreme Court of India, [1962] Supp. 3 SCR 369. See also *G and E* v. *Norway*, European Commission, Applications 9278/81 and 9415/81 (1983) 35 *Decisions & Reports* 30：通过在立法机关前搭起帐篷的方式示威是表达的一种形式。Decision of the Tribunal de Première Instance de Bruxelles, Belgium, 30 January 1970：某一寻求获得比利时国籍的外国人，对于建立在与比利时制度的潜在理念截然相反的意识形态之上的外国政治制度，表现出积极的同情，这种表现构成了政治和哲学信念的公开表示。该表示是表达自由的一个方面。Decision of the Milan Court of Appeal, 29 May 1970：一群人获得了入场券，每张入场券均使得持有人有权在公开投票中投上一票，这构成了选择最佳歌曲的欺诈手段——原因是入场券的数量超过了观众的数量，并因此构成了对于不再能够表达出真实选择的观众的表达自由的侵犯。

④ *Karunathilaka* v. *Commissioner for Elections*, Supreme Court of Sri Lanka, [1999] 4 LRC 380，马克·费尔南多（Mark Fernando）法官：某人通过投票的方式在一个候选人和另一个候选人之间对自己倾向的默示的、秘密的表达，在行使表达自由方面，并不亚于来自政治舞台上的最动人的言辞。See also *People's Union for Civil Liberties* v. *Union of India*, Supreme Court of India, [2014] 2 LRC 164：投票支持某一位或另一位候选人相当于选民的意见和倾向的表达。

⑤ *Kivenmaa* v. *Finland*, Human Rights Committee, Communication No. 412/1990, Selected Decisions, Vol. 5, p. 55：在某位外国国家元首访问并与芬兰总统会晤之际，申诉人站在总统府外面，并举起了一面批评该位来访国家元首的人权记录的横幅。

⑥ *X* v. *Netherlands*, European Commission, Application 9628/81, (1983) 6 EHRR 138.

表达，因此是将一个人的想法传达给该想法所意在被传递到的其他人。① 国家有义务在示威期间，通过提供安保和维持公共秩序的方式保护这一权利。这一方面由警方负责；他们无权将这一责任全部地或部分地移交给那些希望实现自己的示威权的人。② 虽然在公路上示威通常会给没有参与的人带来一些不便，特别是在行动自由方面，但是如果其所追求的目的是公开、合法地表达意见，那么这种不便在原则上可予容忍。③

广告是言论的一种形式——虽然经常有修饰或夸大，因为其意图在于传递意见、信息或想法。似乎不存在任何依据，可区分商业广告与其他形式的宣传，不论是政治性的还是意识形态性质的。广告的目的在于盈利这一事实无关紧要。④ 个人有权获取会有助于他做出知情之决定的信息，不论该信息有关他将会投票支持的政党或参选人，还是有关他将会投入资金的最先进的个人

---

① *Re Munhumeso*, Supreme Court of Zimbabwe, [1994] 1 LRC 282. See also *Hurley and the South Boston Allied War Veterans Council v. Irish-American Gay, Lesbian and Bisexual Group of Boston*, United States Supreme Court, 94 US 749 (1995): 游行的组织者有权控制他们所发起的游行的信息。不能要求或强迫他们表达其他人的意见。在一起案件中，一年一度在美国波士顿举行圣帕特里克日（St Patrick's day）游行的老兵委员会组织者拒绝允许波士顿同性恋和双性恋团体（GLIB）参与到游行中，而该团体希望表达的是，在他们的爱尔兰传统中以公开男同性恋、女同性恋和双性恋为荣。该拒绝是正当合理的。游行据推定具有表达性，拒绝允许同性恋和双性恋团体加入只是因为它的主张，而不是因为其成员的性取向，因为同性恋或双性恋并没有被禁止作为其他组织的成员参与。Decision of the Hoge Raad, Netherlands, 7 November 1967, (1968) *Nederlandse Jurisprudentie* 266: 参加游行抗议美国干涉越南是意见的表达。*Mulundika v. The People*, Supreme Court of Zambia, [1996] 2 LRC 175: 要求事先许可才能组织公共集会，是对表达自由的明显干预，因为可能的是：这种许可可能基于不恰当的、任意的或者甚至是不可知的理由而遭到拒绝。See also Decision of the Federal Constitutional Court of Germany, 22 February 2011, (2011) 1 *Bulletin on Constitutional Case-Law* 77.

② *Majority Camp v. Israel Police*, Supreme Court of Israel, (2009) 3 *Bulletin on Constitutional Case-Law* 529: 这并不意味着在任何要求的示威中，警察都有责任提供安全保障。在就举行示威的申请作出决定时，警务署长有权在考虑其他事项外，还考虑：出于为该事件提供安保之目的，可供警方使用的警力和资源的问题；警方当时所负责执行的其他任务；以及警方在执行其任务中的优先顺位。因此，如果警务署长认为鉴于警方的其他行动，或者鉴于在某一特定事件中提供安保所需要的警力范围，无法分派出维护公共秩序所必需的警力，那么他可以对该示威的时间、地点和方式做出条件上的限制。

③ *Eugen Schmidberger Internationale Transporte und Planzuge v. Republik Osterreich*, Court of Justice of the European Communities, (2005) 1 *Bulletin on Constitutional Case-Law* 181.

④ *Casado Coca v. Spain*, European Court, (1994) 18 EHRR 1; *Retrofit (Pvt) Ltd v. Posts and Telecommunications Corporation*, Supreme Court of Zimbabwe, [1996] 4 LRC 489. See also *Bigelow v. Virginia*, United States Supreme Court, 421 US 809 (1975), 以及以下法官早些时候具有相同效果的异议意见: Douglas J, Burger CJ, Stewart J and Blackmun J in *Pittsburgh Press Co v. Human Relations Commission*, United States Supreme Court, 413 US 376 (1973); Decision of the Constitutional Court of Hungary, 8 May 2000, (2000) 2 *Bulletin on Constitutional Case-Law* 304: 为了保护消费者免受广告的误导，商业言论受国家监管。

电脑。① 因此，禁止烟草制品的广告和促销，并要求烟草制造商在烟草包装上做出不可归责的健康警告，构成了对表达自由权的侵犯。② 如果广告者没有违法行事，那么担心某一有争议的广告（承载着信息）可能会损害电视台的名誉，并不是该电视台正当合理地拒绝播放批评它自身的广告的有效理由。③ 如果禁止杂志出版商发布有关广告者对其享有表达自由权保护的事项的广告，那么杂志出版商的表达自由权就受到了侵犯。④ 误导性的和不负责任的广告不受保护。⑤ 消

---

① *Sakal Papers (P) Ltd v. The Union of India*, Supreme Court of India, [1962] 3 SCR 842. 印度1956年《报纸（价格和页面）法》除其他事项外，还授权政府管制广告事项的空间分配，这侵犯了表达自由权。See also *Grosjean v. American Press Co*, United States Supreme Court, 297 US 233（1935）；*Carey v. Population Services International*, United States Supreme Court, 431 US 678（1977）：美国某州的法规禁止任何避孕用品的广告或展示，这是对表达的违宪压制；避孕产品的广告会使接触到它们的人感到反感或尴尬，或者它们会使年轻人的性活动合法化，这样的理由并不能使该法规正当合理。参见，*Hamdard Dawakhana (Wakf) Lal Kuan v. The Union of India*, Supreme Court of India, [1960] 2 SCR 671：意图称赞某些药品和药物在治疗特定疾病方面的疗效、价值和重要性的广告是"商业的一部分"，与言论自由的本质理念没有关系。在支持《药物和奇效疗法（不良广告）法》的合宪性时，印度最高法院适用了印度宪法中保障"表达自由"的——但是并不包含《公民及政治权利国际公约》第19条的解释性规定——第19条第1款（a）项。

② *RJR-MacDonald Inc v. Attorney General of Canada*, Supreme Court of Canada, [1995] 3 LRC 653. 表达自由必然包括不说话或不说出某些事项的权利。不归责的健康警告以及禁止展示任何将会使烟草制造商得以表达其自身观点的其他信息之结合，构成了对表达自由权的侵犯。参见，Decision of the Court of Arbitration of Belgium, 102/99, 30 September 1999, (1999) 3 *Bulletin on Constitutional Case-Law* 353：禁止烟草产品的广告并不违背表达自由。See also *R v. Guignard*, Supreme Court of Canada, [2002] 5 LRC 82；*Ford v. Quebec*, Supreme Court of Canada, [1988] 2 SCR 712；*Rocket v. Royal College of Dental Surgeons of Ontario*, Supreme Court of Canada, [1990] 2 SCR 232.

③ *Verien gegen Tierfabriken Schweiz VgT v. Swiss Broadcasting Corporation SSR*, Federal Court of Switzerland, (2013) 3 *Bulletin on Constitutional Case-Law* 594：一个旨在为了动物利益而减少肉类消费、反对工厂化农业的协会要求在电视节目中播出一则配有"瑞士电视台未曾告诉你"的文字的广告。该协会指控电视公司在其播放中隐藏了有关动物和消费者保护的重要信息。

④ Decision of the Federal Constitutional Court of Germany, 12 December 2000, (2000) 3 *Bulletin on Constitutional Case-Law* 492：贝纳通（Benetton）是一家在全球销售服装的公司。它委托一家杂志在不同的期卷中刊发带有"油覆鸭""童工"和"HIV阳性"的主题的双面彩印。在每张彩印的左下角，在绿色方块中印有"贝纳通之全色彩（United Colors of Benetton）"的字样。在一起指称这些广告具有反竞争性的法律诉讼中，有观点认为，贝纳通为了增加其商品的销量，通过陈列各种各样的诸如恐怖和怜悯的感受，故意使得这些发表的彩页所面向的消费者感到震撼。有主张认为，这些广告侵犯了人格尊严，无视所被展示的人的隐私。进一步的主张则是，出版商通过印制广告，以一种不被允许的方式增进了贝纳通的竞争地位。德国宪法法院认为，这些彩页面向那些带着不舒服的想象看到它们的人们或者引发怜悯的事实，并没有构成有足够强度的烦扰，使得限制基本权利正当合理。确保公民的思想不受世界上的苦难之负担，并不是允许国家通过限制基本权利予以保护的利益。但是如果展示的图片是令人作呕的、恐怖的或有可能腐蚀年轻人的，那么评判就可能不同。

⑤ *Weel v. Attorney General*, Court of Appeal of Barbados, [2011] 5 LRC 610：某位牙科医生在杂志上刊登的一份广告"是一种赤裸裸的生意经，其目的是通过提供比其他牙医所提供的服务更便宜的服务，在表面上吸引患者；是自我推销式的、误导性的，是对其他牙医的贬低"。因此，牙科理事会对他提起的纪律处分程序是合理的，并未侵犯他的表达自由权。

费者也享有表达自由，通常采取的是反广告（counter-advertising）的形式，以便批评某一产品或者负面评价提供的服务。反广告不仅仅是对商业言论的反应，而实际上是对某一社会之社会生活和经济生活具有重要影响的表达形式。在这一方面，诸如张贴标签、散发小册子或传单、在互联网上发帖等简单的表达方式是不满的消费者的最佳表达方式。由于成本原因，媒体往往超出了消费者的能力范围。①

言论也可以是符号性的。在美国的一起案件中，某人在美国国旗上贴上了和平符号并将其悬挂在他公寓的窗户外。他因此根据一项法律——该法律禁止展示附加或添上了图形、符号或其他外来元素的美国国旗——受到指控并被定罪。美国最高法院认为，该行为构成了符号性言论，有权获得宪法保护。② 更早些时候，美国最高法院认为焚烧国旗并在其后对它公开"表示蔑视"是意见的表达。③ 然而，中国香港特别行政区终审法院则认为，将亵渎国旗的行为规定为犯罪构成了对表达自由的一种"有限限制"。它禁止的是一种表达模式——不论有关人员可能希望表达的信息是什么，而不干涉该人通过其他模式表达相同信息的自由。因此，香港终审法院以其为保护公共秩序（ordre public）所必要为由，维持了对亵渎国旗者的定罪。④ 在丹麦的一起案件中，一家餐馆的主人拒绝为法国和德国客人提供服务，以此表达他对法国和德国政府在美国领导的伊拉克战争上的政治立场的强烈不满，这不能被认为是他在行使表达自由。他认为，这两个国家采取对美国的不忠行为引发了北约中和联合国中的分

---

① *R* v. *Guignard*, Supreme Court of Canada, [2002] 5 LRC 82.

② *Spence* v. *Washington*, United States Supreme Court, 418 US 405 (1974).

③ *Street* v. *New York*, United States Supreme Court, 394 US 576 (1969). 证据显示，上诉人（一名非洲裔美国人）在收音机上听到了民权领袖詹姆斯·梅勒迪斯（James Meredith）在密西西比州被一名狙击手射杀的新闻报道。他自言自语着"他们不保护他"，从抽屉中拿出了一面被整齐地叠着的、他以前在国庆日曾展示过的美国国旗，将它带到了附近的一个十字路口，用火柴点燃，并扔到了人行道上——国旗在这里烧了起来。一位警官作证说，他眼见着上诉人大声地对一小群人喊道，"我们不需要任何狗屁国旗。"当他被问及他是否焚烧了国旗时，他回答说："是的，那是我的国旗，我烧了它。既然他们让这一切发生在了梅勒迪斯身上，我们就不需要美国国旗了。"See also *Texas* v. *Johnson*, 491 US 397 (1989): "如果第一修正案蕴含着一项基本原则，那就是政府不得简单地因为社会认为某个想法具有冒犯性或令人厌恶，就禁止表达该想法。我们从不承认这一原则有例外情况，即便是涉及我们的国旗，也是如此。简言之，我们的先例中没有任何内容表明，国家可以通过禁止与国旗有关的表达行为来滋养它自己对国旗的看法。" *United States* v. *Eichman*, United States Supreme Court, 496 US 310, (1990).

④ *HKSAR* v. *Ng Kung Siu*, Court of Final Appeal of the Hong Kong SAR, [1999] 3 HKLRD 907. 参见，*HKSAR* v. *Ng Kung Siu* [1999] 1 HKLRD 783, 该案中，香港上诉法院不认同：（甲）法律已经包含了因滥用国旗而引起的各种各样的情况，只有一个没有想象力的检察官，才无法从明确定义的罪行的现成资料库中找到合适的罪行提出指控；以及（乙）亵渎国家或特别行政区的旗帜的行为不大可能引起严重的内乱。

歧。他声称，只要这两个国家拒绝在反恐战争中支持美国，他就会继续抵制。①在加拿大的一起案件中，法院认定，公交车的侧面可以被用作为公共表达的区域，因为公交车的一个重要方面是，它在本质上是一个公共而非私人区域，个人可以在这个区域中公开地在彼此之间以及与周遭互动。②

单挑出不得传播的特定意思，或者限制某种表达形式以控制其他人获取被传播的意思，或者控制传播这一含义的人如此行为的能力，就是限制要被传播的表达内容。③ 然而，只是控制人之活动的有形后果，而不论被传播的意思，并不是控制表达。例如，禁止分发小册子的规则是对表达方式的限制，并且"与内容捆绑"，即便该限制的目的在于管控垃圾。该规则旨在控制他人获取所被传播的意思，以及控制小册子的分发者传播某种意思的能力。相比之下，针对乱扔垃圾的规则就不是"与内容捆绑"的限制，其目的在于控制某种行为的有形后果，而不管这种行为是否试图传播某种意思。然而，有些规则的架构有时看来对于有关内容是中立的，虽然这些规则的真正目的是控制传播某种意思的企图。例如，一项规定未经警察局局长事先批准即禁止分发小册子的市政条例，就是试图以一种花招限制表达。④

表达自由服务于普遍利益。一人以表达保卫某种特定利益——不论是经济的还是其他方面的——的事实，并不剥夺他从这种自由中得益。⑤ 干涉某人之表达自由所依据的乃是与其特定职业地位有关的理由这一事实，也没有将此事项带离这一权利的范围。例如，不得为了禁止一位兽医发表其有关应急兽医服

---

① Decision of the Supreme Court of Denmark, 20 August 2003, (2004) 2 *Bulletin on Constitutional Case-Law* 259. 一对丹麦—德国夫妇造访了一家披萨店。丹麦丈夫用流利的丹麦语点了披萨。当店主无意中听到这对夫妇在吃饭时用德语交谈时，他便怀疑他们可能是德国人。他拿走了这对夫妇的披萨，将其扔掉，把这对夫妇的披萨钱还给了他们。

② *Greater Vancouver Transportation Authority v. Canadian Federation of Students—British Columbia Component*, Supreme Court of Canada, [2010] 1 LRC 293.

③ *Reference Re ss.* 193 *and* 195.1 (1) (c) *of the Criminal Code of Manitoba*, Supreme Court of Canada, [1990] 1 SCR 1123：加拿大曼尼巴省（Manitoba）刑法典第195条第1款（1）（c）项禁止"人们为了从事卖淫或获得妓女的性服务的目的，而与公共场所中的任何人交流或尝试交流"，这限制了表达自由，因为该规定旨在禁止获取所被寻求传达的信息。交流的目的行为——即以金钱换取性服务——本身并不违法，因此该禁止不仅仅是限制"时间、地点或方式"；相反，它专门针对内容。被禁止的交流与所被寻求传达的特定信息相关。

④ *Irvin Toy Ltd v. Attorney General of Quebec*, Supreme Court of Canada, [1989] 1 SCR 927. See also *Saumur v. City of Quebec*, Supreme Court of Canada, [1953] 2 SCR 299; *Lovell v. City of Griffin*, United States Supreme Court, 303 US 444 (1938); *Organization for a Better Austin v. Keefe*, United States Supreme Court, 402 US 415 (1971).

⑤ *Markt Intern Verlag GmbH v. Germany*, European Court, (1989) 12 EHRR 161, joint dissenting opinion of Judges Golcuklu, Pettiti, Russo, Spielmann, De Meyer, Carrillo Salcedo and Valticos.

务之需求的看法，而援引要求兽医不得打广告的职业行为规则。对于自由职业的广告和宣传事项，一种严格的处理标准不符合表达自由。对于从事这些职业的成员，但凡有一丝的可能——他们的言论被认为在某种程度上造成了广告效果，那么该标准的适用就可能会阻止他们参与有关影响社会之生活的话题的公开辩论。出于同样原因，适用这些标准也有可能会妨碍新闻界履行其作为信息提供者和公共监督者的任务。①

一个人做匿名自我表达的权利是随着表达自由而发生的，并服务于重要目的。匿名有时对于自由表达自我的可能和能力，是一项先决条件，而在其他时候，它则是该表达中所包含之信息的一部分。在网络上，匿名权的意义甚至更大。互联网给我们生活的许多方面带来了巨大变化，包括收集信息、接触信息、人与人之间的沟通和自由表达等领域。访问互联网简便迅速，没有地理边界，通常也不受过滤和编辑。它也是匿名性的。仅仅是某些评论可能会被认为品位不佳或措辞不当的情况，并不会将它们排除在对表达自由的宪法权利的保护之外。②

行使表达自由不能具有直接或间接的强制性。因此，塞浦路斯一项法律的规定要求国家广播公司邀请总统候选人参加电视讨论，就相当于一种间接胁迫——候选人为了避免留下他们逃避公开讨论的印象，就必须到场，并因此有违言论和表达自由。③

表达自由权隐含着与其他人联合以寻求广泛的政治、社会、经济、教育、宗教和文化目标的相应权利。这种表达性的联合权，对于防止多数人将其观点强加给宁愿表达其他的、可能不受欢迎的观点的群体，至关重要。这种强加观点可以采取的形式是，与其他形式一道，要求某个团体接收某些人为其成员。当然，表达性联合的权利并不是绝对的，并且可以被为服务于紧迫的国家利益而通过的规章所推翻，但这些利益应与压制思想无关，且无法通过不那么严重地限制联合性自由的方式予以实现。④

---

① *Barthold v. Germany*, European Court, (1985) 7 EHRR 383, European Commission, (1983) 6 EHRR 882：法院在一家日报刊发了某篇文章之后签发的一项禁止性禁令侵犯了表达自由。该禁令所施限制涉及包含于该兽医对汉堡夜间兽医服务需求的看法的陈述之中的特定事实性信息以及主张，尤其与他个人和他的诊所运行有关的。See also *Casado Coca v. Spain*, European Court, (1994) 18 EHRR 1.

② *Rami Mor v. Barak ETC the Company for Bezeq International Services Ltd*, Supreme Court of Israel, (2010) 1 *Bulletin on Constitutional Case-Law* 86.

③ *President of the Republic of Cyprus v. House of Representatives*, Supreme Court of Cyprus, [1989] LRC (Const) 461.

④ *Boy Scouts of America v. Dale*, United States Supreme Court, (2000) 2 *Bulletin on Constitutional Case-Law* 390. 该案涉及一名成年的童子军助理辅导员，他在宣布自己是同性恋后被驱逐出童子军。美国最高法院认为，他出现在该组织中将与该组织试图向其成员灌输的价值体系不相符。

（四）"寻求之自由"

表达自由有两个维度：个体维度，这包括使用任何合适的媒介传播意见、想法和信息并确保这触及最多数的人的权利；以及社会维度，这涉及知晓由第三方提供的意见、报告和新闻的权利。① 寻求信息的自由意味着，个人有权获取信息，仅受相关文书规定的限制和其他规定的约束。获取信息对于恰当行使这一自由至关重要，因为形成意见、传递思想恰恰应当基于准确的信息。在没有获取信息之可能的情况下，人们将不得不根据怀疑、谣言和猜想行事。② 获取信息也是新闻自由的基本要素。③ 在特定情况下，私生活的权利必须与媒体寻求信息的权利取得平衡。④

《公民及政治权利国际公约》第19条第2款包含了一种获取公共机构所掌握的信息的权利。这些信息包括由公共机构持有的记录，而与信息的存储形式、来源和产生日期无关。为了落实获取信息的权利，国家应积极主动地将事关公共利益的政府信息纳入公共领域。国家应尽一切努力确保能方便、快捷、有效和实际地获取此类信息。国家还应制定必要的程序，使人们可据以获得信息，例如采取信息自由立法的方式。该程序应当规定，根据符合《公约》的明确规则，及时处理信息申请。申请信息的收费不应构成获取信息的不合理障碍。对于任何拒绝提供获取信息之渠道的情况，国家均应给出理由。对于因拒绝提供获取信息渠道以及未能对信息申请作出回应的情况，应存在能对其提出申诉的各种制度安排。* 每个人都具有的一项额外权利是，以一种可理解的形式确定个人数据是否被存储在公共机构的数据档案中；并且如果如此，其中存储了什么个人数据，又用于何种目的。每个人也应该能够确定哪些公共机构或个人控制着或可能控制着他（或她）的档案。如果此类档案包含着不正确的个

---

① *Velez Restrepo* v. *Colombia*, Inter-American Court, 3 September 2012.

② See Walter Lippmann, quoted by Jagannatha Shetty J in *Rangarajan* v. *Jagjivan Ram*, Supreme Court of India, [1990] LRC (Const) 412: "当人们按照理智原则行事时，他们会去寻找事实。当他们忽视它时，他们会走进自己的内心，并找出那里有什么。他们由此阐述了他们的偏见，而不是提升他们的认知。"

③ *Canadian Broadcasting Corporation* v. *Attorney General for New Brunswick*, Supreme Court of Canada, [1997] 1 LRC 521：将公众和媒体排除在对性行为指控的判刑阶段之外是不合理的。

④ Decision of the Supreme Court of Denmark, 28 October 1994, (1994) 3 *Bulletin on Constitutional Case-Law* 227. 一名为当地电视频道工作的记者，被指控在有人于某位知名政客的私人花园中举行示威期间，非法进入了该花园。该记者曾试图通过敲门来联系这位政客。但是门一直关着，记者便留在了花园里，在那里与示威者交谈，并做了一段在当晚播放的采访。法院在裁决被告无罪时认定，在这种情况下，媒体进行新闻报道的权利优先于私生活的权利。

* 人权事务委员会第34号一般性意见，第18—19段。

人数据或者其收集或处理违反法律规定，则每个人都应有权使他（或她）的记录得到纠正。①

（五）"接受之自由"

表达自由权对于接受表达性材料的权利的保护，与其对于创造这种材料的权利的保护一样多。② 接收信息的自由基本上禁止政府限制个人接受他人希望或可能愿意传播给他的信息。③ 例如，政府不得扣留订户已订阅的期刊中的任何一期。④ 这一权利还延及与正在进行的刑事调查有关的信息。无罪假定的适用并不妨碍国家当局向公众通报此类调查，但也确实要求当局这样做时，应持有确保该假定得到尊重的必要严谨和慎重。⑤ 这种自由不能被解释为施予了国家一种主动收集和传播信息的积极义务，⑥ 但是这种自由要求当局不得提供受操纵的、不完整的或虚假的信息。⑦ 每个人都有权获得有关国家机构活动的信息，以确保它们有效地、忠诚地、公正地履行了社会赋予它们的职能。因此，

---

① 人权事务委员会第 16 号一般性意见（1988 年），第 10 段。（原书此处作第 10 号一般性意见，有误，予以更正。——译者注）See Decision of the Constitutional Court of Armenia, 6 March 2012, (2012) 1 *Bulletin on Constitutional Case-Law* 9; *Mavlonov and Sa'di v. Uzbekistan*, Human Rights Committee, Communication No. 1334/2004; *Gauthier v. Canada*, Human Rights Committee, Communication No. 633/1995. See also Decision of the Constitutional Court of Portugal, 15 December 2010, (2010) 3 *Bulletin on Constitutional Case-Law* 581：以公司形式注册的公共企业——其成立目的是管理和处置公共房地产资产——有义务为私人提供查阅其档案的权利。当公共公司以私营形式注册、受私法法律和法规管理，而不存在与当局有关的权力时，它们就是国家用来追求其活动、拥有一定范围权利的一种工具，其正当性取决于国家赋予它们的权力和责任。它们的法律人格不存在于国家实体之外。该案中，一名记者要求查阅有关处置属于国家的、先前已被分配给司法部使用的房地产的文件。

② *Little Sisters Book and Art Emporium v. Minister of Justice*, Supreme Court of Canada, [2001] 2 LRC 436. See also *R v. Butler*, Supreme Court of Canada, [1992] 1 SCR 452.

③ *Leander v. Sweden*, European Court, (1987) 9 EHRR 433. See also *Gaskin v. United Kingdom*, European Court, (1989) 12 EHRR 36; *Kimmel v. Argentina*, Inter-American Court of Human Rights, 2 May 2008, (2008) 2 *Bulletin on Constitutional Case-Law* 361：接收信息和知晓他人传播的思想和信息的权利并不是一项绝对的权利。国家可以通过对其滥用施以责任的方式来限制它。但是这种限制绝不应超出其严格必要的程度而限制表达自由的充分行使，或者变成直接或间接的审查机制。任何限定或限制必须由法律正式地、实质性地予以规定。它必须事先以一种明示的、准确的和限制性的方式规定。

④ *Open Door and Dublin Well Woman v. Ireland*, European Court, (1992) 15 EHRR 244. 法院签发的禁止某些咨询机构向孕妇提供有关海外堕胎服务信息的禁令侵犯了后者接受信息的权利。虽然宪法保护未出生儿的生命权，并且刑法典也将导致或企图导致堕胎规定为一种罪行，但孕妇以堕胎为目的的出境并不是刑事罪行。

⑤ *Allenet de Ribemont v. France*, European Court, (1995) 20 EHRR 557.

⑥ *Guerra v. Italy*, European Court, (1998) 26 EHRR 357：某某"高度危险的"化工厂所在的城镇的居民诉称国家未能提供有关危险的信息以及在发生事故时如何处理，但未获得成功。

⑦ Decision of the Supreme Court of Mexico, 7 March 2000, (2009) 3 *Bulletin on Constitutional Case-Law* 547.

一项豁免了某一政府机构与某一公务员或其他雇员之间的协议（包括有关额外报酬的协议）的法律，就侵犯了接受信息的权利。①

无线电波是公共财产，需要予以控制，以避免混乱并将可获得利益最大化。因此，拒绝给予广播许可并不一定侵犯接收信息的自由。② 然而，对传输或接收信息的方式施加的任何限制，必然会干涉接受信息的权利。③ 在美国，有一项法律要求，来自国外的含有共产主义宣传材料的非密封邮件的收件人，需要以书面形式申请该邮件的投递，该法律被认为是对不受限制地行使收件人的言论自由权的违宪限制。一位收件人可能会在收取被政府官员谴责为"共产主义政治宣传"的文学作品时，感受到某种压抑。布雷南（Brennan）法官指出："如果除非有其他阻碍否则就愿意的收件人不能自由地接受和考虑所被传播的思想，那么思想传播就什么都实现不了。这将是一个只有卖家而没有买家的空荡荡的思想市场。"④

信息来源多样对享有这项权利至关重要。任何垄断，只要具有妨碍接受和传播思想和信息的权利的效果，不论其目的为何，都侵犯这一权利。⑤ 因此，个人有权从几个相互竞争的来源接收信息。在国内广播系统之内，仅存在一家获得公共牌照的公司以及一些获得私人牌照的公司，而发生下述情况时，就侵犯了这一权利：一个运营商获准持有多个广播牌照，条件是它们在频段分配计划中的份额不得超过国家频道总数的25%，并且在总数上不超过3个频道，从而使同一个运营商有可能控制12个国家计划频道（9个私人频道和3个公共频道）中的3个。因拥有9个私人频道中的3个而产生的支配地位，带来了在

---

① *Decision of the Constitutional Court of Latvia*, 6 July 1999, (1999) 3 *Bulletin on Constitutional Case-Law* 225.

② *Observer Publications Ltd* v. *Matthew*, Court of Appeal of Antigua and Barbuda, [2001] 1 LRC 37.

③ *Autronic AG* v. *Switzerland*, European Court, (1990) 12 EHRR 485. 使用卫星锅或其他天线接收电视节目属于表达自由的保护范围，而无须确定行使该权利的理由和目的。See also *Oberschlick* v. *Austria*, European Court, (1991) 19 EHRR 389.

④ *Lamont* v. *Postmaster-General*, United States Supreme Court, 381 US 301 (1965).

⑤ *Retrofit (Pvt) Ltd* v. *Posts and Telecommunications Corporation*, Supreme Court of Zimbabwe, [1996] 4 LRC 489. See also *Retrofit (Pvt) Ltd* v. *Minister of Posts and Telecommunications*, Supreme Court of Zimbabwe, [1996] 4 LRC 512; *Cable and Wireless (Dominica) Ltd* v. *Marpin Telecoms and Broadcasting Co Ltd*, Privy Council on appeal from the Court of Appeal of Dominica, [2001] 1 LRC 632; *TS Masiyiwa Holdings (Pvt) Ltd* v. *Minister of Information, Posts and Telecommunications*, Supreme Court of Zimbabwe, [1997] 4 LRC 160. 参见，Decision of the Supreme Court of the Netherlands, 15 November 1996, (1996) 3 *Bulletin on Constitutional Case-Law* 382: 在有充分理由的情况下，允许某一企业在建立和运营付费电视服务时获得垄断地位。在一起案件中，荷属安的列斯群岛就批准了这种许可，其理由是：（甲）据认为，如果允许第二个提供者，那么在财务上和经济上都不可能有任何公司能够建立和运营覆盖整个岛屿的高质量付费电视系统；（乙）对于被许可人能够收回其启动资金而言，10年固定期限的垄断地位是必要的。

资源利用和广告集中方面的非常不公平的有利条件。[1]

对于拥有电视接收机收费并不构成侵犯个人接受信息的权利，除非该收费太高，以至于超出了某些个人或某些人群的支付能力。[2] 房东不允许其外国租户安装能够使他接收来自其祖国的新闻的抛物面天线，侵犯了后者的表达自由权。[3] 同样，在一起案件中，在并无法律规定的情况下，作为一项纪律处分措施，长期不允许一位囚犯获得阅读资料、广播和电视，剥夺了他的表达自由权。[4] 使用通信的方式，在指定时间内接受信息的权利，并不是该权利的一部分。[5] 被审查委员会禁止在公共场合放映的电影的潜在受众，有权提起指控这一权利受到侵犯的诉讼。私下里放映电影并不能替代在影院中的公开展映。[6]

对于网站、博客，或者基于互联网的、电子的或其他此类信息传播系统（包括支持此类沟通的系统——例如互联网服务提供商或搜索引擎）的运营的任何限制，只有在符合《公民及政治权利国际公约》第 19 条第 3 款的限度之内，才是可予允许的。可予允许的限制通常应针对特定内容。对于某些网站和系统的运营的一般性禁止不符合此项权利。仅仅根据某一网站或信息传播系统公布的材料可能会批评政府或者政府所支持的政治社会制度，就禁止该网站或该信息传播系统公布材料，也与这一权利不相一致。[7]

接收信息和思想的自由意味着拒绝接受的自由。因此，言论自由的宪法权利不包括坚持他人倾听的权利。[8] 发件人的通信权必须止于不予接受的收件人的邮箱处。[9] 更难回答的问题是：在有轨电车轨道的乘客用车上，通过接收器

---

[1] Decision of the Constitutional Court of Italy, 5 December 1994, (1994) 3 *Bulletin on Constitutional Case-Law* 247. See also Decision of the Constitutional Court of Belarus, 14 April 1995, (1995) 2 *Bulletin on Constitutional Case-Law* 135: 不允许国家垄断大众媒体。

[2] Decision of the Hoge Raad of the Netherlands, 15 December 1992, (1993) *Nederlandse Jurisprudentie* 374.

[3] Decision of Amtsgericht Tauberbischofsheim, 8 May 1992, 7 (18) *Neue Juristische Wochenschrift* 1098 – 9. See also Decision of the Federal Constitutional Court of Germany, 18 January 1996, (1996) 1 *Bulletin on Constitutional Case Law* 32.

[4] *Herczegfalvy v. Austria*, European Court, (1992) 15 EHRR 437.

[5] *X v. Germany*, European Commission, Application 8383/78, (1980) 17 *Decisions & Reports* 227: 邮局未能将邮件送达某人所指定的地址，并不构成侵犯他的接受信息权。

[6] *E. Z. v. The Administrative Court of the Canton of Valais*, Federal Tribunal, Switzerland, 18 July 1994, (1995) 1 *Bulletin on Constitutional Case-Law* 96.

[7] 人权事务委员会对叙利亚阿拉伯共和国的结论性意见，UN document CCPR/CO/84/SYR。

[8] *Kovacs v. Albert Cooper*, United States Supreme Court, 336 US 77 (1949). See also *Lehman v. City of Shaker Delights*, United States Supreme Court, (1974) 418 US 298 (1974): 言论自由权并不意味着任何持有意见或信仰的人都可以在任何公共场所、任何时间向团体发表讲话；因此，规定合理"时间、地点和方式"的、以一种公平的方式适用的条例是符合宪法的。

[9] *Rowan v. United States Post Office*, United States Supreme Court, 397 US 728 (1970).

和扬声器传输无线电节目,是否侵犯了不接收信息和思想的自由。美国最高法院认为,如果这些节目并没有严重干扰乘客的交谈,也没有人提出实质性的指控说,这些节目被用作令人反感的宣传,那么这种传输就没有干涉乘客的自由。持有异议意见的道格拉斯(Douglas)法官认为,来自环境的强迫可能与来自命令的强迫一样实在。"一个在家中收听到冒犯性节目的人可以根据他的意愿将其关闭或调到另一个电台。在诸如餐馆等公共场所中听到令人不安或不快的节目的人可以起身并离开。但是有轨电车上的人别无选择,而只能坐下来听并尽量不去听。"①

(六)"传播之自由"

表达自由意味着为了使他人听到而自由地表达,因此也意味着将自己的意见和思想传递给他人的自由。实际上,这个概念必然意味着,某人有权表达的内容可以传达给他人。② 一家报纸的编辑采取的传播思想和信息的步骤包括用文字表达这些想法和信息,然后将这些文字印制在纸张中,接下来再公开发布该纸张并予以流传。干扰流传就构成了对这一自由的侵害。③

在民主社会中,大众传媒为公民提供信息和用于交流思想的平台,这两者对于民主文化的发展都至关重要。大众传媒作为传播信息和思想的主要媒介,有义务带着活力、勇气、正直和责任行事。媒体的职能是揪出无论可能发生在任何地方的腐败、欺诈和渎职,并揭发责任人。媒体必须揭示不称职行为和弊

---

① *Public Utilities Commission of the District of Colombia v. Pollak*, United States Supreme Court, 343 US 451 (1952). 该法官对判决的可能后果提出了警告:"当我们强迫人们倾听别人的想法时,我们就给了宣传者一个强有力的武器。今天,它是一家在政府保护下播放广播节目的商业企业;明天,它就有可能是一个占主导地位的政治或宗教团体。"

② *All India Bank Employees Association v. National Industrial Tribunal*, Supreme Court of India, [1962] 3 SCR 269, at 293. See also *Richards v. Attorney General of St Vincent and the Grenadines*, High Court of Saint Vincent and the Grenadines, [1991] LRC (Const) 311.

③ *Olivier v. Buttigieg*, Privy Council on appeal from the Court of Appeal of Malta, [1966] 2 All ER 459. 马耳他的教会当局谴责了某些报纸,其中包括工党的报纸《马耳他之声》。在当时,工党是反对派,该报的编辑也是该党的主席。此后不久,政府向医院员工发出通知,禁止"受到教会当局谴责的报纸进入各医院和部门的分支机构"。这一禁令构成了该编辑在享有其表达自由方面的障碍。See also *Romesh Thappar v. The State of Madras*, Supreme Court of India, [1950] SCR 594:政府作出的禁止在孟买印制并出版的名为《交叉路口》的杂志进入、流通的命令侵犯了传播的自由。Decision of the Constitutional Court of Austria, 23 June 1989:在边境搜查了某一旅行者的行李后,没收了由"反斯特劳斯"(anti-Strauss)委员会编辑的名为《民主信息服务》(*Demokratischer Informationsdienst*)的报纸,侵犯了该旅行者的表达自由权。Decision of the Constitutional Court of Turkey, 19 March 1993, (1993) 1 *Bulletin on Constitutional Case-Law* 46:某项法律禁止在两个特定的宗教节日的前几天出版报纸,是对表达自由的一种干涉。

政，并促进被治理者与治理者之间的沟通。① 如果媒体在履行其义务方面一丝不苟、牢固可靠，那么它们将鼓舞并强化刚刚起步的民主。如果它们在履行其职责时摇摆，那么宪法目标就会受到损害。②

报纸发表任何数量的页面并将其流传给任何数量的人们的自由，都是言论和表达自由的一个组成部分。在印度，一项法律授权政府，在有关报纸的页数和尺寸方面规范报纸的价格，并规范广告事项的版面分配，还根据收取的价格确定了报纸可能发行的最大页数，规定了可以发行的副刊的数量。该法律被印度最高法院认定无效，因为它侵犯了言论和表达自由。③ 媒体也不得受到妨碍，拥有其所传递信息的商品即新闻报纸。④ 在印度的一个案件中，有关新闻报纸的政府进口管制政策的四个特点遭到了质疑。印度最高法院认为，其中的两个，即将最大页数限制为 10 页，不允许以增加页面为目的在发行量和页面之间做出调整，并且也不允许共同所有权单位的不同报纸之间或同一报纸的不同刊版之间的互换，实际上控制了报纸的发展和流通，并因此侵犯了言论和表达的自由。⑤

新闻界可以决定应当采用何种报道技巧。受到保护的，不仅是思想和信息的内容，而且有它们的传播形式。⑥ 基于访谈的新闻报道构成新闻界能够发挥其"公共监督者"的重要角色的最重要方式之一。各种客观公正的报道方法之间可能会有很大差异，这在其他因素外，取决于相关媒体。在记者应采用何种报道技巧方面，法院不应用其自己的观点取代新闻界的观点。⑦ 辩论的竞技场应尽可能在现实意义上公平。如果在公开讨论中，不同的观点得到表达、反

---

① *Government of the Republic of South Africa* v. *The Sunday Times Newspaper*, Constitutional Court of South Africa，［1995］1 LRC 168.

② *Khumalo* v. *Holomisa*, Constitutional Court of South Africa,［2003］2 LRC 382, per O'Regan J.

③ *Sakal Papers（P）Ltd* v. *The Union of India*, Supreme Court of India,［1962］3 SCR 842. See also *Talley* v. *California*, United States Supreme Court, 363 US 60（1960）.

④ *T & T Newspaper Publishing Group Ltd* v. *Central Bank of Trinidad and Tobago*, High Court of Trinidad and Tobago,［1990］LRC（Const）391. 特立尼达和多巴哥中央银行声称依据《外汇管制法》采取的行动限制了报纸出版商为新闻用纸付款的能力，这侵犯了其表达自由的基本权利。"政府为了国家利益必须控制外汇流出，而且只要储备金空虚，就更应如此。同时，为了国家利益，媒体必须发布信息。社会有权接受信息，如此它才能为了国家的利益而发展。"拉基（Lucky）法官称：若要达到平衡，法院就必须以固定于宪法中的基本权利和自由为指导。

⑤ *Bennet Coleman & Co* v. *The Union of India*, Supreme Court of India,［1973］2 SCR 757. 在其他两个特点方面，法院维持了政府进口新闻用纸和控制新闻用纸的分配的权力。See also *Hope* v. *New Guyana Co Ltd*, Court of Appeal of Guyana,（1979）26 WIR 233：进口新闻用纸和印刷设备需获许可的要求，并不妨碍享有表达自由。

⑥ *News Verlags GmbH* v. *Austria*, European Court,（2001）31 EHRR 8.

⑦ *Bergens Tidende* v. *Norway*, European Court,（2001）EHRR 16.

驳、回应和辩论，就实现了这一点。广播者有责任通过呈现平衡的节目，所有合法的观点均可在其中得到尽情释放，以一种公正的方式实现这一目标。如果各个政党能够按照它们的财务能力的程度，在最有效的媒体上买到不受限制的广告机会，以至于选举变得比一场拍卖强不了多少，那么这一目标就没有实现。如果并非政党的富有资源的利益集团能够利用金钱的力量，来加强突出某些可能真或假、对进步思想有吸引力或没有吸引力、有益或有害的观点，这一目标也没有实现。其风险在于，某些政策之可能被公众接受，并不是因为它们在公开辩论中被证明是正确的，而是因为通过不断重复，公众已经习惯于接受它们。①

没有人拥有建立广播电台的绝对权利，但只有依据在宪法上合理的理由，才可以拒绝许可，例如无线电频谱过于拥挤或有合理理由相信可能会播放非法资料。在一起案件中，对一项申请的审议超过了五年就侵犯了表达自由权（该国唯一获得授权的广播电台由总理的兄弟拥有并经营）。② 虽然传播信息和思想的自由不包括任何私人公民或组织在广播或电视上获得播放时间的普遍的和不受约束的权利，但拒绝给予一个或多个特定群体或个人播放时间，在特殊情况中，也会产生与行使这项权利有关的问题。如果在选举期间，将一个政党排除在广播设施之外，原则上就会出现这样的问题。③ 传播诸如广播和电视节目数据的信息的自由，仅准予制作、提供或组织它的人或机构。换言之，传播此类信息的自由限于主张该自由的人制作、提供或组织的信息，基于他们是作者、发起者或以其他方式是有关信息的知识所有者。④

不受阻碍的政治表达自由对于民主制度的正常运作至关重要，并且根据这

---

① *R (on the application of Animal Defenders International) v. Secretary of State for Culture, Media and Sport*, House of Lords, United Kingdom [2008] 5 LRC 687. Cf. *Vgt Verein gegen Tierfabriken v. Switzerland*, European Court, (2001) BHRC 473. 当局并没有证明，为什么禁止由一个致力于保护动物的协会提交的电视广告——该广告主张"为了您的健康、动物和环境，少吃肉"，并将在自然环境中的猪的行为以及它们在工业生产过程中的待遇做了对比——在民主社会中是必要的。

② *Observer Publications Ltd v. Matthew*, Privy Council on appeal from the Eastern Caribbean Court of Appeal of Antigua and Barbuda, [2001] 4 LRC 288. See also *Central Broadcasting Services Ltd v. Attorney General*, Privy Council on appeal from the Court of Appeal of Trinidad and Tobago, [2007] 2 LRC 19: 虽然不存在获得无线电广播许可的绝对权利，但未能确保有效、客观、非歧视地处理许可证申请，就是对表达自由的侵犯。

③ *X and the Association of Z v. United Kingdom*, European Commission, Application 4515/70, (1972) 38 Collections of Decisions 86. See also *Belize Broadcasting Authority v. Courtney*, Supreme Court of Belize, [1988] LRC (Const) 276.

④ *De Geillustreerde Pers NV v. Netherlands*, European Commission, (1976) 8 Decisions & Reports 5. 荷兰广播基金会每周根据各种广播组织提供的信息汇编的数据，只能由该基金会或有关组织公布，或者经其同意公布。

一原则，政党参与对话、传递其观点和意见的能力不得受到限制。因此，一项含有如下规定的法律不符合表达自由：政党有权依其在议会中当选的成员数量按比例获得国家资助，但当选议员少于 15 人（或议员总人数的 12.5%）的政党却没有资格。该法律的实际后果是限制了较小党派进行竞选和与选民有效沟通的能力。即便是将门槛定在 15 人以下，要求已登记的政党在议会中有代表才有资格获得年度资助，也会使一些有抱负的政党在发起竞选活动以及以后维持政治生存中处于严重的财务劣势。①

美国最高法院法官道格拉斯指出，"国家不得对享有联邦宪法赋予之权利收费"。② 然而，安提瓜的一项对出版报纸的权利收取 600 美元年费的法律却得到了认可，其依据是该许可费的数额既不明显过分，也不具足以导致如下结论的性质：该法律之颁行是为了增加收入之外的某些其他目的。③ 白俄罗斯的一项法律要求，一份期刊的每期中都必须包含只能从行政当局获得的出版物信息。这为印数低至 200 份的传单所施加的障碍，已经到了限制提交人的表达自由的程度。④ 印度最高法院强调，尽管新闻界不能免于一般形式的征税，也不能免于适用有关产业关系的一般法律或规范工资支付的法律，但如果一项法律单单挑出新闻界，对其施加将会限制发行的过分负担，惩罚其选择员工的自由，妨碍报纸的启动，迫使新闻界寻求政府援助，就将侵犯表达自由权。⑤

新闻自由包括有可能诉诸某种程度的夸张抑或甚至是挑衅。⑥ 鉴于在许多

---

① *United Parties v. Minister of Justice, Legal and Parliamentary Affairs*, Supreme Court of Zimbabwe, [1998] 1 LRC 614. See also *Libman v. Attorney General of Quebec*, Supreme Court of Canada, [1998] 1 LRC 318；参见，*Decision on the Application of Charles Pasqua*, Constitutional Council of France, 6 September 2000, (2000) 3 *Bulletin on Constitutional Case-Law* 483：法国某项法律的要求——若要有权获得播出时间，政党或团体必须在议会中拥有至少五个席位，或者在上一次选举中，单独或作为政党联盟的一部分，获得至少 5% 的选票——在考虑到广播和电视的有限时间的情况下，适用了客观标准，并未侵犯表达自由。

② *Murdock v. Pennsylvania*, United States Supreme Court, 319 US 105 (1942)；*Corona Daily Independent v. City of Corona California*, United States Supreme Court, 346 US 833 (1953)。

③ *Attorney General v. Antigua Times Ltd*, Privy Council on appeal from the Court of Appeal of the West Indies Associated States, [1975] 3 All ER 81.

④ *Laptsevich v. Belarus*, Human Rights Committee, Communication No. 780/1997, HRC 2000 Report, Annex IX. P.

⑤ *Express Newspaper (Private) Ltd v. The Union of India*, Supreme Court of India, [1959] SCR 12.

⑥ *Fressoz and Roire v. France*, European Court, [2001] EHRR 2. 在一家法国主要汽车制造商（标致）的劳资纠纷中，工人们正在寻求遭到了管理层拒绝的加薪。一家讽刺性周报刊登了一篇文章，它显示该公司主席在此期间已经获得了大幅加薪，同时却反对员工加薪的要求。这篇文章的依据是一名身份不明的税务官员通过违反职业保密而获得的纳税申报表的复印件。该文章被认为促进了普遍利益事项的公开辩论，无意损害该主席的声誉。

情况下难以确定真相，要求媒体确定每个中伤性言论之真实或大体真实，就经常可能导致媒体避免发布它们无法确定可以证明其为真的信息，因为存在着针对他们的诽谤诉讼会成功的风险。这种威慑效果与媒体自由相左，并不能作为民主国家中必要的合理限制的正当理由。① 禁止记者表达批判性的价值判断，除非他（或她）能够证明其真实性，这是不可接受的。② 允许记者报道他们合理地认为是真实的东西，只要他们不肆无忌惮地无视真相，对于调查性新闻至关重要。仅仅是在一些不重要细节上的偏差不足以剥夺记者享有这一权利之保护，因为法院必须审查该出版物是否在实质上改变了事实。如果表达自由需要有为其生存所需的呼吸空间，那么自由辩论中的错误陈述就是不可避免的，并且必须得到保护。③ 在对于公共利益事项的报道中，坚持法院已确立的确定性可能造成的后果，是阻碍传播一个理性人可能会因其可靠而接受的事实以及对于公共讨论具有相关性和重要性的事实。④

限制记者和其他寻求行使其表达自由的人（例如，希望前往参加与人权有关的会议的人）出国旅行的自由，或者限制来自特定国家的外国记者进入该国，通常都与这一权利不符。限制记者和人权调查员在一国境内（包括受冲突波及的地方、自然灾害地方和据称发生了人权侵犯的地方）的行动自由，也与这一权利不符。国家应该承认并尊重表达自由权的这一要素，即欣然接受不披

---

① *Trustco Group International Ltd* v. *Shikongo*, Supreme Court of Namibia, [2011] 1 LRC 536, per O'Regan J; *Thoma* v. *Luxembourg*, European Court, (2003) 36 EHRR 21.

② *Dalban* v. *Romania*, European Court, (2001) 31 EHRR 39. 某位记者在发表一篇控诉一家国有公司的首席执行官欺诈以及一名政客的不当行为的文章之后，因刑事诽谤而被定罪，这违反了《欧洲人权公约》第10条。

③ *John Doe* v. *Ilana Dayan-Orbach*, PhD, Supreme Court of Israel, (2012) 1 *Bulletin on Constitutional Case-Law* 89.

④ *Grant* v. *Torstar Corp*, Supreme Court of Canada, [2010] 4 LRC 316, per McLachlin CJ. See *Lewis* v. *Wilson & Horton Ltd*, Court of Appeal of New Zealand, [2001] 2 LRC 205：禁止公开被告身份的决定是司法性的，必须依照法律确定。法官必须考虑言论自由、公开司法程序的重要性，以及媒体报道法庭诉讼情况的权利。初步的假定是倾向于公开的，只有当某项命令被认为是对表达自由的合理的、在自由民主社会中明显正当的限制时，才能取代这一假定。因此，法官有必要确定公开被告的身份所带来的真正伤害。在判定是否取代该假定时，应考虑的因素是该人是否被宣告无罪或被定罪、罪行的严重性、公布可能对此人的改造、公共利益和涉案人员的个人情况产生的不利影响。本案涉及一位家人生活在新西兰的美国公民。当他到达奥克兰机场时，在他身上以及他在奥克兰港的游艇上发现了大麻。在审判期间——其中一部分是在庭内举行并且没有记录，他向慈善机构捐了一大笔款，后来在未经定罪的情况下被释放。禁止公开其身份的命令被撤销。See also *R* v. *Legal Aid Board, ex parte Kaim Todner* (*a firm*), [1988] 3 All ER 541, Court of Appeal, United Kingdom, per Lord Woolf MR：" 双方都不同意向公众公开信息的时候，就是法院必须保持极度谨慎的时候 "。*Re Guardian News and Media Ltd*, Supreme Court, United Kingdom, [2010] 4 LRC 476.

露信息来源的有限的新闻特权。*

　　国家应确保反恐措施符合《公民及政治权利国际公约》第19条第3款。应明确界定诸如"鼓励恐怖主义"和"极端主义活动"的违法行为，以及"赞美""颂扬"或"辩解"恐怖主义的违法行为，以确保它们不会导致对表达自由的不必要的或不合比例的干涉。对于获取信息的过度限制也必须避免。媒体在告知公众恐怖主义行为方面发挥着至关重要的作用，其运作能力不应受到不适当的限制。在这方面，记者不应因从事正当合法活动而遭到刑事惩罚。**只有在从事这一职业的人不属于威胁或身体、精神或道德暴力或其他骚扰行为的受害者时，新闻工作者才能自由从业。① 对于充分行使表达自由，这些行为构成了严重障碍。②

　　对报道的垄断损害了自由地形成意见这一目的，因为它具有的效果是鼓励信息的某种一致性。播放自由的目的在于信息传输的多元化，因为媒体传输的信息不仅是反映现实，而且总是选择、解释和呈现的过程的结果。因此，不仅要通过采取预防措施，避免组织者层面上的集中，也要通过采取适当的措施避免信息垄断，才能减少某种意见占据主导地位之可能。将具有普遍重要性或事关普遍利益的信息完全商业化，将会允许信息权利的购买者自行决定如何使用它们以及排除或限制第三方，这不符合播放自由的目标。因此，原则上，所有电视公司都应有权播放简短通信。③

（七）"各种消息及思想"

　　"接受消息和思想"权的主要享有者是一般公众。④ 民主的存在需要有关公共机构运作的新思想和意见的表达。这些意见可能对这些机构中的做法以及机构本身具有批评性。然而，变得更好有赖于建设性的批评。这种批评从来不得受到限制的压抑。对于出格行为的沮丧往往会造成强烈的和无益的抱怨。夸张的和渲染的，甚至也许不敬的言语，可能是必要试金石，来激发

---

　　* 人权事务委员会第34号一般性意见，第45段。
　　** 人权事务委员会第34号一般性意见，第46段。
　　① 人权事务委员会第10号一般性意见。（原注如此。但是，在人权事务委员会的无论是第10号还是第34号一般性意见中，都没有有关的内容。——译者注）
　　② *Velez Restrepo v. Colombia*, Inter-American Court, 3 September 2012.
　　③ Decision of the Federal Constitutional Court of Germany, 17 February 1998, (1998) 1 *Bulletin on Constitutional Case-Law* 47. 简短通信是对有关具有普遍利益的事件的传输，仅由一个电视台做全面电视播放。
　　④ *Johncom Media Investments Ltd* v. *M*, Constitutional Court of South Africa, [2009] 4 LRC 792.

为改革所需的公众兴趣和想象,并提出可以实现改革的方式。① 因此,表达自由不仅包括被欣然接受的或被视为无冒犯性或无关紧要的"信息"或"思想",而且包括那些冒犯、震撼或扰乱国家或任何一部分民众的"信息"或"思想"。"这是多元、宽容和开放心性的要求,没有这些,就没有民主社会"。②

加拿大最高法院首席法官迪克逊(Dickson)认为,保障表达自由是"为了确保每个人都能表达他们的思想、意见、信仰,实际上是所有心灵和心思的表达,而不论多么不受欢迎、令人反感或与主流相悖"。③ 印度最高法院也持相同观点:"我们根据我们的宪法所致力实现的自由社会的基本价值观之一就是,不仅我们欣赏的思想必须要自由,我们讨厌的思想也必须如此"。④ 西班牙宪法法院认为,"任何意见都可以表达,无论它可能表现得多么错误或危险;甚至实际上攻击民主制度的意见也可以表达,因为宪法也保护那些不赞同它的人们"。⑤ 美国最高法院法官布伦南(Brennan)认为,关于公共问题的辩论"应该是不受约束的、充满活力的和广泛开放的",并且很可能包括"对政府和公职人员的激烈、刻薄、有时令人不快的尖锐攻击"。⑥ 道格拉斯法官补充道,言论自由的一项功能就是启动辩论:"当它引发不安状态,造成对当前的状况不满,甚至挑起人们的愤怒时,它可能实际上最好地有助于其崇高目的。

---

① Per Cory JA in *R v. Kopyto* (1987) 24 OAC 81, at 90 – 1, quoted with approval by L'Heureux-Dube J in *Committee for the Commonwealth of Canada v. Canada*, Supreme Court of Canada, [1991] 1 SCR 139, at 181 – 2:因指称警方和法院不相互独立而被判有诽谤法庭罪的某人提起的申诉。

② *Handyside v. United Kingdom*, European Court, (1976) 1 EHRR 737, at 754; *Grigoriades v. Greece*, European Court, (1997) 27 EHRR 464. See also Decision of the Constitutional Court of Austria, B. 1701/88, 21 June 1989:在电视上以一种挑衅和批评的方式采访了奥地利总统库尔特·瓦尔德海姆(Kurt Waldheim)博士的两名记者,因其"暗示和挑衅的方式提问"违反了客观原则,随后遭到主管当局的谴责。这侵犯了他们得到宪法保障的表达自由权。*Piermont v. France*, European Court, (1995) 20 EHRR 301:当一名欧洲议会议员——她既是环保主义者又是和平主义者——因为发表了"攻击法国政策"的言论而被驱逐出新喀里多尼亚时,她的表达自由权就受到了侵犯。*Nilsen and Johnson v. Norway*, European Court, (1999) 30 EHRR 878:在公众关注的激烈的和持续的公开辩论的背景下,应该容许一定程度的夸大。*Baskaya and Okcuoglu v. Turkey*, European Court, 8 July 1999, (2001) 31 EHRR 10:在一本学术书籍——其中所含一章有关库尔德问题——出版后,某位大学教授和某一出版商被定罪。这未能充分顾及学术表达自由以及公众获知有关土耳其东南部局势的不同观点的权利,不论这种观点可能对当局来说多么令人不快。Decision of the Federal Constitutional Court of Germany, 29 June 2010, (2010) 2 *Bulletin on Constitutional Case-Law* 302. 命令某位反堕胎者停止和放弃抗议活动——尤其是通过在临近某个"堕胎医生"的诊所向接受该医生诊疗的患者演讲,侵犯了表达自由。

③ *Irwin Toy Ltd v. Attorney General of Quebec*, Supreme Court of Canada, [1989] 1 SCR 927, at 968.

④ *Naraindas v. State of Madhya Pradesh*, Supreme Court of India, [1974] 3 SCR 624, at 650.

⑤ Decision of the Constitutional Court of Spain, 11 December 1995, (1995) 3 *Bulletin on Constitutional Case-Law* 373.

⑥ *New York Times Co v. Sullivan*, United States Supreme Court, 376 US 254 (1964), at 270.

言论往往具有挑衅性和质疑性。它可能会攻击偏颇想法和先入之见，并且在促使某一观点获得接受时产生巨大的扰乱效应。"[1]

对于政府而言，可予允许的批评的界限相比于涉及私人公民甚或是政客的界限，更广泛。在民主制度中，政府的作为或不作为不仅必须受到立法和司法当局，还要受到新闻界和公众舆论的密切监督。[2] 禁止发布任何本地的或外国的、"直接或间接批评"政府履行职责的文本，是对这一权利的侵犯。[3] 某国政府在某个电话接听节目播出期间受到广泛批评后，关闭了由其拥有的广播电台——唯一一个向全国播放的世俗无线电台——发起的该节目，这是对于曾由政府提供的平台的任意撤销。[4] 对于针对政府提出的批评，应该寻求以反驳的形式回答。为此目的，政府可以利用各种手段：由适当的部长在议会演讲、举行新闻发布会、行使回应权、发布官方公告等。因此，在政治辩论的情况中，通过启动刑事诉讼干涉表达自由，只有在其针对的是具有诽谤性质的辱骂，而对此不可能通过民主国家通常可用的手段以适当的和充分的方式作出回应的限度内，才是正当合理的。作为通则，对表达真实事实以及甚至是错误事实——只要与它们有关的人有充分理由相信它们是真实的——施以刑罚，很难被证明是正当合理的。[5]

在政府中任职以及负责公共行政工作的人将始终可能受到批评。对于政治人物而言，可接受的批评的界限相比于私人个人的更为宽泛。与后者不同的

---

[1] *Terminiello v. City of Chicago*, United States Supreme Court, 337 US 1 (1949). 然而，这种保护并不延及使用下流、猥亵、亵渎、诽谤和侮辱的言辞或"挑衅言辞"，这些言辞因其极端表达而造成伤害，或倾向于煽动直接破坏和平：*Beauharnais v. People of the State of Illinois*, United States Supreme Court, 343 US 250 (1952). 在一项异议意见中，道格拉斯法官认为根据美国宪法，言论自由、新闻自由和践行宗教自由在警察权力之上并在其之外，他针对"正统的和标准化思想的令人窒息的影响"提出了警告。See also *Cohen v. California*, United States Supreme Court, 403 US 15 (1971)：穿着一件带有明显可见的词语"去你的征兵"（Fuck the Draft）的夹克并不构成"挑衅言辞"。*Hess v. Indiana*, United States Supreme Court, 414 US 105 (1973)：在某一大学校园中的反战示威期间，某人站在一条治安官正在清理的街道一侧，发表"我们以后将占据这条臭街"的言论并不构成"挑衅言辞"，也不能因具有导致暴力的倾向或者因有意或可能产生迫在眉睫的非法行为，而遭到惩罚，因为没有争议的证据表明，该说法并非针对任何个人或团体，而且它至多是当前的温和警告，最坏也仅仅是宣扬某个无限期的将来的非法行动。

[2] *Castells v. Spain*, European Court, (1992) 14 EHRR 445. See also *Ceylan v. Turkey*, European Court, (1999) 30 EHRR 73; *Baskaya and Okcuoglu v. Turkey*, European Court, (2001) 31 EHRR 10.

[3] *Denmark, Norway, Sweden and Netherlands v. Greece* (The Greek Case), European Commission, (1969) 12 *Yearbook* 196.

[4] *Benjamin v. Minister of Information and Broadcasting*, Privy Council on appeal from the Court of Appeal of Anguilla, [2001] 4 LRC 272.

[5] *Castells v. Spain*, (1992) 14 EHRR 445; *Thorgeirson v. Iceland*, European Court, (1992) 14 EHRR 843. See also *Rajagopal v. State of Tamil Nadu*, Supreme Court of India, [1955] 3 LRC 566：政府、地方当局和其他行使政府权力的机关和机构不能提起诽谤的损害赔偿诉讼。

是，前者不可避免地并且有意识地使其自身受到记者和广大公众对他的每一句话、每一行为的密切监督，因此他也必须表现出更大程度的宽容。① 任何扼杀或束缚这种批评的企图，都构成最阴险和令人反感的政治审查。通常，由政治对手针对那些负责处理公共事务的人提出批评的目的，就是破坏公众对后者的管理工作的信心，并说服选民该对手可以在这一点上做得更好。② 因此，政治家之前的刑事定罪以及他在其他方面的公开行为，可能是评估其履行政治职能的适当性的相关因素，并因此有可能成为评论的话题。③

即便是该信息主要涉及公共活跃人士的配偶，公众也有权获得与其相关的具体情况的信息。例如，一起严重交通事故涉及某位公众活跃人士的配偶这一事实，可能会影响该人在其履职过程中的活动和行为，尤其是其所担任公职是在媒体领域之内时。④ 当某些记者为重要的公共辩论做出贡献，从而发挥他们作为民主"监督者"的作用时，有必要极其谨慎地评估在民主社会中，是否需要因其使用了通过违反调查保密或违反职业保密而获得的信息，而惩罚这些记者。⑤

---

① *Lingens* v. *Austria*, European Court, (1986) 8 EHRR 103. See also *Oberschlick* v. *Austria* (No. 2), European Court, (1997) 25 EHRR 357：公开将某位政客称为"白痴"可能会冒犯他，但考虑到具体情况，这看来与该政客通过他所做的演讲引起的愤慨并非不成比例。使用这一词语可能被认为具有争议性，是该政客引发的政治讨论的一部分，相当于真实性不易受到证实的一项意见。

② *Hector* v. *Attorney General of Antigua and Barbuda*, [1991] LRC (Const) 237, Privy Council, setting aside the decision of the Court of Appeal of the Eastern Caribbean States in *Attorney General of Antigua and Barbuda* v. *Hector* (1988) 40 WIR 135：将有可能"破坏公众对处理公共事务的信心"的言论规定为犯罪，侵犯了表达自由。*Cohen* v. *California*, United States Supreme Court, 403 US 15 (1971)：批评公众人员和行为的权利不仅意味着知情和负责任的批评，还意味着胡言乱语、并无节制的自由。

③ *Schwabe* v. *Austria*, European Court, 28 August 1992. See also *Lingens* v. *Austria*, European Commission, (1984) 7 EHRR 447：维也纳一家杂志的出版人刊发了两篇批评奥地利总理的文章，指责他出于政治原因保护纳粹党卫军的前成员，并帮助他们步入奥地利政坛。他被判犯有刑事诽谤罪，他发行的杂志也被没收。检察官特别强调：文章将总理的行为描述为基本上是"最丑陋的机会主义"和"不道德的"或"有失体面的"。欧洲人权委员会拒绝了奥地利上诉法院的意见，即"新闻界只有提供信息的任务，而对所传播事实的评估和评价则必须首先留给读者"。在其看来，新闻界有着传播思想或意见的特殊责任，尤其是在所讨论的问题涉及个别政客在公共利益事项上的行为和态度的情况中。在提到批评政客的可允许范围的同时，欧洲人权委员会认为："很明显，政客基于其所任公职，相比于普通公民，在更大程度上使其自身暴露于公众批评。……民主制度要求那些拥有公权力的人不仅受到国家机构或其他组织中的政治对手的严密控制，还要受到在很大程度上在媒体中形成和表达的公众舆论的严密控制。实行这种控制不仅是一项权利，甚至可以被视为一个民主国家中的新闻界的'责任和义务'。"*Lingens and Leitgens* v. *Austria*, European Commission, (1981) 4 EHRR 373："一个政客必须准备好接受对他的公开活动和言辞的严厉批评，并且这种批评可能不会被认为是诽谤，除非它引起了对该政客的个人性格和良好声誉的相当大的质疑。"

④ Decision of the Constitutional Court of the Czech Republic, (2012) 2 *Bulletin on Constitutional Case-Law* 284. 其所担任公职是捷克电视委员会副主席。

⑤ *Dupuis* v. *France*, European Court, 7 June 2007.

与政客一样,以公职身份行事的公务人员,在可接受的批评上所受到的限制比私人更大。但是,不能说公务人员有意识地使其自身的每一句话、每一行为都受到在程度上等同于政客所受到的密切监督,并且因此在涉及对他们的行为的批评时,不应受到与后者的同等对待。此外,如果公务人员要成功地履行其职责,就必须在没有过度干扰的条件下享有公众的信任,这可能因此证明,有必要保护他们在执勤时不受冒犯性和辱骂性的口头攻击。[1]

这些原则对司法工作同样适用。法院并不是在真空中运作。它们是解决争端的场所这一事实并不意味着在其他地方,无论是在专业期刊、普通媒体还是在公众中,不能事先讨论争端。虽然大众传媒不得超越为了正常司法工作之利益而划定的界限,但是它们有责任传播有关法院审理的事项的信息和想法,就像在其他公共利益领域一样。不仅是媒体有责任传播这些信息和想法,而且公众也有权利接受它们。[2]

艺术表达自由包含在"信息和思想"的含义之内。创作、表演、传播或展示艺术作品的人,也有助于思想和意见的交流。[3] 虽然人们普遍认为"艺术"包括根据美学原则创制的想象、模仿或设计的作品,但是某一特定的绘画、电影或文本是否是"艺术"这一问题,要由法院根据各种因素来确定,例如创作者的主观意图、作品的形式和内容、专家的意见,或者创制、展示和传播的方式。[4] 具有商业性质的信息并不被排除在给予"信息和思想"的保护之外。[5] 人权事务委员会认为,诸如户外广告等商业活动处于《公民及政治权利国际公约》第19条第2款的范围之内,该款必须被解释为"包括符合《公民及政治权利国际公约》第20条的……能够传递给他人的主观想法和意见的任何形

---

[1] *Janowski v. Poland*, European Court, (1999) 29 EHRR 705: 在两名市政警卫要求在广场上交易的街头小贩转移到另一个场地之后,在公共广场侮辱这两名市政警卫(称他们为"痴儿"和"哑巴")而遭到的定罪,并未违反《欧洲人权公约》第10条。

[2] *Sunday Times v. United Kingdom*, European Court, (1979) 2 EHRR 245. See also the dissenting opinion of Judge Golcuklu in *Barfod v. Denmark*, European Court, (1989) 13 EHRR 493.

[3] *Muller v. Switzerland*, European Court, (1988) 13 EHRR 212.

[4] *R v. Sharpe*, Supreme Court of Canada, [2001] 2 LRC 665. *Korneenko v. Belarus*, Human Rights Committee, Communication, No. 1553/2007, 20 March 2009: 在白俄罗斯总统竞选活动期间,警方查获了数千份载有某位候选人的照片、竞选纲领以及"新总统"的题词的传单,并在随后因运载这些传单而将该候选人的助手定罪,这侵犯了该助手的表达自由。

[5] *Markt intern Verlag GmbH v. Germany*, European Court, (1989) 12 EHRR 161, 佩蒂提(Pettiti)法官:商业活动的开放性要求自由地传播有关向消费者提供的产品和服务的信息和想法的可能性。*Barthold v. Germany*, European Court, (1985) 7 EHRR 383: "如果不考虑广告现象,就无法解决信息自由、广播的自由市场、通信卫星的使用等重大问题;通过拒绝私人广播的资金支持的方式全面禁止广告,将等于禁止私人广播。"

式",这些形式不应局限于政治、文化或艺术表达的方式,而是也应包括商业表达和广告。① 关于政治候选人或选举问题的民意调查是选举进程的一部分,并因此处于表达自由的核心。禁止在竞选活动的最后三天里广播、公布或传播民意调查的结果,侵犯了表达自由。②

传播准确信息的权利优先于荣誉权,但条件是该信息在公共场域中具有影响力、构成新闻事项并且准确无误,即记者或线人使用合理手段,通过比对事实,核实了他通过书面或其他方式传播的新闻。③ 事实需要与价值判断区分开来。事实之存在可以被证明,而价值判断的正确性则难以证明。价值判断是对还是错无关紧要。捍卫真相这一问题与个人对某一情况的评估无关。如果作为他的价值判断的基础的事实基本正确,并且他的善意没有引发严重怀疑,那么就不能认为他超出了表达自由的限度。④ 实际上,如果一个人发表了对事实的真实陈述,然后对这些事实作出了价值判断,那么要求他应该证明其言论的真实性,就是不可能实现的,并且其本身就是对意见自由的侵犯。⑤

---

① *Ballantyne et al v. Canada*, Human Rights Committee, Communication Nos. 359/1989 and 385/1989, 31 March 1993. See also Decision of the Constitutional Court of Austria, V 575/90 – 6, 12 December 1991; *Liquormart inc v. Rhode Island*, United States Supreme Court, 13 May 1996; Decision of the Constitutional Court of Austria, 8 October 1996, (1996) 3 *Bulletin on Constitutional Case-Law* 330.

② *Thomson Newspapers Co Ltd v. Attorney General of Canada*, Supreme Court of Canada, [1998] 4 LRC 288:政府在没有具体和确凿的证据表明某项不准确的民意调查会误导大量选民并严重扭曲选举行为的情况下,仅仅根据对伤害的合理臆断,就证明侵犯了表达自由的立法正当合理,这并不充分。

③ Decision of the Constitutional Court of Spain, 28 November 1994, (1994) 3 *Bulletin on Constitutional Case-Law* 287. See also *Mallawarachchi v. Seneviratne*, Supreme Court of Sri Lanka, [1992] 1 Sri LR 181:为了公共利益或为了保护合法利益而作出的真实言论,显然是在行使言论自由,即便是在表面上有诽谤性质。给出这些言论的方式可以是批评拥有或寻求公职的人,尤其是在与该公职有关的情况下。

④ *Lingens v. Austria*, European Court, (1986) 8 EHRR 103; *Castells v. Spain*, European Court, (1992) 14 EHRR 445, and concurring opinion of Judge de Meyer; *Schwabe v. Austria*, European Court, 28 August 1992. See also *Lingens v. Austria*, European Commission, (1984) 7 EHRR 447:"欧洲人权委员会不能接受:只有在能够证明为'真'的情况下,才可以由新闻界做出关键的价值判断。价值判断是新闻自由的基本要素,证明上的不可能性,是价值判断所固有的。使用强有力的措辞本身可能是表达不赞成某一特定行为的一种手段,并且只应在所使用的措辞与原本要批评的合法目标不成比例的情况下,才能加以限制。" *Singer v. Canada*, Human Rights Committee, Communication No. 455/1991, HRC 1994 Report, Annex IX. Y.

⑤ *Oberschlick v. Austria*, European Court, (1991) 19 EHRR 389. See also *Gertz v. Welch*, United States Supreme Court, 418 US 323 (1974):并不存在"错误的思想"这种东西。不论某一意见可能看起来有多么恶劣,它的纠正也不取决于法官和陪审团的良知,而是取决于与其他思想的竞争。Decision of the Constitutional Court of the Former Yugoslav Republic of Macedonia, 24 November 2011, (2012) 1 *Bulletin on Constitutional Case-Law* 190:有关自然人之间的关系的、与社会和公共利益不相关并且不存在必要利益的言论,如果不真实并侵犯了他人的权利,则不受表达自由的保护。

(八)"不分国界"

表达自由权不受任何政治或领土实体的限制；不分国界，均可行使。① 无论以何种方式从国外接受的信息，仅得以规定的方式、出于特定的目的加以限制。② 在解释表达自由权时，必须考虑跨越边界交流沟通的自由。③

(九)"此种权利包括以语言、文字或出版物、艺术或自己选择之其他方式"

"其他媒介"* 包括通过无线电的节目广播，以及该类节目的有线转播、④ 电视、⑤ 互联网、⑥ 以及通过邮件⑦或任何公众成员都可拨打特定号码并收听预先录制的信息的电话系统⑧进行的对事务的交流沟通。戏剧⑨和电影⑩也是正当而重要的媒介。在尼日利亚，最高法院认定，"媒介"一词（宪法在提及表达自由时所用）⑪ 不仅限于报纸或"大众传媒"，而且包括学校。因此，私人或

---

① UN document A/2929, chap. VI, s. 124.
② *Autronic AG v. Switzerland*, European Commission, 8 March 1989.
③ *Groppera Radio AG v. Switzerland*, European Court, (1990) 12 EHRR 321, per Judge Bernhardt.
* 《公民及政治权利国际公约》作准中文本中，此处的用词是"其他方式"，英文本中与其对应的用词为"other media"——本译文将该词译为"其他媒介"，以方便下文如"大众传媒"之表述。
④ *Groppera Radio AG v. Switzerland*, European Court, (1990) 12 EHRR 321. See also European Commission, (1988) 12 EHRR 297.
⑤ *Belize Broadcasting Authority v. Courtney*, Court of Appeal of Belize, (1990) 38 WIR 79; *NTN Pty Ltd and NBN Ltd v. The State*, Supreme Court of Papua New Guinea, [1988] LRC (Const) 333.
⑥ Decision of the Constitutional Council of France, 10 June 2009, (2011) 1 *Bulletin on Constitutional Case-Law* 59; Decision of the Constitutional Court of Russia, 9 July 2013, (2013) 2 *Bulletin on Constitutional Case-Law* 349; Decision of the Federal Constitutional Court of Germany, 22 August 2012, (2012) 3 *Bulletin on Constitutional Case-Law* 503.
⑦ *Winters v. People of the State of New York*, United States Supreme Court, 333 US 507 (1948); *Roth v. USA*, United States Supreme Court, 354 US 476 (1957); *Lamont v. Postmaster General*, United States Supreme Court, 381 US 301 (1965).
⑧ *Taylor v. Canadian Human Rights Commission*, Supreme Court of Canada, [1991] LRC (Const) 445.
⑨ *Schacht v. United States*, United States Supreme Court, 398 US 58 (1970)：与其他所有人一样，演员享有表达自由的宪法权利，包括在戏剧表演期间公开批评政府的权利。
⑩ *Abbas v. The Union of India*, Supreme Court of India, [1971] 2 SCR 446; *Ramesh v. The Union of India*, Supreme Court of India, [1988] 2 SCR 1011; *Rangarajan v. Jagjivan Ram*, Supreme Court of India, [1990] LRC (Const) 412; *Burstyn v. Wilson*, United States Supreme Court, 343 US 495 (1952); *Kingsley International Pictures Corporation v. Regents of the University of the State of New York*, United States Supreme Court, 360 US 684 (1959); *Interstate Circuit v. Dulles*, United States Supreme Court, 390 US 676 (1968).
⑪ 《尼日利亚宪法》第36条第2款规定，"每个人都有权拥有、创立、经营任何用于传播信息、思想和意见的媒介"。

机构有权建立大学、中学或后小学机构。①

图片属于表达自由权的范围。因此，没收国家指称的构成"有利于敌人的表达"的绘画，以及随后根据国家安全法对作者的起诉和定罪，侵犯了表达自由。国家未能以具体的方式表明该绘画对于《公民及政治权利国际公约》第19条第3款所列举的任何目的构成的威胁的确切性质，以及为什么没收这幅画、将该画作者定罪是必要的。②

剧院的核心业务是通过呈现传达思想和想法的艺术创作，来实现受保护的表达自由。不能通过区分出售用于消费的酒水的剧院和不这么做的剧院，来控制在获得许可的剧院中可能提供的娱乐类型。这样做将要控制的是在获得许可的剧院中可能提供的娱乐类型，而不是控制此类场所中的行动或行为。③

尽管表达自由不包括为传播有关公共事务的观点之目的而使用政府的任何以及所有财产的权利，但是它的确包括利用供公众使用的街道和公园的权利，即便这要受到合理的限制，以确保它们一直被用于所设计之目的。④ 当某一个人在公共场所中采取交流沟通行为时，他或她必须考虑该场所必须履行的功能，并调整其交流沟通方式，以使此种表达不妨碍该功能。个人的表达自由在本质上受到公共场所的功能的限制这一事实，是个人的权利总是受到他人权利的限制的这一一般规则的应用。⑤

---

① *Ukaegbu v. The Attorney General of Imo State*, Supreme Court of Nigeria, [1985] LRC (Const) 867, [1984] 5 NCLR 78. See also *Archbishop Okogie v. The Attorney General of Lagos State*, Supreme Court of Nigeria, [1981] 1 NCLR 218.

② *Hak-Chul Shin v. Republic of Korea*, Human Rights Committee, Communication, No. 926/2000, 16 March 2004, Selected Decisions, Vol. 8, p. 172. 该绘画的副本此前曾在国家现代艺术馆展出。将该画家无罪释放的首尔地方刑事法院将这幅画描述为"仅仅是根据他个人的乌托邦观念，描绘他对国家统一愿望中的臆想情景"。在经上诉而由最高法院进行的重审中，他被定罪。其中检方举出了一位专家，他认为该绘画遵循了"社会主义现实主义"理论，描绘了由寻求推翻大韩民国的农民领导的"阶级斗争"——原因在于该国与美国和日本之间的关系。该专家认为，画中所示的山脉代表着由朝鲜民主主义人民共和国领导的"革命"，所描绘的房屋的形状反映了朝鲜前领导人的出生地。在他看来，这位画家试图煽动推翻大韩民国的政权，并以朝鲜原则下的"幸福生活"取代之。

③ *Phillips v. Director of Public Prosecutions*, Constitutional Court of South Africa, [2004] 1 LRC110. 南非《酒水法》中的一项规定——许可证持有人允许任何人从事违法、下流或淫秽行为，或者允许任何未穿衣服或着装不当的人在获得许可的、提供任何性质娱乐活动的或者公众可以接触到的场所的某一部分中出现或表演，均属犯罪——过于宽泛、不当，是对表达自由权的无理侵犯。

④ *Hague v. Committee for Industrial Organization*, United States Supreme Court, 357 US 496 (1939).

⑤ *Committee for the Commonwealth of Canada v. Canada*, Supreme Court of Canada, [1991] 1 SCR 139. 机场是一种通道，在该场所的效能或功能不受任何形式的威胁的情况下，其开放或等待区域内可以容许表达行为。

（十）这一权利之行使"附有特别责任及义务"

行使表达自由的人所承担的"责任及义务"的范围取决于：（甲）该人的特殊情况以及他由于这种情况而负有的责任及义务，以及（乙）他使用的技术手段。① 然而，仅仅提及这些责任及义务并不足以使得干涉其表达自由正当合理；干涉的正当合理理由还必须见于由法律限制行使这项权利的某项具体理由。不同的标准可能适用于不同类别的人，例如公务员、军人、警察、记者、出版商和政客，他们的责任及义务必须结合他们在社会中的职能来看待。②

在一起案件中，有几名士兵诉称他们的表达自由受到了军事当局的侵犯。他们因在某营地杂志上撰写了据称破坏军纪的文章，而受到了军事当局的纪律处分。当局的责任及义务之一是维护武装部队的纪律和秩序，这一事实是在评估这些士兵的案件中的干涉时必须考虑的背景。③ 同样，一名大学讲师——他的一些学生可能处于智识发展阶段，而他们在该阶段容易受到灌输是一个不容忽视的因素——在涉及他的意见及其表达时（这既包括直接在学院里的，也包括在较小的程度上、在其他时间里作为对于学生和其他工作人员的一位权威人士），也受到特别责任及义务的限制。同时，他作为讲师的工作也使得他的雇主负有特别的义务，要确保在学院内的表达自由的背景下，思想的自由交流和发展，因为针对一种形式的灌输的过度保护可能构成另一种形式的灌输。④ 如果某本书籍是面向学童阅读的，那么就应在这种背景下审查对于行使表达自由权的干涉。在一起案件中，某一出版商因"持有并准备出版以获利的名为《小

---

① *Hertzberg v. Finland*, Human Rights Committee, Communication No. 61/1979, 2 April 1982.

② See, for example, *Stewart v. Public Service Relations Board*, Federal Court of Canada, [1978] 1 FC 133.

③ *Engel v. Netherlands*, European Commission, 19 July 1974. 参见，*Vereinigung Demokratischer Soldaten Österreichs and Gubi v. Austria*, European Court, 19 December 1994：拒绝允许向军人分发包含有关军事生活的信息和文章的月刊（通常具有评论性质）违反了《欧洲人权公约》第 10 条。*Hadjianastassiou v. Greece*, European Court, (1992) 16 EHRR 219：某位负责设计和生产导弹项目的航空工程师——他向一家私营公司通报了他自己准备的导弹技术研究——受到有关任何履行其职责的谨慎义务的限制。

④ *Kosiek v. Germany*, European Commission, (1984) 6 EHRR 467：以某位物理讲师是极右翼民族民主党成员以及他在两本书中表达的观点为由解雇他，并没有违反《欧洲人权公约》第 10 条。The European Court, (1986) 9 EHRR 328，欧洲人权法院认为，该案涉及的并不是表达自由，而是担任公职，这并不是一项获得《欧洲人权公约》承认的权利对象。参见，*Vogt v. Germany*, European Court, (1995) 21 EHRR 205：该案中，某位学校教师被解除公务员职位，理由是她作为德国共产党成员的政治活动，但是并没有提出指控说，她利用自己的职位在授课期间向学生灌输或以其他方式施加不当影响。这种纪律制裁与所追求的合法目标不成比例。

红教科书》的淫秽书籍"而受到的起诉和定罪,被欧洲人权法院认定具有为民主社会所必要的合法目的,即保护道德。① 就广播和电视节目而言,由于观众无法受控,因此不能排除对未成年人的有害影响,责任机关应承担特别的责任及义务。②

在考虑记者的"责任及义务"时,有关媒体的潜在影响是一个重要因素。通常认识是,相比于印刷媒体,视听媒体具有更直接、更强大的效果,因为它能够通过图像传达印刷媒体无法传递的意蕴。然而,要由新闻界确定应采用何种报道技术,因为该保护不仅包括表达出的思想和信息的实质,也包括传递它们的形式。③ 要由记者来决定,是否有必要复制任何文件以确保可信度。只要他善意地行事,在准确的事实基础上报道,并根据新闻职业的伦理规范传达"可靠和准确"的信息,那么他透露有关公共利益之事件的信息的权利就受到保护。④ 媒体披露有关被收养子女的亲生父母和养父母的情况,绝不构成自由传播信息权的正当行使。这些披露是对私生活的干涉,并由此侵犯了个人和家庭的隐私权。⑤ 当存在攻讦私人名誉和破坏"他人权利"的问题时,新闻界的"责任及义务"就具有重要意义。在有关报道公共利益事务方面所赋予记者的保障,要服从一项条件,即他们要善意地行事并根据新闻职业的伦理规范提供准确和可靠的信息。⑥

每当涉及高级法官的表达自由时,"责任及义务"就具有特殊意义,因为对于在司法机关任职的公职人员的期望是,他们在可能出现对司法机关之权威和公正的质疑的所有情形中,均应表现出克制。在一起案件中,列支敦士

---

① *Handyside* v. *United Kingdom*, European Court, (1976) 1 EHRR 737; European Commission, 30 September 1975. See also *Muller* v. *Switzerland*, European Court, (1988) 13 EHRR 212:艺术家以及推销他们的作品的人,也有"责任及义务"。

② *Hertzberg* v. *Finland*, Human Rights Committee, Communication No. 61/1979, HRC 1982 Report, Annex XIV.

③ *Jersild* v. *Denmark*, European Court, (1994) 19 EHRR 1.

④ *Fressoz and Roire* v. *France*, European Court, (1999) 21 EHRR 28:对于通过某位身份不明的税务官员违反其职业保密而获得的纳税申报表予以公布。See also *Bladet Tromso and Stensaas* v. *Norway*, European Court, (1999) 29 EHRR 125:报纸有权信赖官方报告,而无须亲自研究报告的事实准确性。Decision of the Constitutional Court of Spain, 21/2000, 31 January 2000, (2000) 1 *Bulletin on Constitutional Case-Law* 140:不明的信息源不允许记者断言他在核实事实方面已经妥善地履行了他的尽职义务。

⑤ Decision of the Constitutional Court of Spain, 15 July 1999, (1999) 3 *Bulletin on Constitutional Case-Law* 443.

⑥ *Bergens Tidende* v. *Norway*, European Court, (2001) 31 EHRR 16:该案中,某家报纸上发表的一系列文章转述了整形手术后不满意患者的投诉,这给一位被指名的医生带来了严重后果。他的保护自己的职业声誉不受质疑的利益,并不足以超过一种重要的公共利益,即新闻界自由传播有关合法的公众关注事项的信息。因此,所投诉的干涉并非是"民主社会中必要的"。

登行政法院院长在一场公开演讲中表达的观点是,他的法院有权处理涉及列支敦士登亲王权力的争端,而后者则宣布他不打算再次任命该法官担任其职位。该法官的表达自由遭到了侵犯。亲王的行为与所寻求的目标不成比例,也非在民主社会中必要。① 在宗教意见和信仰的语境中,"责任及义务"可以正当合法地包括一种义务,即尽可能避免在涉及崇奉对象方面无故冒犯他人以及亵渎神灵,以及因此无助于能够推动人类事务进步的任何形式的公共辩论的表达。②

通讯社在分发报道之前有义务审查报道的真实性这一事实,并不损害表达自由的基本权利。对通讯社施加的适当注意的要求,绝不比适用于其他新闻公司的要求更宽松。通讯社以备用发表的形式向新闻公司提供大量新闻项目。鉴于媒体公司无疑对通讯社保有的信任,并鉴于通讯社的重要的意见形成功能,只有在以下限度内——在合理范围内使用了能够证实事件真实性的实际可能手段,针对受到通讯社发布的新闻项目之影响的人提起的民事法律申诉提供保护,才是正当合理的。对于通讯社而言,它们每天处理大量新闻项目的事实,也不会使得它们受到的要求不那么严格。某一言论越严重地损害受其影响的第三方的法律状态,其所适用的注意标准就越高。③

(十一)"故得予以某种限制,但此种限制以经法律规定,且为下列各项所必要者为限:(子)尊重他人权利或名誉;(丑)保障国家安全或公共秩序、或公共卫生或道德

正是表达自由原则与所规定的限制和限定之间的相互作用,决定了个人权利的实际范围。因此,当一国对行使表达自由施加某些限制时,这些限制不得损害这一权利本身。国际文书规定了条件,只有服从这些条件才可以施加限制:限制必须经法律规定;它们只能为了《公民及政治权利国际公约》第 19 条第 3 款(子)(丑)项、《欧洲人权公约》第 10 条第 2 款或者《美洲人权公

---

① *Wille v. Liechtenstein*, European Court,(1999)30 EHRR 558.
② *Otto-Preminger-Institut v. Austria*, European Court,(1994)19 EHRR 34.
③ Decision of the Federal Constitutional Court of Germany, 26 August 2003,(2003)3 *Bulletin on Constitutional Case-Law* 472. 涉案的是有关联邦总理格哈德·施罗德(Gerhard Schroder)的言论——在总理选举期间发表、归结于一位形象顾问在访谈过程中的言论:"如果他没有给鬓角上的灰头发染色,那将有利于他的说服力。"德国联邦宪法法院认为,这一言论并未涉及具有重大政治、社会或经济意义的话题,但是不论如何,这对公众和受到影响的人来说,并不是无关紧要的。这次访谈比较了两位总理候选人,并因此涉及施罗德在公开表现中是否"成功"的问题。该言论的主题并不是总理的头发的颜色,而是成为探讨他的可信度和说服力的基础。

约》第 13 条第 2 款（a）（b）项所列目的之一才可以施加；还必须证明，施加的限制对于国家来说，是为了这些目的之一所"必要"。① 例外情形必须予以狭义解释，并且任何限制的必要性必须令人信服地确立。②

（十二）"经法律规定"

《公民及政治权利国际公约》第 19 条第 3 款规定了具体条件，只有符合这些条件才能对表达自由施以限制：限制必须"经法律规定"；它们只能为了第 3 款的（子）（丑）项所列目的之一才可以施加；它们必须符合必要性和比例性的严格检验。③ 不得以第 3 款中未规定的理由施加限制，即便是这些理由会

---

① 人权事务委员会第 10 号一般性意见，第 4 段。在起草《公民及政治权利国际公约》第 19 条时，对于应当如何作出限制或限定这一问题，有两种思想流派。一种流派认为，限制条款应该是对一般性限制的简短阐明。另一种流派则认为，限制应当是具体限制的完整罗列。简短条款的拥护者认为，鉴于不同国家的政治和法律制度不同，任何罗列都不足以穷尽地涵盖所有情况，起草限制条款的唯一方法是找到一个可行的一般性程式。支持作出具体的限制的人坚持认为，一般性程式可以被任意地解释和适用，因此，应以准确、明确的语言罗列对于表达自由的可允许的限制——对于限制的仔细、详细的列举，可确保更广泛程度上的自由（UN document A/2929, chap. VI, ss. 128, 129, 130）。例如，在辩论过程中，有人提出，表达自由应受到"为了防止秘密收到的信息的披露"以及"确保司法程序的公正和适当进行"所必需的限制。还有人提议，表达自由应受到"维持国家间和平与良好关系"所必需的限制。这些和其他类似的提议都遭到了拒绝，理由不仅是因为难以对它们做出确切的解释，还因为它们有可能使得建立审查制度正当合理。出现的一个问题是，寻求信息自由和接受信息自由是否应受到与传播信息自由相同的限制，以及它们究竟是否应受到任何限制。在这一点上，似乎并没有确立明确的共识（UN document A/2929, chap. VI, s. 135）。

② *Grigoriades v. Greece*, European Court, (1997) 27 EHRR 464. 对于美国宪法的立场，见，*Dennis v. USA*, United States Supreme Court, 341 US 494 (1951), 其中道格拉斯法官认为："合宪的限制的依据必须不能仅是恐惧、不能仅是对于言辞的强烈反对、不能仅是对其内容的反感。[而应是] 如果准许言论，社会必须有可能受到即刻的损伤。" *Whitney v. California*, United States Supreme Court, 274 US 357 (1927), 布兰代斯法官认为："仅仅是对严重伤害的恐惧，并不能证明压制言论和集会自由就是正当合理的。人们惧怕女巫并焚烧妇女。言论的作用是让人们摆脱非理性恐惧的束缚。若要证明压制言论自由正当合理，则必须要有合理的理由担心，如果实行了言论自由，就将会产生严重的罪恶。必须有合理的理由相信，所忧虑的危险迫在眉睫。必须有合理的理由相信，意在制止的罪恶是重大的。" 在提到提倡破坏法律的行为时，布兰代斯法官指出，任何违反行为之提倡，无论在道德上是否应受谴责，都不能作为否定如下自由言论的正当理由：提倡远没到煽动的地步，也没有征兆表明该提倡将会引发迅速的行动。必须牢记提倡和煽动之间、准备和尝试之间、集会和共谋之间的巨大差异。若要支持对明确的、现实的危险的认定，则必须证明，预计的或提倡的是即将发生的严重暴力，或者证明，过去的行为使得当前有理由相信，该提倡在当时是深思熟虑的。*Thoma v. Luxembourg*, European Court, 29 March 2001, (2003) 36 EHRR 21：虽然表达自由可能有例外情形，但必须对它们作狭义解释，并且必须以一种令人信服的方式证明限制该权利的必要性。

③ *Velichkin v. Belarus*, Human Rights Committee, Communication No. 1022/2001, 20 October 2005. 参见人权事务委员会关于《公民及政治权利国际公约》第 12 条的第 27 号一般性意见（1999 年），第 14 段；*Greater Vancouver Transportation Authority v. Canadian Federation of Students—British Columbia Component*, Supreme Court of Canada, [2010] 1 LRC 293.

使限制《公约》中保护的其他权利正当合理。限制必须仅适用于它们所被规定的目的，并且必须与它们所指向的具体需求直接相关。①

"法律"可以包括议会特权法，② 以及有关蔑视法庭的法律。③ 由于对表达自由的任何限制都构成了对人权的严重制约，因此传统法律、宗教法律或其他此类习惯法中所载的限制均不符合《公民及政治权利国际公约》。④ 一项规范若要被定性为"法律"，就必须制定得足够精确，以使个人能够相应地规范其行为，⑤ 并且必须能够被公众所知晓。法律不得赋予负责其执行者限制表达自由的不受限制的自由裁量权，⑥ 并且不得违反《公民及政治权利国际公约》的不歧视规定。要由国家证明施予表达自由的任何限制的法律依据。⑦ 当一国援引某一限制表达自由的正当理由时，它必须以具体的、个案化的方式证明威胁的确切性质，以及所采取的具体行动的必要性和比例性，尤其是通过确定表达和威胁之间存在直接而紧迫的联系。⑧ 对表达自由的任何限制在性质上都不应过于宽泛，也就是说，它必须是可能实现相关保护功能的措施中最不具侵扰性的措施，而且对于意在保护的利益合乎比例。⑨

国家应采取有效措施，针对以压制那些行使表达自由权的人为目的的侵害。《公民及政治权利国际公约》第19条第3款永远不得被援作扼杀对多元民主、民主原则和人权之任何提倡的理由。⑩ 在任何情况下，因某人行使其意见或表达自由而对该人实施攻击，包括诸如任意逮捕、酷刑、威胁生命以及杀害等形式，均与《公民及政治权利国际公约》第19条不相容。⑪ 记者经常因其活动而受到这种威胁、恐吓和攻击。从事人权状况信息收集和分析的人，以及

---

① 参见人权事务委员会关于《公民及政治权利国际公约》第18条的第22号一般性意见（1993年），第8段。
② *Gauthier v. Canada*, Human Rights Committee, Communication No. 633/1995.
③ *Dissanayake v. Sri Lanka*, Human Rights Committee, Communication No. 1373/2005, 22 July 2008.
④ 人权事务委员会第34号一般性意见，第24段。（原文此处作第32号一般性意见，有误，予以更正。——译者注）
⑤ *De Groot v. The Netherlands*, Human Rights Committee, Communication No. 578/1994, 14 July 1995.
⑥ 参见人权事务委员会第27号一般性意见，第13段。
⑦ *Korneenko et al v. Belarus*, Human Rights Committee, Communication No. 1553/2007, 31 October 2006; *Jaona v. Madagascar*, Human Rights Committee, Communication No. 132/1982, 1 April 1985.
⑧ *Shin v. Republic of Korea*, Human Rights Committee, Communication No. 926/2000.
⑨ *Bakhytzhan Toregozhina v. Kazakhstan*, Human Rights Committee, Communication No. 2137/2012, 21 October 2014.
⑩ *Mukong v. Cameroon*, Human Rights Committee, Communication No. 458/91, 21 July 1994.
⑪ *Njaru v. Cameroon*, Human Rights Committee, Communication No. 1353/2005, 19 March 2007.

发表与人权有关的报告的人，包括法官和律师，也是如此。① 所有此类攻击应尽快得到有力调查，违犯者应受到起诉，受害者或者在他们被杀害的情况中他们的代表应得到适当形式的补救。

在斯里兰卡，在一次简易审判结束时，首席法官以藐视法庭为由判处一名反对派政客两年的轻罪监禁，因为他在某次公开会议上发表言论称，该首席法官向政府提供的一项咨询意见是"可耻的"。这一判决相对于《公民及政治权利国际公约》第19条第3款规定的任何正当目的来说，都是不合比例的。② 也是在该国，在一起案件中，某家报纸的一名记者兼编辑因在其报纸中刊登的文章和报道涉嫌诽谤几位部长以及警方和其他部门的高级官员，而被多次起诉，并且与这些起诉有关的诉讼被搁置了好几年。他被置于不确定和恐慌的情境中，这具有寒蝉效应，不当地限制了他行使表达自由权。③ 公众有权知晓当下的新闻，例如立法法规、财政政策以及涉及诸如政客和公职人员等公共人物的生活情况的事件。如果一个人因其所据职位性质而寻求宣传并对此同意，那么当她的活动被公开时，她就不能反对。在适当的情况下，这一原则同样适用于被寻求公开的信息乃是非法取得的情况。④

1. 审查制度

在《公民及政治权利国际公约》第19条的起草阶段，广泛讨论了审查制度。在人权委员会中，有动议提出，"对新闻业的事先审查应予明令禁止"，以及"不应存在对书面和印刷的内容、无线电广播、新闻影片的事先审查"。这些动议被认为是不必要的，因为第3款中的限制不应被理解为授权实行审查制度。提醒记者其责任及义务，以及在行使表达自由权时可能对其施加的限制，并不能等同于审查制度。⑤ 在联合国大会（联大）第三委员会，有人强烈敦促

---

① *Njaru v. Cameroon*, Human Rights Committee, Communication No. 1353/2005, 19 March 2007 人权事务委员会的结论性意见：尼加拉瓜，CCPR/C/NIC/CO/3；突尼斯，CCPR/C/TUN/CO/5；叙利亚，CCPR/CO/84/SYR；哥伦比亚，CCPR/CO/80/COL。

② *Dissanayake v. Sri Lanka*, Human Rights Committee, Communication No. 1373/2005, 22 July 2008, HRC Report, 2007 – 2008, p. 109.

③ *Ivan v. Sri Lanka*, Human Rights Committee, Communication No. 909/2000, 27 July 2004, Selected Decisions, Vol. 8, p. 157.

④ *Tshabalala-Msimang v. Makhanya*, High Court of South Africa (Witwatersrand), [2008] 4 LRC 103. 在卫生部部长于一家医院接受治疗后，一家报纸获得了她的医疗记录，并随后发表了一篇文章，称该部长在住院期间饮酒并服用大量止痛药和安眠药。

⑤ UN document A/2929, chap. VI, s. 136. 关于审查制度见，William Blackstone, *Commentaries on the Laws of England* (1765 – 1769) (Chicago: University of Chicago Press, 1979), Vol. IV, p. 151. 某项预先禁令要求特定历史书籍的出版商和作者附上更正，这没有侵犯表达自由：Decision of the Supreme Court of Norway, 30 November 1999, (1999) 3 *Bulletin on Constitutional Case-Law* 417。

第 3 款中应载有禁止审查制度的明文规定。嗣后的刑事责任以及为纠正错误信息而行使答辩权,被认为是在不危及该权利本身的情况下,防止这种自由退化为许可制度的适当手段。有人在反对列入对于审查制度的任何提及时提出,一方面,事关公共道德的事先审查可能是必要的,尤其是在电影方面;而在另一方面,诉诸嗣后责任可能会被证明是不充分的,或者是代价过高的,尤其是在诸如煽动战争或者民族或种族仇恨的问题上。有人则进一步指出,审查能够采取多种形式,其中的一些形式并不受拟议之禁止的影响,例如故意扣留信息。①有关审查制度的修正案最终由提案国撤回,秘鲁代表作为这些国家的代表解释说,之所以撤回是因为,正如人权委员会所详细阐述的那样,原文本不能以任何方式被解释为授权实行事先审查制度。与此同时,英国代表和其他一些代表表示,他们的理解是,"公共秩序"的理念包含了对于视觉或听觉设备的许可制度。②

对言论施加事前限制侵犯了表达自由。在一起案件中,斯里兰卡的一项紧急法规规定,"未经警察总长或由警察总长为此授权的任何警官的许可,任何人不得在公众可见的地方粘贴或者在公众之中分发任何海报、传单或小册子"。斯里兰卡最高法院认定,这授予了"警方在行使其绝对和不受控制的自由裁量权中,随其意准予或拒绝批准散发传单或海报的赤裸裸的、任意的权力,而没有任何指导原则或政策控制和规范这种自由裁量权的行使";该规定所施加的限制与国家安全或公共秩序之间,没有合理的或贴切的联系。③ 在南非,一项条例禁止任何人发布某一调查委员会的报告或其任何部分,或有关该委员会审议证据的任何信息,"除非并且直到国家总统发布了报告,或者直到它已经被提交议会"。南非最高法院认为这构成了与表达自由不一致的事前限制;做出这种禁止的形式将使该报告可能永远不能被公之于众;如果总统没有将其公布或提交议会,那么某一涉及公众利益的事项就可能永远不为公众所知。④

可以区分对电影和印刷品的审查。就后者而言,实施预先审查是对新闻自由的限制。⑤ 电影则具有扰乱并唤起情感的独特效能,迎合不加选择的大量观

---

① UN document A/5000, s. 31.
② UN document A/5000, s. 33.
③ *Perera v. Attorney General*, Supreme Court of Sri Lanka, [1992] 1 Sri LR 199, per Sharvananda CJ. See also *Rajagopal v. State of Tamil Nadu*, Supreme Court of India, [1995] 3 LRC 566:对于发布国家或其官员的重大中伤行为,施加事前的限制或禁止,是对表达自由的侵犯。Decision of the Supreme Court of Norway, 30 November 1999, (1999) 3 *Bulletin on Constitutional Case-Law* 417.
④ *Government of the Republic of South Africa v. The Sunday Times Newspaper*, Supreme Court of South Africa, [1995] 1 LRC 168.
⑤ *Brij Bhushan v. The State of Delhi*, Supreme Court of India, [1950] 1 SCR 605.

众，因此有必要受到事先的限制性审查。在判断某一电影的效果时，要适用的标准应是具有常识和审慎的普通人的标准，而不能是特殊的或过分敏感的人的标准。在印度的一起案件中，印度最高法院维持了电影审查委员会允许公开播放某部电影的决定——该电影包含的材料批评了政府在教育机构中为了落后社群之利益而采取的保留政策，而驳回了印度政府的辩解，即一直在鼓动禁止该电影的组织可能会毫不犹豫地破坏放映它的电影院。该法院指出，不能因为示威和游行的威胁或暴力威胁，就压制表达自由。这无异于否定法治，并向勒索和恐吓屈服。国家有责任保护表达自由；国家不能辩称，它无力处理持敌视态度的观众的问题。国家有义务防止这种情况并保护这一自由。[1]

从事新闻职业不需要证照。只有在缺乏技术专业知识可能对社会造成危害时，这种要求才是必要的。与新闻职业有关的风险，可以通过事后的民事和刑事责任加以纠正。从这个意义上说，要求证照是事先审查的一种例证。[2] 南非的某些规定确立了这样一种制度，即要求出版者——除了已登记的报纸——向行政机构提交符合与性内容有关的广泛标准的出版物，以供事先批准。这些规定因为以一种不合理、无道理的方式限制了表达自由权，而被南非宪法法院宣布为违宪。[3]

行政性的事先分类，会造成控制权从寻求行使表达自由权的权利持有者转移到行政机构。换言之，对于判定是否应当公布某一表达，行政机构而不是理应享有权利的出版者已经成为指定的决策者。通过赋予行政机关准予出版某些材料的专断权力，以及惩罚抗拒它如此做的机会的权力，会产生这样一种制度：在该制度中，在表达被公布到公共领域之前，必须说明其正当理由，并以之作为公布的必要条件。在行政性事先限制的制度下，公众审查和评论新出版物的机会遭到了剥夺。相比于行政机构在出版后不得不采取惩罚性或限制性行为，当它可以在事前分类时，它更有可能限制出版物。加深对这一权利的破坏的情况是，在整个分类过程中，出版物的命运处于不确定状态。在某些情况下，在使重要信息引起公众注意中存在的拖延本身，就侵蚀了新闻界和其他媒体的自由权。出版物的内容后来甚至都可能是多余的；然而，却不会存在出

---

[1] *Rangarajan* v. *Jagjivan Ram*, Supreme Court of India, [1990] LRC (Const) 412, at 429; *Abbas* v. *The Union of India*, Supreme Court of India, [1971] 2 SCR 446.

[2] Decision of the Federal Supreme Court of Brazil, 17 June 2009, (2012) 2 *Bulletin on Constitutional Case-Law* 259. 证照要求是在军事政权时期确立的，显然是为了缩减反对独裁统治的知识分子和艺术家的表达自由。

[3] *Print Media South Africa* v. *Minister of Home Affairs*, Constitutional Court of South Africa, (2012) 3 *Bulletin on Constitutional Case-Law* 590.

商可以采取的任何救济行动。同样，如果出版商不提交在表面上看应予提交、但最终其出现不会受到限制的材料，那么他仍然有可能因违反这一提交义务本身而遭到控诉。①

2. 执照要求

国家对于无线电和电视广播发放许可的权力，在其存在时，只得影响通信手段而不得影响以这些手段进行的通信本身，即它不得包括干涉通信事项以及通信内容的权利。许可权本身并不意味着有权剥夺某些个人或某些类别的人通过有关媒体利用表达自由的权利，或者禁止对某些事项或某些类别的事项的广播、传输，或者尤其是，以该种方式得以接收。②

如果对记者的强制许可会导致未经许可的人在涉足根据法律被限定为新闻从业者的职业行为时，承担包括刑事责任在内的责任，那么该许可要求就构成了对表达自由的一种限制。必须将新闻职业与其他职业区分开来。"新闻职业——记者所做的事情——恰恰包括寻求、接受和传播信息。因此，从事新闻业需要从业者参与定义或者采奉表达自由的活动之中。但是例如，在法律或医学的执业行为中，情况就不是如此了。"可能有效地证明对其他职业实行强制许可正当合理的理由即公共秩序，对于记者职业来说，则不能被援引，因为它们可能具有永久剥夺并非是专业机构成员的人们的表达自由权的后果。③

3. 披露信息来源

保护新闻来源是新闻自由的基本条件之一。如果没有这种保护，就有可能阻却帮助新闻界将有关公共利益的事项告知公众的来源。因此，新闻界的重要的公共监督作用就有可能受到损害，新闻界提供准确可靠信息的能力也有可能受到不利影响。披露来源的命令将对行使新闻自由产生潜在的寒蝉效应，并且与表达自由不相容，除非公共利益上的压倒性需要证明其正当合理。④ 原则上，如果记者回答向他提出的问题可能有暴露其信息来源的风险，那么他就有权拒绝回答。但是，如果法院认为在案件的特定情况下，披露该来源是在民主社会中，为了保护一个或多个受保护的利益所必要，条件是该利益需要得到引证，

---

① *Print Media South Africa v. Minister of Home Affairs*, Constitutional Court of South Africa, [2013] 3 LRC 674, per Skweyiya J.

② *Groppera Radio AG v. Switzerland*, European Court, (1990) 12 EHRR 321, per Judge De Meyer (dissenting opinion).

③ *Compulsory Membership of Journalists' Association*, Inter-American Court, Advisory Opinion OC – 5/85, 13 November 1985.

④ *Goodwin v. United Kingdom*, European Court, (1996) 22 EHRR 123; *Mahon Tribunal v. Keena*, Supreme Court of Ireland, (2009) 2 *Bulletin on Constitutional Case-Law* 319; *R v. National Post*, Supreme Court of Canada, [2010] 5 LRC 510.

并且需要具有说服力的情形证明其存在,那么法院就没有义务接受对这一权利的援用。[1]

尼日利亚高等法院认为,一名编辑——他被参议院传唤到场并披露他的一篇关于参议员以及他们为了政府行政部门的合同而进行游说的一篇文章的信息来源,并没有义务提供该信息。[2] 任何个人或当局(甚至是法院)均不得要求任何个人、记者、编辑或出版者披露其任何已发表事项的信息来源,除非此类事项属于对表达自由权的可予允许的限制。[3] 在瑞士的一起案件中,在一份周刊发表据称在两名联邦委员会成员之间的意见分歧后,检察官下令一家公共电话公司审查该周刊编辑人员的电话交谈,以确定哪一个联邦公职人员曾在特定时期与他们交谈过。瑞士联邦法院认为,在重要性上,职业保密被违背这一点并不能成为侵犯表达自由的理由。[4]

在英国的一起案件中,一家报纸发表了一篇文章,其中包括一所安全医院的一位病人的医疗报告的逐字摘录。出版商被要求指认参与该出版商获取这些报告的该医院的员工或其他人。行使对于该项披露的管辖权,必须满足迫切的社会需要,并与正在追求的合法目标成比例。只有在例外情况中,才能正当合理地要求披露信息来源。在医院中护理病人充满着困难和危险。披露患者的记录增加了这种困难和危险,而查明并惩罚这一信息源对于阻止将来的相同或类似不法行为,是必要的。因此,明令披露是有必要的、合比例的、正当合理的。[5]

在加拿大的一次民事诉讼中,申请方在要求记者回答可能会披露机密来源的身份的问题时,必须证明该问题具有相关性。如果该问题并不相关,那么问询将终止,并且不需要考虑记者与信息源的特权的问题。如果该问题是相关的,那么法院必须接下来考虑四个因素,并确定在特定情况下是否应该承认记者与信息源的特权关系。这些因素是:(1)这种关系必须源于一种信任,即该信息源的身份不会被披露;(2)对于产生交流沟通的这种关系,匿名确实必不可少;(3)这种关系必须是一种为了公共利益而刻意培养的关系;(4)通过

---

[1] Decision of the Supreme Court of the Netherlands, 10 May 1996, (1996) 2 *Bulletin on Constitutional Case-Law* 244:当披露记者的信息源的唯一利益是希望查明"泄密",以便可以对有关方面提起法律诉讼时——不论是为了获得赔偿还是为了禁止对新闻界的任何进一步"泄密",该利益本身都不足以超越在保护新闻来源上的令人信服的公众利益。

[2] *Momoh v. Senate of the National Assembly*, High Court of Nigeria, [1981] 1 NCLR 105.

[3] *Oyegbemi v. Attorney General of the Federation of Nigeria*, High Court of Nigeria, [1982] 3 NCLR 895.

[4] *A. B. C. and TA-Media AG v. Public Prosecutor's Office of the Confederation*, Federal Court of Switzerland, 8G. 15/1997, 4 November 1997, (1997) 3 *Bulletin on Constitutional Case-Law* 451.

[5] *Ashworth Hospital Authority v. MGN Ltd*, House of Lords, United Kingdom, [2003] 2 LRC 431.

保护线人的身份所服务的公共利益，必须超过公众了解真相的利益。在关键的第四个因素中，法院必须平衡这种披露对司法工作的重要性与维护记者信息源机密性的公共利益。该平衡必须以一种基于特定背景的方式进行，考虑到有关披露的特定需求。要由试图证明该特权的一方表明，维护记者信息源的机密性的利益重于法律通常会要求的披露中的公共利益。当在民事诉讼的背景下主张该特权时，在分析阶段的相关考虑因素包括：该问题在争议中的核心程度、诉讼的阶段、记者是否是诉讼的当事一方以及是否可以通过任何其他方式获得该信息。这一列举并不是穷尽的。[①]

4. 搜查媒体处所

警方搜查媒体处所以及查扣记录和文件，可能会侵犯作为新闻自由之基础的价值。第一，搜查可能会造成物理上的破坏，并妨碍有效和及时的出版发行。第二，警方扣留被查封的材料，可能会延误或阻止新闻传播的完成。第三，信息的秘密来源可能会惧怕与新闻界交谈，新闻界可能会失去报道各种事件的机会，因为参与者一方担心新闻档案将会被当局轻易获取。第四，记者可能会被阻遏录制并留存以备将来使用的回忆录。第五，因为预计搜查将披露内部如何进行编辑审议，新闻加工及其传播可能会噤若寒蝉。第六，新闻界可能会诉诸自我审查来隐瞒它拥有警方可能感兴趣的信息的事实，以尽力保护其信息源及其在将来收集新闻的能力。所有这些都可能不利地影响媒体促进寻求真相、社群参与以及自我实现的作用。[②]

对于表达自由的宪法保护，并没有为签发涉及媒体处所的搜查令引入任何新的或额外的要求，但它提供了可能被用于评估搜查之合理性的背景。在加拿大的一起案件中，在某位治安法官签发命令授权警方扣押加拿大广播公司的对于转化为暴力的示威的一卷录像带之后，最高法院在判定是否签发搜查这一未卷入正在调查中的犯罪的媒体组织的处所的命令时，考量了应予以考虑的因素。科里（Cory）法官总结了必须考量的如下因素：

（1）治安法官应确保在相互冲突的利益之间，即国家对于调查和起诉犯罪行为的利益与媒体在其新闻收集和传播过程中的隐私权之间，取得平衡，同时铭记媒体在民主社会的运作中起着至关重要的作用，并且该媒体对于正在被调查的犯罪是无辜的第三方。

（2）用于佐证申请的书面陈述应当披露是否存在着可以合理地获得该信息

---

① *Globe and Mail v. Canada*, Supreme Court of Canada, [2011] 2 LRC 260. 这四个因素以"威格莫尔（Wigmore）因素"著称。

② *Société Radio-Canada v. Lessard*, Supreme Court of Canada, (1991) 130 NR 321.

的替代来源，如果有，则已经对该来源进行了调查，并对获取该信息已经作出了所有的合理努力。

（3）如果媒体已经全部或部分地传播了所寻求的信息，那么这将是支持签发该搜查令的一个因素。

（4）如果签发了搜查令，则应施加条件，以确保该媒体组织发行或传播新闻不会受到不当阻碍。

（5）在签发搜查令之后，如果似乎当局未能披露有可能影响签发该命令之决定的相关信息，或者如果无理地执行搜查，则该命令或搜查，根据可能的具体情况，有可能被视为无效。①

在新西兰高等法院，菲舍尔（Fisher）法官采取了更为谨慎的观点。他尽管认识到无法设计出能够提前容纳无限范围的可能情况的刚性程式，但提出了以下方法：

（1）警方需要出示侵扰新闻媒体组织之运作的特殊原因。有合理理由认为有人犯下了可判处监禁的罪行，会在指定地点找到指明的物品并且该有关物品是这一罪行的证据，这并不足以使得法院满意。

（2）特殊原因通常是，所寻求的证据对于起诉至关重要，并且搜查令中包含的特殊控制措施可以充分地减少该侵扰的影响，即便还可能存在其他控制，例如需要防止对生命和身体造成迫在眉睫的危险。

（3）如果有迹象表明，若没有该证据，检方将无法证明可能存在争议的犯罪的所有要素，并且并不合理地存在可替代证据来源，那么通过搜查令所寻求的该证据就很可能对检方至关重要。

（4）即使是在满足了这些条件的情况下，如果存在相反的迹象，也可以拒绝签发搜查令：例如，如果指控的罪行并不严重，如果本可以预计警方做出预先安排，通过其他方式获取证据，或者如果寻求该搜查令似乎是为了获取申请中所指控的罪行的证据以外的某种目的。

（5）如果存在以下情况，那么搜查令也有可能被拒绝：搜查令中没有足量限制可以充分保护媒体组织免受不可接受的对于保密的破坏、对于其新闻传播运作的扰乱，或者在相比于最终结果的可能的证明价值，在该搜查的范围宽泛

---

① *Société Radio-Canada v. Nouveau-Brunswick（Procureur général）*, Supreme Court of Canada,（1991）130 NR 362. See also *Re Pacific Press Ltd v. The Queen*, Supreme Court of British Columbia,（1977）37 CCC（2nd）487：警方没有证明从该报社办公室获取该信息的必要性，因其未能向治安法官证明（1）不存在其他合理来源，或者（2）如果有可替代的来源，则采取了从可替代来源处获取该信息的合理步骤，并且这些步骤被证实是不成功的。

得不合理的意义上,这种披露达到了一种压迫性的程度。

菲舍尔法官强调,对于在特定情况中,在以下两方面之间取得一种适当平衡,总会存在广泛的自由裁量权:一方面是正当的执法,另一方面是尊重新闻自由、隐私、保密和财产。如果申请经得住这些考验,那么签发的搜查令通常应限于胶片、录像带、录音和公共活动的照片,并且明确受到针对新闻媒体组织的搜查令在执行上的特殊条件的限制。①

德国宪法法院认为,在客观意义上,广播自由权从获取信息这一时间点到传播新闻和观点的整个过程中,都保护着广播的制度独立性。这种保护也涵盖编辑工作的机密性。这一机密性在本质上是防止国家机构盯视要在媒体上印刷或在广播中播出的新闻报道和来稿的产生过程。编辑不披露信息来源的权利,也包括不披露显示工作惯例、项目或编辑部员工身份的文件。签发搜查令,使警方搜查营业场所和编辑场所的文件——方式是制作草图或者拍照以及删除编辑文件和制作其副本,都侵犯这一自由。②

(十三)"……所必要"

"必要"并不意味着"不可或缺""可接受""通常""有用""合理"或"可取"。所申诉的干涉必须符合"迫切的社会需要",与所追求的正当目标成比例,并且为了证明其正当合理而给出的理由必须妥切、充分。③ 印度最高法院认为,限制的"正当合理性必须基于必要性的坚实根基,而不能是方便或权宜之计的流沙"。这不仅仅是一种平衡两项利益,就好像它们具有同等重要性的情况。表达自由要求它不得受到压制,除非允许该自由造成的情况具有紧迫性,并且威胁到社会利益。预期中的危险不能是遥远的、臆想的或牵强的,而应该与该表达具有一种贴切的、直接的联系。对于思想的表达应该在本质上危及公共利益。换言之,该表达应该与预计的行为无可分割地联系在一起,与"火药桶中的火花"相当。④

---

① *Television New Zealand Ltd v. Police*, High Court of New Zealand, [1995] 2 LRC 808. See also *Zurcher v. Stanford Daily*, United States Supreme Court, 436 US 547 (1978); *Senior v. Holdsworth*, Court of Appeal of the United Kingdom, [1975] 2 All ER 1009.

② Decision of the Federal Constitutional Court of Germany, 10 December 2010, (2011) 1 *Bulletin on Constitutional Case-Law* 69.

③ *Regina v. Shayler*, House of Lords, United Kingdom, (2002) 1 *Bulletin on Constitutional Case-Law* 148; *Bernard Connolly v. Commission of the European Communities*, Court of Justice of the European Communities, (2004) 2 *Bulletin on Constitutional Case-Law* 361.

④ *Rangarajan v. Jagjivan Ram*, Supreme Court of India, [1990] LRC (Const) 412, at 427, per Jagannatha Shetty J.

必须令人信服地证明，对表达自由的任何限制确有"必要"。首先，要由国家当局评估，是否存在对于该限制的"迫切社会需要"，并且它们在评估时，享有一定的自由判断余地。在当前的新闻界背景下，国家的自由判断余地受到民主社会确保和维护新闻自由的利益的限制。同样，在判定该限制是否与所追求的合法目标成比例时，这种利益将在权衡中占据很大比重。[1] 合比例性的问题需要满足三项检验：（甲）存在着关于该信息是否属于机密的真正争议——理由是其公布可能对国家安全构成威胁；（乙）有合理理由认为，审讯前的公开会阻碍或妨碍司法工作；以及（丙）对于表达自由权的干涉不超过必要限度。[2] 限制不得过于宽泛。[3]

限制必须是为某一正当目的所"必要的"。因此，例如，为了保护特定社群的语言而禁止以某种语言做商业广告，如果可以通过不限制表达自由的其他方式实现这一保护，那么该禁止就不符合必要性的检验。[4] 与此相比，当一国将一位曾发表对于某宗教团体表达敌意的材料的教师转移到非教学岗位，以便保护学区内采奉该信仰的儿童的权利和自由时，该国就符合了必要性的检验。[5] 在政治言论的领域内或者对于具有公共利益的事项，限制表达自由的范围微乎其微。此外，对于政客而言，可接受的批评的界限比私人的更宽。促进自由的政治辩论是民主社会的一个基本特征。在政治辩论的语境中，表

---

[1] *Dupuis v. France*, European Court, 7 June 2007; *Thoma v. Luxembourg*, European Court, (2003) 36 EHRR 21. *Vogt v. Germany*, European Court, (1995) 21 EHRR 205; *Grigoriades v. Greece*, European Court, (1997) 27 EHRR 464.

[2] *Attorney General v. Punch Ltd*, House of Lords, [2003] 4 LRC 348; *Rafael Marques de Morais v. Angola*, Human Rights Committee, Communication No. 1128/2002, 29 March 2005, Selected Decisions, Vol. 8, p. 366：某位记者在一份独立的安哥拉报纸上撰写了几篇批评安哥拉总统的文章，他在其中特别指出，总统应该对"国家之破坏以及国家机构的灾难局面"负责，并且"应该对于无能、贪污和腐败成了政治和社会价值观负责"。他遭到了20名快速干预警察的逮捕——在枪口之下，并被讯问了几个小时。他被正式逮捕并被与外界隔绝地拘禁在一个戒备森严的拘禁中心里，无法接触他的律师和家人。他被指控中伤和诽谤总统、被秘密审判、被定罪并被判处一定期限的监禁。在他被释放后，他的护照被没收，他被禁止离开安哥拉。这么严重的制裁不能被认为是保护公共秩序或总统的名誉和声誉的合比例措施。总统作为公众人物，受到批评和反对的限制。将该记者提出的、用于为诽谤指控辩护的真相予以排除，是一个令人恼火的因素。

[3] 人权事务委员会第34号一般性意见，第34段。（原书此处作第27号一般性意见，有误，予以更正。——译者注）See also *Rafael Marques de Morais v. Angola*, Human Rights Committee, Communication No. 1128/2002, 29 March 2005, Selected Decisions, Vol. 8, p. 366；*Coleman v. Australia*, Human Rights Committee, Communication No. 1157/2003；*Bodrozic v. Serbia and Montenegro*, Human Rights Committee, Communication No. 1180/2003, 31 October 2005.

[4] *Ballantyne, Davidson and McIntyre v. Canada*, Human Rights Committee, Communication Nos. 359 and 385/89; Decision of the Constitutional Court of Latvia, 6 February 2003, (2003) 1 *Bulletin on Constitutional Case-Law* 283.

[5] *Ross v. Canada*, Human Rights Committee, Communication No. 736/97, 17 July 2006.

达自由具有至高重要性，需要有非常强有力的理由才能正当合理地限制政治言论。在个别情况中允许广泛限制政治言论，无疑会影响在有关国家对表达自由的普遍尊重。①

土耳其某一重要城市的前市长在一份主要的全国性报纸上发表了支持某一"民族解放运动"的声明，与此同时发生了该运动暴力袭击平民的情况，因此这种声明有可能加剧该地区已经呈爆炸性的局势。因此，对其施予的刑罚可以被合理地视作是对"迫切社会需求"的反应。② 然而，因某人通过在报纸上刊登广告的方式为（第二次世界大战期间的）通敌罪行公开辩护，而将其起诉并定罪，并不符合比例，并因此在民主社会中并非必要。③

（十四）"尊重他人权利或名誉"

这里的"权利"一词涉及他人的或整个社群的利益。④ "名誉"*是对他人的尊重，受到反诽谤法的保护。⑤ "他人"一词涉及作为个体的或者社群成员的其他个人；⑥ 因此，例如，它可能指据其宗教信仰⑦或种族⑧界定的某一社群中的个体成员。例如，法国的一部法律将质疑 1945 年 8 月 8 日《伦敦宪章》——纽伦堡国际军事法庭据其于 1945 年至 1946 年对纳粹领导人审判和定罪——所界定的危害人类罪是否存在的行为规定为犯罪，这就是一种限制，有助于尊重犹太社群免受对于反犹太主义氛围之恐惧而生活的权利。⑨

在自由交流信息的权利和尊重该信息所涉人员的名誉之间寻找正确的平衡时，必须特别注意信息提供者的注意义务，因为遵守该义务才有可能确保信息

---

① *Dupuis v. France*, European Court, 7 June 2007.
② *Zana v. Turkey*, European Court, (1997) 27 EHRR 667.
③ *Lehideux and Isorni v. France*, European Court, (1998) 30 EHRR 665. See also Decision of the Court of Arbitration of Belgium, 12 July 1996, (1996) 2 *Bulletin on Constitutional Case-Law* 184.
④ *Ross v. Canada*, Human Rights Committee, Communication No. 736/1997, Selected Decisions, Vol. 7, p. 54.
* 需要注意，在《公民及政治权利国际公约》英文本中，与第 19 条中文本中的"名誉"相对应的英文用词是"reputation"，与第 17 条中文本中的"名誉及信用"相对应的英文用词则是"honour and reputation"。本章中，将"honour"译为"荣誉"。"reputation"亦可理解为"名声""声誉"。
⑤ *Le Roux v. Dey*, Constitutional Court of South Africa, [2011] 4 LRC 688.
⑥ *Ross v. Canada*, Human Rights Committee, Communication No. 736/97, 18 October 2000.
⑦ See *Faurisson v. France*, Human Rights Committee, Communication No. 550/93；人权事务委员会的结论性意见：奥地利，CCPR/C/AUT/CO/4.
⑧ 人权事务委员会的结论性意见：斯洛伐克，CCPR/CO/78/SVK；以色列，CCPR/CO/78/ISR。
⑨ *Faurisson v. France*, Human Rights Committee, Communication No. 550/1993, HRC 1997 Report, Annex Ⅵ.I.

的准确性。当该信息可能损害一个人的名誉时,应予以最大可能的注意。① 并没有必要确保所有事实性陈述的真实性,② 但条件是所披露的信息不能是不合理的、明显没有根据的,并且——考虑到所讨论的事件以及所涉及的人——有关可以被认为具有公共利益的公共事务。③ 一旦该信息是在做到某种最低限度的谨慎的情况下获得并经过查验的,那么它就受到自由交流信息权的保护,并优先于名誉权。④

在民主社会中进行公开辩论的情况下,尤其是在媒体中进行的涉及政治领域人物的公开辩论的情况下,《公民及政治权利国际公约》赋予不受限制的表达极高的价值。⑤ 在这方面,明确区分公共人物和社会名人至关重要。⑥ "社会名人"是自愿取得的,包括将自己的私人和工作生活暴露给公众审视的人们,并且知道他们这样做也会使其受到来自第三方的批评和指责。⑦ "名誉"不仅仅是通过公开领域中的行为获得的,也是通过一个人与其他人的关系获得的,其中,社会关系之健全可能基于尊重、友谊、共享、诚意等。因此,有关一人与另一人之关系的不真实的公开言论,以及有关该人在特定情况中的行为的公众看法,可以受到质疑并被视为侵犯作为朋友、同事、导师的个人的(荣誉

---

① Decision of the Constitutional Court of Spain, 26 February 1996, (1996) 2 *Bulletin on Constitutional Case-Law* 93.

② Decision of the Constitutional Court of the Czech Republic, 10 December 1997, (1997) 3 *Bulletin on Constitutional Case-Law* 372. 以论战的形式撰写的文章,不能被认为能够引起个人名誉受损之索赔。See also Decision of the Supreme Court of the Netherlands, 6 January 1995, (1995) 1 *Bulletin on Constitutional Case-Law* 58.

③ Decision of the Constitutional Court of Spain, 12 February 1996, (1996) 1 *Bulletin on Constitutional Case-Law* 89.

④ Decision of the Constitutional Court of Spain, 30 January 1995, (1995) 1 *Bulletin on Constitutional Case-Law* 88.

⑤ *Bodrozic v. Serbia and Montenegro*, Human Rights Committee, Communication, 1180/2003, 31 October 2005, Selected Decisions, Vol. 9, p. 151:某位记者兼杂志编辑从政治上批评了一些个人,其中包括曾经是一位知名政客的某位工厂经理。该记者称他为"斯洛博丹·米洛舍维奇(Sloba Milosevic)的又一个支持者"。在一起个人提起的刑事诉讼中,该记者被判犯有刑事侮辱罪,因为某些摘录"实际上是侮辱性的",而不是"使用了讽刺的严肃新闻评论"。See also *Jacubowski v. Germany*, European Court, (1994) 19 EHRR 64, per Judges Walsh, MacDonald and Wildhaber; *Prager and Oberschlick v. Austria*, European Court, (1995) 21 EHRR 1. 参见,*National Media Ltd v. Bogoshi*, Supreme Court of Appeal, South Africa, [1999] 3 LRC 617:一个竞争对手的利益不比另一个竞争对手的利益更重要。

⑥ *Naomi Campbell v. MGN Ltd*, House of Lords, [2005] 1 LRC 397, 霍夫曼(Hoffmann)勋爵的异议意见:该案中,处于公众视线中的某人公开否认使用毒品。而报纸则有权公布她是吸毒成瘾者,她因上瘾而接受治疗,她正在参加匿名解毒互助活动的会议,该治疗的细节以及秘密拍摄的她离开会议的图像。媒体可以确保公众在这方面获得她的真实描绘,这是正当的。

⑦ Decision of the Constitutional Court of Spain, 15 July 1999, (1999) 3 *Bulletin on Constitutional Case-Law* 443.

和）名誉的来源。[1]

所有公共人物，包括诸如国家元首和政府首脑在内的行使最高政治权力的人，都正当地受批评和政治性反对的限制。[2] 因此，人权事务委员会对于有关以下事项的法律表达了关切：诸如大不敬（lese majesty）、[3] 蔑视（desacato）、[4] 对当局不尊、[5] 对国旗和标识不尊、污蔑国家元首、[6] 保护公职人员的荣誉。[7] 法律不得仅基于可能受到质疑的人的身份，而规定更严厉的处罚。国家不得禁止对诸如军队或政府等机构的批评。[8] 在权利的享有者是公共人物、担任公职的人员或涉及对公共生活有影响之事项的人的情况中，保护荣誉权的范围与表达和信息自由的外部范围成正比。在这种情况中，这些人必须接受的是，他们的个人权利可能受到具有普遍利益的意见和信息的影响。[9]

未经参与社会和政治活动的人的同意，媒体可以就其个人特征、行为以及可能对公共事务具有重要性的个人生活的特殊情形，向公众通报他们的私生活。参与社会和政治活动的人必须预计到，公众和媒体会对他给予更多关注。[10] 虽然对于政客本身而言，可接受的批评的范围比私人的更为广泛，[11] 但是政客的权利和名誉也受到保护。如果对于政客的批评对其个人性格和良好名誉引发了相当大的怀疑，那么该批评就可能会被理解为诽谤。[12]

---

[1] Decision of the Constitutional Court of the Former Yugoslav Republic of Macedonia, 24 November 2011, (2012) 1 *Bulletin on Constitutional Case-Law* 190.

[2] *Rafael Marques de Morais v. Angola*, Human Rights Committee, Communication No. 1128/2002, 29 March 2005, Selected Decisions, Vol. 8, p. 366.

[3] *Aduayom et al v. Togo*, Human Rights Committee, Communications Nos. 422－424/1990, 30 June 1994.

[4] 人权事务委员会的结论性意见：多米尼加共和国，CCPR/CO/71/DOM。

[5] 人权事务委员会的结论性意见：洪都拉斯，CCPR/C/HND/CO/1。

[6] 人权事务委员会的结论性意见：赞比亚，CCPR/ZMB/CO/3。

[7] 人权事务委员会的结论性意见：哥斯达黎加，CCPR/C/CRI/CO/5。

[8] 人权事务委员会的结论性意见：突尼斯，CCPR/C/TUN/CO/5。

[9] Decision of the Constitutional Court of Spain, 2 March 1998, (1998) 1 *Bulletin on Constitutional Case-Law* 129。

[10] Decision of the Constitutional Court of Lithuania, 23 October 2002, (2002) 3 *Bulletin on Constitutional Case-Law* 471。

[11] *Lingens v. Austria*, European Court, (1986) 8 EHRR 103.

[12] 有关涉及"他人的权利或名誉"的其他判决见：*Theophanous v. Herald and Weekly Times Ltd*, High Court of Australia, [1994] 3 LRC 369; Decision of the Constitutional Court of Romania, 19 November 1996, (1996) 3 *Bulletin on Constitutional Case-Law* 397; *Engel v. Netherlands*, European Commission, (1973) 20 Yearbook 462; *X v. Germany*, European Commission, Application 9235/1981, (1982) 29 Decisions & Reports 194; *Markt intern Verlag GmbH v. Germany*, European Court, (1989) 12 EHRR 161; *Groppera Radio AG v. Switzerland*, European Court, (1990) 12 EHRR 321; *The Observer and The Guardian v. United Kingdom*, European Court, (1991) 14 EHRR 153。

对于政府而言，可允许的批评的范围比有关私人公民甚至政客的范围更为宽泛。在民主制度中，政府的作为或不作为不仅必须受到立法和司法当局的密切监督，还要受到公众舆论的密切监督。此外，政府占据的主导地位使其有必要在诉诸刑事诉讼时表现出克制，尤其是在有其他手段可用以回应其敌对者的无理攻击和批评的情况中。① 对于履行公务过程中的官员，可允许的批评范围与对政客的一样，要比对普通人的范围更为宽泛。然而，不能说这些官员像政客一样，有意地使他们的行为和做法受到仔细审查，并且因此，也不能说他们对于涉及自身行为的批评，必须获得等同于后者的对待。② 公共生活中的人有权期待媒体和其他报道者负责任地采取行动，保护他们免受诬告和暗讽。然而，他们并没有权利要求完美以及某种完美的标准会强加的对批评性评论的不可避免的压制。③ 但是，诽谤法不得被解释为：排除将对政府行为的非个人性攻击视为对于负责这些行为的官员的诽谤。

由于诽谤民事诉讼的威胁会导致抑制自由讨论的寒蝉效应或倾向，并会对于表达这种批评的自由产生不受欢迎的束缚，因此如果政府机构有任何权利主张诽谤的损害赔偿诉讼，就违背了公共利益。由于那些担任公职的人已经同意其自身可以受到公众的攻击，因此对于公共行为的非个人性批评，虽然导致了某一公职人员的名誉受损，但只要不包含任何实在恶行，就不会诱发责任。④ 如果对于诽谤寻求的救济获得了成功，那么所判予的任何赔付必须与所遭受的损害成比例，并且在金额上，必须是为提供适当赔偿并重塑受害人的名誉所"必要"的。⑤ 在正常过程中，可以期望一位负责任的记者感知通常的、理性的读者有可能会赋予其文章的含义。即便是这些语句非常有可能具有另一种含

---

① *Arslan v. Turkey*, European Court, (2001) 31 EHHR 9. 以散布反对"国家不可分割之统一"的宣传为由，将一位题为《哀悼史, 33 发子弹》的书的作者起诉和定罪，构成了对于行使他的表达自由的侵犯，违反了《欧洲人权公约》第 10 条。Decision of the Federal Constitutional Court of Germany, 28 November 2011, (2012) 1 *Bulletin on Constitutional Case-Law* 65.

② *Thoma v. Luxembourg*, European Court, (2003) 36 EHRR 21.

③ *Grant v. Torstar Corp*, Supreme Court of Canada, [2010] 4 LRC 316. See also *Reynolds v. Times newspapers Ltd*, House of Lords, [2000] 2 LRC 690; *Jameel v. Wall Street Journal Europe*, House of Lords, [2007] 2 LRC 302; *Theophanous v. Herald & Weekly Times Ltd*, High Court of Australia, [1994] 3 LRC 369; *National Media Ltd v. Bogoshi*, Constitutional Court of South Africa, [1999] 3 LRC 617; *Khumalo v. Holomisa*, Constitutional Court of South Africa, [2003] 2 LRC 382.

④ *Sata v. Post Newspapers Ltd*, High Court of Zambia, [1995] 2 LRC 61.

⑤ *Miloslavsky v. United Kingdom*, European Court, (1995) 20 EHRR 442：对于由陪审团作出的不合比例的巨额赔偿（150 万英镑）缺乏充分有效的保障，构成了对于表达自由权的侵犯。*Cheung Ng Sheong v. East week Publisher Ltd*, Court of Appeal of the Hong Kong SAR, (1995) 5 HKPLR 428：由陪审团针对某份杂志的诽谤处以的 240 万港元的赔偿，远高于法官在香港的诽谤案中处以的通常水平的赔偿。这可能对表达自由产生严重影响，不能认为是为保护申诉人的名誉所必要的。

义，一位负责任的记者也不会忽视所涉文章所明显可能具有一种诽谤性的含义。[1]

在安提瓜，任何人除非事先在总会计师处存入一万美元，以便用于诽谤诉讼的任何终局判决，否则印制或出版报纸都是非法的。事实上，该法律为印制者和出版者提供了一种选择，即要么存入这笔款项并获得其利息，要么购买保险单或获得银行担保。英国枢密院认为，该法律的目的显然在于保护他人的名誉和权利。

> 向受诽谤的人判付损害赔偿，以赔偿他所遭受的伤害。除非存在着他能获得向他判付的损害赔偿以及他的花费有人承担的合理可能性，否则他就可能难以提起诉讼。仅仅是一种诉权并不太可能被他认为是对其名誉的充分保护。此外，将该保证存款用于支付诽谤诉讼的判决，并且如果是这样，该保证存款必须再由他们补齐的事实，是对于报纸的出版者注意不要诽谤以及不合理地损害他人的名誉的一种敦促。[2]

反诽谤法的制定必须谨慎，以确保它们符合《公民及政治权利国际公约》第19条第3款，并且确保它们在实践中不会促成扼杀表达自由。所有此等法律，特别是刑事诽谤法，均应包括诸如以真相辩护之类的辩护理由，并且对于本质上无法核实的表达形式，不得适用这些法律。至少在关于公众人物的评论方面，对于没有恶意而错误地发表的不实言论，应考虑避免予以惩罚或以其他方式使其成为非法。无论如何，在所批评事项中的公共利益均应被认可为辩护理由。国家应注意避免过分的处罚措施和刑罚。在合适的情况下，国家对于被告偿付胜诉当事人的费用的要求，应设置合理的限制。国家应该考虑诽谤的去刑事犯罪化，并且无论如何，只有在最严重的案件中才应同意适用刑法；监禁绝不是一种合适的惩罚。国家不得以刑事诽谤为由起诉个人，然后又不迅速进行审判；这种行为具有寒蝉效应，可能会不当地限制有关人员及其他人享有表达自由。[3]

诽谤性言论所造成的伤害是对个人名誉的损害。南非宪法法院曾指出，相

---

[1] *Bonnick v. Morris*, Privy Council on appeal from the Court of Appeal of Jamaica, [2003] 1 LRC 663.

[2] *Attorney General v. Antigua Times Ltd*, Privy Council, on appeal from the Court of Appeal of the West Indies Associated States Supreme Court, [1975] 3 All ER 81, per Lord Fraser.

[3] *Victor Ivan v. Sri Lanka*, Human Rights Committee, Communication No. 909/2000, 27 July 2004, Selected Decisions, Vol. 8, p. 157.

比于支付赔偿金，公开道歉的成本通常要低很多。公开道歉可以澄清事实；恢复受损的名誉，给予必要的满足；避免给不法者造成严重的经济损失；鼓励而不是抑制表达自由。在考量诽谤案件中的赔偿目的时，对于诚恳而充分的道歉（其公开应与诽谤性言论的公开同等明显）以及/或者作为赔偿措施的、恢复原告的品格和尊严的言论撤回的真实价值，均不得夸大。毕竟，赔偿措施的主要目的是恢复遭受损害的原告的尊严，而不是惩罚被告。①

在对耸人听闻的罪行的电视广播中，个人的荣誉和名誉获得尊重的一般权利，在不忧惧会对违犯者重适社会生活造成污名或消极影响的情况下，必须让位于广播信息的自由。② 根据可适用的普通法的解释，亵渎诽谤罪的主要目的是保护公民的宗教情感不受出版物侵犯的权利。③ 仅仅保护基督教信仰的亵渎法，不得用于禁止表达敌视基督教的观点或任何冒犯基督徒的意见。它可以做的，是控制倡议这种观点的方式。对于宗教情感的侮辱程度必须很明显。所要求的高程度的亵渎是一种防止任意性的保障。④ 议员在议会中发表的言论受到议会特权的保护，这是一项绝对特权。但是，议员在议会外重申在议会中所发表的言论不受保护，并有可能构成诽谤诉讼的依据。⑤ 在法律上，获得大赦的人在其名下不再录入或登记着定罪。因此，他或她曾被定罪之事实在法律上不得再被用于针对他或她。但是他（或她）被定罪所依据的事实并没有抹杀——它们是历史事实。尽管发生了大赦，但宪法对于保护表达自由的义务，允许个人提及过去的行为。⑥

对于一个政党所期望的选举广播——该广播在事实上是准确的，并非耸人听闻的，而且与该政党的候选人参选提倡的合法政策有关，不能以"冒犯公众情感"而予以拒绝。成熟民主国家中的选民，可以强烈反对由电视播放的政党广播推进的政策，但不应该因有人推进该政策而觉得受到冒犯，并且在该推进

---

① *Dikoko v. Mokhatla*, Constitutional Court of South Africa, [2007] 4 LRC 152, per Mokgoro J.
② Decision of the Federal Constitutional Court of Germany, 25 November 1999, (2000) 2 *Bulletin on Constitutional Case-Law* 278.
③ *Gay News Ltd and Lemon v. United Kingdom*, European Commission, (1982) 5 EHRR 123.
④ *Wingrove v. United Kingdom*, European Court, (1996) 24 EHRR 1：公开发行一部名为《狂喜幻景》(*Visions of Ecstasy*) 的18分钟视频电影——该电影涉及阿维拉的圣特雷莎（Saint Teresa of Avila），一位经历了强大的、狂喜的有关耶稣基督的幻景的16世纪加尔默罗修女的生活和作品，可能会激怒、侮辱基督徒的信仰情感，并构成亵渎罪，因为它描绘了钉在十字架上的基督的明显具有性特点的行为。
⑤ *Buchanan v. Jennings*, High Court of New Zealand, [2002] 1 LRC 329. See *R v. Chaytor*, Supreme Court, United Kingdom, [2011] 3 LRC 1：提交津贴申请表是议会行政事项，不属于议会程序的一部分，并因此没有受到议会特权保护的资格。
⑥ *The Citizen* 1978 (*Pty*) *Ltd v. McBride*, Constitutional Court of South Africa, [2011] 5 LRC 286.

事实上准确而非耸人听闻的情况下，也不应该因为该节目的内容而觉得受到冒犯。实际上，成熟民主国家的公众，无权因该节目的播放而觉得受到冒犯。以该节目会冒犯大量观众的信仰为由拒绝传播该节目，不能被形容为是"为保护他人的权利所必要"。相反，这种拒绝将注定会对民主社会的价值观产生不利影响，而必须推定公众拥护这些价值观。广播者拒绝播出涉及某个无可否认地具有公共重要性的事项（如堕胎）的某个政党的选举电视节目——理由是大量的投票公众会认为该节目"有冒犯性"——的思维模式，是对投票公众的诋毁，将他们当成了需要受到保护以免遭受令人不快的生活现实的孩童，严重低估了他们的政治成熟度，并且只能促使选民变得冷漠。①

（十五）"保障国家安全"

人权事务委员会指出，国家必须极其谨慎，以确保叛国法和与国家安全有关的类似规定——无论是被描述为官方机密法或煽动法还是其他方式——的制定和适用方式均应符合《公民及政治权利国际公约》第 19 条第 3 款的严格要求。不得援用此类法律压制或扣留并不损害国家安全的事关正当公共利益的信息，使其不为公众所知，或者因传播此类信息而起诉记者、研究人员、环境活动者、人权捍卫者或其他人。在这些法律的范围内列入诸如与商业部门、银行业和科学进步有关的信息种类，通常并不合适。* 以国家安全为由，限制发布一项包括号召全国性罢工在内的支持劳动争议的言论，是不可允许的。②

尽管获取和使用特别重要的军事信息可能受到限制，但是判定什么信息应被如此对待的具体标准，必须由法律规定，而不得交由政府自由裁量。③ 在大韩民国，某人因为宣读和散发与朝鲜民主主义人民共和国——一个曾与韩国处于战争状态的国家——的政策声明相一致的印刷材料，根据国家安全法被起诉

---

① R (on the application of ProLife Alliance v. British Broadcasting Corporation, House of Lords, [2004] 1 LRC 571, per Lord Scott (dissenting opinion). 该节目活灵活现却又准确无误、不动声色地展示了堕胎过程中涉及的内容，并包括在受撕裂和残害状态下的流产胎儿的清晰图像。广播者以口味和体面性为由，一致拒绝传播该视频，并得出结论认为该视频会冒犯大量观众。法院中的大多数人支持了这一决定，认为公民有权不受到传播到他家私人空间的不当材料的震撼。多数法官认为，在该案中，并不存在处于危险中的任何政治或民主价值，也不存在需要明确的迫切的社会需求。

* 人权事务委员会第 34 号一般性意见，第 30 段。

② Sohn v. Republic of Korea, Human Rights Committee, Communication No. 518/1992, 18 March 1994. 另见人权事务委员会的结论性意见：俄罗斯联邦，CCPR/CO/79/RUS；乌兹别克斯坦，CCPR/CO/71/UZB。

③ Decision of the Constitutional Court of Lithuania, 12 December 1996, (1996) 3 *Bulletin on Constitutional Case-Law* 377.

和定罪。在朝鲜的这些政策在韩国领土内众所周知的情况下，如果没有任何证据证明该人的行为威胁到国家安全，那些对其起诉和定罪就侵犯了表达自由。① 在荷兰，阿姆斯特丹的一家法院下令扣押某一左翼周刊的全部印量——其中载有该国国内安全部门六年前编制的一份季度报告。干涉该出版者的表达自由权无疑是为了保护国家安全，但在该案的情况中，却不是民主社会中所必要的。该文件已有六年历史，其中的信息都是相当一般性的，不再包含国家机密。该文件也曾被标记为"机密"，这意味着是一种较低的密级。② 同样，在英国的一起案件中，法院颁布禁令，限制公布英国安全局（军情五处）的某位前成员撰写并在国外出版的书籍的任何细节，这是没有正当根据的。这些禁令妨碍了报纸行使其提供已经能够获得的、有关正当的公共关切事项的信息的权利和义务。③

披露国家对于特定武器以及相应技术知识的兴趣——这可能会对制造该武器的进展情况给出一些指示，能够对国家安全造成相当大的损害。④ 即便是在和平时期，士兵逃跑也可能对"国家安全"构成威胁。在一起案件中，一名和平主义者散发传单，敦促士兵擅自离开或者公开拒绝被派往北爱尔兰（因为"通过其中一种或另一种方式，你将避免参加在北爱尔兰的杀戮"）。该散发者根据《煽动叛逃法》被定罪。欧洲人权委员会的多数委员认为，这一定罪出于正当目的，即保护国家安全。⑤ 英国有一项法律将国家安全部门的成员向报纸记者披露涉及他可能掌握的安全或情报信息规定为犯罪，这与《欧洲人权公

---

① *Keun-Tae Kim* v. *Republic of Korea*, Human Rights Committee, Communication No. 574/1994, HRC 1999 Report, Annex Ⅺ. A. See also *Tae Hoon Park* v. *Republic of Korea*, Human Rights Committee, Communication No. 628/1995, HRC 1999 Report, Annex Ⅺ. K.

② *Vereniging Weekblad Bluf* v. *Netherlands*, European Court, (1995) 20 EHRR 189.

③ *The Observer and The Guardian* v. *United Kingdom*, (1991) 14 EHRR 153. Cf. *Purcell* v. *Ireland*, European Commission, 16 April 1991. 某位部长向爱尔兰的一家广播电台签发了一项指令，禁止播放任何对于爱尔兰共和军（Irish Republican Army）、新芬党（Sinn Fein）、共和新芬党（Republican Sinn Fein）、阿尔斯特防卫协会（Ulster Defence Association）或爱尔兰国民解放军（Irish National Liberation Army）的发言人的访谈，或者对于任何这些访谈的报道，并禁止播放任何由新芬党或共和新芬党作出的或者支持它们的事情。该指令以及由该电台管理层向其工作人员签发的、要求他们使用无声影片或剧照来阐释涉及这些组织的代表的新闻或时事的指示，具有正当目的即保护国家安全的利益。受到质疑的指令的目的是，确保所列组织的发言人不能利用现场采访和其他广播的机会宣扬旨在破坏国家宪法秩序的非法活动。

④ *Hadjianastassiou* v. *Greece*, European Court, (1992) 16 EHRR 219.

⑤ *Arrowsmith* v. *United Kingdom*, European Commission, (1978) 3 EHRR 218. 托克尔·奥普萨尔（Torkel Opsahl）在一份异议意见中指出，影响对自己的行为负责的其他人的目的，是行使在政治或其他事项上的表达和意见自由的基本的、正当的方面。如果使得其他人实际上接受了这样的信仰、意见或思想，或者利用了以影响他们为目的而传播给他们的信息，那么他们这样做就主要由他们自己负责。

约》第 10 条并不矛盾。① 国家安全利益有可能为防止披露有关安全部门工作的信息提供令人信服的理由。但是，安全部门并没有不受批评的权利。与任何其他政府部门一样，公众有权知道安全部门的不称职情况。因此，法律必须取得平衡。一方面，有必要保护国家安全；另一方面，有必要确保安全部门的活动不会不必要地受到良性公众视线的审视。为了达到这种平衡，国家安全风险的严重性、如果披露将会发生的后果的可预见的严重性以及寻求获得披露的所谓不称职情况和错误的严重性，都是需要考虑的事项。②

随着电视延伸到国家最偏远的角落，以及迎合可能在总体上不像城市观众那样消息灵通或知书达理的观众，活动影像具有的正面与负面潜能差不多。如果一些暴力场面、一些表达上的细微差别或电影中的某些事件可以激起观众的某些情感，那么揭示自私利益下的阴谋、刻画相互尊重和包容以及表现超越宗教障碍的友谊、帮助和善良的情境，可以传递出同样深刻、强烈、持久和有益的影响。因此，对于一个系列节目——该节目描述了印度教徒和穆斯林之间因两个社群的原教旨主义者和极端主义者引发暴力冲突的分裂前的时期，印度最高法院驳回了一项禁止播放该节目的申诉。试图通过揭露在幕后引发和煽动冲突的人员的动机，从国家过去的历史中吸取教训，并未威胁国家安全。③

在土耳其，《防止恐怖主义法》禁止的内容包括所有反对"国家不可分割之统一"的宣传。这项规定被适用于一本题为《哀悼史：33 发子弹》的书的作者。该书是一种以文学历史叙事的形式表现的，对于发生于土耳其东南部、其间有许多人死亡的事件的非中立性描述。检察官提到了书中将土耳其人描述为以征服其他民族的土地的方式建立土耳其的入侵者和迫害者的段落。据称，在这些民族中，只有库尔德人没能成功地摆脱土耳其的枷锁。希洛皮（Silopi）事件被呈现为当局对农民的一场大屠杀、实施"最终解决方案"即灭绝种族的开始。该作者声称，希洛皮的库尔德人民的抵抗宣告了"他们将破除土耳其沙文主义暴力堡垒的那天的令人振奋的消息"。该书的发行本被没收，该作者被判处六年监禁。欧洲人权法院指出，虽然书中的某些特别尖刻的段落对土耳其裔群体描绘了一种极端负面的图景，并赋予叙述一种敌对的语气，但它们并不构成煽动暴力、武装抵抗或起义——这是一个极为必要的考虑因素。此外，该作者公开他的观点的方式是通过文学作品而不是通过大众传媒，这一事实在很

---

① *Regina* v. *Shayler*, House of Lords, United Kingdom (2002) 1 *Bulletin on Constitutional Case-Law*, 148.
② *Attorney General* v. *Punch Ltd*, House of Lords, United Kingdom, [2003] 4 LRC 348.
③ *Ramesh* v. *The Union of India*, Supreme Court of India, [1988] 2 SCR 1011, per Mukerjee J.

大程度上限制了它们对"国家安全""公共秩序"和"领土完整"的潜在影响。因此，对于该作者的定罪是不合比例的，不被认为在民主社会中必要。①

（十六）"保障公共秩序"

为了公共秩序的利益，国家可以禁止以使用扩音器的方式在街道和公共场所造成很大噪声，可以规范公众讨论的时间、地点以及如何为行使言论自由使用公共街道，可以规定将起哄者从会议和集会中驱逐出去，以及惩罚有可能煽动即刻的破坏或扰乱和平的言论——这不同于仅仅引起公众不便、烦恼或不安的言论。② 例如，为了维护公共秩序（ordre public），在某些情况下规范在特定公共场所中的言论表述是可予允许的。③ 对议会程序的保护可被视为公共秩序的正当目标，而记者认证制度可以是实现这一目标的合理手段。然而，由于这种制度限制了表达自由，因此必须证明其运作和适用是必要的，并且与所涉目标成比例，而不是任意的。相关的标准应具体、公平、合理，其适用应当透明。④

在喀麦隆，一位记者、作家和该国一党制的长期反对者在接受了英国广播公司记者的采访后被逮捕，他在该采访中批评了喀麦隆总统和政府。政府试图以国家安全以及/或者公共秩序作为其行为的辩解理由，即主张提交人行使其表达自由权没有考虑国家的政治背景以及争取统一的不断斗争。人权事务委员会认为，没有必要以逮捕和持续拘禁提交人的方式来维护国家统一的所谓脆弱状态。保障或实际上是在困难的情况中加强国家统一的正当目标，无法通过试图扼杀对于多元民主、民主原则和人权的提倡来实现。⑤

在中国香港特别行政区，上诉法院认为，公共秩序包括正当的司法工作。因此，判处丑化法庭的行为构成藐视法庭罪，被认为是对表达自由这一基本权利的必要例外。这种例外对于保护司法工作是"必要的"。若要证实这种藐视，

---

① *Arslan v. Turkey*, European Court, 8 July 1999. See also *Baskaya and Okcuoglu v. Turkey*, European Court, 8 July 1999; *Dicle v. Turkey*, European Court, 10 November 2004; *Association Ekin v. France*, European Court, 17 July 2001.

② *Perera v. Attorney General*, Supreme Court of Sri Lanka, [1992] 1 Sri LR 199. See *Francis v. Chief of Police*, Privy Council on appeal from the Court of Appeal for St Christopher, Nevis and Anguilla, [1973] 2 All ER 251：以要求使用扬声器要得到警察局局长事先书面许可的方式控制公共集会上的扬声器，并没有侵犯表达自由，因为公共秩序要求，不希望听到说话者讲话的公众不得遭受任何过度的噪声。

③ *Coleman v. Australia*, Human Rights Committee, Communication No. 1157/2003.

④ *Gauthier v. Canada*, Human Rights Committee, Communication No. 633/1995, HRC 1999 Report, Annex XI. L. 该案中，国家允许一个私人组织（加拿大议会记者团）控制对于议会新闻设施的使用，并且该组织以某位独立记者不是该组织的成员为由，拒绝他使用这些设施。未能表明的是，该认证制度为确保议会的有效运作及其成员的安全，是必要的、合比例的限制。

⑤ *Mukong v. Cameroon*, Human Rights Committee, Communication No. 458/1991, 21 July 1994.

则必须要有证据证明：（甲）该言论或行为是为了干涉最广义上的司法工作；（乙）它涉及正当的司法工作将受到干涉的"真正危险"；以及（丙）存在着或者是干涉司法工作的故意，或者是预见到了这一可能后果但却予以无视的疏忽大意。这种必要的心理要素通常都会在言论或行为本身中有所暗示。① 然而，与表达形式有关的藐视法庭的诉讼，必须根据公共秩序的理由检验，并且此类诉讼和所施加的惩罚，必须被证明为对于法院行使其维护有序诉讼的权力，是必要的。②

（十七）"为了维护司法机关的权威与公正"

"司法机关的权威与公正"包括保护一般诉讼当事人的权利。③ 为了维护司法机关的权威与公正而限制表达自由，并未使国家有权限制有关法院待决事项的所有形式的公开讨论。无法想象的是，对于司法诉讼的事项，在其他地方，不论是专业期刊、普通媒体还是在广大公众中，不会有事先的或同时的讨论。不仅媒体有传播这些信息和想法的任务，公众也有接受它们的权利，但这当然受到由来已久的、通常应予狭义解释的正待审理法则（*sub judice* rule）的限制。

批评司法判决是正当的，条件是它不得涉及使用积极地侮辱或不顾公共利益以及因此对于传递所表达的想法、思想或意见的本质并非必要的言辞。④ 在一个民主社会中，自由的媒体必须调查并随时准备披露任何官僚机密、刑法执行上的懒散、秘密的交易或腐败。它必须呼吁所有国家机构负责。法院作为宪法及其保障的基本自由的捍卫者，不应被视为媒体的扼杀者或封口者。司法正义是一种"公共事务"，必须被看到是在没有偏见、恐惧或偏袒的情况下，被实行或实现的。⑤

---

① *Wong Yeung Ng v. Secretary for Justice*, Court of Appeal of the Hong Kong SAR, [1999] 2 HKLRD 293.
② *Dissanayake v. Sri Lanka*, Human Rights Committee, Communication No. 1373/2005.
③ *News Verlags GmbH & Co KG v. Austria*, European Court, (2000) 31 EHRR 246.
④ Decision of the Constitutional Court of Spain, 2 March 1998, (1998) 1 *Bulletin on Constitutional Case-Law* 129.
⑤ *Re Moafrika Newspaper: rule nisi* (*R v. Mokhantso*), High Court of Lesotho, 17 February 2003, [2004] 1 LRC 408：司法工作必须接受审查，但不是嘲弄。无论是对于法官个人还是对于正当司法工作的权力和地位而言，行使通常批评权的任何公众成员都没有错，但条件是公众成员不得不当动机归咎于司法工作的参与者。必须允许司法受到监督，即使是直言不讳的评论也应该受到尊重。See also *Midi Television (Pty) Ltd v. Director of Public Prosecutions*, Supreme Court of Appeal of South Africa, [2008] 1 LRC 407；*Toronto Star Newspapers Ltd v. Ontario*, Supreme Court of Canada, [2006] 2 LRC 168；*Toronto Star Newspapers Ltd v. R*, Supreme Court of Canada, [2011] 1 LRC 1, per Abella J (dissenting).

1968年，对于司法机关所受批评，丹宁（Denning）勋爵指出如下：

> 每个人，不论是在议会中或议会外，都有权对有关公共利益的问题作出正当的评论，甚至是直言不讳的评论。评论者可以忠诚地针对法庭上所发生一切发表评论。他们可以说我们错了，我们的裁决有误，而不论是否有人对这些裁决提出了上诉。我们所要求的只是，批评我们的人要记得，从我们职位的性质来看，我们不能回复他们的批评。我们不能参与公众辩争。对于政治辩争，更是不能。我们必须靠我们的行为本身作为其自身的辩护。当我们面对批评之风时，由这个人或那个人所说的、由这支笔或那支笔所写的任何东西，都不会阻止我们做我们认为正确的事；也不会——我还想补充——阻止我们说该情形的需求是什么，只要它与手头的事情有关即可。在事情做错了时，沉默不是选择。

萨尔蒙（Salmon）勋爵补充道，"因此，对判决的批评，不论其多么激烈，都不能构成藐视法庭，但条件是它要保持在合理的礼貌和善意的限度之内。"[1]

在一个建立在法治基础之上的民主国家中，在权力分立原则牢固确立的情况下，作为司法机关的宪法职能的一个组成部分，它必须拥有执行其命令以及保护司法工作免受意欲破坏它的企图的权力和责任。惩罚藐视法庭的权力是高级法院的一项关键特征。这种权力是狭义地界定的，其存在只有为了保护司法工作而非法官的情感。[2] 有两种行为模式属于藐视法庭的范围。第一，存在着在法庭中（*facie curiae*）的藐视，其中包括在法院管理区内、妨碍或干扰了正常司法工作或者打算这样做的行为、所做的行为或所说的言辞。第二，这种罪行也可以在法庭之外（*ex facie curiae*），通过故意干涉或有可能干涉正当司法工作的所说、所发表的言辞或所做的行为犯下。

藐视法庭的第二种形式的一个例证是被形容为"丑化法庭"的情况。犯下这种藐视的方式，是以书面或口头发表旨在将法院、法院的法官或者一般通过法院进行的司法工作置于受藐视状态的言辞。它不一定直接攻击任何特定案件——不论是过去的还是未决的，或者任何特定法官。如果它肆意攻击作为整体的司法机关，打算破坏法院的权威、损害公众的信任，从而阻碍和干涉司法

---

[1] *R v. Commissioner of Police of the Metropolis, ex parte Blackburn*, Court of Appeal, United Kingdom, [1968] 1 All ER 319.

[2] *Ahnee v. Director of Public Prosecutions*, Privy Council on appeal from the Supreme Court of Mauritius, [1999] 2 LRC 676.

工作，就足以构成藐视。① 尽管使司法不端行为受到曝光和批评符合公共利益，并因此也是一种良性的辩护理由，但是在一些司法制度中，承认丑化法院的罪行被认为是在民主社会中所必要的。如果某一出版物是故意的、打算破坏法院的权威，而且善意的正当批评这一辩护理由不可适用，那么就构成了该罪行。

一些法律学者和一些法官在他们的评论中，一直强烈反对将丑化法庭承认为一种罪行。他们认为，在丑化法庭这一罪行中体现的基本假设，即倾向于削弱法院权威的评论会破坏公众对于司法工作的信任，具有高度的推测性。他们质疑道，应由理智且成熟的公众评估该评论本身的是非曲直，而不是由实际上既是起诉者又是审判官的司法机关来评估。他们采取的立场是，法院和其他公共机构一样，应当接受活跃的和建设性的批评，而不需要也不应该存在保护他们的特别规则。② 南非宪法法院的萨克斯（Sachs）法官指出，开放和民主的社会允许限制言论，与之相配的，是对于以下情况的适当处罚：诉讼期间在法庭上作出破坏性言辞，以及在法庭外作出打算对审判者施压或损害诉讼结果的言辞。但是，他认为丑化法庭的罪行在性质上是不同的，因为它针对的是在法庭外发表的言论，与正在进行的诉讼并无关联。这种言论，只有在其以一种相当于应受惩罚的藐视法庭罪的其他形式的方式威胁司法工作时，才应该受到刑事制裁。若要证明对言论自由的限制正当合理，所需要的远远超过仅仅是证明某些言论可能会使司法机构蒙羞，不论是因为所谓的不起作用、不称职、缺少廉洁，还是不公正。若要符合宪法上的合理性和可诉性标准，起诉的依据不能仅仅是发表的言论有可能使司法工作蒙羞，还应依据招致真实损害的额外因素。

萨克斯法官补充说，在同时使用时，"丑化"和"蒙羞"这两个词属于古老的、在现代宪法分析中最令人不安的词汇。

> 它们令人想起具有其他价值观的另一个时代。在那样的时代中，对于君主及其法官地位的强烈敬畏和尊重，被认为对于维护公共和平至关重要。但问题不仅仅是这种命名法稀奇古怪，而且在于它可能具有误导性。该罪行的核心，不在于对于有关司法人员的情感上的激怒，而在于该言论

---

① *Re Chinamasa*, Supreme Court of Zimbabwe, [2001] 3 LRC 373, per Gubbay CJ.

② *Re Chinamasa*, Supreme Court of Zimbabwe, [2001] 3 LRC 373, per Gubbay CJ. See *Attorney General for New South Wales v. Mundey*, Court of Appeal of New South Wales, Australia, [1972] 2 NSWLR 887 at 908, 霍普（Hope）法官指出："没有理由认为，相比于包括议会在内的公共机构的行为，法院的行为不应受到强烈批评。实情是，自由社会中的公共机构当然要坚持它们自己的优点：如果它们的行为不能赢得社会的尊重和信任，它们就无法获得支持；如果它们的行为无愧于社群的尊重和信任，它们就不需要特殊规则的保护，掩护它们免受批评。"

有可能对司法工作产生的影响。援用刑法的目的是要确保开放和民主社会中的法治不受危害。司法机关的声誉与维护法治之间可能存在某种联系，但是将它们视为同义词就错了。事实上，在许多情形中，耸人听闻的批评可能促进司法工作的完善。相反，惧怕因批评法院而遭到起诉的寒蝉效应，可能加剧其腐化……当今司法机关的主要职能是保护公正而非不公正的法律秩序。但是，批评——无论其有多么猛烈和令人痛苦——永远都是必要的。不仅公众有权监督司法机关，司法机关也有权使其活动受到最严格的批评。司法机关的强健和力量，以及它在新的和迅速变化的环境中履行其历史悠久的职能的能力，同样取决于此。在一个开放和民主的社会中，不存在本质上封闭的领域。①

（十八）"保障公共卫生"

为了保护公共卫生，可以禁止对烟草制品的广告以及赞助，也可以禁止已知主要与烟草制品有关的品牌产品（所谓的多样化产品）的广告。但是，在烟草商和报纸商店以及国外报纸和杂志刊登广告的情况中，允许对这一禁止的例外情形是正当合理的。② 在立陶宛，禁止酒类和烟草制品的广告的理由是，消费它们无疑会损害人们的健康。③

在加拿大，禁止针对13岁以下的人的商业广告得到了支持，理由是该禁止力图保护的是最易遭受商业操纵影响的群体。④ 同样，在欧洲的一起案件中，某人被判定犯有协助和教唆第三方自杀的罪行。他辩称，作为自愿安乐死社团（EXIT）的一员，他只是向那些希望自杀的人传递信息和想法。欧洲人权委员会认为，虽然存在着对于传递信息权的干涉，但这种干涉是正当合理的，因为这种干涉对保护那些因其年龄和身体原因而属于极易受伤害群体的人的生命，是必要的。⑤

---

① *State v. Mamabolo*, Constitutional Court of South Africa, [2002] 1 LRC 32, per Sachs J. 另见克里格勒（Kriegler）法官的意见："就仍然能够对表达自由施以限制的蔑视法庭罪而言，其存在的情形的种类，如今已如此狭窄，并且能够适用该罪行的语言和/或行为的性质也必须如此严重，以至于合理正当性的衡量明显倾向于支持对其予以限制。"

② Decision of the Court of Arbitration of Belgium, 30 September 1999, (1999) 3 *Bulletin on Constitutional Case-Law* 353.

③ Decision of the Constitutional Court of Lithuania, 13 February 1997, (1997) 1 *Bulletin on Constitutional Case-Law* 61.

④ *Irvin Toy Ltd v. Attorney General of Quebec*, Supreme Court of Canada, [1989] 1 SCR 927.

⑤ *R v. United Kingdom*, European Commission, Application 10083/82, (1983) 33 *Decisions & Reports* 270.

（十九）"保障道德"

道德观念来源于许多社会、哲学和宗教传统。因此，为了保护道德的目的的限制必须基于不光是来源于单一传统的原则。任何此类限制都必须根据人权的普遍性以及不歧视原则加以理解。① 尽管通过立法禁止淫秽和色情资料的传播，以及通过法律规定电影的事先审查，是为保护公共道德而限制的最明显例证，② 但印度最高法院也曾指出，对有关标准的解释必须达到的是，"我们不会妥协至该种程度——由我们中最无能和最堕落的人所受到的保护，来决定道德上健康的人不可以查看或阅读的内容"。这些评论是在这样一起案件中做出的：审查官决定将一部电影的观众只限于成年人——该电影试图描述印度四个主要城市中的富人和穷人之间的生活对比，这一决定遭到了质疑。审查官的决定显然受到了孟买红灯区的某些影像的影响。印度最高法院指出，性和淫秽并不总是同义词，而将性归类为基本上是淫秽的，甚至是不得体的或不道德的，是错误的。③

宽容社会文化空间中不受欢迎的观点，以及促进公开对话的文化，是有必要的。社会道德观念本质上是主观的，刑法不应被用作不当干涉个人自主的手段。道德和犯罪并不具有同样的范畴。"淫秽"应根据反映了一般理性人的敏感度和容忍度的社会标准予以衡量。④ 在判定淫秽问题时，法官应将自己置于作者的立场，从作者的角度，尝试理解作者试图传达的内容以及其是否具有文学或艺术价值。然后，法官应将自己置于每个年龄段的、可能会持有该书的读者的立场，并尝试感受这本书大约会对这些读者的心思产生哪些可能影响。⑤

将进口和持有儿童色情制品规定为刑事犯罪是正当合理的。通过儿童色情制品使儿童堕落是一种严重的伤害，这可能会损害他们的尊严并导致一种贬损儿童的文化。虐待儿童的危害是现实的、持续的，国家有打击它的宪法

---

① 人权事务委员会第 22 号一般性意见，第 8 段。
② Danilo Turk and Louis Joinet, special rapporteurs appointed by the Sub-Commission on Prevention of Discrimination and Protection of Minorities, *The Right to Freedom of Opinion and Expression*, UN document E/CN. 4/Sub. 2/1992/9 of 14 July 1992.
③ *Abbas v. The Union of India*, Supreme Court of India, [1971] 2 SCR 446, at 474, per Hidayatullah CJ.
④ *Khushboo v. Kanniammal*, Supreme Court of India, [2010] 5 LRC 291. 涉案的是一位知名女演员在某一调查背景中做出并在新闻杂志上发表的言论。在该言论中，她提到婚前性行为的发生率越来越高，并呼吁社会接受它。
⑤ *Samaresh Bose v. Amal Mitra*, Supreme Court of India, AIR 1986 SC 967.

义务。①

（二十）"任何鼓吹战争之宣传，应以法律禁止之；任何鼓吹民族、种族或宗教仇恨之主张，构成煽动歧视、敌视或强暴者，应以法律禁止之"

《公民及政治权利国际公约》第20条包括一种对于具体的表达形式的禁止。它要求，应以法律宣告该条中的宣传和鼓吹违反公共政策，并对违反情况规定适当的制裁措施。"战争"要从任何侵略行为或有违《联合国宪章》之破坏和平的行为的意义上理解。禁止任何鼓吹战争的宣传，而不问其目的是针对有关国家内部还是外部。鼓吹民族、种族或宗教仇恨的主张，只有构成煽动犯下歧视、敌视或强暴之行为，才能加以禁止。这种鼓吹的目的是针对有关国家内部还是外部，无关紧要。提倡自卫的主权权利或符合《联合国宪章》的民族自决和独立的权利，不受禁止。②

仇恨言论的核心，是根据某些人作为某一群体成员的身份，试图将其边缘化。通过使得该群体招来仇恨的表达，仇恨言论意在使得这一群体的成员在多数人眼中不再是正当的存在，从而降低他们在社会中的社会地位和被接受度。当人们被诬蔑为应受谴责或无价值时，就更容易证明歧视性待遇是有道理的。招来仇恨可能来自这样的表达，即将目标群体与传统上在社会中受到辱骂的群体——例如，虐待儿童者、恋童癖者或"侵掠儿童的怪异犯"——等同。最极端的一种污蔑形式是将某一受保护的群体非人化，方式是将其成员描述为"不应该被允许生存的可怕生物""不可思议的灵长类动物""基因劣等""和野兽差不多"或"似人的污物"。这些都是质疑某一群体成员是否有资格作为人的、非人化表达的例证。虽然仇恨言论受到禁止，但个人之间在私人通信中的仇恨表达则不受禁止。③

对于如何判断某一言论是否是仇恨言论，其检验很严格。在某一表达被确认为鼓吹仇恨或仇恨言论之前，应当存在两个要素，即（甲）存在基于种族、族裔、性别或宗教之仇恨鼓吹；以及（乙）构成造成伤害之煽动。分析某一言论是否构成仇恨言论，需要在考虑受到审议的言论的实际语句的通常语法含义的情况下，对它们进行不带感情的、客观的调查。做出该言论的人的意图完全

---

① *Tasco Luc De Reuck* v. *Director of Public Prosecutions*, Constitutional Court of South Africa, (2003) 3 *Bulletin on Constitutional Case-Law* 540.
② 人权事务委员会第11号一般性意见（1983年），第2段。
③ *Saskatchewan Human Rights Commission* v. *Whatcott*, Supreme Court of Canada, [2014] 1 LRC 1, per Rothstein J.

无关紧要。并不是由受到审议的表达的做出者，也不是由法院，决定该表达的旁观者应该如何看待它。①

与电话系统相连的、任何公众都可以通过拨打相关电话号码收听的预录信息——该信息警告来电者注意"国际金融界和国际犹太人将世界引向战争、失业和通货膨胀，以及世界价值观和原则崩溃的危险"构成鼓吹种族或宗教仇恨。② 同样，面向挪威的深色皮肤人口的政党节目中的说法——如果被领养的儿童自愿接受绝育，则同意他们在该国继续居留；要求混合关系中的"外来方"分开、离开该国或绝育；还要求在发生受孕时，要堕胎——构成了鼓吹种族仇恨。③ 在由某个亲库尔德团体组织的关于"权利和自由"的集会上，有人在演讲过程中使用的"战斗"和"库尔德人的抵抗"这两个词，被认为是斗争中的一个组成部分，在这种情况下，不能被认为是煽动在公民之间使用暴力、敌视和仇恨。他们没有呼吁血腥复仇；他们也未打算引发仇恨和强暴。④

禁止播放"可能会损害民众的不同部分之间关系的材料"并不是正当合理的，因为该禁止并没有，例如，要求被禁止的材料应相当于鼓吹仇恨，至少是基于种族、族裔、性别或宗教的各种仇恨，也没有要求该材料应当具有造成伤害的可能性。这一禁令措辞宽泛、波及甚广，以至于很难事先预知究竟什么会被禁止或受许可。它将剥夺广播者及其受众的收听、形成、自由地表达和传播他们对于广泛话题的意见和看法的权利。该项禁令的宽泛范围也可能侵犯其他权利，例如行使和享有宗教、信仰和意见自由的权利。⑤

---

① *African National Congress v. Harmse*, South Gauteng High Court of South Africa, [2012] 3 LRC 1：意欲在和平游行期间演唱的某一歌曲包含着"射杀白人"或"射杀布尔人"的字眼。该歌曲被认为构成了仇恨言论。See also *AfriForum v. Malema*, Equality Court of South Africa, [2012] 3 LRC 27：在敌人即所涉政权仍然是歌手的敌人的时代，歌曲所包含的信息，即摧毁该政权和"射杀布尔人"，可能是可以接受的。但在现代、民主的南非国中，敌人已经变成了朋友、兄弟。新国家的道德要求，人们不能再唱这首歌。

② *Taylor and the Western Guard Party v. Canada*, Human Rights Committee, Communication No. 104/1981, HRC 1983 Report, Annex XXIV. See also *Taylor v. Canadian Human Rights Commission*, Supreme Court of Canada, [1991] LRC (Const) 445.

③ Decision of the Supreme Court of Norway, 28 November 1997, (1997) 3 *Bulletin on Constitutional Case-Law* 405.

④ *Abdullah Aydin v. Turkey (No. 2)*, European Court, 10 November 2005. See also *Alinak v. Turkey*, European Court, 29 March 2005.

⑤ *Islamic Unity Convention v. Independent Broadcasting Authority*, Constitutional Court of South Africa, [2003] 1 LRC 149, 朗加法官认为：该节目名为《犹太复国主义和以色列》，其中，一个被描述为历史学家和作家的人，尤其质疑以色列国和犹太复国主义作为一种政治意识形态的合法性；他声称，在第二次世界大战期间，犹太人并未在集中营中被毒气杀死，而是死于传染病，尤其是斑疹伤寒症，而且只有一百万犹太人死亡。See Decision of the Federal Constitutional Court of Germany, 8 December 2010, (2011) 1 *Bulletin on Constitutional Case-Law* 68：在个人服完监禁刑期后的五年内被施以的一般性发表禁令——禁止"传播右翼极端主义或国家社会主义意识形态"，不合比例地限制了言论自由。

第二十二章　集会自由权

国际文书

《世界人权宣言》
第 20 条
一、人人有平和集会……自由之权。

《公民及政治权利国际公约》
第 21 条
和平集会之权利，应予确认。除依法律之规定，且为民主社会维护国家安全或公共安宁、公共秩序、维持公共卫生或风化，或保障他人权利自由所必要者外，不得限制此种权利之行使。

区域文书

《欧洲人权公约》
第 11 条
1. 人人享有和平集会……自由的权利……
2. 除了法律所规定的限制以及在民主社会中为了国家安全或者公共安全的利益，为了防止混乱或者犯罪，为了保护健康或者道德或者保护他人的权利与自由而必需的限制之外，不得对上述权利的行使施以任何限制。本条并不阻止国家武装部队、警察或者行政当局的成员对上述权利的行使施以法律限制。

《美洲人权公约》
第 15 条
承认有不携带武器进行和平集会的权利。除了依照法律和在民主社会中为了国家安全、公共安全或者公共的秩序的利益,或者为保护公共卫生设施或者道德,或者为了保护他人的权利或者自由所必须规定的限制之外,对行使这种集会的权利不得加以任何限制。

《非洲人权和民族权宪章》
第 11 条
人人应享有与他人自由集会的权利。此项权利之行使只受必要的法律规定的限制,特别是那些为了国家治安、安全、品德及他人的权利和自由而制定的法律的限制。

一 评论

集会自由是任何国家政治和社会生活的主要组成部分。它是政党活动和选举活动的重要组成部分,尤其是在此等选举是为了确保人民自由表达意见的情况中。[①] 1875 年,美国最高法院的一位法官指出,"采取共和模式之政府的理念,就意味着公民有权和平集会,商讨公共事务并申请平反冤情"。[②] 这种自由还与宗教或信仰自由相关,因为个人可以与他人共同表示自己的宗教或信仰;它也与表达自由相关,因为保护个人意见是这一权利的目标之一。不论是何种形式的集会都不同于其他交流沟通方式,因为它使公众与表达意见的人直接接触,并由此引发关注和讨论。

对于公众游行的效能,一位学者曾指出:

> 如果某一消息是不受欢迎的,或者是主流思想希望置之不理的,那么宣扬相反观点的游行队伍在街头上不断出现,就具有迫使该意见得到辩论的扰乱效果。因此,促发游行的潜在问题将获得公开,并可能使冤情得到平反。示威的实际出现意味着,如果这些问题不能得到处理,那么有可能产生暴力后果。从历史上看,从英国的争取女性投票权的示威到美国的民权运动,使用公共集会和游行已经证明,它们作为传播不受待见的少数观

---

① *Denmark, Norway, Sweden and Netherlands v. Greece*, European Commission, (1976) 12 *Yearbook*, 196.
② *United States v. Cruikshank*, United States Supreme Court, 92 US 542 (1875), per Waite CJ at 552. See also *Sa'ar Adv et al v. Minister of the Interior and of the Police*, Supreme Court of Israel, 34 (2) *Piskei Din* 169, excerpted in (1982) 12 *Israeli Yearbook on Human Rights* 296, 该案中,巴拉克(Barak)法官指出,这种自由比其他表达方式更有效率和现实性。

点的一种手段，不可或缺。通过这些运动，重要问题以一种无法被忽视、但又能避免示威者的大规模暴力的方式，吸引了公众的关注。①

"和平集会"的权利得到了《公民及政治权利国际公约》第 21 条以及所有的三个区域性人权法律文书的承认（在《非洲人权和民族权宪章》第 11 条中为"自由集会的权利"，在《美洲人权公约》第 15 条中为"不携带武器"）。对于行使这一权利的任何限制，都必须按照法律（在《欧洲人权公约》第 11 条中为"法律所规定"，在《非洲人权和民族权宪章》第 11 条中为"法律规定"），并且是为维护国家安全、公共安全、公共秩序（在《公民及政治权利国际公约》第 21 条中附加了法文用词"*ordre public*"，在《欧洲人权公约》第 11 条中为"防止混乱或者犯罪"），保护公共卫生或道德（在《非洲人权和民族权宪章》第 11 条中为"伦理"），或保护他人的权利和自由所必要（在《公民及政治权利国际公约》第 21 条、《欧洲人权公约》第 11 条和《美洲人权公约》第 15 条中为"在民主社会中"）。仅有《欧洲人权公约》第 11 条允许对武装部队、警察或者国家行政机关的人员行使这一权利上施以合法限制。②

真正的、有效的集会自由不能被缩减为仅仅是国家不干涉其行使的义务：一种纯粹的消极观念与这一权利的目的及宗旨是不相符的。有时，还需要采取积极措施，如果有必要，则即便是在个人之间关系的领域，也是如此。然而，虽然国家有责任采取合理和适当的措施，使得合法示威能够和平进行，但国家无法绝对地保障这一点，而且在选择使用的手段方面，拥有很宽泛的自由裁量权。国家所承担的义务，是有关要采取的措施的义务，而不是有关要实现的结果的义务。③

---

① Matyszac, 'Order, the Daughter not the Mother of Liberty—Processions in the Constitution', cited by Gubbay CJ in *Re Munhumeso*, Supreme Court of Zimbabwe, [1994] 1 LRC 282.

② 有关对公职人员适用的限制见，*De Freitas v. Permanent Secretary of Agriculture*, *Fisheries*, *Lands and Housing*, Privy Council on appeal from the Court of Appeal of Antigua and Barbuda, [1998] 3 LRC 62. 虽然保持公职人员的公正和中立可能会使得限制他们参与政治事务的自由正当合理，但是在表达自由与公职人员恰当地履行其职责的义务之间，需要取得适当平衡。因此，全面禁止所有公职人员向任何人传达任何有关政治争议事项的意见表达，是过分的。英国枢密院认为，某个部门内的传达官因参与了反对政府腐败——其中的一些指控针对他自己的部长——的示威而遭到制止，并不"在民主社会中具有合理正当性"。

③ *Platform 'Ärzte Für Das Leben' v. Austria*, European Court, (1988) 13 EHRR 204. 奥地利《刑法》第 284 条和第 285 条将任何人驱散、阻止或破坏未经禁止的集会，规定为犯罪行为；《集会法》第 6 条、第 13 条和第 14 条第 2 款则授权当局在某些情况下禁止、终结或以武力驱散集会，这也适用于反向示威。当局通过颁布这些法律，已采取了合理和适当的措施落实集会权。

二 释义

(一)"和平集会之权利"

集会自由权对于宪政民主具有核心地位。它的存在主要是为了让无权力者发声。这包括没有政治或经济权力的群体以及其他弱势群体。该权利为他们的艰难挫折提供了一种释放路径。在许多情况下,这项权利将是他们可用来表达其正当关切的唯一机制。实际上,它是普通人能够有意义地促进倡导人权和自由的宪法目标的主要手段之一。①

集会自由既包括私人集会,也包括在公共通路上的集会。② 它不仅包括静态的集会,也包括以动态的集会形式进行的公开游行。这样一种自由,不仅可以由此类集会的个人参与者行使,也可以由其组织者(包括法人团体)行使。③ 在起草《公民及政治权利国际公约》第 21 条时,美国建议,和平集会的自由应只针对"政府的干涉"受到保护。然而,普遍的共识则是,个人在行使此项权利时,应针对各种类型的干涉受到保护。④ 某一"集会"是否存在是一个事实问题。⑤

示威是集会的一种形式,其目的是向信息所针对的人或当局传递进行该示威的群体的情感。它是通过外在表征即个人或群体的感觉或情绪的可视表现,对个人情感的一种表达。因此,示威就是将一人的想法传达给它所意在传递给的其他人。这可以采取仅仅是佩戴徽章或甚至是沉默集会的形式。因此,它实际上是一种言论或表达的形式,因为言论并不一定要发出声音——不能说话者

---

① *South African Transport and Allied Workers Union v. Garvas*, Constitutional Court of South Africa, [2013] 1 LRC 649, per Mogoeng CJ.

② *Rassemblement Jurassien & Unité Jurassienne v. Switzerland*, European Commission, (1980) 17 *Decisions & Reports* 93. See *Ramson v. Barker*, Court of Appeal of Guyana, (1982) 33 WIR 183:该案中,警方要求三个人从他们在道路上的固定位置移开,这并未"妨碍"他们的集会自由。他们出现在他们所被要求移开的特定位置,对于行使他们的集会权而言,既不是必要的,甚至也不是可供选择的先决条件。

③ *Christians against Racism and Fascism v. United Kingdom*, European Commission, (1980) 21 *Decisions & Reports* 138.

④ UN document A/2929, chap. VI, s. 139.

⑤ *Kivenmaa v. Finland*, Human Rights Committee, Communication No. 412/1990, 31 March 1994. 某一组织的约 25 名成员聚集在东道国当局提前公开宣布的、对于某位正式来访的外国国家元首的欢迎仪式现场。这种行为在这种情况中,并不是集会。虽然这些人散发传单并举起了批评来访的国家元首的人权记录的横幅,但他们并没有义务向警察通报这一打算好的示威活动。

做出的手势也是言论的一种形式。① 示威可能会惹恼或冒犯那些反对该示威所意在宣扬的想法或主张的人。但是，参与者必须能在不忧惧他们将遭受其反对者的身体暴力的情况下，举行示威。这种忧惧可能会妨碍支持共同想法或利益的组织或其他群体，公开表达他们对于影响社会的极具争议性的问题的看法。反向示威的权利并不延及阻遏示威权之行使。②

这一权利的保护范围仅及于"和平"集会。和平集会的概念并不包括组织者和参与者具有暴力意图、导致公共秩序混乱的示威活动。③ 有可能发生暴力性的反向示威或怀有暴力企图的极端分子（不是组织集会的团体的成员）有可能加入示威活动，其本身并不能剥夺和平集会的权利。即便是存在一种现实风险，即公众游行会因为超出其组织者控制的事态演变而造成混乱，这种游行也不得因此原因而失去保护；因此，对这种集会的任何限制必须符合法律，并且是出于保护一个或多个具体规定的利益的目的。④

虽然民主社会应有能力容忍混乱或烦扰，以便支持尽可能广泛的表达自由，尤其是政治表达，但权利和自由并不是绝对的，而是可以受到限制。如果警方有"合理的信念"认为，在集会期间可能会发生骚乱，那么所有能做的就是提供安保和监管，以预防骚乱。警察的首要责任是维护法律和秩序，而不是仅以预测的、其结果可能有误的理由来限制人们的自主和自由。在任何情况下，均不得驱散合法集会。可以要求集会召集人做出其行为循规蹈矩的承诺，如果违约，则要面对法律后果。⑤ 个人并不会因为其他人在示威过程中犯下的零星暴力或其他可予惩罚的行为，就不再享有和平集会的权利，但条件是所涉个人就其自己的意图或行为而言，一直保持平和。⑥ 但是，在集会中出现不请自来的警察、他们记录集会的进行情况，与这一权利不相符，因为其出现可能

---

① *Kameshwar Prasad* v. *The State of Bihar*, Supreme Court of India, [1962] Supp. 3 SCR 369, (1962) AIR SC 1166：某项政府条例禁止公职人员参加涉及与其服务条件有关的任何事项的任何示威活动，这侵犯了集会的宪法权利。See also *Ghosh* v. *Joseph*, Supreme Court of India, (1963) AIR SC 812.

② *Platform 'Ärzte Für Das Leben'* v. *Austria*, European Court, (1988) 13 EHRR 204. See *Evrezov* v. *Belarus*, Human Rights Committee, Communication No. 1999/2010, 10 October 2014；*Turchenyak* v. *Belarus*, Human Rights Committee, Communication No. 1948/2010, 24 July 2013.

③ *G* v. *Germany*, European Commission, Application 13079/87, (1989) 60 *Decisions & Reports* 256. 在公共道路上静坐并不是暴力示威。但是，因非法强迫（封锁公共道路并阻碍交通，从而造成的阻塞比行使和平集会权通常所造成的阻塞更多）而定罪，与所追求的目标即防止混乱并非不合比例。

④ *Christians against Racism and Fascism* v. *United Kingdom*, European Commission, (1980) 21 *Decisions & Reports* 138.

⑤ *Kivumbu* v. *Attorney General*, Constitutional Court of Uganda, [2009] 3 LRC 1.

⑥ *Ziliberberg* v. *Moldova*, European Court, 4 May 2004.

会阻遏公众会集一起，甚至有可能完全扼杀该集会。①

为了和平的政治行动而举行的集会，不得仅仅因为集会者可能曾在其他地方犯下罪行，或者因为该聚会是在某个主张采用非法手段来实现社会变革的组织的赞助下举行，而加以禁止。是否禁止言论和集会自由权，问题不在于举行聚会的赞助方，而在于该集会的目的；不在于发言者的各种关系，而在于他们的言论是否超越了言论自由的界限。在集会者曾在其他地方犯下罪行的情况中，如果他们已经发起或参与了破坏公共安宁或秩序的共谋，那么可以因其共谋或违反有效法律而起诉他们。如果国家不因为这些罪行起诉他们，而是仅抓住参与和平集会以及合法的公开讨论，以之作为刑事指控的依据，那就是另一回事了。②

和平聚会并不意味着对周围环境没有干扰。但是，干扰不得过度。敲击护栏制造噪声——这在公共集会和抗议中被认为是正常的，其本身并不构成和平抗议期间不适当的、不可接受的行为。被认为超越了和平抗议的界限的行为范围，不得狭义地予以解释。"和平"一词必须被理解为包括，可能以某种方式侵扰不赞同在某一和平抗议中提出的想法或主张的人的行为，甚至是有可能暂时阻碍、拖延或阻止第三方的活动的行为。如果在公众聚会中出现意外暴力或混乱，那么未参与该混乱的人，并不会失去他们的公开集会与和平抗议的权利受到的保护。③

集会自由保障该权利的持有者的尤其是自由决定集会地点的权利。但是，这并未由此赋予他们进入任何地点的权利。然而，集会自由也不仅限于公共街道空间。相反，它确保集会也可以在公共单位向一般公众人流开放的其他地点举行。因此，例如，无限期地禁止在机场的任何区域中组织集会——除非机场当局基于根本上属于自由裁量的决定事先准予组织此类集会——与集会自由不相符。④

---

① *Khan v. The District Magistrate, Lahore and the Government of Pakistan*, Supreme Court of Pakistan, Pakistan Legal Decisions, 1965, W. P. Lahore, p. 642. See also (1966) 7 (2) *Journal of the International Commission of Jurists* 284-6；某项法律授权治安法官委派一名或多名警察或其他人，参加任何公开集会，以便对其进程作出报告。这不符合集会和结社自由的宪法保障。See *Friedl v. Austria*, European Court, (1995) 21 EHRR 83：在为了引起公众注意无家可归者的困境而组织的一场和平示威活动中，警察拍摄了照片、检查了身份并记录了参与者的详细情况。基于参与者之一提出了声称他的集会自由权因此受到了侵犯的申诉，政府同意销毁所有照片并向申诉人支付包括诉讼费用在内的赔偿金。

② *De Jonge v. Oregon*, United States Supreme Court, 299 US 353 (1937)；*Stankov v. Bulgaria*, European Court, [2002] 1 *Bulletin on Constitutional Case-Law* 156.

③ Decision of the Constitutional Court of Croatia, 10 September 2013, [2013] 2 *Bulletin on Constitutional Case-Law* 475.

④ Decision of the Federal Constitutional Court of Germany, 22 February 2011, (2011) 1 *Bulletin on Constitutional Case-Law* 77.

集会权包括举行提前组织的集会的权利，以及举行在很短时间内为正当理由而组织的和平示威的权利。它还包括举行自发聚会的权利。通知义务仅适用于在公共场所举行的有组织的集会。如果引发和平示威的具体情形使得组织者无法向警方发出适当的通知，那么警察不得禁止举行该和平示威。人群无限期地占据公共场所或者聚会的目的并不是表达共同持有的意见，这样的情况不能算作是集会。要求自发的集会发出通知显然是不可能的。尽管如此，对于快速安排起来的聚会，组织者应发出通知。如果集会将严重危害人民代表机关或法院不受干扰的运作，或者如果证实无法为他们疏散交通，警方可以阻止这种聚会。如果组织者仅在集会开始前不久通知警方，那么警方有可能无法维护有序的交通通行。①

公开集会的参与者保持匿名的权利，是集会自由的规范内容的必要要素。禁止"其外观使其身份无法确认"的人参加集会，将以一种并非为保障集会的和平性质所必需的方式，限制集会自由。这一限制不仅将涵盖自愿隐匿身份的人——他们掩饰身份可能意味着攻击性行为，而且有可能威胁集会自由权所承载的宪法价值。它还将涉及那些出于一般性原因而可能无法确认身份的人，以及因自愿隐匿而可能无法确认身份的人——条件是该隐匿是表达对于某一特定问题、情况或事实的某种态度的手段，而不是攻击性行为的一种标志和对该集会之和平性质的可能威胁。在这种情况下，禁止集会将构成对于宪法上的集会自由的明显、过度干涉。不过，组织集会的人不享有保持匿名的权利。②

（二）"除依法律之规定……不得限制此种权利之行使"③

要求在开始之前的某个时间（例如，6个小时），将某一计划在公共场所举行的示威通知警方，有可能符合可予允许的限制。对示威做出预先通知这一要求通常是出于国家安全或公共安全、公共秩序、保护卫生或道德，或者保护

---

① Decision of the Constitutional Court of Hungary, 29 May 2008, [2008] 2 *Bulletin on Constitutional Case-Law* 268.

② Decision of the Constitutional Tribunal of Poland, 10 November 2004, [2004] 3 *Bulletin on Constitutional Case-Law* 508.

③ 《公民及政治权利国际公约》第21条中的"imposed in conformity with the law"的表述，优于如第22条所用的"prescribed by law"的通常措辞，因为其顾及了合法的行政行为（UN document A/2929 chap. VI, s. 141）（在该公约作准中文本中，与这两处对应的中文措辞均为"依法律之规定"。——译者注）

他人的权利和自由的原因。① 这种程序之必要，可能是为了让当局能够确保集会或游行的和平性质。② 但是，只有在有助于每个公民的集会权的情况下，才能做出规定；国家不得制定具有禁止所有集会或游行之效果的规定。管制权力也不得授权制定规则，规范人们在集会发生前的行为、行动或做法。③ "限制"一词包括在行使此权利之后——而不是在其前或者其间——所采取的措施，例如惩罚性措施。④

虽然在公开集会中使用扬声器可以被认为是行使示威权的一种辅助手段，但是其使用并不能被合理地认为就是一种必要条件。与利用未经任何人造设备辅助的人类嗓音可能形成的情况相比，扬声器使讲话者有可能触及更大范围的听众，由此起到促进这种权利之行使的作用，但这也是使用它能够提供的唯一优势。由于扬声器的使用对于行使这项权利并不是必不可少的，并且由于在任何时间和任何地点不受限制地使用嘈杂的工具很有可能构成滋扰，因此规定了管理使用这一工具的权力的法律——这一法律附带地也有可能在行使该权力的人认为可能有必要的情况下禁止该工具的使用，不能被认为"妨碍"了该权利之享有，因为该权利在本质上未受影响。⑤

---

① *Kivenmaa v. Finland*, Human Rights Committee, Communication No. 412/1990, 31 March 1994. 关于"通知"，见，*Francis v. Chief of Police of Saint Christopher*, *Nevis and Anguilla*, Court of Appeal of the West Indies Associated States, (1970) 15 WIR 1; *Gunawardena v. Perera*, Supreme Court of Sri Lanka, 8 May 1983, *Decisions on Fundamental Rights*, 426。参见，*Re Munhumeso*, Supreme Court of Zimbabwe, [1994] 1 LRC 282：该案中，法律授权管理机构发布指令，以图控制其地区内的公众游行的行为以及公众游行可以行进的线路和时间。管理机构的自由裁量权是不受控制的。它可能依据不论如何都与公共安全或公共秩序的需求不相关的理由，发布指令，禁止举行公开游行的权利。对它行使自由裁量权，不存在对要使用的标准的界定。此外，在对公开游行强加禁令之前，管理机构并没有义务考虑破坏和平或公共秩序混乱的可能性，是否可以通过以下方式避免，即在签发有关例如时间点、持续时间、路线的许可中，对该游行之举行附加条件。如果通过施加适当的条件可以防止潜在的混乱，那么只有采用这种不那么严格的措施——而不是彻底禁止——才是合理的。因此，该规定并非"在民主社会中"，为了公共安全或公共秩序之利益而"正当合理"。

② *Rassemblement Jurassien & Unité Jurassienne v. Switzerland*, European Commission, Application 8191/78, (1980) 17 *Decisions & Reports* 93.

③ *Himat Lal Shah v. Commissioner of Police*, Supreme Court of India, (1973) 1 SCC 227. 1951年《孟买警察法》中的一项规定使得警察局局长能够制定规则，来规范集会和游行。该规定得到了印度最高法院的支持，但该警察局局长制定的、使他有权拒绝允许举行公开集会的一项规则，则被宣布为无效。

④ *Ezelin v. France*, European Court, (1991) 14 EHRR 362. 法院对于参加游行的律师做出谴责的纪律处罚是一种限制。*Re Munhumeso*, Supreme Court of Zimbabwe, [1994] 1 LRC 282：该案中，某项法律规定，任何人招集、指挥或参加未获得许可的公开游行，即属犯罪，可以在没有授权令的情况下被捕，并应被处以罚款或监禁。未经许可举行公开游行的行为被刑事罪行化，而不论任何对于公共安全或公共秩序之威胁的发生或者可能性，甚至不论未参与者的任何不便。

⑤ *Francis v. Chief of Police of Saint Christopher*, *Nevis and Anguilla*, Court of Appeal of the West Indies Associated States, (1970) 15 WIR 1. 参见，Decision of the Federal Supreme Court of Brazil, 28 June 2007, [2010] 3 *Bulletin on Constitutional Case-Law* 472：在示威期间禁用扬声器或任何声音装置，侵犯了表达自由权。

控制集会权的不受限制的自由裁量权，与这项权利不相容，因为基本权利的行使不应受官员的任意控制。① 不得因为公布的参加人数与实际出现在聚会中的人数之间有偏差，就处罚公众聚会的组织者。实际人数比预期的参加人数多，并不导致自动的惩罚。必须要存在对于公共秩序、参与者或非参与者的安全或实体财产的现实威胁。证明组织者的过失也是有必要的。②

在德国的一起案件中，抗议美国将军事干涉伊拉克的大约四十人，曾在一条通往美国军事基地的繁忙道路上静坐封锁。随后这些人被判定犯有胁迫罪，这侵犯了集会自由。举行公开静坐的目的是塑造公众舆论，这一事实首先使得静坐构成一场集会。在宪法上可以提出反对的，是法院没有考虑以下情况：抗议行动的持续时间，已经提前做出了关于举行此次抗议的通知，存在本可以用于避开示威者的替代道路，受到阻挡的车辆需要到达其目的地的紧迫程度，以及受到该阻挡影响的车辆数量。③ 阻止一些个人举行示威活动——他们只不过是一群人手持图片和海报行走，随后逮捕他们并判处他们罚款，明显构成了对《公民及政治权利国际公约》第 21 条所保障的权利的侵犯。④

---

① *The Police v. Moorba*, Supreme Court of Mauritius, (1971) The Mauritius Reports 199. 毛里求斯 1970 年《公共秩序法》授权警察局局长，在他认为禁止某些公开集会对于维护公共安全或公共秩序之利益必要或有利的情况下，禁止在任何特定日期的任何区域、场所或地点举行或继续举行公开集会。赋予警察局局长的自由裁量权并非不受约束。他只能出于特定原因、在限定的时间里禁止特定的公开集会。对违反警察局局长禁令的起诉，受到检察长的控制。警察局局长的权力，也受到法院在基本权利上的管辖。See also *Sa'ar Adv et al v. Minister of the Interior and of the Police*, Supreme Court of Israel, 34（2）*Piskei Din* 169：虽然以色列 1971 年《警察条例》赋予地区警长以权力，基于其自由裁量批准或拒绝许可举行集会，而无须具体说明他行使自由裁量权所依据的理由，但是批准或拒绝许可的合法理由，就是属于授予该自由裁量权的目的范畴之内的理由。根据《警察条例》的有关条文，显然其目的是保障公共安全和公共秩序。因此，只有在有关集会或游行有可能导致破坏公共秩序或危害公共和平的情况下，才可以拒绝许可。*Francis v. Chief of Police of Saint Christopher, Nevis and Anguilla*, Court of Appeal of the West Indies Associated States, (1970) 15 WIR 1：授予警察局局长的自由裁量权的行使必须"具有理性和正义，与其公职的职责保持一致"，并且在该权力被滥用或错用的情况下，这种自由裁量权将受到法院的审查。

② Decision of the Constitutional Court of Russia, 27 June 2012, [2012] 2 *Bulletin on Constitutional Case-Law* 390. See also *South African Transport and Allied Workers Union v. Jacqueline Gravas*, Supreme Court of Appeal of South Africa, [2012] 2 *Bulletin on Constitutional Case-Law* 397：南非《集会法条例》中的一项条款规定，要追究造成"暴乱损害"的集会或示威的组织者的责任。这虽然确实限制了集会自由权，但并没有否定它。其目的是保护社会成员，包括那些没有办法确认造成损害者的社会成员，方式是对源于对集会负责的组织的在门前的聚集的损害施加赔偿责任。若要免负责任，组织者必须证明造成伤害的行为无法合理预见，并且其为了确保不会发生任何可合理预见的造成伤害的行为，已经采取了合理措施。

③ Decision of the Federal Constitutional Court of Germany, 7 March 2011, [2011] 1 *Bulletin on Constitutional Case-Law* 81.

④ *Evrezov v. Belarus*, Human Rights Committee, Communication No. 1999/2010, 10 October 2014.

（三）"且为民主社会……所必要"①

在评估某一干预措施是否"必要"时，比例原则是需要考虑的因素之一。② 比例原则要求在以下两方面之间取得一种平衡：一方面，是试图要保护的利益的需求；另一方面，是在街头或其他公共场所聚集的人通过言语、手势甚至沉默的方式自由表达意见的需求。然而，追求公正的平衡不得导致人们出于担心受到纪律处分或其他制裁，而不愿在此类情形中表明他们的信仰。③

"必要"这一概念意味着一种必不可少的社会需求。④ 因此，只有在存在着无法通过其他不那么严格的措施加以防止的现实的混乱危险时，普遍禁止游行才正当合理。在这种情况下，当局还必须考虑，这种禁止对于不构成对公共秩序之危险的游行的影响。只有在以下情况中，该禁令才能被认为是"必要"：作为签发该禁令之正当理由的安全考虑因素明显超过了该游行受到禁止的负面因素，以及无法在该禁令的地域适用和持续时间方面，通过缩限其范围来规避该禁令的这种不可取的副作用。⑤

---

① 法国代表首先提议，《公民及政治权利国际公约》第21条中所列的限制应以"为民主社会所必要"的字样加以限定。其支持者认为，如果各国不按照民主社会中所承认的原则适用限制条款，则集会自由无法得到有效保护。针对"民主"一词可能在不同国家有不同的解释这一反对意见，一个回答是，民主社会可以通过其对于《联合国宪章》《世界人权宣言》和联合国人权两公约之原则的尊重来加以识别（UN document A/2929, chap. VI, s. 143）。

② *Rassemblement Jurassien & Unité Jurassienne v. Switzerland*, European Commission, (1980) 17 *Decisions & Reports* 93. 在瑞士举行两场全民公决决定是否组建一个新的州（Jura）的背景下，伯尔尼州执行委员会考虑到"已在挑拨氛围中出现的目前紧张局势"，为了"避免发生无法预见后果的冲突"，禁止了在穆捷（Moutier）市区范围内的，于1977年4月2日、3日以及从4月15日至17日的所有政治集会。这并未违反比例原则。每种情况中的禁令均与具体的示威有关，并且基于当时曾现出的局势。该禁令仅仅涉及穆捷市的区域，并且预先规定的该禁令的期限，也适时地得到了限制。

③ *Ezelin v. France*, European Court, (1991) 14 EHRR 362. 在一名律师（兼工会领导人）的案件中，未能做到这样的平衡。法院"谴责"了该律师的"相当于违纪行为的违反审慎的情况"，因为他以携带海报的方式参与了瓜德罗普岛（Guadeloupe）独立运动和工会的示威——抗议法院因对公共建筑造成刑事损害，而对三名激进分子判处监禁和罚款的两项判决，而且未能使自己与"示威者"的冒犯和侮辱行为保持距离。

④ *Rassemblement Jurassien & Unité Jurassienne v. Switzerland*, European Commission, (1980) 17 Decisions & Reports 93.

⑤ *Christians against Racism and Fascism v. United Kingdom*, European Commission, (1980) 21 *Decisions & Reports* 138. 英国1936年《公共秩序法》虽然不排除对于举行特定游行施加具体条件的可能性，但是不允许依据某个别理由禁止这一游行，而是仅规定一般性措施，例如在特定时间内、在某一区域禁止所有的公众游行或任何类别的公众游行。因此，该法律旨在排除针对某一特定游行采取任意措施的任何可能性。参见，*Denmark et al v. Greece* (*The Greek Case*), European Commission, (1976) 12 *Yearbook*, paras. 392-6：欧洲人权委员会认为，禁止在公共场合举行政治集会，并由警方对于室内集会自由裁量，由军事当局对于演讲自由裁量，而在如何行使这种自由裁量权方面，则没有任何明确的法律规定，也没有进一步的控制，这是要建立一个作为"民主社会"对立面的警察国家。

(四)"为维护国家安全或公共安全、公共秩序，维持公共卫生或道德，或保障他人权利和自由"

在起草《公民及政治权利国际公约》第 21 条时，苏联提议只应在其中加入一项基本限制，即"具有法西斯或反民主性质的社团、协会和其他组织的所有活动，应由法律禁止，受到惩罚"。为了支持这一提议而提出的主张是，和平集会的权利应该"为了民主利益"而获承认，如果这一权利由反民主的团体行使，那么《公民及政治权利国际公约》中承认的所有其他权利都可能受到损害。但是，有人辩称，原则上，仅仅因为某些团体所持的意见而否认他们的集会自由，将有悖于意见和表达自由的原则。还有人指出，诸如"法西斯的"和"反民主的"等词语界定不清，可能导致滥用。如果任何团体的行为成为一项公共危险，则可以对其适用保护"公共秩序""国家安全"或"他人的权利和自由"的法律。①

欧洲人权委员会曾援用"国家安全"，证明警方禁止在维也纳举行的、预计会倡议奥地利与德国"统一"的一次公开集会正当合理；② 也曾依赖"公共安全"这一理由，支持禁止在一段限定的时间内、在一个特定的市政区域内的所有政治集会的禁令；③ 还曾认可"防止公共混乱"，将其作为在某一大都会区临时禁止以公众游行形式举行的所有示威活动的理由。④

"公共秩序"的概念指的是一种现实情况。只有在有充分理由相信存在"大概会破坏公共秩序的现实动乱之可能性"的情况下，才可以援用"公共秩序"。在任何情况下，均不得为了扼杀计划在动乱中传递的信息，而适用"公共秩序"。⑤ 对于公共秩序的威胁应源自示威的性质。⑥ 若要剥夺游行的权利，警方必须证实存在着公共秩序动荡的现实而紧迫的危险。⑦

---

① UN document A/2929, chap. VI, s. 142.
② *H v. Austria*, European Commission, Application 9905/82, (1984) 36 *Decisions & Reports* 187.
③ *Rassemblement Jurassien & Unité Jurassienne v. Switzerland*, European Commission, (1980) 17 *Decisions & Reports* 93.
④ *Christians against Racism and Fascism v. United Kingdom*, European Commission, (1980) 21 *Decisions & Reports* 138. See also *G v. Germany*, European Commission, Application 13079/87, (1989) 60 *Decisions & Reports* 256.
⑤ Decision of the Constitutional Court of Spain, 8 May 1995, (1995) 2 *Bulletin on Constitutional Case-Law* 204.
⑥ *Kameshwar Prasad v. The State of Bihar*, Supreme Court of India, [1962] Supp. 3 SCR 369, (1962) AIR SC 1166.
⑦ *Sa'ar Adv. et al v. Minister of the Interior and of the Police*, Supreme Court of Israel, 34 (2) Piskei Din 169 excerpted in (1982) 12 *Israeli Yearbook on Human Rights* 296.

如果严重扰乱交通是不允许示威的原因，那么有关当局必须说明该原因，并证明为什么不能采取必要的预备措施，使得和平集会权得以行使。① 以色列最高法院指出，必须在两方面之间取得平衡：一方面是希望举行集会或游行的公民的利益，另一方面是其通行街道的权利将会因为集会或游行受到损害的公民的利益。该法院认为，城市的居民必须对于公共事件给他们带来的不便有预期，并且这种不便不得限制公民的示威权。因此，仅仅是一场集会或游行在一定程度上会扰乱街道上的交通这一事实，不能作为全面禁止的理由。警方可以对集会和游行施加限制和制约，以期尽量减少由此给公众带来的不便。例如，可以用如下方式限制对游行的许可，即该游行不得在交通高峰时段举行，也不得扩展到整个街面。然而，当参与者希望在主要街道上游行时，却要求该游行队伍在一个未建成区域穿行，是不合理的。"正如我在城市街道上示威的权利受到我的同伴所享有的自由通行权的限制一样，我的同伴的自由通行权也受到我举行集会或游行的权利的限制。道路和街道是为步行和旅行而铺建的，但这并不是它们的唯一目的。它们也是为了游行、列队、葬礼和其他类似活动而铺建的。"②

　　以色列最高法院拒绝将"对警察造成太大负担"作为不允许举行游行的理由。虽然决定分配警力的优先次序属于警方的职权范围，但在确定这些优先次序时应考虑到示威权的存在。该法院认为，警方有责任为了维护包括游行和示威在内的有序生活，以及为了维护包括示威权在内的民主秩序，而根据需要分配其警力。警方因"游行的主题之间的意识形态差异"，而为一场游行提供保护，却不给另一场游行提供保护，也是非法的。③

---

① Decision of the Constitutional Court of Spain, 8 May 1995, (1995) 2 *Bulletin on Constitutional Case-Law* 204.

② Sa'ar Adv. et al v. *Minister of the Interior and of the Police*, Supreme Court of Israel, 34 (2) Piskei Din 169 excerpted in (1982) 12 *Israeli Yearbook on Human Rights* 296, per Barak J. 另见兰道（Landau）法官："如果我们将交通上的考虑因素接受为合法理由，那么我们在实际上就终结了在街上示威的权利，因为任何游行都会对交通产生干扰。"斯卡曼（Scarman）勋爵曾指出，这个问题比在两个极端之间作出选择更为复杂——一个是随时随地抗议的权利，另一个则是街道持续安宁的、不受抗议游行的噪声和阻塞压力影响的权利。"必须取得平衡，达成妥协，以便在公共秩序框架内行使抗议权，使得未参加抗议的普通公民能够在不受阻碍或不便的情况下开展业务和娱乐活动。在任何时候都希望确保街道安宁的那些人有可能是多数人的事实，不能使我们拒绝抗议者游行的机会：抗议者非常虔诚并且正在行使一项基本人权的事实，也不能使我们忽视多数人的权利。" *Report of the Inquiry into the Red Lion Square Disorders of 15 June 1974* (Cmnd 5919, 1975), para. 5.

③ Sa'ar Adv. et al v. *Minister of the Interior and of the Police*, Supreme Court of Israel, 34 (2) Piskei Din 169. 兰道法官认为："在官方活动和示威期间，保护秩序是警方的艰巨任务，但不得因为正式活动和仪式的多样性，而减损公民的示威权利"。

克罗地亚的一项法律规定，已知先前曾在去往某场体育赛事途中，其行进间或从其返回的途中犯有非法行为的个人，可能会被禁止参加某一特定的体育赛事，或被禁止在不少于六个月但不超过一年的期间内参加体育赛事。这样的法律并未侵犯集会自由。它确保了公共利益（以及他人的利益）与个人利益之间的正确平衡。它致力于防止有关个人的不被社会接受的行为：这些个人扰乱公共安全，并使得体育赛事中的其他观众无法平和地、不受扰乱地观看比赛并为他们的赛队加油。[1]

---

[1] Decision of the Constitutional Court of Croatia, 29 May 2012, [2012] 2 *Bulletin on Constitutional Case-Law* 274.

第二十三章 结社自由权

国际文书

《世界人权宣言》

第 20 条

一、人人有……结社自由之权。

二、任何人不容强使隶属于某一团体。

《公民及政治权利国际公约》

第 22 条

一、人人有自由结社之权利,包括为保障其本身利益而组织及加入工会之权利。

二、除依法律之规定,且为民主社会维护国家安全或公共安宁、公共秩序、维护公共卫生或风化,或保障他人权利自由所必要外,不得限制此种权利之行使。本条并不禁止对军警人员行使此种权利,加以合法限制。

三、关于结社自由及保障组织权利之国际劳工组织一九四八年公约缔约国,不得根据本条采取立法措施或应用法律,妨碍该公约所规定之保证。

《经济社会文化权利国际公约》

第 8 条

一、本公约缔约国承允确保:

(子)人人有权为促进及保障其经济及社会利益而组织工会及加入其自身选择之工会,仅受关系组织规章之限制。除依法律之规定,且为民主社会维护国家安全或公共秩序,或保障他人权利自由所必要者外,不得限制此项权利之行使;

(丑)工会有权成立全国联合会或同盟,后者有权组织或参加国际工会组织；

（寅）工会有权自由行使职权，除依法律之规定，且为民主社会维护国家安全或公共秩序，或保障他人权利自由所必要者外，不得限制此种权利之行使；

（卯）罢工权利，但以其行使符合国家法律为限。

二、本条并不禁止对军警或国家行政机关人员行使此种权利，加以合法限制。

三、关于结社自由及保障组织权利之国际劳工组织一九四八年公约缔约国，不得依据本条采取立法措施或应用法律，妨碍该公约所规定之保证。

区域文书

《美洲人的权利和义务宣言》

第 22 条

人人有权与他人结社，以增进、践行、保护他的政治的、经济的、宗教的、社会的、文化的、职业的、工会或有其他性质的合法利益。

《欧洲人权公约》

第 11 条

1. 人人享有……与他人结社自由的权利，包括组织和参加工会以保护其利益的权利。

2. 除了依法律之规定的限制以及在民主社会中为了国家安全或者公共安全的利益，为了防止混乱或者犯罪，为了保护卫生或者道德或者保护他人的权利和自由所必要的限制之外，不得对上述权利的行使施以任何限制。本条不应禁止对国家军队、警察或者行政机关的成员行使上述权利加以合法限制。

《美洲人权公约》

第 16 条

1. 为了思想的、宗教的、政治的、经济的、劳动的、社会的、文化的、体育的或者其他目的，人人都有自由结社的权利。

2. 行使此种权利，只能接受根据法律规定的，在民主社会中为维护国家安全、公共安全或者公共秩序，或保护公共卫生或者道德，或者保护他人的权利和自由所必要的限制。

3. 本条各项规定不禁止对军队成员和警察加以合法限制，包括剥夺行使集会自由的权利。

《非洲人权和民族权宪章》
第 10 条
1. 只要遵守法律，人人均有权自由结社。
2. 以不与第 29 条规定的团结义务相抵触为限，任何人不容强使参加某一团体。

有关文本

《经修订的欧洲社会宪章》，1996 年 5 月 3 日通过，1999 年 7 月 1 日生效，第 5 条、第 6 条

国际劳工组织《关于农业工人结社与联合权的第 11 号公约》，1921 年 10 月 25 日通过，1923 年 5 月 11 日生效

国际劳工组织《关于结社自由和保护组织权的第 87 号公约》，1948 年 7 月 9 日通过，1950 年 7 月 4 日生效

国际劳工组织《关于组织权和集体谈判权的第 98 号公约》，1949 年 7 月 2 日通过，1951 年 7 月 18 日生效

国际劳工组织《关于为企业工人代表提供保护和便利的第 135 号公约》，1971 年 6 月 23 日通过，1973 年 6 月 30 日生效

国际劳工组织《关于农业工人的组织及其在经济和社会发展中作用的第 141 号公约》，1975 年 6 月 23 日通过，1977 年 11 月 24 日生效

国际劳工组织《关于在公共服务中保护组织权和决定就业条件程序的第 151 号公约》，1978 年 6 月 27 日通过，1981 年 2 月 25 日生效

国际劳工组织《关于集体谈判的第 154 号公约》，1981 年 6 月 19 日通过，1983 年 8 月 11 日生效

一 评论

结社自由权承认人们为了追求或实现某一共同目标，不论是政治、宗教、

意识、经济、劳工、社会、体育、文化或职业的，而联合的基本意愿。① 组建社团的权利是这一权利的固有部分。个人应该能够为了在某一共同利益领域内集体行动而组成法律实体，这是结社自由权最重要的方面之一。② 因此，"当一个人参加工会时，他就是在行使结社自由权。参加板球俱乐部的运动员、成为某一会社成员的人以及组成辩论社团的中学高年级男生，都是在行使其和平结社的自由权利。"③ 其核心是一个相当简单的命题：没有他人的帮助和合作，通过行使个人权利来实现个人目标通常是不可能的。④ 联合起来会保护个人不受孤立所带来的脆弱性。联合起来使得那些原本无法起作用的人，能够在更平等的条件下，面对那些他们的利益与其交织并有可能发生冲突的人的权力与势力。⑤ 一个多世纪以前，亚历克西斯·德·托克维尔（Alexis de Tocqueville）阐述了这一权利的基本性质："在为自己行事的权利以外，人类最具有自然属性的权利就是，将他的力量与他的同伴的力量结合起来的权利，以及与他们共同行动的权利。因此，结社权似乎……在本质上几乎与个人自由权一样不可剥夺。任何立法者都无法在不损害社会基础的情况下，侵害该权利。"⑥

《公民及政治权利国际公约》第22条和《欧洲人权公约》第11条承认，"人人"享有与他人结社的自由（在《美洲人权公约》第16条中为"自由结社的权利"，在《非洲人权和民族权宪章》第10条中为"有权自由结社"），包括组织和参加工会以保障其利益的权利（在《经济社会文化权利国际公约》

---

① 《美洲人的权利和义务宣言》第22条，《美洲人权公约》第16条第1款。在起草《公民及政治权利国际公约》第22条时，苏联提出的一项动议——"所有具有法西斯或反民主性质的社团、协会和其他组织及它们的任何形式的活动，都应受到法律禁止，否则加以惩罚"——遭到了拒绝（UN document E/CN. 4/SR. 121, p. 12）。

② *Sidiropoulos v. Greece*, European Court, (1998) 27 EHRR 633.

③ *Banton v. Alcoa Minerals of Jamaica Incorporated*, Supreme Court of Jamaica, (1971) 17 WIR 275, at 295, per Parnell J. See also *B v. M*, High Court of New Zealand, [1998] 2 LRC 11：祖父与孙女的正常社交是由他选择的结社自由的一部分。*Binta Salisu v. Salisu Lawal*, Court of Appeal of Nigeria, [1986] 2 NWLR 435：强迫妻子违背她的意愿地回到她的婚姻家庭，侵犯了她的结社自由。*Re Law on Non-profit Unions*, Supreme Court of Estonia, 10 May 1996, (1996) 2 *Bulletin on Constitutional Case-Law* 202：未成年人的结社自由也受保障。Decision of the Constitutional Court of Hungary, 21/1996, 17 May 1996, (1996) 2 *Bulletin on Constitutional Case-Law* 222：发育所必需的保护和关爱，使得通过法律或法院判决限制或排除某一少年的"与同性恋有关的"社团中的成员身份正当合理。任何限制都必须符合危害该儿童发育的具体风险。为此目的，必须同时考量儿童的年龄以及社团的性质。

④ See *Reference Re Public Service Employee Relations Act (Alberta)*, Supreme Court of Canada, [1987] 1 SCR 313, at 395, per McIntyre J.

⑤ *Reference Re Public Service Employee Relations Act (Alberta)*, Supreme Court of Canada, [1987] 1 SCR 313, at 365-6, per Dickson CJ.

⑥ Alexis de Tocqueville, *Democracy in America*, J. P. Meyer (ed.), G. Lawrence (tr.) (London: Fontana Press, 1994) (1945), Vol. I.

第 8 条中为"经济及社会［利益］")。① 尽管《美洲人权公约》第 16 条未具体提到工会，但是它将"经济"和"劳工"列在结社的"目的"之中。《世界人权宣言》第 20 条第 2 款和《非洲人权和民族权宪章》第 10 条第 2 款明确表明，任何人不容强使隶属（或参加）某一团体（在后者中，受到"团结义务"的限制）。《非洲人权和民族权宪章》第 10 条要求，个人在行使这一权利时必须"遵守法律"。根据其他法律文书，对于行使这一权利的任何限制，必须"依法律之规定"（在《美洲人权公约》第 16 条中为"根据法律规定"），以及为维护国家安全或公共安全、公共秩序（在《公民及政治权利国际公约》第 22 条中附加了法文用词"*ordre public*"，在《欧洲人权公约》第 11 条中为"防止混乱或者犯罪"），维护公共卫生或道德，或保障他人的权利和自由，而在"民主社会中必要"。②《公民及政治权利国际公约》第 22 条、《经济社会文化权利国际公约》第 8 条、《欧洲人权公约》第 11 条和《美洲人权公约》第 16 条还允许对军队或警察（在《经济社会文化权利国际公约》第 8 条和《欧洲人权公约》第 11 条中还有"国家行政机关"）成员行使此项权利加以"合法限制"。③ 在工会方面，《经济社会文化权利国际公约》第 8 条承认，人人有权组织及加入其自身选择之工会，工会有权通过成立全国联合会或同盟的方式互相联合以及"自由行使职权"，以及全国联合会或同盟有权组织或参加国际工会组织。《经济社会文化权利国际公约》第 8 条还特别提到了"罢工权利"，但以其行使符合国家法律为条件。

在起草《公民及政治权利国际公约》第 22 条时，人权委员会否决了一项提议，即包括工会权在内的结社自由，应只针对政府的干涉受到保护。④ 在斯

---

① 决定在《公民及政治权利国际公约》第 22 条中特别提到工会的原因之一，是认为如果不这样做有可能会造成错误的解释，即组织和参加工会的权利不是公民权利，而只是一项经济或社会权利，或者反之（UN document A/2929, chap. VI, s. 146)。乌克兰提出了一项动议，将这一权利扩大至包括工会成立全国联合会或同盟的权利，以及后者组织或参加国际工会组织的权利，但未获得接受，原因有三：《经济社会文化权利国际公约》第 8 条第 1 款（丑）项中已有这样的规定；《公民及政治权利国际公约》第 22 条旨在确保个人有权加入各种社团，不论这些社团是政治的、公民的、经济的、社会的还是文化的，而拟议的增加将通过突出强调工会的权利而相对忽视其他社团的方式，改变《公民及政治权利国际公约》第 22 条的性质；"工会"一词既包括国内工会，也包括国际工会（UN document A/5000, ss. 59, 65, 72)。

② 对于结社自由权的一般性限制与对于集会自由权的一般性限制相同，但例外是《公民及政治权利国际公约》第 21 条中使用了"imposed in conformity with the law"的措辞，而第 22 条中使用的用语则是"prescribed by law"（UN document A/2929, chap. VI, s. 150)。（在该公约作准中文本中，与这两处对应的中文措辞均为"依法律之规定"。——译者注）

③ 就《公民及政治权利国际公约》第 22 条，将这一限制条件扩展至包括"国家行政机关成员"的动议未能获得接受（UN documents A/2929, chap. VI, s. 151; E/CN. 4/SR. 326, p. 7)。

④ UN document A/2929, chap. VI, s. 148.

特拉斯堡的欧洲人权机构也同样拒绝了一种主张，即《欧洲人权公约》规范个人与国家之间的关系，而不是两个或更多个人之间的关系。尽管在根本上，《欧洲人权公约》保障的是与作为公权力持有者的国家有关的"自由"（"liberal"）权利，但这并不意味着，不得使国家有义务通过采取适当措施，来保护个人免受其他个人、群体或组织的某些形式的干涉。虽然不能根据《欧洲人权公约》责令国家本身对任何违反该公约的行为负责，但在某些情况下，国家也有可能对它们负责。① 因此，虽然这项权利的基本目的是保护个人免受公共当局对其行使结社自由的任意干涉，但此外还可能存在着确保这项权利之有效享有的积极义务。在某些情况下，国家可能有义务通过采取合理和适当措施干预私人之间的关系，以确保这项权利之有效享有。②

二　释义

（一）"自由结社之权利"*

这项权利的精要是联合的自由。因此，它是一项个体权利，而不是一项群体权利。在行使这项权利时，若干个人可以结合起来组成一个群体，但是这些个人并未因这一事实即用尽了他们对该权利之享有。结社自由不仅意味着启动

---

① *Swedish Engine Drivers' Union v. Sweden*, European Commission, (1974) 1 EHRR 617.《欧洲人权公约》第11条可以正当地扩展至劳动管理关系领域内的国家责任。European Court, (1976) 1 EHRR 617：《欧洲人权公约》第11条对于"作为雇主的国家"具有约束力，而无论后者与其雇员的关系是受公法管辖还是受私法管辖。*Schmidt and Dahlstrom v. Sweden*, European Commission, (1974) 15 *Yearbook* 576；对于一种论点，即雇主对于雇用条件的态度应当根据《欧洲人权公约》第11条的不同标准、按照所涉雇主是公共雇主或是私人雇主加以衡量，似乎没有任何论据支持。换言之，《欧洲人权公约》第11条为作为雇主的国家的行为可能规定的标准，在本质上与国家可能根据《欧洲人权公约》第11条有义务施予私人雇主的标准相同。如果作为雇主的国家作出的某些行为违反了《欧洲人权公约》第11条，那么某一私人雇主作出的相同行为也应被视为违反《欧洲人权公约》第11条。就此，如果国家未能通过立法或其他方式确保私人雇主的行为符合有关标准，国家就有可能为此承担责任。See also *Young, James and Webster v. United Kingdom*, European Court, (1979) 3 EHRR 20, at 28：现今已经确定的是，除了针对国家行为保护个人之外，《欧洲人权公约》中还有一些要求国家甚至是针对他人的行为保护个人权利的条款。就以工会活动为由的解雇或者以不参加某一特定工会为由的制裁而言，《欧洲人权公约》第11条就是这样的条款。*Marckx v. Belgium*, European Court, (1979) 2 EHRR 330. 参见，*Alonzo v. Development Finance Corporation*, Court of Appeal of Belize, [1985] LRC (Const) 359：宪法保障的包括结社自由权在内的基本权利和自由，"只是为了保护个人免受国家或由法律授予的具有强制性权力的其他公共当局侵犯这些权利和自由的任何行为"。

② *Gustafsson v. Sweden*, European Court, (1996) 22 EHRR 409.

＊《公民及政治权利国际公约》英文本中，与其对应的表述为"The right to freedom of association with others"。可见，英文表述明确了自由结社是"与他人"（with others），而这一点在中文表述中只是暗含的（结社当然不可能是个人独自所为）。正是因为英文表述中这一强调"与他人"的内容，下文才会指出"这项权利的精要是联合的自由"（The essence of this right is the freedom to associate）——其中没有出现"with others"——以及"它是一项个体权利"。

某一社团的权利，还意味着使该社团继续的权利。[1] 虽然结社自由保护对于共同目标的集体追求，但提供这种保护最终是为了增进个人期许。[2] 个人离开某一社会组织的权利以及创立一个新社团的自由，优先于该组织本身的权益。[3] 结社自由保障不参与、退出或解散现有的社团的权利。[4]

一个地区的居民有权组建社团，以增进该地区的特性。该社团主张少数者认同意识这一事实本身，不能作为干涉该社团根据《欧洲人权公约》第11条所享有之权利的理由。[5]

政党是一种旨在实践与社会治理有关的意识形态的社团。[6] 它是民主政治生活中不可或缺的要素；它自由地决定政策，并为社会中的社会、经济和政治问题提出不同的解决方案。只有在政党的政策和活动对民主政权构成明显和现实的危险时，才能禁止它。[7] 结社自由不仅涉及组建政党的权利，而且保障，

---

[1] *Banton v. Alcoa Minerals of Jamaica Incorporated*, Supreme Court of Jamaica, (1971) 17 WIR 275, at 289, per Graham-Perkins J; *Re Public Service Employee Relations Act*, Supreme Court of Canada, [1987] 1 SCR 313, per McIntyre J; *X v. Ireland*, European Commission, Application 4125/69, (1971) 14 *Yearbook* 198: 在涉及工会时，结社自由可以包括雇主组织和雇员组织充分自由地选举他们的代表和安排这些组织的行政管理的权利。

[2] *Lavigne v. Ontario Public Service Employees Union*, Supreme Court of Canada, (1991) 126 NR 161, at 184, per La Forest J. See Decision of the Constitutional Court of Hungary, 5 November 1997, (1997) 3 *Bulletin on Constitutional Case-Law* 386: 对于旨在犯罪或其成员犯罪的组织而言，并不存在受宪法保护的建立组织的权利。Decision of the Constitutional Court of 'The former Yugoslav Republic of Macedonia', 18 December 1996, (1996) 3 *Bulletin on Constitutional Case-Law* 435: 不得为了暴力破坏宪法秩序或违反宪法规定而行使这一自由。

[3] Decision of the Constitutional Tribunal of Poland, 29 May 2001, [2002] 1 *Bulletin on Constitutional Case-Law* 96: 住房合作社的成员创建新合作社的权利，构成了结社自由的直接行使。

[4] Decision of the State Council of Liechtenstein, 29 November 2004, [2004] 3 *Bulletin on Constitutional Case-Law* 484.

[5] *Stankov v. Bulgaria*, European Court, [2002] 1 Bulletin on Constitutional Case-Law 156.

[6] Decision of the Constitutional Court of Moldova, 3 June 2003, [2003] 2 *Bulletin on Constitutional Case-Law* 301.

[7] Decision of the Constitutional Court of Turkey, [2008] 2 *Bulletin on Constitutional Case-Law* 342: 某个政党提到"库尔德问题"，为其提出一些解决方案，并基于多元化和参与原则倡导地方政府的更多自治的事实，并不能作为解散该政党的理由。*Ozdep v. Turkey*, European Court, (2001) 31 EHRR 27. 某一政党（自由民主党）在其计划中区分了两个民族——库尔德族和土耳其族，并提到了少数群体的存在及其自决权。该政党被解散，理由是其计划有损土耳其民族的团结以及土耳其国家的领土完整。欧洲人权法院认为，该计划中提到的"民族或宗教少数群体"的自决权利，从其语境来看，并不是鼓励人们寻求脱离土耳其，而是意在强调所提出的政治项目所必需的基础，是得到库尔德人自由做出的、民主表达的赞同。See also *State v. Registrar General*, ex parte Mulungu, High Court of Malawi, [2011] 3 LRC 337: 拒绝为人民发展运动这一政党登记——因为它的一项目标（"确保所有学生都能获得机会"）反对通行的配额制度并被注册官称为是"犯罪和倒退"，侵犯了结社自由的权利。参见，*Gill v. Registrar of Political Parties*, Supreme Court of Seychelles, [2011] 4 LRC 496: 某一政党的目的在于将塞舌尔的公民身份分为两类——自然出生的和归化的，并使前者享有政治管理和治理国家的排他性权利，而且诉诸实现这一目标的直接行动。拒绝为该政党登记，并未侵犯任何权利。

一旦该政党成立，它就有权自由地开展其政治活动。① 在这方面，过度增加由参选的候选人支付的押金，将妨碍他为了组建或参加某一政党，而与其他人自由结社的权利。②

参加某一组织的权利，还涉及不表明一人是否是某一组织之成员的权利。③

1. 交互关系

这一权利的重要意义在于这一事实，即思想和意见自由以及表达自由，如果没有一项如下保障相伴随，其范围就将非常有限：这一保障即能够在社群中与他人分享个人的信仰或想法，尤其是通过具有相同信仰、想法或利益的个人组成的团体。④ 因此，随之而来的是，结社自由必然是交互性的。个人无权与不愿意与他结社的其他个人结社。⑤ 因此，当国家试图将某一不愿被接受的人强行塞入某一社团时，如果这个人的参加以一种明显方式影响该社团倡导公共或私人观点的能力，那么就会影响结社自由。⑥ 相反，组成某一社团的人们有权继续只与那些他们自愿接受进入该社团的人们结社。⑦ 个人有权选择他所希望与其建立社会、商业或其他关系的人。他可以自由选择配偶、朋友、商业伙伴以及雇主或雇员，并有权拒绝某一种关系，或反对这样的关系违背他的意愿

---

① *Francois* v. *Attorney General*, High Court of St Lucia, [2002] 5 LRC 696.
② *Folotalu* v. *Attorney General*, High Court of Solomon Islands, [2002] 3 LRC 699.
③ *Grande Oriente d'Italia di Palazzo Giustiniani* v. *Italy*, European Court, 2 August 2001.
④ *Chassagnou* v. *France*, European Court, (1999) 29 EHRR 615.
⑤ *Cheall* v. *Association of Professional*, *Executive*, *Clerical and Computer Staff*, House of Lords, United Kingdom, [1983] 1 All ER 1130, at 1136, per Lord Diplock.
⑥ *Boy Scouts of America* v. *Dale*, United States Supreme Court, [2000] 2 Bulletin on Constitutional Case-Law 390. 童子军协会是一个私人组织，它尤其主张，同性恋行为不符合该组织寻求灌输给年轻人的价值体系。在某位成年助理管理员公开宣称他是同性恋后，该组织有权开除他。
⑦ *Damyanti Naranga* v. *The Union of India*, Supreme Court of India, [1971] 3 SCR 840：印度教撒黑亚萨摩兰（Hindu Sahitya Sammelan）是一个由一群教育家为了发展印地语以及在全国传播该语言而于1910年创立的登记社团。该案中，1962年的《印度教撒黑亚萨摩兰法》称该组织是一个"具有国家重要性的组织"，将其原始的社团（*sammelan*）转变为法人团体，并尤其规定了成员的新类别以及由中央政府组建的新的管理机构。印度最高法院宣布该法无效。最初组织该社团并在该社团的章程作出规定——新成员只有在其选择获得了原始成员的工作委员会的投票通过才准予加入——的原始成员，将不再能够对于未来新成员的加入做出选择。根据该法，在社团中原始成员无法插手的情况下被纳入的人可以成为社团成员，并在该社团中与他们结社，而原始成员却无权反对。参见，*DAV College* v. *State of Punjab*, Supreme Court of India, [1971] Supp. SCR 688：强制将学院并入某所大学并没有侵犯结社自由的权利。See also *Ramburn* v. *Stock Exchange Commission*, Supreme Court of Mauritius, [1991] LRC (Const) 272：该案中，毛里求斯1988年《证券交易法》禁止股票经纪人在受雇于某一股票经纪公司或担任该公司经理以外开展业务。为其自身利益开展业务的股票经纪人不能援引结社自由的权利，因为他"并没有被强迫去做任何事情"。但是他可以以强制性立法阻碍他从事其职业或业务为由，寻求财产损失补偿。

被强加给他。① 赋予行政机关解散社团及其机构、修改或废除社团章程以及重组社团的职权，与结社自由相悖。②

因为"协会/社团"（association）一词的前提是为了某一共同目标而自愿成组，所以由同一雇主雇用的工人之间的关系不能被理解为一个协会，因为它仅取决于雇员与雇主之间的合同关系。③ 结社自由意味着与那些有共同结社意愿的人们结社的自由，而与契约自由不同。因此，如果雇主不愿意聘用通过就业寻求结社的人，则结社自由并未赋予雇员任何与其选择的雇主"结社"的权利。④

2. 不结社的自由

自由的特点是不受胁迫或约束。因此，任何人不得被强迫属于某一社团。实际上，个人不结社的自由是"与民主理想相一致的有意义的结社的必要对应物"。⑤ 根据特立尼达和多巴哥上诉法院的说法，参加某一社团的权利不赋予不参加另一社团的权利的这种论点，会"具有灾难性效果，它将'同意'这一重要因素从该权利中剥离，并使其变得空荡贫瘠且毫无意义"。该法院认为，

---

① *Attorney General v. Smith*, High Court of Barbados, (1986) 38 WIR 33. 1972 年，某所学校的管理机构为该学校任命了一位校长。1981 年《教育法》规定了巴巴多斯教育的集中管理。根据该法，包括该学校在内的特定学校的教师，被认为本该根据有关任命公职人员的宪法规定任命。某一管理委员会取代了该学校的管理机构，教学人员也被告知他们已成为公职人员。1985 年，在该管理委员会将校长停职之后，总督根据公职人员委员会的建议，确认了该校长停止履行其职责。该校长拒绝承认他曾受雇于公职人员委员会或曾同意受聘。在等待有关申请永久性禁令的判决期间，巴巴多斯高等法院拒绝作出任何限制该校长继续履行其职责的临时命令。

② Decision of the Constitutional Court of Turkey, 24 March 2004, [2004] 1 *Bulletin on Constitutional Case-Law* 149. 遭到质疑的条款规定，部长理事会有权解散土耳其红新月会（Red Crescent of Turkey）和土耳其航空协会（Turkish Aeronautical Association）的机构，并设立临时机构，以便履行这些社团的职能；还有权修改或废除这些社团的章程，并根据享有稽查权的有关当局的报告重组这些社团。

③ *Young, James and Webster v. United Kingdom*, European Commission, (1979) 3 EHRR 20, at 28.

④ *Attorney General v. Perch*, Court of Appeal of Trinidad and Tobago, [2001] 4 LRC 220. 邮政局（一个政府机构）一经废除，为全国提供邮政服务的新的法人团体特立尼达和多巴哥邮政公司一经设立，受雇于邮局的公职人员即获得选择权：或者按照商定的条款和条件自愿退休，或者依据相同或更好的条款和条件转岗到特立尼达和多巴哥邮政公司，或者在有相当职位的情况下留在公职部门。选择留在公职部门的某一职员被要求在第一个和第二个选项之间做出选择，因为找不到提供给她的相当岗位。她认为，她的结社自由权遭到了侵犯，因为在她希望留在公职部门时，却因没有相当岗位而无法这样做。

⑤ *Lavigne v. Ontario Public Service Employees Union*, Supreme Court of Canada, (1991) 126 NR 161, at 184, per La Forest J. 另见麦克马奇林（McLachlin）法官的意见："在某些情形中，可以主张说，强迫结社与通过结社活动实现自我无法协调，这正如强迫表达一样。例如，为了获得任何现实的晋升机会而被迫加入执政党，是极权主义国家的标志。这种强迫很可能构成强迫在意识形态上保持一致，从而有效地剥夺了个人加入可能在价值观上更受他或她青睐的其他团体的自由。"

结社的自由和不结社的自由"应该被认为是一项完整的自由"。① 美洲人权法院曾指出,"将自由这个词仅解释为'权利',而不解释为根据个人的自由意愿,'该人得以这种或那种方式发挥作用,或者不发挥作用的固有力量',毫无道理可言,是一种异常情况"。② 欧洲人权法院认为,以法律强迫某人参加一个成为其成员就从根本上有悖其信念的社团,并以他是该社团的成员为由,迫使他以一种该相关社团可以达成他并不认同的目标的方式行事,侵犯了他的结社自由。如果仍为某人可用的行动或选择自由实际上并不存在,或被减少到没有实际价值的程度,那么他就没能享有结社自由的权利。③

在人权委员会,一项在《公民及政治权利国际公约》第 22 条中增加"任何人不容强使隶属于某一团体"这句话的提议没有被接受。虽然得到承认的是,取自《世界人权宣言》第 20 条的这句话强调了结社自由的一个重要方面,但也有观点表示,它的适用可能并不总是符合工会的利益。④ 在联合国大会第三委员会中,也有人表达了对于工会的有效运作的类似关切。索马里的一项修正案——增加一句"任何人不得被强迫参加或隶属于任何种类的团体"——被撤回,但这只是发生在一些代表团强调,必须确保任何人不得违背其意愿、被强迫加入诸如政党的组织之后。在这方面,有人指出,现有的词语"自由结社之权利"显然旨在允许任何人根据他的意愿参加或不参加,并且其法文本的行文"*le droit de s'associer librement avec d'autres*"对于这一意图表达得尤为充分。⑤

当某一社团的成员身份是从事某一特定职业或工作所要求的条件时,或者

---

① *Trinidad Island-Wide Cane Farmers' Association Inc and Attorney General v. Prakash Seereeram*, Court of Appeal of Trinidad and Tobago, (1975) 27 WIR 329. 某项法律将某位甘蔗农民视为特立尼达岛全域甘蔗农民协会(由法律设立的协会,其目标包括增进甘蔗种植者和甘蔗农业加工业的利益)的成员,这侵犯了结社自由权。该法律还授权从应付给甘蔗农民的、销售甘蔗或者由该农民向制糖公司交付甘蔗的款项中,以税费的形式扣除某些款项,这些扣除的款项被支付给总会计师,该会计师再将它们转发给该协会。甘蔗农民有权退出该协会并不是相关因素。从甘蔗农民被视为该协会成员的那一刻起,他的结社自由就受到了侵犯,并且是彻底的侵犯,因为就彻底的侵权而言,已不需要更多条件了。既然如此,就不能说,在此后行使退出权能够防止或避免已经成为既成事实的行为。行使退出权所产生的真正伤害是,甘蔗农民虽然退出了,但是依据合同仍然承担着支付税费的责任。该税费的整体随后进入了该协会的金库,用于推动其目标。因此,该方案是一个使得该协会能够从甘蔗农民的财务贡献中受益的方案,即便某一农民并不是该协会的一个成员。

② *Compulsory Membership of Journalists' Association*, Inter-American Court, Advisory Opinion OC – 5/85, 13 November 1985, per Judge Navia.

③ *Chassagnou v. France*, European Court, (1999) 29 EHRR 615. See Decision of the Constitutional Tribunal of Portugal, 14 July 1993, (1993) 2 *Bulletin on Constitutional Case-Law* 45: 授权某个记者工会签发职业许可证,违反了记者组织和参加工会的自由。

④ UN document A/2929, chap. VI, s. 145.

⑤ UN document A/5000, ss. 64, 69.

当对于未能成为某一社团的成员存在制裁时，国家有义务证明，这种强制性的成员身份是在民主国家中、为追求《公民及政治权利国际公约》所授权的某项利益所必要的。① 为某位记者强加某一协会的会员资格，以之作为他能够使用议会新闻服务设施的先决条件，实际上意味着强迫该记者寻求该协会的会员资格，而该协会有可能接受他，也有可能不接受他作为会员，除非他决定放弃全面享有《公民及政治权利国际公约》第 19 条第 2 款为其规定的权利。②

公寓业主协会的会员资格必须基于自愿原则。当公寓建筑中所包含的房屋的某些业主决定成立一个协会时，不能仅因为这一决定，就认为其他业主也是这一协会的成员。社团中的强制成员是不可允许的。③ 法律强迫小土地所有者参加一个成为其成员就从根本上有悖他们自己的信念的协会，并根据他们在该协会中的成员身份迫使他们转让对于土地的权利，以便该协会可以实现这些人并不认同的目标，这侵犯了结社自由权。④

3. 豁免的社团

结社自由这项权利并不延及在民主社会中，个人必须且不可避免地作为其组成部分的联结。例如，个人不得反对与政府的联结，以及政府的看来可能需要缴纳税款的政策。用霍姆斯（Holmes）法官的话说，国家是"我们都隶属的团体"，其活动将不可避免地将任何个人与政策和该人可能不愿意与之联系的团体联结在一起。同样，除家庭中的成员身份外，社会组织也可能迫使一个人在许多活动和利益中与他人联结——这些活动和利益就是国家规范这些结社的正当理由。"简而言之，某些社团得以被接受，是因为它们是社会结构中的必要组成部分。鉴于现代政府的复杂性和广泛职权，似乎很明显，除了民族国家这一最根本基础以外的某种程度的非自愿性结社，在此等社团是由追求共同利益的社会运作形成的情况下，将在宪法上获得接受。"⑤ 换言之，这种社团乃

---

① *Gauthier v. Canada*, Human Rights Committee, Communication No. 633. 1995, 7 April 1999, Selected Decisions, Vol. 6, p. 158, 普拉富拉钱德拉·巴格瓦蒂（Prafullachandra Bhagwati）、科尔维尔勋爵（Lord Colville）、伊丽莎白·伊瓦特（Elizabeth Evatt）、塞西莉亚·梅迪纳-基罗加（Cecilia Medina Quiroga）和伊波利托·索拉里-伊里戈延（Hipólito Solari Yrigoyen）的附议意见。

② *Gauthier v. Canada*, Human Rights Committee, Communication No. 633. 1995, 7 April 1999, Selected Decisions, Vol. 6, p. 158, 拉吉苏默·拉拉赫（Rajsoomer Lallah）的附议意见。

③ Decision of the Constitutional Court of Lithuania, 21 December 2000, [2000] 3 *Bulletin on Constitutional Case-Law* 521.

④ *Chassagnou v. France*, European Court, (1999) 29 EHRR 615：基于道德理由反对狩猎的一些人，对于将他们的土地强制纳入某个猎人协会的狩猎场的行为，以及参加该协会的义务，提起了申诉。

⑤ *Lavigne v. Ontario Public Service Employees Union*, Supreme Court of Canada, (1991) 126 NR 161, at 189, per La Forest J.

是"受生活现实所迫"。①

"社团"一词具有一种自主含义。国家不得通过自由裁量将某一社团归类为"公共的"或"准行政性的",而将其移出这一权利的范围。② 结社自由并不禁止从事某一职业的人(该职业之做法影响普遍利益),出于该原因而依据法律的要求或根据法律的规定,组成一个为了公共利益而受到严格监管的职业组织,以确保维护职业标准。即使是为了组织这个机构而利用了社团的某些技术形式,也是如此。③ 被认为在这一权利范围之外的机构有:(甲)要求执业医生在其登记册上登记并受其机关管理的医疗协会,④(乙)律师协会,⑤(丙)建筑师协会⑥和(丁)在格林纳达成立的联合肉豆蔻协会以及肉豆蔻委员会。⑦ 强迫出租车司机参加并且能够在某种程度上监管这些司机的业务的一家汽车协会,被认为主要是一个私法上的、保护其成员之职业利益的协会。⑧

---

① *International Association of Machinists v. Street*, United States Supreme Court, 367 US 740 (1961), at 776, per Douglas J.

② *Chassagnou v. France*, European Court, (1999) 29 EHRR 615: 某一社团的存在取决于议会的意愿或者由长官监督它的运作方式的事实,不足以支持它依然融于国家结构之内的主张。

③ *Le Compte, Van Leuven and De Meyere v. Belgium*, European Court, (1981) 4 EHRR 1; European Commission, 14 December 1979.

④ *Le Compte, Van Leuven and De Meyere v. Belgium*, European Court, (1981) 4 EHRR 1; European Commission, 14 December 1979: 比利时医生协会(*Ordre des Médecins*)是一个由法规创建的公法机构。其目的是确保"遵守职业行为准则,维护其成员的荣誉、审慎、廉正和尊严"。See also *Albert and LeCompte v. Belgium*, European Court, (1983) 5 EHRR 533: 如果该协会的成立阻止执业者组织或参加职业社团,则将违反《欧洲人权公约》第11条。See also Decision of the Constitutional Court of Hungary, 1 July 1997, (1997) 2 *Bulletin on Constitutional Case-Law* 202; *X v. Denmark*, European Commission, Application 10053/82, (1983) 6 EHRR 350: 该案中,《丹麦医疗保险法》规定,在医疗保险偿付制度中,任何人都不得担任脊椎按摩师,除非他(或她)获得了医疗保险机构批准的协会的认可。该法律的目的或宗旨属于"保护卫生"的范畴,即建立一个充分和适当的制度——借此制度,缺乏正式公共授权的情况得到了这样的一些人的认可的弥补:他们是该领域中的专家,并以包含了对于申请人的教育进行评估的固定指导方针为其认可的根据。

⑤ *A v. Spain*, European Commission, (1990) 66 *Decisions & Reports* 188; Decision of the Constitutional Court of Hungary, No. 22/1994, (1994) 1 *Bulletin on Constitutional Case-Law* 31.

⑥ *Revert and Legallais v. France*, European Commission, (1989) 62 *Decisions & Reports* 309.

⑦ *Attorney General of Grenada v. Hamilton*, Court of Appeal of Grenada and West Indies Associated States, (1978) 24 WIR 558: 该法律的目的是建立一个法人团体,以保护和增进肉豆蔻产业的利益,尤其是销售肉豆蔻以及规范和控制其出口。根据该法律组建的社团,是在具有公共性质的公共行为下、为了国家的经济福祉而组建的。

⑧ *Sigurjonsson v. Iceland*, European Court, (1993) 16 EHRR 462: 一名出租车司机对于主管当局(出租车监管委员会)签发给他的出租车许可证中的一项要求——他需申请成为弗拉米(Frami)汽车协会的会员,提出了申诉。他被告知,不这样做会导致中止或撤销他的许可证。弗拉米是一个由职业汽车司机组成的协会,旨在(1)保护其成员的职业利益,促进职业出租车司机之间的团结;(2)确定、谈判、提出与其成员的工作时间、薪酬和费率有关的要求;(3)力求维持对于出租车数量的限制;以及(4)在公共当局面前代表其成员。欧洲人权法院认为,尽管弗拉米服务于公共利益,并且不是代表其成员与他们的雇主对抗或从事集体谈判的雇员组织,也不依附于冰岛劳工联合会,但是它的成立基础仍然是私法,因此必须将它视为《欧洲人权公约》第11条意义上的"社团"。

为了判定某一社团的强制成员资格可否在符合结社自由的意义上获得宪法认可，西班牙宪法法院确定了三个标准：（1）代表着行业或职业利益的某一机构的强制成员身份，不得造成禁止或妨碍结社自由；（2）强制成员身份的要求必须是例外，而非常规；（3）代表着行业或职业利益的某一社团的强制成员身份的正当理由必须源自宪法规定或该社团所服务的公共利益的性质。[1]

4. 承认的要求

组建社团的权利不得受到需要政府承认该社团的法律的约束。[2] 同样，如果准予登记的条件等同于获得当局对于某一工会的成立或运作的事先许可，这就必然会构成对结社自由原则的损害。[3] 虽然一国有权确保某一社团的目标和活动符合立法中所载的规则，但是国家如此作为的方式必须符合其确保每个人享有结社自由权利的义务。[4]

5. 目标之实现

在结社自由和追求该社团存在之目标的自由之间，存在着现实、明确的区别。第一项自由包含一项基本权利；而第二项自由则不然。[5] 因此，组建某一社团的权利保障该社团自由地开展其活动的权利，[6] 但并不保障由此组建的社团的每个目标都能实现。某一社团，在不受法律干涉的情况下——除非根据规

---

[1] Decision of the Constitutional Court of Spain, 14 April 1994, (1994) 2 *Bulletin on Constitutional Case-Law* 163：管理某一行业协会（城市财产所有权商会）的法律规则，不符合这些条件。

[2] *Ghosh v. Joseph*, Supreme Court of India, [1963] Supp. 1 SCR 789, at 796. 根据印度宪法制定的某项规则规定，对于任何政府公职人员的服务协会而言，如果该协会在它成立后的六个月内（1）不能获得政府依据就此订立的规则作出的承认，或者（2）就曾遭到政府根据该规则的撤销或拒绝的情况而言，不能获得承认，则禁止任何政府公职人员参加该协会，或者继续作为该协会中的成员。该规则侵犯了结社自由，并且无法通过援引限制条款予以补正，因为它实际上迫使政府公职人员在对某个协会的承认被撤销后，立即放弃该协会的成员身份，或者在该协会成立后的六个月之内未获得承认的情况中，放弃该协会的成员身份。

[3] *International Confederation of Free Trade Unions v. China*, International Labour Organization, Case No. 1500, 270th Report of the Committee on Freedom of Association (1989), para. 323. See also International Labour Organization, *Digest of Decisions and Principles of the Freedom of Association Committee*, 1985, para. 275. 参见，*Osawe v. Registrar of Trade Unions*, Supreme Court of Nigeria, [1985] 1 NWLR 755：阿尼亚戈鲁（Aniagolu）法官认为，尼日利亚的一项法律规定——"在已经存在工会的地方，不得注册代表工人或雇主的任何工会"——并不违反结社自由，因为这是为了公共秩序而通过的法律。它旨在削减工会的激增。"工会的扩散显然会助推劳工界的混乱。这是一种倾向于破坏社会稳定的事实——其路径是由各种不相干的和无关联的工会呼吁进行违法罢工和停工的倾向。因此，该法律是为了建立起系统化、有凝聚力和负责任的工会的这一公共秩序，是为了社会的利益。"

[4] *Sidiropoulos v. Greece*, European Court, (1998) 27 EHRR 633.

[5] *Attorney General v. Alli*, Court of Appeal of Guyana, [1989] LRC (Const) 474.

[6] *Belyatsky v. Belarus*, Human Rights Committee, Communication No. 1296/2004, Selected Decisions, Vol. 9, p. 177. See also *Korneenko v. Belarus*, Human Rights Committee, Communication No. 1274/2004, 31 October 2006.

定理由受到干涉——有效地实现组建它的目的,并不是该权利的必然结果。例如,某一为从事合法业务而成立的团体(如股份公司或合伙企业),其如下权利并不受到保障,即在仅受法律有可能施加之限制的情况下,从事其业务并实现其盈利目标。这是因为,结社自由是一项个人权利,一个团体只有以其乃是个人之集合为由,才能主张这一权利,即组成该团体的个人的权利。"正如流水不可能高于源头一样,由公民组成的社团不得主张公民无法享有的权利,或者主张不受组成它的公民尚受之限制的自由。"①

(二)"包括为保障其本身利益而组织及加入工会之权利"

组织和加入工会的权利是结社自由权这一更为一般性权利的一个例证或者一个特殊方面。②"为保障其本身利益"这一短语与"组织及加入工会之权利"而不是整个结社自由有关。③ 组织工会的权利包括工会制定其自身规则、管理其自身事务、组织和加入工会联合会或同盟的权利,④ 以及工会联合会或同盟组织或加入国际工会组织的权利。这项权利体现了两项义务:一项是消极的,另一项是积极的。前者是,国内法中不得有任何立法、条例或任何行政行为会损害雇主或工人组织或加入其各自组织的自由。后者则是,要有充分的立法或其他措施来保障这项权利的行使,尤其是保护工人组织免受雇主一方的任何干涉。⑤ 在解释与工会有关的结社自由概念的含义和范围时,可以考虑国际劳工组织第 87 号和第 98 号公约中对该术语的释义:"它们反映了由国际劳工组织主管机构详细阐述和澄清的、得到普遍接受的劳工法律标准。"⑥

属于某一工会的自由包括两个方面,一方面是积极的,另一方面是消极的。积极方面承认,工人有权组织和属于可以代表他们的工会,而不必被迫依赖工会在准入方面的自行酌处决定。消极方面则保障不成为某一工会的成员的

---

① *All India Bank Employees Association v. National Industrial Tribunal*, Supreme Court of India, [1962] 3 SCR 269, at 288 – 9, per Ayyangar J. See also *Raghubar Dayal Jai Prakash v. The Union of India*, Supreme Court of India, [1962] 3 SCR 547.

② *Young, James and Webster v. United Kingdom*, European Court, (1981) 4 EHRR 38.

③ *JB v. Canada*, Human Rights Committee, Communication No. 118/1982, HRC 1986 Report, Annex IX. B, 罗莎林·希金斯(Rosalyn Higgins)、拉吉苏默·拉拉赫、安德烈斯·马弗罗马提斯(Andreas Mavrommatis)、托克尔·奥普萨尔(Torkel Opsahl)和阿莫斯·瓦科(Amos Wako)的单独意见。

④ *Cheall v. United Kingdom*, European Commission, (1985) 42 *Decisions & Reports* 178.

⑤ ESC, Committee of Independent Experts, Conclusions Ⅰ, 31.

⑥ *National Union of Belgian Police v. Belgium*, European Commission, 27 May 1974; *Swedish Engine Drivers' Union v. Sweden*, European Commission, (1974) 1 EHRR 578.

权利，以及在任何时候脱离某一工会的权利。① 在某一宗教社群的规章并未规定绝对禁止组织工会的情况中，拒绝登记神职人员的一个工会并未违反《欧洲人权公约》第 11 条。②

任何工人不得被迫使属于某一特定工会。必须从工会自由的三个基本方面来理解这一自由：一个积极方面，它包括工人加入某个既存工会或者创建一个新工会的权利；一个消极方面，它涉及不加入某一特定工会以及任何工会拒绝给予成员身份的可能性；以及退出或拒绝参加某一社团的自由。因此，要求每个政府实体的公职人员都参加某个单一工会，侵犯了工作者自由结成工会的社会权利。③

加入工会的权利并不意味着必然会带来罢工的权利。④

1. 恐吓的后果

在有关工会的方面，结社自由包括"组织"或"加入"工会的权利以外的要素，例如工人组织和雇主组织充分自由地选举他们的代表和安排这些组织的行政管理的权利。威胁解雇或其他行为可能严重限制或妨碍这种自由的合法行使，例如旨在致使某位在职雇员放弃由他负责的工会管事职务的威胁。⑤ 实际上，涉及失去生计的解雇威胁是一种最严重的胁迫形式，并且当它针对的是拒绝加入某一特定工会的雇员时，就会直击结社自由的本质。⑥ 同样，其他反工会的歧视行为，例如因工会成员身份或者因参加工会活动而被解雇、调动以及强制退休，将构成对这一权利的侵犯。⑦ 在一起案件中，某位工人兼工会领导人在他开始参与工会工作起，就受到了当局的各种形式的骚扰——包括逮捕和不经审判的拘禁，还受到了酷刑以及其他残忍的、不人道的或侮辱性的待

---

① Decision of the Constitutional Court of Portugal, 18 October 2000, [2000] 3 *Bulletin on Constitutional Case-Law* 542.

② *Sindicatul 'Pastoral cel Bun' v. Romania*, European Court, [2013] 2 *Bulletin on Constitutional Case-Law* 399.

③ Decision of the Supreme Court of Mexico, 12 May 1999, [2009] 2 *Bulletin on Constitutional Case-Law* 339.

④ *South African National Defence Union v. Minister of Defence*, Constitutional Court of South Africa, [1999] 2 *Bulletin on Constitutional Case-Law* 275.

⑤ *X v. Ireland*, European Commission, Application 4125/69, (1971) 14 *Yearbook* 198.

⑥ *Young, James and Webster v. United Kingdom*, European Court, (1981) 4 EHRR 38. See also European Commission, (1979) 3 EHRR 20.

⑦ *Schmidt and Dahlstrom v. Sweden*, European Commission, (1974) 15 *Yearbook* 576. European Court (1976) 1 EHRR 632.

遇，因此这一权利遭到了侵犯。① 对已经表明其静坐的目的是追求他们的正当经济和社会利益的工人威胁采取报复措施，是对他们工会权利的干涉。②

在一起案件中，根据雇主签发的对某一雇员的任命书的规定，该雇员需要从工会辞职才有资格获得晋升，该任命书被认定为不符合结社自由。任何雇主均不得通过在雇用合同中强加相反条件来剥夺这一权利。工会作为政府管理的民主架构的一个组成部分，发挥着重要作用；只有在最特殊的情况下并依据特定理由，才允许进行限制或约束。③ 在波兰，一项禁止"最高国家管理委员会"的员工中的专业工作人员（即所有履行管理和监督职能的雇员）成为工会成员的法律，被认定为不符合有关结社自由和平等的宪法原则。④

2. "封闭店铺"协议*

结社自由权不仅包括组织或加入某一社团的积极权利，还包括该自由的消极方面，即不加入或退出某一社团的权利。⑤ 欧洲人权法院对于是否应当平等地考虑该消极权利与该积极权利这一问题存而不论，同时还认为，虽然强制加入某一特定工会可能并不总是违背这一权利，但是在个案的情形中，直击结社自由之本质的强迫形式将构成对该自由的干涉。⑥ 更早些时候，在一起由英国的某项封闭店铺协议引发的案件中，欧洲人权法院的六名法官指出，工会自由包含选择自由：这意味着个人可以选择是隶属还是不隶属工会，若选择隶属，则他还能够选择工会。然而，选择的可能性——作为结社自由之不可或缺的组成部分——在某一工会垄断的情况中，实际上是不存在的。仅仅是要求某人给

---

① *Delia Saldias de Lopez* v. *Uruguay*, Human Rights Committee, Communication No. 52/1979, HRC 1981 Report, Annex XIX.

② *The Hong Kong Union of Post Office Employees et al* v. *United Kingdom/Hong Kong*, International Labour Organization, 277th Report of the Committee on Freedom of Association, 1991. 在1991年香港的一起案件中，邮政局局长警告四个邮政工会的领导人，他们提出的行动"可能招致根据公职人员条例和《英皇制诰》第16条的规定所施加的制裁"。国际劳工组织认定，该局长的行为违反了结社自由原则：虽然似乎并没有采取任何行政或纪律处分措施，但是仅仅存在此种威胁的事实，就有可能强力地震慑有关工人，尤其是考虑到该第16条的广泛的、具有自由裁量性质的、规定了严厉惩罚的措辞。

③ *Gunaratne* v. *People's Bank*, Supreme Court of Sri Lanka, [1987] LRC (Const) 383, at 395.

④ Decision of the Constitutional Tribunal of Poland, 21 November 1995, (1995) 3 *Bulletin on Constitutional Case-Law* 334. 参见，*Council of Civil Service Unions* v. *United Kingdom*, European Commission, (1987) 50 *Decisions & Reports* 228：虽然强加给政府通信总部职员的禁令禁止他们继续作为任何现有工会的成员，是公共当局对于《欧洲人权公约》第11条第1款所保障的权利的行使的干预，但是作为施予国家行政人员的对于这些权利之行使的合法限制，根据《欧洲人权公约》第11条第2款，该限制是合理的。

* 英文中为"'Closed Shop'Agreements"，指工会与雇主之间签订的只雇用某一或某些特定工会的成员的协议。

⑤ *Sigurjonsson* v. *Iceland*, European Court, (1993) 16 EHRR 462.

⑥ *Gustafsson* v. *Sweden*, European Court, (1996) 22 EHRR 409; *Sibson* v. *United Kingdom*, European Court, (1994) 17 EHRR 193.

出其拒绝加入某一工会之理由的事实，就构成了对结社自由的侵犯。结社自由的"消极方面"相对于其"积极方面"，"必然是相互补充、相互关联、不可分割的"。如果对于该自由的保护仅及于这一积极方面，那么这种保护将是不完整的。所涉及的是同一个权利。①

3. "为保障其本身利益"

结社自由不仅限于组织事项；它还具有功能方面。就工会而言，该功能方面就是参与一切形式的旨在捍卫、保护和促进工人利益的活动的权利。② 承认工会需要为保护其成员的公民权利以及经济和社会利益而斗争，致使《公民及政治权利国际公约》第22条中使用了"为保障其本身利益"的表述，而不是《经济社会文化权利国际公约》第8条使用的"为……保障其经济及社会利益"这一更具体的用语。③

"为保障其本身利益"而加入工会的权利，并不赋予加入自身选择之工会而不顾该工会的规则的一般性权利。每个工会仍然可以根据自身的规则，自由地决定有关其入会和开除的问题。所提供的保护主要是防止国家的干涉。尽管如此，为了使加入工会权能够具有实效，国家必须保护个人免遭工会对支配地位的任何滥用。例如，在拒斥或开除某一成员不符合工会规则的情况中，在工会规则完全不合理或具有任意性的情况中，或者在开除的后果导致了的特殊困难的情况中——就像因"封闭店铺"而失业一样，就可能发生这种滥用。④

4. 罢工权

罢工权是工会成员保护其职业利益的最重要手段之一。⑤ 组织和加入工会的权利的目的是保护其本身利益。《公民及政治权利国际公约》第22条中没有提到罢工权，就如没有提到某一工会成员为保护其本身利益可能参与的其他活动——诸如举行集会或集体谈判——一样。然而，这项权利的行使要求允许采

---

① *Young, James and Webster* v. *United Kingdom*, European Court, (1981) 4 EHRR 38, separate concurring opinion of Judges van der Meersch, Binderschedler-Robert, Liesch, Matscher, Farinha and Pettiti. Decision of the Supreme Court of Denmark, 6 May 1999, [1999] 3 *Bulletin on Constitutional Case-Law* 374. 如果在任命某一雇员后签订了"封闭店铺"协议，并且在签订协议时该雇员不是有关工会的成员，则公司不得以该雇员不属于某一特定工会成员为由解雇他。

② Decision of the Constitutional Court of Spain, 19 June 1995, (1995) 2 *Bulletin on Constitutional Case-Law* 209.

③ UN document A/2929, chap. VI, s. 147.

④ *Cheall* v. *United Kingdom*, European Commission, (1985) 42 *Decisions & Reports* 178.

⑤ *Schmidt and Dahlstrom* v. *Sweden*, European Court, (1976) 1 EHRR 632. 《欧洲人权公约》第11条中没有明确规定这一权利，该权利有可能根据国内法，受到在某些情况下限制其行使的某种规定的制约。

取某种程度的协调活动，否则它就无法满足其目的。这是《公民及政治权利国际公约》第 22 条第 1 款所准予之权利的固有方面。起草历史清楚地表明，结社权与组织和加入工会的权利得到了分别处理。当罢工权在 1957 年作为一项修正被《经济社会文化权利国际公约》第 8 条所接受时，并未就《公民及政治权利国际公约》第 22 条引入或者讨论这样的修正。其原因既明确又正确，即因为《公民及政治权利国际公约》第 22 条将结社权作为一个涉及各种俱乐部、协会以及工会的整体对待，所以提到诸如罢工活动等特定活动原本就是不合适的。行使在原则上被一些主要的和获得广泛批准的国际法律文书宣布为合法的某一权利的方式，不可能与《公民及政治权利国际公约》不相容。①

虽然罢工权在本质上是一种以集体方式行使的权利，但劳动者以整体的方式以及劳动者中的每个成员以个体的方式，享有这一权利。它"通常"由工会决定行使的事实，并没有改变权利属于劳动者的事实。② 若要使罢工正当有效，所有打算罢工的雇员，尤其是非工会雇员，必须在罢工发生前，向雇主发出罢工意向通知。罢工通知的目的是向雇主说明其雇员可能会罢工，以便使雇主为即将发生的权力斗争做好准备。罢工通知必须表明该通知所涉及的人员。③ 罢工权包括传播有关罢工的信息的权利。因此，从本质上讲，它还包括宣传罢工的权利，但条件是这种宣传要以和平的方式，不得有任何胁迫、恐吓、威胁或任何形式的暴力行为，并尊重工人选择不行使其罢工权的权利。④ 毛里求斯的一部《产业关系法》规定了一个为期 21 天的冷静期，还授权部长可将任何劳资纠纷提交强制仲裁——对此通过涉及强制劳动的惩罚强制执行，这种法律的后果是使得大多数罢工均属非法。因此，尽管罢工权在理论上得到承认，但在实践中无法予以行使。⑤

---

① *JB et al v. Canada*, Human Rights Committee, Communication No. 118/1982, 18 July 1986, *Selected Decisions*, Vol. 2, p. 34, 罗莎林·希金斯（Rosalyn Higgins）、拉吉苏默·拉拉赫、安德烈斯·马弗罗马提斯、托克尔·奥普萨尔和阿莫斯·瓦科的异议意见。人权事务委员会多数委员认为，罢工权虽然受到《经济社会文化国际公约》的程序和机制的保护，但未包括在《公民及政治权利国际公约》第 22 条的范围之内。

② Decision of the Constitutional Court of Portugal, 25 June 2003, [2003] 2 *Bulletin on Constitutional Case-Law* 321.

③ *South African Transport and Allied Workers Union v. Lebogang Michael Moloto NO*, Constitutional Court of South Africa, [2012] 3 *Bulletin on Constitutional Case-Law* 589.

④ Decision of the Constitutional Court of Spain, 17 December 1998, [1998] 1 *Bulletin on Constitutional Case-Law* 128.

⑤ 经济、社会和文化权利委员会的结论性意见：毛里求斯，UN document E/C. 12/1994/8 of 31 May 1994; Decision of the Council of State of Greece, 20 October 1996, [1998] 2 *Bulletin on Constitutional Case-Law* 242：律师拒绝履行其职责以抗议某些税收措施，并不构成真正意义上的罢工，因此不受保护工人罢工权的宪法规定的保护。

5. 集体谈判

集体谈判（或协商机制）是工会保护其成员的经济和社会利益的另一种手段。看来必要的是，工会应该能够就其代表的职业所涉及的所有事项，包括工作人员的人事和经济状况以及招聘和晋升条件，使其意见为人所知。这是鉴于工会非常适合于这一目的，并且直接关注这些事项。这种权利处于更一般性的集体谈判自由的框架之内，并有可能构成这一谈判中的一个阶段，而不承认其存在，"将使工会行为陷于毫无生机的境地，并剥夺工会组织保护其成员职业利益的一种必要手段"。因此，协商权和更一般层面上的集体谈判自由，是工会在这一权利范围之内的行动的重要的，甚至是必不可少的要素。①

国家是否具有一种不歧视地与所有工会"协商的义务"？未经政府咨商的工会，将无法在与其他工会相同的条件下开展活动。工会的有效运作取决于其代表程度，而这反过来又取决于工会的活动。限制工会参与磋商将剥夺其某些吸引力，并使工会无法有效地捍卫其成员的利益。但是，不参加磋商不会剥夺工会的捍卫其成员利益的其他手段，例如提出申诉或要求举行有相关政府部门参加的听证。欧洲人权法院认为，虽然《欧洲人权公约》第 11 条并没有保障工会或其成员得到国家的某种特殊种类的待遇，但它维护了通过工会行动来保护工会成员的职业利益的自由。因此，工会成员享有一种权利，即为了保护他们的利益，工会"应当获得倾听"，并且《欧洲人权公约》让每一国家自己选择实现这一目的的手段。这些手段包括协商、集体谈判和缔结集体协议等。② 然而，"集体谈判的权利"似乎是一种自由和能力，而不是一种对抗雇主或作为雇主的国家的权利，因此也不是迫使雇主进行集体协议谈判的一种手段。在国家作为雇主的情况中，一种一般性权利并不受保障，即对于国家作为当事一方的集体协议，可以要求经协商达成的结果被纳入一项正式决议或者无论如何都要被接受。③ 不达成集体协

---

① *National Union of Belgian Police* v. *Belgium*, European Commission, (1974) 1 EHRR 578. 对于工会与其成员的雇主达成集体协议的自由，国内法院的有关裁决见，*Attorney General of Guyana* v. *Alli*, Court of Appeal of Guyana, [1989] LRC (Const) 474: "说它是工会领域中的一项非常珍贵的权利，就是在老生常谈；该权利构成了工会存在的精髓、它们存在的理由"; *Reference Re Public Service Employee Relations Act* (*Alberta*), Supreme Court of Canada, [1987] 1 SCR 313; *Collymore* v. *Attorney General of Trinidad and Tobago*, Privy Council on appeal from the Court of Appeal of Trinidad and Tobago, [1969] 2 All ER 1207; *Joseph* v. *Attorney General of Antigua*, Court of Appeal, West Indies Associated States, (1980) 27 WIR 394; *Attorney-General* v. *Mohamed Ali*, Court of Appeal of Guyana, (1992) 41 WIR 176。

② *National Union of Belgian Police* v. *Belgium*, European Court, (1975) 1 EHRR 578; *Swedish Engine Drivers' Union* v. *Sweden*, European Court, (1976) 1 EHRR 617; *Trade Union X* v. *Belgium*, European Commission, Application 7361/76, (1979) 14 *Decisions & Reports* 40.

③ *Swedish Engine Drivers' Union* v. *Sweden*, European Commission, (1974) 1 EHRR 578.

议的权利也不受保障。[1]

在雇主在不充分的集体谈判后做出决定的任何情况中,雇主单方面调整雇员的薪酬损害了集体谈判的权利以及自由建立和加入工会的权利。[2]

(三)"除依法律之规定,且为民主社会维护国家安全或公共安全、公共秩序、维护公共卫生或道德,或保障他人权利自由所必要外,不得限制此种权利之行使"

人权事务委员会指出,《公民及政治权利国际公约》第22条中提到"民主社会表明,社团的存在和运作,包括以和平方式宣扬不一定获得政府或大多数人赞同的思想的社团,是任何社会的基石"。[3] 结社自由的例外情况必须狭义地解释,务使对其列举详尽无遗,对其界定必然有限。[4] 在评估某项措施的必要性时,欧洲人权法院确定了必须遵守的若干原则。例如,"必要"一词不具有诸如"有用"或"可取"等表述的灵活性。多元主义、宽容和开放心性是"民主社会"的标志,虽然个人利益有时必须服从某一群体的利益,但民主并不简单地意味着多数人的观点必须始终占优:必须达到一种平衡,既确保对于少数者的公平和恰当的待遇,又避免对优势地位的任何滥用。最后,对这项权利施加的任何限制都必须与所追求的正当目标成比例。[5]

这些原则在1975年的一起"封闭店铺"协议案中得到了适用。该协议是英国铁路公司与三个工会缔结的,其中的规定包括,必须是这三个工会之一的成员是受雇成为英国铁路公司员工的一项条件。英国1974年《工会和劳工关系法》确认了可以认为"封闭店铺"情况存在的一些情形,并规定了基本规则,即如果这种情况存在,则以拒绝加入特定工会为由解雇某一雇员,从有关不当解雇的法律的目的来说,是正当的。三名分别于1958年、1972年和1974年成为英国铁路公司工作人员的雇员以他们陈述的理由为由,拒绝服从该"封闭店铺"协议,并遭到解雇。在审议是否有必要要求英国铁路公司中的这些先有雇员,在该"封闭店铺"协议达成时加入特定工会的过程中,欧洲人权法院认为:(甲)英国铁路公司的"封闭店铺"协议可能会以某种一般性方式带来若干好处这一事实本身,对于判断所诉之干涉的必要性,并不是决定性的;(乙)仅仅

---

[1] *Gustafsson v. Sweden*, European Court, (1996) 22 EHRR 409.
[2] *Federación de Comisiones Obreras del Metal v. Entretenimiento de Automóviles S. A.*, Constitutional Court of Spain, [2000] 2 *Bulletin on Constitutional Case-Law* 360.
[3] *Kalyakin v. Belarus*, Human Rights Committee, Communication No. 2153/2102, 10 October 2014.
[4] *United Macedonian Organization Ilinden v. Bulgaria*, European Court, 19 January 2006.
[5] See *Chassagnou v. France*, European Court, (1999) 29 EHRR 615, at 687.

只是没有几个同事认同申诉人的立场这一事实，对于该问题并不是决定性的；（丙）申诉人遭受的损害超过了为在所涉及的冲突利益之间达到适当平衡所需的程度。因此，欧洲人权法院认为，所申诉的限制并非"为民主社会所必要"。①

同样的原则也适用于政党：政党是对于民主的正常运作至关重要的社团形式，不得仅仅因为当局认为某一政党的活动破坏了一国的宪法结构，而将其排除在这一权利所提供的保护之外。② 例如，有观点认为，土耳其社会主义党在意识形态上反对阿塔图尔克*的国家主义（奠基土耳其共和国的最根本原则），并鼓吹建立两个国家——库尔德国和土耳其国，因此其行为损害了土耳其国家的团结以及该国的领土完整。欧洲人权法院指出，民主的主要特征之一是，它提供了通过对话而无须诉诸暴力来解决一国问题的可能性，即便是在这些问题令人厌烦的时候，也是如此。民主因表达自由而繁盛。从这个角度来看，仅仅因为一个政治团体试图公开讨论该国的部分民众的状况并参与国家的政治生活，以便根据民主规则，找到能够使有关的每个人都满意的解决方案，就阻遏这一政治团体，并不具备正当合理性。允许提出并辩论各种各样的政治方案，甚至是对国家目前的组织方式提出质疑的方案，只要它们不损害民主本身，就是民主的本质之所在。③

---

① *Young, James and Webster v. United Kingdom*, European Court, (1981) 4 EHRR 38. 在判定（丙）项时，欧洲人权法院考虑了：（1）皇家工会和雇主协会的1968年报告，该报告认为，现有雇员在新引入的"封闭店铺"中的地位是一个值得给予特别保障的领域；（2）最近的调查，该调查表明，许多"封闭店铺"安排并不要求现有的非工会雇员加入某一特定的工会；（3）一个事实，即绝大多数工会成员本身不同意一种主张——出于强烈理由而拒绝加入指定工会的人应该被雇用；以及（4）一个事实，即超过95%的英国铁路公司员工已经是指定工会的成员。所有的这些因素都表明，即使现行的立法并没有允许强迫非工会雇员加入某一指定工会，这些铁路工会也绝不会因实施与英国铁路公司达成的协议而无法致力于保护其成员的利益。

② *United Communist Party v. Turkey*, European Court, (1998) 26 EHRR 121; *HADEP and Demir v. Turkey*, European Court, 14 March 2011.

* 即土耳其共和国的创始人凯末尔·阿塔图尔克（Kemal Ataturk）。

③ *The Socialist Party v. Turkey*, European Court, (1998) 27 EHRR 51；欧洲人权法院认同：该党的领导人使用的措辞（"库尔德人已经通过贫苦农民以将其个人与他人的命运联系起来的方式的斗争，证明了他自己"；"通过在城镇和省份中举行的数千人规模的集会，库尔德人已经证明了他自己，并冲破了恐惧的障碍"；"播下勇气，而不是西瓜"；"库尔德人民站起来了"）针对的是库尔德族裔的公民，并构成使他们团结起来以便主张某些政治诉求的邀约，但并没有发现任何煽动使用暴力或违反民主规则的痕迹。该法院指出，这些陈述的集合阅读，提出了一个政治纲领，其基本目的是根据民主规则建立一个联邦制度。在这个制度中，土耳其人和库尔德人将在平等和自愿的基础上获得代表。虽然提到了"库尔德民族"的自决权以及其"脱离"权，但这些言辞并没有鼓励从土耳其分裂，而是意在强调如果没有通过全民公决得到表达的库尔德人的自由同意，拟议的联邦制度就无法实现。这种政治纲领被认为与土耳其国当前的原则和结构不相容这一事实，并不会使其与民主规则不相容。See also *Sidiropoulos v. Greece*, European Court, (1998) 27 EHRR 633：领土完整、国家安全和公共秩序并未受到"马其顿文明之家"的社团的活动的威胁。该社团的目的是促进地区文化，甚至提出它的部分目的也在于促进某个少数民族的文化。一国中存在少数群体和不同文化是一个历史事实，一个"民主社会"必须根据国际法原则宽容甚至保护和支持这种历史事实。

仅仅因为怀疑某个政党可能继续从事一个已经被禁止政党的活动而拒绝为其登记，以侵犯组建政党权的方式，侵犯了结社自由。若要证明某个政党继续从事一个已经被禁止政党的活动并拒绝为其登记，则有必要证明存在着将这两个政党联系起来的某种计划，并且新政党的发起人参与了该计划。裁决必须依据对于新政党的章程所载表述的严格审查。① 多种多样社团的存在和运作，包括以和平方式宣扬不一定获得政府或大多数民众赞成的思想的社团，是民主社会的基础之一。因此，仅仅存在任何限制结社自由的合理和客观理由，并不充分。国家必须进一步证明，禁止该社团并以某些个人乃是这类组织之成员为由对其提出刑事起诉，确实是为了避免对于国家安全或民主秩序的现实的而不仅仅是假设的危险，并且证明，不那么侵扰性的措施都将不足以实现这一目的。②

立法对于射击体育俱乐部施加限制，并加强对其成员合法拥有武器的要求，以便应对滥用风险，这一事实并未侵犯结社自由。③

（四）"本条并不禁止对军警人员行使此种权利，加以合法限制"

这一限制条件的目的并不是要剥夺所述类别的人员享有和行使该权利，而是要限制他们对于社团的选择，尤其是就他们可以参与的工会活动的限度而言。④ 不允许完全压制这一权利。⑤ 南非宪法法院认为，在国防部队中全面禁止工会，显然超出了为实现严明军纪这一合法目标所合理与正当之需。该法院

---

① Decision of the Constitutional Court of Spain, 20 June 2012, [2012] 1 *Bulletin on Constitutional Case-Law* 179.

② *Jeong-Eun Lee v. Republic of Korea*, Human Rights Committee, Communication No. 1119/2002, Selected Decisions, Vol. 8, p. 363.

③ Decision of the Federal Constitutional Court of Germany, 1 April 2003, [2003] 3 *Bulletin on Constitutional Case-Law* 460.

④ UN document A/2929, chap. VI, s. 151. 为了落实这一含义，联合国大会第三委员会修订了先前的草案案文（UN document A/5000, ss. 62, 68, 72）。See also ESC, Committee of Experts, Conclusions Ⅰ, 31; Decision of the Constitutional Court of Spain, 17 October 1994, (1994) 3 *Bulletin on Constitutional Case-Law* 283; *Council of Civil Service Unions v. United Kingdom*, European Commission, (1987) 50 *Decisions & Reports* 228: "合法"一词意味着，有关措施必须至少符合国内法。问题是，"合法"一词是否也要求禁止任意性。

⑤ ESC, Committee of Independent Experts, Conclusions Ⅱ, 22. See *Ofek v. Minister of the Interior*, Supreme Court of Israel, H. C. 789/78, 33 (3) Piskei Din 480, excerpted in (1982) 12 *Israeli Yearbook on Human Rights* 302：警方稽查长官作出的一项长期命令禁止"任何旨在改进警察就业、工资、退休和其他社会福利条件的警察组织"。因为该命令剥夺了警察的合法权利，因此并没有法律效力。Decision of the Court of Arbitration of Belgium, 15 July 1993, (1993) 2 *Bulletin on Constitutional Case-Law* 17：该案中，虽然"宪兵"中作战部队的现役成员不得采取任何形式的罢工行动，或公开表明其政治观点或从事政治活动，但他们仍有权参加或协助追求政治目的的政党、运动、机构或社团，因为诸如某一政党的成员身份的非公开形式的合作，不会威胁部队的中立性或破坏它的军事准备。

对于士兵是否有权罢工、进行集体谈判以及参与工会所有其他正当活动的问题存而不论,同时还认为,相比于将其自身视为一个穿着制服的公民、对其在宪法之下的责任和权利敏感的士兵,盲目顺从的士兵对于宪法秩序与国家和平构成了更大的威胁。[1]《国防法》中禁止国防军成员参与"公开抗议行动"的规定,侵犯了这些成员的表达自由权。维持一支守纪律、有效率的国防军的宪法要求并不一定意味着,要完全剥夺其成员加入工会的权利。承认其成员加入工会的权利并建立投诉和申诉渠道,实际上可以加强纪律。[2] 不得禁止并非是警察部队成员的南非警察部门的雇员罢工。[3]

根据比利时的一项法律,警察行使罢工权要以事先协商为条件,而且某些当局有权命令行使或希望行使罢工权利的警察,在他们有必不可少的职责需要履行的特定期间里,继续工作或者恢复工作。这一法律与罢工权或结社自由并不冲突。[4]

(五)"关于结社自由及保障组织权利之国际劳工组织一九四八年公约缔约国,不得根据本条采取立法措施或应用法律,妨碍该公约所规定之保证"

《公民及政治权利国际公约》第22条提到了更为全面的国际劳工组织的公约。包括这样的规定是因为有人认为,不做此规定有可能被解释为这表明联合国忽视或低估了国际法在保障工会权利方面已经取得的进展,或者被解释为解除了这一国际劳工组织公约的缔约国根据该公约承担的责任。[5]

---

[1] *South African National Defence Union* v. *Minister of Defence*, Constitutional Court of South Africa, [2000] 2 LRC 152.

[2] *South African National Defence Union* v. *Minister of Defence*, Constitutional Court of South Africa, 26 May 1999, [1999] 2 *Bulletin on Constitutional Case-Law* 275.

[3] *South African Police Service* v. *Police and Prisons Civil Rights Union*, Constitutional Court of South Africa, [2011] 2 *Bulletin on Constitutional Case-Law* 360.

[4] Decision of the Court of Arbitration of Belgium, 6 April 2000, [2000] 1 *Bulletin on Constitutional Case-Law* 27.

[5] UN documents A/2929, chap. VI, s. 152; A/5000, ss. 70, 71.

第二十四章　家庭生活权

国际文书

《世界人权宣言》

第 16 条

一、成年男女，不受种族、国籍或宗教之任何限制，有权婚嫁及成立家庭。男女在婚姻方面，在结合期间及在解除婚约时，俱有平等权利。

二、婚约之缔订仅能以男女双方之自由完全承诺为之。

三、家庭为社会之当然基本团体单位，并应受社会及国家之保护。

《公民及政治权利国际公约》

第 23 条

一、家庭为社会之自然基本团体单位，应受社会及国家之保护。

二、男女已达结婚年龄者，其结婚及成立家庭之权利应予确认。

三、婚姻非经婚嫁双方自由完全同意，不得缔结。

四、本公约缔约国应采取适当步骤，确保夫妻在婚姻方面，在婚姻关系存续期间，以及在婚姻关系消灭时，双方权利责任平等。婚姻关系消灭时，应订定办法，对子女予以必要之保护。

《经济社会文化权利国际公约》

第 10 条

……缔约国确认：

一、家庭为社会之自然基本团体单位，应尽力广予保护与协助，其成立及当其负责养护教育受扶养之儿童时，尤应予以保护与协助。婚姻必须婚嫁双方自由同意方得缔结。

二、母亲于分娩前后相当期间内应受特别保护。工作之母亲在此期间应享受照给薪资或有适当社会保障福利之休假。

区域文书

《美洲人的权利和义务宣言》
第 6 条
人人有权建立家庭这一社会的基本要素，并获得保护。

《欧洲人权公约》
第 12 条
达到结婚年龄的男女，根据规定结婚和成立家庭权利的国内法的规定，享有缔婚和成立家庭的权利。

《欧洲人权公约第七议定书》
第 5 条
在配偶彼此之间，以及他们与孩子的关系中，在婚姻缔结、持续以及解体的过程中，配偶双方应当平等地享有私法特征的权利和责任。

《美洲人权公约》
第 17 条
1. 家庭是天然的和基本的社会单元，并应当受到社会和国家的保护。
2. 已经达到结婚年龄的男女缔婚和建立家庭的权利应被承认，只要他们遵守国内法所要求的条件，而这些条件并不影响本公约所规定的不受歧视的原则。
3. 非经拟结婚的男女双方的自由和完全同意，不得缔婚。
4. 各缔约国应当采取适当的步骤，保证夫妻双方在结婚期间和解除婚姻时的权利平等和责任适当平衡。在解除婚姻时，应当仅仅根据儿童的最大利益对他们规定必要的保护。

《非洲人权和民族权宪章》
第 18 条
1. 家庭是社会的自然单位和基础。它应当受到本国保护……
2. 国家有义务帮助家庭这个社会所确认的道德和传统价值的管理者。

有关文本

《经修订的欧洲社会宪章》，1996年5月3日通过，1999年7月1日生效，第16条

《关于婚姻之同意、结婚最低年龄及婚姻登记之公约》，1962年11月7日通过，1964年12月9日生效

《关于婚姻之同意、结婚最低年龄及婚姻登记之建议》，联合国大会1965年11月1日第2018（XX）号决议通过

《家庭权利宣言》，由美洲儿童机构执行委员会于1983年6月30日在玻利维亚圣克鲁兹通过

《儿童权利公约》，1989年11月20日通过，1990年9月2日生效

《保护所有移徙工人及其家庭成员权利国际公约》，1990年12月18日通过，2003年7月1日生效

国际劳工组织《关于妇女产前产后就业的第3号公约》，1919年11月29日通过，1921年6月13日生效

国际劳工组织《关于修订生育保护公约的第183号公约》，2000年6月15日通过，2002年2月7日生效

一 评论

婚姻和家庭是重要的社会制度，为社会成员提供安全、支持和陪伴，并在抚养子女方面发挥重要作用。婚姻庆典产生了道德和法律义务，尤其是施予配偶双方的相互扶持义务，以及抚养由此婚姻所生子女的共同责任。这些法律义务具有重要的社会功能。婚姻通常在公开仪式上庆祝的事实——通常在家人和亲密朋友面前，就在象征意义上承认了这一重要性。[①] 如今，国际性和区域性人权文书都承认家庭是"社会之自然基本团体单位"（《公民及政治权利国际公约》第23条、《经济社会文化权利国际公约》第10条、《美洲人权公约》第17条）或者是"社会的自然单位和基础"（《非洲人权和民族权宪章》第18条）。《非洲人权和民族权宪章》还指认家庭为"社会所确认的道德和传统价

[①] *Dawood v. Minister of Home Affairs*, Constitutional Court of South Africa, [2000] 5 LRC 147, per O'Regan J at 167.

值的监护者"。

得到承认的涉及家庭的具体权利有：

（1）家庭应受社会和国家保护的权利（《非洲人权和民族权宪章》第 18 条中仅为"本国"）。

（2）已达结婚年龄的男女结婚和成立（《美洲人权公约》第 17 条中为"建立"）家庭的权利（在《欧洲人权公约》第 12 条中为"根据……国内法的规定"，在《美洲人权公约》第 17 条中则为"只要他们满足国内法所要求的条件"）。

（3）只有经婚嫁双方自由的和完全的同意，才能缔结婚姻的权利。

（4）夫妻双方在婚姻方面、婚姻关系存续期间以及婚姻关系消灭时，权利和责任平等。

（5）在婚姻关系消灭的情况中，子女受保护的权利（《美洲人权公约》第 17 条中为"仅仅根据儿童自身的最大利益"）。

（6）母亲于分娩前后受特别保护的权利（《经济社会文化权利国际公约》第 10 条）。

对家庭及其成员的保护还得到如下规定的保障：《公民及政治权利国际公约》第 17 条、《欧洲人权公约》第 8 条、《美洲人权公约》第 11 条——禁止对家庭的任何无理或非法侵扰；以及《公民及政治权利国际公约》第 24 条——特别强调了对儿童权利的保护。[①]

《公民及政治权利国际公约》第 23 条第 1 款中的表述，即家庭是自然的和基本的社会团体单位并应受社会和国家的保护，并不局限于普通法律所意指的核心式一夫一妻家庭。就其本质而言，它也不会内在地、不可阻挡地、永远地局限于异性恋家庭单位。在《公民及政治权利国际公约》中，或者事实上在任何其他人权法律文书中，都不存在任何内容表明，作为社会基本单位的家庭必须按照任何一种特定模式构建。即便这些文书的目的明显是保护某种类型的家庭形式，这也不意味着建立家庭的所有其他模式都应该一直不受法律保护。虽然国际法的确明白地保护异性婚姻，但是它这样做，并没有以任何方式必然排除在现在或将来，同性伴侣在享有由婚姻所给予的地位、权益和义务的权利方面，获得等同于异性夫妻的承认。[②]

---

① *Applicability of Article VI, Section 22, of the Convention on the Privileges and Immunities of the United Nations*, Advisory Opinion, ICJ Reports 1989, 177, separate opinion of Judge Evensen at 210：保护个人家庭和家庭生活完整性的国际法原则，不仅来自协议国际法或习惯国际法，也来自"得到文明国家承认的国际法的一般原则"。

② *Minister of Home Affairs v. Fourie*, Constitutional Court of South Africa, [2006] 1 LRC 677, per Sachs J.

二 释义

(一)"家庭为社会之自然基本团体单位"

在国与国之间，甚至在一国的不同区域之间，家庭的概念在某些方面都不尽相同，因此不可能给这个概念下一个标准定义。如果一群人根据一国的立法和惯例被视为一个家庭，该群体就有资格获得这一权利的保护。虽然婚姻是公认的构建家庭之基础的制度，但人权事务委员会还提到了诸如"核心家庭"和"大家庭"等不同的家庭概念，并承认存在其他形式的家庭，如未婚夫妇及其子女或单身父母及其子女。[①] 因此，"家庭"的概念并不仅限于以婚姻为基础的关系，而是可能包含当事人在婚姻之外共同生活的其他的事实"家庭"关系。当今社会正在经历社会的、文化的和制度的变革，这些变革旨在能够更加包容公民的所有生活选择，社会接受在其他时代并不为社会所接受的异族夫妻、单身母亲或父亲或者夫妇离婚，就揭示了这种变革。[②]

在这种婚姻关系之外出生的孩子，从出生那一刻开始，并因其出生这一事实，在法律上就是这个"家庭"单位的一部分。因此，在孩子与其父母之间存在着一种构成家庭生活的纽带，即便是在孩子出生时，其父母已不再同居或者他们的关系已经结束，也是如此。[③] 尽管离婚诉讼正在进行中，家庭生活也仍旧存在。[④] 实际上，"家庭生活"之是否存在，本质上是一个取决于在现实中是否真切存在亲密个人联系的事实问题。[⑤] 虽然离婚在法律上结束了婚姻，但它并没有解除连接父亲或母亲和孩子的纽带。这种纽带不取决于父母婚姻的存续。[⑥] 例如，事实上的父亲虽然不是在孩子出生时，其母亲与之结婚的那个男人，而是与她分开生活的男人，却有权将该孩子认作是他的孩子。只有与孩子

[①] 人权事务委员会第19号一般性意见（1990年），第2段。See also *X v. Germany*, European Commission, Application 9519/81, (1984) 6 EHRR 599.

[②] *Atala Riffo v. Chile*, Inter-American Court, 24 February 2012.

[③] *Keegan v. Ireland*, European Court, 26 May 1994. See also *Johnston v. Ireland*, European Court, (1986) 9 EHRR 203; *Berrehab v. Netherlands*, European Court, (1988) 11 EHRR 322; *Sen v. Netherlands*, European Court, (2003) 36 EHRR 7.

[④] *Lanouar Bounab v. Attorney General*, Constitutional Court of Malta, [2005] 1 *Bulletin on Constitutional Case-Law* 78.

[⑤] *K and T v. Finland*, European Court, (2003) 36 EHRR 18.

[⑥] *Hendriks v. Netherlands*, Human Rights Committee, Communication No. 210/1985, HRC 1988 Report, Annex Ⅶ. H; *Santacana v. Spain*, Human Rights Committee, Communication No. 417/1990, HRC 1994 Report, Annex Ⅸ. P.

的母亲结婚，才允许父亲与孩子——他们之间具有构成家庭生活的纽带——建立法律关系，与尊重家庭生活的理念是不相容的。生物和社会现实必须优先于法律推定。①

"家庭"这个词并不仅仅指婚姻或同居期间存在的家庭实体。家庭的理念必然包含父母与子女之间的关系。然而，对于家庭之存在，某些最低限度的要求也是必需的，例如共同生活、经济联系以及经常的和"紧密的"关系。在特殊情况下，其他因素也可能用于证明某种关系具有建立事实"家庭关系"的足够稳定性。②"子女"一词不仅限于婚生子女。因此，将家庭单元承认为一个团体要求接受这样一项原则，即不论是婚生还是非婚生的幼儿，都不得与这一团体分离。③ 同样，"子女"包括被收养的子女，"父母"包括养父母。④ 父母和子女以及祖父母和孙子女互相享有彼此之间的陪伴，构成家庭生活的一个基本要素；而阻碍这种享受的国内措施，相当于对家庭生活权的干涉。⑤ 如果在生父与其孩子之间存在着密切关系，那么他们也是一个家庭。⑥

加拿大最高法院认为，"配偶"的范围应包括处于具有特定持续时间的、婚姻性的同性关系中的个人，因为同性关系也可以同时是婚姻关系和长久关系。因此，形成了在经济上相互依赖的亲密关系的同性伴侣，在这种关系破裂

---

① *Kroon v. Netherlands*, European Court, (1994) 19 EHRR 263. See also Decision of the Supreme Court of the Netherlands, Case No. 8261, 17 September 1993, (1994) 2 *Bulletin on Constitutional Case-Law* 143.

② *Kroon v. Netherlands*, European Court, (1994) 19 EHRR 263.

③ *Minister of Home Affairs of Bermuda v. Fisher*, Privy Council on appeal from the Supreme Court of Bermuda, [1979] 3 All ER 21：在牙买加出生的四名非婚生子女的牙买加母亲与一名百慕大人结了婚。从结婚之日起，后者将所有的四个子女都接纳为他的家庭的子女。四年后，这个家庭开始在百慕大居住，孩子们也进入公立学校。第二年，部长以这些孩子不"属于百慕大"为由，拒绝允许他们居住在百慕大并命令他们离开。根据《百慕大宪法》，如果（在其他条件之外）某人未满18周岁，并且是拥有百慕大身份的人的子女、继子女或养子女，则该人被视为属于百慕大。英国枢密院通过援引1959年《联合国儿童权利宣言》和《公民及政治权利国际公约》第24条，否定了部长的观点，即宪法中的"子女"是指婚生子女。

④ Decision of the Constitutional Court of Lithuania, 1 June 1995, (1995) 2 *Bulletin on Constitutional Case-Law* 176：如果立法中规定，"在前所有者去世后，他现有财产份额的所有权归属于他的配偶和子女"，那么这意味着养子女也享有同样的权利。

⑤ *L v. Finland*, European Court, (2001) 31 EHRR 30.

⑥ Decision of the Federal Constitutional Court of Germany, 9 April 2004, [2003] 3 *Bulletin on Constitutional Case-Law* 491; Decision of the Constitutional Court of Portugal, 22 September 2011, [2011] 3 *Bulletin on Constitutional Case-Law* 546：个人身份和家庭的基本权利中，包含着知晓一人亲生父母并建立相应的法律纽带的权利。然而，这种权利并不是绝对的，可能与其他价值发生冲突。当这种情况发生时，法院的任务是协调甚至是限制相互对立的权益。

的情况下，有权从配偶的福利供养方案中受益。① 同样，虽然在匈牙利文化和法律中，婚姻制度在传统上被视为男性和女性的结合，但是两个人的长久结合有可能实现一些价值，以至于该结合可以要求获得法律承认，而不论生活在一起的人的性别如何。② 在巴西，同性结合被认为是家庭单位，适用于男女之间稳定结合的规则也适用于同性结合。③ 在直布罗陀，"家庭生活"也包含同居的同性伴侣的家庭生活。④

（二）"应受社会及国家之保护"

为了确保家庭单位所需的保护，国家可能需要采取立法、行政或其他措施。这可能不仅包括向从事这一任务的社会机构的活动提供财政或其他支持，而且包括提供支持以确保这些活动符合国际的和相关的区域性法律文书。⑤ 社会或国家可以为家庭提供的法律保护或措施可能因国家而异，并取决于不同的社会、经济、政治和文化条件和传统。但是，考虑到性别之平等待遇和"法律平等保护"这两项原则，这种保护必须是平等的，也就是说，不能是歧视性的，例如基于性别的歧视。因此，对于家庭的保护也不能因一方或另一方配偶的性别而变化。⑥

---

① *Attorney General for Ontario v. M*, Supreme Court of Canada, [1999] 4 LRC 551.
② Decision of the Constitutional Court of Hungary, 13 March 1995, (1995) 1 *Bulletin on Constitutional Case-Law* 43：相同性别的人的同居在各方面都非常类似于家庭伴侣关系中的伴侣同居，实际上涉及共同家庭以及情感、经济和性关系，并且在这种关系的所有方面都表现得排斥第三人。
③ Decision of the Federal Supreme Court of Brazil, 5 May 2011, [2012] 2 *Bulletin on Constitutional Case-Law* 267. See also Decision of the Constitutional Court of Montenegro, 19 January 2012, [2012] 1 *Bulletin on Constitutional Case-Law* 133.
④ *P v. Attorney General*, Supreme Court of Gibraltar, [2013] 5 LRC 269.
⑤ 人权事务委员会第 19 号一般性意见，第 3 段。
⑥ *Aumeeruddy-Cziffra et al v. Mauritius*, Human Rights Committee, Communication No. 35/1978, HRC 1981 Report, Annex XIII：在 1977 年《移民法（修正）》和 1977 年《驱逐出境法（修正）》颁布前，与毛里求斯国民结婚的外国男女享有同样的居留地位，即由于他们的婚姻，男性和女性的外国配偶都受到法律保护，有权与毛里求斯的丈夫或妻子一起居住在该国。根据新的法律，毛里求斯妇女的外国丈夫失去了在毛里求斯的居留地位，并被要求申请居留许可。而内政部部长则可随时拒绝或撤销居留许可，对此并无可能到法院寻求补救措施。这些新法律并未影响与毛里求斯丈夫结婚的外国妇女的地位，她们仍有在该国居住的法定权利。虽然毛里求斯有可能证明限制外国人进入其领土并出于安全原因将其驱逐正当合理，但是仅使毛里求斯妇女的外国配偶——而不是毛里求斯男子的外国配偶——受到这些限制的立法，对于毛里求斯妇女而言是具有歧视性的，无法以安全之需要作为理由，并在与《公民及政治权利国际公约》第 23 条有关的方面，违反了该公约第 2 条第 1 款、第 3 条和第 26 条。See also *Dawood v. Minister of Home Affairs*, Constitutional Court of South Africa, [2000] 5 LRC 147：南非 1991 年《外国人管控法》第 29 条第 9 款（b）项要求与南非居民结婚的外国人在该国之外申请移民许可，这意味着在申请被审查期间，这样的南非居民不得不选择或者与他或她的伴侣到国外去，或者独自留在南非。考虑到贫困或者其他具体情况，许多南非人的配偶甚至无法面对这种困境，并且不得不在其配偶不在的情况下留在南非。同居的权利（和义务）这一婚姻关系的关键方面由此受到了限制。

在一起针对巴拉圭的案件中，某位父亲曾一再向法院申请对其两个未成年女儿的探视令并获得监护权。当法院拖延作出必要的命令，或者使这类命令处于未实施状态时，国家就因未采取必要措施保障家庭权利而违反了《公民及政治权利国际公约》第 23 条。[1]

在某些情况下，国家拒绝允许家庭中的某一成员留在其领土内，将涉及干涉该人的家庭生活。然而，仅仅是该家庭中的某一成员有权留在一国领土之内这一事实，并不必然意味着，要求该家庭的其他成员离开就一定会涉及这种干涉。[2] 如果某人自出生以来就在一国发展起个人、社会和经济关系网络，那么驱逐该人就构成了对于尊重家庭生活权的干涉。[3] 南非的一项法律实际上迫使某位公民在两种情况之间做出选择——要么在其外籍配偶不留在国内的情况下留在该国，要么在她的外籍配偶的移民许可申请在得到审议期间和她的配偶离开该国，这引起了对结婚权和家庭生活权的严重干涉。强迫分离对任何关系都会造成一种负担。在配偶贫困、无力负担国际旅行费用的情况中，或者在有婚生子女的情况中，这种负担可能会尤其严重。[4] 对于已经提供了证据，证明拥有能满足自己和家人之需的资源的人，国家不得拒绝其与家人重聚。[5] 某位 21 岁的海地公民自两岁起就住在加拿大，并认为他自己是加拿大公民，但在因暴力抢劫而被逮捕后，才发现他没有加拿大国籍。他有记忆的生活均在加拿大度过，他的所有近亲和女友也都住在该国。他与他的原籍国没有联系，在那里也没有家人。加拿大当局以他的刑事定罪为由，决定将他从加拿大递解至他与之除了国籍之外毫无其他联系的海地，这是对他

---

[1] *Martinez v. Paraguay*, Human Rights Committee, Communication No. 1407/2005, 27 March 2009. See also *X v. Latvia*, European Court, 26 November 2013, [2013] 3 *Bulletin on Constitutional Case-Law* 622.

[2] *Husseini v. Denmark*, Human Rights Committee, Communication No. 2243/2013, 24 October 2014. 丹麦决定将某一离婚家庭的两个幼年子女的父亲递解出境，并附以永久性的再入境禁令，这是对家庭的"干涉"，至少是在家庭生活会随此发生重大变化的情形中。

[3] *Slivenko v. Latvia*, European Court, 9 October 2003, [2003] 3 *Bulletin on Constitutional Case-Law* 576.

[4] *Dawood v. Minister of Home Affairs*, *Shalabi v. Minister of Home Affairs*, *Thomas v. Minister of Home Affairs*, Constitutional Court of South Africa, 7 June 2000, [2000] 2 *Bulletin on Constitutional Case-Law* 352, per O'Regan J. 在《权利法案》中没有任何保护家庭生活权利的明文规定的情况下，南非宪法法院借助了尊严权。See also Decision of the Constitutional Court of Belgium, 26 September 2013, [2013] 3 *Bulletin on Constitutional Case-Law* 447.

[5] *Re Chakroun*, Decision of the Court of Justice of the European Communities, 4 March 2010, [2012] 3 *Bulletin on Constitutional Case-Law* 631. 本案涉及某位被荷兰驻摩洛哥大使馆拒绝给予其丈夫临时居留许可的摩洛哥国民。她的丈夫自 1970 年以来一直居住在荷兰，并于 1972 年起一直与她保持婚姻状态。她的丈夫领取着在数额上低于"组建家庭"的收入标准的失业救济金。

的家庭生活权的不合比例的干涉。[1]

给予同居的越来越多的立法承认表明，它已经取得了自身的特殊地位。这一地位赋予它某种类似婚姻的性质、使之出于所有目的等同于婚姻。然而，与婚姻不同，对于同居的法律应对并非由一般性法律规定。在实践中，这将取决于同居的定性和定量，以及主张或拒绝承认两个人之同居的特定法律目的。例如，通常会区分短期和长期同居、随意恋爱和稳定关系、有孩子出生的关系和没有孩子出生的关系以及在一起生活的伴侣以及并不一起生活的伴侣。如果一个女人把她的全部都奉献给了家庭和孩子的父亲，那么在父亲去世后，仅仅因为没有结婚证就不留给她任何生计手段，不仅在社会上而且在法律上都是不公平的。关键问题是，亲密的生活伴侣的尚存者与身故者之间是否存在如此贴近和密切的家庭关系，以至于在他去世后，拒绝她主张生活费用的权利会造成不公平。重要的是这一关系的性质以及尚存者的需求状况，尤其是在因为她在家庭中的地位才出现该需求的情况中。[2]

在西班牙的一起案件中，公共行政当局拒绝了某位男性雇员提出的在夜班工作的申请，而没有分析如下情况，即在多大程度上需要允许他上夜班，以便他通过平衡其所分担的家庭责任来参与照顾他的幼儿，或者在他的申请获准的情况下，在他的工作岗位上有可能出现哪些组织性的困难。这种情形所导致的结论是，他不因家庭情况而遭受歧视的权利未能得到充分保护。[3]

法律承认两个相同性别的人之间的婚姻关系所表现的生活伴侣关系。在这种关系中，是否存在扶养义务取决于每起案件的具体情况。如果当事人在众多见证人面前举办过尽可能接近异性婚姻仪式的"婚姻"仪式，则必须将其承认为一种大概率可能性，即他们默示地承担了相互扶养的相互义务。[4] 如果法律隐晦地表示同性伴侣属于局外人，并且认可和保护他们的亲密关系的需要在某种

---

[1] *Dauphin v. Canada*, Human Rights Committee, Communication No. 1792/2008, 28 July 2009. See also Decision of the Constitutional Court of Spain, 15 June 2009, [2010] 1 *Bulletin on Constitutional Case-Law* 176：外国人的家庭状况可以通过借助家庭生活权的方式，防止他或她被驱逐出境。在本案中，某位外国人与持有居留许可的人有着稳定的关系，并且与该人有着四个正在上学的未成年子女。他因没有在西班牙居住的必要文件而被驱逐出境，而处以罚款才是在这种情况下通常适用的制裁。他的家庭生活权受到了侵犯。

[2] *Volks NO v. Robinson*, Constitutional Court of South Africa, [2005] 5 LRC 582, per Sachs J (dissenting). 南非1990年《尚存配偶维护法》将"尚存者"定义为"因死亡而解除的婚姻中的尚存配偶"。南非宪法法院多数法官认为，包括永久生活伙伴关系在内的解释将"过度勉强"，并明显与文本的上下文和结构不一致。

[3] Decision of the Constitutional Court of Spain, 13 March 2011, [2011] 2 *Bulletin on Constitutional Case-Law* 370.

[4] *Du Plessis v. Road Accident Fund*, Supreme Court of Appeal of South Africa, [2004] 3 LRC 718.

程度上低于认可和保护异性夫妇的亲密关系的需要，那么将同性伙伴排除在婚姻的利益和责任之外并不是一种小小的、次要的不便，而是一种严苛的不便。①

（三）"男女已达结婚年龄者结婚之权利"

结婚的条件体现了组建家庭、共同居住、生养子女以及以家庭单元共同生活的义务。婚姻是一种自成一类的法律行为。津巴布韦最高法院称：

> 婚姻产生了一种身体上的、道德上的和精神上的生活共同体———一种个体生活之联合。它要求丈夫和妻子终生共同生活（更现实地说，只要婚姻存续就共同生活），并且排他地相互赋予性权利。婚姻之爱包含三个组成部分：（1）爱欲（eros）；（2）陪伴（philia）；（3）自我贡献的手足之爱（agape）。同居、忠诚、尽责、互助和扶养的义务来自于婚姻关系。在生活共同体中以配偶身份共同生活、给予彼此婚姻权利并永远忠诚，是居于婚姻核心的内在要求。②

"婚姻"在宪法上并没有固定含义。它具有在无须诉诸宪法修正程序的情况下，满足不断变化的社会现实所必需的灵活性。③ 相同性别的两个人之间的关系属于"家庭生活"的概念之内，就像处于同一情况的不同性别的伴侣的关系一样。确立婚姻以外的民事结合（civil union）形式的立法，如果不顾同性伴侣在形成民事结合方面享有特殊利益的事实，而使同性伴侣不能形成这种结合，就将违反这一权利。④

违规居住在一国之内的外国人可以主张结婚权。⑤ 在瑞士的一起案件中，某位登记官员无法为某位外国人登记婚姻，因为该外国人不能证明他在该国居留的合法性。在这种情况中，外事警察当局必须为他签发为此婚姻所需的临时居留许可，除非有理由相信，这样做违反法律，并且鉴于他的个人情况，很清楚一旦这个人结婚，他就将符合进入瑞士的条件。⑥ 格鲁吉亚宪法法院判定，

---

① *Minister of Home Affairs v. Fourie*, Constitutional Court of South Africa, [2006] 1 LRC 677. See also *Fourie v. Minister of Home Affairs*, Supreme Court of Appeal of South Africa, [2005] 4 LRC 498.

② *Rattigan v. Chief Immigration Officer*, Supreme Court of Zimbabwe, [1994] 1 LRC 343, per Gubbay CJ.

③ *Halpern v. Attorney General of Canada*, Court of Appeal for Ontario, Canada [2003] 3 LRC 558.

④ *Vallianatos v. Greece*, European Court, [2013] 3 Bulletin on Constitutional Case-Law 619.

⑤ *O'Donoghue v. United Kingdom*, European Court, 14 December 2010.

⑥ *X and Y v. Vaud Canton Population Department*, Federal Court of Switzerland, [2012] 1 *Bulletin on Constitutional Case-Law* 188.

要求格鲁吉亚公民与外国人或无国籍人之间的婚姻得到民事登记机构同意，干涉了个人的自然自由——这种自由在与个人的私生活相关的领域中尤为广泛。胁迫某人结婚和对婚姻方式设置障碍，都是对结婚权的干涉。①

1. 最低年龄和能力

《公民及政治权利国际公约》第 23 条、《欧洲人权公约》第 12 条和《美洲人权公约》第 17 条都留由国家决定适婚年龄。这可以是法定成年或者身体成熟年龄。② 但规定的年龄应使意欲结婚的男女双方都能以法律规定的形式和条件各自表示自由的和完全的同意。③ 联合国在禁止童婚以及禁止为青春期年龄之前的少女订婚时，建议最低年龄不得低于 15 岁，除非主管当局因严肃理由并为维护意在结婚的双方利益，才能有例外。④

结婚权的本质是在一男一女之间形成具有法律约束力的联合。这项权利的行使可能受法律规范，但规制该权利的措施不得损害权利的实质。因此，这样的法律可以就诸如通知、宣传和使得婚姻具有神圣性的形式等事项制定正式规则。这些法律还可以根据对公共利益的公认考虑来制定实体规则，诸如有关能力、同意、禁止几代以内血亲结婚或预防重婚的规则。与婚姻有关的任何法律规定，都必须与国际和相关区域文书所保障的其他权利的充分行使相容。例如，思想、信念和宗教自由权意味着宗教婚姻和世俗婚姻都是可以的。因此，如一国要求以宗教仪式庆祝的婚礼还要按照民法进行、证实和登记，这并不违反《公民及政治权利国际公约》第 23 条。⑤

法律不得剥夺某人或某类人有权结婚的充分法律能力，也不得在实质上干涉他们行使这一权利。因此，被剥夺自由的人原则上仍享有结婚权，且对于行使该权利的任何限制或调整都不得损害其本质。国家对于因犯行使这一权利施加的任何长期拖延，都是对该权利的本质的损害，而不论这一拖延是起因于调整这一权利之行使的法律，是起因于监狱当局的行政行为，还是起因于二者的结合。⑥ 在欧洲人权法院的一起案件中，瑞士法院在某男子第三次婚姻结束后，对他施加的三年不得再婚的禁令影响了结婚权的本质。虽然婚姻稳定是符合公

---

① *Citizen of Georgia Salome Tsereteli-Stievens v. Parliament of Georgia*, Constitutional Court of Georgia, [2009] 2 *Bulletin on Constitutional Case-Law* 294.

② UN document A/2929, chap. VI, s. 168.

③ 人权事务委员会第 19 号一般性意见，第 4 段。

④ 联合国大会 1965 年 11 月 1 日第 2018（XX）号决议，《关于婚姻之同意、结婚最低年龄及婚姻登记之建议》；1962 年《关于婚姻之同意、结婚最低年龄及婚姻登记之公约》，序文；1979 年《消除对妇女一切形式歧视公约》，第 16 条第 2 款。

⑤ 人权事务委员会第 19 号一般性意见，第 4 段。

⑥ *Hamer v. United Kingdom*, European Commission, (1979) 4 EHRR 139.

共利益的正当目的，但是一段时间禁止结婚与此目的不成比例，也并不能维护并非未达婚龄或精神失常的未来配偶的权利，或者由此所可能产生的任何非婚生子女的权利。对于成年并拥有心智能力的人来说，为了保护他免受自身之害而迫使该人花时间反思，并不是够分量的理由。① 基于已经缔结婚姻而撤销社会保障福利，并不是对一人行使其结婚权的能力的干涉。② 如果法律并未禁止警察结婚，那么雇用协议中禁止警察在两年内结婚的一项条款即"独身条款"（Zölibatsklausel）也未侵犯这一权利。③

2. 外国人

结婚和成立家庭的权利，以及由此产生的免受公共当局对于这一权利的干涉的权利，不仅适用于公民，也适用于外国人和无国籍人。当两个外国人希望结婚时，当局有义务促进这一权利之行使。有意结婚的外国人可能没有义务在缔结婚姻时，履行与有关国家的公民通常需要履行的正式手续相同的手续。④

3. 变性人

欧洲人权机构曾经审查过的一个问题是，经历了医学处置并带有相对性别之外观的变性人是否有权行使结婚权利。这一问题是因为某些国家拒绝授权变更变性人的出生证明而引起的。这些国家争辩说，出生登记记录了个人在出生时的性别。一人在后来"改变了"性别的事实，并未赋予该人一种权利，即出生登记簿或出生证明要提到这一"新的"性别。这样做将是伪造文件。欧洲人权委员会察觉到了欧洲法律制度中的一个明显趋势，即在法律上承认性别重置。该委员会还认定，具有重要意义的是，医学界已达成了共识，即易性症是一种可以辨明的医学状况，是一种性别焦虑；对此，性别重置治疗在伦理上是可予允许的，为了提高生活质量是可以推荐采用的，并且在某些国家还获得了国家资助。鉴于这些发展，政府对于如何将变性现象便捷地纳入现有法律框架的困难的担忧，并不具有决定性的分量。该委员会认为，可以找到适当的方法作出规定，在不破坏出生登记的历史性质的情况下，对于变性人的性别重置，为他们提供具有前瞻性的法律认可。在任何结婚申请之前，仅仅基于出生证明

---

① *F v. Switzerland*, European Court, (1987) 10 EHRR 411. See also *Sharara and Rinia v. Netherlands*, European Commission, (1985) 8 EHRR 307：该案中，某位非法居住在荷兰的埃及公民在与某位荷兰公民结婚之前拍摄婚礼照片之时被逮捕，随后根据《外国人法》被羁押。这并未侵犯该权利，因为他在被羁押三天后获得释放，并在他获释的六天后结了婚。九天的延迟不能算是实质性的。

② *Staarman v. Netherlands*, European Commission, (1985) 42 *Decisions & Reports* 162.

③ *Bundesverwaltungsgericht*, Federal Republic of Germany, Decision of 22 February 1962, (1962) *Neue Juristische Wochenschrift* 1532.

④ *Bundesverwaltungsgericht*, Federal Republic of Germany, 1 BvR 636/68, (1971) *Neue Juristische Wochenschrift* 1509；(1971) *Neue Juristische Wochenschrift* 2121.

中的说法和更正公民身份证明的一般理论，而不是更为彻底地审查此事，便间接地提出反对，就是未能承认个人的结婚权。①

欧洲人权法院1986年裁决，鉴于变性的基本性质的不确定性，或者此类情形中的外科手术干预的正当性的不确定性，国家没有任何积极义务去修改出生登记制度，以便允许出生登记获得更新或者注明新的性别，或者向个人提供完全不提到性别或出生时性别的出生登记副本或简要证明。② 1998年即12年后，该法院仍然认为，虽然变性引发了复杂的科学、法律、道德和社会问题，但并没有值得注意的科学发展迫使该法院偏离其早先的判决，在如何处理因变性而引发的一系列复杂的法律问题方面，也没有足够广泛的欧洲共识。该法院认为，尽管在处理性别重置过程方面取得了越来越多的科学进步，但依然确定的是，性别重置手术并未导致获得另一性别的所有生物特征。③

在一份强有力的异议意见中，欧洲人权法院的马滕斯（Martens）法官主张，对变性人的"重生"给予完全的法律承认。在他看来，"男人"和"女人"不应仅仅被理解为生物学意义上的男人和女人。第一，不能假定结婚权的据称目的（保护作为家庭之基础的婚姻）可以作为其划界的依据：根据《欧洲人权公约》第12条，当然不得允许一国规定只有那些能够证明自己生育能力的人才能结婚。第二，仅仅依据传统的观点——据此，婚姻是一种封闭的家庭法律制度的支点——解释《欧洲人权公约》第12条，几乎不符合现代的、开放的和务实的"家庭生活"的理念建构。相反，这种演变也需要一种更具功能性的方法，一种考虑到现代生活的事实情况的方法。他认为，"性别"不一定被解释为"生物性别"。远非不言自明的一点是，当在这种语境中寻求"性别"的定义时，我们应选择取决于配偶出生时所处情况的定义，而不是取决于他们要结婚时所处情况的定义，尤其是因为个人的性别情况取决于若干几乎都（或多或少）可能发生改变的因素（即染色体、性腺、生殖器、心理）。只有染色体因素不能改变。他提出的疑问是，为什么这一特殊因素应起决定性作用："为什么一个人——其虽然自出生起就具有男性染色体，但在想结婚的时候不再有睾丸或阴茎，而是显示出一个女性（该人也被社会接受为此）所有

---

① *Van Oosterwijck v. Belgium*, European Commission, (1978) 21 *Yearbook* 476; *Horsham v. United Kingdom*, European Commission, (1997) 27 EHRR 163, at 172–87.

② *Rees v. United Kingdom*, European Court, (1986) 9 EHRR 56; *Cossey v. United Kingdom*, European Court, (1990) 13 EHRR 622.

③ *Sheffield and Horsham v. United Kingdom*, European Court, (1998) 27 EHRR 163.

(外向) 的生殖器官和心理因素，为了判断其是否应被允许与男子结婚的目的，本身却要被视为仍然是一名男性？"①

马滕斯法官还认为，婚姻不只是一种有关性的结合，并且因此对于婚姻来说，性交的能力并不是必不可少的。不能或不再能够生育或性交的人也可能想结婚，并且在实际上也结了婚。

> 这是因为，婚姻不仅仅是一种使性交合法化并以生育为目标的结合；它是一种在当事伴侣之间以及和第三方（包括当局）之间建立固定的法律关系的法律制度；它是一种社会纽带，因为已婚人士（正如一位博学者所说的那样）"向世界表明，他们的关系的依据是强烈的人类情感、彼此之间排他的义务承诺以及永久性"；此外，它还是一种凝聚，其中智力的、精神的和情感的纽带至少与身体的纽带一样重要。②

《欧洲人权公约》第 12 条保护所有（适婚年龄的）男女结成这种婚姻关系的权利，因此，在这种语境中的"男女"之含义的界定应当考虑到婚姻的所有这些特征。在马滕斯法官看来，在成功的性别重置手术之后，变性人应当被认为属于其所自择之性别，并因此有权和具有与其选择性别相反性别的人结婚。③

（四）"男女已达结婚年龄者成立家庭之权利"

成立家庭的权利原则上意味着能够生儿育女和在一起生活。因此，计划生育政策应符合这一原则以及国际性和有关区域性法律文书的其他规定，尤其不应是歧视性或强制性的。④ 这意味着非自愿绝育或堕胎的方案或者强制

---

① *Sheffield and Horsham v. United Kingdom*, European Court, (1998) 27 EHRR 163.
② *Sheffield and Horsham v. United Kingdom*, European Court, (1998) 27 EHRR 163.
③ *B v. France*, European Court, (1992) 16 EHRR 1. See *Sheffield and Horsham v. United Kingdom*, European Court, (1998) 27 EHRR 163, 这种观点在该案中得到了 10 名持异议意见的法官的支持："因此，我们坚信，鉴于欧洲对于手术后的变性人的法律承认的态度演变，对于不可避免地导致对该类人的私生活造成令人尴尬的、有害的侵扰的政策，各国在这一领域的自由判断余地不再能够作为一种辩护理由。如果国家能够在驾驶执照、护照和养父母的情况中作出例外规定，那么也能找到尊重手术后变性人的尊严和隐私感的解决方案。正如欧洲人权委员会所指出的那样，在并不一定要破坏出生登记簿作为事实记录的历史性质的情况下，在法律规定上为变性人提供对于他们新性别身份的具有前瞻性的法律认可，是一定有可能的。在这种情形中的一个相关因素是，申请人并未主张他们以前的身份应该为了所有目的而完全消失。简言之，对于申请人不被要求对其性别特征做出令人尴尬的揭示之保护，并不需要对里斯案（Rees）和科西（Cossey）案的判决中被认为必需的出生登记制度进行如此彻底的改变。"
④ 人权事务委员会第 19 号一般性意见，第 5 段。

使用避孕药具将是不可接受的。不得有超过一名子女的要求,也不符合这一原则,因为成立家庭的权利并不在第一个孩子出生时消失。但是,生育能力不是婚姻的必要条件;生育也不是婚姻的基本目的。家庭也可以通过收养子女成立。[1] 养父母与其收养的子女之间的关系,原则上与传统的家庭关系具有相同的性质。[2]

即便是父母之间的关系破裂,父母和孩子享有彼此间的陪伴也构成家庭生活的基本要素。[3] 因此,如果有子女的家庭关系之存在一经确立,国家就必须以一种意在使得该纽带能够发展的方式行事,还必须建立法律保障,使得子女自其出生时起即有可能融入其家庭。[4] 共同生活的可能性意味着,国家应采取适当措施——既在国内层面,也视情况而定与其他国家合作——确保家庭的团圆或重聚,尤其是家庭成员因政治、经济或类似原因分离的时候。[5] 尽管成立家庭的权利是绝对权利,但这并不意味着一个人在任何时候都必须获得生育其后代的实际可能性。将处于稳定的同性关系中的女性排除在获得捐赠精子的机

---

[1] *Van Oosterwijck v. Belgium*, European Commission, (1979) 3 EHRR 581. See also *Hamer v. United Kingdom*, European Commission, (1979) 4 EHRR 139:应由婚姻双方决定是否希望在他们无法同居的情况下结合。Constitutional Court of Hungary, Case No. 14/1995 (Ⅲ.13), 13 March 1995, (1995) 1 *Bulletin on Constitutional Case-Law* 43:孕育和生育子女的能力既不是婚姻概念的决定因素,也不是它的条件。参见, *Van Oosterwijck v. Belgium*, European Commission, (1979) 3 EHRR 581,持有单独意见的五名委员认为,鉴于其社会目的,结婚权需要有生育的生理能力。他们借助了《欧洲人权公约》第12条中对于结婚年龄和配偶的不同性别的提法,认为这"显然意指生育的生理能力";他们还借助了《世界人权宣言》第16条第1款的的准备文件——其中使用了《欧洲人权公约》第12条的法文本中的"适婚年龄(*age nubile*)"的词语,认为这"清楚地表明以建立家庭作为基本目的的婚姻制度,原则上需要生育能力"。根据这些委员的观点,由此而来的是,必须允许一国将性别类别本身意味着在生理上不可能生育的人——不论是绝对的(在变性人的情况中),还是与另一方配偶的性别有关的(在同性别的个人的情况中)——排除在婚姻之外。这类情形——对此情形的法律承认对于国内立法者来说,可能会表现得扭曲婚姻以及其社会目的(法语:*finalité sociale*)的基本性质——可以作为允许国家拒绝结婚权的正当理由。如果用这种观点得出其合乎逻辑的结论,那么老年人和体弱者都不具备合法的缔婚能力。

[2] *X v. France*, European Commission, Application 9993/82, (1983) 31 *Decisions & Reports* 241, (1983) 5 EHRR 302. 然而,欧洲人权委员会拒绝承认收养子女权。See *X v. Belgium and Netherlands*, Application 6482/74, (1977) 7 *Decisions & Reports* 75:该案中,某位居住在比利时的荷兰籍未婚男子诉称,荷兰法律禁止他收养他已照顾了好些年的被遗弃的孩子。欧洲人权委员会拒绝介入。存在着一对伴侣是基本条件,而未婚人士收养青少年不能导致家庭之存在。*X and Y v. United Kingdom*, European Commission, Application 7229/75, (1978) 12 *Decisions & Reports* 32:《欧洲人权公约》第12条本身并不保障不属于相关夫妇亲生子女的儿童融入家庭的权利。在一起案件中,一对印度裔夫妇是英国公民,并且无法生育孩子。他们在探访印度期间,根据印度法律,收养了一位是印度居民的侄子。英国移民当局的拒绝该位被收养的儿童入境的决定,并未违反《欧洲人权公约》第12条。

[3] *Eriksson v. Sweden*, European Court, (1989) 12 EHRR 183.

[4] *Keegan v. Ireland*, European Court, 26 May 1994. See also *Marckx v. Belgium*, European Court, (1979) 2 EHRR 330; *Johnston v. Ireland*, European Court, (1986) 9 EHRR 203.

[5] 人权事务委员会第19号一般性意见,第5段。

会之外，侵犯了尊重家庭生活的权利。①

允许自由受到限制的人继续保有亲密关系的要求，如今得到了广泛承认。许多国家已准予囚犯在监狱内，以不同形式并在不同限度之内，具有活跃的性生活的权利。囚犯与其配偶或稳定伴侣发生性关系的权利是一项不可侵犯的人权，虽可受到限制但不能否定。伴随着不自然和有辱人格的做法的强迫性禁欲，相当于不能被认为有利于被定罪者再教育的不人道待遇。通过施以禁止性行为，性情况（sexuality）的正常发展受到阻碍，这在身体和心理领域中都具有负面影响。②

行使父母亲权利和家庭生活的权利，不能作为将某人驱逐出一国的理由。在以色列，一位持有工作许可的外国女性工人生下了一个孩子；她在生育后的三个月内可以留在以色列，但在此期间结束时，则必须带着她的孩子离开以色列，即便是根据原先的许可，她的雇用期限尚未到期。该工人在两年内，可以出于过完该许可所规定雇用期限的目的返回以色列，但前提是她要单独抵达，而不能带着孩子。以色列最高法院认为，一旦一个人进入该国并在其中居住，即便其并非本国公民或居民，人权的保护伞也对其适用，而且其生命、身体、人格尊严以及财产受保护的权利受到保护。人格尊严权包括保护父母亲权利和家庭生活权。财产权则保护根据许可完成一段期间的工作的经济预期。使得外国工人作出选择——要么行使其家庭生活和父母亲权利并同其子女离开以色列，要么通过继续工作实现其经济预期而不得不与其子女分开——与人格尊严原则不符。一方面，这侵犯了作为一项至高权利的、包含在人格尊严权之中的家庭生活和父母亲权利；另一方面，这与保护作为广义上的财产权的一部分的经济所有权的期待不一致。③

南非的一项法律仅确认已婚夫妻共同收养子女的权利，这构成了基于性取向和婚姻状况的交叉理由对同性生活伴侣的不公平歧视，还违反了儿童的最大利益应被认为至上的原则。在一个对于什么构成家庭存在多种多样的、不断变化的概念的国家中，以及在一个收养是为儿童提供家庭生活之惠益的宝贵方

---

① Decision of the Constitutional Council of Austria, 10 December 2013, (2013) 3 *Bulletin on Constitutional Case-Law* 441. 两位处于稳定关系中的女性想要通过符合奥地利法律规定的医学辅助生育的、捐赠的精子来怀孕。

② Decision of the Constitutional Court of Italy, 21 November 2012, [2012] 3 *Bulletin on Constitutional Case-Law* 530. See also *Dickson v. United Kingdom*, European Court, 4 December 2007; *Aliev v. Ukraine*, European Court, 29 July 2003.

③ *Kav LaOved v. Ministry of Interior*, Supreme Court of Israel, [2011] 2 *Bulletin on Constitutional Case-Law* 304.

式——这可能无法通过其他方式提供给他们——的国家中,情况尤为如此。①收养法要求逐案审查儿童的福祉和利益。当收养权延及未婚的异性伴侣时,在该群体的成员与同性伴侣之间,就不得存在待遇差别。②

(五)"婚姻非经婚嫁双方自由完全同意,不得缔结"

在《公民及政治权利国际公约》第23条的起草阶段,得到强调的事实是,结婚的双方都必须给予同意。③ 这一原则的目的是确保婚姻之缔结完全出于自愿,而防止婚姻在胁迫或威胁下缔结。"自由"一词旨在消除父母、另一方配偶、当局或任何其他人的强迫。④

(六)"缔约国应采取适当步骤,确保夫妻在婚姻方面,在婚姻关系存续期间,以及在婚姻关系消灭时,双方权利责任平等"

在人权委员会和联大第三委员会中,对于在《公民及政治权利国际公约》第23条中列入有关男女在婚姻方面权利平等的规定,都存在着尖锐的意见分歧。⑤作为以下两类人之间的一种妥协——一类人寻求明确保障婚姻之中配偶的平等,另一类人则认识到该问题的复杂性以及作出断然规定将会给某些政府带来的困难,各国同意这一款以这样的表述开头:"本公约缔约国应采取适当步骤以确保"。⑥对于在《公民及政治权利国际公约》第23条中包括对婚姻消灭的任何提及,也有批评。但是,也有人指出,这一短语指的是因一方伴侣死亡以及因离婚而导致的婚姻消灭。它并不意在暗示离婚是受青睐的一种解除婚姻的手段。重要的是要确保在承认离婚的国家,配偶双方在与离婚有关的所有事项上享有平等权利。⑦

---

① *Du Toit v. Minister of Welfare and Population Development*, Constitutional Court of South Africa, [2002] 3 *Bulletin on Constitutional Case-Law* 511.

② *P v. Attorney General*, Supreme Court of Gibraltar, [2013] 5 LRC 269.

③ UN document A/2929, chap. VI, s. 169.

④ Maya Kirilove Eriksson, 'Article 16', in Asbjorn Eide et al (eds.), *The Universal Declaration of Human Rights: A Commentary* (Norway: Scandinavian University Press, 1992), 243, at 246.

⑤ See UN documents A/2929, chap. VI, ss. 155 – 162, and A/5000, ss. 81 – 4.

⑥ UN document A/5000, s. 84. 作为修订版本的15个提案国的代表,菲律宾代表宣布,这一表述"可以被解释为允许缔约国逐步采取适当步骤,以保证(assure)夫妻在婚姻方面、在婚姻关系存续期间以及在婚姻关系消灭时的平等。"

⑦ UN document A/2929, chap. VI, s. 163. See *Johnston v. Ireland*, European Court, (1986) 9 EHRR 203, European Commission, (1986) 8 EHRR 214: 在《欧洲人权公约》第12条中,并没有提到婚姻的消灭。"结婚权"一词包括婚姻关系的形成,但不包括消灭。参见德·迈耶(De Meyer)法官的单独意见。他认为,不存在任何寻求解除婚姻的可能性,如果达到了只要妻子或者丈夫活着,另一方配偶就不得再婚的程度,就构成了对于配偶各方以及新的伴侣各方的"结婚权"的侵犯。

在婚姻方面的平等要求，在因结婚而获得或失去国籍时，不应出现基于性别的歧视。同样，应当保障结婚男女之每一方保留使用其原姓或以平等地位参与选择一个新姓的权利。在结婚期间，夫妇在家庭中的权利和责任应当平等。这一平等延及由他们的关系所生的所有事项，如住所的选择、家务的处理、子女的教育和资产的管理。① 这一平等继续适用于为法定分居和解除婚姻所作的安排。必须禁止对于分居或离婚、子女的监护、生活费或赡养费、探视权或失去或恢复父母权力的根据和程序的任何歧视性待遇。当然，这受到一切以儿童利益为重的限制。②

（七）"婚姻关系消灭时，应订定办法，对子女予以必要之保护"

在《公民及政治权利国际公约》第 23 条的起草阶段，一些代表认为，应当作出规定，保护所有可能受婚姻消灭影响的儿童，包括非婚生子女，而另一些代表则认为，处理婚姻的这一条应仅提及婚生子女。经过大量讨论后，联大第三委员会根据加纳、印度和英国的提议，决定将"保护任何婚生子女"的用语改为"对子女予以必要之保护"的表述。③ 鉴于这种情况，人权事务委员会的一个说法——"第二句话中的保护仅指婚姻关系消灭时的婚生子女"④——似乎是在未经参考准备工作文件的情况下作出的。

在婚姻终止之后，儿童和家庭生活受保护的权利仍然在父母—子女的关系中存续。⑤ 若没有特殊情形，则不能认为实际上排除一方父母对子女的探视符

---

① 人权事务委员会第 19 号一般性意见，第 8 段。但是见，*Salem v. Chief Immigration Officer*, Supreme Court of Zimbabwe, [1994] 1 LRC 354, 古贝（Gubbay）法官：维持家庭的主要责任在于丈夫。"是他，必须提供婚姻住所以及食物、服装、医疗和牙科护理以及任何其他合理之需。他必须按照与配偶的社会地位、经济生计和生活水平相称的程度如此做。他不能通过表明他的妻子正在接受血亲、朋友或慈善机构的援助而逃避这一责任。"

② 人权事务委员会第 19 号一般性意见。第 9 段。*Fatima Gabie Hassan v. Johan Hermanus Jacobs NO et al*, Constitutional Court of South Africa, [2009] 2 *Bulletin on Constitutional Case-Law* 380：当丈夫在没有遗嘱的情况下去世时，将一夫多妻制的穆斯林婚姻中的丧夫配偶们排除在继承或主张遗产之外是违宪的。*Boafo v. Boafo*, Supreme Court of Ghana, [2005] 4 LRC 250：在配偶双方都做出较大贡献的情况中，配偶各自的份额不应像公司股权一样按比例划分。婚姻关系不是一种商业关系。在配偶双方都做出较大贡献的情况中，"平等就是公平"通常是分配问题的公正解决方案，尽管个别案件的特定情况可能会使这种一般方法在具体情况中显得不合理。

③ UN document A/5000, ss. 78, 85.

④ *Santacana v. Spain*, Human Rights Committee, Communication No. 417/1990, HRC 1994 Report, Annex Ⅸ. P.

⑤ *Hendriks v. Netherlands*, Human Rights Committee, Communication No. 201/1985, Selected Decisions, Vol. 3, p. 98.

合儿童的"最大利益"。① 事实上，《公民及政治权利国际公约》第 23 条第 4 款规定了子女与父母双方之间定期接触的权利，除非有特殊情况。② 一方父母的单方面反对通常不构成这种特殊情况。③ 如果某位非婚生子女的父亲在该子女的母亲不同意的情况下被排除在父母监护之外，且由于他无法获得司法审查（判定为了子女的最大利益，是否适宜准予他与该位母亲的共同父母监护，或者取代该母亲而将子女的单亲监护权转移给他），那么该位父亲的亲子权就受到了侵犯。④

（八）"母亲于分娩前后相当期间内应受特别保护"

国际劳工组织《关于生育保护的第 103 号公约公约》规定（第 4 条、第 6 条、第 8 条），产假不得少于 12 周，包括分娩后的强制假期不得少于 6 周；在此期间，女性雇员有权获得"现金"和医疗福利；在这段因产假缺勤期间通知她解雇，或者给予她的解雇通知将在她因产假缺勤期间到期，是非法的。她有权在因休产假而缺勤 12 周后，恢复工作。⑤ 如果她需要哺乳子女，她有权为此目的在规定的时间里中断其工作。⑥ 根据《欧洲社会宪章》（它要求应为此目的提供"充分时间"），喂养（母乳喂养或混合喂养）其子女的工作妇女有权为了喂养之目的，在一年之内每天获得两段休息。如果雇主没有为母亲提供托儿所或哺乳室，那么这些休息期间为每次一小时（否则即为半小时），并且该母亲有权离开工作场所。这些期间被视作工作时长，并按此取酬。⑦

---

① *Fei v. Colombia*, Human Rights Committee, Communication No. 514/1992, HRC 1995 Report, Annex X. J.

② *Lippmann v. France*, Human Rights Committee, Communication No. 472/1991, HRC 1996 Report, Annex IX. A.

③ *Fei v. Colombia*, Human Rights Committee, Communication No. 514/1992, HRC 1995 Report, Annex X. J.

④ Decision of the Federal Constitutional Court of Germany, 21 July 2010, [2010] 2 *Bulletin on Constitutional Case-Law* 306.

⑤ ESC, Committee of Independent Experts, Conclusions Ⅴ, 76.

⑥ 国际劳工组织《关于修订生育保护公约的第 183 号公约》，第 10 条。

⑦ ESC Committee of Independent Experts, Conclusions Ⅰ, 51.

第二十五章　儿童权利

国际文书

《世界人权宣言》

第 25 条

二、母亲及儿童应受特别照顾及协助。所有儿童，无论婚生与非婚生，均应享受同等社会保护。

《公民及政治权利国际公约》

第 24 条

一、所有儿童有权享受家庭、社会及国家为其未成年身分给予之必需保护措施，不因种族、肤色、性别、语言、宗教、民族本源或社会阶级、财产或出生而受歧视。

二、所有儿童出生后应立予登记，并取得名字。

三、所有儿童有取得国籍之权。

《经济社会文化权利国际公约》

第 10 条

……缔约国确认：

三、所有儿童及少年应有特种措施予以保护与协助，不得因出生或其他关系而受任何歧视。儿童及青年应有保障，免受经济及社会剥削。凡雇用儿童及少年从事对其道德或健康有害，或有生命危险，或可能妨碍正常发育之工作者均应依法惩罚。国家亦应订定年龄限制，凡出资雇用未及龄之童工，均应禁止并应依法惩罚。

区域文书

《美洲人的权利和义务宣言》

第 7 条

在怀孕期间以及哺乳期间的所有妇女、所有儿童有权获得特殊的保护、照料和援助。

第 30 条

人人有义务帮助、支持、教育其未成年子女，子女义务一直尊重其父母，并在他们有需要时帮助、支持、保护他们。

《美洲人权公约》

第 17 条

5. 法律承认非婚生子女和婚生子女享有平等权利。

第 19 条

每一个未成年的儿童都有权享受其家庭、社会和国家为其未成年地位而给予的必要的保护措施。

《非洲人权和民族权宪章》

第 18 条

国家应……确保维护国际宣言和公约所规定的妇女和儿童的权利。

有关文本

《儿童权利公约》，1989 年 11 月 20 日通过，1990 年 9 月 2 日生效

《日内瓦儿童权利宣言》，国际联盟第五届大会 1924 年 9 月 26 日通过

《儿童权利宣言》，联合国大会 1959 年 11 月 20 日第 1386（XIV）号决议通过

《经修订的欧洲社会宪章》，1996 年 5 月 3 日通过，1999 年 7 月 1 日生效，第 7 条、第 17 条

《关于在青年中培养民族间和平、互相尊重及彼此了解等理想之宣言》，联合国大会 1965 年 12 月 7 日第 2037（XX）号决议通过

《在非常状态和武装冲突中保护妇女和儿童宣言》，联合国大会 1974 年 12

月 14 日第 3318（XXIX）号决议通过

《关于保护儿童和儿童福利、特别是国内和国际寄养和收养办法的社会和法律原则宣言》，联合国大会 1986 年 12 月 3 日第 41/85 号决议通过

《〈儿童权利公约〉关于买卖儿童、儿童卖淫和儿童色情制品问题的任择议定书》，2000 年 5 月 25 日通过，2002 年 1 月 18 日生效

《〈儿童权利公约〉关于儿童卷入武装冲突问题的任择议定书》，2000 年 5 月 25 日通过，2002 年 2 月 12 日生效

国际劳工组织《关于确定准予儿童在工业中就业最低年龄的第 5 号公约》，1919 年 11 月 28 日通过，1921 年 6 月 13 日生效

国际劳工组织《关于受雇用于工业的青年人夜间工作的第 6 号公约》，1919 年 11 月 28 日通过，1921 年 6 月 13 日生效

国际劳工组织《关于确定准予儿童在海上就业最低年龄的第 7 号公约》，1920 年 7 月 8 日通过，1921 年 9 月 27 日生效

国际劳工组织《关于准予儿童在农业中就业年龄的第 10 号公约》，1921 年 11 月 16 日通过，1923 年 8 月 31 日生效

国际劳工组织《关于在油漆中使用白铅的第 13 号公约》，1921 年 11 月 19 日通过，1923 年 8 月 31 日生效

国际劳工组织《关于确定准予未成年人作为修剪工或司炉工就业最低年龄的第 15 号公约》，1921 年 11 月 11 日通过，1922 年 11 月 20 日生效

国际劳工组织《关于海上受雇的儿童及青年人的强制体格检查的第 16 公约》，1921 年 11 月 11 日通过，1922 年 11 月 20 日生效

国际劳工组织《关于烘焙业夜班工作的第 20 号公约》，1925 年 6 月 8 日通过，1928 年 5 月 26 日生效

国际劳工组织《关于准予儿童非产业性就业年龄的第 33 号公约》，1932 年 4 月 30 日通过，1935 年 6 月 6 日生效

国际劳工组织《关于确定准予儿童在海上就业最低年龄的第 58 号公约》（修订）》，1936 年 10 月 24 日通过，1939 年 4 月 11 日生效

国际劳工组织《关于确定准予儿童在工业中就业最低年龄的第 59 号公约（修订）》，1937 年 6 月 22 日通过，1941 年 2 月 21 日生效

国际劳工组织《关于准予儿童非产业性就业年龄的第 60 号公约（修订）》[*]

---

[*] 该公约是 1937 年对《关于准予儿童非产业性就业年龄的第 33 号公约》的修订，已经由 2017 年第 106 届国际劳工大会决定撤销。

国际劳工组织《关于未成年人在工业部门就业体格检查的第 77 号公约》，1946 年 10 月 9 日通过，1950 年 12 月 29 日生效

国际劳工组织《关于未成年人非工业部门体格检查的第 78 号公约》，1946 年 10 月 9 日通过，1950 年 12 月 29 日生效

国际劳工组织《关于未成年人非工业部门夜间工作的第 79 号公约》，1946 年 10 月 9 日通过，1950 年 12 月 29 日生效

国际劳工组织《关于工业部门未成年人夜间工作的第 90 号公约（修订）》，1948 年 7 月 10 日通过，1951 年 6 月 12 日生效

国际劳工组织《关于准予作为渔民就业最低年龄的第 112 号公约》，1959 年 6 月 19 日通过，1961 年 11 月 7 日生效

国际劳工组织《关于渔民体格检查的第 113 号公约》，1959 年 6 月 19 日通过，1961 年 11 月 7 日生效

国际劳工组织《关于保护工人以防电离辐射的第 115 号公约》，1960 年 6 月 22 日通过，1962 年 6 月 17 日生效

国际劳工组织《关于准予在矿井地下作业最低年龄的第 123 号公约》，1965 年 6 月 22 日通过，1967 年 11 月 10 日生效

国际劳工组织《关于未成年人从事矿山井下作业体格检查的第 124 号公约》，1965 年 6 月 23 日通过，1967 年 12 月 13 日生效

国际劳工组织《关于防苯中毒危害的第 136 号公约》，1971 年 6 月 23 日通过，1973 年 7 月 27 日生效

国际劳工组织《关于准予就业最低年龄的第 138 号公约》，1973 年 6 月 26 日通过，1976 年 6 月 19 日生效

儿童权利委员会 2001 年第 1 号一般性意见：教育的目的

儿童权利委员会 2003 年第 3 号一般性意见：艾滋病毒/艾滋病与儿童权利

儿童权利委员会 2005 年第 6 号一般性意见：远离原籍国无人陪同和无父母陪同的儿童的待遇

儿童权利委员会 2006 年第 7 号一般性意见：在幼儿期落实儿童权利

儿童权利委员会 2006 年第 8 号一般性意见：儿童受保护免遭体罚和其他残忍或不人道形式惩罚的权利

儿童权利委员会 2006 年第 9 号一般性意见：残疾儿童的权利

儿童权利委员会 2007 年第 10 号一般性意见：少年司法中的儿童权利

儿童权利委员会 2009 年第 11 号一般性意见：土著儿童及其在《公约》下

的权利

儿童权利委员会 2009 年第 12 号一般性意见：儿童表达意见的权利

儿童权利委员会 2011 年第 13 号一般性意见：儿童免遭一切形式暴力侵害的权利

儿童权利委员会 2013 年第 14 号一般性意见：儿童将其最大利益列为一种首要考虑的权利

儿童权利委员会 2013 年第 15 号一般性意见：关于儿童享有可达到的最高标准健康的权利

儿童权利委员会 2013 年第 16 号一般性意见：关于国家在工商业部门对儿童权利的影响方面的义务

儿童权利委员会 2013 年第 17 号一般性意见：关于儿童享有休息和闲暇、从事游戏和娱乐活动、参加文化生活和艺术活动的权利

一　评论

将一项有关儿童的具体权利列入《公民及政治权利国际公约》的提议最初是由波兰于 1962 年在联合国（联大）第三委员会中提出的。南斯拉夫协力保荐了《公民及政治权利国际公约》第 24 条的最初草案。该提议得到了非西方国家的热烈支持，例如智利、阿拉伯联合共和国、危地马拉、毛里塔尼亚、秘鲁、黎巴嫩、阿富汗、巴西、伊朗、尼日利亚、巴拿马以及刚果（布拉柴维尔）。[①] 由于儿童的需求在很多方面与成年人的需求不同，因此有人认为，对于这一主题，应该以专门的一条加以规定。尤其是有人认为，儿童的情况需要特殊保护措施。[②]《儿童权利宣言》已经承认，"儿童因其身心尚未成熟，于出生前及出生后均需特别保障与照料，包括适当之法律保护在内"。[③]《公民及政治权利国际公约》第 24 条和《美洲人权公约》第 19 条承认，每一儿童有权享有来自家庭、社会和国家，为其未成年身份所必需的"保护措施"。《经济社会文化权利国际公约》第 10 条要求儿童应受到保护，免受"经济及社会剥削"。此外，《公民及政治权利国际公约》第 24 条要求，每一儿童（甲）出生后应立即予以登记，（乙）有一个名字，（丙）取得一个国籍。《欧洲人权公约》没有相应的规定，而《非洲人权和民族权宪

[①]　UN document A/5365, ss. 22, 23.
[②]　UN documents A/5365, ss. 19, 20, 21, and A/5655, ss. 68, 69.
[③]　1959 年《儿童权利宣言》，弁言。

章》则要求遵守有关儿童的国际法律文书的规定。联大于 1989 年 11 月 20 日一致通过的《儿童权利公约》（10 个月后就已生效），现已包含对儿童权利的最全面陈述。

二 释义

（一）"所有儿童"

《公民及政治权利国际公约》第 24 条中的 "儿童" 这一术语以及《美洲人权公约》第 17 条中的 "未成年的儿童" 的这一表述，均未得到定义。为《儿童权利公约》之目的，"儿童" 指的是 "18 岁以下的任何人，除非对其适用之法律规定成年年龄低于 18 岁"。① 虽然各国可以根据相关社会和文化条件确定儿童在民事方面成年的年龄以及承担刑事责任的年龄，但是对于儿童在法律上有权工作的年龄、根据劳工法被视为成年人的年龄以及某一 "少年" 为《公民及政治权利国际公约》第 10 条第 2 款和第 3 款的目的被视为成年人的年龄，人权事务委员会要求，为上述目的而定的年龄不应过低。无论如何，国家不能免除自己根据《公民及政治权利国际公约》所承担的对未满 18 岁的人的义务，即使这些人的年龄根据国内法已达成年。②

（二）"不因种族、肤色、性别、语言、宗教、民族本源或社会出身、财产或出生而受歧视"

虽然《公民及政治权利国际公约》第 2 条中的一般性非歧视要求也适用于儿童，但鉴于确保所有儿童享有平等待遇和机会的重要性，一种认识仍然是，应当列入一项儿童权利不受任何歧视地得到保障的特殊条款，即便要冒某种重复的风险。③ 尤其是，非婚生子女应免遭歧视得到了普遍同意。④ 相应地，由于《公民及政治权利国际公约》第 24 条中包含的不得歧视的规定特别有关该条所指的保护措施，因此立法和实践必须确保此等保护措施的目的是消除各领域中的歧视，包括在继承方面的歧视，特别是在国民和非国民儿童之间以及在

---

① 《儿童权利公约》第 1 条。
② 人权事务委员会第 17 号一般性意见（1989 年），第 4 段。
③ UN document A/5365, s. 23.
④ UN document A/5365, ss. 24, 75. 在一起案件中，英国枢密院司法委员会认为，《百慕大宪法》中的 "儿童" 一词不仅限于婚生儿童。在作出这一决定时，司法委员会受到了《世界人权宣言》第 25 条第 2 款、《儿童权利宣言》和《公民及政治权利国际公约》第 24 条第 1 款的影响。*Minister of Home Affairs v. Fisher* [1979] 3 All ER 21, the Privy Council, on appeal from the Supreme Court of Bermuda.

婚生和非婚生子女之间。①

南非的一项法律仅赋予已婚夫妻共同收养子女的权利，这构成了基于性取向和婚姻状况的交叉理由对同性生活伴侣的不公平歧视，还违反了儿童的最大利益至上原则。在一个对于什么构成家庭存在多种多样的、不断变化的概念的国家中，以及在一个收养是为儿童提供家庭生活之惠益的宝贵方式——这可能无法通过其他方式提供给他们——的国家中，情况尤为如此。② 南非的一项法律禁止某些非公民身份的人收养出生即是南非公民的儿童，而不考虑儿童的最大利益，这样的法律也不符合这样一项原则，即就每个与儿童有关的问题，儿童的最大利益具有至高重要性。③

（三）"有权享受家庭、社会及国家为其未成年身份给予之必需保护措施"

每个儿童由于其未成年身份，都有权享有特别的保护措施。④ 因此，实施《公民及政治权利国际公约》第 24 条要求，在国家必须根据《公民及政治权利国际公约》第 2 条采取的确保人人享有《公约》所规定的权利的措施之外，采取保护儿童的特别措施。⑤ 这些特别措施包括旨在为未成年人提供较成年人更大保护的措施。例如，不得对未满 18 岁的人所犯的罪行判处死刑；被控告的少年如依法被剥夺自由，应与成年人隔离，而且有权尽速得到审判；关押被判罪少年的监狱制度应包括将他们与成年人隔离，并且适合其年龄和法律地位，其目的应在于促进其改造和重适社会；对于法律诉讼或刑事案件之判决应予公开的权利，如果为了保护少年的利益，可以作出例外。

因为《公民及政治权利国际公约》第 24 条并没有明确规定所应采取的措施，每个国家应根据保护在其领土和管辖范围内儿童的需要来确定这些措施，所以人权事务委员会指出，这些措施虽然主要是为了确保儿童充分享有《公民及政治权利国际公约》所阐述的其他权利，但也可能是经济、社会和

---

① 人权事务委员会第 17 号一般性意见，第 5 段。
② *Du Toit v. Minister of Welfare and Population Development*, Constitutional Court of South Africa, [2002] 3 *Bulletin on Constitutional Case-Law* 511.
③ *Minister for Welfare and Population Development v. Fitzpatrick*, Constitutional Court of South Africa, [2000] 2 *Bulletin on Constitutional Case-Law* 351.
④ 在联大第三委员会中，得到强调的是，鉴于儿童的弱势和不成熟，他们需要"人权两公约"所涵盖的领域中的特别保护措施。虽然抚养孩子的主要责任在于家庭，但是仍然需要对于被忽视、虐待、遗弃或成为孤儿的儿童予以法律保护。还得到指出的是，在现代条件下，社会和国家协助家庭，以便促进儿童的发展。See UN document A/5655, s. 71.
⑤ 人权事务委员会第 17 号一般性意见，第 1 段。

文化权利。

例如，必须采取各种可能的经济和社会措施，以便降低婴儿死亡率、消除儿童营养不良，使他们免受暴力行为和残忍的、非人道的待遇，或防止他们被下列手段或任何其他手段剥削：强迫劳动或卖淫、利用他们非法贩卖麻醉药品。在文化领域，应采取一切可能的措施促成他们人格的发展，向他们提供一定水平的教育，使他们能够享有《［公民及政治权利国际］公约》所确认的权利，特别是意见自由和表达自由的权利。此外，委员会想提请缔约国注意，它们有必要在报告内载有资料，说明采取了什么措施以确保儿童不直接参与武装冲突。①

《儿童权利公约》中所确定的危险是那些儿童特别容易遭受并因此需要加以防护的危险：基于父母、法定监护人或家庭成员的身份、活动、所表达的观点或信仰而加诸的歧视或惩罚（第2条）；违背儿童父母的意愿使儿童与父母分离（第9条）；非法转移（第11条）；身心摧残、伤害或凌辱，忽视或照顾不周（第19条）；经济剥削（第32条）；非法使用麻醉品和精神药物（第33条）；色情剥削和性侵犯（第34条）；以及诱拐、买卖或贩运儿童（第35条）。

保障儿童受到必要保护的责任落在家庭、社会和国家身上。虽然《公民及政治权利国际公约》第24条没有说明这种责任应如何分配，但家庭——其广义解释是在有关国家的社会中组成一个家庭的所有人——特别是父母有主要责任创造条件，促进儿童人格的和谐发展及其对《公约》确认之各项权利的享有。但是，由于父母在外从事有报酬的工作相当普遍，因此社会、社会机构和国家需要履行它们的责任，即协助家庭确保对儿童的保护。此外，如父母和家庭严重失责、虐待或忽略子女，则国家应干涉，限制父母的权力，而且在情况需要时可将子女与其父母分开。如果婚姻关系消灭，应以子女的利益为重，必须采取步骤给予他们必要的保护，并尽可能保证他们与父母都维持个人关系。因此，应采取特别保护措施，以保护被遗弃或失去家庭环境的儿童，确保他们能够在最类似家庭环境特点的

---

① 人权事务委员会第17号一般性意见，第3段。（原书对该段的引用在末尾处不准确，予以更正。原书在下一段正文中重复了该段引文，予以删除。——译者注）

条件下发育成长。① 儿童的最大利益要求，从儿童出生时起，就有一个可以代表该儿童、以具有法律约束力的方式行事的人。鉴于非婚生子女的生活条件多种多样，对非婚生子女的监护通常在该儿童一出生，就归于其母亲，而不是父亲或者父母双方。②

还需要采取保护措施，保护儿童免受因在法庭作证而有可能导致的不当精神压力或痛苦。其中包括任命中间人和设立对儿童友好方便的法院。虽然儿童可能不明白真实或虚假的知识性概念，但却有可能理解，作证需要与发生的情况而不是别的什么情况有关意味着什么。要求作证基于宣誓或确证的原因，或者告诫个人讲实话的原因，是为了确保给出的证据是可靠的。了解儿童明白和理解讲实话意味着什么，为该证据可予信赖提供了保证。事实上，儿童理解说实话意味着什么，是告诫儿童讲实话的前提条件。不理解讲实话意味着什么的儿童的证据是不可靠的。如果接受了此类证据，那么将破坏被告获得公正审判的权利。依据不可靠证据定罪的风险太大，以至于不能允许一个并不能理解讲实话意味着什么的儿童作证。当儿童无法向法庭传达对于真实和虚假这样的抽象概念的理解时，解决办法在于以恰当的方式询问儿童，尤其是幼小的儿童。询问儿童的目的不是让儿童证明对于真实和虚假这样的抽象概念的认知；其目的是判断孩子是否懂得说出真相意味着什么。询问儿童的方式对于调查至关重要。受过适当培训的中间人是确保审判公正的关键。中间人将确保法院提出的问题以儿童能够理解的方式传

---

① 人权事务委员会第 17 号一般性意见，第 6 段。See *Drbal v. Czech Republic*, Human Rights Committee, Communication No. 498/1992, HRC 1994 Report, Annex X. N, 伯蒂尔·文纳尔格伦（Bertil Wennergren）的个人意见：法院未能以合适的方式处理有关儿童监护权的争议，可能会损害儿童的最大利益，从而引发《公民及政治权利国际公约》第 24 条之下的问题。*Laureano v. Peru*, Human Rights Committee, Communication No. 540/1993, HRC 1996 Report, Annex Ⅷ. P, Selected Decisions, Vol. 6, p. 63：该案中，一名 16 岁的女孩被不明身份的武装人员绑架，而当局没有调查她的失踪情况。她并没有受益于她有权获得的《公民及政治权利国际公约》第 24 条规定的特殊保护措施。*De Gallicchio v. Argentina*, Human Rights Committee, Communication No. 400/1990, HRC 1995 Report, Annex X. B, Selected Decisions, Vol. 5, p. 47：未对一名在可归咎于国家的悲剧情形中失去双亲的九岁儿童采取特别措施。*Winata v. Australia*, Human Rights Committee, Communication No. 930/2000, Selected Decisions, Vol. 7, p. 147：某一 13 岁的澳大利亚国民生于澳大利亚、在该国上学并建立了社会关系，将他与原籍印度尼西亚的父母——他们以学生签证抵达澳大利亚，但已居留逾期——逐出澳大利亚相当于未能向他提供作为未成年人必需的保护措施。*Bakhtiyari v. Australia*, Human Rights Committee, Communication No. 1069/2002, Selected Decisions, Vol. 8, p. 304：任意地将与阿富汗籍父母一起非法抵达澳大利亚的五名未成年子女拘禁两年零十个月，构成了拒绝给予未成年人身份所要求的保护措施。*K. L. N. H. v. Peru*, Human Rights Committee, Communication No. 1153/2003, Selected Decisions, Vol. 9, p. 108：未能为一名被发现孕有无脑胎儿的 17 岁怀孕女孩提供她的具体情况所必需的医疗和心理支持，违反了《公民及政治权利国际公约》第 24 条。

② Decision of the Federal Constitutional Court of Germany, 29 January 2003, [2009] 3 *Bulletin on Constitutional Case-Law* 505.

达,并且儿童给出的回答以法院能够理解的方式传达。①

作为申诉人的儿童和作为被告的儿童的境况是不同的。将两者区分开来的是,作为被告的儿童在整个诉讼过程中必须一直留在法庭,有权听取所有指控他或她的证据,以便作出回应。就作为被告的儿童在整个诉讼过程中必须一直留在法庭而言,该诉讼必须是不公开进行的。相比之下,作为申诉人的儿童就没有这么多限制。他们在作证完毕后不需要留在法庭。然而,在性犯罪案件中的儿童申诉人作证时,公众必须被排除。虽然双方都在法庭之上,但公众应被排除在诉讼之外。将公众排除在诉讼之外,取决于未成年申诉人的父母或监护人的申请,或者他们的代表的申请。儿童的最大利益对于涉及儿童的所有事项都具有至高重要性的原则施予主审官员的义务是,提醒申诉人的父母或监护人注意与此事项有关的法律规定。儿童申诉人及其父母和监护人有权获知有保护措施可用。②

在性犯罪中,儿童证人与儿童申诉人的地位不同。可以要求儿童证人就各种罪行作证,并且可能要求他们提供的证据的性质会因案件不同而明显有别。鉴于一般可能要求儿童证人提供的证据的广泛性,以及儿童证人的年龄的广泛性,诉讼是否应不公开进行的问题最好依据具体个案处理。事实上,最好是在每起案件中,法院都有权在考虑将要提供证据的性质和儿童的年龄的情况下,自由裁量诉讼是否应不公开进行,或者儿童是否应不公开作证。但是,这些考量因素始终要与以下必要性相平衡,即所有证人在公开法庭上作证的必要性,以及所有诉讼应以遵守公开司法原则的方式、在公开法庭上进行的必要性。③

(四)"所有儿童出生后应立予登记,并取得名字"

每一儿童均有权在出生后立即获得登记并取得一个名字。这项规定应理解为与儿童有权享受特别保护措施的规定有密切联系,其宗旨是促进对儿童的法律人格的承认。就非婚生子女来说,规定儿童有权取得一个名字有特别重要的意义。规定儿童出生后应予登记的义务的主要目的,是减少儿童被诱拐或贩卖的危险,或受到与享受《公民及政治权利国际公约》所承认的权利的不符的其他待遇的危险。④

---

① *Director of Public Prosecutions, Transvaal v. Minister of Justice and Constitutional Development*, Constitutional Court of South Africa, [2010] 1 LRC 10.
② *Director of Public Prosecutions, Transvaal v. Minister of Justice and Constitutional Development*, Constitutional Court of South Africa, [2010] 1 LRC 10.
③ *Director of Public Prosecutions, Transvaal v. Minister of Justice and Constitutional Development*, Constitutional Court of South Africa, [2010] 1 LRC 10.
④ 人权事务委员会第17号一般性意见,第7段。

被父母亲的同性配偶或同居伴侣收养的儿童的情况,与其生母或养母的同居伴侣或丈夫收养的儿童的情况没有什么不同。所有这些儿童在被收养之后,对于保留他们先前的姓名——加在收养者的姓氏之上,具有类似利益,因为他们与其出生家庭保持着同样的关系。①

某些国家给予母亲的法定酌处权,即不在出生登记簿上记录生父的详细资料,也不在儿童的姓氏中记录父亲的姓氏,与此项权利不一致。出生登记不仅是一种迅速记录的文书;它还是父母和儿童之间的生身关联的证据,在登记中记录一人的详细信息是确认这些关联的一种手段。父母参与确定儿童姓氏的过程是其参与儿童生活的另一种重要方式。任意排除这些参与方式会对父亲的重大利益产生负面影响。允许母亲出于合理原因(例如,怀孕是由强奸或乱伦造成的)而"不承认"父亲,这种情况并不能作为正当理由,任意地使一位父亲在没有补救途径的情况下遭受来自以下情况的可能不利,即这种不承认既没有保护母亲的正当利益,也没有保护儿童的最大利益。②

(五)"所有儿童有取得国籍之权"

虽然这项规定的目的是防止儿童因无国籍而无法享受社会和国家提供的充分保护,但它并不必然使国家有义务将其国籍授予每一名在其领土内出生的儿童。但是,国家必须在本国之内并与其他国家合作,采取一切适当措施,确保每名儿童在出生时都有国籍。关于这一点,国内法不得因子女是婚生或非婚生,或子女的父母无国籍,或根据父母两人或其中一人的国籍,而就国籍的取得有所歧视。③

---

① Decision of the Constitutional Court of Belgium, 16 September 2010, [2010] 3 *Bulletin on Constitutional Case-Law* 453.

② *Trociuk v. British Columbia*, Supreme Court of Canada, [2003] 2 *Bulletin on Constitutional Case-Law* 217. See Decision of the Constitutional Council of France, 15 November 2007, [2010] 3 *Bulletin on Constitutional Case-Law* 506:使用DNA检测确定儿童的亲子关系是符合宪法的。

③ 人权事务委员会第17号一般性意见,第8段。在第24条起草阶段,一致意见是,应尽一切努力避免儿童没有国籍。See UN document A/5365, s. 25. *Kaunda v. President of the Republic of South Africa*, Constitutional Court of South Africa, [2005] 3 LRC 207. 公民身份和国籍之间的关系经常被混淆。"国籍"是国际法的一个术语。国民可能有权获得其国家的保护以及国际法之下的各种其他利益。人们普遍认为,如果国籍之授予要在国际法上得到承认,国家和个人之间必须存在一种"真正的联系"。相比之下,公民身份是一种国内法的概念,涉及公民与国家在国内层面的权利和义务。它的效力是对内的。只有当某个人的国籍在国际层面上受到国家的质疑时——此时关于"国籍"的国际法具有决定作用,才会出现问题。在实践中,除非国家对于某些人是其国民的主张在国际场合受到质疑,否则国家的公民就是其国民,因为国际法通常会交由国家确定谁是其国民。见1930年海牙《关于国籍法冲突若干问题的公约》,第1条:"每一国依照其本国法律断定谁是它的国民。此项法律如符合于国际公约、国际惯例以及一般承认关于国籍的法律原则,其他国家应予承认。"

在奥地利的一起案件中，一对奥地利夫妇所生的双胞胎被拒绝承认依血统而具有奥地利公民身份——理由是据信他们是由一位乌克兰代孕母亲生下的——侵犯了家庭生活得到尊重的权利。在儿童福祉原则的背景下，推定代孕母亲不符合公共秩序，并因此不承认乌克兰的出生证明，这是"不可想象的"。国家拒绝承认与儿童一起生活的生身以及事实母亲为合法母亲，或者强迫不想要该儿童的、根据对她适用的家庭法并非合法母亲的代孕母亲成为法定母亲，都不符合儿童的最大利益。如果生物学父母（即配子被用于孕育胚胎的父母）不被承认为是通过代孕出生的儿童的合法父母，那么即便该儿童与他们一起生活，也会存在若干无法由该儿童针对他们援用的权利，包括继承权。此外，对于一个在外国经代孕出生的、不能仅凭出生在该国（在本案中为乌克兰）领土之内的事实即可获得其国籍的儿童，如果在出生国获得的法定家庭地位得不到承认，那么该儿童就将会是无国籍人。①

---

① Decision of the Constitutional Court of Austria, 11 October 2012, [2012] 3 *Bulletin on Constitutional Case-Law* 461：有关当局发布了两项决定，言明这对双胞胎不是奥地利公民。当局指出，根据奥地利法律，代孕是非法的；根据《奥地利民法》，儿童的母亲是指生育它的妇女。根据乌克兰法律，在配偶使用辅助生殖技术孕育胚胎并将其转移到另一名妇女身体中之后出生的儿童，是这对配偶的子女。

第二十六章　参与公共生活权

国际文书

《世界人权宣言》

第21条

一、人人有权直接或以自由选举之代表参加其本国政府。

二、人人有以平等机会参加其本国公务之权。

三、人民意志应为政府权力之基础；人民意志应以定期且真实之选举表现之，其选举权必须普及而平等，并当以不记名投票或相等之自由投票程序为之。

《公民及政治权利国际公约》

第25条

凡属公民，无分第二条所列之任何区别，不受无理限制，均应有权利及机会：

（子）直接或经自由选择之代表参与政事；

（丑）在真正、定期之选举中投票及被选。选举权必须普及而平等，选举应以无记名投票法行之，以保证选民意志之自由表现；

（寅）以一般平等之条件，服本国公职。

区域文书

《美洲人的权利和义务宣言》

第20条

任何具有法律能力的人都有权直接或通过他的代表参与其本国政府，并应通过秘密投票参与诚实、定期、自由的普选。

第 24 条

任何人都有权为了普遍或个人利益向任何主管当局提出严肃申请,并有权获得关于它的迅速决定。

第 32 条

任何人都有权在其本国的普选中投票,只需他有如此做的法律能力。

第 33 条

人人有义务在其为外国人的国家内不参加根据法律排他性地保留给该国公民的政治活动。

《欧洲人权公约》

第 16 条

第 10 条、第 11 条以及第 14 条的规定不得视为阻止缔约国各国对外国人的政治活动施以若干限制。

《欧洲人权公约之议定书》

第 3 条

各缔约方承诺以合理间隔通过秘密投票按照将会确保民众在立法机关选择方面自由表达其意见的条件进行自由选举。

《美洲人权公约》

第 23 条

1. 每个公民应当具有下列各项权利和机会:

(1) 直接或通过自由选择的代表参与公共事务;

(2) 在真正的定期的选举中选举和被选举,这种选举应是普遍的和平等的并以秘密投票方式进行,以保证选举人的意志的自由表达;

(3) 在一般的平等的条件下,有机会担任本国公职。

2. 只有根据年龄、国籍、住所、语言、教育、文化能力和智力,或者在刑事诉讼中基于管辖法院的判决,法律才可以限制上述各款所规定的权利和机会的行使。

《非洲人权和民族权宪章》

第 13 条

1. 每个公民均有权直接或通过法律规定自由选择的代表自由地参与管

本国。

2. 每个公民均有权以平等的机会参与本国之公务。

有关文本

《妇女参政权公约》，1952年12月20日通过，1954年7月7日生效，第1条至第3条

《消除一切形式种族歧视国际公约》，1965年12月21日通过，1969年1月4日生效，第5条

《消除对妇女一切形式歧视公约》，1979年12月18日通过，1981年9月3日生效，第7条、第8条

《政治权利事项中自由和不歧视的一般性原则草案》，联合国经济及社会理事会1973年5月18日第1786（LIV）号决议通过

《关于民主文化与治理的蒙得维的亚宣言》，联合国教科文组织和乌拉圭和平研究所1990年11月组织的"拉丁美洲民主文化与发展：迈向第三个千年国际会议"通过

一 评论

参与公共生活权涉及但有别于《公民及政治权利国际公约》第1条中所承认的民族自决权。通过后者，各民族有权自由决定其政治地位，并享有选择其宪法或政府的形式的权利，而前者则涉及个人参与构成处理公共事务的这些过程的权利。① 在解释《公民及政治权利国际公约》第25条所保护的权利时，该《公约》第1条的规定可能具有相关性。因此，可能需要某些形式的地方、区域或文化自治，以便满足少数群体——尤其是土著民族——的有效参与权的要求。②

《公民及政治权利国际公约》第25条和《美洲人权公约》第23条承认三种不同的但又相关联的公民的权利：（甲）直接或通过自由选择的代表参与公共事务的权利和机会；（乙）在真正的定期的选举中投票和被选举的权利和机会——这种选举应是普遍的和平等的并以无记名投票方式进行，以保证选举人

---

① 人权事务委员会第25号一般性意见（1996年），第2段。
② *Rehoboth Baster Community v. Namibia*, Human Rights Committee, Communication No. 760/1997, HRC 2000 Report, Annex IX. M, 马丁·舍伊宁（Martin Scheinin）的个人附议意见。

的意志的自由表达；（丙）以一般的平等的条件，担任本国公职的权利和机会。《公民及政治权利国际公约》第25条要求，可以在不受《公民及政治权利国际公约》第2条中所述的区分且不受"不合理*限制"的情况下，享有这些权利和机会。《美洲人权公约》第23条则具体规定了法律可以限制这些权利和机会之行使的有限理由，即年龄、国籍、住所、语言、教育、民事和心理能力，或者在刑事诉讼中被有管辖权的法院定罪。与之相比，《非洲人权和民族权宪章》承认，每个公民均有权"直接"或依法"通过自由选择的代表""自由地参与""管理"本国，并且有权"以平等的机会"担任本国公职。该条虽然并未提到自由选举，但可能暗含着这一方面，作为"自由选择的代表"之存在的先决条件。

在《欧洲人权公约第一议定书》第3条中，各缔约国承担，依据将确保人民在选择"立法机关"方面"自由表达其意见"的条件，"以合理间隔通过无记名投票……自由选举"。虽然相比于《公民及政治权利国际公约》第25条（丑）项提到的权利，这一具体承诺在范围上更窄——因为它仅将选举限定于立法机关，也没有提到该权利的所有因素，但是欧洲人权委员会认定，承诺进行"自由选举"意味着承认普选权，并在原则上保障投票权和成为选举候选人的权利。①

为了确保充分享受参与公共生活的权利，公民、候选人和当选代表之间就公共和政治问题自由交流信息和交换意见至关重要。这意味着自由的新闻界或其他媒体可以不受审查或限制而对公共问题发表评论，并且启发公众意见。这还要求充分享受和尊重表达自由、和平集会权、结社自由，以及个别地或者通过政党或其他组织从事政治活动的自由、辩论公共事务的自由、举行和平示威和聚会的自由、批评和反对的自由、印发政治材料的自由、开展竞选活动的自由和宣传政治主张的自由。实际上，结社自由的权利，包括成立或加入涉及政治和公共事务的组织与协会的权利，是有效享有这一权利的重要补充。政党和政党成员的身份在公共事务和选举过程中发挥重大作用。国家必须确保政党在其内部管理中尊重《公民及政治权利国际公约》第25条以及《美洲人权公约》中可适用的规定，以便使公民能行使它们所规定的权利。②

---

* 英文用词为"unreasonable"，《公民及政治权利国际公约》作准中文本中的对应用词为"无理"。由于该公约作准中文本中也以"无理"作为"arbitrary"的对应用词，因此本中译本以"不合理"作为"unreasonable"的对应用词，即使在引用《公民及政治权利国际公约》时亦然。

① *Moureaux v. Belgium*, European Commission, (1983) 33 *Decisions & Reports* 97.
② 人权事务委员会第25号一般性意见，第26段。

欧洲人权法院曾指出，虽然《欧洲人权公约第一议定书》第 3 条规定了有效民主的一个典型原则，但对其所载权利的"隐含限制"，仍有空间。该条所规定之义务的内容因各国的具体历史和政治因素而不同。从适用该规定的目的来看，必须根据有关国家的政治演进来评判任何选举立法。在一种制度的情况中不可接受的特征，在另一个制度的情况中却可能是正当合理的，只要所选择的制度提供了条件，能确保人民在选择立法机关方面自由表达其意见——这是最低限度。它虽然不受正当限制的具体清单的约束，但是对于行使投票权或参选权的任何此类限制，其施予都必须是为了追求某种正当目的，不得是任意的或不合比例的，不得干涉民众在选择立法机关方面自由表达意见。这样的限制不得将《欧洲人权公约第一议定书》第 3 条规定的权利削减到损害这些权利的本质并剥夺它们的效力的程度。它们必须反映或者不得违背的关切是，维护旨在通过普选确定人民意愿的选举程序的完整性和有效性。至于参选权，可以对参加议会选举的资格提出区别于投票资格的更严格的要求。①

二　释义

（一）"凡属公民"

参与公共生活的权利并不是对"人人"或"每个人"保障的，而是对"每个公民"保障的。然而，这一权利的享有并不仅限于公民；国家可以选择将其适用扩展到居住在该国领土内的其他人。这种权利也不仅仅由主权国家的公民享有；它同样适用于非自治殖民地领土内的居民。②

（二）"无分［《公民及政治权利国际公约》］第二条所列之任何区别"

《公民及政治权利国际公约》第 2 条要求国家尊重和确保该公约所界定的权利，不分种族、肤色、性别、语言、宗教、政治或其他见解、民族本源或社会出身、财产、出生或其他身份等任何区别。③ 因此，如果在因出生而获得公

---

① Mathieu-Mohin v. Belgium, European Court, (1987) 10 EHRR 1; Yumak v. Turkey, European Court, (2008) 48 EHRR 61; Zdanoka v. Latvia, European Court, (2006) 45 EHRR 478; Tanase v. Moldova, European Court, [2008] ECHR 1468; Aziz v. Cyprus, European Court, (2004) 19 BHRC 510; Melnychenko v. Ukraine, European Court, (2004) 19 BHRC 523.
② UN document A/5000, s. 92.
③ 但是见, Review of the Constitutionality of the Requirements of Knowledge of the Estonian Language, Decision of the Supreme Court of Estonia, 5 February 1998, (1998) 1 Bulletin on Constitutional Case-Law 37: 对议会和地方政府代表机构的竞选者颁布爱沙尼亚语的知识要求是正当合理的。

民资格的人与通过入籍而获得公民资格的人之间进行区别，就会引起是否符合《公民及政治权利国际公约》第 2 条的问题。①

有担任民选职位的平等机会的权利是属于国家所有公民的权利，而不取决于他们是否是任何政党或运动的成员。不是某一政党之成员的公民也可以通过当选获得议会席位。②

（三）"不受不合理限制"

使用"不受不合理限制"这一表述来限定参与公共生活权的行使，就是承认，可以拒绝诸如未成年人和精神病患者等特定类别的人的投票权，当选公职的权利以及担任公职的权利也有可能受到一定的限制。③ 适用于行使这一权利的任何条件都应基于客观与合理的标准。例如，要求经选举或任命担任特定职务的年龄应高于每个成年公民可行使投票权的年龄，是合理的。④

不得中止或排除公民对这一权利的行使，除非基于法律规定的、客观与合理的理由。例如，经确认的心智能力丧失可以构成拒绝某人的投票权利或担任公职的权利的理由。⑤ 限制是否合理的问题必须客观地考虑。必须考虑要处理的公共事务的性质、对于参与权利和机会的限制的性质以及此类限制的任何理由。在一个时期可能被认为是合理或不合理的限制，可能迥异于另一不同时期中的限制。⑥

在加拿大，法院规定了两个必须满足的核心标准，用以判断法律规定的限制是否合理（以及在加拿大的语境中是否"在自由民主社会中明显正当"）。第一，限制所旨在服务的目标必须具有充分的重要性，以保证凌驾于宪法保护的权利或自由之上。第二，一旦识别出具有充分重要性的目标，则援引该目标的一方必须证明所选择的手段是合理的（并且是明显正当的）。这涉及一种衡

---

① 人权事务委员会第 25 号一般性意见，第 3 段。

② Decision of the Constitutional Court of the Slovak Republic, 7 January 1998, (1998) 1 *Bulletin on Constitutional Case-Law* 111.

③ UN documents A/2929, chap. VI, s. 177, and A/5000, s. 93. 然而，一位评论者曾警告，在某些情况中，在合理的限制和不正当的歧视之间作出区分并不容易："在大多数人口能够读写的国家中，以及有足够教育设施可用的国家中，在行使投票权之前进行识字测试可能是合理合法的。但是，如果识字测试的结果是将某一种族群体整个排除在参与选举的权利之外（如某些南美国家），尤其是如果有证据表明这种排除是有意的，则该测试作为一种族歧视的一种手段，将是非法的"：Karl Josef Partsch, 'Freedom of Conscience and Expression, Political Freedom', in Louis Henkin (ed.), *The International Bill of Rights* (New York: Columbia University Press, 1981), 209.

④ 人权事务委员会第 25 号一般性意见，第 4 段。

⑤ 人权事务委员会第 25 号一般性意见，第 4 段。

⑥ *Secretary for Justice v. Chan Wah*, Court of Final Appeal, Hong Kong SAR, [2000] 3 HKLRD 641.

量社会利益与个人利益的比例测试。这一比例测试的三个重要组成部分是：（甲）所采取的措施必须经过精心设计，以便实现有关目标，而不得是任意的、不公平的或者基于不合理的考量因素；（乙）该措施，即便与该目标合理相关，也应尽可能小地损害有关权利或自由；（丙）用于限制该权利或自由的措施的效果与已经被确定为"具有充分重要性"的目标之间，必须是成比例的。法院对加拿大的选举立法——该立法列举了没有资格在选举中投票的人——适用了这一测试。法院认为，将首席选举官及其助手和每个选区的选举监察人排除在外，是为了保障选举过程的公平性：即裁判、仲裁人和边裁不应参加比赛。将法官排除在外的目的不在于选举的公平性，而在于显示公正无私并使得那些需要裁决国家与其公民之间争端的法官避免派别偏见。将患有精神疾病的人排除在外的目的，则是要保证行投票权的人具有绝对最低程度的智力。法律规定腐败或非法行为将导致丧失选举资格，这显然是对过去与选举过程有关的行为的惩罚性规定。①

对第三方的选举广告费用的限制，旨在促进政治话语中的平等，保护适用于候选人和各政党的财务制度的廉正性，并确保选民对选举过程的信心。这些目标是紧迫的、实质性的。这些限制在防止富人的主张主导政治话语的同时，使得第三方能够以一种不会压倒候选人、政党或其他第三方的方式，向选民传达他们的信息。在没有支出限制的情况下，富人或者汇集了自身资源并一致行动的若干个人或团体就可能主导政治话语，从而剥夺他们的对手发言并获得倾听的合理机会，损害选民充分了解所有观点的能力。三名持异议意见的法官认为，这些限制使得公民不能有效地就选举问题交流他们的观点。公民保有未得到某一登记政党支持的意见的权利以及传达这些意见的权利，对于民主所依赖的有效辩论至关重要，并且是表达自由之保障的核心。②

将在全国选举中没有获得席位的政党排除在国家资助之外，意味着对这些政党的不得允许的歧视，并因此侵犯了投票权的平等。斯洛文尼亚宪法法院认为，立法机构可以确定一个从国家预算中获得资金的门槛，但这个门槛只能将这样的政党排除在国家资助之外，即虽已提出选举名单，但是之前的选举结果表明，它们没有获得至少一个席位的现实可能性。立法机构由此避免了将从国家预算中获得资金作为竞选的唯一目的的情况。③

---

① *Belczowski* v. *Canada*, Federal Court of Appeal of Canada, (1992) 90 DLR (4th) 330.
② *Harper* v. *Canada*, Supreme Court of Canada, (2004) 2 *Bulletin on Constitutional Case-Law* 234.
③ Decision of the Constitutional Court of Slovenia, 11 March 1999, (1999) 1 *Bulletin on Constitutional Case-Law* 109.

（四）"应有权利及机会……投票"

法律的正当性和守法的义务直接源于每个公民的投票权。在对制定法律发出声音和遵守法律的义务之间，存在着至关重要的标志性的、理论的和实际的联系。这种承袭自社会契约理论的联系，处于宪政民主制度的核心。民主的历史就是不断扩大投票权的历史。也许，现实问题可能有助于证明对行使衍生民主权利的某些限制正当合理。民主参与不仅是理论问题，也是实践问题；立法机关有权在可以证明其正当合理的情况下，限制民主参与的运作方式。[①] 因此，在选举（和全民公投）中投票的权利必须由法律规定，且仅受合理的限制，如最低年龄的限制。以身体残疾为由或强加识字、教育或财产要求来限制投票权都是不合理的。是否是某党党员不得作为投票资格的条件，也不得作为取消投票资格的理由。如果因某一罪行而被判罪是丧失投票权的依据，则丧失投票权的期限应该与所犯罪行和刑期比例相称。[②]

表达、集会和结社自由是有效行使投票权的重要条件，必须受到充分保护。人权事务委员会强调，国家必须采取有效措施，确保有投票权的所有人均能行使这项权利。如果规定投票人必须登记，则应该对此提供便利，而不得对这种登记施加任何障碍。如果对登记适用居住方面的要求，则这些要求必须合理，其施行方式也不得排除无家可归者行使投票权。刑法应禁止对登记或投票的任何侵权性干涉以及对投票人的恫吓或胁迫，这些法律应予严格执行。对投票人开展教育和登记运动，对于确保这一权利的有效行使是必要的。应该采取积极措施，克服具体困难，如不识字、语言障碍、贫困和对迁徙自由的妨碍——所有这一切均阻碍有投票权的人有效行使他们的权利。有关投票的信息和材料应该有少数者语言的文本。应该采取特别办法，如图片和标记，来确保不识字的投票人能获得充分的信息以作为他们选择的基础。[③]

居住方面的要求不一定就是不合理的限制。在一起案件中，一名居住在巴黎的英国公民未能获得允许参加本国议会选举，然而，居住在国外的外交官和军人如果愿意则可以参加。欧洲人权委员会在宣布该英国公民的申诉不可受理

---

① *Sauve v. Canada*, *McCorrister v. Attorney General of Canada*, Supreme Court of Canada, [2003] 4 LRC 197. 关于"民主"，英国枢密院声称："民主的理念涉及许多不同的概念。第一，人们必须决定谁应该管理他们。第二，存在着一项原则，即基本权利应受到公正和独立的司法机关的保护。第三，为了实现这些理念之间的不可避免的紧张关系之间的调和，立法机关、行政机关和司法机关之间的权力有必要分立。" *State v. Khoyratty*, Privy Council on appeal from the Supreme Court of Mauritius, [2006] 4 LRC 403.

② 人权事务委员会第 25 号一般性意见，第 14 段。

③ 人权事务委员会第 25 号一般性意见，第 12 段。

时，认为证明居住方面的要求正当合理的理由是：第一，一种假定，即非居民公民对于本国问题具有不那么直接或连续的利益，且对这些问题具有较少的日常认知；第二，一种不切实际的情况，即议会候选人向国外的公民展示不同的选举问题以确保意见的自由表达；第三，一种需要，即防止选举舞弊，而这种危险在不受控制的邮寄投票中会增加；第四，在议会投票中的代表权与纳税义务之间的联系，而这种义务通常并未加诸自愿、连续地居住在国外的人。将外交官和军人与那些选择离开自己国家并在国外居住的人区分开来是正当的：前者并非自愿地居住在国外，而是在履行向其国家提供的服务时，被他们的政府送到了他们本国以外的国家，因此他们与自己的国家保持着密切联系，并在其政府的控制之下。这种特殊情况解释了为什么他们不被视为非居民——即便他们身处本国之外。①

乌拉圭以前有一项法律剥夺了以下人员从事任何政治性活动的权利，包括投票权，为期15年：这些人曾经名列马克思主义或亲马克思主义政党或团体为竞选公职而提出的候选人名单，但在这些选举之后的一段时间，有法令将这些政党或团体宣布为非法。人权事务委员会认定这种情况侵犯了《公民及政治国际公约》第25条规定的权利。这一剥夺措施适用于每个人，而不区分他是试图通过和平手段还是通过诉诸或提倡使用暴力来促进其政治观点。除了《公民及政治权利国际公约》第2条要求任何人不得仅因其政治观点而受到这种制裁外，比例原则也要求，诸如剥夺所有政治权利长达15年这样严厉的措施，也必须有明确具体的理由。②

剥夺囚犯的选举权是不合理的吗？人权事务委员会认为，被剥夺自由但尚

---

① *X v. United Kingdom*, European Commission, Application 7566/76, (1978) 9 *Decisions & Reports* 121; Decision of the Constitutional Court of Turkey, 16 November 1994, (1994) 3 *Bulletin on Constitutional Case-Law* 295；选举名单必须更新。Decision of the Constitutional Court of Russia, 24 November 1995, (1995) 3 *Bulletin on Constitutional Case Law* 343："居住地"不仅意指"永久居住地"，也意指"主要居住地"。公民在其居住地以外的临时居留，并不能证明将他们从永久居住地或主要居住地的登记册中剔除正当合理。因此，公民在选民登记册登记时不在，不能用作拒绝在相应选区的选民登记册上未他们登记的理由。

② *Silva v. Uruguay*, Human Rights Committee, Communication No. 34/1978, HRC 1981 Report, Annex XII; *Massera v. Uruguay*, Human Rights Committee, Communication No. 5/1977, HRC 1979 Report, Annex VII; *Weismann de Lanza v. Uruguay*, Human Rights Committee, Communication No. 8/1977, HRC 1980 Report, Annex VI; *Pietraroia v. Uruguay*, Human Rights Committee, Communication No. 44/1979, HRC 1981, Annex XVI. 然而，欧洲人权委员会支持了在第二次世界大战后颁布的试图较长时间地剥夺有些人的投票权的一部法律的有效性。See *X v. Netherlands*, Application 6573/74, (1975) 1 *Decisions & Reports* 87：某项法律剥夺了申诉人终身的投票权，因为他在战后被一个荷兰特别法庭宣布犯有"不合公民身份之行为"（'uncitizenlike conduct'）的罪行。*X v. Belgium*, Application 8701/79, (1980) 18 *Decisions & Reports* 250；1948年，某人因通敌而被比利时军事法庭定罪、判处20年监禁，并因此被永久性地剥夺了投票权。这两起案件均涉及在战争期间因侵害公共安全的犯罪行为而被定罪的人。

未被判决有罪的人不应被禁止行使投票权。① 在加拿大，对于旨在将"被关押在任何刑事机构中、为其所犯罪行而正在承受处罚的任何人"排除在选举之外的一项法律，加拿大联邦上诉法院无法认定该法律有任何正当的立法目的。该法院否定了一种说法，即排除囚犯投票满足三个目标：（甲）确认和维持选举权的神圣性；（乙）保持选举过程的完整性；（丙）惩罚违法者。② 在南非，一项法律通过禁止囚犯登记为选民，或者如已登记，则不得在服刑期间投票，剥夺了正在服监禁刑（且无法以罚金替代）的囚犯的选举权。南非宪法法院认定，这侵犯了囚犯的投票权；还裁定，应该做出规定，使他们得以在被拘禁的监狱中登记和投票。③ 在美国，对于因重罪而被定罪的人，以及尤其是对那些不再被剥夺自由的人，一般性地剥夺他们的投票权不符合《公民及政治权利国际公约》第 25 条的要求。④ 没有任何证据支持剥夺投票权可以阻遏犯罪的说法。此外，不准予投票实际上可能与使犯人重适社会背道而驰。⑤ 监狱中年满 18 岁、心智健全、未犯与选举有关之罪行的囚犯，有权在全民公投中投票。⑥ 阿根廷最高法院认定，禁止根据有权管辖的法院签发的逮捕令被拘禁的人在恢复自由之前登记为选民的规定，是违反宪法的，禁止还押囚犯当选为议员的规定也是如此。⑦

加拿大最高法院认为，否定公民的投票权就否定了民主合法性的基础。如果接受民主制度中的政府权力来自公民，那么就很难明白，这种权力如何能被正当地用来剥夺恰恰是政府权力之来源的公民的投票权。将投票权局限于选定

---

① 人权事务委员会第 25 号一般性意见，第 14 段。

② *Belczowski v. Canada*, Federal Court of Appeal of Canada, (1992) 90 DLR (4th) 330. See also *Woods v. Minister of Justice*, Legal and Parliamentary Affairs, Supreme Court of Zimbabwe, [1994] 1 LRC 359, at 362, 古贝（Gubbay）法官："囚犯因其罪行而在监狱门口脱离了所有基本权利的观点已经不再坚挺。相反，他仍保有自由公民的所有权利，除了那些根据法律，明示或暗示地从他那里剥夺的权利，或者与惩戒制度的合法刑事目标不一致的权利。"

③ *Minister of Home Affairs v. National Institute for Crime Prevention and the Re-integration of Offenders*, Constitutional Court of South Africa, [2004] 5 LRC 363, (2004)：待审囚犯以及被判处支付罚款或者以监禁作为替代的、因尚未缴纳罚款而被羁押的囚犯，均应享有投票权。*Boulle v. Government of Seychelles*, Constitutional Court of Seychelles, [2012] 1 LRC 12：在公民的服刑期为 6 个月或以上时，则丧失被登记为选民的资格。但是，已经登记为选民的人，在根据任何成文法被拘禁的情况中，享有投票权。被合法拘禁的人不能被等同为犯罪分子，因为在被法院通过正当法律程序证实或者认定有罪之前，该人被视为无罪。

④ 人权事务委员会的结论性意见：美国，UN document CCPR/C/USA/CO/3/Rev 1 (28 July 2006)。

⑤ *Hirst v. United Kingdom*, European Court, [2004] 1 Bulletin on Constitutional Case-Law 183. *Scoppola v. Italy (No. 3)*, European Court, [2011] 3 Bulletin on Constitutional Case-Law 603.

⑥ *Kanyua v. Attorney General*, High Court of Kenya, [2011] 1 LRC 596.

⑦ Decision of the Supreme Court of Justice of Argentina, 27 September 2001, [2002] 1 Bulletin on Constitutional Case-Law 13.

的部分公民的政府是这样的一个政府：它削弱其作为被排斥在外的公民的正当代表的履职能力，危及其对于代议制民主的主张，并侵蚀其将违法者定罪并惩罚的权利的基础。否定公民的投票权与宪法上对于每个人的固有价值和尊严的承诺背道而驰。否定违法公民的投票权释放的信息是，那些犯下严重违法行为的人不再被珍视为社会中的成员，而是权利体系和民主制度的临时弃儿。这种否定更有可能传达损害对于法律和民主之尊重的信息，而不是强化这些价值的信息。投票并不是政府可以叫停的特权。犯下严重罪行并不代表违犯者选择"退出"在社会中的成员身份。无论是史料还是常识都不支持剥夺投票权可以阻遏犯罪或有助于罪犯重适社会的说法。否定公民投票权的负面影响将大大超过可能从中获得的任何微弱收益。否定被监禁囚犯的投票权破坏了政府的正当性、有效性和法治。它限制了公民在其本国的政治生活中享有政治表达和参与的个人权利。它违背了一项誓言，即每个人都有同等价值并有权依据法律获得尊重——每个人都要算数。它更有可能侵蚀而不是加强对于法治的尊重，更有可能破坏而不是增进威慑和重适社会的判刑目标。[①]

投票权包括不投票（或者选择不投票）的权利。[②] 然而，在一起案件中，当奥地利的一名选民诉称法律强迫他在总统选举中投票时——即便是他不支持正在争取当选的两位候选人中的任何一位，欧洲人权委员会却建议他投入空白选票的或作废选票。[③]

（五）"应有权利及机会……被选"

人权事务委员会曾指出，有效落实竞选担任经选举产生的职务的权利和机会，将确保有权投票的人能自由挑选候选人。对竞选权施加的任何限制，如最低年龄，必须基于客观、合理的标准。不得以不合理的或歧视性的要求如教育、居所、出身或政治派别的理由来排除本来有资格的人参加竞选。[④] 与提名日期、费用或保证金有关的条件应合理，不得有歧视性。如果有合理的根据认为某些经选举产生的职务与担任具体职务相抵触（如司法部门、高级军官、公务员），为避免任何利益冲突而采取的措施不应该不当地限制受保护的权利。

---

① *Sauve v. Canada*, *McCorrister v. Attorney General of Canada*, Supreme Court of Canada, [2003] 4 LRC 197. 加拿大最高法院对于拒绝那些服刑两年或两年以上的人投票的合法性作出了评论。加拿大的更早期判决见，*Belczowski v. Canada*, Federal Court of Appeal of Canada, (1992) 90 DLR (4th) 330, per Hugessen JA。

② *Pingouras v. The Republic of Cyprus*, Supreme Court of Cyprus, [1989] LRC (Const) 201.

③ *X v. Germany*, European Commission, Application 2728/66, (1967) 10 *Yearbook* 336.

④ 人权事务委员会第 25 号一般性意见，第 15 段。

将经选举产生的任职者撤职的理由应该由法律根据客观、合理的标准加以规定,并包含公正程序。个人的竞选权不应该受到要求候选人应是某一政党党员或特定政党党员的不合理限制。如果要求候选人有起码数量的支持者才能获得提名,该项要求应该合理,不得构成候选资格的障碍。在不妨碍《公民及政治权利国际公约》第5条第1款的情况下,不得以政治见解为由剥夺任何人参加竞选的权利。[1]

规定入选立法机关的最低年龄并不是对被选举权的不合理限制。欧洲人权委员会支持了比利时宪法中的一项规定——该规定要求,寻求入选众议院的参选人应年满25岁,将要当选的参议员的年龄不得低于40岁。前者"显然不能被认为是不合理的或任意的条件,或者是有可能干扰人民在选择立法机关时自由表达意见的条件"。至于后者,"在两院制中,其中一个议院由那些因为年龄获得了更多政治经验的人组成,并不是任意安排事务"。[2] 对候选人施以居住方面的要求可能有助于确保候选人与该地区的充分联系,但是施以10年的居住要求并没有合理根据。[3]

旨在以避免利益冲突的方式保障民主决策程序的限制是合理的。如果有合理的根据认为某些经选举产生的职务与担任具体职务相抵触(如司法部门、高级军官、公务员),为避免任何利益冲突而采取的措施不应该不当地限制受保护的权利。[4] 人权事务委员会支持了荷兰的一项法律,其规定市议会的成员资格与受雇作为从属于地方当局的公职人员不兼容。因此,不让这样的人担任市议会议员是有效的:他在当选该议会议员时仍担任警官职务并因此就公共秩序事务听命于市长,而该市长本人就在这方面所采取的措施却对该议会负责。[5] 将某些种类的公职担任者(包括受薪公务员以及公法实体和公共事业单位中的工作人员)排除在竞选之外,并且他们不得在选举前3年里履职超过3个月(尽管候选人事先辞职)的任何选区中参选,这样的规定服务于双重目的:(甲)确保不同政治派别的候选人具有平等的影响手段(因为担任公职者有时可能比其他候选人具有不公平的优势地位);以及(乙)保护选民免受这些官

---

[1] 人权事务委员会第25号一般性意见,第17段。

[2] *W, X, Y, and Z v. Belgium*, European Commission, Applications 6745–6, (1975) 18 *Yearbook* 236.

[3] *R v. Apollonia Liu, ex parte Lau San-ching*, High Court of the Hong Kong SAR, 22 February 1995. See also Decision of the Constitutional Court of the Czech Republic, 10 October 2000, (2000) 3 *Bulletin on Constitutional Case-Law* 474.

[4] 人权事务委员会第25号一般性意见,第16段。

[5] *Debreczeny v. Netherlands*, Human Rights Committee, Communication No. 500/1992, HRC 1995 Report, Annex X. H. 人权事务委员会解释了为什么类似的限制不适用于志愿消防员和教学人员。就前者而言,是因为不存在收入方面的依赖性;就后者而言,则是因为不存在市政当局的直接监管。

员的压力,他们出于职位原因,有可能需要做出许多、有时是重要的决定,并且在普通公民的眼中享有很高声望。① 获认可的宗教的神职人员无资格且被禁止参加市政选举的规定依据的是正当的、客观的标准。否定这些人的参选资格的目的是确保选民能够不受阻碍地形成自己的意见并自由地自我表达,从而避免与神职人员和宗教团体成员之间的特殊精神关系相关联的危险。② 但是,禁止与前任配偶在同一个市议会中同时具有议员资格,则与选举平等原则不相容。③

在比例代表制的基础上进行选举的一些欧洲国家,一种共同的限制是要求提交的选举名单有最低数量的签名。例如在奥地利,选举提议必须由三名以上的地区议会成员签署,或者得到至少两百个经过官方认证的签名的支持。欧洲人权委员会认为,"任何有合理获胜可能的政党都可以轻易满足的"这一要求,并没有妨碍民众在立法机关选择方面的自由表达。④ 同样,欧洲人权委员会也支持了德国的一项要求,即寻求获得认可的政党须有以民主方式选举产生的政党执行官、书面纲领以及至少获得500名选民支持的提案。这些条件"有助于将政治过程构建为一种公共过程的目的"。⑤ 然而,人权事务委员会曾警告说,如果要求某位候选人有起码数量的支持者才能获得提名,该项要求应该合理,不得构成候选资格的障碍。⑥

一些选举规则也得到了支持。根据这些规则,未能获得至少5%的选票的政党(甲)不参加席位分配,(乙)不获退还所有政党都必须支付的保证金,(丙)不获得对他们的宣传费用的补偿。这些规则"都有一个共同的完全正当的目标,即有利于形成具有充分代表性的思想潮流"。⑦ 选举补贴并不构成对于候选人资格权的限制。它赋予参加选举并获得一定的最低比例选票的政党获得竞选活动费用补偿的权利。这一制度的目的是使各政党在可能不当地影响其

---

① *Gitonas v. Greece*, European Court, (1997) 26 EHRR 691.
② Decision of the State Council of Greece, 29 June 1995, (1995) 2 *Bulletin on Constitutional Case-Law* 164.
③ Decision of the Federal Constitutional Court of Germany, 16 January 1996, (1996) 1 *Bulletin on Constitutional Case-Law* 31.
④ *X v. Austria*, European Commission, Application 7008/75, (1976) 6 *Decisions & Reports* 120. See Decision of the Constitutional Court of Slovenia, 4 March 1999, (1999) 1 *Bulletin on Constitutional Case-Law* 107:要求特定数量支持者的签名仅仅是从候选人程序中排除不严肃的候选人以及不可能成功的候选人。
⑤ *Association X, Y and Z v. Germany*, European Commission, Application 6850/74, (1976) 5 *Decisions & Reports* 90.
⑥ 人权事务委员会第25号一般性意见,第17段。
⑦ *Tete v. France*, European Commission, (1987) 54 *Decisions & Reports* 52.

政治行为的资金来源方面更加独立。是否为任何特定政党支付补贴以及支付的金额，取决于其在选举中的成功情况，并因此反映了有关政党的实际重要性。因此，不能说补贴以及其分配给各政党的方式是一种不能确保人民自由表达意见的条件。[①] 虽然要求保证金被认为是民主国家的一种普遍做法，并被作为规制选民理性、限制选举规模、阻止轻率的候选人并在某种程度上填补选举的行政费用的一种手段，但不得通过强加过高金额的要求，将它用作一种手段，来限制或禁止想要在选举中角逐的严肃而有抱负的个人。[②]

在加拿大，寻求获得经登记之政党地位的政党必须在至少 50 个选区中提名候选人。获得了经登记之政党地位的政党有资格享有多项好处，包括对于在选举期间以外收到的捐款签发报税收据的权利、候选人将未支出的选举资金交给该政党而不是将其汇给政府的权利、候选人在选票上列出其党派隶属的权利。限制对于在选举期间以外收到的捐款签发报税收据的权利的后果是，满足了 50 名候选人门槛的政党能够筹集到的资金高于原本可以筹集到的资金。限制将未支出的选举资金交给该政党而不是政府的财政部门的权利的后果是，只有满足了 50 名候选人门槛的政党才能保留未用尽的选举资金。此外，限制在选票上列出党派隶属的权利，干涉了未经登记的政党在选举过程中的竞争力。加剧了这些不平等的立法使得一种可能性加大，即在地理上仅有有限支持基础的、已经被边缘化了的政党的声音，会被在募集和保有选举资金方面的能力得到增强的主流政党淹没。因此，50 名候选人的门槛侵犯了投票权以及当选公职的权利。[③]

必须给予公民行使参选权利的机会，哪怕很明显他不会当选。因此，为了防止某人寻求参选公职而篡改选举登记册是对这一权利的侵犯。在塞浦路斯的一起案件中，一个支持者数目微不足道的政党的领导人打算竞选共和国总统的职位空缺，他发现，选举登记册上有关他的姓名和身份证件号码的条目已经被篡改，从而使他无法提交提名文件。他证实了他此前与选举监察人的一段谈话，后者在谈话中告诉他，所有其他政党均已同意一位单一的候选人，以此避

---

① *Association X, Y and Z v. Germany*, European Commission, Application 6850/74, (1976) 5 *Decisions & Reports* 90. See Decision of the Constitutional Court of Slovenia, 11 March 1999, (1999) 1 *Bulletin on Constitutional Case-Law* 109：将在国民议会选举中没有获得席位的政党排除在国家资助之外，意味着对这些政党的不受允许的歧视，并因此侵犯了投票权的平等。虽然立法机构可以确定一个从国家预算中获得资金的门槛，但这个门槛只能将没有获得至少一个席位的现实可能的政党排除在外。因此，该立法防止候选人将从国家预算中获得资金作为竞选的唯一目的。关于政党在选举中的角色，见，Inter-American Commission, Report No.21/94, Case 10, 804（b）, Guatemala, 22 September 1994。

② *Folotalu v. Attorney General*, High Court of Solomon Islands, [2002] 3 LRC 699.

③ *Figueroa v. Attorney General of Canada*, Supreme Court of Canada, [2004] 2 LRC 443.

免不必要的选举开支。塞浦路斯最高法院鉴于伪造登记册使得申诉人无法被提名为候选人，判决国家支付赔偿金。① 除非基于法律规定并且客观合理的理由，否则不得中止或排除投票权以及被选举权的行使。如果因某一罪行而被定罪是丧失投票权的依据，则丧失投票权的期限应该与所犯罪行和刑期成比例。②

（六）"直接或经自由选择之代表参与公共事务"的权利

"公共事务"* 是一个宽泛的概念，与行使政治权力有关，尤其是行使立法、执行和行政权力。它涵盖公共政务的所有方面以及国际、国内、地区和地方各级政策的制定和实施。③ 权力的分配和个人公民行使参与公共事务的权利的方式应由宪法和其他法律规定。④ 由于社会不断发展，要由每一法律制度决定最适合满足其社会不断变化的条件，同时遵守《公民及政治权利国际公约》第25条的模式。新的宪法秩序将要求在这一新秩序的背景下判断该问题。⑤

当公民作为立法机构的成员或因担任行政职务而行使权力时，他们直接参与公共事务。当公民经由全民公投或其他选举程序，通过或修改其宪法或决定公共问题时，他们也直接参与公共事务。公民还可通过下列途径直接参与公共事务：参加人民议会，这些议会有权对当地问题或有关特定社区的事务作出决定；参加为代表公民与政府协商而建立的机构，⑥ 其中包括"磋商和咨询机构"。⑦ 公民

---

① *Pitsillos v. The Republic of Cyprus*, Supreme Court of Cyprus, (1984) 1 CLR 780.

② *Dissanayake v. Sri Lanka*, Human Rights Committee, Communication No. 1373/2005, 22 July 2008. 来文提交人因藐视法庭而被定罪，并且在被判处的两年监禁结束之后，被禁止在7年内行使投票权和被选举权。这是不合理的，构成了对《公民及政治权利国际公约》第25条（丑）项的违反。

* 英文用词为"public affairs"，《公民及政治权利国际公约》作准中文本中的对应用词为"政事"。由于"政事"的含义似窄于"public affairs"，因此本中译本以"公共事务"作为"public affairs"的对应用词，即使在引用《公民及政治权利国际公约》时亦然。

③ 这也包括乡村层面：*Secretary for Justice v. Chan Wah*, Court of Final Appeal, Hong Kong SAR, [2000] 3 HKLRD 641.

④ 人权事务委员会第25号一般性意见，第5段。在起草本条时，"参与公共事务"这一宽泛的表述比更具限制性的"参与国家政府"一词更受青睐（UN document A/2929, chap. VI, s. 172）。

⑤ *Chan Shu Ying v. Chief Executive of the HKSAR*, Court of First Instance, Hong Kong SAR, [2000] 1 HKLRD 405.

⑥ 人权事务委员会第25号一般性意见，第6段。

⑦ *Chan Wah v. Hang Hau Rural Committee*, Court of Appeal of the Hong Kong SAR, [2000] 1 HKLRD 411. See *Donald Marshall et al v. Canada*, Human Rights Committee, Communication No. 205/1986, Selected Decisions, Vol. 4, p. 42：不能将《公民及政治权利国际公约》第25条（子）项理解为任何直接受影响的群体，无论大小，都有选择参与公共事务的模式的无条件权利。事实上，这是对公民直接参与权的外推，远远超出了《公民及政治权利国际公约》第25条（子）项的范围。米克马克（Mikmaq）部落大会的主张——加拿大政府拒绝授予其在宪法会议中的席位侵犯了米克马克社群参与公共事务的权利，违反了《公民及政治权利国际公约》第25条（子）项——未能获得支持。

直接参与的模式一经确立,就不得根据《公民及政治权利国际公约》第 2 条第 1 款提到的理由就公民的参与做出区分,也不得强加任何不合理的限制。[①] 虽然事先协商,例如公开听证或与利益最受牵扯的团体协商,可能经常由法律所规定,或者在公共事务的执行中演化为公共政策,但是直接受影响的群体,无论大小,并没有选择参与公共事务的模式的无条件权利。事实上,这是对公民直接参与权的外推,远远超出了这一权利的范围。[②] 同一参与模式所涵盖的类别之内的个人享有平等权利。[③]

对于公民经自由选择的代表参与公共事务的情况,暗含的一点是,这些代表实际上行使政府权力,他们通过选举程序对行使这一权力负责。暗含的另一点是,这些代表仅行使根据宪法规定授予他们的权力。经自由选择的代表的参与权利通过选举程序行使,这些程序必须由符合《公民及政治权利国际公约》第 25 条的法律确定。[④] 该第 25 条并未规定具体的政治模式或结构,因此,以权力分立为基础的君主立宪制本身并不违反这一条。第 25 条(子)项提到了选举代表,但是第 25 条(丑)项在保障在真正的定期选举中的投票权和被选举权的同时,并未赋予选举国家元首或者当选这一职位的权利。[⑤]

公民也通过公开辩论并与其代表对话,或者通过他们自我组织的能力施加影响,来参与公共事务。这种参与通过确保表达、集会和结社自由获得支持。立法机关成员的个人议案,是引发政治辩论的合适手段。由个人成员提交的议案,不仅是立法者分享立法机关立法权的手段,也是服务于该机构的代表职能性质的工具。它们是不同政治团体掌握的有效工具,使他们能够迫使全体立法成员对有关倡议的便宜发表意见,从而迫使各个政治力量公开选择立场。因

---

① 人权事务委员会第 25 号一般性意见,第 6 段。"所有权力机构"均应由直接选举组成的提议也遭到了拒绝。因此,间接选举是准许的(UN document A/2929, chap. VI, s. 172)。See also Decision of the Constitutional Court of Spain, 17 July 1995, (1995) 2 *Bulletin on Constitutional Case-Law* 212.

② *Grand Chief Donald Marshall v. Canada*, Human Rights Committee, Communication No. 205/1986, HRC 1991 Report, Annex Ⅸ. A. 这个问题是在加拿大政府召开的一系列宪法会议的背景下产生的。这些会议探讨与土著人自治有关的问题,以及宪法中是否应该以及以何种形式确立总体上的土著人自治权。根据以往惯例,联邦和十省政府的民选领导人参加了这些会议。作为一般规则的例外,总理还邀请了四个全国性社团的代表,来代表大约 600 个土著人群体的利益。人权事务委员会认为,鉴于加拿大宪法会议的组成、性质和活动范围,这些会议构成了"公共事务"。政府未能单独邀请特定部落社群的代表参加这些会议,并未侵犯该社群成员的权利。

③ *Chan Wah v. Hang Hau Rural Committee*, Court of Appeal of the Hong Kong SAR, [2000] 1 HKLRD 411.

④ 人权事务委员会第 25 号一般性意见,第 7 段。See also Decision of the Constitutional Court of Spain, 17 July 1995, (1995) 2 *Bulletin on Constitutional Case-Law* 212.

⑤ *Mazón Costa v. Spain*, Human Rights Committee, Communication No. 1745/2007, 1 April 2008.

此，立法机关拒绝审议个人成员的议案将直击代表制的核心，因为通过阻止提出法案的个人成员合法地行使其提案权，这种拒绝也影响了公民获得代表以及间接参与公共事务的权利。①

（七）"真正、定期之选举……必须普及而平等，应以无记名投票法行之，以保证选民意志之自由表现"的权利

投票权和被选举权是对一般规则的适用，即每个公民都有权直接或经自由选择的代表参与公共事务。② 在起草《公民及政治权利国际公约》第 25 条时，一项关于每个公民对于"所有权力机构"都有投票权和被选举权的提议遭到了拒绝，理由是在大多数国家中，并非所有的权力机构都是由选举产生的。因此，只要某一权力机关经由选举组成，就会以所具体规定的方式产生投票权和被选举权。③ 选举和全民公投中的投票权必须由法律规定。④

选民有权获得有关参选候选人的先前信息。选举委员会有责任向选民通报候选人，并可指示申请了选举提名的候选人提供有关其资产和负债、在过去以无罪释放或定罪而告终的刑事案件以及未决的刑事诉讼（如果有的话）的详细信息。⑤

1. "真正、定期之选举"

根据《公民及政治权利国际公约》第 25 条（丑）项举行真正的、定期的选举，对于确保代表对行使授予他们的立法权或行政权负责至关重要。应定期举行这种选举，但间隔期不得过长，以保证政府权力的基础仍然是选民意志的自由表达。《公民及政治权利国际公约》第 25 条规定的权利和义务应得到法律保障。⑥

"真正的"选举一词意味着要在相互竞争的候选人或政党之间做出选择。

---

① Decision of the Constitutional Court of Spain, 18 July 1995, (1995) 2 *Bulletin on Constitutional Case-Law* 213; *Tokataake v. Attorney General*, High Court of Kiribati, [2003] 3 LRC 674；基里巴斯宪法规定，如果某一信任票遭到了议会中"所有成员的大多数"的反对，那么由 42 名成员组成的议会将解散。在该案中，被总统宣布为是一项信任问题的货币法案，以 21 票反对、19 票赞成被拒绝（一个席位空缺，一位议员因病缺席）。基里巴斯高等法院认为，议会"所有成员的大多数"意味着有权被承认为议会议员的 41 人中的多数人。

② UN document A/2929, chap. VI, s. 172.

③ UN document A/2929, chap. VI, s. 173.

④ 人权事务委员会第 25 号一般性意见，第 10 段。

⑤ *Association for Democratic Reforms v. Union of India*, High Court of Delhi, AIR 2001 Delhi 126, affirmed by the Supreme Court of India, (2002) 5 SCC 294.

⑥ 人权事务委员会第 25 号一般性意见，第 9 段。

因此，在选举中提交让人赞同的一名候选人或一份单一名单，不会产生真正的选举。"真正的"一词也意味着这样的选举，即选民有机会在不受恐惧或胁迫的情况下表达他们的选择。每个公民都必须有权投票、在私下里投票并使得该选票获得诚实的统计和记录。"选举"一词同时具有广义和狭义之分。从狭义上讲，它意味着对某位候选人的最终选择：当存在投票时，可以接受投票的结果；或者在不存在投票时，可以接受未受监察反对的候选人。从广义上讲，它意味着监察立法机关的候选人所要经历的整个程序。①

不存在确立某一种具体选举制度——例如比例代表制或多数票表决制——的义务。② 一国实行的任何选举制度都必须与受保护的权利相符，并且必须保障和落实投票人意志的自由表达。必须实行一人一票的原则，而且在每一国家选举制度的框架内，任何投票人所投下的票应一律平等。划分选区和分配选票的办法不应该歪曲投票人的分配或歧视任何群体，也不应该不合理地排除或限制公民自由选择其代表的权利。③

2. "普及而平等的选举"

"平等的选举"表明，每个人的投票，除只因地理和社区利益而有合理差别，应尽可能与居住在任何其他选区的任何其他选民的投票平等。因此，负责划定选举地图的主管部门应该在这样的前提条件下开展工作：在合理、可行的范围内，每个选区的选民人数应大致相等。从平等这一初始前提出发，主管部门可以考虑诸如地理、人口和社区利益等因素。

根据斯洛文尼亚宪法法院的观点，投票权平等原则要求所有选民拥有相同的选票数量，并且在确定选举结果（即分配席位）时，所有选票都预先具有获得考量的同等可能。但是，并没有必要为了确保赢得的票数和分配的席位之间完全相称，而使得所有选票都对选举结果或选举制度具有同样的影响。此外，投票权平等原则并不要求所有的政党为了获得一个席位，需要赢得同样数量的选票；预先保证各个政党（更确切地说是候选人或候选人名单）获得一个或多个席位的平等可能，就足够了。选举制度是否符合投票权平等的宪法原则，必

---

① *Ponnuswami v. Returning Officer*, Namakkal Constituency, Supreme Court of India, AIR 1952：SC 64.
② *Mathieu-Mohin and Clerfayt v. Belgium*, European Court，(1987) 10 EHRR 1.
③ 人权事务委员会第 25 号一般性意见，第 21 段。因此，真正的选举是揭示并落实人民所自由表达的意志的选举。旨在暂时平息内部纷争或者分散国际监督的注意力的虚伪选举显然不符合这些标准。不将国家的主要决策机构包括在内的有限选举也是如此。相反，选举的打算必须是为了根据事先安排的规则，将权力移交给获得人民接受的——不论是多数、大多数还是超多数——占优的候选人。通过由选举产生的或者具有代表性的过渡机构，由人民自己决定这一目标的完成方式是多数主义框架（所谓的单成员选区或"首先过线"制度），还是比例代表制（政党名单投票），或者是其他一些选举制度：Centre for Human Rights, *Human Rights and Elections* (New York：United Nations, 1994), paras. 76 - 7。

须根据投票时而不是在分配代表席位时的选民平等加以审查。①

在中国香港地区,立法机关的一部分由从"功能界别"选举的成员组成。香港高等法院承认,平等的投票权要求每个永久居民都拥有相同的投票权力,并在此等选举中具有相同权重的选票,而且只有通过赋予每位选民相同数量的选票的制度,即"一人一票"原则,才能实现。但是该法院还认为,投票权力平等的概念并不要求选区的规模完全相同。平等的投票权可以受到合理限制的事实意味着,如果代表着规模各异的不同界别利益的选区可以说有助于整个地域的更好治理,那么选区的规模就可能有很大差异。因此,如果通过参考基于选民身份的差别,而给予某些选民多于其他选民的选票,那么限制所有选民拥有相同数量选票的权利就不能被视为合理。②

在划定选区的范围时,最重要和最基本的标准是选民人数或每一成员所代表的人口数尽可能地平等。但是,诸如人口密度、地理位置和交通的其他因素也需要加以考虑,并有可能导致实行一人一票制的中等选区受到基于比例代表制的小的个别选区的补充。③

3. "无记名投票"

选民有权无记名投票。如果由于文盲或身体抱恙而无法亲自标记选票,那么这一要求不妨碍他寻求朋友或邻居的帮助,以便在他在场的情况下,根据他的意愿标记选票。

在使用电子投票机的印度,对于每个想要投票的选民,投票站主管必须使用规定的表格在选民登记册中输入选民的选民登记号码,而且选民需要在该表格上签名或按拇指印。如果选民决定不投票,投票站主管则在该表格上标注这

---

① Decision of the Constitutional Court of Slovenia, 9 March 2000, (2000) 1 *Bulletin on Constitutional Case-Law* 127; Decision of the Constitutional Court of Slovenia, 25 January 1996, (1996) 1 *Bulletin on Constitutional Case-Law* 74. *The Attorney General for Saskatchewan v. Carter*, Supreme Court of Canada, [1991] 2 SCR 158. 加拿大采用了另一种方法,即《加拿大权利和自由宪章》并不是保障其公民的"平等投票",而只是保障"投票权"。加拿大最高法院的多数法官认为,"投票权"的目的不是投票权本身的平等,而是获得"有效代表"权。在代议制民主中,每个公民都有权在政府中获得代表。代议制包含着在政府审议中得以发声的思想,以及将一个人的不满和关切提请其政府代表注意的权利的理念。

② *Re Lee Mui Ling*, High Court of Hong Kong, 21 April 1995, unreported.

③ Decision of the Supreme Court of Japan, 10 November 1999, [2004] 1 *Bulletin on Constitutional Case-Law* 77. See *Constituency Boundaries Commission v. Baron*, Eastern Caribbean Court of Appeal, [2001] 1 LRC 25:多米尼克总统设立的一个选区划界委员会由两名政府提名人和两名反对派提名人组成,由众议院议长担任主席——该主席是由众议院中的政府多数选举产生的。证据表明:(甲)没有进行磋商,(乙)没有公读文件,(丙)所有要被改变的选区没有任何政府成员代表,(丁)在会议中的所有投票都两边票数相等,以至于该议长在任何时候都投出支持政府的决定性一票,并且(戊)一已经很小的反对派的选区变得更小,如此使得政府的最大的选区可以变得更大。因此,东加勒比地区上诉法院认为,该委员会的整个行为是经过精心设计的,为的是有助于一个政党凌驾另一个政党。这些动议被宣布无效。

种情况,并采集选民对此标注的签名或拇指印。印度最高法院认为,无论选民决定是否投票,都必须一直保密。不投票的积极权利是议会民主制中的选民表达的一部分,必须以与投票权相同的方式得到承认和落实。保密是自由和公正选举的必要组成部分。披露选民不投票的决定,并不服务于任何可见的利益。拒绝选民不投票的权利就是打击自由表达权、自由权和平等权。因此,相对于投票的选民,区别地对待决定不投票的选民,并允许其保密遭到侵犯,损害了这一权利。①

邮寄投票不能保证无记名投票,因为它不能使选民免受其所不希望的家庭成员和社会环境的影响。这与自由选举原则背道而驰。②

4."保证选民意志之自由表现"

真正的、自由的、秘密的和平等的投票并不局限于在选举日的投票时间内、于投票站发生的事情。通过普及而平等的选举权进行的真正民主选举需要许多其他保障措施,包括但不限于:(甲)确保迅速地纳入所有有权投票的公民,并排除所有无权的人以及防止双重登记、防止冒充死者和缺席者的适当的和及时的登记程序;(乙)在选举之前,允许所有候选人在不受不合理限制、选举法得到统一执行、不错用或滥用国家媒体、资源或设施的情况下,具有在平等条件下竞选的自由;(丙)防止选举不法行为,并在未能防止的任何情况中,迅速调查和检控选举罪行。③

上述有关选举的所有条件,归根结底,均旨在确保选民意志的自由表现。从本质上讲,这就是选举的意义所在。它意味着,选举必须不涉及有利于一个或多个候选人的压力,并且选民在作出选择时,不得被过度诱导投票给特定一方。换言之,选民对于选择候选人或政党,不得受到限制。④ 人权事务委员会曾强调,选举必须在保障投票权之有效行使的法律框架内,定期、公平和自由地举行。有投票权的人必须能自由地把选票投给任何候选人,赞成或反对提交全民公投或公决的任何提案,自由支持或反对政府,而不受任何类型的、可能

---

① People's Union for Civil Liberties v. Union of India, Supreme Court of India, [2014] 2 LRC 164. 印度最高法院指示选举委员会在选票和电子投票机上包括必要的规定,并在投票机上提供一个"以上均否"的按钮。

② Decision of the Constitutional Court of Turkey, 29 May 2008, (2008) 2 Bulletin on Constitutional Case-Law 334.

③ Egodawele v. Commissioner of Elections, Supreme Court of Sri Lanka, [2002] 3 LRC 1, per M. D. H. Fernando J.

④ X v. United Kingdom, European Commission, Application 7140/75, (1977) 7 Decisions & Reports 95; The Liberal Party v. United Kingdom, European Commission, (1980) 4 EHRR 106; Mathieu-Mohin and Clerfayt v. Belgium, European Court (1987), 10 EHRR 1.

扭曲或限制自由表现投票人意志的不当影响或胁迫。投票人必须能够独立形成见解，不受任何类型的暴力或暴力威胁、强迫、引诱或操纵性的影响。为了确保投票人的自由选择不受破坏或民主程序不受任何候选人或政党不成比例开支的扭曲之必要，对竞选开支予以合理限制也许无可非议。真正选举的结果应予尊重和落实。①

需要成立独立的选务机构，以监督选举过程并确保选举以公平、公正的方式并根据既定法律进行。国家应采取措施，保障选举期间投票保密的要求，包括在有缺席投票制度的情况中，也对其进行保密。这意味着应该保护投票人不受任何形式的胁迫或强制，以免透露他们打算如何投票或如何投了票，也避免投票过程受到任何非法或任意干涉。撤销这些权利即不符合《公民及政治权利国际公约》第25条。投票箱的安全必须得到保障，清点选票时应有候选人或其代理在场。应存在对投票和计票过程的独立审查程序以及司法审查或其他相当的程序，以便选举人能相信投票箱的安全和选票的统计。给残疾人、盲人或文盲提供的协助应独立。选举人应充分获知这些保障。②

肯尼亚的一项法律规定，一位候选人如果获得了"超过选举中所投选票的一半以上的选票"，即告当选；还规定未能遵守规定的标记格式或者以某种方式违反了规定的投票标准的选票被标记为"不合格选票"，"有效的投票"不包括已经投出，但是在后来因不符合适用的法律条款而不合格的选票或投票。③如果某一司法法庭有管辖权纠正选举结果，对于调查所揭示出来的、不规范地投出或统计的票数，它必须能够确定并向各候选人重新核分准确的票数。④

（八）"以一般平等之条件，服本国公职"的权利

《公民及政治权利国际公约》第25条（寅）项并未使得每个公民都有权在公职部门中受雇，而只是以一般平等之条件，有此机会。⑤ 这一规定旨在防止"某些特权群体垄断公职"。它不妨碍对于诸如年龄或资格等事项的规范。⑥为了确保在一般平等之条件下的机会，任命、晋升、停职和解职的标准和程序

---

① 人权事务委员会第25号一般性意见，第19段。
② 人权事务委员会第25号一般性意见，第20段。
③ *Odinga v. Independent Electoral and Boundaries Commission*, Supreme Court of Kenya, [2013] 5 LRC 615.
④ Decision of the Constitutional Council of France, 3 February 1999, (1999) 1 *Bulletin on Constitutional Case-Law* 53.
⑤ *Kall v. Poland*, Human Rights Committee, Communication No. 552/1993, 14 July 1997, Selected Decisions, Vol. 6, p. 76.
⑥ UN document A/5000, s. 96.

必须客观、合理。在适当情况下，可以采取平权措施以确保所有公民均有平等机会担任公职。将机会均等和择优选用的一般原则作为担任公职的根据，并提供有保障的任期，将确保担任公职的人免受政治干涉或压力。尤其重要的，是确保个人在行使这一权利时，不遭受基于《公民及政治权利国际公约》第 2 条所列任何理由的歧视。①

规定不得同时担任不同的立法、行政和司法权力部门中的职位，以及不得同时担任地方自治政府及其行政单位的机构和部门中的雇员职位与这些单位之代表机构的成员职位的法律，并未侵犯这一权利。② 国家必须确保，对于担任公职之机会和在公职部门中担任职务的人员，不存在基于政治见解或表达的歧视。③ 要求国家警察的候选人必须来自具有"无可挑剔之道德"的家庭是不合理的。它参照的是价值判断和家庭行为模式，而在当今的情况下，这些情况与候选人的联系是任意的。④

旨在提供补救的法律与此权利并不矛盾。在乌拉圭 12 年的军事极权统治时期，一些公职人员因意识形态、政治或工会隶属关系或纯粹随意的原因而被解职。在军事统治结束后，第一届民选议会颁布的立法规定，所有这些公职人员都应恢复其各自的岗位。一名律师曾试图在公职部门就业，但被告知，在该阶段，只有被解职的前公职人员才能被接收为公职人员。人权事务委员会在审查该律师的申诉时认为，考虑到该国在军事统治时期的社会和政治局势，尤其是许多公职人员被解职，新的民主政府颁布的新法律是一种补救措施，因此与《公民及政治权利国际公约》第 25 条（寅）项中的"一般平等之条件"的提法并非不相容。⑤

---

① 人权事务委员会第 25 号一般性意见，第 23 段。

② Decision of the Constitutional Court of Croatia, (1998) 3 *Bulletin on Constitutional Case-Law* 400.

③ *Adimayo Aduayom v. Togo*, Human Rights Committee, Communication Nos. 422 – 4/1990, HRC 1996 Report, Annex Ⅷ. C.

④ Decision of the Constitutional Court of Italy, 23/31 March 1994, (1994) 1 *Bulletin on Constitutional Case Law* 35.

⑤ *Stalla Costa v. Uruguay*, Human Rights Committee, Communication No. 198/1985, HRC 1987 Report, Annex Ⅷ. E.

第二十七章　平等权

国际文书

《世界人权宣言》
第 7 条
人人在法律上悉属平等，且应一体享受法律之平等保护。人人有权享受平等保护，以防止违反本宣言之任何歧视及煽动此种歧视之任何行为。

《公民及政治权利国际公约》
第 26 条
人人在法律上一律平等，且应受法律平等保护，无所歧视。在此方面，法律应禁止任何歧视，并保证人人享受平等而有效之保护，以防因种族、肤色、性别、语言、宗教、政见或其他主张、民族本源或社会阶级、财产、出生或其他身分而生之歧视。

区域文书

《欧洲人权公约第十二议定书》
第 1 条
1. 对法律所规定的任何权利的享有应当得到保障，不应因任何理由比如性别、种族、肤色、语言、宗教、政治或其他观点、民族或社会出身、与某一少数民族的联系、财产、出生或其他情况等而受到歧视。
2. 任何人都不应当因如上述所列事项的任何理由而受到任何公共机构的歧视。

《美洲人的权利和义务宣言》
第2条
所有的人在法律面前平等……

《美洲人权公约》
第24条
在法律面前人人平等。人人享有不受歧视的法律的平等保护。

《非洲人权和民族权宪章》
第3条
1. 法律面前人人平等。
2. 人人有权享有法律的平等保护。

有关文本

《联合国消除一切形式种族歧视宣言》，联合国大会1963年11月20日第1904（XVIII）号决议通过

《消除对妇女歧视宣言》，联合国大会1967年11月7日第2263（XXII）号决议通过

《设立一个和解及斡旋委员会负责对取缔教育歧视公约各缔约国间可能发生的任何争端寻求解决办法的议定书》，联合国教育、科学及文化组织1962年12月10日通过，1968年10月24日生效

《消除一切形式种族歧视国际公约》，1965年12月21日通过，1969年1月4日生效

《禁止并惩治种族隔离罪行国际公约》，1973年11月30日通过，1976年7月18日生效

《消除对妇女一切形式歧视公约》，1979年12月18日通过，1981年9月3日生效

《消除基于宗教或信仰原因的一切形式的不容忍和歧视宣言》，联合国大会1981年11月25日第36/55号决议通过

《反对体育领域种族隔离国际公约》，1985年12月10日通过，1988年4月3日生效

《保护所有迁徙工人及其家庭成员权利国际公约》，1990年12月18日通过，2003年7月1日生效，第1条、第7条

《在民族或族裔、宗教和语言上属于少数群体的人的权利宣言》，联合国大会1992年12月18日第47/135号决议通过

《消除对妇女一切形式歧视公约任择议定书》，1999年10月6日通过，2000年12月22日生效

《消除对妇女的暴力行为宣言》，联合国大会1994年2月23日第48/104号决议通过

《儿童权利公约》，1989年11月20日通过，1990年9月2日生效，第2条

《残疾人权利公约》，2006年12月13日通过，2008年5月3日生效

《消除对麻风病患者及其家庭成员的歧视的原则和准则草案》，联合国人权理事会咨询委员会2010年8月提交人权理事会

国际劳工组织《关于对男女工人同等价值的工作付予同等报酬的第100号公约》，1951年6月29日通过，1953年5月23日生效

国际劳工组织《关于就业和职业歧视的第111号公约》，1958年6月25日通过，1960年6月15日生效

《取缔教育歧视公约》，联合国教育、科学及文化组织1960年12月14日通过，1962年5月22日生效

《关于种族和种族偏见的宣言》，联合国教育、科学及文化组织大会1978年11月27日通过

一 评论

《公民及政治权利国际公约》第26条概括了三个相互联系的概念：法律上的平等；法律的平等保护；得到平等有效的保护而免受歧视。它并不是仅仅重复《公民及政治权利国际公约》第2条的保障，而是本身就规定了一项自主性的权利。因此，其适用并不限于《公民及政治权利国际公约》中所规定的权利，而是禁止在公共当局管理和保护的任何领域中法律上或事实上的歧视。因此，它有关于立法方面施予国家的义务。当国家立法时，必须符合本条的要求，即立法之内容和适用不得是歧视性的。①

---

① 人权事务委员会第18号一般性意见（1989年），第12段。See also UN document A/2929, chap. VI, s. 180; *Broeks v. Netherlands*, Human Rights Committee, Communication No. 172/1984, HRC 1987 Report, Annex Ⅷ. B. *Wackenheim v. France*, Human Rights Committee, Communication No. 854/1999, 15 July 2002.

对于某些权利,《公民及政治权利国际公约》明确要求国家采取措施保障平等。例如,《公民及政治权利国际公约》第 23 条第 4 款规定,国家应采取适当步骤,确保夫妻在婚姻方面,在婚姻关系存续期间,以及在婚姻关系消灭时,双方权利责任平等。这些步骤可采取立法、行政或其他措施的形式,但确保夫妻享有平等权利是国家的一项积极义务。就儿童而言,《公民及政治权利国际公约》第 24 条规定,每一儿童应有权享受家庭、社会和国家因其未成年地位而给予的必需保护措施,不因种族、肤色、性别、语言、宗教、民族本源或社会出身、财产或出生而受任何歧视。

《公民及政治权利国际公约》第 26 条并不禁止所有的区别对待。在法律上的平等以及受法律的平等保护,并不意味着身份或待遇的抽象均等。[①] 需要对不同类别和群体的人做出区分,而且基于合理、客观标准的分类是被允许的。[②] 平等原则不仅仅是一种形式性要求;作为一项实质性原则,它要求对同等事项同等对待,对不同等事项则不同等对待。它并没有排除所有的歧视可能性,而是意味着禁止任意歧视以及没有合理理由或充分实质根据的区分。换言之,可以在法律中规定非任意性的优惠待遇,只要根据立法机关的自由裁量权,这种待遇既合理又合适。[③] 正如霍姆斯(Holmes)法官指出的:"我们必须铭记,如果不允许政府这种机器的关节耍点小把戏,那么它就无法运作。"[④] 例如,应该禁止盲人驾驶车辆;应该强制年轻人上学,直到其达到一定年龄。这是对社会中的群体区别地适用法律,但又不会违反这一原则的两个例证。同样,累进税制——根据该制度,收入较高的人被划入高纳税层级,并且支付的税款占其收入比重更大——也不违背这一原则,因为在高收入和低收入之间的区分是客观的,而更公平地分配财富的目的是合理的,并且符合《公民及政治权利国

---

① *The State of West Bengal v. Anwar Ali Sarkar*, Supreme Court of India, [1952] SCR 284 and AIR 1952 SC 75, per Chandrasekhara Aiyar J. See also *Apostolides v. The Republic of Cyprus*, Supreme Court of Cyprus, (1984) 3 CLR 233:"在法律上的平等"并未传达精准的绝对平等的理念。

② *Foin v. France*, Human Rights Committee, Communication No. 666/1995, HRC 2000 Report, Annex Ⅸ. C.

③ Decision of the Constitutional Court of Portugal, 12 January 1999, (1999) 1 *Bulletin on Constitutional Case-Law* 92. 因此,在对于无线电广播许可的公开竞争中,依据此前在大众媒体领域的经验给予绝对优先权,就未做到公正的评估,并造成了一种没有客观理由的歧视形式,因为它纯粹是给予在该领域已经站稳脚的主体排他性的优先地位的一种手段。

④ *Bain Peanut Co. v. Pinson*, United States Supreme Court, 282 US 499 (1930), at 501.

际公约》的目标。①

平等原则有时要求国家采取平权行动（affirmative action），以减少或消除会引起歧视或有助其持续下去的条件。例如，如果一国中某一部分人口的普遍状况阻碍或损害他们享有人权，国家应采取具体行动纠正这些状况。这种行动可以涉及在一定时间内，就某些具体事务，给予有关部分人口比给予其他人口的某种更为优惠的待遇。但是，只要这种行动是纠正事实上的歧视所必要的，就构成正当的差别待遇。②

平等条款的主要任务是促成这样一个社会——其中所有人都安稳地认识到，他们在法律上被平等地承认为值得关注、尊重和重视的人。对申诉的分析应聚焦于揭示、理解立法上做出的区分（包括立法不作为）对于受影响的个人或群体的负面影响，而不是侧重于确定区分是否根据列举的或类似的理由作出。对于查明立法上的区分是否具有歧视性所不可或缺的，是认识受影响的个人或群体的社会脆弱性以及受影响的利益在其对于人之尊严和人格的重要性方面的性质。虽然表现出列举的和类似的理由可能是歧视存在的一种标志，或者引发了对歧视存在的推定，但是恰恰是对于受到负面影响的个人或群体的性质的认知，才是应该加以审视的理由。③

> 平等是一种基本信仰、"一种生活方式"，不应该受到狭隘、迂腐或字典式的方法的限制。我们不能赞同任何削减其包罗万象的范围和含义的企

---

① See *Sprenger v. Netherlands*, Human Rights Committee, Communication No. 395/1990, HRC 1992 Report, Annex Ⅸ. P, 安藤仁介（Nisuke Ando）、库尔特·亨德尔（Kurt Herndl）和比拉默·恩迪亚耶（Birame Ndiaye）的个人意见。就税收问题见，*Hanzmann v. Austria*, European Commission, (1989) 60 *Decisions & Reports* 194：两种公职人员——一种是在其本国工作但生活在国外的公职人员；另一种是要么在本国工作并生活、要么在国外工作并生活的公职人员——在纳税上的差异是一种有着客观、合理理由的区分。*Antoniades v. The Republic of Cyprus*, Supreme Court of Cyprus, (1979) 3 CLR 641：纳税上的绝对平等是无法实现的，平等原则也并未真正如此要求。在税收事项上，国家可以挑出并选择地区、对象、人员、方法，甚至是税率。国家不能为了对某些事项征税就必须对所有事项征税。*Apostolou v. The Republic of Cyprus*, Supreme Court of Cyprus, [1985] LRC (Const) 851：在自我雇用者和雇员之间的区分是合理的。See also *Srinivasa Theatre v. Government of Tamil Nadu*, Supreme Court of India, [1993] 4 LRC 192：在位于公司或特级市区 5 公里范围内外的电影院之间做出区分并非不合理。前者享有一定的优势（即能够从其门前大量的、富裕的流动人口中获益，并在首轮展映电影），而后者面临的流动人口较少，并且经常在次轮展映电影。

② 人权事务委员会第 18 号一般性意见，第 10 段。

③ *Vriend v. Alberta*, Supreme Court of Canada, [1983] 3 LRC 483, per L'Heureux-Dube J. See *Benner v. Secretary of State of Canada*, Supreme Court of Canada, [1997] 2 LRC 469：加拿大 1985 年《公民身份法》具有歧视性，侵犯了平等权，因为：(1) 该法律缺乏平等惠益，因为只有母亲是加拿大人的人，才必须接受审查并宣誓，并且 (2) 取得加拿大公民身份的可能性受到的限制程度不同——这取决于申请人的加拿大父亲或者母亲的性别，而性别与该法律所依据的人身安全、国家建设或国家安全的价值无关。

图，因为这样做会违反其活跃程度。平等是一个具有众多方面和维度的概念，它不能在传统和教条主义的框架之内"被限制、抑制和压制"。从实证主义的观点来看，平等是任意性的对立面。事实上，平等和任意性是死敌；一个属于共和国中的法治，而另一个则属于极权君主的奇想和任性。如果某个行为具有任意性，那么根据政治逻辑和宪法规定，它骨子里就是不平等的。①

国家一方在其立法、司法和行政行为中受到约束，必须确保每个人得到平等对待，不得有基于任何被禁止的理由的歧视。歧视不仅应被理解为意味着排斥和限制，而且应被理解为基于任何被禁止的理由的优惠——如果这些优惠的目的或效果是毁灭或损害所有人在平等基础上承认、享有、行使权利和自由。②

表面上看起来中立或没有歧视的意图，但是具有歧视性后果的规则或措施，也可能导致对《公民及政治权利国际公约》第26条的违反。但是，只有某一规则或决定的有害后果排他地或不合比例地影响了具有特定种族、肤色、性别、语言、宗教、政治或其他见解、民族本源或社会出身、财产、出生或其他身份的人，才能说这是基于《公民及政治权利国际公约》第26条规定的理由的间接歧视。如果具有这种影响的规则或决定依据的是客观、合理的理由，则不构成歧视。③

平等和不歧视的基本原则构成一般国际法的一部分，因为它适用于所有国家，无论它们是否是特定国际条约的缔约国。在国际法发展的现阶段，平等和不歧视的基本原则已进入了强行法领域。④ 所有人平等的宪法原则不仅适用于自然人，也适用于法人。⑤

---

① *Royappa v. State of Tamil Nadu*, Supreme Court of India, AIR 1974 SC 555, per Bhagwati J. See also *Van der Walt v. Metcash Trading Ltd*, Constitutional Court of South Africa, [2003] 1 LRC 170, per Ngcobo J.

② *Haraldsson v. Iceland*, Human Rights Committee, Communication No. 1306/2004, 24 October 2007.

③ *Prince v. South Africa*, Human Rights Committee, Communication No. 1474/2006, 31 October 2007：禁止持有和使用大麻会平等地影响所有人，包括可能信仰毒品的有益性的宗教运动成员。因此，国家未能为拉斯特法里教徒提供豁免，并不构成违反《公民及政治权利国际公约》第26条的差别待遇。

④ *Legal Status and Rights of Undocumental Migrants*, Inter-American Court, Advisory Opinion OC – 18/03, 17 September 2003, (2004) 1 *Bulletin on Constitutional Case-Law* 171.

⑤ Decision of the Constitutional Court of Lithuania, 23 February 2000, (2000) 1 *Bulletin on Constitutional Case-Law* 79.

二 释义

(一)"人人在法律上一律平等,且应受法律平等保护,无所歧视"

最初起草的《公民及政治权利国际公约》第 26 条规定,所有的人在法律前平等。在联合国大会(联大)第三委员会,印度敦促增加"且应受法律的平等保护,无所歧视"这些词语,来强化该条款。经此修正后,该条款与《世界人权宣言》第 7 条的第一句相同。[①]"在法律前平等"的概念借自 1789 年法国《人权和公民权宣言》第 6 条——该条宣称,法律"对于所有的人,无论是施行保护或是惩罚都是一样的",所有人"在法律的眼里一律平等"。"法律的平等保护"的概念,反映了美国宪法第 14 修正案,是"平等法律的保护的一种承诺",[②] 即对于处于类似情况中的所有人,法律的运作也类似。

1. "法律上平等"

平等的概念是一个"直接源于人类家庭的同一性、与个人的基本尊严有关"的概念。任何个人或群体都无权享有特权待遇,任何个人或群体也不得被定性为劣等,并受到敌意对待或者以其他方式受到歧视。[③] 戴西对这个概念作了如此解释:"对于犯下的没有合法理由的任何行为,我们的每个官员——从首相到治安警或征税官——都与任何其他公民一样负有同等责任。"[④] 反过来,在公职人员行使其权力、职责和职能时,每个公民都有权获得其平等对待。

"人人在法律上一律平等"的表述并不是指法律本身的实质,而是指可以适用法律的条件。它旨在确保待遇的平等,而不是一致,因此并不排除个人或个人组成的群体之间的合理区别。[⑤] 如果做出了合理分类,并且与法律的正当目标合理相关,那么规定了不同待遇的立法是可以接受的。同等对待并不一样的人可能导致这些权利之丧失,而不是对其之保护。[⑥]

[①] UN document A/5000, s. 108.

[②] *Yick Wo v. Hopkins*, United States Supreme Court, 118 US 356 (1886), at 369.

[③] *Proposed Amendments to the Naturalization Provision of the Political Constitution of Costa Rica*, Inter-American Court, Advisory Opinion OC – 4/84, 19 January 1984, para. 55.

[④] A. V. Dicey, *Introduction to the Study of the Law of the Constitution* (1885), 10th edn (London: Macmillan, 1959), 193.

[⑤] UN document A/2929, chap. VI, s. 179.

[⑥] *Mwellie v. Ministry of Works*, Transport and Communication, High Court of Namibia, [1995] 4 LRC 184:一般而言,因合理分类而限制并规定不同时效期间的法律本身并不违宪,因为它们所依据的理由是保护个人的公共政策,但条件是应给予当事方提出申诉的合理期间。See also *Stubbings v. United Kingdom*, European Court, (1996) 23 EHRR 213; Decision of the Constitutional Court of Portugal, 23 February 2005, (2005) 1 *Bulletin on Constitutional Case-Law* 102.

如下是适用这一理念的例证：

·在特立尼达和多巴哥，一位移民官员对于某一特定船运代理人代表外籍人员寻求获准进入和/或留在该国的申请，不断地、反复地对其施予劣于由其他船运代理人提出的相同或类似申请的待遇，这侵犯了法律前的平等。这一权利"旨在实现的目的之一是打击那些管理和/或操作政府和准政府机构运转的人所为的'拍马屁'和其他不公正行为"。①

·在斯里兰卡，大学资助委员对于四月份参加了一所大学的考试的考生，分配了比八月份参加考试的考生更多的名额，这导致了一个组别中的合格考生获得了相对于另一组别中的合格考生的不合理的优惠待遇。②

·在加拿大，根据具有普遍适用性的《酒水条例》（该条例规定某人只有被发现在公共场合醉酒，才会犯有某一罪行），某一印第安人如果在保留地之外醉酒，就会根据《印第安人法》被定罪。这意味着，一位印第安人即便是在"保留地之外"的自己家中醉酒，也将犯有罪行，而其他公民则可在公共场合之外的任何地方醉酒，却完全不会因此犯下任何罪行。这导致了一个人或一群人因其种族而受到比其他人更严厉的对待。③

·在法国，法律规定服兵役期为12个月，从事替代性国民服务则为期24个月，所依据的论点则是，倍增的服务期限是检验个人信念之真诚性的唯一办法，但这并不符合待遇差别应依据合理、客观标准的要求。④

·在捷克共和国，一项要求是，遭到前政权政治迫害、其财产被没收的个人——这迫使其在国外寻求庇护，并最终获得永久居留以及新的公民身份——若要获其财产返还，或者作为替代，获得给付的适当补偿，应满足具有捷克公民身份这一条件。这一要求是任意的，并因此是对作为前政权没收行为的同等

---

① *Smith v. L. J. Williams Ltd*, Court of Appeal of Trinidad and Tobago, (1981) 32 WIR 395, per Bernard J.

② *Perera v. University Grants Commission*, (1980) 1 *Decisions on Fundamental Rights Cases* 103. See also *The State of Andhra Pradesh v. Balaram*, Supreme Court of India, AIR (1972) SC 1375; *Roshan Lal v. The Union of India*, Supreme Court of India, AIR (1967) SC 1889; *The State of J & K v. Khosha*, Supreme Court of India, AIR (1974) SC 1; *Rita Kumar v. The Union of India*, Supreme Court of India, AIR (1973) SC 1050.

③ *R v. Drybones*, (1969) 9 DLR (3d) 473. See also *Attorney-General of Canada v. Canard*, Supreme Court of Canada, (1975) 52 DLR (3d) 548, 该案中，首席法官拉斯金（Laskin）在一项异议判决中认为，使得印第安人（不论是男性还是女性）丧失成为其已故配偶的遗产管理人资格的《印第安人法》第43条，造成了因种族原因的在法律前的不平等。

④ *Foin v. France*, Human Rights Committee, Communication No. 666/1995, HRC 2000 Report, Annex IX. C; *Maille v. France*, Human Rights Committee, Communication No. 689/1996, HRC 2000 Report, Annex IX. F; *Venier and Nicholas v. France*, Human Rights Committee, Communication Nos. 690 – 1/1996, HRC 2000 Report, Annex IX. G.

受害者的不同个人的歧视性区分，构成对《公民及政治权利国际公约》第 26 条的违反。①

·在爱尔兰，根据《危害国家罪行法》设立的特别刑事法院因与一起事件有关的 7 项指控（包括非法拘禁、抢劫、以恐吓方法索要金钱以及持有枪支）而对某一爱尔兰国民的审判，致使他面对着一个非常规组成的法院的非常规审判程序，这使其区别于在普通法院中受到类似罪行指控的其他人。②

·在德国，一项法律禁止民事伴侣中的一方收养该民事伴侣的另一方收养的儿童，但允许收养一方配偶收养的儿童以及收养一方民事伴侣的亲生子女。③

·在德国，作为禁止在饮食场所吸烟的法定禁止的例外，一项法律允许在用饮场所的独立吸烟室吸烟，但是将用餐场所和迪斯科舞厅排除在这一权利之外。④

·在以色列，一项法律只允许极端正统的犹太教公民免服义务兵役。⑤

·在以色列，削减未接种所要求的疫苗的儿童应得的福利，因为对于儿童福利安排的社会目标而言，疫苗项目的考虑因素是外在的。⑥

·在波斯尼亚和黑塞哥维那，一项法律规定违反了该国全境内各组成民族的所有语言平等的原则。⑦

·在摩洛哥，对于未能公布其财产的摩洛哥宪法委员会的任何成员，根据

---

① *Adam* v. *The Czech Republic*, Human Rights Committee, Communication No. 586/1994, 23 July 1996, Selected Decisions, Vol. 6, p. 121; *Kohoutek* v. *The Czech Republic*, Human Rights Committee, Communication No. 1448/2006, 17 July 2008; *Persan* v. *The Czech Republic*, Human Rights Committee, Communication No. 1479/2006, 24 March 2009; *Des Fours Walderode* v. *The Czech Republic*, Human Rights Committee, Communication No. 747/1997, 30 October 2001; *Amundson* v. *The Czech Republic*, Human Rights Committee, Communication No. 1508/2006, 17 March 2009; *Slezak* v. *The Czech Republic*, Human Rights Committee, Communication No. 1574/2007, 20 July 2009.

② *Kavanagh* v. *Ireland*, Human Rights Committee, Communication No. 819/1998, 4 April 2001, Selected Decisions, Vol. 7, p. 117. 尤其是，他被拒绝由陪审团审判，以及在初始阶段诘问证人的权利。因此，《公民及政治权利国际公约》第 26 条被违反。

③ Decision of the Federal Constitutional Court of Germany, 19 February 2013, (2013) 1 *Bulletin on Constitutional Case-Law* 67.

④ Decision of the Federal Constitutional Court of Germany, 24 January 2012, (2012) 1 *Bulletin on Constitutional Case-Law* 70; Decision of the Federal Constitutional Court of Germany, 30 July 2008, (2008) 2 *Bulletin on Constitutional Case-Law* 266.

⑤ *Resler* v. *The Knesset*, Supreme Court of Israel, (2012) 1 *Bulletin on Constitutional Case-Law* 90.

⑥ *Adallah* v. *Ministry of Welfare*, Supreme Court of Israel, (2013) 3 *Bulletin on Constitutional Case-Law* 510.

⑦ Decision of the Constitutional Court of Bosnia and Herzegovina, 25 June 2004, (2004) 2 *Bulletin on Constitutional Case-Law* 230; Decision of the Constitutional Court of Bosnia and Herzegovina, 22 April 2005, (2005) 1 *Bulletin on Constitutional Case-Law* 25.

该罪行发生于任命时、任职期间，还是发生在其任期届满时——尽管涉及的是相同罪行，而施加了两项不合比例的惩罚。①

·在奥地利，一项法律限制特定第三国的成员带入其配偶的家人以及未满14周岁未成年人的权利，因为年龄限制在客观上并不合理且因此违反了外国人之间平等待遇的原则。②

为了能经得住可予允许之分类的考验，必须满足两个条件：即（甲）该分类必须基于一种可理解的、将作为一个组合的人或物与该组合之外的人或物区分开来的差异；以及（乙）该差异必须与有关法律所要实现的目标有合理的联系。分类可以根据所要实现的目标而基于不同的依据，但是其中隐含的是，在该分类依据以及所议之法律的目标之间应该存在关联即因果关系。在考虑合理性时，法院还必须考虑这一分类的目标。该目标如果不合逻辑、不公平或不公正，则必然将被视为不合理。③

寻求平等待遇的人在如此做时，必然会论及他或她可以正当地用来比较的人。一开始就在确定合适的比较组别上发生错误，可能会毁掉对平等情况的分析。不能因为某一申诉者试图与之相联系的群体的相关特征无法反映该申诉者的实际情况，或者因为指向了在相关特征上完全不具有可比性的某一群体的利益，就歪曲对于平等的申诉的结果。合适的比较组别，是那种与所寻求的利益或好处相关、反映了申诉个人（或申诉群体）之特征的组别。因此，事实婚姻的前任配偶，就如离婚的配偶一样，就不再是有资格领取遗属津贴的配偶。④

单纯的行政和技术性质的困难，不能证明不平等待遇就是正当合理的。⑤

2."法律的平等保护"

"法律的平等保护"意味着，对于所有处境相同的人，法律的内容和适用

---

① Decision of the Constitutional Council of Morocco, 23 September 2007, (2010) 2 *Bulletin on Constitutional Case-Law* 335; Decision of the Constitutional Council of Morocco, 23 September 2007, (2010) 2 *Bulletin on Constitutional Case-Law* 336.

② Decision of the Constitutional Court of Austria, 19 June 2000, (2000) 2 *Bulletin on Constitutional Case-Law* 224.

③ *Naz Foundation v. Delhi*, High Court of Delhi, [2009] 4 LRC 838; *Maneka Gandhi v. Union of India*, Supreme Court of India, [1978] 1 SCC 248; *Ajay Hasia v. Khalid Mujib Sehravardi*, Supreme Court of India, (1981) 1 SCC 722.

④ *Hodge v. Canada (Minister of Human Resources Development)*, Supreme Court of Canada, [2005] 3 LRC 512.

⑤ Decision of the Supreme Court of Estonia, 21 January 2004, (2004) 1 *Bulletin on Constitutional Case-Law* 49.

必须是相同的。歧视性的目的或意图是一个相关因素，但不是必要条件。法律上的区分并不非要源自对某一个人或群体产生不利的愿望。如果立法的效果剥夺了某一个人享有法律的平等保护或利益，也就足够了。主要的考量因素是法律对于相关个人或群体的影响。①

> 如果证实申诉者所遭歧视是由立法导致的，而且被剥夺了与其他处于同样地位上的人同等的权利，那么我并不认为，在他能够根据他的基本权利声索救济之前，他有义务主张并证明立法机关在制定法律时，受到了针对特定个人或类别的敌视或敌意的驱使。②

毛里求斯最高法院认为，在认定某一规则具有歧视性之前，应当寻找任何"偏见和非难的想法"。该法院认为，将妇女排除在陪审任务之外，并不构成歧视，因为在差别对待中并不存在偏见和非难的想法。法院通过司法确认，为了支持这种区别对待，存在着可以正当地援引的若干因素，而且这些因素不仅与妇女的状况大体有关，也与毛里求斯社会的特殊情况有关。

> 这些法律的制定者可能已经考虑过，并且可能仍然认为，毛里求斯妇女的身份、她在住宅和家庭中的地位和作用、在这个国家中盛行的社会条件，都与这一任务不相容。因为这种任务——正如我们的法律已经规定并且仍然有效的那样——可能要求妇女有时要长期离家，睡在酒店，并且不能在法院引导者的监理之外行动。对我们来说值得疑问的是，这样的义务会给许多毛里求斯妇女造成很大的痛苦，引起许多男性亲属的极度不满。我们的判断是，如果受到质疑的立法所做的区分需要任何一种客观、合理的理由，那么这些情况将提供这样的理由。③

---

① *Eldridge v. Attorney General of British Columbia*, Supreme Court of Canada, [1998] 1 LRC 351. 在这方面，加拿大和印度法院采取了与美国最高法院不同的方法。美国最高法院要求，要有一种歧视性意图，才能作为根据第14修正案要求平等保护的根据。

② *The State of West Bengal v. Anwar Ali Sarkar*, Supreme Court of India, [1952] SCR 284, per Mukherjee J. See also *Zwaan-de Vries v. Netherlands*, Human Rights Committee, Communication No. 182/1984, HRC 1987 Report, Annex Ⅷ.D; *Simunek v. The Czech Republic*, Human Rights Committee, Communication No. 516/1992, HRC 1995 Report, Annex Ⅹ.K：出于政治动机的区别对待不太可能与《公民及政治权利国际公约》第26条相容。但是并未受到政治动机驱动的法律，如果其效果具有歧视性，也可能依然会违反这一规定。

③ *Jaulim v. Director of Public Prosecutions*, Supreme Court of Mauritius, (1976) *The Mauritius Reports* 96.

普遍适用的中立性法律在对某一个人或群体产生不利影响，却未对该法律对其适用的其他人产生如此影响的情况中，可能会引起关于歧视的申诉。在加拿大的一起案件中，不列颠哥伦比亚省的医疗保障制度平等地适用于聋人和听力正常人群，没有将聋人单列出来予以不同待遇。医疗服务委员会和医院未能提供手语翻译服务，以促进聋人与其医师之间有效沟通，这使聋人无法在与听力正常的人群同等的程度上，从该法律中获益，从而受到了歧视。不能将提供手语翻译视为一种辅助服务，就像是送到医院或不受公共资助的美容手术，而应将其视作确保聋人获得与听力正常人群相同质量的医疗服务的手段。未能提供此类服务导致聋人受到次等医疗待遇。① 因此，尽管法律规定造成的个人之间在待遇上的差异不一定必然导致不平等，但是同等的待遇却经常有可能造成严重的不平等。②

法定机构未能确立和实施符合事先规定的具体准则和标准的公正客观程序，将违反法律的平等保护。③ 在塞浦路斯，所得税法中的一项要求——若要使丈夫有权享受减税，则"妻子必须与丈夫一起生活"，是对法律的平等保护的否定，因为供养着远离其妻子的丈夫，受到的待遇不同于与妻子居住在同一屋檐下的其他已婚男子。④ 普通法和制定法未能为同性伴侣提供手段，使其可以享有与提供给结了婚的异性夫妻的相同的地位、权利和责任，构成了对于获得法律平等保护权的无理侵犯。将同性伴侣排除在婚姻的利益和责任之外，并不是一个微小且不切实的不便，而是一种法律的严苛表达（即便是隐晦的），即同性伴侣是局外人，并且他们对于其亲密关系得到确认和保护之需要在某种程度上不及异性夫妻的这种需求。⑤

在斯里兰卡，"工作银行计划"打算让每名议会议员在其选区的失业人员中提名1000人雇用，这被认为"破坏或虚化了"获得法律平等保护的权利。

  工作银行计划使得议会议员能够给予1000人特权，这些人是由他在一大群人中任意选出的，而所有这些人对于所给予的特权而言，具有相同

---

① *Eldridge v. Attorney General of British Columbia*, Supreme Court of Canada, [1998] 1 LRC 351.
② *Andrews v. Law Society of British Columbia*, Supreme Court of Canada, [1989] 1 SCR 143.
③ *Rathnayake v. Sri Lanka Rupavahini Corporation*, Supreme Court of Sri Lanka, [1999] 4 LRC 8；负责国家电视频道播放计划的法定机构，有权决定提交给它的电影胶片是否适合放映，如果是，则有权决定放映时间。See also *Sugumar Balakrishnan v. PengarahImigresen Negeri Sabah*, Court of Appeal of Malaysia, [2000] 1 LRC 301。
④ *Christodoulides v. The Republic of Cyprus*, Supreme Court of Cyprus, (1987) 3 CLR 1039.
⑤ *Minister of Home Affairs v. Fourie*, Constitutional Court of South Africa, [2006] 1 LRC 677. 普通法和制定法对于婚姻的定义与平等权不一致，并且在不包括同性夫妻的情况下无效。See also *Fourie v. Minister of Home Affairs*, Supreme Court of Appeal of South Africa, [2005] 4 LRC 498.

地位；而且在得以选中和未受此等青睐的人之间，无法找出任何合理区分或者实质性差别，能证明将某一人纳入该特权之内，却将另一人排除在该特权之外正当合理。①

由于没有给出关于该选择所要遵循的原则的指示，并且由于该计划将选择权交给议会成员的不受约束和绝对的自由裁量，因此，其中固有歧视。同样在斯里兰卡，未能就五个省议会进行民意调查，导致这些省份的选民，相对于进行了民意调查的其他四个省份的选民，未能获得法律的平等保护。②

在如下情况中，平等保护的理念并未受损害：马来西亚的立法不允许任何执业不满7年的律师具有被选入律师协会的资格；③毛里求斯国会规定，在毛里求斯犯下的将由两名治安法官审判的罪行，如果发生在罗德里格斯（Rodrigues），则应由一名治安法官审理；④加拿大创立了一个罪名，而在生物学上，该罪行只能由一种性别犯下；⑤或者西班牙在判定获得失业救济的权利时，在并不是休假公职人员的失业候补法官以及是公职人员的失业候补法官之间作出区分。⑥

印度最高法院的判例表明，受到质疑的法律可能属于以下类别中的某一个：⑦

（1）法律本身有可能表明其规定所适用的人或者事物，对于这些人或事物的分类依据可能体现在该法律的表面，也有可能从周边具体情况推断出来。（法院必须审查，这种分类是否或者是否可以合理地被认为依据了某些差异——这些差异将该类集合在一起的人或事物区别于该集合之外的人或事物，以及这些差异是否与该法律所寻求实现的目标具有合理联系。）⑧

---

① *Palihawadana v. The Attorney General*, Supreme Court of Sri Lanka, (1979) 1 *Decisions on Fundamental Rights Cases* 1, per Sharvananda J. 然而，这一申诉遭到了拒绝，理由是申诉人没有诉讼地位。

② *Karunathilaka v. Commissioner of Elections*, Supreme Court of Sri Lanka, [1999] 4 LRC 380.

③ *Malaysian Bar v. The Government of Malaysia*, Supreme Court of Malaysia, [1988] LRC (Const) 428.

④ *Police v. Rose*, Supreme Court of Mauritius, (1976) *The Mauritius Reports* 79：坚持"在构成一个具有有限资金、人员、交通的小国的所有分散小岛之间实现平等"是不现实的。

⑤ *R v. Hess*, Supreme Court of Canada, (1990) 2 SCR 906：正如禁止自我堕胎的规定不能被视为具有歧视性一样，只起诉与14岁以下的女性发生性关系的男性并不构成歧视。

⑥ *Pons v. Spain*, Human Rights Committee, Communication No. 454/1991, HRC 1996 Report, Annex Ⅷ. E.

⑦ *Dalmia v. Tendolkar*, Supreme Court of India, AIR 1958 SC 538. 该案总结了这些不同的类别。

⑧ *Chiranjītlal Chowdhri v. The Union of India*, Supreme Court of India, [1950] SCR 869；*The State of Bombay v. Balsara*, Supreme Court of India, [1951] SCR 682；*Kedar Nath Bajoria v. The State of West Bengal*, Supreme Court of India, [1954] SCR 30；*Seyed Mohamed & Co v. The State of Andhra*, Supreme Court of India, [1954] SCR 1117；*Budhan Choudhry v. The State of Bihar*, Supreme Court of India, [1955] 1 SCR 1045.

（2）法律可能使其某些条款针对一个或几个人或事物，但是分类的合理依据未出现于其表面，也不能从周边具体情况或者常识事项中推断出来。（在后一种情况中，法院将废除作为赤裸裸的歧视例证的该法律。）①

（3）法律虽然并没为了实施其规定，而对某些人或者事物做出分类，但是有可能留由政府自由裁量对其规定所适用的人或事物的选择或分类。（只有在该法律没有制定指导政府在选择或分类事项上行使自由裁量的任何原则或政策时，法院才会废除该法律。）②

（4）法律虽然并没为了实施其规定，而对某些人或事物做出分类，并且有可能留由政府自由裁量对其规定所适用的人或事物的选择或分类，但是可能同时规定了用于指导政府在这种选择或分类事项上行使自由裁量的原则或政策。（法院将会支持该法律。）③

（5）法律没有对其规定所意在适用的人或事物做出分类，并且有可能留由政府自由裁量对人或事物的选择或分类，以便政府根据用于指导它在这种选择或分类事项上行使自由裁量的政策或原则，适用这些规定。（执行行为而非该法律将会被废除。）④

（二）"在此方面，法律应禁止任何歧视，并保证人人享受平等而有效之保护，以防因种族、肤色、性别、语言、宗教、政见或其他主张、民族本源或社会出身、财产、出生或其他身份等任何理由而生之歧视"

1. "在此方面"

在联大第三委员会，英国和希腊提议插入"在此方面"这一短语，以表明这句话所图的并不是禁止一切形式的歧视，尤其是在私人关系中，而只是禁止在"法律上平等"以及"法律的平等保护"这两项孪生原则方面的歧视。其目的是将第一句和第二句表述联系起来，后者是对前者所述的基本原则的解释和扩大。有人反对这一修正，理由是这两句话中的每一句都包含着独特的原则；第二句是《公民及政治权利国际公约》中唯一禁止一切歧视的条款。通过插入所提议的这一短语，第二句的有效性将会被缩减，因为这样，对于歧视的

---

① *Ameerunnissa Begum v. Mahboob Begum*, Supreme Court of India, [1953] SCR 404; *Ram Prasad Narayan Sahi v. The State of Bihar*, Supreme Court of India, AIR 1953 SC 215.
② *The State of West Bengal v. Anwar Ali Sarkar*, Supreme Court of India, [1952] SCR 284; *Dwarka Prasad Laxmi Narain v. The State of Uttar Pradesh*, Supreme Court of India, [1954] SCR 803; *Dhirendra Krishna Mandal v. The Superintendent and Remembrancer of Legal Affairs*, Supreme Court of India, [1955] 1 SCR 224.
③ *Kathi Raning Rawat v. The State of Saurashtra*, Supreme Court of India, [1952] SCR 435.
④ *Kathi Raning Rawat v. The State of Saurashtra*, Supreme Court of India, [1952] SCR 435.

禁止将只适用于法律前平等的范围。该提案通过唱名表决，以 36 票赞成、30 票反对、11 票弃权获得通过。①

加拿大最高法院区分了与就业有关的直接歧视与被称为负面影响歧视的概念。直接歧视发生在这样的情况中：雇主采用了表面上即基于被禁止的理由加以歧视的做法或规则——例如，"此处不雇佣天主教徒、妇女和黑人"。另一方面，负面影响（或间接）歧视的概念则出现在这样的情况中：雇主出于真正的商业原因，采用了一项在表面上中立、平等地适用于所有雇员的标准规则，但是它因某一被禁止的理由，而对某名或某组雇员具有歧视性影响，即由于该名或该组雇员的某些特殊性质，这一规则为其施加了并未施予职工中的其他成员的义务、处罚或限制性条件。② 对于残疾的情况，负面影响歧视尤其具有相关性。

2. "基于……等任何理由"

使用"基于……等任何理由"* 这一表述意味着，禁止歧视在可能的歧视理由方面，是开放的。事实上，人权委员会认为，"基于……任何理由的歧视"以及"其他身份"的表述就足够开放，并不需要在本条中做出任何进一步的列举。因此，加入"经济或其他意见"以及"教育程度"的提议，因其不必要而未获票决。③

博茨瓦纳最高法院的一项判决说明了这一禁止的开放性。该国宪法第 15 条第 3 款将"歧视"一词定义为：

给予不同的人完全或主要归于其种族、部落、原籍、政治观点、肤色或信仰之不同特征的差别待遇。借此，具有某一特征的人受到资格或条件

---

① UN document A/5000, s. 111.
② *Ontario Human Rights Commission v. Simpsons-Sears*, Supreme Court of Canada, [1985] 2 SCR 53.
* 译自英文表述"on any ground such as"，《公民及政治权利国际公约》作准中文本中无准确对应的措辞。
③ UN document A/2929, chap. Ⅵ, s. 181. 参见，*B* v. *Netherlands*, Human Rights Committee, Communication No. 273/1989, HRC 1989 Report, Annex Ⅺ. F, 该案中，区分了两类理疗医师，一类是被直接告知了没有某些保险义务的，另一类是未获得直接告知的。人权事务委员会指出，"提交人并没有主张他们受到的区别对待是由于他们属于任何可以辨识的清楚类别，这样的类别有可能使他们基于《公约》第 26 条列明的某一理由或提到的'其他身份'而遭受歧视"。如果人权事务委员会建议将受到质疑的区分载为一项所列举的理由或"其他身份"，那么它似乎忽略了这一事实，即"基于……等任何理由"的表述不允许对于本条做出如此的限制性解释。巴耶夫斯基（Bayefsky）将人权事务委员会的这种方法描述为"诉诸对于《公约》文本的歪曲解释，以及在所列举的和其他理由之间的任意区分，或者对于'其他身分'所设置的限定"：Anne F. Bayefsky, 'The Principle of Equality or Non-Discrimination in International Law', [1990] 11 (1 – 2) *Human Rights Law Journal* 1, at 5.

限制，而具有另一种特征的人则不然；或者具有某一特征的人被赋予特权或优待，而具有另一种特征的人则不然。①

博茨瓦纳最高法院拒绝了一种意见：因为没有提到性别，所以依据性别的歧视并不违反宪法；第15条第3款并不是一种限制性的界定，而只是举例说明了所要予以禁止的歧视的类型。霍维茨（Horwitz）法官认为，如果说"性别"一词被去掉是因为博茨瓦纳认为应当歧视女性，这将是不可接受的。所要禁止的歧视性法律，正是那些针对某些人做了不利区分的法律。不违反该条款的用语并且符合博茨瓦纳作为其缔约国的有关非歧视的国际条约的解释，应当优先于允许依据性别的不受限制的歧视的狭隘解释。很难接受——如果不是不可能接受，博茨瓦纳在国际上不支持歧视的同时，却故意地歧视女性。

尽管《公民及政治权利国际公约》第26条第二句并没有将年龄本身列举为一项禁止的歧视理由，但与年龄相关的、并非依据合理、客观标准的区分也有可能构成基于"其他身份"的歧视，或者构成剥夺法律的平等保护。但是，远不明确的是，强制退休年龄通常会构成年龄歧视。强制退休年龄制度通过限制一生的工作时间，尤其是在有全面的社会保障制度确保达到这一年龄的人的生存之时，有可能包括一种保护工作者的维度。此外，在有关强制退休年龄的立法或政策背后，也可能存在与就业政策有关的原因。在一起案件中，人权事务委员会委员安藤仁介（Nisuke Ando）在附议意见中认为，"年龄"不应该包括在"其他身份"中，因为年龄具有与《公民及政治权利国际公约》第26条中列举的所有理由不同的独特性质。这些理由仅适用于部分人类群体，不论这一群体有多大。相比之下，年龄则适用于所有人类，并且由于这种独特性质，年龄构成了在整个《公约》制度中将一部分人与其他人区别对待的一个理由。例如，《公民及政治权利国际公约》第6条第5款禁止判处"未满十八岁之人"死刑，第23条第2款则提到"已达结婚年龄之男女"。此外，诸如《公民及政治权利国际公约》第24条中的"每一儿童"以及第25条中的"每个公民"等术语，都预设了以特定年龄作为对人加以区分的正当理由。安藤仁介提出，《公民及政治权利国际公约》第26条中提到的"其他身份"应该被解释为具有共同于该条所列举的所有理由的特征，从而排除了年龄。然而，这并不意味着基于"年龄"

---

① *Dow v. Attorney General*, Supreme Court of Botswana, ［1992］LRC（Const）623. *R v. O*,（1972）6 CCC（2nd）385，该案中，不列颠哥伦比亚省最高法院认为，尽管1960年《加拿大权利法案》第1条（b）项承认"法律前平等和法律的平等保护"权，不得受到因"种族、民族、肤色、宗教或性别"的歧视，但是这一条在其效力上并不局限于仅由所列举的项目所导致的法律中的不平等。

的差别对待不会引起《公民及政治权利国际公约》第26条之下的问题，实际上，该列举之后的"等"这一术语意味着，并没有必要将"年龄"包括在"其它身份"之内。另一方面，人权事务委员会另一位委员巴格瓦蒂（Bhagwati）认为，在列举理由之后的"等"这一术语清楚地表明，所列举的理由是说明性的而穷尽性的。因此，"身份"一词可以被可以解释为包括年龄。①

在"……理由的歧视"这一短语中，"理由"一词含混不清。它可能意味着做出决策的动机或歧视者在作出该决策时所适用的事实标准。在这一背景中，"理由"的含义是后者。②

3. "种族"

在以下案件中，确定了存在基于种族理由的歧视：

· 在肯尼亚的一起案件中，在内罗毕城市商场中按月租用摊位的6名亚洲人收到了离开的通知。这些通知是根据市政理事会的一项决定发出的，即"为了加快城市商场的非洲化，提前3个月通知当前的非非洲人摊主终止他们与该理事会的租约，获得授权的官员接收来自合适的非洲人租用这些摊位的申请"。③

· 在南非的一起案件中，在镇区（在历史上是黑人区，并且其绝大多数居民仍然是黑人）的居民以及市区（在历史上是白人区，并且其绝大多数居民仍然是白人）的居民之间，在用电收费上适用了差别待遇。这构成了基于种族理由的间接歧视，即便事实是，该差别对待适用于地理区域而不是特定种族的人。由于种族隔离，种族和地理有着千丝万缕的联系。适用地理标准虽然看似中立，但实际上可能具有种族歧视性。④

· 在塞拉利昂，其宪法于1962年作了具有追溯效力的修订，规定只有"非洲黑人后裔"才有权成为公民。这一表述被限定为是指其父亲以及祖父是非洲"黑人"血统的人。如果某一个在其他方面具有公民资格的人只有父母一方是非洲黑人后裔，那么他可以申请登记成为公民，但是他在做此登记之后，要在塞拉利昂连续居住25年，才有资格寻求被选入立法机关。塞拉利昂独立时的宪法曾承认，任何人在独立日（1961年4月26日）时是英国公民，并且

---

① *Love et al v. Australia*, Human Rights Committee, Communication No. 983/2001, 25 March 2003, Selected Decisions, Vol. 8, p. 232：将航空公司飞行员的退休年龄定为60岁，不能被认为具有任意性，尤其是因为他们必须操作飞机，这需要相当的敏捷、警觉、专注和镇定。See also *Hinostroza Solis v. Peru*, Human Rights Committee, Communication No. 1016/2001, 27 March 2006, Selected Decisions, Vol. 9, p. 65.

② *R v. Office of the School Adjudicator*, Supreme Court of the United Kingdom, [2010] 4 LRC 223.

③ *Madhwal v. City Council of Nairobi*, High Court of Kenya, [1968] EA 406.

④ *City Council of Pretoria v. Walker*, Constitutional Court of South Africa, [1984] 4 LRC 203.

出生在塞拉利昂，且其父母或祖父母之一也出生在塞拉利昂的人，即为该国公民。约翰·约瑟夫·阿卡尔（John Joseph Akar）根据这一宪法修正案被取消了入选立法机关的资格——他的生母是塞拉利昂本土人，父亲则是在塞内加尔出生并长大的黎巴嫩人，但是他本人从未到过黎巴嫩，而是在塞拉利昂生活了五十多年。英国枢密院认为，使用"黑人"一词涉及种族描述，该修正案的效果具有歧视性，违背了宪法文本，并藐视了宪法精神。①

· 在奥地利的一起案件中，一位土耳其公民获得了长期工作权，并被选入了其雇主的工作理事会即林茨的"支持外国人协会"，但他所当选的这一职位被剥夺，理由是参选该工作理事会的权利仅限于奥地利国民或欧洲经济区（EEA）成员国的国民。②

· 在波斯尼亚和黑塞哥维纳的一起案件中，特定族裔的一些人（不愿意宣布依附于"构成民族"的罗姆人和犹太人）被排除在竞选议会之外。③

· 在南非的一起案件中，《黑人管理法》将拥有公民权的处于优势地位的白人少数群体以及将要受到管理的处于受支配地位的黑人多数群体之间的殖民形式的关系加以系统化并强化。在这一制度中，并没有涉及"黑"人的无遗嘱财产的规定。④

· 在南非，通过立法，以习惯法和男性长子继承制的习惯法规则为基础，为非洲人规定了一项独立的继承制度。尊重习惯法不得导致同时存在歧视性法律制度。习惯法的不断演变的性质也必须要使其能够跟得上不断变化的价值观和社会现实的步伐。长子继承制的规则排除了（甲）寡妇作为其已故丈夫的无遗嘱继承人继承；（乙）女儿对于父母的继承；（丙）更年幼的儿子对于父母的继承；（丁）婚外儿童对于其父亲的继承。这些排斥构成了基于性别和出生的不公正歧视，是男权统治的基础制度的一部分。⑤

---

① *Akar v. Attorney-General of Sierra Leone*, Privy Council on appeal from the Supreme Court of Sierra Leone, [1969] 3 All ER 384.

② *Mumtaz Karakut v. Austria*, Human Rights Committee, Communication No. 965/2000, 4 April 2002.

③ *Sejdic and Finci v. Bosnia and Herzegovina*, European Court, (2010) 2 Bulletin on Constitutional Case-Law 416. 参见，Re BR (*Adoption*), Supreme Court of Nauru, [2014] 2 LRC 347：规定了以种族为基础的收养标准的法律，不一定构成种族歧视。不能认为，瑙鲁父母不得收养非瑙鲁儿童的要求构成了种族歧视，或者在法院认为该收养在其他方面将符合儿童最大利益时，该要求就具有不可适用性。

④ *Moseneke v. Master of the High Court*, Constitutional Court of South Africa, [2001] 5 LRC 165.

⑤ *Bhe et al v. Magistrate*, Khayelitsha, Constitutional Court of South Africa, [2005] 2 LRC 722：由于立法执行了非洲人的无遗嘱继承的习惯法，两名未成年的非洲女孩被剥夺了从其过世的父亲处继承的权利。See also *Shibi v. Sithole*, Constitutional Court of South Africa, [2005] 2 LRC 722：某位妇女被禁止从其兄弟处继承；[除她外的] 两个堂兄弟从继承的目的来说是他最近的亲人。

- 在以色列的一起案件中，某所犹太信仰学校的入学政策认为，如果某一学生的母亲因出生或血缘，或者因在有关儿童出生之前通过皈依，是正统的犹太信徒，则该学生有入学资格。但是一个学生遭到了拒绝，因为他的母亲在他出生之前所皈依的犹太教并不具有正统传统。①
- 在英国的一起案件中，临时驻扎在布拉格机场的英国移民官员获得授权，在乘客登上开往英国的飞机之前，向他们发出或拒绝发出进入英国的许可。六名罗姆族裔（罗姆人）的捷克国民打算在抵达英国时，即申请庇护，但是他们被拒绝入境。并且统计数据显示，近90%的罗姆人都被拒绝准许入境，而被拒绝入境的非罗姆人只有0.2%。该制度具有基于针对罗姆人的种族理由的内在的、系统性的歧视性。②

为了公共安全或者在一般意义上预防犯罪的目的，或者为了控制非法移民，而执行的身份核查服务于正当目的。然而，在当局执行这种核查时，受此核查的人的身体或族裔特征本身，不应被认为暗示着他们非法出现在该国的可能。执行这些核查的方式也不应当仅针对具有特殊身体或族裔特征的人。不这样做，不仅将会对有关人员的尊严产生负面影响，而且会助长排外态度在广大公众中蔓延，并与旨在打击种族歧视的有效政策背道而驰。③

4."肤色"

在美国，有一个州的法律规定，如果并未结婚的、异性的一位白人和一位黑人惯常地在同一个房间中留住并在其中过夜，即属刑事犯罪。这剥夺了法律的平等保护。由白人和黑人组成的跨种族伴侣受到了不同于其他伴侣的待遇，因为在一位白人和一位黑人组成的伴侣以外的其他伴侣，都不会根据该法律获罪。④

5."性别"

在如下情况中，发生了基于性别或性取向之理由的歧视：
- 澳大利亚塔斯马尼亚州的一项法律将自愿的男性之间的性接触规定为刑

---

① *R v. Office of the Schools Adjudicator*, Supreme Court of the United Kingdom, [2010] 4 LRC 223.

② *European Roma Rights Centre v. Immigration Officer at Prague Airport*, House of Lords, United Kingdom, [2005] 3 LRC 657.

③ *Williams Lecraft v. Spain*, Human Rights Committee, Communication No. 1493/2006, 27 July 2009：最初来自美国的一名西班牙籍女子与她的丈夫和儿子一起从马德里抵达了巴拉多利德（Valladolid）火车站。她下了火车后不久，一名国家警察走向她，要求查看她的国民身份证件。该警察并没有要求当时在站台上的任何其他人，包括她的丈夫和儿子，出示身份证件。当被问及进行身份核查的原因时，该警察回答道，他有义务核查像她这样的人的身份，因为许多这样的人都是非法移民。他补充说，国家警察接到了内政部的命令，尤其要对"有色人"进行身份核查。

④ *McLaughlin v. State of Florida*, United States Supreme Court, 379 US 184 (1964).

事犯罪，但并未同时将女性之间的这种接触入罪。[1]

· 在南非，对成年男性之间的自愿性行为（在本案中为鸡奸）采取了刑事制裁。[2]

· 匈牙利《刑法典》宣布，同性的兄弟姐妹之间的"非自然"性交是非法的，而不同性别之间的兄弟姐妹之间的"非自然"性交却不是如此。[3]

· 在加拿大，《家庭法》将扶养伴侣的义务主体从已婚者延及包括一些具有永久性的结合的异性关系中的个人，但是未提到既能够长久、也能够结合的同性关系。[4]

· 南非1991年《外国人管理法》允许南非公民的"配偶"申请并随后获得移民许可，但是却拒绝与南非公民保持着长久的同性生活伴侣的非南非公民的此种待遇。[5]

· 荷兰的一项法律要求，已婚妇女若要获得失业救济金，应证明她是养家活口者，而这种条件不适用于男性。[6]

· 荷兰的《儿童福利法》对年满45岁的未婚且无子女的男性征税，但对于境况类似的女性则不收此税。[7]

· 在奥地利，虽然家庭法对配偶双方规定了平等的权利和义务，但《养恤

---

[1] *Toonen v. Australia*, Human Rights Committee, Communication No. 488/1992, HRC 1994 Report, Annex IX. EE, Selected Decisions, Vol. 5, p. 133, 伯蒂尔·文纳尔格伦（Bertil Wennergren）的个人意见。

[2] *State v. K*, High Court of South Africa, [1998] 1 LRC 248. See also *National Coalition for Gay and Lesbian Equality v. Minister of Justice*, Constitutional Court of South Africa, [1998] 3 LRC 648, 萨克斯（Sachs）认为："反鸡奸法真正惩罚的是异常行为，仅仅因为该行为是异常的，而不是像在通常情况中，因为它是暴力的、不诚信的、奸诈的或者以其他方式扰乱公共安宁或引发伤害。而且，对其压制也是因为它被认为具有的象征主义，而不是因为它被证实是有害的。其结果是，所有的同性恋欲望都遭到了玷污，并且整个男女同性恋群体都被标记为异常和堕落，从而直接影响了平等利益。由于在性事项上不符合这一点，民众中的相当一部分人遭到迫害、被边缘化并使其自身屈服。"（该引文在第19章中出现过，但行文稍有不同。——译者注）参见，*Banana v. State*, Supreme Court of Zimbabwe, [2000] 4 LRC 621：对于鸡奸的刑事定罪不是基于性别的歧视。真正的歧视是反对同性恋男子，却支持异性恋男子，这并非基于性别的歧视。

[3] Decision of the Constitutional Court of Hungary, 20/1999, 25 June 1999, (1999) 3 *Bulletin on Constitutional Case-Law* 389.

[4] *Attorney General for Ontario v. M*, Supreme Court of Canada, [1999] 4 LRC 551.

[5] *National Coalition for Gay and Lesbian Equality v. Minister of Home Affairs*, Constitutional Court of South Africa, [2000] 4 LRC 292. 因此，在"配偶"一词之后，应读入"或者保持着长久的同性生活伴侣的伙伴"的词语。

[6] *Broeks v. Netherlands*, Human Rights Committee, Communication No. 172/1984, HRC 1987 Report, Annex VIII. B. see also *Zwaan-de Vries v. Netherlands*, Human Rights Committee, Communication No. 182/1984, HRC 1987 Report, Annex VIII. D.

[7] *Van Raalte v. Netherlands*, European Court, (1997) 24 EHRR 503.

金法》规定，鳏夫只有在没有任何其他形式的收入的情况下，才有权获得养恤金，而寡妇则不论其收入如何，都可以获得养恤金。[1]

· 在波兰，法律为女性教师规定了低于男性教师的强制退休年龄。[2]

· 秘鲁的一项法律规定，当妇女已婚时，只有丈夫才有权在法院代表婚姻财产。[3]

· 在坦桑尼亚，根据哈亚（Haya）习惯法，女性可以继承她们终生享有用益权的宗族土地，但是她们无权将其卖掉。然而，该宗族中的男性成员则可以出售土地，但是如果他在未经宗族成员同意的情况下将其出售，那么宗族中的其他成员则可以赎回该宗族土地。该土地归还于该宗族，并成为偿付购买价款者的财产。[4]

· 博茨瓦纳《公民身份法》中的规定禁止一位与外国人结婚的女性公民在婚姻期间生下的两个子女能因母亲的国籍取得博茨瓦纳公民身份。[5]

· 在赞比亚，一名妇女被拒绝进入卢萨卡洲际酒店的酒吧，理由是她无人陪同（酒店的政策是不允许无男性陪伴的女性进入该酒吧）。[6]

· 印度《外交（行为和纪律）规则》要求女性在结婚前获得政府的书面许可，在婚后，如果政府认为她对家人和家庭的义务会妨碍她作为外交机关成员的职责，则政府可以要求她辞职。[7]

· 同性伴侣无权享受养老金福利，而未婚的异性伴侣则享有此权利。[8]

---

[1] *Pauger* v. *Austria*, Human Rights Committee, Communication No. 415/1990, HRC 1992 Report, Annex Ⅸ. R, Selected Decisions, Vol. 4, p. 122.

[2] Decision of the Constitutional Court of Poland, 28 March 2000, (2000) 2 *Bulletin on Constitutional Case-Law* 327.

[3] *Avellanal* v. *Peru*, Human Rights Committee, Communication No. 202/1986, HRC 1989 Report, Annex X. C.

[4] *Ephrahim* v. *Pastory*, [1990] LRC (Const) 757. 姆瓦鲁散亚（Mwalusanya）法官补充道：“从现在起，坦桑尼亚全境的女性至少可以昂起头颅，并宣布，就宗族土地的继承以及自我赎得其父亲的土地而言，她们与男性平等。这是通向漫长的女性解放之路的一部分。但是仍没有理由兴高采烈，因为在其他领域需要做的还有更多。让我感到吃惊的一件事是，在这一领域支持女性事业的发起者是一位简单的、年长的农村女性，而不是多年来一直为女性自由唱诵着乏味口号却未带来收益的城市中的精英女性。”

[5] *Attorney General* v. *Dow*, Court of Appeal of Botswana, (1993) 19 *Commonwealth Law Bulletin* 52.

[6] *Longwe* v. *Intercontinental Hotels*, High Court of Zambia, [1993] 4 LRC 221.

[7] *Muthamma* v. *The Union of India*, Supreme Court of India, [1980] 1 SCR 668. 克里希纳·艾耶（Krishna Iyer）法官指出，如果外交机关中的女性成员的家庭和家务有可能阻碍她有效履行职责，那么在男性成员的情况中，也有可能出现类似的处境，"尤其是在核心家庭、洲际婚姻以及非传统行为的背景之下"。

[8] *X* v. *Colombia*, Human Rights Committee, Communication No. 1361/2005, 30 March 2007, Selected Decisions, Vol. 9, p. 237.

· 登记的民事伴侣不同于结婚的配偶,不能免除房产转让税。①
· 已婚公职人员与按照经登记的同性民事伴侣关系生活的公职人员,在家庭津贴方面受到不同待遇。②
· 在妻子怀孕期间以及直到他们的子女满 3 岁之前,丈夫不得提出离婚,而妻子在怀孕期间以及直到其子女满 3 岁,则有权不受限制地提出离婚申请。③
· 立法确立了一种婚姻以外的民事结合的形式,但是同性伴侣不能进行这种结合,即便事实是,他们对于形成这样的民事结合有着一种特殊利益。④
· 未能充分调查针对妇女的家庭暴力事件。⑤
· 如果寡妇在其配偶(丈夫)去世时年满 45 岁,则有权获得遗属养恤金;然而,鳏夫则需在其配偶(妻子)去世时年满 55 岁,才有权获得遗属养恤金。⑥
· 一项法律允许南非人的外国配偶移民到该国并永久、合法地居留,但未能为同样居住者的同性生活伴侣提供相当的惠益。⑦
· 一项法律禁止 19 岁以上的男性与大于 14 岁但小于 18 岁的男性发生性交。⑧
· 为法官的配偶提供福利,但不为承担着相互扶养义务的法官的同性伴侣提供福利。⑨
· 在丈夫无遗嘱即去世的情况中,一夫多妻的穆斯林婚姻中的寡妇被排除在继承或主张遗产之外。⑩
· 根据一所学校有关怀孕的政策,一位怀孕的学生将在学年的剩余时间自

---

① Decision of the Federal Constitutional Court of Germany, 18 July 2012, (2012) 2 *Bulletin on Constitutional Case-Law* 313.

② Decision of the Federal Constitutional Court of Germany, 19 June 2012, (2012) 3 *Bulletin on Constitutional Case-Law* 501.

③ Decision of the Constitutional Court of Bosnia and Herzegovina, 24 May 2013, (2013) 2 *Bulletin on Constitutional Case-Law* 227.

④ *Vallianatos v. Greece*, European Court, (2013) 3 *Bulletin on Constitutional Case-Law* 619.

⑤ *Opuz v. Turkey*, European Court, (2010) 1 *Bulletin on Constitutional Case-Law* 209.

⑥ Decision of the Constitutional Court of the former Yugoslav Republic of Macedonia, 15 September 2010, (2010) 3 *Bulletin on Constitutional Case-Law* 607; Decision of the Federal Constitutional Court of Germany, 7 July 2009, (2010) 2 *Bulletin on Constitutional Case-Law* 295.

⑦ *National Coalition for Gay and Lesbian Equality v. Minister of Home Affairs*, Constitutional Court of South Africa, (2000) 1 *Bulletin on Constitutional Case-Law* 129.

⑧ Decision of the Constitutional Court of Austria, 21 June 2002, (2002) 2 *Bulletin on Constitutional Case-Law* 204.

⑨ *Satchwell v. The President*, Constitutional Court of South Africa, [2003] 2 LRC 455.

⑩ *Fatima Gabie Hassam v. Johan Hermanus Jacobs NO*, Constitutional Court of South Africa, (2009) 2 *Bulletin on Constitutional Case-Law* 380.

动休学；这区别对待了男学生与女学生、怀孕的女学生以及未怀孕的女学生。①

·为异性配偶赋予无遗嘱继承权，但是承担着相互抚养义务的长期同性伴侣却无此权利。这不符合平等权。②

·同居关系中的人无法为了从去世伴侣的遗产中获得扶养费而提出申诉，因为《在世配偶赡养法》中的"在世者"指的是"因死亡而结束之婚姻的在世配偶"。③

·一项法律将卖淫行为规定为犯罪，却未将嫖客的行为入罪。这因此加剧、延续了侮辱妓女的性别上的陈规旧念，却不会使嫖客获得同等污名。④

·习惯法仅因为性别原因，即剥夺女性的继承权。⑤

·刑法典中的某一条款规定，"与任何并非是其妻子的已婚妇女发生性交的任何男性即犯下通奸"，"与任何并非是其丈夫的男性发生性交的任何已婚妇女即犯下通奸"。⑥

·一个人因其行为被认为跨越了性别成见而被定义为跨性人，这因为跨性者的跨性身份而构成了对他们的歧视。⑦

·在为子女做出生登记时，亲生母亲具有独家自由裁量权，来决定写入或排除有关生父的信息。⑧

·一名作为一个新生儿之单身父亲的在役军人申请为期3年的育儿假，但遭到了拒绝，理由是这种假期只适用于女性军人。⑨

·男性和女性在担任陪审员的义务方面，受到了不同对待。⑩

---

① *Head of Department of Free State Department of Education* v. *Harmony High School*, Constitutional Court of South Africa, [2014] 1 LRC 448.

② *Gory* v. *Kolver NO*, Constitutional Court of South Africa, [2007] 2 LRC 270.

③ *Volks* v. *Robinson*, Constitutional Court of South Africa, [2005] 5 LRC 582.

④ *Jordan* v. *State*, Constitutional Court of South Africa, [2003] 3 LRC 135, 奥勒甘（O'Regan）法官、萨克斯（Sachs）法官、阿克曼（Ackermann）法官、朗加（Langa）法官的异议意见。多数法官认为，该法律惩罚从事有偿性服务的"任何人"，明确适用于女性卖淫者以及男性卖淫者，因此在性别上是中立的。因此，惩罚卖淫并不构成直接歧视，也不构成间接歧视。

⑤ *Mmusi* v. *Ramantele*, High Court of Botswana, [2013] 4 LRC 437.

⑥ *Law & Advocacy for Women in Uganda* v. *Attorney General*, Constitutional Court of Uganda, [2007] 5 LRC 146.

⑦ *Glenn* v. *Brumby*, United States Court of Appeals Eleventh Circuit, 6 December 2011.

⑧ *Trociuk* v. *Attorney General of British Columbia*, Supreme Court of Canada, [2003] 5 LRC 242.

⑨ *Konstantin Markin* v. *Russia*, European Court, 22 March 2012.

⑩ *Rojas* v. *Berllaque*, Privy Council on appeal from the Court of Appeal of Gibraltar, [2004] 1 LRC 296. 在直布罗陀，尽管陪审员是从陪审员名单中随机选出的，但在实践中，陪审员都是男性，因为在汇编陪审员名单时，男性和女性受到了不同对待。除了获得豁免及被取消资格之外，所有年龄介于18岁至65岁的男子均须出任陪审员，且陪审服务对于他们而言是强制性的。而同一年龄段的女性虽然有资格出任陪审工作，但该服务不是强制性的，实际上也很少有妇女会自愿参加。

· 由于为男生和女生分配的文法学校的名额不一致，相比于男生，女生需要达到更高的标准才能进入文法学校。①

· 一处游泳池准许达到退休年龄者免费进入，但男性退休需要达到 65 岁，而女性退休只需达到 60 岁。②

· 未婚的异性伴侣有权收养子女，而同性伴侣则无此权利。③

· 在同性生活关系中，伴侣一方通过人工授精——雄性精子来自匿名捐献者，雌性卵子来自伴侣另一方——怀孕并生下双胞胎。产下孩子的母亲被登记为母亲，但伴侣另一方被拒绝登记为父/母亲，因为法律规定只能登记一名男性以及一名女性为父/母亲。④

一位西班牙国民在其提交人权事务委员会的申诉中声称，她被剥夺了继承塔瓦洛索斯（Tabalosos）侯爵的世袭头衔的资格，因为男性继承人具有优选继承权，这损害了女性。人权事务委员会认为，不能援用《公民及政治权利国际公约》第 26 条来支持对于世袭的贵族头衔的主张——世袭贵族头衔制度，由于其不可分割的性质，存在于法律前平等以及不歧视原则背后的基本价值观之外。然而，一些委员持有异议，认为有关头衔的西班牙法律不仅不承认不得有基于性别的歧视的权利，未对享有该权利规定任何保障，而且还以公然违反《公民及政治权利国际公约》第 26 条的方式，为女性强加法律上的歧视。⑤

跨性别者有权被认可并被归类为既不是男性也不是女性的第三种性别。他们属于一个独立的群体，认为自己既不是男性，也不是女性，而是一种"第三性别"。将跨性别者承认为属于一种第三性别的人为使他们能够享有某些权利是必要的；否则，他们会因缺乏这种承认而在很大程度上被剥夺这些权利，诸如投票权，拥有财产的权利，缔婚权，通过护照、配给卡和驾驶执照主张正式身份的权利，对于教育、就业和健康的权利，基本宪法权利——有尊严的生命和自由、隐私、表达自由、教育和赋权，以及不受暴力、剥削或歧视的权利。⑥

6."语言"

在锡兰（今斯里兰卡），政府拒绝给一位被招募到英语媒体中的讲泰米尔

---

① *Equal Opportunities Commission* v. *Birmingham City Council*, House of Lords, [1989] 1 All ER 769.
② *James* v. *Eastleigh BC*, Court of Appeal, United Kingdom, [1990] 2 All ER 607.
③ *P* v. *Attorney General*, Supreme Court of Gibraltar, 25 April 2013, [2013] 5 LRC 269.
④ *J* v. *Director General of the Department of Home Affairs*, Constitutional Court of South Africa, [2003] 4 LRC 184.
⑤ *Barcaiztegui* v. *Spain*, Human Rights Committee, Communication No. 1019/2001, 30 March 2004, Selected Decisions, Vol. 8, p. 27.
⑥ *National Legal Services Authority* v. *Union of India*, Supreme Court of India, [2014] 4 LRC 629.

语的公职人员加薪,因为他未能通过僧伽罗语测试。他获得的加薪的前提条件是通过该测试,这一要求是财政部为了实施 1965 年《官方语言法》的一项公告而施加的。科伦坡地方法院认为,该法将作为多数人的僧伽罗社群的语言僧伽罗语宣布为该国的官方语言,其后果是,使得作为少数群体的泰米尔社群中的个人有可能遭受不利,而僧伽罗社群中的人们则不会如此。因此,该法被宣布无效。①

纳米比亚宪法宣布英语是唯一的官方语言,但允许议会规定其他语言的使用。有观点认为,缺失此类语言立法导致了说南非荷兰语的人在与公共当局打交道时,无法使用他们的语言。在提交人权事务委员会的一份来文中,还提到了一份政府通告,该通告指示公职人员不得使用南非荷兰语回复书面或口头沟通,即便他们完全有能力这样做。人权事务委员会多数委员的决定认为,该通告故意针对说南非荷兰语的人,违反了《公民及政治权利国际公约》第 26 条。该委员会中持异议的五名委员认为,该通告的效果是给予此前曾是官方语言的南非荷兰语与其他部落语言相同地位;因此,南非荷兰语并没有被单挑出来,受到与该国所讲的其他语言相比不利的待遇。②

7. "宗教"

宗教通常涉及个人的信仰和观念,不同于通常与某一社群发展出来的传统和观念有关的文化。但是,这两者之间存在着大量重叠。宗教活动不断地受到信仰以及习俗的启迪,而文化观念也不是在真空发展而来,而是可能以社群中潜在的宗教和精神观念为基础。因此,某一观念或做法虽有可能纯粹是宗教性的或纯粹是文化性的,但同样有可能既是宗教性的又是文化性的。③ 然而,在宗教和族裔身份之间作出区分也存在困难。族裔的标准之一便是共享某一宗教。对于作为一个族裔群体的犹太人来说,这是主要标准。对他们而言,几乎不太可能在族裔身份和宗教身份之间区分开来——这两者在实际上是共通的。④

---

① *Kodeeswaran v. Attorney-General of Ceylon* (1964, unreported). 锡兰 1946 年宪法第 29 条规定,除其他外,任何法律均不得向任何社群或宗教中的人们,授予未给予其他社群或宗教中的人们的任何特权或优待。然而,鉴于斯里兰卡 1972 年宪法——该宪法赋予了 1956 年《官方语言法》宪法地位——取代了 1946 年宪法,该地区法院的判决未能生效。

② *Rehoboth Baster Community v. Namibia*, Human Rights Committee, Communication No. 760/1997, HRC 2000 Report, Annex IX. M; *Diergaardt v. Namibia*, Human Rights Committee, Communication No. 760/1997, 20 July 2000, Selected Decisions, Vol. 7, p. 69.

③ *MEC for Education, Kwazulu-Natal v. Pillay*, Constitutional Court of South Africa, [2008] 2 LRC 642. 一所女子高中的管理机构决定,拒绝给予某位南印度泰米尔印度教家庭的女孩在允许她佩戴鼻钉的行为准则上的豁免。这是对她的不当歧视。

④ *R v. Office of the Schools Adjudicator*, Supreme Court of the United Kingdom, [2010] 4 LRC 223.

《公民及政治权利国际公约》并未要求各国资助依据宗教基础成立的学校。然而，如果一国家选择向宗教学校提供公共资助，那么它应在提供这种资助方面，无所歧视。这意味着，为某一宗教团体的学校提供资助，却不为另一宗教团体的学校提供资助，必须依据合理、客观的标准。居住在加拿大安大略省的一名犹太教信仰者，将其子女送到一所私立犹太走读学校就读。他申诉称，罗马天主教学校是唯一受到国家全额、直接的公共资助的非世俗学校，而其他学校则不得不通过私人渠道（包括收取学费）获得资金。加拿大辩称，罗马天主教学校的特权待遇是宪法中规定的，并且因为罗马天主教学校被纳入为公立学校系统的一个独特组成部分，所以这是在私立和公立学校之间的区别对待，而不是在私立罗马天主教学校和其他教派的私立学校之间的区别对待。人权事务委员会认定，这种待遇差别不能被认为是合理、客观的。罗马天主教以外的其他宗教的成员无法使他们的宗教学校被纳入公立学校系统。犹太教家长被迫把他的孩子送到一所私立宗教学校，并不是因为他希望为他的孩子提供私人的、不依赖政府的教育，而是因为公共资金资助的宗教学校制度并没有为他的信仰做出任何规定，但是罗马天主教成员却可以进入公共资金资助的宗教学校。①

要求工人佩戴安全帽，以便防止受伤和电击的立法是合理的，针对的是客观目的，即便对于一位他的信仰要求他佩戴头巾的锡克教信徒，也是如此。② 然而，要求雇员在周五晚上和周六也能够工作的规定，则歧视了那些将周六作为安息日持守的人。这条规则尽管在表面上是中立的——因为它平等地适用于所有员工，但本质上仍然具有歧视性。③ 一位耶和华见证人信徒通过了相关资格考试，但是却被拒绝任命为注册会计师，原因是他先前曾因宗教原因拒绝参军，而因此被军事法庭判决有罪。这违反了不因个人宗教信仰遭受歧视的权利。因为拒绝穿军装而被定罪，并不意味着任何有可能破坏违法者从事这一职业之能力的不诚实或道德败坏。④

8. "政见或其他主张"

根据《荷兰征兵法》，耶和华见证人信徒自动获得免服兵役的资格，理由是"耶和华见证人的信徒资格，构成证明拒服兵役是基于真诚的宗教信念的强有力证据"。人权事务委员会认为，豁免某一群体的基于信念拒服兵役者，而

---

① *Waldman v. Canada*, Human Rights Committee, Communication No. 694/1996, HRC 2000 Report, Annex Ⅸ. H.

② *Bhinder v. Canada*, Human Rights Committee, Communication No. 208/1986, HRC 1990 Report, Annex Ⅸ. E.

③ *Ontario Human Rights Commission v. Simpsons-Sears*, Supreme Court of Canada, [1985] 2 SCR 53.

④ *Thilimmenos v. Greece*, European Court, (2000) 31 EHRR 411.

不豁免其他群体,不能被认为是合理的。①

9. "民族本源或社会出身"

"本源"在通常意义上指的是源头——某人或某事从其传承而来的某人或某事。"民族本源"通常指的是因为父母或者其中一方与所涉民族有血缘关系而产生的联系,但是有时也可能因为父母在所涉民族之中安家而产生这种联系。②"民族本源"包括国籍。相反,"出身地"(place of origin)则是一个人在其出生时非自愿取得的一种固有特征。它不同于国籍或公民身份,或者一人在其一生中可能不时与某一国家拥有的任何相当关系。③

国际法长期以来的一个特征是,国家有权在战时或在其他威胁其国家生存的公共紧急情况中,区别对待其国民和非国民。简言之,一人的国籍是其成为某一特定国家的国民的特质。从历史角度看,国籍的概念起源于臣民对其国王的效忠宣誓。④英国的一项法律只允许拘禁非英国国民的嫌疑恐怖分子,而对于具有同等危险的英国国民,则不能如此拘禁。这种基于国籍或移民地位的歧视方式是不合比例的。

> 如果未经审判的拘禁并不是为应对紧急状态严格必需,那么单挑出外国国民予以不经审判的拘禁就是错误的。在不经审判的拘禁严格必需的情况下,如果存在着处于同等情势之中的其他人,而不存在区别对待的客观理由,那么单挑出外国国民予以不经审判的拘禁,也是错误的。相似的案件必须相似地对待。如果情势如此严重、威胁如此严峻,以至于可以不经审判就将人无期限地拘禁,那么具有只是将表现出这种威胁的部分人关起来的权力,并不能服务于任何正当目的。⑤

---

① *Brinkhof v. Netherlands*, Human Rights Committee, Communication No. 402/1990, Selected Decisions, Vol. 5, p. 31.

② *R v. Office of the Schools Adjudicator*, Supreme Court of the United Kingdom, [2010] 4 LRC 223, per Lord Mance. See also *Ealing London Borough v. Race Relations Board*, House of Lords, [1972] 1 All ER 105, per Viscount Dilhorne and Lord Simon of Glaisdale.

③ *Thompson v. Bermuda Dental Board*, Privy Council on appeal from the Court of Appeal of Bermuda, [2009] 2 LRC 310. 百慕大牙医委员会根据《牙医从业人员法》(百慕大执业牙医的必要要求),拒绝某位英国公民注册为牙医,尽管他持有允许他有权在百慕大这一英国的海外领土被雇用为执业牙医的工作许可证,理由是只接受"百慕大人"或百慕大人的配偶的注册申请是一项长期既定政策。这是基于"种族、出身地、肤色、族裔或民族本源"的歧视。

④ *A v. Secretary of State for the Home Department*, Court of Appeal, United Kingdom, [2003] 3 LRC 479.

⑤ *A v. Secretary of State for the Home Department*, House of Lords, [2005] 5 LRC 34, per Baroness Hale of Richmond.

废除了死刑的加拿大曾向仍然保留死刑的美国引渡一个因一级谋杀指控——这在美国是一项可以被判处死刑的罪行——而被通缉的人。在一起案件中，人权事务委员会委员克里斯汀·夏内（Christine Chanet）在其异议意见中，将加拿大政府的行为定性为"通过代理人恢复死刑"。她指出，加拿大此后就将适用死刑限于特定类别的人，即那些可以被引渡到美国的人。因此，加拿大通过故意将这些人暴露于在美国所适用的死刑，基于他们的民族本源对其予以歧视。①

在意大利，领取某项残疾津贴的条件是申请人拥有居留许可——这需要他们已经在该国居住了5年，这歧视了外国国民。② 曾在法国军队中服役的前军人在退役金权利上的差异的依据，是他们是否是法国国民，这违反了《公民及政治权利国际公约》第26条。③ 一位土耳其国民合法地居住在奥地利，并且以与奥地利国民相同的身份和同等的基数向失业保险基金缴了款。但是奥地利就业机构拒绝以紧急援助的形式向他预付养老金，理由是他没有奥地利国籍。这并非基于任何客观、合理的理由。④ 然而，在定居者以及选择了游牧生活方式的非定居者之间的区别对待并不构成任何歧视，因为它依据的是有关人员的生活方式之间的不同情势，而不是民族出身。⑤

捷克和斯洛伐克共和国1991年制定的一项法律准予因前政权的压力而在此前离开该国的公民重归，并为其财产损失规定了恢复所有权或予以补偿的条件。该法律规定，那些其财产已经变为国家所有的人有权恢复所有权，但前提是他们必须是捷克和斯洛伐克共和国的公民，并且是其领土上的永久居民。人权事务委员会认为，恢复所有权以及补偿的前提条件不符合《公民及政治权利国际公约》第26条。他们初始的财产权并不是以公民身份或居住情况为前提。⑥

南非的一所大学决定暂停晋升外籍员工，却在同时晋升具有南非公民身份

---

① *Cox v. Canada*, Human Rights Committee, Communication No. 539/1993, HRC 1995 Report, Annex Ⅷ. M, Selected Decisions, Vol. 5, p. 167. 人权事务委员会基于多数委员的决定，支持了这一引渡。

② Decision of the Constitutional Court of Italy, 26 May 2010, (2010) 2 *Bulletin on Constitutional Case-Law* 314.

③ *Gueye v. France*, Human Rights Committee, Communication No. 196/1985, HRC 1989 Report, Annex Ⅹ. B.

④ *Gaygusuz v. Austria*, European Court, (1996) 23 EHRR 364.

⑤ Decision of the Constitutional Council of France, 9 July 2010, (2010) 2 *Bulletin on Constitutional Case-Law* 294.

⑥ *Simunek v. The Czech Republic*, Human Rights Committee, Communication No. 516/1992, HRC 1995 Report, Annex Ⅹ. K.

的员工，这构成了对不受歧视的自由的严重侵犯。① 同样，某项只允许任命南非公民担任长期教学岗位的规定不当地在永久居民和南非公民之间进行了歧视。在所有国家，外国公民都构成少数群体，他们的政治力量微乎其微，因此他们很脆弱：他们的利益很容易受到忽视，他们的得到平等考虑和尊重的权利也很容易受到侵犯。而且，公民身份本身就是一种个人属性，很难改变，通常不在个人的控制之下。因此，在公民与非公民之间的区别对待构成了歧视。②

10. "财产"

作为一种被禁止的歧视理由的"财产"是一个广泛的概念，包括不动产（如土地所有权或占用权）和个人财产（如知识产权、有形动产和收入），或无财产。经济、社会和文化权利委员会认为，《经济社会文化权利国际公约》规定的权利，如得到水供应服务的权利和受保护不被强迫迁离的权利，不应当以一个人的占用土地的状况，如居住在非正式住区，为条件。

11. "出生"

另一种被禁止的歧视理由"出生"意味着不应区分非婚生儿童、父母无国籍的儿童、被收养儿童或由这类人组成的家庭。出生这一被禁止的理由还包括血统，特别是基于种姓或类似的继承地位制度的理由。③ 当法律去除了收养"非婚生子女"要得到父亲同意的因素时，他的平等权就受到了侵犯。父母双方均应对收养子女表示同意，而不论父母是否已经结婚或者该子女是"婚生的"还是"非婚生的"。④

拒绝所有一夫多妻制中所出生的子女与其居住在比利时的一位父/母亲的家庭团聚，这有违平等和不歧视原则，因为这些子女无论如何对其父母的夫妻关系不负任何责任，并且家庭团聚对于这些子女来说，也不是其父母的婚姻的后果，而是将他们与其定居或被授权居住在比利时的父/母亲联结起来的血缘关系的后果。⑤ 不能因其父母选择不结婚的事实，而使子女处于不利地位。⑥

---

① *Balaro v. University of Bophuthatswana*, Supreme Court of South Africa, [1996] 1 LRC 12.

② *Larbi-Odam v. Council for Education*, Constitutional Court of South Africa, [1998] 2 LRC 505. 参见, *Public Prosecutor v. Taw Cheng Kong*, Court of Appeal of Singapore, [2000] 2 LRC 17：对公民和非公民的分类并不是任意的、不合理的。

③ 经济、社会和文化权利委员会第20号一般性意见（2009年），第26段。

④ *Fraser v. Children's Court*, Pretoria North, Constitutional Court of South Africa, [1997] 2 LRC 449.

⑤ Decision of the Court of Arbitration of Belgium, 26 June 2008, (2008) 2 *Bulletin on Constitutional Case-Law* 217.

⑥ Decision of the Court of Arbitration of Belgium, 22 July 2004, (2004) 2 *Bulletin on Constitutional Case-Law* 226.

在有关传统上为孤儿支付的养恤金的规则中，取决于死者是亲生父母还是养父母的区别对待是歧视性的。① 禁止以不同于对待婚生子女的方式对待婚外子女;② 以"非婚生"为由的歧视是"不合逻辑的、不公正的"。③ 规定未婚父母的子女不得继承其父亲的无遗嘱财产的普通法规则，不符合此项权利。④

12. "其他身份"

歧视的性质依具体背景以及时间的变化而不同。因此，需要灵活对待"其他身份"这一理由，以便囊括那些不能合理、客观地得到证明，但具有与明确承认的理由类似性质的差别待遇的其他形式。这些额外理由可能包括：因为某人在监禁中或非自愿地进入精神病院而否定其法律能力，或两个被禁止的歧视理由交叉的情况，例如基于性别和残疾而被拒绝利用某种社会服务。⑤

在印度，数千名受过很少或未受过正式教育的部落青年被临时雇用为特别警察，在由政府针对正在进行的武装叛乱活动发起的一场反叛乱攻势中，参加与毛派/纳萨尔派（Maoists/Naxalites）发生的武装冲突。这侵犯了平等权。将这些年轻人暴露于和正规部队同等水平的危险之中——后者接受过更好的训练、适合参加反叛乱活动、更好的教育背景会使他们受益，是将不平等视为平等。教育欠缺的青年无法得益于合适的训练，从中获得为使反叛乱行动有效运作所必需的技能、知识和分析工具，而为这种行动将他们雇用为特别警察的政策是非理性的、任意的、任性的。⑥

"其他身份"曾被解释为包括如下：

·公职人员的成员资格。因此，拒绝给予被政府解雇的一位长期任职的公职人员遣散费，构成对《公民及政治权利国际公约》第26条的违反。⑦

·法律职业的成员资格。在没有任何补偿的情况下，强制律师向穷人提供

---

① Decision of the Constitutional Court of Spain, 22 March 1999, (1999) 1 *Bulletin on Constitutional Case-Law* 124.
② *Marckx v. Belgium*, European Court, [1979] ECHR 2; *Inze v. Austria*, European Court, [1987] ECHR 28.
③ *Weber v. Aetna Casualty & Surety Co.*, United States Supreme Court, (1972) 406 US 164; *Levy v. Louisiana*, United States Supreme Court, (1968) 391 US 68; *Glona v. American Guarantee and Liability Insurance Co*, United States Supreme Court, (1968) 391 US 73; *Trimble v. Gordon*, United States Supreme Court, (1977) 430 US 762.
④ *Frans v. Paschke*, High Court of Namibia, [2008] 1 LRC 529.
⑤ 经济、社会和文化权利委员会第20号一般性意见，第27段。
⑥ *Nandini Sundar v. State of Chattisgarh*, Supreme Court of India, [2011] 5 LRC572.
⑦ *Valenzuela v. Peru*, Human Rights Committee, Communication No. 309/1988, 14 July 1993.

法律援助侵犯了他们的平等权利，给他们施加了不成比例的负担。①

·私立学校的学生。这样的人被认为具有申诉"身份"，因为根据瑞典法律，他无权获得教育津贴，但是公立学校中的学生则获得了津贴。然而，人权事务委员会认为，尽管瑞典法律既承认私立教育也承认公立教育，但是国家没有义务向公立和私立学校提供同等水平的津贴，尤其是因为私人教育制度不受国家监管。② 同样，政府拒绝向就读私立学校的儿童的父母提供教科书和餐费补贴，也未违反《公民及政治权利国际公约》第 26 条。选择私立教育的决定并不是国家强加的，而是反映了国家承认和尊重的一种自由选择。然而，这种自由决定带来了某些后果，尤其是在学费、交通、教科书和校餐方面。③

·经济地位。某人想要寻求法律保护，以便维护其受法律保障的权利，但他认为他的贫困使他无法这样做，因为他无力承担必要的律师费用以及诉讼费用。他受到了歧视：由于他的经济地位，他未能获得法律前的平等保护。④

·残疾。在手语翻译是聋人的有效沟通所必需的情况下，医疗服务委员会和医院未能提供手语翻译，使聋人丧失了法律的平等利益，与听觉正常者相比受到了歧视。⑤ 在一起案件中，一位因视力障碍无法获得驾驶执照的代理治安法官申请公开招聘的初级治安法官职位，但是申请该职位的一项强制性要求是具有有效驾驶执照，她因此未能入围面试。用于筛选候选人的标准具有歧视性，因为未能对性别或残疾加以适当考虑。⑥

·艾滋病毒感染者的身份。对于因疾病而无法履行其正常工作职责或者

---

① Decision of the Constitutional Court of Chile, 29 July 2009, (2009) 2 *Bulletin on Constitutional Case-Law* 262. 根据智利《法院组织准则》，法官负责每月轮流在未获得豁免的律师中指派一名律师免费为民事案件辩护，另一名律师在"已经获得或应当享有前述权利的人的劳动案件中"辩护。

② *Blom v. Sweden*, Human Rights Committee, Communication No. 191/1985, HRC 1988 Report, Annex Ⅶ. E.

③ *Lindgren et al v. Sweden*, Human Rights Committee, Communication Nos. 298 – 9/1988, HRC 1991 Report, Annex Ⅸ. E. 参见，*Vashi v. State of Maharashtra* [1989] LRC (Const) 942，该案中，孟买高等法院认为，政府向符合规定标准的私立高等教育机构提供财政补助的政策，就这方面而言，即向拥有艺术、科学、商业、工程和医学学院的私立院校提供补助金，但是未向被认为符合规定标准的 38 所私立法学院校中的任何一所提供补助金，具有歧视性。

④ *Exceptions to the Exhaustion of Domestic Remedies*, Inter-American Court, Advisory Opinion OC – 11/90, 10 August 1990.

⑤ *Eldridge v. Attorney General of British Columbia*, Supreme Court of Canada, [1998] 1 LRC 351.

⑥ *Singh v. Minister of Justice and Constitutional Development*, Constitutional Court of South Africa, [2013] 4 LRC 421.

对工作场所的其他人构成危险（例如，患有某些可以通过工作场所的正常活动传播的传染病）的申请人或雇员，被拒绝雇用或不再被雇用可能是正当合理的，但是这种分类应具有明白易懂的区分标准，与所要实现的目标，即确保这些人有能力履行正常工作职责以及保障工作场所中的其他人的利益，具有一种明确的联系。然而，如果某人在患有某些疾病时，并非不能履行正常工作职责，并且在其正常活动期间，不会对工作场所的其他人的利益构成任何威胁，则不能将其归入如上类别。仅因某人患有某种疾病就将其纳入这一类别是任意的、不合理的。因此，某一规定仅以感染艾滋病毒者这种身份为由拒绝雇用这样的人，而不论他们是否有能力履行工作要求，也不顾他们不会对工作场所的其他人造成威胁这一事实，明显是任意的、不合理的。① 同样，南非航空公司仅因为某人的艾滋病毒检测呈阳性的情况而拒绝将其雇用为机舱乘务员，构成了歧视。②

· 年龄。根据接受者的年龄限制个人行使其获得残疾津贴的权利，并没有客观合理的理由。在一起案件中，法律规定，残疾人为行使获得个人残疾津贴的权利而必须满足的条件是，这个人 18 岁以前，就已呈现出严重的身体或精神残疾的情况。这并不是一种残疾人和非残疾人之间不平等的情况，而是具有同等残疾程度的同一残疾群体中的不平等情况——唯一的区分因素只是残疾的发病时间（即年龄）。③ 年龄上的区分目前用于确定一人何时可以结婚、投票、驾驶、同意性行为以及出售财产。虽然所有基于年龄的区分都具有某种"任意性"的要素，但是只要所选择的年龄与立法的目标合理相关，那么仅仅年龄这一因素不会使得这些区分无效。④

根据莱索托的《法律执业者法》，除非由一位律师（attorney）指导，否则一位辩护人（advocate）不得出庭，但在劳动法庭中出庭除外。然而，一位律师享有发言权，能够不受限制地出庭。任何辩护人都不得直接接受公众成员的指示或者直接从客户那里收取金钱。一位律师需要开立并保持一个单独的、存入客户支付款项的信托账户。进入每一行业的最低学历资格不同，新成员要参

---

① *X v. Y Corp*, High Court of Bombay, [1999] 1 LRC 688；*Makuto v. State*, Court of Appeal of Botswana, [2000] 5 LRC 183：该案中，刑法典对于 HIV 呈阳性的强奸罪违犯者规定了更严厉的判决。仅因为一人的 HIV 身份就予以区别对待，构成了歧视。

② *Hoffman v. South African Airways*, Constitutional Court of South Africa, (2000) 3 *Bulletin on Constitutional Case-Law* 558.

③ Decision of the Constitutional Court of Croatia, 29 September 2010, (2010) 3 *Bulletin on Constitutional Case-Law* 482.

④ *Gosselin v. Quebec*, Supreme Court of Canada, [2002] 4 SCR 429. See also *AC v. Manitoba* (*Director of Child and Family Services*), Supreme Court of Canada, [2009] 5 LRC 557.

加的考试也不同。这种基于"身份"的区别对待在保护公众方面具有典型性。允许不需要开立并保持信托账户的辩护人向公众收取金钱是不负责任的。规定某一在公众的钱财方面受到制衡的行业分支应当接收公众的钱财并负责向其他辩护人付款的规则，是与该目标是合理相关的。①

---

① *Ralekoala* v. *Minister of Human Rights*, Justice and Constitutional Affairs, Constitutional Court of Lesotho, [2012] 5 LRC 275.

第二十八章　少数者权利

国际文书

《公民及政治权利国际公约》
第 27 条
凡有种族、宗教或语言少数团体之国家，属于此类少数团体之人，与团体中其他分子共同享受其固有文化、信奉躬行其固有宗教或使用其固有语言之权利，不得剥夺之。

有关文本

《在民族或族裔、宗教和语言上属于少数群体的人的权利宣言》[①]，联合国大会 1992 年 12 月 18 日第 47/135 号决议通过

《欧洲保护少数民族框架公约》，欧洲理事会 1994 年 11 月 10 日通过，1998 年 2 月 1 日生效

《关于保护少数民族教育权利的海牙建议》，欧洲安全与合作组织 1996 年 10 月 1 日发布

《关于少数民族语言权利的奥斯陆建议》，欧洲安全与合作组织 1998 年 2 月 1 日发布

《关于少数民族有效参与公共生活的隆德建议》，欧洲安全与合作组织 1999 年 9 月 1 日发布

国际劳工组织《关于土著和部落人口的第 107 号公约》，1957 年 6 月 26 日通过，1959 年 6 月 2 日生效

[①] See Asbjorn Eide, *Commentary on the Declaration on the Rights of Persons Belonging to National or Ethnic, Religious and Linguistic Minorities*, UN Document E/CN. 4/Sub. 2/AC. 5/2001/2 of 2 April 2001.

国际劳工组织《关于独立国家中土著和部落民族的第 169 号公约》,1989 年 6 月 27 日通过,1991 年 9 月 5 日生效

一 评论

《世界人权宣言》没有一处提到少数者的权利。第二次世界大战后的主要趋势是消除少数者这一概念,而不是保护他们。《联合国宪章》和《世界人权宣言》都关注个人的人权,而不是对少数者的群体保护。对于少数者的任何保护都是通过不歧视原则实现的。[①] 然而,在通过《世界人权宣言》的决议中,联合国大会(联大)认识到不能对"少数者的命运"无动于衷,并提到了人权委员会及其小组委员会的待决提议,以便采取彻底的研究和日后行动。[②] 制定标准的工作进展得非常缓慢。经过了 20 年,少数者权利才在《公民及政治权利国际公约》第 27 条中得到了承认,而且是作为一项以消极方式表述的个人权利。又过了 25 年,联大才通过了《在民族或族裔、宗教和语言上属于少数群体的人的权利宣言》。

在起草《公民及政治权利国际公约》的最初阶段,人们一致认为,尽管存在着对于歧视的一般性禁止,但是也可以给予少数者差别待遇,以确保他们与多数人的地位的真正平等。[③] 因此,《公民及政治权利国际公约》第 27 条确立并确认了赋予属于少数群体的个人的权利,这种权利有别于他们作为个人和其他任何人的一样的、已经有权享受的一切其他权利,而且是一切其他权利之外的额外权利。[④] 根据人权事务委员会的观点,其目的是要确保有关少数群体的文化、宗教和社会特性得以存活和持续发展,从而使整个社会的组成更加丰富。《公民及政治权利国际公约》第 27 条所承认的权利的享受不得损害一国的主权和领土完整。然而,该权利的这个或那个方面,例如享有某一种特定文化,可能构成一种生活方式,这种生活方式与领土以及使用这一领土上的资源密切相关。对土著社群的成员来说,这一点可能特

[①] *Re The School Education Bill* 1995, Constitutional Court of South Africa, [1996] 3 LRC 197, at 225, per Sachs J.

[②] Gudmundur Alfredson, 'Minority Rights and a New World Order', in Donna Gomien (ed.), *Broadening the Frontiers of Human Rights* (Oslo: Scandinavian University Press, 1993), 55, at 59.

[③] UN document A/2929, chap. VI, s. 183.

[④] 人权事务委员会第 23 号一般性意见(1994 年),第 1 段。对于为何根据《公民及政治权利国际公约》第 27 条,"少数者权利"被视为个人权利,见, Francesco Capotorti, special rapporteur of the Sub-Commission on Prevention of Discrimination and Protection of Minorities, *Study on the Rights of Persons Belonging to Ethnic, Religious and Linguistic Minorities* (New York: United Nations, 1991), 35。

别真切。①

总体而言，定义"少数者"（minority）这一术语的尝试并不成功，主要是因为，归根结底，哪些人构成少数者在本质上是一个自我定义的问题。获得广泛接受的定义看来是卡波托蒂（Capotorti）提出的定义：② 在数量上低于一国的其他人口、处于非支配地位的群体，其成员是该国国民，具有不同于其他人口的族裔（ethnic）、宗教或语言特征，并且表现出——即便是默示的——旨在维系其文化、传统、宗教和语言的团结感。

民主平等地重视每个人。在多数情况中，这意味着多数人的意志必须占主导地位。但是平等地重视每个人也意味着，如果多数人的意愿不符合少数者的平等权利，那么它就不能占主导地位。③

二　释义

（一）"凡有族裔、宗教或语言少数团体之国家"

《公民及政治权利国际公约》第 27 条将该权利赋予属于"存在"* 于一国之内的少数群体**的人。确定"存在"一词所指的永久程度无关紧要。这种少数群体不必是国民或公民，甚至也不必是永久居民。因此，构成这种少数群体的移徙工人甚或游客行使该权利的权利都是不容剥夺的。一国之内是否存在着族裔的、宗教的或语言的少数者并不取决于该国的决定，而是需要按照客观的

---

① 人权事务委员会第 23 号一般性意见，第 3.2 段。但是见，UN document A/5000, s. 121：在联大第三委员会中，有观点认为，不能将土著人口视为少数者，但是应将他们对待为一国之重要组成部分，并应协助他们实现与其他人口相同的发展水平。

② Francesco Capotorti, *Study on the Rights of Persons*. The Permanent Court of Arbitration, in its Advisory Opinion of 31 July 1930 in connection with the emigration of Greco-Bulgarian communities, [1930] PCIJ, Series B, No. 17, at 19, 该意见如此定义少数人群体：根据在东方国家中占据着重要地位的一项传统，该"社群"是特定国家或地区的这样一群人：他们有着自己的种族、宗教、语言和传统，并以一种团结感，由种族、宗教、语言和传统特征联合起来，以期维系他们的传统，保持他们的礼拜形式，确保按照其种族的精神和传统指导和养育他们的子女，并提供彼此互助。

③ *A v. Secretary of State for the Home Department*, House of Lords, United Kingdom, [2005] 5 LRC 34, per Baroness Hale of Richmond.

* 译自英文用词"exist"，《公民及政治权利国际公约》作准中文本中的对应用词为"有"，本章为表述通畅而将其译作"存在"。

** 英文用词为"minorities"，《公民及政治权利国际公约》作准中文本中的对应用词为"少数团体"。由于"群体"比"团体"具有更强的自然性和更弱的社会性，因此本中译本使用"少数群体"作为"minorities"的对应用词。

标准予确定。①

(二)"属于此类少数团体之人,与团体中其他分子共同……之权利,不得剥夺之"

如果某人出生于某一少数者社群之中,与该社群保持着联系,并期望维持这些联系,那么这个人通常就被认为"属于"该少数者社群。在一起案件中,一位名叫桑德拉·拉夫雷斯(Sandra Lovelace)的32岁加拿大人在出生时就是并且被登记为"马里希特印第安人"(Maliseet Indian),她与父母居住在一个保留地。她后来与一位非印第安人结婚,因此根据《印第安人法》,失去了作为印第安人的权利和身份,也失去了与其原本隶属的部落中的其他成员共同使用和获益于分配给该部落的土地的权利。② 在她离婚后,她和她的子女希望回到该保留地生活,但由于她不再是该部落的成员,根据《印第安人法》也不再是印第安人,因此她在法律上无权这样做。人权事务委员会认为,必须确保少数群体的"隶属者"享有《公民及政治权利国际公约》第27条规定的权利。在种族上,她是印第安人,而且只是在其婚姻存续期间的几年离开了她的保留地老家,因此她有权被认为"属于"这个少数群体。拒绝承认她属于该部落,是对她根据《公民及政治权利国际公约》第27条享有的权利的无理剥夺,尤其是在根据诸如《公民及政治权利国际公约》第12条、第17条和第23条以及——根据情况之可能——第2条、第3条和26条等其他规定解释和适用这些权利的情况之中。她与她的群体"中的其他成员*共同"享有其原生文化和语

---

① 人权事务委员会第23号一般性意见,第5.2段。这一观点与人权委员会在起草《公民及政治权利国际公约》第27条时所表达的观点不同。那时,人们普遍认为,本条应仅涵盖在一国境内明确界定并长期存在的独立或独特的群体。随后也被认为有必要的是,不鼓励创造新的少数群体或阻碍同化进程。人们认为,这种倾向对于国家统一可能是危险的。在联大第三委员会,许多代表移民国家的代表团表达了他们的担心:即通过逐步的移民进程,自愿进入这些国家领土的、具有类似背景的人们可能被视为少数群体,从而危及接受国的民族完整性。虽然新移民可以使用他们自己的语言并信奉他们自己的宗教,但他们也应该成为民族结构的一部分。得到强调的是,不得援引本条规定来证明可能破坏任何国家民族团结的企图正当合理。See UN documents A/2929, chap. VI, ss. 184, 186, and A/5000, s. 120. See *Mandla v. Dowell Lee*, House of Lords, United Kingdom, [1983] 1 All ER 1062, per Lord Fraser:就《英国种族关系法》而言,某一群体若要构成"种族群体",必须至少有悠久的共同历史和自身的文化传统,包括家庭和社会习俗、礼仪。其他相关因素包括共同的地理起源、共同的语言和文献以及不同于其临近群体或其周边一般社群的共同宗教。

② 她失去身份的后果包括,失去拥有保留地的土地或在其上居住的权利、在离开后返回保留地的权利、从父母或其他人处继承土地上的所有者权益的权利以及被埋葬在保留地的权利。她也失去了居住在印第安人社群之中的文化权益,与家庭、家人、朋友和邻居的情感纽带,以及她的身份。

* 译自英文用词"member(s)",《公民及政治权利国际公约》作准中文本中的对应用词为"分子"。本章为表述准确而将其译作"成员"。

言的权利也受到了干涉,因为在该保留地之外的任何地方,都不存在这样的社群。①

虽然《公民及政治权利国际公约》第27条以否定性的措辞表示,但该条承认存在一种少数者的"权利",而且要求不应剥夺这种权利。因此,国家有义务确保这种权利的存在和行使受到保护,免遭否认和侵犯。需要采取积极的保护措施,不仅针对国家本身的行为——无论是通过其立法、司法或行政当局采取的行为,而且针对该国境内任何其他人的行为。②

虽然依照《公民及政治权利国际公约》第27条受到保护的权利是个人的权利,但是该权利又取决于少数者群体维持其文化、语言或宗教的能力。因此,国家也可能有必要采取积极措施以保护少数者的特性,以及其成员同群体内的其他成员共同享有和发展自己的文化和语言并躬行自己的宗教的权利。这些积极措施在有关不同少数群体之间的待遇以及少数群体成员与人口中其余部分之间的待遇方面,必须尊重《公民及政治权利国际公约》第2条第1款和第26条的规定。但是,只要这些措施的目的是改正妨碍或损害对这一权利之享受的各种状况,它们根据《公民及政治权利国际公约》就可能构成某种正当的区别,只要这种区别以合理的、客观的标准为基础。③

(三)"享受其固有文化、信奉躬行其固有宗教或使用其固有语言"

文化、宗教和语言是界定某一少数群体的主要特征。

1. 文化

《公民及政治权利国际公约》第27条确立并确认了赋予属于少数群体的个人的权利,这种权利有别于所有人有权根据该《公约》享有的其他权利,而且还是其他权利之外的额外权利。根据《公民及政治权利国际公约》第27条受到保护的这类个人权利的某些方面——例如享有某种特定文化——可能构成一种生活方式,这种生活方式与领地以及使用这一领地上的资源密切相关。对构成少数群体的土著社群的成员来说,这一点可能特别真切。文化本身以多种形

---

① *Lovelace v. Canada*, Human Rights Committee, Communication No. 24/1977, HRC 1981 Report, Annex XVIII.
② 人权事务委员会第23号一般性意见,第6.1段。
③ 人权事务委员会第23号一般性意见,第6.2段。这一观点与起草《公民及政治权利国际公约》第27条时所表达的观点形成了对比。"国家应确保少数民族(national minorities)享有该权利"的提议遭到了拒绝。有人认为,根据施于国家一项积极义务的这一文本,有可能人为地唤醒或激发少数群体意识。获得通过的"属于此类少数团体之人……之权利,不得剥夺之"这一程式被认为意味着,国家的义务仅限于允许少数群体的权利的自由行使。See UN document A/2929, chap. VI, s.188.

式表现出来，包括与使用土地资源有联系的特定生活方式，土著民族的情况尤其如此。这种权利可能包括渔猎等传统活动和在受到法律保护的保留地内生活的权利。为了享受上述权利，可能需要采取积极的法律保护措施，以及确保少数社群的成员切实参与对他们有影响的决定的措施。保护这些权利的目的是要确保文化特性得以存活和持续发展，从而使整个社会的组成更加丰富。[①]

如果某些经济活动是社群文化的一项基本要素，那么它们有可能处于这一权利的范围之内。[②] 土著社群可能时常表明，他们特定的生活方式或文化在经济以及文化和精神活动方面，与特定的土地紧密地联系在一起，并且长期以来一直如此；并且达到了如此程度，以至于剥夺或拒绝享有这片土地，就剥夺了他们在各个方面享有其自身文化的权利。如果某一群体几乎完全根据放牧牲畜这一经济活动来定义他们的文化，而无法证明他们享有一种与使用这些特定土地——他们在一个多世纪以前才迁入该地——存在紧密联系或者依赖的独特文化，也无法证明减少他们对这些土地之利用损害了任何此等文化，则他们的申诉在实质上是经济性而不是文化性的，并不引起《公民及政治权利国际公约》第27条的保护。[③]

这种权利可能包括渔猎等传统活动和在法律保护的保留地内生活的权利。[④] 为了享受这一权利，可能需要积极的法律保护措施，以及确保少数社群的成员切实参与对他们有影响的决定的措施。[⑤] 因此，对少数群体的生活方式和文化的威胁，不论是历史上的不公还是更晚近的发展，都将构成对于这一权利的侵

[①] *Poma v. Peru*, Human Rights Committee, Communication No. 1457/2006, 27 March 2009. 作为艾马拉（Aymara）少数群体的成员的申诉人及其子女，拥有一个占地350公顷、养殖羊驼、美洲驼和其他小型动物的农场。该农场位于海拔4000米的安第斯高原上，这里只有用于放牧的草原和将水引入高处湿地的地下泉水。放牧是他们的唯一生存手段。为了将水从安第斯山脉调到太平洋沿岸，秘鲁政府批准了一个新项目，这涉及建造60多口井。这项措施加剧了10000公顷的艾马拉牧场的失水和退化，并造成大量牲畜死亡。该项目开始时，并未经过获准的环境影响评估，也从未咨询过艾马拉社群的成员。See also *Lansman v. Finland*, Human Rights Committee, Communication No. 1023/2001, Selected Decisions, Vol. 8, p. 282：未能表明伐木的影响严重到足以剥夺从事驯鹿牧养的权利的程度。

[②] *Lansman v. Finland* (*No. 2*), Human Rights Committee, Communication No. 671/1995, HRC 1997 Report, Annex Ⅵ. S, Selected Decisions, Vol. 6, p. 167.

[③] *Rehoboth Baster Community v. Namibia*, Human Rights Committee, Communication No. 760/1997, HRC 2000 Report, Annex Ⅸ. M, 伊丽莎白·伊瓦特（Elizabeth Evatt）和塞西莉亚·梅迪纳-基罗加（Cecilia Medina Quiroga）的个人附议意见。

[④] 受到保护的，并不非得是国内少数群体的传统生计手段。并不禁止他们在现代技术的帮助下调整这些生计方式。*Lansman v. Finland* (*No. 1*), Human Rights Committee, Communication No. 511/1992, HRC 1995 Report, Annex Ⅹ. I. See also *Rehoboth Baster Community v. Namibia*, Human Rights Committee, Communication No. 760/1997, HRC 2000 Report, Annex Ⅸ. M.

[⑤] 人权事务委员会第23号一般性意见，第7段。

犯。在加拿大，一个居住在艾伯塔省境内的克里印第安人（Cree Indian）部落卢比康湖营居群（Lubicon Lake Band）提出，该营居群是一个自我认同、相对自治的社会—文化和经济群体。自远古以来，其成员便连续地在艾伯塔省北部覆盖了大约一万平方公里的广大地区居住、狩猎、捕捉和打鱼。由于他们的领地相对难以进入，直到最近之前，他们与非印第安人社会几乎没有什么接触。该部落成员讲克里语——他们的主要语言；许多人不会讲、读或者写英语。该部落继续保持着其传统文化、宗教、政治结构和自给经济。其成员诉称，加拿大政府允许艾伯塔省政府为了私营企业的利益（例如，石油和天然气勘探租赁）而占用他们的领地，从而破坏了该部落的环境和经济基础以及其原生生活方式。人权事务委员会认为，加拿大政府许可的行为构成了对于卢比康湖营居群的生活方式和文化的威胁。[1]

因为监管经济活动通常是国家自己的事情，所以如果可以证明限制少数群体成员的权利具有合理、客观的理由，并且为少数群体作为一个整体的持续生存和福祉所必要，那么这种限制就将获得支持。一位瑞典的萨米族公民基托克——他的家族在100多年的时间里曾一直活跃于驯鹿牧养领域——诉称，瑞典1971年的一项法规剥夺了他在萨米村庄中的成员资格，从而使他无法行使其牧养驯鹿这一传统的萨米人权利。该《驯鹿牧养法》规定，从事了任何其他职业达3年的萨米人将失去其身份，他的名字也将被从该村庄的名册中删除。该法的目的是通过限制从业人员的数目，改善牧养驯鹿的、从这一职业中获得主要收入的萨米人的生活条件。人权事务委员会认为这一权利并未遭到侵犯，因为基多克仍被允许放牧以及养殖他的驯鹿、捕猎或打鱼，尽管并不是作为一项权利。[2]

一国希望鼓励发展或允许企业从事经济活动是可以理解的。国家如此做的自由的范围，必须通过参照它根据《公民及政治权利国际公约》第27条所承担的义务来评估。因此，其后果相当于剥夺属于少数群体的成员享有其文化的权利的措施，将与这些义务不相容。然而，对这些人的生活方式具有某种有限影响的措施，并不必然相当于剥夺这一权利。芬兰的中央林业委员会和一家私营公司签署了一项合同，允许在某一传统上供萨米族的驯鹿牧养者用于驯鹿狩

---

[1] *Ominayak v. Canada*, Human Rights Committee, Communication No. 167/1984, HRC 1990 Report, Annex IX. A. Cf. *G and E v. Norway*, European Commission, Application 9278/81, (1983) 35 *Decisions & Reports* 30.

[2] *Kitok v. Sweden*, Human Rights Committee, Communication No. 197/1985, HRC 1988 Report, Annex VII. G.

猎和放牧的区域中的 10 公顷土地上采石 4 年，这并未显示对这一权利的侵犯。安排采石对牧养驯鹿没有实质性影响。① 同样，在与牧民委员会协商后，开始在一块占地约 3000 公顷的土地上伐木，似乎也没有威胁驯鹿牧养业的生存。②

实质性地危害或干涉少数群体或土著社群的具有重要文化意义的经济活动的措施是否可予接受，取决于有关社群的成员是否有机会参与有关这些措施的决策过程，以及他们是否能够继续受益于他们的传统经济。参与决策过程必须有效，这不仅要求进行协商，还要求得到社群成员的自由、事先和知情的同意。此外，这些措施必须尊重比例原则，以免危及社群及其成员的生存本身。③

个人之享有文化的权利不能用抽象的方式确定，而是必须置于一定的背景中。《公民及政治权利国际公约》第 27 条不仅仅保护少数民族的传统生计方式：例如，通过多年来借助现代技术改造了的驯鹿牧养方法，并不妨碍某一社群援引《公民及政治权利国际公约》第 27 条。④ 以少数者群体的语言进行教育，是少数者文化的一个基本组成部分。⑤

2. 宗教

《公民及政治权利国际公约》第 27 条为国家规定了一项积极义务，即促进少数宗教的宗教教育。在公共教育制度之内、作为一种可选择的安排提供这种教育，是一种可予允许的、为此目的进行的安排。为希望得到以少数语言进行的教育的人提供公共资助的这种教育，不具歧视性。当然，也必须注意，对少数语言之间的可能区分应基于客观、合理的理由。同样的规则适用于以少数宗教进行的宗教教育。对于资助宗教（或语言）教育，为了避免资助某些而不是全部少数群体的歧视，一国可以合理地将其行为建立在是否存在着对于这种教育的持续需求的基础之上。对于许多宗教少数者而言，在公立学校制度之内，存在着完全世俗的选项就足够了，因为有关社群可能希望在课余时间以及校外安排宗教教育。如果确实产生了对于宗教学校的需求，那么判断未成立公立少数者学校或者未向私立少数者学校提供相当的公共资助是否相当于歧视的一种

---

① Lansman v. Finland (No. 1), Human Rights Committee, Communication No. 511/1992, HRC 1995 Report, Annex X. I.

② Lansman v. Finland (No. 2), Human Rights Committee, Communication No. 671/1995, HRC 1997 Report, Annex V. I. S.

③ Poma v. Peru, Human Rights Committee, Communication No. 1457/2006, 27 March 2009.

④ Lansman et al v. Finland, Human Rights Committee, Communication No. 511/1992, 26 October 1994, Selected Decisions, Vol. 5, p. 150.

⑤ Mavlonov and Sa'di v. Uzbekistan, Human Rights Committee, Communication No. 1334/2004, 19 March 2009. 编辑和读者将使用少数语言的新闻用作向乌兹别克斯坦境内的塔吉克少数民族社区传递重要、重大事项的手段，是塔吉克少数民族文化的一个基本要素。

正当标准是，是否存在着入读此等学校的足够数量的、以便使得该学校可以作为整个教育制度中的一个有机部分的儿童。①

3. 语言

属于语言少数者的个人在他们之间私下或公开地使用自己语言的权利有别于《公民及政治权利国际公约》保护的其他语言权利。应该将这一权利与《公民及政治权利国际公约》第 19 条保护的表达自由的一般权利区别开来——所有的人都能够享有后一权利，不论他们是否属于少数群体。也应该将这一权利与《公民及政治权利国际公约》第 14 条第 3 款（巳）项赋予被告的特定权利区分开来，即当他们不懂或不会说法庭上所用的语言时，有权获得翻译；但在任何其他情形下，该规定都不赋予被告在法庭诉讼中使用或说自己选择的语言的权利。② 在一起案件中，一位母语是布列塔尼语的法国公民诉称，法国邮政管理局拒绝以该语言向他签发邮政票据，以及财政当局拒绝考虑他以布列塔尼语提供的信息——这使他所负的纳税责任没有考虑可用于减税的职业费用。人权事务委员会拒绝了他的来文，理由是并未用尽国内救济办法。③ 然而，该委员会一名委员认为，《公民及政治权利国际公约》并不关心国家的集中性或分散性，或者是否存在官方语言。他认为，《公民及政治权利国际公约》第 27 条并未规定，国家应要求邮政部门以官方语言以外的语言签发邮政票据，也没有规定当局应当接受以另一种语言提供的信息。④ 在比利时，施予弗莱芒委员会（Flemish Council）的、包括讲法语的成员在内的所有成员的以荷兰语宣誓的宪法义务，并未限制这一权利。⑤

---

① *Waldman v. Canada*, Human Rights Committee, Communication No. 694/1996, HRC 2000 Report, Annex Ⅸ. H，马丁·舍伊宁（Martin Scheinin）的个人附议意见。
② 人权事务委员会第 23 号一般性意见，第 5.3 段。
③ *C. L. D. v. France*, Human Rights Committee, Communication No. 228/1987, HRC 1988 Report, Annex Ⅷ. E.
④ 比拉默·恩迪亚耶（Birame Ndiaye）的个人意见。这一观点似乎也获得了五位其他委员的接受：沃因·迪米特里耶维奇（Vojin Dimitrijevic）、罗莎林·希金斯（Rosalyn Higgins）、安德烈斯·马弗罗马提斯（Andreas Mavrommatis）、福斯托·波卡尔（Fausto Pocar）和伯蒂尔·文纳尔格伦（Bertil Wennergren）。
⑤ Decision of the Court of Arbitration of Belgium, Case No. 90/1994, 22 December 1994, (1994) 3 *Bulletin on Constitutional Case-Law* 215.

第二十九章　与工作有关的权利

国际文书

《世界人权宣言》

第 23 条

一、人人有权工作、自由选择职业、享受公平优裕之工作条件及失业之保障。

二、人人不容任何区别，有同工同酬之权利。

三、人人工作时，有权享受公平优裕之报酬，务使其本人及其家属之生活足以维持人类尊严，必要时且应有他种社会保护办法，以资补益。

四、人人为维护其权益，有组织及参加工会之权。

第 24 条

人人有休息及闲暇之权，包括工作时间受合理限制及定期有给休假之权。

《经济社会文化权利国际公约》

第 6 条

一、本公约缔约国……确认工作之权利，包括人人应有机会凭本人自由选择或接受之工作谋生之权利，并将采取适当步骤保障之。

二、……缔约国为求完全实现此种权利而须采取之步骤，应包括技术与职业指导及训练方案、政策与方法，以便在保障个人基本政治与经济自由之条件下，造成经济、社会及文化之稳步发展以及充分之生产性就业。

第 7 条

……缔约国确认人人有权享受公平与良好之工作条件，尤须确保：

（子）所有工作者之报酬使其最低限度均能：

（一）获得公允之工资，工作价值相等者享受同等报酬，不得有任何区别，尤须保证妇女之工作条件不得次于男子，且应同工同酬；

（二）维持本人及家属符合……公约规定之合理生活水平；

（丑）安全卫生之工作环境；

（寅）人人有平等机会于所就职业升至适当之较高等级，不受年资才能以外其他考虑之限制；

（卯）休息、闲暇、工作时间之合理限制与照给薪资之定期休假，公共假日亦须给酬。

区域文书

《美洲人的权利和义务宣言》

第 14 条

1. 在现存的雇用条件允许的限度内，人人有权在合适的条件下工作，并自由遵循其职业。

2. 每一工作者均有权获得与其能力和技能相当的、为工作者保障适合于他和他的家属的生活标准的报酬。

第 15 条

人人有权获得闲暇时间，获得有益身心的娱乐活动，以及为了他的精神、文化和身体之益有利地利用他的闲暇时间的机会。

《欧洲社会宪章》

第 1 部分

1. 人人享有自由从事职业为其谋生的机会。

2. 所有工作者均享有公平工作条件的权利。

3. 所有工作者均享有安全卫生的工作环境的权利。

4. 所有工作者均享有获得使工作者及其家属获得合理的生活水平的公允报酬的权利。

《美洲人权公约附加议定书》

第 6 条

1. 人人享有工作之权利，包括通过从事自由选择或接受之合法活动，获得有尊严的、合理的生活手段的机会。

2. 缔约国承诺采取措施，使工作权充分有效，尤其是在实现充分就业、职业指导、发展技术和职业培训项目，特别是那些针对残疾人的项目方面。缔约国还承诺,实施、强化有助于确保适当家庭照顾的方案,以便使妇女享有行使工作权的真正机会。

第 7 条

1. ……缔约国确认,前述条款所述之工作权需要人人根据公正、公平和满意的条件享有此项权利,缔约国承担在其国内立法中保障这些条件,特别是在以下方面:

(a) 报酬,该报酬保证至少所有工作者及其家属享有有尊严的、合理的生活条件以及同等工作获得公平和同等报酬,不得有任何区别;

(b) 每一工作者有权从事其职业,致力于最符合他的期望的活动,按照有关的国内规定改变就业;

(c) 每一工作者有权在其就业中升职或向上流动,为此应考虑到其资格、能力、诚信和资历;

(d) 就业稳定,但应受制于每个行业和职业的性质以及公正解职的原因。在不合理辞退的情况中,工作者应有权就工作获得赔偿或复职,或者获得国内立法规定的任何其他利益;

(e) 工作的安全与卫生;

(f) 对 18 岁以下的人,禁止其夜间工作或者不健康或危险的工作条件,以及一般性地禁止所有危害健康、安全或道德的工作。对 16 岁以下的未成年人,工作日要服从有关义务教育的规定,工作在任何情况下都不得妨碍上学或限制从所受教育中受益;

(g) 每天和每周之工作时间的合理限制。在危险或不健康的工作或夜间工作的情况下,工作时间应更短;

(h) 休息、闲暇和带薪假期以及国定假日亦须给酬。

《非洲人权和民族权宪章》

第 15 条

每一个人应有权在公平和令人满意的条件下工作,并应就同等工作得到同等报酬。

有关文本

《经修订的欧洲社会宪章》,1996 年 5 月 3 日通过,1999 年 7 月 1 日生效,第 1—4 条国际劳工组织《关于失业的第 2 号公约》，1919 年 11 月 28 日通过，1921 年 7 月 14 日生效。

国际劳工组织《关于制订最低工资确定机制的第 26 号公约》，1928 年 1 月 28 日通过，1930 年 6 月 14 日生效。

国际劳工组织《关于强迫或强制劳动的第 29 号公约》，1930 年 6 月 28 日通过，1932 年 5 月 1 日生效。

国际劳工组织《关于将工作时间减少到每周 40 小时的第 47 号公约》，1935 年 6 月 22 日通过，1957 年 6 月 23 日生效。

国际劳工组织《关于对男女工人同等价值的工作付予同等报酬的第 100 号公约》，1951 年 6 月 29 日通过，1953 年 5 月 23 日生效。

国际劳工组织《关于废除强迫劳动的第 105 号公约》，1957 年 6 月 25 日通过，1959 年 1 月 17 日生效。

国际劳工组织《关于就业和职业歧视的第 111 号公约》，1958 年 6 月 25 日通过，1960 年 6 月 15 日生效。

国际劳工组织《关于社会政策基本宗旨和准则的第 117 号公约》，1962 年 6 月 22 日通过，1964 年 4 月 23 日生效。

国际劳工组织《关于就业政策的第 122 号公约》，1964 年 7 月 9 日通过，1966 年 7 月 15 日生效。

国际劳工组织《关于带薪假期的第 132 号公约》，1970 年 6 月 24 日通过，1973 年 6 月 30 日生效。

国际劳工组织《关于职业安全和卫生及工作环境的第 155 号公约》，1981 年 6 月 22 日通过，1983 年 8 月 11 日生效。

国际劳工组织《关于负有家庭责任的男女工人的平等机会和平等待遇的第 156 号公约》，1981 年 6 月 23 日通过，1983 年 8 月 11 日生效。

国际劳工组织《关于雇主主动终止雇佣的第 158 号公约》，1982 年 6 月 22 日通过，1985 年 11 月 23 日生效。

国际劳工组织《关于促进就业和失业保护的第 168 号公约》，1988 年 6 月 21 日通过，1991 年 10 月 17 日生效。

国际劳工组织《关于夜班的第 171 号公约》，1990 年 6 月 26 日通过，1995 年 1 月 4 日生效。

一　评论

《经济社会文化权利国际公约》第 6 条、《美洲人权公约附加议定书》第 6

条第 1 款、《非洲人权和民族权宪章》第 15 条均确认工作之权利,不仅包括自由选择工作之权利(《非洲人权和民族权宪章》第 15 条除外),还包括人人有机会凭自由选择或接受之工作(或活动)谋生的权利。《欧洲社会宪章》虽未具体提到工作权,但也确认了这两项因素。国家虽然没有义务"保证"或"确保"其所有公民都有工作,但仍需要采取步骤,以期逐渐实现尽可能高、尽可能稳定的就业水平。即便在开放经济的背景下,国家也有义务力图实现充分就业的目标。这一义务是一种手段的义务,而不是结果的义务。为了追求某一会带来长期失业潮的经济制度而抛弃这一目标,损害了这一权利。所必需的是要存在一种有计划的就业政策。①

《经济社会文化权利国际公约》第 6 条第 2 款以及《美洲人权公约附加议定书》第 6 条第 2 款是实施条款,规定了为确保这一权利得到充分实现所可能采取的一些措施。在寻求充分就业的过程中,国家有义务确保在任何阶段均不会发生基于种族、肤色、性别、语言、宗教、政治或其他见解、民族本源或社会出身、财产、出生或其他身份的歧视。禁止歧视是即时的、绝对的,因此可能需要合适的立法。然而,也有必要采取特别措施,帮助那些由于地区不平衡,或者由于性别或年龄差异而在寻找工作中处于不利地位的个人。②

《经济社会文化权利国际公约》第 7 条和《美洲人权公约附加议定书》第 7 条要求国家采取各种步骤,以期逐渐实现人人享有公平与良好(在《美洲人权公约附加议定书》第 7 条中为"令人满意的",在《非洲人权和民族权宪章》第 15 条中为"公平和令人满意的")之工作条件。根据《经济社会文化权利国际公约》第 2 条第 2 款以及《美洲人权公约附加议定书》第 3 条,国家有义务即时、绝对地确保这一权利之行使,不受任何种类的歧视。尤其是,女性所得到的工作条件不得次于男性所享有的工作条件,且女性有权获得与男性相同的薪酬。③ 在国家自身不是雇主的情况中,该权利的实施可能需要由立法规定最低标准以及执行机制。

《经济社会文化权利国际公约》第 6 条从总的方面阐述了工作权利,并在第 7 条中通过承认人人有权享受公平和良好的工作条件,尤其是有权享有安全的工作条件,明确引申了工作权利的个人维度。《经济社会文化权利国际公约》

---

① ESC Committee of Independent Experts, Conclusions Ⅰ, 13 – 14; Ⅱ, 3.
② ESC Committee of Independent Experts, Conclusions Ⅳ, General Introduction.
③ 经济、社会和文化权利委员会曾指出,例如,在毛里求斯经济中的农业部门,对于相同价值的工作,妇女的薪酬低于男性,理由是这一假设:在这种劳动密集型工作中,她们的生产效率更低。见该委员会对毛里求斯的结论性意见,UN document E/C. 12/1994/20, p. 38。

第 8 条阐述了工作权利的集体维度，它阐明人人有权组织工会和参加所选择的工会，并有权使工会自由行使职权。在起草《经济社会文化权利国际公约》第 6 条时，人权委员会确认，有必要通过规定具体法律义务而非仅仅一种简单的哲学原则，从广义上承认工作权。《经济社会文化权利国际公约》所保障的工作权利确认国家有义务确保个人对其自由选择或接受的工作的权利，包括不被不合理地剥夺工作的权利。这一定义强调了一个事实，尊重个人及其尊严是通过个人有选择工作的自由体现的，同时强调了工作对于个人发展以及对于社会和经济包容的重要性。

工作权利是一项属于每个人的单独权利，同时也是一项集体权利。它包含所有形式的工作，无论是独立工作还是依赖性的领薪工作。工作权利不应当理解为一种获得就业的绝对的、无条件的权利。每个人有权自由决定接受或选择工作，意味着不以任何方式被强迫从事或参加就业，并有权享有一种保障每个工人就业的保护制度。它还意味着不被不公平地剥夺就业的权利。①

几项与工作有关的原则业已确立：

（甲）自由选择工作（《经济社会文化权利国际公约》第 7 条、《欧洲社会宪章》第 1 条第 1 款、《美洲人权公约附加议定书》第 6 条）

（乙）失业保障（《世界人权宣言》第 23 条）和针对不合理辞退的保障（《美洲人权公约附加议定书》第 7 条）

（丙）公允之工资（《经济社会文化权利国际公约》第 7 条、《欧洲社会宪章》第 1 条第 4 款、《美洲人权公约附加议定书》第 7 条）

（丁）工作价值相等者享受同等报酬（《经济社会文化权利国际公约》第 7 条、《欧洲社会宪章》第 2 条第 4 款），或者同工同酬（《世界人权宣言》第 23 条、《美洲人权公约附加议定书》第 7 条、《非洲人权和民族权宪章》第 15 条）②

（戊）安全卫生之工作环境（《经济社会文化权利国际公约》第 7 条、《欧洲社会宪章》第 1 条第 3 款、《美洲人权公约附加议定书》第 7 条）

（己）仅依年资（《经济社会文化权利国际公约》第 7 条），或者仅依资格、能力、诚信和资历（《美洲人权公约附加议定书》第 7 条）才能升职的平等机会

（庚）休息、闲暇、工作时间之合理限制（《世界人权宣言》第 24 条、

---

① 经济、社会和文化权利委员会第 18 号一般性意见（2005 年），第 6 段。
② 前者关注类似的工作的同等报酬，而后者则可能要求共同的薪酬水平。

《经济社会文化权利国际公约》第 7 条、《美洲人权公约附加议定书》第 7 条、《欧洲社会宪章》第 2 条第 2 款）

（辛）照给薪资之定期休假（《世界人权宣言》第 24 条、《经济社会文化权利国际公约》第 7 条、《欧洲社会宪章》第 2 条第 2 条款、《美洲人权公约附加议定书》第 7 条），公共假日亦须给酬（《经济社会文化权利国际公约》第 7 条、《欧洲社会宪章》第 2 条第 2 款、《美洲人权公约附加议定书》第 7 条）

二 释义

（一）"工作之权利"

工作之权利暗含着不工作之权利。因此，法律上可强制的工作义务与这一权利不一致。它还意味工作不受任意禁止的权利。因此，一项要求妇女出国工作或旅行应获丈夫许可的法律与这一权利不相容。① 女性公职人员一旦结婚即应辞职以及禁止已婚女性加入公职，也是如此。② 就业的门槛和条件应当严格依据《经济社会文化权利国际公约》以及国际劳工组织第 111 号公约中有关工作的客观标准。因此，以政治见解为理由的就业歧视是受禁止的。③

"人人"这一术语蕴含了"一国之内所有人"的权利，该术语有助于在权利范围上采取极为广泛的路径。它包括性工作者。④

（二）"本人自由选择或接受之工作"

自由选择就业意味着，禁止强迫劳动，以及在有关就业的事项上不得有任何歧视。⑤ 某一资格性国家考试的并无必要的长时间等待期，侵犯了自由选择职业的权利。⑥ 将"政治"行为端正明确规定为从事某一职业的条件，也是不可接受的。⑦ 将没有犯罪记录确定为运输公司所有者的条件，这损害了从事商

---

① 经济、社会和文化权利委员会对伊朗伊斯兰共和国的结论性意见，UN document E/C. 12/1993/19, p. 34。
② ESC Committee of Independent Experts, Conclusions I , 66.
③ 经济、社会和文化权利委员会对德国的结论性意见，UN document E/C. 12/1993/19, p. 50。
④ *Kylie v. Commission for Conciliation*, Mediation and Arbitration, Labour Appeal Court of South Africa, 28 May 336.
⑤ ESC Committee of Independent Experts, Conclusions I , 15.
⑥ Decision of the Federal Constitutional Court of Germany, 3 May 1999, (2000) 2 *Bulletin on Constitutional Case-Law* 270.
⑦ Decision of the Constitutional Court of Italy, 18 July 1996, (1996) 2 *Bulletin on Constitutional Case-Law* 231.

业活动的自由和工作权。①

未经工人自由表示之同意而强迫任何工人违背他意愿地从事工作，侵犯了这一权利。在强迫任何工人从事他先前曾自由同意，但后来他不再愿意如此做的工作的情况中，这也同样适用。② 如果对残疾工作者开放的唯一的真正机会，是在标准条件之下的、所谓的"庇佑性"设施中工作，这一权利也没有实现。国家必须采取措施，使残疾人能够获得并保有合适的工作并在其职业领域中取得进步，从而促进他们融入或重新融入社会。

一项法律规定，如果公职人员或其他负责公共服务的人员"在履行其职责或职务中，无理拒绝或未能履行，或者无故拖延，或者如果存在着任何有意破坏规则性的、对于服务的任何中断或放弃，或者具有这样做的效果"，将会被判处劳役拘禁。这样的法律，如果其适用不仅限于必要服务，就将有违禁止强迫劳动的原则。必要服务是其中断将危及整个或部分社会的生存或安宁的服务，因此不包括诸如公共储蓄银行、运输业务和旅游部门等服务。③ 一项法律规定，海员的某些违纪行为（包括不履行从事劳动的义务）将受到监禁处罚，并强制将外国海员送至船舶上履行其任务，这有可能有违一个人通过他自由选择或接受的工作谋生的权利。④

有权践行某一专业以及从事任何职业、行当或业务，并不意味着个人可以不受监管地从事一项行当或业务。如果某项管控极具侵害性，以至于构成了对践行这一行业之权利的实质障碍，那么即便它是合理的，也会损害这一权利。在判定确实构成对践行之权利的实质障碍的某一管控是否可予允许时，法院可采取以下三个步骤来处理该问题：（1）判断受质疑的法律是否构成对践行之权利的合理管控；（2）如果是，那么即便它是合理的，它对于践行权是否具有如此的侵害性，以至于它构成了对践行这一职业、行当或业务的实质障碍；（3）如果它确实构成了对践行这一职业、行当或业务的实质障碍，那么政府必须证明，即便如此，它仍然是一种属于宪法规定的例外的管控形式。⑤

---

① Decision of the Constitutional Tribunal of Poland, 26 April 1999, (1999) 2 *Bulletin on Constitutional Case-Law* 247.

② ESC Committee of Independent Experts, Conclusions Ⅲ, 5.

③ ESC Committee of Independent Experts, Conclusions Ⅳ, 7 – 8. *Lansman* v. *Finland* (*No.*2) Human Rights Committee, Communication No. 671/1995 HRC 1997 Report, Annex Ⅵ. S.

④ 经济、社会和文化权利委员会对毛里求斯的结论性意见，UN document E/C. 12/1994/8。

⑤ *Trustco Insurance Ltd* v. *Deed Registries Regulation Board*, Supreme Court of Namibia, [2012] 1 LRC 35. 纳米比亚的一项规定要求，应以固定费率，而不是按小时费率，提供服务。希望为其客户提供免费的交易服务，以此作为某一保险套餐的某家短期保险公司和一位法律从业者合伙人对该规定的申诉未获成功。

（三）"公允之工资"

工资应当平等、公正、合理。① 囚犯的工作报酬不得低于给予其他类别雇员的最低工资。② 罗马尼亚的一项法律规定，对于在终止雇用合同被推翻以后复职的某位雇员，计算其可获得的赔偿的依据是，合同终止前3个月期间支付的平均工资。该规定有违工作权以及平等原则，因为补偿金必须等同于如果他在当时工作所本应获得的总金额。③

（四）"工作价值相等者享受同等报酬"

可以通过法律、条例的方式或者通过集体协议，确保报酬平等。④ 尤其是，（1）立法必须规定，男性和女性工作者不仅对于相同的工作，而且对于价值相等的工作，都必须获得同等报酬；（2）有违这一原则的集体协议或个人合同的任何条款必须被宣布无效；（3）必须通过适足的救济确保对这一权利的保护；以及（4）工作者必须享有有效保护，免受因主张同等报酬而起的报复措施，尤其是免受解雇。⑤ 工作者亦应享受足以维持本人及家属之合理生活水平的公允工资这一要求意味着，无论性别为何，如果有家属的工作者获得的报酬高于单身工作者，可能并未损害这一权利。

（五）"合理生活水平"

工作者有权获得足以维持本人及家属的"合理生活水平"的报酬。"合理生活水平"一词必须联系《经济社会文化权利国际公约》其他条款加以解读。在这方面，《经济社会文化权利国际公约》第11条看来尤为重要。该条确认，

---

① 有建议提出，"公允之工资"这一术语意味着，每个特定职业的基本工资水平应反映所承担的工作的性质和情况。在判定某一特定职业的工资是否可以被认定为"公允"时，应考虑到诸如技能水平、责任数量、对家庭生活的干扰程度、生产量对于经济的价值以及所涉及的健康和安全风险等特定的客观标准。这意味着，工资费率应在很大程度上反映所从事的职业价值；但这也意味着，受雇于危险职业或者在非正常时间工作的工作者亦应获得充分报酬，以此作为对他们的家庭生活或健康之扰乱的补偿：M. C. R. Craven, *The International Covenant on Economic, Social and Cultural Rights: A Perspective on Its Development* (Oxford: Clarendon Press, 1995), 233. *Lansman v. Finland* (No. 1): Human Rights Committee, Communication No. 511/199, HRC 1995 Report, Annex X. 1.

② Decision of the Constitutional Tribunal of Poland, 7 January 1997, (1997) 1 *Bulletin on Constitutional Case-Law* 68.

③ Decision of the Constitutional Court of Romania, 19 October 1999, (2000) 1 *Bulletin on Constitutional Case-Law* 108.

④ ESC Committee of Independent Experts, Conclusions Ⅰ, 28.

⑤ ESC Committee of Independent Experts, Conclusions Ⅷ, 66.

人人有权享受其本人及家属所需之适当生活程度,包括适当之衣食住及不断改善之生活环境。在确定何为"合理生活水平"时,必须考虑工作者及其家属的社会—经济地位的变化,以及他的基本需求——这些需求在最初聚焦于提供纯粹的诸如吃住等基本物质必需品,但其后则转向性质更加高级和复杂的关注,例如教育设施以及文化和社会福利。①

在解释《欧洲社会宪章》第1条第4款中的"合理的生活水平"这一概念时,根据该宪章设立的独立专家委员会首先考虑了工作者及其家属的、与他们生活于其中的社会所达到的发展阶段相关的基本社会、经济和文化需求,以及受到考量的国家的经济和社会状况。在特定的国家、特定的时间,向最大多数工作者支付的工资被视为该国工资水平的代表。如果如此界定的代表性工资是参照点,那么任何过度偏离这一基准的更低工资,都不能被认为足以允许"受考量的社会中的合理生活水平"。后来,该委员会通过适用"合理之门槛",也得出了类似的结论。该门槛或者是人均可支配国民收入的大约66%,或者是国民平均工资的68%左右。然而,该委员会也提醒道,在采用这种方法时(该方法只能对经济和社会结构多少相似的国家有效),必须考虑一定数量的加权因素,其中包括实质性的社会福利金、家庭和住房津贴、教育和文化津贴、税收减免、收入分配差距过大以及一国政府为了工作者而在社会领域确保持续进步之努力。②

经济、社会和文化权利委员会曾指出,合理的工作是这样一种工作:尊重人的基本权利以及工人在工作安全和报酬条件方面的权利,尊重《经济社会文化权利国际公约》第7条强调的获得能够使工人养活自己和家庭的收入的权利。这些基本权利还包括尊重工人在从事就业时的身体和心理健康。《经济社会文化权利国际公约》第6条、第7条和第8条是互为依存的。③

(六)"安全卫生之工作环境"

为了确保安全卫生之工作环境,国家可能需要颁行安全和卫生条例,通过监督措施规定此类条例的执行,并酌情与雇主和工人组织就旨在改善产业安全

---

① ESC Committee of Independent Experts, Conclusions Ⅰ, 26.
② ESC Committee of Independent Experts, Conclusions Ⅴ, 25 - 6. *Waldman v. Canada*, Human Rights Committee 2000 Report, Annex Ⅸ. H.
③ 经济、社会和文化权利委员会第18号一般性意见,第8段。

和卫生的措施进行磋商。① 对于受雇人员以及自雇人员，这一要求均适用。② 对于自雇人员，国家应施以自我保护的义务。③

（七）平等升职机会

在判断一人是否应升至职业的适当之较高等级时，年资和才能是唯一需要考量的因素。当与《经济社会文化权利国际公约》第 2 条第 2 款结合解读时（该款禁止因种族、肤色、性别、语言、宗教、政见或其他主张、民族本源或社会出身、财产、出生或其他身份等而受歧视），可以认为，在某些情形中，采用配额制度或者旨在纠正历史上的失衡或向处境不利的群体提供补救的其他措施，可能不会与这一权利不一致。

（八）"休息、闲暇、工作时间之合理限制与照给薪资之定期休假，公共假日亦须给酬。"

"休息"一词旨在保证工作活动的真正暂停，让个人有可能重新获得力量，而"闲暇"则应使个人有可能发展他的心思和兴趣。④ 闲暇权施予国家提供用于闲暇的充足设施的相应义务。允许工人放弃每周的休息时间，以此换取一次性补偿金，与这一权利不一致。⑤ 从事危险或不健康职业的工作者有权得到劳动时间的减少，或者获得额外的带薪假期。这样可以减少身心疲劳的累积，减少在风险中的暴露，并在同时给予工作者更长的休息时间。⑥ 增加这些工作者的工资，而不减少其工作时间，是不可接受的。⑦ 对于在特殊情形中以及正常工作时间之外从事的工作（即加班），工作者必须获得报酬。这种报酬的水平必须高于正常的工资水平。⑧

要求在可予休假的 12 个月完全过去之后再休年假，与这一权利并不冲突。⑨ 即便是考虑到雇主给的额外报酬，工作者也不得放弃他的休年假的权利。即便得到有关工作者的自由同意，尽可能充分保护工作者之必要也使得这种放

---

① European Social Charter, Article Ⅱ, 3.
② ESC Committee of Independent Experts, Conclusions Ⅱ, 12.
③ ESC Committee of Independent Experts, Conclusions Ⅳ, 21 – 2.
④ Goran Melander, 'Article 24', in Asbjorn Eide et al (ed.), *The Universal Declaration of Human Rights: A Commentary* (Oslo: Scandinavian University Press, 1992), 379, at 380.
⑤ ESC Committee of Independent Experts, Conclusions Ⅰ, 172.
⑥ ESC Committee of Independent Experts, Conclusions Ⅴ, 15 – 16; Ⅵ, 14.
⑦ ESC Committee of Independent Experts, Conclusions Ⅲ, 4.
⑧ ESC Committee of Independent Experts, Conclusions Ⅰ, 28.
⑨ ESC Committee of Independent Experts, Conclusions Ⅰ, 20.

弃与这一权利不相容。但是，在雇员的雇用结束后，向他支付一笔款项，以补偿他有权享受，但从未享受的带薪假期，是可予允许的。[1] 6 天、9 天、10 天或 17 天的带薪公共假日被认为是合理的。[2]

---

[1] ESC Committee of Independent Experts, Conclusions Ⅰ, 170.
[2] ESC Committee of Independent Experts, Conclusions Ⅰ, 19.

第三十章　与社会保障有关的权利

国际文书

《世界人权宣言》

第 22 条

人既为社会之一员，自有权享受社会保障，并有权享受个人尊严及人格自由发展所必需之经济、社会及文化各种权利之实现；此种实现之促成，端赖国家措施与国际合作并当依各国之机构与资源量力为之。

第 25 条

人人……于失业、患病、残废、寡居、衰老或因不可抗力之事故致有他种丧失生活能力之情形时，有权享受保障。

《经济社会文化权利国际公约》

第 9 条

……缔约国确认人人有权享受社会保障，包括社会保险。

区域文书

《美洲人的权利和义务宣言》

第 16 条

人人有权享受社会保障，使他免受失业、衰老以及因使他在身心上无法谋生的不可抗力事由造成的任何残废之后果。

《欧洲社会宪章》

第 1 部分

12. 所有工作者及其家属，均有权享有社会保障。

13. 无充分生计的任何人，均有权获得社会和医疗援助。

14. 人人有权享受社会福利服务。

《美洲人权公约附加议定书》

第 1 部分

4. 每个老年人，均有权获得社会保护。

《非洲人权和民族权宪章》

第 18 条

4. 老年人和残疾人有权享有符合其身体和精神需要的特殊保护措施。

有关文本

国际劳工组织《关于疾病保险（工业）的第 24 号公约》，1927 年 6 月 15 日通过，1928 年 7 月 15 日生效

国际劳工组织《关于疾病保险（农业）的第 25 号公约》，1927 年 6 月 15 日通过，1928 年 7 月 15 日生效

国际劳工组织《关于残废保险（工业等）的第 37 号公约》，1933 年 6 月 29 日通过，1937 年 7 月 18 日生效

国际劳工组织《关于残废保险（农业）的第 38 号公约》，1933 年 6 月 29 日通过，1937 年 7 月 18 日生效

国际劳工组织《关于遗属保险（工业等）的第 39 号公约》，1933 年 6 月 29 日通过，1946 年 11 月 8 日生效

国际劳工组织《关于遗属保险（农业）的第 40 号公约》，1933 年 6 月 29 日通过，1949 年 9 月 29 日生效

国际劳工组织《关于工人职业病赔偿的第 42 号公约（修订）》，1934 年 6 月 21 日通过，1936 年 6 月 17 日生效

国际劳工组织《关于最低社会保障标准的第 102 号公约》，1952 年 6 月 28 日通过，1955 年 4 月 27 日生效

国际劳工组织《关于国民与非国民社会保障待遇平等的第 118 号公约》，1962 年 6 月 28 日通过，1964 年 4 月 25 日生效

国际劳工组织《关于工伤事故津贴的第 121 号公约》，1964 年 7 月 8 日通过，1967 年 7 月 28 日生效

国际劳工组织《关于残疾、老年和遗属津贴的第 128 号公约》，1967 年 6 月 29 日通过，1969 年 11 月 1 日生效

国际劳工组织《关于医疗保健和疾病津贴的第 130 号公约》，1969 年 6 月 25 日通过，1972 年 5 月 27 日生效

国际劳工组织《关于维持社会保障权的第 157 号公约》，1982 年 6 月 21 日通过，1986 年 9 月 11 日生效

一　评论

《经济社会文化权利国际公约》第 9 条在总体上规定，各缔约国"确认人人有权享受社会保障"，但未具体阐明应保证的保护种类或程度。然而，"社会保障"这一用语隐含着基于本人所无法控制的原因而失去维持生计手段的所有风险。① 《世界人权宣言》第 22 条首次阐明了社会保障权，将其界定为，针对失业、患病、残疾、寡居、衰老和"因不可抗力之事故致有他种丧失生活能力之情形"的保障。类似地，《美洲人的权利和义务宣言》则将失业、衰老"以及因为使他在身心上无法谋生的不可抗力事由造成的任何残疾"称为引发社会保障之必需的情形。《欧洲社会宪章》第 2 条第 12 款要求，社会保障制度应保持"令人满意的水平"，至少等同于批准国际劳工组织第 102 号公约所要求的水平。

如果"人人"都被赋予了社会保障权，那么就不得拒绝永久性居民获得该权利。②

二　释义

（一）"社会保障"

社会保障权的前提是建立和维持一种社会保障制度。只有当某一制度满足作为整体评估的如下几项条件时，才能确认存在社会保障制度：（1）该制度必

---

① 经济、社会和文化权利委员会第 6 号一般性意见（1995 年），第 26 段。See also Vladimir Kartashkin, 'Economic, Social and Cultural Rights', in K. Vasak and P. Alston (eds.) *The International Dimensions of Human Rights* (Westport, CT: Greenwood Press, 1982), Vol. I, 111, at 113：为了确定这项权利的实质内容，适宜参考国际劳工组织通过的社会保障领域的各项公约。这些公约界定了社会保障制度应予以保护的意外事件、其中的每一意外事件所应涵盖的人员以及应提供的福祉的最低水平，还为社会保障制度的融资提供了指导方针。

② *Khosa v. Minister of Social Development*, Constitutional Court of South Africa, [2005] 1 LRC 1.

须涵盖某些主要风险；（2）该制度必须在最重要的分支领域中提供有效惠益；以及（3）该制度必须覆盖相当大比例的人口。① 因为国家需要保证社会保障福利，所以立法机关不得减少社会保障开支。这样做就是撤回了作为根基的国家保障。② 暂停向被法院判处服一段时间监禁刑期的人支付国家退休金，构成了对社会保障权的不可接受的限制。③ 因为在适用这一权利方面的任何歧视都受到禁止，所以如果外国移徙工人满足法律所规定的获得失业救济金的条件，就不能将他排除在本国工人有权享有的此类福利之外。④

社会保障权包括国家保障最低限度生存条件的义务。因此，如果人的生命处于迫在眉睫的危险之中，则国家有义务为无家可归者提供住宿。然而，提供容身之处的义务与在更广泛意义上确保住房权并不相同。因此，只有在缺少住宿直接威胁到人的生命的情况下，国家才应提供庇护。⑤ 社会保障权并不取决于年龄；这项权利保障所有有需要的公民，而不论一人所属的年龄组为何。⑥

社会保障权包括不受歧视地获得并保有福利的权利——无论是以现金还是以实物，尤其是为了确保免受：（甲）因患病、残疾、生育、工伤、失业、衰老或家庭成员死亡而造成的缺少与工作相关的收入；（乙）无法负担医疗保健；（丙）家庭供养不足，尤其是对儿童和需供养的成年家属。社会保障通过它的再分配性质，在减轻和缓解贫困、防止社会孤立以及促进社会包容方面发挥着重要作用。* 因此，社会保障制度的规定应覆盖以下九个主要领域：

（1）医疗保健：国家有义务保证建立保健制度，向所有人提供医疗保健的适足机会。如果保健制度采用私营计划或公私混合计划，这些计划必须是可以

---

① *Social Protection in the European Social Charter*, Social Charter Monographs, No. 7, 2nd edn (Strasbourg: Council of Europe Publishing, 2000), 21 – 4.

② Decision of the Constitutional Court of Hungary, 15 September 1996, (1995) 3 *Bulletin on Constitutional Case-Law* 311.

③ Decision of the Constitutional Court of Russia, 16 October 1995, (1995) 3 *Bulletin on Constitutional Case-Law* 340.

④ Decision of the Constitutional Court of Spain, 11 September 1995, (1995) 3 *Bulletin on Constitutional Case-Law* 366.

⑤ Decision of the Constitutional Court of Hungary, 8 November 2000, (2000) 3 *Bulletin on Constitutional Case-Law* 499.

⑥ Decision of the Constitutional Court of Ukraine, 2 June 1999, (1999) 2 *Bulletin on Constitutional Case-Law* 289.

* 原书本章完全没有提到经济、社会和文化权利委员会关于社会保障权利的第19号一般性意见（2007年），但实际上使用了该一般性意见的大量内容：本段来自该一般性意见第2、3段；以下对社会保障制度应覆盖领域的叙述，来自该一般性意见第12—21段。

负担得起的。

（2）患病：应该向因生病而无法工作的人提供现金补助，以覆盖他们失去收入的期间。长期疾病缠身的人应有资格领取残疾津贴。

（3）年老：国家应确立向达到国家法律规定年龄的老年人提供福利的社会保障计划。这些计划应确定适合于本国情况的退休年龄，并应当考虑，除其他外，职业的性质（特别是危险职业中的工作）以及老年人的工作能力。有些老年人虽然到了国家法律所规定的退休年龄，但是仍然没有达到作为条件的缴费年限，或者没有资格领取基于保险的养老金、其他社会保障福利或资助，而且没有任何其他收入来源。对此，国家应该在其可用资源的限度内，向所有这样的老人提供非缴费性的老年津贴、社会服务以及其他援助。

（4）失业：国家必须努力提供补助，以便弥补因为无法获得或者保留适当工作而引起的收入减少或丧失。应该向失业人员发放适当时段的津贴；在这一时段结束时，社会保障制度应当确保对于失业工人的充分保护，例如通过提供社会援助。社会保障制度还应覆盖其他工人，例如兼职工、临时工、季节工、自雇者以及在非正规经济部门中工作的人。① 应当向因为公共卫生或者其他紧急情况而被迫停工的工人发放津贴，以弥补停工期间的收入损失。

（5）工伤：国家应确保保护在工作或其他生产性工作的过程中受伤的工人。社会保障制度应当支付治伤和医病的费用以及由于伤病失去的收入，并且向由于养家活口的人死亡而失去支持的配偶或被扶养家属提供津贴。应该通过医疗服务和现金津贴的方式提供适足的福利以确保收入安全。享受福利的权利不应受到就业年限、投保时间或缴费情况的影响。

（6）家庭和儿童支助：家庭福利对于实现《经济社会文化权利国际公约》第9条和第10条规定的儿童与受扶养的成年家属受到保护的权利是极为重要的。国家在提供福利时，应考虑儿童及负有扶养儿童或成年家属责任之人的经济资源和环境，以及与儿童或受扶养的成年家属提出或有人代其提出的福利申请有关的其他方面因素。应当向有关家庭提供包括现金补贴和社会服务在内的家庭和儿童福利，不得有任何基于被禁止理由的歧视；家庭和儿童福利通常包括食品、衣服、住房、用水和卫生或其他适当的权利。

（7）生育：所有女性均应获享带薪产假，包括从事非典型工作的妇女，且津贴之发放应覆盖适足期间。应该向妇女和儿童提供适当的医疗福利，其中包

---

① 国际劳工大会将非正规经济部门定义为，"劳动者或经济单位所从事的、在法律上和实际上没有被正式协议覆盖或充分覆盖的所有经济活动"。

括产前、分娩、产后护理，以及必要时住院期间的护理。

（8）残疾：国家应向残疾人——他们因为残疾或与残疾有关的因素，暂时丧失或减少了收入，失去了就业机会或成为永久性残疾——提供适当收入扶持。此种支助应当以有尊严的方式提供，并且反映经常与残疾情况相联系的对于帮助和其他开支的特别需要。所提供的支助应当涵盖家庭成员和其他非正式的照料者。

（9）遗属和孤儿：国家必须确保在享有社会保障或领取养老金权利的养家活口的人去世以后向其遗属和孤儿发放津贴。这种津贴应该包括丧葬费用，特别是在丧葬费用非常昂贵的情况中。不得以受到禁止的歧视理由将遗属和孤儿排除在社会保障计划之外，应当在享受社会保障计划方面向他们提供帮助，特别是在艾滋病毒/艾滋病、结核病以及疟疾等传染病肆虐，致使大量儿童和老年人丧失家庭和社区帮助的情况下。

虽然每个人都享有社会保障权，但国家应该特别关注传统上在行使这种权利方面面临困难的个人和群体，特别是女性、失业者、未得到社会保障充分保护的工人、在非正规经济部门工作的人、生病或受伤的工人、残疾人、老年人、儿童和受扶养的成年家属、家庭用工、在家工作者、少数者群体、难民、寻求庇护者、国内流离失所者、回返难民、非国民、囚犯以及被拘禁者。国家应当特别注意：不能通过直接或间接的歧视，特别是通过不合理的适格条件或缺乏取得信息的适当渠道，而将土著民族以及族裔和语言上的少数者排除在社会保障制度之外。*

《经济社会文化权利国际公约》第 2 条第 2 款禁止以国籍为由的歧视。如果包括移徙工人在内的非国民已经向社会保障计划缴费，他们应当能够享受由缴费而致的福利，或在离开该国时领回所缴的保费。移徙工人享有福利的权利不应受到工作地点改变的影响。非国民应当能够参加非缴费性计划，以便获得收入支助、可负担的医疗服务以及家庭支助。包括资格年限在内的任何限制必须是合乎比例的与合理的。所有人，不论其国籍、居住地点还是移民身份如何，有权获得基本的和紧急的医疗服务。难民、无国籍人、寻求庇护者以及其他处境不利的和被边缘化的个人和群体应在参加非缴费性社会保障计划方面享有同等机会，其中包括合理获得符合国际标准的医疗服务和家庭支助。**

---

* 经济、社会和文化权利委员会第 19 号一般性意见，第 31、35 段。

** 经济、社会和文化权利委员会第 19 号一般性意见，第 36—38 段。

国内流离失所者不应在享有其社会保障权方面遭到任何歧视，国家应该采取积极措施，确保他们享有参加保障计划的同等机会，例如酌情不执行关于居住地的要求以及在其所在地为流离失所者提供津贴和其他相关的服务。国内迁徙者应该能够参加其居住地的社会保障计划；如果有人搬迁到另外一个地区而又没有经过登记，居住地登记系统不应该限制他们享有社会保障。①

（二）"社会保险"

国家必须采取适当措施，确立在达到国家法律规定的特定年龄时开始的普遍的强制性老年保险制度。②《经济社会文化权利国际公约》第9条的措辞表明，为提供社会保障福利采取的措施不能狭窄地界定，而且在任何情况下，都必须保障所有人在最低限度上享有这一权利。这些措施可以包括：

· 缴费性计划或诸如社会保险等基于保险的计划。这些计划一般涉及受益人、雇主以及（有时还有）国家必须缴纳的款项，以及由共同基金支付的福利和行政开支。

· 非缴费性计划，例如普及计划（原则上向所有遭到某种风险和突发情况的人提供有关福利）或者有针对性的社会援助计划（处于有需要之困境的人得到的福利）。当不可能通过基于保险的制度充分覆盖所有人时，就将需要非缴费性计划。有些老年人虽然到了国家法律所规定的退休年龄，但是仍然没有达到作为条件的缴费年限，或者没有资格领取养老金、其他社会保障福利或资助，而且没有任何其他收入来源，在这种情况中，也将需要非缴费性计划。

其他社会保障形式也是可以接受的，包括：（1）私人经营的计划；（2）自助或者其他措施，例如社区援助计划或互助计划。*

虽然存在着涵盖了某些风险的提供福利的社会保险立法，但是其中依然存在着很大差距并且许多福利水平较低的事实，也对此种措施是否能够被称得上是社会保障制度提出了强烈的质疑。③ 为了落实《经济社会文化权利国际公约》第9条，国家必须确保，在社会保障制度覆盖或领取养恤金的养家活口者

---

① 经济、社会和文化权利委员会第19号一般性意见，第39段。（原文此处作第6号一般性意见，有误，予以更正。——译者注）
② 经济、社会和文化权利委员会第6号一般性意见，第27段。
* 从上注到此处的内容来自经济、社会和文化权利委员会第19号一般性意见，第4、5、15段。
③ ESC Committee of Independent Experts, Conclusions Ⅲ, 62.

死亡后，提供遗属或遗孤养恤金。① 只对于固定期间支付有关临时性地不适合工作情况的津贴，而如果失业者临时性地不适合工作的时间超出了这一固定期间，那么这种津贴实际上就使得失业者处于没有国家的任何实质性帮助的状态。②

---

① 经济、社会和文化权利委员会第6号一般性意见，第29段。
② 经济、社会和文化权利委员会第6号一般性意见。（原文如此。但实际上，在该第6号一般性意见中找不到所引内容或与其相关的内容。——译者注）

第三十一章　适当生活水平权

国际文书

《世界人权宣言》
第 25 条
一、人人有权享受其本人及其家属康乐所需之生活程度，举凡衣、食、住、医药及必要之社会服务均包括在内；且于失业、患病、残废、寡居、衰老或因不可抗力之事故致有他种丧失生活能力之情形时，有权享受保障。

《经济社会文化权利国际公约》
第 11 条
一、……缔约国确认人人有权享受其本人及家属所需之适当生活程度，包括适当之衣食住及不断改善之生活环境。缔约国将采取适当步骤确保此种权利之实现，同时确认在此方面基于自由同意之国际合作极为重要。
二、本公约缔约国既确认人人有免受饥饿之基本权利，应个别及经由国际合作，采取为下列目的所需之措施，包括特定方案在内：
（子）充分利用技术与科学知识、传布营养原则之知识及发展或改革土地制度而使天然资源获得最有效之开发与利用，以改进粮食生产、保贮及分配之方法；
（丑）计及粮食输入及输出国家双方问题，确保世界粮食供应按照需要，公平分配。

区域文书

《美洲人权公约附加议定书》
第 12 条
1. 人人享有获得充分的营养的权利，以确保享有身体、精神、智力发展的最高水平之可能。

2. 为了促进行使这一权利并消除营养不良，缔约国承诺改进粮食生产、供应及分配之方法，并为此目的，同意促进更广的国际合作，以便支持相关本国政策。

有关文本

《关于难民地位的公约》，1951年7月28日通过，1954年4月22日生效，第21条

《儿童权利宣言》，联合国大会1959年11月20日第1386（XIV）号决议，第4条

《消除一切形式种族歧视国际公约》，1965年12月21日通过，1969年1月4日生效，第5条（辰）款第（3）项

《社会进步及发展宣言》，联合国大会1969年11月11日第2542（XXIV）号决议通过，第二编第10条（己）款

《温哥华人类住区宣言》，联合国人类住区会议1976年6月通过，第Ⅲ节第8段、第A.3项建议

《发展权利宣言》，联合国大会1986年12月4日第41/128号决议通过，第8条第1款

《儿童权利公约》，1989年11月20日通过，1990年9月2日生效，第27条第3款

《保护所有移徙工人及其家庭成员权利国际公约》，1990年12月18日通过，2003年7月1日生效，第43条第1款

《可持续发展问题世界首脑会议执行计划》，可持续发展问题世界首脑会议2002年9月4日通过，第7（a）（1）（m）段、第8段、第36段和第38段

《关于赤贫与人权的指导原则》，联合国人权理事会2012年9月通过

国际劳工组织《关于工人住房的第115号建议书》，第45届国际劳工大会1961年6月28日通过

国际劳工组织《关于社会政策基本宗旨和准则的第117号公约》，1962年6月22日通过，1964年4月23日生效，

一 评论

《经济社会文化权利国际公约》第11条要求国家采取步骤，以期逐渐实现

每个人的适当生活程度。这包括确保获得适足食物、适足衣服、适足住房以及生活条件的不断改善。* 曾有建议提出,这一概念应被解释为至少包含个人的"基本需求",① 其中包括:首先,一个家庭的私人消费的某些最低限度的需求即适足的食物、住处、衣服以及某些家用设备和家具;其次,由整个社区以及为了整个社区提供的必要服务,例如安全的饮水、卫生设施、公共交通和卫生保健以及教育和文化设施。②《美洲人权公约附加议定书》确认了获得"适足营养"的权利,但是没有提及衣服和住房。

尽管国家义务具有渐进性,但是在获得适足衣食住以及人们的受助方式和权利方面,基于种族、肤色、性别、语言、年龄、宗教、政治或其他见解、民族本源或社会出身、财产、出生或其他身份的,具有否定或损害这一权利之平等享有或行使之目的或效果的任何歧视,在任何阶段均是受禁止的。

二 释义

(一)"人人"

就各国而言,"人人"一词可以合理地适用于该国对其负有责任的人。对于虽仍在境内,但已经被下令离开的外国人,在已经确定其居留条件并未得到,或者不再得到遵守之后,这一术语不能适用。③《经济社会文化权利国际公约》第 11 条第 1 款中的"他本人及家属"的提法,并不意味着对这项权利可适用于个人或女性为一家之主的家庭有任何限制。④ 这仅反映了在 1966 年该公约通过时普遍接受的关于性别作用和经济活动模式的设想。⑤

---

* "适足"原文为"adequate"。由于"adequate"兼有"适"与"足"之义,因此中译本在涉及食物、衣服和住房之处,将其译为"适足";但在涉及生活程度之处,仍照《经济社会文化权利国际公约》作准中文本,将其译为"适当"。"生活环境"在《经济社会文化权利国际公约》英文本中的对应用语为"living conditions",本书中译本将其译为"生活条件",但直接引用《公约》约文处除外。

① M. C. R. Craven, *The International Covenant on Economic, Social and Cultural Rights: A Perspective on Its Development* (Oxford: Clarendon Press, 1995), 305.

② ILO, World Employment Conference 1976.

③ Decision of the Court of Arbitration of Belgium, 29 June 1994, (1994) 2 *Bulletin on Constitutional Case-Law* 111.

④ 经济、社会和文化权利委员会第 12 号一般性意见 (1999 年),第 1 段。("他本人"在《经济社会文化权利国际公约》作准英文本中为"himself",作准中文本中与其对应之处为"其本人"。由于后者的表述未能体现经济、社会和文化权利委员会将要强调的性别视角,故此处从《经济社会文化权利国际公约》英文本直译,而未使用作准中文本的表述。——译者注)

⑤ 经济、社会和文化权利委员会第 4 号一般性意见 (1991 年),第 6 段。

（二）适足食物权

当每个男女老幼，单独或同他人一道在任何时候都具备取得适足食物的实际和经济可能或获取食物的手段时，适足食物权就实现了。适足食物权不应作狭义或限制性解释，以等同于最低限度的热量、蛋白质和其他具体营养物；该权利要逐渐实现。但是，如同《经济社会文化权利国际公约》第11条第2款所规定的，国家负有一项核心义务，即采取必要行动减少和缓解饥饿状况，甚至在发生自然灾害或其他灾害时也应这样做。[①] 这一权利与人的固有尊严有着不可分割的联系，对其他人权的实现来说不可或缺。这项权利与社会公正也是不可分割的，要求在国家和国际两级采取适当的经济、环境及社会政策，导向是消除贫困，实现所有人的各项人权。[②]

适足食物权的核心内容意味着：（1）食物的可用情况，[③] 即食物在数量和质量上都足以满足个人的饮食需要、[④] 无有害物质[⑤]并在某一文化中可接受，[⑥]以及（2）食物的可及性，[⑦] 即获取食物的方式可持续、不妨碍其他人权的享受。[⑧]

国家必须保护并改善现有的食物来源，必须确保所有公民都能获得适足的

---

① 经济、社会和文化权利委员会第12号一般性意见，第6段。
② 经济、社会和文化权利委员会第12号一般性意见，第4段。
③ "可用情况"是指直接依靠生产性土地或其他自然资源养活自己的可能性，或是指运转良好的分配、加工以及能够根据需求将粮食从生产地点运至需要粮食地点的市场制度的可能性。
④ "饮食需要"是指食物组成在整体上含有身心发育、发展和维持以及身体活动所需的各种营养物，这些营养物与人的整个生命期各阶段的生理需要相一致，并能满足不同性别和职业的需要。因此，有必要采取措施以维持、适应或加强食物组成多样性和恰当的消费与喂养方式，包括母乳喂养，同时确保食物供应的可用和可及情况的改变至少不会不利地影响食物结构和食物摄取。
⑤ "无有害物质"对食品安全作出规定，并要求一系列以公共和私人方式采取的保护措施，防止食品在食物链各阶段因掺假和/或环境卫生问题或处置不当而受到污染。还必须设法识别、避免或消除自然生成的毒素。
⑥ "文化上或消费者的可接受性"是指需要尽可能考虑到食品和食品消费附带的所认为的非基于食品的价值，并考虑到消费者对可获取的食品的特性的关切。
⑦ "可及情况"涵盖经济上和物理上的可获取性。前者是指个人或家庭与获取食物、取得适足营养有关的开支水平应以其他基本需求的实现或满足不受影响或损害为限。经济上的可获取性适用于人们据以获取食物的任何获得方式或资格，是衡量此种获得或资格对于享有适足食物权是否恰当的程度的标准。对于无土地者和人口中其他极为贫困者等社会弱势群体，可能需要通过特别方案对其给予照顾。后者是指人人都必须能够取得食物，包括身体虚弱者，如婴儿、青少年、老年人、残疾人、身患不治之症者以及患有久治不愈病症者（包括精神病患者）等。遭受自然灾害者、灾害多发区居民以及其他处于特别不利地位的群体需要受到特别照顾，有时需在食物的获取方面得到有限考虑。许多土著居民群体尤易遭受影响，因为这些群体对祖传土地的获取和利用可能受到威胁。
⑧ 经济、社会和文化权利委员会第12号一般性意见，第8段。

食物，不应破坏或污染食物来源或者允许私人当事方如此做。① 对食物权的侵犯，可能通过国家或国家未予充分规制的其他实体的直接行动而发生。这些行动包括：正式废除或暂停为继续享受食物权所必需的立法；剥夺某些个人或群体取得食物的机会，不论这种歧视行为是以立法为依据的，还是注重于行动的；在国内冲突或其他紧急情况下阻止人们取得人道主义粮食援助；通过显然违背有关食物权之既有法律义务的立法或政策；国家未能规制个人或团体的活动，以防止他们侵犯他人的食物权，或者在同其他国家或同国际组织订立协定时，未能考虑其有关食物权的国际法律义务。②

因此，当一国取消对大米和面粉的补贴，而未能采用另一种能够保障人口中的最弱势群体的粮食保障的制度取代这些补贴时，这一权利就没有得到承认。③ 危及其他国家的粮食生产条件和取得食物机会的粮食禁运或类似措施均不符合这一权利；粮食绝不能作为一种政治和经济压力的工具。同样，提供粮食援助的方式应该尽可能避免对当地生产者和当地市场产生不利影响，安排粮食援助的方式应该推动受益人恢复粮食自给自足。这种援助应该按照预计受益人的需要提供。国际粮食贸易或援助方案中包括的产品对于受援人口必须是安全的，而且必须是文化上可以接受的。④

经济、社会和文化权利委员会强调了确保农业能获得可持续的水资源对于实现适足食物权的重要性。应该注意确保地位不利和边缘化的农民——包括妇女农民——公平得到水和利用水管理系统，包括可持续的雨水汇集和灌溉技术。国家应确保能获得适足的水，以进行为生存所需的农耕以及确保土著民族的生计。*

在适足食物权方面，需要注意免受饥饿的问题。

《经济社会文化权利国际公约》第 11 条第 2 款是一个实施条款，涉及适足食物权的一项"次级规范"（subnorm），即免受饥饿；该款是在联合国粮食和农业组织总干事的提议下纳入的。使用"基本"一词强调了处理饥饿问题的紧迫性。这一问题与"适足食物"这一概念不同，涉及的是生存问题。国家有义

---

① *The Social and Economic Rights Action Center and the Center for Economic and Social Rights in Nigeria v. Federal Republic of Nigeria*, African Commission on Human and People's Rights, Communication No. 155/96.
② 经济、社会和文化权利委员会第 12 号一般性意见，第 19 段。
③ 经济、社会和文化权利委员会的结论性意见：毛里求斯，UN document E/C. 12/1994/20, p. 40；加拿大，UN document E/C. 12/1993/19, p. 29：诸如老年保障计划和收入保障金等战略对于解决老年夫妇的贫困率具有积极作用。
④ 经济、社会和文化权利委员会第 12 号一般性意见，第 39 段。
* 经济、社会和文化权利委员会第 15 号一般性意见（2002 年），第 7 段。

务确保其管辖下的所有人均可取得足够的、具有充分营养的和安全的最低限度的基本食物,确保他们免受饥饿。

(三) 适足衣服权

适足衣服权还没有成为经济、社会和文化权利委员会评论的一个主题,它也没有得到任何学者的探讨。

(四) 适足住房权

个人及家庭①,不论其年龄、经济地位、群体或其他属性或地位以及其他此类因素如何,都有权享受适足的住房。尤其是,这一权利之享有不应受到任何歧视。② 不应狭隘或限制性地解释住房权,譬如把它等同于仅是头上有一屋顶的栖身之所或把住所完全视为一种商品,而应该把它视为安全、和平并尊严地在某处居住的权利。首先,住房权与其他人权以及作为《经济社会文化权利国际公约》之基石的基本原则密不可分。《经济社会文化权利国际公约》的权利被称为是源于"人的固有尊严",而这一"人的固有尊严"要求解释"住房"这一术语时,应纳入其他多种考虑,其中最重要的是,应确保所有人不论其收入或经济来源如何,都享有住房权。其次,《经济社会文化权利国际公约》第11条第1款的提法应理解为,不仅是指住房而且是指适足的住房。③ 住所或住房的权利体现了个人不被打扰、安定生活的权利——不论是否在屋檐之下。因此,流离失所者、被迁离者和无地者均享有获得住所以及适足住房的基本权利。④

适足之概念对于住房权尤为重要,因为它有助于强调,在确定特定形式的住所是否可视为构成《经济社会文化权利国际公约》目的所指的"适足住房"

---

① "家庭"这一概念必须从广泛的意义上理解。
② 经济、社会和文化权利委员会在审查加拿大提交的报告后,在结论性意见中指出,在住房方面,普遍存在着针对有子女的人、受社会救助人员、低收入者以及负债者的歧视: UN document E/C. 12/1993/19, p. 30。
③ 经济、社会和文化权利委员会第4号一般性意见,第7段。适足住所意味着不受干扰的适足隐私、适足空间、适足安全、适足照明和通风,适足基本设施和便于工作与获得基本设施的适足地点,而且费用合理:《联合国到2000年的全球住房战略》, UN document A/43/8/Add. 1。See also *Shanti Star Builders v. Naryan Khimalal Totame*, Supreme Court of India, Civil Appeal No. 2598 of 1989, AIR 1990 SC 630; (1990) 1 SCC 520; 所期望的是,使得一个人在身体、心理和智力的各个方面,都有合适的容身之处。
④ *The Social and Economic Rights Action Center and the Center for Economic and Social Rights in Nigeria v. Federal Republic of Nigeria*, African Commission on Human and People's Rights, Communication No. 155/96.

时，必须加以考虑的一些因素。虽然在某种程度上，是否适足取决于社会、经济、文化、气候、生态及其他因素，但仍有可能确定在任何具体情况中，为此目的都必须加以考虑的住房权的某些方面。这些方面包括：

·使用权的法律保障。使用权的形式多种多样，包括租用（公共和私人）住宿设施、合作住房、租赁、房主自住住房、应急住房和非正规住区，包括占有土地或财产。不论使用的形式为何种，所有人都应有一定程度的使用权保障，以保证得到法律保护，免遭强迫迁离、骚扰和其他威胁。因此，国家应立即采取措施，与受影响的个人和群体进行真诚磋商，以便给予目前缺少此类保护的个人与家庭使用权的法律保障。

·服务、材料、设备和基础设施的可用性。一处合适的住房必须拥有为卫生、安全、舒适和营养必需之设备。所有享有适足住房权的人都应能持久地取得自然和共同资源，安全饮用水，烹调、取暖和照明能源，卫生和洗涤设备，食物储藏设施，垃圾处理，排水设施和应急服务。

·可负担性。与住房有关的个人或家庭费用应保持在一定水平上，而不至于使其他基本需要的获得与满足受到威胁或损害。国家应采取步骤以确保与住房有关的费用之百分比大致与收入水平相称。国家应为那些无力获得可负担住房的人设立住房补助，并确定恰当反映住房需要的提供住房资金的形式和水平。按照可负担性原则，应采取适当的措施保护租户免受不合理的租金水平或租金增长之影响。在以天然材料为建房主要材料来源的社会内，国家应采取步骤，保证可获得此类材料。

·宜居性。适足的住房必须是适于居住的，即向居住者提供足够的空间和保护他们免受严寒、潮湿、炎热、风雨或其他对健康的威胁、建筑危险和传病媒介。居住者的身体安全也应得到保障。

·可及性。适足的住房必须为一切有资格享有者所可及。必须使处境不利的群体有可能充分和持久地得到适足住房资源。因此，应确保如老年人、儿童、残疾人、晚期患者、艾滋病毒阳性者、身患痼疾者、精神病患者、自然灾害受害者、易受灾地区居民及其他人群等处境不利群体在住房方面获得一定的优先考虑。住房法律和政策应充分考虑这些群体的特殊住房需要。提高社会中无地或贫穷阶层得到土地的机会应是中心政策目标。必须制定明确的政府义务，以旨在实现人人有权得到和平尊严地生活的安全之地，包括有资格得到土地。

·地点。适足的住房应处于对就业选择、保健服务、就学、托儿中心和其他社会设施方便的地点。在大城市和农村地区都是如此，因为上下班的时间和经济费用对贫穷家庭的预算会是一个极大的负担。同样，住房不应建在威胁居民健康权利的污染地区，也不应建在直接邻近污染源头之处。

·文化适足性。住房的建造方式、所用建筑材料和支持住房的政策必须能恰当地体现住房的文化特征和多样化。促进住房领域的发展和现代化的活动应确保不舍弃住房的文化维度，尤其是还应确保适当的现代技术设施。① 适足住房这一概念意味着一种从卫生和健康角度来看安全的住宅。这意味着，住宅必须能够获得自然和公共资源，即安全的饮水、电力、卫生设施以及废物处理。适足住房权包括获得淡水资源的权利。限制用水可能会对受到影响的人的生命和健康造成严重后果。为了满足适足性这一标准，住宅必须为居住者提供适足空间，并保护他们免受恶劣天气条件之苦或其他健康威胁。它在结构上也必须是安全的，以确保居住者的人身安全。适足的住房必须位于有机会获得公共服务、就业、医疗保健服务、学校和其他社会设施的地点。各国在执行住房政策时，应注意防止对于少数族裔或移民的空间或社会隔离。②

在适足住房权方面，一个值得注意的问题是强迫迁离。

保障居住权有多种形式，不仅仅是所有权。所有人都应拥有一定程度的居住权保障，以便针对强迫迁离、骚扰和其他威胁提供法律保障。③ "强迫迁离"一词被定义为：在违背个人、家庭以及/或者社群意愿的情况下，将其长期或临时驱离他们的住宅以及/或者占有的土地，而没有得到或不能援引适当的法律或其他形式的保护。但是，禁止强迫迁离并不适用于按照法律并符合国际人权文书的规定而强制实行的迁离。④ 未经协商、补偿或适当安置的强迫迁离的行为，与尊重和确保适足住房权的义务不一致。⑤ 无论在何时，只要有人居住

---

① 经济、社会和文化权利委员会第 4 号一般性意见，第 8 段。另见，经济、社会和文化权利委员会主席提交给联合国副秘书长沃利·莫道（Wally M'Dow）先生的、有关国际人权法是否承认适足住房权的致信（UN document E/C. 12/1995/11 of 21 July 1995）。

② *European Roma Rights Centre v. Portugal*, European Committee of Social Rights, Complaint No. 61/2010, 30 June 2011.

③ *Jaftha v. Schoeman*, Constitutional Court of South Africa, [2005] 3 LRC 435.

④ 经济、社会和文化权利委员会第 7 号一般性意见（1997 年），第 3 段。虽然强迫迁离可能主要出现在人口稠密的都市地区，但是，它也发生在强迫人口转移、国内流离失所、在武装冲突时期的强迫重新安置、大规模人口流亡、难民流动等情况中。其他一些强迫迁离的情况则是在发展名义下出现。争夺土地权的冲突，像建造水坝或其他大规模能源项目等发展和基础设施工程，以及为重新修建城市、重新修建房屋、城市美化方案、农业方面的土地清理、不受控制的土地投机买卖、举行像奥运会等大规模运动会而征用土地等，都会导致实施迁离。在所有这些情况下，享有适足住房、不受强迫迁离的权利可能通过可归因于国家的一系列作为或不作为而受到侵犯。

⑤ 经济、社会和文化权利委员会的结论性意见：肯尼亚，UN document E/C. 12/1993/19, p. 27；尼加拉瓜，UN document E/C. 12/1993/19, p. 44。

的住宅遭到拆除，或者其居民遭到驱离，政府即有义务确保提供适足的替代住房。在这种情况中，"适足"的要求是，重新安置应在与初始住址的合理距离之内，并且其情况能够获得水、电、排水和垃圾清运等基本服务。同样，国家应尽其可用资源能力所及，以适足方式重新安置居住在生命和健康受到威胁的环境中的人。①

保障任何人免受强迫迁离的立法是建立一种有效的保护制度的必要基础。这样的立法应：（甲）对房屋和土地的居住者提供尽可能大的使用权保障；（乙）符合《经济社会文化权利国际公约》的规定；以及（丙）旨在严格地控制可以实施迁离的情况。在惩罚私人个人或机构在没有适当保障的情况下实施强迫迁离时，这种立法也应适用于所有以国家当局名义行事或对国家当局负责的代表。适当的程序性保护和正当程序，在涉及强迫迁离问题时尤为重要。它们包括：（甲）那些受影响者有一个真正磋商的机会；（乙）在预定的迁离日期之前，给予所有受影响者充分、合理的通知；（丙）让所有受影响者有合理的时间预先得到关于拟议的迁离行动以及适当时关于所腾出的土地或住房以后的新用途的信息；（丁）在特别是牵涉一大批人的情况中，政府官员或其代表在迁离时在场；（戊）准确列明所有负责实行迁离行动者；（己）除非得到受影响者的同意，否则不得在天气极其恶劣时或夜间进行迁离；（更）提供法律救济；（辛）在可能时，向那些需要法律援助以便向法庭寻求补救的人提供法律援助。②

任何允许剥夺一人现有的获得适足住房之机会的措施，都限制了这一权利。例如，索取小额债务不得达到这样的强迫程度，即足以完全消灭——可能是永久性地——现有的获得适足住房的机会，尤其是在存在着收回债务的其他手段的情况中。对"小额债务"的概念下一个统一定义并不容易。对一个富裕的旁观者来说似乎是小额的债务，对于依靠自身能力要债的贫穷债权人来说，可能并不是小额。事实上，并非所有债权人都是富裕的，而且对于许多利用执行程序的债权人来说，这是追回未偿债务的唯一机制。此外，也可能存在着其他因素，使得无法认定强制执行不合理。这些因素将根据每个案件的事实而有所不同。它可能是，尽管债务人知道自己无力偿还债务，却仍然举债，并且对举债的后果漫不经心。在欠下了小额债务，以及在债权人有其他方法收回借款的情况中，虽然致使一人无家可归通常是不合理的，但是并不是每一次执行

---

① 经济、社会和文化权利委员会的结论性意见：多米尼加共和国，UN document E/C. 12/1994/20，p. 61。

② 经济、社会和文化权利委员会第 7 号一般性意见，第 15 段。

中，其性质都是如此。债权人的利益也不能被忽视。然而，也会存在允许执行并不合理的情形，尤其是当寻求执行的债权人的利益将远远不及给债务人带来的巨大损害和苦难时。这一程序也有可能遭到不择手段的人的滥用，利用债务人缺少知识和信息而占其便宜。在这些情形中予以执行，也将是不合理的。分期偿还债务这一概念很重要，在判断是否有恰当理由下令执行时，法官必须始终牢记作出这类命令的可行性。应尽一切努力，寻找得以追回债务而只将执行驱逐作为最后手段的创造性替代方案。①

（五）获得充足的水

水权明显属于为实现适足生活水准所必要的保障之一，特别因为它是生存的最根本条件之一。水权还与能达到的最高健康水准权、适足住房权以及适足食物权密不可分。水权使得人人有权获得供个人和家庭生活使用的充足、安全、可接受、便于汲取、价格合理的用水。为防止缺水死亡、减少与水有关的疾病以及消费、做饭和满足个人与家庭卫生需要，足量的安全用水是必需的。②因此，所有人都有权获得与他们的基本需求在数量和质量上相当的饮用水。获得饮用水的权利对生命具有根本性，国家有义务向其公民提供清洁的饮用水。③任何时候水都不应被用作施加政治和经济压力的手段。

虽然为享有水权所必需的水的适足情况因不同条件而异，但下列因素适用于所有情况：

·可用性。对每个人的供水必须足够和连续，以供个人和家庭使用。这些用途通常包括饮用、个人卫生、洗衣、准备食物、个人和家庭卫生。每个人可用的水量应符合世界卫生组织的准则。有些个人和群体因健康、气候或工作条件等原因，可能需要更多的水。

·质量。个人和家庭所需用水必须安全，因此没有威胁个人健康的微生物、化学物质和放射性危害。而且，个人和家庭用水还应具有可接受的颜色、

---

① *Jaftha v. Schoeman*, Constitutional Court of South Africa, [2005] 3 LRC 435. 南非宪法法院认为，《治安法院法》中的为清偿债务而涉及的以出售的方式执行的规定有失偏颇，并且在它允许执行贫困债务人的住房的范围内——在这种情况下，他们将失去住房保障，构成了侵权。

② 经济、社会和文化权利委员会第15号一般性意见，第2段。

③ *Andhra Pradesh Pollution Control Board v. Nayudu*, Supreme Court of India, [2002] 3 LRC 275. 另见，联合国水源会议，联合国大会1977年12月19日第32/158号决议。参见，*Mazibuko v. City of Johannesburg*, Constitutional Court of South Africa, [2010] 1 LRC 436：获得充足的水的权利不要求国家在没有更多的水的情况下，根据需要向每个人提供充足的水；它实际上要求国家逐步采取合理的立法和其他措施，在可利用的资源范围内实现获得充足的水的权利。基本用水免费的政策，以及采用水表都不构成对这一权利的侵犯。

气味和味道。

·可及性。水、供水设施和供水服务必须不加歧视地为国家管辖范围内的每一个人可及。可及性具有以下四个相互重叠的层面：

（1）实际可及性：水、适足的水设施和水设备必须在所有阶层人口可及的安全距离之内。在每一家庭、教育机构和工作场所的内部或附近的可以保证人身安全的地点，都必须有现实可及的充分、安全和可接受的水。所有的供水设施和供水服务必须具有良好的质量，在文化上适宜，并注意性别、生命周期和隐私要求。在利用水设施和水服务时，人身安全不应受到威胁。

（2）经济可及性：水、供水设施和供水服务的费用必须让所有的人承受得起。用水的直接和间接成本及费用必须可以承受，必须不损害或威胁《经济社会文化权利国际公约》规定的其他公约权利的实现。

（3）不歧视：水、供水设施和供水服务必须在法律和实际上能够为所有人可及，包括人口中的最弱势或最被边缘化的阶层，不得有任何基于被禁止之理由的歧视。

（4）信息可及性：这种可及性包括寻求、接受和传播有关水事项之信息的权利。[*]

为确保用水费用能承受，对供水服务所付的任何费用都必须基于公平原则，确保无论是私营还是公营的供水服务，都为所有人承受得起，包括社会处境不利的群体。公平要求贫困家庭与富裕家庭相比，在水费上的负担不会过重。

经济、社会和文化权利委员会在水权方面，确定了如下具有即时效力的核心义务：

（1）确保为个人和家庭用水及预防疾病提供最低必要数量的、足够和安全的水；

（2）确保所有人在非歧视的基础上享有获取水和利用供水设施及供水设备的权利，特别是处于不利地位或边缘化群体的这些权利；

（3）确保确实能够利用提供充足、安全和经常供水的设施和设备；确保有足够数量的取水点，以避免过长的等待时间；确保取水点离住所的距离合适；

（4）确保取水时人身安全没有危险；

（5）确保所有供水设施和供水设备的公平分布；

（6）采取和实施面向所有人口的国家水战略和水行动计划；以参与和透明

---

[*] 经济、社会和文化权利委员会第 15 号一般性意见，第 12 段。

的方式制订和定期审查水战略和水行动计划；水战略和水行动计划应该包含各种方法，如用以密切监测进展的水权指标和基准；制订水战略和水行动计划的进程及内容必须特别注意不利地位或边缘化群体；

（7）监督水权实现或未实现的程度；

（8）采取针对性的、低成本的水方案，以保护弱势和边缘化群体；

（9）采取措施，防止、治疗和控制与水有关的疾病，特别是确保有适当的卫生设施。*

（六）"不断改善之生活环境"

根据南斯拉夫的提议，这一短语被纳入了《经济社会文化权利国际公约》第11条，意在赋予适当生活程度权以"动态性"。①

---

* 经济、社会和文化权利委员会第15号一般性意见，第37段。

① UN document E/CN. 4/SR. 223.

第三十二章　健康权

国际文书

《世界人权宣言》
第 25 条
一、人人有权享受其本人及其家属康乐所需之生活程度，举凡衣、食、住、医药及必要之社会服务均包括在内……

《经济社会文化权利国际公约》
第 12 条
一、……缔约国确认人人有权享受可能达到之最高标准之身体与精神健康。
二、……缔约国为求充分实现此种权利所采取之步骤，应包括为达成下列目的所必要之措施：
（子）设法减低死产率及婴儿死亡率，并促进儿童之健康发育；
（丑）改良环境及工业卫生之所有方面；
（寅）预防、治疗及扑灭各种传染病、风土病、职业病及其他疾病；
（卯）创造环境，确保人人患病时均能享受医药服务与医药护理。

区域文书

《美洲人的权利和义务宣言》
第 11 条
在公共和社会资源允许的范围内，人人有权通过与食品、衣服、住房和医疗有关的卫生和社会设施保护自己的健康。

《欧洲社会宪章》

第 1 部分

11. 人人有权从使他能够享有的可达到的有可能的最高健康标准的任何措施中获益。

《美洲人权公约附加议定书》

第 10 条

1. 人人都享有健康权，其应被理解为意味着享有最高水平的身体、心理和社会福祉。

2. 为了确保健康权之行使，缔约国承认健康权是一种公共事业，尤其要采取如下措施确保这一权利：

（1）基本卫生保健，即社区中的所有个人和家庭均可获得基本的医疗保健；

（2）将卫生服务之福祉延及至国家管辖之下的所有个人；

（3）对主要传染病进行普遍免疫；

（4）预防、治疗风土病、职业病和其他疾病；

（5）就健康问题的预防和治疗对群众进行教育；以及

（6）满足高风险人群和因贫而最易受侵害的人群的健康需求。

第 11 条

1. 人人应有权生活在健康环境中，并获得基本公共服务。

2. 缔约国应促进保护、维护和改善环境。

《非洲人权和民族权宪章》

第 16 条

1. 人人有权享有能够达到的最佳的身心健康状况。

2. ……各缔约国应采取必要措施，保护其人民的健康，并确保人人在患病时能够享受医疗护理。

一　评论

国际或区域性法律文书均未采用世界卫生组织宪章序言中对健康的定义，该定义的健康概念是："完全的身体、精神和社会安康状态，而不仅仅是没有疾病或衰弱"。然而，《经济社会文化权利国际公约》第 12 条所述"可能达到之最高标准之身体与精神健康"（在《欧洲社会宪章》第 1 部分第 11 条中为"可达到的有可能的最高健康标准"、《美洲人权公约附加议定书》第 10 条中为"最高水平的身体、心理和社会福祉"、《非洲人权和民族权宪章》第 16 条中为"能够达到的最佳的身心健康状况"）并不限于得到卫生保健的权利。相反，起草过程和《经济社会文化权利国际公约》第 12 条第 2 款的明确措辞承认，健康权包括多方面的、促进使人民可以享有健康生活的条件的社会—经济因素。① 只有《美洲人权公约附加议定书》第 11 条将"生活在健康环境中"承认为一项独立的权利。

健康权不应理解为身心健康的权利。健康权既包括自由，也包括应享权利（entitlements）。自由包括掌握自己健康和身体的权利（包括性和生育方面的自由），以及不受干扰的权利，如不受酷刑、未经同意的强行治疗和试验的权利。另外，应享权利包括对于卫生保护制度的权利，该套制度能够为人们提供平等的机会，以享有可能达到的最高水平的健康。因此，《经济社会文化权利国际公约》第 12 条所界定的、有关于健康权的核心义务有：（1）确保能够在不歧视的基础上获得卫生设施、物资和服务的权利，特别是对弱势和被边缘化群体而言；（2）确保能够获得最基本的、有充足营养和安全的食物，确保所有人免受饥饿；（3）确保能够得到基本住所、住房和卫生条件，以及充分供应安全饮用水；提供必需药品；（4）确保公平地分配一切卫生设施、物资和服务；（5）根据流行病的实际情况，采取和实施国家公共卫生战略与行动计划，解决整个人口的卫生关注。②

根据《欧洲社会宪章》第 1 部分第 11 条，如果一个国家提供证据表明，存在着包含以下要素的医疗和卫生制度，则可视为履行了它的义务：（甲）公共保健安排使得普遍可用的医疗和辅助医疗从业人员以及充分的设备适用于应对其主要卫生问题（这种安排必须确保为全体人口提供适当的医疗服务，以及预防和诊断疾病）；（乙）保护母亲、儿童和老年人健康的特别措施；（丙）尤其旨在防止空气和水污染、防范放射性物质、减少噪声、管制食品和环境卫生以及控制酗酒和吸毒的一般措施；（丁）健康教育制度；（戊）为防治流行病

---

① 经济、社会和文化权利委员会第 14 号一般性意见（2000 年），第 4 段。
② 经济、社会和文化权利委员会第 14 号一般性意见，第 43 段。该战略和行动计划应在参与性和透明性过程的基础上制订，并定期加以审查；在战略和计划中应包括一些方法，如健康权的指标和标准，用以密切监测取得的进展；制订战略和行动计划的过程及其内容，都应特别注意各种弱势和被边缘化群体。

和风土病提供手段的措施，例如疫苗接种、消毒和控制流行病等；以及（己）由集体机构承担全部或者至少大部分的医疗服务费用。①

二 释义

（一）"可能达到之最高标准之身体与精神健康"

"可能达到之最高标准之身体与精神健康"的概念，既考虑了个人的生理和社会—经济先决条件，也考虑了国家的可用资源。有一些方面不可能完全在国家与个人之间的关系范围内解决；尤其是，国家无法确保健康，也不能针对所有可能造成人类疾病的原因提供保护。例如，遗传因素、个人是否易患疾病以及采取不健康或危险的生活方式，都可能对个人的健康产生重要影响。因此，健康权必须被理解为一项享有为实现可能达到的最高健康标准所必需的各种设施、商品、服务和条件的权利。②

自1966年通过《经济社会文化权利国际公约》以来，世界的卫生状况发生了巨大变化，健康的概念也经历了重大改变，范围也拓宽了。诸如资源分配和性别差异等更多的健康决定因素得到了考虑。一种更宽的健康定义还考虑了暴力和武装冲突等社会方面的关注。此外，一些原先不知道的疾病，如人类免疫缺陷病毒和综合征（艾滋病毒/艾滋病），和其他一些传播较广的疾病如癌症，以及世界人口的迅速增长，都为健康权的实现造成了新的障碍，在解释《经济社会文化权利国际公约》第12条时必须加以考虑。③

《经济社会文化权利国际公约》第12条所界定的健康权是一项全纳性的权利，不仅包括及时和适当的卫生保健，而且包括健康的基本决定因素，如获得安全、洁净的饮水和适当的卫生条件，适足的安全食物、营养和住房供应，符合卫生的职业和环境条件，获得卫生方面的教育和信息——包括有关性和生殖健康的教育与信息。另一个重要方面，是民众在社区、国家和国际各级参与所有卫生方面的决策。健康权的各种形式和层次，包括以下互相关联的、基本的要素，其精确适用将取决于具体缔约国的通常条件：

·可用性。国家境内必须有足够数量的、行之有效的公共卫生和卫生保健设施、物资和服务，以及卫生计划。这些设施、物资和服务的具体性质，会因各种因素（包括国家的发展水平）而有所不同。但是，它们应包括前面提到的

---

① ESC Committee of Independent Experts, Conclusions Ⅰ, 59.
② 经济、社会和文化权利委员会第14号一般性意见，第9段。
③ 经济、社会和文化权利委员会第14号一般性意见，第10段。

一些健康的基本决定要素，以及医院、诊所和其他有关建筑、经过培训且工资收入在国内具有竞争力的医务和专业人员，以及必需药品。

·可及性。卫生设施、物资和服务必须无所歧视地面向所有人。可及性有四个彼此之间重叠的方面：不歧视、实际可及性、经济可及性（可负担性）以及信息可及性。

·可接受性。所有卫生设施、物资和服务，必须尊重医务职业道德，并在文化上适当，即尊重个人、少数者、民族和社群的文化，对性别和生活周期的需要敏感，其设计尊重保密性并改善有关个人和群体的健康状况。

·质量。卫生设施、物资和服务必须在科学和医学上是适当和高质量的。这就要求，除其他外，应有熟练的医务人员、在科学上经过认可且没有过期的药品、安全和适合的饮水以及足够的卫生设施。*

这一并不完全的列举为界定国家应采取的行动提供了指导。对于来自包含在《经济社会文化权利国际公约》第 12 条之中的健康权的广泛定义的具体措施，它们是通用例子，并说明了这项权利的内容，具体如下所示。①

（二）产妇、儿童和生殖健康

《经济社会文化权利国际公约》第 12 条第 2 款（子）项中的"减低死产率和婴儿死亡率，并促进儿童之健康发育"，可理解为需要采取措施，改善儿童和母亲的健康、性和生殖健康服务，包括获得计划生育、产前和前后保健、紧急产科服务和获得信息，以及获得为根据此信息采取行动所需的资源。②

（三）环境及工业卫生

《经济社会文化权利国际公约》第 12 条第 2 款（丑）项中的"改善环境及工业卫生的所有方面"，除其他外，包括在职业事故和疾病方面采取预防措施；需要确保充分供应安全和洁净的饮水与基本卫生条件；防止和减少民众接触有害物质，如放射性物质和有害化学物质，或其他直接或间接影响人类健康的有害环境条件。此外，"工业卫生"指在合理可行的范围内，尽最大可能减少内在于工作环境的危害健康的原因。《经济社会文化权利国际公约》第 12 条第 2 款（丑）项还包括适足的住房以及安全、卫生的工作条件，还有适足供应

---

* 经济、社会和文化权利委员会第 14 号一般性意见，第 12 段。
① 经济、社会和文化权利委员会第 14 号一般性意见，第 13 段。
② 经济、社会和文化权利委员会第 14 号一般性意见，第 14 段。

食物和适当营养，劝阻酗酒、吸烟、吸毒和使用其他有害药物。①

（四）预防、治疗及扑灭疾病

《经济社会文化权利国际公约》第 12 条第 2 款（寅）项中的"预防、治疗及扑灭各种传染病、风土病、职业病及其他的疾病"，要求对与行为有关的健康关切——如性传播疾病（特别是艾滋病毒/艾滋病）以及对性卫生和生殖健康有不利影响的行为，建立预防和教育方案，并改善健康的社会决定因素，如环境安全、教育、经济发展和性别平等。得到治疗的权利包括在事故、流行病和类似健康危险的情况下，建立一套应急的医疗保健制度，以及在紧急情况下提供救灾和人道援助。扑灭疾病，包括国家要努力做到，除其他外，使得有相关技术可用，使用和改善分门别类的流行病监督和数据收集工作，执行和加强免疫方案以及其他传染病控制计划。②

在尼日利亚的一起案件中，某位怀孕的助理护士的职责是受差遣，并不参与任何医疗活动；她被检测出携带艾滋病阳性病毒，但医院拒绝为她治疗，并终止了她的服务工作，理由是"我们无法容忍整个医院和所有病人面对着你的新状况的威胁"。这构成了对她的健康权的公然侵犯。③ 在南非的一起案件中，南非政府为了应对艾滋病毒/艾滋病的流行，设计了一项应对出生时母婴传播艾滋病毒的方案，为此目的将奈韦拉平确定为选定药物，但是对该药物在公共卫生部门中的可获得情况施加了限制——这种药物仅可以在每个省的两个研究点获得。这项政策未能满足无法利用这些研究点的母亲和新生儿的需求。南非宪法法院宣布，政府需要在其可用资源范围内设计并实施一套全面、协调的方案，以逐渐实现孕妇及其新生儿享受防治艾滋病毒的母婴传播的卫生服务的权利。因此，该法院命令政府：（甲）取消妨碍并非是研究或试验点的公共医院和诊所获得奈韦拉平的限制；以及（乙）允许并促进为减少艾滋病毒母婴传播风险的目的使用奈韦拉平，并为此目的，在主治医师判定这一药物为治疗所需的情况下，使得该药物可在医院和诊所中获得。④

（五）卫生设施、物资和服务

《经济社会文化权利国际公约》第 12 条第 2 款（卯）项中的"创造环境，

---

① 经济、社会和文化权利委员会第 14 号一般性意见，第 15 段。
② 经济、社会和文化权利委员会第 14 号一般性意见，第 16 段。
③ *Ahamefule v. Imperial Medical Centre*, High Court of Nigeria, [2013] 4 LRC 70.
④ *Minister of Health v. Treatment Action Campaign*, Constitutional Court of South Africa, [2002] 5 LRC 216.

确保人人患病时均能享受医药服务与医药护理",包括在身体和精神两个方面,提供可平等和及时获得的基本预防、治疗、康复的卫生保健服务,以及卫生教育;定期检查的方案;对流行病、一般疾病、外伤和残疾给予适当治疗,最好是在社区一级;提供基本药品;适当的精神保健治疗和护理。另一个重要的方面,是改善和促进加强民众在提供预防和治疗保健服务方面的参与:这包括卫生部门和保险制度的组织,特别是参与社区和国家各级的有关健康权的政治决定。①

在意大利的一起案件中,对于患者未事先申请使用间接救助的授权的任何情况(对此并未规定任何例外,即便是在无法以任何其他方式治疗的严重、紧急的情况中),地方行政当局完全、彻底地拒绝支付任何医疗费用,这被认为未能有效保护健康。② 不过,在南非——其宪法要求国家在现有可用资源范围之内采取合理措施,逐渐实现获得医疗服务的权利,宪法法院在一起案件中支持了一家国立医院:该医院拒绝准许处于慢性肾功能衰竭的晚期阶段的一位患者(该患者也患有缺血性心脏病和脑血管疾病)的透析项目。根据由于资源短缺而制定并通过的准则,被准许接受这种治疗方案的主要要求是,患者要适宜接受肾移植手术,而该案所涉患者因为患有血管或心脏疾病而并不适宜。确定这样的准则以帮助肾病诊所做出必须做出的恼人选择,以及根据该准则使用现有的透析机,导致的情况是,相比于假如将这些透析机用于维持慢性肾功能衰竭的人的生命,将有更多的患者受益。而且,因为如此进行的透析直指患者的治疗,而不仅仅是为了将他们维持在慢性病的状态之中,所以所采取的治疗的结果可能更加有益。③

加拿大魁北克省的一项法律禁止该省居民使用购买的私人医疗保险支付魁北克省公共卫生系统提供的医疗服务,这使这些居民无法获得不涉及拖延情况——他们在公共卫生系统中将面临这种情况——的医疗服务。提出的证据表明:鉴于治疗中会导致心理和身体痛苦的拖延,禁止私人保险以任意的方式危及了生命权。研究证实,患有严重疾病的病人在等候排队时,经常会出现明显的焦虑和抑郁。④

与健康权有关的国家义务不仅包括确保该国公民获得医疗保健服务和药物

---

① 经济、社会和文化权利委员会第 14 号一般性意见,第 17 段。
② Decision of the Constitutional Court of Italy, 13 November 2000, (2000) 3 *Bulletin on Constitutional Case-Law* 506.
③ *Soobramoney v. Minister of Health*, Constitutional Court of South Africa, [1998] 2 LRC 524.
④ *Chaoulli v. Attorney General of Quebec*, Supreme Court of Canada, [2005] 5 LRC 713.

的积极义务,而且包括消极义务,即其任何行为均不得以任何方式影响获得此类医疗服务以及包括仿制药物和药品在内的基本药物。因此,任何使公民无法负担基本药物的费用的立法,都将违反国家义务。①

---

① *PAO v. Attorney General*, High Court of Kenya, [2013] 1 LRC 194. 肯尼亚旨在禁止假货贸易的《反假冒法》中对于"假药"的定义很可能包括仿制药,从而限制了一些携带艾滋病毒/患有艾滋病的人获得他们负担得起的基本药物和药品,因为他们无法承受有商标药物的高成本。健康权必须优先于专利持有人的知识产权。

第三十三章　受教育权

国际文书

《世界人权宣言》
第26条

一、人人皆有受教育之权。教育应属免费，至少初级及基本教育应然。初级教育应属强迫性质。技术与职业教育应广为设立。高等教育应予人人平等机会，以成绩为准。

二、教育之目标在于充分发展人格，加强对人权及基本自由之尊重。教育应谋促进各国、各种族或宗教团体间之谅解、容恕及友好关系，并应促进联合国维系和平之各种工作。

三、父母对其子女所应受之教育，有优先抉择之权。

《经济社会文化权利国际公约》
第13条

一、……缔约国确认人人有受教育之权。缔约国公认教育应谋人格及人格尊严意识之充分发展，增强对人权与基本自由之尊重。缔约国又公认教育应使人人均能参加自由社会积极贡献，应促进各民族间及各种族、人种或宗教团体间之了解、容恕及友好关系，并应推进联合国维持和平之工作。

二、……缔约国为求充分实现此种权利起见，确认：

（子）初等教育应属强迫性质，免费普及全民；

（丑）各种中等教育，包括技术及职业中等教育在内，应以一切适当方法，特别应逐渐采行免费教育制度，广行举办，庶使人人均有接受机会；

（寅）高等教育应根据能力，以一切适当方法，特别应逐渐采行免费教育制度，使人人有平等接受机会；

（卯）基本教育应尽量予以鼓励或加紧办理，以利未受初等教育或未能完成初等教育之人；

（辰）各级学校完备之制度应予积极发展，适当之奖学金制度应予设置，教育人员之物质条件亦应不断改善。

三、……缔约国承允尊重父母或法定监护人为子女选择符合国家所规定或认可最低教育标准之非公立学校，及确保子女接受符合其本人信仰之宗教及道德教育之自由。

四、本条任何部分不得解释为干涉个人或团体设立及管理教育机构之自由，但以遵守本条第一项所载原则及此等机构所施教育符合国家所定最低标准为限。

第14条

……缔约国倘成为缔约国时尚未能在其本土或其所管辖之其他领土内推行免费强迫初等教育，承允在两年内订定周详行动计划，庶期在计划所订之合理年限内，逐渐实施普遍免费强迫教育之原则。

《公民及政治权利国际公约》

第18条

四、……缔约国承允尊重父母或法定监护人确保子女接受符合其本人信仰之宗教及道德教育之自由。

区域文书

《美洲人的权利和义务宣言》

第12条

人人有权获得基于自由、品德和人类团结之原则的教育。

同样，人人有权获得使他有机会获得体面生活、提高生活水平、成为社会中有用一员的教育。

受教育权包括在任何情况中，根据自然禀赋、长处以及意愿利用国家或社区能够提供的资源的平等机会之权。

人人有权获得免费的、至少是初等的教育。

《美洲人权公约》

第12条

4. 根据情况，父母或者监护人有权按照他们自己的信念，对其子女或者受监护的人进行宗教和道德教育。

《美洲人权公约附加议定书》

第 13 条

1. 人人有受教育之权。

2. ……缔约国公认，教育的直接目标是人格和人格尊严的充分发展，增强对人权、多元意识形态、基本自由、公正与和平之尊重。各缔约国又公认，教育应使人人有效参与民主多元之社会，实现体面生活，应促进各民族间及各种族、人种或宗教团体间之了解、宽恕及友好关系，并应推进维持和平之活动。

3. ……缔约国为充分实现受教育之权充分行使，确认：

（1）初等教育应属强迫性质，免费普及全民；

（2）各种中等教育，包括技术及职业中等教育在内，应以一切适当方法，特别应逐渐采行免费教育制度，广行举办，庶使人人均有接受机会；

（3）高等教育应根据个人能力，以一切适当方法，特别应逐渐采行免费教育制度，使人人有平等接受机会；

（4）基本教育应尽量予以鼓励或加紧办理，以利未受初等教育或未能完成初等教育之人；

（5）应为残疾人制定特殊教育方案，为身体残疾或精神缺陷者提供特别教育和培训。

4. 根据缔约国国内立法，父母应有权选择给予子女的教育类型，但要符合以上原则。

5. 本议定书任何内容不得解释为干涉个人或实体，依据缔约国国内立法设立及管理教育机构之自由。

《欧洲人权公约第一议定书》

第 2 条

任何人都不应当被否认受教育权。在国家行使其所承担的与教育和教学相关的任何功能的过程中，国家应当尊重父母确保此类教育和教学符合其自己的宗教和哲学信仰的权利。

《欧洲社会宪章》

第 1 部分

9. 人人有权获得适当的职业指导设施，以帮助他选择适合他自己个人能力和兴趣的职业。

10. 人人有权获得适当的职业培训设施。

《非洲人权和民族权宪章》
第 17 条
1. 人人有受教育的权利。

有关文本

《关于难民地位的公约》，1951 年 7 月 28 日通过，1954 年 4 月 22 日生效，第 22 条

《取缔教育歧视公约》，联合国教育、科学及文化组织 1960 年 12 月 14 日通过，1962 年 5 月 22 日生效

《消除一切形式种族歧视国际公约》，1965 年 12 月 21 日通过，1969 年 1 月 4 日生效，第 5 条、第 7 条

《消除对妇女一切形式歧视公约》，1979 年 12 月 18 日通过，1981 年 9 月 3 日生效，第 10 条

《儿童权利公约》1989 年 11 月 20 日通过，1990 年 9 月 2 日生效，第 17 条、第 28 条、第 29 条、第 30 条

《保护所有移徙工人及其家庭成员权利国际公约》，1990 年 12 月 18 日通过，2003 年 7 月 1 日生效，第 12 条、第 30 条、第 43 条、第 45 条

《世界全民教育宣言》，世界全民教育大会 1990 年 3 月通过

一　评论

受教育本身就是一项人权，也是实现其他人权不可或缺的手段。作为一项赋能的权利，教育是一个主要工具，在经济和在社会上处于边缘地位的成人和儿童能够通过教育脱离贫困，取得充分参与社会生活的手段。教育具有重大的作用，能够赋予妇女权能，保护儿童不致从事剥削性和危险的工作或者受到性剥削，增进人权与民主，保护环境，控制人口增长。日益得到承认的是，教育是各国所能作的最佳投资之一。但是，教育的重要性并不只限于实用的层面：受过良好教育、开悟而且活跃的心灵，使人能

够自由广博地思考，这是人生在世的赏心乐事之一。[1]

《经济社会文化权利国际公约》第 13 条、《欧洲人权公约第一议定书》第 2 条、《美洲人权公约附加议定书》第 13 条、《非洲人权和民族权宪章》第 17 条承认，人人有受教育之权。《经济社会文化权利国际公约》第 13 条和《美洲人权公约附加议定书》第 13 条规定了教育的规范性内容：对人权与基本自由之尊重；意识思想多元主义；各民族间及各种族、族裔或宗教群体间之了解、容忍及友好关系；以及维持和平。教育的目标是人格和人类尊严的充分发展。这两项法律文书也施予国家提供财政和其他资源以促使这一权利实现的义务。个人在教育中的自由通过承认以下权利得到保护：个人或团体设立及管理教育机构的权利（《经济社会文化权利国际公约》第 13 条和《美洲人权公约附加议定书》第 13 条）、父母为子女选择非公立学校的权利（《经济社会文化权利国际公约》第 13 条、《欧洲人权公约第一议定书》第 2 条和《美洲人权公约附加议定书》第 13 条）以及父母确保子女接受符合其本人信仰之宗教及道德教育的权利（《公民及政治权利国际公约》第 18 条、《经济社会文化权利国际公约》第 13 条、《欧洲人权公约第一议定书》第 2 条以及《美洲人权公约》第 12 条）。国家尊重这些权利的义务是即时的、绝对的。在涉及教育的事项上的任何种类的歧视都是受禁止的。

二　释义

（一）"人人有受教育之权"

不论是成年人还是儿童，包括寻求庇护者——即便他们的身份是"非法移民"——的子女，都享有受教育之权，[2] 但这并不意味着某一儿童有权入读特定的国立学校。[3] 受教育权就本质而言，要求国家的规制。这些规制可以根据社会和个人的需要与资源而在时间和地点上有所不同，但是不得损害这一权利的实质或者与公认的其他人权相冲突。为了使受教育权行之有效，作为受益者的个人，除其他外，必须有可能从所接受的教育中获益，也就是说，有权根据国家现行规则并以某种形式，获得官方对其已完成之学业的承认。[4]

---

[1] 经济、社会和文化权利委员会第 13 号一般性意见（1999 年），第 1 段。
[2] 经济、社会和文化权利委员会的结论性意见：英国，UN document E/C. 12/1994/20, p. 57。
[3] Decision of the State Council, Liechtenstein, 25 October 2000, (2000) 3 *Bulletin on Constitutional Case-Law* 516.
[4] *Belgian Linguistic Case*, European Court, (1968) 1 EHRR 252.

《经济社会文化权利国际公约》第 13 条和《美洲人权公约附加议定书》第 13 条虽然都要求初等教育应当免费,但同时规定,各种中等教育和高等教育也应"逐渐采行免费"。捷克共和国宪法法院认为,获得免费教育的权利意味着,国家应当承担设立学校和学校设施及其运作的费用。这主要意味着不应收取学费,但不意味着国家将承担在落实受教育权方面产生的所有费用。政府应免费提供教科书和教学材料的程度的具体要求,不能从属于免费教育这一理念。因此,获得免费教育的权利并不能免除学生、父母任意一方或其他对他们负责任者为提供教科书和教学材料缴费的义务。①

在毛里求斯,由天主教会所有并管理,但是定期获得公共资助的一组中等学校遵循的一项入学政策规定,政府可以使用50%的名额,然后根据某项国家考试评定的成绩将这些名额分配给学生,而不考虑这些候选学生的宗教信仰或隶属关系;其余名额则由天主教学院分配,以使罗马天主教的学生整体上在一年级的入学占比达到50%。对于一位等待被分配到一所中等学校的 11 岁的印度教女孩的父亲提出的申诉,英国枢密院维持了毛里求斯最高法院的裁决,即虽然根据宪法,各教派有权在各个群体之间不存在歧视的情况下,设立并维持学校,但这是一项有限的权利,只有在学校之建立和维持无须国家开支的情况下,才受到保护。②

上述文书都没有具体规定教育所必须采用的语言。但是,如果受教育权并不暗含着有利于受益人的、以本民族语言或者本民族之多种语言中的一种——视具体情况而定——接受教育的权利,那么受教育权将毫无意义。③ 如果在一国之内绝大多数人所讲的语言不被用于教育制度中,则有可能不符合这一权利。④ 南非宪法承认在公共教育机构中以一人所选择的官方语言接受教育的权利。在一起案件中,某省一所公立高中的语言政策将南非荷兰语规定为唯一的教学语言,然而,选择以英语接受教学的学生却多于这一地区的英语中学的名额。南非宪法法院裁决政府有权采取合法措施履行宪法义务。⑤

---

① Decision of the Constitutional Court of the Czech Republic, Case No. PL. US 25/94, 13 June 1995, (1995) 2 *Bulletin on Constitutional Case-Law* 151.

② *Bishop of Roman Catholic Diocese of Port Louis v. Tengur*, Privy Council on appeal from the Supreme Court of Mauritius, [2004] 3 LRC 316.

③ *Belgian Linguistic Case*, European Court, (1968) 1 EHRR 252.

④ 经济、社会和文化权利委员会的结论性意见:毛里求斯,UN document E/C. 12/1994/8 of 31 May 1995. 该委员会指出其关切是,教育制度中并未采用大多数人说的克里奥尔语(Kreol)以及博杰普尔语(Bhojpuri)。

⑤ *Mpumalanga Department of Education v. Koerskool Ermelo*, Constitutional Court of South Africa, 14 October 2009, [2010] 3 LRC 333.

学校的任务是教育一国之内来自数量众多、千差万别的家庭和社群的年轻人，还旨在增进不同种族、宗教和文化的人们和睦共处的能力。在学校内培养社群意识和凝聚力是教育的一个重要组成部分。统一的着装规范可以在调和族裔、宗教和社会差别方面发挥其作用。① 有关性、怀孕、分娩和性病的指导，不论就身体还是生理意义而言，还是就人类的爱与责任而言，都是"教育"。性教育的目的是为儿童提供有关人类生活的生理以及其他事实的客观信息。虽然这种教育可能会带来伦理和道德问题，但它的主要目的不是提供旨在向儿童强加某种道德的教育。②

（二）学术自由和机构自主权

经济、社会和文化权利委员会曾指出，只有在教员和学生享有学术自由的情形下，受教育权才有可能得到享有。学术界的成员都能够个别地或集体地通过研究、教学、调查、讨论、编制文件、印发文件、创造或写作，自由地追求、发展和传播知识与思想。学术自由包括个人对自己当前从事工作的机构或系统自由表示意见的自由，在不受歧视或不担心国家或任何行为者压制的情形下履行其职责的自由，参加专业或有代表性的学术机构的自由，以及在同一个国家管辖范围内享受适用于其他个人的国际公认人权的自由。享有学术自由的同时，也要承担一些义务，例如尊重他人的学术自由以确保能公平地讨论相反的意见的责任，以及不基于任何受到禁止的原因对任何人进行歧视的责任。③

学术自由的享有要求高等教育机构具有自主性。自主就是高等教育机构对涉及其学术工作、标准、管理和相关活动的有效决策进行必要的自治的程度。但是，自治必须符合公共责任制度，在国家提供资金时更是这样。鉴于对高等教育投入的大量公共资金，必须在机构自主和负责任之间达成适当的平衡。尽管没有一种单一的模式，但是机构安排应该做到公平、公正和平等，并且尽量做到透明和具有参与性。④

（三）受初等教育的权利

初等教育对任何人都应是属强迫性的、免费的。这一强迫性因素旨在强

---

① *R (on the application of Begum) v. Head Teacher and Governors of Denbigh High School*, House of Lords, United Kingdom, [2006] 4 LRC 543, per Baroness Hale of Richmond.
② *Kjeldsen, Busk, Madsen and Pedersen v. Denmark*, European Commission (1975) 15 *Yearbook* 482.
③ 经济、社会和文化权利委员会第13号一般性意见，第39段。
④ 经济、社会和文化权利委员会第13号一般性意见，第40段。

调，无论是家长、监护人还是国家都无权把儿童是否应接受初等教育的决定视为可选择性的。同样，确保在不向儿童、家长和监护人收费的情况下提供初等教育这一要求也毫不含混。① 提供"免费"初等教育不以有资源可用为条件。因此，确保初等教育应为强迫和免费这一义务适用于所有情况，包括当地社区无法提供建筑物或者个人无法承担与入学相关的费用的情况。②

（四）受中等教育的权利

中等教育需要广行举办，使人人均有接受机会。《经济社会文化权利国际公约》第 13 条以及《美洲人权公约附加议定书》提到了"各种形式"的中等教育，由此确认中等教育需要采用灵活的课程和各种各样的施行系统，以便符合不同社会和文化环境中的学生的需求。③ 因此，如果提供的教育符合主管当局所可能规定或批准的标准，特别是对于同级教育，那么设立或维持不同的教育制度或学校就不应被认为构成"歧视"。若要对男女学生设立分开的教育制度，则这些制度必须提供相等的受教育机会、提供具有相同标准资格的教职人员以及同样质量的校舍和设备、提供研读同样的或相等的课程的机会。同样，因为宗教或语言上的理由可以设立分开的教育制度，但参与这种制度和入读这种学校应是由人任择的，而且所提供的教育符合主管当局所可能规定或批准的标准，特别是对于同级教育。④ 然而，在激烈竞争的学校制度中，普遍的受到政府鼓励的、昂贵的私立学校，将使人口中的贫困阶层更加难以获得中等和高等教育。⑤

（五）受高等教育的权利

高等教育应根据能力，使人人有平等接受机会。因此，进入高等教育机构的唯一标准是"能力"。个人的"能力"应该根据其所有有关专门知识和经验予以评定。⑥ 在一起案件中，一位医科学生未能在规定的时限内通过规定的考试，并因此被医学院退学，这并未侵犯他的受教育权。⑦ 当一名学生因在必修

---

① 经济、社会和文化权利委员会第 11 号一般性意见（1999 年），第 7 段。
② 经济、社会和文化权利委员会的结论性意见：肯尼亚，UN document E/C. 12/1993/19, p. 27。
③ 经济、社会和文化权利委员会第 13 号一般性意见，第 12 段。
④ 联合国教育、科学及文化组织 1960 年《取缔教育歧视公约》。
⑤ 经济、社会和文化权利委员会的结论性意见：毛里求斯，UN document E/C. 12/1994/8 of 31 May 1994。
⑥ 经济、社会和文化权利委员会第 13 号一般性意见，第 19 段。
⑦ *X v. Austria*, European Commission, Application 5492/72, (1973) 44 *Collection of Decisions* 63.

课程中出勤少而被高等教育机构退学时，这一权利也没有受到侵犯。鉴于高等教育设施有限，将这种权利限于那些达到了为最大程度上受益于所提供课程所需的学术水平的学生，并不与该权利不相容。①

在高等教育阶段重新收取学费，构成了蓄意的退步。② 如果要求入读高等教育机构的申请人提交无犯罪记录的证明文件（行为良好证明），则侵犯了受高等教育的权利。③

（六）"父母为子女选择非公立学校"的权利"

建立的非公立学校必须符合可能由国家所规定的最低标准。这些最低标准可能涉及入学、课程和证书确认等事项。同样，这些标准也必须符合相关文书所规定的各项教育目标。④ 确定子女受教育的方式的权利是监护权的一个组成部分。被法院命令撤销了监护权的一方父母可能无法行使这一权利。⑤

（七）"父母确保子女接受符合其本人信仰之宗教及道德教育"的权利

就其通常含义而言，"信仰"（convictions）这个词本身并不是"意见"和"思想"的同义词。它更类似于"信念"（beliefs）一词，意味着达到了一定程度的强烈、严肃、聚合以及重要性的观点。⑥ 因此，国家在整个国家教育方案中，应当尊重父母的信仰，不论是宗教信仰还是哲学信仰。⑦ 这项义务的范围很广，因为它不仅适用于教育内容及其提供方式，而且适用于国家承担的所有"职能"之履行。例如，实施纪律处罚是学校寻求实现其设立目标——包括发展和塑造其学生的性格和精神力量在内——过程中所不可或缺的一部分。⑧ 因此，父母对于其子女入读的学校中应存在体罚作为纪律措施的观点，构成了"哲学信仰"。这些观点涉及人类生活和行为的重要和实质方面，即人的完整性、施加体罚是否适当以及对于这种惩罚风险所带来之痛

---

① *Patel v. United Kingdom*, European Commission, (1980) 4 EHRR 256; *X v. United Kingdom*, European Commission, Application 8874/80, (1980) 4 EHRR 252.
② 经济、社会和文化权利委员会的结论性意见：毛里求斯, UN document E/C. 12/1994/8 of 31 May 1994。
③ Decision of the Constitutional Court of Hungary, 22 March 1996, (1996) 1 *Bulletin on Constitutional Case-Law* 37.
④ 经济、社会和文化权利委员会第13号一般性意见, 第29段。
⑤ *X v. Sweden*, European Commission, Application 7911/77, (1978) 12 *Decisions & Reports* 192.
⑥ *Campbell and Cosans v. United Kingdom*, European Court, (1982) 4 EHRR 293.
⑦ See *Kjeldsen, Busk, Madsen and Pedersen v. Denmark*, European Court, (1976) 1 EHRR 711.
⑧ *Valsamis v. Greece*, European Court, (1996) 24 EHRR 294.

楚的消解。①

教育儿童是一个完整的过程，在任何社会中，成年人都努力在这一过程中将自己的信念、文化以及其他价值观传递给年轻人，而教学或指导就尤其指传播知识和发展智力。② 正是在对其子女履行这种自然责任中——"教育和教导"其子女主要由父母负责，父母才可能要求国家尊重他们的宗教和哲学（或道德）信仰。因此，他们的权利对应于与受教育权的享有和行使密切相关的一项责任。然而，不能由此直接或间接地妨碍国家通过教学或教育传授宗教或哲学类型的信息或知识。因此，父母不得反对将这种教学或教育纳入学校课程。学校中教授的许多学科确实在或大或小的程度上具有某些宗教或哲学的外观或内涵。国家在履行其在教育和教学方面所承担的职能时，必须确保课程中所包含的信息或知识以一种客观的、批判的、多元的方式传递。国家不得追求可能会被认为不尊重父母的宗教和哲学（或道德）信仰的灌输目的。这是不得逾越的界限。③

在任何情况下，都不得强迫任何个人或群体接受不符合其信仰的宗教教育。④

（八）"个人或团体设立及管理教育机构"的权利

这一权利意味着，私人可以在没有事先授权的情况下，按照自己有关教育的内容和形式的思维方式，组织提供教育。它包括自由选择将要求其实现特定教育目标的工作人员。⑤ "机构"即法人或实体，也享有这一权利。该权利包括设立及管理各种类型的教育机构如托儿所、大学和成人教育机构的权利。⑥ 例如，希望基于某一群体共享的特定文化、语言或宗教设立这种教育机构的个

---

① *Campbell and Cosans v. United Kingdom*, European Court, (1982) 4 EHRR 293；经济、社会和文化权利委员会第13号一般性意见（第41段）称，体罚不符合《世界人权宣言》《公民及政治权利国际公约》《经济社会文化权利国际公约》序言部分中所体现的国际人权法的根本指导原则。*Valsamis v. Greece*, European Court, (1996) 24 EHRR 294；停课的处罚（为期1天）不能被视为是纯粹的教育措施，并有可能对受此处罚的学生产生一些心理影响。但它的持续时间有限，且未将学生驱逐至校舍之外。

② *Campbell and Cosans v. United Kingdom*, European Court, (1982) 4 EHRR 293.

③ *Kjeldsen et al v. Denmark*, European Court, (1976) 1 EHRR 711.

④ 《世界人权宣言》第18条。

⑤ Decision of the Court of Arbitration of Belgium, Judgment, 4 March 1993, (1993) 1 *Bulletin on Constitutional Case-Law* 10.

⑥ 经济、社会和文化权利委员会第13号一般性意见，第30段。

人，可以自由地根据该共性设立这样的教育机构。① 然而，这些教育机构中所提供的教育必须符合规定的规范性内容，并符合国家所可能规定的最低标准。基于不歧视、平等机会和人人有效参与社会活动的原则，国家有义务确保这一权利的行使不致造成社会上某些群体的教育机会极端不平等的现象。②

虽然设立及管理教育机构的权利使得这种教育的主管方有权在不参考任何给定的教派或非教派哲学的情况下，依据具体的教学或教育理念组织、议定教学，并在同时享有获得公共资助的资格，但是这并不阻却立法机关采取措施，确保受公共资金支持的教育的质量和等价标准。因此，如果某一条例要求一所学校的主管方颁发合法有效的证书和文凭应取决于达到了某些最低限度的标准（这些标准在并未试图干预学校自身的教学方法的情况下，旨在保证并提高教育质量），则这一权利并未受到损害。③

设立私立学校的权利意味着，在没有国家补贴的帮助即无法实现这一权利的情况下，获得国家补贴的权利。然而，国家可以在只有该学校成功运行了一段时间后，才支付补贴。④ 为私立教育提供资助所设的条件，尤其是建立共管机构（由代表学生、教师和雇员的协会以及在某些情形中的社会、经济、文化团体的代表组成），并不损害设立学校的自由，也没有妨碍主管组织方自由地确定该校的宗教或哲学性质以及它的教学方法或方向。⑤

---

① *Re The School Education Bill* 1995 (*Gauteng*), Constitutional Court of South Africa, [1996] 3 LRC 197.

② 经济、社会和文化权利委员会第 13 号一般性意见，第 30 段。联合国教育、科学及文化组织 1960 年《取缔教育歧视公约》规定：虽然少数民族的成员可以开展他们自己的教育活动，包括维持学校及使用或教授他们自己的语言在内，但行使这一权利的方式不得妨碍这些少数民族的成员了解整个社会的文化和语言以及参加这个社会的活动，亦不得损害国家主权；教育标准不得低于一般标准；这种学校的入学，应由人随意选择。

③ Decision of the Court of Arbitration, Belgium, 18 December 1996, (1996) 3 *Bulletin on Constitutional Case-Law* 332.

④ Decision of the Federal Constitutional Court of Germany, 9 March 1994, (1994) 1 *Bulletin on Constitutional Case-Law* 26.

⑤ Decision of the Court of Arbitration of Belgium, 14 December 1995, (1995) 3 *Bulletin on Constitutional Case-Law* 287.

第三十四章　文化生活权

国际文书

《世界人权宣言》
第27条
一、人人有权自由参加社会之文化生活，欣赏艺术，并共同襄享科学进步及其利益。
二、人人对其本人之任何科学、文学或美术作品所获得之精神与物质利益，有享受保护之权。

《经济社会文化权利国际公约》
第15条
一、……缔约国确认人人有权：
（子）参加文化生活；
（丑）享受科学进步及其应用之惠；
（寅）对其本人之任何科学、文学或艺术作品所获得之精神与物质利益，享受保护之惠。
二、……缔约国为求充分实现此种权利而采取之步骤，应包括保存、发扬及传播科学与文化所必要之办法。
三、……缔约国承允尊重科学研究及创作活动所不可缺少之自由。
四、……缔约国确认鼓励及发展科学文化方面国际接触与合作之利。

区域文书

《美洲人的权利和义务宣言》
第13条
人人有权参加社会之文化生活，欣赏艺术，并参享智力进步，尤其是发掘之益。

他同样有权对其发明或其本人之任何文学、科学或艺术作品之精神与物质利益,有享受保护之权。

《美洲人权公约附加议定书》

第 14 条

1.……缔约国确认人人有权:

(a) 参加社会之文化和艺术生活;

(b) 享受科学及科技进步之惠;

(c) 对其本人之任何科学、文学或艺术作品所获得之精神与物质利益,享受保护之惠。

2.……缔约国为求充分行使此种权利而采取之步骤,应包括保存、发扬及传播科学、文化与艺术所必要之办法。

3.……缔约国承允尊重科学研究、调查及创作活动所不可缺少之自由。

4.……缔约国确认鼓励及发展与科学、艺术和文化方面有关的国际合作之利,并因此同意增进在这些领域中的更大国际合作。

《非洲人权和民族权宪章》

第 17 条

2. 人人有权自由参加他的社会之文化生活。

有关文本

《国际文化合作原则宣言》,联合国教育、科学和文化组织大会 1966 年 11 月 4 日大会通过

《消除一切形式种族歧视国际公约》,1965 年 12 月 21 日通过,1969 年 1 月 4 日生效,第 5 条(辰)项(vi)目

《消除对妇女一切形式歧视公约》,1979 年 12 月 18 日通过,1981 年 9 月 3 日生效,第 13 条(c)项

《儿童权利公约》,1989 年 11 月 20 日通过,1990 年 9 月 2 日生效,第 31 条第 2 款

《保护所有移徙工人及其家庭成员权利国际公约》,1990 年 12 月 18 日通过,2003 年 7 月 1 日生效,第 43 条第 1 款(g)项

《残疾人权利公约》,2006 年 12 月 13 日通过,2008 年 5 月 3 日生效,第

30 条第 1 款

《在民族或族裔、宗教和语言上属于群体的人的权利宣言》，联合国大会 1993 年 2 月 3 日第 47/135 号决议通过，第 2 条第 1、2 款

《欧洲保护少数民族框架公约》，欧洲理事会 1994 年 11 月 10 日通过，1998 年 2 月 1 日生效，第 15 条

《联合国土著人民权利宣言》，联合国大会 2007 年 9 月 13 日第 61/295 号决议通过，第 5 条、第 8 条、第 10 至 13 条

《发展权利宣言》，联合国大会 1986 年 12 月 4 日第 41/128 号决议通过，第 1 条

《世界文化多样性宣言》，联合国大会 2001 年 11 月 2 日根据第四委员会的报告通过，第 5 条

《弗莱堡文化权利宣言》，弗莱堡大学 2007 年 5 月发布，第 1 条第 5 款

经济、社会和文化权利委员会 2005 年第 17 号一般性意见：人人有权享受对其本人的任何科学、文学和艺术作品所获得之精神与物质利益的保护

经济、社会和文化权利委员会 2009 年第 21 号一般性意见：人人有权参加文化生活

一　评论

《经济社会文化权利国际公约》第 15 条和《美洲人权公约附加议定书》第 13 条既保护人人参加社会中的文化生活并享受科学进步及其应用之惠的权利，也保护作者对其本人之科学、文学或艺术作品所获得之精神与物质利益的受惠之权。构成了对知识产权[①]之保护的后者，看来已经被认为是为鼓励、刺激作者创造并从而丰富社会的文化生活所必需的。与此同时，诸如计算机和互联网等新技术的出现、现今受知识产权法保护事项的可观扩展、知识产权制度本身的全球化，以及版权和专利的持有者愈发地不再是发明者个人，而是其雇主或更大的法人团体的情况，共同促成了一个复杂的旋涡。

二　释义

（一）"人人"

"人人"一词可指个人或集体；换言之，文化权利可由一个人——（1）作

---

① 知识产权法包括三个领域：版权法、专利法和商标法。

为个人行使，（2）与其他人联合行使，或（3）在一个社群或群体本身之内行使。①

（二）"文化生活"

在现代使用中，"文化"至少有三种含义：第一种是涉及艺术的文化概念；第二种是更具复合形式的文化，包括手工艺、流行电视、电影和广播；第三种是一个人类学的文化概念，指的是某一特定社会的生活方式。② 参加文化生活的权利可被定性为是一项自由。为确保这一权利，它要求缔约国既要避免（即不干涉践行文化习俗和获享文化产品与服务），又要积极行动（确保参与、促进和推动文化生活的前提条件，以及获享和保护文化产品）。③

个人决定是否独自或与他人联合行使参加文化生活的权利，是一种文化选择，并应因此在平等的基础上得到承认、尊重和保护。这对于所有土著民族尤其重要，无论作为集体还是个人。绝不可将文化这一概念看作是一系列孤立的表象或密封的隔间，而应将其看作是一个互动的过程，在此过程中，个人和社群在保留自己的特点和目的的同时，也表现了人类的文化。这一概念兼顾了文化作为社会的创造和产物的个性和他性。*

为了实施《经济社会文化权利国际公约》第15条第1款（子）项之目的，文化包含，除其他外，生活方式、语言、口头和书面文学、音乐和歌曲、非口头交流、宗教或信仰制度、礼仪和仪式、体育和游戏、生产方法或技术、自然和人为环境、食品、服装和住房，以及艺术、风俗习惯和传统——个人、个人组成的团体和社群通过它们表达其人性及其赋予生存的意义，并建立其代表一个人与影响其生活的各种外部力量的遭遇的世界观。文化塑造并反映个人、个人组成的团体和社群的幸福价值观以及经济、社会和政治生活。** 宗教通常有关个人的信仰和信念，而文化则通常涉及由某一社群发展出来的传统和信念。但是，两者之间往往会有相当大的重叠。宗教躬行经常受到信仰和习俗的影响，而文化信念也不是在真空中发展而来的，也有可能基于社群潜在的宗教和精神信念。因此，虽然某一信念或行为可能纯粹是宗教性的或纯粹是文化性的，但也同样有可能既是宗教性又是文化性的。例如，一名上学的女学生佩戴

---

① 经济、社会和文化权利委员会第21号一般性意见（2009年），第9段。
② O'Keefe, 'The Right to Take Part in Cultural Life under Article 15 of the ICESCR', (1998) 47 *International and Comparative Law Quarterly* 904.
③ 经济、社会和文化权利委员会第21号一般性意见，第6段。
* 经济、社会和文化权利委员会第21号一般性意见，第12段。
** 经济、社会和文化权利委员会第21号一般性意见，第13段。

小金鼻钉,就是南印度泰米尔印度教文化的一种自愿表达。①

以下是全面实现人人都可在平等和不歧视的基础上参加文化生活的权利的必要条件:

(1) 可用性是指存在向所有人开放供其享有和获益的文化产品和服务,包括图书馆、博物馆、剧院、电影院和体育场馆;文学(包括民间故事和所有形式的艺术);对文化互动必不可少的共享的开放空间,如公园、广场、林荫大道和街道;大自然的馈赠,如海洋、湖泊、河流、山峦、森林和自然保护区(包括那里的动物和植物)——这些赋予国家以特点和生物多样性;无形的文化产品,如语言、风俗、传统、信仰、知识和历史,以及价值观——这些构成了特性并促成了个人和社群的文化多样性。在所有的文化产品中,具有特殊价值的一种,是在不同的群体、少数者和社群可自由共享同一领土时,产生的生成性的文化间亲缘关系;

(2) 可接受性意味着缔约国为落实文化权利的享有而通过的法律、政策、战略、方案和措施应以所涉个人和社群可接受的方式制定和实施。在这一方面,应与相关个人和社区协商,以便确保为保护文化多样性所采取的措施是他们可以接受的;

(3) 可及性包括城乡地区的居民在不受歧视的情况下,所有人在现实和财力可及范围内,个人和社群都有切实和具体的机会充分享受文化。在这方面,至关重要的是,必须提供和便利老年人和残疾人以及生活贫困的人的机会。可及性还包括人有权以自己选择的语言寻求、接受和分享有关所有文化表现的信息,以及社群能获得各种表达和传播手段;

(4) 可调适性是指缔约国在任何文化生活领域所采取的战略、政策、方案和措施应具有灵活性和相关性,以及必须尊重个人和社群的文化多样性;

(5) 适当性是指一项具体人权的实现方式,对于特定的文化模式或情况应该妥切和适当,即要尊重包括少数者和土著民族在内的个人和社群的文化和文化权利。*

对人人有参加文化生活的权利适用限制应为特定具体情形中所必需,特别是在包括习俗和传统在内的消极做法侵害其他人权的情况下。根据《经济社会文化权利国际公约》第 4 条,这样的限制必须是为了正当的目标,符合这一权

---

① MEC for Education, Kwazulu-Natal v. Pillay, Constitutional Court of South Africa, [2008] 2 LRC 642, per O'Regan J.

* 经济、社会和文化权利委员会第 21 号一般性意见,第 16 段。此处引用与该一般性意见原文顺序有所不同(将委员会意见中的第 2、3 点颠倒),而且第 5 点的内容并不完整。

利的性质，并是在民主社会中为促进公共福利所绝对必要的。因此，任何限制必须合乎比例，即在可施加数种限制时，必须采取限制性最小的措施。经济、社会和文化权利委员会强调，必须考虑关于是否可以合法地对与参加文化生活的权利有内在联系的权利施加限制的现行国际人权标准，例如隐私权，思想、信念和宗教自由的权利，见解和表达自由的权利，以及和平集会和结社自由的权利。*

（三）"精神与物质利益……保护"

人人有权享受对其本人之任何科学、文学或艺术作品所获得之精神与物质利益的保护。这一权利应区别于知识产权制度中所承认的大多数法定权利。这一权利是属于个人以及在某些情况下属于个人组成的群体和社群的基本的、不可剥夺的和普遍的权利，而知识产权则是各国用来激励发明和创造的手段。①

与人权相对，知识产权通常是暂时性的，而且可以被取消、许可或转让给他人。享受对其本人之任何科学、文学或艺术作品所获得之精神与物质利益的保护这一人权，保障了作者与其作品之间的个人联系，保障了民族、社群或其他群体与其集体性文化遗产之间的联系，也保障了能够使作者享受适足的生活水准所需的基本物质利益，而知识产权制度主要是保护工商业和公司利益及其投资。另外，第15条第1款（寅）项所规定的对作者的精神与物质利益保护的范围不一定与各国立法或国际协定所规定的知识产权的范围一致。只有科学、文学或艺术作品的"作者"，即创造者——不论是男性还是女性，不论是个人还是个人组成的群体，例如作家和艺术家等，才能成为第15条第1款（寅）项的保护的受益者。**

"任何科学、文学或艺术作品"指的是人类智力的创造物，诸如诗歌、小说、绘画、雕塑、音乐创作、戏剧和电影作品、表演以及口头传统，等等。所提供的保护应能有效地保证作者享受到其作品所产生的精神与物质利益。然而，《经济社会文化权利国际公约》第15条第1款（寅）项所指的保护不一定需要反映目前的版权、专利以及其他知识产权制度所规定的保护水平和手段，只要所提供的保护足以保证作者能享受到其作品所产生的精神与物质利益即可。***

---

* 经济、社会和文化权利委员会第21号一般性意见，第19段。
① 经济、社会和文化权利委员会第17号一般性意见（2005年），第1段。
** 经济、社会和文化权利委员会第17号一般性意见，第7段。
*** 经济、社会和文化权利委员会第17号一般性意见，第10段。

保护作者的"精神利益"是《世界人权宣言》第27条第2款的起草者们的主要关切之一。所有艺术、文学和科学作品的作者以及发明者,除了获得其劳动的公正报酬,还对他们的作品和/或发明保有精神利益,这一精神利益在该作品成为人类的共同财产之后也不会消失。起草者们的想法是宣明,人类心智所创造的每一件作品都具有内在的不可分离的个人特点,并确保创造者与其作品之间的持久联系。"精神利益"包括作者有权被承认为是其科学、文学和艺术作品的创作者,并反对有害于作者的名誉和声誉的、对这类作品的任何歪曲、割裂或其他修改,或者其他贬损行为。*

保护作者的"物质利益",反映了这一规定与拥有财产的权利的密切联系,以及与任何劳动者获得充足报酬的权利的密切联系。与其他人权不一样,作者的物质利益与创造者的个性没有直接联系,而是有助于享受获得适足生活水准的权利。《经济社会文化权利国际公约》第15条第1款(寅)项规定的保护物质利益,不一定需要贯穿于作者的整个寿命。相反,使作者能享受到适足生活水准的目的也可以通过一次性支付,或者使作者在一段有限的时间内享有利用其科学、文学或艺术作品的独有权利来实现。**

(四)"科学研究及创作活动所不可缺少之自由"

这一自由受到恐吓和各种措施的严重限制,例如学者必须获得研究和旅行的官方许可。① 经济、社会和文化权利委员会表示严重关切伊朗宗教当局发布的"咨询意见"(fatwahs)对这一权利的不利影响。尽管了解到这些"咨询意见"是由宗教当局而不是由国家组织本身发布的,但国家并没有采取任何其所能利用的措施来消除对于享有这一权利的明显威胁,在这种情况中就显然出现了国家责任的问题。经济、社会和文化权利委员会通过提到一位作者萨尔曼·拉什迪(Salman Rushdie)的情况,呼吁伊朗政府根据其国际人权义务申明拒绝接受此类"咨询意见"的发布。该委员会同时要求伊朗政府向其保证,如果伊朗公民在伊朗或他处执行此种"咨询意见",伊朗政府将确保对当事人提起刑事诉讼。②

---

* 经济、社会和文化权利委员会第17号一般性意见,第13段。
** 经济、社会和文化权利委员会第17号一般性意见,第16段。
① 经济、社会和文化权利委员会的结论性意见:肯尼亚,UN document E/C. 12/1993/6 of 3 June 1993。
② 经济、社会和文化权利委员会的结论性意见:伊朗,UN document E/C. 12/1993/7 of 9 June 1993。(萨尔曼·拉什迪是《撒旦诗篇》的作者,曾被伊朗宗教当局的"咨询意见"判处死刑。——译者注)

第三十五章 财产权

国际文书

《世界人权宣言》
第 17 条
一、人人有权单独占有或与他人合有财产。
二、任何人之财产不容无理剥夺。

区域文书

《美洲人的权利和义务宣言》
第 23 条
人人有权拥有此等私有财产,以满足体面生活之基本需要,并帮助维护个人和家庭之尊严。

《欧洲人权公约第一议定书》
第 1 条
每个自然人或法人都被授予和平地享用其财产的资格。除非为了公共利益并且符合法律以及国际法一般原则所规定的条件,任何人都不应当被剥夺其财产。

但是,前款规定不应当以任何方式损害一国的如下权利:按其认为必要的方式去强制执行此类法律以便依据一般利益来控制财产使用,或者保证税收或其他捐税或罚金的支付。

《美洲人权公约》
第 21 条
1. 人人都有使用和享受财产的权利。法律可以使这种使用和享受服从社会利益。

2. 不得剥夺任何人的财产，但因公用事业或者社会利益等理由以及法律规定的情况和按照法律规定的形式，给予正当赔偿的情况除外。

3. 高利贷和任何其他人剥削人的形式都应当受到法律的禁止。

《非洲人权和民族权宪章》
第 14 条
财产权利应受到保障。除非为了公共需要或者为了整个社会的利益并依照适当的法律规定，否则不受侵犯。

有关文本

《消除对妇女歧视宣言》，联合国大会 1967 年 11 月 7 日第 2263（XXⅡ）号决议通过，第 6 条

《消除一切形式种族歧视国际公约》，1965 年 12 月 21 日通过，1969 年 1 月 4 日生效，第 5 条

《消除对妇女一切形式歧视公约》，1979 年 12 月 18 日通过，1981 年 9 月 3 日生效，第 15 条、第 16 条

国际劳工组织《关于土著和部落人口的第 107 号公约》，1957 年 6 月 26 日通过，1959 年 6 月 2 日生效

国际劳工组织《关于独立国家中土著和部落民族的第 169 号公约》，（1989 年 6 月 27 日通过，1991 年 9 月 5 日生效）

一　评论

《世界人权宣言》第 17 条承认了单独占有或与他人合有财产的权利，但是《公民及政治权利国际公约》和《经济社会文化权利国际公约》中均缺失了这一权利。在起草这两项公约时，对这一议题进行了长期讨论，但仍没有能够就可接受的案文达成一致意见。虽然没有任何起草者质疑个人拥有财产的权利，但是在该议题的若干方面仍然存在相当大的分歧，包括财产的概念以及这一权利应受到的限制。对于发生征收时的补偿权的表述方面，也存在意见分歧。虽然财产权本身并未受到联合国人权两公约的保护，但是没收私有财产或者国家未能就此没收做出补偿，在相关作为或不作为基于歧视性的理由的情况下，仍

可能导致违反《公民及政治权利国际公约》第 26 条。①

不过，联合国大会起草的某些其他国际文书却确确实实地承认了财产权。例如，根据 1965 年《消除一切形式种族歧视国际公约》第 5 条，缔约国承诺保证，人人在不受种族、肤色或民族或人种之歧视的情况下，在法律上一律平等地享有"单独占有及与他人合有财产的权利"以及"继承权"。同样，1979 年《消除对妇女一切形式歧视公约》第 15、16 条承认，配偶双方在财产的所有、取得、经营、管理、享有、处置方面具有相同的权利。在区域层面，《非洲人权和民族权宪章》第 14 条保障"财产权利"，而《欧洲人权公约第一议定书》第 1 条以及《美洲人权公约》第 21 条则分别承认了"和平地享用其财产"以及"使用和享受财产的权利"。

《欧洲人权公约第一议定书》第 1 条实质上保障的是财产权。② 它包含三个独立的规则。第一项具有一般性，阐明了和平享用财产原则。第二项涉及财产之剥夺，但除非为了"公共利益"（在《美洲人权公约》第 21 条中为"因公用事业或社会利益"）并且同时符合"法律以及国际法一般原则所规定之条件"（在《美洲人权公约》第 21 条中为"法律规定的情况和按照法律规定的形式"），否则不得为之。第三项规则则承认，国家有权依据"一般利益"（在《美洲人权公约》第 21 条中为"社会利益"）或者为了"保证税收或其他捐款或罚金的支付"，③ 按照其为此目的认为必要的方式，强制执行此类法律，以便控制财产使用。然而，这些规则之"独立"，并不是在互不关联的意义上：第二项和第三项规则有关干涉和平享用财产的特定情况。因此，必须根据第一项规则中阐明的一般原则来解释这两项规则。④

《非洲人权和民族权宪章》第 14 条虽然保障财产权利，但没有区分其剥夺与控制其使用。该条禁止对于该项权利的任何侵犯，除非"为了公共需要或者

---

① *Simunek v. The Czech Republic*, Human Rights Committee, Communication No. 516/1992, HRC 1995 Report, Annex X. K.

② "和平地享用其财产"的权利在实质上是"财产权"的一种保障。事实上，根据准备工作文件，起草者就不断地提到"财产权"或"财产的权利"，用来描述作为《欧洲人权公约第一议定书》第 1 条的先行次第草案的主题。See *Marckx v. Belgium*, European Court, (1979) 2 EHRR 330.

③ 不能将强要或强收金钱的方式说成是惩罚，除非遭到强收的个人违反了法律：*Astaphan & Co (1970) Ltd v. Comptroller of Customs*, Court of Appeal of Dominica, [1999] 2 LRC 569. 对于可被合适地指称为"税收"的征收——其有资格作为不受强制收取财产之保护的例外情形，该征收必须（1）是强制性而非任择性缴纳；（2）由立法机关或其他有权公共当局做出；（3）施予公众整体或其相当大的部分；（4）筹措的收入用于公共利益，并为公众利益提供服务：*Nyambirai v. National Social Security Authority*, Supreme Court of Zimbabwe, [1996] 1 LRC 64。

④ *Matos E Silva v. Portugal*, European Court, (1996) 24 EHRR 573.

为了整个社会的利益"并且根据"适当的法律"的规定。只有《美洲人权公约》第 21 条具体要求"给予公正补偿"。

二 释义

(一) 财产

在一些国家的判例中,"财产"得到了广泛而自由的解释,① 不仅包括财产的具体权利,而且包括抽象权利,例如公司的管理权②以及诸如银行对其客户之债的诉讼权。③ 它包括金钱、④ 合同、⑤ 判决债务、⑥ 生活补贴和增补⑦以及工厂、机器和库存。⑧ 诸如汽车等有形动产构成财产。⑨ 在为已出售并已交付的藤条支付的总额中,以收税的形式扣钱,并不是收税,而是剥夺财产。⑩ 财产权仅限于合法获得的财产。⑪

不包括在"财产"的概念之内的有:驾驶执照、⑫ 不违背公职人员的意愿将其调职的权利、⑬ 入读自择之学校的权利⑭或者由一人与国内其他民众所共

---

① *Inland Revenue Commissioners* v. *Lilleyman*, British Caribbean Court of Appeal, Guyana, (1964) 7 WIR 496. "以任何形式描述的对财产的任何利益或权利"的用语,都是仅仅表明"财产"应从其最广泛的意义上加以解释的强调词。

② *Attorney-General* v. *Lawrence*, Court of Appeal of St Christopher and Nevis, (1983) 31 WIR 176, [1985] LRC (Const) 921.

③ *Attorney-General* v. *Jobe*, Privy Council on appeal from the Court of Appeal of The Gambia, [1985] LRC (Const) 556.

④ *Lilleyman* v. *Inland Revenue Commissioners*, Supreme Court of British Guyana, (1964) 13 WIR 224. See also *State of Bihar* v. *Kameshwar Singh*, Supreme Court of India, [1952] SCR 889; *Hawaldar* v. *Government of Mauritius*, Supreme Court of Mauritius, (1978) The Mauritius Reports 37.

⑤ *Shah* v. *Attorney-General* (*No.* 2), High Court of Uganda, [1970] EA 523.

⑥ *Shah* v. *Attorney-General* (*No.* 2), High Court of Uganda, [1970] EA 523. 乌干达高等法院拒绝为"财产"赋以限定的含义,并认为它适用于"个人的"以及"有形的"财产。See also *Agneessens* v. *Belgium*, European Commission, (1988) 58 Decisions & Reports 63.

⑦ *Caesar* v. *Minister of Finance*, High Court of Trinidad and Tobago, 1987, unreported.

⑧ *Dwarkadas Shrinivas of Bombay* v. *The Sholapur Spinning and Weaving Co Ltd*, Supreme Court of India, AIR 1954 SC 119.

⑨ *First National Bank of Africa Ltd t/a Wesbank* v. *Commissioner for the South African Revenue Services*, Constitutional Court of South Africa, [2003] 2 LRC 187.

⑩ *Trinidad Island wide Cane Farmers' Association Inc and A. G.* v. *Seereeram*, Court of Appeal of Trinidad and Tobago, (1975) 27 WIR 329.

⑪ *Hackl* v. *Financial Intelligence Unit*, Constitutional Court of Seychelles, [2011] 2 LRC 59.

⑫ *Southwell* v. *Attorney General*, Court of Appeal of St Christopher and Nevis, [2001] 1 LRC 53.

⑬ *Harrikissoon* v. *Attorney General*, Privy Council on appeal from the Court of Appeal of Trinidad and Tobago, [1980] AC 265.

⑭ *Sumayyah Mohammed* v. *Moraine*, High Court of Trinidad and Tobago, [1996] 3 LRC 475.

同享有的开餐馆的"自由"。① 警方移走非法停放的汽车,并由此导致其所有者暂时丧失使用权,以及对移动费和保管费支付合理金额的法定义务,都未侵犯汽车的所有者享有其财产的权利。② 针对强制征收任何财产或利益或其中所含权利的宪法保护,并不适用于或有权益,这些权益由于尚未形成而不可获得,并且有可能消失。例如,公职人员获得奖金的权利即是在发薪日之前尚未归属、无法取得的或有权利。因此,推迟、减少或扣留年度奖金的决定,不构成剥夺财产。③ 金钱不能成为剥夺或强制征收的对象,因为可用于支付该剥夺之补偿的唯一形式就是金钱。④

《欧洲人权公约议定书》第 1 条中的"财产"(possessions)的概念也具有一种自主含义,不限于对实物的所有权。某些构成资产的其他权利和利益也能够被视为"财产权"(property rights),并因此被视为"财产"。⑤ 例如,对于某块土地近一个世纪的无争议的权利以及从其运营中获得的收入,可以具有"财产"资格。⑥ 其他客体包括狩猎的权利、⑦ 公司份额、⑧ 供应酒精饮料的许可证⑨以及从事某一职业的权利。⑩ 对于某一费用的声索,只有在该声索对于

---

① *Grape Bay Ltd* v. *Attorney General*, Privy Council on appeal from the Court of Appeal of Bermuda, [2002] 1 LRC 167. 百慕大的一项法律禁止了若干餐馆的运营,这些餐馆的运营方式——不论是由于其独特的名称、设计或包装——合理地表明与在百慕大之外运营的任何餐馆或者餐馆集团存在联系。对于根据与麦当劳的特许经营协议,以获得开立几家餐馆的必要许可为主要目的而成立的一家公司,这种禁止没有构成对财产之剥夺。该公司并没有任何现有业务被剥夺。也不曾存在公共当局在实质上获得了该业务的情况。

② *Alley ne-Forte* v. *Attorney General*, Privy Council on appeal from the Court of Appeal of Trinidad and Tobago, [1997] 4 LRC 338. 如果警方在没有授权的情况下干预个人的汽车,则该人通常可以在法庭诉讼中质疑警察行为的合法性,并要回已支付的费用以及获得赔偿。

③ *Chairman of the Public Service Commission* v. *Zimbabwe Teachers Association*, Supreme Court of Zimbabwe, [1997] 1 LRC 479.

④ *Attorney General* v. *Caterpillar Americas Company*, Court of Appeal, Guyana, [2003] 3 LRC 1.

⑤ *Iatridis* v. *Greece*, European Court, (1999) 30 EHRR 97.

⑥ *Matos E Silva* v. *Portugal*, European Court, (1996) 24 EHRR 573.

⑦ *Chassagnou* v. *France*, European Court, (1999) 29 EHRR 615.

⑧ *Bramelid and Malmstrom* v. *Sweden*, European Commission, (1982) 5 EHRR 249. 公司份额"是一个具有复杂性的对象:它是身份以及附属于它的权利(主要是表决权)之事实的证明,它代表了公司资本的一部分,并且在某种程度上也构成了对公司财产的所有权"。参见,*Government of Mauritius* v. *Union Flacq Sugar Estates Co Ltd*, Privy Council on appeal from the Supreme Court of Mauritius, [1993] 1 LRC 616;虽然股东拥有的财产是他的份额,但是股东在公司股东大会上投票的权利并不是他对公司财产的权利或利益,也不是财产本身。该判决中未提到任何案件。

⑨ *Tre Traktorer Aktiebolag* v. *Sweden*, European Court, (1989) 13 EHRR 309.

⑩ *Van Marle* v. *Netherlands*, European Court, (1986) 8 EHRR 483. See also *X* v. *Germany*, European Commission, Application 4653/70, (1974) 17 *Yearbook* 148:律师从国家获得的费用低于在私人执业中的同一工作所获得的费用,这一事实并不意味着剥夺了他的任何财产;在提供法律援助之前,他并未获得任何财产权。

某一特定事项，依据已经提供的服务并且基于现行规定时，才可以被认作财产。仅仅预期有关费用的现行规定在将来不会发生变化，不能被视作财产权。① 在向养老基金缴费可能已经产生了财产权的情况中，如果申领的养老金之减少的根据是在缴费时已经有效的法律规定，就不存在对这一权利的干涉。② 通过捐赠或遗嘱处置财产的权利是财产权的属性之一。③

（二）剥夺财产

任何性质的财产均受保护，不得被任意剥夺。剥夺意味着剥离权利、妨碍享有权利或造成权利丧失（例如，通过夺走、销毁或者造成消灭的方式）。④ "剥夺"这一概念不仅包括正式征用，也包括事实上的征用，即一种能够等同于剥夺财产的措施。撤销在某人的土地上开发采砾场的许可，有可能构成剥夺财产，因为这会严重影响其价值，但是如果撤销的目的是普遍利益而保护自然，那么该措施将被认为是对财产使用的控制。⑤ 在一起案件中，一位原告在一场基于合同的诉讼中获得了针对政府的判决，但是其后颁布的一项法律具有否定该位判决持有者对其判决之利益的效力。该法律剥夺了该判决持有者的得到判定的权利，从而构成了在没有补偿的情况下对财产的剥夺。⑥

对于每一就业个人的薪酬征收强制性储蓄，以便用于开发工作或发行在六年后支付本息的债券，构成了强制借款而非税收。如果施加强制借款的后果会导致没有补偿的财产剥夺，那么就不能施加。即便债券可以被视为补偿，这种补偿也既不迅速，也不充分，并且没有规定诉诸法院的机会或申诉权利。⑦ 要求某些货物的每一进口商都向银行存入相当于货物的成本、保险和运费价值的

---

① *X v. Germany*, European Commission, Application 8410/78, (1979) 18 *Decisions & Reports* 216. 该索赔涉及公证费。

② *X v. Austria*, European Commission, Application 7624/76, (1980) 19 *Decisions & Reports* 100. See also *Muller v. Austria*, European Commission, (1975) 3 *Decisions & Reports* 25.

③ *Marckx v. Belgium*, European Commission, 10 December 1977.

④ *Shah v. Attorney-General* (*No. 2*), High Court of Uganda, [1970] EA 523. See *Sofroniou v. Municipality of Nicosia*, Supreme Court of Cyprus, (1976) 6 JSC 874：一项街道拓宽计划造成了对财产权施加制约或限制，尤其是为了建筑开发目的而使用这些财产。但是，该计划是为城镇和国家规划的利益所绝对需要的，并不构成剥夺财产。

⑤ *Fredin v. Sweden*, European Court, (1991) 13 EHRR 784；European Commission, (1989) 13 EHRR 142. See also *Allgemeine Gold-Und Silberscheideanstalt v. United Kingdom*, European Court, (1986) 9 EHRR 1：没收是对财产权的干涉，但是禁止进口是对财产使用的控制。因此，没收走私的克鲁格金币并不涉及剥夺财产，因为这是控制在英国使用金币的程序的一个组成部分。*Hakansson and Sturesson v. Sweden*, European Court, (1990) 13 EHRR 1：对于在强制拍卖中买下的农业地产予以强制转售的目标是农业合理化。

⑥ *Shah v. Attorney-General* (*No. 2*), High Court of Uganda, [1970] EA 523.

⑦ *Lilleyman v. Inland Revenue Commissioners*, Supreme Court of British Guyana, (1964) 13 WIR 224.

50%的押金,且不为这些押金支付利息,并不构成强制借款或者强制占有或取得财产。这是对进口商的贸易或商业活动的临时限制,虽然有可能在此限度内减少其财产,但是在这一过程中并不存在任何强制因素。① 同样,在另一起案件中,英国海关和消费税官员在国际机场扣押了根据《海关和消费税管理法》应被没收的某架飞机,该飞机在所有人以银行汇票的形式支付了罚款的同一天,被交还给了所有人。这一扣押构成了对于使用该飞机的临时限制,并不涉及所有权转移。②

澳大利亚对"夺走"(taking)财产与"取得"(acquisition)财产之间做了区分。在一起案件中,一项法律对零售烟草制品包装的颜色、形状和光洁度做了重大限制,并禁止在此类包装上使用法律所允许之商标以外的商标。这在实质上(如果不是在形式上)剥夺了有关注册商标的权利的价值,并因此剥夺了它们的效用。一项新的法律所规定的制度旨在给商标使用带来相反的效果,即鼓励消费者转离烟草制品,即便这是他们本来所"向往"的,其后果仍然是,虽然商标仍然在登记册上,但其转让和许可的价值和效用却大大受损。在这种情况下,法律运作的效果构成了对这些知识产权项目的"夺走",而不是"取得"。③

在某一金融机构的活动受调查期间,由财政部部长强制性承担对该机构的临时管理,并不构成"取得"财产。④ 海关关员在国际机场没收一位乘客持有的大量外币不等于任意剥夺财产。当允许实行剥夺的法律并没有为具体的剥夺行为规定充分理由,或者在程序上不公正时,剥夺行为就是任意的。如果法律的目的是防止违反货币兑换管制条例,则没收就是意在制止非法从该国转移外币。⑤

不论是"享用财产"的权利,还是不被"剥夺财产"的权利,都不限于源自财产所有权的权利。期冀其享用财产之权利的人,并不一定要证明他就是他所期冀享用之财产的所有者,或者他对该财产拥有正当权利。证明他在相关时间持有该财产,对于他而言就足够了。受保护的,是持有权,而非仅仅是所

---

① *Hawaldar v. Government of Mauritius*, Supreme Court of Mauritius, (1978) *The Mauritius Reports* 37.

② *Air Canada v. United Kingdom*, European Court, (1995) 20 EHRR 150.

③ *JT International SA v. Commonwealth of Australia*, and *British American Tobacco Australasia Ltd v. Commonwealth of Australia*, High Court of Australia, [2013] 3 LRC 572. *Campbell-Rodrigues v. Attorney General*, the Privy Council on appeal from the Court of Appeal of Jamaica, [2008] 4 LRC 526, 然而, 在该案中, 则使用了"夺走"这一表述来意指其取得。

④ *Panton v. Minister of Finance*, Privy Council on appeal from the Court of Appeal of Jamaica, [2001] 5 LRC 132.

⑤ *Armbruster v. Minister of Finance*, Constitutional Court of South Africa, [2008] 5 LRC 370.

有权。①

"剥夺财产"并不包括因法院命令或其他合法事由造成的占有或使用财产的中断。某人因从事巫术被定罪,在他为此服刑完毕后,一项将他从其家乡驱逐为期10年的命令,并不构成剥夺该人对其财产的所有权或者其财产之上的任何利益或权利。② 欧洲人权法院曾审查向服务员支付的"小费"是否构成财产的问题。这一问题产生于这样一起案件中:雇主认为客户使用支票或信用卡支付的小费属于他的财产,他有权将其视为报酬,既可用于计算最低工资,也可用于其他目的。事实上,小费的一部分由雇主支付给了服务员。欧洲人权法院的多数法官认为,客户使用支票或信用卡支付的小费的合法权利首先转移给了雇主,并成了雇主的财产,原因很简单:客户签字的凭证是以雇主的名义提出的,并且通过他的账户结算。罗凯德斯(Loucaides)法官在一份异议意见中主张,必须认为服务员对小费拥有财产权,该权利源自于客户的本意,雇主的角色就是确保这一本意受到尊重。③

在剥夺财产方面,可以考虑公共利益。

如果剥夺财产是为了某一正当目的,那么当其适合于实现该目的,并且因为补偿与该财产的价值具有合理关系而在普遍利益之需和个人之基本权利的要求之间达到一种合理平衡,剥夺财产就是符合公共利益的。④ 如果将财产从一个人强制转移给另一个人是按照正当的社会政策进行的,那么在原则上可以被认为符合公共利益。一个例证就是,为了减缓土地所有权的集中,将不动产权利强制性地从出租人转移至承租人。调整私人当事方的合同或财产权利的法律制度的公正性,是一项公众关切事务,因此意图实现这种公正性的立法措施有可能符合公共利益。依照正当的社会、经济或其他政策实施的财产转移,即便整个社会并没有直接使用或享用转移的财产,仍有可能符合公共利益。一个例证就是加强了社会内部的社会公正。⑤

财产权并不针对进步提供保护,或者对于因技术进步导致的经营损失提供补偿。在毛里求斯的一起案件中,随着出口装糖方式的改变(从装袋变为从集装箱货车到一个新的深水码头直接装船),《毛里求斯糖运公司法》成立了一家新的公司,垄断了用于出口的糖的存储及装载,而一家存储糖以及通过码头

---

① *Thanur Persad Jaroo v. Attorney General*, Privy Council on appeal from the Court of Appeal of Trinidad and Tobago, [2002] 5 LRC 258.
② *Attorney General v. Abuki*, Supreme Court of Uganda, [2001] 1 LRC 63.
③ *Nerva v. United Kingdom*, European Court, (2003) 36 EHRR 4.
④ *Marinucci v. Italy*, European Commission, (1988) 60 *Decisions & Reports* 44.
⑤ *James v. United Kingdom*, European Court, (1986) 8 EHRR 123.

工人和装载工人装载糖的公司的业务则变得多余,这并没有任意剥夺财产。①

(三) 控制使用与和平享用财产权之对立

财产权并不排除对使用土地的限制,只要这些限制服务于具有普遍利益的目标,并且不构成对所有者权利的不合比例和不可容忍的干涉,从而侵犯这一权利的本质。换言之,对使用和享用财产的干涉必须在社会之普遍利益的需求和保护个人基本权利的需要之间,取得一种合理平衡。② 例如,禁止在一段有限的时间内种植新的葡萄藤并未剥夺所有者的财产,因为他仍可以自由处置他的财产,或者将其用于未受禁止的用途。③ 根据总体发展和城市规划方案而禁止在某块土地上的建设,虽有可能导致减少处置土地的可能性,但并不构成"剥夺",因为所有者既没有失去对土地的利用,也没有丧失对土地的控制;原则上,虽然出售该土地可能会变得更加困难,但出售的可能性仍然存在。④ 同样,在规划过程中发布的禁止建筑令,构成了促进规划的一项重要措施。⑤ 然而,政府颁发的授权城市管理当局在为重建城市所需时征收相关财产的征用许可,在8年时间里一直有效,以及一项在12年里一直有效的施工禁令,造成的情况是,打破了本应在保护财产权利和普遍利益的需要之间取得的一种合理平衡。虽然征用许可在法律上并未触动所有者使用和处置其财产的权利,然而,在实践中却大大降低了行使这种权利的可能性。这一许可也影响了所有权的本质,因为在征用发生前,这些许可就确认了任何征用都将合法,并授权城市当局在它们认为便于征用的任何时候,均可征用。财产权由此变得捉摸不定、岌岌可危。⑥

---

① *Société United Docks v. Government of Mauritius*, Supreme Court of Mauritius, [1985] LRC (Const) 801.

② *Sporrong and Lonnroth v. Sweden*, European Court, (1982) 5 EHRR 35. See also *The Bahamas District of the Methodist Church in the Caribbean and the Americas v. Symonette*, Privy Council on appeal from the Supreme Court of the Bahamas, [2000] 5 LRC 196; *Campbell-Rodrigues v. Attorney General*, Privy Council on appeal from the Court of Appeal of Jamaica, [2008] 4 LRC 526.

③ *Hauer v. Land Rheinland-Pfalz*, Court of Justice of the European Communities, (1979) 3 EHRR 140.

④ *Elia v. Italy*, European Court, (2003) 36 EHRR 9.

⑤ *Jacobsson v. Sweden*, European Court, (1989) 12 EHRR 56; European Commission (1987) 11 EHRR 562. See also *Pine Valley Developments Ltd v. Ireland*, European Court, (1991) 14 EHRR 319.

⑥ *Sporrong and Lonnroth v. Sweden*, European Court, (1982) 5 EHRR 35. See also *Matos E Silva v. Portugal*, European Court, (1996) 24 EHRR 573:葡萄牙的一份公告宣布,某块指定的土地是为了公共目的(动物自然保护区)所需,并且为了在该土地上建立一个水产养殖研究站,将对其予以征收。这追求的是一种公共利益,即以保护环境为目的的城镇和国家规划。但是如果这一公告在13年里一直有效,则会在长得过分的一段时间内——在该期间,前述程序并未取得进展——妨碍所有者正常享用他的权利和财产。这种长期不确定性打破了本应在普遍利益的需要以及和平地享有个人财产权的保护之间取得的正当平衡。参见,*Davies v. Minister of Land*, Agriculture and Water Development, Supreme Court of Zimbabwe, [1997] 1 LRC 123:将农村土地划为政府确定的强制征收土地(其后果是,未经部长事先书面同意,不得出售、处置或出租),并不构成剥夺财产。在划定阶段并未发生强制征收,即便这可能是其前奏。

在采用的手段与追求的目的之间必须存在着合理的比例关系。① 在一起案件中，根据政府延缓、暂停或错开执行针对住宅租户的驱逐令政策，房东获得的驱逐令在四种不同的情形中应暂停执行，该国就是"控制使用"财产。该暂停执行具有防止大量人员同时变成潜在的无家可归者的合理目的。但是作为残疾人、失业者、患有糖尿病并需要其住房的房东并没有获得国家的公正对待，因为国家未能考虑他在有关期间的部分时间里对住宅的各种"必需性说明"，并且未能将任何相关例外情形适用于暂停执行令。② 同样，当局拒绝遵守一项法院判决——该判决撤销了发给一家电影院经营者的驱逐令，也与和平享用财产权不相容。③ 在一起案件中，土耳其占领军拒绝在塞浦路斯北部拥有财产的一位希腊族塞浦路斯人返回，虽然在该案的特殊情况下，不能认为持续拒绝该人返回是剥夺财产或控制使用，但这显然是对和平享用财产的干涉。④

对于评估某一有争议的措施是否尊重了社会需要与保护土地所有者基本权利的需要之间的必要的合理平衡，尤其是这是否会对他造成过分的负担，补偿条件具有重要意义。在这方面，虽然《欧洲人权公约第一议定书》第 1 条并未保证在所有情况下都获得充分补偿的权利，因为"公共利益"的正当目标有可能需要低于全部市场价值的补偿，但是在没有支付与其价值相关的合理金额的情况下取走财产，通常将会构成无法根据《欧洲人权公约第一议定书》第 1 条被证明为正当合理的不合比例的干涉。⑤ 对住房施加法定的租金限制，一直是许多保持对个人权利和自由——包括享有财产的权利——的合适尊重的社会的特征。这种社会的立法机构认为，为了限制租户必须为其房屋支付的租金，限制房东从其投资中获得的收入是正当合理的。虽然能够证明出现这样的情况，即限制租金的立法是一种有利于可以支付更高租金的租客，而给穷困的房东造成困难的打击武器，但是为了防止房东利用房屋短缺牟利的需要，限制租金仍

---

① *James v. United Kingdom*, European Court, (1986) 8 EHRR 123.
② *Scollo v. Italy*, European Court, (1996) 22 EHRR 514. See also *Immobiliare Saffi v. Italy*, European Court, (1999) 30 EHRR 756.
③ *Iatridis v. Greece*, European Court, (1999) 30 EHRR 97.
④ *Loizidou v. Turkey*, European Court, (1996) 23 EHRR 513.
⑤ *Papachelas v. Greece*, European Court, (1999) 30 EHRR 923. 在适用于这一案件的制度中，在为建设一条主路征用土地之后，在所有情况中，补偿金额均减少了等价于 15 米宽的面积的价值数额，而未能允许有关所有者发声：实际上，工程的效果要么对他们没有好处，要么好处较小，并且使他们承受了不同程度的损失。这一制度太不灵活，没能考虑到情况的多样性；正如它的做法那样，忽略了由于——尤其是——该工程的性质以及场面的布局，构成了对《欧洲人权公约第一议定书》第 1 条的违反。

有其道理。①

（四）补偿

一个人不经补偿就不得被剥夺其财产这一权利背后的原则是：第一，必须有某种公共利益，证明为了国家利益而取走私人财产正当合理；第二，在该公共利益确实有此需要时，损失不得由其财产被取走的个人承担，而应由公众整体承担。② 补偿的目的是向受到征用的所有者交付与其被剥夺之物等值的充分金额。补偿在表面上看，指的是补偿损失，当所有者因被剥夺不动产或个人财产而获得补偿时，他的金钱损失就必须通过确定从他那儿取走的财产对他的价值加以判断。由于目的在于查明与损失等值的金额，或者换言之，查明资产中包含的对于所有者而言的金钱价值，因此该价值不得少于假使他的财产未被法律剥夺而有可能转换而得的金钱价值。③

充分补偿一旦支付给了财产受到强制征收之人，就不得以任何方式受到侵蚀。与所付补偿金等额的特别税将具有使得这种宪法权利完全虚化的后果。④ 伯利兹的一项法律授权部长可酌处下令，在某些情况下可以在10年期间内做出补偿，这不符合宪法的一项要求，即除非根据法律规定在合理期限内支付合理补偿，否则不得强制征收财产。⑤ 在没有支付补偿的情况下收取财产，构成了剥夺行为。⑥

---

① *Morgan* v. *Attorney-General*, Privy Council on appeal from the Court of Appeal of Trinidad and Tobago, (1987) 36 WIR 396, [1988] LRC (Const) 468. See also *X* v. *Austria*, European Commission, Application 8003/77, (1979) 3 EHRR 285; *Mellacher* v. *Austria*, European Court, (1989) 12 EHRR 391; European Commission, (1988) 12 EHRR 97.

② *Grape Bay Ltd* v. *Attorney General*, Privy Council on appeal from the Court of Appeal of Bermuda, [2002] 1 LRC 167. See also *Attorney General* v. *Theodore*, Dominica, Eastern Caribbean Court of Appeal, [2001] 1 LRC 13.

③ *Nelungaloo Pty Ltd* v. *The Commonwealth*, High Court of Australia, [1948] 75 *Commonwealth Law Reports* 495, at 571 - 2, per Dixon J. See also *James* v. *United Kingdom*, European Court, (1986) 8 EHRR 123; *Scotts of Greenock Ltd and Lithgows Limited* v. *United Kingdom*, European Commission, (1987) 12 EHRR 147.

④ *Commissioner of Taxes* v. *CW (Pvt) Ltd*, High Court of Zimbabwe, [1990] LRC (Const) 544.

⑤ *San José Farmers Co-operative Society Ltd* v. *Attorney General*, Court of Appeal, Belize, 25 September 1991, (1994) 20 *Commonwealth Law Bulletin* 46.

⑥ *Poiss* v. *Austria*, European Court, (1987) 10 EHRR 231：申诉人的土地被暂时性地分配给了其他土地所有者或者用于公用目的，却未收到法律规定的实物补偿。See also *Erkner and Hofauer* v. *Austria*, European Court, (1987) 9 EHRR 464.